POLICE SCIENCE

경찰학 (총론)

김창윤 저

박영사

본인이 동국대학교 경찰행정학과에 재학했던 1960년대 당시만 하더라도 경찰에 관련된 교재는 많지 않았다. 1984년 국가대테러 전문위원 및 86년 아시안게임, 88년 서울올림픽, 2005년 APEC 회의 등 수많은 국제행사 자문위원과 경찰위원회 위원으로 활동하면서 체계적인 경찰연구와 전문서적이 필요함을 절감하였다.

교수로 재직하면서 경찰행정학, 대테러정책론, 형사정책, 경찰학개론, 경찰인사행정론, 비교경찰제도, 테러리즘이라는 저서와 많은 연구논문을 집필한 것은 그러한 문제를 해결하기 위한 작은 노력이었다.

현직에 있는 수많은 형사사법관련 제자들과 교수로 재직하고 있는 많은 제자들에게 "나는 할 수 있다"I Can Do it라는 정신을 고양시키면서 자신이 근무하고 있는 직책에서 최선을 다하고, 국가와 사회를 위해서 노력할 것을 주문하였다.

이를 위해서 형사사법기관의 제자들에게는 끊임없이 시민을 위한 봉사와 희생정신을 강조하였고, 학자들에게는 이론과 실무를 융합한 광범위한 경찰학의 학문체계를 이해하고, 다양한 연구논문과 저서들을 집필하도록 독려하였다.

본인의 가장 우수한 지도제자 중의 한 명인 김창윤 교수가 새롭게 「경찰학(총론)」과 「경찰학(각론)」이라는 저서를 출간한 것은 이러한 의미에서 매우 뜻깊고 의미 있는 노력이라고 생각한다. 새로운 경찰학 교재에서 '난해한 부분을 표로 정리'하고, '읽을거리를 제시'하며, '범죄학'과 '북한경찰'을 추가한 부분은 참신한 시도라고 생각된다.

21세기 우리 경찰은 주민 곁으로 다가가는 '풀뿌리 치안'에 관한 지역사회 경찰활동을 정착시켜 실질적인 민주경찰의 모습으로 변화해야 한다. 또한 최신 경찰학 이론과 범죄학 이론의 도입과 적용, 바로 선 법질서, 안전한 사회를 위한 민주경찰의 신뢰성 확보방안 등을 활성화시켜야 되는 과제를 안고 있다. 이러한 과제를 해결하기 위해서는 더욱 다양한 경찰관련 저서들과 연구논문이 시도되어야 한다. 외롭고 힘든 학문의 길에 접어든 제자들의 연구노력에 건승을 기원하고 싶다.

동국대학교 경찰행정학과 명예교수

이 황 우

2006년 「경찰학」 출간 이후 새롭게 「경찰학 총론」과 「경찰학 각론」이 나오기까지 20여 년에 가까운 세월이 흘렀다. 영국 포츠머스 대학교Portsmouth University에서의 연구년 기간 동안 각국의 경찰학을 분석·연구한 것이 본서를 출판하는 데 큰 도움이 되었다. 경찰학이 연구·발전되어온 과정과 경찰관련 법령을 분석하면서 본서의 체계를 잡았다. 선진국의 경찰관련 교재와 범죄학 관련 교재에 대한 비교분석을 동시에 진행하면서 본서의 디자인과 편집방향 등을 설정하였다.

본서는 '범죄학, 한국경찰사, 비교경찰론, 경찰행정법, 경찰조직관리, 경찰인사관리' 등이 포함된 총론과 '생활안전, 수사, 경비, 교통, 정보, 안보, 외사' 등이 포함된 각론 등 최소 13개 이상의 과목을 종합 정리한 교재이다. 경찰 관련 다양한 과목을 총체적으로 구성한 '경찰학 원론'Principles of Police Science이자 '경찰학 개론'Introduction to Police Science이다.

본서는 기존 경찰학의 내용을 보강하여 총론과 각론으로 구분해 편제했다. 본서에서는 우선 모든 법령을 최신 법령으로 소개하였다. 특히 2022년 신설된 경찰국, 시·도경찰청 자치경찰위원회, 개정된 경찰 관련법, 2023년 6월 시행되는 법령까지 다루며 내용의 완성도와 최신성을 높였다.

경찰학은 다양한 학문적 성과를 바탕으로 체계적인 발전을 거쳐 오늘에 이르고 있다. 특히, 경찰 관련 가장 기본 교재인 경찰학은 경찰채용 시험과 경찰승진 시험에 채택되면서 그 중요성은 더욱 높아지고 있다.

본서에서는 경찰학의 중요성을 반영하여 경찰학의 핵심적 내용을 담은 총론과 각 분야별 경찰활동을 담은 각론으로 구분했다. 본서를 처음 접하게 되는 경찰학도나 경찰관이 되고자 하는 수험생, 그리고 경찰실무자 등 본서를 접하는 모든 분들에게 도움이 되고자 새로운 구성과 디자인으로 편집했다.

본서의 「경찰학 총론」에서는 최신 법령과 최근 이론을 소개하고 관련 내용을 도표로 정리했으며 읽을거리와 사진자료를 첨부하였다. 관련 내용을 쉽게 이해할 수 있도록 공신력 있는 외국 기관의 경찰 관련 사진 등을 첨부해 디자인과 구성에도 심혈을 기울였다.

「경찰학 각론」에서는 상세한 도표를 통해서 이해를 쉽게 하도록 하였다. 생활안전, 수사, 경비, 교통, 정보, 안보, 외사 등과 같은 분야별 경찰활동 부분을 이해하기 쉬운 체계적인 구성과 각종 도표 등을 활용해 새롭게 구성하였다.

본서의 「경찰학 총론」과 「경찰학 각론」의 주요 특징은 다음과 같다.

「경찰학 총론」은 첫째, 제1편 경찰학의 기초에서는 범죄피해자보호, 경찰부패이론, 사회계약설, 범죄학이론 등에 대한 내용을 추가하고 구성하였다. 특히, 국민의 인권이 중시·강화되는 시대상에 부합하는 내용을 추가 구성했다. 인권과 범죄 피해자 보호를 위한 경찰의 노력과 구체적인 내용에 대해서도 소개했다.

경찰학의 기초부분에서는 다른 교재와 달리 범죄학 이론을 소개하였다. 범죄학은 범죄를 예방하고 진압하기 위해서 반드시 갖추어야 하는 필수 학문이다. 현재 경찰간부 시험과 경찰특채 시험 그리고 경비지도사 시험 등에 범죄학이 시험과목으로 포함되면서 범죄학의 중요성은 더욱 강조되고 있다.

둘째, 제2편 경찰제도론 중 한국경찰사에서는 파출소의 기원인 경수소, 최초의 자치경찰인 집강소, 광복 이후부터 현재 경찰에 이르는 경찰역사를 새롭게 소개하였다. 또한 2022년 신설된 행정안전부장관 소속하의 경찰국에 대한 내용도 처음으로 반영하였다. 경찰국 관련 내용은 다른 교재와는 차별화된 본서만이 지니고 있는 특징이다.

특히, 대한민국 경찰의 역사성 및 정통성과 관련해서 구한말 개화파 관료들의 조선자강의 개혁의지가 반영된 경무청을 상세히 소개하였다. 최초의 근대경찰인 경무청은 한국 근대 경찰의 아버지라 불리는 유길준의 「서유견문」의 정신에서 나타난 것처럼 아시아 최초의 민중적·민주적 경찰에서 출발했기 때문에 그 의의가 매우 크다.

또한 본서에서는 대한민국 임시정부의 경찰소개를 통해서 우리 경찰의 역사성과 정통성은 항일과 애국의 민주경찰에서 출발했음을 밝히고 있다. 백범 김구 선생이 대한민국 임시정부의 초대 경무국장이었다는 사실은 일제 식민지 경찰의 잔재를 극복하는데 매우 중요한 의미를 가진다. 현재 경찰청에서는 경찰정신을 배우는 '경찰역사 순례길 프로그램'과 '참경찰 인물열전 시리즈' 발간 및 김구선생을 대한민국 최초의 '민주경찰 1호'로 선정하면서 경찰의 역사성과 정통성을 정립하고 있다.

외국경찰사에서는 영국, 미국, 독일, 프랑스, 일본, 중국, 북한 등의 경찰을 최신 자료를 통해서 수정·보강했다. 각국의 경찰 관련 내용은 세부적인 사항까지 다루었으며 자료와 사진을 추가 구성하여 부수적인 자료로 활용할 수 있게 체계화했다. 복잡한 내용은 도표로 시각화해 구조화했으며, 세부 조직을 한눈에 살펴볼 수 있도록 그림과 함께 편제하였다. 일본 경찰의 경우, 2022년 일본 「경찰백서」를 통해서 일본경찰 체제의 변동 내용을 수정 및 보완하였다.

특히 기존 경찰학 교재에서 소개하지 않은 '북한경찰'을 처음으로 소개했다. 김일성 정부부터 현재 김정은 정부까지의 북한의 통치이념과 국가체제 그리고 북한경찰의 조직을 구체적으로 다루었다. UN 동시 가입국인 북한의 경찰조직과 체계를 알 수 있는 토대를 마련하고자 노력했다.

셋째, 제3편 경찰법제론은 최신 법령과 최근 내용을 대부분 반영하였다. 2021년 7월 도입된 자치경찰과 국가경찰과의 관계를 모두 제시하였다. 또한 경찰법제와 관련된 최신 법령과 근거 법령을 통해서 보다 깊이 있는 이해가 가능하도록 하였다. 특히 「경찰관 직무집행법」은 2019년에 도입된 경찰 물리력 행사에 관한 기준 소개 및 불심검문을 포함한 「경찰관 직무집행법」의 세부조항을 모두 기술하였다.

넷째, 제4편 경찰관리론에서는 치안정책에 관한 내용을 소개하고, 최신 자료 분석을 통해서 내용을 더 알기 쉽게 디자인하였다. 경찰조직관리, 경찰인사관리, 경찰예산관리, 경찰장비관리, 경찰보안관리 그리고 경찰홍보 중 언론중재 및 피해구제에 대해서 새롭게 정리하였다.

다섯째, 제5편 경찰통제와 미래 과제에서는 최신 내용을 반영하여 시·도자치경찰위원회와 시·도경찰청 및 경찰서 발전협의회, 국무총리 소속 하의 경찰제도발전위원회 등을 소개하였다. 경찰통제와 관련된 신설 협의회·위원회 등을 최신 자료를 근거로 편제하여 알기 쉬운 표로 정리하였다.

「경찰학 각론」에서는 생활안전, 수사, 경비, 교통, 정보, 안보, 외사 등의 경찰활동을 경찰자료, 각종 교재 및 논문, 기타 자료 등을 종합하여 소개하였다. 경찰실무자에게도 도움이 될 수 있도록 기존의 경찰학 교재에 없는 내용을 추가하여 차별성을 두었으며, 관련 이론과 실무내용을 도표를 통해서 이해할 수 있도록 구성하였다.

본서에서는 인용의 출처나 참고문헌을 최대한으로 표기하려고 노력하였다. 각종 국내외 교재와 논문, 판례, 신문 및 방송자료, 인터넷 자료 등 대략 2,000여 개의 각주를 표기하고 출처를 명확하게 밝히는 데 주력하였다.

경찰학도나 경찰관이 되고자 하는 수험생, 그리고 경찰실무자 등 본서를 접하게 되는 모든 분들이 경찰관련 유용한 내용을 습득해 경찰 관련 지식을 더욱 확장했으면 하는 바람이다. 본서의 출판을 계기로 다양한 경찰학 분야의 발전이 더욱 이어지기를 기대한다. 또한 본서가 경찰학의 학문적 체계를 구현하는 데 일조했으면 하는 작은 바람이 전달되기를 기원한다.

어려운 제반 환경에도 불구하고 방대한 「경찰학」 교재를 「경찰학 총론」과 「경찰학 각론」의 두 권으로 분권화해 출판을 허락해주신 박영사의 안종만 회장님과 안상준 대표님께 진심으로 감사의 말씀을 드리고 싶다. 또한 본서가 출간될 때까지 물심양면으로 도와주신 박세기 부장님, 배근하 과장님, 정성혁 대리님, 이소연 님께도 깊은 감사의 마음을 전한다. 마지막으로 사랑하는 예쁜 아내와 멋진 아들 한강이 그리고 선후배 도반들의 깊은 배려에도 고마움을 전하고 싶다.

2023년 2월
무학산 기슭 월영대에서
저자 **김창윤** 배상

PART 05 **경찰통제와 미래 과제** / 1033

POLICE
SCIENCE

경 | 찰 | 학 | 총 | 론

PART

01

경찰학의 기초

함부로 인연을 맺지 마라

함부로 인연을 맺지 마라.
진정한 인연과 스쳐가는 인연은
구분해서 인연을 맺어야 한다.
진정한 인연이라면 최선을 다해서 좋은 인연을 맺도록 노력하고
스쳐가는 인연이라면 무심코 지나쳐버려야 한다.

그것을 구분하지 못하고 만나는 모든 사람들과
헤프게 인연을 맺어놓으면 쓸만한 인연을 만나지 못하는 대신에
어설픈 인연만 만나게 되어
그들에 의해 삶이 침해되는 고통을 받아야 한다.

인연을 맺음에 너무 헤퍼서는 안 된다.
옷깃을 한번 스친 사람들까지 인연을
맺으려고 하는 것은 불필요한 소모적인 일이다.

수많은 사람들과 접촉하고 살아가고 있는 우리지만
인간적인 필요에서 접촉하며
살아가는 사람들은 주위에 몇몇 사람들에 불과하고,
그들만이라도 진실한 인연을 맺어 놓으면
좋은 삶을 마련하는 데는 부족함이 없다.

진실은, 진실된 사람에게만 투자해야 한다.
그래야 그것이 좋은 일로 결실을 맺는다.
아무에게나 진실을 투자하는 건 위험한 일이다.
그것은 상대방에게 내가 쥔
화투패를 일방적으로 보여주는 것과 다름없는 어리석음이다.

우리는 인연을 맺음으로써 도움을 받기도 하지만
그에 못지않게 피해도 많이 당하는데 대부분의 피해는 진실 없는
사람에게 진실을 쏟아 부은 댓가로 받는 벌이다.

– 법정스님, '인연'에 대한 명언 中에서

제1장 경찰의 의의 및 연혁

제1절 경찰의 의의

1 경찰의 개념

경찰警察·Police은 어느 시대 어느 사회에나 존재하는 보편적인 사회적 기능이었다. 물리적인 제재의 적용이 공동체에 의해 정당하다고 인정될 때, 어디서나 경찰은 존재하였다. 국가가 존재하지 않던 고대 친족 기반의 사회에서도 경찰기능이 있었다. 중요한 점은 원시사회에서의 노골적인 폭력에서 오늘날 독립적인 국가공동체의 내적 기능을 유지하는 정교한 경찰기구로 진화해 왔다는 점이다.[1]

외부로부터 국가의 영토를 방어하는 군과 차별적으로 내부적 치안유지를 목적으로 하는 경찰의 관념은 서구 근대국가의 형성과 결부된 것이다. 경찰은 유럽의 '근대국가 체제'Modern European State System의 형성과 맥락을 같이 하고 있다.

이 중에서 경찰의 존재는 타국의 내부 문제에 간섭하지도 간섭받지도 않는다는 것을 나타낸다. 단일국가의 영토 내의 '도덕공동체'Moral Community를 산정한다. 자신의 고유한 내부적 치안환경을 만들어 낸다는 것을 의미한다. 이처럼 독자적인 경찰제도를 가진다는 것은 독립적인 국가가 형성되었음을 선언하는 중요한 의미를 가진다.[2]

어떤 국가의 발전과정을 파악할 때, 그 국가의 경찰을 이해하는 것은 매우 중요하다.

---

[1] Charles Reith, *The Blind Eye of History: A Study of the Origins of the present Police Era* (Patterson Smith, 1975), p. 17.

[2] 김창윤p, "한국 경찰학의 성립과 기원에 관한 연구"「한국공안행정학회보」, 47. 2012, p. 90.

왜냐하면 경찰의 구체적인 존재 형태는 그 사회의 권력구조와 긴밀하게 얽혀 있고, 특히 국가의 발달과 평행하게 전개되어 왔기 때문이다.[3]

국가가 존립하고 발전하기 위해서는 그 사회의 질서를 유지하고 국민생활의 안전과 평화를 보호할 필요가 있다. 위험방지와 질서유지를 위한 경찰활동은 우리나라를 비롯하여 고대 중국, 이집트, 그리스, 로마 등 세계 모든 국가에서 볼 수 있다.[4]

국민의 생명과 신체 및 재산을 보호하고, 위험방지와 질서유지를 위한 기능을 담당했던 기관들은 동서양을 막론하고 과거에는 군대가 그 기능을 주로 하였다. 함무라비 대왕 시대나 고대 로마 그리고 고대 중국의 왕조 그리고 우리나라 등에서 군대가 범죄자를 처벌하고 그 나라의 질서를 유지했던 것은 잘 알려진 사실이다. 이 당시 군대는 외적의 침입을 방지하는 기능과 국내의 치안을 유지하는 기능을 모두 수행했던 기관이었다. 이때 국내의 치안을 유지하는 기능을 오늘날에는 경찰이라는 이름으로 정의하고 있다.

각국의 경찰은 시대의 변천에 따라 변화해 왔다. 각국의 역사와 전통 그리고 경제적·사회적 환경의 영향을 받아서 서로 다른 모습으로 발전했다. 예를 들어 과거의 경찰권^{Police} Power은 국가의 공권력 전체를 의미하였다. 오늘날에는 경찰행정에 관련되는 권한만을 의미하는 것으로 변천하였다.

프랑스·독일 등과 같은 대륙법계 경찰은 국왕의 통치권 보호와 국민에 대한 통제를 주 임무로 하였다. 반면에 영국·미국과 같은 영미법계 경찰은 주민의 자치권 보호와 대민서비스를 주 임무로 하면서 발전하였다. 경찰은 국가가 운영의 주체가 되면 국가경찰이라고 하고, 자치단체가 운영의 주체가 되면 자치경찰이라고 한다. 비록 운영 주체에 따라서 국가경찰과 자치경찰로 구분되지만 경찰의 역할과 기능은 비슷하다고 할 수 있다.

이처럼 경찰에 대한 경찰의 역할과 그 기능을 인정하고 있음에도 불구하고, 경찰의 개념에 대해서 일치하는 것은 아니다. 왜냐하면 경찰의 역할과 기능은 각국의 역사와 전통에 따라서 고유한 방식으로 발전했기 때문이다. 그 내용도 일치하지 않는 경우가 많다.

우리의 경찰조직과 유사한 국가조직 또는 지방조직을 서구에서는 폴리스^{Police} 혹은 폴리자이^{Polizei}라고 부른다. 일본의 경우, 1872년 가와지 도시요시^{川路利郎}가 유럽국가들의 치안행정에 관한 시찰보고서를 작성하면서 경찰이라는 용어를 처음으로 사용하였다. 프랑스·독일 등의 치안조직을 경계사찰^{警戒査察}의 줄임말인 '케이사쯔'^{警察}라고 번역한 이후

---

3 Cyril D. Robinson & Richard Scaglion, "The Origin and Evolution of the Police Function in Society: Notes toward a Theory", *Law & Society*, 21(1), 1987, p. 110.

4 이황우b, 「경찰행정학」(서울: 법문사, 2000), p. 19.

부터 사용되었다. 이후 우리나라에서도 일본의 영향을 받아서 '경찰'이라고 부르고 있다.[5]

프랑스의 「죄와 형벌법전」^{경죄처벌법전·Code des Delits et des Peines, 1795} 제16조의 규정은 일본의 「행정경찰규칙」(1875)의 모범이 되었다. 일본의 「행정경찰규칙」이 1894년 갑오개혁을 통해서 「행정경찰장정」에 그대로 이식됨으로써 프랑스법의 경찰개념이 한국 경찰개념의 형성에 중요한 역할을 하였다. 프랑스에서 유래한 행정경찰의 개념이 일본을 통해서 한국에 전수되었다.

지금 우리나라에서 사용하고 있는 '경찰'이라는 용어는 '경계사찰'警戒查察의 줄임말이라고 한다. 경찰은 세상을 타이르고 속됨을 살핀다는 뜻의 '경세찰속'警世察俗의 줄임말이라는 일본학자의 해석도 제시되고 있다.[6]

영미법계에서는 경찰의 개념을 국민의 생명과 신체 및 재산의 보호를 궁극적 임무로 하며, ① 범죄예방Crime Prevention, ② 대민서비스Civil Service, ③ 권리보호Protecting Civil Rights, ④ 법집행Law Enforcement, ⑤ 질서유지Order Maintenance 등과 같은 5개의 기본적인 임무를 수행하는 기관을 말한다.[7]

반면에 대륙법계에서는 공공의 안녕과 질서유지를 궁극적 임무로 하며, 공공의 안녕과 질서에 대한 위험의 방지 및 이미 발생한 장해를 제거하는 모든 국가적 활동을 말한다.[8] 질서유지란 사회의 평온을 유지하고, 그 평온에 대한 위해危害를 사전에 방지하는 업무를 말한다. 이러한 질서유지는 입헌 군주 국가에서의 공공의 안녕과 질서유지라는 개념과 비슷하다고 할 수 있다.

이처럼 경찰의 개념은 시대의 변천과 각국의 역사적 배경 등에 따라서 변화하였다. 하지만 국민의 생명·신체 및 재산의 보호기능과 공공의 안녕과 질서유지 기능을 가장 중요한 근본기능으로 삼으면서 발전해왔다고 할 수 있다.

---

5 상게서, p. 4.
6 박일룡, 「월간 수사연구」, 1990년 3월호, p. 123.
7 Police Department will play a role in the specific duties officers are required to perform in the community. Five primary goals of local police can be identified: 1. Law enforcement 2. Peacekeeping and order maintenance 3. Crime prevention 4. Protecting civil rights 5. Delivery of services(Michael D. Lyman, *The Police* (NewJersey: Pearson Prentice Hall, 2005), p. 18; James J. Fyfe et al., *Police Administration* (NewYork: The McGraw-Hill Companies, Inc, 1997), p. 4).
8 Knemeyer, Polizei und Ordnungsrecht, 9. Aufl., 2002, Rn. 1.

🔍 독일의 경찰개념 확장

- 독일은 1983년 6월 12일 「통일경찰법모범초안」에 대한 보충안^{Ergänzungsentwurf zur MEPolG}을 통해서 경찰의 개념을 위험의 방지에 국한시키지 않고 위험방지를 위한 사전준비적 활동에까지 확대시켰다.
- 시대적 요청인 위험의 사전배려를 경찰의 개념에 포함시키고 있다.
- 독일 경찰은 위험방지를 위한 예방적 차원에서 정보를 수집·처리할 수 있는 근거를 명확하게 가지게 되었다. 따라서 독일 경찰은 위험방지를 위한 사전준비적 활동도 가능하다.

2 ‖ 경찰의 개념에 대한 학자들의 입장

우리나라의 경찰개념은 고려시대 순군만호부나 조선시대 포도청 등과 같은 한국 고유의 전통과 기능이 발전되고 계수되지 못했다. 구한말 및 일제 강점기를 거치면서 일본이 경험하였던 서양의 경찰전통(주로 독일 및 프랑스)이 반강제적으로 이식되었다. 구한말부터 일제시대까지는 일본을 통해 유럽식(독일, 프랑스) 경찰제도의 영향을 많이 받았다.

해방 후 美군정기를 거치면서 미국의 압도적인 영향 때문에 영·미식 경찰제도의 영향도 받게 되었다. 특히 1950년대 한국전쟁 후 다수의 경찰관들이 미국의 경찰기관 및 형사사법 관련 대학에 유학한 것을 계기로 미국식 경찰행정학이 본격적으로 소개되었다.

경찰학자들은 한국의 경찰개념에 대해서 자신들의 관점에 따라서 서로 다른 주장을 하고 있다. 이황우 교수는 경찰을 "공공의 질서를 유지하고 위해와 범죄로부터 국민의 생명과 질서를 보호하며 국민에게 봉사와 도움을 제공하는 공공서비스 또는 공공재의 제공자"로 정의하고 있다.[9] 이윤호 교수는 미국 경찰의 다양한 경찰 임무를 소개하면서 현대경찰의 기능으로 "공복으로서의 경찰, 질서유지 기능, 법집행기능" 등을 제시하고 있다.[10]

김충남 교수는 "경찰의 개념은 국민의 행복증진과 공공의 복지실현을 도모하기 위하여 개인의 권리와 자유를 보호하고, 공공의 안녕과 질서를 유지하며, 사회에 봉사하는 공공재^{Public Goods}"로 정의하고 있다.

---

9 이황우e, 「경찰행정학(제5판)」(서울: 법문사, 2009), p. 8.
10 이윤호c, 「경찰학」(서울: 박영사, 2006), pp. 31 – 36.

임준태 교수는 "우리나라 경찰의 경찰작용에 대한 본질과 전통을 파악하는 데에는 여러 측면에서의 접근이 필요하다. 경찰개념을 파악하는 데 있어서, 대륙법계 경찰전통에 입각한 법집행 중심의 공법학적·경찰법학적 관점과 영미법계 경찰전통에 입각한 서비스 지향적·행정학적 관점 등 양자를 모두 고려해서 파악해야 한다."고 주장한다.[11]

이상안 교수는 경찰의 개념을 ① 전통적 입장에서 본 경찰개념, ② 현대적 입장에서 본 경찰개념, ③ 통합적 입장 등으로 구분하면서 경찰의 개념을 소개하고 있다.[12]

김상호 교수는 "우리나라에서의 경찰은 공공의 안녕과 질서를 유지하는 것을 그 기본으로 하되, 그러한 목적달성의 수단 측면에서는 민주주의적 이념을 구현할 수 있는 여러 비권력적 서비스 활동에 크게 의존함으로써 대륙법계와 영미법계 경찰개념의 조화를 추구하고 있는 것"이라고 한다.[13]

이상에서 살펴본 것처럼 경찰학자들은 서로의 관점에 따라서 경찰의 개념을 다르게 정의하고 있다. 경찰을 바라보는 입장과 기준에 따라 상당한 차이가 있다. 시대의 변천에 따른 변화와 학문적 성격에 따른 접근성에 따라서 각각 다르게 규정하고 있다. 하지만 이러한 경찰의 개념은 전통적인 학문적 입장에서의 경찰개념일 뿐이다. 따라서 다음과 같은 문제점을 갖고 있다.

첫째, 전통적 경찰개념은 고도로 발전된 현대의 경찰개념을 반영하지 못하고 있다. 전통적 경찰개념은 국민의 자유와 권리보호, 기본적 인권보호 등과 같은 현대 경찰의 역할과 기능에 대한 논의가 부족하다.

둘째, 영·미법계와 대륙법계 경찰개념에 영향을 받은 우리나라의 특수한 상황을 절충하지 못하고 있다.

셋째, 국민의 민의를 반영하는 국회에서 최근 개정된 「경찰법」 제1조(목적)와 「경찰관 집무집행법」 제1조(목적)에서 새롭게 제시되고 있는 경찰의 역할과 임무를 포함하지 못하고 있다. 「경찰법」에는 경찰의 '민주적인 관리·운영과 효율적인 임무수행'을 강조하고 있다. 민주성과 효율성을 주된 목적으로 제시하고 있다. 「경찰관 직무집행법」은 '국민의 자유와 권리 및 기본적 인권의 보호 및 사회공공의 질서유지'를 강조하고 있다.

따라서 제반 학자들의 견해와 영미법계와 대륙법계의 전통, 그리고 최근 개정된 「경찰법」 및 「경찰관 집무집행법」의 목적들을 고려한 우리나라의 경찰개념은 다음과 같이

---

11 임준태b, 「독일형사사법론」(서울: 21세기사, 2004), pp. 106-107.
12 이상안c, 「신경찰행정학」(서울: 대명출판사, 2002), pp. 95-99.
13 김상호 외 8인, 「경찰학개론」(서울: 법문사, 2005), pp. 7-8.

정의할 수 있다.

🌐 경찰의 개념

"경찰은 민주주의의 이념 하에 국민의 자유와 권리 및 기본적 인권보호 그리고 사회공공의 안녕과 질서유지를 궁극적 임무로 하며, 국민의 생명·신체 및 재산의 보호를 1차적 임무로 하면서 위험방지, 범죄수사, 대민서비스의 임무를 효율적으로 수행하는 기관을 말한다."

이상안 교수의 경찰개념에 대한 3가지 견해[14]	
전통적 견해	• 행정법 학자들이 주장 • 경찰을 규범적 강제작용측면에 한정 • 경찰이란 사회공공의 안녕과 질서를 유지하기 위하여 일반통치권에 근거하여 국민에게 명령·강제하는 권력적 작용이라고 봄 • 경찰개념을 지나치게 권력적인 작용에 한정한 것이 문제임
현대적 견해	• 19C 후반 행정학자 및 경찰행정학자들이 주장 • 경찰을 사회공동체 구성원들 사이의 문제에 대한 전문해결자로 봄 • 경찰을 국민의 생명과 재산을 보호하기 위해 위험을 방지하고 공공질서를 유지시켜 주는 서비스제공자로 보는 입장 • 행정의 과정을 중시하고 시민과의 관계를 중시하는 신행정학의 이념과 일치하는 것으로 경찰의 봉사자 역할 강조 • 경찰목적의 달성 수단에 있어 반드시 권력작용에 한정하지 않고 계몽·지도·봉사 등 비권력적 수단을 중요시함
통합적 견해	• 전통적 입장과 현대적 입장을 통합한 견해 • 경찰을 명령·강제하는 권력작용으로만 보는 입장을 지양하고 규제하면서 봉사하는 서비스맨으로 보는 입장

---

14 이상안c, 전게서, pp. 95-99.

경찰의 개념은 국가마다 고유한 전통과 사상이 반영된 것이어서 일률적으로 정의하기에 어려움이 있다. 한마디로 정의하기가 어려운 복합적인 개념이다. 우리나라 경찰작용의 본질과 직무 등에는 대륙법계와 영미법계라는 두 가지 관점이 혼재되어 있기 때문에 양자의 경찰전통과 경찰개념의 변천과정을 이해해야 한다.

특히, 대륙법계의 경찰개념을 소개하는 것은 독일 행정법에 영향을 받은 우리나라의 행정법 교과서에서 주로 시작되었다. 본서에서는 기존의 대륙법계 경찰개념의 소개 외에 영미법계 경찰개념을 소개함으로써 경찰개념의 근원과 배경을 보다 잘 이해할 수 있도록 시도하였다.

이러한 경찰개념의 형성과 변천과정을 연구함으로써 경찰의 탄생과정과 역사상의 경찰기능을 이해할 수 있을 것이다. 이를 통하여 오늘날 경찰의 존재 이유와 미래의 나아갈 방향을 설정하는 데 도움을 줄 수 있을 것이다.

1 ‖ 서설

경찰을 나타내는 영어 '폴리스'^Police의 어원은 고대 그리스어의 '폴리테이아'^Politeia에서 찾을 수 있다. 원래 이 용어는 그리스의 도시국가에서 활동하는 정부와 공무원^Polis을 의미하는 것이었다.[15] 고대에는 이상적인 상태, 국가·헌법 또는 국가활동 등을 의미하는 다의적인 용어였다. 15·16세기에 이르러서는 교회행정을 제외한 일체의 국가작용을 의미하게 되었다.

17세기 베스트팔렌 조약(1648년) 이후 국가작용이 분화되기 시작하여 외교·재정·군사·사법 등의 분야를 제외한 일체의 국가작용, 즉 오늘날의 경찰행정과 복지행정을 합친 개념인 보안경찰 기능과 복지경찰 기능으로 축소되었다. 이러한 개념은 18세기 전반까지의 경찰국가 시대에도 계속 유지되었다.

---

15 James J. Fyfe, Jack R. Greene, William F. Walsh, O. W. Wilson, Roy Clinton McLaren, *Police Administration(5th ed.)* (New York: The McGraw-Hill Companies, Inc., 1997), p. 2.

18세기 중엽 이후 계몽주의와 자연법적 사상에 영향을 받은 근대 법치국가가 성립함에 따라 국민의 자유활동을 보장하기 위한 '야경국가'夜警國家사상이 대두되었다. 적극적인 공공복리 기능을 제외한 소극적인 질서유지만을 그 임무(보안경찰 기능)로 하는 근대 법치국가적 경찰개념이 성립되었다.

이 당시 대륙법계의 근대국가는 권력의 중추적 구성 부분을 관료집단으로 보았다. 관료에 의한 권력 통합의 피라미드 구조를 '관료제'Bureaucracy라고 하였다. 독일의 사회학자인 베버Max Weber는 '관방의 지배'Power of the Office라는 의미로 관료제라는 용어를 사용하였다.

근대국가는 극도로 집중된 국가권력과 그 권력의 담당자인 행정관료의 중요성을 강조하였다. 행정관료들은 탈정치성과 전문능력 등을 갖춤으로써 시민의 지지를 받았다. 관료는 권위 있는 직업으로 존경받았다.

19세기 후반 유럽의 탈정치화, 계급제에 의한 질서, 그리고 능률적인 관료제는 미국의 개혁주의자들에게 큰 감명을 주었다. 이들은 미국의 행정제도 역시 탈정치화할 것을 주장하여 「펜들턴법」Pendleton Act을 제정하였다.

1829년 영국의 로버트 필경은 24시간 도보순찰을 위한 3,000명의 유급 경찰관을 채용하여 '범죄예방과 질서유지'기능을 수행하는 최초의 근대 경찰인 '런던수도경찰청' London Metropolitan Police을 창설하였다. 영국의 근대 경찰모델은 미국에 많은 영향을 주었다. 뉴욕, 보스톤, 필리델피아 등의 근대경찰 창설을 촉진하였다.

그 후 대륙법계에서는 19세기 말부터 20세기에 걸쳐 국가가 공공복리의 증진을 위한 활동을 광범위하게 전개하였다. 국가는 일반공안의 유지 외에 복리증진에 수반하는 질서유지를 위한 권력적 활동을 다시 그 임무로 하게 되었다.

학문상으로도 경찰개념을 과거와 같이 보안목적을 위한 권력작용에 한정할 것이냐, 그렇지 않으면 복리증진 목적을 위한 권력작용도 포함할 것이냐에 관하여 견해가 갈라졌다. 따라서 이 점에 관해서는 각국의 실정법상, 제도상으로도 차이가 있다.

Police Science

🔍 경찰의 어원인 Politeia

- 폴리테이아는 고대 그리스어에서 유래했으며, 라틴어로 폴리티아Politia라고 한다.
- 그리스의 도시국가의 형태, 플라톤과 아리스토텔레스의 정치사상, 도시국가 등 다양한 의미로 사용된다.
- 경찰분야에서는 그리스어의 폴리테이아가 로마제국의 라틴어인 폴리티아로 변경되었다.

- 폴리티아는 공화국의 헌법과 헌법에 따른 일체의 국가작용을 의미하였다.
- 영국에서는 폴리스^{Police}, 프랑스에서는 라 폴리스$^{La\ Police}$, 독일어에서는 폴리자이^{Polizei} 등으로 변화하였다.

2 ‖ 대륙법계 국가의 경찰개념

1 고대

경찰^{Police}이란 용어는 그리스어의 폴리테이아^{Politeia}와 라틴어 폴리티아^{Politia}에서 유래하였다. 그리스어의 폴리테이아는 도시국가를 뜻하는 폴리스^{Polis}에서 유래하였다. 고대 그리스에서의 폴리테이아는 국가의 헌법 혹은 이상적인 상태, 국가기능의 공동행사, 국가기능의 공동작용, 정치적 공동체 등을 의미했다. 플라톤의 저서 「국가」^{Politeia}의 원어는 폴리테이아이다.

고대 로마에서도 폴리티아^{Politia}라는 말은 공화국의 「헌법」과 국가가 수행하는 일반적인 행정활동으로 이해되었다. 이처럼 대륙법계 대부분 국가에 있어서는 그리스·로마시대부터 중세에 이르기까지 경찰이란 개념은 광범위한 뜻을 내포하고 있었다.[16] 오늘날의 경찰개념과는 상당히 다르다는 것을 알 수 있다.

폴리티아라는 말은 고대에서 중세까지는 국가·국헌·국가 활동 전체의 뜻으로 사용되었다. 실제로 폴리스^{Polis}의 책임자들은 공공질서, 안전, 도덕, 식량공급, 복지 등 시민생활과 관련된 일체의 도시업무를 총괄하였다. 그리스와 중세의 철학자들도 이들을 국가의 안전보장에 대한 최종책임자로 이해하였다.[17]

---

16 *Ibid.*, p. 108.
17 이황우·조병인·최응렬, 「경찰학개론」(서울: 형사정책연구원, 2001), p. 5.

2 중세의 경찰개념

❶ 프랑스

프랑스는 전통적으로 로마와 동일한 법률과 경찰제도를 갖고 있었다. 로마제국은 갈리아 지방(구. 프랑스)을 통치하면서 각 지방에 행정과 사법·경찰권을 동시에 부여 받은 치안판사^{Magistat}를 파견하였다. 도시 내에서의 경찰기능은 지방관료^{Curateurs}에게 다시 재위임되었다. 시골에서는 로마군대에 의해 질서가 유지되었다.

11세기경 사법권과 경찰권을 가진 프레보^{Prévôt}가 파리에 나타났다. 프랑스 경찰은 앙리 Ⅰ 세가 1032년 창설한 프레보를 그 기원으로 삼고 있다. 프레보는 국왕의 지명을 받아 임명되었으며, 집행관^{Sergents}의 보좌를 받았다. 프레보가 각 지방 도시에까지 확대되면서 지방의 영주와 중앙권력의 대표자인 프레보와의 마찰이 끊이지 않았다.**18**

14세기에 이르러 경찰권$^{Ius\ Politia}$이론이 등장하였다. 이 이론에 따르면 군주는 자구행위 특히, 개인 간의 결투^{Fehden}를 억제하기 위하여 공동체의 원만한 질서를 보호할 권리와 의무를 갖고 있었다. 이를 위한 필수 불가결한 조치를 경찰권$^{Ius\ Politia}$에 근거하여 갖고 있었다. 홉스$^{Thomas\ Hbbes}$는 중세의 전근대적인 자력구제 방법인 개인 간의 결투에 대해서 '만인대 만인의 투쟁'$^{War\ of\ all\ against\ all}$이라고 하면서 비판하였다.

이러한 경찰권의 개념은 프랑스어 '라 폴리스'$^{La\ Police}$라는 단어에 의해 대표되었다. 이 단어의 뜻은 초기에는 '국가목적 또는 국가작용의 의미'로 나중에는 '공동체의 질서있는 상태' 혹은 '질서를 유지하는 행위나 그 조직'을 의미하였다.

14세기 이후 파리시에서 '라 폴리스'$^{La\ Police}$를 행사하는 파리경찰$^{La\ Police\ de\ Paris}$인 '경찰대'$^{Police\ Force}$가 설립되었다. 파리시의 치안조직을 뜻하는 '경찰대'$^{Police\ Force}$가 창설된 것이다. 이는 '파리시의 질서를 바로 잡아 시민들을 문명인으로 만드는 조직체'라는 뜻으로 사용되었다.

14세기 말 이후 프랑스에서의 경찰개념인 '국가목적 또는 국가작용을 의미하는 폴리스'$^{La\ Police}$라는 용어는 독일·영국 등 유럽 각국으로 전파되었다.**19** 15세기 말 프랑스에서 독일로 도입된 경찰권이론은 '국민의 공공복리를 위해 강제력을 동원할 수 있는 통치자의 권한'으로 인정됨으로써 절대적 국가권력의 기초를 제공하였다.

---

18 박창호 외 4인, 「비교수사제도론」(서울: 박영사, 2005), pp. 62−63.
19 최영규a, 「경찰행정법」(서울: 법영사, 2007), p. 5.

❷ 독일

프랑스의 경찰개념에 영향을 받아서 독일에서는 15세기 후반인 1476년 뷔르츠부르크Würzburg 주교령主敎令과 1492년의 「뉘른베르크법」Nürnberg Ordnung에 경찰개념이 최초로 등장하게 된다.[20] 1530년, 1548년 그리고 1577년의 독일 「제국경찰법」Reichs Polizei Ordnung에 의해 공공복지라는 국가목적 내지 그러한 목적을 위하여 행하여지는 국가행정 중 교회가 가지고 있던 '교회행정 권한을 제외한 일체의 국가행정'을 의미하였다.[21]

중세 독일은 교회행정을 제외한 일체의 국가행정을 '경찰'polizei이라고 규정하였다. 이러한 경찰개념은 '공동체의 질서있는 상태' 또는 '공동체의 질서있는 상태를 유지하기 위한 모든 활동'을 의미하였다. 다만 이 시대까지는 공법과 사법의 구별이나 국가활동의 분화가 이루어지지 못했다. 중세의 경찰개념은 경제 행정의 영역에 속하는 사항들(독점, 관세, 도량형 등)과 오늘날 순수하게 사법 영역에서 규율되는 영역(계약법, 후견법, 부동산법, 상속법 등)까지도 포함하고 있었다.[22]

3 경찰국가 시대의 경찰개념

17세기에 이르자 '일반적인 복지'Allgemeine Wohlfahrt의 충족이야말로 국가의 목적이라는 사상이 대두되었다. 이것은 절대국가(경찰국가)의 중요한 이념으로 자리를 잡게 되었다. 이때의 절대국가絶對國家·Absolute Dictatorship란 중세 후기 유럽에서 왕이 자의적으로 권력을 행사하여 국민의 권리를 제한하고 의무를 부과하던 국가를 말한다.

경찰개념은 중세국가까지는 경찰작용과 행정작용이 미분화였다. 경찰국가 시대에 이르러 경찰작용과 행정작용이 분화되었다. 17세기 경찰국가는 행복주의적 입장에서 공공의 복지를 목표로, 개인의 모든 활동에 국가가 간섭하는 것을 본질로 한다. 이와 같은 국가의 활동을 이론적으로 뒷받침하기 위해서 「경찰학」Polizeiwissenschaft이 탄생하게 되었다. 경찰학은 프로이센 절대주의적 국가체제를 뒷받침하는 핵심 영역으로 존재하던 학문이다.

절대국가 시절에는 국가와 시민과의 관계에 있어서 경찰의 위상이 두드러지기 시작했다. 당시 경찰권Polizeigewalt은 법적인 근거가 없어도 행사되었다. 경찰은 무제한의 경찰권을 행사하였다. 경찰권은 절대왕권의 집행을 위한 수단으로 활용되었다. 경찰국가에서

---

20 서정범, "경찰개념의 역사적 발전에 관한 고찰," 「중앙법학」, 9(3), 2007, p. 132.
21 김상호 외 8인, 전게서, p. 4.
22 Götz, Allgemeines Polizei und Ordrungsrecht, 13. Aufl., 2001, Rn. 6; Knemeyer, a. a. O., Rn. 2; 서정범, 전게논문, p. 132.

의 경찰권은 절대군주를 위한 최고의 권력이었다. 이 시기의 특징은 공적 영역의 복지증진을 위하여 사적 영역을 제한하였다는 점이다. 이러한 특징을 가진 국가인 '경찰국가'Polizeistaat가 탄생하였다.

경찰국가 시대에는 '행복주의'라는 이름 하에 많은 정책을 추진하였다. 예를 들어 포도의 재배에 의해서 곡물의 경작을 구축하는 것을 금지하거나, 곡물을 양조용으로 소비하는 것을 금지하였다. 경찰국가 시대에는 강력한 권력을 가진 국가의 행복촉진적 기능을 그 지도이념으로 하였다.

17세기에는 사회적 환경이 점차 복잡해지고, '중상주의'Mercantilism를 국가주의에 의해 보다 효과적으로 시행할 필요성이 대두되었다. 경찰학에 의해서 최초로 시도된 '공동체의 질서있는 상태를 유지하고 회복하기 위한 제반 방안'에 관한 이론적 체계화는 우선 광범위하게 경찰에 의해서 수행되어온 국가활동의 분리를 가져오게 된다.

17세기 초에는 외무행정이, 17세기 말에서 18세기 초에 이르러서는 외무, 군사, 재정, 사법 등이 경찰Polizei 개념에서 독립되었다. 이들 분야는 경찰개념과는 다른 새로운 분야로 발전하게 되었다.[23]

과거의 포괄적인 경찰개념으로 설명되던 외무행정, 군사행정, 재무행정, 사법행정 등이 특별한 조직과 기술을 전제로 하는 국가작용으로 분리된 것이다. 특히, 사법행정은 1648년의 베스트팔렌조약Treaty of Westphalia에 의해 경찰로부터 독립되면서 경찰개념은 양적으로 축소되었다.[24]

이처럼 경찰개념의 범위가 양적으로는 축소되었지만 질적으로는 오히려 강화되었다. 왜냐하면 경찰개념에 포함되는 국가의 활동은 공공복리의 증진에까지 확장되었기 때문이다. 경찰의 개념이 사회공공질서와 공공복리를 위한 내무행정으로 재편되면서 질적으로 강화되었다. 이 당시의 내무행정은 국민들의 기독교적인 경건한 생활, 위생, 건강, 예의, 생계 및 재산에 관계되는 광범위한 행정을 의미하였다.

소극적인 질서유지뿐만 아니라 적극적인 공공복리를 위해서도 경찰권을 발동할 수 있게 되었다. 따라서 이 시기의 경찰은 '만능萬能의 대명사'처럼 생각되었다. 군주는 공공복리의 증진을 위하여 마음대로 행동하고 국민의 사회생활 전체를 통제하였다.

특히 울프C. Woff는 "우매한 백성들은 그들의 권리와 재산을 인식할 수 없다."라고 하면서 군주의 절대권력을 인정하였다. 군주는 아무런 법적 제한 없이 강제력(형벌권 등)을

---

23 이상안c, 전게서, pp. 111−112.
24 田上穰治, 「新版 警察法」(東京: 有斐閣, 1926), p. 4.

집행할 수 있는 무제한의 경찰권^{Police Power}을 갖고 있었다. 따라서 경찰국가 시대의 경찰 개념 특징은 법적 제한을 받지 않는 무제한의 경찰권이 인정되었다는 것이다.[25]

🔍 경찰학(관방학)(Polizeiwissenschaft)

- 18세기의 절대국가는 경찰국가로도 불린다. 이러한 경찰국가는 볼테르에 의해 대표되는 계몽적 전제주의를 그 이념으로 하는 것이다. 프랑스 루이 14세의 "짐이 곧 국가다." 혹은 독일의 프리드리히 대왕의 "국왕은 국가의 제1의 충복(忠僕)이다."라는 말은 경찰국가의 이념을 잘 나타내 주고 있다.[26]
- 경찰학은 독일의 경찰학자인 유스티^{Justi}의 저서인 「경찰학 원리」^{Grundsätze der Polizeiwissenschaft}에서 등장하였다. 경찰학은 "공동체의 질서있는 상태를 유지하고 회복하기 위해서는 무엇이 필요한가?"라는 의문에 답을 하기 위한 이론체계를 확립하는 것을 목적으로 하였다.
- 경찰학은 17-18세기 초 독일·오스트리아에서 발달한 행정지식·행정기술 등을 집대성한 학문체계를 의미한다. 오늘날의 재정학·경제학·행정학·법학을 비롯하여 기술공예·농림학·통계학·인구론까지 그 영향을 미치고 있다.
- 이 시기의 경찰학은 절대국가에 있어서 국가목적의 실천에 필요한 절대주의 국가권력을 기초지우는 학문으로 성립된 것이다. 오늘날의 경찰학^{Police Science}과는 다르며, 양자간에는 적용범위, 목적, 내용 등에 있어서 많은 차이가 존재하고 있다.[27]
- 행정학 분야에서는 경찰학이라고 하지 않고 주로 관방학^{官房學}이라는 용어를 사용하고 있다.
- 오늘날의 개념과 비록 다르다고는 하지만 원어의 의미를 충실히 고려한다면 'Polizeiwissenschaft'는 '경찰'^{Polizei}과 '학문'^{Wissenschaft}이 결합된 용어이므로, 관방학^{官房學}이 아닌 경찰학^{警察學}이라고 번역하는 것이 옳다고 보여진다.

---

25 Wolff·Bachof, Verwaltungsecht Ⅲ, 4. Aufl., 1978, §3; 서정범, 전게논문, p. 134.
26 田上穰治, 前揭書, p. 4.
27 경찰대학a, 「경찰학개론」, 2004, p. 49.

⊕🔍 경찰국가시대의 특징

- 소극적인 질서유지 및 적극적인 공공복리를 위해서도 경찰권 발동 가능
- 내무행정 전반을 의미(외교, 군사, 사법, 재정 분야는 제외)
- 1648년 베스트팔렌조약[Treaty of Westphalia]에 의해서 사법행정이 경찰에서 분리

4 법치국가 시대의 경찰개념

18세기 중엽의 계몽기를 거쳐 자연법적 자유주의 사상의 영향을 받은 미국은 1776년 독립을 선언하였다. 프랑스에서는 1789년 혁명이 발생하였다. 이 시기에는 계몽주의[Enlightenment]와 자연법론의 영향으로 자유주의적 법치국가 관념이 대두되었다. 독일에서는 자유주의와 계몽주의의 영향을 받은 사상가들이 무제한의 권력을 행사하던 군주의 경찰권에 대해서 반론을 제기하였다.

계몽주의의 사상가들은 국가의 국민에 대한 자유로운 침해 권한을 위험방지의 영역에만 국한시키려고 노력하였다. 무제한의 경찰개념과 그에 상응하는 군주의 경찰권에 대하여 저항하였다.

18세기 후반에 이르러 경찰의 임무는 위험의 방지에 대한 배려이며, 복지의 증진은 경찰의 고유한 임무가 아니라는 주장이 나타났다. 계몽주의에 영향을 받은 독일의 공법학자 퓨터[J. S. Pütter]는 "경찰의 직무는 급박한 위험의 방지이다. 공공복리의 증진은 경찰의 본래 직무가 아니다."라고 주장하였다.[28]

계몽주의 시대를 거치면서 경찰의 개념은 '위험의 방지'라는 측면으로 제한되기 시작했다. 위험방지 사무와 복지증진 사무가 명백하게 분리되었다. 이러한 새로운 개념은 퓨터의 제자였던 스바레츠[Svarez]에 의한 1794년의 「프로이센 일반란트법」제2장 제17절 제10조 상의 규정을 통해서 더욱 명백하게 나타나게 되었다.

「프로이센 일반란트법」제2장 제17절 제10조에는 "공공의 안녕과 질서유지 그리고 공동체 또는 개별 시민들이 직면하는 위험의 방지를 위해 필요한 공공의 조직은 경찰이다."라고 규정하였다. 경찰작용은 "소극적인 위험방지분야에 국한된다."는 것을 명문화하였다.[29]

---

28 최영규a, 전게서, p. 6.
29 박창호 외 4인, 전게서, p. 229 재구성.

이는 적극적인 공공복리의 증진을 위한 경찰의 강제 권한은 더 이상 인정되지 않는다는 것을 의미한다.

이와 같은 법치국가적 경찰개념이 처음으로 법제화된 것은 1794년의 「프로이센 일반란트법」과 1795년의 프랑스 「죄와 형벌법전」^{경죄처벌법전·Code des Delits et des Peines}이다. 특히 「프로이센 일반란트법」에 담겨 있는 경찰의 개념을 이 당시의 위대한 철학자였던 훔볼트, 칸트 등은 강력히 지지하였다.

하지만 프랑스혁명 사상에 대한 보수세력의 저항 등으로 인해서 「프로이센 일반란트법」상의 진보적 법규 내용은 현실영역에서는 실제로 적용되지 못했다. 경찰의 업무영역에서는 복지사무가 여전히 남아있었기 때문에 「프로이센 일반란트법」의 규정은 선언적인 의미에 불과하였다.

이때 변화의 전환점을 형성한 것은 1882년 6월 14일의 프로이센 상급행정법원의 '크로이쯔베르크 판결'^{Kreuzberg Urteil}이었다. 크로이쯔베르크 판결을 계기로 경찰은 적극적인 복지행정에 개입할 수 있는 권한을 상실하게 되었다.

이러한 경찰개념의 변화가 입법에 의해서가 아니라 법원의 판결을 통해서 이루어진 것은 경찰권력에 대한 법원의 통제가 이루어졌다는 것을 의미한다. 이는 법치국가의 원리가 작동되었음을 시사하는 것이다.

이 판결을 통해서 경찰의 권한은 소극적인 위험방지 분야에 국한되었다. 비로소 1794년의 「프로이센 일반란트법」의 규정에 맞는 경찰권을 행사하게 되었다. 법치국가 시대의 경찰개념은 경찰국가 시대의 경찰개념과 달리 소극적인 위험방지 분야에 국한되게 된다. 1931년에 「프로이센 경찰행정법」이 제정되어 소극적 경찰개념을 재확인하였다.

경찰개념의 축소	
1794년의 프로이센 일반란트법	• 공공의 안녕과 질서유지 그리고 공동체 또는 개별 시민들이 직면하는 위험의 방지를 위해 필요한 공공의 조직은 경찰이다.
1776년 퓌터 (Johann Stephan Putter)	• 1770년에 독일의 공법학자 퓌터는 독일공법제요에서 "경찰의 임무는 급박한 위험의 방지이다. 공공복리의 증진은 경찰의 본래의 임무가 아니다"라고 천명했다.
1795년의 죄와 형벌법전 (Code des Delits et des Peines)	• 경찰은 공공의 질서, 개인의 자유·재산·안전을 유지함을 그 임무로 한다.

🔍 1794년 프로이센 일반란트법[30]

제2장

제17절: 신민의 특별 보호를 위한 국가의 권리와 의무

제10조 공공의 안녕과 질서유지 그리고 공동체 또는 개별 시민들이 직면하는 위험의 방지를 위해 필요한 공공의 조직은 경찰이다.

PrALR(Preußisches Allgemeines Landrecht)

ZWEYTER THEIL

Siebzehnter Titel: Von den Rechten und Pflichten des Staats zum besonderen Schutze seiner Unterthanen

§.10. Die nöthigen Anstalten zur Erhaltung der öffentlichen Ruhe, Sicherheit, und Ordnung, und zur Abwendung der dem Publico, oder einzelnen Mitgliedern desselben, bevorstehenden Gefahr zu treffen, ist das Amt der Polizey.

🔍 크로이쯔베르크 판결(Kreuzberg Urteil)(1882)

- 크로이쯔베르크 언덕에 있는 전승기념비의 조망을 확보하기 위하여 주변 토지에 대한 건축물의 높이를 제한한 베를린 경찰서장의 명령에 대하여 그러한 명령은 위험방지를 위한 것이 아니라 오히려 복지증진을 위한 조치이므로 이러한 명령은 무효라는 것이다.

- 이 판결을 통해서 법원은 경찰의 권한을 위험방지 분야에 국한시켰다. 1794년 「프로이센 일반란트법」의 규정에 맞게 경찰 권한을 해석하였다.

- 이후 여전히 적극적인 공공복리를 위해서 경찰권을 발동하던 경찰의 권한을 소극적인 위험방지 분야로 한정시키면서 경찰권을 축소시키는 전기를 만들었다.

---

30 vg1. Hatterthaurer, Allgemeines Landrecht für die Preußischen Staaten, 3. Auf1., 1996, S.626; 서정범, 전게 논문, pp. 133−134.

5 20세기 독일의 비경찰화

경찰의 개념은 20세기에 이르자 다시 한번 변화를 겪게 된다. 근대적 자유방임 국가의 발전에 따라 자본주의의 극심한 폐해가 발생하였다. 국가는 적극적으로 국민의 경제적·사회적 지위를 향상시키고 실질적인 자유와 평등을 보장하여 국민의 생존권을 보장해야 한다는 사상이 대두되었다.

이와 같은 사상에 따라 보육과 각종 조장행정에 대한 국가의 권력적 작용이 필요하게 되었다. 이른바 영업경찰, 위생경찰, 산림경찰, 건축경찰, 경제경찰 등이 재등장하게 되었다.

1933년 나치Nazi시대에 와서는 위험의 유무를 불문하고 경찰은 독일 민족공동체의 보호를 목적으로 모든 질서임무를 수행하였다. 1937년에는 독일의 나치정권이 각 주에 속해 있던 경찰권을 중앙에 집중하여 국가경찰화하였다. 보안경찰, 질서경찰 그리고 돌격대 등을 합쳐 '국가치안본부'를 설치·운영하였다.

제2차 세계대전의 패배로 나치 독일이 붕괴되자 경찰조직에도 많은 변화가 나타났다. 지금까지 경찰관청이 가지고 있던 광범위한 위험방지 임무들이 '질서관청'Ordnungsbeörde 이라고 불리는 다른 관청으로 넘어가게 되었다.

연합국 측은 점령정책의 일환으로 영업경찰, 위생경찰, 산림경찰, 건축경찰 등 기존 경찰사무를 다른 관청의 사무로 이관하였다. 경찰은 오직 질서행정 분야만 담당하게 하였다. 이를 비경찰화 혹은 탈경찰화라고 한다.

Police Science

🌐 비경찰화(탈경찰화)

- 제2차 세계대전 이후 협의의 행정경찰사무(영업경찰, 위생경찰, 산림경찰, 건축경찰 등)를 다른 관청의 사무로 이관한 것을 의미한다. 행정경찰의 사무에서 보안경찰의 사무는 그대로 있고 협의의 행정경찰 사무가 다른 관청으로 이관된 것이다.
- 제2차 세계대전 후 연합국에 의해 독일과 일본에서 비경찰화가 단행되었으며, 한국은 미군정기에 단행되었다.

6 대륙법계 국가의 경찰개념 변천과정

대륙법계 국가의 경찰개념 변천과정을 살펴보면, 중세에는 교회행정을 제외한 국정 전반을 의미했다. 경찰국가 시대에는 외교, 군사, 제정, 사법을 제외한 내무행정에 국한 되었다. 19세기 말에는 복지경찰을 제외한 소극적 위험방지 분야에 국한되었음을 알 수 있다. 제2차 세계대전 이후 비경찰화 과정을 거치면서 공공의 안녕과 질서유지라고 하는 보안경찰 임무에 국한되기에 이르렀다.

대륙법계 경찰개념의 특징은 국왕의 절대적 권력으로부터 유래하는 경찰권을 전제 로, 권력에 봉사하는 경찰과 시민이 대립하는 구도하에서 형성되었다는 것이다. 경찰개념 은 경찰권이라는 통치권적 개념을 전제로 그 발동범위와 성질을 기준으로 형성된 것이 다. 계몽주의 등의 영향을 받은 법치주의 사상의 등장으로 점차 시민권이 신장되면서 경 찰의 임무범위도 축소되었다. 결국 시민의 자유와 재산에 대한 경찰권의 발동범위를 축 소시키고자 했던 과정이었다.

대륙법계 국가의 시대별 경찰개념 변천과정		
시대	경찰개념	특징
고대국가	라틴어 politia에서 유래, 도시국가에 관한 일체의 정치	경찰과 행정의 미분화
중세국가	국가목적을 위한 모든 국가작용 → 교회행정 권한은 제외	경찰과 행정의 미분화
경찰국가	외교, 군사, 재정, 사법을 제외한 일체의 내무행정 전반, 적극적인 공공복리를 위한 경찰권 발동(내무행정)	경찰과 행정의 분화
법치국가	적극적 복지경찰 분야를 제외한 소극적 위험방지 분야에 한정(내무행정 중 치안행정)	경찰과 행정의 분화
현대국가	소극적인 위험방지 분야(보안경찰)와 적극적인 서비스	경찰과 행정의 분화

1 고대

고대 영국은 로마제국의 통치를 받았으며, 로마제국의 다른 식민지와 마찬가지로 시민과 군인^{Civil and Military Officers}에 의한 통치를 받았다. 이때는 주로 군대의 군인에 의해서 치안이 유지되었다. 이들의 주된 임무는 첫째, 질서유지^{Maintaining Order}, 둘째, 범법자의 체포^{Apprehending Wrongdoers}, 셋째, 판사에게 기소제기^{Bringing Wrongdoers before the Judges} 등과 같은 임무를 담당하였다. 따라서 고대 영국의 경찰개념은 질서유지, 범죄자 체포, 그리고 소추 등을 의미하였다.

Police Science

🔍 영어권에서의 경찰(Police)이라는 용어의 등장

- 경찰을 나타내는 'Policye'라는 단어가 영어권에서 처음 사용된 것은 1386년 초오서^{Chaucer}의 '캔터베리이야기'에서였다. 이것이 공적으로 사용된 것은 브르군드에서 필립공이 발한 1432년의 명령에서였다.[31]

2 중세

5세기 이후 로마제국의 철수 뒤에 영국은 앵글로·색슨족의 침입을 받아 앵글로·색슨 왕국이 성립된다. 통치지역은 샤이어^{Shires·행정구역}로 불렸다. 샤이어의 대표자를 국왕이 임명하면서 '대관'^{Reeve} 혹은 '국왕의 대관'^{Royal Reeve}이라고 불렀다. 그 후 국왕의 대관이 보안관^{Sheriff}이라는 명칭으로 변했다.

앵글로·색슨 시대의 경찰체제 특징은 첫째, 일반적인 지역에서는 지역민 공동책임^{Collective Responsibility}과 공동체 사회^{Community binding itself}로서 그 구성원들이 함께 질서유지와 범법자 추방 등과 같은 업무를 수행하였다.

둘째, 귀족과 성직자들은 그들의 영지에서 자신의 관할권과 재판권을 독자적으로 행사했다는 것이다.

---

31 서정범, 전게논문, pp. 131 − 132.

앵글로·색슨시대의 상호보증제도Frankpledge는 지역에 있는 주민들에게 경찰책임이 있다는 원칙을 존속시키는 데 많은 영향을 주었다. 이 제도는 고대의 보증Suretyship제도에서 유래했다. 십인지역Tithing·Ten Family에 가입된 가구주(가장)는 십인지역Tithing에서의 범죄발생과 범죄자의 기소에 대해서 공동책임을 지는 것이었다.

프랑스의 노르만 공이 침공함으로써 영국은 노르만 왕조가 성립된다. 이때도 샤이어-백인지역-십인지역 시스템Shire-Hundred-Tithing Systems은 노르만 보안관Norman Sheriff에 의해서 효율적으로 운영되었다. 12세기경에 십인지역에서의 경찰책임Tithing's Police Responsibility은 상호보증제도Frankpledge라는 이름으로 불렸다.

영국의 중세는 도시와 많은 도道·Counties에서 주민들의 삶이 변화되면서 새로운 경찰활동을 요구하였다. 1253년의 칙령(법률)Royal Writ of 1253에서는 과거의 전통이었던 범인을 추적하고 체포하던 '규환제도'Hue and Cry와 '치안관'Constables제도를 강조하였다.

에드워드 1세Edward I의 통치기간인 1285년에 「윈체스터법령」The Statute of Winchester 1285이라는 중요한 경찰관련 법률이 제정되었다. 「윈체스터법령」은 1066년 노르만 정복시대 이후부터 1829년의 「런던수도경찰법」사이 약 600년 동안에 거의 유일하게 존재한 경찰활동 규율법령으로서의 중요성을 갖는다.

「윈체스터법령」에서는 법집행에 있어서 지역사회 공동책임을 강조하던 과거의 전통을 다시 한 번 강조하였다. 전통적인 순찰과 감시의 '야경인'Watch and Ward제도와 큰 소리로 범인을 추적하는 '규환제도'Hue and Cry는 1285년 윈체스터법령으로 입법화되었다.[32]「윈체스터법령」의 결과로 작은 도시에도 야간에 파수를 보는 '야경인'Night Watch and Ward 제도를 도입했으며 모든 주민에게 범죄자를 추적Hue and Cry할 의무를 부여했다.

이 당시 15-60세 사이의 성인남자들은 구조신호에 대응해야 하는 의무와 자신의 지역을 보호하기 위한 무장의무Assize of Arms를 가지고 있었다. 이들은 범죄예방과 순찰 등과 같은 사찰Inspection임무를 수행했으며, 그들의 장을 '치안관'Constables이라고 불렀다.

치안관은 각 백호담당 지역에서 뽑혔으며, 가장 강력한 자유와 법적 권한을 가진 책임자였다. 십호 담당 지역에서도 치안관이 있었는데 이들을 '보통 치안관'Petty Constables이라고 했으며, 백호 지역에 있는 치안관은 '고등 치안관'High Constable이라고 하여 서로 구별하였다.

치안관은 야간감시활동Night Watch과 낯선 사람을 체포하거나 '보안관'Sheriff에게 기소하는 등의 활동을 담당하였다. 치안관은 지역사회의 감독과 감시체계를 관리하고, 법적용의

---

32 이순래·박정선·박철현(역), 「범죄예방론」(서울: 도서출판 그린, 2019), p. 43.

임무를 맡았다. 하지만 일반시민과 마찬가지로 국가로부터 월급을 받지는 않았다. 이러한 사례는 국가가 아닌 일반시민들이 범죄예방의 중요한 책임을 맡았다는 것을 보여 준다.

시간이 지나 십호 담당 지역의 지역적 단위가 가장 기본적인 지방행정 단위인 '교구' Parish로 변경되었다. 십호 담당 지역의 보통 치안관Petty Constable은 '교구치안관'Parish Constable 으로 변경되었다. 교구치안관은 오늘날 경찰에서 말하는 순경Constable의 직접적인 기원이 된다.[33]

교구치안관은 교구당 1명이 1년 동안 무급으로 범죄 관련 업무를 수행하고 야간에는 파수꾼Watchman들과 함께 순찰활동을 해야 했다.[34] 교구치안관은 사실상 부자들의 사업체 와 고급주택을 보호하기 위해서 고용된 일반인이었다. 교구경찰관은 중앙정부에서 임명 된 공무원이 아니고, 부자들에게 고용되어 공적인 임무를 수행하는 일반 시민이었다. 따 라서 교구치안관은 민간경비Private Security의 한 형태이자 자경단이라고 볼 수 있다.

중세에 있어서 범죄와 무질서의 통제는 주로 지방의 치안판사가 담당하였다. 치안판 사가 발부한 영장과 명령에 의해서 치안관은 기소를 하였고, 치안판사는 이에 대한 판결 을 담당하였다. 이때의 치안판사와 치안관은 무보수를 원칙으로 하였다. 따라서 치안판사 는 재판을 종종 자신의 집에서 하였고, 치안관은 맡은 임무가 끝나면 자신의 일상업무를 하였다.

따라서 중세 영국의 경찰개념은 ① 고대 보증제도에서 유래한 상호보증제도Frankpledge 와 ② 순찰과 감시의 야경인Watch and Ward 제도, ③ 그리고 큰 소리로 범인을 추적하는 규 환제도Hue and Cry를 포함하였다.

Police Science

🔍 검시관(Coroners)과 치안판사(Justices of the Peace) 제도[35]

- 우리나라의 도道와 같은 샤이어Shire 지역의 책임자인 보안관Sheriff은 노르만 왕조 시기에 많은 권한을 행사하면서, 부패와 탐욕에 빠지게 되었다. 이러한 이유로 영국의 국왕은 보안관을 점점 감소시키게 되었다.

- 따라서 보안관 제도를 대신할 수 있는 변화의 흐름이 나타나기 시작했는데 첫째는 '검시관'Coroners제도이고 두 번째는 '치안판사'Justice of the Peace제도이다.

---

33 The parish constable, direct ancestor of the police constable of today.

34 Charles Reith, "Prevention Principle of Police", *Journal of Criminal Law and Criminology*, 34(30, 1943, p. 206.

35 이창무, "범죄의 재구성 ⑥ 경찰의 탄생: 탄생 주역은 羊이었다, 19세기 영국서 근대 경찰 첫 등장"「신동아」, 2012.

- 검시관제도는 1194년경에 도입하게 되었다. 검시관은 변사체의 검시, 범죄용의자의 수사 등과 같은 보안관의 업무와 중복되는 임무를 수행하면서 형사사법분야에 있어서 보안관의 역할을 점점 대체하게 된다.
- 치안판사제도는 1361년에 도입되었다. 이들은 법률적 지식을 갖고 있으면서 범죄자를 체포하고, 처벌하는 등의 권한을 행사하였다. 이러한 치안관Constable, 검시관Coroners, 치안판사Justices of the Peace, 보안관Sheriff제도 등은 오늘날 영국의 제도에서 여전히 존재하고 있으며, 식민지인 미국에도 많은 영향을 끼쳤다.
- 중세에 있어서 범죄와 무질서의 통제는 주로 지방의 치안판사가 담당하였다. 치안판사JPs: Justices of the Peace가 발부한 영장과 명령에 의해서 치안관은 기소를 담당하고 치안판사는 재판을 담당하였다. 이때의 치안판사와 치안관은 무보수를 원칙으로 하였다.
- 따라서 치안판사는 재판을 종종 자신의 집에서 하였고, 치안관은 맡은 임무가 끝나면 자신의 일상 업무로 복귀하였다.

3 근대

❶ 영국

근대가 시작되면서 범죄는 급증하고 신종범죄도 나타났다. 1361년부터 제도화된 치안판사JPs: Justices of the Peace는 국왕이 임명하였지만 부정부패로 유명했다. 찰스 2세Charles II에 의해서 도입된 '찰리스'Charleys라는 야경인Watchmen들은 대부분 효과가 없었다. 치안관Constable은 시간제로 일하고 있었고, 급여도 거의 없었다.

1692년 「노상강도법」이 실시되면서 범죄사냥꾼이 나타났다. 이 법은 비공식적으로 범죄자를 체포하거나 강탈된 재산을 회수한 경우에 개인에게 현상금을 지급하는 방법을 실시했다.[36] 범죄현상금을 위해서 자발적으로 범죄자들을 잡으러 다녔던 사람들을 '범죄사냥꾼'Thief Takers이라고 했다.[37]

범죄사냥꾼은 국가의 공식시스템이 아니라 비공식 사적 시스템으로 운영되면서 범죄자를 체포했을 때 돈을 받는 제도였다.[38] 이들은 범죄자 체포와 거래협상을 하여 훔친 물

12.26.

36 The form of privately paid individuals used to maintain law and order without a formal system connected to the state.

37 이순래·박정선·박철현(역), 전게서, p. 44.

38 Bow Street Runners(n.d)(from https://www.historic−uk.com/)(Retrieved January 23, 2022).

건을 반환 받으면서 돈을 받았다. 범죄사냥꾼제도는 돈을 받지 않는 자발적인 자원봉사 시스템은 아니었다.**39**

영국은 헨리 8세의 수도원 해산과 가격혁명을 바탕으로 한 농업혁명으로 양¥의 털로 만든 모직산업이 급속히 발전하게 된다. 양¥이 "사람들마저 잡아먹고 삼켜버린다."는 토마스 모어^{Thomas More}의 표현은 유명하다.

모직 가공 같은 공장제 수공업이 도시에 발달하면서 공장이 하나둘 늘어났고 싼값에 일할 수 있는 노동자가 필요했다. 사람들이 농촌에서 공장 주변으로 모여들었고, 도시가 만들어졌다. 사람은 많아지고, 이동 또한 빈번해졌지만 '백호 담당제와 십호 담당제'^{Hundred & Tithing Systems}도 존재할 수 없었다.

1738년 버클리 주교^{Bishop Berkeley}는 "영국의 종교와 윤리는 과거의 그 어떤 기독교 국가에서도 찾아볼 수 없을 정도로 부패했다."^{In 1738 Bishop Berkeley declared that religion and morality in Britain had collapsed "to a degree that was never before known in any Christian country."}고 말했다.**40**

1748년 헨리 필딩^{Henry Fielding}은 그 당시 영국 보우가^{Bow Streets}의 행정장관으로 임명되면서 시민들에게 범죄예방을 위해서는 시민 스스로가 단결해야 한다는 개념을 제시했다. 1785년에는 최초의 형사기동대라 할 수 있는 '보우가의 주자'^{Bow Streets Runners}로 불리는 경찰조직을 만들었다. 헨리 필딩이 만든 보우가의 주자는 ① 절도순찰대^{Bow Streets Runners}, ② 기마순찰대^{Bow Streets Horse Patrol}, ③ 도보순찰대^{Bow Streets Foot Patrol} 등으로 구성되어 있었다.

18세기 영국은 산업혁명과 식민지배의 영향으로 많은 발전을 이룩했다. 하지만 이 당시 영국은 지나친 도시화의 영향으로 부패, 실업, 빈곤 등의 확산이 심각했으며, 수많은 범죄와 폭동이 급증하였다.

범죄가 증가하고 시위나 폭동이 빈발하자 영국 정부는 「폭동법」^{Riot Act}을 제정하여 군대를 동원하는 방식으로 사회질서를 유지하려 했다. 군대를 동원한 방식은 시민의 극심한 저항을 불러 일으켰고 사회혼란은 더욱 심화되었다.

특히 수도 런던의 문제는 매우 심각했다. 16세기 중반 인구 5만 명에 불과하던 런던은 17세기 초 50만 명 넘게 사는 대도시로 변해 있었다. 주위는 모르는 사람들로 가득했으며 외지인은 계속 밀려들어왔다. 공장 일은 하루 16시간 이상 중노동을 해야 할 만큼

---

39 Thief Takers who would capture criminals for money and negotiate deals in order to return stolen goods whilst claiming rewards. The informal, volunteer based system was not working.

40 Donald Drew, "England Before and After Wesley"(n.d)(from https://disciplenations.org/(Retrieved October 19, 2022).

가혹했지만 일자리가 항상 보장되는 것은 아니었다.[41]

일자리가 없다고 다시 농촌으로 돌아갈 수도 없었다. 자연스레 범죄가 늘 수밖에 없었다. 곧 극심한 상황이 닥쳤다. 당시 런던 시민의 3분의 1이 범죄자라고 할 만큼 심각했다.

범죄와 폭동으로 치안유지가 어려워지자 영국 경찰제도에 대한 근본적인 개혁 요구가 지속적으로 제기되었다. 드디어 1829년의 「런던수도경찰법」The Metropolitan Police Act of 1829이 제정되었다.

1829년 로버트 필 경에 의해 영국 최초의 개혁적이자 근대 경찰인 '런던수도경찰청'이 탄생되었다. 영국 근대 경찰의 아버지로 불리는 로버트 필 경Sir Robert Peel은 1829년 "앵글로·색슨의 전통인 공동체 치안원칙으로 돌아가자."라는 슬로건을 내세웠다.[42]

런던수도경찰청은 국민을 위해 봉사하고 범죄를 예방하는 것을 주된 임무로 삼았다. 따라서 런던수도경찰청은 ① 공동체 치안원칙의 재확인, ② 국민을 위한 서비스, ③ 범죄의 예방과 진압 등을 경찰활동의 주요 원칙으로 삼았다.

❷ 미국

미국은 영국의 영향을 받아서 식민지시기에 최초의 법집행기관 중의 하나는 치안관제도Constables를 창설하였다. 최초의 경찰기관은 대부분 미국의 동·북부지역에서 창설되었다. 보스턴에서는 1636년에 야간감시인Night Watch 제도가 등장했으며, 뉴욕에서는 1658년에 예비범죄자에게 경고하는 임무를 포함하는 야간감시인 형태의 딱딱이 감시인Rattle Watch이 등장하였다. 1700년에는 필라델피아에서 야간감시인Night Watch이 등장하였다.[43]

영미의 경찰개념은 주권자인 시민으로부터 자치권한을 위임받은 조직체로서의 경찰이 시민을 위해서 수행하는 기능을 중심으로 형성된 것이다. 따라서 경찰은 시민으로부터 자치권한을 위임받은 조직으로서의 역할을 중심으로 형성되었다. 경찰활동은 무엇인가라는 문제로 경찰개념이 논의되었다. 경찰은 시민을 위하여 법을 집행하고 서비스하는 기능이 중심을 이루어야 하며, 국가를 보호하는 기능은 주된 기능이 아니라고 보고 있다.

따라서 경찰과 시민은 대립적인 관계가 아니며 주민을 보호하고 서비스하는 기능과 역할을 중심으로 경찰개념이 발전되어 왔다. 예를 들어 보안관은 주민이 선출하였는데

---

41 이창무, 전게기사.
42 홍동표, "한국의 자치경찰제에 관한 공법적 연구"「박사학위논문」서울: 숭실대학교 대학원, 2008, pp. 101-102.
43 Larry K. Gaines & Victor E. Kappeler, *Policing in America* (Cincinnati, OH: Anderson publishing co., 2003), p. 74.

이때 보안관은 주민을 보호하고 서비스를 하는 업무를 수행하였을 뿐, 대륙법계 경찰처럼 국왕의 명령을 강제로 수행하는 기능을 한 것이 아니라는 것이다.

4 ║ 대륙법계와 영·미법계의 비교

경찰개념 발전의 특징을 살펴보면, 대륙법계의 경찰개념과 영미법계의 경찰개념이 다르다는 것을 알 수 있다. 대륙법계 국가에서는 종래 경찰이 국가적 권위를 대표하는 것으로 생각하고 중앙집권적·관료적인 국가경찰제도를 유지하는 경향이 있었다.

반면 영미법계 국가에서의 경찰은 치안유지는 시민자치의 사상에 따라 시민 자신의 임무로서 지방분권적인 자치체경찰을 원칙으로 한다.

경찰의 목적 또는 사명에 있어서도 대륙법계 국가에서는 경찰을 보안목적을 위한 권력작용에 한정하지 않고 복리증진상의 질서유지를 위한 권력작용도 포함한다. 하지만 수사경찰은 사법작용에 속한다고 하여 행정경찰에서 분리시키는 것이 특징이다.

반면 영미법계 국가에서는 경찰의 임무를 복리증진상의 질서유지를 제외한 일반적인 치안유지에 국한한다. 국민의 생명·신체·재산의 보호, 범죄의 예방과 진압을 담당한다. 수사경찰을 경찰의 고유한 임무로 간주한다. 대륙법계처럼 산업·경제·문화·위생 등의 복리목적을 위한 명령·강제작용을 포함하지 않고 그러한 작용은 다른 행정기관의 직무로 하는 것이 원칙이다.

또한 대륙법계의 경찰개념은 국왕의 절대적 권력으로부터 유래된 경찰권을 전제로 한다. 국왕의 권력유지와 국가발전을 위한 경찰의 제반 활동은 시민의 기본권과 자유를 위축시킬 수밖에 없었다. 따라서 자유와 권리에 대한 기본권을 국가로부터 보호하고자 하는 시민과 대립하는 구도였다.

이후 계몽주의, 자연법주의, 법치주의 사상의 등장을 계기로 시민권은 신장되고 경찰권은 축소되었다. 시민권과 경찰권은 반비례의 관계이자 대립적인 관계에서 경찰권이 점점 축소되는 역사였다.

반면 영미법계에서는 시민을 보호하고 서비스하는 조직으로 경찰이 존재하였다. 주민의 선거로 선출된 경찰은 주민의 자치권을 보호하고 서비스하는 기능을 담당하였다. 통치권자의 권력유지를 위한 업무가 아니라 주민생활을 보호하는 역할을 담당하였다. 경찰과 시민의 관계는 상호협력하는 관계였다.

이처럼 대륙법계 국가의 경찰개념은 국왕의 명령을 집행하는 '경찰권'이라고 하는 통치권적 개념을 전제로 그 발동범위와 성질을 기준으로 형성되었다. 반면, 영·미의 경찰개념은 시민을 보호하고 서비스하는 기능 또는 역할을 중심으로 형성되었다고 볼 수 있다.

영미법계 경찰과 대륙법계 경찰의 비교		
구분	영미법계	대륙법계
경찰권의 기초	• 자치권	• 통치권
시민에 대한 관점	• 보호와 서비스 (Care and Service)	• 통제와 지시 (Control and Order)
시민과의 관계	• 시민과 협력관계	• 시민과 대립관계
형성배경	• 기능 또는 역할	• 발동범위와 성질
수사권 인정 여부	• 경찰의 수사권 인정	• 경찰의 수사권 불인정

5 ∥ 한국에서의 경찰개념 형성

한국에서 경찰에 대한 관심은 1884년 갑신정변 때부터 시작된다. 김옥균, 박영효 등 개화파들의 근대적 경찰개혁은 1884년 10월 갑신정변甲申政變 당시 혁신정강 제8조 '순사제도巡査制度를 시급히 설치하여 도적盜賊을 방지할 것'으로 구체화되었다. 하지만 갑신정변의 실패로 실현되지 못하였다.

이들의 경찰제도 개혁구상은 유길준俞吉濬에 의해서 더욱 구체화되었다. 유길준은 서양사회의 견문을 기술한 「서유견문」西遊見聞 가운데 근대적 경찰제도를 소개한 제10편 '순찰巡察의 규제規制'를 통해서 경찰제도 개혁을 주장하였다.

유길준은 근대적 경찰제도를 '치안유지'와 함께 '개명開明한 진보'를 위한 중요한 수단으로 보았다. 그 목적은 '민생民生의 복지福祉와 안강安康'에 있다고 인식하였다. 경찰제도를 행정경찰行政警察과 사법경찰司法警察로 구분하였다. 행정경찰은 주로 범죄의 예방과 재난방지에, 사법경찰은 이미 발생한 범죄에 대한 수색·체포 등을 주요 임무로 하는 것으로 구

분하였다. 전통적인 경찰제도에서 혼합되어 있던 경찰과 사법기능의 분리를 주장하였다.**44**

1880년대 김옥균, 박영효 등이 부국강병을 위한 급무인 치도책治道策의 중요한 수단으로 '순검제巡檢制', 즉 근대적 경찰제도의 필요성을 강조한 점이나 유길준이 문명개화를 위한 중요한 수단으로 근대적 경찰제도를 인식한 점에서 경찰제도의 근대적 개혁목적에 대해서는 인식을 같이 하였다.

또한 경찰의 주요 기능에서도 사법권과의 분리는 물론 경찰의 기본업무라고 할 수 있는 치안과 함께 인민의 건강을 위한 '위생衛生'을 강조하고 있는 점도 공통적이다. 다만 김옥균, 박영효 등이 일본의 경찰제도로부터 전적인 영향을 받은 반면, 유길준은 영국 등 서구의 제도를 폭넓게 견문한 이후에 그것을 바탕으로 경찰제도 개혁론을 펼치고 있다는 점에서 큰 차이를 보이고 있다.

이것은 단순히 어느 나라의 영향을 받았나 하는 문제에 그치는 것이 아니라 근대국가 건설과정에서 기능하게 될 근대적 경찰제도에 대한 인식의 차이를 보여주는 것이다. 특히 유길준과 박영효의 경우, 그들이 각각 1894년과 1895년 경찰제도의 근대적 개혁을 주도하는 위치에 서게 된다는 점에서, 양자간 개혁론의 차이는 갑오개혁기 경찰제도의 변화에 많은 영향을 끼치게 된다.**45**

경무청이 등장하기 이전인 근대 이전에는 범죄가 공공의 안전을 위협할 때 질서를 유지하기 위해서만 등장했다. 그런데 갑오개혁기 개화파 관료들은 '조선자강朝鮮自强의 근대近代'를 대전제로 하였다. 이를 실현할 구체적인 물리력으로서 경찰개혁을 추진하였다. 이때 유길준은 「서유견문」西遊見聞에서 '민족民族 · 민주民主 · 평등주의平等主義'를 지향하면서 경찰기구를 예정하였다.**46**

근대적 경찰제도를 '치안유지'와 함께 '개명開明한 진보'를 위한 중요수단으로 보면서, '민생民生의 복지福祉와 안강安康'에 있는 것으로 인식하였다.

특히, 유길준은 「서유견문」西遊見聞 '순찰巡察의 규제規制' 편에서 영국 근대 경찰의 창시자인 로버트 필Robert Peel을 소개한다. "순찰하는 규제를 세워 행하니 십년이 되지 않아 사람들이 과연 매우 편하다고 하였다. 이에 서양 각국이 다투어 이 법을 본받으려 한다."며 영국의 근대 경찰제도를 높이 평가하였다.**47**

---

44 손영상, "갑오개혁 이후 근대적 경찰제도의 정립과 운영" 「석사학위논문」 서울: 서울대학교 대학원, 2005, pp. 14 – 15.

45 상계논문, pp. 14 – 15.

46 伊藤俊介, "朝鮮における近代警察制度の導入過程" 「朝鮮史研究会論文集」, 2003, p. 41.

47 허경진(역), 「서유견문」(서울: 서해문집, 2004), pp. 292 – 293.

특히 갑오개혁(1894년)에 영향을 미친 일본의 경우는 가와지 도시요시川路利良가 유럽 국가들의 치안행정에 관한 시찰보고서를 작성(1872년)하면서 프랑스·독일 등의 치안조직을 경계사찰警戒査察의 줄임말인 '케이사쯔'警察라고 번역한 이후부터 경찰이라는 용어를 사용하였다.[48] 또한 가와지 도시요시는 "신민臣民이라고 하는 것은 은혜를 모르는 족속이다. 절대 자비를 베풀지 마라."라고 하면서 억압적이고 비민주적인 근대경찰을 예정하였다.

이처럼 일본의 근대 경찰제도는 국가의 강제성·폭력성에 기초하여 국민에 대한 물리적 억압장치 혹은 감시장치를 지향하였다. 반면, 조선의 경우는 '순검직무장정'巡檢職務章程이라는 현실정책을 통해서 알 수 있듯이 종래의 유교적 통치질서를 바탕으로 '민중적民衆的·민주적民主的' 경찰상을 추구한 근대 경찰제도를 창설하였다는 것이다.

유길준이 일본보다 영국의 근대 경찰에 더 깊은 관심과 호감을 가졌다는 사실은, 특히 경찰의 대국민 감시기능에 있어서 일본과 큰 차이를 나타낸 주요 원인이 되었다고 볼 수 있다. 왜냐하면 일본이 근대 경찰을 창설하면서 모방한 것은 프랑스의 경찰제도였기 때문이다. 당시 프랑스의 근대 경찰은 시민혁명 등 잦은 정변으로 인하여 서구 경찰 중에서도 대국민 감시기능이 가장 강력하게 나타난 것이었다.

그에 비해 유길준이 상대적으로 국민의 정치적 자유를 보장하며 대민 봉사적 역할을 강조했던 영국 경찰의 모습을 지향하였다는 점은 갑오개혁기 조선이 일본과 유사한 경무청 제도를 갖추면서도 실제 경찰의 역할에 있어서는 상당한 차이를 나타내게 만드는 원인이 된 것이다.[49]

따라서 영국이 근대 경찰의 아버지로 '로버트 필'Robert Peel을 든다면, 한국 근대 경찰의 아버지로 '유길준'을 들 수 있을 것이다. 이러한 유길준의 조선자강을 위한 경찰개혁 노력에도 불구하고, 국제정세의 변화와 일본의 침략으로 인해 대한제국이 멸망하고 일제 식민지로 전락하면서 한국 경찰은 암흑기에 빠지게 된다.

1945년 일본 패전 후 남한에는 美군정이 실시되었다. 종래 대륙법계의 치안유지 중심의 행정경찰적 관점이 강조되던 입장에서 영미법계의 민주주의적 이념에 따른 경찰개념이 강조되었다.[50] 이는 국민의 생명·신체 및 재산의 보호가 경찰의 임무로 도입되는 결과로 나타났다. 따라서 한국의 경찰개념에는 대륙법계와 영미법계의 경찰개념이 모두 반영되어 있는 것이 특징이다.

---

48 이황우j, "경찰학의 학문적 발전방향"「한국공안행정학회보」, 12, 2001, p. 4.

49 송영상, 전게논문, p. 39.

50 경찰공제회a, 「경찰실무종합(상)」, 2004, p. 9.

🔍 한국에서의 경찰용어 등장

- 한국에서 경찰이라는 용어가 최초로 사용된 것은 구한말 고종 31년(1894년)으로 기록된다. 동년 6월 28일(음력)의 각 아문 관제는 "법무아문은 사법·행정경찰을 관장한다."고 규정하였다. 그러나 7월 1일에는 경찰의 소속을 내무아문으로 변경하였다.
- 7월 14일에는 경찰의 조직에 관한 법인「경무청관제직장」과 경찰의 작용에 관한 법인「행정경찰장정」을 제정하였다.
- 1894년 7월 14일 최초의 근대 경찰인 '경무청'이 창설되었다.[51]
- 갑오개혁에 의해, 종래의 경찰기관이었던 포도청이 폐지되고 경무청이 설치되어 근대적 경찰제도가 도입되었다. 당시 경무청의 직무는 사법경찰과 소방·감옥사무를 포함한 것으로서, 오늘날의 경찰과는 달랐다.[52]
- 프랑스의「죄와 형벌법전」^{Code des Delits et des Peines, 1795} 제16조의 규정은 일본의「행정경찰규칙」(1875)의 모범이 되었다. 일본의「행정경찰규칙」이 1894년 갑오개혁을 통해서「행정경찰장정」에 그대로 이식됨으로써 프랑스법의 경찰개념이 한국 경찰개념의 형성에 중요한 역할을 하였다. 프랑스에서 유래한 행정경찰의 개념이 일본을 통해서 한국에 전수된 것이다.
- 지금 우리나라에서 사용하고 있는 '경찰'이라는 용어는 '경계사찰'^{警戒査察}의 줄임말이라고 한다. 경찰은 세상을 타이르고 속됨을 살핀다는 뜻의 '경세찰속'^{警世察俗}의 줄임말이라는 일본학자의 해석도 제시되고 있다.[53]

6 ∥ 오늘날의 경찰개념

국민의 자유를 중시하는 법치국가론의 등장으로 경찰국가이론이 자취를 감추는 듯하다가 20세기 들어 제국주의와 공산 독재정권들이 등장하면서 다시 사상경찰이 강화되고 경찰권이 남용되는 역사가 반복되었다. 특히 제2차 세계대전 이전의 일본·독일·이탈리아 및 스탈린 치하의 소련의 사례 등을 통해 경찰국가의 부활을 확인할 수 있다.

---

51 행정자치부,「대한민국 정부조직 변천사」, 1998. p. 58.
52 최영규a, 전게서, p. 5.
53 박일룡, 전게잡지, p. 123.

그러나 인간의 존엄성 및 자연권(기본권) 개념의 확산으로 개인의 자유·평등·정의에 대한 국가의 보장책임이 강조되면서 국민생활에 대한 경찰의 간섭이 제한되고 경찰은 단지 법집행을 통해 공공의 안녕과 질서를 유지하고 국민에게 봉사하는 존재로 변모하였다.[54]

독일의 경우는 독일 연방헌법재판소의 국세조사법 판결이 계기가 되어 '일반적으로 존재하는 위험에 대한 사전대비'가 경찰의 중요한 과제로 부각되고 있다. 이러한 '경찰상 사전대비의 원칙'Polizeiliches Vorsorgeprinzip은 경찰사무의 제3의 유형으로 부각되고 있다.[55]

따라서 오늘날의 경찰은 공공질서를 유지하고 위해와 범죄로부터 국민의 생명과 재산을 보호하며 국민에게 봉사와 도움을 제공하는 공공서비스 또는 공공재로 이해하는 분위기가 지배적이다.[56]

이러한 제반 논의를 종합하면, 오늘날 서구의 경찰개념은 국민의 생명·신체 및 재산의 보호를 위해서 위험의 사전예방적 경찰활동Proactive Policing과 사후진압적 경찰활동Reactive Police 그리고 서비스 경찰활동Service Policing이 주임무라고 할 수 있다.

Police Science

🌐🔍 경찰상 사전대비의 원칙[57]

- 경찰상 사전대비의 원칙Polizeiliches Vorsorgeprinzip은 독일의 경찰법 영역에서 최근에 논의되는 것으로 구체적인 위험의 현실화 방지로부터 한 걸음 더 나아가서 사후에 구체적으로 발생할 위험을 사전에 방지하는 경찰상 사전대비가 인적 정보문제와 관련하여 또 하나의 경찰 사무의 유형(제3의 유형)으로 인정되어야 한다는 원칙이다.

Police Science

🌐🔍 21세기 헌법수호기관이자 인권수호기관으로의 경찰 패러다임 전환

- 대부분의 국민들과 경찰자신은 경찰은 단순한 행정부처의 하나이며, 법집행기관의 한 부분이라고 생각한다.
- 차관급 부처라는 낮은 위상과 권력에 복종하여 체제수호에 전념하는 기관이라는 낮은 자존감을 가지고 있다.
- 하지만 국민의 생명·신체 및 재산의 보호 그리고 사회공공의 안녕과 질서라는 「헌법」의 최

---

54 이황우e, 전게서, p. 6.
55 홍정선a, 「경찰행정법」(서울: 박영사, 2007), p. 8.
56 이황우e, 전게서, p. 6.
57 홍정선a, 전게서, p. 8.

우선 가치를 실현하는 기관이 누구인가?

- 24시간 밤낮없이 범죄예방과 진압을 위해서 자신의 생명을 희생하고, 위급한 상황에서 국민이 가장 의지하고 도움을 요청하는 기관이 누구인가?
- 국민의 인권보호와 피해자보호를 위해서 수많은 규정과 절차를 가지고 있는 기관이 누구인가?
- 21세기 경찰은 스스로를 헌법수호기관이자 인권수호기관으로 자리매김 해야 한다.
- 경찰은 법률 적합성만을 고려하는 다른 행정기관과 사후의 범죄진압에 우선하는 검찰과 다르게 범죄예방과 진압 그리고 공공의 안녕과 질서유지 등을 동시에 수행하는 헌법수호기관이다.
- 경찰은 국민의 자유와 권리 및 모든 개인이 가지는 불가침의 기본적 인권을 보호하는 인권수호기관이다.
- 경찰은 국민의 인권을 최일선에서 보호하고, 범죄피해자 보호까지 담당하는 인권수호의 보루이자 가장 핵심적인 인권수호기관이다.

제2장 경찰의 종류

제1절 형식적 의미의 경찰과 실질적 의미의 경찰

일반적으로 경찰의 개념을 형식적 의미의 경찰과 실질적 의미의 경찰로 구분하고 있다. 실질적 의미의 경찰이란 사회공공의 안녕과 질서를 유지하기 위하여 국가의 일반통치권에 근거하여 국민에게 명령·강제하는 권력적 작용이다. 이러한 실질적 의미의 경찰은 주로 행정경찰을 의미한다.

형식적 의미의 경찰이란 보통경찰기관에 분배되어 있는 임무를 달성하기 위하여 행하여지는 경찰활동을 의미한다. 경찰관서에서 하는 일체의 경찰작용을 의미한다.[58]

1 형식적 의미의 경찰

1 의의

형식적 의미의 경찰이란 보통경찰기관에 분배되어 있는 임무를 달성하기 위하여 행하여지는 경찰활동을 의미한다. 경찰관서에서 하는 일체의 경찰작용을 의미한다. 이러한 형식적 의미의 경찰개념은 실정법상 보통경찰기관에 분배되어 있는 임무를 달성하기 위한 경찰활동이다.

---

58 상게서, p. 7.

형식적 의미의 경찰은 경찰기관의 담당 권한에 의한 개념이다. 이는 제도(법령)상의 개념이며, 보통(일반)경찰기관의 권한에 속하는 모든 작용이며, 그 작용의 성질 여하를 불문한다.

2 특징

형식적 의미의 경찰 특징	
구분	내용
제도적 의미	• 형식적 의미의 경찰은 그 작용의 성질여하를 불문하고 제도상의 일반경찰기관의 권한에 속하는 모든 작용을 의미한다. • 역사적·제도적 측면에서 정립된 개념이다.
기능 중심	• 형식적 의미의 경찰은 실질적 의미의 경찰에서 정의하고 있는 경찰의 기능 중에서 제도상의 경찰기관이 관장하고 있는 기능을 중심으로 한다.
조직 중심	• 형식적 의미의 경찰의 범위는 각국의 전통이나 현실적 환경에 따라서 다르다. • 실질적 의미의 경찰작용 중 어디까지를 보통경찰기관의 권한으로 할 것인가는 그 나라의 입법정책의 문제이다. • 한국 「경찰법」 제3조와 「경직법」 제2조에서 규정하고 있는 모든 임무와 직무는 형식적 의미의 경찰활동이 된다. • 생활안전경찰, 수사경찰, 경비경찰, 교통경찰, 정보경찰, 안보경찰, 외사경찰 등은 모두 형식적 의미의 경찰이다.

형식적 의미의 경찰이 수행하는 임무와 직무	
경찰법[59] (시행 2021. 7. 1.)	경찰관 직무집행법[60] (시행 2022. 2. 3.)
제3조(경찰의 임무) 1. 국민의 생명·신체 및 재산의 보호 2. 범죄의 예방·진압 및 수사 3. 범죄피해자 보호 4. 경비·요인경호 및 대간첩·대테러 작전 수행 5. 공공안녕에 대한 위험의 예방과 대응을 위한 정보	제2조(직무의 범위) 1. 국민의 생명·신체 및 재산의 보호 2. 범죄의 예방·진압 및 수사 2의 2. 범죄피해자 보호 3. 경비, 주요 인사(人士) 경호 및 대간첩·대테러 작전 수행

---

59 「국가경찰과 자치경찰의 조직 및 운영에 관한 법률」을 약칭으로 경찰법이라고 한다.
60 「경찰관 직무집행법」을 약칭으로 경직법이라고 한다.

수집·작성 및 배포 6. 교통의 단속과 위해의 방지 7. 외국 정부기관 및 국제기구와의 국제협력 8. 그 밖에 공공의 안녕과 질서유지	4. 공공안녕에 대한 위험의 예방과 대응을 위한 정보의 수집·작성 및 배포 5. 교통 단속과 교통 위해(危害)의 방지 6. 외국 정부기관 및 국제기구와의 국제협력 7. 그 밖에 공공의 안녕과 질서 유지

2 ║ 실질적 의미의 경찰

1 의의

실질적 의미의 경찰이란 사회공공의 안녕과 질서를 유지하기 위하여 국가의 일반통치권에 근거하여 국민에게 명령·강제하는 권력적 작용이다. 이러한 실질적 의미의 경찰은 주로 행정경찰을 의미한다.

2 특징

❶ 학문적 의미

실질적 의미의 경찰개념은 학문상으로 정립된 개념이며 작용을 중심으로 파악한 개념으로 독일 행정학에서 유래한다. 사회공공의 안녕과 질서를 유지하기 위해 국가의 일반통치권에 근거하여 국민에게 명령, 강제하는 작용이다. 따라서 실질적 의미의 경찰은 경찰조직이 아닌 다른 국가기관의 권력작용도 함께 포함되며, 이론적·학문적 측면에서 정립된 개념이다.[61]

❷ 작용중심

실질적 의미의 경찰개념은 경찰작용의 성질에 따른 것이다. 예를 들어 보건·의료·세무·산림·문화·환경 등을 담당하는 국가기관(특별사법경찰기관)의 권력작용을 비롯하여 지방자치단체(특별시, 광역시, 시·군·구)의 권력작용도 경찰로 간주된다. 반면에 현실적으로 경찰이 수행하고 있어도 국민에게 명령 혹은 강제하는 것이 아니면 경찰의 개념에서

---

[61] 김남진a, 「행정법Ⅱ」(서울: 법문사, 2000), pp. 250-251.

배제된다.

현대경찰의 주된 기능인 보호 및 봉사활동은 실질적 의미의 경찰개념에 포함되지 않는다.[62] 하지만 경찰관의 불심검문, 경찰강제, 경찰허가, 경찰하명 등과 같은 것은 일반경찰기관이 행하는 실질적 의미의 경찰작용이다.

❸ 사회목적적 작용

실질적 의미의 경찰은 사회공공의 안녕과 질서를 유지하기 위한 사회목적적 작용이다. 외교, 재정, 군사 등의 작용과 같이 국가의 조직 또는 존립을 직접 목적으로 하는 국가목적적 작용과는 구별된다. 행정조직의 일부로서가 아니라 사회공공의 안녕과 질서유지라는 작용을 중심으로 파악한 개념이다.

❹ 일반통치권에 기초

실질적 의미의 경찰개념은 국가의 일반통치권에 기초하여 일반사회의 질서유지를 위한 작용이다. 내부의 질서유지를 위한 특별권력 관계에 기초한 명령·강제 작용과는 구별된다. 따라서 특별권력관계에 기초하는 의원(국회)경찰과 법정경찰은 실질적 의미의 경찰이 아니다. 실질적 의미의 경찰은 경찰조직이 아닌 다른 국가기관의 권력작용도 일반통치권에 의해서 이루어지면 포함될 수 있다.

---

3 ‖ 양자의 구별

형식적 의미의 경찰과 실질적 의미의 경찰은 반드시 일치하는 것은 아니며, 각국의 역사적·제도적 환경에 따라서 모두 다르게 나타난다. 왜냐하면 형식적 의미의 경찰은 경찰조직이 경찰관련법규에 따라서 집행하는 현실적 활동을 중심으로 파악된 개념이기 때문이다. 실질적 의미의 경찰은 학문적으로 연구된 개념이기 때문에 지금의 경찰조직이 집행하고 있지 않지만 경찰조직이 과거에 집행해왔던 작용까지도 포괄하는 개념이다.

실질적 의미의 경찰은 사회공공의 안녕을 위해서 국가의 일반통치권에 근거하고, 국

---

62 이황우·조병인·최응렬, 전게서, pp. 6-7.

민에게 명령·강제하는 권력적 작용이라는 개념을 충족시키면 현재 어떤 기관이 그 역할을 수행하고 있는가에 상관없이 실질적 의미의 경찰이라고 정의한다. 하지만 형식적 의미의 경찰은 과거에 그 역할을 했던 안 했던 상관없이 현재 반드시 경찰기관이 그 역할을 수행해야만 한다는 차이점이 있다.

이러한 차이점을 자세히 살펴보면 다음과 같다.

첫째, 실질적 의미의 경찰에는 속하지만 형식적 의미의 경찰에는 속하지 않는 것도 있다. 다시 말해서 다른 일반행정기관의 행정작용 중에도 실질적 의미의 경찰작용이 있다.

건축허가, 영업허가, 위생감찰 등과 같은 작용은 과거에는 경찰기관이 하던 활동이었기에 실질적 의미의 경찰에는 포함이 되지만, 오늘날에는 경찰이 아닌 일반행정기관이 수행하고 있기 때문에 형식적 의미의 경찰에는 포함되지 않는다.

대민서비스와 같은 활동은 과거에는 경찰조직이 수행하지 않았고 경찰조직의 활동으로 보지 않기 때문에 실질적 의미의 경찰에는 포함되지 않지만, 오늘날에는 경찰법규에 대민서비스가 규정되어 있기 때문에 형식적 의미의 경찰개념에는 포함되게 된다.

둘째, 실질적 의미의 경찰에는 속하지 않고 형식적 의미의 경찰에만 속하는 것도 있다. 이러한 활동에는 정보경찰과 사법(수사)경찰 그리고 서비스경찰 등이 포함된다. 실질적 의미의 경찰이 되기 위해서는 국민에게 명령·강제하는 권력적 작용이어야 하는데 정보경찰, 서비스경찰은 국민에게 명령·강제하지 않는 비권력적 작용이기 때문이다. 반면에 경찰관련법(경찰법, 경찰관직무집행법)에는 정보수집과 대민서비스가 법으로 규정되어 있기 때문에 형식적 의미의 경찰에 속하게 된다.

이 중에서 문제가 되는 것은 수사경찰이 왜 실질적 의미의 경찰개념에 속하지 않느냐는 것이다. 이는 프랑스의 경찰개념이 형성되는 시점에서 유래한 것으로 볼 수 있다. 프랑스는 일찍부터 행정경찰과 사법경찰이라는 개념을 분리하여 사용하였다.

이에 의하면 사법경찰, 즉 수사경찰은 행정권에 속하는 것이 아니라 사법권에 속하는 것으로 개념지워졌다. 오늘날 수사경찰은 당연히 행정권에 속하고 있지만 과거에는 인권침해의 여지가 있었기 때문에 행정권이 아닌 사법권(법관)에 수사권한을 주었다.

수사경찰은 국민에게 명령·강제하는 권력적 작용이라고 하는 실질적 의미의 경찰개념에 가장 근접한 경찰활동이다. 하지만 프랑스의 경찰개념이 형성되는 과정에서 애초부터 행정권이 아닌 사법권에 속하는 것으로 규정되었기 때문에 실질적 의미의 경찰에 속하지 않게 되었다. 물론 수사경찰은 '범죄의 예방진압 및 수사'라고 「경찰법」과 「경찰관 직무집행법」에 명확하게 규정되어 있기 때문에 형식적 의미의 경찰에는 속하게 된다.

셋째, 실질적 의미의 경찰과 형식적 의미의 경찰에 모두 속하는 것도 있다. 불심검문과 교통단속 경찰은 양자에 속하는 가장 대표적인 경우이다. 왜냐하면 불심검문과 교통단속 경찰은 내국인과 외국인을 불문하고 범죄혐의가 있는 국민을 강제로 정지시켜서 질문하거나 교통위반 행위에 대해서 강제로 단속하는 행위이기 때문에, 실질적 의미의 경찰에 속하게 된다.「경찰관 직무집행법」과「도로교통법」에 근거하고 있기 때문에 형식적 의미의 경찰에 속하게 된다.

마지막으로 경찰을 행정경찰과 사법경찰로 나눌 경우, 행정경찰은 실질적 의미의 경찰에 해당하고 사법경찰은 형식적 의미의 경찰에 해당한다. 왜냐하면 과거에 행정경찰에 속하는 활동의 대부분을 경찰이 실제로 수행했기 때문이다.

행정경찰을 다시 보안경찰과 협의의 행정경찰로 나누게 되면, 보안경찰은 형식적 의미의 경찰을 의미하고, 협의의 행정경찰은 실질적 의미의 경찰을 의미하게 된다. 왜냐하면 보안경찰은 오늘날 대부분 경찰조직이 수행하고 있기 때문이며, 협의의 행정경찰은 일반행정기관이 그 역할을 수행하고 있기 때문이다.

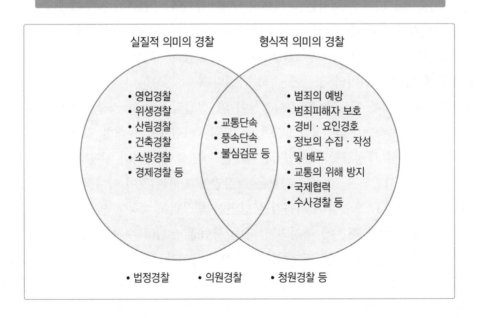

실질적 의미의 경찰과 형식적 의미의 경찰 벤다이어그램

실질적 의미의 경찰   형식적 의미의 경찰

- 영업경찰
- 위생경찰
- 산림경찰
- 건축경찰
- 소방경찰
- 경제경찰 등

- 교통단속
- 풍속단속
- 불심검문 등

- 범죄의 예방
- 범죄피해자 보호
- 경비 · 요인경호
- 정보의 수집 · 작성 및 배포
- 교통의 위해 방지
- 국제협력
- 수사경찰 등

- 법정경찰   • 의원경찰   • 청원경찰 등

경찰의 분류

1 행정경찰과 사법경찰

경찰은 목적에 따라 행정경찰과 사법경찰로 구분된다. 사법경찰은 경찰기관이 관장하는 작용 중에서 범죄수사작용을 말하며, 실질적 의미에서는 형사사법작용에 속한다. 행정경찰은 행정작용의 일종인 경찰, 즉 공공의 안녕과 질서유지를 유지하기 위하여 위해를 방지하는 작용을 말한다. 행정경찰과 사법경찰의 구분은 3권분립의 전통이 강했던 프랑스의 「죄와 형벌법전」 제18조에서 유래했다.

사법경찰은 일반경찰기관 외에도 '사법경찰관리의 직무를 행할 자와 그 직무범위에 관한 법률'이 정하는 다양한 행정기관에 의하여 수행된다. 이에 반하여 행정경찰은 실질적 의미의 행정의 일종이다. 통설에 의하면 사회공공의 안녕과 질서를 유지하기 위하여 위해를 방지하는 작용을 의미한다. 실질적 의미의 경찰이 이에 해당한다.

행정경찰은 다시 담당기관에 따라 일반경찰기관이 행하는 보안경찰과 그 밖의 행정기관이 행하는 협의의 행정경찰로 구분하는 것이 보통이다.[63]

행정경찰과 사법경찰을 목적과 담당기관에 따라서 구분하는 경우, 행정경찰＝A＋B, 사법경찰＝C＋D, 형식적 의미의 경찰＝A＋C, 실질적 의미의 경찰＝A＋B로 구분될 수 있다. 이처럼 행정경찰과 사법경찰은 그 성질과 목적이 전혀 다르지만, 일반경찰기관이 양자를 함께 담당하게 하는 것은 우리나라뿐만 아니라 세계적인 추세이다.

행정경찰과 사법경찰의 목적과 담당기관		
목적 　　　　　　　　　담당기관	일반경찰기관	기타의 행정기관
공공의 안녕과 질서유지	A(보안경찰)	B(협의의 행정경찰)
범죄수사	C	D

---

63 최영규a, 전게서, pp. 16－20.

행정경찰과 사법경찰의 구분		
구분	행정경찰	사법경찰
기준	• 삼권분립사상	
개념	• 공공질서유지 및 범죄예방 활동	• 형사사법권의 보조적 작용
비고	• 실질적 의미의 경찰 • 행정법규 적용 • 경찰청장의 지휘·감독 • 현재 및 장래의 사태에 대해 발동	• 형식적 의미의 경찰 • 형사소송법 적용 • 검사의 지휘·감독 • 과거의 사태에 대한 작용
기타	• 프랑스 죄와 형벌법전 제18조에서 유래 • 한국의 경우 보통경찰기관인 경찰이 양 사무를 모두 담당(조직법상 미분화)	

2 ▌ 보안경찰과 협의의 행정경찰

행정경찰, 즉 실질적 의미의 경찰은 담당기관에 따라 보안경찰과 협의의 행정경찰로 구분된다. 보안경찰은 공공의 안녕과 질서를 유지하기 위하여 다른 종류의 행정작용에 수반되지 않고 그것 자체가 독립하여 행하여지는 경찰작용이며, 업무의 독자성이 있는 경찰작용을 말한다.

협의의 행정경찰은 고유의 행정임무를 가진 일반행정기관이 그 임무에 관련하여 그가 관장하는 행정영역에서 위해를 방지하는 작용을 말한다. 건축행정기관이 건축으로 인한 위해를 방지하는 작용(건축경찰), 위생행정기관이 위생상의 위해를 방지하는 작용(위생경찰), 산림관리기관이 산불로 인한 위해를 방지하는 작용(산림경찰) 등이 그 예이다.

보안경찰과 협의의 행정경찰의 구분		
구분	보안경찰	협의의 행정경찰
기준	• 업무의 독자성	
개념	• 경찰청의 분장사무처럼 사회공공의 안녕과 질서 유지를 위하여 다른 행정작용에 부수하여 수행되지 않고 그 자체로서 독립하여 행해지는 경찰작용(업무의 독자성(○))	• 타행정작용에 부수하여 그 행정작용과 관련해서 발생하는 위험을 방지하기 위해 행해지는 경찰작용(업무의 독자성(×))
비고	• 불심검문 • 교통단속경찰	• 영업·위생·산림·건축경찰 • 비경찰화와 관련

3 ‖ 국가경찰과 자치경찰

경찰권 내지 경찰임무에 있어서 권한의 책임과 소재에 따른 구분이다. 경찰권을 국가에 귀속시키고 경찰조직을 국가의 행정조직으로 하는 것이 국가경찰이고, 경찰권을 지방자치단체에 귀속시키고 경찰조직을 지방자치단체의 행정조직으로 하는 것이 자치경찰이다. 자치경찰을 지방경찰이라고 부르는 경우도 있으나, 지방경찰은 국가경찰의 지역단위 조직을 말하는 것이므로 구별할 필요가 있다.

우리나라는 1948년 정부수립 이후부터 국가경찰 일원주의를 채택하여, 국가경찰을 국가의 권한으로 하고 경찰조직을 중앙정부에 소속시켜 왔다. 지방경찰을 시·도지사 소속으로 하였지만 경찰청장이 지방경찰을 지휘·통제하는 국가경찰체제였다.

2006년 7월 1일부로 제주자치경찰제가 시행되면서 부분적으로 자치경찰제도가 최초로 도입되었다. 이후 2021년 7월 1일자로 자치경찰제가 전국적으로 도입되어 실시되었다. 정부에서는 2021년 7월 1일 국가경찰과 자치경찰의 일원화 모델로 자치경찰제를 도입하였다.

지휘 계통은 '국가경찰', '수사경찰', '자치경찰'로 분리되었다. 외사·보안·정보 등 국가사무는 경찰청장이, 형사·수사 사무는 국가수사본부장이, 생활안전·교통·여성·아동·노약자·지역행사경비·지역밀접 사건 등 자치경찰 사무는 시·도지사 소속 시·도 자치경찰위원회(신설)가 지휘·감독하게 되었다.

Police Science

🌐🔍 국가경찰

- 국가경찰제도는 대륙법계 경찰제도 혹은 중앙집권형 경찰제도라고 한다. 따라서 경찰조직이 국가나 정부의 직접적인 통제를 받는 국가들이 다수 채택하고 있는 제도이다.
- 이 제도는 일찍부터 독일과 프랑스를 중심으로 발달되어 왔다.
- 국가가 경찰 유지의 권한과 책임을 가지고 있기 때문에 강력하고도 광범위한 집행력을 행사하여 범죄와 무질서에 효율적으로 대처할 수 있는 장점이 있다.
- 그러나 권력행사가 권위주의적 성격을 띠고 있고, 지역실정에 적합하지 못한 것이 단점이다.

🔍 자치경찰

- 자치경찰제도는 영미법계 경찰제도 혹은 지방분권형 경찰제도라고 한다. 따라서 경찰조직이 지방자치단체나 지방정부의 직접적인 통제를 받는 국가들이 다수 채택하고 있는 제도이다.
- 이 제도는 일찍부터 영국과 미국을 중심으로 발달되어 왔다. 지방정부가 경찰 유지의 권한과 책임을 가지고 있기 때문에 지방 실정에 적합한 경찰조직을 구성할 수 있고, 경찰이 지역주민을 위한 봉사에 주력한다는 장점이 있다.
- 그러나 지방에 따라 제각기 다른 경찰제도를 갖고 있기 때문에 전국적인 통일을 기하기 어렵고, 경찰기관간 상호 응원이 어려우며 자치행정의 폐해로 인한 경찰부패의 가능성이 있다.

국가경찰과 자치경찰의 구분		
구분	국가경찰	자치경찰
기준	권한과 책임의 소재	
개념	• 국가가 설립하고 관리하는 경찰	• 지방자치단체가 설립하여 관리하는 경찰
비고 장점	• 조직의 통일적 운영, 경찰활동의 능률성, 타 행정부문과의 긴밀한 협조·조정의 원활, 전국적인 통계자료의 정확성	• 지방특성에 적합한 경찰행정활동 • 민주성 보장으로 주민의 지지획득 용이
비고 단점	• 국민을 위한 봉사기능의 저하 • 지방의 특수성 간과	• 광역적 활동에 부적합 • 다른 경찰기관과의 협조·응원체제 곤란
기타	• 2022년 기준, 자치경찰제 도입에 따라 시·도 자치경찰위원회가 신설되었다. • 경찰청 및 시·도경찰청에는 자치경찰담당관실 및 자치경찰 차장 또는 부(部)가 신설되는 등 경찰 기능 및 조직이 확장되었다.	

4 ‖ 평시경찰과 비상경찰

평시경찰은 일반경찰기관이 일반경찰법규에 의하여 업무를 수행하는 경찰을 말한다. 비상경찰은 비상시에 있어서 일반경찰기관 이외의 기관, 특히 군대가 치안의 임무를 수행하는 것을 말한다. 비상경찰은 헌법적 근거를 필요로 한다. 현행 헌법상 계엄이 선포된 경우에 계엄사령관이 휘하의 병력으로써 공공의 안녕과 질서를 유지하는 경우가 이에 해당한다.

평시경찰과 비상경찰의 구분		
구분	평시경찰	비상경찰
기준	• 위해정도 및 담당기관	
개념	• 평온한 상태에서 일반 경찰법규에 의하여 보통경찰기관이 행하는 경찰작용	• 전국 또는 어느 한 지방에 비상사태가 발생하여 계엄이 선포될 경우 군대가 병력으로 계엄법에 따라 행하는 경찰

5 ▌ 고등경찰과 보통경찰

고등경찰과 보통경찰의 구별은 프랑스에서 유래한 것으로, 경찰에 의하여 보호되는 법익을 기준으로 한 구별이다. 원래 고등경찰은 사회적으로 보다 우월한 가치를 지닌 법익을 보호하기 위한 경찰활동을 의미하였다. 나중에는 사상·종교·집회·결사·언론의 자유에 대한 정보수집·단속과 같은 국가의 존립과 유지를 보장하기 위하여 국가적 기관 및 제도에 대한 위해를 방지하는 활동을 의미하게 되었다.

이에 비해 보통경찰은 교통의 안전, 풍속의 유지, 범죄의 예방·진압과 같이 일반사회의 안녕과 질서유지를 목적으로 하는 활동을 의미한다. 우리나라에서는 현재 제도적으로 고등경찰과 보통경찰의 업무를 경찰이 함께 관장하고 있다.

2022년 기준, 「경찰청과 그 소속기관 직제」에 보면 경찰청 공공안녕정보국 및 안보수사국 그리고 외사국의 분장사무로서 공공안녕에 대한 위험의 예방과 대응을 위한 정보업무 기획·지도 및 조정, 국민안전과 국가안보를 저해하는 위험 요인에 관한 정보활동, 국가안보와 국익에 반하는 범죄에 대한 수사의 지휘·감독, 외사정보의 수집·분석 및 관리, 외사보안업무의 지도·조정 등과 같은 고등경찰사무를 규정하고 있다. 국가정보원법과 군사안보지원사령부령에는 일반적인 고등경찰기관으로 국가정보원과 군사안보지원사령부(구. 기무사)를 두고 있다.

6 ‖ 봉사경찰과 질서경찰

경찰의 수단 내지 경찰서비스의 구체적 내용, 즉 경찰서비스의 질과 내용에 따라서 질서경찰과 봉사경찰로 구분한다. 권력적 명령·강제를 수단으로 하는 범죄수사·진압·경 범죄처벌·범칙금부과·즉시강제 등의 활동을 하는 경찰을 질서경찰(여기에는 사법경찰에 속한 작용도 포함)이라 한다.

반면에 질서유지(위해방지)를 목적으로 하면서도 비권력적인 수단을 사용하여 행해지는 활동(청소년선도·교통안내·방범순찰·재난구호 등)을 하는 경찰을 봉사경찰이라고 한다.

질서경찰과 봉사경찰의 구분		
구분	질서경찰	봉사경찰
기준	• 형식적 의미의 경찰 중에서 경찰활동의 질과 내용을 기준	
개념	• 보통경찰조직의 직무범위 중에서 강제력을 수단으로 공공의 안녕과 질서유지를 위한 법집행을 주로 하는 경찰활동	• 강제력이 아닌 서비스·계몽·지도 등을 통하여 경찰직무를 수행하는 경찰활동
비고	• 범죄수사·진압, 즉시강제, 교통위반자에 대한 처분(교통통고처분)	• 방범지도, 청소년 선도, 교통정보의 제공, 방범순찰, 수난구호

7 ‖ 예방경찰과 진압경찰

경찰권 발동의 시간을 기준으로 한 분류이며, 행정경찰과 사법경찰의 분류와 거의 일치한다. 예방경찰은 사전에 범죄의 발생을 방지하기 위한 권력적 작용으로 행정경찰보다는 좁다. 예를 들어 정신착란자·주취자의 보호조치 등은 예방경찰의 역할이다. 진압경찰은 이미 발생한 범죄를 제지·진압·수사하고 피의자를 체포하는 권력작용으로 사법경찰과 일치한다.

예방경찰과 진압경찰의 구분		
구분	예방경찰	진압경찰
기준	• 경찰권 발동의 시점	
개념	• 경찰상의 위해발생을 방지하기 위한 작용으로 행정경찰작용보다 좁은 개념	• 이미 발생된 범죄의 수사를 위한 권력적 작용으로 사법경찰과 일치
비고	• 정신착란자에 대한 보호조치 • 총포·화약류의 취급제한	• 사법경찰(범죄의 제지·수사, 피의자의 체포 등)

8 ∥ 의원경찰과 법정경찰

1 의원경찰(국회경찰)

국회의 원내 질서를 유지하기 위하여 국회의장이 국회의원이나 방청인 기타 원내에 있는 자에 대하여 실력으로써 명령·강제하는 작용이다.[64] 의원경찰 혹은 국회경찰은 경찰이라는 말로 통용되지만 일반적인 경찰작용이 아니다. 국회의장의 국회경호권은 국가의 일반통치권을 전제로 하지 않고 국회내라고 하는 부분사회의 내부질서를 꾀하려는 목적이므로 경찰작용에 해당되지 않는다.

Police Science
🌐🔍 국회법(시행 2022. 5. 30.)

제143조(의장의 경호권) 의장은 회기 중 국회의 질서를 유지하기 위하여 국회 안에서 경호권을 행사한다.

2 법정경찰

법원 또는 재판장(법관)이 법정의 질서를 유지하기 위하여 법정 내에 있는 사람에 대

---

64 「국회법」 제143조(의장의 경호권).

하여 행하는 명령·강제작용이다.[65] 그러나 이는 경찰작용이 아니라 재판작용의 한 부분이다. 법정경찰은 경찰이라는 용어로 통용되지만 일반적인 경찰작용은 아니다. 재판장의 법정경찰권은 국가의 일반통치권을 전제로 하지 않고, 법정내라고 하는 부분사회의 내부 질서를 꾀하려는 목적이므로 경찰작용에 해당되지 않는다.

Police Science

🌐🔍 법원조직법(시행 2022. 1. 27.)

제58조(법정의 질서유지) ① 법정의 질서유지는 재판장이 담당한다.

② 재판장은 법정의 존엄과 질서를 해칠 우려가 있는 사람의 입정(入廷) 금지 또는 퇴정(退廷)을 명할 수 있고, 그 밖에 법정의 질서유지에 필요한 명령을 할 수 있다.

9 ║ 특수한 경찰

1 소방

화재도 전형적인 위해의 하나이다. 따라서 화재의 예방과 진압, 즉 소방은 실질적 의미의 경찰이다. 그러나 소방은 그 업무의 전문적 성격으로 인하여 보통경찰기관이 아닌 별도의 행정조직에 의하여 수행되며, 작용법적으로도 「소방기본법」 등의 별개의 법적 근거에 의하여 활동한다. 이 점에서 소방은 형식적 의미의 경찰이 아니다.

소방행정기관은 위해방지(화재) 이외의 고유한 임무에 부수하여 위해방지를 담당하는 것이 아니라 위해방지 그 자체를 고유한 임무로 하고 있다. 따라서 소방은 협의의 행정경찰이 아니라 보안경찰에 속한다.

일반 경찰권의 근거와 한계에 관한 법리도 소방에 직접적으로 적용된다. 다만, 소방은 경찰처럼 포괄적인 위해방지가 아니라, 화재와 재난·재해라는 특별한 종류의 위해를 방지하는 것만을 임무로 하는 점에서 차이가 있다.

---

[65] 「법원조직법」 제58조(법정의 질서유지).

2 청원경찰

청원경찰은 국가기관과 공공단체 등과 같은 국가중요시설, 국내 주재 외국기관, 기타 중요시설 등에 대한 경비를 담당하는 경찰을 말한다. 이들 시설에 대한 경비는 단순한 범죄예방 차원인 '방범'防犯이 아닌 북한과 같은 적대세력으로부터의 시설파괴에 대한 '방호'防護개념이다.

국가중요시설 등에 대한 방호개념이 도입되면서 국가적으로 중요한 시설은 단순한 민간경비가 아닌 국가의 통제하에서 일정부분 무장력을 행사할 수 있는 청원경찰제도를 도입하게 되었다. 일제 강점기 일본의 '청원순사'제도를 참고하였다.[66]

청원경찰은 국가중요시설 등의 기관장 또는 시설·사업장 등의 경영자가 경비를 부담할 것을 조건으로 경찰의 배치를 신청하는 경우에 배치하는 경찰을 말한다. 배치된 청원경찰은 경찰서장의 감독을 받아 그 경비구역만의 경비를 목적으로 필요한 범위 내에서 「경찰관 직무집행법」에 따른 직무를 수행한다.[67]

이러한 청원경찰의 활동을 실질적 의미의 경찰로 볼 것인가가 문제된다(형식적 의미의 경찰이 아닌 것은 분명하다). 청원경찰이 경직법에 의한 경찰관의 임무를 행한다는 점에서, 그 활동을 실질적 의미의 경찰로 볼 여지도 있다. 특별경찰집행기관의 일종으로 청원경찰을 들고 있는 것은 이러한 이유 때문이다.

그러나 청원경찰은 첫째, 공공의 안녕과 질서유지가 아닌 청원주 개인의 법익을 보호하는 것을 임무로 하기 때문에 실질적 의미의 경찰로 보기 힘들다.

둘째, 시·도경찰청장의 승인을 받기는 하지만 청원주가 자신의 경비부담으로 임용한다는 점에서 실질적 의미의 경찰로 보기는 어렵다. 청원경찰의 신분은 공무원이 아니라 일반 민간인 신분이다.

셋째, 「경비업법」에 의한 경비원(특히 특수경비원)의 직무와 본질을 같이한다고 할 수 있기 때문에 실질적 의미의 경찰로 볼 수 없다.[68] 따라서 청원경찰은 실질적 의미의 경찰도 아니고 형식적 의미의 경찰도 아니다.

---

66 최선우b, 「민간경비론」(서울: 진영사, 2008), pp. 92-93.
67 「청원경찰법」 제3조(청원경찰의 직무).
68 최영규a, 전게서, pp. 21-22.

⊕ **청원경찰법**(시행 2021. 1. 1.)

제3조(청원경찰의 직무) 청원경찰은 제4조(청원경찰의 배치) 제2항에 따라 청원경찰의 배치 결정을 받은 자{이하 "청원주"(請願主)라 한다}와 배치된 기관·시설 또는 사업장 등의 구역을 관할하는 경찰서장의 감독을 받아 그 경비구역만의 경비를 목적으로 필요한 범위에서 「경찰관 직무집행법」에 따른 경찰관의 직무를 수행한다.

경찰의 분류		
기준	분류	내용
국가안전	고등경찰	• 국가의 존립과 유지를 보장하기 위한 작용
	보통경찰	• 일반사회 공공의 안녕과 질서유지 작용
3권분립 사상	행정경찰	• 공공질서 유지 및 범죄예방
	사법경찰	• 형사사법권의 보조적 작용
경찰권 발동시점	예방경찰	• 위해발생을 방지하기 위한 권력적 작용
	진압경찰	• 발생된 범죄수사를 위한 권력적 작용
업무의 독자성	보안경찰	• 다른 행정영역과 무관한 독립적 경찰작용
	협의의 행정경찰	• 다른 행정영역과 관련하여 행하여지는 경찰작용
권한과 책임의 소재	국가경찰	• 국가가 설립하고 관리하는 경찰
	자치체 경찰	• 자치단체가 설립하고 관리하는 경찰
위해정도 및 담당기관	평시경찰	• 평온한 상태에서 일반 경찰법규에 의한 보통경찰 기관이 행하는 경찰작용
	비상경찰	• 국가비상시에 군대가 일반치안을 담당
경찰활동의 질과 내용	질서경찰	• 강제력을 수단으로 법집행을 하는 경찰
	봉사경찰	• 비권력적 수단으로 직무를 수행하는 경찰
특별권력 관계	의원경찰	• 국회의 원내 질서를 유지하기 위한 작용
	법정경찰	• 법원 또는 법관이 법정의 질서를 유지하기 위한 작용

제**3**장 경찰활동의 임무와 수단

제1절 경찰의 임무

1 ║ 조직법상의 임무규정

경찰은 민주주의의 이념하에 국민의 자유와 권리 및 기본적 인권보호 그리고 사회공공의 안녕과 질서유지를 궁극적 임무로 하며, 국민의 생명·신체 및 재산의 보호를 1차적 임무로 하면서 위험방지, 범죄수사, 대민서비스의 임무를 효율적으로 수행하는 기관을 말한다.

공공의 안녕과 질서에 대한 위험이 현실화됨으로써 경찰위반 상태가 된다. 경찰위반 상태가 형법이나 행정법규에 위배되는 범죄의 구성요건을 충족시킨 경우에는 경찰의 수사대상이 된다. 경찰의 조직법상의 임무규정은 경찰행정 조직법상의 경찰기관을 전제로 한 개념이다.

경찰법(시행 2021. 7. 1.) (국가경찰과 자치경찰의 조직 및 운영에 관한 법률)	
목적 (제1조)	제1조(목적) 이 법은 경찰의 민주적인 관리·운영과 효율적인 임무수행을 위하여 경찰의 기본조직 및 직무 범위와 그 밖에 필요한 사항을 규정함을 목적으로 한다.
경찰관직무집행법(시행 2022. 2. 3.)	
목적 (제1조)	제1조(목적) 이 법은 국민의 자유와 권리 및 모든 개인이 가지는 불가침의 기본적 인권을 보호하고 사회공공의 질서를 유지하기 위한 경찰관(경찰공무원만 해당한다. 이하 같다)의 직무 수행에 필요한 사항을 규정함을 목적으로 한다.

경찰의 임무에는 궁극적인 임무와 1차적 임무 그리고 기본적 임무가 있다. 대륙법계와 영미법계 경찰의 영향을 받아서 한국 경찰의 궁극적인 임무는 민주주의의 원리에 따른 ① 국민의 자유와 권리보호, ② 기본적 인권의 보호, ③ 사회공공의 안녕과 질서유지 등이다. 1차적 임무는 국민의 생명·신체 및 재산의 보호이며 기본적 임무는 위험방지, 범죄수사, 대민서비스 등이 있다.

민주주의 이념하에 경찰은 국민의 생명·신체 및 재산의 보호가 강조되기는 하지만, 이것은 공공의 안녕이라는 하나의 요소를 이루는 것이다. 따라서 경찰의 궁극적 임무는 국민의 자유와 권리 및 기본적 인권보호 그리고 사회공공의 안녕과 질서유지이다.

이러한 궁극적 임무를 통해서 국민의 생명·신체 및 재산의 보호라고 하는 경찰의 1차적 임무가 도출된다. 마지막으로 경찰의 궁극적 임무와 1차적 임무를 구체적으로 수행하기 위한 위험의 방지, 범죄의 수사 그리고 대민 서비스활동 등과 같은 기본적 임무가 있다.

경찰의 임무	
궁극적 임무	• 민주주의의 이념하에 국민의 자유와 권리 및 기본적 인권보호 그리고 사회공공의 안녕과 질서유지
1차적 임무	• 국민의 생명·신체 및 재산의 보호
기본적 임무	• 위험의 방지 • 범죄의 수사 • 서비스 제공

Police Science
⊕ 경찰의 개념

"경찰은 민주주의의 이념하에 국민의 자유와 권리 및 기본적 인권보호 그리고 사회공공의 안녕과 질서유지를 궁극적 임무로 하며, 국민의 생명·신체 및 재산의 보호를 1차적 임무로 하면서 위험방지, 범죄수사, 대민서비스의 임무를 효율적으로 수행하는 기관을 말한다."

1 국민의 자유와 권리보호

국민의 자유와 권리보호는 「헌법」에서 도출되는 경찰의 의무다. 「헌법」 제2장에는 국민의 권리와 의무를 규정하고 있다. 「헌법」상 기본권에는 평등권, 자유권, 참정권, 청구권, 사회권 등을 국민의 기본권으로 규정하고 있다.

또한 제37조 제1항에는 "국민의 자유와 권리는 헌법에 열거되지 아니한 이유로 경시되지 아니한다."고 규정하고 있다. 제2항에는 "국민의 모든 자유와 권리는 국가안전보장·질서유지 또는 공공복리를 위하여 필요한 경우에 한하여 법률로써 제한할 수 있으며, 제한하는 경우에도 자유와 권리의 본질적인 내용을 침해할 수 없다."라고 규정하고 있다.

특히 국민의 자유와 권리를 보호하기 위한 2가지 원리는 입헌주의의 원리와 권력분립의 원리가 있다. 권력분립의 원리는 국가권력을 단순하게 나누어 국가기관을 형성하는 것이 아니라 국민의 자유와 권리를 보장하라는 이념이다. 권력분립의 원리는 국가권력의 제한을 통하여 권력의 남용을 억제하라는 이념도 가지고 있다.

「경찰관 직무집행법」 제1조(목적) 제2항에는 "경찰관의 직권은 그 직무수행에 필요한 최소한도에서 행사되어야 하며 남용되어서는 아니 된다."고 규정하고 있다. 이는 국민의 자유와 권리보호를 위해서 직권을 남용해서는 안 된다는 헌법적 가치를 수호하라는 의무를 말한다.

Police Science

🔍 국민의 생명·신체 및 재산의 보호

- 1776년 6월 12일. 근대적 인권선언의 시작으로 알려진 '버지니아 권리장전'이 선언되었다. 권리장전은 "재산을 취득하고 소유할 방편을 지니고 생명과 자유를 향유하는 것 그리고 행복과 안전을 추구하고 획득하는 것"을 자연권으로 규정하였다. 인간의 생명과 자유의 향유 그리고 재산권을 보장한 선언이 미국 버지니아 의회에서 최초로 채택된 것이다.[69]
- 1776년 7월 4일 미국 독립선언서는 "생명, 자유 그리고 행복추구의 권리"를 모든 인간의 천부적 권리로 선언했다. 이후 "모든 국민의 생명·신체 및 재산을 보호한다."는 규정은 오늘날 국민이 보장받아야 할 천부적 기본권이 되었고, 국가가 반드시 지켜야 할 의무가 되었다.

---

[69] 이영효, "미국독립선언서와 행복추구권" 「미국사연구」, 46, 2017, pp. 75-76.

2 기본적 인권의 보호

인권Human Rights은 사람이 개인으로서, 국가의 구성원으로서 당연히 누리고 행사하는 기본적인 자유와 권리를 말한다. 「경찰관 직무집행법」의 개정으로 모든 개인이 가지는 불가침의 기본적 인권의 보호가 경찰의 필수의무로 규정되었다. 검·경 수사권 조정, 자치경찰제 시행, 정보경찰 개혁 등으로 경찰의 권한과 책임이 커지면서 경찰의 인권보호 의무가 새롭게 규정된 것이다. 경찰은 인권보호기관으로 새롭게 자리매김하고, 국민의 기본적 인권을 보호함으로써 민주적 기본질서의 확립에 기여해야 한다.

경찰은 '경찰청 인권위원회', '경찰청 인권정책관 신설', '인권영향평가제 도입', '경찰 인권보호규칙 개정'(경찰청 훈령), '인권위원회 및 인권침해 진상조사단' 등의 운영을 통해서 다양한 인권보호 노력을 하고 있다.

경찰은 확대된 경찰권을 민주적으로 통제하여, 국민의 인권보호 및 증진의 의무를 충실히 이행해야 한다. 경찰은 직무수행과정에서 모든 국민에게 보장된 기본적 인권을 보호하고 경찰권 남용을 방지해야 한다. 이를 통해서 국민을 존중하는 인권보호기관이자 인권수호기관으로 경찰의 위상을 자리매김해야 한다.

Police Science

🌐 법질서 확립과 인권의 대립[70]

- 영국의 법집행Law Enforcement을 살펴보면, 이미 오래전부터 좌우의 이데올로기가 아닌 정의의 실현에 더 많은 관심을 가지는 '법과 질서 진영'Law & Order Lobby과 시민의 자유와 권리보호에 더 많은 관심을 가지는 '시민·자유주의 진영'Civil Libertarian Lobby으로 나뉘어 지금도 치열한 논쟁과 토론을 하고 있다.

- 전자는 범죄율 증가와 범죄자에게 주목하여 엄격한 법집행과 효과적인 범죄통제를 강조한다. 이에 반해 후자는 경찰의 제반 문제점 등에 주목하면서 시민의 기본권 보호와 인권 보호를 위한 적법 절차의 준수를 보장하는 데 중점을 둔다.

- 인권이 법질서보다 우선한다는 사상을 가지고 있는 선진국에서는 '법과 질서'라는 용어를 좋아하지 않는다. 이 용어의 등장배경에는 범죄통제를 위해서 더 강화된 경찰력과 시민에 대한 엄벌 및 엄단주의가 깔려 있기 때문이다.

---

70 김창윤a-1, "역대 치안총수와 인권정책에 관한 연구"「한국경찰학회보」, 20(5), 2018, p. 40.

- 자유로운 시민사회를 꿈꾸며 '인권과 법치주의'의 실현을 꿈꾸는 이들에게 법과 질서라는 용어는 '범죄와의 전쟁' 선포처럼 섬뜩하게 느껴지기 때문이다.[71]
- 법치주의Rule of Law는 권력을 가진 정치인들에 의한 자의적인 지배가 아니라 법과 정의의 지배가 되어야 한다는 원칙이다.
- 정치권력이 정당한 목적의 한계 안에서 법적 절차에 따라 행사되도록 해야 한다는 것이다. 인권과 정의의 편에 서있는 법의 지배가 권력욕에 사로잡힌 정치인들의 지배보다 위에 있게 하는 것, 그것이 법의 지배이며, 법치주의이다.
- 원래 법치주의에 의한 법의 지배 그리고 법질서 확립은 일반 시민에 대한 것이 아니라 정치권력을 가진 정치인들이 법을 무시하고, 법위에서 군림하는 것을 막기 위해 탄생한 것이다.

3 사회공공의 안녕과 질서유지

❶ 사회공공의 안녕

사회공공의 안녕이란 개인의 생명·신체·건강·자유·재산과 같은 개인적 법익과 국가적 공동체의 존속 및 기능과 같은 국가적 법익이 침해되지 않은 상태를 의미한다.

경찰의 위험방지 보호대상은 공공의 안녕이다. 이러한 공공의 안녕은 법질서, 권리, 각 개인의 법익, 국가 및 공권력 주체의 기관과 집행의 불가침성이 유지되는 상태를 말한다. 여기서 공공의 안녕은 국가 등의 법익보호와 개인의 법익보호라는 이중적인 관련성을 갖는다. 따라서 경찰의 임무를 수행하는 데 양자를 균형 있게 고려해야 할 것이다.

● 법질서의 불가침성

법질서의 불가침성은 공공의 안녕의 제1요소이다. 따라서 공법규범에 대한 위반은 일반적으로 공공의 안녕에 대한 위험에 해당한다. 이때 형법 또는 특별형법 등의 규범에 의해 보호받는 법익의 위태 또는 침해가 객관적으로 존재하면 족하다. 주관적 범죄구성요건의 구비·유책성 및 가벌성은 요하지 않는다.

그러나 사법상의 문제는 '법적 보호가 적시에 이루어지지 않고, 경찰의 원조 없이는 법을 실현시키는 것이 무효화되거나 사실상 어려워질 경우'에만 경찰이 개입할 수 있는데, 이를 보충성의 원칙이라 한다.

---

71 김일수, 「법은 강물처럼」(서울: 고시세계, 2002), p. 47.

오늘날 복지국가에서는 경찰행정 분야에서도 각 개인이 경찰권의 발동을 요구할 수 있는 권리인 경찰개입청구권이 인정된다. 경찰개입청구권은 재량권의 0으로의 수축이론과 반사적 이익의 보호법익화에 따라 인정된다.

● 국가의 존립과 기능성 보장

경찰은 사회공공과 관련하여 국가의 존립을 보호할 임무가 있다. 따라서 경찰은 내란·외환의 죄에 이르기 전 단계에서도 정보·보안·외사활동을 통하여 국가의 존립에 대한 침해를 미리 방지하여야 한다.

경찰은 국회, 정부, 법원, 자치단체 등 국가기관의 정상적인 기능 발휘를 보호하여야 한다. 국가의 존립과 기능성은 형법 등에서 보호받고 있으므로 행정관청 또는 경찰의 활동에 대한 중대한 방해는 공공의 안녕에 대한 위험으로 간주된다.

경찰의 활동은 형법적 가벌성의 범위 내만 국한되는 것은 아니므로, 가벌성의 범위 내에 이르지 않았더라도 국민의 자유나 권리를 침해하지 아니하는 범위 내에서 수사나 정보·보안·외사활동을 할 수 있다. 그러나 경찰은 방지되어야 할 위험의 범주를 지나치게 확대해서는 안 된다. 따라서 국가조직에 대한 비판이 폭력성과 명예훼손 없이 표출되는 경우에는 경찰이 개입해서는 안 된다.

● 개인의 권리와 법익의 불가침성

경찰은 인간의 존엄성, 명예, 생명, 건강, 자유 등의 개인법익 외에도 사유재산적 가치 또는 무형의 권리도 보호하여야 한다. 사법私法상의 문제에 대해 각 개인은 최종적으로 법원을 통해 권리와 법익을 보호받을 수 있기 때문에, 개인은 효과적인 보호시기를 놓쳐 권리가 무효화될 우려가 있을 때에만 경찰에 원조를 요청할 수 있다.

이 경우에도 경찰은 잠정적 보호에 국한되어야 하고 최종적인 규제를 취해서는 안 된다. 그러나 개인법익에 대한 침해가 동시에 형법이나 행정법 등의 공법규범을 위반하는 경우에는 단지 잠정적 조치만 취해서는 안 되고 직접적으로 개입해야 한다.

Police Science
🌐🔍 개인적 법익과 공공의 안녕

- 경찰권에 의하여 보호되어야 하는 이익은 국가적 공동체의 존속 및 기능과 같은 공공의 이익이지 개개인의 이익이 아니다. 따라서 개인적 법익, 즉 사익을 보호하는 것은 원칙적으로 사적 자치의 원칙에 따라 개인이 자기 책임하에 처리하여야 할 일이며, 국가의 관여는 법

원에 의한 재판의 형태로 이루어지고, 경찰은 사익의 보호를 위하여 개입하지 못하는 것이 원칙이다(경찰공공의 원칙).

- 사익의 보호는 원칙적으로 공공의 안녕의 구성요소가 아니다. 하지만 다음의 경우는 경찰권을 발동할 수 있다.

- 개인적 법익에 대한 침해가 동시에 공법규범, 특히 형벌법규에 위반하게 되는 경우이다. 형벌법규에 의해서 보호되는 개인적 법익은 공공의 안녕의 구성요소로서, 경찰권은 이러한 개인적 법익의 보호를 위하여 개입할 수 있다.

- 사익의 보호가 동시에 공익을 보호하는 것으로 인정되는 경우에는 이를 위하여 경찰권이 발동될 수 있다. 불특정 다수인의 개인적 법익이 위협받고 있는 경우, 또는 특정인의 개인적 법익이라고 하더라도 그의 개성과 무관하게 공익의 대표자의 지위에서 법익을 위협받고 있는 경우가 그 예이다.

- 사권으로 표현되고 사법질서에 의하여 보호되는 개인적 이익은 원칙적으로 경찰권의 보호대상이 아니지만, 근래 독일의 통설은 일정한 요건하에서 사권보호를 위한 경찰의 개입이 허용되는 것으로 보고 있다. 법원에 의한 효과적인 보호가 불가능하고 경찰의 개입을 원하는 경우이다. 다만, 이 경우에 경찰의 개입은 권리의 보전을 위한 잠정적인 조치에 국한되어야 하고, 궁극적인 권리의 실현까지 경찰이 조력할 수 있는 것은 아니다.

❷ 사회공공의 질서유지

사회공공의 질서란 "지배적인 사회·윤리관에 비추어 그것을 준수하는 것이 원만한 공동생활을 위한 전제조건으로 간주되는 법규범 이외의 총체"를 의미하며, 공공의 안녕을 보완하는 의미를 가진다.

이 개념은 그 시대의 지배적 윤리와 가치관에 비추어 그것을 준수하는 것이 인간의 원만한 국가시민 공동체생활을 위한 불가결적 전제조건으로 공공사회에서 각 개인의 행동에 대한 불문규범의 총체를 말한다. 이 개념의 사용분야는 오늘날 점차 축소되고 있으며 통치권의 집행을 위한 개입의 근거로 사용될 수 있는 이 개념은 엄격한 합헌성合憲性을 요구받는다.

1 위험의 방지

❶ 위험의 개념

위험이란 가까운 장래에 공공의 안녕이나 질서에 손해가 나타날 수 있는 가능성이 개개의 경우에 충분히 존재하는 상태를 말한다. 반면에 위해란 공공의 안녕과 질서가 이미 교란되었거나 교란될 충분한 개연성이 있는 상태를 말한다. 공공의 안녕과 질서가 이미 교란된 상태는 '장해'[Storung]라고 한다. 아직 현실적으로 교란되지는 않았지만 그대로 방치하면 앞으로 교란될 개연성이 충분한 상태를 '위험'[Gefahr]이라고 한다.[72]

이처럼 위험은 가까운 장래에 공공의 안녕에 손해가 나타날 수 있는 가능성이 개개의 경우에 충분히 존재하는 상태를 말한다. 위험의 존재는 경찰개입의 최소요건이다. 법익에 대한 위험이 인간의 행동에 의한 것인가 또는 단순히 자연력의 결과에 의한 것인지는 불문이다.

경찰상 손해란 보호받는 개인 및 공동의 법익에 관한 정상적 상태의 객관적 감소이며, 보호 법익의 현저한 침해행위가 있어야만 한다. 보통의 평균적 인간의 판단으로 볼 때 그 위험이나 손해의 한계를 넘었다고 판단될 때 경찰 개입의 여지가 생긴다. 경찰위반으로 인해서 이미 공공의 안녕이나 질서에 손해가 발생할 경우이다.

경찰에게 있어 위험의 개념은 일종의 예측, 즉 사실에 기인하여 향후 발생할 사건의 진행에 관한 주관적 추정을 포함하지만, 일종의 객관화를 이루는 사전판단을 요한다. 다만, 객관적으로 판단할 때 위험의 외관 또는 혐의가 정당화되지 아니함에도 불구하고 경찰이 위험의 존재를 잘못 추정했다면, 오상위험이고 이때 경찰개입이 이루어졌다면 손해배상이나 손실보상의 문제가 발생한다.

위험이 현실화 될 때, 즉 어떠한 법익에 대한 손해가 이미 발생되어 버린 경우에는 경찰위반[Storung]상태가 되고, 그것이 형법이나 행정법규에 위배되는 범죄의 구성요건을 충족시키는 경우에는 경찰의 수사 대상이 된다.[73]

---

72 이러한 견해는 김도영, 박윤흔 교수가 사용하는 개념으로 위험과 장해를 포괄하는 개념으로서 위해라는 용어를 사용한다. 석종현, 김성수, 유지태 교수도 위해라는 개념을 사용하고 있지만, 이 분들 교과서에서의 위해는 본 교재에서의 위험에 해당하며, 장해에 대비되는 의미로 사용되고 있다.

73 경찰대학a, 전게서, p. 13.

🌐 위험으로부터의 안전보장[74]

- '위험으로부터의 안전보장'이라는 법치국가적 목표를 위해서 형사법과 경찰 관련법이 '공동으로' 노력하지만, 그럼에도 각각의 법의 목적에 따른 규정형식이나 범죄 또는 위험을 바라보는 관점이 다르고, 또 그에 따라 동원되는 수단과 절차가 다르다.
- 경찰 관련법에서는 형법상의 구성요건이 보호하고자 하는 법익보호를 넘어서는 추상적 법익침해로부터의 보호, 나아가 공공의 안녕과 질서유지라는 넓은 개념을 전제로 하고 있는 것이 특징이다.[75]
- 예를 들어 주취행위로 인한 피해나 소란이 형법에서 보호하는 법익침해의 단계까지 나아가지는 않았지만 그러한 위험이 현실화되는 것을 막기 위한 경찰상 보호조치(경직법), 가정폭력의 위험을 방지하기 위한 접근금지명령(가정폭력방지법) 등은 그 사례가 될 것이다.

❷ 위험의 종류

● 구체적 위험

구체적 위험은 개개의 경우에 있어서 가까운 미래에 손해발생의 충분한 가능성이 존재하는 경우를 말한다. 개개의 경우 실제로 존재하는 경우이다. 추상적 위험은 구체적 위험의 예상가능성만을 말한다. 전자는 개개의 경우에 실제로 존재하는 것을 말한다면 후자는 단순히 가설적이라고 할 것이다. 중요한 것은 경찰의 개입은 구체적 위험 내지 추상적 위험이 있을 때 가능하다는 점이다.[76]

경찰 관련법에서 구체적 위험과 추상적 위험은 법규명령의 하나인 경찰명령과 행정처분의 하나인 경찰처분의 요건을 설명하면서 정립된 개념이다. 독일에서는 명령은 일반적·추상적 내용의 규정이며, 처분은 구체적 사항에 대한 규율로 정의한다. 따라서 추상적 위험은 '잠재적' 위험이며 모든 사례에서 일반적으로 고려될 수 있는 위험이다. 반면에 구체적 위험은 '현실적' 위험이며 개별사례에서의 위험이다.[77]

예를 들어 「경찰관직무집행법」 ① 제3조 불심검문의 요건 중 어떠한 죄를 범하였거나 범하려 하고 있다고 의심할 만한 상당한 이유가 있는 경우, ② 제4조 보호조치의 요

---

74 박병욱·황문규, "위험예방을 위한 경찰법과 범죄진압을 위한 형사법의 목적·수단상 몇 가지 차이점: 경찰의 활동을 중심으로" 「형사정책연구」, 91, 2012, pp. 203−210.

75 상게논문, pp. 203−210.

76 서정범(역), 「경찰법 사례연구」(서울: 고시연구원, 2001), pp. 12−13.

77 김성태a, "예방적 경찰작용에서의 추상적 위험·구체적 위험" 「행정법연구」, 10, 2003, p. 258.

건 중 '정신착란을 일으키거나 술에 취하여 자신 또는 다른 사람의 생명·신체·재산에 위해를 끼칠 우려가 있는 사람', '자살을 시도하는 사람', '미아, 병자, 부상자' 등으로서 적당한 보호자가 없으며 응급구호가 필요하다고 인정되는 경우, ③ 제5조 위험 발생의 방지 등의 요건 중 사람의 생명 또는 신체에 위해를 끼치거나 재산에 중대한 손해를 끼칠 우려가 있는 천재天災, 사변事變, 인공구조물의 파손이나 붕괴, 교통사고, 위험물의 폭발, 위험한 동물 등의 출현, 극도의 혼잡, 그 밖의 위험한 사태가 있는 경우, ④ 제6조 범죄의 예방과 제지에서 범죄행위가 목전目前에 행하여지려고 하고 있다고 인정될 때에는 이를 예방하기 위하여 관계인에게 필요한 경고를 하고, 그 행위로 인하여 사람의 생명·신체에 위해를 끼치거나 재산에 중대한 손해를 끼칠 우려가 있는 긴급한 경우, 그리고 ⑤ 제7조(위험 방지를 위한 출입) 제1항의 위험방지를 위한 출입의 요건인 인명·신체 또는 재산에 대한 위해가 임박한 경우는 개별사례에서 실재하는, 단일예측이 이루어지는 현재의 위험으로서 구체적 위험을 의미한다.[78]

Police Science

🔍 구체적 위험

- 구체적 위험과 추상적 위험은 학문적으로는 모두 '위험'이라는 표현이 있는 것이 특징이다. 구체적 위험은 '위험'이 구성요건 요소가 된다. 법익에 대한 실행 발생의 위험이 현실적으로 침해되고, 발생할 것을 요건으로 한다. 침해범의 성격이다.
- 구체적 위험은 「형법」 조문에 '위험'이라는 단어가 포함되어 있다.
- 예를 들어 추상적 위험범인 '일반유기죄'는 보호할 의무가 있는 자가 유기하면 무조건 성립한다. 생명의 위험이 없어도 유기 자체가 범죄가 되고 기수가 된다. 생명이 위험이라는 결과 발생과 고의를 요구하지 않는다. 반면, 구체적 위험범인 '중유기죄'는 사람의 생명에 대한 위험을 발생하게 해야 처벌한다. 사람의 생명에 대한 위험이 발생하지 않으면 중유기죄로 처벌할 수 없다. 단순 유기죄로 처벌된다.
- '사람의 생명에 대한 위험을 발생'이라는 ① 위험, ② 고의, ③ 결과의 발생이 있어야 처벌받는다.
- 구체적 위험범은 고의에 의해서 위험이라는 결과가 발생되어야 처벌받는다. 구체적 위험범은 추상적 위험범에 비해서 범위가 매우 좁다.

---

78 상계논문, p. 268.

● 추상적 위험

위험이 특정의 개별사례와 관련된 경우의 위험을 구체적 위험이라고 하며, 일정한 사정에서 일반적으로 충분한 손해발생의 개연성이 인정되는 경우의 위험을 추상적 위험이라고 한다.

예를 들어 물살이 센 물가에서의 수영을 금지하는 푯말인 '수영금지'라는 일반적·추상적 경찰명령을 발한다. 만약 수영을 하는 경우, 발생할지도 모를 개인의 생명, 신체에 대한 위험을 사전에 방지하고자 한다. 위 급류에서의 수영의 경우, 형벌로서 규정할 사안은 아니지만 「질서위반행위규제법」상 구성요건을 정하여 질서벌·과태료 등으로 규제할 수 있는 영역이 된다.[79]

추상적 위험이 필요한 것은 국가권력이 공공의 안녕과 질서를 유지하는 데에 있어서 어떤 결과 발생을 기다려 개입하기에는 사회가 지나치게 복잡하고 고도화되었기 때문이다. 따라서 통계적으로 혹은 상식적으로 어떠한 행위가 있으면 어떠한 결과가 발생할 것이라 예상하고, 그 결과가 발생하지는 않았지만 미리 그 행위를 못하도록 국가가 개입하는 것이다. 추상적 위험에 대한 처벌을 과도하게 하면 일반 국민을 범죄자로 처벌하는 경우가 많아져서 전과자를 양산하는 단점이 있다.

추상적 위험에 대한 대표 사례로는 야간에 적색신호에 차도를 횡단하는 사람은 주변에 소통하는 차량이 없어서 교통방해가 없지만 범칙금을 발부받는 것을 들 수 있다. 이는 추상적 위험범으로 처벌되는 대표적인 사례가 될 것이다. 추상적 위험범의 또 다른 예로는 타인소유일반건조물 방화죄(형법 제166조 제1항)나 업무방해죄(형법 제314조), 위증죄(형법 제164조), 유기죄(형법 제271조)를 들 수 있다.

구체적 위험범은 위험 발생에 대한 고의성이 있어야 하지만, 추상적 위험범은 행위가 있으면 당연히 위험이 따르는 것으로 보기 때문에 고의성 여부는 문제 되지 않는다. 위험의 발생은 구성요건 요소가 아니다. 무고죄나 위증죄의 경우, 무고죄나 위증죄의 보호법익이 침해되었는지는 중요하지 않다. 결과발생과 상관없이 무고행위와 위증행위 그 자체가 범죄로 성립된다. 명예훼손죄의 경우, 상대방의 명예가 실제로 훼손되었는가를 묻지 않는다. 단지 행위자의 행위가 상대방의 명예를 훼손하기에 충분하다고 판단되면 그 결과에 상관없이 명예훼손죄로 처벌받는다. 인터넷상에서의 명예훼손죄의 경우 모르고(고의 없이) 인터넷상에서 타인의 명예에 관계되는 내용을 올려도 처벌받는다.

---

79 박병욱·황문규, 전게논문, p. 213.

🌐 추상적 위험

- 추상적 위험은 「형법」 조문에 '위험'이라는 단어가 없는 것이 특징이다.
- 법익에 대한 침해나 위험 여부와 상관없이 거동만 있으면 처벌된다. 거동범의 성격이다.
- 예를 들어 추상적 위험범인 '현주건조물방화죄'는 "소훼한 자는 무기 또는 3년 이상의 징역에 처한다."라고 규정하고 있다. 위험의 발생과 상관없이 불을 놓아 소훼하면 바로 기수가 되어 처벌된다. 반면, 구체적 위험범인 '일반건조물방화죄'는 소훼하여 공공의 위험을 발생하게 한 자를 처벌한다. 공공의 위험이 발생하지 않으면 일반건조물방화죄로 처벌할 수 없다. 단순 현주건조물방화죄로 처벌된다.
- '공공의 위험을 발생'이라는 ① 위험, ② 고의, ③ 결과의 발생이 있어야 일반건조물방화죄로 처벌받는다.
- 불을 지르는 것만으로는 일반건조물방화죄로 처벌할 수 없다. 반드시 '물건을 소훼하여 공공의 위험을 발생'하게 해야만 처벌받는다.
- 하지만 추상적 위험범은 ① 위험, ② 고의, ③ 결과의 발생이 없어도 처벌받는다.
- 추상적 위험은 고의와 결과발생이 없어도 처벌받는다. 추상적 위험범은 구체적 위험범에 비해서 범위가 매우 넓다.

구체적 위험과 추상적 위험(위험의 현실성 여부)	
구체적 위험	• 현실적 위험이며 경찰처분과 관련 • 특정 개별사례와 관련된 경우의 위험 • 구체적 위험 및 추상적 위험이 있을 때 경찰개입 가능 • 위험(○) + 고의(○) + 결과발생(○)
추상적 위험	• 잠재적 위험이며 경찰명령과 관련 • 일반적으로 충분한 손해발생의 개연성이 인정되는 경우 • 구체적 위험의 예상가능성 • 범죄예방과 위험방지를 위한 경찰의 개입 가능 • 위험(×) + 고의(×) + 결과발생(×)

❸ 위험에 대한 인식(위험혐의·외관적 위험·오상위험)
● 위험혐의[80]

🔍 위험혐의 사례

• 익명의 자에 의한 인천국제공항에 폭탄테러 위협이 있음을 이유로 경찰이 공항 내의 사람을 모두 대피시켰다. 경찰이 그러한 조치를 취할 수 있는가?

위험개념의 본질적 요소는 손해발생의 개연성이다. 사례의 경우는 손해발생의 개연성은 없으며, 단지 손해발생의 최소한의 가능성이 존재할 뿐이다. 위험의 개념적 징표가 충족되지 못하는 경우에 경찰은 활동할 수 없으며, 경찰의 조치는 위법한 것이 될 수 있다. 그러나 위험혐의에 관한 원칙이 고려될 수 있다.

위험혐의란 경찰기관이 위험이 존재한다고 판단할 근거를 가지고 있지만 충분하지는 않은 경우와 위험이 존재하지 않을 수도 있다는 것을 경찰기관이 알고 있는 경우를 말한다. 조치를 취하는 경찰관이 현재 자신이 알고 있는 사실만으로 손해가 발생할 충분한 개연성이 있다고 판단하기에 부족하다는 것을 '인식하고 있을 때' 위험의 혐의가 있다고 할 수 있다. 다수설에 의하면 위험혐의는 경찰의 활동을 가능케 하는 위험이다. 따라서 사례의 경우 경찰은 그러한 조치를 취할 권한을 갖는다.

위험혐의는 위험조사 차원의 개입을 정당화시키는 위험혐의의 상황을 말한다. 이는 위험이 발생할 가능성이 있는 '추상적 위험'이 존재해야 함을 의미하며, 경찰의 위험방지는 위험의 존재 여부가 명백해 질 때까지는 예비적 조치에만 국한되어야 한다.

따라서 '추상적 위험'이 존재하고, '위험이 발생할 가능성'이 있는 경우에 경찰기관은 위험의 존재 여부가 명백해질 때까지 예비적 조치로서 위험의 존재 여부를 조사할 권한과 의무가 있다. 위험예방과 위험의 사전배려, 혹은 위험방지를 위하여 활동할 수 있다.[81]

---

80 서정범(역), 전게서, pp. 15-17.
81 환경정책과 환경법에는 첫째 사전배려의 원칙, 둘째 존속보장의 원칙, 셋째 원인자부담의 원칙(원인자책임의 원칙)과 같은 3가지 원칙이 있다. 이 중 환경법상의 사전배려의 원칙은 추상적 위험이 존재하지 않는 경우에도 사전에 적절한 수단을 도입하여 가능한 환경침해의 위험을 미리 예방함으로써 환경에 대한 잠재적인 침해를 최대한 방지하는 것을 말한다. 반면에 경찰상 위험혐의는 이러한 '환경법상의 사전배려의 원칙'(Precautionary Principle' under the Environmental Law)과는 다르게 최소한 추상적 위험이 존재함을 요구하고 있기 때문에 다르다고 할 수 있다.

🌐🔍 위험혐의

- 위험혐의는 결과적으로 '위험에 대한 우려' 또는 '위험이 의심되는 상황'이 있는 경우를 말한다. 구체적인 사안에서 위험의 존재가 불확실함을 경찰관 스스로 알고 있는 경우다. 예를 들어 1시간 후에 인천국제공항에서 폭탄테러가 있을 것이라는 익명의 전화가 경찰에게 걸려왔다. 경찰은 자신의 경험에 의해서 90%이상 실제로는 폭탄테러가 발생하지 않을 것으로 생각한다. 그러나 경찰은 폭탄테러가 발생할 경우를 고려해야 한다.

- 이처럼 사실관계의 확인이 불분명한 상황이 있을 수 있으며, 특정상황이 구체적인 위험으로 확인되지 않는 동안에는 이른바 위험혐의가 인정된다. 이처럼 폭탄테러가 발생할 위험의 존재가 '불확실함'을 경찰관 스스로 알고 있지만 나머지 10%의 발생가능성에 대비하는 것은 위험혐의가 인정되기 때문이다.

- 위험혐의에서의 개별적 법률은 위험이 확인되기 전까지 기다리는 것으로는 위험방지가 효과적으로 이루어지기 어렵고 위험이 현실화하는 경우 그 피해가 큰 범죄문제, 식품안전, 보건위생, 환경, 테러대비를 위한 법제에 있어서 특히 실익이 있다.

- 감염병예방법의 경우 보건복지부장관, 시·도지사 또는 시장·군수·구청장이 감염병을 예방하기 위하여 감염병 병원체에 감염되었다고 '의심되는 자'를 적당한 장소에 일정한 기간 입원 또는 격리시키는 조치를 취할 수 있다. 예를 들어 메르스 감염이 의심되는 환자를 격리시키는 조치는 위험혐의 단계에서의 위험방지조치에 해당될 것이다.

● 외관상 위험[82]

🌐🔍 외관상 위험의 사례

- 홍길동은 자동차 열쇠를 잃어버려서 한밤중에 자신의 스포츠카의 문을 철사로 열려고 하고 있다. 경찰관 김포돌이 '절도'를 저지하려고 A에게 경찰권을 발동하였다. 경찰법적 존재에서 위험이 존재하는가?

사례의 경우, 공공의 안녕에 대한 실제의 위험은 존재하지 않으며, 이른바 외관상 위험이 문제될 뿐이다. 개입의 시점에서(사전적 관점에서) 행위를 하는 경찰관 김포돌이 그

---

82 서정범(역), 전게서, pp. 16-19.

상황을 위험한 것으로 판단하였을 뿐만 아니라 위험의 존재에 대한 객관적 근거가 있고, 나중에서야 비로소(사후적 관점에서) 위험이 실제로는 존재하지 않았다는 것이 밝혀질 때 외관상 위험이 존재한다.

경찰작용의 적법성을 판단함에 있어서 손해발생의 개연성 예측과 관련해서는 위험예측의 시점(사전적)이 기준이 되어야 하며, 판사의 관점(사후적)에 따라서는 안 되므로 외관상 위험은 경찰법적으로 중요한 위험이라고 할 수 있다.

경찰권발동의 대상은 외관상 경찰책임자 또는 경찰법의 경찰책임자에 관한 규정상의 경찰책임자이며, 따라서 그에게는 손실보상청구권이 인정되지 않는다.

이처럼 외관적 위험은 경찰이 사려 깊게 상황을 판단했으나 위험을 잘못 긍정하는 경우이다. 예를 들어 심야에 순찰중인 경찰관이 살려달라는 외침소리를 듣고 남의 집 출입문을 부수고 들어갔는데, 실제로는 귀가 어두운 노인이 TV 형사극을 크게 켜놓아 그 외침소리가 밖으로까지 들려 경찰관이 오인한 것을 들 수 있다.

외관적 위험이란 실제로 위험이 존재하지 않음에도 불구하고 경찰기관이 위험이 존재하는 것으로 판단하였는데, 경찰기관이 객관적인 관찰자로서 주의를 다하였더라도 위험이 존재한다고 판단하였을 것이라고 인정되는 경우를 말한다. 따라서 이 경우의 경찰권 발동행위는 원칙적으로 적법하다.

Police Science

🔍 위험혐의와 외관상 위험과의 구별

- 위험은 정확히 측정되기는 어렵지만 손해발생의 가능성이 충분히 존재하는 상태를 말한다. 위험혐의는 결과적으로 '위험에 대한 우려' 또는 '위험이 의심되는 상황'이 있는 경우를 말한다.[83] 위험은 위험혐의와 '개연성'에 있어서 서로 구별된다고 보는 것이 일반적인 견해다.
- 위험과 위험혐의는 '충분한 개연성'이 경계가 되며, 위험혐의는 손해발생의 개연성이 위험보다 더 작다. 손해발생의 개연성은 위험이 크고, 위험혐의가 작다. 위험혐의가 있는 사건이 위험으로 판단되는 경우가 많다.
- 예를 들어 조직폭력배들이 단체로 쇠파이프를 들고, 봉고차로 어떤 장소로 이동한다면 '위험혐의'가 있다고 할 수 있다. 이후 이들이 화난 얼굴로 특정 나이트로 들어간다면 사고가 발생할 충분한 개연성이 있으며 '위험'이 충분히 존재한다고 할 수 있다. 따라서 위험혐의

---

[83] 김성태b, "위험에 대한 의심과 위험여부의 확인(법치주의에서의 안전을 위한 시론적 고찰)" 「행정법연구」, 51, 2017, p. 160.

는 위험의 하위 개념이라고 볼 수 있다.

- 경찰의 임무수행과정에서 위험은 위험혐의 혹은 외관상 위험과 결부되어 나타나는 경우가 많다. 외관상 위험이 인정되기 위해서는 순수하게 주관적인 예측이 아닌, 경찰의 직무경험에 의한 위험요건판단의 근거가 요구된다.
- 외관상 위험은 경찰관이 회피불가능한 동기의 착오에 의하여 위험을 인정하는 경우라는 점에서 구체적인 사안에서 위험의 존재가 불확실함을 경찰관 스스로 알고 있는 위험혐의와 차이가 있다.
- 외관상 위험은 작용 시점에서의 경찰관에게는 위험과 동일한 것이기 때문에 위험방지 작용을 행하게 된다. 그에 비해 위험혐의에서는 위험 여부의 확인 작용이 우선적으로 고려된다.
- 이와 같이 외관상 위험과 위험혐의는 서로 다른 개념이고 작용의 내용에서도 차이가 있지만, 실제 사례에 있어 양자가 반드시 명확하게 구별되는 것은 아니다.

● 오상위험(추정적 위험)[84]

Police Science

🌐 오상위험의 사례

- 약간의 물적 손해를 일으킨 화재가 있은 후에, 과민한 경찰관 김포돌은 가옥이 붕괴될 위험을 두려워하여 즉시 퇴거할 것을 명하였다. 경찰법적으로 중요한 위험이 존재하는가?

사례의 경우, 가옥이 붕괴될 위험은 실제로는 존재하지 않으며, 객관적인 기준에 따를 때 위험이 존재하는 외관상 위험과 달리, 이 경우는 단지 경찰관 김포돌의 주관적 판단에 따른 위험이 존재할 뿐이다. 이 경우는 오상위험이 문제될 뿐이다. 오상위험의 경우, 경찰관이 위험이 객관적으로 존재하지 않음에도 불구하고, 위험이 존재한다는 잘못된 주관적 판단에 근거하고 있다. 이때 판단의 오류는 의무위반 행위에 해당되며 위법적 활동이 된다.

오상위험은 경찰법적으로 인정되는 위험이 아니다. 경찰의 활동영역으로 인정되지 않는다. 따라서 오상위험의 방지를 위하여 행해진 조치는 위법하게 된다. 독일의 경우, 오상위험의 사례는 손실보상청구권과 손해배상청구권이 모두 인정된다.

---

84 서정범(역), 전게서, pp. 15-17.

이처럼 오상위험(추정적 위험)은 이성적이고 객관적으로 판단할 때, 위험의 외관도 그 혐의도 정당화되지 아니함에도 불구하고 경찰이 위험의 존재를 잘못 추정한 경우이다. 이런 경우 손실보상과 손해배상의 문제가 발생한다.

예를 들어 초임 순경이 불심검문 중 시민이 신분증을 꺼내려는 것을 흉기를 꺼내는 것으로 착각하고 시민을 강력하게 진압한 경우를 들 수 있다. 이처럼 경찰관이 비난받아 마땅할 정도로 잘못된 사안판단에 기초하고 있는 경우, 혹은 경찰법상의 원칙에 반하여 객관적 상황을 잘못 예측한 경우를 말한다.

오상위험은 실제로는 위험이 존재하지 않는데도 경찰관이 객관적인 주의의무를 소홀히 하여 위험이 존재하는 것으로 주관적으로 잘못 판단한 경우를 말한다. 이러한 오상위험에 기초한 경찰권발동은 위법하게 되며 손배배상의 책임을 지게 된다.

위험에 대한 인식	
위험혐의	• 위험에 대한 우려 또는 위험이 의심되는 상황이 있는 경우 • 위험의 존재가 불확실함을 경찰관 스스로 알고 있는 경우 • 위험의 존재 여부를 확인하기 위한 예비적 조치 가능 　(ex. 항공기 내의 폭발물 설치 여부 조사)
외관상 위험	• 객관적 주의의무를 다했지만 위험이 존재한다고 잘못 판단한 경우 • 실제로 위험이 존재하지 않지만 위험이 존재하는 것으로 판단 • 위험방지를 위한 경찰권 발동은 원칙적으로 적법 • 손실보상의 문제는 발생하지 않음 • 객관적 사실(○) + 주관적 착오(×)
오상위험 (추정적 위험)	• 위험의 외관·위험혐의도 없는데 위험을 잘못 추정한 경우 • 손실보상과 손해배상청구권이 모두 인정 • 오상위험 상황에서 경찰개입 시 손해배상의 문제 발생 • 객관적 사실(×) + 주관적 착오(○)

2 범죄의 수사

「경찰법」과 「경찰관직무집행법」은 경찰의 임무와 직무 규정으로 '범죄의 수사'를 규정하고 있다. 범죄의 수사는 위험방지 임무와 연관성을 가지고 있다. 「형사소송법」 제195조 1항에는 "검사와 사법경찰관은 수사, 공소제기 및 공소유지에 관하여 서로 협력하여야 한다."고 규정하여 검사와 사법경찰은 상호협력관계임을 명시하고 있다.

형사법 각 조는 "…하여야 한다."고 규정하여 법정주의 원칙을 천명하고 있으므로 경찰관은 수사를 할 것인가 말 것인가를 결정할 재량이 없다.

형사소송법은 범죄수사와 관련하여 여러 가지 수단을 마련하고 있는데, 수사목적의 달성과 인권보장의 조화를 위하여 임의수사를 원칙으로 하고 강제수사는 예외적으로 허용하고 있다.

이러한 경찰의 수사수단 중 강제수사의 방법에는 체포, 구속, 압수수색 등이 있으며, 임의제출물의 압수의 경우에는 포함되지 않는다. 강제수사에 대해서는 엄격한 요건, 기간 등이 법정되어 있다. 이를 위반하였을 경우에는 첫째, 위법수사의 문제가 발생될 수 있으며 둘째, 형법상의 직권남용죄 등으로 처벌받을 수 있고 마지막으로 국가배상법상의 배상책임의 대상이 될 수 있다.

Police Science

🌐🔍 미란다(Miranda) 판결

- 1963년 3월 어느날 아리조나주의 피닉스 시경찰은 어네스트 미란다라는 멕시코계 미국인을 체포했다. 18세 소녀를 납치해 강간했다는 혐의로 경찰에 연행된 미란다는 자신의 자백진술서가 결정적인 증거가 되어 최저 20년 최고 30년의 중형을 선고받았다.
- 1966년 6월 13일 연방대법원은 '미란다 판결'Miranda v. Arizona, 377 U.S. 201, 1966을 통해서 다시 재판하라는 결정을 내렸고, 1967년 2월, 미란다는 아리조나 주법원에서 다시 재판을 받았으나 여자친구의 결정적인 증언으로 유죄판결을 받았다.
- 1972년 가석방된 미란다는 수차례 교도소를 드나들다가 1976년 피닉스의 어느 술집에서 카드노름을 하다가 싸움이 붙어 살해되었다. 아리조나 경찰이 미란다의 살해용의자를 체포하면서, '미란다 원칙'을 낭독해 주었음은 물론이다.
- 미란다 판결은 진술거부권, 변호인선임권, 접견교통권을 고지하지 않은 상태에서 이루어진 자백의 증거능력을 부정하는 중요한 계기가 되었다.

🔍 변호인의 도움을 받을 권리에 대한 미국의 판결[85]

- 美수정헌법 제6조에 보장된 변호사의 도움을 받을 권리가 연방법정에서 뿐만 아니라 주법정에서도 보장되어야 한다고 최초로 판결한 것은 1932년 소위 '스카츠보로 사건'Scottsboro Case이었다Powell v. Alabama: 스카츠보로 판결.

- 이후 '기드온 판결'Gideon v. Wainwright, 372 U.S. 335, 1963 덕분에 대부분의 도시와 주에서는 정부가 변호사를 고용하여 가난한 형사피고인을 도와주는 공공변호사Public Defender를 두게 되었다.

- 연방대법원은 1964년 '에스코베도 판결'Escobedo v. Illinois에서 경찰이 피의자를 조사하는 과정에서 변호사의 도움을 받을 수 있는 권리가 보장되어야 한다고 선언하였고, 변호사접근권이 보장되지 않은 상태에서 얻어 낸 자백은 증거능력이 없다고 결정했다.

- 이로써 변호인의 접견교통권을 침해하여 얻은 자백의 증거능력은 부정되게 되었다.

🔍 위법수집증거배제에 관한 미국의 판결[86]

- 1957년 5월 23일, 클리블랜드시 교외에 위치한 돌리 맵의 집에 수배중인 범죄자를 은신시켜다는 제보를 받고 경찰관들이 찾아왔다. 경찰은 수색영장도 없이 그녀를 침실에 감금시키고, 그녀의 옷장, 서랍, 가방을 수색했고, 범인은닉이 아닌 수색 중에 발견한 음란물을 소지하고 있었다는 이유로 구속시켰다.

- 맵의 재판이 열린 오하이오 주지방법원은 비록 불법으로 수색하고 압수된 증거라 하더라도 그 입수과정에서 경찰이 강압적으로 행동하거나 과도한 폭력을 사용하지만 않았다면, 그 증거능력을 인정받을 수 있다고 판결했다.

- 하지만 연방대법원은 위법수집증거배제의 법칙이 없이는 불법적인 압수수색을 금지한 수정헌법 제4조가 무용지물이 될 것이고, 권력으로부터 개인의 안전과 자유를 보장하는 것이 매우 어려워질 것이라고 하면서 맵에게 승소판결로 '맵판결'Mapp v. Ohio, 367 U.S. 643, 1961을 내렸다.

- 비록 경찰의 실수로 범죄자들이 처벌을 피하는 경우도 있을 수 있지만, 법을 집행하는 정부

---

85 장호순, 「미국헌법과 인권의 역사」(서울: 개마고원, 2005), pp. 239−274.
86 상게서, pp. 239−274.

가 이를 준수하지 않는 것, 특히 국가의 기초인 헌법을 준수하지 않는 것보다 빠르게 국가를 붕괴시키는 것은 없다고 하였다.
- 맵사건의 판결결과가 발표되자 경찰과 정치인들은 범죄자가 아니라 경찰에게 수갑을 채우는 판결이라고 연방대법원을 맹비난했다.
- 맵판결 이후 위법수집증거배제의 법칙은 경찰의 불법적인 압수수색으로부터 국민을 보호하는 주된 법적 수단으로 인식되었다.
- 맵은 연방대법원의 판결로 1961년 풀려났으나, 1970년 12월 뉴욕경찰 마약반에 의해 다시 체포되었으며, 20년의 징역형을 선고받았다.
- 이러한 맵판결 이후 위법수집증거배제의 법칙이 확립되게 되었다.

3 대민서비스

복지행정이 강조되는 오늘날에는 적극적인 서비스 활동을 통해 국민에게 봉사하는 경찰의 역할이 요구되고 있다. 미국 경찰의 경우 통제와 지시Control and Order라는 패러다임에서 지금은 시민에 대한 서비스를 강조하는 보호와 서비스Care and Service라는 패러다임으로 전환되었다.

경찰의 규제적 권한 발동은 오로지 공익만을 보호하기 위한 것이 아니라 개인의 사익보호와도 연결되어 있다. 따라서 위험방지나 범죄수사임무도 서비스를 위한 활동으로 귀결된다.

제2절 경찰의 수단

1 경찰수단의 의의

경찰은 사회공공의 안녕과 질서를 유지하기 위한 기관이다. 따라서 공공의 안녕과 질서에 위해가 발생하면 경찰이 개입하여 위해를 제거하게 된다. 이처럼 공공의 안녕과 질서에 위험이 발생했거나 발생하려는 상황을 '경찰상태'라고 하며, 경찰상태를 야기한 자를 '경찰책임자'라고 부른다.

경찰이 지향하고자 하는 '공공의 안녕·질서의 회복' 또는 공공의 안녕·질서에 대한 위해의 방지를 '경찰목적'이라 하고, 경찰목적의 달성을 위해서 법률 또는 명령이나 처분을 통해서 개인에게 부과하는 의무를 '경찰의무'라고 한다.[87] 이러한 경찰수단에는 권력적 수단, 범죄수사를 위한 수단, 비권력적 수단 등이 있다.

2 ‖ 경찰수단의 종류

1 권력적 수단

경찰은 위험을 방지하거나 경찰위반상태를 제거하기 위하여 국가의 일반통치권에 근거하여 국민에게 명령·강제함으로써 경찰에게 주어진 임무를 수행한다. 이처럼 권력적 수단이란 국민에게 명령·강제를 통해서 위해방지 등과 같은 경찰목적을 달성하고자 하는 것을 의미한다. 프리츠 프라이넷Fritz Fleinet은 1912년 "경찰은 교훈과 훈계가 아니라 강제를 통해서 목적을 달성할 수 있다."고 하였다. 이 말은 권력적 수단을 통해서 경찰목적이 수행될 수 있음을 의미한다고 할 수 있다.

경찰의 권력적 수단에는 크게 경찰의무를 부과하기 위한 수단(경찰의무 부과수단)과 경찰의무의 이행을 확보하기 위한 수단(의무이행 확보수단)으로 구분할 수 있다. 경찰의무를 부과하기 위한 수단에는 경찰하명, 경찰허가, 경찰면제, 경찰상 사실행위로 나눌 수 있고, 의무이행 확보수단에는 경찰강제, 경찰벌, 경찰상조사 등으로 나눌 수 있다.

---

87 이황우·조병인·최응렬, 전게서, p. 34.

경찰의 권력적 수단			
경찰의 의무 부과수단	경찰하명	작위하명	• 불법집회 · 시위의 해산명령
		부작위하명	• 도로의 통행금지 · 제한
		수인하명	• 극장 등의 시설주 등에 대한 경찰관 출입용인
		급부하명	• 범칙금의 통고처분 · 과태료의 부과처분
	경찰허가	대인적 허가	• 운전면허증발급, 외국인 체류허가, 유흥음식점 허가
		대물적 허가	• 차량검사합격처분, 건축허가
		혼합적 허가	• 총포류제조허가, 민간경비업허가 등
	경찰면제		• 시험면제, 수수료면제, 납기의 연기 등
	경찰상 사실행위	권력적 사실행위	• 총기사용, 최류탄발사, 유치장 입감
		비권력적 사실행위	• 금전출납, 쓰레기수거, 고지 · 통지, 행정지도 등
경찰의 의무이행 확보수단	경찰 강제	경찰상 강제집행	대집행	• 행정대집행법 제2조의 대집행
			강제징수	• 국세징수법 제3장의 체납처분
			집행벌	• 건축법 제83조의 이행강제금
			직접강제	• 식품위생법 제62조의 폐쇄조치
		경찰상 즉시강제	대인적 즉시강제	• 불심검문, 보호조치, 경고 · 억류 · 피난 등
			대물적 즉시강제	• 무기 · 흉기 · 위험물의 임시영치, 음란물 폐기
			대가택적 즉시강제	• 가택출입, 임검 · 검사 및 수색 등
	경찰상 조사	강제조사	• 불심검문, 질문, 신체검사, 시설검사, 물품검사 · 수거 등
		임의조사	• 장부 · 서류의 열람, 사실확인 등
	경찰벌	경찰형벌	원칙	• 형벌 9종(사형, 징역, 금고, 자격상실, 자격정지, 벌금, 구류, 과료, 몰수)
			예외	• 즉심, 통고처분
		경찰질서벌	• 범칙금, 과태료, 과징금

2 범죄수사를 위한 수단

경찰수단이 범죄수사와 관련이 있는 경우에는 형사소송법상의 임의수단이나 강제수단에 따라 수사목적을 달성한다. 형사소송법 제199조에서는 수사목적달성과 인권보장의 조화를 위해 임의수사를 원칙으로 하며 강제수단을 예외로 하면서 경찰의 수사권을 인정하고 있다.

경찰의 수사권은 자연인 모두에게 적용되며, 법인의 경우 일부 적용이 제한된다. '외교관계에관한비엔나협약'(1961)에 의한 외교사절이나 '한미행정협정'SOFA에 의한 주한미군의 경우 등에도 그 적용이 일부 제한된다. 대통령과 국회의원의 경우에도 일정한 제한이 따른다.

형사소송법상 강제수단으로는 체포·구속·압수·수색 등의 영장이 대표적이다. 각각에 대해서는 요건·기간 등이 엄격히 법정되어 있다. 이를 위반할 경우에는 위법수사의 문제가 발생되고, 경찰관은 형법상의 직권남용죄 등으로 처벌되거나 국가배상법상의 배상책임의 대상이 될 수 있다.

임의수사는 상대방의 동의나 임의의 협력을 얻어서 행해지는 수사활동을 말한다. 예를 들어 피의자신문조서 작성, 임의제출물의 압수와 같은 것이다. 이러한 경우에는 영장 없이도 수사활동이 가능하다.**88** 그러나 임의수단이든 강제수단이든 경찰관은 사법경찰관리로서 피의자 또는 다른 사람의 인권을 존중하는 데 특히 주의하여야 한다.

3 비권력적 수단

경찰의 업무수행과정에 있어서 강제적 수단이 큰 의미가 있지만 경찰에게 주어진 사명은 강제적인 수단만으로는 부족하다. 현대사회에서는 복리주의적 급부행정의 중요성이 증가하여 경찰행정에 있어서도 서비스적 활동이 강조되고 있다. 강제수단은 그 의미가 상실되어 가고 있다. 이에 따라 비권력적인 경찰수단의 필요성이 강조되고 있다.

비권력적 수단은 각 개인의 자유로운 생활에 개입하지 않으면서 차량순찰, 교통관리, 정보제공, 지리안내 등 행정지도와 범죄예방에 기여하는 활동 등을 의미한다. 구체적인 법률의 수권이 없어도 경찰 스스로 일반조항에 근거하여 광의의 위험방지 활동을 하는 것이다. 그러나 주의할 것은 정보수집 등과 같은 경찰활동은 비록 비권력적인 수단이라고는 하지만 대국민 서비스 측면과는 무관하다는 것이다. 따라서 경찰의 비권력적 정보활동에는 일정한 제약을 두고 있다.

---

88 허경미, 「경찰행정법」(서울: 법문사, 2003), pp. 15-16.

제4장 경찰권과 관할

제1절 경찰권의 기초

1 경찰권의 개념

과거 경찰개념은 주로 대륙법계의 실질적 의미의 경찰개념에 따라, 사회공공의 안녕과 질서를 유지하기 위하여 국가의 일반통치권에 근거하여, 국민에게 명령·강제하는 권력적 작용이라고 정의되어 왔다. 이러한 실질적 의미의 경찰이 사용하는 통치권적 권한을 일반적으로 경찰권이라고 불러왔다.

이러한 경찰권의 개념은 형식적 의미의 경찰권한과 일치하지 않을 뿐만 아니라 경찰활동을 충분히 설명하지 못하는 문제점이 발생하고 있다. 왜냐하면 서비스 활동과 같은 비권력적 분야와 수사분야 같은 경우는 경찰활동의 일부분으로 인정되고 있기 때문이다.

특히 경찰의 범죄수사 활동은 전통적인 경찰권과는 달리 경찰법과 경직법 그리고 형소법에서 권한을 부여하고 있는 경찰활동이다. 경찰하명이나 경찰의무위반에 대한 강제집행, 즉시강제 등과 같은 협의의 경찰권과는 전혀 성질을 달리하는 것이다. 수사권과 서비스 활동을 제외한 전통적인 경찰권의 개념으로는 설명하기 어려운 상황이다. 따라서 협의의 경찰권과 수사권 등을 포괄하는 개념을 광의의 경찰권이라고 하고 있다.

🌐 경찰권발동의 의무

- 경찰법규는 경찰작용을 기속행위로 규정하는 경우도 있지만 대부분의 경찰작용은 재량행위로 되어 있다.
- 이처럼 경찰권의 발동여부 및 수단의 선택을 경찰기관의 재량에 맡기는 것을 '경찰편의주의'라고 한다. 경찰편의주의하에서 경찰권의 발동은 일반적으로 경찰기관의 의무가 아니라 권한이다.
- 경찰권의 발동이 일반적으로 경찰기관의 재량사항이라고 하더라도, 예외적으로 특정한 상황하에서 경찰권 발동이 의무로 되는 경우가 있다.
- 원래는 재량행위였다고 하더라도 경찰기관의 재량권이 축소되어 경찰권을 발동하는 것만이 유일한 옳은 결정으로 남게 되며, 그 결과 그 법규가 정하는 경찰작용은 기속행위로 변한다.
- 경찰기관은 경찰권을 발동할 의무를 지게 되며, 이러한 법리를 '재량권의 0으로의 수축이론'이라고 한다. 독일에서는 '띠톱판결'을 통해서 인정되었고, 우리나라에서는 '김신조 사건'을 계기로 판례로 인정되고 있다.
- 이처럼 경찰의 재량권이 0으로 수축된 상황에서는 국민에게 경찰의 개입을 요청할 수 있는 권리가 발생하게 되며, 이러한 권리를 '경찰개입청구권'이라고 한다.
- 경찰개입청구권을 가지지 못한 상황에서, 경찰기관의 경찰권 발동에 의하여 이익을 받는 경우도 있는데 이때의 이익은 단순한 '반사적 이익'일 뿐이다.

2 ‖ 협의의 경찰권

1 개념

협의의 경찰권은 사회공공의 안녕과 질서를 유지하기 위하여 일반통치권에 근거하여 국민에게 명령·강제하는 권한을 의미하며, 수사권을 제외한 경찰권을 의미한다고 할 수 있다. 협의의 경찰권은 경찰기관뿐만 아니라 일반행정기관에서도 발동할 수 있다.

따라서 앞서 살펴본 것처럼 국회의장의 국회경호권이나, 법원의 법정질서유지권 등과 같이 일반통치권을 전제로 하지 아니하고, 부분사회의 내부질서를 목적으로 하는 경우에는 경찰작용에 해당되지 않지만 삼림청장(삼림경찰), 보건복지부장관(위생경찰), 행정안전부장관(영업경찰), 법무부장관(출입국경찰), 산업통상자원부장관(경제경찰), 국방부장관(군사경찰) 등은 협의의 경찰권을 행사할 수 있다.

협의의 경찰권 대상자는 법률에 규정이 없는 한 국가의 일반통치권에 복종하는 모든 자가 된다. 따라서 자연인이든, 법인이든, 내국인이든, 외국인이든 상관없이 협의의 경찰권에 복종하여야 한다. 법인의 경우에는 양벌규정에서 볼 수 있듯이 법인을 구성하는 자연인에게 경찰의무를 과할 수 있을 뿐만 아니라, 법인 자체에 경찰책임을 인정하여 위험방지에 대한 책임을 부과할 수 있다. 그러나 외교사절과 같이 국제법상 특례가 인정되는 경우에는 예외가 인정된다.

다른 행정기관이나 행정주체가 경찰의무에 위반하는 경우에 통설은 행정기관이 통치권을 행사하지 아니하고, 일반사인과 마찬가지로 사법적私法的활동을 하는 경우에는 경찰권의 발동이 허용된다고 본다.

협의의 경찰권 발동은 경찰책임자에게만 가능한 것이 원칙이나, 예외적으로 법령상 근거가 있고 긴급한 필요가 있는 경우에는 경찰책임자가 아닌 자에게도 가능하다. 원칙적으로 경찰권은 위해발생에 대하여 책임이 있는 자에게 발동되어야 한다. 위해발생에 대한 책임을 경찰책임이라고 하고, 그 책임이 있는 자를 경찰책임자라고 한다.

협의의 경찰권 발동의 요건은 공공의 안녕에 대한 위해의 존재, 공공의 질서에 대한 위해의 존재, 경찰상 장애의 존재 등이 있다. 따라서 국회의장의 국회경호권(국회법 제143조), 법원의 법정질서유지권(법원조직법 제55조의2)과 같이 일반통치권을 전제로 하지 아니하고 부분사회의 내부질서를 목적으로 하는 경우에는 협의의 경찰작용에 해당하지 않는다.

경찰권 발동은 국민에게 권력적으로 명령·강제하는 작용이기 때문에 경찰권을 발동함에 있어서는 엄격한 법률의 근거를 요할 뿐만 아니라, 그 상대방 및 국민 일반의 자유를 보호하기 위하여 일정한 한계 내에 국한되어야 한다. 이러한 경찰권 발동의 한계는 법규상 한계와 조리상 한계로 나누어 구분할 수 있다.

사인, 즉 개인이 자신의 이익을 위하여 경찰기관에 경찰권발동을 요구할 수 있는 권리를 가지는 경우도 발생하는데 이를 '경찰개입청구권'이라고 한다. 경찰개입청구권은 개인적 공권의 일종으로서, 다른 개인적 공권과 마찬가지로 두 가지 성립요건을 갖추어야 한다.

첫째는 경찰기관이 경찰권을 발동할 의무가 존재할 것, 둘째, 경찰기관에 대하여 그러한 의무를 부과하는 법규가 공익만이 아니라 사인의 이익도 보호하려는 목적을 가질 것이라는 요건이 그것이다. 우리나라에서 경찰기관의 '경찰개입청구권'을 인정한 기념비적인 판례로는, 이른바 '김신조 사건'이 있다.[89]

Police Science

🌐 경찰책임자

- 사회공공의 안녕과 질서가 침해되거나 침해될 우려가 있는 경우에 경찰권은 그러한 상태의 발생에 책임이 있는 경찰책임자에 대하여만 발동할 수 있는데, 이 원칙을 경찰책임의 원칙이라 한다.
- 경찰책임자는 자기의 생활범위 안에서 객관적으로 경찰위반상태가 발생한 경우 고의·과실의 존부와 상관없이 경찰책임을 지게 되고, 자기의 지배범위에 속하는 한 타인의 행위 또는 물건의 상태에 대해서도 책임을 진다.
- 경찰책임자가 아닌 자에 대해서도 법령상 근거가 있고 긴급한 필요가 있는 경우에는 경찰권을 발동할 수 있고 이 경우 제3자가 받은 손해는 보상하여야 한다.
- 이러한 경찰책임의 종류에는 행위책임, 상태책임, 복합책임이 있고 행위책임과 상태책임이 경합하는 경우는 일반적으로 행위책임이 우선한다.
- 행위책임은 고의·과실이 없는 때에도 성립한다. 행위책임이 인정되기 위하여 민법상의 행위능력은 요구되지 않는다.
- 행위책임은 자기의 행위뿐만 아니라 자기의 보호·감독 하에 있는 자의 행위에 의하여 사회공공의 안녕·질서에 대한 위해가 발생한 경우에도 성립한다.
- 따라서 타인의 행위를 지배하는 권한을 가지는 자(사용자)는 자신의 지배를 받는 자(피사용자)의 행위로부터 발생하는 질서위반의 상태에 대해서도 행위책임을 지고, 이때 책임은 자기책임의 성질을 갖는다는 것이 통설이다.

---

2 타 행정기관과 경찰권

공행정주체도 경찰의무를 준수할 의무가 있으므로 경찰의무위반에 대해서는 공행정책무의 이행을 저해하지 않는 한도 내에서 원칙적으로 경찰권이 발동될 수 있을 것이라는 유력설이 있다.[90] 공행정 주체도 경찰의무를 준수할 의무가 있으므로 사법私法적 활동

---

89 대법원 1971.04.06. 선고 71다124판결.
90 김동희a, 「행정법Ⅱ」(서울: 박영사, 1997), pp. 154-155.

을 하는 경우 협의의 경찰권 발동이 가능하다. 예를 들어 소방차 및 일반 공무차량도 평상시에는 경찰의 교통법규 단속이 가능하다는 것이다.

3 | 수사권

수사권은 국가형벌권 행사를 위해 「형사소송법」에 근거하여 경찰에게 부여된 권한이다. 수사권을 행사할 수 있는 수사기관은 일반사법경찰관리, 특별사법경찰관리 그리고 검사 등이 있다. 협의의 경찰권에 의해서는 일반적 처분이 가능하고 경찰책임자 이외의 비책임자에게도 권한이 발동될 수 있다. 반면 수사권의 경우는 피의자나 참고인 등 형사소송법에 규정된 관계자 이외에는 발동될 수 없다.

경찰의 수사권한은 피의자 또는 다른 사람의 인권을 존중하고 수사과정에서 취득한 비밀을 엄수하며 수사에 방해되는 일이 없도록 해야 하는 의무를 갖고 있다. 하지만 외국사절, SOFA 협정에 의한 주한미군 등에 대해서는 수사에 제한이 있다.

Police Science
🌐 형사소송법(시행 2022. 2. 3.)

제198조(준수사항) ① 피의자에 대한 수사는 불구속 상태에서 함을 원칙으로 한다.

② 검사·사법경찰관리와 그 밖에 직무상 수사에 관계있는 자는 피의자 또는 다른 사람의 인권을 존중하고 수사과정에서 취득한 비밀을 엄수하며 수사에 방해되는 일이 없도록 하여야 한다.

제2절 경찰의 관할

1 ║ 사물관할

사물관할事物管轄이란 경찰이 처리할 수 있고 또 처리해야 하는 사무 내용의 범위를 말하는 것이다. 경찰권이 발동될 수 있는 범위를 설정함으로써 그 범위를 넘는 분야에 관하여서는 경찰이 개입할 수 없도록 한다는 점에서 법적 의미가 있다. 우리나라는 영·미법계 경찰개념의 영향으로 범죄수사에 관한 임무가 경찰의 사물관할로 인정되어 있다.

「경찰관직무집행법」과 「경찰법」에 수사에 관한 임무 규정이 포함되어 있기 때문에 수사업무도 경찰의 사물관할에 속한다. 단, 국가정보원 직원, 군사법경찰관리, 교도소장, 근로감독관, 선장, 산림보호공무원 등은 소속 관서의 관할구역 내에서 사법경찰관리로서의 직무를 수행하므로 경찰의 사물관할 또는 지역관할에서 제외된다.

이처럼 경찰의 사물관할은 경찰이 처리할 수 있고 또 처리해야 하는 사무내용의 범위를 말하며, 경찰은 행정경찰 업무 및 사법경찰 업무가 경찰의 사물관할로써 인정되고 있다.

2 ║ 인적관할

인적관할人的管轄은 경찰권의 대상이 누구이며, 누구에게 적용되는가의 문제를 말한다. 경찰권은 원칙적으로 「헌법」에서 예정하고 있는 한반도와 그 부속 도서에 있는 모든 사람에게 적용된다. 하지만 국내법적·국제법적 제한이 있다. 예를 들어 국내적으로 대통령·국회의원에 대하여, 국제법적으로는 외교사절·주한미군에 대한 제한이 있다.

대통령에 대해서는 「헌법」 제84조에 "대통령은 내란 또는 외환의 죄를 범한 경우를 제외하고는 재직 중 형사상의 소추를 받지 아니한다."고 규정하고 있다. 재직 중 형사불소추의 특권을 인정하고 있다. 국회의원에 대해서는 「헌법」 제44조에 "국회의원은 현행범인인 경우를 제외하고는 회기 국회의 동의 없이 체포 또는 구금되지 아니한다. 국회의원이 회기 전에 체포 또는 구금된 때에는 현행범인이 아닌 한 국회의 요구가 있으면 회기 중 석방된다."고 하여 불체포특권을 규정하고 있다.

「헌법」제45조는 "국회의원은 국회에서 직무상 행한 발언과 표결에 관하여 국회 외에서 책임을 지지 아니한다."고 하여 면책특권도 규정하고 있다. 이러한 규정에 의해서 대통령과 국회의원에 대한 경찰권 발동은 제한을 받게 된다.

외교사절은 「외교관계에 관한 비엔나협약」(1961) 및 「영사관계에 관한 비엔나협약」(1963)'에 의해서 제한되며, 주한미군은 「한미행정협정」^{SOFA}에 의해서 제한된다.

3 지역적 관할

1 원칙

지역적 관할^{地域的 管轄}은 경찰권이 발동될 수 있는 지역적 범위를 말한다. 원칙적으로 「헌법」에서 예정하고 있는 한반도와 그 부속 도서 전체, 즉 대한민국 영역 내를 의미한다. 지역적 관할이란 경찰권이 발동될 수 있는 지역적 범위를 말하고, 대한민국의 영역 내에 모두 적용됨이 원칙이다.

2 한계

❶ 해양경찰청과의 관할 구분

해양에서의 경찰사무는 해양경찰청에서 원칙적으로 관할권을 갖는다. 따라서 일반경찰은 육상에서의 경찰사무를 관할함에 그친다.

❷ 국토해양부와의 관할 구분

열차 내 및 역 구내에서 발생한 현행범인은 국토해양부 소속의 '철도특별사법경찰대'가 처리한다. 따라서 비현행범은 경찰이 처리한다. 단, 살인사건이나 화재 및 변사사건은 국토해양부로부터 협조의뢰가 있을 때만 경찰에서 처리한다. 따라서 경찰관을 역 구내에 고정배치하지 않는다(양관서간 협정에 의한 제한).

❸ 국회경호권

국회의장에게는 국회경호 권한이 있고 국회 안에서 경호권을 행사한다. 국회의장의 요청에 의하여 경찰관이 파견되었더라도 회의장 건물 밖에서만 경호하도록 제한되어 있다. 국회 안에 현행범인이 있을 때에는 경찰관은 이를 체포한 후 의장의 지시를 받아야 한다. 회의장 안에서는 의장의 명령 없이 의원을 체포할 수 없다.

Police Science

🌐🔍 국회법(시행 2022. 5. 30.)

제143조(의장의 경호권) 의장은 회기 중 국회의 질서를 유지하기 위하여 국회 안에서 경호권을 행사한다.

제144조(경위와 경찰관) ① 국회의 경호를 위하여 국회에 경위(警衛)를 둔다.

② 의장은 국회의 경호를 위하여 필요할 때에는 국회운영위원회의 동의를 받아 일정한 기간을 정하여 정부에 경찰공무원의 파견을 요구할 수 있다.

③ 경호업무는 의장의 지휘를 받아 수행하되, 경위는 회의장 건물 안에서, 경찰공무원은 회의장 건물 밖에서 경호한다.

제150조(현행범인의 체포) 경위나 경찰공무원은 국회 안에 현행범인이 있을 때에는 체포한 후 의장의 지시를 받아야 한다. 다만, 회의장 안에서는 의장의 명령 없이 의원을 체포할 수 없다.

---

❹ 법정질서유지권

법원의 법정경찰권은 재판장이 행사한다. 재판장은 법정에서의 질서유지를 위하여 필요하다고 인정할 때에는 개정 전후에 상관없이 관할 경찰서장에게 경찰공무원의 파견을 요구할 수 있다. 재판장의 요청으로 파견된 경찰관은 법정 내외의 질서유지에 관하여 재판장의 지휘를 받아야 한다.

Police Science

🌐🔍 법원조직법(시행 2022. 1. 27.)

제58조(법정의 질서유지) ① 법정의 질서유지는 재판장이 담당한다.

② 재판장은 법정의 존엄과 질서를 해칠 우려가 있는 사람의 입정(入廷) 금지 또는 퇴정(退廷)을 명할 수 있고, 그 밖에 법정의 질서유지에 필요한 명령을 할 수 있다.

제60조(경찰공무원의 파견 요구) ① 재판장은 법정에서의 질서유지를 위하여 필요하다고 인정

할 때에는 개정 전후에 상관없이 관할 경찰서장에게 경찰공무원의 파견을 요구할 수 있다.

② 제1항의 요구에 따라 파견된 경찰공무원은 법정 내외의 질서유지에 관하여 재판장의 지휘를 받는다.

❺ 치외법권 지역

외교공관이나 외교관의 사택은 불가침이다. 그들의 승용차, 보트, 비행기 등도 이에 준하는 불가침특권이 있다. 외교사절은 행정권으로의 면제, 즉 경찰권 및 강제처분의 면제 특권이 있다. 외교관은 대사, 공사, 대리공사의 3계급이 있다. 외교사절의 계급은 석차와 의례에만 구별을 받는다. 이들 외교사절은 「외교관계에 관한 비엔나 협약」에 따라 그 특권에 있어서는 아무런 차별을 받지 않는다.

경찰권의 발동범위와 관련하여 속지주의에 의하면 자국의 영역 내에서 발생한 모든 범죄행위에 대하여 범죄인의 국적 여하에 관계없이 자국의 형사법이 적용된다. 그러나 이에는 일정한 예외가 있다. 국제법상 외국의 원수, 그 가족 및 대한민국 국민이 아닌 수행자, 신임받은 외국의 사절과 그 직원, 가족 등에 대해서는 자국의 형사재판권이 미치지 않는다.

대한민국 국민인 수행자는 형사소송법의 적용을 받지만, 대한민국 국민이 아닌 수행자는 국제법상의 예외로서 대한민국의 「형사소송법」의 적용을 받지 않는다.

Police Science

🌐🔍 국제법상 치외법권(治外法權)지역

- 국제협정이나 관행에 의하여 대한민국 내에 있는 미국문화원이 치외법권 지역이고 그 곳을 미국영토의 연장으로 본다 하더라도 그 곳에서 죄를 범한 대한민국 국민에 대하여 우리 법원이 먼저 공소가 제기되고 미국이 자국의 재판권을 주장하지 않고 있는 이상 속인주의를 함께 채택하고 있는 우리나라의 재판권은 동인들에게 당연히 미친다 할 것이며 미국문화원 측이 동인들에 대한 처벌을 바라지 않았다고 하여 그 재판권이 배제되는 것도 아니다.[91]

---

91 대법원 1986.06.24. 선고 86도403판결.

🌐 화재 및 전염병 발생시 치외법권 지역에 대한 경찰권 발동

- 경찰상 상태책임과 관련하여 화재나 전염병의 발생 등과 같이 공안을 유지하기 위하여 긴급을 요하는 경우가 있을 것이다. 이때, 외교사절의 동의가 없이도 공관에 들어갈 수 있다. 이는 국제적 관습으로 인정되고 있다.

❻ 미군 영내

미군 영내는 원칙적으로 미군 당국이 부대 영내의 경찰권을 행사한다. 하지만 이에 대한 몇 가지 예외사항이 있다.

🌐 미군 영내에 대한 대한민국의 경찰권

- 시설 및 구역내부 경찰권: 미군 당국이 동의한 경우에는 대한민국 경찰도 시설 및 구역 내에서 체포 가능하다. 중대한 죄를 범하고 도주하는 현행범인을 추적하는 경우에는 대한민국 경찰도 시설 및 구역 내에서 체포 가능하다.
- 경찰이 체포하려는 자가 한미행정협정의 대상이 아닌 경우에는 대한민국 경찰의 요청이 있으면 미군 당국은 즉시 체포·인도의무가 발생한다.
- 사람이나 재산에 관한 압수수색의 경우, 대한민국 당국은 미군 당국이 동의하는 경우가 아니면 시설 또는 구역 내에서 사람이나 재산에 관하여 또는 시설 및 구역 내·외를 불문하고 미군 재산에 관하여 압수·수색 또는 검증을 할 수 없다.
- 그러나 이에 관한 대한민국 당국의 요청이 있는 때에는 미군 당국은 필요한 조치를 취하여야 한다.

🌐 주한 미군의 특수성

- 군대의 특수성을 감안하여 미군 부대 영내의 경찰권 행사를 미군 당국에 맡기고 있다.
- 한미행정협정 대상이 아닌 자가 미군 영내에 있을 경우 한국경찰이 요청하는 경우, 미군 당국은 그를 체포하여 즉시 인도하여야 한다.
- 중대한 죄를 범하고 도주하는 현행범인을 추적하는 경우, 한국 경찰도 미군 시설 및 구역 내에서 범인을 체포할 수 있다.

- 미군 당국의 동의가 없으면 시설 및 구역 내외를 불문하고 미국 재산에 대하여 압수·수색할 수 없다.
- 대한민국에서의 미합중국 군대의 지위에 관한 협정^{SOFA}에 따라 직무상의 범죄에 대하여는 미국 형사소송법이 적용된다. 하지만 주한 미군의 일반 형사범죄에 관하여는 대한민국이 재판권을 행사할 수 있고, 대한민국의 형사소송법이 적용된다.

Police Science

🔍 경찰의 관할에 대한 요약

- 해양경찰청, 철도청, 국회 및 법정내부, 치외법권 지역, 미군 영내에서는 일정한 제한이 있다.
- 국회의장의 요청으로 국회에 파견된 경우에도 경찰관은 회의장 건물 밖에서만 경호할 수 있다.
- 재판장의 경찰관 파견요청이 있는 경우에도 법정 내·외의 질서유지에 관하여는 재판장의 지휘를 받아야 한다.
- 화재나 전염병의 발생 등과 같이 긴급을 요하는 경우에는 외교사절의 동의 없이도 공관에 들어갈 수 있다.
- 미군 시설과 관련하여, 미군 당국이 동의한 경우와 중대한 죄를 범하고 도주하는 현행범인을 추적하는 때에는 대한민국 경찰도 미군 시설 및 구역 내에서 범인을 체포할 수 있다.

제5장 경찰철학

제1절 경찰의 기본이념

경찰철학에는 경찰이념론과 경찰윤리 분야가 포함된다. 경찰이념론에는 조직으로서의 경찰의 기본적 가치·기본방향·규범 등이 포함된다. 경찰윤리에는 개개인의 경찰관에게 요구되는 이상적인 경찰상에 대한 것이 해당한다. 경찰이념론과 경찰윤리론은 완전히 독립적인 것이 아니고 상호의존적이다. 오늘날의 경찰은 경찰의 기본이념이 각 경찰관의 윤리 바탕이 되어 바람직한 경찰상으로 나타날 때 국민의 신뢰를 받을 수 있게 된다.

경찰의 기본이념에는 ① 민주주의, ② 법치주의, ③ 정치적 중립주의, ④ 인권존중주의, ⑤ 피해자보호주의, ⑥ 경영주의 등이 있다. 경찰활동 중 국민의 자유와 권리를 제한하지 아니하고, 국민에게 의무를 과하지 아니하는 순전한 임의활동은 직무의 범위 내에서라면, 법률의 수권규정이 없더라도 이를 행할 수 있다.

경찰이 경찰권을 가지고 행사하는 것은 국민으로부터의 위임에 근거한 것이다. 경찰공무원이 국민전체에 대한 봉사자이며, 국민에게 책임을 지는 이유가 여기에 있다. 주권자인 국민에게 참여할 기회가 제공되기 위해서는 경찰의 활동이 공개되어야 하고, 조직내부적으로는 권한의 분배가 적절히 이루어져야 한다.

1 ‖ 민주주의

1 의의

　민주주의란 국가의 주권이 국민에게 있고, 모든 국가권력은 주권자인 국민에게서 유래된다는 것을 의미한다. 특히 국민의 참여가 중요한 문제로 대두되면서 민주적 정당성이 있느냐 없느냐 하는 것이 오늘날 민주주의의 원칙과 관련해서 비중 있게 논의되고 있다.
　「헌법」제96조에는 "행정 각부의 설치·조직과 직무범위는 법률로 정한다."라고 규정함으로써 경찰조직은 국민의 의사를 대표하는 국회의 입법과정을 통해서만 가능하도록 하고 있다. 「헌법」제7조 제1항은 "공무원은 국민전체에 대한 봉사자이며, 국민에 대하여 책임을 진다."고 규정하고 있다. 경찰권은 국민에게 있고, 그 권력은 국민으로부터 나온다는 사상과 관련이 깊은 경찰이념이 민주주의이다. 경찰의 민주성은 '국민전체에 대한 봉사자'라는 헌법상의 의무를 구체화한 것이다.

Police Science
🌐 헌법

제7조 ① 공무원은 국민전체에 대한 봉사자이며, 국민에 대하여 책임을 진다.
　② 공무원의 신분과 정치적 중립성은 법률이 정하는 바에 의하여 보장된다.
제96조 행정각부의 설치·조직과 직무범위는 법률로 정한다.

2 내용

　경찰은 국가의 존립과 안녕을 위해야 하는 책무를 갖고 있다. 경찰권력은 국민으로부터 나오기 때문에 경찰권은 권력 자체가 아니라 국민을 위해 행사되어야 한다. 특히 「헌법」제1조는 "주권은 국민에게 있고 모든 권력은 국민으로부터 나온다."는 국민주권주의를 표방하고 있다. 이는 모든 경찰권력도 궁극적으로는 국민으로부터 나온다는 사상이다.
　「경찰법」제1조(목적)에서도 '민주적인 관리운영'이 명시되어 있다. 민주적 경찰이 되기 위한 구체적인 내용은 다음과 같다.
　첫째, 경찰은 민주적으로 관리·운영되고 효율적인 임무수행을 해야 한다. 경찰은 국민을 위한 서비스 기관이며, 주권자인 국민을 위한 기관이다. 수사를 비롯한 모든 경찰작용은 국민을 위한 것임을 잊어서는 안 된다. 경찰은 국민을 위한 서비스 기관임을 명심해야 한다.

둘째, 경찰에 대한 민주적 통제장치와 국민의 참여장치가 마련되어야 한다. 민주적 통제장치는 경찰통제를 위한 다양한 내·외부의 통제장치를 체계적으로 갖추어야 한다는 의미이다. 다양한 경찰권 행사에 국민의 참여가 있을 때 경찰의 민주적 정당성이 확보되었다고 할 수 있다. 경찰의 민주적 정당성을 확보하기 위해서 모든 경찰행정에 국민의 참여를 실질적으로 보장해야 한다.

셋째, 경찰행정은 투명하게 공개되어야 한다. 경찰행정이 투명한 유리병처럼 공개되고 열려 있어야 한다. 국민의 기본적 인권이 침해되지 않도록 투명하고 열린 경찰행정이 이뤄져야 경찰의 민주화가 촉진된다.

마지막으로 경찰조직 내부도 민주적인 의사결정과 합리적인 소통이 이뤄져야 한다. 조직 내부의 민주성이 담보되지 못하면, 부정과 부패 그리고 권력과의 유착이 발생하여 경찰조직은 국민의 신뢰를 잃게 된다.

2 ‖ 법치주의

1 의의

법치주의란 국민의 자유와 권리에 대한 제한이나 국민에게 새로운 의무의 부과는 법률에 근거가 있어야 하고, 법집행과 사법도 법률에 근거가 있어야 한다는 원칙을 말한다. 법치국가란 경찰국가나 관료국가에 대비되는 헌법원리이자 국가통치의 원리이다.

법치국가는 첫째, '법의 지배'Rule of Law를 핵심요소로 한다. 정치권력자의 자의적인 지배가 아닌 법의 지배를 통해서 정의롭고 공정하며 평등한 사회를 달성하고자 한다.

둘째, 법의 지배는 법률유보의 원칙을 기본으로 모든 법집행은 법률의 근거가 있어야 한다.

셋째, 법의 내용뿐만 아니라 절차도 정의로워야 한다.

마지막으로 법의 지배는 법률우위의 원칙을 바탕으로 모든 행정은 반드시 법률적합성을 가져야 한다.

2 내용

법치국가를 표방하고 있는 우리나라는 경찰활동에 있어서 법률유보의 원칙과 법률우위의 원칙을 지켜야 한다. 경찰활동은 사전에 상대방에게 의무를 과함이 없이 행사되는 즉시강제와 같은 경우가 많기 때문에 법치주의의 원리가 강하게 요구된다. 20세기 중반 정의Justice는 법 내용의 정의뿐만 아니라 절차적 정의에도 초점이 맞춰지고 있다. 절차적 정의Procedural Justice는 공정한 법집행에 대한 올바른 기준과 법집행에 대한 정당한 절차를 말한다.

경찰활동에 있어서 국민의 자유와 권리를 제한하고 의무를 과하는 모든 활동은 법률로서만 가능하다.[92] 경찰에게 법치주의는 국민의 자유와 권리를 제한하고 의무를 부과하는 모든 활동은 법률로써만 가능하며, 절차적 정의를 지켜야 한다는 내용과 관련이 있다.

경찰처분과 경찰강제는 법치주의 원리가 강하게 적용된다. 경찰에게 재량권이 부여된 경우도 권한남용을 금지하고 올바른 절차를 지켜야 한다. '경찰 재량권이 0'으로 수축되는 경우, 반드시 법률이 정한 권한과 절차에 따라 의무를 이행해야 한다. 예를 들어 「도로교통법」상 운전면허의 취소처분과 같은 침해적 행정행위는 법률의 수권과 올바른 절차에 의해서 취소되어야 한다.

하지만 도로교통 정보의 제공 등은 임의적 활동으로 국민의 자유와 권리에 제한을 가하거나 의무를 가하지 않기 때문에 법률의 개별적 수권규정이 없이도 가능하다. 「경찰관직무집행법」상 임의동행의 경우, 직무의 범위 내에서 개별적 수권규정授權規定 없이도 가능하다.

Police Science

🌐🔍 헌법(시행 1988. 2. 25.)

제37조 ① 국민의 자유와 권리는 헌법에 열거되지 아니한 이유로 경시되지 아니한다.

② 국민의 모든 자유와 권리는 국가안전보장·질서유지 또는 공공복리를 위하여 필요한 경우에 한하여 법률로써 제한할 수 있으며, 제한하는 경우에도 자유와 권리의 본질적인 내용을 침해할 수 없다.

---

[92] 「헌법」 제37조 제2항.

절차적 정의(Procedural Justice)[93]	
역사[94]	• 근대 이후 인간의 이성이 법의 지배와 법치를 요구하면서 이성에 기초하는 근대 실정법의 체계가 구축됨 • 칸트의 이성국가는 법치국가의 바탕이 됨 • 인간의 이성에 기초한 근대 실정법이 만들어지면서 법은 정의의 실현을 위한 방법이 됨 • 법우선의 원칙을 실현하고자 한 법치국가의 원리는 법 자체의 함정에 빠져 법실증주의를 벗어나지 못함 • 제1·2차 세계대전의 쓰라린 경험을 통해 20세기 중반 정의는 법 내용의 정의뿐만 아니라 절차적 정의에 초점이 맞춰짐
개념	• 절차적 정의는 모든 절차에 있어서 정의를 말하기 때문에 민주주의 실현을 위한 의견수렴 과정에서의 절차부터 국가공권력 작용에 있어서의 절차 등을 모두 포함함 • 절차적 정의는 공정한 법집행에 대한 올바른 기준과 법집행에 대한 정당한 절차를 말함 • 법집행에 대한 시민의 자발적 준수, 협력의지, 그리고 시민의 지지를 향상시키기 위해서는 정당성(Legitimacy) 확보가 선결 요소임 • 정당성을 얻기 위해서는 ① 절차적 정의, ② 고도화된 경찰활동, ③ 분배적 정의, ④ 합법성, ⑤ 경찰의 정통성 등이 요구됨 • 정당성은 시민들이 경찰은 ① 공동체 질서유지, ② 갈등관리, ③ 문제해결을 위해 권한을 실행할 자격이 있다고 인정하는 것을 말함
판단 요소	• 시민참여(의견청취): 참여자에게 자신의 관점을 이야기하고 설명할 기회 제공(결정에 영향을 미치지 못해도 결정과정에 참여했다는 감정을 줌) • 의사결정의 중립성: 경찰의 법집행 및 처리절차를 충분히 설명하면서 결정이 중립적이었다는 것을 시민이 알 수 있게 함 • 품위와 존중: 시민에 대한 질 높은 대우는 시민들의 자발적 순응을 가져옴 • 신뢰부여: 경찰관의 역량 뿐 아니라 품성이 시민의 신뢰를 부름 (높은 품성을 가진 사람은 정직함, 성숙함, 타인에 대한 존경을 갖춤)
중립성	• 중립성(Neutrality)이란 모두에게 공정(Be Fair)한 것을 말함 • 사람들은 의사결정에 있어 영향을 미치는 암묵적 편견을 가지고 있음 • 경찰은 이러한 '암묵적 편견' 혹은 '고정관념'이 있음을 인식할 때 공정한 의사결정이 가능함 • 공정한 의사결정은 ① 결정이 개인적 편견에 기초하는 않는 '편견 없는 의사결정', ② 결정이 모두에게 동일하게 적용되는 '일관성', ③ 결정이 이뤄지는 전 업무처리 과정에서의 '투명성' 등을 요구함

93 박재풍, "한국형 절차적 정의에 기반한 경찰활동"「경찰의 역사와 경찰정신」, 2019년도 하반기 치안정책연구소 학술세미나, 2019, pp. 64−76.
94 김상겸, "절차적 정의와 사법절차"「천지일보」, 2022.06.02.

빠른 함정과 느린 함정	
빠른 함정	• 빠른 함정(Fast Trap)이란 특정 개념 사이에서 자동적으로 발생하는 인지적 연계로 이런 고정관념과 편견이 결국 차별적 행동으로 이어짐 • 인지적 연계란 빵을 보면 버터, 밥을 보면 국이, 커피를 보면 도넛이 자동적으로 떠오르는 것처럼 자동적으로 발생하는 인식을 말함
느린 함정	• 느린 함정(Slow Trap)이란 정체성과 권위가 위협받는다고 느낄 때 부정적인 결과를 불러 올 수 있는 행동을 하게 되는 것을 의미함 • 느린 함정은 ① 정신적으로 부담을 느낄 때(Being mentally taxed), ② 기분이 안 좋을 때(In a bad mood), ③ 위협받는다고 느낄 때(Feeling threatened), ④ 신참자일 때(Being a novice), ⑤ 다양한 일을 동시에 처리할 때(Multitasking) 등의 경우에 주로 나타남 • 예를 들어 이웃주민에게 피해를 당했다고 신고한 사람이 출동한 경찰관의 업무처리에 불만을 갖고, 격렬하게 항의하자 오히려 신고자를 체포하는 경우를 들 수 있음

3 ║ 인권존중주의

1 의의

인권[Human Rights]이란 인간이 태어나면서 인간으로서 가지는 당연한 권리를 말한다. 인권은 사람이 개인으로서, 국가의 구성원으로서 당연히 누리고 행사하는 기본적인 자유와 권리를 말한다. 1776년 미국독립선언에서 '천부인권사상'이 최초로 선언되었다. 1789년 프랑스 혁명 때에는 '인간과 시민의 인권선언'이 제창되었다. 국제법적인 기초는 1945년 6월 26일 샌프란시스코에서 유엔헌장에 채택되면서 마련되었다. 유엔헌장에서는 "기본적 인권, 인간의 존엄 및 가치, 남녀 및 대소 각국의 평등권"에 대한 신념이 재확인되었다.[95]

1948년 12월 10일 유엔총회에서 채택된 '세계인권선언'을 통하여, 유엔헌장상의 '인권 및 기본적 자유'에 대한 내용이 보다 구체화되었다. 유엔총회를 통해 공포된 세계인권선언은 시민적, 문화적, 경제적, 정치적 그리고 사회적 권리를 인정하였다. 세계인권선언에 포함된 원리는 비록 법적 구속력이 있는 규범은 아니지만 국제관습법, 법의 일반원칙 그리고 인류의 근본원리로서 세계 각국을 규율하는 특징을 가지고 있다.[96]

---

95 김창윤a-1, 전계논문, pp. 38-39.
96 대한변호사협회, 「법률가를 위한 국제인권법 매뉴얼」, 2008, p. 12.

인권은 ① 보편성, ② 고유성, ③ 항구성, ④ 불가침성이라는 성격을 갖고 있다. 보편성은 모든 인간이 누려야 하는 권리다. 고유성은 인간이 본래부터 가지고 있는 권리다. 항구성은 일시적이 아니라 항구적으로 누리는 권리를 말한다. 불가침성은 정부와 정치권력 등 외부로부터 침해를 당하지 않을 권리다. 현대 민주국가에서는 프라이버시권, 정보공개청구권(알권리), 환경권 등이 새로운 인권으로 추가되었다.

「헌법」(제10조, 제7조) 및 「경찰관 직무직행법」제1조(목적)은 경찰은 모든 개인이 가지는 불가침의 기본적 인권을 최대한 보장할 책임과 의무가 있다고 명시하고 있다.

경찰은 「헌법」과 「경찰관 직무직행법」에서 보장한 국민의 기본적 인권을 책임지기 위해 주권자가 설치한 인권보장기구이다. 따라서 경찰의 모든 업무는 국민의 자유와 평등 및 인간의 존엄성 보호를 핵심가치로 삼아야 한다. 경찰의 존재가치는 국민의 기본권 보호이다. 이는 헌법수호 의무이자 법적 의무이다.

Police Science

🔍 문명과 야만 그리고 인권[97]

- 인류의 역사는 '문명과 야만'이 공존한 역사였다. 찬란한 문명과 고귀한 인류의 정신 뒤에는 어두운 야만과 광기의 모습이 함께 있었다. 지금의 인권가치를 교육 받은 시민들은 도저히 이해할 수 없는 내용들이 많았다.
- 민주주의의 발상지인 고대 그리스조차 인종과 여성, 노예에 대한 인권침해가 심각했다. 민주주의의 발전에 기여했으며, 고대 그리스 사상을 집대성한 아리스토텔레스도 인종차별의 원조 격인 발언을 서슴지 않았다. 그는 제자인 알렉산더 대왕에게 인종차별 사상을 주입했다. "그리스인만 친구로 삼아라. 다른 야만인은 짐승 다루듯 해야 한다."는 조언을 수시로 주입했다.
- 그리스와 로마 시대는 유럽인을 제외한 모든 사람을 '야만의 울타리'에 가뒀다. 아리스토텔레스의 비인권적인 가르침은 중세 유럽 기독교 사회에도 큰 영향을 미쳤다. 기독교 사회는 이교도를 '이단'이나 '악마'로 몰아 처단했다. 1492년 아메리카 발견 이후, 신대륙에서는 원주민 학살과 폭력을 '미개인 교화'로 정당화했다. 19세기 유럽대륙에서는 '계몽주의' Enlightenment가 빛을 발하고 있었지만, 세계적인 석학들은 비인권적인 발언을 서슴지 않았다.
- 볼테르는 "사냥개와 똥개가 다르듯 흑인종은 우리와 다른 인종이다."고 규정했다. 몽테스키

---

97 김창윤a-1, 전게논문, pp. 35-37.

외도 "지혜로운 신이 새까만 몸에 영혼을 넣었을 리 없다."고 흑인을 비하했다. 근대에 이르러서도 독일 아우슈비츠에서는 유대인을 인종 청소했다. 근대 일본경찰을 창시한 가와지 도시요시는 "신민이라고 하는 것은 은혜를 모르는 족속이다. 절대 자비를 베풀지 마라."고 했다.

- 홉스^{Thomas Hobbes}에서 막스 베스^{Max Webber}에 이르는 자유주의 정치철학에서는 국가 목적을 위한 '국가폭력'이 '합법적'으로 집행되느냐 혹은 '비합법적'으로 수행되느냐에 따라서 근대국가와 전근대적인 국가로 구분하였다. 근대국가와 현대국가의 구분은 국가의 목적이 비록 선하다고 할지라도 시민의 인권을 침해해서는 안 된다는 명제에서 출발하였다.

- 이후 정치적 다양성이 인정되고, 여성에 대한 차별이 시정되고, 사회적 약자에 대한 배려가 공식화되는 단계로 발전했다. 오늘날에는 성평등에 의한 새로운 젠더의 출현, 성소수자 보호, 생명에 대한 자기결정권 보호 단계까지 나아가고 있다.

- 우리 근·현대사에서는 '인권'이라는 개념이 주목받지 못하고 오히려 무시되었다. 그 이유는 여러 가지가 있겠지만 일제강점기의 약탈적 지배가 가장 큰 영향을 미쳤다. 일제의 파시즘적 식민지 지배체제는 '일본은 문명'이며 '조선은 야만'이라는 통치철학을 가지고 있었다.

- 천황제라는 독특한 국가체제하에 조선총독의 명령은 곧 법이었으며 인권유린은 당연시 되었다. 1945년 광복 후 냉전의 최전선에 위치한 한반도는 극심한 이데올로기의 대립을 겪게 되었다. 1950년의 한국전쟁은 '국가안보'를 최우선으로 두는 비상체제를 출범시켰다. 정치적 반대파를 모두 '빨갱이'로 몰아 붙였다.

- 우리 내부는 반공이라는 '적색 공포증'과 국가안보를 위해서는 '내부의 적'들을 죽여도 좋다는 사상이 퍼져 있다. 그 결과 우리 스스로는 아직 분단의 현실과 굴곡진 냉전의 역사 그리고 독재정권의 피해로 인해 사회적 갈등과 혼란이 끊임없이 이어지고 있다.

- 21세기 대한민국이 진정한 선진국이 되기 위해서는 '국가혁신을 위한 포괄적 인권정책'이 필요하다. 이를 위해서는 4대 권력기관(국정원, 검찰, 경찰, 국세청)의 끊임없는 자기성찰과 미래를 위한 인권정책을 지속적으로 추진해야 한다.

Police Science
🌐🔍 헌법수호기관이자 인권수호기관인 경찰

- 경찰은 최일선에서 국민의 생명·신체 및 재산의 보호라고 하는 「헌법」의 최우선 가치를 지키는 헌법수호기관이다. 법률 적합성만을 고려하는 다른 행정기관과 사후의 범죄진압에 우

선하는 검찰과 다르게 범죄예방과 진압 그리고 공공의 안녕과 질서유지 등을 동시에 수행하는 헌법수호기관이다.

• 경찰은 국민의 자유와 권리 및 모든 개인이 가지는 불가침의 기본적 인권을 보호하는 인권수호기관이다. 국민의 인권을 최일선에서 보호하고, 범죄피해자 보호까지 담당하는 인권수호의 보루이자 가장 핵심적인 인권수호기관이다.

2 내용

헌법상 인권의 불가침 규정과 경찰법 제5조(권한남용의 금지)에서 "경찰은 그 직무를 수행할 때 헌법과 법률에 따라 국민의 자유와 권리 및 모든 개인이 가지는 불가침의 기본적 인권을 보호해야 한다."고 명문화하고 있다.

권한남용 금지와 직무수행에 있어서 필요한 최소한도의 범위에서 경찰권을 행사해야 한다. 국민의 기본권을 침해하는 범죄에 대하여 경찰은 편의주의에 따라 결정해서는 안 된다. 따라서 반드시 수사할 의무가 있다.

수사의 경우 피의자의 인권을 존중해야 한다.[98] 「형사소송법」이 임의수사를 원칙으로 하고 강제처분 법정주의를 택하는 것도 바로 이러한 이유이다. 국가는 개개인이 가지는 불가침의 기본적 인권을 확인하고 이를 보장할 의무를 지며, 경찰은 그 직무를 수행함에 있어 헌법과 법률에 따라 국민의 자유와 권리를 존중해야 한다.

국민의 자유와 권리를 제한할 수 있는 경우는 국가안전보장, 질서유지 또는 공공복리를 위하여 필요한 경우에 한하여 법률로써만 가능하며, 그 경우에도 자유와 권리의 본질적인 내용을 침해할 수 없다.

Police Science
🌐🔍 경찰법과 형사소송법 규정

경찰법(시행 2021. 7. 1.)
제5조(권한남용의 금지) 경찰은 그 직무를 수행할 때 헌법과 법률에 따라 국민의 자유와 권리 및 모든 개인이 가지는 불가침의 기본적 인권을 보호하고, 국민 전체에 대한 봉사자로서

---

[98] 「형사소송법」 제198조(준수사항).

공정·중립을 지켜야 하며, 부여된 권한을 남용하여서는 아니 된다.

형사소송법(시행 2022. 9. 10.)

제198조(준수사항) ① 피의자에 대한 수사는 불구속 상태에서 함을 원칙으로 한다.

② 검사·사법경찰관리와 그 밖에 직무상 수사에 관계있는 자는 피의자 또는 다른 사람의 인권을 존중하고 수사과정에서 취득한 비밀을 엄수하며 수사에 방해되는 일이 없도록 하여야 한다.

3 경찰권 행사와 인권존중

경찰권을 발동함에 있어서 취하는 수단은 목적달성에 적합한 것이어야 하고(적합성), 인권침해의 정도가 가장 낮은 수단을 선택하여야 하며(필요성), 경찰상 규제의 필요와 경찰권 행사의 정도 간에는 정당한 비례관계가 유지되어야 한다(상당성).

4 인권존중을 위한 경찰의 활동

❶ 경찰의 인권보호 역사[99]

경찰은 수사권 조정과 자치경찰제 실시에 따라 새로운 체제를 갖추게 되었다. 경찰개혁의 배경에는 권력에 대한 견제와 균형 및 국민의 인권 보장이라는 대의가 놓여 있다. 경찰조직 내 인권보장체제를 정립하고 경찰의 인권정책을 세심하게 설계하고 이행함으로써 '인권경찰'의 위상을 확고하게 정립할 시점이다.

2017년 출범한 경찰개혁위원회는 경찰권 남용에 의한 인권침해를 방지하고, 경찰활동 전반에서 인권보호 기능을 강화하며, 경찰 내부 인권보장을 강화할 수 있는 방안 등을 권고했다. 경찰청은 「경찰인권보호규칙」(2018)과 인권영향평가 제도 도입(2018) 그리고 '경찰관 인권행동강령'(2020)을 제정했다. 2021년에는 '인권경찰 구현을 위한 경찰개혁추진 방안'을 발표하였다.

또한 국민의 인권보호 및 증진을 경찰활동 전반의 목표로 재설계하고, 인권을 기반으

---

[99] 경찰청 인권위원회, "경찰인권제도화 권고 결정문", 2022.06.07.

로 법과 제도·정책을 체계화한다는 목표로 '경찰인권정책기본계획'을 수립했다. 경찰은 2021년 경찰인권정책기본계획 수립을 위한 용역을 발주하고 2022년에는 제1차 인권정책 기본계획을 도입하였다. 현재 경찰청은 감사관 아래 인권보호담당관과 국가수사본부 아래 수사인권담당관을 두고 있다.

❷ 경찰청 인권보호위원회

경찰은 국민의 인권보호를 위해서 경찰청장의 자문기구로서 경찰청 인권위원회를 운용하고 있다. 2005년 경찰청 인권수호위원회로 발족한 뒤, 명칭을 변경한 '경찰청 인권위원회'는 권고 또는 의견표명을 통해 경찰활동이 시민의 인권을 증진하고 인권정책이 제도화되도록 권고하고 있다.

경찰청 인권보호위원회는 비상설기관으로 사무국은 없다. 경찰청장의 자문기구로서의 위상을 가지고 있다. 경찰업무를 인권적 관점에서 독립적으로 감시·감독하는 민간통제기구로서의 역할을 하고 있다.

경찰청 인권위원회	
설치 근거	• 경찰 인권보호 규칙(시행 2021. 8. 30.)
소속	• 경찰청장 소속(경찰위원회×, 행정안전부 장관×) 및 시·도경찰청장
성격	• 자문기구
위원장	• 위원회에서 호선(互選)한다.
구성	• 위원회는 위원장 1명을 포함하여 7명 이상 13명 이하의 위원으로 구성한다. 이때, 특정 성별이 전체 위원 수의 10분의 6을 초과하지 아니해야 한다. • 위원은 당연직 위원과 위촉 위원으로 구분한다.
당연직 위원	• 당연직 위원은 경찰청은 감사관, 시·도경찰청은 청문감사담당관으로 한다.
위촉 위원	• 판사·검사 또는 변호사로 3년 이상의 경력이 있는 사람 • 「초·중등교육법」 제2조 제1호부터 제4호, 「고등교육법」 제2조 제1호부터 제6호까지의 규정에 따른 학교에서 교원 또는 교직원으로 3년 이상 근무한 경력이 있는 사람 • 「비영리민간단체지원법」 제2조 제1호부터 제3호, 제5호부터 제6호까지의 규정에 따른 단체에서 인권 분야에 3년 이상 활동한 경력이 있거나 그러한 단체로부터 인권위원으로 위촉되기에 적합하다고 추천을 받은 사람 • 그 밖에 사회적 약자 등 다양한 사회 구성원의 목소리를 반영할 수 있는 사람

임기	• 위원장과 위촉 위원의 임기는 위촉된 날로부터 2년으로 하며 위원장의 직은 연임할 수 없고, 위촉 위원은 두 차례만 연임할 수 있다.
회의	• 위원회의 회의는 정기회의와 임시회의로 구분하며, 재적위원 과반수의 출석으로 개의(開議)하고, 출석위원 과반수의 찬성으로 의결한다. • 정기회의는 경찰청은 월 1회, 시·도경찰청은 분기 1회 개최한다. • 임시회의는 위원장이 필요하다고 인정하거나 청장 또는 재적위원 3분의 1 이상이 소집을 요구하는 경우 위원장이 소집한다.
임무	• 인권과 관련된 경찰의 제도·정책·관행의 개선 • 경찰의 인권침해 행위의 시정 • 국가인권위원회·국제인권규약 감독 기구·국가별 정례인권검토의 권고안 및 국가인권정책기본계획의 이행 • 인권영향평가 및 인권침해 사건 진상조사단(이하 '진상조사단'이라 한다)에 관한 사항

경찰 인권보호 규칙(구. 인권보호를 위한 경찰관직무규칙) (시행 2021. 8. 30.)(경찰청 훈령)	
목적 (제1조)	• 이 규칙은 경찰청과 그 소속기관에서 인권보호 업무를 하는 데 필요한 사항을 규정함으로써 모든 사람의 기본적 인권을 보호함을 목적으로 한다.
정의 (제2조)	• '인권침해'란 경찰관 등이 직무를 수행하는 과정에서 모든 사람에게 보장된 인권을 침해하는 것을 말한다.
설치 (제3조)	• 경찰청장 및 시·도경찰청장의 자문기구로서 각각 경찰청 인권위원회, 시·도경찰청 인권위원회를 설치하여 운영한다.
인권교육 (제18조)	• 경찰청장은 경찰관 등이 근무하는 동안 지속적·체계적으로 교육을 받을 수 있도록 3년 단위로 인권교육종합계획을 수립하여 시행하여야 한다.
인권 영향평가 (제21조)	• 경찰청장은 인권침해를 예방하고, 인권친화적인 치안 행정이 구현되도록 인권영향평가를 실시하여야 한다.
인권영향 평가기준 (제22조)	• 법률유보의 원칙 • 비례의 원칙, 평등의 원칙 등 불문법 원칙 • 적법절차의 원칙 • 그 밖에 인권침해를 유발할 수 있는 재량권의 존재 여부 및 이를 통제할 수 있는 장치의 여부
인권진단 (제25조)	• 인권보호담당관은 인권침해를 예방하고 제도를 개선하기 위해 연 1회 이상 다음 각 호의 사항을 진단하여야 한다. • 인권 관련 정책 이행 실태

	• 인권교육 추진 현황
	• 경찰청과 소속기관의 청사 및 부속 시설 전반의 인권침해적 요소의 존재 여부
진상 조사단 (제42조)	• 경찰청장은 경찰의 법 집행 과정에서 사람의 사망 또는 중상해 그 밖에 사유로 인하여 중 대한 인권침해의 의심이 있는 경우 이를 조사하기 위하여 진상조사단을 구성할 수 있다. • 이 경우에 경찰청 인권위원회는 진상조사단 구성에 대하여 권고 또는 의견표명을 할 수 있다.
민간조사 자문단 (제45조)	• 민간조사자문단은 '인권분야 전문가 인력풀'에 포함된 사람 중에서 경찰청 인권위원회의 심 의를 거쳐 경찰청장이 위촉한다.

❸ 경찰관 인권행동강령[100]

경찰청은 2020년 6월 10일 '경찰관 인권행동강령'을 제정하였다. 경찰관 인권행동강령은 당면한 갈등상황에서 인권적 가치 판단이 이뤄질 수 있도록 기준을 제시한 규범이다. 경찰청은 2017년 경찰개혁위원회의 권고와 연구결과 등을 바탕으로 2019년 '경찰관 인권행동 선언문'을 완성하였다.

'경찰관 인권행동 선언문'은 경찰관이 지켜야 할 인권보호의 가치를 선언하는데 의의가 있지만, 추상적이고 선언적일 뿐 구체적으로 경찰관의 인권행동을 촉발하는데는 한계가 있었다. 이에 훈령의 형식을 갖추고 규범력을 보강하여 2020년 6월 1일 '경찰관 인권행동강령'을 제정하였다.

인권 보호를 경찰관의 최우선 사명으로 제시하면서 비례원칙 등 헌법상 기본원칙과 가혹행위 금지 사항, 범죄피해자 등 보호사항을 망라하여 총 10개 조항으로 구성했다.

경찰관 인권행동강령 구성(총 10개 조문)[101]	
① 인권보호 원칙	⑥ 차별금지 및 약자·소수자 보호
② 적법절차 준수	⑦ 개인정보 및 사생활 보호
③ 비례의 원칙	⑧ 범죄 피해자 보호
④ 무죄추정의 원칙 및 가혹행위 금지	⑨ 위험발생의 방지 및 조치
⑤ 부당지시 거부 및 불이익 금지	⑩ 인권교육

---

100 경찰청k, 「2021경찰백서」, 2021, pp. 105－106.
101 경찰청 인권센터, 「두근두근 인권으로 in」, 2020.07, pp. 4－6.

4 ║ 정치적 중립주의

1 의의

경찰의 정치적 중립이란 경찰은 특정 정당 기타 정치단체의 이익이나 이념을 위해 활동하여서는 안 되며, 오로지 주권자인 전체 국민과 국가의 이익을 위하여 활동하여야 한다는 것을 말한다.

2 내용

「헌법」제7조 2항에서는 공무원의 정치적 중립을 규정하고 있다. 「경찰법」제5조(권한남용의 금지)에서도 경찰은 국민에 대한 봉사자로서 공정중립을 강조한다. 특정 정당이나 정치단체의 이익에 영합하여 활동을 해서는 안 되며 정당가입이나 특정정당의 지지나 반대행위를 금한다.

비록 소속 상관이 중립을 해하는 명령이나 지시를 하더라도 이에 따를 의무가 전혀 없다. 경찰은 특정 정치단체의 이익이나 이념을 위해 활동하여서는 안 되며, 오로지 주권자인 전체 국민과 국가의 이익을 위하여 활동해야 하는 정치적 중립의 이념이 있다.

경찰조직의 정치운동을 금지하는 정치적 중립성은 '국민전체에 대한 봉사자'라는 공무원의 지위(헌법 §7)와 자유선거의 원칙(헌법 §41, §67), 그리고 정당 간 균등한 기회보장(헌법 §116)이라는 헌법적 요청을 구체화한 것이다. 정치적 중립성은 경찰조직은 '국민 전체의 봉사자'라는 경찰조직의 특수성에서 나오는 기본원리이다.

Police Science

🌐🔍 헌법과 경찰법 규정

헌법(시행 1988. 2. 25.)
제7조 ② 공무원의 신분과 정치적 중립성은 법률이 정하는 바에 의하여 보장된다.

경찰법(시행 2021. 7. 1.)
제5조(권한남용의 금지) 경찰은 그 직무를 수행할 때 헌법과 법률에 따라 국민의 자유와 권리 및 모든 개인이 가지는 불가침의 기본적 인권을 보호하고, 국민 전체에 대한 봉사자로서 공정·중립을 지켜야 하며, 부여된 권한을 남용하여서는 아니 된다.

---

3 정치와 경찰의 관계102

"그대가 정치에 관심이 없다고 해서 정치가 그대를 무관심하게 대하지는 않을 것이다."

기원전 5세기 고대 그리스 아테네의 지도자 페리클레스Pericles가 남긴 명언이다. 도시국가 아테네는 인류 역사상 처음으로 직접민주주의를 실현한 곳이다. 노예와 여성과는 무관하지만 왕이나 귀족이 독차지하던 정치가 일개 시민의 손에 떨어진 출발점은 바로 아테네다. 시민 한 명 한 명이 국가와 자신의 운명을 동일시하면서 일치단결한다. 결국 침략자 페르시아도 물리친다. 당시의 지도자가 바로 페리클레스다.103

'정치'Politics와 '경찰'Police은 같은 고대 그리스어인 '폴리테이아'Politeia에서 유래한 한 쌍의 단어다. "경찰의 공권력이 남용되는 지점은 그 사회의 가장 큰 갈등과 대립이 폭발하는 시간이다." 오늘날 훌륭한 정치가는 그 사회가 오랫동안 유지해온 지배와 차별 그리고 불평등의 구조를 깨뜨려주는 사람이다.

'성찰과 선택'을 통해 탄생한 국가를 경영하는 사람이 정치가다. 정치인에겐 어떤 자질이 필요한가. 정치가는 플라톤이 주장한 대로 시, 수학, 형이상학에 정통한 철학자가 되어야 하는가, 아니면 아리스토텔레스가 신봉한 대로 심사숙고와 경험에 의존하여 실제적인 지식을 소유한 자인가, 혹은 마키아벨리의 주장처럼 국가경영을 위해 비도덕적인 행동도 서슴지 않는 교활한 자가 되어야 하는가, 아니면 루소처럼 인간의 본성을 변화시킬 수 있는 능력의 소유자인가, 또는 회사의 대표이사나 경영자가 되어야 하는가.104

위대한 정치가는 자신이 속한 시대의 정치에 깊이 관여한 사상가들이다. 비스마르크는 "정치란 과학이 아니다. 가능성의 예술이다."라고 말했다. 사회적 갈등과 정치적 대립으로 가득찬 우리 사회의 난제들을 푼다는 것은 일반인들에게는 불가능한 임무다. 하지만 그 난제를 해결하는 정치적 상상력을 발휘하는 지도자가 나올 때 더 이상 '백마를 타고 오는 초인'을 기다리지 않을 것이다. 그런 지도자는 마키아벨리가 말하는 행운의 여신인 '포르투나'Fortuna를 잡는 용기비르투 · Virtu있는 정치인이 될 것이다.

---

102 김창윤b-1, "경찰의 역사성 및 정통성 확립과 미래 치안개혁 과제"「한국공안행정학회보」, 28(2), 2019, pp. 99-102.

103 유민호, "리버럴 아츠의 심연을 찾아서, 워싱턴 대사관로의 나라별 상징물 둘러보니 … 조형물과 동상도 국익·국력의 대변자"「월간중앙」, 2016.10.17.

104 배철현, "우리 시대 리더의 조건, 소크라테스의 질문, 소크라테스는 왜 죽음을 불사하며 아테네 시민에게 질문을 던졌나"「주간조선」, 2017.01.06.

플라톤은 「국가」Politeia라는 저서에서 정치인에게 가장 필요한 덕목으로 '지혜'를 꼽았다. 아리스토텔레스는 「수사학」Art of Rhetoric에서 인품에토스·Ethos, 열정파토스·Pathos 그리고 이성로고스·Logos을 강조하였다. 반면 소크라테스의 제자인 크세노폰은 「키루스의 교육」Cyropaedia이라는 책에서 시민과 함께 기뻐하고 슬퍼하고 동행하는 마음인 '열정'을 꼽았다. 동행하는 열정이 시민의 자발적 복종을 가져온다고 보았다. 마이클 샌델Michael Sandel 교수는 정치란 "자신이 몸담고 있는 공동체의 운명을 동료들과 함께 결정해 나가는 것이 정치의 핵심"이라고 하였다. 동행의 리더십이 정치의 핵심이라고 간파한 것이다.

정치가가 사회적 갈등과 혼란을 정치적으로 해결하지 못하면 경찰과 시민이 맞부딪치게 된다. 모든 역사에서 보듯이 정권의 교체나 지배 세력의 붕괴는 경찰과 시민의 대립에서 시작된다. 이후 시민의 희생과 피를 통해서 새로운 시대가 열리는 순환구조를 가지고 있다.

새로운 정치가가 새시대를 열면, 경찰은 그 체제를 보호하고, 질서를 유지하는 역할을 한다. 그 시대가 부패하고 타락했음에도 불구하고 경찰은 그 시대를 유지해야만 하는 숙명을 안고 있다. 경찰이라는 조직은 체제를 유지하고 보호해야 하는 거부할 수 없는 운명을 갖고 있기 때문이다.

성공적으로 국가를 운영한 정치인의 공통된 특징은 시민과의 갈등에 경찰과 군대를 절대 사용하지 않는 것이다. 시민과의 대립과 갈등에 경찰과 군대를 사용한 모든 국가와 정치인은 결국 실패하였다. 국가가 유지되고 국민들이 평화를 누리는 것은 군대와 경찰이라는 조직이 어떤 철학에 의해서 조직되고, 어떻게 운영되느냐에 달렸다.[105] 이러한 사실은 다음과 같은 격언에 잘 나타나 있다.

"국가의 능력은 전문적으로 교육된 공권력인 경찰과 군대를 사용하는 능력에 좌우된다."

4 경찰의 정치적 중립 중요성

미국의 철학자 조지 산타야나는 "과거를 기억하지 못하는 이들에게 과거는 반복된다."고 말했다. 경찰의 양날개인 정치적 중립이 무너지고, 민주적 정당성을 잃어버렸을

---

[105] 정용덕, 「국가자율성의 조직론적 토대」(서울: 대영문화사, 1999), p. 85.

때 대한민국의 역사는 암흑으로 후퇴했다.

1960년 3·15 부정선거의 책임자였던 최인규는 43세에 내무부 장관으로 임명되면서 선거장관이라는 말을 자처했다. 이승만 대통령의 수문장임을 공공연히 자랑했다. 자신의 복심인 이강학을 치안국장에 임명하고 3·15 선거에 대비하여 전국 경찰에 선거에 개입하라는 '비밀지령'을 하달했다. 경찰의 정치적 중립이 무너지고 '정권의 시녀'로 전락했다. 4·19 혁명으로 이승만 정권은 붕괴되었고, 한국전쟁 기간 중에 피흘려 이룩한 '호국경찰'의 이미지는 모두 사라졌다.

1961년 5·16 군사쿠데타로 정권을 잡은 박정희 군사정부는 내무부 장관과 치안국장을 모두 군출신으로 임명했다. 시국경찰이라는 개념하에 경찰구조를 군대조직과 유사한 모형으로 개편했다. 정치적 중립이 무너진 경찰은 '정권의 시녀', '민주주의의 훼방자', '민중의 몽둥이'라는 지탄을 받으며, 치욕을 감수해야 했다.

1980년 5·18 광주민주화 운동을 피로 진압한 전두환 정권도 정권 유지를 위해 내무부와 경찰을 일체화했다. 경찰은 포상과 진급을 위해 '공적'을 내세우는데 급급했고, 민주 열사들을 죽음에 이르게 하는 '민주화운동 초토화' 정책을 추진했다.[106]

노태우 정권은 정치검사와 정치군인들이 서로 어울리는 '육법당' 시절을 만들었다. 경찰지휘부도 모두 정권과 같은 뿌리인 TK 출신들로 채워졌다. 내무부 장관은 경찰에게 민주화 운동에 대한 과잉진압을 지시했다. 경찰은 정권유지를 위한 시국치안에 골몰했고, 많은 시민의 희생이 이어졌다.

군사정부 시절이 끝나고, 최초의 민주정부인 김영삼 정부가 등장했다. 하지만 그 이후의 시절에도 "우리는 개다. 물라면 문다."는 검찰과 경찰의 정체성 고백이 나왔다. 대한민국의 민주화 이후 정치권과 기득권의 불법행위에 눈감고, 정치권과 기득권에 의해 관리되는 '떡찰'과 '떡경'이 나타났다는 비판을 받았다.

2022년 기준 행정안전부 장관은 경찰청장과 경찰위원회위원 그리고 총경 이상의 경찰간부에 대한 인사제청권을 가지고 있다. 인사권을 통해 사실상 경찰을 지휘·감독하고 있다. 전국 141,272명의 경찰관 중 총경 이상 경찰간부 650여 명을 행정안전부 장관이 모두 인사제청한다. 이들 중에서 258명의 경찰서장, 18명의 시·도경찰청장, 차관급인 경찰청장 등이 임명된다. 사실상 정치인이자 선거주관부처의 장인 행정안전부장관이 경찰을 지휘·감독하고 있다.

---

106 김창윤z, "역대 치안정책의 수립과정 분석 및 미래에 관한 연구"「한국공안행정학회보」, 70, 2018, p. 109.

영국의 경우, 과도한 중앙집권적 경찰운영과 정치적 중립위반 등으로 비판을 받게 되자, 지역주민의 경찰에 대한 권한강화를 주요내용으로 하는 「경찰개혁 및 사회책임법」 Police Reform and Social Responsibility Act 2011을 2012년 1월 1일 발효시켰다.[107]

이 법에 따라서 기존의 3원 체제하의 지방경찰위원회제도는 폐지되고, 4원 체제 Quadripartite System가 도입되었다. 지역주민이 직접 선출한 '지역치안위원장'Police and Crime Commissioner이 지역치안의 대표자로 지역의 치안문제를 전담한다. 신설된 '지역치안평의회'Police and Crime Panel는 견제와 균형의 원리에 입각하여 지역치안위원장에 대한 감시·감독 기능을 수행하고 있다. 내무부장관은 국가적인 조직범죄에 대한 대응을 조율할 뿐이며, 지방경찰청장이 지역경찰을 실질적으로 지휘 및 통제하고 있다.

일본의 경우, 1954년 신경찰법 제정 이후부터 국가경찰 조직은 내각총리대신 소할하에 국가공안위원회를 두고 있으며, 국가공안위원회의 관리하에 경찰청이 있다. 자치경찰인 도都·도道·부府·현縣 경찰은 도都·도道·부府·현縣 지사의 소할하에 있으며, 도都·도道·부府·현縣 공안위원회의 관리를 받고 있다.

이때 소할이라는 용어가 중요하다. 일본 경찰에서 소할은 단순하게 소속만 되어 있다는 의미이다. 정치인인 내각총리대신이나 도·도·부·현지사가 경찰을 지휘·통제하지 못한다는 뜻이다. 내각총리대신과 동경도 지사 그리고 도·부·현 지사 등과 같은 선출직인 정치인이 절대 경찰은 지휘·통제하지 못하게 하고 있다. 일본은 역사적 경험을 통해서 정치적 중립이 보장된 도·도·부·현 공안위원회가 해당 경찰을 지휘·통제하는 체제를 만들었다.

따라서 영국과 일본의 경우, 정치인인 내각총리대신, 내무부장관, 지방정치인 등이 경찰에 대한 인사권, 예산권, 지휘·통제권을 갖지 못하게 하여 경찰의 정치적 중립을 법적으로 보장하고 있는 것이 특징이다. 우리도 영국과 일본식의 경찰의 정치적 중립과 민주적 정당성을 확보하는 방안이 필요하다.

Police Science

🌐 과거 행정안전부장관의 치안사무 배제

- 행정안전부장관은 정무직이며, 정치인이다. 「정부조직법」 제34조(행정안전부)에는 "행정안전 부장관은 국무회의의 서무, 법령 및 조약의 공포, 정부조직과 정원, 상훈, 정부혁신, 행정능

---

107 김학경·이성기, "영국지방자치경찰의 새로운 패러다임: '2011 경찰개혁 및 사회책임법'과 '국립범죄청'을 중심으로", 「경찰학연구」 7(3), 2012, p. 158.

률, 전자정부, 정부청사의 관리, 지방자치제도, 지방자치단체의 사무지원·재정·세제, 낙후 지역 등 지원, 지방자치단체간 분쟁조정, 선거·국민투표의 지원, 안전 및 재난에 관한 정책의 수립·총괄·조정, 비상대비, 민방위 및 방재에 관한 사무를 관장한다."고 규정하면서 '치안사무'를 배제하고 있다.

- 법규정에서 치안사무를 배제한 것은 입법부와 행정부의 단순한 누락이나 실수가 아니다. 우리나라는 건국 이래 내무부 장관의 소관 업무로 치안사무를 규정했다. 치안사무는 국가의 본질적 기능 중 하나라서 누락할 수 없다.

- 과거 내무부 장관의 지휘를 받는 치안본부의 경찰이 국민의 자유·인권을 유린하고 심지어 고문치사로 생명까지 빼앗는 사건들이 발생하자 경찰의 중립성이 강하게 요구됐다. 중립성 훼손의 가장 큰 요인은 경찰이 내무부 장관의 직접적인 지휘·통제를 받는 것이라고 생각했다.

- 따라서 1990년 12월 정부조직법을 개정해 치안을 행안부 장관의 소관 업무에서 삭제했다. 대신 치안사무는 경찰청의 소관 업무로 했다. 내무부 장관의 직접 통제가 아니라 1991년 경찰법 제정을 통해 경찰위원회가 경찰을 견제토록 했다.

- 행정안전부장관은 경찰위원회에 필요한 안건을 상정하거나 재의를 요구해 간접적으로 견제·통제할 수 있는 시스템을 마련했다.

5 ‖ 범죄피해자 보호주의

1 범죄피해자 보호관련 법적 근거

1987년 개정된 현행 「헌법」 제30조는 "타인의 범죄행위로 인하여 생명·신체에 대한 피해를 받은 국민은 법률이 정하는 바에 의하여 국가로부터 구조를 받을 수 있다."라고 규정하고 있다. 범죄피해자구조청구권을 헌법상의 권리로 규정하여 국가가 범죄피해자를 보호하는 것은 국가의 의무이며, 국민의 권리라고 명시하였다. 헌법재판소의 판례에서도 범죄피해자구조청구권을 '생존권적 기본권'의 성격을 가지는 '청구권적 기본권'으로 정의하고 있다.

범죄피해자구조청구권은 타인의 범죄행위로 인하여 생명·신체에 피해를 입은 국민이 국가에 대하여 유족구조 또는 장애구조를 청구할 수 있는 권리이다. 범죄피해자가 입

은 손해를 국가가 도와주어야 한다는 사상을 헌법상 권리로 수용한 것이다.[108]

경찰의 경우, 범죄피해자를 위해 피해자 서포터, 보호관제도의 운영, 피해자심리전문요원의 활동 등 범죄피해자들을 위한 보호·지원 활동을 추진했다. 경찰은 범죄피해자보호기금의 사업 중 범죄피해자 등의 신변보호 강화를 위한 '위치확인장치'에도 참여하고 있다.[109]

2018년 4월 17일 「경찰법」과 「경찰관 직무집행법」을 일부 개정하여 경찰의 임무에 '범죄피해자 보호'를 명시하였다. 범죄피해자를 1차적으로 접하는 경찰의 임무와 직무에 '범죄피해자 보호'를 명시하여 범죄피해자를 경찰이 적극적으로 보호하고, 범죄피해자가 적시에 필요한 지원을 받도록 하였다. 경찰에게는 적극적으로 범죄피해자를 보호해야할 책임과 의무가 있음을 법적으로 분명히 한 것이다.

Police Science

🔍 범죄피해자구조청구권에 대한 헌법재판소의 판례[110]

- 범죄피해자구조청구권은 타인의 범죄행위로 말미암아 생명을 잃거나 신체상의 피해를 입은 국민이나 그 유족이 가해자로부터 충분한 피해배상을 받지 못한 경우에 국가에 대하여 일정한 보상을 청구할 수 있는 권리이며, 그 법적 성격은 '생존권적 기본권'으로서의 성격을 가지는 '청구권적 기본권'이라고 할 것이다.

Police Science

🔍 헌법상 범죄피해자구조청구권의 본질[111]

- 헌법상 범죄피해자구조청구권의 본질은 ① 국가가 범죄를 예방하고 진압할 책임이 있으므로 당연히 범죄피해를 입은 국민에 대하여 국가는 무과실배상책임이 있다는 '국가책임이론', ② 국가가 사회안전적 차원에서 범죄의 피해를 구조해야 한다는 '사회보장적 이론' 등에 근거를 두고 있는 '청구권적 기본권'이라고 할 수 있다.

---

108 성낙인, 「헌법학(제20판)」(서울: 법문사, 2020), p. 1603.
109 김학신, "범죄피해자를 위한 경찰의 재정적 지원 확보방안" 「책임연구보고서 2020－08」, 치안정책연구소, 2020, p. 28.
110 헌재 1989.04.17. 선고 1988헌마3결정.
111 성낙인, 전게서, p. 1603.

2 경찰의 범죄피해자 보호활동

경찰은 범죄피해자 보호·지원 활동을 강화하여 피해자의 신변안전을 확보하고 조속한 피해회복을 지원하고 있다. 늘어나는 피해자 보호·지원 수요에 대응하기 위해 감사계 내의 '피해자보호팀'을 '피해자보호계'로 격상하여 운영하고 있다. 심리학 학위 소지자 및 심리상담 경력자를 '피해자 심리전문요원'이나 '위기개입 상담관'으로 채용하여 전문인력도 충원하였다.[112]

경찰은 범죄피해자 및 신고자에 대한 신변보호조치로 보복범죄 등 추가피해를 예방하고 있다. ① 스마트워치 제공, ② 주거지 CCTV 설치, ③ 임시숙소 제공 등 신변보호조치를 다양화하여 피해자의 상황을 고려한 맞춤형 신변보호 서비스를 제공하고 있다.

경찰의 기능별 피해자 보호 대책[113]	
기능	추진 내용
공통	• 피해자 권리고지 확인서(감사), 특화된 권리고지서(가정폭력·성폭력) 사용 • 강력범죄 피해자 대상 온라인 사건조회 서비스(형사사법포털)
감사부서	• 피해자 임시숙소 숙박비 지원 • 피해자 심리전문 요원(CARE) 운영
수사부서 및 생활안전부서	• 사건통지 활성화 등 정보제공 • 피해자·신고자의 신변보호 확대 • 가명조서 작성 대상 확대 • 피해품 회수활동
여성 청소년 부서	• 성폭력피해자 통합지원센터 여경배치 • 학교폭력 117신고센터 운영 • 진술조력인, 속기사 등 제도 시행 • 가정폭력솔루션팀 사례 회의 • 범죄피해자 긴급보호센터
교통부서	• 뺑소니·무보험 교통사고 피해자에 대한 정부보장사업 내용 및 절차 안내
외사부서	• 체류 외국인 및 다문화 가정 범죄피해자 보호지원

---

112 경찰청k, 전게백서, p. 173.
113 이형세, "한국 경찰의 피해자 보호활동 고찰과 발전방안"「경찰청·(사)코바포럼 공동학술세미나 자료집」, 2015, p. 53 재구성.

경찰의 응급 심리지원 내용[114]	
심리진단·평가	• 범죄피해 트라우마 척도(VTS) 등 다양한 심리진단도구 활용, 피해자의 심리상태 분석 및 평가
심리적 응급처지	• 신뢰관계 형성, 정서적 위로·지지, 피해자 요구사항 파악·조치, 피해자 지원제도 정보 제공 등
심리교육	• 범죄피해 이후 발생할 수 있는 심리적 쇼크, 기억단절, 현실부정 등 심리적 반응 안내 및 대응요령 교육

3 회복적 경찰활동

경찰은 범죄피해자 회복을 위한 '회복적 경찰활동'을 도입하고 있다. 기존의 '응보적 사법'Retribution Justice은 가해자 처벌에만 중점을 두어 피해자를 소외시키는 한계가 있었다. 최근 이러한 응보적 사법에 대한 반성에서 ① 가해자, ② 피해자, ③ 지역사회(공동체) 사이의 대화를 통해 피해회복과 갈등해결을 도모하려는 '회복적 사법'Restorative Justice 이념이 대두되고 있다.

회복적 사법제도는 검찰의 형사조정제도와 법원의 화해권고제도가 있으나, 형사조정은 금전적 배상에 관한 합의 도출에 중점을 두고 있다. 화해권고는 법원 단계에서만 회부가 가능하여 화해가 너무 늦다는 한계가 있다.

경찰은 2019년부터 '회복적 경찰활동'Restorative Policing을 도입하여 실질적인 피해회복과 재범방지를 도모하는 등 피해자와 지역사회(공동체) 중심의 경찰활동을 전개하고 있다.

응보형 사법과 회복적 사법의 비교	
응보형 사법	• 탈리오 법칙과 같은 등가성을 원칙 • 가해자가 형사사법 체계의 중심 • 범죄의 심각성에 따라 비례의 원칙 적용 • 삼진아웃제도는 적절하며 합당 • 모든 비난은 개인의 책임 • 체인 갱(Chain Gang) 옹호(가혹한 감옥환경 지지) • 공식적 절차 중시

---

114 경찰청k, 전계백서, p. 175.

회복적 사법	• 과거의 행동보다 중요한 것은 미래의 행동 • 피해자가 형사사법 체계의 중심 • 범죄와 형벌의 비례를 측정하는 것은 불가능 • 범죄에 있어서는 사회의 책임도 존재 • 공식적 절차 외에 비공식적 절차 등이 중요시

회복적 경찰활동(Restorative Policing)[115]	
정의	• 회복적 경찰활동은 '회복적 정의의 이념과 실천방식에 입각한 경찰활동'으로 지역사회에서 범죄·분쟁이 발생했을 때 경찰이 범인을 검거하고 처벌하는 데에 그치지 않는다. • 당사자의 동의를 전제로 가해자와 피해자간 회복적 대화모임을 제공하여 상호간 대화를 통해 근본적인 문제해결 방안을 모색할 수 있도록 지원하는 활동이다.
필요성	• 사건발생 초기 당사자간 갈등이 심화되기 전에 피해회복과 재발방지 방안을 함께 모색함으로서 신속한 피해회복 및 가해자 선도에 효과적이다. • 검찰·법원 단계까지 형사절차가 장기화되면서 발생하는 사건지연, 가해자에 대한 부정적 낙인 효과, 피해자에 대한 2차 피해를 최소화한다.
활용	• 회복적 대화모임 결과는 보고서 형태로 수사서류에 첨부되어 경찰단계 종결 또는 검찰·법원 단계에서 양형 참고자료 등으로 활용될 수 있다. • 경미한 사안은 피해자의 의사를 반영하여 즉결심판 청구·훈방 등으로 조치될 수도 있다.
적합한 사건	• 단순 처벌만으로 피해회복·재발방지 등 근본적인 문제가 해결되지 않아 당사자간 대화로 관계 회복 등이 필요한 모든 사건에 대해 회복적 경찰활동을 진행할 수 있다. • 학교폭력·가정폭력·이웃간 분쟁 등 지역사회 내의 공동체 내에서 갈등과 범죄가 발생한 경우, 회복적 경찰활동이 특히 효과적일 수 있다.

6 ‖ 경영주의

1 의의

경찰에게는 능률성의 차원이나 효과성의 차원을 넘어 경찰경영 차원에서 조직을 관리하고 운용해 나갈 이념인 경영주의 이념이 있다. 경영주의의 내용으로는 장비, 예산의

---

115 경찰청 홈페이지, "회복적 경찰활동 및 범죄피해자지원"(n.d)(from https://www.police.go.kr/)(Retrieved August 16 2022).

적정배분, 생산성의 개념을 공유, 생산성 극대화를 위한 조직활동 등이 있다. 경찰경영은 고객인 국민만족을 넘어 국민감동을 지향해야 하며, 경찰경영차원에서 조직을 관리·운용해 나가야 한다는 것이다.

우리 「경찰법」 제1조(목적)에는 "민주적인 관리·운영과 효율적인 임무수행"을 규정하고 있다. 현재의 획일적인 계층구조가 진정 최적의 구조인지를 분석하고 지휘계층의 비대화와 과도한 중복이 있지 않은지, 새로운 동태적 구조로 나가야 할 조직은 없는지 분석·평가해 보아야 할 것이다.

2 내용

경찰에게는 사회공공의 안녕과 질서유지라고 하는 기본적 임무가 주어져 있다. 이를 효율적으로 달성하기 위해서는 조직과 인사, 예산, 장비 등이 조직목적의 달성을 위해서 최적으로 관리되어야 한다. 따라서 경찰경영주의란 경찰 목표달성을 위해서 경찰조직의 조직구성과 인적·물적 자원의 배분이 이루어지도록 하는 것을 말한다. 이러한 경찰경영의 이념에는 고객만족성, 능률성, 효과성이 있다.

고객만족은 고객에 대한 관심을 높이고, 고객에 대한 대응성과 서비스의 질 향상을 가져오는 것을 말한다. 능률성은 투입과 산출의 비율을 의미하며, 비용편익분석으로 능률성이 측정된다. 효과성은 목표의 달성도를 의미하며, 조직이 최종적으로 어떠한 결과를 외부에 산출하는가를 의미한다. 오늘날에는 과거의 능률성이나 효과성의 차원을 넘어서는 생산성 차원의 경영마인드도 요구되고 있다.

이러한 경찰경영주의에는 각종 성과급의 확대, 경찰 장비와 예산의 적절한 분배, 가용인력의 최대 동원금지, 경찰조직혁신, 인력구조조정 등이 있다.

❶ 고객만족성
최근 세계 각국이 정부혁신의 주된 목표로 삼고 있는 것은 고객에 대한 관심을 높이고 고객에 대한 대응성Responsiveness과 서비스의 질을 향상시키는 것이다. 기업은 이미 첨단 상품이나 서비스가 개발이 된 상태에서 이것을 어떻게 고객에게 전달하여 만족시키느냐에 초점이 있는 반면, 경찰행정서비스는 아직도 낙후된 상태에 있기 때문에 서비스의 질을 우선 향상시키는 방향에서 고객만족, 즉 시민의 만족도를 높이는 방안이 논의되고 있다.

이러한 고객만족을 이끌어 내기 위한 다양한 제도가 시행되고 있다. 제공된 행정서비스에 대한 주기적인 만족도 조사와 만족도 조사결과의 반영을 위한 서비스제도인 '시민헌장'Citizen's Charter 제도, 한 명의 공무원만 만나면 모든 서비스 절차가 완결되는 '일회방문서비스'One-Stop service 제도, 서비스를 받기 위해 관공서에 오지 않아도 되는 '온라인서비스'On-line service 제도, 공무원의 불친절을 적발하는 '경고카드'Yellow card 제도 등이 있다.

고객만족은 두 가지 요건을 충족시켜야 한다. 하나는 제품이나 서비스에 대한 만족이고 다른 하나는 불만의 처리에 대한 만족이다. 이와 같은 요건을 경찰서비스에 적용해보면, 경찰의 단속이나 수사절차가 우선 질적으로 다른 행정서비스, 다른 나라의 경찰서비스보다 우수해야 한다는 것이다. 행정서비스의 우수성은 업무처리과정의 속도, 품질, 경제성, 친절성 등으로 평가할 수 있다.

❷ 능률성

일반적으로 능률성Efficiency은 투입Input과 산출Output의 비율을 말하며, 질적인 측면을 강조한다. 공공서비스의 제공에 들어간 시간, 노력, 자원, 정보지식 등을 합산한 값으로 제공된 서비스의 양을 나눈 결과를 퍼센트로 환산한 것이다.

정책분석에서 정책의 능률성을 판단하는 기준에는 비용편익분석Cost-Benefit Analysis이 있다. 비용편익분석은 편익을 비용으로 나눈 백분율을 가지고 판단하는 방법이다. 편익을 비용으로 나눈 비율이 큰 것이 좋은 대안이고 효율성이 있다고 보는 것이다.

경찰활동을 예로 들면, 경찰이 음주운전을 단속하는데 드는 인력, 시간, 장비, 시민들의 불편 등을 환산하고 음주운전 측정건수나 음주운전 단속건수를 산출로 환산하여 음주운전 단속활동의 능률성을 계산하는 것이다. 그러나 투입과 산출에 들어가는 항목은 능률성을 분석하는 사람의 판단에 의하지만 가능한 항목을 빠짐없이 반영하여야 하며 수치화하고 돈으로 환산하여야 한다. 따라서 계산과정에는 주관성이 개입할 수밖에 없다.

❸ 효과성

효과성Effectiveness은 목표달성정도The Degree of Goal Achievement를 의미하며, 양적인 측면을 강조한다. 능률성이 산출에 대한 비용이라는 조직 내의 현상으로 볼 수 있는데 비해 효과성은 최종적으로 어떠한 결과를 외부에 산출하는가를 의미한다.

일반적으로 능률성에서 사용되는 산출과 효과에서 의미하는 목표의 달성정도는 목표와 수단의 연쇄관계 내의 위치가 다르다. 능률성에서 사용되는 산출은 목표를 달성하기 위한 하위목표의 성격을 가진다. 효과성의 개념에서는 비용이 얼마가 드느냐 하는 투입의 문제에 관심을 갖는 것이 아니라 정해진 목표를 얼마나 달성했느냐 하는 점에 중점을 둔다. 따라서 조직운영에 있어서 능률성과 효과성은 동시에 고려되어야 하는 요소라고 할 수 있다.

경찰의 경우, 범죄예방과 대응활동에 들어가는 비용, 시간, 자원, 정보지식 등은 비교적 측정이 쉽지만 목표달성정도를 평가한다는 것은 어렵다. 범죄의 예방을 어떻게 측정할 수 있을 것인가에 대한 논란이 많다.

❹ 효율성

정부기관에서부터 'Efficiency'라는 용어를 효율성이 아니라 능률성으로 번역하고 사용하고 있다. 효율성은 능률성Efficiency과 효과성Effectiveness을 통합한 개념으로 활용하고 있다. 투입 대비 산출의 의미를 나타내는 '능률성'Efficiency과 투입 대비 목표달성도를 의미하는 '효과성'Effectiveness을 합한 개념으로 '효율성' 또는 '생산성'Productivity이라는 개념으로 사용한다.[116]

이황우·김진혁·임창호의 「경찰인사행정론」에서도 효율성이란 생산성Productivity과 유사한 개념으로서, 일반적으로 비용 최소화 측면에서의 경제성Economy, 투입-산출 비율로서의 능률성Efficiency과 목표달성도를 의미하는 효과성Effectiveness을 모두 함축하는 용어라고 서술하고 있다.[117]

따라서 본서에서도 'Efficiency'라는 용어를 능률성으로 사용하고자 한다. 능률성은 내부적인 개념이며, 효과성은 외부적인 개념이다. 경찰조직내부는 능률성을 가지고 있어야 하며, 외부적으로 효과성이 있어야 한다. 능률성과 효과성이 조화를 잘 이루면 효율적인 조직이라고 평가받는다.

능률성과 효과성의 비교	
능률성	효과성
• 투입과 산출의 비율을 의미 • 비용편익분석으로 능률성 측정 • 투입과 산출항목은 가능한 빠짐없이 반영하여야 하고 수치화하여야 되기 때문에 계산과정에서 주관성	• 목표의 달성도를 의미 • 조직이 최종적으로 어떠한 결과를 외부에 산출하는가를 의미

---

116 강황선·김미선, "지방정부 성과의 상대적 능률성 측정에 관한 연구"「한국행정논집」, 21(3), 2009, p. 1003.
117 이황우·김진혁·임창호, 「경찰인사행정론」(서울: 법문사, 2012), pp. 5−6.

| 이 개입됨
· 능률성은 산출에 대한 비용이라는 조직 내 현상 | |

· 능률성에서 사용되는 산출은 목표달성을 위한 하위목표의 성격임
· 투입 대비 산출의 의미를 나타내는 '능률성(Efficiency)'과 투입 대비 목표달성도를 의미하는 '효과성' (Effectiveness)을 합한 개념으로 '효율성' 또는 '생산성'(Productivity)이 있음
· 효율성(생산성) = 능률성(내부) + 효과성(외부)

제2절 경찰윤리

1 경찰윤리의 의의

1 경찰윤리의 정의

윤리Ethics란 내면적인 가치관Values과 밖으로 드러나는 행동·태도Behavior가 조화와 균형을 이룬 상태를 말한다. 올바른 가치관과 바람직한 태도가 조화와 균형을 잘 이룰 때 우리는 그 사람에게 건전한 윤리관이 형성되어 있다고 말한다.

윤리학이란 선과 악, 옳고 그름과 같은 도덕적 개념의 본질 또는 올바른 적용에 대한 답을 시도하는 학문이다. 윤리학의 직접적인 주제는 '행복'이다. 행복은 수단에 그치는 것이 아니라 인생의 궁극적인 목표다. "올바른 삶은 무엇인가?" "행복이란 무엇인가?" 등에 대한 답을 시도하는 학문이다. 반면 '도덕철학'Moral Philosophy은 올바름이 무엇인지 탐구하는 윤리학의 한 분과이다. "정의란 무엇인가?" 등과 같은 질문이 도덕철학의 대표적인 화두에 해당한다.

아리스토텔레스의 윤리학은 개인적 미덕 차원에서 출발해 정의, 우정, 정치 등 사회적 윤리에 관한 체계적인 이론을 정립했다. 그에게 '옳은 것'right이란 국가와 시민의 공동이익에 부합하는 것을 말한다.

플라톤은 "정의란 각자가 자신의 직분을 다하는 것이며, 정의로운 나라란 각자의 능력과 적성에 맞는 일을 하는 것이다."라고 하였다. 한비자는 인간은 선천적으로 '이익을 좋아하고, 손해보는 것을 싫어하는 이기적인 존재'好利惡害라고 했다. 올리버는 「법의 길」

The Path of Law이라는 논문에서 법의 기준은 '악한 보통 사람'Ordinary Bad Man이라고 했다.

사회적 윤리학의 일종인 경찰윤리Police Ethics의 개념에 대해서 중앙경찰학교의 교재에서는 "경찰윤리란 경찰인이 경찰조직 내에서 또는 국민을 대상으로 임무를 수행할 때 조직 내에 형성된 풍습이나 기풍, 국민의 바람과 기대 등에 부응하는 것"으로 정의하고 있다.[118] 사회적인 합의를 통한 바람직한 가치체계를 윤리로 본다면 이 윤리를 토대로 하여 모든 사회적 규범, 제도, 법 등이 도출된다고 볼 수 있다.

따라서 경찰윤리에는 경찰의 목적과 임무 그리고 역할에 관련된 모든 규범 윤리에 의해서 반드시 따라야 하는 당연한 행동규범이 포함된다. 경찰윤리는 모든 경찰관이 반드시 행동해야 하는 것을 적극적으로 규정하거나 또는 행동하지 말아야 하는 것을 규정한 행위규범이다.

경찰윤리의 목적은 경찰의 도덕적 조직문화를 강화하고, 도덕적 감수성을 배양하며, 도덕적 전문능력을 향상시키는 데 있다. 따라서 경찰윤리란 사회적 윤리를 보호하고, 사회질서를 유지하기 위한 경찰의 올바른 가치체계를 말한다.

경찰관은 사회적 윤리를 바탕으로 현실적인 경찰활동 능력을 구비해야 한다. 경찰관은 건전한 윤리관을 바탕으로 '타인의 영혼 속에 깃든 악'을 식별할 수 있어야 한다.

Police Science

🌐 경찰윤리의 정의와 목적

- 경찰윤리란 사회의 도덕적 윤리를 보호하고, 사회질서를 유지하기 위한 경찰의 올바른 가치체계를 말한다.
- 경찰윤리의 목적은 경찰의 도덕적 조직문화를 강화하고, 도덕적 감수성을 배양하며, 도덕적 전문능력을 향상시키는 데 있다.
- 이기적이고 악한 보통사람인 경찰관은 교육을 통한 건전한 윤리관을 바탕으로 자신과 타인의 영혼 속에 깃든 악을 식별할 수 있어야 한다.
- 경찰은 필연적으로 권력을 동반한다. 법과 질서를 유지하기 위해서는 강압적이고 강제적일 수밖에 없다.
- 악마와 싸우는 경찰관은 악마를 닮지 않도록 끊임없이 노력해야 한다.
- 서구에서는 경찰관을 '거리의 판사'Street Justice라고 하면서 엄격한 윤리관을 요구하고 있다.

---

118 중앙경찰학교c, 「경찰윤리」, 2013, pp. 14－19.

2 경찰윤리의 종류

윤리 교육에 대한 거시적^{Macro} 접근방법은 사회의 제도적 구조에 대한 처방과 평가를 내리는 것이고, 미시적^{Micro} 접근방법은 개인행동에 대한 도덕적 평가와 지도를 하는 것이다. 윤리학은 전통적으로 규범 윤리^{Normative Ethics}와 메타 윤리^{Meta Ethics} 그리고 응용 윤리^{Applied Ethics}로 세분된다.

첫째, 규범윤리란 행동규범이나 표준규범 그리고 도덕규범을 말한다. 규범윤리에서는 "거짓말을 하면 안 된다." 등과 같은 옳고 그름을 판단하는 도덕규칙을 제시한다. 존 롤스의 「정의론」^{Justice} 같은 저작들이 대표적이다.

둘째, 20세기 전반 비트겐슈타인 등에 의한 메타 윤리란 기존 규범 윤리에서 묻는게 무엇인지를 물었다. 규범 윤리에서 "정의란 무엇인가?"라고 묻는다면, 메타 윤리는 "그 '정의'라는 것이 무엇인가?"처럼 기존 문제들을 근본적으로 따지는데 주력하였다.

셋째, 응용 윤리는 규범 윤리 이론을 실제적인 도덕적 문제(예: 낙태)에 적용하는 것이다. 응용 윤리의 주요 분야로는 생명윤리, 기업윤리, 법률윤리, 의료윤리, 경찰윤리 등이 있다.

경찰윤리의 3가지 종류	
규범 윤리 (Normative Ethics)	• 경찰관이 지켜야 할 행동규범이다. • 규범 윤리에 벗어난 행위를 '일탈행동'(Deviant Behavior)이라고 한다. 가디너(John A. Gardiner)는 공직자의 일탈행동을 크게 3가지 유형으로 구분하였다.[119] • 그 내용은 ① 의무불이행(Nonfeasance), ② 불법행위(Malfeasance), ③ 부당행위(Misfeasance) 등이다. • 경찰관의 일탈행동으로는 경찰부패, 과도한 경찰장구나 무기의 사용, 강압적이고 권위적인 태도, 불친절한 민원응대, 근무태만, 명령불복종, 음주운전, 절도, 성범죄 등이 있다.
메타 윤리 (Meta Ethics)	• 규범 윤리에서 "경찰부패란 무엇인가?"라고 묻는다면, 메타 윤리는 "그 '경찰부패'라는 것이 무엇인가?"처럼 기존 정의를 근본적으로 질문하는 것이다.
응용 윤리 (Applied Ethics)	• 응용 윤리는 규범 윤리 이론을 경찰의 실제적인 규범 윤리 문제(예: 성범죄 등)에 적용하는 것이다. • 경찰의 응용 윤리에 벗어난 대표적인 행동이 냉소주의(Cynicism)이다.

---

[119] 전수일, 「관료부패론」(서울: 선학사, 1999), pp. 48-49.

	• 냉소주의는 인간 동기, 행동, 진실 등에 있어서 불신의 경향을 보이며, 조소, 야유 등으로 표현하는 것이다.
	• 그 형태는 무력감, 소외감, 분노, 적대감, 복지부동 등이 있다.
	• 경찰 냉소주의는 동료 경찰의 부패와 비리를 합리화하고 동조하게 만드는 주요한 요인이 된다.[120]

3 클라이니히의 경찰윤리교육 목적 분류

클라이니히의 경찰윤리교육 목적 분류	
구분	내용
도덕적 결의의 강화	• 경찰관들은 실무에서 내부 그리고 외부로부터의 압력과 유혹에 직면하게 될 것이므로 이런 경우를 대비해서 윤리적인 행동을 하기 위한 동기와 유인을 자극하는 것이 하나의 목표가 된다. • 도덕적 결의의 강화란 경찰관이 실무에서 내부 및 외부로부터의 여러 압력과 유혹에도 굴복하지 않고 자신의 소신과 직업의식에 따라 일을 처리하는 것이다. • 그러나 도덕적 결의의 강화를 윤리교육의 가장 우선적인 과제로 보는 것은 현재 경찰상의 운영의 문제점을 구성원의 도덕성에만 전가하려는 잘못된 태도와 연결된다.
도덕적 감수성의 배양	• 경찰관들은 일반적으로 복잡한 사회적 문화와 환경에서 일하여야 하며 만약 익숙해 있는 관점에서 다른 관점을 취할 준비가 안 되면 업무가 부적절할 수 있다. • 도덕적 감수성의 배양이란 실무에서 경찰이 다양한 계층의 사람들(부자나 가난한 사람)에게 모두 인간으로서 존중하고 공평하게 봉사하는 것이다. • 그러나 현실적으로 경찰관은 이미 가지고 있는 감수성을 명료하게 표현하지 못하는 경우가 많으므로 윤리교육의 목적이 도덕적 감수성만을 주안점으로 해서는 곤란하다.
도덕적 전문능력의 함양	• 경찰관은 그들이 봉사하는 지역사회의 구성원에게 심대한 영향을 미치므로 여러 결정과정에서 도덕적 자율성을 바탕으로 분석적이고 체계적으로 따져볼 필요가 있다. • 도덕적 전문능력이란 경찰이 비판적, 반성적 사고방식을 배양하여 조직 내에 관습적으로 내려오는 관행을 비판적으로 검토하여 수용하는 것이다(경찰윤리교육에서 가장 중요한 목적).

---

[120] 조계표·김영주, "경찰윤리의 실태분석 및 개선방안에 관한 연구"「한국경호경비학회보」, 45, 2015, p. 137.

118 PART 01 경찰학의 기초

2 ‖ 경찰부패이론

경찰부패이론에는 일반적으로 크게 4가지가 있다. ① 미끄러운 경사이론^{Slippery Slope}^{Theory}, ② 전체사회 이론^{Social at Large Theory}, ③ 구조원인 이론^{Structural or Affiliation Theory}, ④ 썩은 사과 가설^{Rotten Apple Hypothesis} 등이다.[121] 일부 학자들은 문화갈등이론^{Cultural Conflict Theory}, 부패의 사회학적 모델^{Sociological Model of Corruption}, 인류학 이론^{Anthropological Theory} 등을 추가하기도 한다.[122]

밀러^{Seumas Miller}는 경찰부패는 4가지 기본원칙에 의해서 감소시킬 수 있다고 주장하였다. 그 내용은 ① 엄격한 채용^{Strictly Recruitment}, ② 부패의 기회 감소^{Reducing the Opportunities for Corruption}, ③ 부패조사 및 억제^{Detecting and Deterring Corruption}, ④ 부패방지를 위한 도덕적 노력 및 동기부여의 강화^{Reinforcing the Motivation to Act Morally} 등이다.[123]

1 미끄러운 경사이론

1985년 셔만^{Lawrence W. Sherman}은 경찰부패와 관련된 미끄러운 경사^{Slippery Slope}라는 용어를 제시했다.[124] 작은 호의^{Gratuity}를 부패로 보아야 한다는 주장은 작은 호의가 나중에 심각한 부패로 발전할 가능성이 크다는 것이다. 이렇게 작은 호의가 나중에 심각한 부패로 발전할 수 있다는 주장을 '미끄러운 경사이론'^{Slippery Slope Theory}이라고 한다.

미끄러운 경사는 불법적이거나 바람직하지 않은 모든 것을 의미한다. 작은 호의에 익숙해진 경찰관들이 결국 부패에 연루된 다른 경찰관들과의 관계를 더욱 발전시킨다고 주장하였다.[125] 셔만의 미끄러운 경사이론^{Slippery Slope Theory}은 경찰이 사소한 돈이나 보상과 같은 작은 호의를 받는 순간 부패로 이어진다는 이론이다. 도덕적 경력 가설^{Moral Career}

---

121 Criminal Justice: Police Corruption Hypothesis(n.d)(from https://www.coursehero.com/(Retrieved October 23, 2022).

122 Donald Nelson, "3 identify the six different theories of police"(n.d)(from https://www.coursehero.com/ (Retrieved October 23, 2022).

123 Seumas Miller, *Corruption and Anti−Corruption in Policing(Philosophical and Ethical Issues)*(1st ed.) (California: Springer, 2016), pp. 13−25.

124 Lawrence W. Sherman, *Becoming Bent: Moral Careers of Corrupt Policemen* (Totowa, NJ: Rowman and Allanheld Publishers. 1985), pp. 52−53.

125 *Ibid.*, pp. 52−53.

^{Hypothesis}이라고도 한다.

시민이 단순한 성의의 표시로 커피나 음식을 대접하는 것이라고는 하지만 시민은 은 연중에 경찰의 호의와 보호를 기대하게 된다는 것이다. 사소한 잘못이라도 용인하기 시 작하면 멈추기 어려운 부패의 미끄럼틀 위에 올라서게 된다. 따라서 사생활에 엄격한 제 한을 가하여야 한다는 것이다.

2 전체사회 이론

1960년 미국 시카고 경찰청장에 임명된 윌슨^{Orlando W. Wilson}은 "시카고 시민이 범죄자 들과 범죄단체들^{criminals and crime syndicates}과 마찬가지로 시카고 경찰을 부패시켰다."라고 하 면서 전체사회 이론^{Social at Large Theory}을 최초로 주장하였다.[126] 이는 시민사회의 부패가 경 찰부패의 주원인이라는 전제를 갖고 있다.[127] 사회전체의 부패 뿌리^{Roots of Corruption}가 경찰 에게도 영향을 미친다는 이론이다.

3 구조원인 이론

니더호퍼^{Arther Niederhoffer}는 경찰부패의 원인은 시스템의 부패^{Systems being Corrupt}에서 기인 한다는 구조원인 이론^{Structural or Affiliation Theory}을 주장하였다.[128] 신임 경찰이 선배 경찰의 부패행태로부터 차츰 부패의 사회화를 습득하여 기존 선배 경찰처럼 부패로 물들게 된다 는 구조원인 이론을 주장하였다.

구조원인 이론은 경찰부패의 원인을 개인적 결함보다는 조직의 체제적인 측면을 부 패의 원인으로 본다. 경찰관들 사이에서 끼리끼리 알아서 도와주고 눈감아주는 ① 침묵 의 규범^{Code of Silence}, ② 침묵의 벽^{Wall of Silence}과 묵시적 관행이 부패의 원인이라는 이론 이다.

---

126 Criminal Justice: Police Corruption Hypothesis(n.d.)(from https://lawaspect.com/criminal−justice−police −corruption−hypothesis/(Retrieved October 24, 2022).

127 Mitchell B. Chamlin & Mary Baldwin Kennedy, "The Impact of the Wilson Administration on Economic Crime Rates", Journal of Quantitative Criminology, 7(4), 1991, pp. 357−372.

128 Prevalent Theories of Police Corruption(n.d.)(from https://lawaspect.com/prevalent−theories−of−police− corruption/(Retrieved October 24, 2022).

4 썩은 사과 가설

썩은 사과 가설Rotten Apple Hypothesis은 경찰부패의 원인을 썩은 경찰관 개인Rotten Apple에 초점을 맞춘 개인주의적 설명Personalistic Explanations이다.[129] 부패 가능성이 있는 경찰관이 채용단계에서 걸러지지 못한 채 조직에 흡수되어 마치 사과상자의 함에 있는 사과가 썩어 전체사과가 썩듯이 경찰전체가 부패한다는 것이다. 부패발생 원인을 개인적 결함에 두고 있는 것이 특징이다.[130]

썩은 사과 가설은 부패의 행위주체가 개인이기에 행위에 대한 책임도 개인에게 귀속되어야 한다는 도덕적 사고에 기반하고 있다. 이 가설은 채용단계에서 엄격한 기준의 적용과 더 많은 윤리교육이 필요하다고 주장한다.

썩은 사과Rotten Apple에 반대되는 개념이 황금사과Golden Apple이다. 황금사과는 시민에게 헌신하고, 효율적이고 효과적으로 경찰직무를 수행하는 지적인 경찰관을 의미한다A golden apple is an office, intelligent, committed to the noble, and highly focused on efficiency and effectiveness.[131]

Police Science

🌐 경찰부패의 6가지 유형[132]

렌즐러Tim Prenzler는 경찰부패를 6가지로 유형화 하였다. ① 독직 또는 고전적인 경찰부패Graft or Cassic Corruption, ② 형사절차상 경찰부패Process Corruption, ③ 과도한 경찰권 사용Excessive Force, ④ 비전문적 행위 또는 기타 위법행위Unprofessional Conduct or Miscellaneous Misconduct, ⑤ 내부부패 및 직장비행Internal Corruption or Workplace Deviance, ⑥ 근무시간 이후 이탈행위Unbecoming or Unprofessional Conduct Off Duty 등으로 나누었다.

---

129 Rotten Apple Corruption(n.d.)(from https://sk.sagepub.com/reference/encyclopedia−of−criminal−justice−ethics/(Retrieved October 24, 2022).

130 김택, "경찰 공무원 부패인식에 관한 연구"「한국부패학회보」, 24(1), 2019, p. 72.

131 John P. Crank & Michael A. Caldero, *Police Ethics(the corruption of noble cause)* (Cincinnati, Anderson publishing co., 2000), p. 124.

132 Tim Prenzler, *Police Corruption Preventing Misconduct and Maintaining Integrity* (London: CRC Press, 2019), pp. 16−17.

3 ┃ 한국경찰의 윤리규정

현재적 의미의 경찰은 기본적으로 법집행^{Law Enforcement}, 질서유지^{Order Maintenance}, 대민봉사^{Civil Service}라는 3가지 차원의 임무를 수행한다. 이러한 3가지 임무를 수행하면서 경찰은 일반사회에 대한 영향력을 점차 확대해가고 있다. 시민들은 자신들의 삶의 질을 향상시키기 위해서는 경찰의 역할증대가 더욱 필요하다는 인식을 가지고 있다.

이러한 인식은 경찰관에 대한 높은 수준의 도덕성과 투철한 직업정신을 요구하는 흐름을 강화시키고 있으며, 경찰관의 사소한 부정에도 시민들의 분노를 야기하는 원인이 되기도 한다. 이러한 이유로 경찰의 윤리규범은 다른 공무원에게 요구되는 기준보다 훨씬 더 엄격한 직업윤리로 결집되어 나타나게 된다.

경찰윤리강령의 문제점으로 '최소주의 경향'^{Minimalism Trend}이 있다. 경찰을 둘러싸고 있는 윤리규범과 당위는 너무 많다. 자기희생과 주인정신에 바탕을 둔 최대주의 요구는 결코 보편적인 것도 아니고 실현 가능한 것도 아니다.[133] 최소주의 경향은 윤리강령의 내용을 도덕적 울타리로 삼아 윤리강령에 제시된 도덕적 행동 그 이상을 하지 않으려는 경향을 말한다.

경찰의 윤리규정은 크게 자율적 행동규범과 강제적 행동규범으로 나누어진다. 최대주의에 바탕을 둔 수많은 경찰윤리 규범이 제정되어 있다.

1 ┃ 자율적 행동규범

우리 경찰에게 있어서 자율적 행동규범은 주로 윤리강령의 이름으로 제시되었다. 경찰조직은 시민들이 바라는 경찰윤리표준에 맞는 행동규범을 정하여 조직구성원들로 하여금 이에 따르게 하고 있다. 이러한 경찰조직의 추상적 행동규범을 문서화한 것이 경찰윤리강령이다. 통상 경찰윤리강령은 공동체의 바람 속에서 활동하는 경찰공무원들이 경찰업무를 수행함에 있어서 지켜야 할 도덕적 정신적 지표를 말한다.

---

[133] 최우영, "빛나는 통합과 초라한 개인: 개인 기반의 최소주의 규범론을 위한 시론"「사회사상과 문화」, 21(4), 2018, p. 89.

❶ 경찰윤리강령의 제정 계기

공동체의 유지를 위한 필수불가결한 기능을 행사하는 경찰은 시민생활에 지대한 영향을 미치고 있기 때문에 시민사회는 경찰조직에 많은 기대를 가지고 경찰행정에 압력을 행사한다. 그래서 경찰이 이러한 시민의 기대를 충족하지 못할 때 시민의 냉엄한 비난과 질책은 경찰조직의 기반까지 흔들 수 있다.

그래서 경찰조직은 시민의 기대에 보다 더 접근하기 위해 자율적인 윤리강령의 필요성을 인식하게 되고 그 결과 경찰윤리강령이 만들어지게 된 것이다. 1957년에는 국제경찰장협회의 경찰윤리강령이 발표되어 경찰황동에 있어서 높은 전문직업적 규범 준수를 장려하기도 하였다.[134]

❷ 한국의 경찰윤리강령 변화과정
● 봉사와 질서

1945년 10월 21일 국립경찰의 탄생시 경찰의 이념적 지표가 된 경찰정신은 영미법계의 영향을 받은 봉사와 질서였다. 해방 후 혼란기에 경찰업무를 제대로 수행하기 위해서는 경찰이념의 확립이 무엇보다 중요했는데 당시 경찰은 영미법계의 영향을 받아 '봉사'와 '질서'를 경찰의 이념적 지표이자 행동강령으로 삼았다.

● 1966년 경찰윤리헌장

4·19혁명과 5·16군사 쿠데타라는 사회적·정치적 대변혁을 거치면서 사회적 환경요인이 급변하자 사회 역기능적인 현상의 속출로 경찰의 임무도 확대되었으며 사회적 대변혁으로 경찰관의 자질에 대한 요구가 높아져 경찰 내부적 자정과 정신적인 쇄신을 위하여 1966년에는 「경찰윤리헌장」이 제정되었다. 1966년 7월 12일 경찰윤리규범의 효시인 「경찰윤리헌장」이 제정되었다.

Police Science
🌐🔍 경찰윤리헌장

우리는 국민의 생명과 재산을 보호하고 공공의 안녕과 질서를 유지하는 경찰관으로서
- 우리는 헌법과 법률을 수호하고 명령에 복종하며, 각자 맡은 바 책임과 임무를 충실히 완수한다.

---

134 서기영, 「한국경찰행정사」(서울: 법문사, 1976), p. 596.

- 우리는 냉철한 이성과 투철한 사명감을 가지고 모든 위해와 불법과 불의에 과감하게 대결하며, 항상 청렴 검소한 생활로써 명리를 멀리하고 오직 양심에 따라 행동한다.
- 우리는 국민의 신뢰를 명심하여 편견이나 감정에 사로잡히지 않고 공명정대하게 업무를 처리한다.
- 우리는 이 모든 목표와 사명을 달성하기 위하여 끊임없이 인격과 지식의 연마에 노력할 것이며, 민주 경찰의 발전에 헌신한다.

● 1980년 새경찰신조

1980년 경찰의 실천윤리강령으로 「새경찰신조」가 제정되었다.

Police Science
⊕🔍 새경찰신조

1. 우리는 새시대의 사명을 완수한다.
1. 우리는 깨끗하고 친절하게 봉사한다.
1. 우리는 공정과 소신으로 일한다.
1. 우리는 스스로의 능력을 계발한다.

● 제5공화국 「선진조국 창조를 위한 경찰자세」

제5공화국 때에 선진조국 창조를 위한 우리 경찰의 자세로서 주인정신, 명예심, 도덕심, 협동정신, 사명감, 준법정신, 애국심, 반공정신, 통일의지 등 9대 덕목을 선정하여 경찰의 실천규범으로 삼기도 하였다.

● 1990년 경찰 새정신운동

1990년에 대통령의 공직자 새정신운동 추진 지시에 의하여 경찰도 정직, 절제, 봉사를 '경찰 새정신운동'의 이념으로 삼아서 실천하였다.

● 1991년 경찰헌장

「경찰헌장」은 경찰청이 내무부의 독립된 외청으로 출범하면서 1991년 8월 1일 제정되었다. 「경찰헌장」은 1966년에 제정된 「경찰윤리헌장」을 대체하는 성격을 가지고 있다. 국민의 행복한 삶을 보장하기 위해 경찰이 해야 하는 본분을 실천덕목으로 구체화하였다.

🌐 경찰헌장

우리는 조국광복과 함께 태어나 나라와 겨레를 위하여 충성을 다하며 오늘의 사회를 지켜온 대한민국 경찰이다. 우리는 개인의 자유와 권리를 보호하며 사회의 안녕과 질서를 유지하여 모든 국민이 편안하고 행복한 삶을 누릴 수 있도록 해야 할 영예로운 책임을 지고 있다. 이에 우리는 맡은 바 임무를 충실히 수행할 것을 굳게 다짐하며 우리가 나아갈 길을 밝혀 스스로 마음에 새기고자 한다.

우리는 모든 사람의 인격을 존중하고 누구에게나 따뜻하게 봉사하는 친절한 경찰이다(친절한 경찰).

우리는 정의의 이름으로 진실을 추구하며 어떠한 불의나 불법과 타협하지 않는 의로운 경찰이다(의로운 경찰).

우리는 국민의 신뢰를 바탕으로 오직 양심에 따라 법을 집행하는 공정한 경찰이다(공정한 경찰).

우리는 건전한 상식 위에 전문지식을 갈고 닦아 맡은 일을 성실하게 수행하는 근면한 경찰이다(근면한 경찰).

우리는 화합과 단결 속에 항상 규율을 지키며 검소하게 생활하는 깨끗한 경찰이다(깨끗한 경찰).

● 1998년 경찰서비스헌장

경찰청은 경찰행정을 국민중심으로 전환하여 모든 국민에게 친절하고 신속 공정한 서비스의 제공을 약속하는 「경찰서비스헌장」을 제정하여 1998년 9월 30일 발표하였다. 「경찰서비스헌장」은 김대중 정부출범과 더불어 보다 친근하고 국민 곁에 더욱 가까이 다가서는 새로운 경찰상 확립을 위하여 경찰관들이 직무수행과정에서 반드시 지켜야 할 사항과 필요한 자세 등을 담고 있다.

기존의 경찰헌장이나 경찰윤리헌장이 선언적이고 추상적인 내용으로 구체적인 기준 제시가 미흡했던 것과는 달리 경찰이 국민에게 제공하는 서비스 기준과 내용, 제공 방법 및 절차가 구체적으로 포함되어 있다.

🌐 경찰서비스헌장

우리는 국민의 생명과 재산을 보호하고 법과 질서를 수호하는 국민의 경찰로서 모든 국민이 안전하고 평온한 삶을 누릴 수 있도록 다음과 같이 실천하겠습니다.

- 범죄와 사고를 철저히 예방하고 법을 어긴 행위는 단호하고 엄정하게 처리하겠습니다(범죄와 사고의 철저한 예방).
- 국민이 필요로 하면 어디든지 바로 달려가 도와 드리겠습니다.
- 모든 민원은 친절하고 신속·공정하게 처리하겠습니다(민원의 신속하고 공정한 처리).
- 국민의 안전과 편의를 제일 먼저 생각하며 성실히 직무수행하겠습니다.
- 인권을 존중하고 권한을 남용하는 일이 없도록 하겠습니다(인권존중과 권한남용의 방지).
- 잘못된 업무처리는 즉시 확인하여 바로잡겠습니다(민원오류에 대한 담당자 문책(×)).

● 1999년 새 천년 우리의 다짐

1999년 12월에 작성된 「새 천년 우리의 다짐」은 '자율·창의·책임'을 개혁 강령으로 강조하고 '제2의 창경, 신지식 경찰, 국민의 경찰'을 개혁표어로 제시함으로써 경찰관들의 행동을 지도하는 형태로 이루어져 있다.

'김대중 정부' 출범과 더불어 제정된 「신지식경찰관 선발 및 운영규칙」도 창의적 업무수행, 능동적 직무수행, 지식의 공유, 업무의 효과성 제고 등을 경찰관의 바람직한 자세로 열거하고 있다. 이러한 경찰의 제반 윤리규정은 법적인 효력이 없기 때문에 국민에게 불친절하여 정신적 손해를 가했을 때 손해배상의 근거가 되지 못한다는 단점을 갖고 있다.

2 강제적 행동규범

경찰공무원의 강제적 직업윤리는 「경찰공무원복무규정」, 「경찰법」, 「경찰공무원법」, 「경찰관직무집행법」, 그리고 「형법」 등에 반영되어 있다. 특히 경찰은 국민을 최우선으로 하는 경찰행정을 실현하기 위해서 2000년 10월 20일에 「경찰서비스헌장 제정 및 운영에 관한 규칙」을 제정하였다.

「부패방지법」 및 「공무원의 청렴유지 등을 위한 행동강령(대통령령)」의 제정에 발맞추어 2003년 5월 19일에는 「경찰청 공무원의 청렴유지 등을 위한 행동강령 규칙」이 제정되어 경찰공무원의 직업윤리가 한층 더 강화되었다.

경찰기본법(경찰법, 경찰공무원법, 경찰관직무집행법)에 규정된 작위 혹은 부작위 의무들은 각각 처벌조항을 동반하고 있다는 점에서 「경찰공무원 복무규정」보다 경찰공무원에 대한 강제의 정도가 더 강하다고 할 수 있다. 「경찰법」 제5조(권한남용의 금지)의 규정은 처벌조항이 없으므로 상징성만 가지고 있다.

하지만 「경찰공무원법」 제24조(거짓 보고 등의 금지)와 제25조(지휘권남용 등의 금지)의 규정은 동법의 처벌조항(제37조)에 의하여 경찰공무원에 대한 강제력을 발휘한다. 「경찰관 직무집행법」 제1조 제2항(직권남용금지)의 규정도 동법의 처벌조항(제12조)에 의하여 강제력을 갖는다.

「형법」 제7장(공무원의 직무에 관한 죄)에 규정된 죄명들은 공무원이 이러한 범죄를 범할 경우, 그에 따른 침해가 중대한 경우들을 가려서 부작위 의무와 벌칙을 함께 규정해 놓은 강제규범이다. 그리고 「형법」 이외의 형사특별법 혹은 절차법이나 그 하위규범에 경찰공무원의 행동 규범이 명시된 경우도 많다.

예를 들어 「경범죄처벌법」 제2조(남용금지)라든지, 「도로교통법」 제166조(직권남용의 금지), 그리고 형사소송법」 제198조(준수사항), 「검사와 사법경찰관의 상호협력과 일반적 수사준칙에 관한 규정」 제3조(수사의 기본원칙) 등이 그러한 예가 된다. 이러한 경찰공무원의 강제적 행동규범의 종류와 내용을 살펴보면 다음과 같다.

경찰공무원의 강제적 행동규범		
구분	**행동규범(직업윤리)**	
경찰공무원 복무규정 (벌칙조항×)	• 1970년 1월 27일 제정된 「경찰공무원 복무규정」은 경찰공무원의 복무에 관한 사항을 규정함을 목적으로 하며, 2021년 1월 5일 타법 개정으로 현재에 이르고 있다. • 제3조(기본강령) 경찰공무원은 다음의 기본강령에 따라 복무해야 한다(개정 2021.01.05.)	
	경찰 사명	• 경찰공무원은 국가와 민족을 위하여 충성과 봉사를 다하며, 국민의 생명·신체 및 재산을 보호하고, 공공의 안녕과 질서를 유지함을 그 사명으로 한다.
	경찰 정신	• 경찰공무원은 국민의 수임자로서 일상의 직무수행에 있어서 국민의 자유와 권리를 존중하는 호국·봉사·정의의 정신을 그 바탕으로 삼는다.
	규율	• 경찰공무원은 법령을 준수하고 직무상의 명령에 복종하며, 상사에 대한 존경과 부하에 대한 존중으로써 규율을 지켜야 한다.

	단결	• 경찰공무원은 주어진 사명을 다하기 위하여 긍지를 가지고 한마음 한뜻으로 굳게 뭉쳐 임무수행에 모든 역량을 기울여야 한다.
	책임	• 경찰공무원은 창의와 노력으로써 소임을 완수하여야 하며, 직무수행의 결과에 대하여 책임을 진다.
	성실 청렴	• 경찰공무원은 성실하고 청렴한 생활태도로써 국민의 모범이 되어야 한다.
경찰법 (벌칙조항×)		• 제5조(권한남용의 금지) 경찰은 그 직무를 수행할 때 헌법과 법률에 따라 국민의 자유와 권리 및 모든 개인이 가지는 불가침의 기본적 인권을 보호하고, 국민 전체에 대한 봉사자로서 공정·중립을 지켜야 하며, 부여된 권한을 남용하여서는 아니 된다.
경찰공무원법 (벌칙조항○)		• 제24조(거짓 보고 등의 금지) ① 경찰공무원은 직무에 관하여 거짓으로 보고나 통보를 하여서는 아니 된다. ② 경찰공무원은 직무를 게을리하거나 유기(遺棄)해서는 아니 된다. • 제25조(지휘권 남용 등의 금지) 전시·사변, 그 밖에 이에 준하는 비상사태이거나 작전 수행 중인 경우 또는 많은 인명 손상이나 국가재산 손실의 우려가 있는 위급한 사태가 발생한 경우, 경찰공무원을 지휘·감독하는 사람은 정당한 사유 없이 그 직무 수행을 거부 또는 유기하거나 경찰공무원을 지정된 근무지에서 진출·퇴각 또는 이탈하게 하여서는 아니 된다. • 제37조(벌칙)
경찰관 직무집행법 (벌칙조항○)		• 제1조(목적) ② 이 법에 규정된 경찰관의 직권은 그 직무 수행에 필요한 최소한도에서 행사되어야 하며 남용되어서는 아니 된다. • 제12조(벌칙)

제3절 사회계약설

1 ‖ 사회계약설의 의의

사회계약설社會契約說·Theory of Social Contract은 17–18세기 영국 및 프랑스에서 전개된 이론이다. 1789년 프랑스혁명 때에는 근대 시민계급의 이데올로기적 기둥으로 중요한 구실을 하였다. 이 이론에서는 국가가 최소한의 정부로써 국민의 생명과 재산을 보호하는 것이 주된 임무라고 보았다.

이 이론의 전형적 전개론자로는 홉스, 로크, 루소 등을 들 수 있다. 영국의 철학자 홉스Thomas Hobbes는 자연상태를 '만인의 만인에 대한 투쟁'War of all against all이라고 생각했다. 사람들이 자연권을 지배자에게 위탁(전면적 양도설)함으로써 평화적인 상태로 들어갈 수 있다고 주장한다. 17세기 절대왕정제 이론을 성립시켰다.

홉스는 천부적 자연권으로서 자기보존의 본능을 가지고 있으며, 자기보존을 위해 폭력보다는 평화와 협력이 더 효과적이라고 생각하였다. 따라서 국왕의 통치권력에 절대복종을 주장하면서, 국민의 안전을 확보할 수 있는 절대군주정치를 옹호하였으며 이에 대한 저항권을 부인하였다.

영국의 철학자 로크John Locke의 사회계약설을 바탕으로 한 다원주의 국가관은 국가도 여러 사회단체의 하나로 보아 절대성을 부정하고, 개인의 안전과 행복을 우선시하고, 최소한의 정부가 최선의 정부라는 철학이 배경이 된다.

로크의 사회계약설에 의할 때 국가의 임무는 생명과 재산을 지키는 것이다. 이 내용에 가장 부합하는 공무원은 경찰과 군인이라고 할 수 있다. 경찰 본연의 임무는 살인사건이 발생했을 때 범인을 검거하는 것과 같은 국민의 생명·신체 및 재산의 보호가 된다.

로크는 계약에 의해서도 생명·자유·재산 등의 자연권은 지배자에게 위양할 수 없다고 주장하여, 입헌군주제의 이론을 선도하였다. 로크는 자연권의 일부를 국가에 위탁(일부 양도설)하면서 정부가 사회계약을 위반하면 혁명권을 사용할 수 있다고 보았으며, 영국의 명예혁명을 지지하였다. 이러한 로크의 사회계약설은 미국 독립혁명의 이론적 무기가 되었다.

프랑스의 철학자 루소Jean Jacques Rousseau는 인간의 불평등 원인을 사유재산 때문이라고 보았다. 그는 사회계약에 입각하여 개개인이 자유와 평등을 누릴 수 있는 자연상태를 구상하였다. 시민의 '일반의지'General Will로서의 국가가 자유와 평등을 보장할 수 있는 정치체제가 되어야 한다고 주장하였다.

홉스는 주권이 군주에게 있다는 군주주권론을 주장하였다. 로크와 루소는 주권이 국민에게 있다고 보는 국민주권론을 제창하였다. 로크와 마찬가지로 루소는 '일반의지'에 반하는 정부에 대한 저항권을 인정하고 있다. 루소의 사회계약설은 미국의 독립선언(1776), 프랑스 혁명(1789)의 사상적 무기가 되었다.

사회계약설을 주장한 학자들과 주요 내용			
구분	자연상태	사회계약	특징
홉스	• 만인의 만인대 투쟁 • 약육강식의 상태	• 자기보존의 본능은 인간의 천부적 자연권 • 자기보존을 위해 폭력보다는 평화와 협력을 강조	저항권 불인정
로크	• 공통의 정치권력이 결여되어 있지만 자연법이 있기 때문에 완전한 무질서한 사회는 아님 • 절대군주제는 자연상태보다 더 나쁜 것으로 봄 • 자연상태에서는 생명과 재산에 대한 안전이 결여 • 공동의 합의에 의해 도출된 공동의 척도가 없음 • 강력한 공권력이 없기 때문에 야만적인 강자가 나타나면 생명과 재산을 위협받음	• 국가의 임무는 생명과 재산을 지키는 것임 • 이러한 보호를 국가에 위임한 것임 • 군인과 경찰이 가장 이 임무에 적합 • 사회계약에 의해 자연권의 일부를 국가에 위탁	저항권 인정
루소	• 인간은 평등한 고립자로 존재 • 부자와 가난한 자의 불평등이 발생 • 인간의 이기심과 능력차이에 따라 소유의 불평등이 발생 • 자연상태는 투쟁의 장이 아니라 자유와 평등의 상태	• 공동체는 개별적 특수이익이 아니라 일반이익을 위해 운영되어야 함 • 일반의지에 충실한 정부가 바른 정부	저항권 인정

2 ‖ 사회계약설로부터 도출되는 경찰활동의 기준

코헨과 펠드버그Cohen & Feldberg는 경찰활동에 대한 사회계약설적 접근을 통해서 5가지 윤리적 기준Basis for the Ethical Standards을 도출하였다.135 이들은 경찰의 법집행 때 필요한 도덕적 관점Moral Perspective을 제시하였다. 코헨과 펠드버그는 경찰권을 행사할 때 반드시 5가지 책임 기준Five Standards of Responsibility을 가지고 경찰서비스를 제공해야 된다고 주장하였다.136

---

135 Howard S. Cohen & Michael Feldberg, Power and Restraint: The Moral Dimension of Police Work (NewYokr: Praeger Pub, 1991), pp. 3−70.
136 *Ibid.*, p. 39.

🔍 경찰권 행사를 위한 5가지 책임 기준

- 첫째, 경찰서비스에 대한 공정한 접근을 제공해야 한다Provide fair access to their services.
- 둘째, 경찰권은 공공의 신뢰에 합당한 방식으로 행사되어야 하며, 남용되어서는 안 된다 Insure that their power is held and used as a public trust, and will not be abused.
- 셋째, 법집행보다 시민의 생명과 재산의 보호를 최우선의 가치로 삼아야 한다Put the primacy of safety and security of citizens before the unreflective enforcement of law.
- 넷째, 다른 기관 및 내부 부서와의 조정과 협력을 통해서 법집행을 해야 한다Acknowledge the coordination of governance with other officials in the system (teamwork).
- 다섯째, 냉정하고 객관적인 자세를 유지하면서 법집행을 해야 한다Maintain an attitude of non-partisan objectivity in carrying out their functions.

1 공정한 접근(Fair Access)의 보장

공정한 접근Fair Access의 보장은 경찰은 사회전체의 필요에 의해서 생겨난 기구로서 경찰서비스에 대한 공정한 접근을 허용해야 한다는 것이다. 공정한 접근의 보장에는 경찰서비스에 대한 '평등한 접근'Equal Access과 경찰서비스에 대한 '동등한 복종'Equal Liability이 요구된다. 사회계약을 통해 시민들은 경찰의 서비스에 대한 권리를 가짐과 동시에 경찰의 서비스에 협조할 의무를 가지게 된다.

경찰서비스에 대한 공정한 접근은 경찰서비스에 대한 동등한 필요를 가진 사람들이 그것을 받을 동등한 기회를 가져야 함을 의미한다. 필요만이 경찰이 주목해야 할 유일한 기준이다. 경찰관은 필요 이외의 다른 기준들 예를 들어 성, 나이, 전과의 유무 등에 의거해서 서비스의 제공을 거부해서는 안 된다.

2 공공의 신뢰(Public Trust) 확보

사회계약을 통해 자연상태에서 가지고 있던 범인 체포 및 처벌의 권리를 공적인 기관들에 양도하고, 이들이 그러한 권한을 행사한다. 경찰은 시민을 대신해서 수사상의 권한을 사용하고 질서의 유지를 위하여 힘을 사용하거나 강제적인 수단을 사용할 권한을 가지고 있다. 경찰관은 시민들의 신뢰에 합당한 방식으로 권한을 사용해야 한다. 경찰관은 자의적으로 권한을 행사해서는 안 된다. 물리력의 행사는 필요최소한에 그쳐야 하고, 사적인 이익을 위해서 자신의 직위를 이용해서는 안 된다.

공공의 신뢰Public Trust는 경찰이 직무수행과정에서 시민의 신뢰에 부합하도록 적법절차와 최소한의 물리력을 사용하는 것이다. 시민들은 경찰이 반드시 법을 집행하고, 최소한의 물리력을 행사하고, 사익을 위해 경찰력을 사용하지 않을 것을 신뢰하는 것을 말한다. 따라서 아래와 같은 예는 이러한 시민의 신뢰에 어긋나는 경찰활동이라고 할 수 있다.

Police Science

🔍 시민의 신뢰에 어긋나는 경찰활동

- 코헨과 펠드버그의 사회계약론적 입장에서 볼 때, 경찰이 시위를 진압하면서 최루탄의 과도한 사용 등 과잉진압으로 국민으로부터 지탄을 받은 경우, 공공의 신뢰에 위배되었다고 할 수 있다.
- 김순경은 강도범을 추격 중 골목길에서 칼을 든 강도와 마주쳤다. 김순경은 추격하는 척하다가 도망가도록 내버려 두었다. 이 경우 시민들은 경찰이 반드시 법을 집행할 것이라고 신뢰하고 있는데 경찰관이 범인을 체포하지 않은 것은 시민의 신뢰에 어긋나는 행동이라고 할 수 있다.
- 파출소 김순경은 절도범을 추격 중 달아나는 범인의 등 뒤에서 권총을 쏘아 사망케 하였다. 이 경우 경찰이 직무수행과정에서 최소한의 물리력을 사용할 것이라는 신뢰를 버렸다고 할 수 있다.

---

3 생명과 재산의 보호(Primacy of Safety and Security of Citizens)

사회계약을 통해서 자연상태의 개인들이 시민사회를 만든 이유는 생명과 재산의 보호Primacy of Safety and Security of Citizens를 도모하기 위함이다. 바로 이런 생명과 재산의 안전이 사회계약의 목적이다. 법집행 자체가 사회계약의 궁극적인 목적은 아니다.

법은 생명과 재산의 안전을 도모하기 위한 하나의 수단이다. 법의 집행은 사회의 질서와 평화를 유지하는데 사용되는 많은 기법들 중의 하나이다. 경찰활동의 궁극적인 목적은 시민의 생명과 재산을 보호하는 것이다.

🔍 생명과 재산의 보호 원칙 위반 사례

- 불법오토바이를 단속하던 김순경은 정지명령에 불응하는 오토바이를 향하여 과도하게 추격한 결과, 운전자가 전신주를 들이받고 사망하였다.
- 이 경우 경찰의 법집행은 그 자체가 목적이 아니라 법집행을 통하여 시민의 생명과 재산을 보호하는 수단적 가치이며, 경찰활동의 궁극적인 목적은 시민의 생명과 재산의 안전을 보호하는 것이라는 원칙을 위배한 것이다.
- 따라서 교통단속과 같이 시민의 생명에 대한 위험이 급박하지 않다면 법집행을 위하여 시민의 생명을 희생시켜서는 안 된다. 경찰의 엄정한 법집행이 시민의 생명과 충돌할 경우 시민의 생명이 우선시 되어야 한다.

4 협동(Teamwork)

경찰조직과 경찰관 개개인들은 통치기구의 일부를 구성한다. 사회계약은 통치와 관련된 세 가지 기능을 분류하는데, 이는 입법·사법·행정이다. 이 세 가지 기능을 한 기관에서 다 수행할 수 있겠지만 '상호견제와 균형'Check and Balance을 위해 분리되어 있다. 이를 '권력의 분립'Separation of Powers이라고 한다. 이런 권력의 분립을 통해 궁극적으로 도모하고자 하는 것은 시민의 자유와 안전의 보장을 위한 협동Teamwork이다.

상호견제와 균형을 위해서 또는 처리하는 업무의 성격이 다르기 때문에 통치기구는 여러 기구로 나누어져 있다. 그러나 모든 기구들에 타당한 전체적인 목적은 바로 사회계약의 목적인 시민의 생명과 재산의 보호이다. 이러한 목적의 달성을 위해 협력하여야 할 의무가 경찰을 포함한 통치기구의 각 기구에 주어져 있다.

이때 협력의 형태는 각 기구에 주어진 역할을 성실히 수행하는 것이 될 것이다. 그런데 협력하여야 할 의무는 경찰이 대외적으로 지켜야할 의무일 뿐만 아니라 내부적으로도 지켜야 할 의무이다. 만약 경찰이 효과적으로 업무를 수행해서 국민의 생명과 재산을 보호하고 평화를 유지하고자 한다면, 경찰관간, 과·계간 그리고 경찰조직 단위 사이의 협력이 필수적이다.

5 냉정하고 객관적인 자세(Attitude of Non-Partisan Objectivity)

사회계약론적 입장에서 볼 때 경찰관은 사회의 일부분이 아닌 사회전체의 이익을 염두에 두어야 한다. 시민들은 경찰관이 냉정하고 객관적인 자세^{Attitude of Non-Partisan Objectivity}로 업무를 처리하도록 기대한다. 시민들은 사회의 냉정하고 객관적인 행위자로서 경찰관은 모든 체포와 구금에 관한 절차들을 준수하기를 기대하는 것이다.

냉정함을 잃어버리는 경우로서 크게 두 가지를 생각할 수 있다. 하나는 과도한 개입^{Over-Involvement}으로서, 사태에 너무 감정적으로 깊숙이 개입해서 평정을 잃어버리고 제대로 판단을 하지 못하거나 어느 한쪽의 편을 드는 경우이다. 다른 하나는 무관심한 태도^{Attitude of Indifference}로서 전혀 당사자들의 말을 주의해서 듣지 않는 태도이다.

Police Science

🌐 냉정하고 객관적인 자세 위반 사례

- 김순경은 경찰이 되기 전 집에 도둑을 맞은 경험이 있다. 그런데 경찰이 되어 절도범을 검거하였는데, 과거 도둑맞은 경험이 생각나 피의자에게 욕설과 가혹행위를 하였다.
- 이러한 행동은 개인적 편견이나 선호에 의한 지나친 관여^{Over-Involvement}의 예로 모두 객관성을 저해하는 원인이라고 할 수 있다.

사회계약설에서 도출되는 경찰활동의 원리		
기준	내용	비고
공정한 접근의 보장	• 경찰은 사회전체의 필요로 생겨난 기구 • 경찰서비스의 동등한 기회제공	• 차별 금지
공공의 신뢰확보	• 경찰은 시민을 대신해서 경찰권을 사용 • 시민의 신뢰에 합당한 방식으로 경찰권행사	• 적법절차 준수 • 최소한의 물리력 사용
생명과 재산의 보호	• 생명과 재산의 보호가 사회계약의 목적 • 법은 하나의 수단	• 법집행은 수단
협동	• 정부기구는 상호협력	• 행정기관 상호간, 내부구성원간, 협력의무
냉정하고 객관적인 자세	• 경찰은 사회의 일부분이 아닌 사회전체의 이익을 위해 업무수행	• 과도한 개입금지 • 무관심한 태도금지

제**6**장 범죄학 이론

제1절 범죄학 개관

1 범죄의 정의

어떤 행위가 범죄^{Crime}가 되고, 비행^{Delinquency}이 되는가는 그 행위가 행하여진 사회에 의하여 규정된다. 이에 관하여 사이크스^{Gresham M. Sykes}는 "범죄^{Crime}란 사회규범에 대한 하나의 위반행위이며, 법이 금지한 행위를 위반한 것이다. 그리고 또 마음의 병을 표현한 것으로 볼 수 있으며, 사회적 긴장관계의 증표로서 해석될 수도 있다. 그렇지만 범죄는 기본적으로 단순한 개념이어서 도덕적이고 윤리적인 의미는 포함하고 있지 않고, 인간이 살고 있는 사회의 법규범을 위반한 행위에 불과하다."고 하였다.[137]

오늘날 세계 각국의 형사사법체계에서 말하는 범죄란 국가의 제반 법령에 의해서 형벌을 받게 되는 행위를 말하며, 법률적으로는 구성요건構成要件에 해당하고 위법違法하며 유책有責한 행위를 말한다.

이처럼 범죄는 보편적 성질을 가지고 있지만, 어떤 국가의 정치적·경제적·사회적 조건에 따라서 다르게 정의된다.[138] 살인죄나 절도죄 등은 모든 나라 및 시대에 공통된 범죄이지만, 사이버범죄와 같은 것은 그 나라의 사회변화에 따라 범죄로 규정된 것이다.

또한 비행^{Deliquent}이란 사회의 규범에서 일탈된 행동을 말한다. 아직 범죄에 이르지는

---

137 이상현, 「범죄심리학」(서울: 박영사, 2004), p. 3.
138 김용우·최재천, 「형사정책」(서울: 박영사, 1998), p. 93.

않았지만, 사회적으로 비난을 받는 행위를 말한다. 하지만 사회의 규범이 다양하다면 누구의 기준에 따라 비행을 규정해야 하는가의 문제가 발생하게 된다.

예를 들어 불교의 규범에 의하면 고기를 먹는 것이 비행이 될 수 있지만, 다른 사회규범에서는 이를 비난하지 않는 것이 그 예가 될 것이다. 이처럼 범죄와 비행에 대한 기준인 사회규범Social Norm을 다양한 범죄학이론에서 각각 다르게 정의하고 있기 때문에 범죄와 비행을 한 마디로 정의하기는 어렵다.

Police Science

🌐🔍 소크라테스는 범죄자다!?

- 그리스의 철학자 소크라테스Socrates를 오늘날 범죄자라고 생각하는 사람은 아무도 없을 것이다. 하지만 소크라테스가 살던 그 시대에는 범죄자였다고 할 수 있다.
- 왜냐하면 소크라테스는 당시 젊은이들의 도덕성을 타락시킨 죄목으로 재판에 회부되어 사형에 처해졌기 때문이다.
- 소크라테스는 그 당시의 법을 위반하였으며, 법위반에 대한 재판결과 유죄로 인정되어 사형이라는 형벌을 받은 것이다.
- 이처럼 사회적 규범의 반영인 법이라는 것은 고정불변의 것이 아니라 사회의 변화에 따라 유동적으로 변화됨을 알 수 있다.

Police Science

🌐🔍 범죄의 정의

- 범죄는 정치·사회적 권력을 가진 집단에 의해서 제정된 형사법상 행위규범을 위반한 행위를 말한다. 행위규범을 위반한 개인은 국가의 형벌적 제재, 사회적 불명예 및 사회적 지위를 상실하게 된다.
- Crime is a violation of societal rules of behavior as interpreted and expressed by a criminal justice legal code created by people holding social and political power. Individuals who violate these rules are subject to sanctions by nation authority, social stigma, and loss of status.

범죄학^{Criminology}이라는 용어는 라틴어 crimen(범죄)에서 유래하며, 1870년 프랑스 인류학자 토피나르^{Topinard}가 처음 사용하였다. 그리고 이탈리아의 법학자 가로팔로^{Garofalo}가 1885년에 출간된 자신의 저서명을 최초로 「범죄학」^{Crimiologia · 1885}이라고 하였다. 범죄학이라는 용어 외에도 범죄심리학(1792년 이후), 범죄사회학(1882년 이후), 범죄생물학(1883년 이후)이라는 용어가 사용되고 있으며, 이러한 분야별 영역은 모두 범죄학에 포함되는 것으로 볼 수 있다.[139]

일반적으로 범죄학이란 범죄와 범죄자, 사회적 일탈행위 및 이에 대한 통제방법을 연구하는 경험과학 혹은 규범학이 아닌 사실학의 총체를 의미한다. 구체적 연구영역은 범죄와 범죄자, 사회적 범죄통제조직 및 범죄피해자와 범죄예방을 포함한다. 리스트^{Liszt}가 "범죄퇴치는 범죄에 대한 인식을 전제로 한다."고 한 것은 범죄학적 연구가 없이는 형사정책의 수립이 불가능함을 말한 것이다.[140]

따라서 범죄의 원인을 규명하고자 하는 범죄학을 바탕으로 형사정책이 수립되고, 형사정책의 영향을 받아서 형사사법이 발전하게 되며, 이러한 발전에 맞게 형사사법체계가 운영된다고 할 수 있다. 형사사법체계는 범죄학과 상호 밀접한 관련성을 가지면서 발전하고 변화한다.

Police Science

🌐🔍 범죄학의 정의[141]

- 범죄학^{Criminology}이란 사회^{Society}와 인간^{Human Being}에 대한 학문으로서 사회학, 심리학 등과 같은 다양한 학문적 방법론 및 이론체계를 바탕으로 범죄원인, 범죄동기, 범죄자의 심리 등을 연구하는 과학적 학문이다.
- Criminology is the study of the causes of crime and of criminology motivation. It combines the academic disciplines of sociology and psychology in an effort to explore the mind of the offender.

---

139 박상기·손동권·이순래, 「형사정책」(서울: 한국형사정책연구원, 2001), p. 5.
140 상게서, p. 5.
141 Frank Schmalleger, *Criminal Justice Today(3rd ed.)* (Englewood Cliffs: Prentice–Hall Ins., 1995), p. 29.

유럽의 범죄학은 범죄의 현상과 원인에 대한 이론적 연구에 치중하였다. 유럽의 범죄학이 20세기에 영미법계 국가에 도입되면서 점차 범죄에 대한 예방정책을 포함하는 넓은 의미로 사용되었다. 특히 미국에서는 범죄학의 개념을 범죄에 대한 다양한 시각과 사회 현상까지 포함하면서 범죄에 관한 지식의 총체로 확장하고 있다.

미국 범죄학의 관심 분야는 사회적 상호작용Social Interaction의 문제로까지 확대된다. 특히 형사법의 입법과정과 이에 대한 법률위반 및 사법기관의 대응에 관한 것이 중요한 연구대상이 되었다. 반면에 고전적인 범죄학의 관심 사항인 개별적 범죄 원인의 분석에 대해서는 '백과사전식' 범죄학이라고 하면서 큰 관심을 두지 않고 있다.[142]

대륙의 범죄학은 범죄자의 특성과 범죄행위의 원인에 관심을 두고 이론적 발달을 추구하였다. 반면에, 미국의 범죄학은 범죄자나 범죄행위보다는 실업 등과 같이 범죄를 유발하는 사회구조적 측면과 범죄자가 되어가는 사회과정적 측면을 강조하는 이론들이 발달하였다.

오늘날에는 기존의 범죄학 이론들을 통합하여 범죄에 대한 일반이론을 구축하려는 논의와 마르크스주의를 재해석한 비판범죄학, 피해자학과 여성주의 범죄학 그리고 발달 범죄학이 새로운 범죄학의 한 분야로 각광받으면서 대륙과 영·미에서 연구되고 있다.

제2절 ‖ 20세기 이전의 범죄학

1 ‖ 근대 이전

1 ‖ 고대

고대인들은 범죄자나 정신장애자를 귀신이 씌웠거나 신의 저주를 받은 것으로 보았

---

142 박상기·손동권·이순래, 전게서, p. 5.

다. 이러한 '귀신론'Demonology적인 견해에 따라서 범죄자를 치료하는 방법도 초자연적 방법을 사용하였다. 귀신을 쫓는 의례를 행하거나 혹은 신과 귀신을 달래는 의식을 치르기도 하였다.[143] 중남미지역에서는 '트레핀'Trephine이라는 방법에 의해 해골에 구멍이 뚫린 유골이 다수 발견되었다. 이는 머릿속에 들어와 나가지 못한 채 사람을 미치게 만드는 귀신을 쫓아내기 위한 고대의 범죄자나 정신병자를 치료하는 방법으로 추측되고 있다.[144]

그리스시대에 들어서서 이상범죄자 및 정신장애자를 종교나 미신과 분리시켜 의학적 문제로 보려는 시도가 나타나기 시작했다. B.C 4세기경 그리스의 히포크라테스Hippocrates·B.C 460-377는 정신장애를 3가지 유형, 즉 조급증, 우울증, 그리고 광증으로 분류하고 그 원인을 신체적 요인의 불균형에 있다고 보았다.

그는 이상 범죄자나 정신장애자를 치료하기 위해서 주술적인 방법을 배제하고 식이요법, 심리적 안정, 성행위의 자제 등과 같은 방법을 제시하였다. 이상범죄 및 정신장애는 종교인보다는 의료인이 다루어야 하는 영역이라고 주장하였다.[145]

고대 로마의 유명한 의사인 갈레노스A.D 130-201는 인간의 '영혼'은 뇌에 있으며, 2개로 나뉘어져 있다고 주장하였다. 하나는 오감을 관장하는 외면적인 영혼이고 다른 하나는 상상력, 판단력, 지각, 운동을 관장하는 내면적인 영혼이라는 이론을 제기했다.[146] 유기체의 통일성에 대한 히포크라테스의 개념을 이어받은 그의 생리학은 이후 1,400년 동안 의학의 발달에 지대한 영향을 끼쳤다.

2 중세

서양의 중세시대는 이상범죄자와 정신병자의 수난시대였다. 중세에는 그리스·로마시대에 발전한 의학적 이해가 억압되었다. 고대의 귀신론적 범죄관으로 회귀하면서, 범죄문제를 마녀나 악마에 사로잡히기 때문에 발생한다는 원시적인 논리로만 설명했다. 종교적 입장에 근거하여 인간의 삶을 사탄과 악령에 대항하는 영적인 전쟁으로 보았다. 범죄자는 사탄과 악령에 사로잡힌 사람으로 규정되었다.

---

143 권석만, 「현대 이상심리학」(서울: 학지사, 2007), p. 44.
144 이러한 고대의 귀신론적 범죄관 및 정신장애관은 매우 원시적, 미신적, 비과학적임에도 불구하고, 우리사회에는 아직도 일부 종교나 민속에 여전히 미신적 정신장애관이 남아 있다(상게서, p. 44).
145 상게서, p. 44.
146 이경식(역), 「프로파일링」(서울: Human & Books, 2005), p. 14.

또한 범죄자는 죄를 지어 하나님으로부터 벌을 받는 것이거나 마귀의 수족 역할을 하는 자로 규정되었다. 따라서 범죄자는 종교재판의 대상이 되었으며, 마귀를 쫓기 위한 다양한 형태의 고문을 당하거나 심지어 화형을 당하기도 하였다. 특히 시련을 부과하여 재판하는 '시죄법'試罪法·Trial by Ordeal을 시행하면서 가혹한 고문을 용인하였다.

Police Science

🌐🔍 시죄법(Trial by Ordeal)

- 시죄법은 1215년 라테란 공의회에서 폐지되기까지 수 세기 동안 시행되었다.
- 이것은 "정의가 힘을 부여해 준다."는 믿음아래 범죄자의 죄를 밝혀내는 방법이었다.
- 당시 사람들은 범죄자가 뜨거운 불로 달구어진 쇠로 살을 지지는 고문을 받더라도 만약 무고하다면, 신神께서 그를 보호해줄 것이라 믿었다.
- 불에 달구어진 불판을 맨발로 걸어가는 시련을 당할 때, 무죄라면 하나님이 그에게 천사를 보내어 아무 상처 없이 불판을 걸어가게 해 준다는 것이다.
- 따라서 발바닥에 상처가 있으면, 유죄였고, 상처가 없으면 무죄가 되었다.
- 이러한 시죄법에 대해서 피터Peter는 "다치지 않고 시죄법의 심판에서 살아남기를 바라는 것은 기적을 바라는 것과 마찬가지다. 이는 '너는 네 창조주인신 주님을 시험하지 말라'는 말씀을 어기는 것이다."라고 역설하였다.**147**

---

3 근대 초기 범죄학의 태동

중세의 귀신론에 근거한 범죄학 시대가 지나면서 관상학과 골상학이 대두되었다. 16세기에 이르러 어떤 사람을 그의 이마, 입, 눈, 치아, 코, 머리카락과 같은 외모로 판단할 수 있다는 생각이 나타났다. 이 분야의 학문을 프랑스의 바르텔레미 코클레가 '관상학'Physiognomy이라고 불렀다. 그는 「관상학자」Physiognomonai·1533라는 저서에서 목판화로 된 수많은 그림을 제시했으며, 이후 골상학의 발전에도 영향을 미치게 되었다.**148**

---

147 김윤성(역), 「고문의 역사」(서울: 들녘, 2004), p. 49.
148 상게서, pp. 14-15.

17세기부터 계몽주의Enlightenment 철학자들이 점차 의학 분야에 영향을 끼치기 시작했다. '심리학'Psychology이라는 용어가 처음 나타난 것도 바로 이 시기였다. 비록 뇌가 행동뿐만 아니라 질병에도 영향을 미친다는 사실이 드러났음에도 불구하고, 외면적인 신체적 특징이 질병진단의 핵심적인 기준이 되었다. 그런데 뇌와 외면적인 신체적 특징이라는 2가지 측면의 접근을 통합하고 아울러 대중적인 상상력까지 사로잡은 이론이 있었다. 바로 '골상학'Phrenology이었다.**149**

근대 이전에는 범죄원인에 대해서 악마와 범죄인이 결합되었다는 '악마론'Demonology과 경험적 관찰에 의한 '자연주의적 경험론'Naturalistic Empiricism 등 2가지가 주된 이론이었다. 악마론은 원시사회의 애니미즘에 기원을 두고 있으며, 범죄는 악마의 소행이라고 생각하였다. 13세기 말에서 17세기에 걸쳐 유럽에서는 범죄인이 악마와 결합했다는 이유로 이들을 처형하는 마녀재판이 유행하였다.**150** 그 뒤 교회세력이 쇠퇴하면서 비이성적인 마녀재판은 종식되었다.

자연주의적 경험론은 중세의 신비주의나 종교적 도그마를 배제하고 경험적 관찰에 의하여 범죄의 소질과 범죄의 환경적 요인을 찾으려는 것이다. 아리스토텔레스는 범죄성의 유전에 주목하여 신체적 특징과 정신상태의 상관관계를 주장하였다.**151** 이와 같은 영향을 받아서 관상학과 골상학이라는 분야가 새로운 각광을 받게 되었다. 근대 이전의 비합리적인 범죄학의 단계를 지나서 최초로 범죄를 이론적으로 고찰한 것은 18세기 고전주의 학파가 등장하면서부터이다.

2 ‖ 고전주의 학파(Classical School)

유럽은 중세에서 근세에 이르는 수백 년 동안 이전 시대에 볼 수 없었던 범죄현상 앞에서 공포감을 느꼈다. 급증하는 범죄문제를 심각하게 생각하게 되었다. 이전에도 범죄는 있었지만 그 수에 있어서나, 그 종류와 태양에 있어서 비교할 수 없을 정도였다. 미국도 당시로서는 신대륙에 세워진 신생국가였지만 당시 유럽에서 이민간 세력들은 엄청난 범

---

149 상게서, p. 15.
150 천정환, 「신범죄학」(서울: 백산, 2006), p. 77.
151 상게서, p. 77.

죄현상으로 골머리를 앓고 있었던 점에서 차이가 없었다.[152]

이러한 상황에서 18세기에 이루어진 범죄와 형사사법Criminal Justice에 관한 특정한 개념들을 통틀어 범죄학의 '고전주의 학파'Classical School라고 한다. 고전주의 학파는 ① 자유의지Free Will에 의한 선택과 인간의 합리성을 강조하고, ② 합리적 쾌락주의Rationalistic Hedonism라는 행동관을 가지며, ③ 도덕성과 책임감에 초점을 두고, ④ 정치구조와 정부가 시민을 통제하는 방식에 관심을 가지며, ⑤ 만인의 기본적 권리에 관심을 두는 것을 특징으로 한다.[153]

이 시기에 두 사람의 저자, 즉 베카리아Cesare Beccaria · 1738-1794와 벤담Jeremy Bentham · 1748-1832은 가장 유명한 저서를 남겼다. 고전주의 학파에서는 그들의 영향력이 가장 컸다. 베카리아는 1764년 「범죄와 처벌」Essay on Crimes and Punishment이라는 저서를 통해 계몽주의에서 유래한 인간의 존엄성Humandignity을 강조하였다.

특히 자백을 얻기 위한 고문의 사용을 비난하고, 사형제도의 폐지를 주장하였다. 그는 실효성이 없을 때(정신착란자를 처벌하는 등)와 무익할 때 그리고 불필요할 때는 형벌이 가해져서는 안 된다고 주장하였다. 처벌은 범죄를 억제할 만큼만 부과해야 하며, 남용해서는 안 된다고 믿었다. 이러한 베카리아는 오늘날 '고전주의 범죄학파의 선구자'The Founder of the Classical School of Criminology로 인식되고 있다.

가혹한 형벌이 당연시되고 고문까지 용인되던 시대에, 그는 죄형법정주의, 유추해석 금지, 형벌 비례의 원칙 등 오늘날 형법 체계의 근간을 이루는 견해를 밝혔다. 그렇다고 베카리아가 피고인 권리 보호에만 치우쳤던 것은 아니었다. 그는 인간 본성과 형사사법에 대한 깊은 성찰을 바탕으로 "범죄를 예방하는 최선의 수단은 형벌의 가혹함이 아니라 확실성이다. 형벌은 확실하고 면할 수 없는 것이어야 한다."고 주장하였다.

베카리아에 영향을 받은 벤담은 범죄를 했을 때의 이익과 그로 인한 처벌을 합리적으로 판단하여, 범죄를 했을 때의 이익이 잡혔을 때의 이익보다 작다면 범죄를 하지 않을 것이라는 '쾌락주의적 산출법'Hedonistic Calculus을 고안하였다. 벤담은 이러한 사상을 체계화하여 사회통제Social Control를 위한 '공리주의'Utilitarianism 철학으로 발전시켰다.[154]

베카리아와 벤담은 범죄 처벌의 '신속성과 확실성'Swift and Certain을 강조하였다. 왜냐하면 처벌이 신속하면 체포단계부터 고통이 시작될 수 있고, 범죄자의 고통은 긴 시간 동안

---

152 조준현, "범죄의 사회적 요인에 대한 미시적 접근과 거시적 접근" 「저스티스」, 2004, p. 156.
153 박승희(역), 「사회문제론」(서울: 민영사, 1994), p. 27.
154 Frank Schmalleger, *op. cit.*, p. 80.

강하게 지속될 수 있으며, 처벌이 확실하다면 범죄를 생각하는 사람들의 마음을 두렵게 할 수 있기 때문이다.

독일의 형법학자인 포이에르 바흐^{Paul J. A. Feuerbach}도 자유의지를 가진 인간은 범죄의 쾌락이 형벌의 고통보다 클 때 범죄를 저지른다는 범죄결정론을 주장했다. 바흐는 "법률이 없으면 형벌도 없다."는 죄형법정주의를 강조했다.

Police Science

🌐🔍 고전주의 학파

- 고전주의 학파^{Classical School}는 계몽주의의 영향을 받아서 18세기경 범죄 원인과 범죄 책임에 대한 접근방식으로 자유의지와 합리적 처벌을 강조했다.
- An eighteenth century approach to crime causation and criminal responsibility which resulted from the Enlightenment and which emphasized the role of free will and reasonable punishment.

3 ‖ 실증주의 학파(Positivist School)

실증주의 학파^{Positivist School}는 처음으로 범죄자의 행동을 연구하는데 관심을 가졌다. 이들은 범죄인의 행동에 대한 결정론^{Determination}을 주장하였다. 인간이 자유의지를 가진 합리적인 존재라는 고전주의 학파의 입장에 반대하였다. 이들의 관심은 범죄행동을 야기하는 원인을 발견해서 이를 제거하거나 치료하는 것이었다.[155]

19세기에 케틀레^{Adolphe Quetelet · 1796-1874}는 자살과 범죄의 규칙성 발견을 토대로 하여 범죄가 개인의 자유로운 의지에 따라 발생하는 것이 아니라고 주장하였다. 그는 사회가 범죄율을 결정하며 범죄자는 그 도구일 뿐이라고 하였다.

비록 구체적인 원인진단이 다르기는 하나, 범죄의 원인이 인간의 자유의지를 넘어선 곳에 존재한다는 케틀레의 발상은 이탈리아의 실증주의 학파의 롬브로조뿐만 아니라 이후 자살의 사회적 요인을 강조한 뒤르켐에게도 영향을 미쳤다.

---

[155] 박승위(역), 전게서, p. 38.

범죄학에 있어서 실증주의 학파는 롬브로조Cesare Lombroso와 가르팔로Raffaelo Garofalo 그리고 페리Enrico Ferri 등 세 사람의 이탈리아 사상가의 업적이 유명하다. 실증주의 학파는 인간의 행동이 인간의 생물학적·심리학적·사회적 특성에 의해 결정되는 것으로 보았다. 범죄생물학파(생물학적 이론)와 범죄심리학파(심리학적 이론) 그리고 범죄사회학파(사회학적 이론)의 발달에 영향을 주게 되었다.

실증주의 학파는 법을 범죄자를 억제하기 위한 수단이 아니라 사회를 보호하고 범죄자를 교정하기 위한 수단으로 보았다. 따라서 엄격한 처벌이 사회통제의 수단으로 더 이상 효과를 가지지 않으며, 오히려 치료와 사회복귀가 더 유용한 수단이라고 주장하였다. 실증주의 학파의 영향으로 소년법원Juvenile Court 등이 설립되었다.

1 범죄생물학파

초기 범죄생물학파Crime Biological School는 범죄행동은 신체구조, 유전, 체격 등의 요소가 개인의 행동을 결정하는 데 영향을 미친다는 견해를 가지고 있었다. 갈Gall의 두개골의 특성과 범죄를 다룬 '두상학', 롬브로조Lombroso의 신체적 특성과 범죄를 다룬 범죄이론, 크레츠머Kretschmer의 체격과 범죄를 연관시킨 신체구조와 성격, 셸던Sheldon의 체격과 기질 연구 등이 유명하다.

이러한 초기 생물학적 이론들은 여러 가지 측면에서 비판을 받았다.

첫째, 신체구조가 행동을 결정한다고 생각했지만 이에 대한 정확한 기술과 정의가 부족하다.

둘째, 범죄행위와 생물학적 원인과의 관계가 분명하지 못하여, 왜 모든 생물학적 결함을 가진 사람이 범죄를 범하지 않는지 또는 왜 모든 범죄자가 생물학적 결함을 가지고 있지 않는지를 알 수 없다.

셋째, 비행자나 범죄자의 표본으로서 형사사법체계 밖의 범죄자가 충분한 정도로 추출되지 못하고 있다는 것이다. 따라서 오늘날에는 이러한 주장이 큰 의미가 없는 것으로 인식되고 있다.

❶ 갈(Gall)의 이론

사람들은 흔히 곱상한 생김새를 보고 '천사'처럼 생겼다거나 혹은 털이 많고, 눈매가 사납고, 광대뼈가 튀어나온 사람을 보고 '악마'처럼 생겼다는 이야기를 하는 경우가 종종

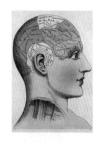 있다. 이처럼 사람의 외형적인 모습을 보고 그 사람의 특성을 파악하는 방법이 오래전부터 있어 왔다.

18세기 말 오스트리아 빈의 유명한 의사였던 갈Franz Joseph Gall · 1758-1828은 이처럼 신체적 특성이 그 사람의 특성을 반영한다는 오래된 생각을 처음으로 체계화한 사람이었다. 갈의 '골상학'Phrenology은 서구사회에 전통적으로 내려오던 관상학의 일종으로 볼 수 있다.

18세기 후반 유럽에 널리 알려진 라바터J. C. Lavater의 인상학과 유사한 과거의 관상학에 비해서 갈Gall의 골상학은 훨씬 더 구체적이고 과학적인 것이었다. 인상학Physiognomy이 얼굴과 몸의 외형적 모습을 통해 성격을 추론하였다면, 갈Gall의 골상학은 두상, 특히 두개골의 부분 부분을 인간의 구체적인 기질과 성향으로 연결시켰다.

갈Gall의 체계는 순수한 경험주의의 방법으로 구축되었다. 그의 초기 연구 중 일부는 교도소와 정신병원의 수감자들을 대상으로 이루어졌다. 갈Gal은 사람의 뇌는 33개의 기관Organ으로 구성되어 있으며, 각 기관이 어디에 있으며, 얼마나 발달했는지는 두개골을 만져보고 튀어나온 부분들을 확인함으로써 알 수 있다는 이론을 제시했다.

갈Gall은 이 33개의 기관을 3가지 유형으로 분류했다. 첫째 인간의 기본적인 특성을 통제하는 기관, 둘째 자비심과 유쾌함 등의 감정을 다스리는 기관, 마지막으로 크기를 측정하거나 인과관계를 따지는 등 순수하게 지성적인 측면을 다루는 기관 등이었다.[156]

갈Gall은 그의 이론을 정확하게는 골상학Phrenology의 일종인 '두상학'Cranioscopy으로 불렀으며, 다음과 같은 전제를 가지고 있었다.[157]

첫째, 뇌는 정신을 담고 있다.

둘째, 뇌는 단일한 개체가 아니라, 정신적 기관들의 집합이다.

셋째, 두개골의 모양은 뇌의 발달된 부분과 부족한 부분을 알려준다.

마지막으로 두개골의 연구는 개인의 특성을 알려준다는 것이다.

갈Gall의 골상학은 그의 제자인 슈푸르짜임Johann Gaspar Supurzheim · 1776-1853이 골상학을 주제로 한 강연과 출판을 통해서 열렬하게 선전하면서 영국과 미국에 대중적으로 전파되었다. 갈Gall의 이론을 지지하던 사람들은 골상 판정 시연회를 열었다. 이때마다 직업 불문의 많은 사람들이 강연장을 가득 메웠다고 한다.

---

156 이경식(역), 전게서, p. 15.
157 Frank Schmalleger, *op. cit.*, p. 82.

영국의 경우, 1825년과 1845년 사이에 적어도 200개가 넘는 골상학 강연들이 개최되었다. 미국의 경우, 상업성이 강하게 가미되면서, 주요 도시마다 소위 '골상학소'가 문을 열었다. 골상학에 관한 강연과 책자들이 홍수를 이루었고, 심지어 구직과정에서 면접을 볼 때 골상학 차트를 면접위원에게 제출해야 하는 경우도 있었다.[158]

하지만 이 당시에도 골상학에 대한 비판이 끊이지 않았다. 벤담J. Bentham은 골상학을 일컬어 '미친 자들의 꿈'이라고 불렀다. 일부 비평가들은 골상학자들을 '돌팔이', '사기꾼', '떠돌이 약장사'라고 혹평하였다. 골상학은 20세기까지 큰 인기를 끌었지만 과학적 연구에 의해 완전히 불식되었다.[159]

❷ 롬브로조의 격세유전

갈의 골상학 이론은 '개인은 자신의 두개골 모양을 선택할 여지가 거의 없다는 점'에서 결정론적Deterministic 측면을 가지고 있었다. 이러한 결정론적 시각에 입각한 또 다른 연구가 롬브로조Cesare Lombroso · 1835-1909의 격세유전 연구이다.[160]

롬브로조는 정신의학자이면서 외과의사였다. 이탈리아 실증주의 범죄학파의 창시자로서 '근대 범죄학의 아버지'The Father of Modern Criminology로 불리는 사람이다. 그는 정신병원과 교도소에서 정신병과 범죄에 대한 생물학적 원인을 조사하면서 정신이상자, 범죄자(주로 사형수), 군인, 그리고 일반인 등 6,000명 이상의 범죄자들을 대상으로 20년이 넘는 세월 동안 두개골 및 외모의 특성을 체계적이고, 면밀한 관찰을 통해 조사하였다.

이후 범죄자에게는 진화론적으로 퇴행한 것으로 간주되는 신체상의 야만적인 격세유전적Atavism 특징들이 현저하게 나타난다고 주장하였다. 롬브로조는 선천적으로 변경할 수 없는 신체적 특성과 범죄와는 상당한 상관관계가 있다고 보았다. 그는 이러한 연구결과를 토대로 1876년 「범죄인론」L'Uomo Delinquente이라는 저서를 발표하고, 이 책에서 타고난 범죄자를 뜻하는 '생래적 범죄자'란 개념을 처음 사용하였다.[161]

롬브로조는 범죄인을 ① 타고난 범죄자인 '생래적 범죄인'Born Criminal, ② 백치, 치매 등의 '정신병적 범죄인'Insane Criminal, ③ 범죄자 대부분인 '잠재적 범죄인'Criminaloids 등으로 구분하였다. 이 중 상습적인 절도나 폭력 관계로 인한 중범죄자들은 애초부터 범죄자로

---

158 네이버 블로거, "이화정, 관악 제2대학(학술교육운동단체) '여성의 눈으로 세상보기' 제3강 강의안 여성사 서술의 의미에 대하여"(n.d)(from https://m.blog.naver.com/(Retrieved October 18, 2022).

159 R. J. Cooter, "Phrenology and British Alienists, c. 1825 − 1845"(n.d)(from https://www.cambridge.org/(Retrieved October 12, 2022).

160 Frank Schmalleger, op. cit., p. 83.

161 김준호 외 5인, 「청소년비행론」(서울: 청목출판사, 2003), p. 60.

태어났으며^{Born Criminal}, 이들 범죄자들은 그들로 하여금 범죄의 일생을 걷게 하는 신체적인 문제를 유전 받았다는 것을 밝히고, 이것은 격세유전의 결과라고 주장하였다.

범죄자란 일반인에게는 진화의 결과로 원시적 신체 특징이 나타나지 않지만, 범죄자들은 고대의 원시적 신체 특징^{Primitive Physical Characteristics}이 격세^{隔世 · Atavism}, 즉 세대를 뛰어넘어 나타난다고 주장하였다. 따라서 범죄자는 원시적인 외모를 갖게 된다고 주장하였다.

이러한 그의 연구는 영국의 범죄학자 고링^{Charles Goring}에 의해서 비판받았다. 그는 영국의 범죄집단과 비범죄집단을 거의 10년에 걸쳐 조사하였다. 영국 각지의 교도소 수형자 3,000명과 일반시민 3,000명을 대상으로 롬브로조가 제시한 생래적 범죄인의 제반 특징과 기타 사항에 관한 비교조사 연구를 하였다. 그 결과 양 집단에 신체적인 차이가 없다고 결론 내렸다.[162]

롬브로조의 지지자였던 하버드 대학의 인류학자 후튼^{Ernest Hooton}은 고링의 비판을 재반박하면서 미국에서 재소자와 일반인을 비교한 연구결과를 발표하였다. 범죄자는 생물학적으로 열등하다고 결론짓고, 신체적 특징에 따라 범하기 쉬운 범죄유형을 제시하기도 하였다.[163] 하지만 이러한 후튼의 연구는 형사사법기관에 체포된 범죄자를 선별해서 조사한 것이기 때문에 신뢰할 수 없는 '인공적인 결과물'^{Artificial Product}이라는 비판을 받았다.[164] 롬브로조의 이론은 고링^{Goring}의 비판과 후튼^{Hooton}의 지지를 동시에 받을 만큼 논쟁적이었다.

Police Science

🌐 격세유전(Atavism)

- 인류 진화의 초기 단계에서 흔한 것으로 여겨지는 특징적 유전적 형질이 진화적 변화에 의해 잃어버린 후 다시 나타나는 생물학적 구조의 변형
- A Condition characterized by the existence of features thought to be common in earlier stages of human evolution

---

162 이상현, 전게서, p. 25.
163 이윤호d, 「범죄학」(서울: 박영사, 2007), p. 219.
164 Frank Schmalleger, *op. cit.*, p. 84.

❸ 크레츠머의 신체구조와 성격

범죄생물학의 또 다른 학파는 독특한 체형은 특정한 범죄행위와 연관되어 있다고 주장하는 체격학파이다. 체격^{Physique}을 범죄와 관련시킨 최초의 학자는 독일의 정신과 의사였던 크레츠머^{Ernest Kretschmer}였다. 그는 인간의 전체적인 신체구조 상의 특징을 뜻하는 체형을 근거로 하여 인간을 구분하였다. 크레츠머는 인간의 신체적 특징과 범죄와의 관계를 연구하고, 체격 생물학에 대한 연구를 최초로 시도하였다.[165]

크레츠머는 1921년 「신체구조와 성격」^{Physique and Character}이라는 저서를 발표하였다. 정신질환자 4,414명의 체격형 분류를 기초로 범죄자의 유형을 구분하였다. 이 책에서 그는 인간의 체격형을 ① 세장형^{Asthenic}, ② 근육형^{투사형 · Athletic}, ③ 비만형^{Pykinc}, ④ 발육 이상형^{Pysplastic}으로 구분하였다. 인간의 기질은 승리성, 집착성, 회귀성(순환성)으로 나누면서, 체격과 기질과의 관계를 연구하였다.[166]

세장형은 키가 크고 마른 체형을 가진 사람들의 유형이고, 근육형은 근육질이 잘 발달된 사람들의 체형이다. 비만형은 키가 작고 뚱뚱한 사람들의 체형이고, 발육 이상형은 여러 가지의 신체상의 특징이 혼재되어 나타나는 체형을 말한다.[167]

이러한 체형과 범죄성향과의 관계에 대해 크레츠머는 세장형은 다른 사람을 배려하는 감정이 없고, 지성이 부족하며, 행동에 조심성이 많은 성격을 가진 사람이라고 하였다. 주로 소액절도나 사기범에서 많이 발견되며, 때로는 살인자에게서도 발견된다고 주장하였다.

근육형은 잔혹한 공격성과 격렬한 폭발성을 보이는 성격의 소유자로 폭력 범죄자들 중에서 가장 많이 발견된다고 하였다. 비만형은 범죄를 저지를 가능성이 가장 낮은 유형이며, 간혹 횡령범이나 사기범에서 발견된다고 하였다.[168]

❹ 셀던의 체격형 이론

크레츠머의 체격형 이론을 한층 더 발전시킨 학자는 미국의 심리학자이며 내과의사인 셀던^{William Sheldon}이었다. 셀던은 인간은 본질적으로 ① 소화기관인 '내배엽'^{Endomorph}, ② 뼈, 근육, 운동근육, 조직체계인 '중배엽'^{Mesomorph}, ③ 신경체계, 피부, 손, 발인 '외배

---

165 김준호 외 5인, 전게서, p. 60.
166 William H. Sheldon, Emil M. Hartl, and Eugene McDermott, *Varieties of Delinquent Youth* (NewYork: Harper, 1949), p. 171.
167 김준호 외 5인, 전게서, p. 60.
168 이상현, 전게서, p. 27 재구성.

엽'Ectomorph이라는 3개의 층으로 이루어진 튜브상태의 태아Embryo 상태로 시작한다고 주장하였다.[169]

셸돈이 언급한 3가지 체격Physique과 기질Temperament에 관한 기본유형의 특성은 다음과 같다. 첫째, 내배엽형은 부드럽고, 둥글고, 행동이 느리고, 태평스러우며, 관대하고 낙관주의적이며, 이들은 내장 긴장형Viscerotonic의 특성을 갖는다.

둘째, 중배엽형은 근육, 골격, 활동기관이 발달하고 동체가 굵고 가슴이 넓고, 정력적이고 무감각하며 자기주장형이고 모험심이 강하며 공격적이며, 신체 긴장형Somotonic의 특성을 갖는다.

셋째, 외배엽형은 여위고, 몸집이 섬세하며, 골격이 가늘고 긴 편이며, 어깨가 축 처지고, 코가 뾰족하며 자기반성적이고 민감하며 신경질적이며, 두뇌 긴장형Cerebrotonic의 특성을 갖는다.[170]

셸던은 보스턴에 있는 소년재활원에서 200명의 비행소년에 대하여 자세한 신체검사 및 성장기록자료를 분석했다. 그 결과 중배엽의 구조를 가진 사람은 범죄를 저지를 잠재력을 가지고 있다고 주장했다. 중배엽 구조를 가진 사람은 끝없이 정열적이고 능동적이며 충동적인 것을 행동으로 옮기는데 더 빠르고 대담하다는 것이다. 그러나 직선적인 행동을 자제할 수 있는 요인, 즉 양심적인 면과 반성적인 면이 결핍되어 있다고 하였다.[171]

체격과 비행과의 관계는 글럭 부부Sheldon Glueck and Eleanor T. Glueck에 의해서 다시 검증되었다. 이들 부부는 500명의 비행소년과 일반소년 500명을 비교하여 체격과 비행과의 관련성을 검증하였다. 하지만 이들 부부의 주장은 연구방법론 상의 결함 등으로 인해서 많은 지지를 받지 못하였다.[172]

2 범죄심리학파

❶ 범죄자 가족들(Criminal Families)

초기의 심리학적 이론들은 그 당시 유행하던 생물학적 관점의 토대에서 시작되었다.

---

169 George B. Vold, Thomas J. Bernard, & Jeffrey B. Snipes, *Theoretical Criminology(4th ed.)* (NewYork: Oxford University Press, 1998), p. 47.

170 이상현, 전게서, pp. 27 – 28.

171 Sheldon Glueck and Eleanor T. Glueck, Physique and Delinquency (NewYork: Harper and Row, 1976), p. 8; 이황우 외 7인, 「형사정책」(서울: 법문사, 1999), p. 246.

172 이윤호d, 전게서, p. 222.

범죄에 영향을 미치는 정신적 퇴보^{Mental Degeneration}에 관한 최초의 연구는 덕데일^{Richard Dugdale}에 의해서 시작되었다.[173]

덕데일은 '범죄는 유전의 결과'라는 견해를 밝힌 가장 유명한 사람이었다. 1877년 쥬크^{Jukes} 가계에 관한 연구를 발표했다. 그는 뉴욕주에 있는 교정시설을 공무시찰 중 우연히 6명의 유별난 가족들과 만나게 되었다. 이들 6명과 직접적인 혈족관계가 있는 15세에서 75세 사이의 29명의 남자를 조사한 결과, 이들 중 17명(58%)이 범죄자였다. 이들이 저지른 범죄는 폭력, 강도, 강간, 절도 등으로 매우 다양하였다.

덕데일은 7대에 걸친 쥬크가 후손 1,000명의 소재를 파악하여 그중 280명이 걸인, 60명이 절도범, 7명이 살인범, 140명이 잡범, 50명이 창녀, 40명이 성병환자라는 사실을 발견하였다. 쥬크가에서 이처럼 많은 범죄자가 나온 것은 유전의 작용에 의한 것으로 추정되었다.[174]

이와 비슷한 연구가 1912년 곳다드^{Henry H. Goddard}에 의해서 출간되었다. 그는 정신박약, 즉 '지능의 결함'이 범죄의 주요 원인이라고 강조하였다. 1912년 남북전쟁 당시 민병대원이었던 칼리카크^{Kallikake}의 후손을 대상으로 연구하였다. 칼리카크는 전쟁 중에 정신박약자인 창녀를 만나 아들을 두었다. 전쟁 후에는 독실한 카톨릭 신자인 여성과 정식 결혼하여 자녀를 두었다.

창녀와의 사이에서 태어난 아들의 후손 488명 중에는 정신박약자, 사생아, 알코올 중독자, 간질병자, 포주, 범죄자 등이 다수 나타났다. 반면, 카톨릭 신자와의 사이에 태어난 자손들 중에 일부를 제외하고는 모두 교육자, 의사, 변호사 등 훌륭한 시민으로 성장하였다는 사실을 밝혀냈다. 따라서 곳다드는 좋지 않은 혈통을 물려받은 자손들 중에 비행행위를 저지르는 경우가 많다고 설명하였다.[175]

❷ 프로이드의 정신분석(Freudian Psychoanalysis)

최근 심리적 영향이 인간행동에 미치는 많은 연구가 진행되고 있다. 오스트리아의 정신의학자인 프로이드^{Sigmund Freud · 1856-1939}는 1899년 「꿈의 해석」^{The Interpretation of Dreams}을 출판하면서 심리적 행동이 인간행동에 미치는 영향을 최초로 분석하였다.

1915년에서 1917년 사이의 강의를 집대성한 「정신분석학 입문」^{Introductory Lectures on}

---

173 Frank Schmalleger, *op. cit.,* p. 88.
174 R. Dugdale, *The Jukes* (NewYork: Putnam, 1910), p. 8; 이상현, 전게서, pp. 29-30.
175 김준호 외 5인, 전게서, p. 67.

Psycho-Analysis은 정신분석이론Psychoanalysis Theory의 선구적 이론이라고 할 수 있다. 프로이드는 범죄에 대해 직접 논한 것은 없지만, 범죄를 저지르는 사람들 중에는 과도하게 발달된 슈퍼에고를 갖고 있어서 항상 죄의식과 불안감을 느끼는 사람이 있다고 언급하였다.[176]

프로이드는 인간의 마음을 3가지로 구분하여 ① 의식Consciousness, ② 전의식Pre-Consciousness, ③ 무의식Unconsciousness의 층으로 이루어진다고 생각하였다. 특히 무의식의 과정을 중요시하였다. 프로이드는 꿈을 '무의식의 발현'으로 보았으며, '무의식과의 해후'를 주장하였다. 이러한 무의식이 잘못 발현된 것이 범죄라는 것이다.

프로이드는 성性 에너르기를 중시하여 이것을 '리비도Libido'라고 하였다. 이것은 사람의 성장에 따라서 ① 0세에서 1세에 해당하는 구순기Oral Stage ② 1세에서 3, 4세에 해당하는 항문기Anal Stage, ③ 3세에서 6세에 해당하는 남근기Phallic Stage의 순으로 발전한다고 생각하였다. 프로이드는 어린아이는 선악을 구분하지 못하고 쾌락원칙에 지배되기 때문에 '어린이는 범죄자로 이 세상에 태어난다'고 하였다.[177]

3세에서 6세까지 어린이가 자기 성기를 만지고 주무르면서 쾌감을 느끼는 때인 남근기에 이성의 부모에게 강한 성애적Erotic 감정을 느끼게 된다. 근친상간적 원망이나 동성의 부모에게 질투나 악의를 나타낸다. 프로이드는 이것을 '오디푸스 콤플렉스'Oedipus Complex 혹은 '일렉트라 콤플렉스'Electra Complex라고 하였다.[178]

오디푸스 콤플렉스는 어머니를 사랑하며, 아버지에 대한 강한 반항심을 뜻한다. 일렉트라 콤플렉스는 아버지를 사랑하며, 어머니에 대한 강한 반항심을 뜻한다.

프로이드는 인간심리에 있는 무의식(잠재의식)을 인간행동을 유발하는 결정적인 요인으로 보고 있다. 인간의 심리에 있는 무의식Unconsciousness은 언어가 형성되기 이전 시기인 3세에서 5세 사이에 형성된다. 이때의 경험은 기억이 불가능하지만 무의식에 남아있다는 것이다. 만약 이때 학대와 같은 충격적인 경험을 하게 되면, 이러한 기억은 억압Repression되어 기억은 할 수 없지만 나중에 범죄로 발현될 수 있다는 것이다.

범죄심리학파는 범죄와 일탈행위를 인격상 기능장애의 산물로 보고 있다. 예를 들어 프로이드는 인간심리에 있는 의식과 잠재의식을 인간행동을 유발하는 결정적인 요인으로 보고 있다. 인간의 심리에 있는 무의식은 언어가 형성되기 이전 시기인 3세에서 5세 사

176 Sigmund Freud, "Criminal from a Sense of Guilt", James Strachey, *The Standard Edition of the Complete Psychological Works of Sigmund Freud* (London: Hogarth Press, 1975), pp. 332–333; George B. Vold, Thomas J. Bernard, & Jeffrey B. Snipes, *op. cit.*, p. 93.

177 상게서, p. 72.

178 이상현, 전게서, p. 68.

이에 형성되는데, 이때의 경험은 기억이 불가능하지만 무의식에 남아있다는 것이다. 만약 이때 학대와 같은 충격적인 경험을 하게 되면, 이러한 기억은 억압되어, 기억은 할 수 없지만 나중에 범죄로 발현될 수 있다는 것이다.

Police Science

🔍 프로이드와 융 그리고 기타의 심리학자들

- 프로이드Freud는 우리들이 경험했지만 아주 어린 시기에 체험했기 때문에 기억하지 못하는 경험들이 우리의 사고와 행동을 통제한다고 보았다.
- 반면에 융Carl Gustav Jung은 "우리들의 정신은 오늘의 것이 아니다. 정신은 수백만 년 전으로 거슬러 올라가야 한다. 그래서 개인의 의식은 땅 아래에 뿌리를 내리고 있는 계절의 꽃이며 또한 과일에 불과하다."라고 하였다.
- 우리 정신의 주체는 우리가 아니라 할아버지와 할머니들의 정신이 집합된 집단무의식이라고 하였다.
- 우리가 체험과 경험하지 못한 기억들인 집단무의식이 우리의 사고와 행동을 통제한다고 보았다. 따라서 연금술이나 UFO와 같은 경험하지 못한 주제에 빠져들 수도 있다는 것이다. 사람의 성격을 '외향형'과 '내향형'으로 나눈 것도 그의 업적이라고 할 수 있다.[179]
- 아들러Alfred Adler는 신체적 장애를 가지고 태어난 사람 혹은 다른 환경적 요인에 의한 열등감을 가진 사람들은 무의식적으로 이런 열등한 상태를 심리적으로 극복하려고 노력하는데 이를 '열등감 콤플렉스'Inferiority Feeling Complex라고 하였다. 그는 범죄를 "겁쟁이가 영웅을 흉내낸 행위"라고 하였다.[180]
- 에빙R. Kaftt Ebing은 성적 행동에 대한 폭넓은 연구를 바탕으로 성적 욕구의 대상에게 고통이나 굴욕을 주는 '성적 가학증'Sexual Sadism과 자기 스스로 고통과 굴욕을 당함으로써 성적인 즐거움을 구하는 '성적 피학증'Sexual Masochism이 인간행동에 존재함을 확인하였다.[181]

3 범죄사회학파

근대 사회학의 아버지는 프랑스 사회학자 오귀스트 콩트Auguste Comte이다. 그의 업적을

---

179 이경식(역), 전게서, pp. 43-44.
180 상계서, p. 45.
181 권석만, 전게서, pp. 423-424.

이어 현대 고전 사회학 이론을 세부적으로 정립한 3대 선구자는 칼 마르크스[Karl Marx]와 에밀 뒤르켐[Émile Durkheim] 그리고 막스 베버[Max Weber]이다.[182]

뒤르켐 이후 사회학자들은 통합과 규제의 개념을 점차 수정하고 비판하면서 사회적 지원[Social Support]과 사회적 통합[Social Cohesion] 등의 개념들로 발전시켜 나갔다.

근세 이후 도시화, 산업화 등으로 기존 사회는 변화와 해체에 직면하였다. 사람들은 자연스럽게 빈발하는 범죄를 두려운 눈으로 보게 되었다. 범죄가 증가하자 자연히 범죄원인에 대하여 관심을 가지게 되었다. 범죄는 분명 사회현상의 하나이며, 범죄란 어떻게 보든 그 수가 엄청나게 늘면서 사회현상으로 인식되지 않을 수 없게 되었다. 범죄를 개인적 요인과 사회적 요인이 복합적으로 작용한 결과로 보아야 한다는 인식을 하게 되었다.[183]

사회학적인 면에서 초기의 일부 실증주의자들은 사회 내에서 개인의 행동과 타인의 행동에 대한 모방에 주목하였다. 1890년대 타드[Gabriel Tarde]는 범죄행동을 포함한 행동이 타인을 모방하는 과정을 포함한다고 보았다. 그는 단기적 행위(유행)와 장기적인 행위(관습)에 관한 이론을 세웠다. 사회적으로 열등한 사람은 우월한 자를 모방하며, 그들의 행동을 흉내낸다고 보았다.

그래서 새롭고 기이한 살인기법(예를 들어 타이레놀(Tylenol) 독살 등) 등이 확산된다고 보았다. 인구밀도가 높아질수록 행위는 관습보다 유행을 지향한다고 주장하였다.[184]

타드는 인간의 행위란 사람들이 사회생활을 하는 중에 다른 사람의 행위를 모방함으로써 유래한다는 '사회란 곧 모방'이며 '범죄행위 역시 모방'에 의한 것이라고 주장하였다.[185]

타드의 '모방의 법칙'[Laws of Imitation] 중 ① 제1법칙은 모방은 접촉과 비례한다는 것이며, ② 제2법칙은 열등한 사람이 우월한 사람을 모방한다는 것이고, ③ 제3법칙은 새로운 유행이 기존의 유행을 대체한다는 것이다. 예를 들어 대도시의 유행을 농촌에서 모방하며, 왕족의 생활양식을 모방하여 시민들이 흉내낸다는 것이다. 따라서 타드는 범죄행위는 모방에 의한 정상적인 학습의 결과라고 생각하였다.

이러한 타드의 연구와 게리[Guerry] 및 꿰뜰레[Quetelte]의 통계적 연구 등은 미국의 범죄사회학에 영향을 주게 된다. 범죄의 원인을 범죄자의 개인적 자질과 속성이라는 개인적 요인에서 찾지 않고, 범죄자의 사회적 요인에서 찾았다. 사회구조와 사회과정이 범죄에 미

---

182 박옥주, "영화 <돈>: 돈에 지배되는 삶, 돈을 지배하는 신앙" 「크리스천투데이」, 2019.03.24.
183 조준현, 전게논문, p. 156.
184 박승위(역), 전게서, p. 37.
185 박상기·손동권·이순래, 전게서, p. 85.

치는 영향을 연구하는 20세기 범죄사회학으로 크게 발전하였다.

Police Science

🌐🔍 엔리코 페리와 범죄포화의 법칙

- 이탈리아의 형법학자이자 범죄학자였던 페리Enrico Ferri · 1856-1929는 1878년 「범죄사회학」 Criminal Sociology과 1928년 「형법원론」Principles of Criminal Law을 출판하였다.[186]
- 「범죄사회학」 출판 이후 페리는 범죄사회학의 개척자Pioneers in Criminal Sociology로 여겨진다. 롬브로조의 제자였던 페리는 범죄원인으로 ① 인류학적 요소, ② 물리적 요소, ③ 사회적 요소의 3가지를 열거하였다.
- 특히 범죄의 사회적 원인을 중시하였으며, 미국 범죄사회학의 발전에 영향을 끼쳤다. 페리는 범죄자의 성향에 맞는 '맞춤형 처벌'과 '범죄포화의 법칙'Law of Criminal Saturation을 주장했다.[187]
- '범죄포화의 법칙'은 "어느 사회나 일정한 양의 범죄가 발생하며, 범죄의 양이 늘거나 줄지는 않는다."는 것이다.
- "일정한 개인적·사회적 환경 아래에서는 일정량의 범죄가 있는 것이 원칙이고, 그 수가 절대적으로 늘어나거나 줄어들 수 없다."고 하였다.

Police Science

🌐🔍 가로팔로와 범죄심리학

- 이탈리아의 범죄학자였던 가로팔로Raffaele Garofalo · 1852-1934는 1885년 「범죄학」Criminology을 출판하였다.
- 페리와 함께 롬브로조의 제자였던 가로팔로는 고전주의의 핵심 의제인 자유의지를 부인하고, 과학적 연구방법론을 지지하였다.
- "범죄는 사회에 해를 끼치는 부도덕한 행위다."A crime is an immoral act that harms society라는 범죄심리학적 관점을 제시하였다.
- 범죄심리학적 관점에서 자연범과 재산범을 구별하였다.
- 가로팔로는 범죄의 원인을 사회적 원인이 아닌 사회심리학적 원인에서 찾았다. 사실상 범죄심리학의 개척자로 볼 수 있다.

---

186 Thorsten Sellin, "Pioneers in Criminology XV—Enrico Ferri (1856－1929)", *Journal of Criminal Law and Criminology*, 48(5), 1958, p. 481.

187 배종대·홍영기, 「형사정책」(서울: 홍문사, 2022), p. 44.

1 개인적 원인론

1 생물학적 원인론

20세기 이후의 범죄생물학파$^{Crime \; Biological \; School}$는 범죄행동은 생리적 기초, 유전자, 음식, 첨가물, 호르몬 그리고 유전형질 등 모든 요소가 개인의 행동을 결정하는데 영향을 미친다는 견해를 가지고 있다. 범죄생물학자들은 인간의 행동이 이성에 의한 합리성에 영향을 받는 것이 아니라, 생물학적인 결함요인에 의해서 영향을 받는다고 생각하고 있다.[188]

생물학적인 요소나 조건이 직접적으로 또는 환경적 요소와 결합하여 범죄를 야기할 수도 있고, 개인의 환경적 요소가 생물학적 요소나 조건에 영향을 미쳐 범죄를 유발할 수도 있다는 것이다.[189]

20세기 초 롬브로조의 등의 초기 생물학적 범죄원인론은 방법론상의 결함과 그로 인한 타당성의 결여 등으로 크게 주목받지 못하였다. 1970년대 초 윌슨$^{E. \; O. \; Wilson}$이 「사회생물학」^{Sociobiology}을 출간하면서 생물학적 범죄원인론이 재등장하게 되었다. 사회생물학자들은 염색체 이론, 화학적 불균형, 그리고 생물학과 환경 등에 관심을 가지고 있다.

최근의 생물학적 범죄이론들은 범죄에 대한 새로운 관점을 제공해 주고 있다. 하지만 범죄 또는 비행과 생물학적 요소와의 연계성에 대한 직접적이고 일관성 있는 증거를 제공하지 못하고 있다는 비판을 받고 있다.

❶ 염색체 이론(Chromosome Theory)

정상적인 사람은 23쌍 46개의 염색체를 가지고 있다. 한 쌍의 염색체가 인간의 1, 2차적인 성징^{性徵}을 결정한다고 한다. 일반적으로 정상적인 여성은 23번째 염색체를 XX로 가지며, 정상적인 남성은 XY를 가지고 있다. 그런데 여기서 관심의 대상이 되는 것은 정상적인 남성보다 Y염색체를 하나 더 많이 가지고 있는 사람, 즉 XYY염색체를 가지고 있는 '클라인펠터 증후군'$^{Klinefelter's \; Syndrome}$이다.[190]

---

188 Frank Schmalleger, *op. cit.,* p. 82.
189 Donald J. Shoemaker, *The Theories of Delinquency* (NewYork: Oxford University Press, 1984), p. 14.
190 박상기·손동권·이순래, 전게서, p. 109.

물론, 남성이 X염색체를 하나 더 가져서 XXY염색체를 가질 수도 있으나 이는 범죄학에서 크게 중요시되지 않았다.[191] Y염색체가 남성성징, 즉 남성男性의 성性을 결정하기 때문에, Y염색체를 하나 더 가지고 있는 사람을 '초남성'Supermale이라고 한다. 초남성은 폭력적인 범죄성을 가지고 있다고 가정되었다.

하지만 후속 연구결과, XYY염색체를 가진 남자들 중 대부분이 범죄를 저질렀지만 대부분 경미한 범죄를 저질렀으며, 이들이 일반 남자들보다 폭력적인 범죄를 저지른다는 증거는 없다는 결론이 나왔다.

❷ 화학적 불균형(Chemical Imbalance)

화학적 불균형에 주목한 생물학적 이론에서는 범죄를 인체 내의 화학적 결핍이나 불균형으로 인한 감정적 장애 때문이라고 보고 있다. 인체 내의 화학적 결핍이나 불균형이 사람들의 사고형태와 동작의 통제에 영향을 미치며, 이러한 불균형이 직접적으로 비행 또는 범죄와 연결된다는 것이다.[192] "당신이 먹는 것을 알려 주면, 당신이 누구인지 알려 주겠다!"You are what you eat!라는 오래된 격언을 기본전제로 하고 있다.[193]

화학적 불균형과 관련해서 가장 많이 연구되고 있는 것은 비타민·미네랄의 결핍과 범죄의 관련성이다. 사회생물학자들에 의하면 사람은 어린 시절에 두뇌가 성장하기 위해서는 어느 정도의 미네랄과 비타민이 반드시 필요하다. 이러한 영양소가 결핍되면 비타민 결핍Vitamin Deficiency 현상이 나타난다. 이러한 영양소가 정상인보다 더 많이 필요하게 되면, 비타민 의존Vitamin Dependency 현상이 발생한다. 이는 이상행동을 초래할 수 있다는 것이다.[194]

또한 저혈당증Hypoglycemia이 범죄와 관련이 있는 것으로 조사되었다. 사람은 정상적인 뇌기능을 위해서 최소한의 혈당을 필요로 한다. 혈당이 부족하게 되면 뇌기능을 저하시켜서 혼돈, 갈등, 우울증Depression, 불안Anxiety 등을 초래한다는 것이다.[195]

내분비 장애도 역시 범죄와 관련이 있는 것으로 조사되었다. 중요한 남성호르몬의 하나인 테스토스테론Testosterone은 남성의 2차 성장을 통제한다. 이 호르몬의 수준이 남성의 범죄적 반사회성·공격성·폭력성과 관련이 있다는 것이다.[196] 실제 연구에서 교도소에

---

191 이윤호d, 전게서, p. 230.
192 이윤호d, 전게서, p. 234.
193 Frank Schmalleger, *op. cit.*, p. 86.
194 Larry J. Siegel, *Criminology(7th ed.)*(Belmont, CA: Wadsworth, 2001), p. 154.
195 상게서, p. 235.
196 박상기·손동권·이순래, 전게서, p. 113.

있는 재소자 가운데 폭력범죄자가 기타 범죄자에 비해서 남성 호르몬이 매우 높은 것으로 밝혀졌다.

물론 남성 호르몬의 과다분비와 범죄발생의 여부가 확실하다고 할 수는 없다. 하지만 남성 범죄자들을 처우하기 위해 이 남성 호르몬의 수준을 떨어뜨리는 약물을 이용하고 있다는 것은 남성 호르몬과 범죄가 전혀 무관하지 않다는 사실을 암시해 주고 있다.[197]

Police Science

🌐🔍 신경범죄학(Neuro-criminology)[198]

- 신경범죄학이라는 새로운 분야는 다양한 생물학적 접근법으로 범죄를 예측하여 궁극적으로는 범죄를 사전에 예방하려는 학문 분야이다.
- 최근의 신경범죄학적 연구들은 특정 유전자가 반사회적 행동의 위험을 나타내는 지표가 될 수 있다는 것에 초점을 맞추고 있다.
- 예를 들어 임신여성Maternal의 니코틴 흡입과 알코올 섭취는 자식들의 유전자에 영향을 미쳐 자식들이 성인이 되었을 때 타인에 대한 폭력 범죄에 영향을 미칠 수 있다는 것이다.
- 또한 임신 중(특히, 첫 번째와 두 번째 임신 중)의 영양실조는 자식들의 반사회성 인격 장애를 2.5배 가량 증가시키는 것으로 나타났다.

❸ 생물학과 환경(Biology and Environment)

최근 들어 환경오염Environmental Contaminants이 문제점으로 대두되면서 사회생물학자들의 관심을 끌기 시작하였다. 지나친 환경오염은 인간의 생명을 빼앗아 가기도 하며, 일정 수준의 환경오염도 사람에게 감정적·행동적 장애를 초래할 수도 있다는 것이다.

예를 들어 식용색소나 향료가 청소년의 반항Hostile, 충동Impulsive 혹은 반사회적 행동을 야기시킨다는 연구도 있다. 혈중에 있는 납성분이 청소년들의 문제행동과 반사회적 행동에 영향을 미친다고 한다. 심지어 형광등이나 텔레비전과 같은 인공불빛에서 나오는 방사선Radiation도 반사회적·폭력적 행동을 유발할 수 있다고 한다.[199]

---

[197] 이윤호d, 전게서, p. 235.
[198] 박주상, "신경범죄학에 대한 탐색적 연구" 「한국정부학회 2014년도 추계학술발표논문집」, 2014, pp. 336−359.
[199] 상게서, p. 236.

2 심리학적 원인론

❶ 정신분석학파(The School of Freudian Psychoanalysis)

프로이드[Sigmund Freud · 1856-1939]는 심리학 분야에서 가장 많은 영향을 주었다. 그의 동료들과 후배들은 '정신분석 학파'[School of Freudian Psychoanalysis]를 만들면서 인간의 심리적 현상에 대한 몇 가지 기본적인 가정을 세웠다.[200]

첫째는 심리적 결정론[Psychic Determinism]으로써 인간의 모든 행동은 원인 없이 일어나지 않는다는 가정이다.

둘째는 무의식[Unconsciousness]에 대한 가정이다. 인간의 심리세계는 개인이 알 수 없는 무의식적 정신현상이 존재하며, 인간의 행동은 의식적 요인보다 무의식적 요인에 더 많은 영향을 받는다는 것이다.

셋째 성적 욕구는 인간의 가장 기본적인 욕구이며, 무의식의 주요한 내용을 구성한다는 것이다.

마지막으로 어린 시절의 경험을 중요시한다. 특히 부모와의 상호작용 경험이 성격형성의 기초를 이룬다고 보고 있다.[201]

정신분석이론에서는 범죄는 적어도 ① 원시적 본능[Id], ② 자아[Ego], ③ 초자아[Superego]라고 하는 3가지 조건의 결과에 의한 것이라고 주장하고 있다.

첫 번째, 원시적 본능은 성욕이나 식욕과 같이 기본적인 생물학적 욕구와 충동을 대표하는 것으로 태어날 때부터 존재하는 무의식적 본능이다.

두 번째, 자아는 사회관습의 테두리 내에 남도록 행동하는 것을 도와주는 것으로, 합리적이고 온순한 특성을 가지고 있다.

마지막으로, 초자아는 자기비판과 양심이며, 사회적 경험에서 생성되는 요구를 반영하는 것이다.[202] 이러한 원시적 본능, 자아, 그리고 초자아의 3가지 요소의 형성이 잘못되면 범죄를 야기할 수 있다는 것이다.

정신분석학파에서는 무의식적 갈등이 범죄행동에 미치는 영향을 검토하였다.[203] 이

---

200 G. W. Brown, "Experiences of discharged chronic schizophrenic mental hospital patients in various types of living group", *Milvank Memorial Fund Quarterley*, 37(105), 1959, pp. 1-30.

201 권석만, 전게서, p. 58.

202 김준호 외 5인, 전게서, p. 71.

203 Kate Friedlander, *The Psychoanalytic Approach to Juvenile Delinquency* (London: Kegan Paul, Trench and Trubner, 1947), pp. 25-30.

중에서 가장 유명한 것은 힐리와 브로너Alexander Healy & Augusta Bronner의 연구이다. 그들은 형제 중 한 형제는 비행을 하지만 다른 형제는 전혀 비행을 하지 않는 105쌍의 형제를 조사하였다. 여기서 비행을 하는 형제는 부모와의 정상적인 정서적 유대관계를 맺지 못하였기 때문이며, 비행은 가족에게 충족 받지 못한 원초적 욕구를 채우기 위한 것이라고 주장하였다.204

이들은 청소년에 대한 사례연구 방법을 통해서 '정서적 쇼크'Trauma가 비행을 일으키는 주된 원인이라는 점을 발견하였다.205 다른 접근방법들은 인성차이를 검토하는 것인데, '다면적 인성검사'MMPI와 '정신병적 성격'을 검사하는 것이었다.206 최근에는 '범죄인성'이 있다고 주장하는 연구207도 있다.208

독일계 미국인 심리분석가인 에릭슨Erik Homburger Erikson · 1902-1994은 프로이드의 이론에 근거하면서 어린 시절의 갈등이 부모를 향한 10대들의 반항으로 나타난다는 '정체성 위기이론'Identity Crisis Theory을 주장하였다.

에릭슨은 프로이드의 인생 3단계 분류 체계를 확대하여 8단계로 분류하였다. 인생의 8단계 중 3단계(아동기: 3세-6세까지)와 4단계(학동기: 6세-12세까지) 그리고 5단계(청소년기: 12세-18세까지) 등에서 나타나는 정체성의 위기를 적절하게 제어하지 못한다면, 범죄적 인성이 가장 쉽게 나타날 수 있다고 주장하였다.209

영국의 심리학자인 아이젠크H. Eysenck는 외향성과 내향성의 구분에 관한 융C. Jung의 기본적인 개념을 토대로 범죄자의 인성은 유전적인 요인과 환경적인 요인이 결합하여 형성된다고 보았다.210

그의 이론은 사람은 모두 학습능력 특히 주변 환경조건에 적응하는 능력을 선천적으로 다르게 타고난다는 것을 전제로 하여, 범죄자는 불안정하고 외향적인 인성과 정신병적인 외향적 인성을 가지고 있다고 주장하였다.

---

204 George B. Vold, Thomas J. Bernard, & Jeffrey B. Snipes, *op. cit.,* pp. 94-95.

205 William Healy & Augusta Bronner, *New Light on Delinquency and It's Treatment* (New Haven, CT: Yale University Press, 1936), pp. 1-25.

206 Starke R. Hathaway & Elio D. Monaches, *Analyzing and Predicting Juvenile Delinquency with the M.M.P.I.* (Minneapolis, MN: University of Minnesota Press, 1953), pp. 1-30.

207 Samuel Yochelson & Stanton E. Samenow, *The Criminal Personality* (NewYork: Jason Aronson, 1976), p. 1-25.

208 박승위(역), 전게서, p. 37.

209 이경식(역), 전게서, pp. 286-287.

210 상게서, pp. 296-298.

❷ 진화심리학

진화심리학Evolutionary Psychology은 인간의 심리를 진화학적 관점에서 이해하려는 학문이다. 인지심리학과 진화생물학을 비롯해 행동생태학, 인공지능, 유전학, 동물행동학, 인류학, 고고학, 생물학, 동물학 등을 기반으로 하는 새로운 학문이다. 진화심리학은 하버드대 에드워드 윌슨Edward. O. Wilson 교수로부터 출발해 데이비드 버스David M. Buss, 리차드 도킨스Richard Dawkins 등 세계적인 석학을 배출해 낸 신생학문 분과다. 한때 '통섭'Consilience이라는 용어를 유행시킨 학문으로도 잘 알려져 있다.

1975년 에드워드 윌슨은 「사회생물학」이라는 책을 출판했다. 이 책에서 윌슨은 동물행동에 대한 연구결과가 인간행동을 이해하는 데 도움을 줄지 모른다고 제안한다. 인간의 성적性的 특성, 종교, 동성애 같은 것을 생물학적으로 설명할 수 있다는 것이다. 나아가 사회과학은 생물학으로 흡수될 거라는 충격적 예측까지 서슴지 않았다. 책은 출간 즉시 논란에 휩싸였고, 윌슨은 사회과학자들의 엄청난 반발에 직면했다.[211]

이로부터 1년 뒤 리처드 도킨스는 「이기적 유전자」를 출판했다. 책의 메시지는 충격을 넘어 경악이었다. 유전자가 진짜 주인이고 우리는 유전자를 탑재한 기계에 불과하다는 것이었다. 물론 이런 해석은 지나치게 자극적인 것이며, 도킨스의 주장은 이렇다. "생물의 어떤 특징이 진화할 것인지를 이해하는 데 가장 유용한 방법은 유전자의 관점에서 문제를 바라보고 다음 세대에서 출현 빈도가 증가할 형질이 무엇인지 물어보는 것이다."

전 세계의 생물학자들은 이 두 저서의 내용을 수업에 반영하기 위해 강의 내용을 수정했다. 이후 사회생물학 서적들이 쏟아져 나왔고, 많은 생물학자들이 인간의 행동 연구에 뛰어들었다. 이에 위기감을 느낀 인문학자와 사회과학자의 반응은 적대감 그 자체였다.

적대감에는 이유가 있었다. 다윈의 진화론이 인간에게 잘못 작용되어 지옥문이 열렸던 쓰라린 경험이 있기 때문이다. 나치가 저지른 대학살의 이론적 기반이 된 우생학이 그 대표적 예다.

사회생물학은 격렬한 논쟁 속에서도 분야를 확장해가며 동시에 분화, 발전하기 시작했다. '인간행동 생태학'은 인간의 행동전략을 진화론적 관점으로 이해한다. 일부일처제 사회에서는 종종 아들에게 재산을 상속한다. 딸에게 상속하는 것보다 손주의 수를 늘리는 데 도움을 줄 가능성이 높기 때문이다. 이것이 이 분야의 전형적 설명 방식이다.

'진화심리학'의 핵심은 한 줄로 설명할 수 있다. "현대인이 머릿속에 석기시대의 정신

---

[211] 김상욱, "뜨거운 주제 '진화론' 냉정히 평가" 「경향신문」, 2016.05.27.

을 가지고 돌아다닌다."**212**

데이비드 버스는 인류의 역사에서 '악이 진화의 원동력'이었다고 주장한다. 누구에게나 살인과 같은 악의 유전자가 내재돼 있으며, 인간 모두에게는 악한 본능이 강하게 자리잡고 있다는 것이다.

버스 교수는 더 나아가 살인은 개인이나 집단을 방해 없이 유지하는 가장 적은 비용이 드는 행위였고, 우리는 그렇게 생을 유지하고 집단을 번식시켜 온 조상들의 후손이라고 말한다. 그는 어두운 면을 부정할 것이 아니라 우리 속에 존재하는 악을 제대로 응시하는 것이 오히려 인간을 더 나은 존재로 만들어준다고 말한다.**213**

❸ 프로파일링(Profiling)

심리학적 프로파일링^{Psychological Profiling}은 제2차 세계대전 중에 히틀러^{Adolph Hitler}의 행동을 연구하던 美전략사무국^{Office of Strategic Service}의 랑거^{William Langer · 1896-1977}에 의해서 시작되었다.**214** 범죄수사에 있어서 프로파일링의 전제는 범죄자의 범죄행동은 범죄성^{Criminality}에 따라서 행동의 유사성을 가지고 있다는 것이다.

프로파일링은 범인의 행동을 심리적으로 분석하고 비교하는 것이다. 심리분석을 통해 범인이 가지고 있는 여러 특징들의 전체적인 모습을 밝히는 것이다. 그러나 이러한 프로파일링은 절대적인 것이 아니며, '연장통 속에 들어 있는 여러 연장들 중 하나'로만 인식되어야 한다.**215**

범죄자 프로파일링^{Criminal Profiling} 혹은 심리학적, 행동학적 프로파일링은 동일인에 의한 범죄는 공통성을 지닌다는 가정에 기초한다. 범죄 전의 준비행적, 범죄행위의 특성, 피해자의 특성, 범죄 후의 행적 등과 같은 소위 표준절차^{MO: Modus Operandi}를 파악하여 범죄자의 유형을 추정하는 수사기법을 말한다.**216**

프로파일링에는 목소리와 언어를 분석하여 범죄자의 유형을 파악하는 ① 언어 프로파일링, 두 개의 범죄가 동일인에 의한 것인지의 여부를 파악하기 위한 ② 연관성 프로파일링, 범죄자의 거주지역을 파악할 목적으로 행해지는 ③ 지리학적 프로파일링^{Geographic Profiling} 등이 있다.

---

212 상계기사.
213 허연, "석학이 말하는 불편한 진실들" 「매일경제」, 2007.09.01.
214 Frank Schmalleger, *op. cit.*, p. 90.
215 이경식(역), 전게서, p. 198.
216 곽대경, "경찰수사를 위한 범죄심리연구의 활용방안" 「한국경찰학회보」, 3, 2001, p. 2.

프로파일링은 범죄자의 신원^{Identity}을 파악하는 것이 아니라 유형^{Type}을 파악하는 것이다. 범죄용의자의 범위를 축소하기 위한 수사방법이라고 할 수 있다. 프로파일링은 범죄자가 정신병리적인 흔적을 남긴 경우, 혹은 특정 지리에 연관된 경우 등에 있어서 여러 가지 기초사실 등을 종합하여 범죄자의 심리적, 신체적, 인구통계학적, 지리적 상태를 추정하는 방법을 말한다.

2 ‖ 사회적 원인론

고전학파나 실증주의 학파 모두 범죄와 범죄의 원인을 충분히 해명하지 못했다. 범죄자는 합리적이며, 이기적으로 사고하고 스스로 자유로이 선택하여 범행을 자행한다고 하는 고전학파와 범죄자는 내적 요인이나 외적요인에 의하여 어쩔 수 없이 범죄를 범한다고 하는 실증학파는 이제 더 이상 화해의 가능성은 없으며 각자 자기의 길을 가고 있다.

미국의 범죄 사회학자들은 근본적인 두 개의 갈림길에 서서 자유로이 선택하고 실천하는 개인이라는 근본 명제에서 출발하기보다는 개인을 둘러 싼 환경이 행위자에게 미치는 영향을 중심으로 논의했다. 당연히 생물학적 요인에 의하여 어쩔 수 없이 범죄행위를 하게 되는 소위 결함 있는 범죄자라는 식의 설명은 당연히 수용하지 않았다.

초기에 미국의 범죄 사회학자들은 사회적 요인 중에서도 미시적 요인을 중심으로 연구하였다. 개인을 둘러싸고 있는 제1차적 환경을 미시사회적 요소라고 한다. 가족, 학교, 지역공동체, 교회, 직장, 교우관계를 들 수 있다. 이러한 미시적 요인들이 사람에게 미치는 영향력을 중심으로 범죄의 원인을 분석하였다.

그 당시 새로운 사회학이론을 놓고 어떠한 목적을 지니고 있고, 연구대상 범위의 한계는 어디까지이냐 하는 문제를 놓고 논의 끝에 사회학은 인과관계를 확정하는 것이라는 의견이 모아졌다. 뒤르켐도 사회학은 현상과 그 원인을 규명하는 학문이며 그 원인이 지니는 효과를 분석하는 학문으로 보았다. 사회현실을 놓고 그 현실에 앞서서 영향을 미친 원인이 무엇인지를 따져 보아야 원인적 사실이 무엇인지를 확정할 수 있다는 것이다.²¹⁷

범죄사회학은 사회학의 전문성이 제고되기 시작하면서 등장한 2가지 학파에 뿌리를

---

217 조준현, 전게논문, p. 158.

두고 형성되었다. 하나는 하버드학파Harvard School이며, 다른 하나는 시카고학파Chicago School 이다. 하버드학파는 하버드 대학을 중심으로 사회구조의 분석에 초점을 둔 학파이고, 시카고학파는 시카고 대학을 중심으로 사회과정을 강조한 학파이다.

이 두 학파의 학자들은 모두 보다 성숙하고 체계적인 사회학 이론을 발전시키기 위해 사회문제의 중요성을 인식하였다. 하지만 그 접근방법에 대해서는 견해를 달리하였다.218

하버드학파는 이론적인 경향이 강하였다. 뒤르껭Emile Durkheim, 베버Max Weber, 파레토 Vifredo Pareto와 같은 유럽 고전 사회학자에 대한 연구를 토대로 한다. 파슨스Talcott Parsons와 그의 제자들은 구조기능주의Structured Functionalism라는 광범위한 이론체계를 구축하였다.

이와는 대조적으로 시카고학파는 이론보다는 기술記述·Description을 강조한다. 시카고市를 대상으로 삼아 부랑자, 빈민지역, 고립지역Ghetto, 댄스홀, 정신질환, 소년비행 등에 대한 연구를 잇따라 내놓았다.219

Police Science

🌐🔍 시카고학파와 하버드학파의 구별

- 시카고학파와 하버드학파를 사회구조적이거나 과정적인 것으로 구분하기는 어렵다.
- 왜냐하면 범죄가 발생하는 사회를 설명하는데 학파의 구성원에 따라 서로 다른 요인을 강조하였기 때문이다.
- 사키고학파는 통계적 연구방법론을 강조하면서, 사회구조의 영향을 받아서 일탈이 되어가는 과정에 초점을 맞추었다.
- 반면, 하버드학파는 유럽의 지적인 이론 중심의 연구에 영향을 받았다. 사회구조가 일탈행동에 미치는 영향에 대한 이론적 설명을 강조하였다.
- 결론적으로 둘 다 개인을 둘러싼 사회구조(빈곤, 실업, 인종차별 등)가 개인에게 미치는 영향을 연구하였다.
- 하버드학파가 이론에 중점을 두었다면, 시키고학파는 이론보다는 기술(통계 등)을 더욱 강조하였다.
- 시카고학파의 사회과정이론은 개인이 사회 속에서 범죄자가 되어 가는 과정을 중시하였다. 사회구조의 영향보다는 사회구조 속에서 범죄자가 되어가는 과정을 보다 중시하였다.

---

218 박승위(역), 전게서, pp. 151-152.
219 조준현, 전게논문, pp. 158-159.

- 시카고학파에서는 도덕질서와 사회통제의 파멸을 가져오는 사회해체를 범죄문제의 원인이라고 보았다.
- 파크$^{Robert\ E.\ Park}$, 버제스$^{Ernest\ Burgess}$ 등과 같은 시카고학파의 학자들은 전통적 규범의 붕괴가 진행되는 경우에 높은 범죄율이 나타난다고 분석하였다.
- 사회변동이 약한 지역에서는 범죄율이 낮지만, '사회해체'$^{Social\ Disorganization}$가 진행된 지역에서는 전통적 규범 등의 약화문제가 나타나면서 범죄문제가 발생된다고 분석하였다.[220]

Police Science

🌐🔍 사회구조이론(Social Structure Theory)[221]

- 사회구조이론은 범죄와 일탈의 원인을 인간의 심리학적 혹은 생물학적 구조에 의한 것이 아니라 사회구조(사회적·물리적 환경)의 변화가 개인의 범죄와 일탈에 영향을 미친다는 이론이다. 범죄는 선천적인 것도, 정신박약의 결과도 아니라는 것이다.
- 사회구조이론에 의하면 범죄는 도시상황에서 생기는 심리적 긴장, 갈등 그리고 과밀현상에서 유발되는 심리적 긴장과 요구불만에 의한 공격적 심리에 의해서 발생한다고 주장한다.
- 이 이론은 기본적으로 하위계층에서 범죄가 더 많이 발생하는 이유를 설명하는 이론이다. 하위계층의 사람들이 범죄를 더 많이 저지르고, 하위계층이 거주하는 지역에서 범죄가 더 많은 이유를 사회구조적인 차원에서 설명하고자 하는 이론이다.[222]
- 하위계층이 거주하는 지역에서는 빈곤, 실업, 낮은 교육, 인종차별 등과 같은 '빈곤의 문화'$^{Culture\ of\ Poverty}$가 있다.
- 하위계층의 사람들에게는 사회제도에 대한 불신, 무력감, 냉소주의 등과 같은 빈곤문화가 있으며, 이들을 성공으로 이끄는 생활유형과 습관, 기술개발, 사회적 유대, 공동체의 융합 등이 약하다.
- 사회구조이론에서는 "우리가 어떻게 사는가$^{How\ we\ live}$ 혹은 우리가 어디에 사는가$^{Where\ we\ live}$"가 핵심적 요소가 된다.
- 사회구조이론에는 사회해체이론과 긴장이론 그리고 하위문화이론이 유명하다.
- 사회해체이론은 쇼^{Shaw}와 맥케이^{McKay}의 생태학이론$^{Ecology\ Theory}$, 긴장이론에는 머튼^{Merton}

---

220 김창윤, "한국의 범죄발생 추세분석에 관한 연구(민주정부시기를 중심으로)" 「한국공안행정학회보」, 18(4), 2009, p. 133.
221 김창윤e−1, 「범죄학과 형사사법체계론(제2판)」(서울: 박영사, 2021), pp. 98.
222 심희기 외, 「현대 한국의 범죄와 형벌」(서울: 박영사, 2017), p. 39.

의 아노미이론^{Anomie Theory}과 에그뉴^{Agnew}의 일반긴장이론^{General Strain Theory} 등이 있다.

- 하위문화이론에는 코헨^{Cohen}의 비행하위문화이론^{Delinquent Subculture Theory}, 클로워드와 올린^{Cloward and Ohlin}의 차별적 기회이론^{Differential Opportunity Theory}, 밀러^{Miller}의 하위계층문화이론^{Lower-Class Culture Theory}, 그리고 울프강과 페라쿠티^{Wolfgang and Ferracuti}의 폭력하위문화이론^{Violent Subculture Theory} 등이 있다.

Police Science

🌐🔍 사회과정이론(Social Process Theory)[223]

- 사회과정이론의 주요 개념 중 하나는 사람들이 일반적인 행동을 학습하는 것과 같이 범죄도 학습된다고 본다. 범죄행위는 타인과의 상호작용 속에서 커뮤니케이션을 통해 학습되며, 학습의 주요 부분은 친밀한 개인적 집단 내에서 일어난다.
- 수많은 사람들이 빈곤선 이하의 삶을 살지만 비교적 소수의 사람만이 심각한 범죄를 범한다고 전제한다. 심지어 이들 중 대부분은 사회적 빈곤과 부패가 지속적으로 그들을 압박했음에도 불구하고 비행을 중단했다고 한다.[224]
- 왜 이들 빈곤층의 아이들 대다수가 비행을 하지 않는가? 왜 비행을 할 아무런 경제적·사회적 이유가 없는 일부 아이들이 비행을 하는가? 사람이 혼자 남겨지게 되면 사회적 이익보다는 개인적 이익을 추구할 것이라는 것을 주요 명제로 삼는다.
- 사회과정이론에는 학습이론과 통제이론이 유명하다.
- 학습이론에는 서덜랜드^{Sutherland}의 차별적 접촉이론^{Differential Association Theory}, 글레이저^{Glaser}의 차별적 동일시이론^{Differential Identification Theory}, 버제스와 에이커스^{Burgess and Akers}의 차별적 강화이론^{Differential Reinforcement Theory}, 에이커스^{Akers}의 사회학습이론^{Social Learning Theory}, 사이크스와 맛짜^{Sykes and Matza}의 중화이론^{Neutralization theory} 등이 있다.
- 통제이론에는 레크리스^{Reckless}의 견제이론^{Containment Theory}, 허쉬^{Hirshci}의 사회유대이론^{Social Bonding Theory}, 그리고 억제이론^{Restraint Theory} 등이 대표이론이라고 할 수 있다.

---

223 김창윤c-1, 「범죄학과 형사사법체계론(제1판)」(서울: 박영사, 2019), pp. 99.
224 이윤호f, 「청소년비행론」(서울: 박영사, 2019), p. 234.

1 ┃ 사회생태학 이론(Social Ecology Theory)

1800년대 초 자그마한 부락에 불과하던 시카고는 '값싼 노동력'이 일자리와 비싸지 않은 토지의 이점을 노려 몰려옴에 따라 급속하게 성장하였다. 이 같은 기회는 산업의 성장을 장려하는데 필요한 풍부한 미숙련 노동자를 끌어들였다.

시카고는 이주민의 물결이 단순한 소도시의 획일적 구조로부터 복잡하고 갈등을 빚는 도시 생활 형태로 전환되면서 1898년에서 1930년 사이의 30여 년 동안 인구가 두 배로 늘었다.[225] 산업화가 한계점에 다다르고 단순 노동자가 기술노동자로 대치되기 시작하자, 대규모의 미숙련 노동자에 대한 고용이 감소되면서 불량 주택과 위생에서부터 무주택자, 비행갱단 및 범죄에 이르는 복잡한 사회문제를 남기게 되었다.

특히 유럽 남부와 동부의 이주민들은 차별대우를 받고 열등한 혈통으로 취급되었다. 도시근교의 사람들은 공통적인 관습과 문화가 존재하지 않았으며, 가족관계도 와해되어 있었다. 시카고 지역에서는 1920년과 1930년대 사이에 많은 사회사업과 구제책이 등장하였지만 빈민지역의 범죄는 늘어만 갔고, 법질서는 붕괴되어 있었다.[226]

1890년 석유 재벌 존 록펠러의 기부금으로 설립된 시카고 대학의 선진 사회학자들은 시카고라는 도시를 대상으로 도시문제 해결을 위한 새로운 사회학적 실험을 진행하게 된다.

사회생태학 이론에서는 시카고 대학의 파크Robert Park, 쇼우Clifford Shaw, 맥케이Henry McKay, 그리고 버제스Ernest Burgess 등이 유명하다. 파크는 다른 도시들과 마찬가지로 시카고市를 사회적 특성Social Characteristics에 따라 지도화할 수 있다고 생각하면서, 시카고市를 생태학적 접근방법을 사용하여 분석하였다.

생태학적 접근방법은 동·식물의 성장과 발달과정이 ① 침입Invasion, ② 경쟁Competition, ③ 계승Succession이라는 과정을 통해서 이루어진다는 점에 주목하는 방법이다. 이러한 생태학적 모형을 가지고 시카고市의 생태학적 과정Ecological Processes을 분석한 것이다.

이러한 파크의 조사연구를 바탕으로 버제스는 도시라는 것은 동심원의 형태로 중심으로부터 방사상의 형태로 팽창하는 경향이 있다고 주장하였다. 시카고市를 중심지구에

---

225 Faul F. Gressy, "Population succession in Chicago: 1898-1930", *America Journal of Sociology,* 44, 1938, p. 59.

226 박승위(역), 전게서, pp. 44-45.

서 방사한 일련의 독특한 동심원으로 만들었다. 이를 '동심원지대'Concentric Zone라는 개념을 통해서 사회적 균형이 유지되는 과정과 변화되는 과정을 관찰하였다.**227** 이러한 버제스의 동심원지대 분석모델을 이용하여 쇼와 맥케이는 시카고市에서 5개의 서로 다른 생태학적 지역이 성장하고 있음을 밝혀냈다.**228**

첫 번째 지대는 '중심상업지대'Central Business District이다. 상업 및 공장지대이고 집값이 비싸기 때문에 주거지는 별로 없다.

두 번째 지대는 '전이지대'Zone of Transition이다. 이곳은 상업 및 공장지역으로 침입, 경쟁, 계승을 받는 과정 속에 있다. 이 지역은 도시에서 가장 집값이 저렴한 지역이며, 보통 가장 최근에 이주한 최빈민층이 살고 있다. 왜냐하면 일자리가 있는 중심상업지대와 가장 가깝게 있기 때문이다. 쇼와 맥케이의 연구에 의하면 이 지역의 범죄율이 가장 높은 것으로 조사되었다.**229**

세 번째 지대는 '노동자거주지대'Zone of Workingmen's Homes이다. 이곳은 전이지대의 악화된 주거환경에서 빠져나온 노동자와 그 가족들이 살고 있는 지역이다. 전이지대보다 생활환경이 쾌적하다고 할 수 있다.

네 번째 지대는 '중산층 거주지역'Zone of Middle Class Residence이다. 이곳은 중산층 이상의 고소득층이 거주하는 지역으로 범죄율이 낮은 지역이다.

마지막으로 '교외지역'Zone of Suburbs and Urban Fringe이다. 정기통근지역이라고도 한다.**230**

이러한 동심원지대에 대한 연구를 통해서 쇼우와 맥케이는 전이지대에서 가장 높은 범죄율이 나타난다고 하였다. 왜냐하면 전이지대는 끊임없는 거주민의 이동이 발생함으로써 사회해체가 진행되며, 이러한 사회해체의 결과 높은 범죄율로 나타난다는 것이다.

비교적 오래된 거주민들이 살고 있는 지역에는 범죄율의 증가가 없었다. 하지만 전이지대에서는 익명적 관계, 혈연 및 교우관계의 악화 등의 문제가 나타나면서 '사회해체Social Disorganization'가 진행되었다. 이러한 사회해체가 범죄문제의 주된 원인이 된다고 하였다. 이처럼 생태학적 이론은 사회해체를 범죄의 주된 원인으로 보고 있기 때문에 사회해체이론이라고도 한다.

227 George B. Vold, Thomas J. Bernard, & Jeffrey B. Snipes, *op. cit.*, p. 142.
228 Larry J. Siegel, *op. cit.,* p. 194.
229 Frank Schmalleger, *op. cit.*, p. 91.
230 George B. Vold, Thomas J. Bernard, & Jeffrey B. Snipes, *op. cit.*, pp. 142-147.

1930년대 미국은 1929년 시작된 대공황$^{Great\ Depression}$이 장기화되면서 총체적 난국에 빠져 있었다. 지식인들조차 대공황이 야기한 극심한 충격 탓에 자유방임적 자유주의와 작은 정부가 더 이상 시대적 가치와 변화를 담아내지 못한다는 절망을 쏟아냈다. "그해 (1934년) 겨울, 미국인 1,300만 명이 실업자였다. 길거리엔 누더기를 걸친 굶주린 사람이 득실댔다."[231] 1933년 3월 4일 취임한 루스벨트$^{Franklin\ D.\ Roosevelt}$ 대통령은 대공황에 대처하기 위하여 국가주도의 경제정책을 도입하였다.

산업혁명과 마찬가지로 1930년대의 대공황도 범죄 사회학자들에게 통찰력을 제공해 주었다. 미국 정부의 뉴딜정책이 사회의 재편에 초점을 두게 되자, 사회구조 자체를 분석하는 중요성이 확고한 토대를 가지게 되었다.

일부 사회학자들은 편협한 사회학의 응용에서 벗어나 전체로서 사회구조에 대한 검토를 지향하게 되었다. 서덜랜드^{Sutherland}와 머튼$^{Robert\ Merton}$은 범죄가 반드시 인간의 본질적 속성은 아니라고 보고 개인주의적 병리학적 관점을 거부하였다. 머튼$^{Robert\ Merton}$도 범죄는 인간의 본질적 속성이라는 개인주의적 범죄학을 거부하고, 사회구조 내의 긴장 속에서 범죄의 원인을 찾고자 했다.[232]

머튼은 사회문제를 설명하는 접근방법으로 사회의 구조화된 방식을 강조한 파슨스$^{Talcott\ Parsons}$의 영향을 받았다. 그의 문하에서 구조화된 방식, 즉 구조적 설명 방법론을 연구하였다. 머튼은 1938년 미국 사회의 일탈을 설명하기 위해 뒤르켐의 아노미 개념을 차용하여 새로운 아노미 개념을 정립하였다.

1 ‖ 아노미이론(Anomie Theory)

프랑스어인 '아노미'^{Anomie}라는 용어는 일반적으로 '무규범'^{Normlessness}이라는 용어로 번역된다.[233] 뒤르켐$^{Emile\ Durkheim\ \cdot\ 1858-1917}$은 1893년에 간행된 그의 저서 「사회분업론」에서 아노미란 용어를 처음 사용하였다. 이후 1897년 「자살론」에서도 그 개념을 사용하였다.[234]

---

231 김태철, "자유주의의 역사와 본질은 진보" 「한국경제」, 2019.07.10.
232 박승위(역), 전게서, p. 70.
233 Frank Schmalleger, *op. cit.*, p. 91.
234 박승위(역), 전게서, p. 69 재구성.

뒤르켐의 아노미란 사회규율의 붕괴나 도덕적 규범의 와해에 의한 사회적·도덕적 상황의 파괴를 의미하였다. 사람들이 그들의 행동에 대한 충분한 도덕적 통제를 할 수 없는 무규범적 상황을 말하였다. 기존의 가치체계는 붕괴되었고, 새로운 가치체계는 정립되지 않은 과도기적 상황을 말한다.

1938년에 머튼Robert Merton은 일탈현상을 설명하기 위해 아노미의 개념을 사용하였지만 그가 사용한 개념은 뒤르켐의 개념과는 달랐다.[235] 머튼은 사회규범(혹은 가치관)을 2가지 형태로 나누어서 사회적 목표Goals와 그 목표를 달성하기 위한 수단Means으로 구분하였다. 이러한 사회적 목표와 그 목표를 달성하기 위한 수단 사이에 불평등과 긴장이 존재할 때, 이를 아노미적 상황이라고 하였다.

머튼은 당시 미국사회의 가장 두드러진 사회적 목표를 부와 성공의 추구라고 보았다. 중산층의 사람들은 사회적 가문, 경제적 재산, 높은 학벌 등으로 부와 성공을 손에 넣을 수 있기 때문에 범죄를 하지 않는다. 하지만, 하류계층의 사람들은 부와 성공을 손에 넣을 수 있는 수단이 없기 때문에 범죄를 한다고 보았다.[236]

머튼은 그의 이론을 다음과 같은 4가지 유형으로 체계화시켰다.[237]

첫째, 사람들이 추구하는 부와 성공이라는 사회적 목표Goals가 있고, 이러한 목표를 달성하기 위한 제도적 수단Means이 있으면 범죄를 하지 않는다. 기존 사회에 협력하는 동조형Conformity이 된다.

둘째, 부와 성공이라는 목표는 추구하지만 이에 도달할 수 있는 수단이 없으면 범죄를 통해서라도 이를 달성하려고 한다. 이를 혁신형Innovation이라고 한다.

셋째, 부와 성공이라는 목표를 달성할 수 있는 수단은 갖고 있지만 성공의 목표 없이 하루하루를 만족하면서 사는 게으르고, 야망이 없는 유형을 의례형Ritualism이라고 한다. 이들은 '현실에 안주하기'Play it Safe를 바라는 유형이다.[238] 절차적 규범이나 규칙만을 준수하는 데 치중하는 무사안일한 관료에서 그 예를 찾을 수 있다.

넷째, 도피형Retreatism은 추구하는 목표도 없고, 그것을 달성하려는 시도도 하지 않은 부랑자, 알콜중독자 유형이다.

마지막으로 혁명형Rebellion은 기존의 목표보다는 새로운 목표를 대안으로 제시하고, 사회변화를 시도하는 유형으로 반역자와 혁명가를 들 수 있다.[239]

---

235 상게서, pp. 69-70.
236 George B. Vold, Thomas J. Bernard, & Jeffrey B. Snipes, *op. cit.*, pp. 159-160.
237 Robert K. Merton, *Social Theory and Social Structure* (Glencoe, IL: Free Press, 1968), pp. 204-217.
238 George B. Vold, Thomas J. Bernard, & Jeffrey B. Snipes, *op. cit.*, p. 162.
239 Frank Schmalleger, *op. cit.*, pp. 91-92.

머튼은 그의 이론에서 하층 청소년들이 겪는 구조적 문제를 지적했다. 하층의 청소년들은 사회구조적으로 성공에 이르는 사회적 배경, 경제적 재산, 학교교육과 같은 제도적 수단이 없다. 중산층 청소년들과 경쟁할 수 있는 공정한 기회가 차단되어 있기 때문에 비행을 하게 된다고 주장하였다. 이처럼 머튼의 아노미 이론은 범죄의 원인을 사회구조적 긴장과 좌절이 원인이라고 보기 때문에 그의 이론을 '긴장이론'Strain Theory이라고도 한다.

2 일반 긴장이론(General Strain Theory)

에그뉴Robert Agnew는 1992년 일반 긴장이론을 제시하면서 비행의 원인으로 ① 목표달성의 실패, ② 긍정적 자극의 소멸, ③ 부정적 자극의 발생을 제시했다. 일반 긴장이론에서는 이러한 긴장요인들로 인해서 청소년들이 부정적 감정을 경험하기 때문에 비행을 저지른다고 보았다. 긴장과 비행 사이에 부정적 감정을 매개요인으로 제시하였다.[240]

목표달성의 실패에 관한 예를 들면, 자신보다 뛰어난 친구와 비교하면서 긴장을 느끼게 된다는 것이다. 좋은 기업에 취직했지만 다른 친구처럼 최고 기업이 아닌 경우에 긴장을 느끼게 된다는 것이다.

긍정적 자극의 소멸에 관한 예를 들면, 부모의 이혼을 경험한 아이는 대리만족을 느끼기 위해서 나쁜 친구를 찾을 수 있다는 것이다. 또한 에그뉴는 학교를 중퇴한 중산층 청소년과 하류층 청소년 중에서 중산층 청소년이 범죄에 빠질 가능성이 더 높다고 주장하였다. 왜냐하면 퇴학이라는 긍정적 자극의 제거는 성공할 것이라고 믿고 있던 중산층 소년에게 더 큰 충격으로 다가오기 때문이다.[241]

부정적 자극의 발생에 관한 예를 들면, 선생님에게 야단맞은 청소년은 그들의 분노를 자기보다 약한 친구에게 폭력으로 행사한다는 것이다.

에그뉴는 부정적 감정을 적절히 해소할 수 있는 다른 대처방식이 존재한다면 비행은 일어나지 않는다고 주장하였다.[242] 이러한 일반 긴장이론은 머튼의 아노미이론을 확장하였으며, 중산층의 범죄를 잘 설명해 준다는 장점을 가지고 있다.[243]

---

240 김준호 외 5인, 전게서, p. 95.
241 Larry J. Siegel, *op. cit.*, p. 208.
242 김준호 외 5인, 전게서, p. 96.
243 Larry J. Siegel, *op. cit.*, p. 208.

3 ‖ 하위문화이론(Subculture Theory)

1950년대 미국은 거대한 풍요와 번영의 시기였다. 이 당시 미국의 중산층은 '미국적 사고방식'에 자부심을 가지고 있었다. 하지만 절정에 달한 도시화는 퇴폐적인 도시문화에 의한 소년비행의 문제와 하층민이 주로 가입한 범죄갱단의 문제를 야기시키고 있었다.

이러한 시대적 상황에 따라서 당시 범죄학자들은 소년비행을 연구하고, 갱의 하위문화에 대한 이론화에 착수하였다. 시카고학파인 서덜랜드^{Sutherland}와 머튼^{Merton}의 연구성과를 이어 받아서 1955년에 코헨^{Cohen}이 비행하위문화이론을, 1960년에 클로워드와 올린 $^{Cloward\ and\ Ohlin}$이 차별적 기회이론을 주장하였다. 양자의 연구는 도시의 하류층 소년, 즉 소년비행에 초점을 두었다.

또 다른 이론으로는 밀러^{Miller}의 하위계층문화이론과 울프강과 페라쿠티$^{Wolfgang\ and}$ ^{Ferracuti}의 폭력하위문화이론 등이 있었다. 이처럼 1950년대와 1960년대 초의 범죄학 이론들은 몇몇 예외를 제외하고, 소년비행과 범죄갱단에 중점을 두기 시작하였다.

1 ‖ 비행하위문화이론(Delinquent Subculture Theory)

코헨$^{Albert\ K.\ Cohen}$은 1955년 「비행소년」$^{Delinquent\ Boys}$이라는 저서를 통해서 하류층 청소년들의 일탈행동은 미국 중산층의 규범과 가치에 대한 반항이라는 관점을 제시하였다. 코헨에 따르면 하류층 청소년들은 '지위좌절'$^{Status\ Frustration}$이라는 갈등의 형태를 경험하고 있다. 그 결과 많은 청소년들이 갱집단에 가입해서 반사회적, 악의적, 범죄적 행동을 한다는 것이다.[244] 이들은 타인의 고통에서 기쁨을 느끼고 있었으며, '중산층의 가치관'^{Middle} $^{Class\ Values}$을 비웃고 있다는 것이었다.

코헨은 모든 청소년들이 사회적 지위$^{Social\ Status}$를 추구한다고 단언하였다. 하지만 하류층 청소년들이 처음으로 당면하는 중요한 지위문제는 학교제도에서 일어난다. 그들은 중산층 청소년들과 경쟁해야 한다. 그들이 달성하기 어려운 일련의 기준인 '중산층의 잣대'$^{Middle\ Class\ Measuring\ Rods}$를 사용하는 성인들에 의해 평가되면서 지위좌절$^{Status\ Frustration}$을 겪게 된다. 따라서 이들은 중산층의 가치관에 대한 과잉 적대적 반응을 갖게 된다.[245]

---

244 *Ibid.*, p. 210.
245 박승위(역), 전게서, p. 82.

코헨은 이처럼 중산층의 잣대에 의한 거부를 경험한 청소년들은 3개의 문화, 즉 ① 코너보이Corner Boy 하위문화, ② 칼리지보이College Boy 하위문화, ③ 비행소년Delinquent Boy 하위문화들 중 하나를 선택하게 된다고 보았다.

코너보이 하위문화는 중산층에 대한 거부의 가장 일반적인 형태로써 가벼운 일탈 혹은 무단결석 등을 하는 문화를 뜻한다. 칼리지보이 하위문화는 중산층의 가치관을 받아들이려고 하지만 사회적 제반 조건들이 맞지 않기에 '희망 없는 길'Hopeless Path을 찾는 문화를 말한다. 비행소년 하위문화는 중산층의 가치와 반대되는 문화를 뜻한다.246

비행소년 하위문화는 그들이 실제로 가지고 있는 특성, 그들이 할 수 있는 행위유형을 가치 있는 것으로 규정하고, 그들만의 새로운 규범, 새로운 지위기준을 만들어내는데 이를 비행의 하위문화Delinquent Subculture라고 한다. 예를 들어 비행청소년들은 침을 멀리 뱉는 것을 자랑스러워 하며, 이들을 꾸중하는 선생님을 경멸한다.

비행소년의 하위문화에서는 칼리지보이의 중산층에 동화하려는 시도를 비웃고, 코너보이의 수동성을 경멸하며, 사내다운 활동을 강조하게 된다. 특히 비행소년의 하위문화에서는 어른들의 간섭을 싫어하는 자율성Autonomy을 강조하며, 내적으로는 강한 단결력과 외적으로는 중산층에 대한 적대감을 그 특징으로 한다. "우리에게 내일은 없다."Tomorrow take care of itself라고 하면서 단기적인 쾌락에 관심을 갖게 된다.247 이러한 코헨의 비행하위문화이론은 비행소년들의 하위문화 형성원인, 낮은 자아존중감Self-Esteem 그리고 부적절감Feelings of Inadequacy 등을 잘 설명한 이론으로 평가받고 있다.

Police Science

🌐🔍 비행하위문화이론

- 모든 청소년들은 사회적 지위를 추구한다.
- 하류층 청소년들이 달성하기 어려운 기준인 '중산층의 잣대'를 사용하는 성인들에 의해 평가되면서 지위좌절을 겪게 된다.
- 하류층 청소년들은 '지위좌절'이라는 갈등의 형태를 경험하면서 중산층의 가치관에 대한 과잉 적대적 반응을 갖게 된다.
- 중산층의 잣대에 의한 거부를 경험한 청소년들은 3개의 문화, 즉 ① 코너보이 하위문화, ② 칼리지보이 하위문화, ③ 비행소년 하위문화들 중 하나를 선택하게 된다.

---

246 Larry J. Siegel, *op. cit.*, p. 211.
247 *Ibid.*, p. 211.

- 비행소년 하위문화는 그들이 실제로 가지고 있는 특성, 그들이 할 수 있는 행위유형을 가치 있는 것으로 규정하고, 그들만의 새로운 규범, 새로운 지위기준을 만들어내는데 이를 비행의 하위문화라고 한다.
- 하류층 청소년들은 목표와 수단의 괴리로 인해 지위좌절을 겪고, 중산층에 대한 저항으로 비행을 저지르며, 그들만의 새로운 비행의 하위문화를 만들게 된다.
- 범죄는 비행의 하위문화에 의해서 발생한다.

2 차별적 기회이론(Differential Opportunity Theory)

클로워드와 올린Richard Cloward and Lloyd Ohlin은 1960년 그들의 저서 「비행과 기회」Delinquency and Opportunity」에서 머튼의 아노미이론과 서덜랜드의 차별적 접촉이론, 그리고 쇼와 맥케이의 사회해체이론을 통합한 차별적 기회이론을 발표하였다.

클로워드와 올린은 성공을 추구하는 사회적 목표Goals를 추구하지만, 구조적으로 합법적 기회와 수단Means을 갖지 못한 사람이 범죄를 하게 된다는 머튼의 아노미이론을 인정하고 있다. 하지만 아노미이론이 단지 하나의 기회구조만을 설명한 점에 주목하고, 그들은 제2의 기회구조가 있음을 강조하였다.[248] 사회적 목표에 도달하는 데는 합법적 수단(기회)뿐만 아니라 불법적인 길(기회)도 역시 있다는 것이다.

합법적 수단으로는 학교에서 낙오자로 간주되고 기껏해야 최저임금의 보잘 것 없는 직업이나 얻을 수밖에 없다. 하류층의 청소년들에게는 갱집단에 들어가 마약밀매를 하거나 무장강도가 되어 수천 달러의 수입에 친구들의 존경까지 얻게 되는 또 다른 불법적인 길이 있다는 것이다.[249]

하류층의 청소년들이 사회적 성공의 문턱에서 겪는 좌절의 문제는 '처지불만'Position Discontent의 상태에 놓이게 한다. 이들 청소년들을 불법적인 길인 3가지 유형의 하위문화에 속하게 만든다.[250]

첫 번째는 범죄적 하위문화Criminal Subculture이다. 이는 범죄조직이 체계화되어 있는 지역의 하위문화로써 하류층의 청소년들은 갱집단에 가입하여 범죄의 기술과 기법을 배우

---

248 박승위(역), 전게서, p. 84.
249 Larry J. Siegel, *op. cit.,* p. 211.
250 *Ibid.,* p. 212.

게 되며, 성인 갱단원들과 긴밀한 연계를 맺게 된다.

두 번째는 갈등적 하위문화Conflict Subculture이다. 이는 합법적 기회도 없고, 갱집단과 같은 불법적 기회도 없는 지역의 하위문화이다. 이 문화는 주로 거리의 단순 폭력배들에게서 발견된다. 전문범죄집단인 갱집단이 없기 때문에 대부분 패싸움, 난동 등과 같은 형태의 거리폭력을 좋아하는 문화를 갖고 있다.

세 번째는 도피형 하위문화Retreat Subculture이다. 하류층 청소년들 중에는 주류 사회에서 성공하지 못하고, 범죄사회에서도 성공하지 못하는 등 모든 사회에서 실패하여 주로 약물과 알콜중독에 빠지는 '이중실패자'Double Failure가 된다. 이들이 속하는 하위문화이다.

클로워드와 올린의 차별적 기회이론은 불법적 기회마저도 사회 내에서 구조화되어 있음을 보여 주었다. 많은 비행 청소년들이 일반사회의 가치와 목표를 공유하고 있지만, 이런 목표를 달성하기 위한 수단을 결여하고 있음을 지적하였다. 따라서 차별적 기회이론은 비행소년의 교정과 재사회화 정책을 마련하는데 일정부분 기여하게 되었다.

3 하위계층문화이론(Lower-Class Culture Theory)

밀러Walter B. Miller는 1955년 코헨의 연구 이후 보스턴의 하층민 지역을 검토하고 다른 결론을 얻게 되었다. 그는 중산층의 가치관이 코헨과 다른 학자들이 생각한 것보다 갱비행에 중요하지 않다고 결론지었다.[251]

밀러는 하층지역에 본래부터 중산층의 가치와는 다른 비행가치와 하위문화가 존재하고 있다고 보았다. 독특한 하층지역의 하위문화 때문에 청소년들이 비행을 저지르게 된다고 보았다. 이러한 고유의 하위계층문화는 주로 실패한 이주민집단과 흑인사회에서 나타나는 고유의 문화라고 주장하였다.

밀러에 따르면 하층지역은 홀어머니 밑의 결손가정 환경에서 자란 아이들이 많다. 그 지역의 남자아이들은 역할모델인 아버지가 없기 때문에 남자친구들과 어울리면서 끊임없이 남자다움을 찾으려고 노력한다고 보았다.[252] 이러한 노력이 진행되면서 하층지역은 중산층의 문화와는 다른 별개의 문화Separate Culture를 가지게 된다는 것이다.

밀러는 그 문화의 성격인 주요관심Focal Concern을 ① 싸우고 말썽을 부려도 문제가 안

---

251 박승위(역), 전게서, p. 87.
252 김준호 외 5인, 전게서, p. 107.

되는 '말썽'Trouble, ② 남자라면 힘이 세고 용감해야 한다는 '강함'Toughness, ③ 남을 속이는 것이 똑똑하다고 평가받는 '교활'Smartness, ④ 신나는 일과 모험을 추구하는 '자극추구'Excitement, ⑤ 모든 것이 운에 달려 있다는 '운명주의'Fate, ⑥ 어른들의 간섭을 싫어하는 '자율성'Autonomy 등을 특징으로 하고 있다고 하였다.[253]

하위계층 문화이론은 왜 어떤 하류계층의 청소년들은 비행에 가담하지 않는지를 설명하지 못했다. 그리고 하층지역의 청소년들도 중산층의 가치를 선호하고 있기 때문에 중산층의 문화와는 다른 별개의 문화가 존재한다는 이 이론은 많은 비판을 받았다.

4 폭력하위문화이론(Violent Subculture Theory)

폭력하위 문화이론은 1967년 울프강과 페라쿠티Marvin Wolfgang & Franco Ferracuti의 이론이다. 그들은 필라델피아의 살인범죄 발생률을 조사하다가 살인범들이 특정한 집단문화 속에서 생활하고 있었음을 발견하였다.

살인범들은 폭력이 일상화된 문화 속에서 생활하고 있었기 때문에 피살자를 도매가격Wholesale Price 혹은 소매가격Retail Price으로 부르면서 살인을 자행하고 있음을 발견한 것이다.[254]

이 이론에서는 폭력이 적절한 행동으로 평가받는 문화 속에서 생활하는 청소년들의 폭력 가능성이 높다고 본다. 폭력은 문화, 규범의 동조행위이며, 적절한 행위로 학습되고, 강화되기 때문에 그러한 문화가 지배적인 지역은 폭력발생률이 높다고 본다.[255]

이들은 흑인은 폭력을 용인하는 하위문화에 있기 때문에 폭력의 가능성이 높고, 따라서 흑인비율이 높은 미국 남부지방에서 폭력발생률이 높다고 주장하였다. 또한 폭력하위문화는 청소년 후반기에서 중년에 이르는 집단에서 가장 흔하게 나타난다고 하였다.[256]

이러한 폭력하위문화이론은 왜 하층지역에서 폭력범죄율이 높은가에 주목하였다. 하지만 비판론자들은 중산층 지역보다 하층지역에서 비행행위가 경찰에 의해서 더 많이 단속되었으며, 이것은 형사사법기관의 편견에 의한 것이라고 비판하였다. 또한 흑인의 폭력하위문화에 대한 많은 연구가 있었지만, 그것은 폭력적 하위문화의 문제가 아니라 빈곤문제에 기인한 것이라는 비판을 받았다.

---

253 Frank Schmalleger, *op. cit.*, p. 93.
254 *Ibid.*, p. 93.
255 김준호 외 5인, 전게서, pp. 107 – 108.
256 박승위(역), 전게서, p. 89.

사회과정이론(Social Process Theory)

사회과정이론은 학습이론과 통제이론으로 구별할 수 있다. 학습이론에는 차별적 접촉이론Differential Association Theory, 차별적 동일시이론Differential Identification Theory, 차별적 강화이론Differential Reinforcement Theory, 사회학습이론Social Learning Theory, 중화이론Neutralization Theory 등이 있다. 통제이론에는 봉쇄이론Containment Theory, 사회유대이론Social Bonding Theory, 그리고 억제이론Restraint Theory 등을 들 수 있다.

사회과정이론은 사회·심리학파Social-Psychological School의 형성과 밀접한 관련이 있다. 사회·심리학파는 약한 자아관념과 낮은 사회적 역할이 범죄에 있어서 중요한 원인이라고 생각한다. 어떤 행동의 원인을 유발할 수 있는 개인과 사회적 집단과의 관계를 강조한다.[257]

1 학습이론(Learning Theory)

학습이론Learning Theory은 긴장이론과 달리 불평등한 구조와 같은 구조적인 여건에 의한 긴장보다는 학습에 의한 가치와 태도에 주목한다. 범죄적 동료와의 친근한 접촉이나 모방 등을 통해서 범죄의 기술을 학습한다는 것이다.

학습이론Learning Theory은 행동주의 심리학인 파블로프Ivan Petrovich Pavlov·1849-1936의 반복에 의한 학습을 강조한 '조건반사이론'Conditioned Reflex Theory에 기초한다. 스키너Burrhus Frederic Skinner·1904-1990는 어떤 행위에 대해서 보상이 뒤따를 때 어떤 내용이 학습되며, 이러한 학습은 변동비율이 강화될 때 가장 효과적이라는 '조작적 학습이론'Operant Conditioning Learning Theory에도 영향을 받았다.

학습이론은 '과거 경험에 의한 기억'에 근거를 두고 있다. 경험한 기억에 근거를 두고 있다는 점에서 '기억하지 못하는 경험'을 강조하는 프로이드와 '경험하지 못한 기억인 집단무의식'을 강조하는 융과 같은 심리학 이론들과 구별된다.

---

[257] *Ibid.,* p. 94.

1 차별적 접촉이론(Differential Association Theory)

서덜랜드[Edwin Sutherland]는 1920년대와 1930년대까지 유행하던 '범죄는 개인의 생물학적 혹은 정신적 결함'이라는 주장을 비판하였다. 이러한 비판과 쇼우와 맥케이의 연구결과를 토대로 하여, "해체된 지역사회가 어떻게 하여 범죄의 온상이 되어 가는가?"라는 명제를 세우고 특정 지역사회의 범죄발생을 이해하고자 하는 이론인 차별적 접촉이론을 주장하게 되었다.[258] 이러한 서덜랜드의 업적을 제프리[C. Ray Jeffery, 1977]는 "서덜랜드 때문에 오늘날 범죄학과 사회학이 제휴되었다."고 말하였다.[259]

서덜랜드는 특정한 지역에 사는 사람들이 어떻게 범죄자가 되는지를 구체적으로 살펴보았다. 그의 이론은 모든 범죄행위를 포함하여 인간의 행동은 학습되는 것이라는 가정에서 출발한다. 범죄란 사회적 접촉과 사회적 관계 속에서 나온 산물이라고 주장한다.

서덜랜드는 범죄자란 근본적으로 잘못된 사람이 아니며, 유전적 결함이나 정신이상으로 인하여 범죄행동을 하는 것은 아니라고 보았다. 또 자기를 통제하지 못하는 그러한 사람이라고 할 수는 없다. 범죄를 단순히 인간의 기본적 욕망을 실현하기 위하여 행하는 행동으로 볼 수도 없다. 가난한 사람은 필요한 것 이상을 절취하여야 하지만 반드시 그렇지는 않다는 데에서 알 수 있다. 범죄행동은 자동차운전이나 운동경기처럼 배워서 따라하는 것이다.[260]

서덜랜드는 1939년 타드[Gabriel Tarde]의 모방의 법칙[Laws of Imitation]에 기초한 「범죄학의 원리」[Principles of Criminology] 제3판에서 차별적 접촉이론에 관한 최초의 구상을 제시하였다.[261]

1947년 「범죄학의 원리」[Principles of Criminology] 제4판에서 "행동이란 사회환경 내에서 학습되는 것이며, 행동은 상황, 기회, 그리고 가치관의 결과"라는 범죄에 대한 차별적 접촉이론을 체계화하였다. 차별적 접촉이론은 9가지 요점으로 제시되어 있다. 이를 살펴보면 다음과 같다.[262]

첫째, 범죄행동은 학습된다.

둘째, 범죄행동은 다른 사람과의 의사소통과 상호작용을 통해서 학습된다.

---

258 E. H. Sutherland and D. R. Cressey, *Principles of Criminology(9th ed.)* (Philadelphia: J. B. Lippincott Company, 1974), pp. 80−82.
259 박승위(역), 전게서, p. 59.
260 조준현, 전게논문, pp. 161−163.
261 Frank Schmalleger, *op. cit.*, p. 94.
262 Larry J. Siegel, *op. cit.*, pp. 229−231.

셋째, 범죄행동의 학습은 친밀한 개인적 집단 내에서 일어난다.

넷째, 범죄행동이 학습될 때 그 학습은 ① 복잡한 수법과 단순한 수법, ② 범죄에 대한 동기, 충동, 합리화 및 태도 등이 학습된다.

다섯째, 법에 대한 인식이 범죄동기와 범죄충동에 영향을 준다. 범죄가 별 것 아니라는 생각을 가진 사람들과 자주 접촉하게 되면, 범죄를 쉽게 하게 된다. 법에 대한 주변 사람들의 올바른 가치관과 태도도 학습되고, 나쁜 가치관과 태도도 학습된다.

여섯째, 사람이 법을 위반하는 것은 법을 지켜야 된다는 생각보다 법을 위반하는 것이 별 것 아니라는 생각이 더 강하기 때문이다.

일곱째, 차별적 교제는 빈도, 지속성, 우선성 및 강도에 따라서 학습의 정도가 달라진다. 예를 들어 나쁜 친구와 얼마나 자주 만나는지(빈도), 얼마나 오래 만나 왔는지(기간), 처음 사귀었던 친구가 누구였는지(우선성), 얼마나 친한지(강도) 등에 따라서 학습의 정도가 달라진다.

여덟째, 범죄행동의 유형을 학습하는 것은 다른 모든 유형을 학습하는 것처럼 단순히 모방만 하는 것이 아니다. 범죄행동을 하는데 필요한 모든 것을 학습하게 된다.

아홉째, 범죄행동도 사람들의 일반적인 욕구와 가치관의 표현이며, 정상적인 일반행동도 마찬가지이다. 따라서 일반적인 욕구와 가치관 때문에 범죄행동을 하는 것이 아니라 범죄를 옹호하는 가치관 때문에 범죄를 하게 된다.

서덜랜드에 의하면 범죄행동은 친밀한 타인들과 상화작용하고, 의사소통을 하고, 교제를 함으로써 학습된다고 한다. 2가지 기본적인 것이 학습된다. ① 범죄행동을 하는 기법과 ② 그러한 범죄행동을 지원해 주는 규정(가치관, 동기, 충동, 합리화, 태도) 등이다. 특히 친밀한 관계가 존재해야 함을 강조하였다. 기술이나 가치관의 전승은 책을 읽거나 영화를 보아서는 이루어질 수 없다고 하였다. 기법은 '방법'Hows, 즉 행동의 내용을 의미한다. 규정은 '이유'Whys, 즉 그것을 하는 이유로 생각할 수 있다.[263]

서덜랜드는 이상과 같은 9가지 요점을 가지고 화이트칼라White Collar 범죄를 설명하였다. 미국의 상류층에서 화이트칼라 범죄가 끊임없이 발생하는 이유는 그러한 범죄를 긍정적으로 받아들이는 가치관이 있으며, 그러한 범죄가 다른 사람에게 계속 학습되기 때문이라고 하였다.

또한 불법행위를 묵인하는 일반적 가치관은 특정한 불법행위에 가담함으로써 생성되며, 그렇게 해서 확립된 가치관은 장차 자신이 관여한 불법행위를 정당화시키는 데 기여

---

[263] 박승위(역), 전게서, p. 62.

한다고 보았다.**264**

2 차별적 동일시이론(Differential Identification Theory)

글레이저^{Daniel Glaser}의 차별적 동일시이론^{Differential Identification Theory}은 차별적 접촉이론이 차별적 반응의 문제를 해결하지 못하고, 또한 범죄의 학습이 반드시 친근한 집단과의 직접적인 접촉을 통해서만 학습되는 것이 아니라는 비판에 대한 대안으로서 제시된 이론이었다.**265**

어떤 특정 상황에서는 직접 접촉을 하지 않더라도 범죄를 학습할 수 있다는 것이다.**266** 예를 들어 청소년들이 영화주인공인 알카포네를 모방하고 흉내 내는 것은 청소년들이 그들을 직접 만나거나 접촉한 적이 없음에도 불구하고 범죄를 학습한 경우라고 할 수 있다.

이 이론은 비행친구와 접촉하지 않은 아이도, 범죄율이 낮은 지역에 사는 아이도 비행을 할 수 있다는 것을 설명해 주고 있다. 하지만 그 아이가 왜 영화 속의 인물과 동일시하는가를 설명하지 못하는 단점이 있다.**267** "개인은 어떻게 해서 특정 인물에 더 매력을 느끼며, 또 매력을 느끼지 않는가?"라는 질문에 설명을 하지 못하는 단점이 있다.

레크리스^{Walter Reckless}와 디니츠^{Simon Dinitz}는 서덜랜드의 차별적 접촉이론이 차별적 반응의 문제를 도외시하고 있다는 문제점을 보완하였다. "무엇이 대도시 비행다발지역에 사는 청소년들로 하여금 범죄에 멀어지게 하는가?"라는 질문에 답을 하였다.

똑같은 범죄다발지역에 살고 있으면서도 범죄에 빠지지 않는 사람은 좋은 자아관념을 가졌기 때문이며, 반대로 같은 지역에 거주하면서도 범죄에 빠지는 것은 나쁜 자아관념을 가졌기 때문이라는 '자아관념이론'^{Self-Concept Theory}을 주장하면서 그 대답을 대신하였다.**268**

하지만 이러한 "긍정적인 자아관념은 어떻게 생성되는가?"에 대한 질문과 "차별적 자아

---

264 이황우 외 7인, 전게서, p. 310.
265 이윤호d, 전게서, p. 307.
266 이황우 외 7인, 전게서, p. 311.
267 김준호 외 5인, 전게서, p. 102.
268 Walter Reckless and Simon Dinitz, "Pioneering with Self-Concept as a Vulnerability Factor in Delinquency", *Journal of Criminal Law, Criminology and Police Science*, 58, 1967, pp. 515-523; 이황우 외 7인, 전게서, p. 313.

관념은 또 어떻게 생성되고 발전되는가?"라는 의문에 답을 못하고 있다는 비판을 받고 있다.

3 차별적 강화이론(Differential Reinforcement Theory)

버제스와 에이커스^{Robert L. Burgess and Ronald L. Akers}는 차별적 접촉이론에 대한 비판 중 하나였던 "특정인이 범죄자가 되기 전에 거쳐야 하는 학습의 과정이 명확하지 않다."는 점을 보완하여 '차별적 강화이론'^{Differential Reinforcement Theory}을 주장하였다.

이 이론에 의하면 비행은 주위 사람들로부터 학습되지만 학습원리, 즉 강화에 의해서 학습된다는 것이다. 이들이 이 이론을 제시한 목적은 서덜랜드의 차별적 접촉이론과 스키너^{Skinner}의 업적을 관련지어 보다 일반적인 행동이론^{Behavior Theory}으로 통합하고자 하는 것이었다.[269]

스키너는 사람이든지 혹은 동물이든지 어떤 행위에 대해서 보상이 뒤따를 때 학습이 된다는 강화이론을 주장하였다. 이러한 강화이론을 대표하는 것이 바로 스키너의 조작적 학습이론이다.

"환경을 통제하면 당신은 행동의 질서를 볼 수 있다."라는 것이 스키너의 주장이다.[270] 이러한 스키너의 이론을 이용하여 에이커스는 행동은 보상^{Rewards}과 처벌^{Punishments}에 대한 반응^{Response}이라는 차별적 강화이론 체계를 구성하였다.[271]

에이커스에 의하면 인간의 행위는 직접적인 상황이나 다른 사람의 행위모방^{Imitation}을 통하여 습득된다. 특정 행위의 결과로는 긍정적 재강화^{Positive Reinforcement}인 보상^{Rewards}의 취득과 부정적 재강화^{Negative Reinforcement}인 처벌의 회피가 있다. 이것은 긍정적인 보상이 얻어지거나 부정적인 처벌이 회피될 때, 어떤 특정 행위는 강화된다. 반면에 그 행위의 결과로 인해 혐오스러운 자극을 받는 긍정적 처벌^{Positive Punishment}을 받거나, 보상의 상실이라는 부정적 처벌^{Negative Punishment}을 받게 될 때 그 행위는 약화된다는 것이다.[272]

차별적 강화이론에 따르면 사람들은 보상이 있으면 그것을 반복하고, 처벌이 있게 되면, 그 일을 회피한다는 것이다. 아이들이 나쁜 행동을 할 때 주위에서 크게 꾸짖으면 그

---

269 R. Burgess & R. L. Akers, "A Differential Association Reinforcement Theory of Criminal Behavior", *Social Problems*, 1968, pp. 128－147; 이윤호d, 전게서, p. 302.

270 홍성열, 「범죄심리학」(서울: 학지사, 2000), p. 95.

271 이황우 외 7인, 전게서, P. 314.

272 이윤호d, 전게서, p. 302.

것을 안 하게 되지만 처벌이 없거나, 오히려 칭찬을 받는 등의 외부자극이 있게 되면 비행을 반복적으로 저지르게 된다는 것이다.

정상친구와 사귀는 아이들은 친구들이 잘못된 행동을 꾸짖지만, 비행친구는 잘못된 행동에 보상과 칭찬으로 대응해 주기 때문에 비행친구를 사귀는 아이들이 비행에 더욱 호의적인 태도를 학습하게 되고 비행할 가능성이 높아진다는 것이다.[273]

차별적 강화이론은 자신의 행동에 대한 강화의 학습 이외에도 주위 사람들의 강화 경험도 관찰하여 학습한다는 것을 강조하였다. 내가 과거에 비행으로 칭찬받은 것 이외에 어떤 범죄자가 떵떵거리며 잘 살고 있는 것을 관찰한 '관찰학습'의 결과도 법위반에 호의적인 태도를 형성하는 데 있어서 중요하다고 보았다.[274] 이처럼 차별적 강화이론에서는 차별적 접촉, 차별적 강화, 태도학습, 그리고 모방을 비행의 학습과정으로 중요하게 다루었다.

이러한 차별적 강화이론은 사회환경은 실험실과 같이 완벽하게 통제될 수 없기 때문에 어떠한 것이 독립적 재강화의 요소인지 혹은 종속적 재강화 요소인지를 알 수 없다는 비판을 받고 있다.

4 중화이론(Neutralization Theory)

사이크스와 맛짜Gresham Sykes and David Matza의 중화이론Neutralization Theory도 에이커스, 버제스 그리고 서덜랜드의 이론처럼 범죄자가 되는 과정을 학습의 경험으로 간주한다. 하지만 다른 학습이론과는 상당한 차이가 있다.[275]

차별적 접촉이론 등은 범죄행위를 하는데 필요한 태도·가치·기술의 학습을 중시하는데 반해서, 중화이론에서는 대부분의 비행자와 범죄자들이 관습적인 가치와 태도를 지지하지만, 이들 가치를 중화(합리화·정당화)Neutralization시키는 기술을 배워서 불법행위와 정당행위 사이를 왔다 갔다 표류drift한다고 보았다.[276]

대부분의 청소년들은 일반적으로 사회적 규범을 준수하지만, 일시적으로 이들 사회적 규범으로터 자신을 해방시키는 다음과 같은 중화기술을 습득하게 된다고 보았다.

---

273 김준호 외 5인, 전게서, p. 103.
274 상게서, p. 102.
275 Larry J. Siegel, *op. cit.*, p. 234.
276 Gresham Sykes and David Matza, "Techniques of Neutralization: A Theory of Delinquency", *American Sociological Review*, 22, 1957, pp. 664–670.

첫째는 책임의 부인Denial of Responsibility이다. 이는 자신도 어쩔 수 없는 외부요인 때문이었다고 책임을 회피한다.

두 번째는 손상의 부인Denial of Injury이다. 이는 훔친 것을 빌린 것이라고 하거나, 자신의 행위가 누구도 해치지 않았다고 합리화하는 것이다.

세 번째는 피해자의 부인Denial of Victim이다. 이는 싫어하는 이웃, 동성애자 등에 대해서 피해를 주는 것이다. 이들은 "맞을 짓을 했기 때문에 때렸다."라고 하면서 피해를 당한 사람이 나쁜 사람이기 때문에 자신의 행동은 정의로운 응징이라고 주장한다.

네 번째는 비난자의 비난Condemnation of Condemners이다. 이는 자신을 비난하는 사람, 즉 경찰, 기성세대, 부모, 선생님 등이 더 나쁜 사람이면서 자신들의 조그만 잘못을 비난하는 것은 모순이라고 주장한다.

마지막은 충성심에의 호소Appeal to Higher Loyalties이다. 이는 자신의 행위가 옳지 않지만 친구들을 위해서 어쩔 수 없었다고 주장한다.

결론적으로 중화이론에서의 관점은 사람들이 "그렇게 할 생각은 없었다." "나는 누구에게도 피해를 주지 않았다." "그들은 맞을 이유가 있었다." "모두가 나를 싫어한다." "나는 조직의 이익을 위해서 그렇게 했다." 등과 같은 이유를 내세우면서 자신의 행동을 합리화한다는 것이다.[277]

중화이론은 청소년범죄자가 성인이 되면서 왜 범죄를 하지 않는지를 잘 설명해 준다고 볼 수 있다. 하지만 비행청소년이 범죄를 하기 전에 중화를 하는가 아니면 범죄를 하고 나서 중화를 하는가에 대한 비판이 제기되고 있다.

또 범행 전에 중화를 하여 비행원인을 설명할 수 있다고 하더라도 왜 다른 청소년들은 지속적으로 비행에 표류하며, 다른 청소년은 왜 비행에 표류하지 않는지에 대한 개인적 차이를 설명하지 못한다는 비판이 제기되고 있다.

2 ║ 통제이론(Control Theory)

낙인이론의 인기가 떨어지기 시작하고, 갈등이론이 급진론적 관점으로 옮아가게 되

---

277 Larry J. Siegel, *op. cit.*, p. 236.

자, 통제이론이 보수적 범죄학자들에게 설득력을 가지게 되었다. 통제이론은 인간행동의 통제를 논하는 모든 관점을 말한다.[278]

사회통제이론Social Control Theory은 다른 범죄이론과 다르게 범죄행동을 설명하는 방식에 차이가 있다. "무엇이 인간을 범죄자로 만드는가?"라는 질문보다는 "왜 사람들은 규범을 준수하는가?"라고 하는 기본적인 질문을 공유하고 있다. 많은 사회환경이 범죄를 유혹하고 있음에도 불구하고, 왜 많은 사람들이 법을 지키고 있는지를 알고자 하였다.[279]

사회통제이론은 1970년대 중반에 와서 인기를 끌게 되었다. 그 이유는 첫째, 낙인이론과 갈등이론에 대한 반작용으로 범죄행동을 다시 검토하게 되었다. 보수적 범죄학자들은 '신범죄학'에 관심을 갖지 않았다. 전통적인 주제인 범죄행위로 돌아가고자 하였다.

둘째, 하나의 학문으로서 사법제도에 대한 연구의 대두는 범죄학을 보다 실용적이고 체계적인 방향으로 나아가게 하였다.

사법적 과제에 대한 정부의 관심과 연구기금이 늘어나고, 범죄와의 전쟁이 이러한 운동의 실용적 성격을 더욱 강화하였다.

셋째, 사회통제이론은 비행을 측정하는 새로운 연구기법인 자기응답식 조사Self-Report Survey와 관련을 맺으면서 더욱 발전하게 되었다.[280]

1 견제이론(Containment Theory)

레클리스Walter Reckless · 1899-1988의 견제이론은 개인의 내적 통제요인에 주목한 이론이다. 그는 가난, 비행하위문화, 퇴폐환경, 갈등, 차별적 기회구조 등 사람들로 하여금 일탈적인 행동을 하게 밀어주는Pushing 사회적 외적 압력External Pressures들이 있다고 하였다. 또한 좌절, 분노, 열등감, 욕구 등 일탈적 행동을 하게 하는 강력한 심리적 내적 압력Internal Pressures들이 있다고 보았다.[281]

사회가 범죄를 하도록 유인Pulls하고 강요Pushes하고 있다는 것이다. 하지만 문제는 사회에서 동일한 상황에 처해 있는 모든 사람이 그들의 범죄적 성향을 행동으로 옮기지는 않는다는 것이다.[282]

---

278 박승위(역), 전게서, p. 117.
279 Larry J. Siegel, *op. cit.*, p. 236.
280 상게서, 119.
281 Walter Reckless, *The Crime: Problem(5th ed.)* (NewYork: Appleton Century Crofts, 1973), p. 56.
282 이윤호d, 전게서, p. 313.

이처럼 모든 유인과 강요가 사람들에게 작용하고 있음에도 불구하고, 모든 사람들이 일탈행위를 하지 않는 것은 ① 내적 견제Internal Containment와 ② 외적견제External Containment가 있기 때문이다.

내적 견제로는 좋은 자아관념Self-Concept이 가장 중요하다. 그 밖에 양심Conscience, 목표 지향성Goal Directedness, 현실적 목적Realistic Objectives, 좌절감의 인내Tolerance of Frustration, 그리고 합법성에 대한 동일시Identification with Fullness 등을 들 수 있다.**283** 외적 견제로는 가족과 지역사회, 사회에서의 기대감, 그리고 사회에 대한 소속감 등이 있다.

레크리스는 열악한 생활조건 등과 같이 반사회적 행위를 저지르도록 이끄는 힘이 있더라도 가족 등과 같은 외적 견제요인이 작용한다면 범죄나 비행을 예방할 수 있다고 보았다.

견제이론은 첫째, 이 이론의 핵심인 내·외적 견제의 강약 정도를 측정하기 어렵다. 둘째, 이론 자체가 지나치게 포괄적이다. 셋째, 개념이 명확하지 않기 때문에 연구를 위한 가설검증이 어렵다는 비판을 받고 있다.

Police Science

🔍 견제이론

- 좋은 자아관념은 주변의 범죄환경에도 불구하고 비행행위에 가담하지 않도록 하는 중요한 요소가 된다.
- 범죄를 유발하는 외적압력에는 가난, 비행하위문화, 퇴폐환경, 갈등, 차별적 기회구조 등이 있다.
- 범죄를 유발하는 내적압력은 좌절, 분노, 열등감, 욕구 등 일탈적 행동을 하게 하는 강력한 심리적 압력을 말한다.
- 모든 사람들이 일탈행위를 하지 않는 것은 ① 내적 견제Internal Containment와 ② 외적 견제 External Containment가 있기 때문이다.
- 내적 견제에는 좋은 자아관념, 양심, 목표지향성, 현실적 목적, 좌절감의 인내, 그리고 합법성에 대한 동일시 등이 있다.
- 외적 견제에는 가족과 지역사회, 사회에서의 기대감, 그리고 사회에 대한 소속감 등이 있다.

---

283 상게서, p. 315.

2 사회유대이론(Social Bonding Theory)

허쉬[Travis Hirshci]는 1969년 「비행의 원인」[Causes of Delinquency]이라는 저서를 통해서 그의 사회통제에 관한 이론을 소개하였다. 그는 사람들은 '잠재적인 범죄자'[All individuals are potential law violators]이지만 자신의 불법행위로 가족과 친구 그리고 직장 등과 같은 중요한 관계들이 피해를 입기 때문에 통제된다고 가정하고 있다.[284]

내면화된 규범의 힘, 양심, 그리고 인정받으려는 욕구가 사람들을 도덕적 행동으로 나아가게 한다고 보았다. 사이크스와 맛짜[Sykes & Matza]와 마찬가지로 허쉬는 사람이 '자유롭게' 비행에 가담하게 되는 것으로 보았다. 그러나 중화기법을 사용하는 대신에 그는 사회에 대한 결속[Bond]의 붕괴나 약화가 비행의 원인이라고 보았다.[285] 그는 사회기관에 의한 통제작용에 주목하였다.

허쉬는 사회적 결속에는 애착, 전념, 참여, 신념이라는 4가지 요소가 있으며, 이들 4가지 요소는 모두 개인과 사회의 결속에 영향을 준다고 보았다.[286]

첫째는 가장 중요한 요소인 애착[Attachment]이다. 부모, 친구 등과 맺는 애정이나 관심을 말한다.

두 번째는 전념[Commitment]으로 교육에 투자하고, 저축을 하는 것과 같은 일상적인 생활방식과 활동에 투자하는 시간과 열정을 의미한다.

세 번째는 참여[Involvement]로 전념의 결과로써, 실제로 일상생활에 참여하는 것을 말한다. 학업에 열중하고 가족과 시간을 보내는 것을 말한다.

네 번째는 신념[Belief]으로 사회가 가지고 있는 규율이 공평한 것으로 인정하는 것이다. 규율과 규범을 존중하는 사람은 그것을 준수할 도덕적 의무감을 가진다는 것이다.

허쉬는 자신의 이론을 검증하기 위해서 캘리포니아주에 있는 중·고생 4,000명을 대상으로 상세한 자기보고식 조사를 진행하였다. 이러한 자료들은 허쉬의 사회유대이론에 대한 타당성을 지지하였다. 따라서 그의 이론에 대한 주요 가정을 반박하는 사례나 결과를 발견하는 것은 쉽지 않다.[287]

---

284 Larry J. Siegel, *op. cit.*, p. 238.
285 박승위(역), 전게서, p. 122.
286 Frank Schmalleger, *op. cit.*, p. 96; Larry J. Siegel, *op. cit.*, pp. 238–239.
287 Larry J. Siegel, *op. cit.*, p. 239.

3 억제이론(Restraint Theory)

억제이론은 사법기관의 처벌작용을 강조한다. 범죄의 이익이 처벌의 고통보다 크면, 범죄가 발생할 것이고, 처벌의 고통이 범죄의 이익보다 크면 범죄는 일어나지 않을 것이라고 가정한다. 이는 고전주의 범죄학으로의 회귀경향이라고도 볼 수 있다.

고전주의 범죄학은 계몽주의Enlightenment에 영향을 받아 인간의 이성을 강조하고 합리적 인간상을 전제로 하였다. 하지만 범죄를 계속하는 재범자에 대한 설명이 힘들어지면서 실증주의 범죄학이 대두되었다. 새로운 이론이 등장했지만 재범에 대한 설명이 힘들어지자 신고전주의 범죄학이 등장하였다. 이들은 인간의 이성적 판단이 모두 다르며, 개개인은 저마다 다른 합리적 기준을 가지고 있다고 보았다.

신고전주의 범죄학의 하나가 억제이론이며, 억제에는 일반억제와 특별억제가 있다. 일반억제General Deterrence란 일반대중에게 범죄처벌에 관한 정보를 제공하여, 그들의 범죄행위를 억제시키는 것을 말한다. 특별억제Specific Deterrence란 한때 범죄행위로 처벌받은 사람이 자신이 경험한 처벌에 대한 고통과 현실로 인하여 미래의 범죄행위를 억제하는 것을 말한다.[288] 이러한 억제이론은 고전주의 학파와 비슷한 처벌의 신속성Celerity, 확실성Certainty, 그리고 엄격성Severity이라는 3가지 요소를 가지고 있다.

억제이론은 1970년대와 1980년대에 각광을 받았다. 비슷한 시기인 1970년대 후반에 일상생활이론Routine Activity Theory이 등장하였다. 이 이론에서는 ① 동기화된 범죄자Motivated Offender, ② 적합한 대상Suitable Target, ③ 감시의 부재Absence of Surveillance 등을 범죄 발생의 요건으로 주목하였다.

억제이론은 사실상 1980년대 중반 이후 합리적 선택이론으로 통합되게 되었다. 일상생활이론도 합리적 선택이론의 한 부분으로 논의되게 되었다.[289] 억제이론에 대한 비판은 여러 가지가 있다. 그 중에서도 가장 큰 문제점은 이 이론이 사기·횡령과 같은 재산범죄인 도구적 범죄Instrumental Crimes에는 적용될 수 있어도 죄질이 중하고 높은 형벌이 예상되는 살인, 강도, 강간과 같은 표출적 범죄Expressive Crimes에는 적용이 어렵다는 비판을 받고 있다.[290]

---

288 이윤호d, 전게서, p. 320.
289 김준호 외 5인, 전게서, p. 122.
290 Allen E. Liska, *Perspectives on Deviance* 109 (Englewood Cliffs, NJ: Prentice−Hall, Inc., 1981); 상게서, p. 322.

낙인이론(Lablling Theory)

1 ‖ 등장배경

1950년대는 미국의 모든 제도가 크게 발전한 시기이다. 전쟁의 공포에서 벗어나 경제적으로도 큰 발전을 이루게 된다. 그만큼 미국 중류층이 급속히 성장하였다. 경제는 건실하게 발전하였고 가정은 안정을 이루었으며, 학교는 더욱 확장되고, 조직된 종교조직은 더욱 강해졌다.

그러나 50년대를 지나 60년대에 들어서면서도 하류계층에 속하는 사람들 특히 흑인들은 미국의 이와 같은 발전과 번영의 혜택을 별로 보지 못하였다. 미국 사회학자들은 계층과 인종별로 범죄율과 법집행률을 따져 보면서 이러한 요인들이 범죄와 어떠한 상관관계에 있는지를 논의하게 된다. 특히 낙인이론을 주장하는 학자들에게서 이러한 문제의식이 철저하게 나타났다.[291]

1960년대 범죄학 이론에 하나의 다른 접근방법이 등장하였다. 기존 이론의 분파였지만 낙인이론은 새로운 관점에서 범죄와 범죄행위에 대한 문제를 제기하였다. 낙인이론은 일탈자보다는 일탈자를 취급하는 사회, 경제, 법 제도에 초점을 둔다.

따라서 "왜 사람들이 일탈자가 되는가?"라는 문제는 "어떻게 해서 사람들이 일탈자로, 그리고 어떤 행동이 일탈행동으로 규정되는가?"의 문제로 확대되었다.

예를 들어 상상력이 풍부하여 수업시간에 간혹 엉뚱한 말과 행동을 하는 아이는 기발한 천재로, 혹은 수업을 방해하는 멍청한 아이로 규정될 수 있다. 또한 짧은 치마에 독특한 헤어스타일을 한 학생은 개성 넘치는 유행의 선두주자로, 혹은 규율을 지키지 않는 말썽꾼으로 규정될 수도 있다.

이처럼 낙인론자들은 일탈을 일탈자가 저지른 행동의 성질로서가 아니라 일탈이라고 규정된 것이라고 본다. 사법기관에 의해 "이러저러한 행위는 범죄 혹은 일탈이다."라고 규정되기 때문에 그 행위가 범죄 혹은 일탈이 되는 것이지, 특별히 어떤 사람들이 일탈을 저지르는 것은 아니라고 보았다.

낙인론자들은 이전의 이론들이 일탈자의 특성을 너무 강조하고, 사람들이 일탈에 반

---

291 조준현, 전게논문, p. 164.

응하는 다양한 방식에 대해서는 소홀했다고 주장하였다. 이 같은 취지는 매우 중요한 것이어서 이러한 입장을 '사회반응학파'Societal Reaction School라고도 한다.[292]

낙인이론은 범죄행위를 강조하지 않고, 공식적 담당자의 행위와 법을 만들고 적용하는데 관심을 가진다는 점에서 고전주의 학파에 가깝다. 또한 낙인이론은 상징적 상호작용의 한 분파이기 때문에 새로운 것이 아닐 수도 있다. 그럼에도 불구하고 낙인이론은 범죄학과 전반적인 일탈연구에 많은 영향을 주었다.

미국은 낙인이론에 근거한 형사정책을 번복했던 역사가 있다. 1970년대까지는 범죄자를 교화 대상으로 보는 시각이 지배적이었다. 그러나 1980년대 범죄율이 치솟자 美정부는 범죄와의 전쟁을 선포한다. 이후 치안정책을 강화하고 범죄자를 교화가 아닌 격리 대상으로 보기 시작했다.

그러나 이와 같은 강경책은 2000년대에 이르러 수많은 비판에 직면했다. 재범률 상승과 수감자 증가에 따른 부작용이 심각한 수준에 이른 것이다. 최근 잊혔던 낙인이론이 다시 주목받기 시작했고 정부는 다시 '엄벌'에서 '교화'로 방향을 틀게 됐다.[293]

2 ‖ 주요내용

낙인론자들은 일탈이 규정되는 과정도 중시하였다. 하지만, 소위 낙인찍힌 사람들이 어떻게 엄청난 범죄자로 발전하게 되는지에 관심을 가졌다. 1930년대에 탄넨바움Frank Tannenbaum · 1893-1969은 '꼬리표 붙이기'Tagging라는 용어를 사용하면서 범죄자라는 꼬리표가 어떠한 결과를 낳는가에 관심을 가졌다. 그는 범죄자로 낙인되는 과정을 '악의 극화'惡의 劇化 · Dramatization of Evil라고 하였다.[294]

1963년 벡커Howard Becker는 그의 저서인 「이방인」Outsiders에서 "범죄라고 하는 것은 사회규범을 위반한 행위를 사회구성원의 합의에 의한 법을 통해서 제재하는 것"이라고 하였다. 이러한 사회적 규범은 사회질서를 수호하려는 '도덕적 사회집단'Moral Enterprise이 제정한 법률을 통해서 보호받게 된다.[295]

---

292 박승위(역), 전게서, p. 93.
293 박나영, "청소년기 법정경험은 충격 … 정체성 발달에 악영향" 「아시아경제」, 2019.07.10.
294 Larry J. Siegel, *op. cit.*, p. 244.
295 *Ibid.*, p. 98.

벡커는 "인간의 범죄성은 기독교에 있어 원죄와 같이 언제 어디서나 일어날 수 있으며, 항상 존재하고 누구나 범죄자가 될 수 있다는 사실을 망각한 채 사회에서는 오만한 다수의 잘못된 시각으로 출소자를 바라보고 있다."라고 주장하였다.

또한 레머트Edwin Lemert는 낙인을 1차적 일탈Primary Deviance과 2차적 일탈Secondary Deviance이라는 개념으로 설명하였다. 1차적 일탈은 누구나 우연한 기회에 저지를 수 있는 사소한 일탈을 말한다. 그런데 그 행동이 일탈로, 그리고 그 당사자가 그 행동으로 인해 일탈자로 낙인이 찍히게 되면, 그 사람은 일탈자라는 꼬리표를 달게 되면서, 심각한 일탈을 저지르게 된다. 이처럼 낙인으로 인한 보다 심각한 수준의 일탈을 2차적 일탈이라고 한다.[296]

낙인이론가들에 의하면 낙인은 '자기충족적 예언'Self-Fulfilling Prophecy을 일으킨다고 한다.[297] 어떤 사람이 주위로부터 도둑놈이라고 계속 불려지면 그러한 주위의 인식대로 행동한다는 것이다.

낙인이론가들은 소위 4D정책을 제시했다.

첫째는 비범죄화Decriminalization이다. 이는 웬만한 비행은 일탈로 규정하지 말자는 것이다.

둘째는 전환제도Diversion이다. 비행자를 체포 ⇒ 기소 ⇒ 처벌이라는 공식절차상에 두지 않고, 기소하기 전에 지역사회에서 일정한 처우를 받도록 함으로써 낙인을 줄이자는 것이다.

세 번째는 적법절차Due Process이다. 이는 계층 간에 차별 없이 공정하게 법이 집행되어야 한다는 것이다.

마지막으로는 탈구금화Deinstitutionalization이다. 이는 교도소와 같은 구금시설에서 처우하기보다는 가능하면 사회 내에서의 처우를 통해 범죄자들이 낙인을 덜 받고 사회에 재적응하기 쉽도록 하자는 것이다.[298]

이러한 낙인이론가들의 주장은 사법제도의 개혁에 많은 기여를 하였다. 이후 갈등이론의 선구 이론으로써 영향을 주었다.

---

296 Larry J. Siegel, *op. cit.*, pp. 244-255.
297 김준호 외 5인, 전게서, p. 128.
298 상계서, p. 131.

1 ‖ 등장배경

미국의 1960년대는 정부지출이 크게 확대된 시기였다. 케네디^{John F. Kennedy} 대통령의 '뉴프런티어'^{New Frontier}로 시작하여 존슨^{Lyndon B. Johnson} 대통령의 '위대한 사회'^{Great Society} 프로그램을 통해 빈곤과 인종차별의 완전한 퇴출을 추구하는 과정에서 예산적자가 크게 확대되었다.[299]

하지만 베트남 전쟁(1960-1975)이 확대되면서 헤어 나올 수 없는 수렁으로 점점 빠져들고 있었다. 1960년대가 끝나갈 무렵 전쟁에 대해 진보와 보수로 국론은 분열되고 경제적으로는 무언가 잘못되고 있다는 인식이 널리 퍼지기 시작하였다.

특히 1965년에서 1975년 사이의 미국 사회는 베트남전 반대시위(1965-1968), 흑인민권운동, 여성과 동성애자에 대한 권리운동 등과 같은 사회변혁운동이 일어나고 있었다. 그 당시의 젊은이들은 부모세대의 전통적 생활양식을 위선적이고 도덕적으로 부패한 것으로 여겼다. 형법까지도 "…상대적으로 힘을 가진 집단들이 그들의 특수한 이익을 신장하거나 그들의 도덕적 선호를 다른 사람에게 강요하기 위해 형법을 이용하기로 한 결과"로 간주하였다.[300]

갈등이론은 낙인이론에 이어 등장하였다. 범죄를 사회적 갈등과 경제적 갈등으로 설명하고 있다. 갈등이론은 낙인이론과 유사하게 범죄의 정치성에 초점을 두었다. 범죄에 대한 국가의 역할, 형법제정의 관계, 형사사법체계 운용상의 차별과 편견 등에 주목하였다.

1960년대에 이러한 사회적 갈등의 개념을 처음 범죄학에 적용한 인물은 빌렘 봉거^{Willem Bonger}, 랄프 다렌도르프^{Ralf Dahendorf}, 조지 볼드^{George Vold}였다.[301] 한편 학계 전반에서 비판범죄론이 대두하여 마르크스^{Karl Marx}의 초기 연구에 대한 관심을 갖기 시작했으며, 마르크스의 이론을 범죄와 형사사법체계에 적용한 학자들이 등장하기 시작하였다.

일반적으로 갈등이론은 크게 보아서 보수적 갈등이론과 비판범죄이론으로 나뉘게 된다. 비판범죄학^{Critical Criminology}은 급진범죄학^{Radical Criminology}과 신범죄학^{New Criminology}으로 크게

---

299 조장옥, "예술로서의 경제정책 … 낙서도 작품일까?" 「ifsPost」, 2019.07.07.
300 박승위(역), 전게서, p. 106.
301 Larry J. Siegel, *op. cit.*, p. 260.

구분된다. 보수적 갈등이론은 권력에 관한 것이 주된 관심인 반면, 비판범죄이론은 많은 다양성에도 불구하고 법과 범죄에서 자본주의 경제체제의 역할에 특히 중점을 두고 있다.

2 ║ 보수적 갈등이론(Conservative Conflict Theory)

네델란드의 봉거^{Willem Bonger}는 1916년 「마르크스주의적 사회주의 범죄원인론」^{Marxist socialist concepts of crime causation}을 출간하면서 마르크스의 주장에 따라 범죄를 사회갈등과 관련짓는 견해를 주장했다. 봉거는 범죄란 사회적 근원을 가지는 것이며, 생물학적 원인이 중요한 것은 아니라고 하였다. 롬브로조의 범죄생물학을 부정하면서 범죄는 자본주의 사회구조 때문에 발생한다는 점을 강조하였다. 필요한 만큼 소유하는 부의 재분배가 이루어지면 범죄는 사라질 것이라고 주장하였다.[302]

오늘날의 갈등이론에 큰 영향을 미친 다렌도르프^{Ralf Dahrendorf}는 마르크스의 주장과는 다르게 물질적 소유보다는 권위구조를 강조한다. 갈등은 특정한 상황이나 사태에 대해 통제력을 행사하려는 집단 간에 일어남을 가정하고 있다.[303] 다렌도르프는 현대사회는 '권위적으로 조정된 단체'^{Imperatively Coordinated Association}로 제도화되어 있다. 권위를 가진 사회적 지배그룹과 권위를 갖지 못한 그룹 등 2개로 제도화된 권위구조를 가지고 있다고 보았다.[304]

갈등이론에 대한 이론적 기초는 다렌도르프가 제공했지만 범죄학에 갈등론적 견해를 접목시킨 사람은 미국의 볼드^{George Vold}였다. 볼드는 형법상 존재하는 갈등에 대해서 "… 입법, 위법 및 법집행의 모든 과정이 뿌리 깊고, 근본적인 집단 이해 간의 갈등을 나타내고, 국가의 경찰력을 통제하려는 집단들 간의 보다 일반적인 투쟁을 직접적으로 반영하는 것"이라고 하였다.

볼드는 소수 집단이 입법과정에서 영향력을 미칠 수 없기 때문에 이들의 반사회적 혹은 반정부적 행동은 범죄로 법제화된다고 보았다.[305] 볼드는 범죄란 사회에 대한 통제력을 얻은 정치적 집단이 자신의 권리와 이익을 보호하기 위하여 제정한 법을 위반한 행위라고 하였다.

---

302 *Ibid.*, p. 261.
303 박승위(역), 전게서, p. 106.
304 Larry J. Siegel, *op. cit.*, p. 261.
305 박승위(역), 전게서, p. 110.

터크Austin Turk는 사회질서를 사회를 통제하려는 강력한 집단들의 표현 결과로 보았다. 터크에 의하면 사회에 대해 통제력이 행사되는 방식에는 2가지가 있다.

첫째는 강압적 통제, 즉 물리적인 힘이라고 하였다.

두 번째는 비강압적 통제이다. 이 같은 유형은 법적 이미지와 존속기간의 통제로 나타난다. '존속기간'Living Time에 대한 통제는 한동안의 강압기가 지난 후, 사회가 스스로 새로운 규칙에 적응함을 말한다.

시간이 지남에 따라, 예전 세대는 죽고 말 것이며, 새로운 세대는 지금 사회에서의 경험만을 가지게 된다. 따라서 새로운 세대는 과거의 질서와 지금의 질서를 비교할 가능성이 적으며, 지금의 질서에 순응한다는 것이다.[306]

이러한 이론에 의하면 사회지배층에 의한 강압적 통제가 커지게 되면, 약자들의 범죄율은 높아지게 된다. 하지만 사회지배층에 의한 비강압적 통제가 커지게 되면, 약자들의 범죄율은 낮아지게 된다고 한다.

3 ║ 비판범죄학(Critical Criminology)

비판범죄학Critical Criminology은 마르크스주의 또는 급진적인 시각으로 범죄화 과정을 파악하는 이론을 말한다. 갈등이론의 연장선상에 있으며, 방법론적으로는 낙인이론을 배경으로 한다. 낙인이론과의 본질적인 차이점은 범죄자로 만드는 주체의 정당성을 문제삼는 것이다.[307] 비판범죄학은 낙인을 찍는 국가의 통제 메커니즘을 부정하고 권력의 억압으로부터 개인을 해방시키는 것을 목적으로 한다.

마르크스와 엥겔스는 일탈이나 범죄에 대해 체계적으로 논의한 바는 없다.[308] 하지만 범죄자들을 다른 생산노동자들에게 기생하는 비생산적 기생충의 성격을 갖는 룸펜 프롤레타리아 계층 혹은 '위험한 계급'Dangerous Class으로 규정한다. 그들의 범죄활동 또한 도덕적 타락Demoralization과 허위의식에서 나온 것이라고 보았다.[309]

---

306 상계서, p. 110.
307 배종대·홍영기, 전게서, p. 335.
308 안진, "후기자본주의 사회에서의 범죄통제" 「역사와 사회 2: 현대 자본주의의 이론적 인식」 (서울: 한울아카데미, 1984), p. 34.
309 이황우 외 7인, 전게서, p. 333.

마르크스와 엥겔스는 생산수단뿐만 아니라 법규범을 포함한 상부구조에 대한 통제력을 갖고 있는 자본가들의 독점에 주목한다. 자본주의의 발전에 따라 다수의 실업층과 잉여인구를 생산하게 된다. 노동계급의 열악한 조건이 그들의 도덕적 타락을 불러 일으켜서 범죄가 광범위하게 발생하게 된다고 보았다.

따라서 퀴니Richard Quinney 등의 급진범죄학과, 테일러I. Tayler, 월튼P. Walton, 그리고 영J. Young 등의 신범죄학과 같은 비판범죄학의 제반 이론들은 마르크스주의에 대한 해석에 있어서는 입장의 차이가 있지만, 오늘날 대부분의 비판범죄학은 마스크스Karl Marx의 주장을 기본내용으로 하고 있다.

1 급진범죄학(Radical Criminology)

급진적 갈등이론인 급진범죄학Radical Criminology은 1979년 티프Tiff의 정치적 무정부주의에서부터 1975년 챌블리스Chambliss, 1975년의 스피처Spitzer, 1977년의 퀴니Quinney 등의 마스크스주의가 있다. 그리고 1973년 고든Gordon의 경제적 유물론, 1985년 페핀스키Pepinsky와 제실로우Jesilow의 가치다양성에 이르기까지 많은 이론들이 있다.[310]

마르크스는 범죄와 범죄행위 그리고 범죄대책에 대해서 체계적인 이론을 전개하지는 않았다. 하지만 많은 급진주의 범죄학자들은 마르크스의 일반적 사회모형을 범죄를 설명하는데 적용하였다.

봉거의 마르크스주의적인 범죄분석은 오랫동안 거의 주목을 받지 못했다. 경제계급론을 주장한 퀴니Richard Quinney에 의해서 마르크스주의 범죄이론이 다시 주목을 받게 되었다. 퀴니는 형법을 국가와 지배계급이 기존 사회경제질서를 유지하고 영구화시키기 위한 도구로 보았다. 그는 범죄를 자본주의의 물질적 불평등 조건에 따른 불가피한 반응으로 보았다.[311]

퀴니는 자본주의 사회에서 범죄는 행위주체와 목적에 따라 ① 지배 범죄Crimes of Domination와 ② 적응 범죄Crimes of Accomodation, ③ 저항 범죄Crimes of Resistance 등 3가지로 구분된다고 주장하였다.

첫째, 지배 범죄Crimes of Domination는 지배집단이 체제를 유지하는 과정에서 발생하는

---

310 박승위(역), 전게서, p. 110.
311 배종대·홍영기, 전게서, p. 337.

범죄를 말한다. 지배범죄에는 기업이 저지르는 가격담합, 환경오염, 기업구성원의 화이트 칼라 범죄, 자본가들이 이윤을 위해 저지르는 기업범죄 등과 같은 ① 경제범죄Crimes of Economy, 공무원 범죄 및 테러와 전쟁범죄와 같은 ② 정부범죄Crimes of Government, 형사사법 기관이 인권을 탄압하는 ③ 통제범죄Crimes of Control 등이 포함된다.

둘째, 적응 범죄Crimes of Accomodation는 생산수단을 소유하거나 통제하지 못하는 피지배 집단이 개별적으로 자본주의의 모순에 반응하면서 나타나는 범죄를 말한다. 적응범죄에 는 절도, 강도, 마약거래 등과 같은 ① 약탈범죄Predatory Crimes와 살인, 폭행, 강간, 매춘 등 과 같은 ② 대인범죄Personal Crimes가 포함된다. 적응범죄는 자본가들의 잉여착취로 노동자 들이 생활유지를 위해 어쩔 수 없이 저지르는 범죄를 의미한다.[312]

셋째, 저항 범죄Crimes of Resistance는 피지배집단이 자본주의의 기본모순에 저항하고 그 것을 극복하는 과정에서 나타나는 범죄를 말한다. 저항범죄에는 집회와 시위에 관한 법 률 위반이나 국가기관에 대해서 명예훼손죄 등을 묻는 범죄들이 포함된다. 저항범죄는 자본주의 체제에 맞서기 위한 대응범죄를 의미한다.[313]

퀴니는 형사사법체계란 자본주의 국가가 지배계급의 자본축적을 보호하고 잉여인구 와 계급투쟁을 억압하기 위해 출현한 제도라고 본다.[314] 따라서 형사사법체계에 대한 비용을 충당하기 위한 독점자본의 개입이 늘어나면서, '형사사법 – 산업복합체'Criminal Justice-Industrial Complex가 성립하게 된다. 이들의 공존관계Symbiotic Relationship를 기반으로 하는 지배계급에 의한 범죄통제가 이루어진다고 보았다.[315]

퀴니와 같은 급진적 범죄학자들은 계급투쟁이 3가지 측면에서 범죄에 영향을 준다고 보았는데 이를 살펴보면 다음과 같다.[316]

첫째, 법 자체가 지배계급의 도구라는 것이다. 법에 나타난 범죄에 대한 규정이 지배 계급의 이익을 반영한 것이고, 기존 지배계급의 재산을 지속하는 데 도움을 주고 있는데, 이것이 자본주의의 기초라는 것이다.

둘째, 자본주의 사회에서 모든 범죄는 개인주의와 경쟁주의를 낳는 계급투쟁의 결과 라는 것이다. 부와 재산의 축적에 대한 강조가 계급 간의 갈등과 심지어 계급 내의 갈등 을 유발한다는 것이다.

---

312   상계서, pp. 337 – 338.
313   김준호 외 5인, 전게서, p. 132.
314   R. Qunney, *Class, State & Crime* (NewYork: Longman Inc., 1977), p. 132.
315   이황우 외 7인, 전게서, p. 337.
316   박승위(역), 전게서, p. 112.

마지막으로 자본주의 사회에서의 잉여노동은 범죄문제를 야기한다는 것이다.

퀴니Richard Quinney와 스피쳐Steven Spitzer는 잉여노동으로 인한 문제를 ① 부자에 대한 빈자의 절도, ② 노동을 거부하는 사람, ③ 약물로 도피하는 사람, ④ 학업을 포기하거나 가정에 소홀한 사람, ⑤ 적극적으로 비자본주의 사회를 제안하는 사람 등으로 제시하였다.

스피쳐는 권력을 사용할 필요가 없는 하층민 사회Skid Row에 있는 알코올중독자들을 '사회적 폐물'Social Junk이라고 하였다. 반대로 지배계급에 위협을 주는 정치적 과격분자와 혁명가들을 '사회적 다이너마이트'Social Dynamite라고 하였다.[317]

2 신범죄학(New Criminology)

미국의 범죄학자들이 형사사법 데이터를 통한 구조적 해석을 하고 있는 동안에 영국의 범죄학자인 테일러Ian Tayler, 월튼Paul Walton, 그리고 영Jock Young 등은 1973년 「신범죄학」 The New Criminology을 발간하였다. 기존 일탈 사회학 이론의 전 분야를 재검토하고, 새로운 일탈이론의 정립을 위해서는 마르크스의 사회구조이론과 상호작용이론을 융합해야 한다고 주장하였다.[318]

신범죄학은 가난한 사람들의 욕구에 초점을 맞추는 스칸디나비아의 '사회적 복지사회'Social Welfare Societies라는 개념에서 영감을 받았다. 따라서 신범죄학의 학자들은 사회변혁을 촉진하고 사법의 불공정을 제거하기 위해서 노력하였다.[319]

신범죄학자들은 권력층의 범죄를 드러내고 형사사법체계의 불평등을 폭로하는 것을 주된 연구과제로 삼았다. 범죄란 자본주의 사회에서 노동자계급에 대한 착취와 억압의 산물이라고 보았다. 피지배계급의 범죄자들은 적응범죄(직업적 범죄로서 절도나 매춘 등)를 저지르도록 유도된다. 이들의 범죄는 부당한 사회를 변화시키고자 하는 프롤레타리아의 계급투쟁과는 아무런 관련이 없는 그저 생존을 위한 불가피한 방법이라는 것이다.[320]

신범죄학자들은 범죄문제는 새로운 사회주의 사회로의 변혁을 통해서만 해결될 수 있기 때문에 범죄학은 부와 권력의 불평등 철폐에 노력해야 한다고 하였다.[321] 테일러Ian

---

317 상게서, p. 112.
318 이황우 외 7인, 전게서, p. 335.
319 Frank Schmalleger, *op. cit.*, p. 99.
320 배종대·홍영기, 전게서, p. 338.
321 이황우 외 7인, 전게서, p. 335.

Taylor는 상층계급의 사기, 뇌물, 재정사취, 부패, 기업범죄, 탈세, 매춘 등과 같은 범죄는 법집행의 이중성으로 인해서 여러 가지 법적 특권을 누리고 있다고 보았다.[322]

신범죄학은 권력층의 비행을 새로운 범죄학의 기본노선으로 할 것을 주장하고 있다. 또한 다른 갈등이론처럼 범죄자를 심리적·정신적 요인을 가진 병리학적 개념으로 파악하는 것을 비판하였다. 신범죄학에 따르면 범죄는 지배권력과의 불평등한 이해관계를 해결하기 위한 과정에서 발생한 일반 민중들의 개인적 또는 집단적 행동의 산물이다. 범죄자는 정치적·경제적 의미가 더 강한 개념이라고 보고 있다.

제8절 발전범죄학(Developmental Criminology)

1 | 등장배경

1980년대 말부터 범죄학 분야에서 발전범죄학Developmental Criminology이라는 하나의 조류가 새롭게 나타났다. 발전범죄학은 개인의 범죄경력이 연령의 증가에 따라 발전하는 과정에 주목하였다. 손베리Terence Thornberry는 이러한 발전범죄학의 이론화를 가장 먼저 시도한 사람이다. 그는 허쉬Hirschi의 통제이론과 에이커스Akers의 학습이론을 바탕으로 비행을 상호작용의 발전과정 속에서 파악하였다.[323]

1980년대에 들어 본격적으로 실시된 범죄경력연구는 기존의 정태적 연구를 통해서는 알려지지 않았던 범죄현상에 대한 몇 가지 새로운 사실들을 제시하였다. 형사정책 부분에 가장 중요한 영향을 미쳤던 사항은 만성범죄자 집단의 존재를 확인했다는 것이다. 만성범죄자의 존재를 확인한 대표적인 연구로는 울프강 등Wolfang et al.이 1972년에 발표한 필라델피아 출생집단 연구를 들 수 있다.[324]

울프강 등의 1972년 연구는 대규모의 출생 코호트를 20년 가까이 추적조사한 것이었

---

322 Ian Taylor, *Criminology* (London: Routledge and Kegan Paul, 1975), p. 29; 심영희, 「국가권력과 범죄통제」 (서울: 한울아카데미, 1988), p. 81.
323 박순진b, "1980년대 이후의 범죄학 이론 동향" 「사회과학여구」, 9(2), 2001, pp. 15−16.
324 박순진a, "범죄현상에 관한 새로운 분석틀: 발전범죄학의 대두와 전개" 「한국사회학회 사회학대회 논문집」, 1999, pp. 396−397.

다. 처음으로 소수의 만성적인 범죄자 집단을 확인하였다. 울프강 등은 필라델피아에서 1945년도에 출생한 9,945명을 대상으로 18세가 될 때까지를 추적조사하여 이들의 범죄발생 양태를 분석하였다. 이들의 연구에서 가장 주목받은 연구결과는 소위 '6% 현상'이다. 조사결과 9,945명 중에서 5회 이상의 범죄를 저지른 소년은 627명이었고, 이들이 전체 출생코호트에서 차지한 비율은 6% 가량이었다.

전체에서 차지한 비율은 6%로 낮았지만 이들이 저지른 범죄는 1945년에 태어난 전체가 저질렀던 총범죄의 52%를 차지하였다. '6% 현상'이란 이같이 6%에 불과한 극히 소수가 과반수를 넘는 대다수의 범죄를 저질렀다는 사실을 지칭하는 것이다.

이후 '6% 현상'은 이후 만성범죄자의 특성이나 발전양상 등에 관한 연구를 촉진하는 계기가 되었다. 또한 소수의 만성범죄자만 제대로 관리할 수 있다면 전체 범죄발생의 절반 이상을 줄일 수 있다는 가능성을 제시하여 이후 선택적 무력화와 같은 새로운 범죄자 관리대책의 기초가 되었다.

소수의 만성범죄자 집단은 이후의 다른 연구들에서도 확인되었다. 1985년 트레시 등 Tracey et al은 필라델피아에서 1958년에 태어난 27,160명 중에서 만성범죄자 집단의 크기를 살펴보았다. 18세가 될 때까지를 조사했을 때 연구대상자 중에서 한 번이라도 범죄를 저지른 사람은 전체의 15.9%인 4,315명이었고, 5회 이상 범죄를 저지른 만성범죄자는 982명으로 전체의 3.6%를 차지하였다.

만성범죄자 비율을 울프강 등의 연구에 비해서 다소 낮았지만 이들이 저지른 범죄건수는 전체 범죄의 60% 이상을 차지하여 역시 전체범죄의 상당 부분을 이들 소수의 만성범죄자들이 유발한다는 것을 알 수 있었다.

2 주요내용

손베리Terence Thornberry에 의하면 비행은 처음에는 부모, 학교, 전통적 가치 등으로 표현되는 인습사회와의 결속약화로 인해 발생한다. 결속이 약화될수록 비행의 가능성은 증가한다.

이와 더불어 비행친구 또는 비행적 가치와의 접촉은 비행의 빈도와 강도를 증가시키며 비행 자체가 다른 비행의 간접적 원인이 되기도 한다. 이러한 상호작용의 과정은 개인의 생애주기를 통해 발전하며 각 연령 단계에 서로 다르게 작용한다.

초기 청소년기(11-13세)에는 가정, 중기 청소년기(15-16세)에는 친구나 학교, 후기 청소년기(18-20세)에는 취업, 대학, 결혼 등과 같은 것이 보다 중요한 역할을 하게 된다. 이처럼 비행을 설명하는 인과적 과정이나 변수는 개인의 생애에 따라서 발전하는 동태적 과정을 적절하게 반영하여야 한다.

1989년 패터슨^{Patterson}은 반사회적 행동의 발전을 '초기 개시자'^{Early Starter}와 '후기 개시자'^{Late Starter}로 나누어 설명하였다. 초기 개시자는 아동기의 부적절한 양육에 따라 학업에의 실패와 친구집단의 거부라는 이중적 실패를 경험하게 된다. 결과적으로 비행집단에 참가할 가능성이 높고 만성적 비행자가 될 가능성이 매우 크다. 반면, 후기 개시자는 중기 또는 후기 청소년기에 비행을 시작한 경우로서 이중적 실패를 경험하지 않음으로써 쉽게 범죄경력을 중단할 수 있다.[325]

1993년 모핏^{Moffitt}은 범죄경력의 전개과정을 '생애지속형'^{Life-Course-Persistent}과 '청소년기형'^{Adolescence-Limited}으로 구분하였다. 생애지속형 범죄자는 태아의 발생과정에서 신경심리학적 결손에 의하여 시작된다. 이러한 결손은 경험적으로 언어적, 행동적 결손과 관련되며 성장하면서 점차 비행의 가능성을 증대시킨다. 이러한 과정은 사회환경적 요인(차별, 낙인 등)에 의하여 영속되거나 악화된다.

청소년기형 범죄자는 늦게 비행을 시작하며 비행이 청소년기에 한정되는 경우이다. 이들은 대부분 일찍 범죄를 중단하게 된다. 이는 그들이 범죄를 시작하게 했던 요인들(성숙격차 등)이 변화하였기 때문이다.

제9절 신고전주의 범죄학(Neo Classical Theory)

1 등장배경

신고전주의 범죄학^{Neo Classical Theory}은 거시적인 지역사회, 중범위의 근린 생활지역, 잠

---

325 상계논문, p. 16.

재적 범죄자에 대한 범죄예방을 합리적 인간을 가정으로 하여 발전된 범죄학이론이다.

일상생활 이론^{Routine Activity Theory}과 환경범죄학^{Environmental Criminology}은 지역사회라는 다소 거시적인 지역을 다루고, 범죄패턴 이론^{Crime Pattern Theory}은 지역사회보다 작은 중범위의 근린생활지역을 대상으로 한다. 합리적 선택이론^{Rational Choice Theory}은 잠재적 범죄자 개인^{Offender}이라는 미시적인 범위를 다룬다.

이와 같은 일상생활 이론, 범죄패턴 이론, 합리적 선택이론 등은 개인을 합리적 존재로 가정하고 범죄예방에 관심을 둔다는 점에서 신고전주의 이론^{Neo-Classical Theory}으로 분류된다. 클락^{Clarke, 1992}이 주장한 상황적 범죄예방 이론^{Situational Crime Prevention Theory}은 위의 3가지 이론들이 중요한 이론적 배경이 되고 있다. 또한 깨어진 창문이론도 상황적 범죄예방이론을 지향하는 이론이다. **326**

환경설계를 통한 범죄예방^{CPTED: Crime Prevention Through Environmental Design}이론은 1970년대에 등장한 범죄예방이론으로서, 크게 보아 상황적 범죄예방이론을 구성하는 하나의 하위이론이다.**327**

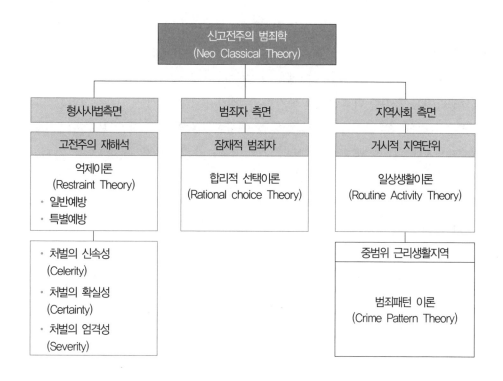

---

326 박현호, 「범죄예방환경설계(CPTED)와 범죄과학」 (서울: 박영사, 2014), p. 28.
327 최응렬, "환경설계를 통한 범죄예방에 관한 연구", 「박사학위논문」서울: 동국대학교 대학원, 1994, pp. 12−140.

공동체 구조의 붕괴가 불법적인 행위를 야기한다는 주제와 관련된 연구성과는 쇼우와 맥케이의 연구로부터 출발하였다. 현재도 지역연구에 있어 반복되는 검증과 수정과정을 거치면서 범죄분석틀로서 여전히 유용성을 인정받고 있다.

쇼우와 맥케이의 생태학적 이론에 근거한 사회해체이론은 1970년대 이후 일상생활이론, 생활양식·노출이론, 기회이론, 피해자이론, 합리적 선택이론 등의 발전에 영향을 미쳤다.[328]

특히 일상생활이론Routine Activity Theory과 상황적 범죄예방이론은 피해자와 관련된 범죄예방이론으로도 알려져 있다. 1979년 미국의 범죄학자인 코헨과 펠슨Cohen & Felson은 일상생활이론을 주장하였다. 개인의 일상활동 유형에 따라 범죄기회가 감소되거나 증가될 수 있다고 보았다.

특정한 사람 또는 대상이 일정한 공간과 시간에 놓여졌을 때 범죄발생은 잠재적인 범죄자의 존재, 적절한 범행대상, 보호의 부재 등 3가지 요인에 의해 결정된다고 한다. 특히 이 3가지 요인이 동시에 겹치게 되면 범죄는 발생한다고 보았다. 하지만 어느 하나라도 충족이 되지 않으면 범죄는 발생되지 않는다고 보았다.

일상생활이론에서는 범죄란 ① 동기화된 범죄자Motivated Offender, ② 적합한 범죄대상Suitable Target 그리고 ③ 범죄자의 범죄행위를 예방할 수 있는 적절한 보호자(감시자)의 부재the Absence of a Guardian capable of preventing the criminal act와 같은 3가지 구성요소를 가지고 있다고 본다.

환경범죄학Environmental Criminology은 일상생활이론을 확장한 연구로 볼 수 있다. 범죄연구의 주된 관점을 범죄가 발생한 장소에 중심적인 초점을 두는 이론이다. 1981년 브란팅햄 부부Faul J. Brantingham & Patricia L. Brantingham에 의해서 제시된 이론이다.

환경범죄학의 주제는 범죄자보다는 범죄에 있고, 장소의 특성과 특정 사건이 왜 일어나는지를 이해하는 데 있다. 그들은 범죄가 법, 범죄자, 목표물, 장소라는 4가지 차원으로 구성된다고 주장하였다.

1984년 브란팅햄 부부는 범죄에는 일정한 장소적 패턴이 있다는 범죄패턴이론Crime Pattern Theory도 주장하였다. 범죄패턴은 범죄자의 일상적인 행동패턴과 유사하며 우리 모

---

328 이현희, "범죄발생율의 지역별 차이에 관한 연구", 「박사학위논문」서울: 이화여자대학교 대학원, 1994, p. 22.

두가 잠재적 범죄자임을 가정할 경우, 각자 집, 가정, 직장, 쇼핑 등 여가활동 장소와 이동 경로, 이동 수단 등이 어느 정도 일정함을 알 수 있다.

범죄패턴이론은 이러한 사실에 착안하여 잠재적 범죄자는 일상활동 과정에서 적절한 범죄대상을 찾게 된다. 그들이 잘 알고 있는 지역 안에서 잘 알고 있는 이동경로나 수단을 이용해서 적당한 기회가 왔을 때 범죄를 저지른다고 주장한다. 범죄와 연관된 사람들(피해자나 가해자)과 사물들이 어떻게 시간과 공간에서 움직이는지를 고려한다.

범죄패턴이론은 사람들이 활동하기 위해 움직이고 이동하는 것과 관련하여 ① 교차점Nodes, ② 행로Paths, ③ 가장자리Edges의 3가지 개념을 가지고 있다. 이러한 개념적 장소의 내부 혹은 근처에서 범죄가 발생한다고 보았다.[329]

범죄자들은 일반인들의 집, 직장, 유흥장소 등과 같은 개인활동 교차점과 범죄자 개인이 선호하거나 익숙한 '범죄자 개인 형틀'Template의 공간 안에서 잠재적 범죄대상Potential Target을 찾는다고 한다.

Police Science

🔍 억제이론

- 억제이론Restraint Theory은 사법기관의 처벌작용을 강조한다. 범죄의 이익이 처벌의 고통보다 크면, 범죄가 발생할 것이고, 처벌의 고통이 범죄의 이익보다 크면 범죄는 일어나지 않을 것이라는 것이다. 이는 고전주의 범죄학으로의 회귀경향이라고도 볼 수 있다.[330] 이러한 억제에는 일반억제와 특별억제가 있다.

- 일반억제General Deterrence란 일반대중에게 범죄처벌에 관한 정보를 제공하여, 그들의 범죄행위를 억제시키는 것을 말한다. 특별억제Specific Deterrence란 한때 범죄행위로 처벌받은 사람이 자신이 경험한 처벌에 대한 고통과 현실로 인하여 미래의 범죄행위를 억제하는 것을 말한다.[331] 또한 이러한 억제이론은 고전주의 학파와 비슷한 처벌의 신속성Celerity, 확실성Certainty, 그리고 엄격성Severity이라는 3가지 요소를 가지고 있다.

- 억제이론은 1970년대와 1980년대에 각광을 받았다. 비슷한 시기인 1970년대 후반에 일상생활이론Routine Activity Theory이 등장하였다. 이 이론에서는 ① 동기화된 범죄자Motivated Offender, ② 적합한 대상Suitable Target, 그리고 ③ 감시의 부재Absence of Surveillance 등을 범죄 발생의 요건으로 주목하였다. 이러한 억제이론은 사실상 1980년대 중반 이후 합리적 선택이론으로 통

---

329 박현호, 전게서, pp. 29-30.
330 김창윤o, "한국의 범죄특성에 관한 연구(지난 10년간 5대 범죄발생 분석을 중심으로), 「경찰학논총」, 6(1), 2011,

합되게 되었으며 일상생활이론은 합리적 선택이론의 한 부분으로 논의되게 되었다.[332]

- 억제이론에 대한 비판은 여러 가지가 있지만 그 중에서도 가장 큰 문제점은 이 이론이 사기·횡령과 같은 재산범죄인 도구적 범죄Instrumental Crimes에는 적용될 수 있어도 죄질이 중하고 높은 형벌이 예상되는 살인, 강도, 강간과 같은 표출적 범죄Expressive Crimes에는 적용이 어렵다는 비판을 받고 있다.[333]

- 특히 억제이론Restraint Theory은 잠재적 범죄자들의 경우, 경찰력이나 경찰활동이 범죄행동을 예방하는 중요한 변수라고 가정하고 있다. 엘리히와 마크Ehrlich and Mark는 경찰력의 강화는 범죄를 감소시키는 원인이며, 경찰력과 범죄발생은 '상호결정적 관계'Simultaneously Determined Relation라고 보았다.[334]

- 반면에 제이콥과 리치Jacob and Rich는 미국 10개 도시의 시계열자료를 분석하면서, 경찰인력과 경찰예산의 증가가 범죄율 감소에 일관되게 나타나는 것이 아니며, 지역에 따라 다양한 양상을 나타내고 있음을 발견하였다. 따라서 억제이론에 근거한 경찰력의 증가와 범죄율과의 관계에 회의적인 입장을 나타냈다.[335]

- 이처럼, 1970년대 경찰인력과 경찰예산 등이 범죄율에 미치는 효과에 대한 많은 연구들은 경찰력의 강화가 범죄를 감소시킨다는 것과 그 효과가 그리 크지 않다는 것으로 양분되었다.

Police Science

🔍 상황적 범죄예방이론[336]

- 1980년대 초 영국 내무부의 로날드 클락Ronard V. Clarke은 1972년 발표된 뉴만Newman의 방어공간Defensible Space 개념과 1971년 발표된 제프리Jeffery의 셉테드CPTED 개념에 영향을 받아 '상황적 범죄예방'Situational Crime Prevention이라는 개념을 소개하였다.

- 이는 화재의 3요소와 비슷하다. 화재가 발생하기 위해서는 열Heat과 연료Fuel 그리고 산소Oxygen가 필요하다. 만약 이 중 어느 한 요소라도 제거된다면 화재는 일어나지 않게 된다.

- 마찬가지로 범죄도 범죄자Offender, 피해자Victim, 범죄가 발생하는 시간과 장소Time and Place

---

p. 316.

331 이윤호e, 「피해자학」(서울: 박영사, 2007), p. 320.

332 김준호 외 5인, 「청소년비행론」(서울: 청목, 2003), p. 122.

333 Allen E. Liska, Perspectives on Deviance 109 (Englewood Cliffs, NJ: Prentice—Hall, Inc., 1981), p. 322.

334 Ehrlich and Mark, "Fear of Deterrence", *The Journal of Legal Studies,* 6, 1977, pp. 293–316.

335 Jacob and Rich, "The Effects of The Police on Crime: A Second Look", *Law & Society*, 15, 1981, pp. 171–172.

336 Paul J. Brantingham & Particial L. Brantingham, *Environmental Criminology* (California: Sage Publication,

등과 같은 범죄의 3요소가 있다.

- 이 중 범죄의 한 요소라도 제거된다면 범죄는 발생하지 않게 된다.
- 이러한 접근 유형을 상황적 범죄예방이론이라고 한다.
- 이 이론에서는 범죄의 기회와 범죄의사를 감소시키는데 관심을 집중하고 있다.

🔍 셉테드(CPTED)

- '공간을 어떻게 설계하느냐에 따라 범죄도 막을 수 있다.'는 생각은 미국의 오스카 뉴먼^{Oscar} ^{Newman}이 1970년대 초 시행한 연구를 통해 대중적 관심을 불러 일으켰다.
- 그는 뉴욕의 어느 두 마을에서 주민들의 생활수준은 비슷함에도 불구하고 범죄 발생 수가 3배가량 차이가 나는 현상에 의문을 품었다.[337]
- 뉴먼은 두 마을이 건물 배치 모습이나 공공장소 활용 실태 등 공간적 설계에서 차이가 있다는 사실에 주목했다. 오랜 연구 끝에 공간 디자인에 따라 범죄예방 효과에도 차이가 날 수 있다는 이론을 정립했다.
- 셉테드에는 5가지 기본원리가 있다.[338] ① 자연적 감시$^{Natural\ Surveillance}$, ② 접근통제^{Access} ^{Control}, ③ 영역성^{Territoriality} 강조, ④ 활동성 지원$^{Activity\ Support}$, ⑤ 유지 및 관리^{Maintenance} $^{and\ Management}$ 등이다.

Police Science

🔍 깨어진 창문이론(Broken Window Theory)

- 깨어진 창문이론은 통제이론과 상황적 범죄예방이론과 연계되어 있다. 깨어진 창문이론은 무질서한 지역사회의 모습과 실제 범죄는 직접적인 연관성이 있다는 것이다.[339]
- 깨어진 창문 하나가 수리되지 않고 방치된다면, 그것은 잠재적인 범죄자들에게 경찰과 주민들이 지역사회를 지키지 않는다는 메시지를 준다는 것이다.
- 따라서 사소한 깨어진 창문을 방치한 결과 지역사회는 쓰레기 무단투기, 교통법규 위반, 반

1981), pp. 340 – 343.

337 이가혁, "범죄 예방용 환경설계(CPTED)"「중앙일보」, 2012.06.22.
338 박현호, 전게서, pp. 35 – 38.
339 김미숙 외 6인 역,「현대사회학」(서울: 을유문화사, 2003), p. 235.

제6장 범죄학 이론   203

달리즘 등에 의해서 더욱 무질서하게 된다. 마약거래자, 노숙자, 비행 청소년 등에 의한 강력범죄가 발생하게 된다는 것이다.

- 깨어진 창문이론은 1982년 윌슨J. Q. Wilson과 켈링G. Kelling이 주장한 것이다. 1969년 스탠포드대학의 심리학자인 짐바르도Philip G. Zimbardo의 1969년도 연구인 세워둔 자동차에 대한 '파괴행위'Vandalism 연구에서 아이디어를 얻었다.**340**

- 1980년 이후 각국에서 전개된 지역사회 경찰활동COP: Community Oriented Policing이 시민들의 범죄문제에 대한 무관심과 중앙집권적인 경찰관료조직으로 인하여 범죄와 무질서의 예방효과가 없는 것으로 나타나면서 새롭게 각광을 받게 되었다.

- 1990년대에 접어들어 지역사회의 범죄와 무질서를 보다 근원적으로 차단하기 위한 정책의 필요성이 대두되었다.

- 1994년 브래튼William Bratton이 미국 뉴욕 경찰청장으로 취임하여 깨어진 창문이론과 이를 응용한 '무관용정책'Zero Tolerance Policy'을 채택하였다. 경이적인 범죄감소를 경험하여 국제적인 관심을 불러일으켰다.**341**

- 무관용정책에서 핵심적인 요소는 범죄통계를 활용한 컴스탯 모델CompStat Model이었다.

- 범죄통계를 비교·분석한 컴스탯은 도시 전체의 범죄유형을 재조사하고 ① 범죄에 대한 즉각적 대응, ② 범죄지도 제작 기술, ③ 거리정보 현황, ④ 관할지역에 대한 책임을 강조하였다.**342**

- 우리나라에서는 깨어진 창문이론을 '기초질서위반 단속정책'에 적용한 바 있다.

- 깨어진 창문이론은 사소한 경범죄를 단속하면 중대한 중범죄를 예방할 수 있다는 사고에 기초하고 있는 것이 특징이다.

Police Science

🌐🔍 컴스탯(CompStat)**343**

- 경찰 지휘통제시스템의 시초는 미국의 윌리엄 브래튼William Joseph Bratton이다. 그는 1994년부터 10996년까지 뉴욕경찰청장을 역임하면서 깨어진 유리창 이론Broken Window Theory을 통

---

340 임준태a, 「범죄예방론」(서울: 좋은세상, 2001), p. 295.

341 장석헌, "깨어진 창이론(Broken Window Theory)을 통한 경찰의 대응방안"「한국공안행정학회보」, 16, 2003, pp. 1−2.

342 김창윤c, "GIS분석을 통한 효율적인 범죄예방활동에 관한 연구"「한국민간경비학회보」, 4, 2004, p. 100.

343 김창윤d−1, "위험방지를 위한 경찰의 능동형 스마트 지휘통제시스템 구축 방안"「2022 한국경찰학회 다중운집 행사에서 경찰활동의 전략과 방향성 세미나 자료」, 2022, p. 12.

한 무관용 정책Zero Tolerance Policy을 내세우며 뉴욕의 범죄율을 획기적으로 개선했다. 이때 사용한 경찰 지휘통제시스템이 컴스탯Compstat이다. 컴스탯은 4가지 기본전제를 가지고 있었다.

- 4가지 기본전제Four Basic Premises는 ① 적시 정확한 지능형 데이터Timely Accurate Intelligence Data, ② 신속한 경찰대응Rapid Response of Resources, ③ 효율적인 경찰전술Effective Tactics, ④ 지속적인 후속 조치Relentless Follow-Up이다.**344**
- 뉴욕시의 지휘통제시스템인 컴스탯은 주요 지휘관 명령시스템Command Profile과 하위 지휘관 명령시스템Sub-Command Profile으로 구성되어 있었다. 브래튼은 컴스탯을 구축하면서 모든 통계를 즉시에 전산시스템을 통해서 보고하도록 하였다.
- 브래튼 청장은 통계를 속이지 말라고 지시하였다. 이로 인해 그는 뉴욕시의 모든 범죄통계를 실시간으로 확인할 수 있었다. 상황에 맞게 경찰기동대를 범죄문제가 심각한 지역에 투입할 수 있었다.

제10절 피해자학(Victimology)

1 피해자학의 의의

피해자학의 학문적 근원은 1920년대–1950년대 범죄학자들의 관심으로 시작되었다. 1925년 범죄학자인 헨티크Hans von Hentig는 "근친상간에 관한 연구"에서 근친상간과 관련해서 범인의 범죄행동에 피해자가 기여하는 측면을 분석하였다.

1948년 "범죄와 피해자"The Criminal and His Victim라는 논문을 통해서 피해자가 범죄행동에 어떤 원인을 제공하고 있음과 가해자와 피해자 상호관계를 충분한 고찰할 필요성이 있다고 주장하였다.**345** 헨티크는 피해자를 피해자로 만드는 것은 과연 무엇 때문인가에

---

344 William J. Bratton, "Crime is Down in New York City: Blame the Police", William J. Bratton(et. al.), *Zero Tolerance: Policing a Free Society(2nd Edition)* (London: IEA Health and Welfare Unit, 1998), p. 36.

345 McShane & William, "Radical Victimology: A Critique of Victim in Traditional Victimology", *Crime and*

관심을 가지면서 피해자의 특성이 피해자화에 영향을 미친다는 것을 암시하였다.

범죄피해자에 대한 관심은 1956년 이스라엘의 변호사인 멘델슨[B. Mendelsohn]의 「피해자학」[Victimology]에서 본격적으로 시작되었다. 특히 1957년 영국의 여성형벌개량가인 프라이[Margery Fry]가 '피해자를 위한 정의'[Justice for Victim]라는 논설에서 "범죄피해자는 국가에서 그 피해를 보상해 주어야 한다."고 주장하여 큰 반향을 일으켰다. 1960년대에 이르러 인권사상이 확대되면서 피해자에 대한 관심이 더욱 고조되었다.[346]

'피해자학의 아버지'라고 불리는 멘델슨[B. Mendelsohn]은 피해자, 목격자, 증인 등을 대상으로 한 면담을 통해서 범죄자와 피해자 사이에는 강한 '개인적 상호 관계'[Interpersonal Relationship]가 있음을 발견하였다.[347]

이 당시 세계 각국은 범죄피해자를 가해자의 범죄사실을 입증하기 위한 단순한 증거방법으로 인식하였다. 이러한 인식의 저변에는 "범죄로 인한 피해자는 실제로 피해를 입은 개인이 아닌 국가"라는 관념이 자리 잡고 있었다. "범죄라는 것은 국가의 법질서에 대한 공격이자 침해행위"라는 사고가 형사사법에 스며있었기 때문이었다.[348]

피해자가 범죄의 진상파악 및 실체적 진실발견을 도와주는 증거방법 중의 하나라는 것은 부인할 수 없는 사실이다. 하지만 형사사법의 궁극적 목적이 인간존엄성의 실현을 위한 범죄피해의 신속한 회복이라는 입장에 서게 되면 다른 진실이 나타난다. 피해자를 단순히 하나의 '증거방법' 혹은 형사절차의 변방에 있는 '객체'로서만 인식하던 고정관념을 벗어날 수 있게 된다.[349]

피해자학[Victimology]은 헨티크[Hans von Hentig]와 멘델슨[Beniamin Mendelsohn]에 의해 시작되고 사퍼[S. Schafer]의 피해자 유형론 등에 의해서 크게 발전되었다. 피해자학은 새로운 형사사법의 발전에 많은 공헌을 하였다. 범죄로부터 국민의 생명·신체 및 재산을 보호해야 할 국가의 임무가 최근 들어 더욱 강조되면서 범죄피해자의 법적 지위를 강화해야 할 중요성이 세계 각국에서 새롭게 인식되기 시작하였다.

Delinquency, 38(2), 2001, pp. 258−271.
346 김창윤u, "경찰의 범죄피해자 정책 실태와 개선방안"「한국범죄심리연구」, 10(1), 2014, p. 104.
347 이윤호e, 전게서, pp. 15−16.
348 H. Zehr & M. Umbreit, "Victim Offender Reconciliation: An Incareration Substitute", *Federal Probation*, 46(1), 1982, p. 64.
349 김재민, "피해자학"「피해자서포터」, 경찰수사보안연수소, 2005, p. 5.

멘델슨은 피해자학이 범죄학과는 독립된 고유의 과학으로 존재해야 함을 역설하면서 학문으로서의 독자성을 주장하였다. 멘델슨은 '피해자학'Victimology이라는 개념 외에도 범죄학에서의 Criminal에 대칭된 개념인 '피해가 있는'Victimal 개념을 사용했다. 범죄학에서의 범죄성Criminality에 대칭된 개념인 '피해자성'Victimity 등과 같은 피해자 관련 용어를 만들었다. 이후 이를 심화하여 피해자를 6단계로 분류하였다.[350]

첫 번째 유형은 '완전히 무고한 피해자'Completely Innocent Victim이다. 이들은 가해자의 공격 이전에 아무런 범죄유발 행동을 하지 않았다. 예를 들어 유괴를 당한 어린이 등이 해당될 수 있다.

두 번째 유형은 '사소한 잘못이 있는 피해자'Victim with Minor Guilt 또는 '무지로 인한 피해자'Victim due to Ignorance이다. 범죄피해를 당하기 전에 무심코한 부주의로 인해서 범죄피해를 당한 사람들이다. 예를 들어 술집에서 폭행범을 째려 본 경우를 들 수 있다.

세 번째 유형은 '가해자만큼이나 책임이 있는 피해자'Victim as Guilty as Offender와 '자발적 피해자'Voluntary Victim이다. 부도덕한 사기성 범죄에 가담하다가 피해를 입은 사람과 기타 피해자 없는 범죄가 여기에 해당된다. 예를 들어 말다툼을 하다가 서로 폭행한 경우이다.

네 번째 유형은 '가해자보다 더 큰 책임이 있는 피해자'Victim more Guilty than the Offender이다. 피해자가 범행을 유발시킨 상황이다. 예를 들어 상대방에게 욕설을 하다가 폭행을 당한 사람 등이다.

다섯 번째 유형은 '가장 책임이 큰 피해자'The Most Guilty Victim이다. 처음에는 가해자로 범죄 상황을 만들었으나 본인이 통제할 수 없는 상황으로 인하여 피해자가 된 경우이다. 예를 들어 주거침입강도범이 집주인에게 폭행을 당한 경우라고 할 수 있다.

마지막 유형은 '가상 또는 상상적 피해자'Simulating or Imaginary Victim이다. 자신이 도박으로 돈을 잃자 강도를 당한 것처럼 가장하는 경우이다.

또한 사퍼S. Schafer는 '기능적 책임'Functional Responsibility이라는 개념을 도입했다. 피해자-가해자의 관계를 기초로 하여 피해자를 7가지 유형으로 나누었다.[351]

첫 번째 유형은 '무관한 피해자'Unrelated Victim이다. 피해자에게는 책임이 없으며, 단지

---

[350] B. Mendelsohn, "The Victimology", *Etudes Internationale de Psycho-sociologie Criminelle*, 1956, July, pp. 23-26.

[351] S. Schafe, *The Victim and His Criminal: A Study in Functional Responsibility* (NewYork: Random House, 1968), pp. 5-6.

피해자가 가해자의 불행한 표적이었던 경우이다.

두 번째 유형은 피해자도 책임을 공유하는 '유발적 피해자'Provocative Victim이다. 가해자가 피해자의 행위나 행동에 반응하는 것이다.

세 번째 유형은 '촉진적 피해자'Precipitative Victim이다. 피해자가 스스로 자신을 위험한 시간과 장소에 처하게 함으로써 스스로를 피해자가 될 수 있도록 만드는 경우이다. 이때는 피해자에게도 약간의 책임이 있다고 볼 수 있다.

네 번째 유형은 '생물학적으로 연약한 피해자'Biologically Weak Victim이다. 이들은 노약자처럼 연약한 자신의 신체적 조건 때문에 가해자에게 범죄를 당하는 경우이다. 이때는 당연히 피해자의 책임이 없다.

다섯 번째 유형은 '사회적으로 연약한 피해자'Socially Weak Victim이다. 이들은 사회적 소수계층으로 사회에 통합되지 못하여 피해자가 되는 경우이다. 이들에게도 피해의 책임은 없다.

여섯 번째 유형은 '자기 피해자화'Self Victimizing이다. 이는 약물, 매춘 등 피해자 없는 범죄에 가담한 것으로 이때는 모든 책임이 피해자 자신에게 있다.

마지막 유형은 '정치적 피해자'Political Victim이다. 정치적 이유로 피해를 받는 경우이다. 물론 이때도 이들에게는 책임이 없다.

이처럼 피해자에 대한 연구는 피해자의 유형화를 시도한 샤퍼S. Schafer, 살인죄의 유형분석을 시도한 볼프강Marvin E. Wolfgang, 강간죄의 유형분석을 시도한 아미르Menchem Amir, 피해자의 경솔함이 피해유발과 어떤 관련성이 있는지를 연구한 커티스Curtis 등의 연구로 이어졌다.[352]

이후 피해자에 대한 관심은 피해자의 복지를 위하여 그에 대한 지원과 보호대책을 강화할 것을 호소하였다. 영국의 여성 사회운동가인 프리Margery Fry는 ① 여성보호, ② 아동의 권리확보, ③ 범죄문제에 대한 관심, ④ 범죄피해자 보상, ⑤ 법률 개정작업 등과 같은 '피해자 보호운동'Victim Movement을 최초로 주장하였다.

이처럼 기존의 범죄학이 범죄행위를 한 범죄자에게 집중되었다면, 피해자학은 피해자의 특징 및 피해자를 유발하는 환경에 대한 체계적인 분석을 시도하였다. 개인이 범죄를 예방할 수 있는 방법과 피해자에 대한 보호 및 지원 그리고 범죄다발지역에 대한 통제를 가능하게 하는 방안을 모색하게 하였다. 비록 범죄학의 한 분파로써 피해자학이 등장하였지만 피해자와 가해자의 화해를 도모하는 '회복적 사법'Restorative Justice의 등장에도

---

[352] 김재민, 전게서, p. 8.

많은 공헌을 하였다.

3 ‖ 범죄피해자의 특징

일반적으로 범죄피해를 당한 사람들은 여러 가지 특징을 나타내게 된다. 첫째, 실존적 혼란상태인 '3D 현상', 즉 ① 장애^{Disorder}, ② 무능화^{Disempowerment}, ③ 단절^{Disconnection} 등에 빠져들게 된다.[353] '장애'^{Disorder} 상태란 신체적 기관이 장애를 일으켜서 비정상적인 상태에 빠지는 것을 말한다. '무능화'^{Disempowerment} 상태는 지금까지 해오던 어떤 일들을 할 수 없게 되거나, 할 수 있는 능력이 사라져 버리는 상태를 말한다. '단절'^{Disconnection} 상태란 실질적으로 뇌손상이 있지는 않지만 각각의 행동을 처리하는 뇌회로에 문제가 생겨서 나타나는 여러 가지 장애를 말한다.

둘째, 범죄피해자들은 범죄로부터 적어도 2가지의 피해를 감수하게 된다. 이를 '이중피해'^{Double Victimization}라고 부른다. 가해자에 의한 손실과 비용을 '1차 피해'^{Primary Victimization}라고 한다. 범죄피해자가 수사, 재판 등과 같은 형사사법체계를 거치면서 추가적으로 겪는 정신적, 심리적 피해를 '2차 피해'^{Secondary Victimization}라고 한다.[354]

전통적인 '응보적 사법'의 입장에서는 피해자는 형사사법에 협조해야 하면 그 과정에서 겪는 정신적·심리적 고통은 불가피한 것으로 여겨졌다. 하지만 피해자의 인권을 강조하는 '회복적 사법'의 입장에서는 범죄피해자의 명예, 사생활 보호 등과 같은 인격을 보호해야 한다는 인식이 강조된다. 2차 피해의 예방에 노력하고 있다.

셋째, 정신적 피해로 인해서 심각한 심리적 피해인 '외상후 스트레스 증후군'^{PTSD: Post Traumatic Stress Disorder}을 앓게 된다. 한국형사정책연구원의 2006년 조사결과에 의하면 피해자 중 "불면증, 공허감, 불안 등으로 곤란을 겪었다."고 답한 비율이 87.7%로 나타났다. 또한 "경찰을 믿을 수 있게 되었다."고 답한 비율은 20.4%, "재판의 공정함을 믿을 수 있게 되었다."고 답한 비율은 16.5%로 매우 낮게 나왔다.[355]

---

353 Howard Zehr, *Restorative Justice: Theoretical Foundation*(1st ed.) (London: Willan Publish, 2002); 최인섭·이순래·조균석, 「범죄피해자 실태 조사연구」(서울: 한국형사정책연구원, 2006), p. 97.

354 W. G. Doerner & S. P. Lab, *Victimology*(2nd ed) (Cincinnati, OH: Anderson Publishing Co., 1998); 이윤호e. 전게서, p. 162.

355 최인섭·이순래·조균석, 전게서, p. 150.

넷째, 범죄피해의 경험으로 피해자들은 심각한 '부정적 감정상태'Negative Emotion를 겪게 된다. 자신의 잘못 없이 겪어야 하는 육체적, 정신적, 경제적인 고통에 대해서 자책감을 느끼며, 분노, 불안, 침울, 불안정한 감정을 갖게 된다.

제1절 서설

경찰학은 과학적 특성이 강한 학문이 아니라 기술적 특성이 강조되는 실체적 학문인 점에 그 특징이 있다. 과학적 학문의 특징인 합목적인 법칙이나 논리정연한 체계를 갖추어 발달하였다기 보다는 목적지향적이고, 부분적이며, 기술적인 측면의 발달을 거듭해 왔다. 따라서 경찰학의 연구는 수시로 변화하는 상황에 적응할 수 있는 실용적인 측면이 강조된다.[356]

실정법상의 경찰의 조직 및 활동에 관한 학문적 연구성과의 총체라고 정의할 수 있으며, 철학적, 사회적, 행정학적, 기타 경험과학적 분야를 포함한다. 따라서 경찰학은 경찰실무와 동떨어진 공리공론이 아니며, 실무를 학문적으로 이론화한 것이다.

경찰학이란 '경찰'이라고 불리는 국가제도(지방제도 포함) 혹은 공권력의 행사와 관련된 제반 관념이나 현상 혹은 원리들을 체계적으로 규명한 지식의 총체를 일컫는 개념이다. 그러므로 시각적으로 확인되는 경찰의 구조, 활동, 관리뿐만 아니라 경찰관들의 의식세계나 경찰일탈까지도 경찰학의 연구영역에 포함된다.[357]

---

356 김창윤p, 전게논문, pp. 93−94.
357 이황우·조병인·최응렬, 전게서, p. 51.

🌐 유럽경찰연합(CEPOL: European Police College)의 경찰학(Police Science) 정의

- 한국에서 제기되는 경찰학의 학문적 정체성이 있느냐는 논의와는 별개로 유럽에서는 일찍부터 경찰학의 학문성을 인정하고 나아가 유럽경찰연합CEPOL: European Police College에서는 2007년 "유럽 경찰학의 전망"Perspectives of Police Science in Europe이라는 광범위한 보고서를 작성하였다. 이 보고서에서는 경찰학을 다음과 같이 정의하고 있다.[358]

"경찰학은 응용학문으로서 다양한 학문적 방법론 및 이론체계를 활용하여 공공질서 유지와 제반 경찰체제 그리고 경찰활동에 관련된 문제를 해결하기 위한 과학적 연구이다."

Police Science is the scientific study of the police as an institution and of policing. As an applied discipline it combines methods and subjects of other neighboring disciplines within the field of policing. It includes all of what the police do and all aspects from that have an impact on policing and public order.

제2절 경찰학의 연구

1 외국의 경찰학 연구동향

유럽에서는 범죄와 범죄인이라는 고유의 주제에 대한 학문분야인 범죄학을 중심으로 발전하였다. 범죄학은 19세기 중반에 시작하여 지금까지 급속하게 발전해 왔으므로 범죄학의 역사도 무려 100년 이상이 되고 있다.[359] 독일의 후기 관방학자 유스티Justi는 국가자원을 기준으로 하여 국가자원을 생산, 유지하는 기능(경찰학)과 국가자원의 유용한 사용(재정학)기능으로 나누었다.

전자가 경찰학의 분야였으며, 후자는 재정학의 분야였다. 특히 경찰학은 국가자원의

---

358 Hans Gerd Jaschke(et al.), *Perspectives of Police Science in Europe* (European Police College, 2007), p. 24.

359 이윤호b, 「범죄학개론」(서울: 박영사, 2005), p. 14.

유지와 증대에 관련된 학문이라고 하여 경찰학의 복리증진적 측면을 강조하였다. 1756년 그가 저술한 「경찰학의 원리」에서 종전의 모든 정치적 학문과 구분하여 「경찰학 Polizeiwissenschat」을 최초로 체계화하였다.

미국에서는 제1차 세계대전(1914-1918) 종료 직후 미국의 경찰관이던 오거스터 볼머 August Vollmer의 노력으로 캘리포니아대학, 미시간대학, 인디애나 대학 등에 경찰학과가 신설되면서 미국을 중심으로 현대 경찰학의 급속한 발전이 이어졌다.

일본의 경찰학이 기본체계를 갖추기 시작한 것은 1901년경이다. 미야쿠니츄키치宮國忠吉는 경찰과목 전서 3호에서 「경찰학」을 총론과 각론으로 나누어 편제하였다. 일본의 경찰대학에서는 1948년 1월 이후 월간으로 「경찰학논집」을 발간하고 있다.

2 ‖ 한국의 경찰학 연구동향

한국은 1945년 해방 이전에는 일본의 식민통치로 인하여 한국 경찰학의 발전을 기대할 수 없었다. 1950년대 이후 경찰전문학교 등에서 경찰학 관련 교재가 제작되어 사용되었다.[360] 그러다가 1962년 12월 29일 문교부의 인가로 동국대학교가 경찰행정학과를 설치하여 1963년부터 신입생을 선발하여 경찰행정학에 대한 이론과 연구방법 등을 가르치면서 비로소 체계적인 경찰연구가 시작되었다. 이후 서기영, 서재근, 이황우, 이상현, 김보환, 이윤근, 이윤호 교수 등과 같은 학자들이 전문저서를 발간함으로써 경찰학에 관한 학문적 토대가 성립되었다.

1980년대에 들어와서 1981년 경찰대학 개교, 1987년 한국공안행정학회 창립 등을 통하여 경찰학에 대한 인식이 확대되기 시작하였다. 내무부 치안본부가 1991년 경찰청으로 승격하면서 경찰학에 대한 학문적 중요성은 더욱 강조되었다.

1990년대 이후에는 치안연구소, 한국공안행정학회, 한국경찰학회, 범죄심리학회, 민간경비학회, 경찰연구학회, 경호경비학회 등에서 정기적으로 학술발표회, 연구논문집을 발간하였다. 이들 학회는 경찰학과 범죄학 그리고 민간경비에 대한 다양한 연구논문들을 발간하였다. 오늘날 전 세계에서 가장 활발한 논문과 저서들이 출판되는 국가들 중의 하

---

360 이황우·조병인·최응렬, 전게서, p. 53.

나가 되는 토대가 되고 있다.

제3절 경찰학의 발전과정

1 각국의 경찰학 연구

학문의 세계에 있어서 각 분과학문分科學問이 독자적 영역으로 존재하기 위해서는 나름대로의 연구대상, 접근방법, 개념 및 이론체계를 갖추고 있어야 한다.[361] 윌리엄 베일리William G. Bailey가 편집한 경찰학 사전The Encyclopedia of Police Science은 경찰학Police Science의 연구영역으로 경찰행정Police Administration, 수사기법Detection Techniques, 심리문제와 사회문제Psychological and Social Issues, 범죄유형Types of Crime, 그리고 법률적 문제Legal Questions 등을 열거하고 있다.[362] 「경찰학」警察學·Police Science도 분과학문으로서의 체계를 갖고 있기 때문에 독립된 분과학문으로서의 위치를 차지하고 있다.

영어의 Police Science라는 용어는 경찰학의 과학적 특성을 시사하고, Police Studies라는 용어는 경찰학의 학문적 독립성을 나타내고 있다. 이러한 경찰학의 학문적 성격은 실증적 연구방법을 통해서 이론적 전개가 검증되는 점에서 쉽게 입증된다.[363]

경찰학이라는 용어가 처음으로 나타난 것은 독일에서이다. 경찰학의 기원은 프로이센의 절대주의적 국가체제를 뒷받침하는 사상체계에서 유래한 이론체계에서 출발하는 것이다. 15세기말 프랑스에서 독일로 도입된 경찰권이론은 국민의 공공복리를 위해서 강제력을 동원할 수 있는 통치자의 권능을 인정함으로써 절대적 국가권력의 기초를 제공하였다.

하지만 독일에서의 경찰학(관방학)은 지금의 경찰학과는 다소 거리가 있기 때문에 대부분의 학자들은 로버트 필경에 의해서 창시된 최초의 근대경찰인 런던수도경찰청(1829)이 창설된 시점을 경찰학 연구의 시발점으로 잡고 있다.

독일에서의 경찰학관방학·Polizeiwissenschat이란 16세기 중엽에서 18세기말에 걸친 독일과

---

[361] 김창윤, 전게논문, p, 94.
[362] 이황우·조병인·최응렬, 전게서, p. 49.
[363] 상게서, p. 47.

오스트리아에서 발달한 정책학 혹은 행정사상이다. 당시 독일은 영국의 중상주의, 프랑스의 중농주의에 밀려 경제적으로 후진상태에서 통일국가를 형성하지 못하고 있었다. 이러한 상황에서 독일은 영국과 프랑스에 대항하기 위해 국가적 내실화를 추진하였다. 이것이 행복촉진적 복지국가관에 입각한 경찰학(관방학)이었다.

유스티^{Justi}에 의해 주도된 후기 관방학은 국가자원을 기준으로 하여 국가자원을 생산, 유지하는 기능(경찰학)과 국가자원의 유용한 사용(재정학)기능으로 나누었다. 전자가 경찰학의 분야였으며, 후자는 재정학의 분야였다.

특히 경찰학은 국가자원의 유지와 증대에 관련된 학문이라고 하여 경찰학의 복리증진적 측면을 강조하였다. 1756년 그가 저술한 「경찰학의 원리」에서 종전의 모든 정치적 학문과 구분하여 경찰학^{Polizeiwissenschat}을 최초로 체계화하였다.

종전의 통치학의 하나로 간주되어 온 경찰에 관한 연구는 경찰을 관방 또는 재정학의 원리와 관련시키고 또는 경제학과 혼동되었다. 특히 윤리학·자연법·인생론 등의 제원리와 결합되어 있었다. 유스티는 경찰학의 체계를 위해서 경찰학을 독립적 학문으로 재설정하였다.

이렇게 성립된 경찰학은 관방학적 행정국가의 구조를 설명하는 지식의 일 부문이었다. 경찰학은 구속 행정을 위한 기술론이 담겨져 있었기 때문에 일종의 행정학이라고 이해되었다. 당시의 행정학은 경찰학으로서의 행정학과 행정법학으로 분리되었다.

영국에서의 경찰학은 19세기 초반 영국의 내무부 장관이었던 로버트 필$^{Robert Peel}$ 경이 「런던수도경찰청의 조직과 운영에 관한 개혁법안」$^{The Metropolitan Police Act of 1829}$을 제시한 이후 근대 경찰이 창설되면서 시작되었다. 이러한 경찰학에 대한 관심과 연구는 이후 주로 미국에서 활발하게 전개되었다.

20세기 초까지 미국 사회는 혁신주의자들에 의한 사회제도 현대화 운동이 일어났다. 혁신주의 운동에 편승하여 그 한 분야로서 리차드 실버스타$^{Richard Sylvester}$, 오거스트 볼머$^{August Vollmer}$[364] 등 미국경찰의 새로운 세대의 지도자들에 의하여 경찰전문화$^{Police Professionalism}$가 주창되었다. 이들의 노력으로 1908년 캘리포니아 주 버클리시에 미국 최초의 경찰학교가 설립되었다. 1909년 뉴욕시에, 1911년 디트로이트시에 이어 1913년에는 필라델피아시에 각각 경찰학교가 설립되었다.[365]

제1차 세계대전(1914-1918)이 종료된 직후, 캘리포니아대학교, 미시간대학교, 인디애

---

[364] 오거스트 볼머(August Vollmer)는 1902-1932년까지 캘리포니아주 버컬리(Berkeley) 경찰서장을 하면서 영국의 런던수도경찰청(1829) 개혁을 참고하면서 경찰의 전문화를 주창하였다(Swanson·Territo·Taylor, Police *Administration* (New Jersey: Prentice Hall, 2005), p. 5.

[365] 김창윤·이창한, 「경찰학」(서울: 다해, 2007), p. 115.

나대학교 등에 경찰학과가 신설되면서 미국의 경찰학 연구는 크게 발전하였다.

1929년 3월 대통령에 취임한 후버Hebert Hoover는 미국의 형사사법제도the American Criminal Justice System를 연구하기 위한 '준법 및 법집행에 관한 실태 조사위원회'the National Commission on Law Observance and Enforcement를 설치하고 위원장에 전 법무부장관 위커샴George Wickersham을 임명하였다. 이 위원회는 위원장의 이름을 따서 '위커샴위원회'The Wickersham Commission로 불려졌다.

이 보고서는 14권으로 된 대보고서로 경찰조직과 활동상의 문제점을 여러 가지로 지적했다. 예를 들어 경찰이 피의자의 자백을 얻기 위한 고문, 경찰부패의 만연, 장비의 불완전, 간부의 관리능력 부족 등이 지적되었다. 특히 보고서의 제11권Report 11 '법집행에 있어서 무법성'Lawlessness in Law Enforcement편은 위커샴보고서 중에서 가장 충격적인 것으로서 경찰의 잔인성 문제를 조사하고 폭로하였다.

결국 이 보고서는 경찰업무 집행방법에 있어서 하나의 분수령이 되었다. 1931년 이후 경찰의 잔인성은 획기적인 개선을 보게 되었다. 보고서의 제14권Report 14 '경찰'police은 주로 오거스트 볼머August Vollmer가 집필한 것으로 경찰의 전문직화를 재강조하였다.

1930년대에 이르러 경찰의 책임자 지위에 새로운 세대들이 진출했다. 이들은 제1세대 개혁자들과는 달리 경찰 전문직화the Idea of Professionalism를 당연한 것으로 받아들이면서 여러 가지 성취를 이루었다. 이들의 노력은 '국제경찰장협회'IACP, '캘리포니아 치안관 협회'the California Peace Offices'Association 및 '뉴욕시 도시연구국'the Bureau of Municipal Research in New York City 등과 같은 전문기관의 지원을 받았다.

이들 그룹의 가장 대표적인 인물이 윌슨O. W. Wilson이었다. 그는 효율적인 기동순찰 방법으로서 2대의 1인 순찰차가 1대의 2인 순찰차보다 경찰관의 안전을 저해함이 없이 2배나 효과가 있다고 주장하였다. '1인 순찰차' 제도를 통해서 순찰인력 재배치와 분산에 관한 새로운 기법을 제시하였다. 그 밖에 포괄적인 기획, 새로운 기록관리 및 통신체계, 경찰관 채용 및 교육훈련 부분의 개선 등 여러 가지 새로운 방법과 정책을 제안하였다.

경찰학 분야의 발전에 끼친 영향을 따진다면, 로버트 필Robert Peel, 볼머August Vollmer, 스미스Bruce Smith 그리고 후버J. Edgar Hoover 등이 선구자적인 위치를 점하고 있다. 특히 1950년대에 출간된 윌슨O. W. Wilson의 「경찰행정학」Police Administration은 오늘날까지도 경찰학의 고전으로 여겨지고 있다.

1960년대의 미국 사회는 경찰에게 위기와 시련의 시기였다. 심각한 범죄의 증가와 암살의 유행, 흑인민권운동을 비롯한 흑인폭동, 베트남전쟁에 대한 정치적 항의와 학원소요, 경찰의 법집행에 대한 새로운 요구와 기대가 폭증하였다.

이와 같은 범죄의 증가와 사회무질서의 영향에 대하여 존슨대통령은 1965년에 대통령 직속의 '법집행 및 사법행정에 관한 대통령자문위원회'the President's Commission on Law Enforcement and Administration of Justice를, 1967년에는 '공공무질서 대책 국가자문위원회'the National Advisory Commission on Civil Disorders를 각각 설치하였다. 법집행 및 사법행정에 관한 대통령 자문위원회는 일명 '범죄자문위원회'the President's Crime Commission라고도 불렸다. 1967년 범죄자문위원회는 「자유사회에 있어서의 범죄의 도전」The Challenge of Crime in a Free Society이라고 하는 보고서를 대통령에게 제출했다.

'공공무질서 대책 국가자문위원회'는 위원장 오토커너Otto Kerner의 이름을 따서 '커너위원회'라고도 불렸다. 1968년의 동위원회의 보고서는 위의 범죄자문위원회가 권고한 바 있는 많은 내용을 좀 더 강조한 것이다. 경찰과 지역사회관계를 중점적으로 연구하고 사법행정의 관점에서 다루었다.

이처럼 1960년대 후반에는 경찰학에 많은 발전이 있었다. 이때 경찰관도 의사, 변호사, 교사와 마찬가지로 전문적이어야 한다는 것이 강조되면서 경찰의 전문가로서의 역할에 대한 연구가 주로 이루어졌다. "기능직에서 전문직으로"From craft to profession라는 슬로건은 당시 경찰개혁의 방향을 잘 나타내주는 표어이다.

1965년에는 FBI에 '전국범죄정보센터'NCIC가 설치되어 1967년부터 운영을 시작했다. 지명수배, 도난차량, 절도품 등에 관한 전국의 정보를 수집해서 지역 경찰에게 제공했다.

닉슨 대통령은 '법과 질서'Law and Order를 정책으로 내세워 대통령 취임 직전인 1968년 「통합 범죄방지 안전시가지법」Omnibus Crime and Safe Street Act을 통과시켰다. 범죄방지에 관한 미국 역사상 최초의 통합법령을 제정했다.

'법집행원조청'LEAA: Law Enforcement Assistance Administration은 최초에는 「통합 범죄방지 안전시가지법」에 의해 주 및 지방의 법집행, 형사사법기관의 질적 향상을 도모할 목적이었다. 이에 필요한 자금 및 기술적 지원을 행하기 위한 기관으로 법무부에 설치되었다. 그 후 LEAA의 설치, 임무에 관한 법률을 제정하여 여러 번의 개정을 거쳐 오늘에 이르고 있다.

1971년에는 설리반John L. Sullivan이 「경찰학개론」Introduction to Police Science을 저술하였다. 경찰관의 자격기준, 모집, 보수, 경찰사기, 지위, 경찰교육, 기타 등에 대한 주제와 경찰사, 형사법, 범죄학 등에 대한 서술을 담았다.**366**

1983년 초판부터 2022년까지 제10판이 발간된 사무엘 워커와 찰스 캐츠Samuel Walker

---

366 이황우·조병인·최응렬, 전게서, p. 51.

& Charles Katz의 「미국 경찰학 개론」The Police in America: An Introduction은 가장 대중적인 경찰학 교재로 알려져 있다.

최근의 경찰학 연구 동향은 범죄학과 결합한 경찰활동에 대한 연구가 활발하게 진행되고 있다. 이상범죄, 신종범죄, 경찰과 지역사회와의 관계 개선, 상호작용의 증진, 그리고 협력 등에 대한 연구성과가 많이 나오고 있다. 또한 4차 산업혁명과 AI 그리고 빅데이터 등과 관련된 경찰 정보기술, 진보된 경찰무기, 범죄지도 등에 관한 분야도 각광 받고 있다.

2 ║ 한국의 경찰학 연구

경찰학警察學이라는 학문분야가 이론적·체계적 구조를 가지고 있느냐에 대한 문제는 학문의 정체성과 관련해서 매우 중요한 문제라고 할 수 있다. 행정학行政學의 경우를 살펴보면, 근대에 이르기까지 행정의 구체적인 영역은 설정되지 못했다. 정치政治나 법法의 하위영역 내지 이들의 지배를 받는 범위로 그 구체적인 한계를 인정받아 왔다.

산업혁명 이후 산업화·도시화 및 사회경제구조의 복잡화와 그에 따른 각종 사회문제의 대두로 인하여 이러한 상황에 대응해나갈 수 있는 보다 적극적인 행정기능이 요청되었다. 이후 행정의 역할에 대한 자기인식이 싹텄고, 정부계획의 실천자로서 뿐만 아니라 문제해결자로서 행정이 새롭게 부각되기 시작했다.[367]

공공부분Public Sector에서 행정의 역할에 대한 이러한 자기인식의 증대는 필연적으로 학문學問의 탄생을 가능하게 하였다. 1887년의 윌슨Woodrow Wilson의 논문 "The Study of Administration"은 이러한 점에서 획기적인 것으로 평가되고 있다. 주로 관리적인 측면에서 행정行政을 평가함으로써 그는 정치政治의 영역에서 행정行政의 영역을 분리해낼 수 있었던 것이다.

하지만 행정학은 행정에 대한 속성과 범위의 잦은 변화, 즉 행정학에 대한 구체적인 범위가 정해지지 않았기 때문에 사회학社會學의 베버Max Weber나 경제학經濟學의 케인즈Maymard Keynes와 같은 위대한 학자의 등장이 어렵고, 또한 행정사行政史에 대한 연구가 미흡

---

[367] 유종해·유영옥, 「한국행정사」(서울: 대영문화사, 1988), p. 18.

하게 되었다.**368**

한국에서 경찰에 대한 관심은 1884년 갑신정변 때로 시작된다. 김옥균, 박영효 등 개화파들의 근대적 경찰개혁은 1884년 10월 갑신정변甲申政變 당시 혁신정강 '제8조 순사제도巡査制度를 시급히 설치하여 도적盜賊을 방지할 것'으로 구체화되어 나타났지만, 갑신정변의 실패로 실현되지 못하였다.

이들의 경찰제도 개혁구상은 유길준俞吉濬에 의해서 더욱 구체화되었다. 유길준은 서양사회의 견문을 기술한 「서유견문」西遊見聞 가운데 근대적 경찰제도를 소개한 '제10편 순찰巡察의 규제規制'를 통해서 경찰제도 개혁을 주장하였다.

이론적 측면에서 한국에서의 경찰학에 대한 연구는 행정학의 특수분야인 정책학처럼 경찰행정학을 중심으로 발전이 시작되었다. 행정학이 그 모체인 정치학으로부터 독립을 선언하고 독자적 영역을 개척하기 시작한 것은 불과 100여 년 전의 일이다.**369**

한국의 행정학 연구의 출발은 1955년 정인흥의 「행정학」 출간을 기점으로 삼고 있다.**370** 행정학과의 경우는 1946년에 서울대학교, 1948년에 부산대학교, 1955년에 고려대학교와 중앙대학교에 각각 설치되면서 본격적으로 발전하게 되었다.

경찰학의 경우, 행정학과 비슷한 시기에 경찰행정학에 대한 연구로 시작되었다. 1950년대 중반에 경찰전문학교가 경찰법, 경찰교육사, 방범학 등의 교재를 발간했으며, 1955년에는 현규병·임규손의 「미국경찰제도개론」과 현규병의 「한국경찰제도사」 등이 출간되었다.

이후 경찰학은 동국대학교에 경찰행정학과가 신설되면서 학문발전을 위한 고유의 연구방법과 연구주제 및 이론체계를 개발·구축하면서 학문으로서의 기반을 다져가게 되었다. 따라서 한국에서 경찰학이 하나의 사회과학으로 독립된 것은 1962년 동국대학교에 경찰행정학과가 신설되면서 시작되었다고 해도 무방할 것이다.

경찰행정학과의 등장과 함께 경찰학이 독립된 학문이냐Discipline 혹은 연구분야Field이냐에 관한 논쟁은 일단락되었다. 특히 경찰학 연구방법에 관심이 집중되면서 체계적인 경찰학 연구가 시작되었다.

서재근의 「경찰행정학」(1963), 채원식의 「경찰행정학」(1971), 유흥수의 「경찰법론」(1971), 정갑순의 「범죄심리학」(1971), 서기영의 「한국경찰행정사」(1976), 이상현의 「범죄

---

368 상게서, pp. 19-20.
369 유종해·유영옥, 전게서, p. 4.
370 백완기, 「한국행정사 50년」(서울: 나남출판, 2006), p. 15.

심리학」(1992), 이황우의 「경찰행정학」(1994), 이황우·조병인·최응렬의 「경찰학개론」(2001), 김충남의 「경찰학개론」(2001), 김상호·김형만·신현기·이영남·이종화·이진권·임준태·전돈수·표창원의 「경찰학개론」(2004), 김창윤·이창한의 「경찰학」(2006), 배철효·박동균·배재경·김용현·박용수의 「경찰학개론」(2007), 허경미의 「경찰학개론」(2008), 김창윤의 「범죄학과 형사사법체계론」(2019) 등의 많은 저서들이 출간되었다.

하지만 이 시기에도 순수한 의미의 경찰학이라기보다는 행정학의 특수분야인 경찰행정학을 강의하면서 경찰학의 발전이 시작되었다고 볼 수 있다. 이는 정치학에서 행정학이 분과가 되고, 행정학에서 다시 정책학이 분과가 되는 과정과 유사하다고 할 수 있다.

1980년 경찰대학의 개교와 더불어 치안연구소가 설치되면서 경찰학 분야의 연구성과들이 한층 더 빠른 속도로 축적되었다. 경찰대학에서는 이상안의 「현대경찰행정학」(1986), 1998년 경찰실무자들이 「경찰학개론」, 「지역사회경찰론」, 「경찰행정법」, 「경찰윤리론」, 「범죄예방론」, 「경찰수사론」, 「경찰경비론」, 「경찰교통론」, 「경찰정보론」, 「경찰보안론」, 「경찰외사론」 등의 많은 교재들을 출간하면서 경찰학의 학문적 성과를 높였다.

하지만 한국의 경찰학에 대한 연구는 경찰학과 경찰행정학의 관계에 대해서 우선적으로 고찰할 필요가 있다. 왜냐하면 경찰행정학과가 경찰학과보다 많이 설치되어 있는 상황에서 두 학문과의 관계를 이해할 필요가 있기 때문이다. 이황우교수는 경찰학과 경찰행정학과의 관계를 호환Conversion이 가능한 컴퓨터프로그램에 비유한 바가 있다. 하지만 경찰학이 경찰행정학보다 더 광범위하고 포괄적인 개념임을 동시에 인정하고 있기도 하다.**371**

경찰행정학은 개별 경찰활동인 방범, 수사, 경비, 교통, 정보, 보안, 외사 등과 같은 활동을 지원하기 위한 이론적 체계로서의 역할을 담당한 반면에, 경찰학Police Science은 경찰행정Police Administration외에 수사기법Detection Techniques, 범죄심리문제와 사회문제Criminal Psychological and Social Issues, 범죄유형Types of Crime, 그리고 법률적 문제Legal Questions 등을 포함하는 포괄적인 제반 영역을 담당하고 있다.

오늘날에 와서는 전국의 4년제 정규대학 및 2년제 전문대학에 120여 개가 넘는 경찰관련 학과가 개설되면서 경찰학은 다양한 학문적·실무적 발전을 거듭하고 있다.**372** 전세

---

371 백완기, 전게서, p. 49.
372 미국의 일반대학에 설치되어 있는 경찰관련 학과들의 명칭은 법집행학과, 형사사법학과, 범죄학과, 경찰학과, 사법학과, 행정관리학과, 공안학과 등으로 나누어진다.

계에서 유래를 찾아볼 수 없을 정도로 경찰학 분야가 각광 받고 있으며, 세계적인 이론과 연구성과가 나올 수 있는 기반이 되고 있다.

POLICE
SCIENCE

PART

02

경찰제도론

"오무(五無)의 사람은 친구로 삼지 말라."

"절대 친구로 삼지 말아야 할 오무(五無), 즉 "오무(五無)는 ① '무정'(無情·인정이 없는 사람), ② '무례'(無禮·예의가 없는 사람), ③ '무식'(無識·지식이 없는 사람), ④ '무도'(無道·인간의 도리를 모르는 사람), ⑤ '무능'(無能·능력이 없는 사람)한 인간을 말한다."

"공자의 익자삼우(益者三友)와 손자삼우(損者三友)"

"공자왈 익자삼우(孔子曰 益者三友)요 손자삼우(損者三友)니 우직(友直)하고 우량(友諒)하며 우다문(友多聞)이면 익의(益矣)요. 우편벽(友便僻)하고 우선유(友善柔)하며 우편녕(友便佞)이면 손의(損矣)니라."

"3가지 이로운 벗"(익자삼우·益者三友)

첫 번째 이로운 벗은 정직한 벗(우직·友直)이다. 우직은 매사에 정직한 벗을 말한다.

두 번째 이로운 벗은 의리가 있는 벗(우량·友諒)이다. 우량은 매사에 신의가 있고 친구 간에 도리를 지킬 줄 하는 벗을 말한다.

세 번째 이로운 벗은 박학다식한 벗(우다문·友多聞)이다. 우다문은 해박한 지식과 경험을 가지고 견문이 넓은 벗을 말한다.

"3가지 해로운 벗"(손자삼우·損者三友)

첫 번째 해로운 벗은 자기중심적인 벗(우편벽·友便僻(우편벽)이다. 우편벽은 겉만 번지르하고 자기 편의대로 해석하며 이익에 따라 배신이 가능한 벗이다.

두 번째 해로운 벗은 아첨하는 벗(우선유·友善柔)이다. 겉은 부드럽지만 자기주관 없이 상대방에게 비위나 맞추는 벗이다.

세 번째 해로운 벗은 감언이설하는 벗(우편녕·友便佞)이다. 변명을 잘하고 빈말만 잘하며 실속이 없는 벗이다.

"벗이 곧으면 자기 허물을 들을 수 있고, 벗이 성실하면 더불어 자신도 성실함으로 나아가고, 벗이 견문이 많으면 더불어 나의 지혜도 밝아진다. 겉만 그럴싸하고, 아첨을 일삼고, 구변만 좋지 실제가 없는 사람은 익우(益友)와는 정반대의 결과를 낳는 손우(損友)일 뿐이다."

– 공자, 「논어」(論語) 中에서

제1장 한국경찰사

제1절 서설

본서에서는 한국경찰사를 분석하기 위한 방법으로 역사적 접근 방법을 사용하였다. 역사적 접근방법Historical Approach이란 특정한 사회적 현상을 이해하기 위해 관련 사건·기관·제도·정책 등의 기원과 발전 과정을 파악·설명하는 접근방법을 말한다. 역사적 접근방법에서는 소위 발생론적 설명Genetic Explanation 방식을 주로 사용하게 된다. 또한 역사적 접근방법은 각종 정치행정 제도의 성격과 그 제도가 형성되어 온 특수한 방법을 인식하는 수단을 제공해 준다. 역사적 접근방법을 통한 연구는 일종의 사례연구가 된다.[1]

역사적 접근방법론이 확립되기 시작한 시기는 19세기 말부터라고 할 수 있다. 컬링거F. N. Kerlinger는 "역사연구는 과거의 사건Events과 그 전개와 경험에 대한 비판적 연구로서 과거에 대한 정보원information source의 타당성을 주의 깊게 고찰하고 그렇게 검토된 근거에 입각해서 해석하는 것"이라고 하였다.[2] 컬링거의 견해에 따르면 첫째, 역사에 대한 연구 및 인식대상은 과거의 사건과 그 전개와 경험이고, 둘째, 그러한 대상의 연구와 인식은 그 대상이 지니고 있는 어떤 정보원에 접근함으로써 가능하게 된다. 셋째, 그 정보원에서 획득한 자료의 비판적 검토에 입각하여 과거의 사건이나 사실을 해석하는 일련의 과정과 방법을 역사적 접근방법이라고 할 수 있다.[3]

---

1 이종수, 「행정학사전」(서울: 대영문화사, 2009), p. 45.
2 이대희 외. 「한국행정사」(서울: 대영문화사, 2001), p. 29.
3 F. N. Kerlinger & E. J. Pedhazur, Multiple regression in behavioral research (NewYork: Holt, Rinehart, and Winston, 1973), p. 701.

역사적 접근방법은 1960년대 이후 미국 행정학계의 일각에서 역사에 대한 관심이 고조됨에 따라 다양하게 연구되었다. 역사적 측면에서 행정을 연구한 대표적 학자로는 화이트L. D. White를 비롯하여 귤릭L. Gulick, 반 라이퍼P. Van Riper를 들 수 있다. 귤릭Gulick은 「제2차 세계대전에 있어서의 행정적 반성」Administrative Reflections from World War II, 1948를 저술하여 역사적 접근법의 터전을 닦아 놓았고, 화이트White는 「미국행정사」美國行政史 제4권[the Federalists(1948), The Jeffersonians(1951), The Jacksonians(1954), The Republican Era(1958) 등의 저서를 통해 역사적 접근법을 확립하였다.**4**

역사적 접근법에 대한 비판도 없지 않다. 이 접근법은 행정이 걸어온 과거의 중요한 사실을 체계화하고 분석하는 데에는 기여한 바가 컸으나 현실적인 문제의 파악과 분석에는 한계점이 있다는 점이다.**5** 이러한 단점에도 불구하고, 한국경찰사를 살펴보는 데는 가장 적합한 분석틀로 생각된다.

한국경찰사는 최초의 근대경찰이 창설된 갑오경장 이전과 이후로 나눌 수 있다. 갑오경장 이전의 한국경찰사는 독립된 국가체제로서의 역사이기 때문에 큰 논란이 없다. 하지만 중국과 일본의 세력 다툼 속에서 자주성이 위협받던 조선말의 시기부터는 학자들의 의견이 일치하지 않고 있다.

한국경찰사에서 가장 중요한 첫 번째 논점은 최초의 근대 경찰인 경무청이 일본의 영향을 받았기 때문에 그 창설 의의가 부족하며, 독자성을 인정하기에는 미흡하다는 인식이다.

두 번째 논점은 대한민국임시정부의 경찰제도를 생략함으로써 한국경찰의 역사적 계보를 대한제국기 경찰 이후 바로 일제 식민지경찰로 인식하는 태도이다.

마지막 세 번째 논점은 '경찰의 날'을 미군정기 조병옥박사가 경무국장에 취임한 1945년 10월 21일로 삼으면서 발생한 한국경찰의 정통성에 관한 문제이다.

한국경찰사에서 또 다른 중요한 부분은 북한의 경찰사에 대한 생략과 누락이다. 남한과 북한은 1991년 9월 18일 제46차 유엔총회에서 각각 유엔 가입국이 되었다. 한민족이지만 별개의 단독 국가로 유엔에 동시 가입하였다.

북한경찰의 중요성에도 불구하고 경찰대학을 비롯한 모든 국내의 경찰학개론 교과서에 북한의 경찰에 대한 소개가 많지 않은 실정이다. 본서에서는 북한의 경찰을 외국경찰

---

4 김정해·최유성, "형사사법기관의 조직구성과 운영에 대한 비교연구: 독일과 미국의 법원조직을 중심으로"「행정논총」, 43(2), 2005, pp. 64–66.
5 유종해, 「현대행정학」(서울: 박영사, 1988), p. 123.

사에 소개하고자 한다.

갑오경장 이전의 경찰제도

한국경찰은 갑오경장 이전에는 중국의 영향 아래 법령과 관제 등이 정비되었다. 독자적인 행정체계를 운영하였으며, 한국의 실정에 맞는 경찰제도를 활용하였다. 이때는 경찰기능과 다른 행정기능, 군사작용이 미분화되었다. 오늘날의 경찰권과는 개념이 다른 군사상의 편제로 많이 나타나게 되었다. 전제왕권의 공고화를 도모하고, 전제적인 경찰권이 행사되었다는 특징이 있다.

1 고대 부족국가시대

부족국가시대에는 지배세력이 가부장적 사회질서를 유지하기 위하여 간음과 부인의 투기에 대하여 강력히 처벌하였다. 군사와 재판 등의 기능은 통합되어 행사되었으며, 개인의 재산보호에도 관심을 가졌다. 고대 부족국가의 경찰제도 군사행정과 경찰행정의 미분화로 군·경일치軍·警一致의 형태를 취하였다.

1 고조선

고조선古朝鮮6의 통치체제에 대해서 정확하게 남아 있는 문헌이 부족한 관계로 주로 중국 측의 자료에 의존할 수밖에 없다. 우선 기자가 지었다고 전해오는 「홍범구주」洪範九

---

6   고조선(古朝鮮)이란 정식국호가 아닌 편의상 쓰는 용의이며, 정식국호는 조선(朝鮮)이다. 단군조선·기자조선·위만조선의 세 조선은 후대의 이씨조선(李氏朝鮮)과 구별의 차원에서 고조선이라 합쳐 부른다(이기백b, 「한국고대사론」 (서울: 일조각, 1995), p. 21).

疇」에 의하면 고조선 시대에는 8정八政이 있었다. 식食은 농업과 축산, 화貨는 상업 및 경제, 사祀는 사직과 천신에 대한 제사, 사공司空은 토목과 건축, 사도司徒는 호구조사와 재화 및 교육, 사구司寇는 형옥刑獄과 경찰업무, 빈賓은 예절과 외교, 사師는 군사업무 등을 담당하였다고 한다.[7]

고조선 사회의 8조 금법은 불문법의 형식으로 그 내용은 어느 민족의 고대법과 별로 다름이 없는 만민법萬民法·The Law of Peoples적 성격을 띤 것이다. 원시 형법으로서 다른 나라의 것과 유사하다고 할 수 있다. 고조선 8조 금법의 내용은 오늘날 전부가 전해지지 않고 다만 3개 조만이 「한서지리지」漢書地理志 연조燕條에 수록되어 있다.[8]

제1조 사람을 죽인 자는 사형에 처한다.

제2조 남에게 상처를 입힌 자는 곡식으로 배상시킨다.

제3조 도둑질을 한 자는 노예로 만들며, 용서받고자 하는 자는 50만 전을 내게 한다.

이처럼 살인, 상해, 절도에 관해서 처벌하는 규정이 전해져 내려오고 있다. 나머지 5개 조는 어떤 것인지 알 수가 없다. 그 당시 부족국가 시대의 법에 살인Murder, 간음Adultery, 절도Theft, 주술Witchcraft, 신성모독죄Sacrilege 등에 관한 것이 공통적이기 때문에 고조선의 법도 대체로 그러한 범주에서 벗어나지 않았으리라 추정하고 있다.

고대 바빌로니아의 함무라비 대왕의 법전인 「함무라비법전」Code of Hammurabi에는 "남의 눈을 상하게 한 자는 그의 눈을 상하게 하고, 남의 이를 뺀 자는 그의 이를 뺀다."라는 대등 보복주의적인 사고가 반영되어 있었다. 반면, 8조 금법 중 상해죄에 대해서 곡물에 의한 배상제를 채택한 것은 일반 원시형법에 비해서 진보적이라고 할 수 있다.[9]

고조선의 3조 목을 통해서 알 수 있는 사실은 우선 살인과 상해에 대한 처벌은 개인의 생명과 신체를 중시하고 노동력을 중시했다는 사실을 보여준다. 다음으로 절도에 대한 처벌은 사유재산제도를 보호하고 있음을 보여준다. 고조선에서는 절도죄를 중시하여 비록 속죄하는 대가를 내고 자유인이 되더라도 결혼상대를 구할 수 없었으며, 도둑질이 없어져서 밤에도 문을 닫지 않았다고 한다.

7 이대희 외 7인, 「한국행정사」(서울: 대영문화사, 2001), p. 64.
8 第1條"相殺 以當時相殺", 第2條"相傷 以穀償," 第3條"相盜 男沒入爲其家奴 女子爲婢 欲自贖者 人五十萬."
9 김형청, "한국의 형사정책에 관한 역사적 고찰"「21세기 질서행정」(서울: 청계출판사, 2002), pp. 235-277.

🌐 탈레오 법칙

- '눈에는 눈, 이에는 이'an eye for an eye, a tooth for a tooth라는 말은 내가 당한 것과 동일한 혹은 같은 정도의 물질적 손해 또는 신체적 피해를 가해자에게 되돌려 준다는 보복 법칙을 뜻한다.[10]
- 가해와 복수의 균형을 맞춰 복수와 재복수의 악순환을 끊으려는 이 법칙은 응보應報원칙의 가장 소박한 형태이며 오늘날에는 응보형의 순수이념형을 나타내는 말로 쓰이고 있다.
- 흔히 탈레오 법칙Lex Talionis·Talion Principle은 반좌법反坐法 또는 동해보복법同害報復法으로 불린다.
  가해자와 피해자의 신분이 동일한 경우에는 엄격하게 적용되었지만, 신분이 다른 경우에는 금전적 배상도 가능했다.

🌐 고조선의 통치철학

- 고조선의 통치철학은 "널리 인간을 이롭게 한다."는 '홍익인간'弘益人間의 사상과 "합리적 이치로 교화하여 세상을 구제한다."는 '재세이화'在世理化의 사상이다. 이상세계가 아닌 현실세계에서 국민들이 행복하게 사는 세계를 실현하려고 하였다.[11]
- 하늘의 신인 환인과 임금인 환웅의 '桓(환)'은 밝다·크다·하나다·빛나다 등의 뜻을 가졌고, 한국·한글·칸汗 등과 동일하다.
- 단군신화는 환인에서 환웅 그리고 단군으로 이어지는 '시조신화'와 단군이 고조선을 세우는 '건국신화'라는 이중구조로 되어 있다. 단군에 대한 자세한 기록은 단군의 뿌리인 환인과 환웅을 하늘에 있는 존재로 설명하면서 '하늘 숭배사상'을 나타낸다.
- 환웅이 '천부인'으로 통치기반을 삼았다는 점에서 더욱 명확하게 드러난다. 권력이나 군대 혹은 법률의 힘이 아니라 하늘의 성질과 꼭 맞는 것으로 통치하는 것이다.
- 전지전능한 '하늘의 아들'이라는 설정은 상제와 천자를 엄격히 구분하는 중국의 경우와도 다르다. 중국의 상제와 천자는 혈연적으로 연결되지 않는다.
- 하늘인 상제는 덕이 있는 자에게 천명을 내리고 그 천명을 받은 자를 천자로 옹립한다. 따

---

10   계동혁, "가브리엘 Mk.1 함대함 미사일" 「중앙일보」, 2008.11.24.
11   홍익인간의 영문번역은 'The Maximum Service for the Benefit of Humanity'가 일반적이다.

라서 중국에서는 하늘에 제사하는 '원구'와 혈연적 조상에 제사하는 '종묘'가 따로 구분되었다.**12**

- 고조선·부여·고구려(백제)·가야·신라 등과 같은 국가의 '천손강림신화'는 일관되게 계승됐다. 이들 국가에서는 제천의례를 거행하였다. 이것은 모두 단군신화로부터 이어받은 국가의 시조가 '하늘의 아들'이라는 관념 때문이었다.
- 따라서 한사군을 제외한 우리의 고대국가는 '홍익인간'弘益人間과 '재세이화'在世理化의 사상을 통치철학의 근본으로 삼았다.

2 한사군

위만조선을 점령한 한나라는 B.C 108년 낙랑군, 진번군, 임둔군, 현도군의 4군을 설치하고 고대 중국의 군현제도를 이식하였다. 한나라의 군현제도 중 군郡은 지방통치의 중심기관이었다. 당시의 군郡은 지금의 도道, 현縣은 지금의 시市에 해당한다. 현 밑에는 많은 속현屬縣이 있었다. 군에는 문관직인 태수太守와 무관직인 도위都尉를 두었다.

태수 밑에 부관으로서 승丞이 있고, 수守·승丞 밑에 지방행정의 실무를 담당하는 공조功曹·연사椽史 등의 속관이 있었다. 공조는 그 지방의 호족 출신자가 임명되었다. 지방행정의 실권을 장악하였다. 현에는 그 크기에 따라서 각각 일만 가구萬戶 이상인 영令과 일만 가구 미만인 장長이 있었다. 그 밑에 장리長吏인 승丞과 위尉 등을 두어 행정보좌와 도적을 잡아 가두는 일을 하였다.

한漢은 군·현·향·정·리郡·懸·鄕·亭·里의 행정체제를 도입하였다. 군에는 태수·현위·효렴이 있었으며, 현에는 령·장·위가 있었다. 그 아래에는 향鄕·대개 10亭이 1鄕에 유요도적을 방비하고 순찰을 함를, 정亭·대개 10里가 1亭에 정장亭長을 두어 도적을 잡게 하였다.

리里에는 1리에 100가구일리백가·一理百家를 관장하는 말단의 이괴里魁와 열 가구10家를 관리하는 십什과 다섯 가구五家를 관리하는 오伍로 그 조직이 정비되었다.**13**

군·현·향·정·리의 행정체제 중 현의 위尉, 향의 유요游徼, 정의 정장亭長은 도적을 검거하는 일을 관장하고 있었다. '오병五兵', 즉 활궁노·弓弩, 창극·戟 칼도검·刀劍, 갑옷갑개·甲鎧,

---

12 김윤경, 「청소년을 위한 한국철학사」(서울: 두리미디어, 2007), p. 27.
13 내무부치안국a, 「한국경찰사」, 1972, p. 22.

방패^{楯·楯} 등이 준비되어 있었다.**14**

「한서」^{漢書}에 의하면 이^里에는 1백 가구를 관장하는 이괴^{里魁}와 민^民에는 10가구를 주재하는 십^什, 다섯 가구를 주재하는 오^伍가 있었다고 한다.

이들은 상호 협력하여 민간의 선한 일과 악한 일들을 감관^{監官}에게 알리는 풍속경찰 등 말단행정을 담당한 것으로 추정하고 있다.**15** 이러한 한사군^{漢四郡}의 설치로 고조선 고유의 미풍양속이 파괴되었다. 고조선 시대의 8조 금법이 60여 조로 늘어났으며, 공동체적 유대가 약화되었다고 한다.**16**

3 남북의 부족국가

❶ 부여

부여^{夫餘}에서도 역시 고조선과 같이 원시적인 금법이 있었다. 진^晉나라의 진수가 편찬한 「삼국지」^{三國志} 위지^{魏志} 동이전^{東夷傳} 부여조^{夫餘條}에 의하면 4조 목의 법률은 ① 사람을 죽인 자는 사형에 처하고, 그 가족은 데려다 노비로 삼는다. ② 절도를 한 자는 12배로 배상한다. ③ 간음을 한 자는 사형에 처한다. ④ 부인의 질투를 미워하여 투기자는 사형에 처한다라는 내용이 있다.**17**

여기에서 절도에 대하여 절도품의 12배를 배상하게 하는 이른바 '일책십이법'^{一責十二法}은 천문학상에서의 12궁·12시·12월 등의 수에 따라 배상액을 정한 점에서 고대 형률의 특색을 보여주고 있다. 간음죄를 극형으로 다스려 성도덕의 전통을 수립하고 가부장제적인 일부다처제를 옹호했다는 것도 볼 수 있다.

부여에는 이러한 법의 제재대상이 되었던 죄인들을 감금하기 위한 감옥이 존재하였다. 이를 뇌옥^{牢獄}이라고 하였다. 감옥은 수도뿐만 아니라 전국 도처에 있었는데 여기에는 사형수 이외의 모든 법률 위반자들이 감금되었을 것이다.**18**

부여의 풍속은 매우 엄하였다. 살인자는 사형에 처하고, 또 그 가족을 노비로 삼았으며, 절도범에게는 훔친 물건의 12배의 배상을 물렸다. 남녀 간음을 범한 자 및 부인으로

---

14 김형중b, 「경찰중세사」(서울: 수서원, 1998), p. 16.
15 내무부치안국a, 전게서, p. 22.
16 이대희 외 7인, 전게서, p. 51.
17 내무부치안국a, 전게서, p. 25.
18 국사편찬위원회a, 「한국사4」, 1981, pp. 94–96.

서 투기하는 자는 모두 사형에 처하였다. 부녀자의 덕을 해치는 질투嫉妬를 더 미워하여 그 시체를 남산 위에 버려 썩힌 다음 그 부녀자의 집에서 우마를 바쳐야 시신을 인도하여 주었다고 한다.

이는 사유재산제 및 일부다처제의 질서를 유지하기 위한 것으로 볼 수 있다. 또 은정월殷正月·12월 제천행사인 영고迎鼓 때를 택하여 형사재판을 실시하고, 죄수를 석방하는 등 형사정책적 배려도 하였다.[19]

또한 부여에는 원형옥圓形獄·Round Shape Prison이 있었는데, 이는 일제시대인 1914년까지 2천 년 이상을 이어져 온 원형감옥이었다. 이러한 전통 감옥의 형태가 원형이었던 이유는 '감시의 편리함'과 '교육과 개선'이라는 목적을 위해서였다고 한다.[20]

❷ 고구려

부족국가 시대 고구려의 국가조직 중에서 치안관계 사실을 유추하기는 매우 어려운 일이다. 따라서 고구려 초기의 법속을 통해서 살펴보면 다음과 같다. 「삼국지」三國志 위지魏志 동이전東夷傳 고구려조高句麗條에 의하면 부여의 법속과 비슷하여 뇌옥牢獄은 없었으나, 범죄자는 제가평의결정諸加評議決定하에 사형에 처하고, 그 처자를 노비로 삼는 한편 절도 자에게는 일책십이법을 적용했음을 알 수 있다.

'고구려에는 감옥이 없고 범죄가 발생하면 제가들이 회의하여 곧바로 죽이고 그 처자를 노비로 삼는다'라고 하였다. 중국의 역사서에는 감옥이 없는 것으로 나타나지만, 우리의 「삼국사기」三國史記에 의하면 고려에도 뇌옥, 즉 감옥이 있었음을 알 수 있다. 또한 절도죄에 관하여 12배의 배상을 하게 하고 채무를 갚지 못하는 자의 자녀를 노비로 상환하도록 하였다.

❸ 동예 및 옥저

동예東濊는 그들 사회를 통치하는 왕이 없고, 각 읍락마다 거수가 있었다. 이들은 민간에 섞여 살았다. 동예는 고구려와 예속적 관계 하에 왕이 없이 거수들이 읍락을 지배하였다. 동예에서는 10월에 무천舞天이라는 제천행사를 거행하였는데 이는 농경사회의 추수감사절의 전통을 이은 것이다.

---

19 내무부치안국a, 전게서, p. 25.
20 이윤호a, 「교정학」(서울: 박영사, 2002), p. 49.

「삼국지」三國志 위지魏志 동이전東夷傳 예조濊條에 의하면 동예에서는 각 읍락마다 독립된 경계가 설정되어 있었는데 이를 침범하는 경우에는 '책화'責禍라고 하여 노비·우마 등으로 배상하게 하였다. 또 살인자는 사형에 처하고 도둑이 적었다고 전해진다.[21]

옥저沃沮는 위만조선에 복속된 이래 한군현과 고구려 등 주변 강대 세력의 지배를 받았다. 내부적으로 강력한 정치권력이 성장하지 못하였다. 3세기 중반 경에도 여러 읍락들을 통합하여 다스리는 대군장은 없었고 각 읍락마다 대대로 독자적인 통치자가 있었다.

각 읍락의 우두머리들은 스스로를 '삼로'三老라고 불렀다. 옥저의 혼인제도는 신랑의 집에서 혼인을 약속한 여자를 데려다 장성하도록 기른 후 며느리로 삼는 민며느리제인 '예부제'豫婦制였다.

여자가 성인이 되면 본가에 다시 돌아와 신부의 가족들이 신랑집에 돈을 요구하고 돈이 지불된 후, 신랑집으로 다시 돌아갔다고 한다. 이러한 혼인 풍속은 신랑이 혼인 후 첫 아이가 태어날 때까지 여자의 집에 와서 함께 지내면서 각종 대가를 치르도록 하는 고구려의 '서옥제'壻屋制 혹은 '예서제'豫壻制와는 다르다.[22]

❹ 철기국가(삼한)와 가야
● 철기국가(삼한)

철기국가는 예전 역사서에서의 삼한三韓이며, 마한馬韓·진한辰韓·변한弁韓을 뜻한다. 마한은 백제로, 진한은 신라로, 변한은 가야로 주로 정복되었다. 삼한은 기원전 2세기에서 기원후 3세기경까지 한반도 중남부지역에 있던 정치집단을 의미한다.

「삼국지」三國志 위지魏志 동이전東夷傳에는 마한 54국, 진한 12국, 변한 12국 등 모두 합하여 78개 나라의 국명이 실려 있다. 삼한 전체의 왕으로 목지국의 진왕이 있었는데 통일된 강력한 권한의 왕은 아니었다. 따라서 여러 소국들은 각각 족장이 있었는데 그 크고 작음에 따라 거수渠帥 혹은 신지臣智 혹은 읍차邑借로 불렸다.

철기국가였던 삼한의 국읍國邑에는 천신天神을 주제하는 신관神官·제사장을 두어 '천군'天君이라 하였다. 소국에는 별읍別邑이 있어서 소도蘇塗라고 불렸는데 천군天君이 주관하는 지역이었다. 이처럼 삼한사회에는 소도라고 불리는 특별구역, 즉 별읍別邑이 있었는데 여기에는 나무를 세우고 방울과 북을 달아서 신성한 지역의 표시를 삼았다.

「삼국지」三國志 한전韓傳에 따르면 "…국읍國邑에서는 한 사람을 뽑아 천신에 대한 제사

---

21 내무부치안국a, 전게서, p. 27.
22 국사편찬위원회a, 전게서, p. 257.

를 주관시켰는데, 이 사람을 천군天君이라 부른다. …각각 별읍別邑이 있는데 이것을 소도蘇塗라 한다. 큰 나무를 세우고 거기에 방울과 북을 매달아 놓고 귀신을 섬긴다. 도망자가 그 속에 들어가면 모두 돌려보내지 않아 도둑질하기를 좋아한다."고 기록하고 있다.

소도는 마치 서양의 신성지역인 '도피소'Asylum 역할을 하면서 법률의 힘이 이 지역에는 미치지 못하였다. 따라서 죄인이 이 지역 안으로 도망하여 오면 그를 붙잡아 가지 못하였다. 천군이 주관하는 소도는 신지臣智 등 정치적 지배자가 다스리던 국읍國邑과는 다른 별읍別邑으로 되어 있기 때문에 제사와 정치가 분리된 제·정분리의 상태를 말한다.[23] 이러한 소도는 죄인에게는 일종의 치외법권지역이며 신성불가침 지역을 의미하였다.

● 가야

기원 전후 철기가 전래되면서 한반도에 부족국가 형태의 소국이 속속 생긴다. 남부는 전라·충청에 마한 54국, 경북에 진한 12국, 경남에 변한 12국 등 소국 연맹체가 형성됐다. 큰 나라는 4,000–5,000가구, 작은 나라는 2,000가구 크기였다. 마한은 백제로, 진한은 신라로 통합되지만 변한은 그러지 못한 채 연맹체인 가야로 전개됐다. 가야는 가라, 가량, 가락, 구야, 임나 등 여러 명칭으로 불렸다.

처음엔 철의 주산지인 금관가야金海가 연맹의 맹주였다. 4세기 이후 백제는 고구려 남하를 저지하려고 왜·가야와 동맹한다. 400년 왜가 고구려 편인 신라를 공격하자 고구려 광개토왕은 기병 등 5만 명을 보내 신라를 구하고 가야임나의 종발성까지 정벌했다. 이로 인해 금관가야를 비롯한 경남 해안의 가야국들은 붕괴된다.

가야 세력은 5세기 후반 내륙의 대가야를 중심으로 다시 결집한다. 중국 「남제서」는 "479년 대가야 국왕 '하지'가 사신을 보내 '보국장군본국왕'을 제수받았다."고 기술한다. 중국과 교류할 만큼 가야가 커졌음을 의미한다. 481년 3월, 이번에는 고구려가 신라의 미질부(흥해)를 치자 가야·백제 연합군이 물리쳤다. 가야가 제2의 전성기를 맞은 것이다.

법흥왕 이후 신라가 가야를 압박하면서 위기에 처한다. 532년(법흥왕 19) 유명무실한 금관가야가 신라에 먼저 투항했다. 가야는 백제·왜와 함께 554년 관산성(옥천)을 공격하지만 신라군에 패한다. 백제 성왕이 전사한 전투다. 562년 대가야는 신라 이사부의 대군을 맞아 무너지고 연맹체도 소멸한다.[24]

가야는 신라, 백제, 고구려와 비교하면 역사 기록이 아주 적지만 최근에 발굴조사를 통해 많은 유물이 발굴되면서 새롭게 조명되고 있다. 가야는 일반적으로 '칼과 현(絃)의

---

23 변태섭a,「한국고대사론」(서울: 일조각, 1995), p. 78.
24 배한철, "강원도서 찾은 가야유물의 정체"「매일경제」, 2019.08.17.

나라'로 불린다. 칼은 가야를 지킨 힘과 철, 무력을 상징하는 말이며, 현은 가야금과 문화, 조화를 뜻한다.[25] 가야의 연맹왕국들은 철광석을 제련하는 높은 제철기술을 가지고 있었다. 김해 뒤편의 물금은 대표적인 철광석 광산지역이었다. 지금의 반도체 기술과 같은 그 당시 동아시아 최고의 제련기술을 가진 첨단 제철국가였다.

이 당시는 고구려, 신라, 백제, 낙랑군 그리고 왜 등은 크고 작은 전쟁을 벌이는 정복전쟁의 시대였다. 가야는 철기제품을 통해서 삼국과 활발히 교류 및 대립했고, 한반도와 중국·왜를 잇는 중계무역으로 번영했던 '철의 나라'였다.

가야는 신라에 가야금을 비롯한 수많은 문화적·예술적 영향을 끼쳤다. 가야는 과거 '미스터리 국가'로 불렸지만 오늘날은 평화를 사랑하는 '무역과 상인의 나라'로 새롭게 조명되고 있다. 6가야의 무역도시 귀족들은 강력한 왕이 다스리는 국가를 원하지 않았다. 무역국가였던 6가야는 다른 소국을 정복하여 그 지역 백성들의 원한을 사는 일을 바라지 않았다. 자유로운 무역질서를 통해 도시의 번영과 행복을 바라던 평화의 나라였다.

Police Science

🔍 가야사의 의미[26]

- 정사正史인 「삼국사기」는 가야사를 신라의 주변사로 짧게 다뤘다. 가야 푸대접은 여기서 시작됐다고 한다. 562년 신라에 복속했으니 일부로 봐야 한다는 이유였을 것이다. "그럼 백여 년 후 망한 백제·고구려도 똑같이 다뤄야 하지 않나?" '가야사 복권'復權 주장은 삼국사기 편찬 직후부터 나왔다. 삼국유사가 가야의 설화를 자세히 기술한 것도 그런 논란의 산물이라고 할 수 있다.

- 타의에 의해 가야사는 크게 오염된 일이 있었다. '왜倭가 가야 7국을 평정했다.'는 일본서기의 이른바 '임나일본부' 왜곡 기술을 일제가 한반도 지배의 합리화 도구로 활용했기 때문이다.

- 이 주장은 오랜 논란 끝에 깨졌다. 일본에서도 정통 사학자는 더 이상 신뢰하지 않는다. 왜가 지배했다는 시기에 가야는 한반도 철기 문명의 중심이었고 왜는 가야의 문명을 전수받는데 급급했던 수준이었음이 드러났기 때문이다.

---

25 psh59, "가야 특별전서 공존과 화합이라는 정체성 조명할 것" 「연합뉴스」, 2019.08.27.
26 선우정, "가야사" 「조선일보」, 2017.06.05.

제1장 한국경찰사   235

삼한^{삼국}시대는 해동^{海東} '삼한시대'^{三韓時代·Three Han Kingdoms Period}라고도 한다. 삼한시대에는 왕권이 확립되고 중앙집권적인 국가체제가 갖추어짐에 따라 국가 또는 왕권의 존립에 반하는 반역죄를 특별히 엄벌하였고, 백제의 경우 관인수재죄를 처벌함으로써 공무원에 해당하는 관인들의 범죄가 새롭게 처벌되었다. 삼한^{삼국}시대에는 경찰기능의 분화가 이루어지지 않았고, 행정과 군사 및 경찰이 일체를 이루고 있었다.

Police Science

🌐🔍 대한민국(大韓民國)의 '한'(韓)은 어디에서 유래하는가?

- 우리가 배운 5,000년의 역사에서 삼한^{三韓}은 마한, 진한, 변한을 의미한다. 한반도 남쪽의 작은 고대 부족국가를 말하는 것으로 배웠다. 만약 현재 역사서에서 말하는 삼한이 그렇게 작은 영토를 의미한다고 하면 광대한 고구려와 발해 그리고 백제의 영토를 모두 포기하는 것으로 오해되고, 중국의 동북공정에 이용당하게 될 우려가 있다.

- 우리의 역사서에서 '한^韓이라는 용어는 마한, 진한, 변한의 '한^韓이라는 용어 밖에 없다. 우리 역사서 전체에서 '한^韓이라는 용어는 그때 말고는 단 한 번도 나타나지 않는다.

- 일반 국민들과 외국의 한국사 연구자들도 '한^韓이라는 용어는 그때 밖에 없기 때문에 대한제국^{大'韓'帝國}과 대한민국^{大'韓'民國}임시정부 그리고 오늘날 대한민국^{大'韓'民國}은 모두 마한, 진한, 변한을 계승한 작은 나라로 인식할 수밖에 없다.

- 대한민국이 한반도 남부의 작은 세 나라를 계승한 것이 아님에도 불구하고, 역사 교과서에서 미처 정확하게 기록하지 않았기 때문에 고구려와 백제의 역사와 영토 등을 스스로 포기하는 것으로 오해된다. 역사 교과서와 정부 기록 등에 삼한^{三韓}이 그러한 작은 의미가 아니라 고구려, 백제, 신라를 포함하는 의미의 웅대한 '삼한'^{三韓}이라는 것을 분명하게 사용해야 한다.

- 신라인들은 일찍부터 삼국을 '삼한'^{三韓}이라고 불렀다. 그들은 고구려, 백제, 신라의 삼국은 '한^韓이라는 나라가 3개로 나눠진 국가라고 생각했다. 3개로 나눠진 '한^韓이라는 국가를 신라인들이 다시 하나로 통일했다는 자부심을 가졌다.

- 신라는 삼국통일 후 '일통삼한'^{一統三韓} 철학을 추진하면서 삼국민의 융합을 모색한다. 일통삼한이라는 통치철학을 통해서 고구려, 백제, 신라인들을 포섭하는 '민족융합정책'을 먼저 전개한다.

- 고려의 이색은 정도전의 「조선경국전」에 대한 논평에서 "우리 태조가 천명을 받고 '삼한'三韓을 통일한 뒤 400여 년의 세월이 흘렀다. 그동안 관제도 답습하고 개혁하는 등 거듭 변해 왔지만, 관제를 하나의 책으로 정리한 사람은 아직까지 없었다."고 평하면서 고구려, 백제, 신라를 의미하는 '삼한'三韓이라는 용어를 사용했다.

- 중국에서도 우리나라를 고구려, 백제, 신라의 후손이라는 '삼한'三韓이라는 용어를 사용했으며, '삼한'三韓의 계승자로 인식하고 있었다. 「고려사절요」 공양왕 원년1389년 9월의 기록을 보면, 고려 말의 혼란기에 우왕·창왕이 처형당하고 공양왕이 즉위한 것에 대해서 명나라가 다음과 같이 자문한 것으로 기록되어 있다. "왕위는 왕씨가 시해를 당하여 후사가 끊어진 이후 비록 왕씨라고 꾸며서 이성異姓으로 왕을 삼았으나, 이것은 '삼한'三韓이 대대로 지켜왔던 좋은 일이 아니다."

- 이처럼 고려와 조선시대까지 우리 선조들과 중국에서는 대대로 고구려, 백제, 신라를 '삼한'三韓이라고 계속 이해했다. 1897년 고종황제는 고구려, 백제, 신라를 계승한 나라라는 '삼한 정통론'三韓正統論을 내세우고 국호를 대'한'제국大'韓'帝國으로 정했다. 이후 대한민국임시정부와 대한민국은 대한제국의 역사적 정통성을 계승하여 '위대한 한국'이라는 '대한大韓'을 계속 사용하고 있다.

- 이제 우리는 '한'韓이라는 의미를 명확하게 이해해야 한다. 나아가 삼국시대를 구분하는 명칭을 변경해야 한다. 우선 일제에 의해 굳어진 삼국시대라는 용어를 '삼한시대'三韓時代로 변경하여 고구려, 백제, 신라가 같은 뿌리의 한민족이라는 역사성을 강조해야 한다.

- 우리의 역사시대는 고조선, 고대 부족국가시대 그리고 고구려, 백제, 신라의 '삼한'三韓時代로 이어진다. 이후 '삼한시대'三韓時代를 최초로 통일한 통일신라시대, 발해까지 계승한 고려시대, 광대한 고조선의 계승자임을 나타낸 조선시대 그리고 대한제국의 국명을 이어받은 대한민국임시정부와 대'한'민국大'韓'民國시대까지 이어진다.

- 이처럼 대한민국이 한반도 남부의 작은 세 나라를 계승한 것이 아니라 고구려, 백제, 신라의 '삼한'三韓을 계승했다는 것을 분명히 해야 한다.

- 또한 현재 역사서에서 말하는 마한, 진한, 변한의 '삼한'三韓이라는 혼란스러운 용어를 대신할 필요가 있다. 최근의 가야사 연구를 반영한다면 '철기국가'鐵器國家 시대 혹은 다양한 국가를 의미하는 '열국'列國 시대와 가야 시대라는 용어도 나쁘지 않다.

❶ 고구려

● 경찰체계

고구려의 관제 중 5관등(대대로, 태대형, 울절, 태대사자, 조의두대형)은 가장 중요한 관직으로 국가의 기밀과 법률의 개정, 징발, 관직수여 등의 직무를 담당하였다. 이들은 치안 유지에 관한 권한과 형사사법에 관한 권한을 행사하였다.

「한원」翰苑에 인용된 고구려高句麗의 관등조직을 보면, 국왕의 밑에서 귀족을 대표하는 초계급적인 대대로가 제1관등으로 국정을 총괄하였다. 다음으로 중요한 관직은 태대형·대형·소형 등 고구려 관직의 근간을 이루는 형직兄職이 있었다. 형兄은 원래 족장을 중앙에 편입한 것이다. 그 중에서 태대형은 제2관등이다.

제3관등인 울절鬱折은 주부主簿라고도 하며, 왕에 직속한 관직으로 왕명의 출납을 담당한 고관이었다. 다음에 태대사자·대사자·수위사자·소사자 등 사자직使者職은 지방의 세금징수를 정비하는 과정에서 나타난 관직이며, 제4관등에 해당한다.

제5관등인 조의두대형皀衣頭大兄은 그 직능을 정확히 알 수는 없으나 위의 네 관등과 함께 기밀 장악, 정사 논의, 병정 징발 등의 직무를 수행했다. 이들이 형사사법권을 행사한 것으로 보고 있다.[27]

고구려는 12관등으로 직제가 편성되어 있었다. 이들 중 제1관등에서 제5관등까지인 대대로, 태대형, 울절, 태대사자, 조의두대형은 중요 관등으로 이들만이 국가의 기밀에 참여할 수 있었다. 이들만이 장군이 될 수 있었다. 이들 계급의 귀족들이 정치, 군사, 형사사법권을 장악하였음을 의미한다.

지방의 치안조직은 수도의 5부와 지방의 5부로 편제되었다. 수도의 5부는 초기의 5부족이 행정구역인 5부로 개편된 것이다. 지방의 5부는 그 장관을 '욕살'褥薩이라고 하였다. 중앙에서 군사를 거느리고 내려가 그 하부조직인 구역 내의 성城들을 감독하였다.

지방행정 단위인 성城의 성주城主는 처려근지處閭近支 또는 도사道使라고 하였다. 그 밑으로 참좌분간參佐分幹과 무관인 대모달大模達 등을 두어 문무사를 담당하게 하였다. 이들은 형사사법권을 행사하였다.[28]

고구려에는 오늘날의 국경을 경비하는 국경초소 내지는 검문소였던 '무려라'武厲邏를 설치하였다. 요수(국경)를 건너는 사람을 경계하고 살피는 '경찰'警察, 즉 순검 및 순라를 하였다.

---

27 유종해·유영옥, 「한국행정사」(서울: 대영문화사, 1988), p. 126.
28 내무부치안국a, 전게서, p. 30.

● 법제

고구려의 법이 매우 엄격했음은 삼국지 위지 동이전 고구려조와 삼국사기 고구려 본기에서 찾아 볼 수 있다. 「삼국지」三國志 위지魏志 동이전東夷傳 고구려조高句麗條에 의하면 부여의 법속과 비슷하지만, 뇌옥牢獄이 없고, 범죄자는 제가평의諸加評議의 결정 하에 사형에 처하고, 그 처자를 노비로 삼는 한편 절도자에게는 일책십이법을 적용하였다고 한다.

'고구려에는 감옥이 없고 범죄가 발생하면 제가들이 회의하여 곧바로 죽이고 그 처자를 노비로 삼는다'라고 하였다.[29] 고구려에 뇌옥, 즉 감옥이 없었다는 것은 형벌의 집행이 가혹했다는 측면을 강조한 것이지 실제로 없었다는 것은 아니라고 볼 수 있다.

왜냐하면 「삼국사기」三國史記에 보면 유리왕 23년에 태자 해명解明을 세우고, 국내의 죄수를 석방하였다는 기록, 대무신왕大武神王 2년, 민중왕閔中王 즉위년에 죄수를 대사면했다는 기록, 동천왕東川王·중천왕中川王·평원왕平原王·영양왕嬰陽王 때에도 죄수를 대사면했다는 기록이 있기 때문이다.[30] 또한 고구려에는 부여와 같이 절도죄에 관하여 12배의 배상을 하게하고 채무를 갚지 못하는 자의 자녀를 노비로 상환하도록 하였다.

고구려 율령[31]의 특징은 초기 국가시대의 관습법이 그대로 유지되었다는 것이다. 고구려의 법에는 모반謀反·내란죄이나 모반謀叛·외환죄을 범한 자가 있으면 백성이 모여 화형시킨 후에 목을 베고, 그 재산 전부를 몰수하였다. 성을 지키다가 적에게 항복한 자, 전쟁에 임하여 도주한 자, 살인자는 참형에 처하였다.

이 밖에도 절도를 한 자에게는 12배의 배상을 하도록 하였다. 만일 가난하여 배상하지 못할 경우와 공사간 부채가 있을 경우에는 그 자녀를 평가하여 노비로 삼아서 상환하도록 하였다. 타인의 우마를 살상한 자는 범인의 적籍을 없애고 노비로 삼고 또 사람이 죽으면 그 시신을 거두어 순장케하고 이를 어겼을 때 죄를 물었다.[32]

❷ 백제
● 경찰체계

백제百濟 고이왕 때 정비된 관제를 살펴보면, 왕 밑에 6좌평이 있어 각기 업무를 분담

---

29 「魏志」高句麗傳 "無牢獄 有罪 諸加 評決 使殺之沒人養子爲奴婢."
30 법무부, 「한국교정사」, 1987, p. 24.
31 고구려는 소수림왕 3년(A.D 373)에 성문법인 율령반포가 이루어졌다. 이 당시의 율(律)과 령(令)은 고구려에 있어서 2대 근본법이었다. 율은 형벌법전이고 령은 비형벌법전이며, 율과 령은 그 표리를 이룬 것이다. 율은 금지법이고 령은 명령법이며 율은 범인징계법이고 령은 행정법적 규정이다. 령에 위반하면 위령죄로 처벌되었다.
32 이기백c, 「한국사신론」(서울: 일조각, 1990), p. 226.

하였다. 좌평은 제1관등인 동시에 각 소관 업무를 표시하는 명칭을 붙여 관직으로 나타 낸 것이다. 6좌평의 업무는 그 업무 내용과 역할 혹은 전문영역에 따라 명칭상 분장되어 있을 뿐이다. 실제로는 6좌평이 합의하여 국무를 전체적으로 총괄했다.[33] 이러한 6좌평 중 형사사법 관련 부서로는 위사좌평(군사·숙위), 조정좌평(사법·치안), 병관좌평(지방 군 사) 등이 있었다.[34]

백제의 지방제도는 수도를 5부部로 나누고 지방을 5방方으로 나눈 5부 5방제이다. 지 방의 5방은 군사 700-1,200명을 거느린 방령方領이 통치하였다. 이러한 방령은 군사상 임무와 동시에 형사사법기관의 임무를 담당하였다. 이러한 5방제는 사비시대에 정비한 것이고, 그 이전의 웅진시대에는 전국을 22담로擔魯로 나누어 왕족 또는 귀족이 파견되어 통치케 하였다.

웅진시대의 22담로는 중앙의 왕족 또는 귀족이 중앙의 통치권이 미치는 못하는 지방 의 형사사법권을 행사하였다.[35] 따라서 백제는 지방분권적인 경찰활동이 이루어졌음을 알 수 있다. 또한 각 방과 각 군은 행정구역인 동시에 군사와 경찰 임무를 수행하고 있었 으며, 방령과 군장 등의 관직을 두고 있었다.

백제의 중앙관직과 경찰관련 업무	
내신좌평	• 왕명출납
내두좌평	• 재정
내법좌평	• 의식(儀式)
위사좌평	• 숙위병(경비), 오늘날 101단과 유사한 기능.
조정좌평	• 형옥(사법), 행형, 경찰
병관좌평	• 국방

● 법제

백제는 반역·퇴군·살인은 사형에 처했다. 부인으로서 간음한 자는 남편 집의 노비로 삼았다. 남의 물건을 훔친 자는 유형에 처하는 한편 2배로 배상케 하였다. 내란죄와 외환 죄, 전장에 임하여 후퇴한 자, 인명을 살해한 자는 참수형에 처하고, 절도범은 유형에 처

---

33 유완빈, 「한국행정사 연구」(서울: 정신문화연구원, 1997), p.
34 허남오a, 「한국경찰제도사」(서울: 동도원, 2001), p. 85.
35 내무부치안국a, 전게서, pp. 39-40.

하는 동시에 훔친 물건의 2배를 배상케 하였으며, 부녀자로서 간음을 범한 자는 그 집의 노비가 되게 하였다.

고이왕 29년에는 공무원 범죄 엄벌령을 내려 관리로서 뇌물을 받거나 재물을 절취한 자는 장물의 3배를 배상하고 종신 동안 공무원이 되는 길을 막아 등용치 못하게 하였다.[36] 백제의 경우 '관인수재죄'官人受財罪를 도입함으로써 공무원에 해당하는 관인들의 범죄가 새롭게 처벌되었다.[37]

형벌제도는 당나라의 제도를 도입하여 사死·유流·도徒의 제도가 있었다. 특히 사형에 관해서는 중앙기관의 재심리를 거쳐 왕의 결제를 받아 집행하도록 하는 신중한 절차를 밟도록 했다. 이는 비록 죄인이라 하더라도 인간의 생명은 귀중하다는 사상의 일면을 볼 수 있다.

범죄인의 생명을 중시하여 복심제2심제를 채용하고, 유형流刑과 같은 자유형 제도를 도입하고, 사면제도를 행하였다. 백제는 국가의 존립과 관리의 기강을 바로잡고, 사유재산제를 보호하고, 가부장적 가족제도를 공고히 하였다.

❸ 신라
● 경찰체계

신라新羅는 특유의 신분체제로 17관등과 골품제骨品制를 갖추고 있었다. 이러한 17관등 이외에도 국사를 총괄하는 상대등상신·上臣이 있었다. 또 각간角干·이벌찬의 별칭직에도 태대각간太大角干, 대각간大角干이 있었다.

신라는 건국 초기부터 4세기의 흘해이사금訖解尼師今·?-356 때에 이르기까지 부족연맹회의에서의 결의와 이사간尼四干, 이사금尼師今 등의 합의제로 형사사법권이 행사되었다. 이후 내물왕때에 이르러 남당南堂인 화백회의와 국왕 그리고 각급 기관인 병부, 좌우이방부, 사정부, 집사부에서 경비경찰사무와 사법경찰사무 등을 분장한 것으로 보여진다.[38]

남당南堂은 삼국시대 부족집회소部族集會所가 발전된 정치기구로 보고 있다. 군신의 회의장소였다. 신라에서는 남당에서 거행되던 군신의 중대 정무회의를 '화백'和白이라고 했다. 국가중대사를 합의제로 처리하였다. 이 화백은 통일신라시대에는 평의전平議殿이라 개칭되었다.[39]

---

36 凡官人受財及盜者 三倍徵 臟禁錮終身.
37 김형중a, 「한국고대경찰제도사」(서울: 수서원, 1990), p. 98.
38 상게서, p. 44.
39 이기백c, 전게서, p. 43.

신라는 건국 초부터 4세기에 이르기까지 부족연맹 회의에서의 국가중대사가 결정되었다. 거서간, 이사금 등에 의해서 합의제로 경찰권이 행사되고 집행되었다. 중앙집권적인 정치체제를 갖추게 된 내물마립간(내물왕) 이후, 화백회의에서 경찰권을 장악하였다.

신라의 중앙관제는 6−7세기에 정비되었다. 이 시기에 이루어진 주요 행정조직으로는 집사부, 병부, 조부, 예부, 창부, 사정부, 예작부, 영객부, 위화부, 이방부 등이다. 그 장관을 령令이라 하고, 그 밑에 관리를 두어 정무를 처리하였다.

국가의 대사는 진골 귀족으로 구성된 화백회의에서 만장일치로 결정지었다. 중앙의 행정조직은 신문왕 때 완전히 정비되어 이吏·호戶·예禮·병兵·형刑·공工의 6전典 체제에 해당하는 관제가 갖추어졌다.

6세기 초 지증왕때 지방제도인 군현제가 채택되었다. 각 군현에 중앙관을 파견하고 그 위에 5주州를 설치하여 감독하였다. 지방 장관인 주州의 '군주'軍主와 군현郡縣의 태수太守는 수도인 경주지방의 왕경인王京人이 임용되었다. 정停은 군사조직인데, 각 정에서 각 주의 형사사법권을 행사하였다.

신라는 지방 관제는 군사조직, 즉 군영, 군단의 소재와 밀접한 관계를 갖고 있었다. 주州의 장관을 군주라 불렀으며, 이들이 군사는 물론 경찰업무도 담당하였다. 군사조직인 정停과 당幢 등은 군사업무 외에 치안과 경비경찰을 담당하였다.

신라의 중앙관직과 경찰관련 업무	
병부	• 경비경찰사무
좌·우 이방부	• 사법경찰사무, 형율사무
사정부	• 감찰과 정보업무

● 법제

신라의 법제는 고구려를 통한 불교의 전래와 더불어 법흥왕 때 율령을 선포하면서 확립되었다. 신라의 법제는 고구려, 백제와 유사하였다. 반역자는 죽이고, 그 가족은 노비로 삼았으며, 감옥이 설치되어 범법자는 지체 없이 투옥하여 국가의 기강을 엄히 하였다. 신라율은 십악十惡 중 오역五逆을 가장 중죄로 다루었다. 요사한 말로 백성을 현혹하거나 관리가 병을 사칭하고 업무를 소홀히 하거나 공물을 횡령했을 때는 중벌로 처단하였다.[40]

---

40 연정열, 「한국법제사」(서울: 학문사, 1996), pp. 25−30.

1 통일신라시대

❶ 경찰체제

통일신라統一新羅의 관제는 신라의 관제를 그대로 계승하였다. 관부는 그 격에 따라 '성'省, '부'部, '부'府로 구별하여 실시하였다. 집사성은 국가기밀 및 최고정무업무를 담당하였다. 병부는 군사와 경비경찰의 업무를, 좌·우이방부는 사법기관과 형률사무를 담당하였다. 통일신라의 통치체제 중 집사는 국왕 밑의 중추기관이며, 그 장관인 중시中侍가 왕권의 강화를 지탱하였다.[41]

통일신라는 확대된 영토를 통치하기 위하여 지방조직을 정비하였다. 신문왕 5년(685)에 전국을 9주州로 나누고, 지방에 5소경小京을 두었다. 9주는 통일전 신라의 5주를 바탕으로 백제와 가야지역에 4주를 설치하여 9주로 만들었다.

소경에는 사신仕臣·사대등仕大等을 두어 정무 및 형사사법권을 담당하게 하였다. 주의 장관은 문무왕 원년(661)에 군주軍主에서 '총관'總管으로 고치고, 원성왕 원년(785)에 '도독'都督으로 개칭하였다. 도독은 지방의 형사사법권을 행사하였다.[42]

주 밑에는 군郡·현縣을 설치하였다. 통일전의 군郡과 촌村을 개편한 것이다. 군에는 지방관으로 군태수郡太守가 있었고, 현에는 현령縣令이 있었다. 주와 군에는 감찰의 임무를 가진 외사정外司正이 설치되어 중앙집권적인 성격이 더욱 강화되었다.

총관과 사신은 모두 중앙정부로부터 파견되어 군사·사법·부역·치안을 담당하였다. 그러나 군사 및 치안에 관한 실무는 장사長史가 담당하였으며, 사법 및 사법경찰에 관한 업무는 외사정外司正이 지휘 또는 집행하였다.

통일신라시대의 지방 관제는 9주 5소경으로 전국을 9주로 나누고, 수도의 집중을 방지하기 위해 지방에 소경을 두었다. 주는 대체로 지금의 도에 해당하는 광범위한 지역이다. 주 밑에는 군, 군 밑에는 현이 속해 있었다.

주에는 '도독'을 두고 군에는 태수, 현에는 령令을 두어 각각 그 영토를 담당하게 하였다. 특히 패강진전浿江鎭典이라는 행정관청을 두었다. 이는 경찰과 관련된 행정구역으로 국경을 이루게 된 대동강 이남의 옛 고구려 땅을 다스리던 특수한 관청이다.[43]

---

41 내무부치안국a, 전게서, p. 49.
42 변태섭a, 전게서, p. 134.
43 상게서, p. 38.

통일신라의 중앙관직과 경찰관련 업무	
집사성	• 최고 행정부로 국가의 기밀사무를 담당
병부	• 내란방지와 진압
사정부	• 감찰과 규탄
좌우이방부	• 범죄수사와 집행
9서당	• 중앙의 전투경찰부대
시위부	• 궁성의 경비경찰

❷ 법제

통일신라시대는 법흥왕 7년 정월에 율령을 반포하였고 백관의 공복을 제정하였다. 이 시기는 형벌이 세분화되었고 집행이 엄격하게 시행되었다. 신라의 형벌법전은 신라율新羅律이고, 행정법전은 신라령新羅令이었다. 신라령이 존재하였음은 「삼국사기」의 기록에 의해 명확히 알 수 있으나, 그 자세한 내용은 알 수가 없다.[44] 신라의 처벌규정에는 오역죄, 지역사불고언죄, 불휼국사죄, 배공영사죄 등이 있었다.[45]

「삼국사기」에 의하면 통일신라의 율령에는 사형, 족형, 거열형, 사지해형, 기시형, 참형, 육시형, 자진형, 유형, 장형 등과 같은 10가지 형벌이 있었다.[46]

통일신라시대의 범죄유형과 내용		
범죄유형		내용
지역사불고언죄 (知逆事不告言罪)		• 반역사실에 대해서 신고하지 않는 죄로 오늘날 국가보안법상의 불고지죄에 해당된다.
불휼국사죄(不恤國事罪)		• 근무를 태만히 하는 것과 같은 것인데, 오늘날 형법상 직무유기죄에 해당된다.
배공영사죄(背公營私罪)		• 공익을 배신하고 사리사욕을 취하는 범죄이다.
오역죄	모반죄(謀反罪)	• 오역죄는 당시 당률(唐律)의 십악(十惡)을 참작한 것이다. • 이 중 모반죄(謀反罪)는 사직을 위태롭게 한 죄로 오늘날의 내란죄에 해당한다.

---

44 내무부치안국a, 전게서, p. 57.
45 상게서, pp. 61-64.
46 이수현, "우리나라 행형사의 근본이념과 현행 교정제도의 발전방안", 「박사학위논문」 경북: 경북대학교 대학원, 2004, p. 25.

(五逆罪)	모반죄(謀叛罪)	· 모반죄(謀叛罪)는 국가를 배반하고 적을 이롭게 한 죄로 오늘날 외환죄에 해당한다(삼국사기에는 모반(謀反)과 모반(謀叛)이 혼용되어 사용되고 있다).
	모대역죄(謀大逆罪)	· 종묘와 궁궐을 범한 대역죄이다.
	악역죄(惡逆罪)	· 가족 혹은 가족윤리를 해치는 죄이다.
	강죄(降罪)	· 전쟁에서 항복한 죄를 말한다.

통일신라시대의 형벌의 종류와 내용	
형벌의 종류	내용
사형(死刑)	· 참수형과 사약형(賜藥刑)이 있었다. · 잔인한 열지형(裂肢刑)이나 화형(火刑) 같은 형벌은 드물었다.
족형(族刑)	· 개인에게만 형사책임을 국한하지 않고 그 가족 및 친족 등에 대해서도 무조건 연대책임을 부담시켜 극형을 가하는 것이다. · 삼족(三族)은 부족(父族), 모족(母族), 처족(妻族)을 말하였다.
거열형(車裂刑)	· 머리와 사지를 4차(四車)(4마리 소가 끄는 마차)에 묶은 다음 마차를 사방으로 달리게 하여 신체를 찢어 놓는 잔혹한 형벌로써 일명 환형(轘刑)이라고도 한다.
사지해형(四肢解刑)	· 범죄자의 사지를 절단하여 분참(分斬)하는 형이다.
기시형(棄市刑)	· 시장이나 거리 등 대중이 보는 자리에서 사형을 집행하는 것이다. · 이것은 형을 공개적으로 집행하여 처벌함으로써 대중을 위협하려는 일방 예방주의적 형사정책의 표현이다.
참형(斬刑)	· 참형은 도검으로 신체를 절단하여 치사케 하는 형벌이다.
육시형(戮屍刑)	· 사형에 해당하는 범죄자가 사망한 경우, 그 시체를 전단하는 형벌이다. · 편시(鞭屍)라고도 한다.
자진형(自盡刑)	· 자결을 명하는 형벌이다.
유형(流刑)	· 범죄자를 고도 등의 벽지에 격리하여 수용하는 형벌이다.
태형(笞刑) 또는 장형(杖刑)	· 곤장 또는 태(苔)로 신체를 때리는 형벌이다.

PART 02
경찰제도론

2 발해

❶ 경찰체제

발해渤海의 중앙정치조직은 전제적이고 자주적이었다. 발해의 중앙행정기구는 당나라의 제도를 모방하여 3성省 6부제部制를 갖추었지만, 발해식의 3성省 6부部 1대臺, 7시侍, 1원院, 1감監, 1국局의 관료체제를 갖고 있으면서 독자성을 가지고 있었다.

발해의 3성은 정당성正堂省, 선조성宣詔省, 중대성中臺省이다. 3성 중 정당성의 대내상大內相에게 권력이 집중되어 있었다. 선조성, 중대성右相 위에 위치하며, 3성 중에서 핵심적인 지위를 차지하는 수상의 지위를 갖고 있었다. 대내상은 제일 높은 자리의 대신으로서 모든 국가기관들을 통제, 지휘하였다. 경찰권 행사의 실질적인 총수였다.

발해의 6부는 충忠, 인仁, 의義, 지智, 예禮, 신信이라는 유학의 정치, 사상, 윤리, 도덕으로 각 부의 명칭을 삼아 유교적 색채를 띠고 있었다. 그중 경비, 순찰, 진압 등 경비경찰 기능은 지부智部에서, 사법경찰은 예부禮部에서 각각 분장하여 처리하였다.

발해도 경찰권이 뚜렷하게 분리되지 않았다. 발해의 좌우맹분위左右猛賁衛, 좌우웅위左右熊衛, 좌우위위左右威衛는 궁궐을 수비함과 동시에 경성을 보위하는 경찰적 기능을 수행하였다. 남좌우위南左右衛, 북좌우위北左右衛 등은 범죄를 진압하며, 변경의 수비를 담당하는 기능을 수행하였다.[47] 발해의 특별 감찰기관으로 중정대中正臺가 있었다. 중정대는 당나라의 어사대와 같이 내외의 경찰업무를 맡았던 특별 감찰기관으로서의 경찰기능을 담당하였다.[48]

발해의 지방조직은 5경京 15부府, 62주州, 100−300현縣의 행정구역으로 정비되어 있었다. 부에는 도독都督, 주에는 자사刺使, 현에는 현승縣丞을 두고 여러 부의 요충지대에 절도사節度使를 두었다.

도독과 절도사는 군사, 지역통치, 재정, 경찰, 소송 등 여러 가지 일을 맡아보던 지방 군정장관이었다. 자사와 현승은 민사와 교화를 맡아 보고 군사적인 업무에는 관여하지 않았다. 이러한 부·주·현의 행정조직 아래에 말단인 촌락이 있었다. 촌락에는 수령首領이 있었다. 수령은 각 부, 주, 현의 원래 부족의 유력자로 실제로 부족의 군사, 형사사법권의 책임자였다.[49]

---

47 김형중a, 전게서, p. 123.
48 유종해·유영옥, 전게서, p. 137.
49 동북아역사재단, 「발해의 역사와 문화」, 2007, p. 180.

❷ 법제

발해의 법률은 발해 멸망 뒤 거란이 그 유민들을 발해법이 아닌 한나라의 시대의 법률인 「한법」漢法을 적용한 것에서 알 수 있듯이 당나라와 거의 차이가 없었던 것으로 보인다.[50] 738년 당에서 「삼국지」三國志, 「진서」晉書, 「삼십육국춘추」三十六國春秋와 함께 「당례」唐禮를 도입하였다. 당례는 「대당개원례」大唐開元禮로서 당나라 현종 때 소숭蕭嵩 등이 현종의 명을 받아 만든 것이다.

「대당개원례」에는 황제를 중심으로는 하는 군신과 아래로는 지방관원에 이르는 모든 범위를 포괄하고 있다. 제사, 의전, 관혼, 상제 등의 의식과 외국에 대한 조공 수속 및 외교의례를 명확히 규정하고 있다. 이러한 「대당개원례」가 제정되면서 당나라는 오례五禮 제도가 완비되었다.

발해에서도 「대당개원례」의 율령을 인용하여 이를 근거로 예제를 정하였다. 그러나 당대의 오례를 수정하여 율령을 정비하긴 했으나, 당율령의 범위를 벗어나지는 못하였다. 발해의 가족은 일부일처제가 기본이었다. 이는 「송막기문」松漠紀聞이라는 문헌상에서 확인되고 있다.[51]

4 ‖ 고려시대

고려전기의 통치철학은 숭유억불사상에 바탕을 둔 ① 고구려 계승을 표방한 북진정책, ② 호족들에 대한 호족포섭 및 견제 정책, ③ 후삼국 및 발해까지 포함하는 민족융합 정책 등을 통치철학으로 내세웠다. 이러한 통치철학에 따라서 고려전기의 치안정책은 '문관의 군권 및 경찰권 일원화 정책'이 시행되었다.[52]

고려후기의 통치철학은 '불교를 중심으로 한 왕실부흥과 배원정책'이었다. 이를 위해서 무신정권을 붕괴시키고, 새로운 개혁을 추진하였다. 이러한 통치철학에 따라서 '공·사병 혼용 치안정책'이 추진되었다. 외침에 의한 혼란한 시대상황을 반영하여 공병과 사병에 의한 경찰권 행사가 이루어졌다.[53]

---

50 島田正郎, 「新出土史料 による 渤海國史の新事實」(東京: 創文社, 1979), pp. 472-475.
51 국사편찬위원회b, 「한국사 제10권 발해」, 1996, p. 161.
52 김창윤v, "고려시대의 치안정책과 조직에 관한 연구" 「한국경찰학회보」, 16(6), 2014, pp. 52-53.
53 상계논문, pp. 52-53.

1 중앙경찰기관

❶ 순군만호부

순군만호부는 한국 최초의 전문경찰기관이라고 볼 수 있다. 순군만호부에 대해서는 몇 가지 논문 및 사학계 분야에서 논의되고 있다.[54] 순군만호부는 포도금란捕盜禁亂의 업무를 수행하여 고려말에까지 이르렀다.[55]

순군만호부는 오늘날의 경찰청으로써 관원인 도만호都萬戶는 오늘날의 경찰청장, 상만호上萬戶는 치안정감, 만호萬戶는 치안감, 부만호副萬戶는 경무관, 진무鎭撫는 총경, 천호千戶는 경정, 제공提控은 경감으로 추정된다. 순마巡馬 또는 순군巡軍이라 부르는 군졸軍卒: 경찰관이 배속되어 있었다.

충숙왕 3년에는 지방의 주요한 곳에 33개의 순포巡舖·오늘날의 지방청를 설치함으로써 최고관리층 등 계층제가 형성되고 지휘체계가 명문으로 규정되는 등 경찰 관료체계가 형성되기 시작하였다.[56]

공민왕 18년에 순군만호부를 사평순위부로 고쳐 그 관원도 도만호, 상만호, 만호, 부만호, 진무, 천호, 제공 대신에 제조提調 1인, 판사判事 3인, 참상관參詳官 4인, 순위巡衛 6인, 평사관評事官 5인으로 지휘관의 숫자를 규정하였다. 아울러 소속 관리도 무관 직명에서 벗어나 서서히 경찰 고유의 독자적인 이름으로 전환하여 한국 최초의 전문 경찰기관으로서의 형태를 갖추게 되었다.

❷ 내군부(內軍部)

내군부는 궁중경호의 임무를 담당하였다. 국왕의 경호를 담당하던 친위군이었다. 내군부의 장인 내군장군은 오늘날 청와대 101단장과 같은 정도라고 볼 수 있을 것이다. 이후 명칭이 위위사衛尉寺로 개칭되었다.

❸ 2군 6위

고려는 외적을 방어함과 동시에 또 국민에 대한 국가권력을 확보하기 위해 일정한 경찰력이 필요하였다. 이를 위해 서울에 보통 경군京軍으로 불리는 중앙군을, 지방에는 주

---

54 이에 대해서는 서기영 교수, 이병도 교수, 한우근 교수 등이 순만소와 순군만호부와의 연계 관계 그리고 등장 시기에 있어서 논란이 있다.

55 변태섭b, 「한국사통론」(서울: 삼영사, 1989), p. 141.

56 국사편찬위원회b, 전게서, pp. 252-254.

현군을 두었다. 경군은 2군 6위로 편성되어 있었다. 2군(응양, 용호)은 내군부의 임무를 대신한 왕궁경호의 군대였다.

2군은 국왕의 친위부대였으며, 6위는 주로 전투부대였다. 6위 중에서 오늘날의 경찰업무를 담당했던 부서는 금오위金吾衛로서 수도의 치안을 책임지고 있는 경찰부대였다.[57]

❹ 병부

병부, 형부, 어사대 등의 중앙행정기관이 경찰업무의 일부를 맡아서 수행하였다. 병부는 군사, 순라 및 기타 관련 경찰업무도 수행하였다.

❺ 형부

형부는 법률, 소송, 형옥 등의 직무를 관장하던 육부 중의 한 관서로 주로 민관의 모든 범죄분쟁을 조사하고 형집행을 하였다. 오늘날 사법경찰 업무의 많은 부분이 이 형부의 업무와 관련이 있었다. 형부의 직속 기관으로 노비, 관청의 장부와 문서, 결송決訟을 관장하던 도관都官이 있었다. 형부의 예하 관서로는 전옥서典獄署, 경시서京市署 등이 있었다.

❻ 어사대(御史臺)

어사대의 임무는 매우 광범위하였으나 본래의 임무는 시정을 논의하고 풍속을 바로잡으며 백관을 감찰하여 기강을 진작하고 부정을 탄핵하는 것이었다. 오늘날 감사원과 임무가 비슷하였다.

❼ 중추원

중추원은 왕궁에 숙직하는 근신들의 기관으로서 왕명의 출납과 숙위 그리고 군기에 대한 업무를 맡았다. 이 중 숙위宿衛, 즉 국왕경호의 임무는 오늘날의 대통령관저인 청와대를 경비하는 것으로 대통령경호실의 임무와 비슷하다고 할 수 있다.

---

57 이기백a, 「고려병제사연구」(서울: 일조각, 1968), p. 70.

2 지방제도

❶ 현위

지방의 군郡과 현縣에 사병司兵이 있었다. 군郡과 현縣 밑의 촌村에는 촌장이 존재하면서 군사와 경찰의 임무를 수행하였다. 지방 경찰기관은 현위縣尉를 수반으로 하는 위아尉衙가 설치되어 있었다.

이병도 교수는 현위를 지금의 경찰서장, 위아를 경찰서로 보고 있다. 현위 제도는 제8대 현종 때에 설치하기 시작하여, 문종 때에 완성되었다.[58] 현위의 임무는 현내縣內의 비행과 범죄의 방지 및 범죄자 처리 그리고 지역의 치안질서 유지였다. 현위는 평상시에는 치안유지나 백성교화에 힘쓰고, 비상시에는 군사작전의 임무까지 수행하던 중요한 기관이었다.[59]

❷ 지방 별초

원종 5년(1264) 중앙에서 활동하던 야별초夜別抄가 지방으로 파견되었다. 여러 지방에서 도적이 일어나자 각 지방으로 야별초군을 파견하여 도적을 잡게 하였다. 중앙에서 파견된 야별초와는 별도로 야별초는 지방의 도道·부府·주州·군郡·현縣 단위에도 조직되어 있었다.

이러한 지방 별초는 중앙의 야별초 또는 지방을 순행 중인 중앙 파견 별초와 마찬가지로 포도금란捕盜禁乱과 대외경비를 주 임무로 하였다.[60]

그러나 원종의 친몽정책親蒙政策으로 인하여 배몽排蒙 항전주의抗戰主義의 삼별초는 혁파되었다. 정국과 변화에 따라 지방의 별초도 해산되었다.[61]

3 기타제도

❶ 금화원(禁火員)

금화원은 경찰업무 중의 하나였던 방화관계를 담당하였던 관원으로 고려전기부터 수

---

58 허남오a, 전게서, p. 106.
59 내무부치안국a, 전게서, pp. 98−99.
60 상게서, pp. 145−146.
61 허남오a, 전게서, p. 111.

도 개성과 각 지방 창고소재지에 금화원이 배치되었다. 고려시대의 금화관리의 배치는 한국의 소방경찰의 효시라고 할 수 있는 의미있는 제도였다.[62]

어사대에서 수시로 이들 금화관리를 점검하였는데, 만약 결근하는 인원이 있으면 그 관품의 고하를 막론하고 선금후문^{先禁後聞}하게 하였다는 기록을 보면, 당시의 금화^{禁火}, 즉 소방업무에 대한 책임추궁이 매우 엄했음을 알 수 있다. 고려시대의 금화원 제도는 조선시대 금화도감으로 이어졌다.

❷ 삼별초

삼별초는 최씨무인정권하에서 출발되었다. 삼별초는 야간 순행하면서 도적을 잡고 민란을 방지하는 방범경찰과 수사경찰의 임무를 수행하였다. 또한 전투경찰 및 경비경찰로서 국방의 임무도 수행하였다. 삼별초는 경찰 및 군의 임무를 병행하여 수행한 '사병^{私兵}화 된 공병^{公兵}'이었다.

4 법제

고려의 법제는 통일적인 법전이 아니라 개별 법령으로 규정되었다. 「고려사」^{高麗史}에는 천문지^{天文志}·역지^{曆志}·오행지^{五行志}·지리지^{地理志}·예지^{禮志}·악지^{樂志}·여복지^{輿服志}·선거지^{選擧志}·백관지^{百官志}·식화지^{食貨志}·병지^{兵志}·형법지^{刑法志} 등과 같은 12지^志가 소개되어 있다. 형법규정에 관한 것은 '형법지'에 상세히 규정되어 있다.

고려의 율령이 편찬된 시기는 성종이 입법정제^{立法定制}했다는 기록이 있는 것으로 보아 성종대로 추정된다. 1047년(문종 1) 6월에는 최충^{崔冲}을 시켜 율령을 교정했다는 기록이 있다. 이후로도 계속 변화가 있었다. 「고려사」^{高麗史} 형법지^{刑法志}에는 다음과 같은 71조의 내용이 소개되고 있다.[63]

고려시대의 법률은 당률을 모방한 법률과 보조 법률이 있었다. 일상생활에 관계되는 범죄는 관습법에 의해 규제하였다. 형법지^{刑法志} 명례조^{名例條}에는 형벌의 종류는 태^笞·장^杖·도^徒·유^流·사^死의 5종으로 구분하고 있다.[64]

---

62 내무부치안국a, 전게서, p. 104.
63 내무부치안국a, 전게서, p. 107.
64 이수현, 전게논문, pp. 3028-30.

형법지刑法志에는 형벌 5종 외에 부가형이라고 할 수 있는 삽루형鈒鏤刑 일명, 삽면형鈒面刑·얼굴에 칼로 흉터를 새겨 넣는 형벌과 경면형黥面刑 일명, 자자형刺字刑·얼굴에 흑침(黑針)으로 글자를 새겨 넣는 형벌이 있었다. 그 외에도 모반, 대역죄 등 국사범에 대하여 노비몰수, 재산몰수 등과 같은 부가형을 과하였다.[65]

고려의 형벌 중에서 특이한 것은 귀향형歸鄕刑·귀양이란 형의 어원이 됨과 상충호형常充戶刑에 관한 것이다. 이 두 형刑은 지배 신분층이 강등되어 피지배층으로 편입되는 신분 강등을 의미하는 처벌이었다. 그러나 귀향형은 사면에 의해서 다시 지배신분층으로 복귀할 수 있었으나 상충호형은 그것이 불가능하였다고 한다.[66]

삼국시대부터 옥獄, 뇌옥牢獄, 영어囹圄라는 구금시설이 있었다. 고려시대에 와서 처음으로 '전옥서'典獄署라는 독립된 구금시설인 감옥이 설치되었다. 하지만 전옥서는 형을 집행하는 시설이 아니라 주로 처형할 때까지의 죄수를 구금하는 형이 결정될 때까지 미결수를 구금하는 시설로 보고 있다.[67]

고려시대의 법률 제도는 기본적으로 당의 법률을 모방했다. 이후 고려의 실정에 맞는 법률을 제정했다. 일상생활은 관습법에 따랐다. 고려시대에는 사회가 분화·확대되면서 범죄의 종류도 점차 늘어갔다. 모반죄나 대역죄·살인죄·절도죄 등의 통상적인 범죄 이외에, 공무원범죄·문서훼손죄·무고죄·도주죄·방화나 실화 또는 연소죄·간범죄 등과 성범죄·도박죄·유기죄·장물죄·인신매매에 관한 범죄 등이 새로운 처벌 대상이 되었다. 특히 이들 범죄 중 모반죄와 불효죄는 엄중하게 처벌하였다.

Police Science

🌐 형법지(刑法志)[68]

- 형법지 첫머리에는 형刑과 법法의 관계를 다음과 같이 설명하고 있다.
- 형刑이란 이미 행해진 것(범죄행위)을 징벌하는 것이고, 법法은 그것을 미연에 방지하는 것이다.
- 이미 행하여진 것을 징벌함으로써 사람들로 하여금 두려움을 알게 하는 것은 그것을 미연에 방지하는 것(사람의 범행을 피하게 하는 것)보다는 못하다.
- 그러나 형刑이 아니면 법法은 행해질 수 없다. 따라서 양자는 함께 있는 것이다.

---

65 상계논문, p. 30.
66 내무부치안국a, 전게서, p. 36.
67 이수현, 전게논문, p. 31.
68 이종일, "근대 이전의 법제 변천" 「법제연구」, 14, 2001, p. 36.

🌐 고려시대 형벌의 종류[69]

- 고려시대 형벌의 종류는 태笞·장杖·도徒·유流·사死의 5종으로 구분하고 있다.
- 첫째, 태형笞刑은 가장 가벼운 형벌로 10대에서 50대까지 5등급으로 나누어져 있다.
- 둘째, 장형杖刑은 태형보다 중죄일 때 과하는 형벌로써 태형과 마찬가지로 장60대에서 100 대까지 5등급으로 나누어져 있다. 이러한 장형은 도형과 유형에 처해진 죄수들에게 병과하였다. 조선시대의 도형과 유형에 반드시 장형을 부과한 것은 고려시대의 제도를 이어받은 것으로 보인다.
- 셋째, 도형徒刑은 자유형의 일종으로 도형 기간 동안 감옥에 구금되어 강제노역에 동원되기도 하였다. 돈으로 대신 하는 속동贖銅 일명, 속전贖錢으로 대체가 가능하였다.
- 넷째, 유형流刑은 일정한 형기가 없이 오늘날의 무기형에 해당하는 형벌로써 일종의 종신형에 해당하였다.
- 마지막으로 사형死刑은 집행 방법에 따라 교형絞刑·목을 옭아매어 죽이는 형벌과 참형斬刑·칼로 목을 베어 죽이는 형벌이 있었는데 참형이 더 중한 형벌이었다.

5 ‖ 조선시대

조선이 건국되는 14세기는 국제적으로는 원元·명明의 교체시기였으며, 국내적으로는 고려와 조선의 교차시기로서 정치상황이 격동하는 시점이었다. 고려말 위화도 회군으로 정치적 실권을 장악한 이성계 중심의 신진세력은 외교면에서는 친명정책親明政策을 표방하고, 정치사회적인 면에서는 신진사대부를 중심으로 고려의 문벌귀족사회를 타파하였으며, 경제적인 면에서는 전제개혁田制改革을 단행하고, 사상면에서는 숭유억불崇儒抑仏 정책을 추진하였다.

조선전기의 치안정책은 다원적 경찰권 행사에 의한 방도금란 정책과 예방적 순찰정책이었다. 조선전기시대의 경찰기관은 오늘날과 같이 준일원화되어 있지 않고 다원적이었다. 조선전기 이후에 설치된 한성부의 좌·우 포도청이 생기는 과정에서 국왕과 신하

---

69 법무부, 전계서, p. 58

간에 권력의 남용을 우려하는 내용이 있는 것으로 볼 때, 경찰권력의 일원화 혹은 지속화를 백성에 대한 불편으로 간주하여 상설기관으로 설치하는 것을 꺼려 왔음을 알 수 있다. 이처럼 조선의 각 기관은 그 소관사무에 위배되는 것을 단속 처리하는 권한(직수아문)이 부여되어 경찰권이 분화되어 있었으며, 각 관아가 거의 경찰기관이었음을 알 수 있다.[70]

조선후기는 일반적으로 임진왜란 이후부터 1876년 개항까지의 시기로 설정되고 있다. 조선왕조의 역사는 임진왜란과 병자호란을 겪은 17세기 이후에 이르러 중요한 변화를 맞이하게 되었다. 조선전기에 정비되었던 정치·행정·군사·치안제도는 15세기 후반부터 서서히 무너지다가 임진왜란과 병자호란을 겪으면서 기존의 질서가 와해되면서 개편을 맞게 되었다.

17세기의 조선은 전례 없는 자연재해와 그에 따른 대기근을 겪으면서, 대외관계와 민생안정·국가재정의 확보가 당면한 과제였다. 아울러 선조 초년에 형성된 붕당이 뿌리를 내리면서 현실정치의 운영을 규정하는 중요한 요인이 되었다. 또한 변화된 사회질서를 성리학적 원리에 따라 재정립하기 위해 정통유학인 정주학程朱學과 예학禮學이 발전하면서 중앙집권적인 붕당정치가 발달되었다. 18세기에는 유교의 근대지향과 '조선중화주의'를 통치철학으로 강하게 내세우게 된다.[71]

19세기에 접어들면서 안으로는 세도정치가 심해지고, 수령에 의한 부정과 부패가 만연되면서 민란이 빈번하게 발생하는 사태에 이르게 된다. 또한 천주교의 탄압과 프랑스와 미국의 침공과 같은 외세의 등장은 새로운 사회불안을 야기하였다.

중앙관제에 있어서는 초기의 의정부를 정점으로 하는 6조 체제가 존속되었으나, 국란을 극복하기 위한 강력한 협의기구가 요구되어 종래의 비변사를 문무백관의 협의기관으로 확대시켜 군무軍務뿐만 아니라 국가행정사무도 관장하는 국가최고기관으로 개편하였다.

조선후기의 치안체제는 혼란한 시대상황을 반영하여 매우 다양한 방도금란 및 순찰정책과 체제유지 정책을 수행하였다. 붕괴된 사회질서를 회복하기 위해서 훈련도감과 삼군문과 같은 군사조직과 기존의 포도청 조직을 모두 활용하여 치안유지에 노력하였다.[72]

치안조직으로는 임진왜란을 계기로 오위五衛가 군사조직으로 쓸모없게 되면서 훈련도감訓練都監과 삼군문三軍門 그리고 포도청에서 그 임무를 담당하였다. 이러한 치안제도는 기존의 방도금란과 순라 외에 민란과 화적을 방비하고 체포하는 역할과 경제사범의 단속,

70 김창윤w, "조선시대의 치안정책과 조직에 관한 연구" 「한국공안행정학회보」, 57, 2014, p. 74.
71 변태섭c, 「한국사통론」(서울: 삼영사, 2002), pp. 331-346.
72 김창윤w, 전게논문, p. 76.

천주교의 탄압 그리고 외세에 대응하는 역할도 함께 수행하였다.

1 중앙의 기관과 경찰기관

❶ 의정부

의정부는 일인지하 만인지상一人之下 萬人之上이라는 영의정을 장으로 하는 국무최고기관이다. 의정부는 정무를 담당하며, 6조는 행정을 담당하여 정무와 행정을 구분하였다.

❷ 6조

6조는 주례周禮에 보이는 것으로 당관제를 거쳐 고려관제에 쓰던 것을 그대로 답습한 동양의 전형적인 관제이다. 의정부의 밑에 해당하는 국무를 현실적으로 분장하여 담당하였다. 이 중 형조는 도적과 민란을 다스리는 일반범죄의 사법감독기관인 동시에 하급기관의 판결에 대한 재심기관이었다.

조선시대의 형조刑曹는 법률法律·송사訟事·형옥刑獄·노예 등의 일을 담당함과 동시에 하급기관의 판결에 대한 재심기관의 역할을 하였다. 하위부서로는 상복사詳覆司·중죄심문, 고율사考律司·법령조, 장금사掌禁司·감옥과 범죄수사, 장예사掌隷司·노예업무를 두었다. 부속기관으로는 장례원掌隷院·노비업무, 전옥서典獄署·감옥담당 등이 있었다.

형조는 수사와 재판, 중죄인의 재심, 민사소송, 노비에 관한 사무 등을 관장하는 기관으로서 오늘날의 검찰청과 법원을 겸한 기관이라 할 수 있다. 취급하는 업무나 대상 신분에 아무런 특칙이 없어 왕족 범행 등 특수한 사건만 다루는 의금부와 구별하여 서민 재판소 혹은 상민 재판소라 불렀다.[73]

❸ 사헌부

사헌부는 법사法司이다. 시정의 시비를 논하고 백관의 기강을 규찰하고 국민의 풍속을 바르게 하고 억울함을 풀어주는 등 기관이었다. 오늘날의 국회의원·검사의 역할 등을 함께 수행한 가장 화려하고 중책을 지닌 기관이다. 사헌부의 말직인 감찰監察은 일선을 직접 검찰檢察하여 길에서 그를 만나면 대신이라도 길을 피했다고 할 정도이다.[74] 사헌부

---

73 정동욱, "조선시대 형사사법기관"「고시연구」, 17(12), 1990, pp. 166–167.
74 내무부치안국a, 전게서, p. 195.

는 검찰사무와 풍속경찰의 임무를 주로 수행하였다.

❹ 순청

순청巡廳은 야간순찰과 궁궐에 도둑이 들지 못하게 하고 화재를 방지하기 위한 기관이었으며, 세조 때에는 좌순청과 우순청을 두었고, 고종 31년(1894년) 내무아문 산하의 경무청 소관으로 바뀌면서 폐지되었다. 야간 순찰은 밤 10시경부터 다음 날 새벽 4시까지 실시하였다. 이를 어기면 체포해서 순청에 구금하여 곤장을 때리기도 했다.[75]

좌순청左巡廳은 순장 1명, 감군 1명, 관원 1명, 군사 2명을 인솔하여 종각 동쪽 지역을 순찰하였으며, 우순청右巡廳은 종각 서쪽지역을 순찰하고 숭례문, 돈화문, 창의문, 숙정문이 그 관할이었다. 또한 좌·우순청은 각각 관할 경수소警守所를 가지고 있다.

Police Science

🔍 파출소의 기원, 경수소(警守所)[76]

- 조선 시대 중요한 길목에 설치하여 순라군巡邏軍들이 밤에 지키도록 한 초소로서 지금의 파출소와 같은 역할을 하였다. 오늘날 파출소의 효시라고 할 수 있다. 복처伏處라고도 했으며, 도성뿐만 아니라 전국에 걸쳐 각 동의 입구에 이문里門을 세우고, 또 주요 가로街路에는 이를 설치하여 치안을 유지하였다.

- 그 설치시기는 정확하지 않으나, 1436년(세종 18) 3월 도성 안팎의 경수소를 정비한 기록으로 보아 국초부터 있던 것으로 보인다. 1450년(문종 즉위년) 6월 5가家마다 1개를 설치하고 장정 5~6명을 배치하여 숙직하게 하였고, 세조 때는 도성 안에 87개소, 도성 밖에 19개소, 모두 106개소가 있었다. 모든 경수소에는 보병步兵 2명이 부근에 사는 방리인坊里人·동네사람 5명을 거느리고 활·칼·대창 등의 무기를 휴대하고 숙직하였다.

- 그런데 방리인 중에는 노약자가 많아 도적을 만나면 잡지 못하고 피해를 입는 일이 많아, 1462년(세조 8) 6월부터는 갑사甲士·별시위別侍衛·파적위破敵衛 등과 기·보병騎·步兵 등을 동원하여 2명씩 배치시켜 방리인과 함께 숙직하게 하였는데, 이들은 3일마다 교대하였다.

- 명종 이전까지는 주로 도성을 중심으로 설치하였는데, 강원·황해 일대에 도적이 많아짐에 따라 1551년(명종6) 전국 각처에 도적이 통행할 만한 곳에 설치하여 도적을 막도록 하였다.

- 경수소는 순찰 등을 통해 도둑과 화재를 예방하였으며, 좌·우순청左右巡廳의 순라군巡邏軍이 담당했다.

---

75 상게서, pp. 258－259.
76 내무부치안국a, 전게서, pp. 233－239.

❺ 의금부

의금부義禁府는 국왕의 법원King's Court으로서 정치범의 재판소 역할을 하였다. 모반이나 반역사건 등을 다루었다. 왕족이나 양반 등의 자손까지도 직접 치죄治罪하는 귀족재판소였다. 따라서 이를 왕부王府라고 별칭하였다.[77]

의금부는 왕명에 따라 특수한 범죄에 관한 조사 및 처리를 담당하는 기관으로서 왕족의 범죄, 국사범, 역모와 반역죄 등 대옥사건大獄事件, 일반 백성의 왕족에 대한 범죄, 사헌부가 탄핵한 사건 등을 담당하였다. 의금부는 왕의 교지가 있어야만 재판이 가능한 특별재판기관인 까닭에 이를 양반재판소라고 하였다.[78]

❻ 한성부

한성부는 조선시대 수도인 한성의 주민 관리 등 일반행정사무, 조세포탈이나 국유재산의 개인소비 금지, 폭력행위 단속, 주간순찰, 변사자 검시 등과 같은 행정업무와 경찰업무를 담당하였다. 태형에 처할 만한 가벼운 범죄는 직접 구금하여 처리하였다.[79]

한성부는 수도치안을 담당하면서 폭력단속·주간순찰·시체검시 업무를 수행하였다. 한성부는 수도 한성의 경찰, 검찰, 재판업무 등을 담당하였다.[80] 이러한 업무는 우윤右尹의 1주부主簿 소속의 병방兵房과 2주부主簿 소속의 형방刑房에서 주로 담당하였다.

한성부의 치안 업무는 한성부의 여러 업무 중 보조업무였다. 한성부가 기본적인 범죄예방 업무를 했지만, 심각한 범죄에 대한 전문적인 포도활동捕盜活動은 할 수 없었다.

사회혼란으로 도적들이 증가하고 심각성이 더해지자 임시적인 '포도장제'捕盜將制에 의한 포도장捕盜將이 도입되었다. 기존의 포도장에 의한 중앙과 지방의 치안기구가 한계를 드러내자 이후 포도청의 상설화로 이어진다.[81]

한성부는 원래는 수도 한성지방의 대수령이나 일반수령과 같이 관하의 사법권(검시 등의 검찰사무와 재판 등)을 가졌던 기관으로써 한성부는 형조, 의금부 혹은 사헌부와 함께 삼법사三法司라고 칭해졌다.

---

77 상계서, pp. 197−198.
78 정동욱, 전계논문, p. 167.
79 상계논문, p. 169.
80 내무부치안국a, 전계서, p. 198.
81 상계서, pp. 200−211.

❼ 전옥서

전옥서典獄署는 고려 때부터 있었던 제도로써 조선에서는 죄인의 구금과 행형을 담당하였다. 현재의 구치소나 교도소의 역할을 담당했다. 전옥서는 형조에 소속되어 형조의 지휘·감독을 받았다. 전옥서 외에 의금부에는 의금옥義禁獄이 있었다. 기타 병조·사간원·비변사·포도청 등에도 옥사獄舍, 즉 일종의 감옥이 있었다. 전옥서의 옥사로는 좌·우포도청의 부속 옥사가 있었다. 이를 좌옥左獄과 우옥右獄이라고 불렀다.[82]

조선시대 중앙의 경찰기관과 업무[83]	
중앙의 경찰기관	**업무**
사헌부(감찰)	• 사헌부의 감찰과 규찰기능을 일선에서 담당하였다.
평시서(平市署)	• 도량형을 단속하고 물가의 폭등과 폭락을 막는 경제경찰의 임무를 수행하였다.
사산참군(四山參軍)	• 경성내·외의 동서남북 산의 소나무의 도벌의 방지와 보호임무를 수행하는 산림경찰로서 임무를 수행하였다.
활인서(活人署)	• 도성의 병자를 구호하는 임무를 수행하는 것으로써 위생경찰의 임무를 수행하였다.
암행어사(暗行御史)	• 어사는 정보·감찰·사법업무를 수행하는 고등경찰의 기능을 수행하였다.
수성금화사(修城禁火司)	• 궁성과 궁궐의 방화업무를 담당하는 소방경찰의 임무를 수행하였다.

2 지방의 경찰기관

지방은 전국 8도에 관찰사가 있고, 그 밑에 부·대도호부·목·도호부·군·현이 있었다. 각 수령으로 부윤·대도호부사·목사·도호부사·유수·군수·현령·현감이 병렬적으로 관찰사의 관할 하에 있었다. 관찰사와 각 수령은 각자 그 관할구역 안에서 일반행정 업무 및 일정 범죄(경죄)에 대한 사법권을 행사할 수 있었다.[84]

지방에는 처음에는 수령이 나중에는 진영장鎭營將이 겸임하는 「토포사」討捕使가 반전임적 경찰기관으로 설치되어 제도화되었다. 지방의 경찰기관은 방백·수령과 토포사 및 정

---

82 정종욱, 전게논문, p. 171.
83 내무부치안국a, 전게서, pp. 224 – 226.
84 김종구, 「형사사법개혁론」(서울: 법문사, 2002), p. 36.

보경찰로서의 찰방察訪으로 계통화되었다.

지방의 경우, 부·목·군·현의 수령인 부사·목사·군수·현령·현감과 도의 관찰사는 행정관인 동시에 사법관이었다. 관찰사와 수령은 각자 사형에 해당하는 중죄에 관해서는 수사기관의 역할을 담당하였다. 관찰사가 국왕에게 올리는 장계狀啓는 오늘날의 공소장과 같은 성격을 가졌다.[85]

관찰사는 관내의 사법사무를 통할하며 유형流刑 이하의 형사사건을 직접 처리하고, 그 이상의 중죄는 중앙의 지시를 받아야 했다.[86] 관찰사는 도의 행정·군사 및 사법경찰권을 행사했다. 수령을 지휘·감독하고, 민생을 순찰하는 감찰관의 기능을 수행하였다. 수령은 민사소송과 태형笞刑 이하의 형사소송을 직접 처리하였다. 관찰사와 수령은 지방의 전권을 장악하고 있으면서, 재판·세무·경찰 등의 권한을 행사하였다.

3 전문적 경찰기관인 포도청

조선시대 초기의 전문적 경찰기관으로는 고려시대 관제를 계승한 순군만호부를 들 수 있다. 순군만호부巡軍萬戸府는 태종 2년 6월에 순위부巡衛府로, 태종 3년에 의용순금사義勇巡禁司로, 태종 14년에 의금부義禁府로 이어져 오면서 그 기능을 마쳤다.[87]

포도청이 중종 때 상설될 때까지 전문적 경찰관청을 정식관제에서는 찾아볼 수 없다. 하지만 도적이 갑자기 출몰하면 임시로 포도장을 임명하여 경찰군을 편성하고 도적을 체포하였다. 또한 법적으로 「포도논상」捕盜論賞을 마련하여 도적을 잡으면 계급을 올려주었고, 일반 백성이 도적을 고발하면 포상해 주었다.

이러한 제도에도 불구하고 도적의 수는 흉년이면 급증하였고, 규모 또한 집단화되었다. 따라서 도적을 통제하기 위한 독립된 전문기관이 필요하여 '포도장제'捕盜將制에 의해 포도장捕盜將을 설치하게 되었다. 그러나 성종 2년에 설치한 「포도장제」는 잠시 설치한 임시직에 불과하였다.

성종 초반 포도장은 도적이 발생한 해당 지역에 임시적으로 파견되었기 때문에 해당 임무를 종료하면 폐지하였다.[88] 포도장이 도적 단속을 효과적으로 했지만, 그 폐단 또한

---

85 정종욱, 전게논문, pp. 171－172.
86 김종구, 전게서, p. 37.
87 이당재, "조선시대 포도청 연구", 「석사학위논문」 서울: 연세대학교 대학원, 1982, p. 11.
88 내무부치안국a, 전게서, p. 233.

많아 치폐에 대한 논의가 지속되었다. 그러다가 포도장이 성종 후반 중앙군이 여진 정벌에 동원되면서 도성의 치안 공백을 대신하는 계기로 점차 수도 치안기구로 역할을 하게 되었다.[89]

포도장제는 성종 2년에 창설된 이래 중종 23년에 이르러 직제의 승격을 보게 되었다. 지금까지 포도장捕盜將이라고 부르던 것을 중종 23년 11월부터 '포도대장'捕盜大將이라 호칭하고 종사관從事官인 포도부장捕盜部將의 임용방식이 정해졌다.[90]

이러한 직제상의 규정에 의해서 중종 39년(1544)에 독립된 경찰행정기구로 '포도청'捕盜廳이 창설되었다. 성종 때부터 심각해진 도적의 발효는 중종, 명종 때에 이르러 조선왕조를 통하여 가장 극심하였다. 따라서 과거 범죄가 발생할 때 임시로 설치되었던 포도청이 중종 39년에 그 형성을 보게 되었다. 명종 때에 임꺽정에 의한 피해가 커지게 되자 이들을 효과적으로 진압하기 위해서 포도청을 상설화하였다.[91]

조선후기에 와서는 포도捕盜 업무보다는 궁성의 호위, 왕의 행행幸行·선왕의 능 참배할 때의 수행, 인산因山·왕족의 국상시 거사군으로 차출 등이 주임무처럼 되었다. 또한 개항 이후 각국 공사관의 파수와 정치범의 체포·조사업무가 추가되면서 본연의 치안업무는 소홀해지는 양상이 나타나게 된다.[92]

조선후기에 들면서 상업의 발달과 함께 포도청의 업무가 증가하였다. 좌포도청은 조운·세미·방납에 관하여, 우포도청은 잠상, 인삼매매에 관한 치죄가 많아졌다. 그 후 정치적 변화에 따라 포도대장의 위상이 올라가, 국왕은 왕권보호와 군권을 장악하기 위하여 이를 이용하였다.

근세로 내려오면서 포도청은 방도금란의 임무 외에 한참 세를 더해가는 천주교의 탄압에 주력하게 된다. 이를 위하여 5가작통법伍家作統法制을 활용하기도 하였다. 개화 이후인 고종 20년(1894)에는 한성부에 순경부를 설치하여 외국인을 보호하기도 하였다.[93] 이후 포도청은 고종 31년(1894) 7월 14일에 「경무청관제직장」이 공포됨으로써 그 설치 410여 년 만에 경무청으로 흡수되면서 폐지되었다.[94]

---

89 차인배, "조선전기 성종–중종대 '포도장'제 고찰"「사학연구」, 72, 2003, p. 80.
90 중종실록 64권 23년 11월 경신조 참조.
91 이당재, 전게논문, pp. 27–28.
92 손영상, 전게논문, 2005, p. 9.
93 허남오b,「너희가 포도청을 어찌 아느냐」(서울: 가람기획, 2001), p. 104.
94 이당재, 전게논문, p. 28.

🌐 포도청의 도입과 폐지

- 조선사회 신분제가 정착되면서 의금부는 양반범죄를 처결하는 기구로, 포도청은 양인과 천민의 범죄를 단속하는 기구로 역할이 나뉘었다. 포도청의 포도장은 도성 치안의 일반범죄를 단속하였고, 양반 및 유생의 범죄에 대한 직접적인 처벌을 엄중히 금지하였다.

- 또한 포도장은 도적이 사족의 부녀자 집에 숨어 들어갔더라도 허락 없이 수색할 수 없었다. 만약 포도장이 사족의 집을 수색하려 하면 왕의 허락을 받은 후 조사할 수 있었다. 조사를 할 때에도 의녀(다모)를 대동해 조사하게 하였다.

- 포도장의 주된 업무가 도적을 잡는 것이었지만 양반들에 대한 체포와 형장을 함부로 할 수 없었다.

- 포도청의 권설(성종 때): 성종 2년 당시에 도적이 창궐하자 '포도장제'에 의해 포도장을 설치하였다.

- 성종 23년에 포도청을 좌·우로 나누고 중종 23년에 포도대장으로 승격시켰다.

- 포도청의 형성(중종 때): 중종 39년(1544)에 포도청이 처음으로 창설되었다.

- 포도청의 확립(명종 때): 명종때에 포도청이 상설화되면서 확립되었다.

- 포도청, 형조, 의금부에 양반집의 수색과 여자도적 체포를 위해 '다모'라는 여자관비를 두었다.

- 포도청은 1894년 갑오경장때 한성부에 경무청이 설치되면서 폐지되었다.

🌐 최초의 여자경찰 다모[95]

- 다모茶母는 이름만으로 보면 포도청 내에서 관원의 차심부름이나 하고 식사를 담당하는 것 같지만 사실은 비밀여자경찰을 다모라고 불렀다. 다모의 자격요건을 보면 키는 5척(약 150㎝)을 넘어야 하고, 막걸리 3사발(900㎖)을 단번에 마실만한 주량에 쌀 닷말(약 40㎏) 정도의 무거운 물건을 번쩍 드는 힘이 있어야 했다.

- 또한 지아비와 시아비의 이름을 마구 부를 만큼 거친 성품의 여자여야 했다고 한다. 다모는 대개 기운이 세고 남성적인 여자였던 것이다.

- 이 다모는 포도청 이외에 형조와 의금부에도 있었다. 다모의 책임은 수색이었다.

---

95 대한민국여경재향경우회, 「한국여자경찰60년사」, 2007, p. 5.

- 다모는 아무집이나 들어갈 수 있었고, 치마속에다 두 자(약 60㎝)쯤 되는 쇠도리깨와 포승을 차고 갔다가 죄가 분명한 사람의 집은 양반이나 고관의 집을 그 도리깨로 들창문을 부수고 들어가서 죄인을 묶어 가지고 올 수 있었다.
- 양반을 잡는데는 임금이 주는 자주통부自主通符: 체포영장가 필요했지만 나머지 평민들은 일반 통부만 가지고도 도리깨로 사람을 쳐서 죽인다고 해도 귀양가는 정도로 면책을 받았다.

Police Science

🌐 조선말기 포도청의 혼란과 무능[96]

- 1880년대 이후 개화파들은 기존 치안제도의 난맥상, 특히 포도청 제도가 직면한 문제점들을 혁파하기 위해서 치안제도 개혁론을 제기하였다.
- 이 시기의 포도청의 인력은 좌·우포도청에 포도대장捕盜大將 2명, 종사관從事官 6명, 포교捕校 52명, 포졸捕卒 165명, 서원書員 8명, 사령使令 4명 등 총 237명이었다.[97]
- 이중 포도청 업무의 현장 지휘자라 할 수 있는 포교의 경우, 전체 52명 중 32명이 품계나 급여가 없는 무료부장無料部長이었다. 말단에서 실제 업무를 수행하는 포졸의 경우에도 급여가 매월 6두斗에 불과했는데 그나마 이를 제때 지급받는 인원은 사령까지 포함해도 50명에 지나지 않았다.[98]
- 이 당시 포교의 절반 이상은 애초부터 품계나 급여가 없었고, 포졸의 절반 이상은 정해진 급여를 제대로 지급받지 못했던 것이다. 따라서 포교·포졸의 민폐가 빈번하여 민중들의 적대 대상이 되었다. 이러한 상황에서 포도청의 조직운영이나 업무수행의 안정성을 확보하기란 대단히 어려운 일이었다.
- 이상과 같은 구조적인 한계와 문제점을 보인 포도청은 개항 이후 개화파들이 희망하는 경찰기구로서 역할을 하기에는 충분하지 않았다. 초기 경찰제도 개혁을 주장한 김옥균, 박영효, 유길준 등 개화파들은 일본과 서구 등을 통해 견문한 근대적 경찰제도의 시찰을 통해서 포도청의 한계를 인식하고, 위생衛生·치도治道 등 문명개화를 위한 강력한 치안유지를

---

96 김창윤q, "한국 근대경찰의 창설배경과 조직에 관한 연구"「한국경찰연구」, 11(2), 2012, pp. 129-130.
97 增補文獻備考, 卷226 職官考 13.
98 박은숙, "개항기 포도청의 운영과 한성부민의 동태"「서울학연구」, 5, 1995, pp. 156-157.

행사할 수 있는 경찰기구의 창설을 모색하게 된다.

- 이처럼 포도청은 안정된 권력기반을 가지지 못한 채 정치적 상황에 따라서 국가기관과 세도가의 권세 앞에서 집행력의 유약성을 보여주게 된다. 따라서 포도청을 한국 근대경찰의 출발로 보는 데에는 한계가 있다고 보여진다.[99]

4 법제

❶ 민·형사의 불구분

조선시대는 입법·사법·행정 등 3권의 분립이 분명하지 않은 채 혼재되어 있었다. 「경국대전」 등 법전에 의한 사법^{司法} 활동이 있었지만 민사·형사의 구분이 명확하지 않았다. 태조는 즉위교서를 통해 죄를 범한 자에게는 반드시 명나라의 법인 대명률^{大明律}을 적용할 것을 지시하여 대명률의 적용을 선언하였다. 대명률을 적용하는 원칙은 고종황제 시대인 광무 9년(1905년 4월 29일), 형법대전^{刑法大典}이 공포될 때까지 조선왕조의 역대 임금에 의해서 지속되었다.

❷ 직수아문제도

형사절차는 판관이 직권으로 피의자를 체포하고 일방적으로 신문·고문하여 처리하는 규문주의^{糾問主義}를 택하였다. 하지만 범죄의 수사면에 있어서는 그 담당기관이 다양하고 중복되어 복잡하였다.

태조 이성계는 즉위 조서에서 수사와 재판기관을 분명히 하였다. 하지만 각사^{各司}와 각군문^{各軍門}이 자신들의 직무에 속하는 피의자를 멋대로 체포·구금하였다. 이러한 폐단을 없애기 위하여 범인을 직접 체포하여 감금할 수 있는 관청인 직수아문^{直囚衙門}, 즉 직수를 할 수 있는 아문을 법으로 정하였다.

직접 범죄자를 구금할 수 있는 관청인 직수아문으로는 형조·병조·한성부·사헌부·승정원·장예원·종부사와 관찰사 및 수령이 있었다. 직수아문 이외의 관청에서는 범죄자를 형조로 이송하여 그곳에서 구금하도록 하였다. 하지만 실제로는 각사^{各司}·각방^{各房}을 비롯하여 권세 있는 사문^{私門}까지도 수금^{囚禁}·남형^{濫刑}을 단행하였으므로 역대 임금들이

---

99 최선우, "한국경찰의 근대성에 관한 연구" 「한국공안행정학회보」, 23, 2007, p. 418.

사사수금私事囚禁・사문형추私門刑推・사문남형私門濫刑을 금하는 영을 누차 내렸다.[100]

조선 후기에는 비변사와 포도청이 추가되어 중앙의 권위적인 주요 관서가 모두 체포・구금의 권한을 행사할 수 있게 되었다. 사법권을 가진 기관을 법사法司라고 하였는데 중앙의 법사로는 사헌부, 의금부, 형조, 한성부, 장예원이 있었다. 그 중 형조, 사헌부, 의금부를 특별히 삼법사三法司라고 호칭하였다.

Police Science

🌐 조선시대의 직수아문(直囚衙門)

- 조선시대는 범인을 직접 체포하여 감금할 수 있는 관청인 직수아문直囚衙門, 즉 직접 범인을 구금할 수 있는 관청을 법으로 정하였다. 직수를 할 수 있는 관청인 직수아문으로는 형조・병조・한성부・사헌부・승정원・장예원・종부사와 관찰사 및 수령 등이 있었다.
- 이는 법으로 정하였다. 예를 들어 조선시대의 사헌부는 오늘날 언론기능을 담당하였기 때문에 직수를 할 수 없었다. 따라서 조선시대의 경찰권은 일원화되지 않고, 다원화되어 있었다.

Police Science

🌐 조선시대의 수사권[101]

- 조선시대는 수사권을 일원화 하지 않았다. 각 관청이 소관 사무와 직권에 의하여 위법자를 체포・구금할 수 있는 직수아문이 있었다. 중대 사건을 수사하는 사헌부와 왕명 사건을 수사하는 의금부가 있었다. 중앙의 의금부는 왕족의 범죄 등 특별범죄를 관장하였으며, 지방의 관찰사는 행정과 경찰기능도 함께 수행하였다.
- 서울시에 해당하는 한성부와 지금의 법무부에 해당하는 형조 그리고 서민 사건을 다루던 포도청도 수사권을 가지고 있었다. 수사권을 여러 기관에 준 것은 실체적 정의를 실현하기 위해서였다.
- 사헌부에서 대충 수사하면 곧바로 사간원이 탄핵에 나서고 의금부나 형조가 재수사에 나서므로 부실수사를 할 수 없었다. 여러 수사기관의 수사내용은 모두 사율원司律院에서 판결했다.
- 특이한 점은 수사기관엔 모두 대과大科 출신이 포진했다는 점이다. 사율원은 때로 율학律學이라고 불렸다. 수사기관에서 문부文簿・수사기록를 보내오면 「경국대전經國大典」, 「대명률大明律」, 「율학해이律學解頤」, 「율해변이律解辯疑」 같은 법률서를 뒤져 형량을 조율照律했다.

---

100 서일교, 「조선왕조의 형사제도 연구」(서울: 박영사, 1974), p. 8.
101 이덕일, "부러진 화살"「중앙일보」, 2012.01.27.

- 조율이란 법률서와 대조해 해당 형벌을 찾는 것이다. 정확한 법조문인 정률^{正律}이 없을 경우, 가장 비슷한 법조항을 끌어다 안률^{按律}했는데 이것이 비의^{比依}다.
- 엘리트인 사대부들이 수사한 내용을 중인 출신들에게 판결시킨 이유는 이른바 재량권을 막으려는 조선시대의 지혜였다.
- 또한 사대부들의 수사내용을 중인 출신 율학인^{律學人}들이 마음대로 재량할 수 없었다.

❸ 상급심제도

상급심을 위해서는 형조·의금부·한성부의 3법사가 설치되었다. 형조는 사법행정의 감독기관인 동시에 수령이 관장하는 일반사건에 대한 상소심으로서의 재심기관이며 합의제였다. 부·목·군·현의 수령인 부사·목사·군수·현령·현감과 도의 관찰사는 행정관인 동시에 사법관이었다.

수령은 민사소송과 태형^{笞刑} 이하의 형사소송을 직결하였다. 관찰사는 관내의 사법사무를 통할하며 도형^{徒刑}이하의 형사사건을 직결하고 그 이상의 중죄는 형조의 지시를 받아야 했다.

❹ 형벌제도

조선시대는 강력한 중앙집권적 통치체제를 구축하기 위하여 '오가작통법'^{五家作統法}을 조선초부터 실시하였다.[102] 형벌은 고려와 마찬가지로 태^笞[103]·장^杖[104]·도^徒·유^流·사^死의 5형이 시행되었다. 형옥은 일반적으로 잔혹하게 다스려져 영조는 이를 개혁하여 압슬^{壓膝}·낙형^{烙刑}·묵자^{墨刺}·난장^{亂杖} 등을 폐지하였다.

그러나 역적을 처벌함에는 참혹하였다. 형법제도도 갑오개혁 때에 개정되어 죄인의 연좌제^{緣坐制: 連坐制}가 폐지되고 고문을 금지했다. 사법관 이외의 관리가 마음대로 구속하지 못하게 하였다.

---

102 임승재, "조선시대 경찰의 사적고찰"「법정논총」, 1970, p. 186.
103 태형에 쓰는 매는 대두쪽은 2분 7리, 소두쪽은 1분 7리, 길이 3척 5촌이다. 작은 형나무 가지로 만들되 옹이나 눈은 깎아버렸다.
104 장의 대두 쪽은 지름이 3푼 2리이고, 소두쪽은 지름이 2푼 2리인데 길이는 3척 5촌이다. 장은 커다란 가시나무의 가지로 만들며 또한 반드시 가지 사이에 박힌 옹이나 나무눈은 깎아 버려야 했다.

- 조선 시대 향촌 사회에서는 양반이 거주하는 반촌과 상민이 거주하는 민촌이 나타나기도 했으나, 대체로 양반, 상민, 천민이 섞여 살았다. 동洞, 리理로 편제된 촌락은 향촌을 구성하는 기본 단위였다. 오가작통법은 주민자치조직이 아니라 조선의 법전인 경국대전經國大典에 법제화되어 있었다.

- 조선 초기에 정부는 촌락에 대한 지배를 원활히 하기 위해 몇 개의 리를 면으로 묶은 면리제를 시행했다. 면과 리는 중앙에서 관리를 파견하지 않고 자치적으로 운영되었다. 17세기 중엽부터는 다섯 집을 하나의 통으로 묶은 오가작통법(5가구를 1통으로 묶은 주민조직법)을 시행하고 촌락의 주민을 통제했다.**106**

- 조선 후기 백골징포白骨徵布, 황구첨정黃口簽丁 등과 같은 관리들의 수탈로 농민이 토지를 잃고 떠돌아다니거나 도망하는 유민들이 점점 늘고 세금 낼 사람, 군역을 질 사람이 부족해지자 나라에서는 다섯 집을 하나로 묶어 서로 감시하도록 하는 오가작통법을 시행하게 된다.

- 조선 후기의 대표적인 연좌제인 오가작통법은 연대책임을 물어 천주교를 박해하는데 남용되었다. 천주교의 씨를 말리려 한 데는 부모 제사를 모시지 않는 '불효불충不孝不忠의 무리'인데다 서양 함선의 잦은 출몰에 민감해져 천주교인을 외세와 한통속으로 경계했기 때문이다.

- 오가작통법은 1917년 일제에 의해서 반상회라는 이름으로 부활하게 된다. 일제는 일장기 게양, 신사참배, 일본어 사용 등 조선인을 통제하기 위한 수단으로 이 주민조직을 적극 이용했다. 서로가 서로를 감시하는 반상회를 통해 이른바 '불순분자'를 색출하게 된다.
해방 이후 사라졌던 반상회가 다시 등장한 것은 지난 1976년. 당시 내무부가 매달 말일을 '반상회의 날'로 정했고 1976년 5월 31일 저녁에 열린 첫 반상회의 주제는 '장발단속', '새 주민증 휴대'를 비롯한 총 8가지였다.

- 이러한 관주도의 반상회는 권위주의 정권 이후 차례차례 폐지가 되었지만 지금도 반상회는 지속되고 있다. 반상회를 통해서 정부 시책을 홍보하고 있다. 햇볕정책, 한미 FTA, 그리고 4대강 사업, 창조경제, 혁신경제, 공정과 정의 등이 있다. 반상회는 오늘날에도 국민을 계도하고 홍보하는 수단으로 활용되고 있다.

---

105 앵커브리핑, "반상회 … 타임슬립"「JTBC」, 2015.10.26.
106 중앙선데이, "민생 개혁의 좌초, 부국강병의 길 특권이 막았다"「중앙일보」, 2016.01.24.

Police Science

🌐🔍 한국 경찰개혁의 선구자 '박영효'107

- 일본의 근대 경찰제도에 대한 보다 구체적이고 상세한 정보수집은 1881년 4월부터 4개월 간에 걸쳐 일본의 문물제도를 관찰한 조사시찰단朝士視察團에 의해 이루어졌다. 당시 일본 내무성內務省에 대한 상탐詳探을 담당한 박정양朴定陽은 귀국 후 고종에게 일본 내무성內務省 경보국警保局의 각종 규칙들을 정리하여 보고하였다.108

- 이와 같은 일본 근대경찰에 대한 시찰활동 후, 근대적 경찰제도에 대한 개화파들의 구상은 1883년에 구체적인 실현으로 진행되었다. 1883년 1월 일본에서 귀국하여 한성판윤漢城判尹에 부임한 박영효는 한성부漢城府에 순경부巡警部를 설치하는 것을 고종에게 재가 받았다.109

- 박영효가 1883년 1월에 귀국한 뒤 한성 판윤에 임명되어 박문국博文局·신문발간·순경부巡警部·치도국治道局·하천 및 도로정비 등 등을 설치하여 신문 발간과 신식 경찰제도의 도입, 도로 정비 사업, 유색의복有色衣服 장려 등 일련의 개화 시책을 폈다.

- 이러한 순경부는 기존의 포도청과는 별개로 수도치안을 전담하는 한성부 소속의 치안기구로 설치되었지만, 박영효가 곧이어 광주유수로 옮겨가면서 실효를 거두지는 못하였다. 비록 이 기구에 대한 자세한 실제 운영 면모는 알 수 없으나 포도청의 기능과는 다른 경찰기능을 부여하고 순경巡警이라는 새로운 용어를 사용하는 등 경찰탄생의 맹아를 보이게 된 점에서 의의가 있다고 할 수 있다.

- 순경부巡警部는 한성부에 둔 경찰기관으로 이때 최초로 「순경巡警」이라는 용어가 등장한다. 순경부에 소속된 순검은 돌아다니면서 오물을 버리는 자들에게 벌금 또는 징벌을 내리기도 하였다. 그러나 박영효의 개혁정책은 수구파의 반대에 부딪혀, 삼국三局은 폐쇄되고 그는 광주 유수 겸 수어사廣州留守兼守禦使로 좌천되었다.110

- 이러한 개화파의 경찰력 확보에 대한 노력은 1884년 갑신정변에서 다시 나타나게 된다.

107 김창윤q, 전게논문, pp. 130 – 131.
108 이광린, 「개화당연구」(서울: 일조각, 1980), p. 41.
109 손영상, 전게논문, p. 10.
110 상게논문, p. 10.

1 갑오개혁과 경무청의 창설

1 동학혁명

고종 31년(1894)년 1월 전라도 고부군수 조병갑趙秉甲의 탐학에 항거하여 동학혁명東學革命111이 발생하였다. 동학혁명은 전봉준全琫準의 지휘하에 봉기하여 고부군의 창고·군기고 및 관아를 습격하고 새로 만든 만석보萬石洑를 파괴하며, 각처 교구에 통문을 발하였다. 또한 일반 민중에게 격문을 전파하여, '제폭구민'除暴救民과 '보국안민'輔國安民을 구호로 외쳤다.

Police Science

🌐 동학혁명

- 19세기 각지에서 산발적으로 일어났던 민란은 개항 후에도 계속되고 있었다. 지방관들의 횡포는 여전하였고, 일본의 경제적 침투로 인해 농촌경제는 결정적으로 파탄되어 갔다. 이러한 상황에서 당시 지방관의 횡포와 일본의 경제적 침탈로 곤궁해진 농민층과 몰락 양반들 사이에서 동학東學이 농민 동요의 중심체가 되어갔다.
- 동학혁명은 1894년 1월 10일에 일어난 고부민란이 시발이 된 것이지만 그 이전에도 동학교단이 주도하는 동학운동이 있었다. 1892년 11월 1일의 삼례집회, 1893년 2월 11일의 제1차 보은집회, 1893년 3월 11일의 제2차 보은집회 등이다. 이때까지는 주로 상소, 집회 등 비폭력적 형태를 취한 교조 최제우에 대한 교조신원운동이 주가 되었다.
- 동학혁명은 그 과정을 4가지 시기로 구분할 수 있다. 제1단계는 고부민란 시기이고, 제2단계는 전주성 입성 시기이고, 제3단계는 집강소 시기이다. 마지막 제4단계는 1894년 10월 동학농민군이 관군과 일본군에 의해 혁명이 실패하는 좌절 시기이다.

---

111 동학농민운동의 용어문제는 1950년대 이래 논란이 계속되고 있는데, 이것은 동학농민운동의 성격에 대한 인식을 달리하는 데서 비롯되는 것이다. 일반적으로 동학농민운동 이외에 동학란(東學亂)·동학운동(東學運動)·동학농민혁명운동(東學農民革命運動)·동학혁명(東學革命)·갑오농민전쟁(甲午農民戰爭) 등이 사용되고 있는데, 이것은 동학의 사상과 동학농민운동의 주체 및 당시 정치·사회적 상황에 의해서 복합적으로 그 성격을 규명하는 데서 나타나는 필연적인 것이다. 특히 동학사상이 내포하고 있는 혁명적 성격과 사회체제에 대한 반항을 강조하는 사람들은 동학혁명(東學革命)이라고 주장하고 있다. 본서에서는 변태섭·정시채 등의 용어에 따라 동학혁명으로 하고자 한다.

🔍 **최초의 자치경찰인 집강소(執綱所)**

- 전봉준은 전주화약^{全州和約} 이후 전라도 내의 안정과 치안유지를 위하여 집강소를 설치하였다. 이같은 집강소의 운영은 지방행정제도와 이원화되는 체제였다. 행정은 지방관들이 담당하고, 치안과 자치기능은 '집강'^{執綱}들이 담당하는 것이다.
- 이는 기존의 지방행정제도와 향촌사회 운영방식과 명목상 모순되지 않으며, 다만 그 주도권이 수령-이방-향청 중심에서 농민층 중심으로 전이되는 형태였다.[112]
- 집강소는 1984년 7월 전주화약 이후 '관민상화'^{官民相和} 원칙의 합의에 따라 설치되었다. 전주화약 이후 전라도에는 산발적·개별적으로 설치되던 집강소가 전면적으로 설치·운영되기에 이르렀다.
- 집강소는 ① 관민·민관 협치, ② 전통의 진보화 혹은 근대화, ③ 근대질서 수립을 위한 이정표, ④ 근대 사회적 의식의 성장 등의 평가를 받고 있다.[113]
- 집강소는 도내의 치안과 행정을 보좌하는 기능을 하였다. 농민군 조직을 제도권 내로 끌어들여 자치기구화한 뒤 도내의 안정과 치안을 유지하려는 의도에서 조직되었다.
- 집강은 조선왕조에서 모든 공식·비공식 조직에서 기율^{紀律}을 담당하는 직책이었다. 계와 향약 같은 자발적 결사체에도 기율을 담당하던 집강이 있었다.[114]
- 집강소의 장인 집강은 주민통치^{住民統治} 및 지역의 안정과 치안유지 임무를 담당하였다.
- 따라서 집강은 오늘날 지구대장의 기원이며, 집강소는 오늘날 자치경찰의 역할과 임무를 담당한 최초의 자치경찰이었다고 볼 수 있다.

2 1894년 최초의 근대 경찰인 경무청의 창설

동학혁명을 계기로 청일전쟁을 미리 준비한 일본은 1894년 6월 12일에 일본군을 인천에 상륙시킨 후, 서울로 진격하여 용산에 주둔하게 된다. 6월 19일 일본이 '조선내정공동개혁'을 청국에 제의했으나, 예상대로 거부되었다. 이에 일본은 6월 22일 '일본단독내

---

112 김양식, "1, 2차 전주화약과 집강소 운영"「역사연구」, 2, 1993, p. 146.
113 안외순, "동학농민혁명과 전쟁 사이, 집강소(執綱所)의 관민(官民) 협치(協治)"「동학학보」, 51, 2019, pp. 171-173.
114 신용하, "갑오농민전쟁(甲午農民戰爭) 시기의 농민집강소(農民執綱所)의 설치"「한국학보」, 11(4), 1985, p. 68.

정개혁안'을 각의에서 결정하고 개전방침을 공식 결정했다.[115]

조선정부가 일본의 의도대로 움직이지 않자 일본군은 7월 23일 새벽, 오오토리大鳥圭介 공사와 대원군을 앞세우고 왕궁으로 난입했다. 이후 7월 25일 친일정권인 대원군－김홍집 내각이 출범하자, 일본은 서해상에 있는 풍도의 청나라 군함을 공격하여 청·일전쟁에 돌입하였다.

당시 일본의 개혁 강요는 있었지만 청과 전쟁중에 있었으므로 개혁에 관여할 여유가 없었다. 따라서 조선정부는 거의 독자적으로 개혁정치를 수행할 수 있었다. 조선정부는 김홍집을 수반으로 하는 신정부를 구성하고, 1894년 7월 27일에 「군국기무처」軍國機務處라는 새로운 회의기관을 설치하였다. 군국기무처는 국왕이나 대원군의 간섭을 받지 않았다. 따라서 기존의 정치세력에 의해 방해받는 일 없이 과감하게 개혁을 추진할수 있었다.[116]

이러한 군국기무처는 약 5개월 동안 존속하면서 208건의 근대적 개혁안을 의결하였는데, 그것은 정치·경제·사회 각 방면에 걸친 광범위한 것이었다. 이를 일컬어 갑오개혁甲午改革 또는 갑오경장甲午更張이라 한다.

개화파의 갑오개혁의 내용 중 포도청을 혁파하고 근대 경찰인 경무청을 창설하려 한 개혁은 개항을 전후하여 계속 추진되었던 '조선자강의 근대화'를 위한 개화운동의 가장 중요한 내용 중의 하나로 인식되었다. 경찰개혁을 통한 '민생民生의 복지福祉와 안강安康'을 이룰 수 있다면 일본이 아시아의 '영국'이 되었듯이 조선은 아시아의 '프랑스'가 될 수 있다고 생각하였다.

경무청이 등장하기 이전인 근대 이전에는 범죄가 공공의 안전을 위협할 때 질서를 유지하기 위해서만 등장했다. 그런데 갑오개혁기 개화파 관료들은 '조선자강朝鮮自強의 근대近代'를 전제로 하고, 이를 실현할 구체적인 물리력으로서 경찰개혁을 추진하였다. 이때 유길준은 「서유견문」西遊見聞에서 '민족民族·민주民主·평등주의平等主義'를 지향하면서 경찰기구를 예정하였다.[117] 근대적 경찰제도를 '치안유지'와 함께 '개명開明한 진보'를 위한 중요수단으로 보면서, '민생民生의 복지福祉와 안강安康'에 있는 것으로 인식하였다.

---

115 청군과 일본군의 동시 출병문제에 대해서는 지금까지 이렇게 설명되고 있다. 동학농민군이 일어나자 정부가 겁을 집어먹고 정부군으로는 도저히 진압할 수가 없다고 판단하여 청국에게 원병을 요청하게 되었다. 자국민이 봉기한 상황에서 정부가 겁을 집어먹고 외국군을 불러들였다면 그 정부는 이미 정부라고 할 수 없다는 인식이 높았다. 실제로 이것이 고종시대에 대한 부정적 평가의 중요한 원인의 하나가 되었다(이태진, 「한국사」(서울: 태학사, 2005), pp. 99－100.)

116 변태섭c, 전게서, p. 128.

117 伊藤俊介, "朝鮮における近代警察制度の導入過程"「朝鮮史研究會論文集」, 2003, p. 41.

일본을 근대화의 모델로 삼았던 김옥균, 박영효 등이 일본의 경찰제도로부터 전적인 영향을 받은 반면, 유길준은 영국과 미국 등 서구의 제도를 폭넓게 견문한 이후에 그것을 바탕으로 경찰제도 개혁론을 펼치고 있다는 점에서 큰 차이를 보이고 있다.

한국 최초의 근대경찰 창설은 유길준이 주도권을 갖고, 영국과 미국의 민주적 경찰이념을 채택하여 경찰제도를 창설한 것으로 한국경찰에 '민중적民衆的·민주적民主的' 경찰상을 뿌리내리게 하였다.

한국경찰의 창설은 내정개혁 요구의 일환으로 이루어졌다. 김홍집 내각이 1894년 6월 28일(음) '법무아문 관리 사법행정경찰'이라고 정하면서 최초로 '경찰'警察이라는 용어를 사용하였다. 김홍집 내각은 '각 아문 관제'에서 경찰을 처음에는 법무아문 소속으로 정하였다.

하지만 내무아문 소속으로 변경하고, 「경무청관제직장」을 제정하였다. 경무청은 좌포청左捕廳과 우포청右捕廳을 합쳐서 경무청警務廳을 설치하고 내무아문內務衙門에 소속으로 한성부漢城府 관내의 일체의 경찰 사무를 담당하였다. 경무청은 일본의 근대 경찰인 경시청을 모방하여 7월 14일 창설되었다. 이 당시 경무청은 정치적 목적에서 설치된 강력한 독립관청이었다.

그 장관인 경무사警務使는 어느 아문 대신보다도 강력한 권력을 가졌다. 그 밑에 경무부관(경무부사)·경무관(五部경찰지서장을 겸함)·총순·순검 등의 직제가 있었다. 경무사는 또한 수도의 형무소도 관할하였다. 경무청에는 경무사警務使 1명, 부관副管 1명, 경무관警務官 몇 명, 서기관書記官 몇 명, 총순總巡 몇 명, 순검巡檢 몇 명을 두었다.[118]

Police Science

🌐 최초의 경찰조직법과 작용법

- 1894년 7월 14일 「경무청관제직장」과 「행정경찰장정」이 제정되어 최초로 경찰의 조직법적 근거와 작용법적 근거규정이 마련되었다.[119] 갑오경장 이후 제정된 「경무청관제직장」이 최초의 경찰에 관한 조직법이라고 할 수 있다.
- 경찰이 일반행정 또는 군사기능과 분리된 시기이다. 일본의 1875년의 「행정경찰규칙」과 1885년의 「위경죄즉결례」를 혼합하여 한문으로 옮겨놓은 것이 한국경찰 최초의 작용법이라고 할 수 있는 「행정경찰장정」이다. 그러나 여기에는 영업, 소방, 위생, 신문잡지 등의 광

---

118 행정자치부, 「대한민국 정부조직변천사」, 1998, p. 58.
119 경찰대학e, 「경찰수사론」, 2004, p. 75.

범위한 사무가 포함되어 있다.

- 이러한 「경무청관제직장」은 오늘날의 「경찰법」에 해당하며, 「행정경찰장정」은 「경찰관직무집행법」에 해당한다고 볼 수 있다.

Police Science

🌐🔍 근대국가의 탄생

- 서구에서는 A.D 476년 로마제국이 멸망하면서 고대가 막을 내리고, 중세^{Middle Age}가 시작되었다. 중세를 '암흑의 시대'^{Dark Age}라고도 하는데 이는 카톨릭 교회의 세속화와 밀접한 관련이 있다.
- 교회는 '신의 계시'라는 이름하에 일상생활 곳곳에서 통제와 감시를 일상화하였다. 마녀사냥을 통해서 반대세력을 제거하고 공포분위기를 조성하였다.
- 마르틴 루터는 면죄부 판매를 통한 교회와 성직자의 부정축재를 보게 된다. 카톨릭 교회의 부패를 참지 못한 루터는 1517년 10월 31일 95개의 논제를 '비텐베르크성 교회'의 문에 내걸면서 종교개혁의 방아쇠를 당겼다. 이로써 천년 넘게 지속되어온 중세가 끝나고 근대가 시작되었다.
- 중세국가와 근대국가를 구별하기 위해서는 근대적이라고 할 수 있는 법률적·제도적 변화가 있었느냐가 중요한 문제가 된다. 근대 서구에서 등장한 국민국가는 일상생활의 심층부에서부터 가장 사소한 불만에 이르기까지 국민의 보편적인 존재 양식에서부터 개인들의 사적인 생존문제까지, 시민사회를 옭아매고 통제하며 조종하고 감독하며 교육하였다.[120]
- 일반적으로 근대국가는 첫째 도덕적 시민을 양성하는 교육기구, 둘째 정의롭고 도덕적인 심판자의 역할을 담당하는 사법기구, 셋째 사회안정을 위한 치안 및 교정기구, 넷째 외부의 부당한 침략에 맞서 정의로운 전쟁을 행하는 군사기구 등을 가진다.[121]
- 특히, 외부로부터 국가의 영토를 방어하는 군과 차별적으로 내부적 치안유지를 목적으로 하는 경찰의 관념은 서구의 근대영토 국가의 형성과 결부된 것이다. 이런 의미에서 유럽의 '근대국가 체제'^{Modern European State System}의 형성과 맥락을 같이 하고 있다.
- 이 중에서 경찰의 존재는 타국의 내부 문제에 간섭하지도 간섭받지도 않는다는 것을 드러내는 것이다.

---

120 허교진(역), 「프랑스 혁명사 3부작」(서울: 소나무, 1987), pp. 190-191.
121 이병호, "두 얼굴의 근대국가" 「한국사회학」, 41(3), 2007, p. 225.

- 단일국가의 영토 내의 도덕공동체^{Moral Community}를 산정하며, 자신의 고유한 내부적 치안환경을 만들어 낸다는 것을 의미한다.
- 이처럼 독자적인 경찰제도를 가진다는 것은 독립적인 국가가 형성되었음을 선언하는 중요한 의미를 가진다.

Police Science

🔍 근대 경찰의 탄생[122]

- 일반적으로 전통적 경찰과 근대 경찰과 분리는 행정권^{行政權}, 치안권^{治安權}, 사법권^{司法權} 그리고 군사권^{軍事權}의 통합과 분리 여부가 중요한 구분기준이 된다.
- 근대 경찰^{Late Modern Police}의 성립과 창설배경은 각국의 역사와 전통에 따라서 각각 다르게 발전하여 왔다. 이때 가장 중요한 개념 중의 하나가 근대 경찰은 고대나 중세 경찰, 그리고 근세 경찰^{Early Modern Police}과 어떤 차이점을 갖고 있느냐는 것이다.
- 베일리^{David Bayley}는 전통경찰과 구별되는 근대 경찰의 특성을 '공적^{Public}', '단일화^{Specialized}', '전문화^{Professional}'라는 개념으로 설명하고 있다.
- '공적'이라는 것은 경찰의 운영 주체적 차원^{Auspices}에서 경찰력의 후원자가 국가라는 것이며, '단일화'는 경찰력의 차원^{Focus}에서 하나의 기구로 경찰업무가 집중된다는 것을 의미하며, '전문적'이라는 것은 합리적 차원^{Rationalization}에서 특정 기구가 경찰업무만을 수행하도록 제도적으로 합리화된다는 것을 의미한다.[123]
- 한 사회의 권력구조의 양상을 파악하는 것은 그 사회의 치안을 이해하는 데 있어서 대단히 중요하다. 치안제도의 구체적인 존재 양태는 그 사회의 권력구조와 긴밀하게 얽혀 있고, 특히 국가의 발달과 평행하게 전개되어 왔기 때문이다.[124]
- 따라서 근대 경찰의 기준을 베일리의 기준에 따라 정의하면 "근대경찰은 '공적'^{Public}, '단일화'^{Specialized}, '전문화'^{Professional}된 경찰이다." 하지만 이러한 정의는 아시아, 특히 우리나라의 근대 경찰을 설명하는 데는 부족하다. 비록 근대국가 체제를 달성하지 못했지만 근세의 중국, 일본 그리고 우리나라는 포도청과 같이 이미 공적이며, 단일화되고, 전문화된 경

---

122 김창윤q, 전게논문, pp. 120−121.
123 David Bayley, *Patterns of policing: A Comparative International Analysis* (Rutger University Press, 1990), p. 45.
124 Cyril D. Robinson & Richard Scaglion, "The Origin and Evolution of the Police Function in Society: Notes toward a Theory", *Law & Society*, 21(1), 1987, p. 110.

찰제도를 갖고 있었기 때문이다.

- 이러한 근대국가의 기준에 따라 근대국가의 달성을 시기별로 구분했을 때, 영국과 프랑스는 '초기 근대국가'라고 할 수 있다. 미국, 러시아, 독일, 이탈리아, 일본 등은 '후기 근대국가'로 발전했다. 이들 나라들의 특징은 근대 국가체제를 달성했다는 것이다.

- 근대 경찰은 근대적 관료제화를 통한 근대국가의 건설로 나아가기 위한 강력한 물리적 도구로서의 역할을 하였다. 일본의 경우, 1868년 메이지유신을 근대화의 출발점으로 삼고 있다.

- 메이지유신은 조슈번長州·지금의 야마구치과 사쓰마번薩摩·가고시마 등이 중심이 돼 도쿠가와德川 막부를 무너뜨리고 일본 덴노천황 중심의 근대국가 개혁을 했던 일련의 과정을 말한다.

- 일본은 메이지유신(1868년) 이후에 '근대국가'를 형성하는 과정에서 우선적으로 국민화 정책을 추진하였다. 야마나카 나스노스케山中永之佑에 의하면 근대국가에 있어서 권력의 중추적 구성부분을 관료집단으로 보고, 관료에 의한 권력통합의 피라미드 구조를 관료제라고 정의한다.[125]

- 특히 야마나카는 일본의 근대화를 추진한 직접적인 원동력은 산업 부르주아가 아니라 극도로 집중된 국가권력과 그 권력의 담당자인 관료제, 그중에서도 행정관료제에 있다고 주장하였다.[126]

- 이러한 행정관료 중에서 일본 경찰은 일본의 근대국가 이데올로기를 국민에게 전파하는데 중추적인 역할을 담당하였으며, 이후의 일본 제국주의 발전에 지대한 공헌을 하게 된다.

Police Science

🌐 한국 경찰학의 아버지 '유길준'

- 유길준 선생은 구한말 신사유람단으로 일본을 시찰한 후 최초로 미국유학을 한 개화파이다. 한일합방을 반대하고, 일본정부의 작위를 거절하고 여생을 마쳤다.

- 사후에 도산 안창호선생은 유길준을 애국자이자 사유가능한 범위에서 가장 완전한 정치지도자로 추모하였다.

- 유길준은 「서유견문」西遊見聞 순찰巡察의 규제規制에서 영국 근대경찰의 창시자인 로버트 필

---

125 山中永之佑, 「日本近代國家の形成と官僚制」(東京: 弘文堂, 1974), p. 50.
126 최종길, "일본의 근대관료 연구 시각에 대한 비판적 검토"「일본문화연구」, 16, 2005, p. 297.
127 伊藤俊介, "朝鮮における近代警察制度の導入過程"「朝鮮史研究會論文集」, 2003, p. 41.

Robert Peel을 소개하였다. "순찰하는 규제를 세워 행하니 십 년이 되지 않아 사람들이 과연 매우 편하다고 하였다. 이에 서양 각국이 다투어 이 법을 본받으려 한다."며 영국의 근대 경찰제도를 높이 평가하였다.

- 유길준은 「서유견문」 초고를 1890년에 한규설을 통해 고종황제에게 바쳤으며 관원과 지식인들에게 비매품으로 나눠주었다. 유길준은 저술을 마치고도 계속 연금되어 있었으므로 이 책을 출판할 수가 없었다.

- 1892년 연금에서 풀려나고, 1894년 7월 갑오개혁이 단행되면서 유길준이 일본에 보빙사 수행원으로 파견되었다. 이때 후쿠자와 유키치에게 부탁하여 그가 설립한 교순사交詢社에서 1895년에 비로소 국한문 혼용으로 출판하였다.

- 일본의 근대 경찰제도는 국가의 강제성·폭력성에 기초하여 국민에 대한 물리적 억압장치 혹은 감시장치를 지향하였다. 조선의 경우는 '순검직무장정'巡檢職務章程이라는 현실정책을 통해서 알 수 있듯이 종래의 유교적 통치 질서를 바탕으로 '민중적民衆的·민주적民主的' 경찰상을 추구한 근대 경찰제도를 창설하였다는 점에서 큰 차이를 보인다.

- 유길준은 '민족民族·민주民主·평등주의平等主義'를 지향하면서 경찰기구를 예정하였다.[127] 근대적 경찰제도를 '치안유지'와 함께 '개명開明한 진보'를 위한 중요 수단으로 보면서, '민생民生의 복지福祉와 안강安康'에 있는 것으로 인식하였다.

- 유길준이 상대적으로 국민의 정치적 자유를 보장하며 대민봉사적 역할을 강조했던 영국경찰의 모습을 지향하였다는 점은 갑오개혁기 조선이 일본의 근대 경찰인 '동경경시청'과 유사한 '경무청' 제도를 갖추면서도 실제 경찰의 역할에 있어서는 상당한 차이를 나타내게 만드는 원인이 되었다.

- 이러한 민중적 민주적 경찰이념은 그 당시 아시아에서는 최초의 민주적 경찰이념이라고 할 수 있다. 따라서 영국이 근대 경찰의 아버지로 '로버트 필Robert Peel'을 든다면, 한국 근대 경찰의 아버지로 '유길준'을 들 수 있을 것이다.

3 1895년 경무청의 업무 확장

일본은 1894년 9월 16일 평양전 승리 이후 청과의 전쟁에서 승리를 자신할 수 있게 되었고 조선에 대한 간섭정책을 본격화하면서 상황이 크게 변화하였다. 쿠데타사건 음모에 연루되어 다시 일본으로 망명한 1895년 5월말까지 박영효가 국정을 주도하였다. 이 시기는 경찰제도 정비에 있어서도 중요한 전환점이 되었다. 최초의 근대 경찰인 경무청 창설이 유길준의 구상과 깊이 연관되어 있었다면, 이 시기 경찰제도 정비는 박영효의 주도하에 진행되었다.

1894년 갑오개혁에도 불구하고 지방제도는 정비를 못하였다. 1895년 5월 26일 전국을 23개 관찰부로 나누고, 각급 읍을 일률적으로 군으로 개편하는 개혁이 이루어졌다. 지방제도의 개혁은 흡사 일본의 현제도를 닮아 23관찰부는 종래의 8도보다 훨씬 작았다. 예를 들면, 한성부, 인천부, 충주부 등 23개 관찰부로 개편되었다.

1895년 4월 29일 개정된 「경무청관제」는 1894년의 「경무청관제」를 대폭 확대·정비하였다. 우선 경무청의 업무범위가 '한성부 내의 모든 경찰사무警察事務'에서 '한성부 내의 경찰·소방 및 감옥 사무'까지 확대되었다. 앞 시기에 없었던 감옥서監獄署와 경무사관방警務使官房이 새로 설치되었다.[128]

또 하나의 큰 변화는 지방경찰제도의 정비이다. 여전히 중앙과 지방의 경찰업무가 분리되기는 했지만, 1895년 3월 26일의 내부관제 개정을 통해 내부대신에게 지방행정·경찰·감옥 등의 업무를 감독하도록 하여 앞 시기에 비해 지방경찰에 대한 관할권을 더욱 분명히 하였다.

개정된 내부관제를 보면 내부內部 주현국州縣局이 '지방이재地方理財와 기타 일체의 지방행정에 관한 사항'을 담당하도록 규정하였다. 지방경찰의 업무도 이에 포함되어 주현국의 감독을 받았다.[129]

지방제도의 근본적 개혁은 중앙관제와 인사제도의 개혁이 일단락된 후 개혁 최후의 사업으로 추진되었다. 지방 행정구역을 근본적으로 개혁하는 것은 어려운 문제가 많았다. 정치적 영향력이 큰 박영효가 내무대신으로서 개혁을 강력하게 추진하여 1895년 5월 26일 도제폐지道制廢止·지방제도 개혁 및 지방관제가 공포되고 새로운 지방제도가 시행되었다.

종래의 8도와 부·목·군·현의 행정구역을 23부·336군으로 개편하였다. 한성부에는 관찰사 1인, 참사관 1인, 주무 약간 명을 두었다. 그 외의 각부에는 관찰사 1인, 참사관 1인, 경무관 1인, 경무관보 1인, 총순 2인 이하를 배치하도록 하였다. 군에는 군수 1인과

---

128   차선혜, "대한제국기 경찰제도의 변화와 성격" 「역사와 현실」, 19, 1996, p. 7.
129   손영상, 전게논문, p. 25.

기타의 직원을 별도로 정하였다.

　지방관 중 특히 중요한 지위를 차지하는 각 개항장의 감리통상사무는 지방 장관의 겸임을 허락하지 않았다. 또 경찰관은 관찰사의 지휘를 받아 관내의 경찰사무를 담당하고 소속 직원을 감독하게 하였다. 한성부에는 경무청이 설치되어 있었으므로 경무관 이하 경찰관리를 배치하지 않았다.

　지방관제의 개혁으로 모든 지방관의 계층제를 확립하여 직무상 중앙의 지휘·감독을 받았다. 신분상으로도 중앙에 속하게 하였다. 또 지방의 군사권·재판권·경찰권 등을 분화, 각 관할기관에서 담당케함으로써 지방행정을 체계화하였다.[130]

2 ‖ 대한제국의 탄생과 광무개혁

　1897년 조선은 국호를 '대한제국'으로 바꾸고 연호를 광무로 개칭하고 국왕을 황제로 칭하였다. 1900년 중앙관청으로서의 '경부'가 탄생했다. 광무 4년(1900년) 2월부터 광무 5년(1901) 3월에 이르는 1년 1개월 동안 한국에서 처음으로 경찰이 내무행정기관에서 독립하여 장관급 관청으로 존재한 시기였다.

　경찰의 최고관청인 내부대신은 1896년 9월 24일 의정부가 다시 설치되면서 내각총리대신인 의정議政 다음의 부수상격으로 각부 대신보다 격이 향상되었다. 이러한 과정에서 고종황제는 국가유지의 대표적 통치기반인 군권軍權과 경찰권警察權을 황제에게 보다 직접적이고 강력하게 복속시키고자 하였다. 그 결과 등장한 것이 원수부元帥府의 설치와 경무청警務廳을 확대·강화한 경부警部였다.

　경부관제에 의하면 경찰의 업무가 감옥까지 관장하여 행형을 포함한 것은 전과 다름이 없었다. 종래 내부대신 감독하에 있던 것이 부로 승격되어 전국을 관할하게 되었다. 또한 한성과 각 개항장 경무서와 각 개시장 경무서를 관할하게 되었다. 경부대신은 경찰의 최고관청으로 각부의 대신과 동일한 직권을 가지며 의정부 회의에 참석하여 발언·제안·의결에 참석하였다.

　신설된 경부의 독립기간이 짧은 것은 경부 대신이 정권쟁취의 방법으로 이용될 만큼 강력한 권력을 보유하게 된 데 그 이유가 있다. 초대 경부대신인 조병식이 취임한 이래

---

[130]　행정자치부, 전게서, p. 65.

11명의 대신이 교체된 사실에서도 명백히 알 수가 있다. 경부시대가 비록 단기간이었으나 한국 최초로 경찰이 장관급 중앙행정관청으로 독립하였던 시대라는 점에서 그 의의가 있다.[131]

Police Science

🔍 고종황제의 경찰개혁[132]

- 대한제국(1897–1910)의 고종황제는 '황권을 중심으로 한 조선자강의 근대화'를 전제로 하였다. 이를 실현할 구체적인 국가권력인 군권과 경찰권 강화를 모색하게 된다.
- 황궁안에 원수부를 설치하고 경무청을 확대·강화한 경부를 설치하였다.
- 개항 이후의 사회혼란을 수습하고 황권강화를 실현할 구체적인 국가권력으로 '경찰'을 상정하면서 중앙행정관청인 경부체제를 구축하게 된다.
- 경부체제가 일제의 간섭으로 고종황제의 의도와 다르게 운영되자 경부체제를 경무청체제로 환원시키고, 친위조직인 '경위원' 체제를 통해서 황권강화와 근대화를 추진하게 된다.
- 대한제국의 치안체제는 시대적 상황과 맞물리면서 경무청체제가 경부체제로 승격되었다가 다시 경무청체제로 약화되는 등의 변화를 겪게 된다.
- 고종황제는 자주적인 근대화를 위해 노력을 경주하였으며, 명실상부한 근대국가로 나아가기 위해서는 경찰권의 확립이 절대적이라는 것을 인식하여 많은 노력을 기울였다.
- 하지만 일본의 극심한 간섭과 혼란한 국제정세 속에서 실패로 끝나게 된다.

3 ‖ 大경무청 시대

장관급 관청으로 독립했던 경부는 독립한 지 1년 1개월만인 광무 5년(1901년) 3월 15일에 고종황제는 조칙詔勅으로 경부를 前경무청 관제로 환원할 것을 지시하였다. 경부警部 경찰체제가 고종황제가 희망했던 황실보호와 개항장 업무에 있어서 무능을 드러내자 경부를 경무청으로 환원하고 궁내부 산하에 따로 경위원警衛院을 설치하게 된다.[133]

---

131 서기영, 전게서, p. 243.
132 김창윤, "대한제국시대의 치안체제에 관한 연구" 「인문논총」, 24, 2009, pp. 109–110.
133 《法令集》, ＜宮內府官制改正: 布達 第77號＞, 1901年 11月 17日.

내각의 장관급 관청이자 독립관청인 '부'部에서 내부內部 산하 기관인 '청'廳으로 위상이 격하되었다. 그러나 이러한 관제의 변화에도 불구하고 복설된 경무청은 그 권한과 업무에 있어서는 경부警部와 크게 다르진 않았다. 따라서 이때의 경무청을 1894년의 경무청과 구별하기 위해서 대太경무청이라고 부른다. 오늘날 경찰청의 원형으로 보고 있다.[134]

Police Science

🔍 경위원(警衛院)

- 광무 5년(1901년) 11월에 궁내에 경위원警衛院을 설치하였다. 을미년(1895년)에 창설한 경무청 소속 궁내경찰서의 후신이다. 경위원은 황궁내·외의 경비와 수비를 담당하며, 수상한 자와 위법자를 단속 또는 체포하는 업무를 담당하였다.
- 경위원은 황실보호와 개항장 업무 등을 전담하였다. 고종황제의 친위대 역할을 하면서 인원이 증가하다가, 광무 9년(1905) 3월 4일자로 경위원警衛院이 폐지되었다.
- 주전원主殿院 소속하의 황궁경위국皇宮警衛局으로 바뀌었다가 1910년 8월 22일 한국병합늑약과 더불어 폐지되었다.

PART 02
경찰제도론

---

4 │ 경무국 시대(을사경찰조직)

광무 9년(1905년) 2월 26일 내부 관제를 개정하면서 大경무청을 경무국으로 변경하였다. 내부의 소속 기관을 지방국地方局, 회계국會計局, 경무국警務局으로 정하였다. 지방국은 1등국이며, 경무국과 회계국은 3등국으로 규정하였다.

경무국의 관장사무는 도서출판을 포함하여 전국의 행정경찰과 고등경찰에 관한 사무 그리고 감옥사무를 여전히 포함하였다. 이때의 경무국은 1905년 4월 12일에 공포된 「내부분과규정」에도 소속 과를 규정하지 않았다. 1906년 2월 28일자 「내부분과규정」에서 경보과警保課와 위생衛生課의 2개과를 규정하였다.

1905년 2월 26일의 관제 개편의 특징은 장관급 국무부서로서의 경부시대에 이어 내부 소속이면서 전국 경찰을 관할하던 大경무청을 갑오개혁(1894)과 을미개혁(1895)식으로 한성부 내의 업무만 담당하던 수도경찰청인 경무청으로 환원한 것이다.

---

134 내무부치안국a, 전게서, p. 459.

내부 소속하에 전국 경찰을 관할하던 大경무청시대는 3년이라는 기간 동안 업무를 수행하다가 다시 수도경찰청의 업무를 하는 경무청으로 환원되었다. 전국 경찰을 관할하는 경무국과 한성부 내의 업무만을 담당하는 경무청이 함께 존재하였다.

따라서 이때의 경무국은 오늘날의 경찰청에 해당하며, 경무청은 서울특별시경찰청에 해당한다고 할 수 있다. 경부시절에 경위원警衛院으로 개편되어 궁내부 관제에 들어갔던 궁내경무서는 다시 大경무청시기를 지나 광무 9년(1905년) 3월 4일 관제 개편에 의해 궁내부 주전원主殿院내의 황궁경위국으로 개편되었다.

5 ∥ 경시청 시대

융희 원년(1907년) 12월 13일 내부관제가 개정되었다. 내부 경무국은 지방국에서 이관되어 왔던 위생사무를 신설되는 내부 위생국으로 이관하였다. 소속 경찰관의 계급도 개칭하였다. 소속 경찰관의 계급은 경무관→경시, 총순→경부, 순검→순사로 개칭하였다. 의정부를 일본식인 명칭인 '내각'으로 변경하였다. 일제는 수도경찰인 경무청을 일본의 수도경찰인 동경경시청과 동일한 이름인 '경시청'으로 변경하고, 경관의 계급도 일본식으로 동일하게 개칭하였다.

순종의 세자 대리 기간인 광무 11년(1907)년 7월 27일 경무청관제를 개정하여 경무청의 칭호를 경시청으로 개칭하고 경무사를 경시총감으로 고쳤다. 1907년 12월 13일 각부 관제의 통칙과 내부관제의 개정과 함께 「경시청관제」를 제16조에 걸쳐서 규정하였다. 새로운 「경시청관제」의 특징은 갑오개혁(1894년) 이후 경무청이 담당하였던 감옥사무가 빠져나갔다는 것과 경시청의 관할구역에 한성 5부 이외에 황궁과 경기도를 포함한다는 것이다.

6 ∥ 일제의 삼자정립 경찰

일제 통감부는 조선을 합병하기 위한 논리로 일제가 조선보다 우월하고 서구와 비슷하므로 조선이 일제와 합병하는 것이 바람직하다는 논리를 내세웠다. 일제는 ① 우민관愚

民觀과 ② 구제론救濟論을 내세웠다. '우민관'愚民觀은 조선은 위정자와 국민 모두가 무지몽매하다는 것이다. '구제론'救濟論은 일제가 조선의 비참한 경지인 '비경'悲境을 구제한다는 것이다.[135]

일제는 이러한 2가지 이데올로기를 전파하였다. 또한 서구 열강에 의해 대한제국이 식민지화될지도 모른다는 위기적인 상황을 조장하고 '문명개화'라는 슬로건을 내세우면서 식민지배 이데올로기를 만들었다.

일제 경찰은 융희 원년(1907) 11월 1일 한국 경찰에 통합되기까지 3종류의 경찰이 있었다. 하나는 한일간의 불평등조약으로 온 영사재판권 집행을 위한 '영사경찰'이다. 다른 하나는 청일전쟁으로 온 소위 '경찰고문'이다. 마지막은 군용전신 수비 명목으로 온 '헌병'이었다. 일본의 영사경찰과 고문경찰 그리고 헌병경찰은 '삼자정립'의 상태로 대한제국을 사실상 지배하였다.

영사경찰은 각 개항장에 거주하던 일본인의 범죄에 대한 일본법에 의한 재판권을 행사하기 위하여 일본 외무성으로부터 경찰관을 파견하여 공사관과 영사관에 배치하였다.

일제의 고문 경찰은 청일전쟁(1894) 발생 시에 일본군이 한국에 진주하면서 내정개혁을 강요한 시기에 등장하였다. 일본정부가 외무성 경시 무구극기武久克己를 경무고문으로 한국정부에 추천하여 고종 31년(1894년) 내한한 것이 시초이다.

일본은 광무 9년(1905년) 1월 동경 경시청의 제일부장第一部長인 마루야마 시게토시丸山重俊를 내한시켜 2월 3일자로 내부대신 조병식과 「경찰고문 초빙계약」을 맺게 되었다. 1905년 7월 24일 한일협약(정미 7조약)이 성립되어 8월 2일자로 경무고문 마루야마 시게토시丸山重俊가 경시총감에 임명되었다.

일제의 육군이 한국의 치안을 불법으로 담당한 것은 고종 31년(1894년)의 청일전쟁때부터이다. 이후 조선에 일제의 헌병대가 주둔하기 시작한 것은 1896년 1월 25일부터이다. 임시헌병대라는 명칭의 편제로 군용전신을 수비한다는 명목으로 주둔하였다.[136] 일제가 러일전쟁을 도발하여 다시 한국에 일본군이 진주하자 일본 헌병이 한국의 경찰권을 장악하고 사실상 헌병정치를 시행하였다.

러일전쟁을 준비하던 일제에 의해서 1903년 12월에 '조선주답헌병대'로 개칭했다. 일제 헌병은 청일전쟁을 계기로 주둔을 시작하였다. 헌병은 점차 국내 각지에 주둔하면서 일본의 영사경찰과 고문경찰과 함께 '삼자정립'의 상태로 대한제국을 지배하였다.

135 김창윤s, "일제 통감부 시기 경찰조직에 관한 연구" 「사회과학연구」, 20(1), 2013, pp. 99-100.
136 내무부치안국a, 전게서, p. 700.

1904년 2월 러일전쟁이 발발하자 4월 3일 조선주답군사령부를 서울에 설치하였다. 광무 10년(1906년) 2월 통감부가 개설되었다. 일제의 「칙령」에 의해서 조선에 주둔하는 헌병은 헌병경찰 외에 행정경찰과 사법경찰의 임무도 함께 집행하도록 하였다. 행정경찰과 사법경찰의 업무에 대해서는 조선통감의 지휘를 받고, 헌병경찰의 업무에 한해서는 헌병사령관의 지휘를 받도록 하였다. 사실상 계엄령에 의한 헌병경찰제가 시작되었다.

1907년 헤이그밀사사건이 일어나서 고종이 강제로 퇴위당하였다. 국내 민심이 동요하고 의병이 크게 일어났다. 일제는 헌병대를 크게 확충하여, 조선주답헌병대로 승격하였다. 전일본헌병사령관과 동격인 소장으로 헌병대장을 삼고 「조선주답헌병에 관한 건」을 제정하였다. 조선 주둔 헌병은 헌병경찰의 업무 외에 치안유지에 관한 경찰의 임무도 맡도록 규정하였다. 이처럼 헌병의 경찰업무담당에 관한 비정상적인 법령은 1910년 9월 10일의 「조선주답헌병조례」朝鮮駐劄憲兵條例를 제정하면서 본격화되었다.

7 ┃ 대한제국의 경찰권 침탈 과정

대한제국 시대에 경부警部 – 대ᄎ경무청警務廳 체제를 거치며 본격적으로 확대·강화되어 가던 경찰제도는 1904년 일본의 고문정치가 시작되면서 집중적인 침탈의 대상으로 전락하였다. 일본은 1904년 '한일의정서'를 체결한 데 이어 8월 22일 제1차 한일협약인 「한일 외국인 고문 용빙에 관한 협정서」를 맺어 정부내각에 외교·재정고문과 함께 여러 분야에 고문을 두도록 강요하였다.

일제는 이 과정에서 특히 경찰권의 침탈·장악을 강조하였다. 특히 "경무警務는 재정·외교와 함께 일본이 가장 중요하게 생각하는 바이므로 다른 부서의 용빙관傭聘官은 혹 참여관이라는 명칭을 쓰더라도 중앙과 지방의 경찰사무를 총괄할 경무의 경우는 반드시 경무고문警務顧問으로 계약하라."고 지시하였다.[137]

「외국인고문용빙에 관한 협정서」에 따라서 1905년 1월 19일 조선에 온 일본 경시청 제1부장部長 경시警視 마루야마 시게토시丸山重俊는 2월 3일 「경무고문 용빙계약」警務顧問傭聘契約'을 체결하여 경무고문이 되었다. 그는 대한제국의 경찰권 전반에 대한 직접적인 개입

---

137 서영희, 「대한제국정치사 연구」(서울: 서울대학교출판부, 2003), pp. 252 – 254.

과 간섭을 하였다.

일제는 1905년 3월 지방 13도에 재정고문과 경무고문 각 1명씩을 파견하여 대한제국의 경찰·세무를 정리하고 감독하려는 방침을 정하였다. 그해 6월 「경무고문 소속 직원 규정」警務顧問所屬規定을 만들었다.**138** 일제는 고문경찰의 확대를 통해 사실상 대한제국의 경찰권을 장악하게 된다.

1907년 7월 24일 헤이그밀사 사건을 빌미로 체결된 「제3차 한일협약」(정미7조약·한일신협약) 외에 기밀의 「취극서」取極書가 교환되었다.**139** 「한·일경찰사무에 관한 취극서」를 통해서 일본인이 대한제국의 경찰로 임용되었으며, 경무청警務廳이 '경시청'警視廳으로 변경되었다.

1907년 10월 29일에는 「재한국일본신민에 대한 경찰사무집행에 관한 협정서」를 이토우 통감과 이완용이 체결하였다. 대한제국 경찰관은 일본 관헌의 지휘·감독을 받아 재한일본신민在韓日本臣民에 대한 경찰사무를 집행하였다. 조선에 거주하는 일본인에 대한 경찰사무는 모두 대한제국의 경찰관이 취급하게 되었다. 대한제국의 경찰권이 이미 일제에게 모두 넘어갔기 때문에 재한 일본인에 대한 경찰권을 모두 대한제국의 경찰관에게 넘긴 것이다.

이 시기에 경무고문 제도와 영사경찰(이사청경찰)이 모두 폐지되어 제도적으로는 고문경찰과 영사경찰(이사청경찰)이 모두 대한제국의 경찰에 통폐합되는 형식을 갖게 되었다. 그러나 실질적으로는 대한제국의 많은 경찰관들이 이미 일본인으로 구성되어 있었다. 이들은 내부 경무국장 및 경시청장 등 대부분의 간부직을 차지하였다. 따라서 '대한제국경찰로의 통합'은 사실상 '일제 경찰로의 흡수'와 다름없었다.

1909년 3월 15일에는 「재한국 외국 인민에 대한 경찰사무에 관한 한·일협정서」가 체결되면서 외국인에 대한 경찰사무도 대한제국의 경찰이 취급하게 되었다. 1909년 7월 12일 대한제국의 사법 및 감옥사무를 일본이 장악하는 「한국사법 및 감옥사무 위탁에 관한 각서(기유각서)」가 체결되었다. 이로써 재판권 및 감옥사무도 일제로 넘어갔다.

대한제국과 일본의 병합을 앞둔 1910년 6월 24일에는 「한국 경찰권 위탁각서」가 조인되어 대한제국의 경찰권이 완전히 일본으로 넘어갔다. 일제는 1910년 6월 29일 「통감부 경찰관 관제」를 공포하였다. 조선 통감의 직속하에 중앙에는 '경무총감부'警務摠監部를 두고, 각 도에는 '경무부'警務部를 두어 일반 지방행정기관과 경찰기관을 분리·독립시켰다.

---

138   김운태a, 「일본제국주의의 한국통치」(서울: 박영사, 1988), pp. 13 – 14.
139   山遣健大郎, 「日本の 韓國併合」(東京 大平出版社, 1974), pp. 298 – 300.

경무총감부의 장을 '경무총장'警務總長이라고 하였다. 조선주답 헌병대사령관이 경무총장까지 겸임하였다. 이 경무총감부의 장인 경무총장을 헌병대사령관이 겸임하였다는 것은 당시 경찰조직이 헌병대에 의해 장악되고 있음을 보여 준다.

1910년 8월 22일 일방적이고 강제적인 조약인 「한일합방조약」韓日合邦條約이 체결되었다. 이와 동시에 고종태황제는 덕수궁 이태왕으로, 순종황제는 창덕궁 이왕으로 격하됐고 데라우치는 조선총독에 임명됐다. 이로써 태조 이성계에 의해 건국된 조선은 공식적으로 멸망하게 된다. 대한제국을 공식적으로 멸망하게 한 후, 통감부는 대한제국의 경찰관서를 유지하다가 1910년 9월 10일 「조선주답헌병조례」朝鮮駐劄憲兵條例를 공포하였다.

1910년 9월 10일 시행된 「조선주답헌병조례」 제1조는 "조선주답헌병은 치안유지에 관한 경찰 및 헌병경찰을 장掌한다."라고 규정하였다. 이를 통해 식민지 통치기구인 '헌병경찰제도'憲兵警察制度를 공식적으로 도입하게 된다. 이는 사실상 계엄령 하의 '무단 군사통치 체제'를 한반도에 실시한 것이다.

일제의 대한제국 경찰권 침탈과정		
연도	관련 규정	내용
1905. 2. 3.	경무고문 용빙계약	• 일제의 경무고문이 중앙과 지방의 경찰사무 총괄
1905. 8. 22.	을사조약(늑약)	• 한일 외국인 고문 용빙에 관한 협정서 • 외교권, 재정권, 경찰권 박탈
1907. 7. 24.	한일신협약(정미7조약)	• 사법권과 행정권 박탈 • 군대 강제해산
1907. 7. 24.	한·일경찰사무에 관한 취극서	• 일본인이 대한제국의 경찰로 임용 • 경무청(警務廳)이 '경시청'(警視廳)으로 변경
1907. 10. 29.	재한국일본신민에 대한 경찰사무집행에 관한 협정서	• 대한제국 경찰관은 일본 관헌의 지휘·감독을 받아 재한일본신민(在韓日本臣民)에 대한 경찰사무를 집행 • 경무고문 제도와 영사경찰(이사청경찰)이 모두 폐지 • 고문경찰과 영사경찰(이사청경찰)이 모두 대한제국의 경찰에 통폐합 • 대한제국경찰로의 통합은 사실상 일제 경찰로의 흡수
1909. 3. 15.	재한국 외국 인민에 대한 경찰사무에 관한 한·일협정서	• 외국인에 대한 경찰사무도 대한제국의 경찰이 취급

1909. 7. 12.	한국사법 및 감옥사무 위탁에 관한 각서 (기유각서)	• 대한제국의 사법 및 감옥사무를 일제가 담당 • 재판권 및 감옥사무를 일제가 장악
1910. 6. 24.	한국 경찰권 위탁각서	• 대한제국의 경찰권이 완전히 일본으로 이전
1910. 6. 29.	통감부 경찰관 관제	• 조선 통감의 직속하에 중앙에는 경무총감부 설치 • 경무총감부의 장: 경무총장 • 조선주답 헌병대사령관이 경무총장까지 겸임 • 경무총감부의 장인 경무총장을 헌병대사령관이 겸임 • 경찰조직이 헌병대에 의해 장악 • 각 도에는 경무부를 두어 일반 지방행정기관과 경찰기관을 분리·독립
1910. 8. 22.	한일합병(병탄)조약	• 일제 식민지로 전락
1910. 9. 10.	조선주답헌병조례	• 조선주답헌병은 치안유지에 관한 경찰 및 헌병경찰 역할을 담당 • 식민지 통치기구인 헌병경찰제도 공식 도입 • 계엄령하의 '무단 군사통치 체제' 실시

제4절 일제 식민지 시기의 경찰

1 서설

일제는 경찰권을 박탈하자 1910년 8월 22일 대한제국을 강제로 병합하였다. 일제는 대한제국의 국호를 개정하여 '조선'이라 부르고 식민지로 삼았다. 일제는 기존의 통감부 체제를 식민지 체제인 조선총독부 체제로 만들었다. 일제는 조선을 식민지로 통치하면서 최소의 비용으로 최대의 효과를 거두려는 식민지형 형사사법체계를 구축하였다.

합병 초기부터 이러한 구상은 「조선형사령」朝鮮刑事令, 「범죄즉결례」犯罪卽決例, 「조선태형령」朝鮮笞刑令이라는 악법인 '3대 제령'制令을 실시한 것에서도 알 수 있다. 3대 제령은 조선총독이 발하는 법규명령으로 의회가 구성되지 않은 식민지에서는 법률과 동일한 효력

이 있었다.[140]

첫째, 「조선형사령」은 검사 및 사법경찰관리에게 예심판사에 준하는 독특한 강제수사권을 부여하였다. 일제의 검사와 사법경찰관리는 법관의 영장 없이 언제든지 피의자의 인신을 구속하거나 물건을 압수·수색하여 수사를 할 수 있었다. 따라서 강제수사가 수사의 기본원칙이 되었다.

둘째, 「범죄즉결례」를 통하여 식민지 헌병·경찰은 피의자를 수사한 다음 징역 3월 이하의 형벌을 선고할 형사범 일부 및 행정범 사건(선고형이 기준)에 대하여 즉결로 형벌을 선고할 수 있었다. 즉결卽決이란 검사의 공소제기 및 법원의 심판 없이 즉시 판결을 선고한다는 뜻이다. 이러한 즉결재판제도하에서 경찰은 수사기관과 기소기관 그리고 동시에 재판기관이 되었다.

일제의 「범죄즉결례」는 당시 일제가 본국에서 시행하던 「위경즉결례」違警卽決例를 조선에 확대 적용한 것이다. 본토에서는 '위경죄'라는 범죄유형이 별도로 규정되어, 그 적용대상이 처음부터 한정되어 있었다. 하지만 식민지 조선에서는 3개월 이하의 징역에 처할 사건이라는 막연한 기준으로 적용범위가 설정되어, 자의적으로 집행될 수 있었다.

셋째, 「조선태형령」을 통해서 3월 이하의 징역이나 벌금을 선고하는 경우, 종래의 전근대적 형벌유형의 하나인 태형으로 환형처분換刑處分할 수 있도록 하였다. 일제의 헌병과 경찰은 3월 이하의 징역이나 벌금형을 선고할 경우, 그 형을 태형으로 환형하여 즉시 집행할 수 있었다.

이를 통해 조선인에게 강제적인 신체적 매질을 합법적으로 할 수 있게 되었다. "조선놈은 맞아야 된다."는 비하적인 의미가 이 규정에서 시작되었다. 「조선태형령」은 일제가 조선을 강제로 합병한 직후에 실시한 소위 무단정치의 전형적인 도구요, 상징물이라고 할 수 있다.

「조선태형령」은 한국민의 3·1 독립만세운동 이후에 소위 문화정치의 일환으로 1919년에 폐지되었다. 그러나 일제가 한국땅에 근대적 의미의 헌병·경찰제도를 도입하면서 한국민들에게 신체형인 매질부터 가하였다는 역사적 사실은 부인할 수 없다. 이러한 매질은 이후 일제 경찰의 고문에 의한 수사 관행과 연결된다.

---

140 신동운(역), 「일본형사수속법」(서울: 법문사, 2003), pp. 374−375.

조선총독부의 기구는 총독 밑에 중앙행정기관, 지방행정기관, 사법기관, 치안기관, 자문기관, 교육기관, 경제기관 등 기능별 기구로 구성되어 있었다. 조선통치의 중앙정부인 조선총독부의 조직은 총독을 보좌하는 총독 관방을 비롯하여 외사·인사·회계를 관장하는 총무부, 지방 학무를 관장하는 내무부, 관세·사세^{司稅}를 담당한 도지부, 식산·상공을 관장한 농산공부, 법무·사법을 관장한 사법부의 1방 5부 9국으로 구성되었다.

총독부의 사무는 제2인자인 정무총감에 의하여 감독되었다. 하지만 정무총감은 극히 사무적인 권한밖에 없었다. 오히려 헌병경찰의 지휘자인 '경무총감'^{警務摠監}이 행정에 깊이 관여하였다. 경무총감은 치안조직인 경무총감부와 재판소, 감옥 등을 통해서 실질적인 지배를 하였다.

일제는 중앙에는 경무총감부를, 각 도에는 경무부를 설치하였다. 서울과 황궁은 경무총감부의 직할로 관장하였다. 헌병의 일반경찰로의 임용의 길을 열어놓아 경찰을 통합하였다. 헌병과 경찰의 역할 분담은 도시나 개항장은 일반경찰이 군사적으로 필요한 지역 또는 의병활동 지역 등에는 헌병이 주로 배치되었다.

헌병경찰제가 시행된 무단정치기에는 총독부 예하의 경부총감부가 경찰최고기관이었다. 경무총감부의 장인 경무총장에는 일제 육군의 조선주답 헌병사령관이 겸하고 있었다. 각 도에는 관찰부^{觀察府}와 독립하여 경무부^{警務部}를 두었다. 경무부에는 경무부장이 장이 되어 도내의 경찰사무와 관내 경찰서를 관장하였다. 경무부의 장은 도의 일제 헌병대장이 겸하였다.

일제의 조선 통치에서 가장 핵심기관은 헌병경찰이었다. 헌병경찰제도는 군사조직인 헌병이 경찰권을 장악하고 경찰조직과 연립하여 헌병의 장이 경찰의 장을 겸임하는 '일원적 이원조직'이었다. 헌병경찰은 치안뿐만 아니라 사법행정 및 일반행정에도 작용하여 조선통치의 주역을 담당하였다.

지방행정조직은 전국을 13도^道로 크게 구획하고 그 밑에 부^府·군^郡·도^島가 있었다. 말단 행정 단위로 읍, 면을 둔 3단계 조직이었다. 도에는 도장관 아래 서무와 회계를 담당하는 내무부, 세무와 이재를 담당한 재무부로 조직되었다. 경찰사무가 도장관에게서 독립된 것이 특징이다. 도장관은 행정집행상 관내의 경찰을 사용할 수 있었다. 하지만 도^道경찰부장을 통하여 필요한 처분을 명할 수 있는 간접적인 경찰권만을 가졌다.

1910년부터 1919년까지 계속된 헌병경찰은 경찰명령권까지 주어진 세계에서 유례가 없는 강력한 경찰제도라는 악명을 낳았다. 이러한 헌병정치(무단정치)는 1919년 3월 1일 만세운동의 주요 원인이 되었다. 3·1운동의 영향으로 헌병경찰제도는 보통경찰제도로 전환되었다.

하지만 일제는 3·1운동을 계기로 「정치범처벌법」을 제정하였다. 1925년에는 본토의 「치안유지법」을 조선에도 적용하는 등 탄압의 지배체제를 오히려 더욱 강화하였다. 이때의 헌병과 경찰은 치안유지업무 이외에 각종 조장행정에의 원조, 민사소송조정, 집달리 사무 등도 관장하였다.

3 ‖ 보통경찰 시기(경무국 시기)(1919-1945)

총독부 관제의 변화는 1919년 3·1운동 직후에 실시되었다. 일제는 무력에 의한 탄압보다는 한민족의 회유 내지 동화가 민족말살의 지름길이라 생각하였다. 식민통치의 제 2단계 조치를 감행하였다. 총독부 중앙조직을 개편하여 부제部制를 국제局制로 격하시켜 내무·재무·식산·법무의 사국四局과 종래의 경무총감부를 경무국으로 개편시켜 육국六局으로 하였다.

총독부의 조직을 국부제局部制로 간소화하고 총독부의 각부 총장을 각국 국장으로 개칭하였다. 외국外局으로 있던 경무총감부를 없애고 경무국을 두었다. 각도는 도장관을 '도지사'로 개칭하고 외국外局의 경무부를 내국內局의 제3부로 편입하였다.

과거의 경무총감부는 총독부의 외청으로 별도로 명령을 발할 수 있었다. 하지만 내국 소속의 경무국으로 변경되면서, 종전의 경무총장이 내린 명령은 총독부령으로 간주하게 되었다.

각도의 경찰조직은 종전에는 헌병대장이 겸하는 경무부장이 도의 외청격으로 있어서 별도로 부령部令을 낼 수 있었다. 이번에는 도의 소속인 내국內局의 제3부로 개편되었다.

그러나 이와 같은 무단통치체제로의 전환은 외면적인 것이며 가식적인 정책일 뿐 근본적인 면에서 오히려 합방 이후 10여 년간의 무단통치 못지않은 무서운 압박, 수탈의 연속이었다. 과거의 군인 신분의 헌병이 일반 경찰로 형식적으로 바뀐 것 뿐이다. 위협적인 탄압과 사생활 및 사상의 탄압에까지 밀착한 사찰은 오히려 더 강화되었다. 또한 도지사가 도경찰부를 통제하게 되었으나 경찰제도는 사실상 전체적으로 독립되고 집권화되어 있었다.

일제는 1937년 중일전쟁 이후 침략전쟁이 장기화됨에 따라 경찰의 지도·감독 아래 방공防空업무를 전담하는 보조기구인 '경방단'警防團을 창설하였다.[141] 1939년 10월 종래의 하부조직이던 경방기관警防機關, 즉 방호단防護團·소방조消防組·수방단水防團 등을 '경방단'警防團으로 통합하였다. 이처럼 1937년 이후 식민지 조선의 헌병과 경찰은 일제의 침략전쟁 수행을 위해서 '총동원체제'로 재편되었다. 일제의 헌병과 경찰은 철저하게 수탈의 첨병에 앞장서서 주요한 역할을 하였다.

1 ‖ 서설

1919년 국내외에서 전개된 3·1운동은 한국 민족의 독립과 자유를 요구하는 민족의 절규였다. 국제여론에 한민족의 주권 회복을 호소하고 청원하는 조직적인 시위 운동이었다. 한민족의 정당한 요구는 일제의 잔인한 총검 아래 짓밟혀졌다. 냉혹한 국제정치는 한민족의 피맺힌 절규를 외면하였다.

3·1운동은 한민족이 기대하고 염원하였던 독립의 획득에는 직결되지 못하였다. 하지만 대내적으로는 한민족의 자각과 민족의식을 앙양시켰다. 대외적으로는 한민족이 일제의 예속을 통렬히 반대함을 천명하였다. 3·1운동은 민족독립운동에 새로운 전기를 마련해 주었고 '대한민국임시정부'大韓民國臨時政府의 수립이라는 역사적 결실을 낳았다.[142]

평화적인 독립선언으로는 한국인의 주권을 회복할 수 없다는 것을 깨닫게 된 한민족은 독립운동의 체계화와 영속화를 위하여 독립운동을 통괄하는 정부의 수립이 필요함을 절감하게 되었다. 특히 국제사회에서 한국인의 입장을 천명하고 한국민의 요구가 정당함을 인식시키기 위해서는 단체나 개인보다는 정부차원에서의 외교적 활동이 보다 효과적

---

141 1948년 이승만 대통령을 중심으로 한 세력들이 남한에서 단독정부 수립을 위한 선거를 강행할 때 경찰이 각 지역에 '향보단(鄕保團)'이라는 것을 만들었다. 이는 경방단을 모방한 것이라는 비판을 받았다(류상영, "초창기 한국경찰의 성장과정과 그 성격에 관한 연구(1945-1950)", 「석사학위논문」 서울: 연세대학교 대학원, 1987, pp. 87-89).

142 유종해·유영옥, 전게서, pp. 252-253.

임을 인식하게 되었다. 이와 같은 민족적 요구에 의하여 정부수립운동이 전개되었다.

1919년 3·1운동 이후 국내외에 8개의 임시정부가 수립되었다. 국내에서는 1919년 4월 13도道 대표가 비밀회담을 갖고 '한성정부'漢城政府를 수립하였다. 노령에서는 망명지사들에 의하여 '대한민국의회정부'大韓民國議會政府가 결성되었다.

1919년 4월 중국 상해上海에서도 망명지사들에 의하여 '대한민국임시정부'大韓民國臨時政府가 수립되었다. 실제로 정부가 조직되어 활동한 것은 중국 상해의 임시정부가 유일하였다.[143] 분산된 민족의 역량을 결집하고 효과적인 항일독립투쟁을 도모하기 위하여 통합된 단일정부 수립을 위한 논의가 진행되었다. 3·1운동으로부터 6개월여의 진통 끝에 1919년 9월 15일 이승만을 대통령으로, 정부명칭은 '대한민국임시정부'大韓民國臨時政府로, 정부의 위치는 당분간 상해에 두는 것에 합의함으로써 단일정부 수립이 완료되었다.[144]

대한민국임시정부가 수립되자 초대 경무국장으로 취임한 김구선생은 경찰의 임무를 일반국가에서 행하는 것처럼 단순히 범죄를 예방하고 진압하는 임무가 아니라는 것을 천명하였다. 임시정부 경찰의 실질적인 기능은 "일제의 스파이 활동을 방지하고, 독립운동가의 투항을 예방하며, 임정요인들을 보호하는 것이다."라고 규정하였다.

Police Science
🔍 대한민국 임시정부 경찰의 의의[145]

- 1919년 3·1운동으로 태어난 대한민국임시정부는 임시헌장(헌법)에서 우리 민족 최초의 '민주공화제'를 선포하였다. 따라서 임시정부의 경찰은 우리 역사상 최초의 '민주공화제 경찰'로서 민주경찰의 효시라는 제도사적 의의를 가진다.
- 1948년 제정 헌법은 "우리들 대한민국은 기미 3·1운동으로 대한민국을 건립하여 세계에 선포한 위대한 독립정신을 계승하여 이제 민주독립국가를 재건함에 있어서…"라고 하였고, 현행 헌법은 "임시정부의 법통을 계승한다."라고 하고 있는 만큼 임시정부경찰은 오늘날 한국경찰의 뿌리라고 할 수 있다.
- 실제로 1972년 편찬된 경찰의 공식 역사서인 「한국경찰사」 1권에서도 임시정부경찰을 '본장'으로 기록하고, 일제총독부 경찰은 참고자료인 '부록'으로만 수록하여 임시정부경찰사를 한국경찰사의 본류로 명기하고 있다.
- 임시정부경찰은 교민을 보호하는 한편, 임시정부 요인을 지키고 일제의 밀정을 차단하는 등

---

143 고정휴, "대한민국임시정부의 성립과정에 대한 검토"「한국근현대사연구」, 12, 2000, p. 89.
144 이정복, 「대한민국임시정부의 수립배경과 민주공화정치」, 국가보훈처, 1997, pp. 43–50.
145 치안정책연구소, 전게서, p. 51.

임시정부를 수호하는 매우 중요한 조직이었다. 그들은 모두 조국독립을 위해 희생한 애국지사들이었고, 특히 민족의 스승 백범 김구 선생이 오늘날 경찰총수에 해당하는 임시정부 초대 경무국장으로서 1호 민주경찰이었다는 사실은 매우 큰 의미를 가진다.

2 상해임시정부의 경찰

1 중앙의 경찰조직

임시정부는 대한민국원년(1919년) 11월 「대한민국임시관제」를 제정하여 내무부에 경무국警務局을 설치하였다. 내무부 장관이었던 안창호는 초대 경무국장으로 김구선생을 임명하였다. 1919년 8월 12일 초대 경무국장으로 취임한 김구선생은 임시정부의 경찰조직을 최초로 이끌었다. 조국독립을 위한 본격적인 경찰활동을 수행하게 된다.

경무국장 소속하에 경호부장과 경호원을 두었다. 동년 12월에는 연통제聯通制로 도道에는 경무사警務司·局과 비슷를 두었다. 각 도道와 각 부府·군郡에는 경감警監을 두어 경찰과 위생사무를 담당하게 하고, 그 소속으로 경호원警護員을 두었다.**146**

경찰의 최고관청으로서의 내무총장에 대한 규정은 "내무총장은 헌정憲政의 수호, 의원선거, 지방자치, 경찰, 위생, 농상공무農商工務와 종교, 자선에 관한 일체 사무를 통할統轄함"이라고 정하였다.

경찰의 최고관청인 내무총장의 소속 기관으로 내무부에 비서국秘書局, 지방국地方局 및 농상공국農商工局과 함께 경무국警務局이 있었다. 경무국의 소관 사무는 ① 행정경찰에 관한 사항, ② 고등경찰에 관한 사항, ③ 도서출판 및 저작권에 관한 사항, ④ 일체 위생에 관한 사항 등을 관장하는 것으로 규정하였다.

사법경찰사항이 없는 것은 임정 소재지가 프랑스 영사관 소관이었거나 혹은 중국정부 및 기타 교포소재지에 있었기 때문이었다. 조선인은 국제법적으로 일본 국적이기 때문에 일본영사재판권에 속해 있었다. 경호원의 복제로는 양쪽 가슴에 주머니를 단 더블깃닫이힐금·詰襟을 착용하였다.

---

146 내무부치안국a, 전게서, p. 657.

「백범일지白凡逸志」에는 임시정부 경무국의 임무를 다음과 같이 설명하고 있다.

"경무국의 임무는 기성 국가에서 하는 보통 경찰행정이 아니요, 왜倭의 정탐偵探의 활동을 방지하고, 독립운동자가 왜倭에게 투항하는 것을 감시하며, 왜倭의 마수魔手가 어느 방면으로 들어오는가를 감시하는 데 있다. 이를 위하여 정복과 사복의 경호원 20여명을 썼다. 그리하여 상하이의 왜영사관倭領事館과 대립하여 암투하였다."

2 지방의 경찰조직

경무국은 조선 교민이 다수 거주하거나 왕래가 빈번한 곳에 분국分局을 두었다. 대한민국 원년(1919) 7월 10일 통합정부가 구성되기 전의 상해임시정부에서는 '연통제'聯通制를 국무령國務令 제1호로 공포하였다. 이후 통합정부가 구성되자 12월 1일에 교령敎令 제2호로 개정되었다.

연통제는 전국 13도를 정하고 도道에는 지방장地方長으로 '독변'督辨을 두었다. 소속 기관으로는 비서실秘書室·내무사內務司·재무사財務司·교통사交通司 및 경무사警務司를 두었다. 사장司長은 도참사道參事로 임명하였다. 그 밑에 장서掌書·경감警監·기수技手 및 통역通譯을 두었다. 부府·군郡에는 부장府長과 군감郡監을 장으로 하여 참사參事·장서掌書·경감警監을 두었다.

독변督辨과 부장府長·군감郡監은 경찰관청이고, 경감警監과 그 하급직으로 경호원警護員이 경찰과 위생사무를 보좌하고 집행하였다. 도道의 경무사警務司를 포함한 각사各司의 사무분장규정은 내무총장이 정하였다.

연통제의 실질적 목적은 점령된 본국의 국민들에게 독립의식을 잊지 않게 하는 것이었다. 독립운동자금을 모집하고 최종 목적으로는 일제에 대한 독립운동을 활성화시키는데 있었다.

연통제와 함께 각 군郡에 교통국交通局, 각 면面에는 교통소交通所를 두었다. 국경 일대에 이를 설치하였다. 신의주 대안의 안동에서는 교통지부交通支部를 두어 국내와의 교통·통신 기관으로 삼았다. 내무 부특파원을 각지에 파견하여 특수연락사항을 전달케 하고각 지방 조사원을 두어서 지방사정을 조사하고 파악하였다.

연통제는 약 반년 동안에 경상남북도와 강원도를 제외한 10개 도道에 조직되었다. 군감郡監까지 임명된 곳은 함북·함남·평북·평남·황해·경기·충북 등 7개 도였다. 연통제의 실제적 조직은 상하계통은 서로 알되 횡적으로는 서로 모르게 하였다.

Police Science

🔍 1923년 임시정부 산하 치안조직인 의경대 창설[147]

- 김구 선생은 1923년 내무총장 취임 후 그 해 12월 17일 임시정부 산하 상해 교민단에 치안 조직인 의경대를 창설한다.
- 의경대는 교민사회 치안유지와 일제 밀정 색출 등의 임무를 수행하였다.
- 의경대는 젊은 의열 청년들이 독립운동에 투신하는 경로가 되었다.
- 1925년 이승만 대통령 탄핵 이후 임시정부가 내홍을 겪으며 그 활동이 침체되자, 김구 선생은 1932년 의경대를 직접 이끌고 의열 독립투쟁을 지휘하여, 대한민국 독립투쟁의 전환점을 만들었다.
- 1932년 1월 8일 이봉창 의사, 도쿄에서 일왕에게 수류탄 투척 의거
- 1938년 3월 유지만·이덕주 의사, 국내로 파견하여 조선총독 암살 기도
- 1932년 4월 29일 윤봉길 의사, 상해 홍커우 공원 일왕 생일 축하 기념식장에 폭탄 투척 의거
- 1935년 5월 유상근·최홍식 의사, 만주 대련에서 일본 고관 폭살 기도

---

3 ║ 중경 임시정부의 경찰

대한민국 26년(1944) 4월 「주석·부주석제헌법」이 통과·시행되자, 5월 25일 정부조직이 개정되었다. 행정부의 최고기관으로 '국무위원회'가 있고, 그 아래 각부各部의 장관長官과 국무위원회國務委員會 주석으로 구성되는 '행정연석회의'行政聯席會議가 있었다. 행정 각부에는 내무부·외무부·군무부·법무부·재무부·문화 및 선전부의 7부部가 있고, 그 외에 위원회가 있었다. 경찰은 내무부에 속하며, 내무부에 속한 경찰과警察科가 경찰사무를 담당하였다. 별도로 「경위대조례」警衛隊條例에 의한 '경위대'警衛隊가 있었다.

경찰의 최고관청인 내무총장의 소속 기관으로 내무부內務部에 총무과總務科, 민정과民政科, 경무과警務科가 있었다. 경무과의 소관 사무는 ① 일체 경찰에 관한 사항, ② 질서·기율에

---

147 경찰청 홈페이지, "백범 김구선생과 경찰의 특별한 인연"(n.d)(from https://www.police.go.kr/www/agency/history/history01.jsp(Retrieved October 12, 2022).

관한 사항, ③ 국방 및 인구조사에 관한 사항, ④ 징병 및 징발에 관한 사항, ⑤ 국내정
보 및 적정수집敵情蒐集에 관한 사항 등을 관장하는 것이었다.

Police Science

🌐 대한민국 임시정부의 초대 경무국장 '백범 김구 선생'

- 백범 김구 선생(1876-1949)은 대한민국 임시정부의 경무국이 설치된 1919년 8월 12일 초대 경무국장으로 취임하였다.[148]
- 백범 김구 선생(1876-1949)은 27년간 대한민국 임시정부를 이끌어 온 민족독립운동가이자 해방된 조국을 민족, 통일 민주 문화의 바탕 위에서 굳건히 세우려고 애쓰다가 비명에 간 대한민국의 가장 위대한 독립운동가였다.
- 1919년 내무국장이었던 안창호 선생은 독립운동을 하기 위해서 상해로 온 김구 선생을 만나게 된다. 이때 김구 선생은 임시정부의 문지기를 청하였다. 안창호 선생이 의아해서 왜 높은 자리를 원하지 않고 그렇게 낮은 자리를 원하느냐고 물었다.
- 이때 김구 선생은 "나는 고국에 있을 때, 우연히 순사 시험 과목을 보고 내 자격을 시험하기 위해 혼자서 답안지를 작성해 본 적이 있는데, 합격을 못 했소. 또, 내가 감옥에 있을때, 죽기 전에 꼭 한번 우리 정부 청사의 뜰을 쓸고 유리창을 닦는 문지기가 되게 해달라고 빈 적도 있소!"라고 겸손하게 말하면서 문지기를 청하였다.
- 안창호 선생은 "독립국가의 문지기가 소원"이라는 김구 선생의 겸손에 탄복하여 초대 경무국장을 권유하였고, 김구 선생은 초대 경무국장에 취임하였다.
- 경찰에 대한 지대한 관심과 애정을 가진 김구 선생은 해방 후인 1947년 '민주경찰'지 창간 및 특호를 축하하며, 경찰에 축사와 축하 휘호를 선물하였다.
- 경무부 교육국에서 경찰교양지 「민주경찰」을 창간하자 '자주독립과 민주경찰' 제하의 축사를 기고하여 "사회혼란 극복의 노고를 치하하며 '애국 안민愛國 安民의 경찰'이 되어 달라."고 부탁하였다.[149]
- 이어 국립경찰 2주년을 맞이하여 「민주경찰」 특호(1947년 19월호)에 "축 민주경찰 특호 간

---

148 김광재, "대한민국 임시정부 경찰의 역사적 의의(성립과 활동을 중심으로)" 「경찰역사 속 바람직한 경찰정신 정립방안」, 2018, pp. 5-7.

149 경찰청 홈페이지, "백범 김구선생과 경찰의 특별한 인연"(n.d)(from https://www.police.go.kr/)(Retrieved October 12, 2022).

행, 국민의 경종^{警鐘}이 되소서"라는 축하 휘호를 선물하기도 하였다.

- 오늘날의 경찰청장에 해당하는 초대 경무국장에 1919년 8월 12일 취임한 김구 선생은 임시정부 경찰의 기틀을 확립하고, 항일운동과 독립운동의 상징으로 자리잡으면서 대한민국 건국의 초석을 닦았다.

- 백범 김구 선생이 대한민국 임시정부의 초대 경무국장에 취임함에 따라 우리 경찰의 뿌리는 유길준의 아시아 최초의 '민중적·민주적 경찰'에서 시작하여, '항일과 애국 그리고 안민의 경찰'로 이어지게 되었다.

Police Science

🌐🔍 경찰의 날 변경 필요성¹⁵⁰

- 1945년 8월 15일 일제를 패망시킨 미국은 한반도를 국제법상 임자없는 땅^{No man's Land}으로 간주하고 군사통치를 위한 미군정청을 설치하였다. 자신들의 '한국인화 이론'을 경찰 치안정책에도 추진할 인물로 한민당의 조병옥 박사를 선택하였다.

- 10월 21일 미군정청에 경무국^{警務局·The Police Bureau}이 창설되었고 조병옥 박사는 미국정에 의해서 동일자로 경무국장에 취임하였다. 조병옥 박사는 자신이 경무국장에 취임한 날을 경찰의 날로 지정하고, 1946년 10월 21일 제1회 경찰의 날 기념식을 개최하였다(사진은 1946년 10월 21일, 제1회 경찰의 날에 거리행진하는 서울의 경찰관들 모습이다).

- 현재 경찰은 미국정에 의해 조병옥 박사가 경무국장에 취임한 1945년 10월 21일을 경찰출범의 기원으로 삼으면서 경찰의 날로 기념하고 있다.

- 이처럼 현재 경찰의 날은 미군정이 남한 치안총수를 임명한 날을 경찰의 날로 기념하고 있기 때문에 우리경찰의 정통성과 역사성을 고려할 때 변경이 필요하다고 할 수 있다.

- 이러한 측면에서 '경찰의 날'에 적합한 2가지 안을 제시하면 다음과 같다.

- 첫 번째 날은 아시아 최초의 민중적·민주적 근대경찰인 경무청이 창설된 1894년 7월 14일로 변경하는 안이다.

---

150 김창윤, "경찰의 날에 대한 역사적 고찰과 변경 가능성에 관한 연구" 「한국민간경비학회」, 13(3), 2014, pp. 44－46.

- 김옥균, 박영효, 유길준 등은 조선의 개화를 위해서 근대경찰의 창설을 주장하게 된다. 특히, 김옥균, 박영효 등이 일본의 경찰제도로부터 전적인 영향을 받은 반면, 유길준은 그의 저서인 「서유견문」西遊見聞에서 영국의 로버트 필 경을 언급하는 등 서구의 제도를 폭넓게 견문한 이후에 그것을 바탕으로 경찰제도 개혁론을 펼치고 있다는 점에서 큰 차이를 보였다.
- 따라서 한국 근대경찰의 아버지인 유길준의 아시아 최초의 민중적·민주적 경찰 사상이 반영된 경무청 창설일을 경찰의 날로 삼는 것이다.
- 두 번째 날은 대한민국 임시정부에 경무국이 설치되고 백범 김구 선생이 초대 경무국장으로 취임한 1919년 8월 12일로 변경하는 안이다.
- 초대 경무국장이었던 김구 선생은 임시정부 경찰조직을 이끌었으며, 조국독립을 위한 경찰 활동을 수행하였다. 또한 우리의 헌법전문에는 대한민국 임시정부의 법통을 계승한다고 되어 있다.
- 이처럼 우리 헌법 정신에 따라, 임시정부에 경무국이 설치된 날을 경찰의 날로 변경하는 것은 헌법정신에 부합되는 안이라고 할 수 있다.
- 또한 우리 경찰의 뿌리를 일제식민지기 경찰이 아닌 대한민국임시정부의 '항일과 애국 그리고 안민' 경찰로 자리매김 할 수 있다.
- 초대 경무국장을 조병옥 박사가 아닌 민주경찰 1호인 백범 김구 선생으로 한다면 국민들의 신뢰를 획득함에 있어서도 유익할 것이다.
- 법원은 1964년 미국을 따라 제정했던 '법의 날' 기념일을 2003년도에 1895년 근대적 사법 제도를 도입한 재판소구성법 시행일인 4월 25일로 변경하였다. 검찰도 대한제국시대의 애국지사인 이준 열사를 초대검사로 강조하면서 신임검사의 묘역참배를 정례화하였다. 이렇게 법원과 검찰은 기념일의 변경과 애국지사를 통해서 일제강점기와 미군정기의 역사적 논쟁을 비껴가고 있다.
- 사회의 변화와 국민의 여론에 예민한 언론계는 1957년부터 <독립신문>이 창간된 1896년 4월 7일을 '신문의 날'로 기념하면서 역사논쟁에서 빠져나왔다.
- 현재 형사사법기관 중에서 경찰과 교정만 미군정기의 역사에서 빠져나오지 못하고 있다.
- 경찰은 미군정기 경무청이 창설된 1945년 10월 21일을 '경찰의 날'로 기념하고 있으며, 교정도 교정행정업무를 인수받은 1945년 10월 28일을 '교정의 날'로 기념하고 있다.

미군정하의 경찰

1 ‖ 서설

광복 이후 미군정의 민주화 정책으로 경찰사무와 조직에 있어서 광범위한 개편이 이루어졌다. 경찰이 담당하였던 위생사무가 위생국으로 이관되었다. 경제경찰과 고등경찰이 폐지되었다. 광범위하게 이루어지던 행정경찰사무가 경찰의 관할에서 분리되는 비경찰화 작업이 진행되었다.

위생사무의 이관과 경제경찰 및 고등경찰의 폐지는 경찰의 업무활동이 축소되었음을 보여준다. 이러한 과정 중 정보업무를 담당할 정보과가 신설되었다.[151] 미군정의 실시와 함께 일제 시대의 치안악법들의 정비와 조직법적 정비도 이루어졌다.

일제 식민지기의 치안악법은 철저하게 정리되었다. 우선 「치안유지법」, 「정치범처벌법」, 「예비검속법」 등이 폐지되었고, 1948년에는 「보안법」이 폐지되었다.

1947년에는 6인의 위원으로 구성된 중앙경찰위원회가 설치되어 치안정책의 수립 및 경찰관리의 임면 등에 대한 사항을 심의하는 등 경찰통제가 이루어졌다. 그러나 경찰제도와 인력에 대한 개혁은 이루어지지 않아 국민의 경찰에 대한 부정적인 태도는 불식되지 못하였다.

미군정의 '자유주의적 민주주의 국가'로의 '남한단독정부수립' 정책은 이 시기 군정경찰의 '치안기구 확대정책'과 '치안보조세력 확대정책' 등과 같은 제반 치안정책에 의해서 성공적으로 수행되었다.[152]

Police Science

🌐 미군정기 초대 경무국장 '조병옥 박사'

- 유석 조병옥 박사는 해방 정국에서 한민당 창당에 참여한 뒤, 미군정기 초대 경무국장을 지냈다. 1948년 대한민국정부 수립 후에는 UN단장, 내무부장관 등을 역임했다.
- 1945년 10월 21일 미군정청에 경무국The Police Bureau이 창설되었다.[153]

---

151 내무부치안본부b, 전게서, p. 560.
152 김창윤h, "한국과 일본의 미군정기 치안정책 비교 연구"「경찰학연구」, 9(2), 2009, p. 52.
153 경찰청b, 「경찰50년사」, 1995, p. 29.

- 조병옥 박사는 1945년 10월 21일 미군정의 초대 경무국장에 취임하였다.[154]
- 유석 조병옥 박사가 취임한 1945년 10월 21일을 제1회 경찰의 날로 삼아 오늘날까지 이어지고 있다.
- 1950년 대한민국의 제2대 정·부통령 선거에 부통령 후보자로 출마하였으나 낙선하였다. 1960년 대한민국 제4대 대통령 후보자로 출마하였으나 선거유세 중 병으로 미국 워싱턴 D.C월터리드 육군병원에 입원했다가 급서하였다.
- 조병옥 박사는 美군정기의 혼란한 사회상황에서 건국의 기초를 닦았다. 일부 미국인들은 '한국의 좌익에게 무자비한 거친 치안방법' 때문에 조병옥을 좋아하지 않았다. 하지만 대다수는 그를 유능하고 똑똑한 관리로 생각했다고 美CIA는 말했다.[155]
- 미군정은 남한 내의 극심한 좌·우대립과 소련의 지원을 받은 좌익에 의한 '내부혁명'적 상황을 파악한다.
- 소련과의 협력을 통한 신탁통치안을 지지하는 美행정부의 인식과는 다르게 남한을 소련에 대한 방파제 구축으로 삼아 공산주의의 확대를 방지하려는 대한정책을 실시하였다. 조선총독부 기구의 온존과 관료의 유임을 선포하는 '한국인화 이론'Theory of Koreanization을 적용하게 된다.
- 미군정은 한국인화 이론의 수행과 남한 내의 혁명적 상황을 해결할 인물로 유석 조병옥 박사를 미군정의 초대 경무국장으로 임명하였다.
- 친일 경찰의 채용에 대해서 초대 경무국장이었던 조병옥 박사는 '프로잽'Pro Jap과 '프로잡'Pro Job 이론을 전개하면서 극복하였다. 친일파를 '프로잽'Pro Jap, 즉 악질적이며 일제에 전문적으로 협력한 친일파를 전문직업적 친일파A Professional Pro Japanese라고 하면서 배제를 당연시 했다.
- 하지만 일제시대에 자기의 가족과 생명을 보호하기 위한 연명책으로 경찰이 된 이들은 '프로잡'Pro Job이기 때문에 채용을 해도 무방하다고 주장하면서 미군정의 한국인화 정책을 경찰에 그대로 채택하게 된다.

---

154 조병옥, 전게서, p. 152.
155 김동노 외 (역) 「한국현대사」(서울: 창비, 2003), p. 34.

1 경무국의 발족

1945년 10월 5일 미군정장관 아놀드 소장은 한민당계를 인사들을 중심으로 하는 11명의 고문단을 임명하였다.[156] 미군정은 군정청의 한국인 관리 선택의 임무를 윌리엄스 해군소령에게 맡겼다. 그에게 이러한 임무가 부여된 것은 그의 부친이 한국에 거주하고 있던 선교사였기 때문이었다.[157] 윌리엄스 소령은 송진우 한민당 수석총무에게 북한에 공산군이 점령하고 있는 상황에서 공산주의이론에 투철하고 반공사상에 투철한 애국적 인사를 경무국장에 추천해 줄 것을 부탁하였다. 송진우 한민당 수석총무는 미국 콜럼비아 대학에서 경제학박사학위를 취득하였고 신간회사건으로 일제하에 옥고를 치른 바 있는 조병옥 박사를 경무국장으로 미군정에 추천하였다.[158]

10월 21일 미군정청에 경무국The Police Bureau이 창설되었다.[159] 조병옥 박사는 1945년 10월 21일 미군정의 초대 경무국장에 취임하였다.[160] 새로이 창설된 경무국은 조선인으로 구성된 경찰조직을 관장하는 기구로써 미군헌병으로 구성된 군정경찰과 함께 군정 치하의 조선에 대한 치안유지의 임무를 담당하게 되었다. 경찰은 1945년 10월 21일 경무국 창설일을 경찰출범의 기원으로 삼고 있다.

이와 같이 경찰초창기의 경찰의 기본자세 확립을 위한 최고관리층의 노력은 대단하였다. 그중에서도 가장 의미 있는 것은 '봉사와 질서'를 경찰지표로 채택한 것이다. 한국인으로 구성된 경찰이 창설되자 군정당국은 기존 경찰의 실태를 파악하기 위하여 10월 29일 참페니Arthur S. Champeny 육군 대령을 경찰감찰관으로 임명하여 남한의 전 경찰서에 대한 감찰을 하도록 하였다.[161]

이러한 감찰활동을 바탕으로 12월 27일에는 군정명령으로 도지사 권한에서 경찰행정을 분리하여 도경찰부를 독립시켰다. 그 밑에 총무과·공안과·수사과·감찰과·통신과를 두는 등 경찰조직을 정비하였다. 이 당시 경찰조직의 특징은 경찰행정권을 도지사의 권한으로부터 분리·독립시킨 것이다.

---

156 김운태b, 「미군정의 한국통치」(서울: 박영사, 1992), p. 188.
157 상게서, p. 95.
158 조병옥, 「나의 회고록」(서울: 해동, 1992), p. 149.
159 경찰청b, 전게서, p. 29.
160 조병옥, 전게서, p. 152.
161 경찰청b, 전게서, p. 31.

🌐 경무국 형사조사과의 설치

- 일제 이래 내려온 경찰의 사법권을 폐지한 미군정은 범죄수사와 관련한 경찰의 역할을 미국식으로 개편하는 작업에 착수하였다. 그 첫 작업으로 이루어진 것이 1945년 10월 30일자 미군정법령 제20호이었다.[162] 이 미군정 법령 제20호에 의하여 군정청 경무국에 형사조사과가 설치되었다. 이 형사조사과는 ① 군정청에서 교부한 형사사건의 조사를 행할 것, ② 범인의 조사 및 체포에 관하여 청구가 있을 때에는 육군경찰, 정보단 및 조선경찰을 원조협력할 것, ③ 형사조사제를 설정유지할 것 등을 직무로 하고 있었다.

- 경무국 형사조사과는 행정경찰작용인 치안질서의 유지가 아니라 형사사건의 조사를 행하는 기관이라는 점에서 독자적인 수사권을 가지는 경찰조직이었다.

- 이 형사조사과의 설치와 함께 종래 조선총독부 법무국 형사과 지문계에서 가지고 있던 제반 지문에 대한 직무, 직능, 문서, 재산 및 직원은 경무국에 이관되었다. 그 결과 경무국은 범죄수사에 필수적인 지문록 및 형사조사 제도의 수립과 유지의 기능을 확보하게 되었다.[163]

---

2 조선국립경찰의 조직

미군정은 기존 조선총독부 경찰기구의 행정적 이용을 강조하게 된다. 미군정의 새로운 경찰체제의 성격 및 기능은 '식민지 치안체제를 활용하는 군정경찰'이었다.[164] 미군정 경무국장에 취임한 조병옥 박사는 한국의 군사력이 결여 내지 빈약함에 비추어 경찰력을 강화하는 데에 주력하였다. 조병옥은 새로이 발족한 조선인 경찰조직을 국립경찰 체제로 편성하였다. 이것은 조선총독부의 경찰조직이 각 도의 도지사 관할에 있었던 것을 중앙의 경무국으로 집중하는 새로운 편제이다.

조병옥 박사는 경찰 병력을 2만 5천만으로 산정하고, 그 병력을 미군과 같이 사단제로 편성하였다. 각 도청소재지에는 도경찰부를 설치하고 각 시에는 경찰서, 각 읍면에는 지서 등을 설치하여 계통적인 경찰망을 형성하였다.[165]

새로운 경찰조직은 1945년 12월 27일 「조선국립경찰의 조직에 관한 건」을 통하여

---

162 한국법제연구원 편, 「미군정법령총람 국문판」, 1971, p. 138.
163 경찰청b, 전게서, p. 65.
164 김창윤n, "미군정기 형사사법정책 연구" 「한국공안행정학회보」, 43, 2011, p. 72.
165 조병옥, 전게서, p. 152.

그 법적 근거를 확립하였다. 이 규정을 통하여 종래의 식민지 경찰조직과 결별하고 새로운 조직편성이 완성되었다.

「조선국립경찰의 조직에 관한 건」은 한국의 경찰조직에 미국식 경찰제도를 접목시킨 최초의 법령이라는 점에서 매우 주목된다. 이 규정에서는 우선 종래 도를 단위로 조직되어 있던 경찰조직을 시 단위에까지 확대하였다. 경찰을 지방분권적으로 운용한다는 점을 예상하여 도지사와 도경찰부장, 시장과 시경찰책임자를 연계시키고 있다는 점에서 미국식 경찰제도의 구상을 엿볼 수 있다.

그러나 새로이 출범한 경찰조직은 군정 초기의 혼란한 치안상태를 고려하여 국립 경찰부대로 편성되었다. 이 군대식 경찰조직에서 경무국장은 최고사령관이었다. 이 점에서 경무국 산하의 경찰조직은 지방자치 경찰조직을 특징으로 하는 미국식 경찰제도와는 근본적으로 차이가 있다.

새로이 편성된 경찰조직의 가장 큰 특징은 경찰의 지휘통솔권이 군정청의 경무국에 집중되었다는 점이다. 군정청 경무국에 직접 경찰의 지휘통솔권이 집중되어 있다는 점을 나타내기 위하여 새로운 경찰조직에 대하여 '국립경찰'이라는 명칭이 사용되었다. 조선총독부 체제하의 경찰조직과 비교하여 볼 때 경찰행정을 도지사의 권한에서 분리하여 도경찰부를 독립시킨 점이 주목된다.[166]

미군정하의 국립경찰은 군정청의 경무국과 각 도의 도경찰부로 구성되었다. 조선인 경찰국장은 조선 내 모든 경찰의 최고사령관 지위를 보유하였다. 도경찰부는 도지사에 대하여 치안유지의 책임은 지지만 예산과 인사에 있어서 지휘를 받지 않았다. 예산은 경무국장에게 배당되었다. 각 도경찰부장은 중앙의 경무부장으로부터 예산을 할당받았다. 이와 같이 하여 미군정은 중앙집중적 지휘·통제가 가능한 단일의 경찰조직을 편성하였다.[167]

3 장관급 관청인 경무부 설치

1946년 1월 16일 「경무국·경무부에 관한 건」을 공포하여 경무국을 경무부로 승격시켰다. 지방조직은 1946년 4월 11일 「국립경찰조직에 관한 건」에 의해서 개편을 단행하

---

166 경찰청b, 전게서, p. 31.
167 황운하, 전게논문.

였다. 이러한 개편에 의해서 종전의 각 도경찰부가 관구경찰청으로 개칭되었고, 8개의 관구경찰청이 생겼다.

1946년 8월 14일 서울특별시 헌장이 공포되어 서울시가 경기도에서 분리되어 특별시로 승격하게 되었다. 따라서 수도 서울을 독립된 치안구역으로 설정할 필요성을 제기되었다.

1946년 9월 17일 경찰직제가 개편되면서 제1관구청에서 서울지역을 분리하여 '수도관구경찰청'을 창설하였다. 또한 간부급 경찰관 교육의 중요성에 맞게 종래의 중앙교육기관이었던 국립경찰학교(1946년 2월 1일)를 폐지하였다. 1946년 8월 15일에 '국립경찰전문학교'를 설치하여 신임 경찰간부를 양성하였다. 이후 1947년 9월 1일 간부후보생 제도를 도입하였다.

1946년 2월 25일에는 기동성과 질서유지를 위해서 한국 최초의 '기마경찰'이 창설되었다. 경무부장의 지시에 의해서 각 도경무부 소속으로 기마경찰대가 정식으로 발족되었다. 또한 해방 후 철도수송 공안문제가 매우 심각하게 대두되었다. 따라서 운수부에서 독자적으로 운용해 오던 특수경찰인 운수경찰청을 1946년 3월 5일 국립경찰에 흡수 편입시켜 1개 관구로서의 철도관구경찰청을 설립했다.

한국의 여자경찰은 1946년 7월 1일 경무부 공안국에 여자경찰과라는 과단위의 기구가 생긴 것이 그 제도적 효시였다. 한국에서 처음으로 여자경찰관을 모집한 것은 1946년 5월 15일이다. 여자간부 15명과 여경 1기생 64명은 2개월간의 훈련을 이수한 뒤 7월 16일에 배출되었다. 이들은 전원 중앙에 배치되었다.

1947년 1월에는 각 도의 일선 경찰서에 여경이 배치되었다. 2월 17일에는 수도관구경찰청에 여자경찰서가 창설되었다. 1947년 5월 23일에는 서울·부산·대구·인천 등지에 여자경찰서가 창설되었다.[168]

Police Science

🌐🔍 경무부 치안국 여경과의 임무(1947년 3월 8일자)

- 여경 감찰에 관한 사항
- 부녀자의 풍기 및 수사에 관한 사항
- 불량 소년·소녀의 지도감화 및 취체

---

168 내무부치안국a, 전게서, p. 960.

- 여성범죄 정보수집 및 수사보조에 관한 사항
- 부녀·소년·소녀의 유치장 간수에 관한 사항
- 교통사고조사 보조에 관한 사항

---

3 ‖ 일제의 치안악법 철폐 및 중앙경찰위원회의 설치

1945년 10월 9일 군정법령 제11호에 의해서 일제시대 한국인에게 차별 및 압박을 가하기 위해서 만들어진 법률을 철폐하였다. 일제시대 제정된 「정치범처벌법」, 「예비검속법」, 「치안유지법」, 「출판법」, 「정치범보호관찰령」, 「신사법」을 폐지하였다. 1948년에는 「보안법」이 폐지되었다.

또한 비경찰화를 단행하여 위생업무를 1945년 10월 27일에 경찰로부터 분리시켰다. 또한 검열경찰 및 출판경찰의 업무도 공보부로 이관하였다. 1946년 4월 10일자로 소방업무가 경찰행정으로부터 완전히 독립되었다.

Police Science

🌐 중앙경찰위원회

- 1947년 11월 25일 법령 제157호 중앙경찰위원회의 설치에 따라 남조선과도정부 내에 중앙경찰위원회가 설치되었다.
- 제5조 중앙경찰위원회는 위원 6인으로 구성하며 군정장관이 此를 임명함. 그 외에 경무부장은 표결권이 없는 위원이 된다(총 7명).
- 위원은 모두 비경찰관으로서 구성되었다.
- 구성위원은 7명으로 하고 각부 처장 중 2명, 심판관 1명, 검찰관 1명, 기타 2명과 경무부장이 참여했으나, 경무부장은 표결권을 갖지 않았다.

1 || 제1공화국 시기의 경찰

1948년 8월 15일 수립된 신생 공화국인 대한민국 제1공화국은 9월 13일 미군정으로부터 행정권을 완전히 인수하였다. 인수의 주체인 대한민국 정부의 조직은 7월 17일 대한민국 법률 제1호인 「정부조직법」을 근거로 하였다. 미군정하인 1946년 경찰은 국방사령부 등과 같이 '경무부'로 승격, 개편되었다. 하지만 1946년 이후 경무국에서 경무부로 승격했던 경찰이 1948년 정부조직법 상에서 내무부 산하에 있는 하나의 국으로 전락하게 된다.

이는 식민지 시대의 강력한 경찰권력의 침해에 대한 국민적 반감과 함께 청산되지 않은 일본 관료출신들이 정부조직법 제정에 참여하면서 일제 정부의 과거 행정조직을 모방하였기 때문이다. 경찰이 내무부로 속하게 되면서 각 시·도의 관구경찰청도 이제는 시장 또는 도지사의 보조기관이 되었다.

대한민국 정부수립 후 경찰은 「정부조직법」에 의해 내무부 장관 소속하의 보조기관인 치안국으로 설치되었다. 치안국의 설치를 규정한 근거는 대통령령(제13호)인 「내무부직제」이다.[169] 최초의 치안국은 일제하의 경찰기구를 바탕으로 미군정하의 경찰조직제도를 가미하여 만들어졌다.

하지만 일제 경찰의 경비과, 도서과, 위생과가 폐지되고, 미군정 당시 폐지되었던 경제경찰이 복원되었다. 여경과·감식과는 승격되었다. 그러나, 교육국은 폐지되고, 교육관리에 관한 업무는 경무과로 흡수되었다.[170]

1948년 12월 1일 이승만 정부와 자유당은 미군정하에서 폐지된 「보안법」을 「국가보안법」이라는 이름으로 다시 제정하여 반공정책을 강화하였다. 특히 이러한 국가보안법은 경찰에 의해서 국민의 인권과 사상을 탄압하는 수단으로 악용되어 많은 논란을 낳게 되었다.[171] 이후 1949년 2월 '경무대경찰서'가 설치되어 국가원수의 중앙청 경호경비를 담

---

169 1948, 9, 13 내무부는 경무부를 인수하였는데, 그 근거법령은 대통령령 제3호 남조선과도정부기구의 인수에 관한 건 "제1조 1. 내무부는 과도정부 경무부, 토목부, 중앙선거위원회, 중앙소방위원회와 그 소속기관을 인수한다."에 의한다.

170 내무부치안국b, 「한국경찰사 Ⅱ」, 1973, p. 70.

171 김대성, "고문폐지를 위한 소담론－고문의 실제와 사회적 기회에 대한 비판을 중심으로"「석사학위논문」서울: 건국대학교 대학원, 2001, p. 108.

당하였다.

1950년 6월 25일, 한국전쟁이 발발함에 따라 경찰도 전시체제로 개편하여 '비상경비 총사령부(사령관은 치안국장)'[172]를 치안국 내에 설치하였다. '부국장제'와 '보급과'를 신설하였다. 1950년 12월에 제200 및 207대대를 중심으로 '태백산지구 전투경찰대'를, 제203 및 제205대대를 중심으로 '지리산지구 전투경찰대'를 각각 설치하였다.[173] 1950년 12월 전투로 인한 경찰관 부상자를 치료하기 위한 경찰병원이 설치되었다.

일제시대의 경찰작용법인 정치범처벌법, 치안유지법, 예비검속법 등을 비롯한 치안악법이 일부 폐지되었지만, 나머지 일제시대의 법령 대부분이 「군정법령」 제21호(제명령의 존속)에 따라 그 효력을 유지하고 있었다. 따라서 경찰관의 직무집행에 관한 일반적인 근거 법령은 정부수립 이후에도 상당기간 동안 마련되지 못하면서 많은 문제점을 야기하였다. 따라서 휴전이 된 직후인 1953년 12월 14일, 일본의 「경찰관직무집행법」을 사실상 모방한 경찰작용의 일반법인 「경찰관 직무집행법」을 제정과 동시에 시행하였다.[174]

1953년 9월 철도경찰대를 폐지하는 대신 전란의 수습을 위해 제주도를 제외한 각 시·도에 경비과를 설치하고 경찰항공대를 발족하여 공비토벌에 투입하였다. 한편, 평화선의 수호 및 북한의 해상침투에 대한 대비, 전시금제품의 수출입 등 각종 해상범죄에 대처하기 위하여 1953년 12월 해양경찰대를 신설하였다.

해양경찰대는 1955년 2월 해사행정을 관할하는 '해무청'이 발족되면서 내무부에서 상공부 해무청 소속으로 이관되고 명칭도 해양경비대로 개칭되었다. 또한 국립과학수사연구소를 설치하여 치안국 감식과의 업무를 관장케 하였다.[175]

이승만 정부 시기 경찰의 정치적 개입으로 인한 많은 문제가 발생하자 경찰의 정치적 중립을 위한 '경찰위원회제도' 도입 방안이 시도되었다. 1955년 9월 11일 정례국무회의에서 대통령 직속의 경찰위원회를 두는 방안이 논의되었다. 하지만 집권당인 자유당의 반대에 의하여 국회회부도 되지 못하고 사장되었다. 1956년 8월 20일 자유당 정책위원회에서 경찰위원회를 '공안위원회'로 명칭만 변경한 채 자유당 총회에 회부하였으나 역시 폐기되었다.

---

172 비상경비총사령부는 이미 미군정기에 설치된 바 있었다. 1948년 2월 10일 경무부에 '비상경비총사령부(非常警備總司令部)'를 설치하고, 각 관구경찰청에도 관구사령부를 설치하여 좌익에 대한 단호한 무력을 행사하였다(「동아일보」, 1948.02.11.)

173 대한민국여경재향경우회, 「한국여자경찰 60년사」, 2007, p. 63.

174 윤성의, "경찰관직무집행법상 경찰활동의 문제점과 개선방안에 관한 연구" 「박사학위논문」 전남: 호남대학교 대학원, 2008, pp. 9-10.

175 대검찰청a, 「검찰청법연혁」, 1, 1999, p. 2.

경찰은 1960년 3월 15일 부정선거 개입 등 정치적 중립을 해치는 일탈과 과오를 겪게 되었다. 국민의 경찰에 대한 최대의 요구는 정치적 중립이었다. 조직 내부적으로도 경찰의 기구 독립이 하나의 숙원이었다.

1960년 4·19 혁명이 발생한 후, 제4대 국회는 내각책임제 개헌시작시에 경찰의 중립화를 헌법조문화하였다. 1960년 6월 국회를 통과한「헌법」제75조는 "행정각부의 조직과 직무범위는 법률로써 정한다. 전항의 법률에는 경찰의 중립을 보장하기에 필요한 기구에 관하여 규정을 두어야 한다."라고 규정하였다.

1960년 7월의「정부조직법」개정법률은 제13조에서 "① 경찰의 중립성을 보장하기 위하여 공안위원회를 둔다. ② 공안위원회의 조직과 경찰행정에 관하여 필요한 사항은 법률로써 정한다."라고 규정하였다. 동법 부칙 제4조는 "제13조 제2항의 규정에 의한 법률이 시행될 때까지 치안, 소방에 관한 사무는 내무부장관이 장리掌理하고 그 사무를 분장하기 위하여 내무부에 치안국을 둔다."라고 정하였다.

국회의 법제사법위원회를 통과한「경찰중립화법안」의 골자는 경찰의 책무를 개인의 생명·신체 및 재산의 보호와 범죄의 예방·진압 및 수사, 피의자의 체포, 교통의 단속, 기타 공공의 안녕·질서의 유지에 국한시켰다.

또 그 관리체계로 국무총리 소속하에 '중앙공안위원회'를 두었다. 중앙공안위원회는 국무위원을 위원장으로 한 5인의 위원으로 구성하며, 중앙공안위원회 관리하에 경찰청을 두고, 지방에는 도공안위원회 밑에 지방경찰청을 두도록 하였다.

경찰공무원은 일반직으로서 현행대로 경무관·총경·경감·경위·경사·순경의 6계급으로 하였고 순경·경사는 고등학교졸업자로, 경위·경감은 대학졸업자로, 총경·경무관은 고등고시 합격자로 하였다.[176]

그러나 위 법안도 제2공화국의 단명과 제4대 국회의 폐지로 무산되게 되었다. 특히 이 시기의「경찰중립화」법안은 야당이었던 민주당이 4·19로 인하여 여당이 되고 경찰중립에 대한 소극적인 자세를 견지하면서, 5·16 군사 쿠데타를 맞게 되어 한국 경찰의 정치적 중립은 요원하게 되었다.

경찰위원회 제도는 경찰의 중치적 중립과 민주적 정당성을 확보하기 위해서 여러 차

---

176 내무부치안국b, 전게서, pp. 1273-1280.

레 시도되었지만 모두 불발되었다. 1956년 8월 20일 자유당 정책위원회에서 경찰위원회를 '공안위원회'로 명칭만 변경한 채 자유당 총회에 회부하였으나 폐기되었다.

1960년 4·19 혁명 직후 제2공화국 하의 제4대 국회에서는 경찰의 중립화를 헌법에 명문화하고, 경찰중립화법안을 마련하여 국무총리 소할하에 '중앙공안위원회'를 두는 방안을 마련하였다. 하지만 1961년 박정희 소장의 군사쿠데타로 인한 국회해산으로 경찰중립화 법안은 또 다시 폐기되었다.[177]

박정희 정부시기는 민주주의를 유보한 경제성장에의 효율성을 위한 개발독재 시대라고 할 수 있다. 특히 정권안보를 위해서 1961년 7월 3일 「반공법」을 제정하였다. 반공태세의 강화를 위하여 제정한 「반공법」은 제1공화국 시기의 「국가보안법」과 함께 안보형사법의 2대 지주로 자리 잡게 되었다. 실제에 있어서는 악용이 더 쉬운 「반공법」이 훨씬 더 자주 이용되었다.[178]

1962년 4월 부족한 경찰력을 보완하고 중요시설 등의 경비를 위한 청원경찰제도[179]가 시행되었다. 1968년 12월 경부고속도로 개통과 더불어 고속도로 순찰대가 창설되었다. 1969년 1월에는 「경찰공무원법」이 제정·공포됨으로써 경찰조직의 기틀이 마련되었다.[180]

1960년대 말부터 격화된 북한의 도발에 효과적으로 대처하기 위해 1970년 12월 「전투경찰대설치법」이 공포됨에 따라 1971년부터 전투경찰순경(전경)이 경찰에 충원되기 시작하였다.[181] 「전투경찰대설치법」에 따라 작전전경(1976년 9월 1일 창설)과 의무경찰(1982년 12월 31일 창설)이 도입되었다.[182]

1968년 김신조 일당의 1.21 '청와대 습격사건'을 계기로 같은 해 4월 향토예비군이

177 이강종, "한국경찰위원회제도에 관한 연구-구조기능론적 접근을 중심으로"「박사학위논문」서울: 동국대학교 대학원, 2002, pp. 24-26.
178 민주사회를위한변호사모임, 「반민주악법개폐에관한의견서」(서울: 역사와비평사, 1989), pp. 18-19.
179 청원경찰은 부족한 경찰력을 보완하고 중요시설 등의 경비를 위하여 1962년 4월 「청원경찰법」을 제정함으로써 신설되었다.
180 대검찰청a, 전게자료집, p. 2.
181 김상균, "전투경찰제도의 운영실태와 개선방안에 관한 연구"「법학연구」, 19, 2005, pp. 71-72.
182 상게논문, pp. 71-72.

창설되어 경찰에서 향토예비군을 운영하게 되었다. 군이 경찰에 대한 감독권을 행사함으로써 자주 마찰이 야기됨에 따라 1971년 7월 예비군 운영권은 국방부로 이관되었다.

또한 경제성장에 의해 치안수요가 급증함에 따라 1973년 자연발생적으로 운영되던 방범대를 정비, 방범원제도로 정착시켜 준경찰력으로 활용하였다. 1976년에는 교통순시원제도와 1976년 「용역경비업법」을 제정·시행하였다.[183]

1974년 8월 15일 광복절 기념식장에서 문세광에 의한 육영수여사 저격사건을 계기로 경찰의 중요성을 재인식하고 같은 해 12월 「정부조직법」을 개정하여 치안국을 차관급인 '치안본부'로 승격시켰다. 이를 전후하여 경찰기구는 안보치안을 위해 많은 변화를 겪게 되었다. 그 주요 내용으로는 1973년의 공항 경비대 창설, 1974년 경호기동대인 22특별경비대 설치, 1975년 작전과 신설, 1976년 대공업무를 담당하는 정보2과 신설, 1977년 해경과 설치 등을 들 수 있다.[184]

제3·4공화국의 경찰조직의 기구변화로 가장 특징적으로 제시할 수 있는 것은 8·15 광복식장 육영수 여사 저격사건으로 인하여 그해 12월 내무부 치안국을 치안본부로 승격한 것을 들 수 있다. 타 정부기관보다 광대한 조직과 인력을 보유하고 있는 경찰이 그동안 내무부의 1개국으로 격하되어 있던 것에 비하면 그 지위가 부피에 맞게 어느 정도 격상된 것이다. 그 외에도 이 시기에는 경찰조직의 정비가 이루어져서 해외주재관제도를 신설하고 외사과를 설치하는 등 국제적인 경찰로 발돋움하는 계기가 마련되기도 하였다.

Police Science

🌐 문세광 저격사건과 치안본부의 설치

- 1974년 8월 15일 광복절 기념행사에서 육영수 여사 저격사건이 일어났다.
- 사건의 주범 문세광(24세)은 북한과 조총련의 지령을 받고 8월 15일 오전 9시경 광복절 기념식장인 서울 장충동 국립극장에 들어가 오전 10시 23분경 경축사를 낭독하던 박정희 대통령에게 권총 4발을 쏘아 그 중 1발이 대통령부인 육영수 여사에게 맞아 오후 7시 육여사를 숨지게 했다.
- 합창단원으로 참가했던 성동실업여고 장봉화양이 연단에 있던 대통령 경호원이 쏜 총에 맞

---

183 대검찰청a, 전게자료집, p. 3.
184 상게자료집, p. 2.

아 숨지는 참극이 발생하였다.

- 당시의 경호원칙이 국민에게 위화감을 주지 않는 경호, 즉 경호를 하지 않는 것처럼 경호하라는 것이기에 당시에는 몸수색도 정확히 실시하지 않았다. 이러한 경호실의 지시로 경찰이 사건 당일 할 수 있었던 일은 고작 출입문에서 들어오는 사람에 대한 검문검색이었다.

- 특히, 외국인에 대해서는 불쾌감을 주지 않도록 간단히 검색하라는 지시에 따라 검색조차도 제대로 할 수 없었다.

- 이와 같이 지시명령은 경찰역사의 한 단면을 잘 대변해 주고 있다. 이 사건으로 인하여 정부는 8월 26일 서울 중부경찰서장 등 경찰관 28명을 파면 또는 면직시켰다.

- 정부는 8.15 사건을 계기로 경찰 고유의 직능을 살리기 위해 경찰기구 자체에 대한 연구가 시작되었고 치안국장에는 박현식 육군 중장이 예편과 동시에 임명되었다.

- 그 해 12월에는 정부조직법을 개정하여 내무부 치안국을 치안본부로 격상시켰는데 동시에 치안국장도 치안본부장으로 명칭이 바뀌고 차관급 대우로 격상되었으며, 초대 치안본부장에는 치안국장이던 박현식씨가 보임되었다.

- 이는 정부 수립 이후 인원이나 기능, 임무에 비해 경찰총수인 치안국장의 직위가 타부처에 비해 낮은 비정상적인 운영을 시정하는 조치였으며, 당시 육군 중장이 전역하여 경찰의 총수가 된 일은 이후 경찰조직의 자숙의 계기가 되기도 하였다.

- 치안본부의 출범으로 직제도 대폭 개편되었다. 먼저 내무부장관의 참모기능을 담당하던 치안국장이 별정직 차관급 대우인 치안본부장으로 격상되었다. 그에 따라서 공안담당관, 방위담당관, 치안감사 담당관 등의 담당관제를 폐지하고 치안본부 내에 1.2.3부를 설치하여 각 부장을 치안감으로 보했다.

Police Science

🌐 경찰의 대통령 경호업무 변천[185]

- 1970년대에는 안보치안을 위주로 하는 조직개편이 많이 이루어졌다. 1973년에는 김포, 수영, 제주공항에 공항경비대를 창설하였다. 1974년 8.15사건을 계기로 경찰의 경호근무에 전문성을 기하기 위하여 1974년에는 22특별경비대를 서울시경의 직할대로 설치하였다.

---

[185] 상계자료집, p. 8.

- 22특별경비대는 1976년에 다시 22특별경호대로 명칭이 변경되었다. 주된 임무는 중요 행사장 경호와 지방 행사장 경호지원 업무였다.
- 또한 정부 수립 후 1949년 창덕궁경찰서가 폐지되면서 경무대경찰서, 청와대 경찰관 파견대 등의 명칭으로 청와대 내·외곽 경비를 담당하던 경찰기능이 1963년 12월 대통령경호실이 창설되자 경호실 산하에 편입되면서 서울시경 경비과에서 파견된 직원으로 경비대를 신설하였다.
- 이로써 8.15광복 후 제2공화국 시대까지 경찰의 전담 기능이던 대통령 관저경비 및 신변경호경비의 임무는 제3공화국이 수립되면서 창설된 대통령경호실이 담당하게 되었다. 경무대경찰서는 1960년 6월에 폐지될 때까지 대통령 관저경비, 수행경호 등을 담당하였다. 3급 이상 고급공무원 및 고급장교에 대한 동향내사 및 신원조사를 전담하는 등 막강한 권한을 행사하였다.
- 경무대경찰서가 폐지되고 민주당 정권의 제2공화국 수립과 함께 윤보선 당시 대통령이 취임하여 경무대를 청와대로 개칭하였다. 서울시경 경비과에서 대통령 경호 및 관저경비를 위해 청와대 경찰관파견대를 설치하였다.
- 5.16 군사쿠데타와 동시에 시작된 군정기간 동안에는 경호업무는 중앙정보부 소속의 경호대가, 청와대 경비는 청와대 경찰관 파견대가 각각 그 역할을 분담하게 되었다.
- 경호실 창설 이후에 경호실 경비과, 경호실 제7과, 서울시경 청와대경비대 등으로 변천되어 오다가 1974년 청와대 외곽경비 임무를 수도경비사령부(수경사)에 인계하였다. 1975년 서울시경 산하 101경비대로 개칭되어 2개 중대로 운용하게 되었다. 그 후 1976년 101경비단으로 개칭되어 5개과 3개 중대로 증편되었다.

4 ▌ 제5공화국 시기의 경찰

1 시대적 배경

1979년 10월 26일 박정희 대통령 시해사건이 발생했다. 이후 위기관리를 위한 과도적 정부의 성격을 띠고 있었던 최규하 정부는 정치발전을 활성화하고 정치참여의 확대를 추구하면서 개헌작업에 착수하였다. 국회와 정부간에 헌법 개정에 있어서의 주도권 쟁탈전, 시민과 재야단체의 성급한 개헌요구와 정치 참여요구의 폭발로 사회혼란과 통치권의 진공상태를 가져왔다.

이러한 사회적 혼란은 신군부 등장의 구실로 작용하였다. 신군부는 자신들의 권력욕구를 충족시키기 위해 5.17 전국 비상계엄 확대조치로 단행했다. 그 반작용으로 광주민주화운동이 일어나게 되었다. 광주민주화운동을 무력으로 진압한 신군부세력은 집권 시나리오를 진행시켜 나갔다.[186] 결과적으로 정치적 지지기반이 약한 최규하 대통령은 당초의 공약을 이루지 못한 채 1980년 8월 16일 하야하였다.

1980년 8월 27일, 헌정 중단사태를 막기 위해 전두환 국가보위비상대책위원회(국보위) 위원장이 제11대 대통령에 선출되었다. 비상계엄하에서 정부는 개헌작업에 박차를 가하여 7년 단임제와 대통령 간선제를 규정한 개헌안을 작성하여 10월 27일 국민투표를 거쳐 10월 27일 제5공화국 헌법으로 공포함과 동시에 국회와 정당을 해산시켰다.

제5공화국의 전두환 대통령은 측근을 중심으로 지배 블록을 형성하고 군을 지배도구로 활용하면서 민중 부분의 참여를 철저히 억압하였다. 그러나 박정희 대통령과는 달리 이런 억압을 사익추구의 수단으로 활용하였다. 민주적 리더십의 극심한 결여는 제5공화국을 군부 권위주의 체제로 평가하는데 기여하였다.[187]

'5.18 광주민주화 운동'을 무력으로 진압한 후 집권한 제5공화국 정부는 '사회안정'을 시급한 정책목표로 내세웠다. 광주민주화 운동을 피로 진압한 전두환 정권에 대한 국민들과 시민사회 영역의 체제도전이 더욱 심화되었다. 전두환 정부는 체제 도전에 대응하기 위해서 억압기구를 급격하게 확산했다. 특히 노동정책 분야에서는 박정희 정부와 마찬가지로 탄압 일변도의 정책을 지속하였다.

노동 분야를 학원 등 다른 체제 도전 세력과 마찬가지로 정치적 도전세력으로 간주하여 공안기구를 동원하여 가혹하게 탄압하였다.[188] 전두환 정부의 노동 및 학원 분야 탄압정책은 극심한 사회분열을 낳았고, 민주화의 열망을 공안기구를 이용해서 철저하게 초토화하면서 새로운 감시사회를 탄생시켰다.

Police Science

🌐 박종철 열사 고문치사 사건[189]

- 박종철 열사의 죽음은 엄밀히 따지면 전두환과 장세동, 김종호 내무부 장관의 작품이라고 볼 수 있다. 1986년 하반기에 전두환은 민주화 운동을 초토화하기 위해 계속 '돌격 앞으로'

---

186 김호진b, 「한국정치체제론」(서울: 박영사, 1996), pp. 297-316.
187 김호진a, 「대통령과 리더쉽」(서울: 청림출판사, 1992), p. 274.
188 (사)한국행정학회, 「한국행정 60년의 변화과정 고찰 및 미래비전 수립」, 2008, p. 95.
189 서중석, "서중석의 현대사 이야기 <231> 6월항쟁, 열세 번째 마당, 박종철 죽음은 우연? 전두환 초강경 작전의

를 외쳤다.

- 그러면 장세동은 구체적인 행동에 나섰고, 김종호는 돌격 대장 노릇을 했다. 전두환은 자신을 꼭 빼닮은 사람들을 핵심 요직에 앉혔다. 박종철 열사가 고문 사망하게 된 데에는 전두환의 분신으로 통하던 장세동과 비슷하게 전두환의 지시를 받들어 강경 일변도로 나갔던 김종호 장관, 그리고 포상이나 진급을 위해 이른바 '공적'을 세우는 데 급급했던 대공 수사관들이 상당한 역할을 했다.

- 신민당이 1986년 11월 29일 열려고 했던 대통령 직선제 개헌 쟁취 및 영구 집권 음모 분쇄 범국민대회가 경찰에 의해 봉쇄됐다. 그 다음 날(11월 30일)에 열린 당정 회의에서 치안 총수인 김종호 장관은 그 대회에 대해 '서울 심장부에서 궐기해 폭동화를 기도한 것이 명백하다.'며 이 기회에 김대중과 김영삼을 구속하는 문제를 검토해야 한다고 주장했다.

- 박종철 열사가 세상을 떠나기 하루 전인 1987년 1월 13일 김종호 내무부장관이 남영동 대공분실에 들러 격려하는 동시에 초강경지침을 다시 내렸다.

- 내무부장관이 남영동 대공분실에 직접 와서 이렇게 한 것은 이때가 처음이었다.

- 이에 대해 한 저술가는 내무부장관이 대공분실에 들러 그렇게 지시한 건 한두 명쯤 죽여도 괜찮다는 살인허가증을 발급한 것이 아니냐고 반문했다.

- 박종철 열사는 우연히 '탁 치니 억' 하고 죽은 게 결코 아니었다. 박종철 열사의 죽음은 전두환의 민주화운동 초강경초토화 작전에서 필연적으로 나타날 수밖에 없는 결과였다.

2 경찰의 역할과 임무

전두환 정권은 1980년 12월 31일 기존의 「반공법」을 폐지하고, 반공법을 흡수 통합하여 「국가보안법」을 강화하여 개정함으로서 이념적 억압성을 강화하였다. 1980년 11월 5일에는 「정치풍토쇄신을 위한 특별조치법」, 동년 12월 18일 「사회보호법」을 제정하였다. 1980년 12월 18일에는 「집회 및 시위에 관한 법률」을 개정하였다. 1980년 12월 31일에는 국보위입법회의에서 「노동조합법」을 개정하여 노동운동에 대한 규제를 강화하였다.

제5공화국의 등장과 함께 경찰 내의 정보 및 대공 업무를 담당하는 제4부가 신설되

필연"「프레시안」, 2017.01.29.

는 등 대공업무 담당부서가 급격히 확대되었다. 이 시기에 학림사건, 아람회 사건 등 대표적인 용공조작 사건들이 발생하였고, 민주화를 요구하는 학원 및 노동계의 많은 시국사건들이 이들 대공부서에서 다뤄졌다.[190]

민간경비는 용역경비업법이 제정된 1976년부터 본격적으로 자리 잡기 시작하였는데, 법 제정될 당시 불과 10개 밖에 되지 않았던 경비업체가 86아시안게임 등 각종 국제행사를 치루면서 급성장하게 되었다. 이러한 환경변화에 대응하기 위하여 민간자위 노력을 제고하기 위한 '용역경비에 관한 연구 및 지도' 업무가 새롭게 등장하였다.

'우순경사건'은 현직 경찰관이 무고한 시골주민들을 무차별 살해한 사건이다. 1982년 4월 26일 오후 9시 30분경 경남 의령군 궁유면 지서에 근무하던 우범곤이 부부싸움 후, 술을 마시고 파출지서의 예비군 무기고에서 수류탄 7발과 카빈소총 2정, 실탄 180여발을 들고 나와 주민들에게 무차별 난사한 사건으로 사망 56명, 부상 34명이라는 참극이 벌어졌다. 이 사건을 계기로 경찰관 적성검사를 실시하게 되었다.[191]

1983년 6월 4일에는 대테러 업무를 담당하는 경찰특공대를 경비과 소속으로(내무부 훈령 제753호 내무부사무분장규정 개정) 창설하였다. 이후 경찰특공대는 계속 증편되어 86 아시안게임, 88 올림픽, 2002 월드컵 등 우리나라의 각종 국제행사의 성공적 개최에 든든한 기반을 조성하였다.[192]

Police Science

🌐 경찰특공대의 탄생

- 1982년 제24회 올림픽 대회가 서울로 유치되자 대테러 전담부대인 '경찰특공대'를 창설하였다. 1984년 6월에는 치안본부와 서울 등 경기 개최 각 시도경찰국에 '올림픽 기획단'을 구성하고 10월에는 '올림픽 경비대'를 창설하였다.
- 1988년 5월에는 '올림픽 경비대'를 흡수한 '88 경비대'를 창설하여 서울은 물론 서울을 비롯한 각 지방의 경기장과 숙소, 문화행사와 국제회의 관련시설 등에 대한 경비활동을 하였다.

---

190 경찰청b, 전게서, pp. 96-97.
191 김창윤x, "해방 이후 범죄대응을 위한 경찰조직 변천에 관한 연구"「한국범죄심리연구」, 12(40, 2016, 85.
192 경찰청a, 「한국경찰사(Ⅳ)」, 1994, p. 759.

🌐🔍 **故 안병하 전남경찰국장 이야기 ··· 5.18 민주화 운동 당시 숨은 영웅[193]**

- 故 안병하 경무관은 1928년 강원도 양양에서 출생으로 1949년 육군사관학교 8기로 임관해 제6사단 포병대에서 근무하던 중 한국전쟁이 발발하면서 북한군과 싸웠다. 당시 육군 중위였던 안병하 경무관은 병력과 무기 면에서 열세인 상황에서도 지도와 나침반을 소지하고 위험한 정찰 임무를 수행해 적의 정확한 위치를 무선으로 알려 전투를 승리로 이끌면서, 강원도 춘천 일대에서 북한군에 대승을 거둔 '춘천대첩'에서 큰 공을 세워 1951년 화랑무공훈장을 받았다.

- 1961년 안 경무관은 군복을 벗고 경찰에 들어가 부산 중부경찰서장, 서울 서대문경찰서장을 역임하기도 하였고, 1968년에는 남파 간첩선을 타고 침투한 북한 무장공비를 소탕한 공로로 중앙정보부장 표창과 녹조근정훈장을 받았다.

- 광주 5.18 민주화운동과 특별한 인연으로 다가온 시기는 안 경무관이 1979년 전남경찰국장에 부임하면서부터이다. 안 경무관이 부임한 지 1년 뒤인 1980년 5·18 광주민주화운동이 벌어지자 시민들에게 총을 쏠 수 없다는 이유로 군 병력 투입을 요청하라거나 발포명령을 내리라는 신군부의 강요를 거부했다.

- 특히 안 경무관은 "상대는 우리가 생명과 재산을 보호해야 할 시민인데 경찰이 어떻게 총을 들 수 있느냐."며 경찰이 소지한 무기를 회수한 것으로 알려졌다. 경찰봉만 소지했던 당시 경찰은 그 후 계엄군에 의해 부상 당한 시민들의 치료는 물론 식당에 데려가 밥을 사주고, 옷도 갈아입히는 등 시민들에게 편의 제공을 하기도 했다고 한다.

- 그러나 안 경무관의 이 같은 행동은 신군부의 눈밖에 벗어나고 말았고 신군부는 강경진압에 대한 명령 거부로 5월 26일 그를 직위해제시킨 후 보안사 동빙고 분실로 끌려가 10여 일의 온갖 혹독한 고문을 자행하였다. 그 고문 후유증으로 결국 1988년 10월 10일 광주의 한을 품은 채 생을 마감하였다.

- 안병하 경무관이 세상을 떠나기 전 작성한 육필원고에서 밝힌 바에 따르면 그는 발포 명령을 지시받던 순간 4·19 때처럼 더 이상 경찰이 국민을 향해 총탄을 발사함으로써 역사의 죄인이 되어서는 안된다고 생각을 하였다고 한다.

- 육사출신으로 신군부에 적극 협조한다면 출세가 보장되고, 반항하면 자신과 자신의 가족들이 엄청난 고통에 시달릴 것이라는 것을 알았음에도 그는 결국 옳은 길을 선택한 것이다.

---

193 주홍철, "故 안병하 전남경찰국장 이야기 ··· 5.18 민주화 운동 당시 숨은 영웅" 「금강일보」, 2017.01.22.

- 안 경무관이 숨진 뒤 17년이 지난 2005년에야 국립현충원에 안장되고, 2006년에는 순직경찰로써 국가유공자로 등록됐다. 경찰은 경찰교육원에 '안병하 홀'을 두고 그를 기리고 있다.

🌐🔍 화성연쇄살인사건

- 1986년부터 경기도 화성 일대에서 벌어지기 시작한 연쇄 살인사건은 주변 도시는 물론 전국을 충격과 공포에 빠뜨린다. 일명 '화성 연쇄살인사건'이다.

- 화성연쇄살인사건은 1986년 9월부터 1991년 4월까지 4년 7개월에 걸쳐 13세 소녀에서부터 70대 노파에 이르기까지 연령을 불문하고 성폭행 후 엽기적 살해라는 희대의 '연쇄성 범죄 살인사건'이다.

- "국도와 지서에서 불과 2km 안팎밖에 안떨어진 농촌 마을에서 강간살인사건과 강간미수사건이 잇따라 발생, 주민들이 불안해하는 등 초비상에 걸려 있다. 화성군 태안읍 황계리와 진안리, 정남면 관항리, 보통리 등 화성 관내 4개 농촌마을에 석달새 3건의 강간살인사건과 2건의 강간미수사건이 연쇄적으로 발생했는가 하면, 태안읍 안녕리 거주 20대 여인이 귀가중 실종된 지 한달이 넘도록 행방이 묘연해 이 일대 주민들을 불안에 몰아넣고 있다…."[194]

- 화성 연쇄살인사건은 경찰의 총력수사에도 불구하고 사건이 미궁으로 빠져든데다가, 잊을 만 하면 다시 살인사건이 벌어져 공포를 가중시켰다. 1986년 9월 19일 안녕리의 71세 노인 살해에서 시작된 사건은 1986년 2차례, 1987년 3차례, 1988년 2차례, 1990년과 1991년에 각각 1차례씩 총 10회에 걸쳐 여성 10명이 차례로 강간·살해되기에 이른다.[195]

- 사건 해결을 위해 연인원 200만 명에 가까운 경찰이 동원되고 3천여 명의 용의자가 조사를 받고도 대부분이 여전히 해결되지 못한 이 사건은, 화성 일대 주민들에게 엄청난 물적·정신적 피해를 남겼다. 이 사건은 '살인의 추억'(2003년 4월 개봉)이라는 제목의 영화로 제작돼 흥행에 성공하기도 했다.

- 이 사건은 수사에 동원된 경찰만 연인원 205만 명, 용의자의 수가 21,280명, 지문대조 40,116명, 유전자 대조 570명 등으로 단일 사건으로는 건국 이래 최대 사건이라 할 수 있다.

---

194 박성현, "시대의 창에 비친 격동 반세기·13, 세상을 뒤흔든 사건들<제3부 '喜怒哀樂' 사회격동 50년·2> 물질만능사회 '곪은 인간성' 대형범죄 그늘만들다" 「경인일보」, 1987.01.15.

195 뉴미디어부기자, "고재봉 도끼살인 사건" 「영남일보」, 2018.10.19.

- 화성연쇄살인사건은 한국의 범죄사에서 커다란 의미를 지닌다. 수사기록만 캐비닛 5개 분량이며, 여기에 동원된 인적·물적 자원은 상상을 초월한 것이었다.
- 화성연쇄살인사건의 경우 2019년 12월 17일 경찰이 범인으로 이춘재를 신상공개하였다. DNA 대조로 이춘재는 범행을 자백하였다. 범인 이춘재는 청주 처제 살인사건으로 현재 무기수로 복역중이다.
- 이 사건을 계기로 모발중성자분석법이나 유전자분석법 등의 과학적인 증거에 기초한 수사기법이 도입되었다.

제8절 경찰법 제정 이후의 경찰

1 ‖ 시대적 배경

1987년 6·29 선언 이후 제9차 「헌법」 개정을 통해 집권한 노태우 후보는 비록 직선 제로 대통령이 되었으나 36.6%의 역대 최저 득표율로 당선되었다. 전두환 정권에 이은 군사정권의 연장이라는 태생적 한계를 가지고 1988년 2월 25일 출범하였다.

노태우 본인이 전두환과 5공을 수립한 핵심 측근이었다는 전력이 일종의 원죄로 작용하여, 집권 내내 지지도가 부족했다. 노태우 정부는 대통령 주도의 힘 있는 정책 드라이브를 펼 수 없었다. 대통령의 권한도 이전보다는 많이 약해졌다.

1988년 4월 26일 총선 결과, 국회의석에서 여소야대(여당 125, 야당 175) 현상이 발생하였다. 야당들이 정국 주도권을 잡아 5공 비리와 5·18 광주문제 등을 추궁하는 청문회가 열렸다. 위기에 몰린 노태우 정부는 김영삼과 김종필 등과 연합한 3당 합당을 통해서 '민주자유당'을 창당하였다.

1990년 10월 4일, 국군보안사령부(보안사)에 복무 중 탈영한 윤석양 이병(24세, 외대 러시아과 4년 제적)이 서울기독교회관 인권위원회 사무실에서 '보안사'가 정치인, 종교인, 언론인, 교수, 재야인사 등 민간인 1,300명을 대상으로 정치사찰과 동향 파악을 하고 있다는 '보안사 사찰'을 폭로했다.

그가 빼내온 플로피 디스켓과 '청명계획'이라는 이름 아래 만들어진 사찰 대상자 명부철은 세상을 발칵 뒤집어 놓았다. '청명계획'은 친위 쿠데타로 비상계엄이 발동될 경우를 대비해 요주의 인물 명단을 추려 놓은 것으로 여차하면 즉각 체포로 이어질 수 있도록 만든 것이었다.

리스트에 올라있던 인물은 김영삼, 김대중, 노무현, 한승헌 그리고 김수환 추기경 등 종교계와 학계를 총망라하고 있었다. 당시 민자당 대표 최고위원이었던 김영삼은 집권당 대표였음에도 불구하고 사찰 대상에 오르자 "명색이 집권당 대표인 나마저도…"라며 노태우 대통령에게 분노를 표출하였다.[196]

노태우 대통령은 국민의 분노를 피해가기 위해 1990년 10월 13일 소위 '10·13 특별선언'인 '범죄와의 전쟁'을 선포했다. 노태우 정부의 범죄와의 전쟁은 실제 민생치안을 강화하려는 치밀한 계획을 기반으로 두고 나온 정책이라기보다는 집권 4년 차를 앞두고 어지러운 정국과 사회분위기를 진정시키고 주도권을 잡으려는 국면전환용 정책이었다.

Police Science

🔍 범죄와의 전쟁

- 1989년 '문익환 목사 방북'과 그해 5월의 '부산 동의대 사건' 그리고 7월의 '임수경 방북 사건' 등이 연이어 발생하였다. 윤석양 이병의 폭로 이전부터 국민의 민주화에 대한 열망과 군부정권에 대한 저항은 극렬해지고 있었다.
- 전두환은 대통령이 될 것이 확실해지자 그 후임으로 노태우를 임명했다. 제6공화국의 대통령이 된 노태우는 보안사와 안기부의 정치사찰이나 인권유린을 뿌리 뽑겠다고 약속했다. 그러나 윤이병의 양심선언은 그 모든 것이 거짓이었음을 입증했다. 보안사는 집권당 총재와 야당총재, 국회의원, 종교인, 재야운동가, 노동·농민·학생운동의 핵심 인물들을 미행하고 감시하였다.
- 더욱 충격적이었던 것은 보안사를 지휘·감독할 책임자인 국방부장관을 제쳐놓고 보안사령관이 대통령과 독대해서 주기적으로 보고를 했다는 사실이다. 국가의 통치체계를 흔드는 엄청난 사건이었다.
- 1989년 3월 22일 청와대에서 노태우 대통령 주재로 열린 공안 계통 장관회의에서 "자유민주주의 체제를 부정하고 공산혁명을 획책하는 등의 이적행위에 대해서 강력히 법으로 다스

196 김은주, "오늘의 역사, 10월 4일: 윤석양 이등병의 폭탄 … 국군보안사 사찰 폭로"「중도일보」, 2016.10.03.

리겠다."는 발표가 있은 후 전국 각지, 파출소에 M16을 지급하고 외근 형사도 총기를 휴대하며 정당, 교회, 학원을 막론하고 성역 없이 공권력을 투입한다는 발표가 있었다.

- 이러한 상황에서 10월 4일 윤이병의 폭로는 국민의 분노에 불을 지폈다. 이에 대한 노태우 정부의 대답은 결국 '10·13특별담화'인 '범죄와의 전쟁'으로 나타났다. 범죄와의 전쟁을 선포하기 전에 국무회의에서 논의가 있었다는 이야기나 그 흔한 '관계기관 대책회의'가 있었다는 보도도 없었다. 경찰과 사전에 논의가 있었다는 보도도 없었다.[197] 1990년 10월 13일 '범죄와의 전쟁'을 통하여 군사적 억압성은 재등장하였다. 「경찰관직무집행법」은 개정 이전으로 회귀하였으며, 「국가보안법」은 존치되었다.[198]

- 노태우 대통령이 10·13 대국민 담화문 발표, '범죄와의 전쟁'을 선포하면서 살인·강도·절도·폭력범죄·지능범죄·마약류 사범에 대한 조직이 확대되었다. 이에 따라, 1990년 10월 15일 제3조정관 산하에 '민생치안 대책반'이 신설되었다.

- 범죄와의 전쟁을 선포한 10·13 선언의 주요 내용은 첫째, 국가의 공동체를 파괴하는 범죄와 폭력에 대한 전쟁을 선포하고, 헌법이 부여한 대통령의 모든 권한을 동원해서 이를 소탕해 나갈 것,

- 둘째, 민주사회의 기틀을 위협하는 불법과 무질서를 추방할 것,

- 셋째, 과소비와 투기, 퇴폐와 향락을 바로 잡아 '일하는 사회,' '건전한 사회'를 만들어 나갈 것 등이었다.

Police Science

🔍 제6공화국의 경찰중립화 방안[199]

- 1987년 6.29선언 이후 국민의 경찰민주화에 대한 열망은 경찰의 중립화에 대한 요청으로 연결되었다. 정부 및 여·야 모두 경찰의 중립을 위한 방안을 제시하였다.

- 1988년 10월 24일 민주당이 경찰 중립화를 위한 경찰법안을 최초로 발의한 후, 동년 11월 25일 평민당이, 89년 5월 10일에는 공화당이 각각 독자법안을 발의하였고, 동년 11월 30일에는 야3당 단일방안을 내놓게 되었다.

- 1988년 5월 13일에 발족된 행정개혁위원회의 '정부조직 개편과 행정제도의 건의·입안'에

---

197 오유석, "범죄와의 전쟁이후 공권력의 본질" 「수원대문화」, 8, 1992, p. 40.
198 이선엽, 전게서, 2005, p. 119.
199 경찰청a, 전게서, pp. 98−99.

경찰의 중립성 보장을 위한 논의를 포함시켜 1989년 8월 22일 '경찰의 중립성 보장방안'을 확정하고 이를 토대로 동년 10월 20일 「경찰법안 초안」이 작성되었다.

- 여·야의 경찰법안은 첨예하게 대립하다가 1991년 2월 6일 내무위원회의 의결을 거쳐 동년 5월 10일 제154회 임시국회에서 정부·여당안이 통과되었고, 1991년 5월 31일 법률 제4369호로 「경찰법」이 공포되었고, 동년 7월 31일부터 시행되었다.

2 ‖ 경찰법의 제정

1987년의 민주화운동의 영향으로 경찰의 정치적 중립이 활발히 논의되기 시작하였다. 1990년 12월 13일 독임제 국가경찰체제를 유지하되 다만 신중한 경찰행정수행을 위해 내무부소속의 심의·의결기구로 경찰위원회를 두도록 하고, 일반행정과의 조정을 위한 치안행정협의회 설치를 내용으로 하는 독임제와 위원회제도를 절충한 정부의 경찰법(안)이 국회에 제출되었다.

정부의 경찰법안은 야당과 정부·여당 간의 첨예한 대립 끝에 1991년 5월 10일 제154회 임시국회에서 여당단독으로 통과되었고, 1991년 5월 31일 법률 제4369호로 공포하여 7월 31일 경찰조직법인 「경찰법」이 최초로 제정되었다.

독임제 국가경찰체제는 유지하되, 내무부 소속의 심의·의결기관으로 '경찰위원회'를 설치하며, 일반지방행정과의 조정을 위한 '치안행정협의회'의 설치하는 것 등을 주요 내용으로 하고 있다. 따라서 동년 8월 1일 치안본부가 '경찰청'으로, 지방경찰국이 '지방경찰청'으로, 그리고 해양경찰대가 '해양경찰청'[200]으로 명칭이 변경되었다.[201]

경찰청이 외청으로의 독자적인 기능을 부여받게 됨으로써 경찰청장은 일선 경찰서장인 총경의 전보권과 경정 이하의 임용권을 행사하고 또한 치안정책의 입안 및 시행이나 인력·예산·장비 등 경찰력 운영을 독자적으로 할 수 있게 되었다.[202]

경찰청장은 차관급으로 치안본부장과 직급은 같지만 독립된 경찰조직의 수장이라는

---

[200] 1996년 8월 8일 정부조직법을 개정하여 해양수산부를 신설하고, 그 소속 하에 해양경찰청을 신설함에 따라 그 동안 경찰청에 소속되어 있던 해양경찰청이 해양수산부의 소속기관이 되었다.
[201] 이강종, 전게논문, pp. 30−31.
[202] 허남오c, 「한국경찰제도사」(서울: 지구문화사, 2011), p. 268.

점에서 위상은 더 높아졌다. 이로써 경찰은 종래 내무부의 보조기관이던 치안본부가 내무부의 외청으로 승격되었으며, 지방경찰도 시도지사의 보조기관에서 독립된 관청으로 승격되었다.[203]

내무부에 경찰행정에 관한 민주적 정당성과 정치적 중립을 위하여 '경찰위원회'를 도입하였다. 지방의 경우, 지역특성에 맞는 치안행정이 이루어질 수 있도록 지방행정과 치안행정의 업무협조와 기타 필요한 사항을 협의·조정하기 위하여 시·도지사 소속하에 '치안행정협의회'를 설치하였다.

지방자치의 원리에 의하면 '교육자치'와 '경찰자치'가 핵심적인 원리라고 볼 수 있다. 따라서 '각 지방경찰청'의 소속은 지방자치의 원리에 입각하여 시·도지사 소속으로 하였다. 하지만 남북분단의 현실, 지방재정의 불충분 등의 이유로 지휘는 경찰청에서 담당하는 '일원적인 국가경찰체제'를 그대로 유지하였다.

1991년 최초로 제정된 경찰법은 경찰을 선거부처인 내무부로부터 완전히 독립되지 못하여 정치적 중립을 확보하지 못한 아쉬움은 있으나 경찰청장과 지방경찰청장을 독립 관청화하고 경찰에 대한 국민의 통제와 참여를 보장한 경찰위원회제도를 도입한 데 역사적 의의가 있다.[204]

Police Science

🔍 1991년 경찰법 제정의 의의[205]

- 경찰의 기본조직을 중앙은 내무부장관의 보조기관으로 되어 있던 기존의 치안본부를 내무부장관 소속하의 독립된 외청인 '경찰청'으로 개편하였다.
- 지방은 시·도지사의 보조기관이었던 기존의 경찰국을 시·도지사 소속인 '지방경찰청'으로 개편하였다.
- 내무부장관의 소관업무를 분장하기 위하여 내무부장관 소속하에 있던 '경찰서'를 지방경찰청장 소속으로 각각 개편하여 경찰조직 내부의 지휘체계를 일원화함으로써 경찰행정의 책임성과 독자성을 보장하였다.
- 내무부장관은 소속 외청을 두고 있는 장관들의 일반적인 예에 따라 그 정치적 책임에 상응하는 지휘권만을 경찰에 대하여 행사하게 되었다.

---

203 경찰대학l, 「한국경찰사」, 2011, p. 297.
204 이황우g, "경찰정신사와 경찰상 정립" 「경찰창설 50주년과 경찰의 좌표」, 1995, p. 35.
205 경찰청d, 「한국경찰사(1993.3 – 2005.12)(Ⅴ), 2006, pp. 180 – 181.

- 경찰청장은 일선 경찰서장인 총경의 정보권과 경정이하 경찰관에 대한 임명권을 행사하며, 치안시책의 입안 및 시행, 인력·예산·장비 등 경찰력을 독자적으로 수행할 수 있도록 하였다.
- 내무부장관 직속하에 치안정책보좌관(경무관)을 설치하여 경찰행정의 정책조정, 지원관리 및 지방행정과의 협조체제를 유지토록 하였다.
- 내무부에 각계의 덕망있는 인사로 구성되는 '경찰위원회'를 두어 경찰행정에 관한 주요제도 및 인권보호에 관한 사항을 심의·의결하게 함으로써 경찰운영의 민주성과 공정성을 확보하고자 하였다.

3 ∥ 행정안전부장관 소속하의 경찰국 신설[206]

2022년 「행정안전부 직제」 개정안이 8월 2일자로 공포·시행됨으로써 행정안전부장관 소속하에 '경찰국'이 신설되면서 정식 출범하였다. 경찰국(경찰국장: 치안감)은 총괄지원과, 인사지원과, 자치경찰지원과로 구성되었다.[207]

경찰국 신설은 역대 정부에서 비공식적으로 운영하던 경찰 통제 방식에서 벗어나, 헌법과 법률에 따른 법치시스템을 갖춤으로써 경찰 관련 국정 운영을 정상화한다는 의미가 있다. 경찰국은 「경찰법」, 「경찰공무원법」 등 개별 법률이 구체적으로 명시한 총경 이상 경찰공무원 임용 제청 권한 등 행정안전부장관의 책임과 권한의 수행을 지원한다.

행정안전부장관은 치안업무를 직접 수행하지는 않더라도 경찰청의 업무가 제대로 수행되고 있는지 확인하고 지휘·감독할 책임과 권한을 가지고 있다. 경찰청은 행정안전부장관 소속하에 두게 되어 있고, 행정안전부장관은 경찰청장과 경찰위원회 위원 그리고 총경 이상에 대한 임명제청권을 가지므로 상급관청으로서의 인사제청권 행사를 통해서 경찰을 통제하고 있다.

또한 행정안전부장관 소속의 '경찰제도개선 자문위원회'는 경찰업무조직의 민주적 관리·운영 강화와 임무수행역량 강화 방안의 권고업무를 담당하고 있다.

---

206 행정안전부, "보도자료", 2022.8.1.
207 상계보도자료.

행정안전부는 경찰국 신설과 더불어 「행정안전부장관의 소속청장 지휘에 관한 규칙」도 8월 2일자로 제정·시행하였다. 이는 경찰과 소방정책 수립시 소속청과의 원활한 협업관계를 구축하기 위한 목적이다. 제정된 지휘규칙에 따르면, 행정안전부장관은 경찰청과 소방청에서 법령 제·개정이 필요한 기본계획 수립 시 사전 승인을 하고, 국무회의에 상정되는 안건에 대해서는 사전에 보고를 받는다. 행정안전부장관은 임명제청권과 경찰청의 중요 정책사항 등에 대한 승인권 및 보고권을 통해서 경찰을 지휘·감독하고 있다.

Police Science

🌐 경찰국 소관 업무(행안부 직제 제13조의 2)(시행 2022. 8. 2.)[208]

- 정부조직법 제7조(행정기관의 장의 직무권한) 제4항에 따른 행정안전부장관의 경찰청장에 대한 지휘·감독에 관한 사항
- 경찰법 제8조(국가경찰위원회 위원의 임명 및 결격사유 등) 제1항에 따른 국가경찰위원회 위원의 임명 제청 및 같은 법 제14조(경찰청장) 제2항 전단에 따른 경찰청장의 임명 제청에 관한 사항
- 경찰법 제10조(국가경찰위원회의 심의·의결 사항 등) 제1항 제9호에 따른 국가경찰위원회 안건 부의(附議) 및 같은 조 제2항에 따른 국가경찰위원회의 심의·의결 사항에 대한 재의 요구
- 경찰공무원법 제7조(임용권자) 제1항에 따른 총경 이상 경찰공무원의 임용 제청, 제30조(정년) 제4항 후단에 따른 계급정년 연장 승인을 위한 경유 및 같은 법 제33조(징계에 대한 절차)에 따른 징계를 위한 경유에 관한 사항
- 경찰법 제25조(시·도자치경찰위원회의 심의·의결사항 등) 제4항에 따른 시·도자치경찰위원회의 의결에 대한 재의 요구 및 같은 법 제28조(시·도경찰청장) 제2항에 따른 시·도경찰청장의 임용 제청에 관한 사항
- 그 밖에 다른 법령에 따른 경찰행정 및 자치경찰사무 지원에 관한 사항

경찰청의 중요 정책사항 등에 대한 승인 및 보고
- (승인) 법령 제·개정이 필요한 기본계획 수립, 국제기구 가입 및 국제협약 체결
- (사전보고) 국무회의 상정 안건, 청장 국제회의 참석 및 해외출장
- (보고) 대통령·총리·장관 지시 이행실적, 국회·감사원 제출자료, 감사원 중요 감사결과 등

---

208 상게보도자료.

제13조의2(경찰국) ① 국장은 치안감으로 보한다.

② 국장은 다음 사항을 분장한다.

1. 「정부조직법」 제7조 제4항에 따른 행정안전부장관의 경찰청장에 대한 지휘·감독에 관한 사항

2. 「국가경찰과 자치경찰의 조직 및 운영에 관한 법률」 제8조 제1항에 따른 국가경찰위원회 위원의 임명 제청 및 같은 법 제14조 제2항 전단에 따른 경찰청장의 임명 제청에 관한 사항

3. 「국가경찰과 자치경찰의 조직 및 운영에 관한 법률」 제10조 제1항 제9호에 따른 국가경찰위원회 안건 부의(附議) 및 같은 조 제2항에 따른 국가경찰위원회의 심의·의결 사항에 대한 재의 요구

4. 「경찰공무원법」 제7조 제1항에 따른 총경 이상 경찰공무원의 임용 제청, 같은 법 제30조 제4항 후단에 따른 계급정년 연장 승인을 위한 경유 및 같은 법 제33조 단서에 따른 징계를 위한 경유에 관한 사항

5. 「국가경찰과 자치경찰의 조직 및 운영에 관한 법률」 제25조 제4항에 따른 시·도자치경찰위원회의 의결에 대한 재의 요구 및 같은 법 제28조 제2항에 따른 시·도경찰청장의 임용 제청에 관한 사항

6. 그 밖에 다른 법령에 따른 경찰행정 및 자치경찰사무 지원에 관한 사항

4 ∥ 국가경찰

1 국가경찰위원회

1991년 경찰법 제정으로 도입된 경찰위원회제도는 경찰의 정치적 중립과 민주적 정당성을 확보하기 위한 제도이다. 2022년 기준 우리나라의 경찰제도는 경찰정책을 심의·의결하는 기관인 '경찰위원회'와 집행기관인 '경찰청'으로 이루어져 있다.

경찰위원회는 1991년 경찰의 정치적 중립성 보장과 민주성·공정성 확보를 위해 행정안전부에 설치되었으며, 위원회 사무는 경찰청에서 수행하고 있다. 경찰위원은 위원장

1인을 포함한 7인(위원장 및 5인의 위원은 비상임非常任, 1인은 정무직 차관급 상임常任위원)으로 구성되어 있고, 임기는 3년이다.

위원은 행정안전부장관의 제청으로 국무총리를 거쳐 대통령이 임명하고 있다. 위원회는 경찰청장에 대한 임명제청 前 동의권과 주요 경찰정책 및 계획에 대한 심의·의결권을 행사함으로써 경찰행정에 국민의 의사를 반영하고 업무수행의 정치적 중립성과 민주성·공정성을 확보하는 기능을 담당하고 있다.

2 경찰청

치안에 관한 사무를 관장하게 하기 위하여 행정안전부장관 소속하에 경찰청을 둔다. 경찰청장을 두되, 경찰청장은 치안총감으로 보하며, 경찰청장은 국가경찰위원회의 동의를 받아 행정안전부장관의 제청으로 국무총리를 거쳐 대통령이 임명한다.

2022년 기준 경찰청은 경찰청장을 중심으로 1차장, 1본부장, 9국, 10관, 31과, 23담당관으로 구성되어 있다. 구체적으로 생활안전국·교통국이 민생치안을, 수사기획조정관·과학수사관리관·수사국·형사국·사이버수사국·안보수사국이 소속된 국가수사본부가 수사를 담당한다. 경비국·공공안녕정보국·외사국이 사회질서 유지를, 대변인·감사관·기획조정관·경무인사기획관·정보화장비정책관이 행정지원을 각각 담당한다.

부속기관으로는 경찰대학·경찰인재개발원·중앙경찰학교·경찰수사연수원 등 4개의 교육기관과 책임운영기관인 경찰병원이 있다. 또한 치안사무를 지역적으로 분담 수행하기 위하여 전국 특별시·광역시·도에 18개 시·도경찰청을 두고 있다.[209] 시·도경찰청장 소속하에 경찰서 258개, 지구대 585개, 파출소 1,437개를 운영하고 있다.

Police Science

🌐🔍 2022년 기준 경찰청 등 편제

- 경찰청은 1차장, 8국, 9관, 32과, 18담당관
- 부속기관은 경찰대학, 경찰인재개발원, 중앙경찰학교, 경찰수사연수원, 경찰병원
- 시·도경찰청 18개, 경찰서 258개, 지구대 585개, 파출소 1,437개

---

[209] 경찰청i, "2021 회계연도 경찰청 예산 개요", 2020, p. 12.

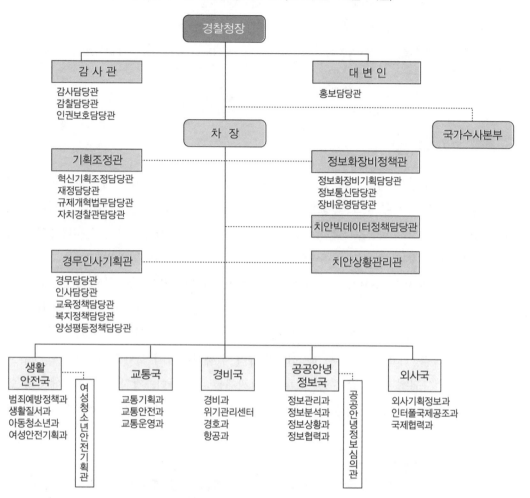

〈그림 1-1〉 경찰청 조직도(2022년 12월 기준)

Police Science

🔍 2022년 기준 경찰청 등 편제

- 2022년 12월 기준 경찰청은 1차장·1본부·9국·10관·32과·22담당관 체제
- 부속기관은 경찰대학, 경찰인재개발원, 중앙경찰학교, 경찰수사연수원, 경찰병원
- 시·도경찰청 18개, 경찰서 258개, 지구대 585개, 파출소 1,437개
- 2021년도 경찰예산 총규모는 11조 9,651억 원
- 2020년 8월 31일 기준으로 경찰총원은 142,108명
- 경찰총원 142,108명 중 경찰관 124,873명(87.9%), 의경 12,783명(9.05%), 일반직 4,430명과 교육공무원 22명(총 4,452명(3.1%))으로 구성

- 치안총감 1명, 치안정감 6명, 치안감 27명, 경무관 65명, 총경 549명, 경정 2,766명, 경감 9,531명, 경위 15,580명, 경사 25,657명, 경장 31,950명, 순경 38,741명
- 치안총감부터 경감까지는 12,945명(10.4%)이며, 경위부터 순경까지는 111,928명(89.6%)

3 국가수사본부

국가수사본부장 산하로 경찰청의 수사부서가 통합되고, 경찰 수사에 관해 시·도경찰청장·경찰서장과 수사부서 소속 공무원을 지휘·감독하는 전문적인 수사지휘체계를 갖추었다. 경찰청에 국가수사본부(본부장: 치안정감)를 설치하고, 산하에 2관(수사기획조정관, 과학수사관리관), 4국(수사국·형사국·사이버수사국·안보수사국·1담당관(수사인권담당관))을 둔다. '수사기획조정관(치안감)'은 수사경찰에 대한 행정지원 및 심사·정책을 총괄하고, 4개 국(수사국, 형사국, 사이버수사국, 안보수사국)은 범죄유형별 중요사건에 대한 수사 지휘를 담당한다.

특히, 기존 보안국을 '안보수사국'으로 개편하여 기존 보안업무와 함께 대공수사업무, 산업기술유출·테러·방첩수사 등 신안보사범 수사업무까지 확대하고, 향후 국정원으로부터 대공수사권을 이관 받을 수 있는 준비체제를 총괄한다. 경찰 수사과정에서의 인권침해를 방지하기 위해 국가수사본부장 직속 보좌기관으로 '수사인권담당관'도 설치하고 있다.

Police Science

🌐 국가수사본부장

- 국가수사본부장은 3만여 명이 넘는 전국 수사경찰과 함께 경찰 수사에 관해 18개 시·도경찰청장 및 경찰서장과 수사부서 소속 공무원을 총괄 지휘·감독하는 등 책임성과 전문성이 중요한 자격 요건이다.
- 경찰청장의 개별 사건에 대한 구체적인 수사지휘권은 원칙적으로 폐지하였다.
- 국가수사본부장 산하로 경찰청의 수사부서가 통합되고, 경찰 수사에 관해 시·도경찰청장·경찰서장과 수사부서 소속 공무원을 지휘·감독하는 전문적인 수사지휘체계를 갖추고 있다.

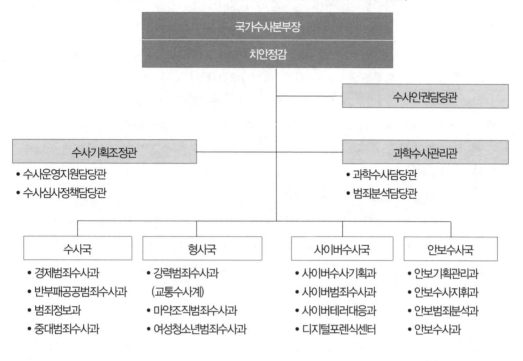

〈그림 1-2〉 국가수사본부 조직도(2022년 12월 기준)

Police Science

🌐 국립과학수사연구원[210]

- 국립과학수사연구원은 1909년 대한제국 법무국 행형과에 지문계가 설치되면서 시작되었다.
- 따라서 우리나라 과학수사의 기원은 1909년으로 보고 있다. 당시 법무국 행형과^{行刑課}에 지문계^{指紋係}를 설치하고 범죄현장에서 채취한 지문을 이용하여 범인을 색출하였다.
- 일제강점기에는 지문계와 검안과 부검을 하는 법의^{法醫}, 혈흔이나 범죄 흔적 등을 과학적으로 조사하는 이화학실 및 범죄현장을 사진으로 남기는 형사사진실을 신설했다.[211]
- 광복 이후, 1946년에는 경무부 수사국 감식과^{鑑識課}에서 지문사무를 관장하고, 이전의 법의, 이화학실과 형사사진실을 통합하여 별도로 법의학실험소를 설치하였다.
- 1948년 11월 4일 정부 수립과 동시에 경무부 수사국 감식과와 법의학실험소를 통합하여 내무부 치안국 내에 감식과를 설치하고 법의학계, 이화학계 및 지문계의 3계를 두어 일체의 지문사무와 법의 및 이화학적 감식업무를 관장하게 되었다.

---

210 경찰청a, 전게서, p. 69.
211 행정안전부 국가기록원, "한국의 CSI"(n.d)(from https://theme.archives.go.kr/)(Retrieved October 18, 2022).

- 경찰청은 1948년 내무부 치안국에 '감식과'가 신설된 11월 4일을 '과학수사의 날'로 지정하여 매년 기념행사를 개최하고 있다.
- 1955년 3월 25일 「국립과학수사연구소 직제」가 대통령령으로 제정되면서 법의학계와 이화학계를 중심으로 내무부장관 소속 하의 '국립과학수사연구소'가 설립되었다.
- 2006년 국립과학수사연구소는 책임운영기관으로 전환되었다.
- 2010년 9월 국립과학수사연구소는 '국립과학수사연구원'으로 승격되어 개칭되었다.
- 「행정안전부와 그 소속기관 직제」 제9장 국립과학수사연구원 제53조(직무)에 의하면 국립과학수사연구원은 범죄수사에 관한 법의학·법화학·이공학분야 등에 대한 과학적 조사·연구·분석·감정 및 교육훈련에 관한 사항을 관장한다.
- 경찰은 2005년부터 법의학 분야, 법 과학 분야, 경찰 과학 수사 분야 등 3개 분야에서 과학수사 발전에 공적이 큰 개인 또는 단체에 대한 '과학수사 대상'을 수여하고 있다.[212]
- 법의학·법과학 분야(민간, 대통령표창), 경찰과학수사 분야(1계급 특진) 시상

Police Science

검찰의 과학수사[213]

- 1968년 대검찰청 중앙수사국 산하 '과학수사 연구단' 발족
- 1978년 3월 대검찰청 특별수사부에 거짓말탐지기 2대를 도입
- 1984년 7월 중앙수사부에 과학수사운영과 신설
- 1992년 3월 국내 최초 유전자감식기법 개발
- 1997년 8월 마약지문감정센터[DSAC] 설치
- 2005년 과학수사기획관실 산하에 과학수사담당관실과 디지털수사담당관실로 확대하면서 마약 및 유전자감정 분야 KOLAS 인정을 획득
- 2008년 10월 검찰 60주년을 기념하며, 지상 6층, 지하 1층 규모의 디지털포렌식센터[Digital Forensic Center] 개관
- 2012년 11월 국가디지털포렌식센터[NDFC]로 명칭 변경
- 2013년 디지털포렌식연구소 설립
- 2015년 2월 과학수사부 신설, 사이버범죄수사단 정식 직제화
- 2020년 1월 아·태 사이버범죄 역량강화 허브[APC-HUB] 사무국 개설

---

212 경찰청 브리핑, "제72주년을 맞은 경찰 과학수사의 날". 2020.11.4.

🔍 대한민국 2대 미제사건

- 대한민국 2대 미제사건은 ① 1991년 개구리소년 실종 암매장사건, ② 1991년 이형호군 유괴·살인사건이다. 경찰은 2011년 장기미제 사건전담팀을 신설하였다.

- 1999년 5월 발생한 대구 어린이 황산테러 사건의 범인이 잡히지 않은 상태에서 공소시효 완성이 임박하자 살인사건에 대한 공소시효를 폐지해야 한다는 여론으로 '태완이법'이 발의되었다.

- 2015년 7월 24일 '태완이법'이 국회를 통과하면서 살인죄의 공소시효를 완전히 폐지하는 「형사소송법」개정안이 시행되었다.

- 공소시효가 완성되지 않은 경우만 적용 대상으로 삼아 2000년 8월 1일 밤 0시부터 발생한 살인사건부터 공소시효가 폐지되었다.

- 1991년 3월 대구 와룡산에 도롱뇽알을 잡으러 간 다섯 소년이 실종된 지 10년 만에 유골로 발견된 개구리소년 실종 암매장사건은 아직도 실종 경위나 타살 여부 등이 밝혀지지 않았다.

- 투입된 연인원은 35만 명, 관련 제보는 1,500건을 넘어섰지만 실체를 밝혀낼 증거는 나타나지 않았다. 이 사건은 2006년 3월 25일 공소시효(당시 15년)가 끝나며 장기 미제사건으로 남았다.

- 영화 '그놈 목소리'의 모티브가 된 1991년 이형호군 유괴·살인사건 역시 미궁에 빠져있다. <2007년 영화 '그놈 목소리' 중에서> "형호 죽기를 바라십니까. 오늘이 마지막인 줄 아십시오." 협박전화 속 목소리가 유일한 단서로 남아있다.

- 경찰과 검찰은 음성 데이터베이스를 구축해 신상정보를 파악하는 수사기법을 연구 중이다.

213 검찰청 홈페이지, '과학수사'(n.d)(from https://www.spo.go.kr/)(Retrieved October 18, 2022).

5 ‖ 자치경찰

1 시·도경찰위원회

시·도자치경찰위원회는 자치경찰사무를 관장하게 하기 위하여 특별시장·광역시장·특별자치시장·도지사·특별자치도지사 소속으로 시·도자치경찰위원회를 둔다. 시·도자치경찰위원회는 합의제 행정기관으로서 그 권한에 속하는 업무를 독립적으로 수행한다.

시·도자치경찰위원회는 위원장 1명을 포함한 7명의 위원으로 구성하되, 위원장과 1명의 위원은 상임으로 하고, 5명의 위원은 비상임으로 한다. 위원은 특정 성性이 10분의 6을 초과하지 아니하도록 노력하여야 한다. 위원 중 1명은 인권문제에 관하여 전문적인 지식과 경험이 있는 사람이 임명될 수 있도록 노력하여야 한다.

시·도자치경찰위원회 위원은 다음의 사람을 시·도지사가 임명한다. ① 시·도의회가 추천하는 2명, ② 국가경찰위원회가 추천하는 1명, ③ 해당 시·도 교육감이 추천하는 1명, ④ 시·도자치경찰위원회 위원추천위원회가 추천하는 2명, ⑤ 시·도지사가 지명하는 1명 등이다.

2 시·도경찰청

2021년 1월 1일 「국가경찰과 자치경찰의 조직 및 운영에 관한 법률」을 제정하여 자치경찰제를 도입하였으며, 7월 1일부로 시행하였다. 이에 따라 시·도경찰청에 시·도경찰청장을 두며, 시·도경찰청장은 치안정감·치안감治安監 또는 경무관警務官으로 보한다.

시·도경찰청장은 경찰청장이 시·도자치경찰위원회와 협의하여 추천한 사람 중에서 행정안전부장관의 제청으로 국무총리를 거쳐 대통령이 임용한다. 시·도경찰청장은 국가경찰사무에 대해서는 경찰청장의 지휘·감독을 받는다.

자치경찰사무에 대해서는 시·도자치경찰위원회의 지휘·감독을 받아 관할구역의 소관 사무를 관장하고 소속 공무원 및 소속 경찰기관의 장을 지휘·감독한다. 다만, 수사에 관한 사무에 대해서는 국가수사본부장의 지휘·감독을 받아 관할구역의 소관 사무를 관장하고 소속 공무원 및 소속 경찰기관의 장을 지휘·감독한다.

시·도자치경찰위원회는 자치경찰사무에 대해 심의·의결을 통하여 시·도경찰청장을 지휘·감독한다. 다만, 시·도자치경찰위원회가 심의·의결할 시간적 여유가 없거나 심의·의결이 곤란한 경우 대통령령으로 정하는 바에 따라 시·도자치경찰위원회의 지휘·감독권을 시·도경찰청장에게 위임한 것으로 본다.

또한, 시·도경찰청은 기존 차장·부장을 3부체제로 전환하면서 3부에 '자치경찰 차장 또는 부部'(제주·세종청 제외)를 신설하여 국가–수사–자치 사무로 구분된 지휘·감독 체계에 적합한 조직으로 개편되었다. 서울청은 치안감인 3차장제로 전환하고, 14개 시도경찰청**214**은 경무관인 3부 체제로 개편하여 국가사무, 수사사무, 자치사무를 분담하여 수행한다.

또한 서울 등 12개 시·도경찰청(서울, 부산, 대구, 인천, 광주, 대전, 경기남, 경기북, 충남, 전남, 경북, 경남)에 3부 체제 중 수사를 총괄하는 2부장(수사차장·부장)을 보좌하는 '수사심사담당관'을 신설하여 사건 종결에 대한 적정성, 추가 수사 필요성, 체포·구속영장 신청 적절성 등에 대한 업무를 수행한다.

법 시행에 따라 기존 '지방경찰청' 명칭은 '21년 1월 1일부터 '○○시경찰청' 또는 '○○도경찰청'으로 변경되었다. 예를 들어 서울특별시지방경찰청 → 서울특별시경찰청으로, 부산지방경찰청 → 부산광역시경찰청으로, 경남지방경찰청 → 경남도경찰청으로 변경되었다.

---

214 12개 시도경찰청(대구, 광주, 대전, 울산, 경기북, 강원, 충북, 충남, 전북, 전남, 경북, 경남)은 3부 신설, 부산(3부)·인천(3부)·경기남부(4부)는 기존체제를 재편하고, 제주청은 1차장 체제를 유지한다.

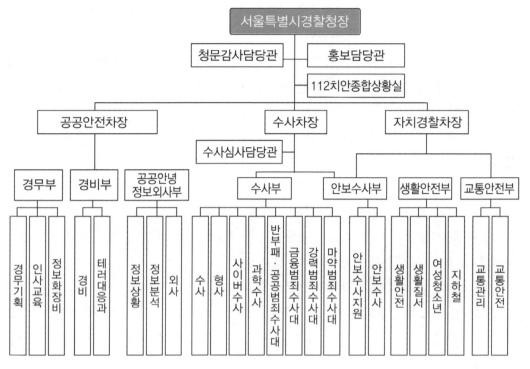

〈그림 1-3〉 서울특별시경찰청(치안정감) 조직도(2022년 12월 기준)

출처: 서울경찰청.

수도 서울의 치안을 책임지는 서울특별시경찰청(청장 치안정감)은 공공안전차장, 수사차장, 자치경찰차장 등 3차장제로 운영된다. 공공안전차장(치안감) 밑에는 경무부, 경비부, 공공안녕정보외사부가 있다. 수사차장(치안감) 밑에는 수사부와 안보수사부가 있다. 자치경찰차장(치안감) 밑에는 생활안전부와 교통안전부가 있다.

서울특별시경찰청 소속으로 국회경비를 담당하는 국회경비대, 용산 대통령실 경비를 담당하는 101경비단 및 202경비대, 정부 서울청사 경비를 담당하는 정부서울청사경비대, 수도 공항인 김포공항을 경비하는 김포공항경찰대, 테러진압작전 등의 임무를 수행하는 경찰특공대 등이 소속되어 있다. 기동단은 제1기동대부터 제5기동대까지 5개의 기동대가 있다.

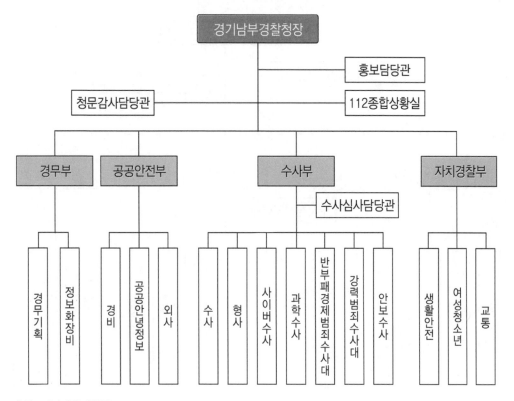

〈그림 1-4〉 경기남부경찰청(치안정감) 조직도(2022년 12월 기준)

경기남부경찰청장

홍보담당관

청문감사담당관

112종합상황실

경무부 / 공공안전부 / 수사부 / 자치경찰부

수사심사담당관

경무기획 / 정보화장비

경비 / 공공안녕정보 / 외사

수사 / 형사 / 사이버수사 / 과학수사 / 반부패경제범죄수사대 / 강력범죄수사대 / 안보수사

생활안전 / 여성청소년 / 교통

출처: 경기남부경찰청.

경기남부경찰청(청장 치안정감)은 1차장제에서 4부장제로 운영된다. 경무부, 공공안전부, 수사부, 자치경찰부의 4부 체제로 편제되어 있다. 경찰서 31개 경찰서, 지구대 91, 파출소 152, 기동순찰대 3, 기동단(기동부대: 경찰관기동대 8, 의경중대 8) 등으로 구성되어 있다.

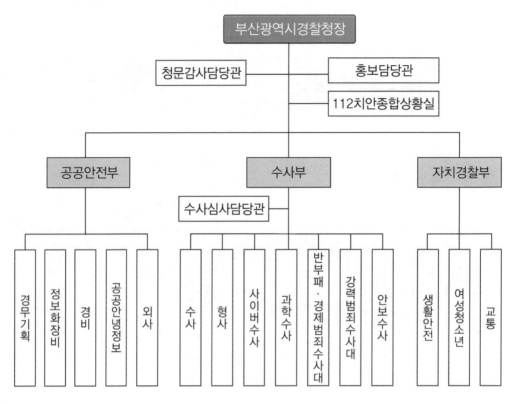

〈그림 1-5〉 부산광역시경찰청(치안정감) 조직도(2022년 12월 기준)

부산지방경찰청(청장 치안정감)은 공공안전부장, 수사부장, 자치경찰부장 등 3부장제로 운영된다. 부산지방경찰청의 경우 경찰서 15개, 지구대 49개, 파출소 45개로 편재되어 있다.

〈그림 1-6〉 대구 등 12개 경찰청(치안감) 조직도(2022년 12월 기준)

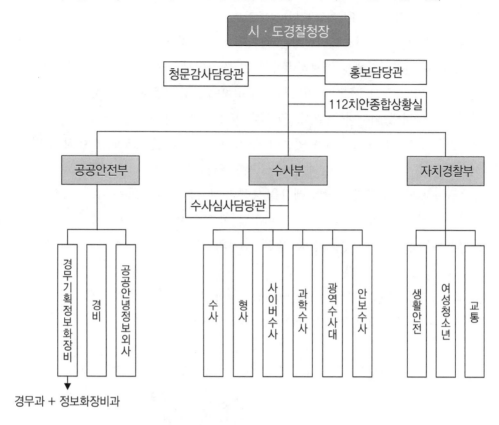

대구 등 12개 지방청은 공공안전부장, 수사부장, 자치경찰부장 등 3부장제로 운영된다. 경남지방경찰청의 경우 공공안전부장, 수사부장, 자치경찰부장 등 3부장제로 운영되며, 경찰서 23개, 지구대 39개, 파출소 137개로 편재되어 있다.

3 경찰서

경찰서에 경찰서장을 두며, 경찰서장은 경무관, 총경 또는 경정으로 보한다. 경찰서장은 시·도경찰청장의 지휘·감독을 받아 관할구역의 소관 사무를 관장하고 소속 공무원을 지휘·감독한다. 또한, 1급지 경찰서(74개)에 심사전담 기구로 '수사심사관'을 설치하고, 전국 경찰서에 수사 심사인력을 배치하여 수사의 전문성·공정성을 강화하고 있다.

경찰서장 소속으로 지구대 또는 파출소를 두고, 그 설치기준은 치안수요·교통·지리 등 관할구역의 특성을 고려하여 행정안전부령으로 정한다. 다만, 필요한 경우에는 출장소를 둘 수 있다. 시·도자치경찰위원회는 정기적으로 경찰서장의 자치경찰사무 수행에 관한 평가결과를 경찰청장에게 통보하여야 하며 경찰청장은 이를 반영하여야 한다.

전국의 경찰서는 그 규모에 따라서 1급지(대도시형), 2급지(중소도시형), 3급지(농어촌형) 경찰서로 나뉘게 되는데 특별시, 광역시, 도청소재시와 인구를 기준으로 하고 있다. 경찰서 등급 결정기준 중 1급지는 인구 25만 명 이상, 2급지는 15만 명 이상 25만 명 미만, 3급지는 인구 15만 명 미만의 군에 소재한 경찰서이다.

경무관서장제는 2012년 경찰법 개정을 통해 경찰서장을 경무관으로 보임하여 '중심경찰서 제도'를 도입할 수 있는 법적 근거가 마련된 이후 연차적으로 추진 중이다. 치안수요가 많은 광역단위 소재 1급지 경찰서 중 행정안전부와 기획재정부가 심사를 통해 선정한다.

2022년 기준 '경무관 관서장' 제도가 도입된 곳은 ① 서울송파, ② 서울강서, ③ 부산해운대, ④ 대구성서, ⑤ 인천남동, ⑥ 광주광산, ⑦ 수원남부, ⑧ 분당, ⑨ 부천원미, ⑩ 청주흥덕, ⑪ 전주완산, ⑫ 창원중부 등 12곳이다.

〈그림 1-7〉 서울 송파 경찰서(경무관) 조직도(2022년 12월 기준)

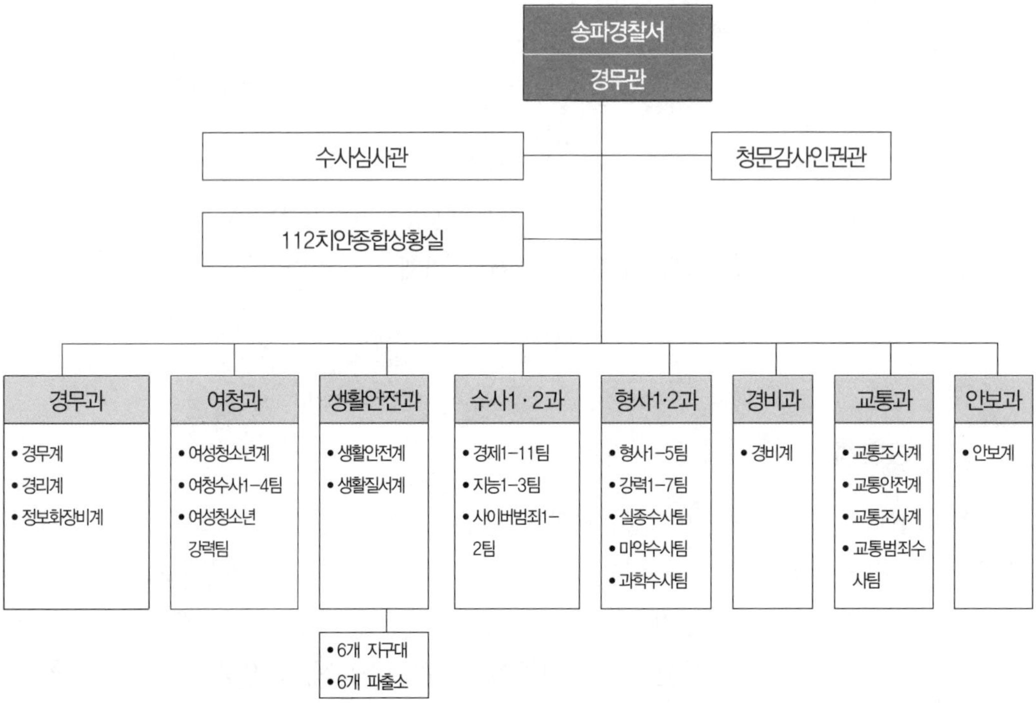

4 지구대

지구대의 순찰지구대장은 경감이 맡고 있으며, 순찰팀장, 행정관리요원, 순찰요원, 민원담당관 등으로 구성되어 있다. 순찰지구대는 2003년 9월 경찰청 훈령에 의해 과거 파출소를 통·폐합하여 지구대 체제로 정비하였다.

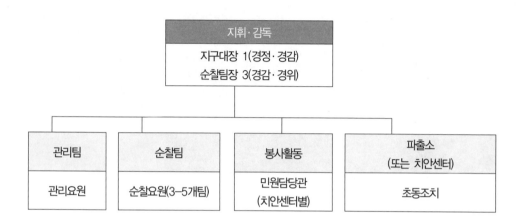

제2장 외국경찰사

제1절 영국경찰

1 영국경찰의 역사

영국은 전통적으로 자치경찰제도를 취하고 있다. 최초의 근대 경찰인 런던수도경찰청을 창설한 로버트 필경이 유명하다. 영국 경찰은 현재 불심검문권, 압수, 수색권, 구금권과 함께 영장을 직접 법관에 청구할 수 있다. 불기소처분에 대한 독자적 수사종결권을 가지고 있다. 1995년 「범죄소추법」의 제정 이전까지는 기소 업무도 독자적 권한이었으나, 법 제정 후 검찰에 이전되었다.

1 고대

영국은 로마제국의 점령기에 로마제국의 다른 식민지와 마찬가지로 시민과 군인Civil and Military Officers에 의한 통치를 받았다. 이때는 주로 군대의 군인에 의해서 치안이 유지되었다. 이들의 주된 임무는 첫째, 질서유지Maintaining Order, 둘째, 범법자의 체포Apprehending Wrongdoers, 셋째, 치안판사에 대한 기소 제기Bringing Wrongdoers before the Judges 등과 같은 임무를 담당하였다.

5세기 이후 로마제국의 철수 뒤에 영국은 앵글로·색슨족의 침입을 받게 된다. 앵글로·색슨 왕국의 통치지역은 우리나라의 도道에 해당하는 행정구역인 샤이어Shires·노르만 정복기에 Counties로 불림 제도로 구분되었다. 샤이어 지역은 다시 '백인지역'Hundreds이라는 지역단위로 나눠졌다.**215** 백인지역은 다시 세부적으로 '십인지역'Tithings으로 나눠졌다.**216** 그 샤이어의 대표자를 국왕이 임명하면서 대관Reeve 혹은 국왕의 대관Royal Reeve이라고 하였다. 그 후 국왕의 대관이 보안관Sheriff이라는 명칭으로 변했다.

앵글로·색슨 시대의 경찰체제의 특징은 첫째, 일반적인 지역에서는 지역민 공동책임Collective Responsibility과 공동체 사회Community Binding Itself로서 그 구성원들이 함께 질서유지와 범법자 추방 등과 같은 업무를 수행하였다. 둘째, 귀족과 성직자들은 그들 자신의 관할권과 재판권을 그들의 영지에서 별도로 행사하였다.

이후 노르만이 침공함으로써 영국은 노르만 왕조가 성립된다. 이때도 도道·샤이어 → 백인지역 → 십인지역 시스템Shire-Hundred-tithing Systems은 노르만 보안관Norman Sheriff에 의해서 효율적으로 운영되었다. 12세기경에 십인지역에서의 경찰책임Tithing's Police Responsibility은 상호보증제도Frankpledge라는 이름으로 불렸다.

앵글로·색슨시대에 상호보증제도Frankpledge는 지역에 있는 주민들에게 경찰책임이 있다는 원칙을 존속시키는 데 많은 영향을 주었다. 이 제도는 고대의 보증Suretyship제도에서 유래했다. 십인지역Tithing에 가입된 가구주(가장)는 십인지역에서의 범죄발생과 범죄자의 기소에 대해서 공동책임을 지는 것이었다.

상호보증제도는 강제적으로 공동 보석금Bail을 납부하고, 십인지역 내에서의 범죄자 체포와 범죄예방활동에 참여하는 제도이다. 이 당시 모든 영국의 자유민Free Man은 십인지역의 구성원이 되도록 강요받았다. 그러나 몇몇 샤이어 지역에서는 상호보증제도가 없었으며, 지역의 힘 있는 유지는 상호보증제도에서 제외되기도 하였다.**217**

2 중세

중세는 도시민들과 많은 도道·counties에서의 주민들의 삶이 변화되었으며, 새로운 경찰활동을 요구하였다. 이러한 측면에서 중요한 법률의 제정이 에드워드 I Edward I의 통치기간인 1285년의 「윈체스터법령」The Statute of Winchester으로 시작되었다. 「윈체스터법령」은

---

215 hundreds는 백인지역이라고 불리며, 100명이 아니라 100가구가 거주하는 지역(area)을 의미하였다(the area of inhabited by one hundred families).

216 tithings는 십인지역이라고 불리며, 10가구 혹은 12가구가 있는 지역(area)을 의미하였다.

217 Philop John Steda, *The Police of Britain* (NewYork: Machillan Publishing Company, 1985), pp. 7-18.

법집행에 있어서 지방에서의 지역사회 공동책임을 강조하던 과거의 법들을 다시 한번 강조하였다. 공동책임자들은 도道·Counties의 보안관Sheriff에게 처벌을 기소하는 활동과 낯선 사람 체포활동 그리고 야간감시활동night watch을 담당하였다.

이미 「1253년의 법률」Royal Writ of 1253에서 과거의 전통이었던 범인을 추적하고 체포하던 규환제도Hue and Cry를 강조하였다. 자신의 지역과 생명을 지키기 위해서 15-60세 사이의 성인남자들의 무장을 재차 강조했다.

치안관은 사찰과 범죄예방 등에 있어서 조사Inspection임무를 수행했다. 치안관에 대한 규정은 「1253년의 법률」에 이미 규정되어 있었다. 그들은 각 백인지역에서 뽑혔다. 치안관은 가장 강력한 자유와 법적 권한을 가진 사람들이었다. 십인지역에서도 치안관이 있었다. 이들을 '보통 치안관'Petty Constables이라고 호칭했다. 백인지역에 있는 치안관은 '고등 치안관'High Constable이라고 하여 서로 구별하였다.

이 시기에 십인지역의 지역적 단위가 가장 기본적인 지방행정 단위인 교구Parish로 변경되었다. 십인지역의 보통 치안관Petty constable은 '교구치안관'Parish Constable으로 변경되었다. 이러한 교구치안관은 오늘날 경찰의 직접적인 기원이 된다.[218] 이때의 교구경찰은 중앙정부에서 임명된 공무원이 아니고, 공적인 임무를 수행하는 일반 시민이었다.

'도'道·Counties의 보안관Sheriff은 노르만 왕조 시기에 많은 권한을 행사하면서, 부패와 탐욕에 빠지게 되었다. 이러한 이유로 영국의 왕은 보안관을 점점 감소시키게 된다. 보안관 제도를 대신할 수 있는 변화의 흐름이 나타나기 시작했는데 첫째는 검시관Coroners제도이고 두 번째는 치안판사Justice of the Peace제도이다.

검시관Coroners제도는 1194년경에 도입하게 되었다. 검시관은 변사체의 검시, 범죄용의자의 수사 등과 같은 보안관의 업무와 중복되는 임무를 수행하면서 형사사법분야에 있어서 보안관의 역할을 점점 대체하게 된다.

국왕에 의해 임명된 '치안판사'Justice of the Peace는 1361년에 도입되었다. 치안판사는 관할 지역에 대한 행정권을 행사하였다. 이들은 법률적 지식을 갖고 있으면서, 행정업무를 관장하고, 범죄자를 체포하고, 처벌하는 등의 권한을 행사하였다. 이러한 치안관Constable, 검시관Coroners, 치안판사Justices of the Peace, 보안관Sheriffs 제도 등은 오늘날 영국의 제도에서 여전히 존재하고 있으며, 식민지인 미국에도 많은 영향을 끼쳤다.

중세에 있어서 범죄와 무질서의 통제는 주로 지방의 치안판사가 담당하였다. 치안판사가 발부한 영장과 명령에 의해서 치안관은 기소를 하였다. 이때의 치안판사와 치안관

---

218 The parish constable, direct ancestor of the police constable of today.

은 무보수를 원칙으로 하였다. 따라서 치안판사는 재판을 종종 자신의 집에서 하였고, 치안관은 맡은 임무가 끝나면 자신의 일상업무를 하였다.

「윈체스터법령」은 노르만침공과 1829년의 런던수도경찰청법 사이 약 600년 동안에 거의 유일하게 존재하던 경찰활동 규율 법령으로서의 중요성을 갖는다. 야경인 제도는 「윈체스터법령」에 의해서 도입되었다. 여러 개혁 노력에도 불구하고 산업혁명으로 인한 거대한 상공업의 발달로 범죄대처능력이 부족하게 되었다. 이를 위해 특별경찰 특히 산림경찰과 상업경찰 등이 생겨나게 되었다.

3 근대

1748년 헨리필딩Henry Fielding이 보우가街·Bow Streets의 행정장관으로 임명되었다. 그는 범죄예방을 위해서는 시민 스스로가 단결해야 한다는 개념을 창시하였다. 1785년에는 최초의 형사기동대라 할 수 있는 '보우가의 주자'Bow Streets Runners로 불리는 경찰조직을 만들었다.

산업혁명으로 치안유지가 어려워지고 이에 따른 런던수도경찰의 필요성이 대두되면서, 영국경찰제도에 대한 근본적인 개혁요구가 이어졌다. 그 결과 1829년의 「런던수도경찰법」The Metropolitan Police Act of 1829이 제정되었다. 1829년 로버트 필경에 의해 영국 최초의 근대 경찰인 런던수도경찰청이 탄생되었다.

Police Science

🔍 보우가의 주자(Bow Streets Runners)

- 절도순찰대Bow Streets Runners
- 기마순찰대Bow Streets Horse Patrol
- 도보순찰대Bow Streets Foot Patrol

수도	• 1829년 런던수도경찰청 창설(Sir Robert Peel)

지방	• 1829년 군경찰법(County Police Act): 인구 1천명당 경찰관 1인 임용
	• 1835년 도시자치법(Municipal Corporations Act)
	  시군경찰위원회(Watch Committee)를 발족하여 전국경찰표준화작업
	• 1856년 도 및 특별시 경찰법(County and Borough Police Act)
	  자치경찰에 대한 내무부장관의 감독권과 통제권을 확립

🔍 영국 근대경찰의 아버지 로버트 필 경(Sir Robert Peel)[219]

- 1800년대 영국 런던의 무질서와 종교갈등에도 불구하고 영국의회는 근대경찰의 창설이 왕당파의 친위 쿠데타를 다시 가능하게 할 것이라는 우려를 가졌다. 근대경찰 창설의 필요성에 확고한 신념을 가졌던 로버트 필 경$^{Sir\ Robert\ Peel}$ 당시 내무부장관은 "경찰은 정치적인 개입을 절대로 하지 않을 것입니다."라고 말하면서 다양한 방법으로 의회 설득에 나섰다.

- 하원에 포진해 있는 자신의 옥스퍼드대 동창생을 일일이 만나 근대경찰 창설의 필요성을 역설하는가 하면 '신경찰 9원칙'을 만들어 경찰의 정치 불개입을 조문화하기도 했다. 의회에 막강한 영향력을 행사하기 시작한 부르주아 계층의 압력과 로버트 필의 다각적인 노력에 힘입어 의회는 마침내 근대경찰 창설을 승인했다.

- 1829년 「런던수도경찰청법」$^{Metropolitan\ Police\ Act\ of\ 1829}$이 의회를 통과하면서 영국 최초의 근대경찰인 '런던수도경찰청'$^{Metropolitan\ Police}$이 1829년 수도 런던에서 창설되었다.

- "앵글로·색슨의 전통인 공동체 치안원칙으로 돌아가자."라는 슬로건으로 군대식의 체계를 갖춘 공적인 조직인 '런던수도경찰청'을 창설하였다.

- 또한 의회의 의혹을 불식시키기 위하여 로버트 필은 경찰의 정치적 중립성과 청렴성을 더욱 강화하는 방안을 마련했다.

- 경찰의 비리와 부패를 막는다는 것을 강하게 피력하기 위해 자녀가 3명 이상이면 경찰에 지원하지 못하게 했다. 경찰관은 당연히 어떤 정당에도 가입할 수 없게 규정하였다.

🔍 최초의 영국 근대경찰인 런던수도경찰청의 정치적 중립

- '범죄홍수의 시대'였던 1800년대는 민간경비 형태가 아닌 국가주도의 근대경찰 창설 필요성이 대두되었다. 하지만 의회는 여전히 근대경찰의 창설을 반대했다. 국가주도의 근대경찰 창설이 왕당파의 친위 쿠데타를 가능하게 하여 어렵게 지켜온 의회민주주의를 훼손하지 않을까 하는 우려가 주된 이유였다.

---

219 이창무, "범죄의 재구성 ⑥ 경찰의 탄생: 탄생 주역은 羊이었다, 19세기 영국서 근대 경찰 첫 등장"「신동아」, 2012.12.26.

- 하지만 영국 의회도 자본주의의 심화로 인한 급증하는 도시폭동 문제를 방치할 수는 없었다. 당시 내무부 장관이었던 로버트 필^{Sir Robert Peel}과 신흥 자본가들의 끊임없는 요구를 수용하면서 영국 의회는 근대경찰 창설을 승인했다.
- 1829년 「수도경찰청법」^{Metropolitan Police Act 1829}이 의회를 통과하면서 영국 최초의 근대경찰인 '런던수도경찰청'^{Metropolitan Police}이 1829년 수도 런던에서 창설되었다. 수도경찰청은 이후 '바비'^{bobbies} 혹은 '필러'^{Peelers}라는 애칭으로 불리게 되었다.[220]
- 1829년의 법제정으로 노르만 정복시대 이후 영국의 주요 치안유지법이었던 1285년의 「윈체스터 법령」^{Winchester of 1285}은 폐지되었다. 전통적인 교구경찰^{Parish Constables}과 야경꾼^{Watchmen}제도는 근대경찰로 대체되었다.
- 런던수도경찰청의 초대 경찰청장^{First Commissioner of Police of the Metropolis}은 정치와 무관한 인물로 임명되었다. 초대 경찰청장에 두 명이 임명됐다. 첫 번째 찰스 로완^{Charles Rowan}은 강직한 군인 출신이었고, 두 번째 리처드 메인^{Sir Richard Mayne}은 젊고 유능한 변호사였다.
- 이 두 사람의 경찰청장은 철저하게 정치권과 거리를 두는 한편 오로지 경찰 전문화에만 매달렸다. 직업정신에 투철한 프로페셔널리즘만이 영국 경찰의 미래를 책임질 수 있다는 판단 아래 엄정한 기강을 강조하고 존경받을 수 있는 경찰상을 확립하려고 힘썼다.
- 또한 8대 업무지침을 마련해 의회와 시민의 의심을 불식하고자 했다. 8대 업무지침은 ① 엄정한 기강 확립, ② 준법 철저, ③ 무력 사용의 최대한 자제, ④ 정치적 중립, ⑤ 민주적 책임, ⑥ 국민에 대한 봉사, ⑦ 예방치안, ⑧ 효과적인 치안 등의 내용을 담고 있다.
- 하지만 이러한 원칙과 지침이 지금까지 살아 숨 쉴 수 있었던 데는 무엇보다도 필을 중심으로 영국 정부가 경찰개혁과 운영을 전적으로 경찰에 맡겼기에 가능했다. 경찰청장의 인사에도 전혀 개입하지 않았다.
- 덕분에 찰스 로완과 리처드 메인 초대 경찰청장은 각각 21년(1829-1850)과 39년(1829-1868) 동안 경찰청장직을 맡았다. 이렇게 오랜 기간 경찰청장이 재임했기 때문에 일관되게 정치적 중립성과 경찰의 전문화를 달성할 수 있었다.[221]
- 1829년부터 1868년까지 무려 15번이나 총리가 바뀌고 토리(보수)당과 휘그(자유)당이 번갈아 정권을 잡았음에도 경찰청장은 바뀌지 않았다. 영국 경찰이 세계 경찰의 교과서와 같은 위치를 지킬 수 있었던 것은 바로 경찰이 정치적 중립성을 확고히 견지하고 정부 또한 이를 존중하고 지켜줬기 때문이다.

---

220 Metropolitan Police Act 1829(n.d) from https://en.wikipedia.org/wiki/Metropolitan_Police_Act_1829 (Retrieved January 23, 2022).

221 이창무, 전게기사.

🔍 로버트 필 경의 9가지 경찰활동 원칙(Sir Robert Peel's 9 Policing Principles)

1. 경찰은 군대의 출동이나 계엄령에 의한 군사통치가 이루어지지 않도록, 사전에 범죄와 무질서와 같은 사회혼란을 예방하기 위해 노력해야 한다.

   (To prevent crime and disorder, as an alternative to their repression by military force and severity of legal punishment.)

2. 경찰의 존재의의는 국민이 주인이라는 국민주권의 이념 하에 국민의 생명과 재산을 보호하는데 있다. 경찰의 모든 활동은 국민의 지지와 인정 그리고 존경 하에 이뤄져야 한다는 점을 결코 잊어서는 안 된다.

   (To recognize always that the power of the police to fulfill their functions and duties is dependent on public approval of their existence, actions and behavior, and on their ability to secure and maintain public respect.)

3. 경찰의 법집행이 국민의 지지와 인정 그리고 존경 하에 이뤄지면, 국민은 경찰의 법집행에 순응하며 국민의 자발적인 협력까지도 얻을 수 있음을 항상 명심해야 한다.

   (To recognize always that to secure and maintain the respect and approval of the public means also the securing of the willing cooperation of the public in the task of securing observance of laws.)

4. 국민의 지지와 협력을 얻는 정도에 따라서 경찰의 공권력이 정치적으로 남용되기도 하고, 국민을 위한 필요최소한의 공권력이 될 수도 있음을 항상 잊지 말아야 한다.

   (To recognize always that the extent to which the cooperation of the public can be secured diminishes proportionately the necessity of the use of physical force and compulsion for achieving police objectives.)

5. 국민들의 경찰에 대한 사랑은 왜곡된 여론이 아니라 정치적 중립에 의한 정의롭고 공정한 경찰권 행사에 의해서 이뤄진다. 경찰은 성별, 종교, 인종, 나이, 재산과 무관한 차별 없는 공정한 접근의 보장, 여·야가 아닌 국민을 위한 치안정책의 추진, 국민의 생명과 재산을 지키기 위한 법집행을 해야 한다. 경찰관 개개인은 과도한 개입과 무관심하지 않은 냉정하고 객관적인 자세, 국민에 대한 절제된 예의와 유머를 잃지 않는 긍정적인 자세, 국민을 보호하기 위해서 기꺼이 자신을 희생할 수 있는 자세를 가져야 한다.

   (To seek and preserve public favor, not by pandering to public opinion, but by constantly demonstrating absolute impartial service to law, in complete independence of policy, and without regard to the justice or injustice of the substance of individual laws, by ready offering of individual service and friendship to all members of the public without regard to their wealth or social standing, by ready exercise of courtesy and friendly good humor, and by ready offering of individual sacrifice in protecting and preserving life.)

6. 경찰은 공공의 안녕과 질서유지를 위한 공권력의 집행에 앞서, 국민에 대한 설득과 협력 그리고 예방적 차원의 경고를 최우선적으로 고려해야 한다. 경찰의 모든 조치가 이뤄졌음에도 불구하고 부득이 하게 경찰권을 행사해야 한다면, 법질서의 유지와 사회질서의 회복을 위한 필요최소한도의 경찰권만이 행사되어야 한다.

(To use physical force only when the exercise of persuasion, advice and warning is found to be insufficient to obtain public cooperation to an extent necessary to secure observance of law or to restore order, and to use only the minimum degree of physical force which is necessary on any particular occasion for achieving a police objective.)

7. 국민과 함께 하는 공동체 치안의 원칙은 법질서의 유지와 사회질서의 회복이 국민의 권리이자 의무라는 사실이다. 이것은 '시민이 바로 경찰이고, 경찰이 곧 시민이다'라는 뜻이다. 경찰은 사회공동체의 안녕과 국민복지의 증진을 위해 국민으로부터 위임받은 서비스 기관일 뿐이다.

(To maintain at all times a relationship with the public that gives reality to the historic tradition that the police are the public and that the public are the police, the police being only members of the public who are paid to give full−time attention to duties which are incumbent on every citizen in the interests of community welfare and existence.)

8. 경찰은 법제정기관인 입법부도 아니고, 법해석기관인 사법부도 아닌, 법집행기관인 행정부의 일원이라는 점을 잊어서는 안 된다. 판사처럼 유·무죄를 판단해서는 안 되며, 검사처럼 범죄자를 처벌해서도 안 된다. 경찰은 항상 공정하고 정의롭게 법집행만을 수행해야 한다.

(To recognize always the need for strict adherence to police−executive functions, and to refrain from even seeming to usurp the powers of the judiciary of avenging individuals or the State, and of authoritatively judging guilt and punishing the guilty.)

9. 국민이 기대하는 경찰의 역할은 범죄와 사회무질서의 해결이다. 경찰조직을 언제나 효율적으로 운영하여 형식적인 통계에 의한 범죄와 사회무질서의 해결이 아닌 실질적으로 국민이 체감할 수 있는 범죄와 범죄에 대한 두려움 감소 그리고 사회무질서의 완화를 이뤄야 한다. (To recognize always that the test of police efficiency is the absence of crime and disorder, and not the visible evidence of police action in dealing with them.)

4 1960년대의 왕립경찰위원회

1950년대에 경찰의 부정부패와 비효율 그리고 비능률에 대한 개혁의 목소리가 높아지자 1960년 1월에 왕립경찰위원회가 발족되었으며, 1962년에 보고서가 제출되었다. 이후에 국가경찰제 도입 제안은 영국의 자유주의적 전통이 강하여 무산되었으나, 지방경찰의 통폐합이 이루어졌고, 경찰의 관리와 운영면에서 내무부장관, 경찰위원회, 경찰청장 간의 3원체제가 규정되었다.

Police Science

🌐🔍 1962년 왕립경찰위원회의 보고서

- 지방경찰의 난립에 따른 조직과 권한행사의 불통일의 시정
- 경찰관의 근무조건의 개선
- 효율성의 극대화란 측면에서 프랑스식의 국가경찰제로의 전환

5 1964년 경찰법 제정

당시 183개의 지방경찰청들을 52개의 지방경찰청으로 통폐합하였다. 경찰의 관리와 운영면에서 내무부장관, 경찰위원회, 경찰청장간의 3원체제가 규정되었다. 이때 런던수도경찰청과 런던시티경찰청을 제외한 모든 경찰의 관리기구를 경찰위원회(지방의회의원 2/3, 치안판사 1/3로 구성)로 통일하였다.

🌐 영국경찰의 3원 체제

내무부장관
- 경찰의 능률성을 향상시키기 위한 권한행사 기능
- 능률성 향상을 위해 경찰위원회에 특정 경찰청장 퇴직 요구
- 각 경찰청장에게 특정사안에 대한 진상보고서 제출요구
- 각 경찰청의 연례보고서 보고
- 각 경찰청 예산의 50% 이하 지원
- 경찰의 근무조건, 행정 등에 관한 규칙제정권
- 공공의 안녕과 질서유지를 위해 필요한 경우 특정 경찰청장으로 하여금 타 경찰청을 원조 토록 지휘

지방경찰위원회의 경찰에 대한 권한과 책임
- 해당 지역 경찰의 적절하고 효율적인 경찰력의 확보
- 내무부장관 동의하에 경찰청장 임명
- 내무부장관 동의하에 건물, 구조, 토지 등을 경찰에 제공
- 차량, 장비, 피복 등을 경찰에 제공
- 경찰청장의 연례보고서 제출 받음

지방경찰청장
- 해당 지역 경찰을 지휘 및 통제
- 매년 자신의 지휘하에 있는 경찰의 활동내역을 담은 연례보고서를 내무부장관과 지방경찰 위원회에 제출
- 내무부장관, 지방경찰위원회의 특정사안관련 보고 요구시 보고서 제출

---

6 1980년대 이후

❶ 내무부장관의 영향력 강화

영국은 1964년 3원체제를 도입한 이후, 1984년 경찰 및 형사증거법, 2002년 경찰개혁법 등을 거치면서 과도하게 중앙집권화되는 경향을 보였다. 과도한 중앙집권화의 영향으로 지역주민을 위해 봉사해야 할 경찰이 지역사회와 지역주민과 단절되어 중앙정부가

제시하는 성과지표 및 목표를 달성하는데 치중하고 있다는 비판을 받았다. 이에 따라서 지역의 치안책임을 확실하게 하기 위해서 2011년 「경찰개혁 및 사회책임법」이 제정되기에 이르렀으며, 국가범죄에 대응하기 위해서는 국립범죄국을 신설하였다.

영국의 주요 경찰법 제정 변화[222]	
법률	내용
1964년 경찰법	• 내무부장관·지방경찰위원회·지방경찰청장의 삼원체제 설정
1964년 경찰 및 치안법원에 관한 법	• 지방경찰위원회에 대한 내무부장관의 권한강화를 통한 중앙집권화 추진
1984년 경찰 및 형사증거법	• 한국의 경찰관직무집행법과 범죄수사규정을 합친 것과 비슷하며, 경찰권의 권한 강화가 목적 • 이 법률의 목적은 경찰관의 권한을 강화하는 데 있고, 특별법과 조례에 규정되어 있던 압수, 수색, 체포, 유치 등의 사항을 하나의 법률로서 통합하고 정리함
2002년 경찰개혁법	• 지방경찰위원회 및 지방경찰청장에 대한 내무부장관의 권한강화를 통한 중앙집권화 심화
2011년 경찰개혁 및 사회책임법	• 지역치안위원장 및 지역치안평의회 제도의 신설로 지역주민에 대한 책임성 강화 및 자치경찰 전통으로의 회귀 • 국가적 대응이 필요한 조직범죄 등에 대한 통합적 대응을 조율할 국립범죄국 신설

❷ 국립범죄청의 신설

영국은 광역화, 조직화, 국제화되어 가는 범죄에 효과적으로 대처하기 위하여 국립범죄정보국과 국가범죄수사국을 설치하였다가 양대 기관을 중대조직범죄청으로 통합하는 등 중앙통제장치를 강화하였다. 하지만 아동학대, 온라인 보호, 경찰활동의 효율화를 위해서 '국립범죄청'NCA: National Crime Agency을 중대조직범죄청으로 대체하여 2013년에 창설하였다.

---

222 김학경·이성기, "영국지방자치경찰의 새로운 패러다임: '2011 경찰개혁 및 사회책임법'과 '국립범죄청'을 중심으로", 「경찰학연구」 7(3), 2012, p. 159 재구성.

영국의 중앙 범죄조직	
중앙범죄 정보국	• 중앙범죄정보국(NCIS: National Criminal Intelligence Service)은 1992년 내무부장관 직속의 경찰기관으로 창설되어 범죄정보의 수집, 분석, 배포 등의 업무를 수행하다가, 1997년 경 찰법으로 자체 수사기능을 보유케 하고 그 관리기관으로서 중앙범죄정보위원회(National Criminal Intelligence Service Authority)가 있었다.
중앙범죄 수사국	• 중앙범죄수사국(NCS: National Crime Squad Service)은 1997년 경찰법에 의해 창설되 었으며, 1998년 4월 1일부터 활동을 시작하였다. 중앙범죄수사국 수사대는 기존의 광역수 사대(Regional Crime Squard)를 일원화하여 중대한 범죄와 조직범죄, 국제범죄에 대한 수사를 담당하는 기구로서, 중앙수사위원회(National Crime Squad Service Authority)의 관리 하에 있었다.
중대조직 범죄청	• 경찰개혁법2002에 따라 중앙정부의 통제가 대폭 확대되었으며, 2006년에는 중앙범죄수 사국(NCS)와 중앙범죄정보국(NCIS)를 통합하여 마약과 불법입국과 관련한 조직범죄에 대응하기 위한 중대조직범죄청((SOCA: Serious and Organised Crime Agency)이 창설 되었다. 2013년 국립범죄청으로 변경되었다.
국립 범죄청	• 국립범죄청(NCA: National Crime Agency)은 2010년 내무부장관이었던 테레사 메이 (Teresa May)가 제안하였으며 2013년 신설되었다. 지역경찰 및 다른 법집행기관에 대한 직무부과 및 조정권한을 가지고 있다. • 또한 지역경찰과의 협력을 위해 내무부장관이 지방경찰청장 중 국립범죄국장을 임명한다.

7 2010년대 이후 4원체제의 도입

영국은 과도한 중앙집권적 경찰운영으로 비판을 받게 되자, 지역주민의 경찰에 대한 권한 강화를 주요 내용으로 하는 「경찰개혁 및 사회책임법」^{Police Reform and Social Responsibility Act 2011}을 2012년 1월 1일 발효시켰다.[223]

이 법에 따라서 기존의 3원체제 하의 지방경찰위원회제도는 폐지되고, 4원체제^{Quadripartite System}가 도입되었다. 지역주민이 직접 선출한 '지역치안위원장^{Police and Crime Commissioner}'이 지역의 치안문제를 전담하게 되었다. 신설된 '치역치안위원회^{Police and Crime Panel}'가 견제와 균형의 원리에 입각하여 지역치안위원장에 대한 감시·감독기능을 수행하고 있다.

---

223 상게논문, p. 158.

지역치안평의회 (지역치안위원장 견제)	지역치안위원장 (지역치안의 대표자)	내무부장관 (국가적인 조직범죄 대응 조율)
• 관할구역 내 지자체에서 파견된 1인의 선출직 대표 및 2명의 독립위원 포함 최대 20명으로 구성 • 지역경찰의 예산지출에 대한 감사 • 지방세, 예산안, 지방경찰청장 임명에 대한 거부권 • 지역치안위원장에 대한 정보 및 출석요구권 • 조사의뢰 및 주민소환투표실시	• 지역주민의 선거에 의하여 선출 • 지방경찰청장 및 차장의 임명 및 해임권 • 예산 및 재정 총괄권 • 지역치안계획 수립	• 예산 50% 부담 및 이에 따른 감사 • 전략적 경찰활동 요구조건 작성 및 배포 • 국가적인 범죄대응 및 관련 지역경찰에 대한 임무 부여 및 조정 • 국립범죄국장 임명 • 지방경찰청장 중에서 임명

⇕

지방경찰청장 (지역경찰의 독자적인 운용)

• 지역경찰에 대한 독립적인 지휘 및 통제권
• 차장 이외의 모든 경찰관 인사권
• 일상적인 예산운용권

영국의 주요 경찰법 제정 변화[225]	
법률	**주요 내용**
1964년 경찰법	• 내무부장관·지방경찰위원회·지방경찰청장의 3원체제 도입
1964년 경찰 및 치안법원에 관한 법	• 지방경찰위원회에 대한 내무부장관의 권한강화를 통한 중앙집권화 추진
1984년 경찰 및 형사증거법	• 한국의 경찰관직무집행법과 범죄수사규정을 합친 것과 비슷하며, 경찰권의 권한 강화가 목적 • 이 법률의 목적은 경찰관의 권한을 강화하는 데 있고, 특별법과 조례에 규정되어 있던 압수, 수색, 체포, 유치 등의 사항을 하나의 법률로서 통합하고 정리함

---

224 상계논문, p. 164.
225 상계논문, p. 159 재구성.

2002년 경찰개혁법	• 지방경찰위원회 및 지방경찰청장에 대한 내무부장관의 권한강화를 통한 중앙집권화 심화
2011년 경찰개혁 및 사회책임법	• 지역치안위원장 및 지역치안평의회 제도의 신설로 지역주민에 대한 책임성 강화 및 자치경찰 전통으로의 회귀 • 지역치안평의회, 지역치안위원장, 지방경찰청장, 내무부장관 등의 4원체제 도입 • 국가적 대응이 필요한 조직범죄 등에 대한 통합적 대응을 조율할 국립범죄국 신설

2 ║ 영국경찰의 조직

1 국립경찰

❶ 내무부

영국에는 2022년 기준, 총 23개의 정부 부처23 Ministerial Departments가 있다. 그중 하나인 내무부Home Office에는 31개의 기관31 Agencies and public bodies이 있다.**226**

내무부에는 치안과 관련해서 ① 국립범죄청NCA: National Crime Agency, ② 중대 사기국Serious Fraud Office, ③ 왕립경찰·소방·구조감사관HMICFRS: Her Majesty's Inspectorate of Constabulary and Fire & Rescue Services**227** 등이 있다.

● 국립범죄청

국립범죄청은 2013년 「범죄 및 법원법」Crime and Courts Act 2013에 근거하여 2013년 10월 7일 창설되었다.**228** 국립범죄청National Crime Agency은 가장 큰 위험을 초래하는 중요 범죄자를 체포하고, 중요 조직범죄를 근절하기 위한 내무부 소속의 법집행기관이다. 국립범죄청은 중요 범죄를 예방하고 진압하기 위한 전략적 방향 설정 및 집행 등을 담당한다.**229**

---

226 Departments, agencies and public bodies(n.d) from https://www.gov.uk/government/organisations#home–office(Retrieved January 16 2022).

227 HM Inspectorate of Constabulary and Fire & Rescue Services라고도 한다.

228 The NCA was established by the Crime and Courts Act 2013 and became operational on 7 October 2013.

229 National Crime Agency(n.d)(from https://www.gov.uk/government/organisations/national–crime–agency)

● 중대사기국

중대사기국SFO: Serious Fraud Office은 중요 및 복합 사기사건, 뇌물과 부패사건 등의 수사와 기소를 담당한다.[230] 스코틀랜드를 제외한 잉글랜드와 웨일스, 그리고 북아일랜드를 관할구역으로 하면서 대규모 사기, 뇌물, 부패사건 등 중요 경제범죄의 수사와 기소를 담당한다.

중대사기국은 경제범죄에 대한 수사Investigate와 기소Prosecute를 함께 수행한다는 점에서 영국에서는 예외적인 기관이다. 중대사기국은 1987년 「형사사법」Criminal Justice Act 1987에 의해서 1988년 창설되었다.[231]

● 왕립경찰·소방·구조감사관

왕립경찰·소방·구조감사관HMICFRS: Her Majesty's Inspectorate of Constabulary and Fire & Rescue Services은 공익을 위해 경찰, 소방, 구조 분야의 기관들에 대한 효과성Effectiveness과 능률성Efficiency을 독립적으로 평가한다.[232]

160여 년의 역사를 가지고 있는 왕립감사관HMIC: Her Majesty's Inspectorate of Constabulary은 2017년 왕립경찰·소방·구조감사관HMICFRS으로 명칭이 변경되었다. 왕립경찰·소방·구조감사관의 주요 역할은 북아일랜드와 스코틀랜드 지역을 제외한 잉글랜드와 웨일스 지역의 안전을 위하여 치안 및 소방 그리고 구조분야의 기관들을 개선시키고 향상시키는 것이다.

잉글랜드와 웨일스 지역의 43개 지방경찰청을 4개의 지역으로 구분한 후, 각 지역에는 왕립경찰·소방·구조감사관이 감독업무를 수행한다.

❷ 국립사기정보국

국립사기정보국NFIB: National Fraud Intelligence Bureau은 경제범죄에 대한 영국 경찰의 지휘관서인 런던시티경찰청City of London Police 내의 사기범죄예방국Action Fraud에 있다.[233]

(Retrieved January 16, 2022).

230 Serious Fraud Office(n.d)(from https://www.gov.uk/government/organisations/serious−fraud−office) (Retrieved January 16, 2022).

231 SFO(n.d)(from https://www.sfo.gov.uk/about−us/)(Retrieved January 16, 2022).

232 HMICFRS(n.d)(from https://www.justiceinspectorates.gov.uk/hmicfrs/)(Retrieved January 16, 2022).

233 Who are the National Fraud Intelligence Bureau? from https://www.actionfraud.police.uk/what−

National Fraud Intelligence Bureau

NFIB는 모든 사기범죄예방국Action Fraud의 보고서를 받는다. NFIB에서는 사기 및 사이버 범죄에 대한 수백만 건의 보고서를 분석하여 연쇄 범죄자, 조직범죄 그룹을 식별하고 새로운 범죄유형을 찾고 있다.

❸ 국립경찰청장 협의회

국립경찰청장 협의회NPCC: National Police Chief's Council는 영국의 지방경찰 협의체이며, 경찰운영의 개혁 및 개선 그리고 효율성 추구를 목적으로 한다. 국립경찰청장협의회NPCC는 ① 테러리즘Terrorism, ② 조직범죄Organised crime, ③ 국가비상사태National Emergencies 등에 대한 예방과 진압에 대한 제반 사항을 조정하고 협의한다.**234** NPCC의 주요 역할은 다음과 같다.

첫째, 국립범죄청National Crime Agency과의 전략적 치안요구 사항 협력

둘째, 국가 네트워크를 통한 대테러 작전 지휘 및 대테러 치안사항 전달

셋째, 국가 비상사태에 대한 경찰의 대응협력 조정 및 조직범죄에 대한 협력

넷째, 경찰대학에서 정한 규정 및 치안정책의 시행

마지막으로 경찰대학과의 협력을 통한 형사사법 개혁, 서비스 혁신, 정보 관리, 성과관리 및 치안기술에 대한 공동개발 등이다.

2 영국의 자치경찰

❶ 잉글랜드의 자치경찰

● 런던수도경찰청

런던수도경찰청MPS: London's Metropolitan Police Service은 1829년 로버트 필 경이 영국 최초의 근대경찰로 창설하였다. 광역런던지역Greater London Regions에는 5개의 방면Sub-Region이 있다.

방면에는 자치구Boroughs가 속해 있다. 런던수도경찰청은 광역 런던시를 12개의 기본지휘경찰서BCU: Basic Command Units로 관할을 구분한다.

과거에는 부서Division라는 용어를 사용하였지만, 1990년대 영국 경찰조직 개혁 이후

---

is−national−fraud− intelligence−bureau(Retrieved January 16, 2022).

234 NPCC(n.d)(rom https://www.npcc.police.uk/About/)(Retrieved January 14, 2022).

기본 지휘경찰서^{BCU: Basic Command Units}라는 용어로 변경되었다. 기본지휘경찰서에는 지휘본부^{Headquarter}가 있으며, 기본지휘경찰서에는 담당 관할구역의 경찰서망^{Network of Local Stations}을 구축하여 각 지구대를 통제한다.

경제중심지이자 자치구인 런던시티^{City of London}는 광역 런던지역^{Greater London Regions}에 속하며, 광역 런던지역은 5개의 방면^{Sub-regions}으로 구분된다. 5개의 방면에는 중앙^{Central Sub-region}, 동부^{East Sub-region}, 서부^{West Sub-region}, 남부^{South Sub-region}, 북부^{North Sub-region} 방면 등이다.

런던수도경찰청은 런던시티를 제외한 광역 런던시^{Greater London}를 12개의 기본 지휘경찰서^{Basic Command Units}관할구역으로 구분한다. 런던수도경찰청^{MPS: London's Metropolitan Police Service}에는 12개의 기본지휘경찰서가 있다. 참고로 우리나라의 서울특별시경찰청^{SMP: Seoul Metropolitan Police}에는 31개의 경찰서가 있다.

Police Science

🌐 런던수도경찰청의 12개 기본지휘 경찰서(BCU: Basic Command Units)

- 기본지휘 경찰서^{BCU: Basic Command Units}는 영국의 가장 큰 자치경찰 단위이다. BCU는 지역지휘 경찰서, 지방경찰서^{LPU: Local Policing Unit} 또는 지방경찰팀^{LPT: Local Policing Team}이라고도 한다.[235]
- 런던수도경찰청은 런던시티를 제외한 광역 런던시를 12개의 관할구역으로 구분하고, 12개의 기본지위 경찰서를 두고 있다. 그 내용은 ① 중북부^{CN: Central North}, ② 중동부^{CE: Central East}, ③ 중서부^{AW: Central West}, ④ 동부^{EA: East Area}, ⑤ 서부^{WA: West Area}, ⑥ 북서부^{NW: North West}, ⑦ 북부^{NA: North Area}, ⑧ 북동부^{NE: North East}, ⑨ 남부^{SN: South Area}, ⑩ 남동부^{SE: South East}, ⑪ 중남부^{AS: Central South}, ⑫ 남서부^{SW: South West} 기본지휘 경찰서 등이다.

런던의 방면(Sub-region)과 런던 자치구(London boroughs)	
런던의 방면 (Sub-region)	런던 자치구(London boroughs)
중앙 방면 (Central Sub-region)	① 런던시티(City of London), ② 캠던(Camden), ③ 켄싱턴과 첼시(Kensington and Chelsea), ④ 이즐링턴(Islington), ⑤ 램베스(Lambeth), ⑥ 서덕(Southwark), ⑦ 웨스트민스터(Westminster)

---

235 A Basic Command Units (BCUs) is the largest unit into which territorial British Police forces are divided BCUs may alternatively be called an Area Command, a Division, a Local Policing Unit (LPU) or a Local Policing Team (LPT).

동부 방면 (East Sub-region)	① 바킹과 데거넘(Barking and Dagenham), ② 벡슬리(Bexley), ③ 그리니치(Greenwich), ④ 해크니(Hackney), ⑤ 헤버링(Havering), ⑥ 루섬(Lewisham), ⑦ 뉴햄(Newham), ⑧ 레드브리지(Redbridge), ⑨ 타워 햄리츠(Tower Hamlets), ⑩ 월섬 포리스트(Waltham Forest)
북부 방면 (North Sub-region)	① 바넷(Barnet), ② 엔필드(Enfield), ③ 헤일게이(Haringey)
남부 방면 (South Sub-region)	① 브롬리(Bromley), ② 크로이든(Croydon), ③ 킹스통 오폰 템스(Kingston upon Thames), ④ 머튼(Merton), ⑤ 서튼(Sutton), ⑥ 원스워스(Wandsworth)
서부 방면 (West Sub-region)	① 브렌트(Brent), ② 일링(Ealing), ③ 헤머스미스와 풀햄(Hammersmith and Fulham), ④ 해로우(Harrow), ⑤ 리치몬드 오폰 탬스(Richmond upon Thames), ⑥ 힐링던(Hillingdon), ⑦ 하운즐로우(Hounslow)

● 런던시티 경찰청

런던 중심에 위치한 전 세계 금융중심지인 더시티^{The City}, 즉 런던시티^{City of London}는 광역 런던시의 중심부에 위치하고 면적은 크지 않고, 상주인구는 인구는 수천 명에 불과하다. 하지만 인구 천만 명에 가까운 역사적인 광역 런던시 심장부로 금융·산업·문화·예술 등의 중심지이다.

따라서 광역 런던시 전체를 관할하는 런던수도경찰청(수도경찰청)과 독립한 독자적인 자치경찰로서 런던시티 경찰청^{City of London Police Force}을 두고 있다. 왜냐하면 이곳의 상주인구는 8,000여 명에 불과하지만 하루 유동 인구는 60여만 명, 연 100조 원의 금융 수입이 발생하고 있기 때문이다.

런던시티 경찰청장^{Police Commissioner}은 런던시티 의회에서 임명하고 국왕의 승인을 받는다. 청장에 해당하는 관직 이름인 청장^{Commissioner}은 런던수도경찰청과 런던시티 경찰청장에게만 인정하며 선임에 특별한 절차를 취하는 지위이다. 따라서 런던수도경찰청장과 런던시티 경찰청장은 동일한 직급이며, 인선에서도 동격의 사람을 임명한다.

런던시티 경찰청은 런던수도경찰청의 관할구역 내의 중심지에 별개의 독립한 경찰로 런던시티 경찰청 소속 하의 경찰은 런던수도경찰청 관할 내에서는 직무를 행할 수 없다.

자치경찰로서의 런던시티 경찰의 관리권은 시의회의원과 순회판사로 구성하는 런던시티 의회가 가지고 있다. 평상시에는 이를 대신하여 경찰관련 사항을 처리하기 위한 상임위원회를 두고 있다. 런던시티 의회의 권한은 런던시티 경찰청장 임명, 경찰예산의 의결, 법률의 집행에 필요한 규칙, 조례 제정 등이며, 실제 업무는 런던시티 경찰청장이 행한다.[236]

Police Science

🌐 잉글랜드(England)의 총 39개 지방경찰청

잉글랜드England에는 총 39개의 지방경찰청이 있다. 그 내용은 1. 에이번 및 서머셋 경찰청Avon and Somerset Constabulary, 2. 베드퍼셔 경찰청Bedfordshire Police, 3. 케임브리셔 경찰청Cambridgeshire Constabulary, 4. 처셔 경찰청Cheshire Constabulary, 5. 런던시티 경찰청Police of the City of London, 6 클리브런드 경찰청Cleveland Police, 7. 컴브리아 경찰청Cumbria Constabulary, 8. 더비셔 경찰청Derbyshire Constabulary, 9. 데번과 콘월 경찰청Devon & Cornwall Police, 10. 도셋 경찰청Dorset Police, 11. 더럼 경찰청Durham Constabulary, 12. 에섹스 경찰청Essex Police, 13. 글로스터셔 경찰청Gloucestershire Constabulary, 14. 대맨체스터 경찰청Greater Manchester Police, 15. 햄프셔 경찰청Hampshire Constabulary, 16. 하트퍼셔 경찰청Hertfordshire Constabulary, 17. 험버사이드 경찰청Humberside Police, 18. 켄트 경찰청Kent Police, 19. 랭커셔 경찰청Lancashire Constabulary, 20. 레스터셔 경찰청Leicestershire Police, 21. 링컨셔 경찰청Lincolnshire Police, 22. 머지사이드 경찰청Merseyside Police, 23. 런던수도경찰청Metropolitan Police, 24. 노퍽 경찰청Norfolk Constabulary, 25. 북욕셔 경찰청North Yorkshire Police, 26. 노샘프턴셔 경찰청Northamptonshire Police, 27. 노섬브리아 경찰청Northumbria Police, 28. 노팅햄셔 경찰청Nottinghamshire Police, 29. 남욕셔 경찰청South Yorkshire Police, 30. 스타퍼셔 경찰청Staffordshire Police, 31. 서퍽 경찰청Suffolk Constabulary, 32. 서리 경찰청Surrey Police, 33. 서식스 경찰청Sussex Police, 34. 탬스계곡 경찰청Thames Valley Police, 35. 워릭스 경찰청Warwickshire Police, 36. 서머시아 경찰청West Mercia Police, 37. 서미들런스 경찰청West Midlands Police), 38. 서욕셔 경찰청West Yorkshire Police, 39. 월셔 경찰청Wiltshire Police 등 39개의 지방경찰청이 있다.

---

❷ 웨일즈의 자치경찰

웨일즈Wales 지역에는 ① 디버드-포이스 경찰청Dyfed-Powys Police, ② 궨트 경찰청Gwent

---

236 경찰대학b, 「비교경찰론」, 2004, pp. 51-78.

Police, ③ 북웨일즈 경찰청North Wales Police, ④ 남웨일즈 경찰청South Wales Police 등 총 4개의 지방 경찰청이 있다.

2006년 2월 6일 찰스 클락Charles Clarke 영국 내무장관은 디버드-포이스 경찰청, 궨트 경찰청, 북웨일즈 경찰청 그리고 남웨일즈 경찰청을 단일 웨일즈 경찰청으로 통합하려고 했지만 실패하였다.

🌐🔍 잉글랜드와 웨일즈의 자치경찰

- 영국의 잉글랜드와 웨일즈에는 총 43개의 자치경찰이 있다. 잉글랜드에는 39개의 지방경찰청이 있으며, 웨일즈에는 4개의 지방경찰청이 있다.
- 이 중 런던시티The City of London 경찰청과 런던수도London Metropolis 경찰청이 잉글랜드 지방에 속해 있다.
- 런던시티는 런던의 금융중심지이며, 미국의 월스트리트Wall Street와 같다.**237**
- 영국에는 다양한 자치경찰이 있지만 조직구조는 4가지 수준Level으로 매우 비슷하다. 본부Headquarters ⇒ 국·실Divisions ⇒ 부·과Sub-divisions ⇒ 경찰서Stations 등이다.**238**

❸ 스코틀랜드의 자치경찰**239**

스코틀랜드 경찰청Police Scotland은 2013년 4월 1일에 설립되었으며 약 28,168평방마일에 달하는 스코틀랜드 전역에서 경찰업무를 담당하고 있다. 도시, 농촌, 섬 및 외딴 지역을 포함하여 영국 국토의 1/3을 담당한다. 23,000명의 경찰관과 일반직원이 근무하고 있으며, 런던수도경찰청에 이어 영국에서 두 번째로 큰 경찰규모이다.

스코틀랜드 경찰청장Chief Constable of Police Scotland ⇒ 3명의 경찰청 차장Three Deputy Chief Constables ⇒ 경찰청 과장Deputy Chief Officer ⇒ 경찰청 계장Assistant Chief Constables의 순으로 되어 있다.

스코틀랜드 지역에는 스코틀랜드 경찰청 소속하에 13개의 경찰서13 local policing divisions 가 있으며, 경찰서장Chief Superintendent이 해당 경찰을 지휘한다. 경찰서에는 신속대응과

---

237 D. H. Bayley, "Comparative Organization of the Police in English-Speaking Countries", *Crime and Justice*, 15, 1992, pp. 511.

238 *Ibid.*, p. 519.

239 Police Scotland(n.d)(from https://www.scotland.police.uk/about-us/(Retrieved January 14, 2022).

encompasses response, 지역사회과community, 범죄수사과crime investigation, 시민보호과public protection, 정보과intelligence 등이 있다.

❹ 북아일랜드의 자치경찰240

2022년 기준 북아일랜드 경찰청PSNI: Police Service of Northern Ireland은 3개의 관할 지역3 Areas과 11개의 경찰서11 Districts를 두고 있다.

아일랜드Ireland에 전문 치안제도를 도입하려는 첫 번째 시도는 19세기 초에 시작되었다. 1812년 아일랜드 경찰청장Chief Secretary으로 임명된 로버트 필 경Sir Robert Peel은 무너진 법과 질서Law and Order를 회복하기 위해서 노력하였다.

1814년의 질서유지법Peace Preservation Force in 1814과 1822년의 경찰법Constabulary Act of 1822을 통해서 카운티 경찰청 시스템system of county constabularies을 도입하였다. 그 결과 1836년에 최초의 아일랜드 근대경찰인 아일랜드 경찰청Constabulary of Ireland이 설립되었다. 이후 1867년 왕립 아일랜드 경찰청RIC: the Royal Irish Constabulary으로 명칭이 변경되었다.

1919–1921년 발생한 '아일랜드 독립전쟁'Irish War of Independence or The Anglo-Irish War으로 1921년 아일랜드는 아일랜드 독립국과 북아일랜드로 각각 분리되었다. 1922년 6월 1일 북아일랜드 지역에는 북아일랜드 왕립 얼스터 경찰청RUC: Northern Ireland the Royal Ulster Constabulary이 창설되었다. 북아일랜드는 아일랜드 독립 후에도 영국령으로 있으면서 신·구교도 간의 분쟁이 지속되었다.

왕립 얼스터 경찰RUC은 1968년과 1969년의 인권운동과 지하조직인 IRA(아일랜드공화국군)의 테러 발생으로 심각한 타격을 입었다. 이때 경찰의 정치적 중립과 군대의 영향력 제거 등과 같은 개혁이 이루어졌다.

1970년대 중반부터 '경찰우선주의 정책'Police Primacy Policy이 도입되어 치안책임은 경찰이 1차적으로 담당하며, 필요한 경우에만 군대의 지원을 받도록 하였다. 2001년 11월 4일에 왕립 얼스터 경찰청RUC은 '북아일랜드 경찰청'the Police Service of Northern Ireland으로 명칭이 변경되었다.

2022년 기준, 조직은 북아일랜드 경찰청장Chief Constable, 경찰청 차장Deputy Chief Constable 등과 3개의 관할 지역3 Areas 그리고 11개 경찰서11 Districts가 있다.

---

240 A history of Policing in Ireland (n.d)(from https://www.psni.police.uk/inside−psni/our−history/a−history−of−policing−in−ireland/)(Retrieved January 15, 2022).

3 ∥ 영국경찰의 특징

1 일반적인 특징

영국은 1835년 도시자치법이 제정되기 전까지는 국왕이 임명한 치안판사가 행정권과 사법권을 행사하였다. 도시자치법이 제정된 이후에는 도시에 사는 도시민들만이 자치에 참여할 수 있었다. 1829년 「런던수도경찰법」에 의해 창설된 '런던수도경찰청'은 2000년 6월까지 런던의 주요시설과 특수 치안유지 문제로 인해 국가경찰체제를 유지했지만, 2000년 7월부터 자치경찰화되었다.

따라서 영국은 현재 모든 지역이 자치경찰 시대를 맞고 있다. 하지만 북아일랜드 지역은 지속적으로 독립을 요구하는 IRA(아일랜드공화국군)와 북아일랜드 자치정부 간의 이견이 해소되지 않아서 오늘날에도 여전히 내무부장관 직속의 국가경찰로 유지되고 있다.

2 경찰과 검찰과의 관계

영국은 우리나라의 검찰과 같은 기관이 없이 경찰이 기소까지 전담하였다. 하지만 1985년 「범죄소추법」Prosecution of Offences Act 1985으로 왕립검찰청Crown Prosecutions Service을 창설하였고, 전국적인 검찰조직이 생겼다. 검찰조직은 법무부장관Attorney General이 임명을 하는 검찰총장Director of Public Prosecution을 중앙에 두고 잉글랜드와 웨일즈 전역을 검찰 관할로 분할하여 그 지방의 장을 검사장Chief Crown Prosecutor, 그 사무를 행하는 자를 검사Crown Prosecutor로 임명하였다.

검찰조직은 현재 경찰조직에 상응하는 행정구역마다 개별적인 검찰조직을 가지고 있다. 1985년 이전에는 검찰관Director of Public Prosecution이 모든 중요 사건에 대하여만 제한적으로 기소를 담당하였다. 1985년 이후에는 거의 모든 범죄에 대한 기소를 담당(유지)하고 있다.[241]

또한 법무부 소속 하의 중대사기국SFO: Serious Fraud Office은 중대하거나 복잡한 사기사건을 수사·기소하는 독립적 형태의 정부부처로, 경찰이나 금융서비스국의 의뢰를 받아 주로 대형 보험사기를 집중 수사하고 있다.[242] 특히 체포, 수색, 압수 등 경찰수사권과 검찰

---

241 경찰대학b, 전게서, pp. 46-47.
242 The Serious Fraud Office is an independent government department, operating under the superintendence

의 기소권을 동시에 행사할 수 있는 막강한 권한을 행사하고 있다는 점이 특징이다.

미국은 50개 주州의 주로 구성된 연방국가로 경찰제도는 분권화된 형태를 취하고 있다. 연방에는 독립된 연방기관이 있으며 각 주는 연방에 준하는 행정조직을 가지고 있다. 행정체계는 연방Federal, 주州·State, 도道·County, 시市·Municipality or City, 군郡·Township, 읍론·Village 등의 계층구조로 되어 있다.

주州에 속하는 지방자치단체에는 자치도시Municipality와 지방자치단체가 있다. 자치도시 Municipality에는 시City, 자치구Borough, 군Township, 법인격이 있는 군Incorporated Town 등이 있다. 지방자치단체에는 도道·County, 군Township 및 특별관구Special District가 있다.

미국의 경찰제도는 영국에서 이미 확립된 법집행제도의 영향을 받았다. 따라서 미국 경찰의 3가지 특징도 영국의 유산에서 그 기원을 찾을 수 있다. 그 첫째는 제한된 권한 Limited Authority이며, 두 번째는 지방의 통제Local Control이고, 마지막으로는 분권화된 법집행 Fragmented Law Enforcement이다.

1 ‖ 미국경찰의 역사

역사적으로 미국의 경찰활동Policing을 다양하게 구분하고 있다. 래리Larry와 워럴Worrall 은 「경찰행정」Police Administration이라는 저서에서 ① 정치적 시대Political Era, ② 진보개혁 시 대Progressive Reform Era, ③ 경찰전문화 시대Professional Era, ④ 경찰과 지역사회 관계 시대 Community Relations Era, ⑤ 법집행 복귀 시대Return to Law and Order, ⑥ 지역사회 경찰활동 시대 Community Policing Era, ⑦ 2001년 9.11 테러 이후 국가안보 경찰활동 시대9/11: Policing &

of the Attorney General.

Homeland Security Era 등 7개로 시대를 구분하였다.

본서에서는 래리Larry와 워럴Worrall의 시대구분을 참고하여 다음과 같이 시대구분을 하고자 한다. 미국 경찰활동의 시대는 ① 영국의 식민지 시대Colony Era of Policing, ② 19세기 주류를 이룬 '정치적 경찰활동 시대'Political Era of Policing, ③ '진보개혁 경찰활동 시대'Progressive Reform Era of Policing, ④ 20세기 초 시작된 '경찰전문화 시대'Professional Era of Policing, ⑤ 경찰과 지역사회 관계 시대Community Relations Era of Policing, ⑥ 법집행 복귀 시대Return to Law and Order, ⑦ 1980년대 등장한 '지역사회 경찰활동 시대'Community Policing Era, ⑧ 2001년 9.11 테러 이후 국가안보 경찰활동 시대9/11: Policing & Homeland Security Era 등 8개의 시대로 구분된다.

21세기 이후 등장한 국가안보 경찰활동 시대에는 ① 2001년 美 9.11 이후 테러위협에 대응하기 위한 '정보주도 경찰활동 시대'Intelligence-Led Policing Era, ② 다양한 경찰활동을 종합한 '스마트 경찰활동 시대'SMART Policing Era 등이 있다.

1 식민지 경찰시대(Colony Era of Policing)

미국의 식민지 경찰시대Colony Era of Policing는 3가지 유형의 법집행 제도가 시행되었다. ① 보안관Sheriff, ② 치안관Constable, ③ 야간감시인Watchman 등이다. 그 중 보안관Sheriff은 주州·State보다 작은 행정단위인 도道·County의 치안업무를 맡았다. 초기 보안관은 치안뿐만 아니라 세금징수와 선거관리 그리고 공공시설의 관리업무도 수행하였다.

치안관Constable은 도道·County보다 더 작은 행정구역인 시City와 읍village의 치안과 기타 행정업무를 담당하였으며 치안문제뿐 아니라 시민생활의 전반을 관리하였다. 대부분의 지역에서 선거에 의해 선출되었지만 차츰 임명직으로 변화하면서 전문화되었다.

야간감시인Watchman은 지금의 경찰과 유사한 근대적 치안유지제도로서 창설 초기에는 밤에 발생하는 화재와 범죄 등으로부터 도시를 보호하는 해결사 역할을 하였다.[243]

보안관, 치안관 그리고 야간감시인에 의해서 수행되는 치안활동은 큰 효과를 보지 못했다. 이 제도들이 시행된 지 얼마 지나지 않아 비능률, 부정부패와 정치적 간섭으로 인해 시민들의 치안을 더 이상 담당할 수 있는 상태가 아니었다. 또한 보안관, 치안관 그리고 야간감시인의 숫자가 너무 적어 범죄자들을 검거한다는 것은 거의 불가능하였다.

---

243 정진환a, 「비교경찰제도」(서울: 법문사, 2003), p. 101.

여러 도시에서는 무질서가 난무하여 조직화된 폭동이 빈번히 일어났다. 그나마 어느 정도 그 임무를 효과적으로 수행하였던 야간감시인은 단지 야간에만 활용되었고 질서유지업무를 담당하기에는 인력뿐만 아니라 장비가 너무나 미약하였다. 보안관과 치안관은 주간 근무가 그들의 임무였지만 그들의 활동 능력에는 한계가 있었다.[244]

이 당시의 경찰활동은 치안인력이 부족했으며 그들 사이에 부정부패가 만연했기 때문에 형편없었다. 그 결과 새로 개척된 도시들에서는 말 그대로 '무법자'들이 활개를 쳤고 힘만이 유일한 정의가 되는 지경까지 이르렀다.[245]

미국의 식민지시기에 최초의 법집행기관 중의 하나는 치안관제도[Constables]이다. 최초의 경찰기관은 대부분 미국의 동북부 지역에서 창설되었다. 보스턴에서는 1636년에 야간감시인[Night Watch] 제도가 등장했으며, 뉴욕에서는 1658년에 예비범죄자에게 경고하는 임무를 포함하는 야간감시인 형태의 딱딱이 감시인[Rattle Watch]이 등장하였다. 1700년에는 필라델피아에서 야간감시인[Night Watch]이 등장하였다.[246]

최초의 주간감시인[Day Watch]제도는 1833년 필라델피아에서 최초로 등장하였다. 1844년 뉴욕의 경우 주간 감시원은 16명으로 구성되었는데 비해서, 야간감시원은 12명의 경찰장[Captains]과 24명의 보조 경찰장[Assistant Captains] 그리고 1,096명의 야간감시인[Watchmen]으로 구성되어 있었다. 이 당시의 대부분의 미국 도시에서는 야간감시인제도를 보완하는 주간감시인 제도를 창설하였다. 그러나 주간감시인은 일반적으로 야간감시인과는 각종 활동과 관리적인 면에서 분리되어 있었다.[247] 최초의 주경찰[State Police]은 1823년에 창설된 텍사스 레인져스[Texas Rangers]를 들 수 있다.[248]

Police Science

🔍 서부개척시대

- 미국에 있어서 서부[The West]는 독립 13개 주 이외의 서쪽의 땅 전부를 의미한다. 오늘날 이 지역은 중서부 혹은 북서부로 불리고 있다. 서부개척시대의 경찰조직은 ① 자경단[Vigilance Committee], ② 보안관[Sheriff], ③ 치안관[Constable], ④ 민간경비[Private Security] 등 4가지의 유형이

---

244 이윤근, 「비교경찰제도론」(서울: 법문사, 2007), p. 380.
245 신현기 외 8인a, 「비교경찰제도론」(파주: 법문사, 2007), p. 380.
246 Larry K. Gaines & Victor E. Kappeler, *Policing in America* (Cincinnati, OH: Anderson publishing co., 2003), p. 74.
247 *Ibid.*, p. 75.
248 The Texas Rangers are said to be the very first state police organization(*Ibid.*, p. 78).

있었다.[249]

- 자경단은 골드러시 시대의 캘리포니아에서 비롯되었다. 경찰도 재판소도 없는 땅에 금광이 발견되어 많은 사람들이 모여들었고, 무법자와 범죄자가 활약하는 장소가 되었다. 이때 자경단은 살인자 등을 체포하여 교수형에 처하기도 했으나 정식 치안기관의 출현과 함께 사라졌다. 어느 정도 주민이 정착하면서 자치정부가 구성되고 시장, 시의회가 생겨남에 따라 치안관과 보안관이 임명되었다.
- 인구밀집지역은 치안이 유지되었으나, 그 사이에 있는 평원지대는 전혀 무방비상태였다.
- 특히 역마차와 철도의 출현에 의해 이러한 지역의 안전이 중요한 문제가 되었다.
- 금괴나 현금을 열차강도나 역마차 강도로부터 지킬 필요도 생겨나면서 광산회사, 은행, 철도회사, 역마차회사는 각각 경비원Guard Man을 고용하였다.
- 이것이 오늘날 민간경비Private Security 회사의 시초이다.

2 정치적 경찰시대(Political Era of Policing)

미국의 정치적 경찰시대Political Era of Policing는 '엽관제'Spoil System에 영향을 받은 정당제도가 경찰을 정치적으로 활용한 시대를 말한다. 1800년대 중반부터 1920년대까지 미국은 도시화, 산업화 그리고 새로운 이민의 증가 등으로 인한 사회의 혁명적 변화는 폭동과 무질서를 낳았다. 이러한 치안수요의 증가에 따라 많은 대도시에서 현대적 의미의 도시경찰이 창설되었다. 1845년 뉴욕경찰, 1851년 시카고경찰, 1852년 뉴올리언즈와 신시내티 경찰, 1857년 볼티모어 등에 도시경찰이 창설되었다.[250]

19세기의 미국경찰은 중요한 사회복지기관이었다. 1900년까지도 다른 기관이 창설되지 않았기 때문에 경찰은 노숙자에게 숙박시설, 나아가 아침식사까지 제공해야 했다. 예를 들면 1880년대 필라델피아 경찰은 연 10만 명에게 숙박시설을 제공하였다. 이는 오늘날 미국경찰의 비고유적인 사회봉사기능 수행의 배경이 되었다.

또한 이 당시 지역 정치인이 경찰을 장악하면서 경찰은 정치인의 결정에 따라서 채용, 승진, 해고 등이 이뤄졌다. 경찰은 정치인의 선거구에서 정치적으로 편향된 경찰활동과 정

---

249 내무부치안본부b, 「미국경찰」, 1988, pp. 33-34.
250 윤호연, "미국의 자치경찰제도에 관한 연구"「자치경찰연구」, 6(4), 2013, p. 75.

치인에게 유리한 수사활동을 하였다. 경찰은 시민이 아니라 자신을 임명한 정치인에게 충성을 다하였으며, 정치적 이유로 인한 이직으로 직업안정성은 매우 열악하였다.[251]

정치적 시대 경찰의 주요 역할은 범죄통제보다는 질서유지$^{Order\ Maintenance}$와 지역사회에 대한 서비스^{Service} 제공이었다. 연방정부와 주정부는 장애인, 실업자, 노숙자를 위한 복지제도가 없었기 때문에 정치인의 표를 위해서 경찰을 이용했다. 1834년 보스턴 경찰서는 콜레라 발생시 경찰서를 임시 병원시설로 사용했다. 1861부터 1869년 사이에 뉴욕경찰서는 노숙자 880,161명에게 임시숙소로 제공되었다.[252]

이 당시 경찰조직은 체계적이지 못했으며, 시민의 신뢰를 확보하지 못했다. "권위는 사용하기 전에 먼저 부여받아야 한다."는 월터 배지홋의 이 말은 정치적 경찰시대에 시사하는 바가 컸다.

Police Science

🌐🔍 정치적 시대의 경찰[253]

- 19세기 중엽 미국의 도시들은 영국처럼 극심한 시위와 폭동을 겪는다. 미국 뉴욕에 있어 1834년은 '폭동의 해'$^{Year\ of\ Riots}$로 기억될 정도다. 많은 정치인은 경찰이 시민의 자유와 권리를 빼앗을 것이라고 우려했지만 결국 1845년 뉴욕에 경찰이 창설되었다.

- 하지만 당시 뉴욕 경찰은 런던 경찰과는 달랐다. 경찰 수뇌부가 정치인들과 밀접한 관련을 갖고 있어서 경찰이 정치적 목적에 악용됐고, 부패했다. 시민은 경찰을 신뢰하지 않았다. 자연스레 경찰의 권위는 땅에 떨어졌다. 시위 현장은 곧 전장戰場이었다.

- 1849년 아스터 플레이스 폭동$^{Astor\ Place\ Riot}$은 경찰의 시위 진압 능력을 시험하는 사건이었다. 경찰은 폭동을 전혀 제압할 수 없었다. 결국 민병대가 동원됐다. 민병대와 경찰은 시위대를 향해 총을 발사했고, 주위를 지나가는 행인들도 마구 때렸다. 총검과 실탄이 진압의 도구였다. 때에 따라서는 대포가 동원되기도 했다.

- 1863년 뉴욕 징병폭동$^{New\ York\ City\ Draft\ Riots}$, 1871년 뉴욕 맨하튼의 오렌지 폭동$^{Orange\ Riots}$ 등에서 보이는 것처럼 뉴욕시의 폭동과 시위는 갈수록 과격해져 갔다. 시위대에게 경찰은 법과 질서를 지키는 수호자가 아니라 단지 적일 뿐이었다.

---

251 History of Policing(Political Era)(n.d)(from http://www.communitypolicing.com/history−of−policing)(Retrieved January 23, 2022).
252 Larry K. Gaines & John L. Worrall, *op. cit.*, pp. 18−19.
253 이창무, 전게기사.

🌐 정치적 시대의 뉴욕경찰[254]

- 미국 경찰이 20세기 초반까지 계속 정치에 종속된 것은 시민의 신뢰와 존경을 받지 못한 주요한 원인이다. 경찰관의 부정을 막기 위해 런던 경찰은 런던 시민은 아예 경찰관에 지원할 수 없게 했다. 개인적으로 아는 사이라면 법을 공정하게 집행하기 어렵다고 판단했기 때문이다.

- 반면 뉴욕 경찰은 지역주민에서 경찰관을 충원했다. 지역 사정을 잘 알아 치안에 도움을 줄 수 있다는 판단에서였다. 지역주민과의 긴밀한 접촉을 통해 치안의 효과성을 확보하자는 것이었는데, 엄격하고 공정한 충원과정을 거치지 못한 경찰은 부정과 부패, 비효율을 낳을 뿐이었다.

- 당시로서는 거금인 300달러 정도를 내면 누구나 경찰관이 될 수 있었다. 1880년 경찰관의 평균 연봉이 900달러였으며 일반 공장 노동자들은 1년에 불과 450달러를 받았으니 경찰의 급여 수준은 매우 높았으며, 경찰관이 된 뒤에는 뇌물 등 부정부패에 연결됐다.

- 신임 경찰관들은 정규 훈련을 거의 받지도 않았을 뿐만 아니라 뉴욕 경찰의 경우 초기에는 제복조차 입지 않았다. 경찰에 대한 불신이 컸기 때문에 제복을 입고 돌아다니다 표적이 될 수 있다는 두려움 때문이었다.

🌐 국제경찰장협회(IACP: International Association of chief)

- 미국에서는 지나치게 분권화된 경찰조직으로는 광역화, 기동화 되어가는 범죄에 대처할 수가 없었기 때문에 경찰상호의 협력을 위한 전문경찰기관의 설치가 절실히 요청되었다.

- 1891년 '세인트루이스'에서 경찰장인 제임스 맥도너의 제창으로 범죄의 수사와 예방을 위해, 전국의 경찰이 일체가 되어 행동하기 위한 경찰장회의가 개최되어 112명의 도시경찰간부가 모여 범죄증가, 청소년의 도덕성, 알코올중독, 범죄보고 제도 등 공통문제에 관한 토론을 하였다.

---

254 상게기사.

- 이 회의에서 별다른 성과는 없었으나 이후 1893년 오마하의 경찰장 윌리엄 시이베이의 제창으로 시카고에서 가진 회의에서 범죄의 진압과 범인체포에 상호협력하기 위한 조직의 결성이 의결되어 '전국경찰장조합'이 탄생했다.
- 1902년에 이 단체는 「국제경찰장협회」로 개칭되어 오늘에 이르고 있다. IACP의 주요 임무는 전국범죄감식기록을 위한 중앙관리기관의 설치·운영과 지문의 집중관리이며, 각 자치단체장은 그 규모에 따라 비용을 부담했다.

3 진보적 개혁시대(The Progressive Reform Era)

1920년대와 1930년대의 진보적 개혁시대The Progressive Reform Era는 경찰의 역할을 질서유지Order Maintenance 및 서비스Services 제공에서 법집행Law Enforcement과 범죄 진압Crime Fighting으로의 전환을 시도한 시기였다. 이 시기의 가장 중요한 사건은 '금주법'National Prohibition Act과 '대공황'the Great Depression이었다.

1920년 1월 16일 금주법National Prohibition Act(일명 볼스테드 법(Volstead Act))이 시행되었다. 하지만 미전역, 특히 뉴욕은 밀주업자와 무허가 술집의 천국이 되었다. 밀주는 미국 전역에서 이루어졌다. 탄광과 협곡, 농장, 주차장, 어느 곳에서도 밀주업자들은 술을 만들었고, 사람들은 '주류밀매점'Speakeasy이라고 불리는 비밀 술집에서 술을 마셨다. 경찰은 금주법으로 인한 범죄문제를 해결할 능력과 경험이 없었다.

1929년 10월 24일 뉴욕주식거래소에서 주가가 대폭락한 데서 발단이 된 '대공황'The Great Depression은 기업도산과 실업자를 속출시켜 미전역을 무질서로 만들었다. 악명 높은 범죄자들은 지역의 부자들을 강탈하여 대중의 관심을 집중시켰다. 지역 경찰은 무질서하고 훈련을 거의 받지 못했기 때문에 범죄자들을 효과적으로 통제하지 못했다.

1929년 3월 대통령에 취임한 후버Herbert Hoover는 미국의 형사사법제도The American Criminal Justice System를 연구하기 위한 '준법 및 법집행에 관한 실태조사위원회'The National Commission on Law Observance and Enforcement를 설치하고 전 법무부장관 위커삼George Wickersham을 위원장으로 임명하였다.

이 보고서는 14권으로 된 대보고서로 경찰조직과 활동상의 문제점을 여러 가지로 지적하였다. 예를 들어 경찰이 피의자의 자백을 얻기 위한 고문, 경찰부패의 만연, 장비의 불완전, 간부의 관리능력 부족 등이 지적되었다. 특히 보고서의 제11권Report 11 "법집행에 있어서 무법성Lawlessness in Law Enforcement편은 위커삼보고서 중에서 가장 충격적인 것으로서 경찰의 잔인성 문제를 조사하고 폭로하였다.

또한 보고서의 제14권Report 14 '경찰'Police 편은 주로 볼머가 집필한 것으로 경찰의 전문직화를 재강조하였다. 위커삼 위원회는 범죄율 증가의 주요원인으로 '경찰의 효율성'Police Effectiveness 부족과 경찰에 대한 대중의 신뢰부족Loss of Public Confidence을 지적했다.

이 당시 연방범죄수사국FBI: Federal Bureau of Investigation은 범죄와의 전쟁The War against Crime에서 효과적으로 대응했으며, 법집행기관의 역할모델을 수행했다. 후버J. Edgar Hoover는 부패하고 무능한 FBI를 최고의 법집행기관으로 만들었다. FBI와 같은 연방법집행 모델the Federal Law Enforcement Model은 경찰을 정치로부터 독립시키는 데 기여하였다. 전문경찰 교육 프로그램 개발 등의 발전에 도움을 주었다.

Police Science

⊕⚲ 금주법(National Prohibition Act)시대의 갱단

- 갱단들은 금주법으로 새로운 어둠의 제국을 구축해나가고 있었다. 필라델피아는 유대인 갱단이 장악했다. 뉴욕에서는 여러 갱단들의 싸움으로 12년 동안 수백 명이 죽어나갔다.
- 시카고에는 전설적인 갱두목인 스카페이스Scarface로 불린 알 카포네Al Capone가 있었다. 그는 밀주 사업을 비롯해 도박과 매춘으로 막대한 돈을 벌어들였다.
- 그는 자신의 사업을 위해 시카고 시장 선거에도 개입했다. 이른바 정치 깡패의 일도 겸업했다. 시카고는 알 카포네의 도시가 되어갔다. 시카고 경찰의 60%가 주류 밀매에 연루되어 있었다.
- 심지어 시애틀 경찰이었던 올름스테드Roy Olmstead는 술이 엄청난 돈을 벌어다줄 것임을 간파했다. 경찰직을 때려 친 그는 곧 밀주 사업에 나섰다. 그가 뿌리는 뇌물에 경찰들은 자발적으로 부하가 되었다.
- 술을 마실 수 없게 되자 공업용 알콜로 만들어진 독주를 마시다 죽음에 이르는 이들이 금주법 시대에 1만 명에 달했다.

🌐🔍 위커샴 보고서 제14권(Report 14) 경찰(police)편

- 위커샴 보고서는 미국역사상 최초의 경찰문제에 관한 보고서로서 그 후의 경찰개력에 지침이 되었으며, 다음의 10개 항을 핵심적인 경찰의 발전방향으로 권고하고 있다.
- 경찰부패 원인의 하나인 정치적 간섭의 제거
- 경찰의 관리자는 경찰실무경험이 있는 유능한 인재로 임명하고 명백한 이유 없이는 해고하지 말 것
- 경찰관 채용기준을 명확히 하여 성적우수, 신체건강, 적정연령자를 채용할 것
- 봉급, 근무시간, 휴가제도, 재해보상 등 근무조건의 개선 및 확립
- 교양의 충실
- 통신수단의 정비
- 방범활동의 강화와 여자경찰관 채용
- 주경찰의 설립과 경찰 없는 지역의 해소
- 주 형사국과 주 범죄정보국의 설립 등이다.

🌐🔍 미국 근대경찰의 아버지 오거스트 볼머(August Vollmer)

- 1900년대 오거스트 볼머August Vollmer는 미국경찰에 경찰에 관련된 학문적 성과가 미흡함을 인식하고, 유럽의 '범죄심리학'과 비도크의 '범죄수사기법' 등을 소개하였다.
- 볼머는 1905년부터 1932까지 캘리포니아California주 버클리Berkeley 시에서 경찰서장을 역임했다.
- 경찰업무에 있어서는 자전거순찰제도, 집중화된 경찰기록시스템, 비상전화시스템 등을 최초로 도입하였다.
- 또한 학문분야에서는 대학을 졸업한 우수한 경찰인력을 확보하기 위해서 캘리포니아 대학에 형사사법학이 개설되도록 하였다. 그는 경찰관들로 하여금 대학교육을 받도록 적극 장려함으로써 경찰관의 학력 수준을 크게 향상시켰다.
- 1916년 버클리 대학University of Californnia at Berkeley에 미국 최초로 '경찰학'Police Science과정을 개설하는 데 중요한 역할을 담당하였다.

- 버클리대학에서는 미국경찰을 혁신으로 이끈 윌슨^{O. W. Wilson}을 제자로 양성했다.
- 위치타대학에서는 최초로 '경찰학'^{Police Science}이 학문분야의 체계를 갖도록 공헌하였다.
- 볼머는 1931년 미국 형사사법제도의 실태와 발전방향연구를 담당했던 위커샴^{Wickersham} ^{Commssion}위원회의 책임자 역할을 맡았다.
- 당시 경찰의 실태를 분석한 위커샴 보고서에는 ① 경찰관이 수사과정에서 경찰력을 남용하고 있고, ② 경찰 내에 정치와 관련된 부정부패가 만연해 있으며, ③ 경찰관 중에 전과자나 저학력자가 많아 자질이 떨어진다는 내용을 담았다.
- 위 보고서를 통해 당시 경찰의 실태를 정확하게 파악하게 된 미국정부는 이에 대한 대책으로 '직업 경찰관제도'^{Police Professionalism}의 확립을 추진했다.[255]
- 첫째, 신임 경찰관을 선발할 때에 보다 엄격한 기준을 마련하였다.
- 둘째, 신임경찰관에 대한 정규교육과 훈련을 시작하였다.
- 셋째, 무전기, 전화기 그리고 순찰차의 보급을 통하여 경찰관들끼리의 의사소통을 용이하게 하는 동시에 기동력을 높여 신속한 범죄대응이 가능하도록 하였다.
- 미국 정부는 볼머의 새로운 치안정책을 통해서 직업 경찰관제도를 정착시켜 나갔다.

4 경찰전문화 시대(Professional Era of Policing)

1940년대와 1950년대의 경찰전문화 시대^{Professional Era of Policing}에는 경찰의 가장 중요한 과제로 '경찰전문화'^{Professional of Policing}를 추구하였다. 이는 정치적 영향을 배제한 경찰활동과 '직업 경찰관제도'^{Police Professionalism}를 추구하였다. 경찰의 채용 및 해고에 대한 정치인의 간섭을 제도적으로 불가능하게 하였다. 직업적 안정성을 가진 경찰은 정치인을 위한 도구가 아니라 시민을 위한 법집행기관으로 인식되기 시작했다.

이러한 '직업 경찰관제도'^{Police Professionalism}가 확립되기 시작한 것은 1940년대로 접어들면서부터이다. 직업 경찰관제도의 확립에 있어 가장 중요한 역할을 했던 대표적인 인물이 오거스트 볼머^{August Vollmer}이다.

제2차 세계 대전은 경찰활동에 있어서 군대와 같은 규율과 조직체계를 만드는데 기여하였다. 군경력을 가진 사람들이 경찰간부로 승진하면서 경찰조직을 '준군사적 조

---

[255] 신현기 외 8인a, 전게서, p. 305.

직'Quasi-Military Fashion으로 만들었다. 이 당시 경찰은 과거의 노숙자 보호와 같은 지역사회 복지기능을 제거하고, 범죄진압 업무에 보다 충실하였다.

1940년대 이후의 경찰활동은 범죄의 원인을 규명하기보다는 범죄자를 체포하는데 더 많은 관심을 갖는 전통적 경찰활동 시대에 살고 있었다. 경찰은 차량순찰 위주로 순찰을 실행하고, 시민의 범죄신고에 신속하게 반응하는 등의 전문화된 경찰서비스의 제공을 가장 중요한 일로 여겼다.

Police Science

🔍 경찰전문화 개혁의 주요과제

- 경찰전문화 운동의 지도자들은 개혁의 기본목표를 "경찰로부터의 정치의 분리와 정치로부터의 경찰의 분리"Get politics out of the police and get the police out of politics에 두고 다음과 같은 5개의 과제를 중심으로 개혁운동을 추진했다.
- 그 내용은 ① 경험 있는 관리자의 등용, ② 집권적인 지휘 및 통제, ③ 경찰관의 수준향상, ④ 특수분야의 발전, ⑤ 사명감의 고취 등이다.

Police Science

🔍 윌슨(O. W. Wilson)

- 1930년대에 이르러 경찰의 책임자적 지위에 새로운 세대들이 진출했다. 이들은 제1세대 개혁자들과는 달리 경찰전문직화The Idea of Professionalism를 당연한 것으로 받아들이면서 여러 가지 성취를 이루었다.
- 이들의 노력은 국제경찰장협회IACP, 캘리포니아치안관협회The California Peace Offices'Association 및 뉴욕시 도시연구국The Bureau of Municipal Research in New York City 등의 전문적 기구의 연합에 의해 지원 받았다.
- 이러한 그룹의 가장 대표적인 인물이 윌슨이었다. 특히 효율적인 기동순찰방법으로서 2대의 1인 순찰차가 1대의 2인 순찰차보다 경찰관의 안전을 저해함이 없이 2배나 효과가 있다는 '1인 순찰차'제도를 주장하였다.
- 순찰인력 배치와 분산에 관한 새로운 기법, 포괄적인 기획, 새로운 기록관리 및 통신체계, 경찰관 채용 및 교육훈련 부분의 개선 등 여러 가지 새로운 방법과 정책을 도입하였다.
- 미국 내에서 경찰분야의 발전에 끼친 영향을 따진다면, 볼머August Vollmer, 윌슨O. W. Wilson 그리고 후버J. Edgar Hoover 등의 순이다. 이들은 지도적 전문가의 위치를 점하고 있다.

- 특히 1950년대에 출간된 「경찰행정」Police Administration은 오늘날까지도 경찰행정의 고전으로 여겨지고 있다.
- 이와 같은 월슨의 업적을 요약하면 전세대의 미숙한 경찰관들을 재교육시키고 경찰의 조직 구조 및 순찰운용, 통신의 효율성을 강조함으로써 경찰업무를 혁신시킴과 동시에 경찰의 전문직화에 크게 기여했다는 점이다.

5 경찰과 지역사회 관계 시대(Community Relations Era of Policing)

1960년대와 1970년대의 미국은 베트남 전쟁Vietnam War과 시민민권 운동Civil Rights Movement과 관련된 유례없는 분쟁Unprecedented Strife, 폭력Violence, 공공 무질서Public Disorder 및 범죄가 발생했다. 경찰과 형사사법시스템은 이러한 제반 문제에 효과적으로 대응하지 못했다. 1960년대 미국의 베트남 전쟁(1965-1975)으로 인해 시민들의 분노가 극에 달했고 흑인 인권운동의 진압과정에서 많은 가혹행위로 인한 흑인들과 경찰의 불신은 극에 달했다.

1965년 L.A시의 와츠 구역Watts Section에서 일어난 폭동으로 34명이 사망하고, 1,032명이 부상을 입었으며 3,952명이 체포되었다. 1966년에는 디트로이트에서 폭동이 일어나 43명이 사망했다. 주요 폭동은 탬파, 신시내티, 애틀랜타, 뉴어크에서도 일어났다. 1968년 '전국무질서자문위원회'National Advisory Commission on Civil Disorders에서는 폭동의 근본 원인을 흑인에 대한 '만연한 차별과 분리'Pervasive Discrimination and Segregation로 규정했다.

1970년 FBI의 '지표범죄 보고서'UCR: the FBI's Uniform Crime Reports에 따르면 이 기간 동안 전체 범죄는 약 176% 증가했으며, 대인범죄Crimes against Persons는 156.5%, 재산범죄Crimes against Property는 179.7% 증가했다. 가장 많이 증가한 절도Larceny는 244.9%, 강도Robbery도 224.4% 증가했다. 같은 기간 동안 미국 인구는 약 15% 증가했지만 범죄율 증가율은 인구 증가율의 약 11배였다.[256]

이 당시 얼 워런Earl Warren 연방대법원장은 연방대법원의 개혁을 이끌며, 여러 진보적 판결을 내렸다. 분리하되 평등Separate but Equal이라는 개념을 '분리자체가 불평등'이라는 미국 흑인 민권운동의 역사적 한 장을 장식한 판결을 내렸다. 그는 1963년 11월 22일 케네

---

256 Larry K. Gaines & John L. Worrall, *op. cit.*, pp. 22-23.

디 대통령John Fitzgerald Kennedy·1961-1963이 오스왈드Lee Harvey Oswald의 총격에 사망하자 1964년부터 1년간 조사를 펼치기도 했다.

1966년 얼 워런 연방대법원장은 '미란다 대 애리조나 판결'Miranda v. Arizona 384 U.S. 436을 통해서 '적법절차혁명'Due Process Revolution을 이끌었다. 이 당시 경찰은 용의자가 자백을 할 때까지 폭행과 고문을 자행했다. 강제자백은 증거수집에 가장 중요한 수단이었다. 연방대법원에서는 '미란다 원칙'Miranda warning, Miranda rights, Miranda rule을 판결하여 이러한 경찰의 관행을 제지하기 위한 '적법절차혁명'을 이끌었다.**257**

보수주의자이자 공화당원이었던 아이젠하워Dwight David Eisenhower 대통령(1953 – 1961)은 얼 워런을 연방대법원장에 임명했으나 후에 '자기 인생에서 가장 큰 실수'였다고 고백하기도 했다.

1960년대까지 미국에서는 경찰과 흑인 간의 관계를 복구할 방법을 모색했다. '위대한 사회'The Great Society를 내건 린든 존슨Lyndon B. Johnson 대통령(1963 – 1969)은 특히 경찰의 인종차별에 따른 법집행을 조사하기 위해서 1965년 '법집행 및 사법행정에 대한 대통령자문위원회'The President's Commission on Law Enforcement and Administration of Justice를 설치했다. 위원장인 카젠바흐Nicholas de B Katzenbach의 이름을 따서 일명 '카젠바흐 위원회'Katzenbach Commission, '블루리본 위원회'Blue Ribbon committee, '범죄자문위원회'The President's Crime Commission 등으로 불렸다.

1967년 「자유사회에 있어서의 범죄의 도전」The Challenge of Crime in a Free Society이라고 하는 최종 보고서를 대통령에게 제출했다. 카젠바흐 보고서에서는 경찰활동에 대해 여러 가지 측면을 조사하고 ① 경찰관의 자질, ② 경찰훈련의 양과 질, ③ 법집행기관의 관리구조, ④ 경찰과 지역사회가 관련을 맺고 있는 방식, ⑤ 경찰이 지역사회에 서비스를 공급해 주는 방식, ⑥ 경찰 스스로의 책임을 규정하고 있는 방식 등에 있어서 변화와 개혁이 필요하다고 발표했다.**258**

특히 법집행에 있어서 지역사회와의 소통과 소수민족Minority Populations, 특히 흑인 사이의 가교역할을 수행할 새로운 유형의 경찰시스템을 개발할 것을 제안했다.

카젠바흐 보고서는 1931년에 '위커샴위원회' 이후로는 처음으로 미국의 형사사법체계를 포괄적으로 연구한 것이다. 경찰조직은 높은 수준의 경찰관, 관리체계의 개선, 범죄문제 해결을 위한 과학기술의 폭넓은 활용이 필요하다고 권고하였다.

린든 존슨Lyndon B. Johnson 대통령은 1967년 「행정명령」Executive Order 11365을 통해 대통령

257 *Ibid.*, pp. 22 – 23.
258 이황우h, "미국의 지역사회 경찰활동에 관한 연구"「한국공안행정학회보」, 5, 1996, p. 102.

직속의 '공공무질서대책 국가자문위원회'The National Advisory Commission on Civil Disorders를 다시 설치했다. 1967년 여름 동안 美전역에서 발생한 도시폭동의 원인을 조사하고 미래에 대한 정부 권고안을 제시할 것을 명령하였다. 위원장인 커너Otto Kerner Jr의 이름을 따서 커너위원회로 알려졌다. 동위원회에서는 7개월간의 조사 끝에 1968년 최종보고서를 제출하였다.

커너위원회에서는 도시폭동의 원인은 흑인과 라틴계에 대한 경제적 기회의 부족, 사회복지 프로그램의 실패, 경찰의 잔혹성, 인종차별, 그리고 백인 관점의 언론보도 때문이라고 분석했다. 커너위원회는 카젠바흐 위원회(범죄자문위원회)의 권고 내용을 강조하면서 경찰과 지역사회의 관계 향상과 경찰의 전문화를 특히 강조하였다. 경찰관은 의사, 변호사, 교사와 마찬가지로 전문적이어야 한다는 것이 강조되었다. '기능직에서 전문직으로'From Craft to Profession이라는 슬로건은 당시 경찰개혁의 방향을 잘 나타내주는 표어이다.

1968년 美의회는 범죄통제를 위한 최초의 통합법령인 「범죄통제와 안전시가지를 위한 통합법」Omnibus Crime Control and Safe Streets Act of 1968을 제정했다. '법과 질서'Law and Order를 중점 정책으로 내세우면서 취임한 닉슨Richard Nixon 대통령(1969－1974)은 동법을 강력하게 지지했다. 동법의 목적은 범죄발생을 감소시키고, 법집행과 형사사법체계의 공정성을 증가시키는 것이었다. 「범죄통제와 안전시가지를 위한 통합법」을 통해서 '법집행원조청' LEAA: Law Enforcement Assistance Administration이 창설되었다. LEAA의 설립목적은 지역 공권력을 개선하고 청소년비행예방 프로그램 등을 지원하는 것이었다.

1960년대 후반 경찰관리자, 정부관리, 그리고 학계와 사회에서는 경찰이 가장 효과적인 방법으로 임무를 수행하고 있는가에 대한 관심을 가지기 시작하였다. 이들은 무작위 자동차순찰, 긴급대응전략, 일상적인 범죄수사, 그리고 전통적 범죄분석의 효과성에 대하여 논의했다. 그 결과 다양한 경찰훈련센터, 경찰전문학교, 경찰교육 프로그램 등이 도입되었다.

1973년 캔사스市 미주리 경찰국KCDP에서 행해진 '캔사스市 예방순찰실험'Kansas City Preventive Patrol Experiment · 1972.10.01-1973.09.30.을 비롯한 일련의 경찰실험들은 기존 방범순찰의 효과성을 부정하는 결과를 보여주었다. 기존의 경찰활동이 효과성과 효율성 측면에서 실패하고 있다는 점이 부각되었다. 이 예방순찰실험은 목적 없는 순찰은 범죄를 효과적으로 억제하지 못한다는 결론을 내렸다.

1957년 세인트루이스에서 경찰과 지역사회 관계 부서Police-Community Relations Units를 설치했지만 1960년대 후반과 1970년대 초반까지 국가적 관심을 끌지는 못했다. 이후 공공관계$^{PR: Public Relations}$ 프로그램을 통해서 경찰이미지 제고 향상을 위한 다양한 홍보프로그램을 실시하였다.

경찰과 지역사회 관계$^{PCR: Police Community Relations}$란 지역사회 내의 각종기관, 단체, 주민 등과 유기적인 관계를 유지하고, 협조체제를 구축하는 것 등을 통해 경찰활동의 긍정적인 면을 지역사회에 널리 알리는 종합적인 지역사회 홍보체계를 말한다.[259]

PCR의 목적은 경찰과 대중 사이의 긴밀한 협력관계 구축이었다. 이는 경찰활동을 대중에게 '판매'^{sell}하는 것이었다. 경찰활동을 잘 홍보하면 시민들이 경찰을 더 잘 이해하고 협조할 것이라고 생각했다.

PCR은 경찰과 지역사회의 관계를 개선하고자 하는 총체적인 노력을 의미하며, 이는 경찰조직과 지역사회 내의 시민들 간에 존재하는 모든 형태의 상호작용 속에서 나타나는 관계개선을 의미한다.

PCR은 긍정적인 관계개선은 물론 부정적인 관계개선을 모두 포함하는 것이다. 긍정적인 관계란 경찰과 지역사회의 협력과 의사소통을 촉진시켜 주는 여러 가지 상호작용을 의미하며, 부정적인 관계란 일반적으로 예기치 못했던 의사소통의 단절과 상호작용을 불가능하게 하는 장애물을 의미하는 것이다.

PCR의 초기단계에서는 시민과의 정보를 교환하기 위한 수단으로 시작되었으나, 점차 경찰에게 시민과의 의사소통방안에 관하여 교육하고, 시민들에게는 경찰업무의 위험성과 어려움을 알리며 상호간의 이해를 증진시키려는 방향으로 발전하게 되었다.

PCR의 구성요소는 크게 '인간관계'$^{HR: Human Relation}$와 '공공관계'$^{PR: Public Relation}$로 나누어진다. 첫 번째, 인간관계의 개선은 어떻게 하면 그동안 소원했던 경찰과 시민상호 간의 신뢰를 회복할 수 있느냐가 관건이다.

두 번째, 공공관계의 개선은 경찰이 무엇을 하고 있고, 왜 그것을 하고, 누구에게 봉사하며, 그러한 활동들이 지역사회의 공공안녕과 질서유지에 얼마만큼 기여하는가를 시민에게 알림으로써 경찰의 좋은 이미지를 심어 주는 것이라고 할 수 있다.

이러한 경찰과 공공관계와의 개선은 언론관계, 대중매체 관계, 기업이미지식 경찰홍보 등이 있다. 과거의 경찰은 '그레샴 법칙'이 지배하는 비밀주의 그 자체라고 할 수 있었는데 정보공개를 통해서 투명하게 경찰활동을 소개하여 경찰의 이미지를 제고하고자 하는 특성을 갖는다.

---

259 최선우a, 「경찰과 커뮤니티」(서울: 대왕사, 2003), pp. 158 – 163.

🌐 린든 존슨(Lyndon B. Johnson) 대통령의 '법질서(Law & Order) 확립' 정책[260]

- 1969년 1월 취임한 닉슨 대통령은 '법질서$^{Law\ \&\ Order}$ 확립'을 강조하며 '범죄와의 전쟁'을 선언했다. 그 숨은 뜻은 정치적인 움직임을 탄압하겠다는 것이었다.
- 블랙팬서, 블랙파워 등의 흑인 정치운동, 반전 시위, 여성 해방 운동 등이 타깃이 되었다. 사회의 소수자들에 대한 법질서를 확립하겠다는 닉슨의 선언은 '대량투옥'$^{Mass\ Incarceration}$의 시대를 열었다.
- 그러면서도 인종차별의 언어는 되도록 피하고, 당시의 시민권 운동과 마약이 도시의 혼란을 일으킨다고 말하며 그저 우리는 법을 집행할 뿐이라고 교묘하게 빠져 나갔다.
- 이후 전 닉슨 행정부 수석 보좌관 존 에릭먼의 "범죄와의 전쟁이 전쟁에 반대하는 좌파와 흑인들을 감옥에 넣기 위한 정책이었다."는 녹음파일이 등장하기도 했다.

🌐 1967년 법집행 및 사법행정에 관한 대통령 자문위원회[261]
(President's Commission on Low Enforcement and Administration of Justice)

- 1967년 존슨 대통령은 법집행과 사법행정에 대한 대통령 직속의 특별위원회를 구성하게 되었다.
- 법집행 및 사법행정에 관한 대통령자문위원회$^{The\ President's\ Commission\ on\ Law\ Enforcemnet\ and\ Administraion\ of\ Justice}$는 다음과 같은 지적사항을 제시하였다.
- 경찰은 봉사하여야 할 사회와 유리되어 있으며, 재판, 교정기관과도 유리되고 있다.
- 경찰책임자는 경찰관리에 관한 책임을 경찰간부에게 맡겨버리고 스스로 책임을 다하고 있지 않다.
- 위원회에서는 다음과 같은 내용의 권고사항을 제안하였다.
- 첫째, 경찰과 흑인과의 관계를 개선하는 데 중점을 두어야 한다.
- 둘째, 많은 시민들을 경찰활동에 대한 자문역할에 참여하게 해야 한다.
- 셋째, 교육 수준이 높은 우수자원을 경찰관으로 채용하여 경찰관의 질적 수준 향상을 도모해야 한다. 인재의 확보를 위해 모든 경찰관을 외근순경으로 채용하는 방법을 고쳐 중간계급에 직접채용하는 방법을 채택함으로써 우수한 인재를 확보해야 하고, 또 모든 계급의 경

---

260 김민준, "대량 투옥 시대 열어젖힌, '범죄와의 전쟁'의 추악한 이면" 「오마이뉴스」, 2019.04.16.
261 경찰청 경찰혁신기획단 자치경찰추진팀, 「선진 외국의 경찰제도」, 2003, p. 198.

찰관에게 필요한 교양시험기준을 설정해야 한다.

- 넷째, 각 경찰서에서는 적극적으로 대학 졸업자를 유인하며 채용하도록 하며 기존의 경찰관들에게도 대학교육을 받도록 유도해야 한다.
- 다섯째, 경찰 조직의 사무 중복을 없애기 위해서 통합·조정해야 한다. 시민관계의 개선과 경찰관의 비행방지를 위해서 내부감찰체제를 정비해야 한다.

🔍 법집행원조청(LEAA: Law Enforcement Assistance Administration)

- 법집행원조청LEAA: Law Enforcement Assistance Administration은 최초에는 「통합범죄방지안전시가지법」Omnibus Crime and Safe Street Act에 의거 주 및 지방의 법집행, 형사사법기관의 질적 향상을 도모할 목적으로 이에 필요한 자금 및 기술적 지원을 행하기 위한 기관으로 법무부에 설치되었다.
- 그 후 LEAA의 설치, 임무에 관한 법률을 제정하여 수차의 개정을 거쳐 오늘에 이르고 있다.
- LEAA의 보조금의 하나로 법집행교육계획LEEP: Law Enforcement Education Program이 있다.
- 이것은 형사사법관계의 강좌를 수강하는 학생 및 경찰관에 대한 지원방법으로서, 이를 통해서 형사사법관계자의 교육수준을 제고하여 형사사법체제를 개선하고 강화하고자 하는 것이다.

🔍 캔사스市 예방순찰실험(Kansas City Preventive Patrol Experiment)

- 1972년부터 1973년까지 캔사스市에서는 '캔사스市 예방순찰실험'Kansas City Preventive Patrol Experiment을 실시했다. 실험은 다음과 같은 가설을 가지고 있었다.

  ① 시민들은 경찰의 순찰 방법 변화를 인지할 수 있는가?

  (Would citizens notice changes in the level of police patrol and crime?)

  ② 가시적인 순찰은 기존 범죄와 피해자 조사에 영향을 미치는가?

  (Would different levels of visible police patrol affect recorded crime or the outcome of victim surveys?)

  ③ 경찰의 순찰수준이 달라지면 시민들이 갖고 있는 범죄에 대한 두려움과 시민행동이 달라지는가?

  (Would citizen fear of crime and attendant behavior change as a result of differing patrol levels?)

④ 경찰활동의 변화에 시민들은 만족하는가?

(Would their degree of satisfaction with police change?)

- 실험에서는 캔사스 시티의 15개 순찰구역Beats을 3가지 순찰구역으로 나누고 3가지 순찰디 자인을 적용했다.

- 첫 번째 그룹은 기존의 일상적인 순찰Routine Patrols을 하지 않고, 신고에 신속하게 대응하는 신속 신고대응 경찰활동을 전개하는 사후진압적 순찰Reactive Patrols이었다.

- 두 번째 그룹은 기존의 일상적인 순찰Routine Patrols을 실시했다.

- 세 번째 그룹은 기존보다 2 - 3배 많은 예방적 순찰Proactive Patrols을 수행했다.

- 이 실험으로 경찰의 예방적 순찰Preventive Patrol과 범죄신고에 대한 신속대응Rapid Response Time이 범죄예방에 거의 영향을 미치지 못한다는 사실을 확인하였다.

- 캔사스市 예방순찰실험으로 경찰의 순찰이 범죄예방에 큰 효과가 없다는 것이 밝혀졌다.

- 당시 경찰 분야 학계 및 실무가들은 경찰의 실추된 입지 및 권한을 확장하기 위한 돌파구가 필요했는데, 지역사회경찰활동COP: Community Oriented Policing은 그 중 하나였다.

6 법질서 회복시대(The Return to Law and Order)

1980년대에는 경찰철학의 또 다른 변화가 있었다. 1982년 신자유주의자이자 보수주의자인 로널드 레이건Ronald Reagan · 1981-1989이 대통령으로 당선되면서 강력한 마약퇴치 정책을 펼쳤다. 그는 '법질서 정부'Law-and-Order Government를 내세우면서 8년간 21억 달러를 마약과의 전쟁에 투입했다.

이 당시 콜롬비아 마약 카르텔Columbian Drug Cartels은 엄청난 양의 코카인을 미국으로 밀반입하고 있었다. 마약범죄, 특히 흑인이 주로 사용하는 크랙 코카인은 미국에서 가장 중요한 문제로 대두되었다. 1982년의 '국방수권법'Department of Defense Authorization Act의 제정으로 마약 밀매를 차단하기 위한 작전에 군대를 동원하였다. 1984년 제정된 '포괄범죄법'Comprehensive Crime Act은 사법부의 마약범죄에 관련된 권한을 더욱 강화시켰다. 1986년 '마약남용퇴치법'Anti-Drug Abuse Act을 제정하여 마약관련 제반 법률을 통합하고 처벌을 더욱 강화하였다.

연방 정부, 특히 연방범죄수사국FBI, 마약단속국DEA, 알코올 · 담배 · 총기국ATF은 포괄보조금block grants과 마약단속 프로그램을 지방 경찰서Local Police Departments에 제공했다.

1960년대와 1970년대의 지역사회 관계 프로그램Community Relations Program은 마약범죄예방 프로그램Drug Crime Prevention Program으로 발전했다. 법질서를 강조하면서 마약과의 전쟁에서 엄청난 비용을 지출했지만 문제는 지속되었다. 이러한 마약관련 법들과 엄격한 법집행은 결과적으로 흑인들의 '대량 투옥'Mass Incarceration 현상을 만들었다.

특히 대도시 흑인 빈민층이 전과로 인해 다시 빈곤 상태를 벗어나지 못하고 마약 관련 범죄에 연루되는 악순환을 가져왔다. 이는 인종 간의 사회적, 경제적인 격차를 더욱 벌어지게 만드는 한 요인이 되었다.

경찰은 엄격한 법집행만으로는 마약과 범죄문제를 개선할 수 없다는 사실을 깨닫게 되었다. 경찰은 마약과 범죄문제를 해결하기 위해서는 지역사회와 함께 다른 사회문제를 동시에 해결하는 것이 더욱 효과적이라는 사실을 깨닫게 되었다.

법집행기관과 함께하는 '지역사회 구축 프로그램'Community-Building Projects이 더욱 효과적인 것으로 조사되었다. 경찰이 작은 단위의 이웃 무질서Neighborhood Disorder를 주민들과 함께 해결하는 것이 보다 효과적이라는 사실도 밝혀졌다. 이러한 현실인식은 '지역사회 경찰활동'Community Policing을 태동하게 만드는 중요한 계기가 되었다.

Police Science

🌐🔍 美교정시설협회(CCA: Correction Corporation of America)[262]

- 미국 정부는 교도소 관리를 민영화된 민간 업체들에게 맡기고 있다. 미국 민영 교도소 1위 업체는 1983년부터 영업을 시작한 美교정시설협회CCA로, 이 업체는 2011년 기준으로 연 매출 17억 달러를 기록했다.

- 교도 시설 운영에 들어가는 비용도 연간 800억 달러, 100조 원 수준이다. 고령자 한 명의 수감 비용은 1인당 연간 6만−7만 달러(6700−7800만 원)로 일반 수감자의 두 배가 넘는다. 수감자가 급증하니 민간 교도소 사업이 활개를 치는데 이를 가리키는 '범산복합체'犯産複合體 · Prison-Industrial Complex라는 신조어까지 나왔다. 군부와 방산기업이 결합한 군산복합체軍産複合體 · Military-Industrial Complex)에 빗대어 범죄 처벌이 기업과 결탁했다는 뜻이다.[263]

- CCACorrection Corporation of America는 보안 교정 시설, 즉 감옥을 짓고 소유하며 관리하는 사설 감옥 회사다. 이들은 주 정부와의 계약을 통해 해당 지역에 교정 시설을 지어 왔는데,

262 김현우, "범죄 예방효과 사라진 美 대량 투옥 정책, 40년 만에 폐기되나" 「한국일보」, 2015.04.15.
263 이덕일, "처벌 강화 능사가 아니다." 「광주일보」, 2021.05.27.

범죄자는 언제나 생겨나니 사업은 날로 번창하게 된 것이다. 그렇게 생겨난 이윤은 주주에게 돌아간다.[264]

- 버즈피드[Buzzfeed]의 기자인 다니엘 와그너[Daniel Wagner]는 이러한 형태의 '범산복합체'[prison-industrial complex]가 "대량투옥체제와 대량투옥으로 이익을 본 회사들과 관련이 있다."고 지적한다. 재소자와 그들의 가족들에게 부과되는 다양한 비용들을 부풀리는 방식을 택하는 것이다.

- 미국 정부의 대량 투옥은 1970년대 인권운동에 나섰던 흑인들을 억압하던 암울한 그림자로부터 비롯됐다. 당시 인종차별 철폐를 주장하던 흑인들의 인권운동 불길이 전국으로 번지면서 미국 내 시위가 격화되자 이들을 감옥에 무차별적으로 잡아넣기 시작했다.

- 리처드 닉슨 전 대통령은 1968년 11월 대선을 앞두고 공약으로 '법과 질서의 회복'을 내걸었고 이후 미국 정부가 범죄와의 전쟁을 벌이면서 투옥률은 가파르게 치솟았다.

- 1970년대 미국 교도소 수감자는 30만 명에 불과했지만 1990년대에 이르자 200만 명을 넘어섰다. 레이건 정부시절인 1980년 51만 3천여 명이던 수감자는 1985년 75만 9천여 명으로 급격히 늘어난다.

- 이후에도 지속적으로 미국 정부는 감옥을 짓기 위한 예산을 늘려왔다. "범죄를 막는 것은 당연히 필요하다."라는 명목으로 모든 경찰조직을 군대화하는 한편 특공대를 조직하기도 했으며 감옥은 지속적으로 확장되었다.

- 투옥률 증가가 범죄예방에 효과가 없다는 사실은 꽤 오래전부터 분석돼 왔지만 미 정부가 각종 범죄에 처벌 수위를 높이며 투옥률을 끌어 올려왔던 것도 이들의 상시적인 로비 때문이라는 지적이 많다.

- CCA는 2012년에는 미 전역 49개 주 정부의 교도소 매입을 제안하면서 그 조건으로 모든 교도소의 재소자 수용률을 90% 수준으로 보장해달라고 요구했다. 미 정부가 이 업체의 요구를 맞추려면 될 수 있는 대로 많은 범법자들을 감옥에 보내야 하는 처지이다.

Police Science

🌐 대량 투옥(Mass Incarceration) 정책[265]

- 지난 40년 동안 미국 사법체계의 핵심은 '대량 투옥'[Mass Incarceration]이란 단어로 요약된다. 범죄예방을 위해 범법자를 감옥에 가둬 사회로부터 격리하는 게 최우선시 됐다는 말이다.

---

264 김민준, 전게기사.
265 김현우, 전게기사.

미국 내 투옥률이 증가할수록 실제 범죄 발생률은 하락하는 통계적 경향이 뚜렷이 나타나면서 대량 투옥은 효과적 수단으로 인식됐다. 현재 미국은 전 세계 총 인구 중 5%를 차지하지만, 미국 내 교도소에는 전 세계 총 재소자의 25%가 갇혀있는 상황이다.

- 미국 인구는 전 세계 인구의 5% 남짓이지만 교도소 수감자 수는 2015년 약 220만 명으로 전 세계 수감자의 25%나 된다. 미국의 인종 구성은 백인 64%, 히스패닉 16%, 흑인 12%지만 수감자는 흑인 40%, 백인 36%, 히스패닉 21%로서 흑인 비율이 압도적으로 많다.[266]

- 미국 정부의 대량 투옥은 1970년대 인권운동에 나섰던 흑인들을 억압하던 암울한 그림자로부터 비롯됐다. 당시 인종차별 철폐를 주장하던 흑인들의 인권운동 불길이 전국으로 번지면서 미국 내 시위가 격화되자 이들을 감옥에 무차별적으로 잡아넣기 시작했다.

- 특히 리처드 닉슨 전 대통령은 1968년 11월 대선을 앞두고 공약으로 '법과 질서의 회복'을 내걸었고 이후 미국 정부가 범죄와의 전쟁을 벌이면서 투옥률은 가파르게 치솟았다. 1970년대 미국 교도소 수감자는 30만 명에 불과했지만 1990년대에 이르자 200만 명을 넘어섰다.

- 그런데 미국 내 투옥률이 증가하자 동시에 범죄 발생률도 하락하는 추세를 보이면서 범죄 예방에 범죄자 투옥이 탁월한 효과가 있다는 인식이 널리 퍼지게 된 것이다.

- 하지만 1973년 미 대법원에서 통과된 낙태 합법화가 미국 사회의 범죄율 하락을 초래한 획기적 전환점이 됐다는 주장을 내놓기도 한다. 불우한 가정에서 태어난 아이들이 범죄자가 될 확률이 높은데 1973년 이후 美전역에서 낙태가 합법화되면서 예비 범죄자의 양산을 일정 부분 막았다는 것이다.

Police Science

🔍 교도소 폐지운동(Prison Abolition Movement)[267]

- 대량 투옥으로 인해 재소자 관리에 지나치게 많은 예산이 낭비되고 있다는 비판도 많다. 범죄자 1명을 교도소에 가두는데 드는 비용이 연간 약 2만 5,000달러(약 2,700만 원)에 달하는 만큼 재소자를 줄이고 이를 교육이나 보건 등 사회복지 비용으로 전환해야 한다는 것이다. 또한 부모 중 한 명이 교도소에 수감된 아이들이 2015년 기준으로 약 270만 명에 달해 이들은 생계와 교육 등에서 최악의 상황에 처해 있는 것으로 나타났다.

- 노벨 경제학상 수상자인 조셉 스티글리츠 컬럼비아대 교수는 "미국의 높은 투옥률은 비인

---

266 이덕일, 전게기사.
267 김현우, 전게기사.

간적일 뿐 아니라 경제적으로도 어처구니 없는 짓"이라며 "막대한 예산과 인적 자산이 쓰레기통으로 들어가고 있다."고 비판했다.

• 범죄의 경중을 가리지 않고 범법자를 무조건 교도소에 수감하고 보는 미국 사법체계를 개혁해야 한다는 주장이 점점 더 큰 호응을 얻고 있다. '교도소 폐지 운동'Prison Abolition Movement에 열중하고 있는 사회단체들도 늘고 있다. 교도소를 아예 없애자는 게 아니라 그 교도소 시설과 투옥률 등을 지금보다 현저히 줄이고 대신 더 효과적인 범죄자 갱생 시스템을 만들자는 주장이다.

• 이들은 살인이나 폭력 등 강력 범죄자는 투옥하되 마약복용이나 성매매, 불법 총기류 소지 등 경미한 범죄를 저지른 이들의 수감은 자제하고 이들을 사회적 테두리 안에서 교화해야 한다고 주장한다.

7 지역사회 경찰활동 시대(Community Policing Era)

미국의 경찰활동을 지역사회 상호관계차원에서 구별하면, 전통적 경찰활동Traditional Policing 시대, 경찰과 지역사회 관계PCR: Police Communication Relation 시대, 그리고 지역사회 경찰활동COP: Community Oriented Policing 시대로 구분할 수 있다.

1981년까지 경찰재단Police Foundation의 많은 연구에 따르면 경찰은 범죄대응임무를 위해서 자동차 안에서 너무 많은 시간을 보내므로 지역사회에서 고립되었다고 지적했다. 이러한 제반 문제에 대한 해결책으로 미국의 많은 경찰 부서는 지역사회 경찰활동이라는 치안철학을 실험하기 시작했다.

경찰활동에 대한 다양한 조사와 실험 이후 '지역사회 경찰활동'Community Oriented Policing 을 통하여 경찰과 지역사회를 더욱 가까이 하여 경찰과 지역사회의 거리를 좁혀 신뢰를 구축하는 것이 경찰활동의 기본적 목표로 여겨졌다.

1980년대가 시작되면서 미국의 경찰분야에서는 과학과 기술의 발전을 토대로 경찰전문화와 현대화를 이루었다. 하지만 범죄문제는 계속 악화되었고, 경찰과 시민과의 관계는 개선되지 않았다. 이에 대한 반성으로 지역사회 경찰활동이 1970년대 말과 1980년대 초에 미국에서 제기되었다. 1980년대와 1990년대에 이르러 지역사회 경찰활동은 美전역으로 확대되었다.

지역사회 경찰활동에 대한 연구는 1980년대부터 본격적으로 수행되었다. 1990년대 후반 형사사법 교수인 트로야노비치Bob Trajanowicz의 지역사회 치안을 확보하는 방법에 대한 연구는 법집행 관련 공무원들에게 많은 영향을 끼쳤다.

미시간州 플린트市의 도보순찰실험Foot Patrol Experiment in Flint, Michigan은 지역사회 경찰활동에 대한 최초의 평가프로그램 중 하나이다.[268] 또한 범죄의 두려움을 평가한 최초의 프로그램 중 하나이다.[269] 범죄다발지역Hot Spot에서의 경찰 순찰활동은 범죄감소에 영향을 준다는 것이 확인되었다. 빌 클린턴 행정부(1993-2001)에서는 지역사회 경찰활동이 더욱 활성화되었다. 1994년 '폭력범죄 통제 및 법집행법'Violent Crime Control and Law Enforcement Act 1994은 법무부 내에 지역사회 경찰활동국COPS을 설립하고 지역사회 치안을 향상시키기 위한 자금을 제공했다.

지역사회 경찰활동은 미국, 일본 등 선진국에서 광범위하게 실시되고 있으나 지역사회 경찰활동이라는 개념이 처음으로 체계화된 것은 미국이다. 지역사회 경찰활동의 철학은 구체적으로 정의되어 있지 않기 때문에 개별 경찰서에 따라 다르게 나타난다.

하지만 지역사회 경찰활동의 근본 요소는 모두 동일하다. ① 지역사회의 범죄감소, ② 범죄의 두려움Fear of Crime 감소, ③ 무질서Disorder의 해결, ④ 지역경찰과 시민 간의 상호소통Feedback 등이다. 지역사회 경찰활동의 목표는 범죄와 무질서Crime and Disorder를 해결하기 위해서 '시민·경찰 동반자 관계'Partnership with the Citizenry and Police를 구축한다는 것이다.

첨단 기술이 발전하면서 다양한 경찰활동에 대한 전략이 수립되고 있다. 하지만 경찰이 지역사회와 협력하여 지역사회의 범죄문제를 해결하고 지역의 법과 질서를 유지하려는 노력은 여전히 중요하다고 할 수 있다.

지역사회 경찰활동은 '깨어진 창문이론'Broken Window Theory과 '문제지향 경찰활동'Problem Oriented Policing을 중심으로 발전하게 된다. 오늘날에도 깨어진 창문이론과 문제지향 경찰활동은 지역사회 경찰활동의 근본을 구성하는 철학적 원리로 인정받고 있다.

Police Science

🔍 지역사회 경찰활동과 트로야노비치 교수

- 미시건 주립대학 형사사법학과 교수Professor of Criminal Justice at Michigan State University이자 지역사회 경찰활동의 주창자인 트로야노비치Robert C. Trojanowicz는 지역사회 경찰활동의 발전에 큰 영향을 끼친 학자였다. 미시간 주 홀트의 집에서 심장마비로 52세의 나이로 사망했다.

---

[268] one of the first evaluation studies of a community policing program.
[269] one of the first policing studies to include measures of citizen fear of crime.

- 그는 1972년 "경찰과 지역사회 관계"라는 논문[270]을 통해서 지역사회 경찰활동의 필요성을 주장했다.
- 그는 1983년 미시간 주에서 '국립 지역사회 경찰활동센터'National Center for Community Policing를 설립하여 운영하면서 지역사회 경찰활동을 널리 전파하였다.

Police Science

지역사회 경찰활동의 사례

- 지역사회 경찰활동은 다양한 프로그램을 통해서 전파되었다. 기업과 협력을 통한 범죄감소 동반자Crime Reduction Partnerships with Businesses 프로그램, 공공장소에 대한 CCTV 감시Video Surveillance of Public Space 프로그램, 경찰과 이민자 유대 구축Building Strong Ties between the Police and Immigrant Communities 프로그램, 비영리 기구 및 정부기관과의 동반자Partnerships with Non-Profit and Other Governmental Agencies 프로그램 등이 도입되었다.
- 이러한 프로그램들은 모두 지역 맞춤형 프로그램Customized Programs이라는 특징이 있다.

Police Science

증거기반 경찰활동(Evidence-Based Policing)

- 제2차 세계 대전 이후 경찰의 난선순찰은 어느 곳에나 경찰이 존재한다는 '경찰의 편재'Omnipresence이론에 따라 활성화되었다. 1975년 3알즈^{3Rs} 모델은 도시경찰활동의 표준모델이 되었다.
- 이후 통계적 증거의 사용Statistical Evidence이 증가하면서 3알즈^{3Rs} 모델은 삼원티Triple-T 모델로 발전되었다. 하지만 범죄문제에 대한 경찰의 활동이 효과적이고 효율적인가에 대한 비판이 대두되었다.
- 1998년 경찰재단Police Foundation의 「미국 경찰활동의 아이디어」Ideas in American Policing라는 잡지에서 셔만Lawrence W. Sherman은 처음으로 '증거기반 경찰활동'Evidence-Based Policing의 개념을 제시했다.[271]
- 전 세계적으로 통계적 증거의 사용과 사전예방적 경찰활동의 중요성이 강조되면서 광범위한 데이터 분석을 기반으로 하는 '증거기반 경찰활동'Evidence-Based Policing은 더욱 확대되었다.

---

270 Robert C. Trojanowicz, "Police—community relations: problems and process", *Criminology,* 1972, p. 55.
271 Lawrence W. Sherman, "Evidence—Based Policing", *Ideas In American Policing*(n.d)(from https://www.p

- 증거기반 경찰활동의 핵심 아이디어인 '효과적이고 효율적인 경찰활동'what works은 ① 범죄자를 추적하고, ② 다양한 범죄패턴을 분석하고, ③ 시민의 안전을 확보하기 위한 데이터 분석 경찰활동 모델이라고 볼 수 있다.

8 9.11 테러 이후 국가안보 경찰활동 시대(9·11: Policing & Homeland Security Era)

2001년 9월 11일 美본토에 대한 최초의 재앙적인 테러사건은 미국의 국가안보에 대한 대전환점을 가져왔다. 국토안보부The U.S. Department of Homeland Security가 설립되었고 수많은 연방기관과 주정부 그리고 지역경찰에 '국가안보'Homeland Security에 대한 역할이 부여되었다.

9·11 테러 공격으로 경찰은 테러용의자에 대한 엄격한 법집행 정책으로 전환되었다. 경찰은 지역사회와의 유대관계를 통한 지역사회 통제Controlling Communities에 보다 많은 관심을 가지게 되었다.

경찰은 테러리스트 및 테러공격에 대한 정보를 얻기 위해서 지역사회와 더 나은 유대관계를 조성할 필요성이 대두되었다. 지역 경찰은 테러 위협에 대한 정보를 수집하고, 대응하기 위해서 연방과 주정부와 더욱 긴밀한 협력관계를 추구하게 되었다.

많은 대도시 경찰은 정보작전Intelligence Operations을 위한 부서를 확장했다. FBI가 주도하는 지역 법집행기관 융합센터Fusion Centers가 설치되었다. FBI는 연방과 주정부 그리고 지방경찰에서 수집한 테러정보를 분석하는 합동 테러리즘 대응팀Joint Terrorism Task Force을 운영하고 있다.

경찰은 테러리스트의 잠재적인 표적인 국가중요시설에 대한 보안과 경비를 위해서 더 많은 노력을 기울이고 있다. 특히 민간경비Private Security와의 협력도 강화하고 있다.

olicefoundation.org/publication/evidence−based−policing/)(Retrieved January 23, 2022).

Police Science

🔍 정보주도 경찰활동(Intelligence-Led Policing)

- 정보주도 경찰활동ILP이라는 용어는 1990년대 초 영국 켄트KENT 경찰청에서, 개별 사건 대응보다 장기간 범죄패턴을 측정하여 감소시키는 방법으로서 그 성과가 입증되면서, 영국 전역으로 확대되었다.[272]
- 미국에서는 리어블링Mark Riebling의 1994년 책 「FBI와 CIA의 비밀전쟁」Wedge: The Secret War between FBI and CIA에서 법 집행 기관과 정보기관 간의 갈등을 조명하고, 경찰이 "좀 더 스파이처럼"되라고 촉구했다.
- 정보주도 경찰활동은 2001년 미국에 대한 9.11 테러 공격 이후 전 세계적으로 상당한 추진력을 얻었다. 현재 북미와 영국의 주요 경찰협회에서 이를 채택하고 있다.

Police Science

🔍 스마트 경찰활동(SMART Policing)

- 2008년 세계 금융위기 이후, 예산 감축으로 인해 곤란을 겪던 미국 법집행 기관의 문제점을 해결하고자 한정된 자원을 최적화하여 활용하는 접근법으로 2009년부터 등장했다.
- 2008년과 2009년 미국의 법집행 기관은 불황으로 인한 예산 삭감으로 911신고 전화에 대응하기도 어려웠다. 이 시기 기존의 경찰행정에 대한 연구와 이론들은 '경찰자원 운영의 효율성'을 극대화하는 방안으로 '스마트 경찰활동'SMART Policing을 강조하였다.
- 스마트 경찰활동은 미국 경찰의 새로운 패러다임Emerging Paradigm in American Policing이며, 범죄감소Crime Reduction와 증거기반 경찰활동Evidence Base for Policing의 개선 및 발전을 주된 목표로 한다.[273]

---

272 Adrian James, *Examining Intelligence—Led Policing: Developments in Research, Policy and Practice Palgrave* (Palgrave Macmillan, 2013), p. 13.

273 James R. Coldren Jr, Alissa Huntoon & Michael Medaris, "Introducing Smart Policing: Foundations, Principles, and Practice"「Police Quarterly」, 16(3), 2013, p. 275.

미국 경찰활동의 시대구분과 내용 종합		
시대 (Era)	경찰의 역할 (Police Role)	경찰구조 (Department Structure)
정치 (Political)	• 사회구호 서비스 강조 • 소규모 법집행 업무 수행	• 정치인에 의한 통제 • 정치적 중립성 약화
진보개혁 (Progressive Reform)	• 사회구호 서비스의 약화 • 법집행 강조	• 경찰 선발기준 도입 • 정치적 중립성 추구
경찰 전문화 (Professional)	• 사회구호 서비스 거부 • 법집행 및 범죄전문기관 강조	• 군대식 모델 추구 • 선발, 승진, 훈련 기준 강조
지역사회관계 (Community Relations)	• 경찰서비스 재강조 • 경찰과 지역사회의 협력체제 강조	• 참여관리 강조 • 의사결정 참여와 직무재구조
법질서회복 (Return to Law and Order)	• 범죄예방 및 법집행 기능 강조 • 체포와 범죄진압 활동 강조	• 엄격한 지휘 체계 강조 • 전통적인 경찰조직으로 회귀 • 마약부서의 확장
지역사회 경찰활동 (Community Policing)	• 시민의 적극적인 참여 강조 • 경찰은 지역사회의 대리인	• 경찰과 지역사회 협력 강조 • 다른 공공 및 민간 기관과 협력
국가안보경찰 (Homeland Security Policing)	• 국토안보에 대한 안보강조 • 테러 공격 및 기타 재난 대응강조 • 테러대응을 위한 협력관계 강조	• 테러정보 수집 강화 • 테러대응을 위한 경찰강화

2 ‖ 미국경찰의 조직

1 연방경찰

연방경찰^{Federal Police}은 연방범죄수사국^{FBI}을 제외하고는 모두 특정 분야에 대한 법집행을 담당한다. 작은 정부지향 사상에 따른 수많은 법집행기관의 난립으로 업무의 중복과 비효율적이라는 비판을 받고 있다.

연방범죄수사국^{FBI}, 마약수사국^{DEA}, 비밀경호국^{Secret Service}, 알콜·담배·총기·폭발물단속국^{ATF}, 이민국^{INS}, 조세국^{IRS}, 연방보안국^{U.S. Marshals}, 세관국^{U.S. Custom Services}이 대표적이고 우편조사국, 해안경비대, 도^{道·County}수사대 등이 연방차원에서 운용되고 있다.

❶ 연방범죄수사국(FBI)

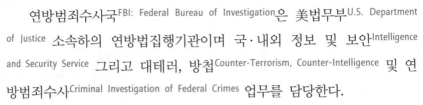

연방범죄수사국FBI: Federal Bureau of Investigation은 美법무부U.S. Department of Justice 소속하의 연방법집행기관이며 국·내외 정보 및 보안Intelligence and Security Service 그리고 대테러, 방첩Counter-Terrorism, Counter-Intelligence 및 연방범죄수사Criminal Investigation of Federal Crimes 업무를 담당한다.

연방검찰과 FBI를 합동조직Coordinate Mode of Organization이라고 부르며, 수직보다는 수평에 가깝고, 상하관계보다는 동등한 위치에 있는 관계라고 분석한다. 비록 FBI와 연방검찰 모두 법무부 산하기관이지만, 둘은 독립된 기관으로 활동한다.

연방범죄수사국의 국장은 상원의 동의를 받아 대통령이 임명하고, 미국 내에 56개 지방사무소와 400여 개의 분소 그리고 해외 40여 개 국가에 사무소를 두고 있는 거대조직으로 16,000여 명의 일반직원과 11,400여 명의 특수요원을 두고 있다.[274]

주요활동 분야는 미국 내 연방차원의 주요범죄에 대한 수사, 대테러 업무, 인권유린 행위에 대한 수사, 조직폭력, 어린이 유괴, 강력사건, 경제범죄, 각급 경찰에 대한 지원업무 등 200개가 넘는 연방관련 범죄를 수사하며 연방법을 집행한다.

Police Science

🌐🔍 경찰특공대(특수화기전술부대)(SWAT: Special Weapon & Tactics)

- 경찰특공대특수화기전술부대·SWAT: Special Weapon & Tactics는 1967년 FBI에 조직되어 테러진압기능을 담당하고 있다.
- 각 주와 시에도 테러의 예방과 진압을 위한 경찰특공대가 설치되어 있다.
- 뉴욕에는 기동타격대Emergency Service Squards, 버밍햄에는 전술작전단Tactics Operations Units, 로스앤젤레스는 특별무장전술기동대SWAT 등이 운영되고 있다.
- 명칭은 각 주와 시에 따라 다르지만 목표는 특수기능을 갖춘 훈련된 특수요원들을 활용하여 비정상적이고 위험이 높은 상황 속에서 주민과 피랍자의 생명과 재산을 보호한다.

---

❷ 연방보안국(U.S. Marshals Service)

연방보안국USMS: U.S. Marshals Service은 美법무부U.S. Department of Justice 소속하의 연방법집행 기관이다. 1789년 워싱턴 대통령이 처음 13명을 임명한 이래 지금까지 지속되고 있다. 오늘날의 연방보안국은 1969년에 다시 설립되었다.[275]

---

274 신현기 외 8인b, 「비교경찰제도론(제2판)」(서울: 우공출판사, 2014), p. 360.
275 U.S. Marshals Service(n.d)(from https://en.wikipedia.org/wiki/United_States_Marshals_Service)(Retrieved

연방보안국은 연방법원의 경비와 연방 범죄인의 이송, 체포영장 및 소환장의 집행, 증인 보호업무를 수행하며 각 연방지방법원과 동일한 관할구역을 지정하여 운영하고 있다.

연방보안관U.S. Marshals의 임무는 연방법원의 법정관리와 법정경비, 체포영장 및 기타 영장과 소환장의 집행 연방범죄 피의자의 호송, 증인 보호 등의 업무와 법무부장관의 특별한 지시에 따른 업무를 담당한다. 제2차 세계대전 중에는 외국인 규제, 병역기피자와 탈영병 체포 등의 임무도 수행하였다.[276]

❸ 국토안보부(DHS)

국토안보부DHS: Department of Homeland Security는 2001년 9.11 테러 이후, 미 본토에 대한 위협에 대처하기 위해 부시Bush 대통령의 결정에 따라 기존의 22개 국내 안보 관련 조직들을 통합하여 2002년 11월 창설되었다.

주요업무는 미국을 대상으로 하는 국내외 테러공격을 예방하고 국민을 보호하며 정보분석 및 기간시설 보호를 위하여 중앙정보국CIA, 연방범죄수사국FBI, 국방부정보국DIA, 국가안보국NSA 등 미국 내 다른 기관으로부터 전달된 정보를 분석하고 위험을 평가하는 등 중요하고 핵심적인 역할을 수행한다.[277]

❹ 알콜·담배·총기·폭발물단속국(ATF)

알콜·담배·총기·폭발물단속국ATF: Bureau of Alcohol, Tobacco, Firearms, and Explosives은 美법무부U.S. Department of Justice 소속하의 연방법집행기관이다. 불법 총기 및 폭발물 단속, 방화 및 폭탄테러, 주류 및 담배 제품의 불법 밀매 및 탈세 등을 수사한다.

ATF는 1886년 美재무부Department of Treasury 소속 하의 국세연구소Revenue Laboratory로 창설되었다. 1919년 금주법을 제정한 볼스테드법이 1933년 폐지되면서 금주국Bureau of Prohibition을 거쳐 1972년 재무부 소속하의 독립국으로 설립되었다.

2001년 9월 11일 세계 무역 센터와 펜타곤에 대한 테러 공격 이후, 조지 W. 부시 대

January 30, 2022).
276 윤호연, 전게논문, p. 83.
277 조강원, "미국의 경찰제도"「지방자치」, 191, 2004, p. 53.

통령은 2002년 「국토안보법」law the Homeland Security Act of 2002에 서명했다. 이에 따라 ATF는 재무부 소속에서 법무부 소속으로 변경되었다. 기관 이름도 '연방알코올·담배·총기·폭발물단속국'Bureau of Alcohol, Tobacco, Firearms, and Explosives으로 변경되었다.**278**

2022년 기준, ATF는 메릴랜드주 벨츠빌Beltsville 市에 독자적인 화재실험 연구실Unique Fire Research Laboratory을 운영하면서 실제적인 방화범죄를 구현하면서 범죄예방정책도 수립하고 있다.

❺ 마약단속국(DEA)

마약단속국DEA: Drug Enforcement Administration은 1973년 7월 법무부의 마약위험약제국, 전미 마약정보실, 약물남용단속실, 재무부 관세청 마약수사부 및 대통령직속 마약문제연구대책반 등 각종 마약단속 관계기관을 통합하여 발족하였다. 주임무는 마약 및 규제약물 관련법을 집행하는 것으로 마약 및 규제약물이 국내 또는 국제시장으로 나가는 것을 예방 및 단속임무이다.**279**

Police Science

🌐🔍 금주법 시대(Prohibition Law Era)**280**

- 1919년부터 1933년까지의 '금주법 시대'Prohibition Law Era라고 하는 금주법 시행기간 동안 이른바 재즈 에이지, 광란의 20년대Roaring Twenties, 무법의 10년이라고 하는 시대가 탄생되었다.

- 이 기간 동안 술을 밀수·밀송·밀매하는 갱이 날뛰었다.

- 금주법은 1919년 시작되어 1933년에 끝났지만, 실제로는 1929년 공황이 몰고 온 이른바 '월가Wall 街의 대폭락'으로 사실상 끝을 맺었다.

- 이 시기 미국은 제28대 하딩 대통령 정부 하에서 잇달아 오직汚職 사건이 일어나는 등 정치적으로 부패했으며, 금주법을 비웃듯 대도시에서는 무허가 술집이 속출하였고 갱들 사이의 엽기적인 살인사건도 많이 발생하였다.

---

278 Bureau of Alcohol, Tobacco, Firearms and Explosives(n.d)(from https://en.wikipedia.org/wiki/Bureau_of _Alcohol,_Tobacco,_Firearms_and_Explosives)(Retrieved January 30, 2022).

279 윤호연, 전게논문, p. 83.

280 금주법(n.d)(from https://terms.naver.com/)(Retrieved January 30, 2022).

❻ 국가정보국(DNI)

국가정보국^{DNI: Director of National Intelligence}은 미국 최대의 정보기관이다. 중앙정보국^{CIA}, 연방범죄수사국^{FBI}, 국가안전보장국^{NSA}, 국방정보국^{DIA}, 국가정찰국^{NRO} 등 미국 내 15개의 정보기관을 총괄하는 최고 정보기관이다. 2001년 9.11테러를 계기로 정보수집 및 분석활동에 대한 개혁이 요구됨에 따라 2004년 12월 7일 상원에서 통과된 「정보개혁법」에 따라 신설되었다.

국가정보국장은 국방부장관이 관장하던 국방부 내 정보기구 관리 및 예산 편성권을 갖고 중앙정보국 국장이 하던 대통령 일일 정보보고도 직접 맡는다. 또 중앙정보국 국장이 받던 연방범죄수사국, 국무부 정보조사국, 국토안보부 정보분석처 등 15개 정보기관의 정보보고도 직접 받는 등 모든 정보기능을 총괄 지휘 및 감독하고 있다. 과거 미국의 최고 정보기관이었던 중앙정보국^{CIA}을 완전히 접수했다는 평가를 받고 있다.

국가정보국은 국장과 수석 부국장 예하에 요구^{Requirements}, 수집^{Collection}, 분석^{Analysis}, 획득^{Acquisition} 담당 등 4명의 부국장과 국가테러대책센터^{NCTC}, 국가방첩집행관실^{NCIX}, 국가핵확산방지센터^{NCPC} 등 3개의 작전부서를 두고 있다.

2 주경찰

주^州경찰^{Primary State Police}은 연방헌법 제10조에 의한 경찰권을 부여받아 주정부가 창설한 경찰이다. 그 기능에 있어 주마다 차이가 있다.[281] 일반적으로 주^州경찰은 주 전역을 관할하고 일반 경찰권한을 가지면서 순찰, 수사, 방범 등 기본적인 경찰기능을 수행하고 있다.

주^州의 경찰조직은 ① 주^州경찰국^{State Police}, ② 주^州공안국^{Department of Public Safety}, ③ 고속도로 순찰대^{Highway Patrol} 등 3종류가 있다.

첫 번째, 주^州경찰국^{State Police} 형태는 28개 주에서 도입하고 있다. 주민의 생명·신체 및 재산보호와 치안유지, 범죄수사, 교통경찰 등에 관한 폭넓은 일반적 경찰권을 행사하며, 주 전역에 일선기관을 가지고 있다.

두 번째, 주^州공안국^{Department of Public Safety} 형태는 9개 주에서 도입하고 있다. 주경찰국 또는 고속도로순찰대 등과 같은 여러 법집행기관의 임무를 종합·조정하는 형태이다. 하

---

281 한정갑, 전게논문, p. 111.

와이주의 경우도 주^州공안국^{Department of Public Safety}서 법집행과 교정업무를 담당하고 있다.

마지막으로 고속도로 순찰대^{Highway Patrol} 형태는 21개 주에서 도입하고 있다. 고속도로 순찰을 주임무로 하는 형태이다.

❶ 주(州) 경찰국(State Police)

미시간 주 등 주로 동부지역 28개 주에서 운영 중으로 자기 관할 전체에서 일반경찰권을 수행하면서 주법을 집행한다. 지방자치단체에서 발생한 통상의 범죄는 자치경찰에서 1차적인 수사권을 행사한다.

특수범죄나 중요범죄에 대하여는 주경찰국에서 수사권을 행사한다. 주^州경찰국장^{Commissioner}은 주상원의 승인 아래 주지사가 직접 임명한다. 주^州경찰국은 주지사 직속 하에 있으며 경찰국장은 주지사에 대하여 직접 보고하며, 주지사는 직접 경찰국을 지휘·감독한다.

❷ 주(州) 공안국(Department of Public Safety)

애리조나 등 9개 주에서 채택하고 있으며 다양한 법집행기관이 중복되는 폐단을 개선하기 위해 여러 법집행기관을 통합하여 보다 효과적인 범죄통제를 목적으로 한다. 법집행기관 사이의 임무중복과 비효율이 발생하면서 이들 법집행기관의 임무를 조정하여 주공안국으로 통합하여 관리하는 형태이다.

주공안국은 법집행기관으로 경찰국, 소방국, 보건국, 형사국, 마약국, 조직범죄대책실 등 특정분야의 단속기관을 두고 있다.

❸ 고속도로순찰대(State Highway Patrol)

캘리포니아 등 남서부 21개 주에서 시행 중이다. 순찰차나 오토바이가 교통위반 단속과 함께 범죄수사와 체포업무를 수행하기도 한다. 고속도로순찰대는 공공도로 및 고속도로 상에서의 범죄와 관련된 경찰활동에 주력한다. 그러나 위의 3가지 형태 외에도 주경찰의 조직체계는 너무 다양하여 그 형태를 모두 분류하기에는 어려움이 있다.[282]

---

[282] 김환권, "미국의 경찰제도에 관한 고찰"「자치경찰연구」, 10(2), 2017, p. 37.

3 지방의 자치경찰

지방경찰^{Local Police}은 도^道·County, 시^市·City, 군^郡·Township, 읍론·Village, 자치단체^{Municipality}, 특별관구^{Special District}의 경찰을 통칭한다. 지방자치 도시인 시^{City}, 법인격체인 군^郡·Incorporated Town, 읍마을·Village, 자치구^{Borough}의 경찰도 포함된다. 이 중 시단위에서 운영되는 도시경찰이 지방경찰의 주력이다.

도시의 경찰청과 경찰서^{City Police Department}는 다른 경찰기관보다 훨씬 더 복합적이고, 광범위한 법집행 그리고 질서유지와 봉사기능을 담당하고 있다. 24시간 긴급사건 신고 대응체제 유지, 각종 질서위반 및 교통관리 등 통상적인 경찰은 도시경찰의 활동을 의미한다.

미국의 지방경찰은 그 규모가 상당히 다양하다. 2003년 기준, 12,656기관에 451,737명이 근무하고 있다. 이 중에는 35,973명의 경찰관이 있는 뉴욕경찰청^{NYPD}, 9,307명이 근무하는 로스엘젤레스 경찰청^{LAPD}과 같은 대규모 경찰서가 있다.

반면 10명 미만의 경찰관으로 조직된 경찰서도 전체 지방경찰관서의 45.5%나 된다. 또한 100명 이상의 경찰관을 보유한 지방 경찰관서가 전체의 4.7%(594)에 불과하고, 한 명의 경찰관만을 보유하고 있는 경찰관서도 전체의 4.5%(561)에 달한다.[283]

미국에서 경찰예산의 65%가량은 지방경찰을 위해 사용하고 있다. 경찰인원의 80%가량이 지방경찰기관에서 근무 중이다. 대부분의 치안업무는 지방경찰에 의해 이루어지고 있다. 자치경찰제도의 시행으로 주경찰은 자치경찰의 요청이 있을 때만 개입할 수 있다. 미국은 지역별로 다양한 형태의 자치경찰제도를 두고 있는 것이 특징이다.

미국 자치경찰의 종류[284]		
단위	명칭	임무
도(道) (County)	• 도(道) 보안관(County Sheriff)	• 법과 질서유지 • 법정질서유지, 법원집행관 등 • 종합치안
	• 도(道) 경찰(County Police)	• 종합치안
	• 검사관(Coroner) • 부검의(Medical Examiner)	• 변사체 조사 및 보안관 보좌 • 변사체 처리

---

283 윤호연, 전게논문, p. 95.
284 신현기 외 8인b, p. 362 재구성.

	• 군경찰(Township Police)	• 행정경찰과 수사경찰 기능
군(郡) (Township)	• 치안관(Constable)	• 치안유지 및 법원업무 보조 • 세금징수 • 영장집행 • 죄수호송 및 수감자 보호 등
자치단체 (Municipality)	• 도시경찰(City Police) • 군(郡)경찰(Town Police) • 읍(마을)경찰(Village Police) • 자치구경찰(Borough Police)	• 종합치안 • 도시경찰은 자치경찰의 주력
특별관구 (Special District)	• 공원경찰(Park Police) • 대학경찰(University Police) • 의회경찰(parliamentary police) 등	• 구역 내 경비 • 방범 • 응급대처 • 기본경찰 업무

❶ 도(道)경찰(County Sheriff)

미국 경찰은 조직체계뿐만 아니라 경찰에 대한 관리, 운영에 있어서 연방이나 주경찰을 제외하고는 '시민에 의한 관리 및 운영' 방식이 이뤄지고 있다. 그 대표직인 형태가 도^{道·County}, 타운^{Town}, 타운십^{Township}의 보안관과 치안관이다. 이들 경찰관직은 주민의 직접선거를 통하여 임명하며 주민의 통제 하에 놓여 있다.

도^道경찰은 가장 역사가 오래된 제도로 거의 모든 주에서 보안관을 주민이 직접 선출한다. 치안업무 외에도 구치소와 도^{道·County}법원의 경비, 집행관 업무도 수행하며 임기는 2−4년이다.[285]

❷ 도시경찰(City Police)

도시경찰 조직은 자치경찰의 표상으로 지역사회 경찰활동을 수행하며 경찰기관장을 주민이 직접 선출하거나 경찰위원회를 두는 방식, 독임제의 청장을 임명하는 곳 등 다양한 형태가 있다. 도시경찰 내부조직은 경찰국장이 직접 지휘·감독하며 관리제도는 도시정부형태와 관계가 있지만 ① 경찰국장을 선출하는 방식, ② 합의제 경찰위원회로 하는 방식, ③ 이사회 방식, ④ 독임제 경찰관리자를 두는 방식 등 여러 형태가 있다.

---

285 조강원, 전게논문, p. 56.

🌐🔍 뉴욕경찰청(NYPD)²⁸⁶

- 뉴욕시에는 5개의 자치구^{Boroughs}가 있다. 그 내용은 ① 브롱스^{the Bronx}, ② 브루클린^{Brooklyn}, ③ 맨하탄^{Manhattan}, ④ 퀸즈^{Queens}, ⑤ 스테튼 섬^{Staten Island} 등이다.
- 뉴욕경찰청^{NYPD: The New York City Police Department}은 1845년 5월 23일에 창설되었다. 뉴욕의 5개 자치구에서 법집행 및 수사를 담당한다.
- 미국에서 가장 큰 규모의 자치경찰조직이다.
- NYPD는 긴급구조^{Emergency Service}, K9, 항만순찰^{Harbor Patrol}, 고속도로순찰^{Highway Patrol}, 항공지원^{Air Support}, 폭발물처리^{Bomb Squad}, 대테러^{Counter-Terrorism}, 범죄정보^{Criminal Intelligence}, 조직범죄^{Anti-Organized Crime}, 마약수사^{Narcotics}, 기마순찰^{Mounted Patrol}, 대중교통^{Public Transportation}, 공공주택^{Public Housing} 등과 관련된 업무를 수행한다.
- 2020년 기준 뉴욕경찰청의 경찰관은 약 55,000명이며, 예산은 60억 달러(약 8조)에 달한다.
- 뉴욕경찰청장은 뉴욕 시장이 임명한다.

🌐🔍 L.A경찰청(LAPD)²⁸⁷

- L.A경찰청^{LAPD: Los Angeles Police Department}은 2022년 기준 1만 명의 경찰관이 근무하고 있으며, 예산은 11.8억 달러(약 1조 4천억 원)이다.
- LAPD의 모토는 "To Protect and To Service"이다.
- 뉴욕경찰청^{NYPD: The New York City Police Department}, 시카고경찰청^{Chicago Police Department.}에 이어 미국에서 3번째 규모의 경찰청이다.
- 경찰위원들은 주지사의 추천과 시의회의 동의를 얻어 임명된다. 경찰위원회는 LAPD 경찰청장에 대한 추천권과 해임권을 가진다.
- LAPD 경찰청장의 권한 가운데 징계권을 제외한 모든 권한에 관하여 지시를 할 수 있다. LAPD 경찰청장^{Chief of Police}은 LAPD의 총괄관리자로서 모든 업무를 관리하고 직원들에 대한 임명, 해임, 직무정지, 전보 등의 인사권 및 직무명령권을 행사한다.

286 New York City Police Department(n.d)(From Wikipedia)(Retrieved August 30, 2022).
287 윤호연, 전게논문, pp. 95-96.

- 계급은 L.A경찰청장Chief of Police → 경찰청 차장Assistant Chief · Deputy Chief II → 국장Police Deputy Chief I → 경찰서장Police Commander → 지구대장Police Captain I · Police Captain II · Police Captain III → 팀장Police Lieutenant I · Police Lieutenant II 등으로 구분된다.
- 일선 경찰관의 경우, 2급 경사Police Sergeant II → 1급 경사Police Sergeant I → 3급 순경Police Officer III → 2급 순경Police Officer II → 1급 순경Police Officer I 등으로 구분된다.
- 수사경찰관의 경우, 3급 수사관Police Detective III → 2급 수사관Police Detective II 1급 수사관 Police Detective I 등으로 구분된다.

Police Science

🌐🔍 미국 경찰위원회의 구성

- 경찰위원회Board of Police Commission제도는 약간의 위원으로 구성된 경찰위원회가 합의제에 의하여 도시경찰을 관리하는 형태이다.
- 경찰위원회 구성은 각 도시마다 다르다. LA의 경우에는 위원장, 부위원장 각 1인을 포함하여 5인의 위원으로 구성되며 위원의 임기는 5년이다. 위원은 시장이 모두 임명한다.
- 디트로이트 시는 위원장, 부위원장 각 1인을 포함하여 6명의 위원으로 구성되며 임기는 5년으로 정해져 있다.
- 위원은 시장이 시의회의 동의를 얻어 임명한다.

---

❸ 기타 경찰

그 외에도 마을경찰Township Police과 사인조사를 담당하는 검시관Coroner, 공원, 대학, 의회 등에 배치된 특별관구 경찰Special District Police 등이 있다.

---

4 지방경찰

미국의 행정체계는 연방Federal – 주State – 도County – 시Municipality or City – 읍Town or Township 순으로 되어 있다. 또한 지방자치단위는 자치단체Municipal Corporation와 준자치단체Quasi-Municipal Corporation로 나누어진다.**288** 자치단체에는 자치제경찰Municipal Police 또는 시경찰City

---

288 정진환b, 「비교경찰제도」(서울: 백산출판사, 2006), p. 135.

Police이 있다.

시경찰은 경찰서의 규모와 인력 면에서 뉴욕경찰(38,000명), 시카고경찰(13,000명) 등 1만 명이 넘는 대도시 경찰서에서부터 10인 미만의 경찰관으로 구성된 작은 경찰서까지 다양하다.[289] 준자치단체인 도에는 도보안관County Sheriff이 있으며, 읍에는 읍치안관Town or township Constable 등이 있다.[290]

도보안관은 하와이와 로드아일랜드주를 제외한 전 지역에서 주민의 선거에 의해 선출되며, 임기는 보통 2-4년이다.[291] 또한 특별구Special District를 담당하는 특별구경찰Special District Police은 주로 교통, 주택단지, 공원, 공립학교, 대학 등 특별구에서 경찰업무를 담당하고 있으며, 대학경찰Campus Police이 가장 대표적이다.[292]

미국경찰의 조직	
구분	경찰기관
연방경찰	• 법무부, 재무부, 인디언보호국, 교통부, 기타
주경찰	• 주경찰국, 고속도로 순찰대, 자동차국, 마약단속국, 주류국, 수렵감시국, 노동감독관, 소방국, 경마국, 주경비대 등
지방경찰 (자치경찰)	• 도시경찰, 군경찰, 면경찰, 치안관(전통적인 농촌지역의 경찰), 특별경찰(교육구 등 특별구의 경찰, 대학경찰, 공원경찰 등)

3 ‖ 미국경찰의 특징

1 일반적인 특징

미국의 경찰제도는 영국의 경찰제도에서 바탕을 둔 것이지만 지방자치단체의 고유 권한으로 연방, 주, 지방 등 다양한 행정구역 단위마다 별개의 경찰조직이 운영되고 있다. 각 지역의 특성에 따라 지역별로 경찰의 조직과 구성이 상이하다.

---

289 박창호 외 4인, 「비교수사제도론」(서울: 박영사, 2005), p. 487.
290 정진환b, 전게서, p. 134.
291 박창호 외 4인, 전게서, p. 488.
292 정진환b, 전게서, p. 141 재구성.

미국의 경찰제도는 영국의 제도를 본받은 것이지만 세계에서 가장 복잡하고 이해하기 어려운 조직으로 경찰Police이라는 명칭을 보유한 조직만 해도 주州·State, 도道·County, 시市·Municipality or City, 군郡·Township, 구區·Borough, 읍론·Village 등에 널리 분포되어 있다.293 범죄와 관련된 형사사법기관의 명칭은 보안관Sheriff, 치안관Constable, 경찰Police 등 다양한 용어가 사용되고 있다.

미국의 경찰기관이란 '기본적인 경찰서비스'를 제공하는 기관을 말한다. 법집행(범죄수사와 범인체포), 범죄예방(예방적 순찰), 질서유지(분쟁해결) 등의 업무를 수행하는 모든 기관을 포함한다.

미국인들 의식 속 '경찰'Police은 지방자치단체에서 주민의 합의에 의해 자기들을 방어하기 위해 결성한 조직이라고 생각한다. 따라서 주 또는 연방정부가 그 목적을 달성하기 위하여 조직하는 수사기관은 '경찰'이라 부르지 않고, 그것을 총칭하여 '법집행기관'Law Enforcement Agency이라는 개념을 사용하고 있다.

법집행기관은 경찰, 교정, 보호관찰, 법원경비, 범죄자 호송, 범죄연구소 운영 등과 같은 형사사법에 관련되는 광범위한 업무를 수행한다. 미국은 약 13,000개 이상의 '법집행기관'Law Enforcement Agency으로 분권화되었을 뿐 아니라 상호 독립적으로 운영되고 있다. 미국경찰 조직을 일관성 있게 개관하기란 대단히 힘들고 체계적인 접근이 어렵다 할 수 있다.294

연방주의에 입각하고 있는 美연방 수정헌법 제10조에 의해 경찰권은 주州의 권한임을 명시하고 있다. 미국은 자치경찰이 근간이며, 전국적 치안수요에 대처하기 위해 연방·주州정부도 경찰기관을 운영하고 있다. 美연방 수정헌법은 경찰권이 '각주 또는 시민'에게 있다고 규정하고 있다. 따라서 경찰권은 주州의 권한이며, 연방과 주의 관계는 종속적인 관계가 아니라 상호 수평적인 관계다.

미국의 경찰조직은 행정단위의 구성형태에 따라 연방경찰, 주경찰, 지방경찰로 나눌 수 있고, 지방경찰은 다시 도道·County경찰, 시市·City경찰, 군郡·Township경찰, 읍Village경찰 등이 있고 그 밖에 지역적 법집행기관Local Law Enforcement Agency으로 치안관과 대학경찰, 공원경찰 등 특별관구 경찰이 있다.

자치경찰 운영은 자치단체별로 상이하고 다양하며, 경찰책임자는 주지사(시장) 등이

---

293 조강원, 전게논문, p. 51.
294 한정갑, "공공질서확립을 위한 형사정책적 개선방안에 관한 연구", 「박사학위논문」 충북: 청주대학교 대학원, 2008, p. 110.

임명 또는 주민이 직접 선출한다. 자치경찰은 방범·수사 등 포괄적 경찰사무 수행한다. 연방경찰은 국가적 차원에서 중요하거나 특수한(마약·재정범 등) 경찰사무를 담당한다.

Police Science

🌐🔍 미국 행정조직인 카운티(county) 용어를 '도'(道)로 변경

- 미국은 50개의 주州·State, 즉 50개의 국가로 구성된 연방국가United States of America이다. 주州를 한국(남한)의 도道와 같은 조직으로 일반적으로 설명한다.
- 미국의 각 주는 매우 다양하기 때문에 그 설명이 맞기도 하다. 하지만 주州를 '도道로 번역하면서 카운티County를 '군'郡으로 설명하는 문제가 발생한다.
- 김기열은 1966년 '미국의 행정조직'이라는 논문에서 "미국에는 그 밖에 지방자치단체로 군郡·County과 시市·Municipality와 읍론·Township이 있다."라고 소개하였다.[295]
- 1988년 김정호는 '외국의 지방행정동정: 미국의 지방행정조직 개편동향'에서 "미국의 최하부 지방행정조직은 시市, 군郡·Counties, 학교구School Districts 등 복잡한 구조를 가지고 있다."라고 하였다.[296]
- 이들 논문에서는 카운티County를 한국의 기초자치단체인 '군'郡으로 번역하였다. 또한 대부분의 경찰학 교과서와 논문 등에서도 카운티County를 군郡으로 번역하고 있다.
- 2020년 미국 인구조사국의 자료에 따르면 캘리포니아 주State L.A 카운티County의 인구는 1,004만 명이다. L.A 카운티Los Angeles County에는 88개의 시市·City가 있으며, 그중 가장 큰 L.A시市·City의 인구는 389만 명이다.[297]
- L.A 카운티County의 면적은 10,570㎢로 한국(남한) 면적(100,401㎢)의 1/10에 달하며, 인구는 한국 인구의 1/5에 달한다.
- 미국의 가장 큰 카운티인 L.A 카운티의 보안관LASD: The Los Angeles County Sheriff's Department 조직에는 18,000명 이상의 법집행기관 요원이 있다.
- 캘리포니아 주State에서 3번째로 큰 오렌지 카운티Orange County는 인구 318.6만 명이며, 면적은 2,455㎢이다. 참고로 2020년 기준 한국 경상남도道의 면적은 10,531,1㎢이며, 인구는 336.1만 명이고, 함안군郡의 인구는 6만 254명이다.

---

295 김기열, "미국의 행정조직" 「지방행정」, 15(153), 1966, p. 159.
296 김정호, "외국의 지방행정동정(미국의 지방행정조직 개편동향)" 「지방행정」, 37(420), 1988, p. 112.
297 Population and Housing State Data from United States Census Bureau(August 12, 2021)(from https://www.census.gov/library/visualizations/interactive/2020-population-and-housing-state-data.html)(Retrieved October 12, 2022).

- 미국의 카운티County는 한국의 기초자치단체인 군郡이 아니라 '도'道에 해당하는 인구와 면적을 갖고 있음을 알 수 있다.
- 미국의 주州·State 바로 밑의 행정단위인 '카운티'County를 한국의 기초자치단체인 '군'郡으로 번역하기에는 인구와 면적에 있어서 큰 차이가 있기 때문에 문제가 있다.
- 따라서 카운티County는 한국(남한)의 '도'道로 번역하는 것이 타당해 보인다.
- 본서에서는 미국의 행정조직인 카운티County는 '도'道로, 타운십이나 타운Township or Town은 '군'郡으로 빌리지Village는 '읍'론으로 번역하고자 한다.

2 경찰과 검사와의 관계

미국의 연방정부에는 우리나라와 같은 법무부 밑에 검찰청이란 기관이 별도로 설치되어 있지 않다. 연방정부에서 사법행정을 맡고 있는 기구는 법무부Department of Justice이며, 법무부장관 밑에 우리의 검찰총장 계급에 해당하는 '검찰총장Attorney General'이 있으며, 그 밑에 법무차관Deputy Attorney General이 있다.

연방법무부의 업무는 연방범죄의 1차적인 수사, 연방과 관련된 민사문제, 연방대법원 사건의 공소유지와 정부재판의 대리업무 등 연방정부와 관련된 종합적인 법률서비스를 담당하고 있기 때문에 우리나라의 법무부보다 그 기능과 조직이 방대하다고 할 수 있다.[298]

미국의 검찰은 연방검찰U.S. Attorney's Office과 지방검찰District Attorney's Office이 한 지역을 2중적으로 관할하고 있는 이른바 2원적 검찰제도로 되어 있다. 각 주정부에는 기소권을 가진 검찰도 경범죄를 다루는 시검사와 중범죄를 다루는 지방검사, 항소심을 맡는 검사로 구분되어져 있으며, 각기 독자적 권한을 가지고 있다. 시검사장과 지방검사장, 검찰총장 등은 보통 4년 임기의 직선제로 선출하고 있으며, 일반검사의 경우, 변호사 자격을 가진 사람 중에 해당 검사장이 서류심사를 통해 임명하는 것이 일반적인 관례이다.[299]

미국은 우리와 달리 범죄수사의 주도권은 원칙적으로 경찰에게 있고 검찰은 주에 따라 몇 가지 특수한 범죄에 대한 수사권을 가지고 있는 외에는 주로 경찰에서 송치된 사건에 대한 기소여부결정과 공소유지를 맡고 있을 뿐 검찰과 경찰과의 관계는 상호협력의

---

298 박창호 외 4인, 전게서, p. 503.
299 이영근, "외국의 형사사법제도,"「교정연구」, 9(1), 1999, p. 23.

관계라고 볼 수 있다.

1 독일경찰의 역사

1 고대

오늘날 독일이라고 불리는 지역은 선사시대부터 인간이 거주했던 지역이다. 그리고 이 지역에 거주하던 사람들을 게르만족이라고 하였다. 4세기 후반 남 러시아에 있던 훈^{Huns}족이 행동을 개시하여 흑해연안에 자리잡고 있던 동고트^{Goten}족을 압박하였다. 이에 놀란 서고트^{Westgoten}족이 375년 다뉴브강을 건너, 로마제국으로 들어감으로써 게르만족의 이동이 시작되었다.

로마제국이 게르만의 용병 오도 아케르^{Odoaker}에 의해서 멸망 당한 후(476년) 프랑크왕국이 성립되었다. 이후 베르덩조약과 메르센조약에 의해서 동프랑크, 서프랑크, 이탈리아로 분리되면서 오늘날의 독일, 프랑스, 이탈리아의 원형이 마련되었다. 독일의 기원이 된 동프랑크왕국은 오토 1세^{Otto I}가 즉위하면서 신성로마제국을 열었다(제1제국·962 – 1806). 이로써 독일이라는 군주국과 형식적인 로마제국이 결합되었다.

2 중세

중세독일은 정치와 사회가 봉건화하고 기사귀족들이 지배적인 힘을 가진 시기였다. 중세의 봉건영주는 토지와 더불어 불입권^{Immunity}을 허용 받아 면세의 특권과 경찰권 및 재판권까지 행사하게 되었다. 중세시절 교회는 정치적, 경제적으로 여전히 높은 지위를 보유했다. 따라서 교회행정은 황제의 권한에서 제외되었다. 오히려 세속 군주조차도 신에 의해서 위임된 권한을 정당하게 행사하는가에 대해서 교황이 감독할 권한이 있다고 주장하였다.

독일에서 경찰개념의 유래는 15세기에서 17세기까지 거슬러 올라간다. 경찰^{Polizei}라는
단어는 원래 그리스의 Politeia에서 유래된 것이다. 독일에서는 15세기 후반부터 사용하
기 시작했다. 중세 말부터 상품경제가 일반화됨에 따라 봉건사회의 기반이 동요되기 시
작했다.

봉건제의 위기가 나타났으며, 농민폭동을 비롯한 여러 방면의 사회적 불안이 지속되
었다. 이러한 혼란을 극복하기 위해 16세기부터 근대국가를 형성하려는 군주의 통치권은
더욱 강화되었다. 이것이 바로 근대국가 형성과정의 한 단계인 절대주의 정치체제이다.

Police Science
🌐🔍 15-17세기경 독일에서의 경찰개념

- 공동체의 있어서 양호한 질서상태
- 공공의 안녕과 질서유지

---

3 경찰국가시대의 독일경찰

17세기 이후 독일의 사회적 환경이 점점 복잡해졌다. 중상주의 정책의 보다 효과적
인 시행을 위해서 일반적인 복지의 충족이야말로 국가의 목적이라고 이해되었다. 이것은
절대주의 국가의 중요한 이념으로 자리잡았다.

독일에서는 1648년의 베스트팔렌조약 이후부터 1789년 프랑스 혁명 이전까지를 절
대주의 시기로 보고 있다. 절대주의 국가에 접어들면서 국가행정은 전문적으로 분화되었
다. 내무행정(경찰행정)과 사법, 군사, 재정, 외교행정 간의 분화가 이루어졌다.

「경찰학(관방학)」이란 16세기 중엽에서 18세기 말에 독일과 오스트리아에서 발달한
정책학 혹은 행정사상이다. 당시 독일은 영국의 중상주의, 프랑스의 중농주의에 밀려 경
제적으로 후진상태에서 통일국가를 형성하지 못하고 있었다. 이러한 상황하에서 독일은
영국과 프랑스에 대항하기 위해 국가적 내실화를 기하였다. 이것이 행복촉진적 복지국가
관에 입각한 「경찰학(관방학)」이었다.

유스티^{Justi}에 의해 주도된 후기 「경찰학(관방학)」은 국가자원을 기준으로 하여 국가자
원을 생산, 유지하는 기능(경찰학)과 국가자원의 유용한 사용(재정학)기능으로 나누었다.

전자가 「경찰학(관방학)」의 분야였으며, 후자는 재정학의 분야였다.

「경찰학(관방학)」은 국가자원의 유지와 증대에 관련된 학문이었다. 이 당시 「경찰학(관방학)」은 국가의 복리증진적 측면을 강조하였다. 1756년 유스티가 저술한 「경찰학(관방학)의 원리」에서 종전의 모든 정치적 학문과 구분하여 「경찰학(관방학)」Polizeiwissenschat을 최초로 체계화하였다.

종전의 통치학의 하나로 간주되어 온 「경찰학(관방학)」에 관한 연구는 경찰을 관방 또는 재정학의 원리와 관련시키고, 경제학과 혼동하고, 윤리학·자연법·인생론 등의 제원리와 결합하고 있기 때문에 「경찰학(관방학)」의 체계를 논할 수 없다고 비판하였다.

이후 「경찰학(관방학)」을 독립적 학문으로 체계화하여 정리하였다. 이렇게 성립된 「경찰학(관방학)」은 경찰국가의 구조를 설명하는 기능을 하였다. 또한 행정을 위한 기술론이 담겨져 있었기 때문에 일종의 행정학으로도 이해되었다.

Police Science

⊕🔍 18세기의 경찰개념

- 공동체의 양호한 질서상태, 즉 경찰은 위험방지라는 측면뿐만 아니라 복지증진까지 포함하는 개념이었다.
- 국가의 행복추구적인 입장에서 중상주의적 경제정책이 취하여지던 당시에는 소극적인 치안유지를 위한 작용뿐만 아니라 적극적인 복리증진을 위한 작용까지 포함하여 경찰이라고 불렀다.
- 18세기에 와서 경찰은 사회공공의 안녕과 복리를 위한 모든 행정, 즉 내무행정을 의미하게 되었다.
- 이러한 경찰개념은 관방학과 그 시기를 같이하며, 군주의 경찰권행사는 헌법, 의회의 입법, 권력분립 등의 구속을 받지 않았을 뿐만 아니라 통치의 편의를 위해 국민생활의 모든 부분에 간섭하게 되는 등 법적으로 무제한적이었다.

---

4 법치국가시대의 독일경찰

18세기 후반에 이르러 계몽주의와 자연법사상의 영향으로 경찰의 임무는 위험의 방지에 대한 배려이며 복지의 증진은 경찰의 임무가 아니라는 사상이 대두되었다. 1882년

6월 14일 프로이센 주고등행정재판소의 크로이쯔베르크 판결^{Kreuzberg Urteil}을 계기로 경찰작용의 영역에서 복지행정적 요소가 제외되고 위험방지^{Gefahrenabwehr}라는 영역으로 제한되었다. 이 판결은 경찰의 임무는 공공의 안녕과 질서유지, 즉 위험방지라는 것으로 한정한 판결이다.

Police Science

⊕ 괴팅겐의 국법학자 퓌터(Johann Stephan Pütter)

- 경찰의 직무는 급박한 위험의 방지이다. 공공의 복리증진은 경찰의 본래 임무가 아니다.

---

5 20세기의 독일경찰

1933년 히틀러는 1000년 왕국을 표방하면서 독일 사회주의당, 즉 나치^{Nazi} 정권을 출범시켰다. 1945년까지밖에 존속하지 못한 제3제국을 1933년에 열었다. 히틀러의 나치 정권이 제3제국인 이유는 962-1806년의 신성로마제국이 제1제국이고, 1871-1918년의 독일제국이 제2제국이기 때문이다. 나치정권 하의 경찰은 독일 민족공동체의 보호를 목적으로 위험의 유무를 불문하고 모든 질서임무를 수행하였다.

1933년부터 1945년까지의 이른바 나치^{Nazi} 시대는 국가사회주의 시대를 열었다. 독일의 중앙집권적·관료적 국가경찰제도 중 특이한 경찰조직 중 하나가 게스타포^{Gestapo:} ^{Geheime Staatpolizei}였다. 게스타포는 비밀국가경찰로서 이들의 활동은 외부로부터 일체의 간섭을 받지 않는 완전한 독립기관이었다. 그 활동의 주목적은 「국가안전」으로서 모든 정치범 예방에 대한 책임을 지고 있었다.**300** 비밀경찰인 게스타포는 무제한과 무통제의 경찰권을 행사하였다.

바이마르 공화국시대의 법치주의에 기반한 지방분권적 독일경찰제도는 나치가 등장한 1933년부터 제2차 세계대전이 끝날 때까지 강력한 중앙집권적인 국가경찰제도로 유지되었다.

1948년 소련 대표부가 연합동맹통치로부터 물러났다. 1949년 독일은 임시헌법을 제정하였고, 다시 수개월 후 독일의 헌법인 「독일연방공화국 기본법」이 제정되어 연합국의 승인을 받게 되었다. 「독일연방공화국 기본법」에 의해 독일연방공화국이 수립되었다. 이

---

300   정진환, "대륙법계국가의 경찰제도"「건국대학교 논문집」, 1978, pp. 137-138.

때 경찰기능은 각 주의 업무로 되면서 주^州를 단위로 하는 국가경찰제를 도입하였다.

1990년 10월 3일 0시를 기해 동독^{독일민주주의공화국·DDR}은 소멸하고, 새로운 독일연방공화국^{BRD}이 탄생했다.[301] 1989년 베를린 장벽붕괴와 1990년 독일통일 이후 경찰의 통합은 해체 → 개편 → 편입의 3단계로 진행되었다.

첫째, 동독경찰을 우선 해체하였다.

둘째, 과도기적 조치를 취하면서 동독의 5개 주는 각자의 지역사정에 맞는 국가경찰체제로 개편하였다.

마지막으로 경찰입법을 통하여 동독의 5개 주 경찰과 서독의 5개주 경찰을 자매결연 방식으로 맺게 하면서 독일연방공화국에 편입하였다.

독일통일 후 동독경찰의 개편작업 목표는 주마다 독립된 고유의 경찰법을 제정하는 것이었다. 그러나 새로 신설된 연방의 주들은 그에 대한 경험이 부족하였다. 따라서 서독의 주들과 자매결연^{Partnerschaft}을 맺는 방식으로 주의 실정에 맞는 경찰법을 제정하였다.[302]

이러한 결과 신설된 과거 동독의 5개의 주는 각 주의 실정에 맞는 경찰법을 제정하여 경찰을 운영하게 되었다. 연방과 신설 5개 주의 관계는 구^舊서독의 11개 주가 연방에 대하여 갖고 있는 것과 동일한 권한을 갖게 되었다.

2 ∥ 독일경찰의 조직

1 연방경찰

독일연방경찰^{Bundes Polizei}은 전국적인 사항, 긴급사태 등을 위한 조직이다. 주경찰에 대한 제정적 부담을 하지 않으며, 원칙적으로 주경찰에 대한 지휘·감독의 권한도 갖고 있지 않다. 다만, 주경찰에 대한 감찰권을 가지고 있다. 이는 정부를 대신하여 비상경찰^{Bereitschafts Polizei}의 감찰위원장^{Inspecteur-General}이 그의 직무수행을 통하여 행사한다. 또한 각 주경찰 간의 조정통제는 연방정부의 연방내무부장관에 의해서 이뤄진다.[303]

독일연방공화국^{BRD}은 1949년 「본 기본법」^{Bonn Grundgesetz}을 제정하면서 경찰권을 주의

---

301 신현기 외 8인c, 「비교경찰제도론(제4판)」(서울: 법문사, 2015), p. 378.

302 정진환b, 전게서, pp. 334-335.

303 상계서b, p. 342.

권한으로 규정하였다. 따라서 각 주별로 고유한 경찰법 및 경찰조직을 보유하고 있다. 연방경찰은 전국적 사항이나 국가긴급사태에 대처하기 위해 설치되었다. 주경찰에 대하여 원칙적으로 재정부담이나 지휘·감독의 권한을 갖지 않는다.[304]

경찰 분야에서 연방은 연방경찰청[BPOL: Bundespolizei], 연방범죄수사청[BKA: Bundeskriminalamt], 연방헌법보호청[Bundesamtfür Verfassungsschutz] 그리고 몇몇 특수조직들을 관할하고 있다. 독일의 경찰은 약 81,400,000명의 국민 안전을 책임지는 약 266,000명의 경찰공무원으로 구성되어 있다.[305]

연방경찰은 연방법에 의해 부여된 아주 특수한 개별임무만을 수행한다. 독일기본법에 따라 경찰사무는 원칙적으로 각 주의 사무에 속하지만, 독일기본법 제73조에서 정하고 있는 연방의 배타적 입법사항에 속하는 사무에 대해서는 연방의 경찰관청 또는 중앙기구를 설치할 수 있다.

대표적인 예로 연방경찰청[Bundespolizei], 연방범죄수사청[Bundeskriminalamt], 연방헌법보호청[Bundesamtfür Verfassungsschutz] 등이 있다.

❶ 연방경찰청

BUNDESPOLIZEI

연방경찰청[Bundespolizei]의 임무와 권한은 「연방경찰법」[BPolG: Gesezt über die Bundespolizei]에서 정하고 있다. 동법에서 정하고 있는 연방경찰청의 임무로는 ① 국경수비(연방경찰법 제2조), ② 철도경찰－철도시설에서의 공공의 안녕과 질서에 대한 위험방지(연방경찰법 제3조), ③ 항공안전－항공교통에서의 위험으로부터의 보호(연방경찰법 제4조), ④ 항공기 탑승에서의 안전조치(연방경찰법 제4a조), ⑤ 연방기관의 보호(연방경찰법 제5조), ⑥ 공해상에서의 임무(연방경찰법 제6조), ⑦ 긴급방위상황에서의 임무(연방경찰법 제7조) 등이다.

연방경찰에 소속된 약 30,000명의 공무원들은 2,760km에 이르는 독일의 국경과 760km에 이르는 독일의 해안을 경비하는 업무, 34,000km에 이르는 철로와 5,680개의 역을 경비하는 철도경찰업무, 14개의 공항을 경비하는 항공경비업무, 행정관청과 헌법기관 및 외국의 독일대사관을 보호하는 업무 및 항공구조업무(85대의 헬리콥터를 이용)를 수행하고 있다. 아울러 안전과 관련한 특수한 상황이 발생한 경우, 주를 지원하는 업무도

---

304 경찰대학b, 전게서, p. 215.
305 Ebert, Situation der Polizei in der Bundesrepublik Deutschland, LKV, 2018, S. 399.

수행하고 있다.**306**

❷ 연방범죄수사청

연방범죄수사청^{Bundeskriminalamt}은 경찰사무 분야에서 연방과 주들의 협력을 조정하며, 경찰의 정보업무와 수사경찰업무에 관한 중앙기관이다. 연방과 여러 주의 업무가 중복되거나 국제범죄 또는 중대범죄를 예방하고 소추하는 활동을 지원한다. 연방범죄수사청은 독일의 인터폴 중앙사무국이며, 인터폴을 위한 정보수집과 국제범죄데이터를 관리한다.**307**

연방범죄수사청은 ① 테러범죄, 마약범죄, 무기 및 위조지폐 거래범죄 수사, ② 국가요인 및 국외요인 경호 및 보호 등의 업무를 담당한다. 범죄수사와 관련해서는 연방범죄수사청의 전문가들이 범죄기술과 감식에 관한 감정서를 작성하고 있다.

❸ 연방헌법보호청

연방헌법보호청^{BfV: Bundesamt für Verfassungsschutz}의 임무와 권한은 연방헌법수호법에서 정하고 있다.**308** 극단주의자들에 관한 정보를 수집·평가하고, 경찰이나 형사소추기관에 전달함으로써 경찰이나 형사소추기관이 위험인물과의 접촉^{Gefährderansprache}, 회합금지^{Vereinsverbot}, 형법상의 수사절차^{Strafrechtliches Ermittlungsverfahren} 등의 조치를 담당한다. 연방정보기관은 수사권이 없으며, 연방과 16개 주의 헌법수호관청은 경찰업무를 수행하는 부서를 둘 수 없다(연방헌법수호법 제2조 제1항).

그 밖에 독일연방하원에 설치된 의원경찰은 연방하원의장이 연방하원 건물 안에서 가택권과 경찰권을 행사한다. 연방내무부^{Bundesministerium des Inneren}에 소속된 기동경찰대장^{IBP: Inspekteur der Bereitschaftspolizei}은 각 주의 기동경찰에 대한 재정을 담당하고, 통일된 기동장비가 갖춰져 있는지를 지휘·감독한다.

---

306 독일연방경찰법 제11조.
307 윤진아, 전게논문, p. 298.
308 Gesetz über die Zusammenarbeit des Bundes und der Länder in Angelegenheiten des Verfassungsschutzes und über das Bundesamt für Verfassungsschutz (Bundesverfassungsschutzgesetz BVerfSchG).

독일의 연방경찰	
연방 경찰청	• 연방경찰은 국경과 해안을 경비하는 업무, 철로와 역을 경비하는 철도경찰업무, 항공경비 업무, 행정관청과 헌법기관 및 외국의 독일대사관을 보호하는 업무 및 항공구조업무를 수 행하고 있다. • 안전과 관련한 특수한 상황이 발생한 경우, 주를 지원하는 업무도 수행하고 있다.
연방 범죄수사청	• 연방내무부 산하의 외청이며, 국제범죄, 조직범죄, 마약, 폭발물관련, 위조화폐, 무기밀매, 요인암살사건 등에 관한 범죄유형의 수사에 관할권을 가지고 있다. • 주경찰의 수사활동에 대한 장비, 인력지원 등의 임무를 수행하고 있다. • 연방범죄수사청설치법에 의해서 각주의 내무부 산하에 주범죄수사국이 설치되어 있다. • 독일에는 별도의 경호실과 같은 기관이 없기 때문에 연방범죄수사국에서 요인경호에 대 한 책임도 맡고 있다.
연방 헌법보호청	• 연방헌법의 기본질서를 파괴하는 행위에 대한 정보수집업무를 담당하는 기관으로서 집행 기관은 없으며, 수사는 경찰이 담당한다. • 한국의 국정원과 다르게 반국가사범에 대한 수사권은 없다.

2 주경찰

독일의 주경찰에 관한 사항은 주의 권한이다. 각 주는 독자적인 고유의 경찰법을 제정하고 있다.[309] 독일의 경찰은 크게 질서행정관청과 집행경찰로 나눌 수 있다. 질서행정관청은 우리의 특별사법경찰관청과 비슷한 개념으로 영업경찰, 건축경찰, 환경경찰 등이 포함된다. 질서행정청의 질서경찰OrPo: Ordnungspolizei은 보통경찰Ordinary Police을 의미한다.

집행경찰은 행정경찰과 사법경찰이 있다. 범죄의 예방과 진압이라는 우리의 경찰과 같은 기능을 담당하게 된다.

각 주의 최상급 경찰행정관청은 주州내무부장관이다. 각 주의 내무부에는 주경찰청이 설치되어 있다. 주경찰청 산하에는 주범죄수사국, 주기동경찰, 주경찰학교, 주경찰대학 등이 편성되어 있다.[310]

---

[309] 독일의 경찰조직은 크게 질서행정관청(Ordnungsbehorde)과 집행경찰(Vollzughspolizei)로 나눌 수 있다. 질서행정관청과 집행경찰은 양자 모두 공공의 안녕과 질서유지를 그 임무로 하고, 공공에 대한 위험의 예방과 진압업무를 수행하는 점에서 동일하다. 하지만 질서행정경찰은 영업경찰, 위생경찰, 산림경찰, 건축경찰 등 행정경찰을 의미하는 데 반해서 집행경찰은 실질적 의미의 경찰개념에서 질서행정관청을 제외한 부분, 즉 보안경찰을 의미하게 되며, 이는 형식적 의미의 경찰을 뜻하게 된다(정진환b, 전게서, p. 335 재구성).
[310] 박창호 외 4인, 전게서, p. 241 재구성.

연방경찰과 주경찰은 상호독자적인 지위를 유지하며, 양자 사이에 연방경찰을 상위에 두는 상명하복의 관계는 인정되지 않는다. 다만, 예외적으로 연방경찰 관할에 속하는 업무에 관하여 주경찰에 대한 통제를 인정하고 있다. 독일의 주는 자치성이 강한 그대로의 국가이며, 연방내무부와 주내무부는 상호독립적인 관계에 있다.[311]

독일 기본법은 경찰사무를 각 주에서 관할하도록 하고 있다. 이에 16개의 주^州는 각각 독립된 경찰권을 가지고 있다. 주의 영역을 넘어서는 위험에 대비하기 위하여 공통적인 체계를 갖추고 있다. 이를 위한 근거법이 「통일경찰법 모범초안」^{Musterentwurf eines Einheitlichen Polizeigesetzes}이다. 동 초안이 법적인 구속력을 가지는 것은 아니었지만, 1977년 11월 25일 연방과 주의 내무부장관 협의회^{IMK: Konrefenz der Innenminister}에 의해 공포되었다.[312]

각 주의 경찰은 州내무부장관이 경찰에 대해 정치적인 책임을 지며, 본질적으로는 통일성 있는 경찰법을 가지고 있다. 모든 주에서 경찰은 ① 보안경찰^{Schutzpolizei}, ② 사법경찰^{Kriminalpolizei}, ③ 기동경찰^{Bereitschaftspolizei} 등과 같은 공통된 조직을 가지고 있다.[313] 각 주의 위험방지관청은 이러한 공통된 기능을 수행하지만, 그 세부조직은 각 주의 역사적인 발전에 따라 다양한 형태로 발전시켜 왔다.

각 주의 경찰조직은 기본적으로 두 가지 체계로 구분된다.

첫 번째는 위험방지임무를 '조직적 의미의 경찰'이라는 통일된 방식을 통해 수행하도록 하는 소위 혼합체계^{Mischsystem} 혹은 통합체계^{Einheitssystem}이다.

두 번째는 경찰사무와 질서관청임무를 분리한 형태인 분리형체계^{Trenn(ungs)system} 혹은 질서관청체계^{Ordnungsbehördensystem}이다.

독일의 주경찰	
보안경찰 (행정경찰)	• 행정경찰이라고도 하며, 범죄예방을 위한 기동 및 도보순찰, 교통위반단속, 사고의 처리 및 기타 전문경찰분야를 제외한 일반적 경찰임무를 수행한다.
사법경찰	• 각종 범죄의 수사 및 예방활동, 형사소추에 관련된 임무를 수행한다.
기동경찰	• 대규모 시위나 각종 행사의 경비임무수행, 대형사고 및 자연재해 등의 처리업무를 지원한다. 특히 국가비상사태 및 중대한 자연재해 발생시 다른 주를 지원한다.

311 임준태c, "독일경찰제도와 수사구조에 관한 연구" 「자치경찰제도 공청회 자료집」, 1998, pp. 681-682.
312 Ebert, Entwicklungen und Tendenzen im Recht der Gefahrenabwehr, LKV, 2017, S. 10.
313 Ebert, Situation der Polizei in der Bundesrepublik Deutschland, LKV, 2018, S. 400.

❶ 통합형 체계

통합형 체계는 위험방지사무가 원칙적으로 '조직적 의미의 경찰'에게 맡겨져 있다. 질서관청과 경찰조직의 사무를 모두 담당한다. 물론 이 체계에서도 경찰행정관청 Polizeiverwaltungsbehörden 혹은 질서관청Ordnungsbehörden과 집행경찰관청Polizeivollzugsbehörden을 구분하기는 한다. 통합형 체계를 따르는 주로는 바덴·뷔르템베르크州, 브레멘州, 자를란트州, 작센州 등이 있다.[314]

❷ 분리형 체계

분리형 체계는 행정관청Verwaltungsbehörden 혹은 행정경찰Verwaltungspolizei과 소위 집행경찰 Vollzugspolizei의 구별을 위해 경찰관청Polizeibehörden과 질서관청Ordnungsbehörden을 나눈다.[315]

위험방지라는 실질적 의미의 경찰사무를 '행정경찰'에서 담당한다. 행정경찰Verwaltungspolizei 이란 공공의 안녕과 질서를 위한 위험방지라는 실질적인 경찰materielle Polizei 업무를 수행하는 기관을 의미한다. 이는 사실상의 경찰기관으로 보며, 일반행정청으로 표현하기도 한다.[316]

위험방지와 관련한 '조직적 의미의 경찰'의 직무는 급박한 경우에서의 위험방지, 범죄와 질서위반행위에 대한 수사 등으로 한정한다.

범죄수사는 경찰이, 질서위반행위의 규제와 예방은 일반행정청의 질서담당공무원이 담당한다. 이 모델은 경찰조직의 직무범위가 축소된 형태라고 할 수 있다. 이는 제2차 세계 대전 이후 연합국 점령지역에서 진행된 이른바 '탈경찰화'Entpolizeilichung의 결과이다.

이러한 모델을 도입한 주로는 바이에른州, 베를린州, 함부르크州, 헤센州, 니더작센州 등이 있다. 각 주마다 분리형 모델의 유형은 비슷하나 위험방지의 일반적 사무를 담당하는 행정청의 명칭은 각각 다르다.

예를 들어 바이에른州, 니더작센州, 안할트州에서는 안전관청Sicherheitsbehörden이라 부르며, 함부르크州에서는 행정관청Verwaltungsbehörde, 헤센州에서는 위험방지관청Gefahrenabwehrbehörde 으로 부른다.[317]

---

314 Thiel, Polizei und Ordnungsrecht, Nomos, 2013, S. 35.
315 Thiel, Polizei und Ordnungsrecht, Nomos, 2013, S. 36.
316 Thiel, Polizei und Ordnungsrecht, Nomos, 2013, S. 36.
317 Thiel, Polizei und Ordnungsrecht, Nomos, 2013, S. 36.

🌐 독일 바이에른州의 주경찰청[318]

- 바이에른州^{Freistaat Bayern}는 10개의 행정구역으로 이루어졌으며 10개의 지방경찰청을 가지고 있다. 인구는 약 1,269만 명 정도로 독일 전체 16개 주 중에서 두 번째로 큰 주이다. 바이에른州의 경우 경찰조직의 최고 책임자는 내무부장관이다.
- 내무부의 10개 국 중에서 경찰사무는 공공의 안녕질서 담당부서인 제1-C국에서 맡고 있고, 州내무부 직속기관으로 州수사청, 기동경찰청, 경찰행정청, 10개의 지방경찰청으로 구성되어 있다. 바이에른州에는 기동경찰본부와 기동경찰청이 별도로 존재한다. 州행정청은 바이에른州에서 발생한 교통위반사범에 대해 과태료와 범칙금을 부과하고 있다.
- 바이에른州는 오래전부터 사실상 경찰책임자인 경찰본부장을 대부분 민간인이 담당하는 전통을 이어오고 있다. 경찰본부장 직속으로 지방경찰청장이 임명된다.
- 이들은 대부분 순경 출신 혹은 간부 출신 경찰관들이다. 특히 법률가를 중시하는 독일경찰의 문화 때문에 변호사 출신 법률가들이 경찰 고위직에 많이 근무하고 있다.
- 바이에른州는 2005년 경찰개혁을 단행하면서 기존 4개의 보고체계에서 3개의 보고체계로 개편하였다. 기존 지방경찰청 산하에 있던 일반경찰서와 수사경찰서를 완전 폐지하였다. 그 후 경찰지구대와 수사분서 또는 수사경찰지구대를 각 지방경찰청 소속하에 배치하여 직접 지휘·감독하는 신속성을 확보했다.
- 바이에른州의 뮌헨^{Mugen}경찰청은 기존 경찰서를 폐지하고 지방경찰청장이 지구대와 파출소를 직접 지휘하는 시스템으로 경찰개혁을 단행했다. 이는 경찰서에서 보고체계가 적체되고, 신속성을 요하는 오늘날의 실정에 맞지 않았기 때문이다.
- 경찰서 폐지에서 남는 경찰관을 지구대와 파출소로 배치했다. 이로 인해 기존 4교대 근무에서 6-7교대 근무까지 가능하게 되었다.

3 각주의 자치경찰

각 주에서 안전과 질서를 보장하는 임무는 주의 경찰이 관할한다. 지방자치단체에서는 '질서행정청'^{Ordnungsbehörde}이 자치법규의 준수를 감독하고 각 지역의 문제들, 이를테면 쓰레기 처리, 공공장소에서의 음주, 비둘기 모이주기, 위험한 동물의 사육, 시위대와 공

---

318 신현기, "오스트리아, 독일, 스위스 지방경찰청 학술여행" 「유럽경찰연구」, 1(1), 2017, pp. 11-15.

공집회의 승인 등과 같은 업무를 담당한다.[319]

3 || 독일경찰의 특징

1 일반적 특징

독일경찰은 14세기 이후부터 봉건영주에게 영주로서의 권한행사를 보장하기 위하여 포괄적 기능을 행하는 경찰이 창설되었으며, 1933년까지 전국적으로 통일된 경찰제도가 없었다. 독일은 연방제 국가로 주는 자치권이 강하여 그대로 하나의 국가이다.

독일은 16개의 주州·Land로 구성되어 있는 연방국가이다. 「독일연방공화국 기본법」 Grundgesetz für die Bundesrepublik Deutschland은 1949년 제정된 때부터 지금까지 줄곧 경찰사무를 각 주Land에서 관할하도록 하고 있다. 연방과 주차원에서의 경찰의 설치·운영과 경찰사무의 배분기준을 정하고 있다.

이에 따라 각 주별로 고유한 경찰법 및 경찰기관을 가지며, 주Land를 단위로 하는 국가경찰제도를 운영하고 있다. 나치시대 직후 독일을 점령한 연합군사령부Besatzungsmächte는 나치시대의 경험을 감안해, 경찰이 중앙정부에 의해 통제되는 것을 의도적으로 피했다.

연방의 경찰관청이 주나 지방의 경찰관청에 대한 명령권Befehlsgewalt을 보유하지 못하게 하였다.[320] 1990년까지 경찰제도는 당시에 존재하던 11개의 주가 각각 독자적인 책임하에 운용해 왔다. 동독이 해체되면서 5개의 주가 추가로 독일연방공화국에 가입함에 따라 오늘날 연방을 구성하는 주는 총 16개로 늘어났다.[321]

연방경찰과 주경찰은 상호독자적인 지위를 유지하며, 양자 사이에 연방경찰을 상위에 두는 상명하복의 관계는 인정되지 않는다. 다만, 예외적으로 연방경찰 관할에 속하는 업무에 관하여 주경찰에 대한 통제를 인정하고 있다.[322]

독일경찰은 질서행정관청Ordnungsbehorde과 집행경찰Vollzuhgspolizei의 구분이 있다. 질서행정관청과 집행경찰은 양자 모두 공공의 안녕과 질서유지를 그 임무로 하고 있다. 질서행

---

319 Ebert, Situation der Polizei in der Bundesrepublik Deutschland, LKV, 2018, S. 399.
320 Nr. 3 des Schreibens der Militärgouverneure zum Grundgesetz vom 14. 4. 1949 ("Polizei−Brief").
321 윤진아, "독일 경찰제도의 현황과 당면문제" 「법과 정책연구」, 20(1), 2020, p. 296.
322 상계논문, p. 678.

정관청은 건축경찰, 영업경찰, 환경보호경찰 등의 형태로 사회생활의 다양화에 따라 그 활동영역을 넓혀가고 있는 행정청을 의미한다.

이에 반하여 집행경찰은 우리나라 경찰과 비슷한 임무를 수행한다. 형식적 의미의 경찰이다. 우리나라 경찰과 같이 직접적인 물리력 행사를 통하여 위험의 발생을 방지 또는 제거한다.

2 경찰과 검찰과의 관계

독일에서 경찰과 검찰과의 관계는 여러 법 규정의 종합에 의해서 파악된다. 독일에서 수사의 주재자는 검찰이다. 경찰은 독자적인 수사권은 있지만, 범죄사건은 지체없이 검찰에 송치하여 수사지휘를 받게 되어 있다. 독일의 검찰은 '팔없는 머리'Kopf ohne Hände로 특징된다. 범죄수사의 개시와 집행은 경찰에 의해서 이뤄진다.

독일의 검찰은 소속에 따라 연방검찰과 주검찰로 나누어진다. 각각 연방법무부장관과 주법무부장관에 속한다. 각 법원에는 1개의 검찰청이 있는 것이 원칙이다. 검찰청은 연방법원, 상급지방법원, 지방법원 및 구법원에 설치되어 있다. 연방법원에 대응하여 연방검사장, 연방검사가 있다. 각 주의 법원에 대응하여 주검사와 지방검사가 있다.[323]

독일의 검사는 형사소송 절차에 있어서 영미법계 형사소송 절차상의 검사처럼 피고인 또는 피의자에게 불리한 자료만을 일방적으로 수집한다는 의미에서의 당사자Partei가 아니다. 오히려 검사는 피고인 또는 피의자에게 유리한 정황과 자료까지도 조사하여야 한다. 피고인의 이익을 위한 상소까지도 할 수 있다.

독일검사의 진실의무, 중립의무, 객관의무로 인하여 독일검사는 '지구상에서 가장 객관적인 관청'Die Objektivste Behörde der Welt이라고 지칭되고 있다. 우리 형사소송법상 검사의 당사자적 지위, 기소편의주의, 법원과 검찰의 상호분리 등에 비추어 보면 독일검찰은 보다 사법적 성격이 강하다고 할 수 있다.[324]

독일의 검사는 조직상으로는 법관과 마찬가지로 법무부에 소속되어 있다. 검찰을 준사법기관으로 평가하고 있다.[325] 또한 영미법계 국가와 같이 당사자주의나 배심제도를

---

323 경찰대학b, 전게서, p. 211.
324 김종구, 전게서, pp. 281 – 282.
325 박창호 외 4인, 전게서, p. 279.

채택하지 않으며, 국가소추를 원칙으로 하면서 일부는 보충적으로 사인소추제도를 택하고 있다.[326]

1 프랑스경찰의 역사

1 프랑스혁명 이전(구체제)의 경찰제도

1032년 국왕의 친위순찰대격인 프레보^{Prevot}가 창설되면서 재판과 경찰업무를 담당하였다. 루이 14세 때 경찰국이 창설되었다.[327]

100년 전쟁과 종교전쟁을 거치면서 지방의 치안이 무질서해지자 1373년 샤를 5세가 군 주둔지 내의 치안에 대하여는 군에 경찰업무를 담당토록 한 데서 헌병경찰의 기원이 되었다. 오늘날에도 농촌지역은 일반 경찰관 대신 헌병경찰이 경찰업무를 담당하고 있다. 헌병경찰은 14세기에 100년 전쟁과 종교전쟁을 거치면서 지방치안이 무질서해지자 군이 주둔하는 지역 내의 치안을 군에 담당케 하면서 정착되었다.

Police Science

🌐 루이15세 당시의 파리경찰국 상황[328]

- 18세기 초의 파리경찰국은 가로등관리, 복권판매관리, 민병대징집 등 온갖 종류의 공적인 일을 수행하였다. 이 당시 파리경찰국장은 왕의 뜻을 집행하면서 막강한 권한을 누렸다. 대개 주교나 왕족에게만 붙이던 칭호인 각하, 예하^{몽세뇌르·Monseigneur}라는 칭호도 들었다. 또한 경찰국장은 직접 재판을 하는 판사의 역할도 동시에 수행하였다.

---

326 김종구, 전게서, p. 149.
327 내무부치안본부c, 「西歐警察」, 1989, p. 322.
328 타임라이프북스, 「이성의 시대」(서울: 가람기획, 2005), pp. 143-153.

- 파리경찰국 경찰은 3,000명 정도였다. 이 당시 경찰은 거리순찰, 감옥유지, 상업규제, 민병대관리, 건물안전감독, 통행증검사, 외국인 추적, 기아에게 유모 찾아주기 등 '주민의 안전과 편리에 영향을 미치는 모든 것'에 대한 업무를 수행하였다.
- 이 당시 20여 명의 사복경찰관인 검문관이 있었다. 이들 검문관은 매일 호텔과 하숙집의 명부를 조사하고, 중고품을 취급하는 가게와 상인을 방문하여 도난품이 없는지 조사하고, 중상자를 치료한 의사의 진료기록을 확인하고, 아기를 받은 조산원의 기록도 살펴보았다.
- 또한 시민의 감시를 위한 정보원도 있었다. 이들은 스스로를 비밀요원이라 불렀다. 시민들은 그들은 '파리'무슈·Mouche라고 불렀다. 정보원들 대부분이 밑바닥 출신이었기 때문에 시민들이 아주 싫어했다.

2 프랑스혁명과 경찰제도

1789년 프랑스 혁명 이후, 혁명정부는 혁명의 완성을 위하여 경찰국을 폐지하였다. 경찰대신을 없애고, 경찰업무를 지방자치단체장에게 속하게 하는 지방경찰체제를 수립하였다. 따라서 파리시는 경찰국이 폐지되고 국립민간방위대가 치안을 담당하였다. 지방은 헌병경찰이 치안을 담당하였다.

나폴레옹이 정권을 잡은 후 경찰제도는 고도로 중앙집권화되어 중앙에 경찰장관Minister of Police을 두었다. 파리는 다른 도와 달리 직접 중앙권력에 종속하는 경찰기관을 설치할 필요성에 따라 경찰청과 별도로 파리경찰청이 창설되었다.

종합하면 프랑스 혁명 이후 파리시는 파리경찰국을 폐지하고 국립민간방위대가 치안을 담당하였다. 지방은 국립 헌병경찰이라는 명칭의 군경찰이 치안을 담당하였다. 이후 나폴레옹 시대에 파리경찰청(1800)이 창설되었다.

3 근대 프랑스의 경찰제도

1789년 프랑스 혁명 전에는 큰 지방의 경찰서장Commissaires of Police은 왕이 임명하는 세습관료였다. 혁명 이후에는 2년 임기로 선출되었다. 이들 경찰서장은 5천 명 이상의 각기 다른 인구를 가진 지방을 관할하였다. 경찰장관Minister of Police의 명령을 집행하는 도지사

Préfets의 지휘를 받아 업무를 수행하였다. 다만, 인구 5천 명 미만의 지방자치단체에서는 그 장이 경찰장Chiefe of Police의 직무를 겸임하였다.

이후 국가경찰은 세느도Seine Department를 제외한 인구 1만 명 이상의 지방경찰 업무만을 수행하게 되었다. 인구 1만 명 미만의 지방자치단체를 제외한 모든 지방의 경찰업무는 경찰서장이 그 지방의 시장 및 도지사와의 유대를 긴밀히 하면서 책임을 지게 되었다. 1만 명 이하의 지방경찰 업무는 헌병경찰과 자치경찰이 수행하게 되었다.[329]

Police Science

🔍 프랑스 경찰의 실질적 창시자 비독

- 외젠 프랑수아 비독Eugène François Vidocq · 1775-1857은 프랑스의 범죄자이자 범죄학자이다. 전직 사기꾼이 최초의 사립 탐정이 되었다.
- 근대 범죄학의 아버지이자, 프랑스 경찰의 실질적 창시자가 된 비독의 극적인 삶은 빅토르 위고, 오노레 드 발자크 등 많은 작가들에게 영감을 불러일으켰다.
- 비독은 그의 전과기록 때문에 오랫동안 인정을 받지 못하였다.
- 최초로 범죄자에 대한 탐문활동, 범죄기록시스템, 인체측정방법, 족흔적 사용법 등을 개발하면서 프랑스 경찰체제에 큰 영향을 주었다.
- 또한 미국 경찰의 아버지라 불리는 오거스트 볼머는 비독의 범죄수사활동을 연구하였으며, 에드가 후버가 FBI를 창설할 때도 영향을 주었다.
- 영국의 로버트 필경은 1832년에 범죄수사기법을 비독에게 배우기 위해서 경찰전문위원을 파리에 파견하기도 하였다.

---

4 20세기 경찰제도

1934년 내무부 경찰청을 국립경찰청으로 변경하면서 중앙집권화를 강화하였다. 법률상으로는 1966년 국립경찰이 창립되었으나, 실제로는 1968년 국립경찰이 발족되었다. 이로써 내무부장관 소속하의 단일 국립경찰조직으로서 전국의 경찰을 관리·감독하게 되었다.

---

[329] 정진환b, 전게서, p. 372.

1968년 이후 파리경찰청이 국립경찰(경찰청)에 통합됨으로서 현재는 내무부장관 소속 하의 국립경찰(경찰청), 국방부 소속 하의 헌병경찰 그리고 지방자치 경찰이 존재한다. 국가경찰 설치기준인 인구 1만 명 이상은, 1996년 9월의 명령으로 '인구 2만 명' 이상으로 개정되었다.[330]

2 ‖ 프랑스경찰의 조직

1 국가경찰(국립경찰청)

프랑스경찰의 조직은 크게 국가경찰$^{Sret\ Nationale}$과 자치경찰$^{Police\ Municipale}$이 있다. 국가경찰에는 전국적으로 권한을 가지고 있는 국립경찰$^{Police\ Nationale}$과 헌병경찰$^{Gendarmerie\ Nationale}$이 있다. 프랑스 경찰조직은 국가경찰체제로 내무부장관의 지휘 하에 전국적인 조직을 갖고 있다.

국가경찰과 자치경찰	
국가경찰	• 국가경찰(Sret Nationale)에는 국립경찰(Police Nationale)과 헌병경찰(Gendarmerie Nationale)이 있다. • 국립경찰(국립경찰청=경찰청)은 본부조직, 파리경찰청, 지방경찰청이 있다. • 헌병경찰은 군인으로서 민간인을 상대로 경찰업무를 수행한다. • 인구 2만 명 이상의 지역에는 국립경찰이 배치되는 것이 원칙이지만 파리지역의 경우는 국립경찰과 헌병경찰이 상호중복하여 배치된다.
자치경찰	• 자치경찰(Police Municipale)은 일정 인구 이상의 읍면에서는 도지사가 경찰업무를 관장한다. • 읍면장은 도지사의 감독을 받도록 지방자치법에 규정되어 있다. • 읍면장의 경찰행정에 관한 권한을 지방자치법에 구체적으로 열거하고 있다. • 읍면장의 경찰행정에 관한 권한이 열거되어 있어 자치경찰의 분야가 극히 제한적이다.

---

330 상계서b, p. 372.

❶ 국립경찰청

POLICE NATIONALE

프랑스 국립경찰청DGPN: Direction Générale de la Police Nationale
은 내무부 소속이며 내무부장관의 직접 지휘·감독을 받는
보조기관이다.**331**

국립경찰청은 약 15만 명의 경찰관으로 구성되어 있다. 내무부장관의 지휘를 받는
경찰청장Directeur Géneral de la Police Nationale은 국립 경찰업무를 총괄한다. 경무국과 교육국, 감
사실 등 기획부서 이외에 각 기능별로 중앙안전국Direction Centrale de Sécurite Publique, 중앙수사
국Direction Centrale de Police Judiciaire, 중앙경비국Direction Centrale des Compagnies Républiques de Sécurite, 경
호실Service de Protection des Hautes Personnalites, 국제협력실Service de Cooperation Technique Internationale de
Police 등이 있다.**332**

프랑스 국립경찰청 실국의 지방조직은 우리처럼 지방경찰청 산하에 집중해 놓은 것
이 아니라, 실·국별 자체적인 지방조직을 갖추었다는 점에서 차이가 있다. 예를 들어 중
앙수사국의 경우 강력범죄부국, 경제금융부국 등으로 구성된 중앙조직과 각 지방에 지방
수사국을 별도로 두고 있다.

중안안전국은 우리의 생활안전국, 수사국, 경비교통국에 상응할 수 있는 조직이다.
지역치안과 관련된 생활안전, 일반수사, 교통, 경비 업무를 통괄한다. 예하 조직으로 각
도道에는 도안전국Direction Départementales de la Sécurite Publique이 있다.

각 도道의 치안은 원칙적으로 선출직인 아닌 임명직 도지사Préfet du Département가 책임지
며, 참모로서 도道안전국장이 있다. 도道안전국에는 생활안전과, 경비교통과, 수사과 등이
있다.

도道안전국 산하에는 안전(치안)구역Circonscrition de Sécurite Publique으로 관할구역을 분리하
여 경찰서Commissariat de Police를 두어 지역적으로 더 분화된 지역경찰업무를 수행하고 있다.
현재 400여 개의 경찰서가 있으며 관할구역은 인구, 범죄율, 지역의 특성 등을 고려하여
조정된다.**333**

2014년에는 국내 보안·정보·수사조직인 국내중앙정보국DCRI: General Directorate for Internal
Security이 국립경찰에서 분리되어 국토안보총국DGSI: General Directorate of Internal Security으로 개편
되면서 내무부 직속 기관으로 변경되었다.

---

331 Direction générale de la Police nationale(n.d)(from https://fr.wikipedia.org/wiki/Direction de_la_Police_n
ationale)(Retrieved January 30, 2022).
332 유주승, "프랑스 근접경찰: 자치경찰과 일상안전경찰"「한국경찰법학회」, 18(1), 2020, pp. 181－182.
333 상계논문, pp. 181－182.

🌐 국립경찰청 소속의 과거 대테러부대인 GIPN

- GIPN^{Groupes d' Intervention de la Police Nationale}은 현재 해산된 프랑스 국립경찰청 소속의 대테러부대이다. 2015년 이전까지는 프랑스의 수도를 제외한 지방과 해외 도서 지역을 담당했던 대테러부대였으며 현재는 해외에 남은 부대들도 RAID로 통합되었다.

- 국가경찰 최초의 대테러부대로 프랑스의 해외도서지역 및 지방도시에서 법집행 및 대테러작전을 수행하던 부대였다. 1972년 창설되었으며 2015년 프랑스 본토의 GIPN부대들이 RAID로 통합되면서 해외지역을 담당하는 대테러부대로 남게 되었다.

- 2018년 5월 남태평양의 누벨칼레도니의 GIPN부대가 RAID지부로 통합되면서 해외의 2개 부대만이 남게 되었다. 프랑스 국가경찰의 대테러부대 일원화계획에 따라 2019년까지 남은 GIPN부대들도 RAID해외지부로 통합되었다.

- 해외현지의 프랑스 헌병경찰 소속의 대테러부대인 AGIGN과 협력하여 작전을 수행했고 2019년 부로 RAID 소속으로 전환되어 임무를 수행하고 있다.

🌐 국립경찰청 소속의 대테러부대인 RAID

- RAID^{Recherche, Assistance, Intervention, Dissuasion}는 1985년 창설된 프랑스 국립경찰청 소속의 대테러부대이다. RAID(레이드)의 사전적 의미는 기습 혹은 습격을 의미하나 수색^{Recherche}, 지원^{Assistance}, 개입^{Intervention}, 억제^{Dissuasion}의 약자이다. 일반적으로 프랑스 경찰특공대로 불린다.

- 지방도시의 기존 GIPN은 지방 거점 도시를 중심으로 활동했기 때문에 전국적인 대테러작전을 수행할 수 있는 유연성이 부족했다.

- 프랑스 국립경찰청은 전국 규모에서 작전을 수행할 수 있는 대테러부대 창설의 필요성이 대두되었다.

- 2009년 대테러부대들의 지휘체계를 통합하기 위해서 RAID, GIPN, BRI-BAC 등을 통합하여 FIPN을 창설하였다. 2015년 지방도시에 있던 7개의 GIPN 부대를 폐지하고, RAID지부로 통합하였다.

- 2019년 해외 영토에 있던 레위니옹과 과달루프의 GIPN부대도 해산되면서 경찰의 대테러부

대는 국립경찰청^{DGPN} 소속의 RAID로 최종 통합되었다.

- RAID의 창설로 프랑스 국립경찰청은 테러사건에 전국적으로 대응할 수 있게 되었다. RAID 는 프랑스 국가경찰의 대테러부대 중 가장 큰 규모의 대테러부대이며 같은 프랑스 국내 치 안 조직인 프랑스 헌병기동대의 GIGN과 대비되는 특수부대로 이들의 활약상은 GIGN 못 지않다.

- 프랑스 본토 전역과 모든 해외영토를 작전구역으로 두고 있으며 본부는 파리 근교의 비에 브르에 위치하고 있다.

- 2022년 기준, 프랑스 국가경찰은 수도 파리를 포함한 전국을 관할하는 국립경찰청의 RAID 와 헌병경찰인 헌병기동대의 GIGN로 이원화된 대테러부대 체제를 가지고 있다.

Police Science

🌐🔍 국토안보총국(DGSI: General Directorate of Internal Security)

- 2014년 창설된 국토안보총국은 국내안전총국^{SI: Internal Security}이라고도 하며, 프랑스 유일의 특수 국내 정보기관이자 방첩기관이다.

- 국내중앙정보국^{DCRI: General Directorate for Internal Security}은 2008년 7월 1일 정보국^{RG: General Intelligence}과 보안국^{DST: Directorate of Territorial Surveillance}을 통합하여 창설되었다.

- 이후 2014년 5월 12일 기존의 국내중앙정보국^{DCRI}은 현재의 '국토안보총국'^{DGSI: General Directorate of Internal Security}으로 변경되었다.

- 국토안보총국은 내무부 장관 직속 기관이며, 예산은 2억 800만 유로(약 3천 8백억 원)로 알 려져 있다.

- 영국의 MI-5와 미국의 FBI와 유사한 역할을 담당하고 있다.

- 1907년에 창설된 과거 정보국^{RG}은 프랑스 국립경찰청^{DGPN} 소속의 비밀정보기관이었다. 정 보국의 여러 비밀활동이 정치적으로 이용되면서 많은 비난을 받게 된다. 2008년 정보국^{RG} 과 보안국^{DST}이 통합되면서 국내중앙정보국^{DCRI: Central Directorate of Internal Intelligence}으로 변 경되었다.

- 1944년 창설된 과거 보안국^{DST: Directorate of Territorial Surveillance}은 방첩, 대테러 등과 같은 국 내 보안을 담당했다.

- 국토감시국이라고도 불렸으며, 성공적인 산업스파이 방지대책을 수행했다.

- 보안국의 임무는 프랑스 영토 내의 국가전복·내란·파괴행위의 적발, 수사 및 국가기밀의 보호라는 대간첩업무수행, 국제기관·외국공관 동향파악 등이었다.

🌐 해외안보총국(DGSE: General Directorate of External Security)

- 프랑스는 현재 국내 정보 및 방첩업무를 담당하는 내무부장관 직속의 국토안보총국^{DGSI: General Directorate of Internal Security}과 국방부장관 직속의 국외정보와 방첩업무를 담당하는 해외안전총국^{DGSE} 등 2개 기관이 있다.
- 1942년 독일이 프랑스를 점령하게 되자 영국으로 피신한 프랑스 망명정부는 독일에 대항하기 위한 투쟁(레지스탕스)과 테러활동을 수행하기 위한 특수정보활동을 목적으로 창설되었다. 제2차 세계대전 중에 중앙정보활동국이라는 명칭으로 창설되었으며, 1982년 현재와 같은 해외안전총국으로 불리게 되었다.
- 1982년의 근거 법령에는 "해외안전총국은 정부에 유익한 임무를 수행하고 관계기관과 긴밀한 협조를 위하여 프랑스 안보에 유리한 정보를 추구하고 이용하며, 프랑스의 이익에 반대되는 간첩활동을 탐지·분쇄하는 것이다."고 명시되어 있다.**334**

🌐 경찰기동대(CRS: Compagnies Républicaines de Sécurité·Republican Security Corps)

- 한국의 전투경찰의 임무를 수행하는 정복경찰관으로 편성된 경비부대이며, 국립경찰청 소속이다.
- 기동헌병경찰대와 같은 폭동진압업무를 수행하지만 비무장이다.
- 경찰기동대의 임무는 시위진압, 폭동진압, 경호·집회·행진·스포츠 행사 등의 경비와 질서유지활동, 주요 간선도로에서의 교통단속 외에 도시경찰활동의 지원, 해수욕장이나 산악지대에서의 구조활동, 국경이나 해안, 공항 등에서의 감시활동 등이다.
- 경찰기동대의 출동은 도지사의 요청이 있으면, 내무부장관의 명령으로 전국 각지로 출동하게 되고, 긴급한 경우, 도지사가 직접 각 기동대에 출동을 요청하고 사후에 내무부장관의

---

334 박주원, 「범죄정보체계론」(서울: 수사연구사, 2004), pp. 107 – 108.

사후승인을 받아야 한다. 단, 기동헌병경찰대는 시위진압에 이용되며, 내무부장관의 서면요청이 있어야 한다.

Police Science

🌐 국립경찰의 근접경찰(Police de proximité) 활동[335]

- 근접경찰Police de Proximité은 1998년 죠스팽Lionel Jospin 정부에서 시행되고 2003년 사르코지Nicolas Sarkozy 정부에서 폐지된 국가경찰의 새로운 활동방식이다.

- 전통적으로 국립경찰의 치안활동은 경찰서 단위에서 범죄에 대한 신속한 진압·대응을 위주로 한 질서경찰Police d'ordre 중심으로 운영되었다.

- 하지만 근접경찰 개념은 경찰서 산하에 파출소Poste de Police와 같이 토지관할을 세분화한 조직을 창설하고 이들에게 지역주민 친화적 범죄예방 임무를 부여한 것으로 요약된다.

- 근접경찰제 도입은 증대되는 '치안 불안감'Sentiment d'insécurité을 해소하기 위한 당시 좌파정권의 의지에 따른 것이다. 이는 영·미식 지역사회경찰Community Police 모델을 도입하여 국립경찰의 이미지를 주민 친화적으로 바꾸기 위한 제도개혁이었다.

- 새롭게 도입된 프랑스식 근접경찰제는 영·미식 지역사회경찰 모델과는 달리 중앙정부의 의지를 바탕으로 국립경찰 내에 설치 운영된 것이 특징이다.

- 지방정부가 아닌 중앙정부, 자치경찰이 아닌 국가경찰에 의해 운영된 근접경찰제는 지역과 주민 친화적 경찰로 발전하기에는 한계에 부딪히게 되고, 정권교체와 함께 불과 5년이라는 짧은 생애로 운명을 마감하게 된다.

- '함께 살기'Vouloir vivre ensemble 정책의 일환으로 도입된 근접경찰제는 짧은 시행기간에도 불구하고, 이후 프랑스 경찰의 조직이나 활동방식에 많은 변화를 가져왔다.[336]

- 우선, 국가경찰의 근접경찰제가 사라진 공간에서 증대되는 치안불안 문제에 대응하기 위해 기초자치단체인 꼬뮌Commune에서 운영되고 있는 자치경찰Poilce Municipale의 조직과 권한을 대폭 강화함으로써 '새로운 근접경찰'로서 자치경찰의 정체성을 확보하고 발전시키는 계기가 되었다.

- 국가경찰 내에서도 지역, 주민 친화적 경찰활동에 대한 요구를 반영하여, 파리경찰청 등에 과거 근접경찰과 유사한 형태의 조직이 산발적으로 설치되었다.

- 특히 2018년 이후 마크롱Emmanuel Macron 정부에서는 근접경찰의 '부활'로까지 여겨지는 일상안전경찰PSQ: Police de la sécurité quotidienne을 국가경찰 내에 전면적으로 도입하여 전국의 주요 치안 취약구역에 배치하고 운용을 확대해 나가고 있다.

❷ 파리경찰청

파리경찰청^{la Préfecture de Police de Paris}은 내무부 직속기관으로 창설되었으나, 국립경찰청이 설립되면서 국가경찰로 일원화되어 국립경찰청 소속으로 변경되었다.**337** 중앙권력의 직접 통제를 받을 필요성이 있어 수도경찰로서 창설되었다. 파리경찰청장은 내무부장관의 추천으로 대통령이 임명하고 관할구역은 파리시와 주변 도^道이다.

Police Science

🌐🔍 파리경찰청(Prefecture de Police de Paris)

- 파리경찰청은 과거 내무부장관에게 직속하면서도 내무부의 국립경찰과는 별개의 조직이었으나, 1966년 법률로 국립경찰청으로 편입되었다. 따라서 현재 파리경찰청은 내무부가 아니라 국립경찰청장 밑에 있다.
- 파리주변의 센느도와 파리시는 파리경찰청장의 통제를 받는다.
- 파리는 집행기관으로서 파리주변의 도지사와 파리경찰청장이 시장을 겸하고 있다. 시장직이 없고, 도지사가 행정권을, 파리경찰청장이 경찰권을 가지고 있는 특이한 형태이다.
- 파리경찰청장은 내무부장관이 추천으로 대통령이 임명한다.
- 파리경찰청장의 권한은 파리 주변 6개도 전역에 미치는 국가경찰권을 보유하고 있다.
- 파리시에 대한 권한은 도지사와 파리경찰청장이 분할하여 담당하고 있다.

Police Science

🌐🔍 공화국수비대(Un Régiment de Cavalerie)

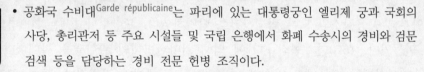

- 공화국 수비대^{Garde républicaine}는 파리에 있는 대통령궁인 엘리제 궁과 국회의사당, 총리관저 등 주요 시설들 및 국립 은행에서 화폐 수송시의 경비와 검문검색 등을 담당하는 경비 전문 헌병 조직이다.
- 공화국수비대 예하에는 본부를 비롯하여 2개의 보병연대^{Un Régiment d' Infanterie}와 기병연대^{Un Régiment de Cavalerie} 등이 소속되어 있다. 나폴레옹 1세 시절의 근위대였던 프랑스

---

335 유주승, 전게논문, pp. 182-183.

336 Leon G., Il est temps de reinventer la police de proximite, Après demain n°18, 2011, p.24.

337 프랑스는 파리를 제외하고는 다른 어떤 수도 또는 이에 대적할만한 대도시가 있었던 적이 없다. 그런 면에서 볼 때 중앙집권적 행정이 프랑스 사회에 적합하며 따라서 그 성격이 더욱 강화될 수 있었다. 모든 정부 부처와 주요 감독기관들과 같은 행정권이 파리에 있었던 까닭에 대부분의 상업적, 공업적 그리고 재정적 주요 기업들과 최고의 대학들, 문화 조직들 역시 파리에 자리를 잡았다.

338 나무위키, "프랑스 헌병군"(n.d)(from https://namu.wiki)(Retrieved January 30, 2022).

제국 근위대를 계승한 부대이며, 공화국 친위대라고도 한다.[338]

- 공화국수비대는 파리관할 제1군사령부 직할부대이며, 대통령 등 요인을 경호하고 중요시설의 경비, 의전행사를 주된 임무로 하고, 편성은 대통령경비대, 관리경비대, 오토바이부대, 군악대로 되어 있다.
- 이들은 국가중요 행사시 호위임무를 수행하면서 시가행진에 참여하기도 한다.

❸ 헌병경찰

국립경찰과 함께 프랑스의 치안을 책임지고 있는 조직인 헌병경찰La Gendarmerie Nationale 은 약 11만 명의 헌병경찰력으로 프랑스 국토의 약 95%의 치안을 담당하고 있다. 헌병경찰조직은 프랑스의 일반 행정조직 구분을 토대로 편성되어 있다.

중앙에는 헌병경찰사령부와 각 지방La Region에 헌병경찰 군단, 각도Le Departement에 헌병경찰연대, 각 군구L'arrondissement에 헌병경찰중대, 각 꼬뮌La Commune에 헌병경찰소대로 조직되어 있다.

행정단위별로 헌병경찰기관을 두고 있는 점은 우리 경찰청의 구조와 흡사하다. 헌병경찰은 국방, 행정경찰 및 사법경찰 임무를 수행하며, 임무에 따라 국방부장관, 내무부장관, 법무부장관의 지휘를 받는다.

헌병경찰제도는 12세기 필립 2세(1165-1223)가 무장중사Des Sergeant D'armes를 창설한 것에서 비롯되었다. 이들은 기마순찰대La Maréchaussée로 발전하였고, 이들은 13세기부터 군대 내의 규율을 유지하기 위하여 설치되었다.

프랑수아 1세(1494-1547) 때에는 헌병경찰의 임무가 확대되면서 전쟁 중의 군인범죄진압부터 공공장소의 모든 범죄사건을 담당하였다. 프랑수아 1세는 200명의 기마헌병대를 만들었다. 1670년 「범죄규칙」에 의해 기마헌병대의 관할권을 확대했다.[339]

18세기에는 오늘날과 비슷한 헌병경찰 조직체계가 갖춰졌다. 특히 1720년·1760년·1768년의 칙령으로 지역별 부대배치와 중대·분대 및 일부 임무에 대한 시·도지사 소속으로의 변경 등 내부조직을 정비하였다.[340] 1720년에는 국가화한 5명 단위의 헌병분대를 중심으로 30개 중대를 조직했다.[341]

1789년 프랑스혁명 후인 1791년 2월 16일 제정된 법률에 의해 기마순찰대la Maréchaussée

---

339 이동희·최원석 편저, 「비교경찰제도」(서울: 수사연구사, 2006), p. 54.
340 경찰청 경찰혁신기획단 자치경찰추진팀, 전게서, p. 205.
341 이동희·최원석 편저, 전게서, p. 55.

를 '국립헌병경찰'la Gendarmerie Nationale로 바꾸고, 각 道마다 대대장인 중령Lieutenantcolonel이 지휘하는 두 개의 중대Compagnies를 두었다. 도道 내의 구Districts와 면Cantons에 소대와 분대를 두었다.**342**

1798년 4월 17일 제정된 「헌병경찰헌장」은 헌병경찰의 임무를 "공화국 내부에서 질서를 유지하고, 치안관련 법률을 집행한다. 지속적인 순찰과 범죄자 진압은 헌병경찰의 일반 업무다."라고 규정하였다. 헌병경찰은 시·도지사의 요청에 의해서만 경찰활동이 가능하고, 헌병경찰의 세부적인 업무수행에는 간섭할 수 없도록 명시하였다.

19세기에는 면Canton마다 1개의 분대를 둔다는 원칙이 일반화되었고, 군郡·Arrondissement마다 한 개의 중대를 두었다. 특히 이때 헌병경찰기동대가 창설되었다.

20세기에는 특수 군사조직인 '항공헌병경찰'Gendarmerie de L'air, '항공수송헌병경찰Gendarmerie des Transports Aériens, '헌병장비경찰'Gendarmerie de L'armement 등이 창설되었다. 이들은 모두 국방부 소속의 군인 신분이었다. 이들은 모두 제1차 세계 대전과 제2차 대전에 참전했다.

1944년에 국방부 소속의 '헌병경찰국'Direction de la Gendarmerie이 창설되었다.**343** 그러나 치안업무 수행에 관한 2002년 5월 15일 「명령」Décret에 따라 국내 치안업무를 수행할 때는 내무부장관이 그 운영에 대한 책임을 지도록 하였다.

2009년 8월 3일 「국방법」Code de la Défense 개정에 따라 헌병경찰조직은 내무부장관이 조직·관리·운영을 책임지고 지휘·감독하게 하였다. 국방부장관은 군사·헌병·인사·징계업무 등 일정 부분에 대해서만 관여하도록 변경되었다.**344** 헌병경찰은 국방부 소속이지만 경찰업무에 대한 지휘·감독은 내무부장관이 수행한다.

헌병경찰Police Militaire은 관할구역 내에서 행정경찰과 사법경찰의 업무를 수행한다. 질서유지와 관련한 행정경찰업무는 각 단계에서 행정기관과 협력한다. 산악, 수상구조대 등 특별순찰대Brigarde Spécialises와 싸이카 부대 등은 서로 협력하여 행정경찰 업무를 수행한다. 특히 헌병경찰은 자기관할 구역 내를 주야로 순찰하면서 시민 생활을 규제하는 법률 등을 적용한다. 도로교통에서 헌병경찰의 역할은 매우 중요하다.

---

342 이임걸, "프랑스 경찰제도에 관한 연구"「경찰복지연구」, 2(2), 2014, p. 34.
343 이동희·최원석 편저, 전게서, p. 55.
344 신현기·이임걸, "프랑스 군인경찰제도에 관한 연구"「자치경찰연구」, 5(3), 2012, p. 3.

🌐🔍 헌병경찰(Gendarmerie)

- 헌병경찰은 군인이므로 내무부장관 밑에서 근무하지만 소속은 국방부장관이다. 그러나 경찰업무를 집행할 때는 국가경찰의 모든 법령을 따른다. 또한 헌병경찰은 국립경찰과 같이 노조를 결성할 수가 없다.
- 헌병경찰은 군인자체의 업무 및 행정경찰과 사법경찰의 기능도 수행한다. 행정경찰로서 헌병경찰은 소도시와 농촌의 순찰업무를 맡고 있다. 주로 도로교통질서와 관련된 업무이다.
- 헌병경찰특공대^{GIGN}는 대테러행위에 관련된 여러 가지 임무를 수행한다. 테러, 비행기납치, 인질사건, 기타 고도의 기능을 수반하는 경찰력의 개입이 필요한 경우에 출동하는 특수부대이다.
- 헌병기동타격대^{Peloton de Surveillance et D'intervention}는 중요범죄나 대규모 사고를 대비한 특별부대로 지역헌병대에 포함되는 조직이다.
- 헌병기동대^{Mobile Gendarmerie}는 헌병경찰의 일반사회 질서유지 업무를 위해 창설되었다. 전국에 22개 광역지방사령부에 총 24개의 헌병경찰단이 있다. 이들은 폭동진압, 각종 집회 및 시위의 경비 등을 주된 임무로 한다. 헌병기동경찰대는 경찰력의 행사를 위하여 행정구역에 관계없이 전국을 관할구역으로 한다.

🌐🔍 헌병기동대

- 헌병기동대^{Gendarmerie Mobile}는 우리나라의 전투경찰처럼 국내에서의 각종 시위 등을 진압하기 위한 군인들로 이루어진 시위 진압 전문부대이다.
- 시위대의 규모가 커서 이들로는 도저히 제압이 어려울 경우에는 국립경찰 소속의 시위 진압부대와 같이 폭동을 진압하기도 한다.
- 해당 부대 내에는 대테러부대인 GIGN과 시위 진압 전용 장갑차들로 구성되어 있는 GBGM이 배속되어 있다.
- 인원은 지역헌병 다음인 16,108명으로 많아 헌병군의 두 기둥이라고 할 수 있다.
- 예하에 안전특수대, 헌병특경대, 헌병낙하산중대, 산악구조부대, 동굴구조대, 공화국 수비대, 항공수송대, 대통령경호단 등을 두고 있다.

🔍 대테러부대인 GIGN(헌병기동대 소속)

- GIGN^{Groupe d'Intervention de la Gendarmerie Nationale}은 프랑스 헌병기동대 소속의 대표적인 대테러부대이다. 대테러뿐만 아니라 해외에서 여러 가지 특수공작도 수행한다.
- GIGN의 작전은 주로 대테러임무에 특화되어 있고 요인경호와 정찰임무 등 다양한 임무를 수행한다. 해외작전에서는 주로 프랑스판 SOCOM(특수작전사령부)인 COS 예하 부대인 제1해병공수연대, 해군 코만도 등이 담당한다.
- GIGN은 주로 대테러작전에서 사례가 많다. 세계 최고 수준의 대테러부대로 자타가 공인하고 있다. 지방에서 작전할 경우에는 같은 헌병군 소속의 자매 대테러부대인 AGIGN과 협력한다.
- 특히 1994년 말 에어 프랑스 8969편 납치 사건은 GIGN의 우수한 대테러작전 수행 능력을 세계에 널리 알리는 계기가 되었다.

🔍 헌병이 치안을 유지하는 이유

- 프랑스의 경찰조직은 국가경찰을 원칙으로 하면서도 제한적으로 자치경찰을 운영하고 있다. 자치경찰제란 지방자치단체에 경찰권을 부여하는 제도로 지방행정과 치안행정 간의 연계를 구축해 대도시에서는 더 높은 치안효과를 기대할 수 있다.
- 그러나 교외나 시골같이 자체적인 경찰력을 확보하기 어려운 지역에서는 지방자치단체의 자체적인 치안 활동이 힘들기에 단순히 방임했다가는 오히려 해당 지역의 치안이 악화될 가능성이 높다.
- 게다가 닫힌 사회가 되기 쉬운 환경이다 보니 지역 범죄를 지역 경찰이 제대로 탐지, 처벌하는 것이 어렵고, 잘못하면 경찰과 지역 범죄조직이 유착해서 말 그대로 헬게이트가 열릴 수도 있다. 연고지와 무관하게 배치되고, 한 부대에 계속 있는 게 아니라 일정 주기로 근무지를 옮기는 군인들인 헌병들은 이런 유착 가능성이 훨씬 낮다.
- 이 때문에 프랑스, 이탈리아처럼 지방자치단체에 광범위한 권한을 부여한 국가나 아니면 국토 면적이 매우 넓어서 엄청난 경찰수가 필요한 경우 혹은 지역 경찰이 범죄조직과 결탁할 정도로 부정부패가 심각한 나라들에서는 헌병경찰이 지자체의 자치경찰을 대신해 치안을 담당하는 게 보편적이다.

- 참고로 프랑스는 지자체에 고도로 권한을 부여한 것과 국토 면적이 넓다는 것, 그리고 해당 조직이 창설될 당시까지만 하더라도 아직까지 영주 개인 사병들이 있었고 이들을 대체하기 위한 차원 등이 복합적으로 이루어져 있었다.
- 프랑스의 치안은 인구 2만 명 이상의 코뮌에서는 프랑스 국가경찰, 인구 2만 명 이하의 코뮌에서는 헌병이 맡고 있다. 인구 2만 명 이상의 코뮌이라도 국가기관의 경비는 헌병경찰의 영역이다.

2 자치경찰(La Police Municipale)

프랑스의 자치경찰이란 가장 기본단위인 꼬뮌Commune단위의 지방자치단체가 자신의 책임아래 자신의 경찰권Le Pouvoir de Police을 독자적으로 행사하는 것을 말한다. 이러한 프랑스 자치경찰의 기본체제는 꼬뮌의 관할지역 내에서 자치시장Maire의 권한에 속하는 경찰권을 자치시장의 책임아래 행사하는 '자치경찰'PM: Police Municipale이다.[345]

따라서 프랑스 자치경찰의 특징은 기초자치단체인 꼬뮌에 자치경찰을 인정한다는 것이지만, 프랑스의 모든 꼬뮌이 자치경찰을 두고 있는 것이 아니라는 점이다.

프랑스 자치경찰은 중세부터 존재하던 것으로 국가경찰의 역사보다 오래되었으나, 나폴레옹 집권 이후 중앙집권화 과정에서 자치경찰은 축소되고 약화되었다. 국가경찰화가 진행되면서 지역의 범죄불안이 가중되고, 국가경찰의 적극적인 대처가 미흡해졌다. 자치단체장이 범죄문제를 해결하기 위해서 자치경찰을 운영하는 사례가 많아지게 되었다.

1970년대 이후의 지방분권 개혁과 맞물려 그간 불확정적이고 제한적으로 운영되던 자치경찰제를 명문화하고 제도화하였다. 이때의 자치경찰은 자치단체의 다른 행정조직과 마찬가지로 일반 행정권의 범주에 포함되었다. 1999년 자치경찰법이 발효되면서 자치경찰은 일반행정절차가 아닌 특별절차에 따라 자치경찰권을 행사하게 되었다.[346]

프랑스는 중앙집권국가로서 국가경찰을 기본으로 하면서 기초 자치단체인 꼬뮌Commune에 경찰권을 부여하여 시장의 권한으로 자치경찰을 둘 수 있도록 하고 있다. 각 꼬뮌의 자치경찰 조직·운영은 해당 꼬뮌의 특성(규모·재정 등)과 협약체결 결과 등 여러

---

[345] 한견우, "경찰의 주민근접성을 실현하기 위한 프랑스 자치경찰의 연혁과 발전(프랑스 자치시경찰의 법적 구조를 중심으로)"「법학논총」, 29(3), 2017, p. 491.
[346] 행정자치부, 전게서, pp. 36-37.

조건에 따라 다양하게 이루어지고 있다.**347**

프랑스에는 약 36,779개의 기초자치단체인 꼬뮌이 있다. 꼬뮌에는 시민들이 선출한 시장이 있고, 시장은 형사소송법에 의해 사법경찰관의 자격을 가지게 되며, 그 임무와 권한 속에 질서유지 등 경찰권 행사가 포함되어 있다.

프랑스 혁명 때는 5천 명 이상의 모든 도시에 경찰서장을 임명하여 시장 아래 두고, 국립방위대^{Garde Nationale} 또는 시민방위대^{Garde Citoyenne} 부대가 해당 도시에 주둔할 때는 경찰서장에게 배속시켰다.

시장은 경찰관^{Des Sergents de Ville}을 채용하였으며, 재정이 충분한 꼬뮌에서는 경찰관부대를 두었다. 자치경찰의 역사는 공공의 안전과 질서를 자치단체에 맡기려는 철학과 경찰기구와 공공의 안녕과 질서 문제를 중앙에서 통제하려는 중앙정부의 필요성 사이에서 발전되어 왔다.

1838년 시장이 다시 선출직으로 바뀌면서 경찰서장도 시장의 지휘 아래 있게 되었다. 제3공화국에서는 경찰의 중앙집권화가 이루어졌다. 마르세이유는 1908년, 뚤롱은 1918년, 니스는 1920년, 알자스와 모젤의 꼬뮌들은 1925년에 국립화가 이루어졌다.

하지만 나치 독일 점령 하의 괴뢰정권인 비시정권(1940–1944) 때인 1941년에는 인구 1만 명 이상의 모든 꼬뮌의 경찰이 국립경찰화되었다. 그러나 각 꼬뮌들에서 자치경찰관을 지속적으로 채용하면서 1998년에는 전체 꼬뮌의 8%인 3,030개의 꼬뮌에서 자치경찰을 두었고, 각 꼬뮌마다 서로 다른 형태로 운영되고 있다.

Police Science

🔍 꼬뮌(Commune)단위의 자치경찰 특징**348**

- 프랑스의 자치경찰이란 가장 기본단위인 꼬뮌^{Commune}단위의 지방자치단체가 자신의 책임아래 자신의 경찰권^{Le Pouvoir de Police}을 독자적으로 행사하는 것을 말한다. 이러한 프랑스 자치경찰의 기본체제는 꼬뮌의 관할지역 내에서 자치시장^{Maire}의 권한에 속하는 경찰권을 자치시장의 책임아래 행사하는 '자치경찰'^{PM: Police Municipale}이다.**349**

  따라서 프랑스 자치경찰의 특징은 기초자치단체인 꼬뮌에 자치경찰을 인정한다는 것이지만, 프랑스의 모든 꼬뮌이 자치경찰을 두고 있는 것이 아니라는 점이다.

---

347 송강호, "자치경찰제의 구체적 운영방안 고찰(프랑스 자치경찰모델과의 비교·분석)"「치안정책연구」, 19, 2006, p. 425.
348 유주승, 전게논문, p. 183.
349 한견우, 전게논문, p. 491.

- 가장 기본단위인 꼬뮌 단위에서는 직접 선거로 선출된 지방의회 의원 중 한명이 자치단체 장Maire으로 간선된다. 자치단체장은 주민 실생활 연계 근접행정 주체로 근접치안을 위해 필요할 경우 자치경찰을 운영할 수 있다.
- 중앙집권적 전통으로 인해 치안은 국가의 임무로 중앙정부가 관할하는 반면, 각 기초자치단 체에서는 지역적 요구와 실정을 고려하여 국가의 치안업무를 보조하는 형태로 '기초단위 보조형 자치경찰'을 두고 있다.

3 ‖ 프랑스경찰의 특징

프랑스는 켈트족인 골Guale족이 살아오다 로마의 침입에 거세게 저항한 후에 로마의 지배를 받았다. 서유럽의 중심지역으로 영국, 벨기에, 룩셈부르크, 독일, 스위스, 이태리, 스페인과 국경을 같이하면서 문화와 인종이 많이 섞였다. 이런 가운데 독자적인 민족성 을 지켜오면서 자국어인 프랑스어를 사용하고 있다.[350]

프랑스는 단일국가이자 대통령제를 중심으로 한 중앙집권적 정치행정체제를 갖추고 있다. 경찰제도 또한 국립경찰Police Nationale과 헌병경찰Gendarmerie Nationale로 대표되는 국가경 찰Police d'Etat 중심이다.

프랑스의 경찰은 내무부 소속의 국립경찰보다 헌병경찰과 자치경찰이 먼저 태동해서 발전한 역사를 가지고 있다. 신분이 군인이지만 일반치안을 담당하는 헌병경찰la Gendarmerie 제도가 먼저 발달하였다.

프랑스 경찰은 도시지역에 있어서는 내무부 소속의 국가경찰에 의하여, 그리고 군지 역에 있어서는 국방부 소속의 국가헌병대에 의하여 각각 수행되고 있다. 행정경찰과 사 법경찰이 구분되어 이를 수행하는 자들도 신분적으로 분명히 갈라져 있어서 상호교류는 이루어지지 않는다. 프랑스의 지리적 특수성·정치상황에 의하여 국가안보 차원에서 정부 를 위한 정치경찰과 정보경찰의 비중이 높다.

자치경찰도 중세시대 도시의 자치권이 비약적으로 발전하고 도시의 발달과 함께 발 전해 왔다. 자치경찰은 자치체의 권력이 왕정으로부터 해방되면서 담당하고 있는 도시구 역에 대한 질서유지를 맡았다.[351] 과거 우리나라의 형식적 경찰인 치안본부와 같은 내무

---

350 이임걸, 전게논문, p. 32.
351 경찰청 경찰혁신기획단 자치경찰추진팀, 전게서, p. 142.

부 소속의 국립경찰은 프랑스혁명 이후에 태어난 것이다. 국립경찰은 계속 영역을 확대하여 오늘날과 같은 조직이 되었다.

　프랑스는 국가경찰과 자치경찰의 이원적 구조로, 기초자치단체인 꼬뮌Commune 단위의 자치경찰제를 도입하여 운영하고 있다. 국가경찰은 국립경찰(인구 2만 명 이상 시·읍·면)과 헌병경찰(인구 2만 명 이하)이 있다. 자치경찰은 기초자치단체인 꼬뮌에 설치하여 운영하고 있다. 전체 36,682개 꼬뮌 중에서 약 9.4%인 3,452여 개에서만 자치경찰을 운영하고 있다.

　국가경찰Sret Nationale과 자치경찰Police Municipale은 각자의 담당관할과 경찰업무가 명확히 구분되어 있어 분업 및 협동체계를 이루어 상호충돌이 없는 것이 특징이다.

　프랑스에는 특수상황과 치안수요 급증에 대처하는 방안으로 현역병 대상자에게 일상 경찰업무를 수행과 경찰 현대화 방안의 일환으로 조직된 보조경찰Police Auxiliaries이 있다. 보조경찰은 청년고용증진을 위한 법률과 청년실업을 줄이고 치안도 확립하려는 목적으로 실시 중이다. 18세 이상의 프랑스 국적이면 누구나 지원할 수 있다.

Police Science
🌐🔍 프랑스국가경찰과 자치경찰과의 관계

- 각자 담당하는 관할과 경찰업무가 명확히 구분된다.
- 분업 및 협동체계로 상호충돌이 없다.
- 국가경찰은 방범·수사·교통·질서유지 등 일반적 경찰업무를 수행한다.
- 자치체경찰은 지방자치단체장의 규칙 등 극히 지역적인 경찰업무를 수행한다.

1 ║ 일본경찰의 역사

1 명치유신 이전의 경찰

1868년 명치유신 이전의 일본은 중앙에는 덴노(일본 천황)를 명목상 수반으로 하는 정부조직과 막부를 정점으로 하는 막부정부가 있었다. 마지막 막부였던 도쿠가와 막부는 각 지방의 번藩에 다이묘를 임명하여 지방분권적인 형태로 일본을 지배하였다. 도쿠가와 막부시대에는 마치부교町奉行라는 관직이 있어서 행정과 사법을 담당하였다.

막부뿐만 아니라 각 번에도 이 직책이 존재하였지만 일반적으로 마치부교라 하면 막부의 에도 마치부교江戸(町奉行)를 의미했다. 또한 덴노가 거주하던 교토에는 특별히 교토 쇼시다이京都所司代라는 교토 치안담당관이 별도로 존재하였다.

2 명치유신 이후의 경찰

1868년 260년간의 치세를 자랑하던 도쿠가와 막부가 붕괴되고 메이지유신明治維新이 시행되면서 덴노가 직접 통치하는 왕정복고, 즉 천황친정제가 실시되었다. 도쿠가와 막부의 마치부교는 막부의 붕괴와 동시에 권한을 잃게 되었고, 메이지 신정부는 치안확보에 여력이 없었으므로 동경은 큰 혼란에 빠지게 되었다.

1868년 4월 메이지 신정부는 주변의 30개 번에 있는 군사를 차출하여 번병藩兵으로 하여금 수도인 동경의 치안을 유지하게 하였다. 이후 동경부東京府를 설치하여 동경부 내의 순찰과 치안을 담당하는 부병府兵 2,500명을 배치하였다.[352] 이때의 부병은 1869년에 설치된 병무성 소속으로 되었다.

1870년까지 계속된 부병제도는 번병 당시와는 달리 규율도 지켜져 있었기 때문에 이후 동경의 치안은 서서히 회복되었다. 1871년(명치 4년) 7월 14일 메이지 신정부는 '폐번치현'廢藩置縣을 단행하여 기존의 다이묘 중심의 '번'藩을 폐지하고 행정구역으로 '현'縣 제도를 신설하였고 사법성을 설치하였다. 이에 따라 동년 10월에 동경치안을 위해 나졸

---

352 서재근, "일본 행정경찰과 사법경찰에 관한 연구" 「공안행정논총」, 3, 1988, p. 13.

3,000명을 동경부에 배치할 것을 결정하였다.

가와지 도시요시는 부병을 해산시켜 새로운 '나졸제도'^{邏卒制度}를 확립하였다. 이때의 나졸은 병무성^{兵部省}에서 1871년(명치 4년) 4월에 설치된 사법성^{司法省}으로 소속이 변경되었으며, 이것이 일본 최초의 근대경찰인 동경 '경시청'의 모체가 되었다.[353]

동경에서 조직된 나졸들은 곤봉을 휴대하고 치안유지를 담당했다. 다른 부현에서도 비슷한 조직이 만들어졌으나, 1872년(명치 5년) 사법대신 에토 신페이가 경찰조직의 전국 통합을 꾀하면서 나졸은 순사가 되고, 그 위로 경부^{警部}, 경시^{警視}와 같은 직급이 생겼다.

명치유신 후 일본의 경찰체제는 명치유신에 반발하는 지방의 반란을 진압하기 위해 경찰제도의 근대화를 시도하였다. 1872년(명치 5년) 5월 8일 일본 경찰의 근대화와 통일된 중앙집권화를 목표로 경보료^{警保寮} 제도를 도입하였다.[354] 1872년 사법성에 '경보료'^{警保寮}가 설치되었고, 이 기관은 전국의 경찰을 지휘하였다.

3 근대경찰인 동경경시청의 창설

1873년(명치 6년) 11월 가와지의 건의를 받아들여 오쿠보 도시미치^{大久保利通}가 전국 경찰을 장악하는 내무성을 창설하였다.[355] 전국 경찰조직인 '경보료'^{警保寮}를 내무성 관할로 이전하면서 경찰기능과 재판기능을 분리하였다. 1874년(명치 7년) 1월 15일 수도의 경찰기관으로 동경 '경시청'^{警視廳}을 창설하고 가와지가 초대 경시총감으로 취임했다.[356] 내무성 소속하의 국가경찰인 '경보료', 국가 직속의 수도경찰인 '경시청', 각 도도부현 지사가 직접 관리하에 둘 수 있는 지방경찰의 체제로 정착되었다.

---

353 내무부치안본부d, 「일본경찰」, 1989, pp. 20−21.
354 鈴木康夫, "川路大警視の研究の論点"「近代警察史の諸問題(川路大警視研究を中心に)」, 警察政策學會資料, 110, 2020, p. 72.
355 鈴木康夫, 前揭書, p. 72.
356 笠井聰夫, "東西二人の創設者"「近代警察史の諸問題(川路大警視研究を中心に)」, 警察政策學會資料, 110, 2020, p. 27.

🌐🔍 일본 근대경찰의 아버지 가와지 도시요시(川路利良)

- 가와지 도시요시川路利良는 서양의 경찰제도를 일본에 처음으로 도입한 일본 근대경찰의 아버지日本警察の父라고 불린다.**357**
- 1872년 메이지 신정부는 가와지 도시요시에게 경찰제도 연구를 위해서 유럽제국, 특히 프랑스경찰제도를 시찰·조사하도록 하였다.
- 1873년 9월에 귀국한 가와지는 일본의 경찰제도가 미흡함을 지적하고, 수도 동경에 독립된 경찰을 만들어야 한다고 메이지 신정부에 '건의'建議를 제출하였다.
- 이에 따라 1874년 1월 15일 동경부 이하의 경찰사무 일체를 관리하는 일본 최초의 근대경찰인 '동경경시청'이 창설되었고 초대 경시총감으로 부임하였다. 이때 국사범 체포는 모두 경시청의 권한이 되었고, 그 권한은 전국에 미치게 되었다.
- 그는 "일본이 경찰국가로 불리기를 희망한다."고 했으며, "신민臣民이라고 하는 것은 은혜를 모르는 족속이다. 절대 자비를 베풀지 마라."라는 말로 유명하다.
- 일본의 근대경찰은 처음부터 국민을 경계하고, 적대시하는 이념 하에 성립되었다.

가와지 도시요시의 경찰수안(警察手眼) 요지358

"…국민에게는 자유를 허락하여서는 안 된다. '완악頑惡한 국민國民'은 정부의 인의仁義를 모른다. 정보는 부모이고, 국민은 자녀이다. 자녀의 보호는 정부의 의무이다."라고 규정하였다.…

---

4 일본 제국주의 하의 경찰

일제 경찰은 1873년(명치 6년) 당시 내무성에 경보료가 설치된 이래 제2차 세계대전

---

357 警視庁創設記念日 (1月15日 記念日) 1874年 (明治 7年) のこの日´ 東京警視庁 (現：警視庁) が創設された｡ 創設者は近代警察の基礎を作ったといわれる川路利良 (かわじ としよし´ 1834~1879年) で´ フランスの政治家ジョゼフ・フーシェに範をとったフランスの警察制度を参考に日本の警察制度を確立した｡ 川路は´ 初代大警視 (現: 警視総監) を務め´ 欧米の近代警察制度を日本で初めて構築したことから「日本警察の父」と呼ばれる｡

358 大日方純夫,「日本近代國家の成立と警察」(東京: 校倉書房, 1992), pp. 72－73.

의 종료시까지 중앙에서는 내무성 경보국, 지방에서는 지사에 의해 관리운영되었다. 이 당시 일제 경찰은 법률에 의하지 않는 명령제정권과 법률에 요건·대상을 한정하지 않는 포괄적 권한을 행사하였다.

일본 제국주의 하의 경찰은 국민을 경계하고 적대시하는 이념 하에 성립되어, 절대주의적 천황제 확립의 근간을 이루었다. 경찰의 조직과 작용도 천황의 대권大權과 독립명령권에 의하여 의회가 제정한 법률이 아닌 '행정경찰규칙'이나 중앙·지방의 경찰관청이 제정하는 '경찰명령'에 의해 거의 완전히 경찰의 자유에 맡겨짐으로써 '중앙집권적 관료경찰국가'로 불렸다.

경찰권의 대상도 경찰본래의 임무뿐만 아니라 안녕安寧, 종교, 위생, 풍기風氣, 농업, 하항河港, 도로, 건축, 전야田野, 어렵漁獵 등 행정경찰 중심으로 일본 국민의 생활 구석구석까지 영향을 미쳐 국민을 부단히 감시하고 속박하는 세계에서 유래를 찾아볼 수 없는 경찰제도를 형성하였다.[359]

또한 정치경찰인 특별고등경찰과가 설치되었다. 동경경시청은 내무성대신의 지휘를 받게 되어 있지만, 국가사무인 정치경찰, 고등경찰사무만은 직접 총리대신의 지휘를 받도록 하였다.[360] 특별고등경찰은 군국주의 체제하 일본경찰의 상징으로 원래는 정당규제가 주임무였으나, 언론통제, 검열, 집회결사봉쇄 등 자유민권운동의 탄압으로 악명을 떨쳤다.

5 미군정하의 경찰

일본의 연합군 총사령부는 미군정을 실시하면서 대소련봉쇄정책에 입각한 동아시아 민주기지 구축정책을 추진하였다. 일본 국민들은 공산주의자 배제를 통한 사회안정과 인권보장을 요구하였다. 이에 따라 맥아더사령부는 경찰의 지방분권과 경찰운영의 민주화정책을 실시하였다.[361]

제2차 세계 대전 이후 미군은 치안유지법 등 각종 치안악법을 폐지하고, 위생사무 등을 다른 행정관청의 사무로 이관하는 비경찰화 조치를 했으며, 검사의 독점 수사권을 폐

359 日本辯護士連合會, 「檢證 日本の警察」(東京: 日本評論社, 1995), p. 4.
360 河上和雄·國松孝次·香城敏麿·田宮裕, 「日本の警察」(東京: 立花書房, 1993), pp. 24−36.
361 김창윤i, "일본의 연합국총사령부 점령기 치안정책 연구"「한국경찰학회보」, 11(3), 2009, p. 231.

지하고, 경찰에게도 수사권을 부여하였다. 또한 내무대신 이하 경찰수뇌부와 사상경찰 관계자 등을 파면조치하여 과거를 청산할 수 있는 기회를 갖게 되었고, 이 기간에 단행된 각종 개혁으로 인해 오늘날 일본경찰이 가장 신뢰받을 수 있는 조직으로 발전하는 발판을 마련하였다.

전후 연합군사령부의 경찰개혁에 관한 기본방침을 수용한 일본정부는 1947년 12월 「경찰법」을 제정하고, 1948년 3월 7일부터 「경찰법」을 시행했다. 편의상 이때의 경찰법을 「구舊경찰법」이라고 한다.[362] 구경찰법은 「포츠담 선언」 제10조를 실현하기 위한 전후 경찰개혁의 일환이었다. 특고경찰에 의한 인권침해로 대표되는 내무성 관할하의 중앙집권적인 국가경찰을 부정하고, 지자체 경찰이 범죄수사를 실시하기로 하였다. 동법은 이전의 국가경찰을 부정하고 경찰조직의 지방분권과 민주적 관리, 정치적 중립성 확보를 기본이념으로 하였다. 특히 구경찰법 제1조에서 범죄의 수사, 피의자의 체포가 경찰고유의 임무인 것을 명백히 했다.

1948년부터 자치체 경찰을 설치하여 인구 5,000명 이상의 시市·정町·촌村에서 시市·정町·촌村 공안위원회가 경찰을 관리·운영하였다.

6 신경찰법하의 경찰

일본은 1954년(소화 29년) 6월 신경찰법이 공포된 이후 지금까지의 자치제 경찰과 국가지방경찰을 폐지하고, 도都·도道·부府·현縣에 각각의 자치경찰을 설치하고, 도·도·부·현 공안위원회에서 관리하는 자치경찰과 국가적·통일적인 경찰행정을 수행하는 국가경찰이라는 절충형의 일본경찰[363]제도가 마련되었다.

신경찰법은 국가공안위원회 및 경찰청이 스스로 범죄수사를 실시하는 것은 인정하지 않았다. 경찰의 민주성 확보와 지방자치의 보장을 위해서 자치경찰에 의한 범죄 수사를 원칙으로 하였다.

---

362 김창윤b, "일본경찰의 조직에 관한 고찰" 「한국민간경비학회보」, 2, 2003, p. 247.
363 현재 일본의 경찰은 크게 행정경찰 사법경찰 그리고 황궁호위관으로 대별할 수 있다. 경찰관(장관을 제외한다)의 계급은 경시총감, 경시감, 경시장, 경시정, 경시, 경부, 경부보, 순사부장 및 순사로 한다(경찰법 제62조).

7 2022년 1월 28일 경찰법 개정

2022년^{令和4年} 4월부터 개정된 경찰법이 시행되었다. 개정안은 지금까지의 경찰청 정보통신국의 소장 사무를 장관 관방으로 이관하고 정보통신국의 명칭을 '사이버경찰국'으로 변경하였다. 사이버경찰국은 사이버보안에 관한 정책, 통계, 사이버 위협정보, 사이버 범죄 피해방지 대책, 사이버 공격대책 등을 담당한다. 사이버 사안에 대한 사무는 관동관구경찰국^{関東管区警察局}에 신설된 사이버 특별수사대가 집행사무를 담당하게 되었다.

2 ‖ 일본의 경찰조직

일본의 경찰조직은 국가경찰과 자치경찰의 2중 체제로 구성되어 있다. 국가경찰에는 경찰청과 관구경찰청이 있으며, 자치경찰에는 도^都·도^道·부^府·현^縣경찰이 있다. 도·도·부·현 경찰 중 동경도에는 경시청이 있으며, 도·부·현에는 경찰본부가 있다. 국가경찰인 경찰청은 국가공안위원회의 관리하에 있으며, 국가경찰기관에 소속된 경찰관은 국가공무원이고, 도도부현에 소속된 경찰관은 지방공무원이다.

또한 대규모 재해 등 긴급사태 발생시에는 내각총리대신과 경찰청장장관에 의한 중앙통제를 인정하고 있다. 경찰청장관은 국가공안위원회의 관리에 따라 경찰청의 청무^{廳務}를 통괄하며 직원을 임명하고 그 복무에 대해 통독^{統督}하며 경찰청의 관장업무에 대해 도도부현 경찰을 지휘감독한다.[364]

일본 경찰조직의 특징은 경찰권의 집행사무를 도·도·부·현에 단체위임하면서도 경찰청장관이 도도부현 경찰을 지휘·감독할 수 있게 한 점에 있다. 이는 경찰사무가 국가적 성격과 지방적 성격을 동시에 갖고 있다는 점을 감안하여 국가가 일정한 범위에서 관여할 필요가 있다고 판단했기 때문이다.

---

[364] 이강종, 전게논문, p. 78.

🌐 **일본경찰법**: 국가공안위원회에 경찰청을 설치하고(제15조) 국가공안위원회는 그 임무를 수행하기 위하여 경찰청을 관리한다(제5조 제4항).

- 경찰관리자인 국가공안위원회와 경찰운영자인 경찰청과의 관계를 규정하는 '관리'[365]라는 용어의 개념은 공안위원회제도의 취지에서 볼 때 통상 쓰이고 있는 관리와는 그 내용을 달리하고 있다.

- 공안위원회의 관리의 구체적 내용은 공안위원회의 소장 사무에 관한 대강의 방침을 정하고 그에 따라 운영되도록 경찰청을 감독하는 것이다. 따라서 개개의 사무집행은 경찰청에서 한다.

- 그러므로 이 관리는 내부적으로 국가공안위원회의 경찰청장관에 대한 지휘감독을 포함하지만 세부적 사항에 대하여 개개의 지휘감독을 예상하고 있지는 않다.

- 일본경찰법에는 경찰청의 임무에 대해 규정한 조문이 없다. 그 이유는 경찰청의 임무는 국가공안위원회의 임무와 동일하기 때문이다. 국가공안위원회와 경찰청은 동일한 사무에 있어서 관리기관과 운영기관의 관계에 있음을 뜻한다.

- 경찰청은 국가공안위원회가 관리하는 사무는 이를 '처리'處理하고 국가공안위원회가 처리하는 사무는 이를 '보좌'補佐한다는 차이가 있을 뿐이다.

- 국가공안위원회는 법령에 의하여 그의 사무로 되어 있는 사안에 대하여는 경찰청의 보좌를 받아 스스로 권한을 행사한다. 권한의 행사는 국가공안위원회의 명의로 행해진다. 따라서 국가공안위원회는 행정관청이다.[366]

1 국가경찰

일본의 국가경찰기구로는 국가공안위원회國家公安委員會, 경찰청警察庁, 6개의 관구경찰국管區警察局이 있다. 국가경찰 조직은 내각총리대신 소할하에 국가공안위원회가 있으며, 국가공안위원회의 관리하에 경찰청이 있다. 경찰청 밑에 6개의 관구경찰국이 있다.

---

365 「日本警察法」 第五条 4. 国家公安委員会は´第一項の任務を達成するため´次に掲げる事務について´警察庁を管理する´
366 이강종, 전게논문, p. 76.

❶ 국가공안위원회

국가공안위원회는 일본의 수상인 내각총리대신의 소할하에 설치되어 있다. 위원장은 국무대신이며, 우리나라의 장관급이다. 국가공안위원회의 관리(대강의 방침을 정하고, 그것에 의해, 감독하는 것)하에 경찰청이 설치되어 있다.

경찰청은 국가공안위원회의 관리하에 「일본경찰법」에서 정한 국가공안위원회의 사무를 관장하며, 국가공안위원회의 권한에 속하는 사무에 대해 국가공안위원회를 보좌한다. 그런데 「일본경찰법」에는 경찰청의 임무에 대해 규정한 조문이 없다.

그 이유는 경찰청의 임무는 국가공안위원회의 임무와 동일하기 때문이다. 경찰행정 사무의 배분에 관해서는 국가공안위원회의 임무를 명확하게 규정하는 것으로 충분하다는 것이다. 다만, 경찰청은 국가공안위원회가 관리하는 사무는 이를 '처리'하고, 국가공안위원회가 처리하는 사무는 이를 '보좌'한다.**367**

Police Science

🔍 일본의 공안위원회368

- 공안위원회는 경찰행정의 민주적 운영, 정치적 중립성 확보를 목적으로 도입된 합의제 행정위원회이다.
- 국가에는 국가공안위원회를 두고 경찰청을 관리하고, 도·도·부·현에 도·도·부·현 공안위원회를 두고 도·도·부·현 경찰을 관리한다.
- 국가공안위원회 위원장은 치안에 대한 내각의 행정책임을 명확히 하기 위해 장관급인 국무대신이 임명되고 있다.
- 국가공안위원회는 국무대신인 위원장과 5명의 위원으로 구성된다(총 6명).
- 국가공안위원회의 위원은 내각총리대신이 참의원과 중의원의 동의, 즉 양의원兩議員의 동의를 얻어 임명한다.
- 국가공안위원회의 위원장은 국무대신国務大臣이며, 중의원 의원衆議院 議員이다.
- 국가공안위원회에서는 국가공안위원회규칙 제정, 경찰청장관이나 지방경무관 임명, 감찰 지시, 교통안전 업무계획 및 방재 업무계획의 책정 등, 경찰법 및 기타 법에 따라 권한에 속한 사무를 담당한다.
- 이외에도 경찰청이 담당하는 경찰제도의 기획 입안과 경찰예산, 국가의 공안에 관한 사안, 경찰관의 교육, 경찰행정에 관한 조정 등의 사무 등에 대해서 경찰청을 관리한다.

---

367 佐藤英彦, 「警察行政機關の任務, 所掌事務及び權限(講座日本の 警察 第1卷)」(東京: 立花書房, 1993), pp. 68-69.
368 國家公安委員會·警察廳, 「警察白書(令和 4年版)」, 2022, pp. 38-39.

⊕🔍 일본경찰법상 국가공안위원회의 임무(경찰청의 임무와 동일)

제2장 국가공안위원회

제5조(임무) 국가공안위원회는 국가공안과 관련된 경찰업무를 관장하고 경찰교육, 경찰통신, 정보기술분석, 범죄수사, 범죄통계 및 경찰장비에 관한 사항을 감독하고, 경찰행정을 조정한다. 개인의 권리와 자유를 보호하고 공공의 안전과 질서를 유지하는 임무를 수행한다.

제第二章 国家公安委員会

(任務及び所掌事務)

第五条 国家公安委員会は´ 国の公安に係る警察運営をつかさどり´ 警察教養´ 警察通信´ 情報技術の解析´ 犯罪鑑識´ 犯罪統計及び警察装備に関する事項を統轄し´ 並びに警察行政に関する調整を行うことにより´ 個人の権利と自由を保護し´ 公共の安全と秩序を維持することを任務とする｡

⊕🔍 한국 경찰의 '경찰만능주의'

• 일본의 국가공안위원회와 경찰청의 임무는 "개인의 권리와 자유를 보호하고 공공의 안전과 질서를 유지하는 임무를 수행한다."고 규정하고 있다.
• 일본은 경찰의 임무를 최소주의에 입각해 규정하고 있다.
• 우리나라 경찰처럼 '국민의 생명·신체 및 재산의 보호'라는 규정이 없는 것이 특징이다.
• 반면 우리나라는 '국민의 생명·신체 및 재산의 보호'라는 규정을 경찰의 임무규정으로 명시하고 있다.
• 이는 최대주의에 입각하고 있기 때문이다.
• 국방부, 법무부, 행정안전부 등 모든 국가기관의 임무는 '국민의 생명·신체 및 재산의 보호'이다.
• 오늘날 국민의 생명·신체 및 재산의 보호에 관련되지 않는 국가업무는 없다.
• 경찰만 '국민의 생명·신체 및 재산의 보호'를 명시적 임무 규정으로 하기 때문에 '경찰만능주의'가 탄생한다.
• 따라서 일본처럼 최소주의에 입각해 경찰의 임무를 재정립할 필요가 있다.

❷ 경찰청

경찰청은 국가공안위원회에 설치된 경찰행정에 관한 국가의 행정기관이다. 경찰청의 장은 차관급인 경찰청장관^{警察庁長官}으로 하고, 국가공안위원회가 내각총리대신의 승인을 얻어 임면한다.**369** 경찰청장관은 국가공안위원회의 관리에 복종하고, 경찰청의 사무를 총괄하며, 소속 부서의 직원을 임면한다.

국가경찰인 경찰청은 경찰제도의 기획 입안, 국가의 공안에 관련된 사안에 대한 경찰 운영, 경찰활동의 기반인 교육훈련, 통신, 감식 등에 관한 사무, 경찰행정에 관한 조정 등을 실시하는 역할을 담당하고 있다. 경찰청장관은 국가공안위원회의 관리하에 이러한 경찰청의 담당 사무에 대해서 도·도·부·현 경찰을 지휘·감독하고 있다.**370**

경찰청 산하에 6개의 관구경찰국을 두고, 국가사무에 대하여 관할 자치경찰을 지휘·감독한다. 경찰청 부속기관으로 경찰대학교, 과학경찰연구소, 황궁경찰본부 등이 있다. 황궁경찰본부에는 황궁경찰학교가 있다.**371**

❸ 6개의 관구경찰국

관구경찰국^{管區警察局}에는 국장을 둔다. 관구경찰국장은 관구경찰국의 사무를 총괄하고, 소속 경찰직원을 지휘·감독하며, 경찰청 장관의 명령을 받아 관구경찰국의 소관 사무에 대해 부·현경찰을 지휘감독한다. 관구경찰국은 경찰청의 소관 사무와 경찰제도의 기획 및 입안에 관한 업무, 경찰에 관한 국가의 정책평가에 관한 업무, 황국경찰에 관한 업무, 범죄통계에 관한 업무, 경찰경비에 관한 업무를 제외한 사무를 담당한다.

관구경찰국은 경찰청의 지방기관으로서 그 소관 사무의 일부를 담당하기 위하여 동경도 및 북해도 경찰본부 관할지역을 제외한 일본 전국을 7개의 지역으로 구분하여 7개의 관구경찰국을 설치하였다.

하지만 2019년^{平成 31年} 4월 1일「일본경찰법」일부개정으로 '중국관구 경찰국'^{中國管區 警察局}과 '서국관구 경찰국'^{西國管區 警察局}이 '중국서국관구 경찰국'^{中國西國管區 警察局}으로 합쳐졌다.**372** 따라서 2022년^{令和 4年} 12월 기준 총 6개의 관구경찰국이 있다.

---

369 일본의 경찰청장관은 한국의 차관급에 해당한다. 내각의 대신은 한국의 장관을 의미한다. 내무대신은 행정안전부장관이며, 경찰청장관은 경찰청장이다.
370 國家公安委員會·警察廳, 前揭白書, p. 38.
371 上揭白書, p. 38.
372 2019年(平成 31年) 4月 1日´ 中国管区警察局は´四国管区警察局と統合し´ 新たに「中国四国管区警察局」となりました゜

⊕⊗ 6개의 관구경찰국(2022년 기준)

일본의 6개의 관구경찰은 ① 동북관구 경찰국東北管區 警察局, ② 관동관구 경찰국關東管區 警察局, ③ 중부관구 경찰국中部管區 警察局, ④ 근기관구 경찰국近畿管區 警察局, ⑤ 중국서국관구 경찰국 中國西國管區 警察局, ⑥ 구주관국 경찰국九州管區 警察局 등이다.

2 자치경찰(도·도·부·현 경찰)

자치경찰기구로는 도·도·부·현都·道·府·縣 공안위원회, 동경도 경시청 및 도·부·현道· 府·縣 경찰본부, 경찰서 등이 있다. 원칙적 대등·협력관계이나 인사(경시정 이상)·예산·소 관사무 등에 대한 국가경찰의 광범위한 조정·통제를 인정하고 있다. 일반적인 경찰사무 는 원칙적으로 자치경찰이 담당한다. 국가경찰은 관구경찰국을 통해 자치경찰을 지휘·조 정·감독한다.

2022년(레이와 4년) 4월 1일 기준 47개의 도·도·부·현 경찰에 1,149의 경찰서가 있 다. 도·도·부·현 경찰은 경찰사무의 1차적 집행을 담당한다.

❶ 도·도·부·현 공안위원회

일본은 1개의 도^都, 1개의 도^道, 2개의 부^府 그리고 기타 현^縣이 있다. 1개의 도^都는 수도인 동경도를 말한다. 1개의 도^道는 북해도를 말한다. 2개의 부^府는 오사카부와 교토부를 말한다.

도·도·부·현 공안위원회는 도·도·부·현 지사의 소할^{所轄}하에 설치한다. 위원은 동경도^都·북해도^道·부^府 및 지정현^縣에서는 5명, 기타 현^縣은 3인이며, 위원장은 위원 중에서 선출한다. 동경경시청 및 도·부·현^{道·府·縣} 경찰본부의 관리기관 역할을 수행한다.

공안위원회 위원은 도·도·부·현 지사가 도·도·부·현 의회의 동의를 얻어 임명한다. 다만, 동경도^都·북해도^道·부^府 및 지정현^縣의 경우, 위원 중 2명의 임명은 당해 동경도^都·북해도^道·부^府 및 지정현^縣이 포함되는 지정현의 시장이 그 시의회의 동의를 얻어 추천한 자에 대해 실시한다.

❷ 동경도 경시청 및 도·부·현(道·府·縣) 경찰본부

도^都 경찰은 동경도 경시청, 도^道 경찰은 북해도^{北海道} 경찰본부를 말한다. 오사카부^{大阪府} 경찰본부, 교토부^{京都府} 경찰본부 등 부^府경찰 및 지정현^{指定縣}에 14개 부^府·현^縣이 있다. 나머지 31개 현^縣에 현^縣 경찰본부가 있다.

따라서 자치경찰인 도·도·부·현에는 동경도 경시청(1개), 북해도^{北海道} 경찰본부(1개), 오사카부^{大阪府} 경찰본부, 교토부^{京都府} 등 경찰본부(14개), 현^縣경찰본부(31개) 등 총 47개가 있으며, 자치경찰조직 산하에 경찰서(1,149개)가 설치되어 있다.

동경경시청의 경찰청장인 경시총감은 차관급이며, 국가공안위원회가 동경도 공안위원회 동의를 얻은 후 총리 승인을 얻어 임명하고, 나머지 지방경찰 본부장은 국가공안위원회가 도·부·현^{道府縣} 공안위원회 동의를 얻어 임명한다.

3 경찰관은 국가공무원과 지방공무원으로 구분

국가공무원은 경찰청 소속 경찰관과 도·도·부·현의 '경시정(총경)' 이상이다. 국가공안위원회가 도·도·부·현 공안위원회 의견을 들어 임명한다. 지방공무원은 도·도·부·현의 '경시(경정)' 이하이다. 경시총감과 도·부·현^{道·府·縣} 경찰본부장이 도·도·부·현 공안위원회의 의견을 들어 임명한다.

1 일반적인 특징

일본의 경찰은 명치 6년(1873년), 당시 사법성에 경보료警保寮가 설치된 이래, 제2차 세계대전의 종료시까지, 중앙에서는 내무성 경보국警保局, 지방에서는 지사에 의해 관리·운영되었다. 전후인 1947년 12월에 「일본경찰법」이 제정되었다. 1947년의 「일본경찰법」은 국가지방경찰國家地方警察과 자치단체경찰自治團體警察을 설치하도록 명시하였다.

1948년부터 자치체경찰을 설치하여 인구 5,000명 이상의 시·정·촌市·町·村에서 시·정·촌市·町·村의 공안위원회가 운영·관리하였다. 자치체경찰이 설치되지 않은 지역에서는 국가지방경찰이 경찰업무를 행하였다. 이러한 국가지방경찰과 자치제 경찰제도는 1954년 신경찰법新警察法의 제정으로 폐지되었다. 이때는 국가지방경찰과 시·정·촌 자치체경찰의 이원적 제도로 운영되었다.

1954년에 「일본경찰법」이 전면적으로 개정되었다. 경찰운영의 단위가 현재의 도·도·부·현경찰로 일원화되었다. 현행 일본의 지방자치단체는 보통지방자치단체와 특별지방자치단체로 구별되며, 보통지방자치단체는 광역지방자치단체와 기초지방자치단체로 구분된다.

2022년 1월 28일 경찰법 개정으로 국가공안위원회의 임무 및 소장 사무로서 '중대 사이버 사안'을 새롭게 규정하였다. 경찰청 정보통신국의 소장 사무를 장관 관방으로 이관하고 정보통신국의 명칭을 '사이버경찰국'으로 변경하였다.

광역지방자치단체는 도·도·부·현인 동경도, 북해도, 오사카부와 교토부, 그리고 43개의 현으로 구성되고 있다. 기초자치단체는 시·정·촌市町村으로 구분되며, 인구수와 도시화의 정도를 가지고 구분되고 있다.

일본 경찰조직의 특징은 경찰권의 집행사무를 도·도·부·현에 단체위임하면서도 경찰청의 관장업무에 대해서는 경찰청장관이 도·도·부·현경찰을 지휘·감독할 수 있게 한 점에 있다. 이는 경찰사무가 국가적 성격과 지방적 성격을 동시에 갖고 있다는 점을 감안하여 국가가 일정한 범위에서 관여할 필요가 있다고 판단했기 때문이다.

2 경찰과 검찰과의 관계

일본에서는 국가소추주의에 입각해 검찰관만이 소추를 행하고, 그 이외의 사안은 고소 또는 고발에 의하여 소추를 촉구하는데 그치는 검찰제도를 운영하고 있다. 검찰관이란 범죄를 수사하고 공소를 제기하며, 형의 집행을 지휘·감독하는 국가기관이다.

검찰관은 검사총장을 정점으로 하여 차장검사·검사장·검사정·검사·부검사가 있으며, 상하는 명령·복종관계에 있다. 법무대신은 검찰관은 아니지만 검찰사무의 행정상 최고 책임자로서 검찰관을 지휘·감독할 수 있다. 다만, 선거의 단속방침이나 법령해석의 지시 등 일반적인 지휘는 할 수 있지만 대개의 사건조사나 처분에 관해서는 검찰관의 일체성을 존중하고 있다.[373]

일본 검찰제도의 특징은 검찰심사회가 있다는 것이다. 검찰관이 불기소처분한 사건이 적당한지 여부를 국민이 심사하고 감시하기 위하여 설치된 기관이다. 지방재판소의 소재지에는 적어도 한 개씩 설치되어 있다.

심사원은 11명으로 중의원의 선거권을 가지는 자 중에서 추첨으로 선발되며, 임기는 6개월이다. 그러나 이 심사회에서 심사되어 기소하는 것이 결정되었다 하더라도 검찰관은 바로 공소하는 것을 강제 받지 않는다. 이 제도는 일반 국민이 검찰행정의 전횡을 방지하는데 완충적인 역할을 하는 특이한 제도라고 할 수 있다.[374]

오늘날 일본의 형사사법체계는 우리나라와 비슷하다. 하지만, 경찰이 독자적 수사권을 가진 1차적 수사기관이며 체포·압수·수색·검증영장 청구권을 포함한 강제처분권을 폭넓게 인정받고 있다. 검사는 2차적 수사기관으로 보충·보정적 수사권과 기소권을 가지고 있다. 일본의 형사소송법은 경찰과 검찰을 각자 독립된 수사기관으로 규정하면서 양자의 관계를 대등·협조관계로 명문화하고 있다.[375]

---

373 이영근, 전게논문, pp. 23-24.
374 상게논문, p. 24.
375 경찰청 수사권조정자문위원회, 「검·경수사권조정에 관한 공청회」, 2005, pp. 76-77.

중국은 다른 국가의 통치체제와는 다른 체제를 가지고 있다. 전국인민대표회의(전인대)는 형식상 입법조직이나 다른 나라와는 달리 입법, 집행을 행하는 중국의 최고권력기관이며, 상설기관인 전인대 소속의 상무위원회가 국가의 모든 권력을 장악하고 있다. 전인대는 1953년 만들어져 1954년 제1기 회의를 개최해서 중국의 제도로 확립되었다.

전국의 성省(22개) · 직할시直轄市(4개) · 자치구自治區(5개)와 군대에서 대표 구성원을 선출하며, 그 임기는 5년이다. 헌법을 제정 · 개정하고 그 외 법률 등을 제정하며, 국가기관을 감독하고 국가의 주요 고위 공무원에 대한 선거 · 파면권을 갖는다. 헌법개정, 국가주석, 총리, 중앙군사위 주석 선출 등의 권한을 행사한다. 상무위원회는 이를 제외한 대부분의 권한을 행사하게 된다.

중국은 사회주의 체제 특유의 민주집중제에 따라 국가최고 권력기구인 전인대 상무위원회에 법원조직도 종속되는 특징이 있다. 법원은 3권분립에 따른 대등한 관계가 아니라 인민법원이 전인대 상무위원회에 종속되어 있다. 중국은 1982년 헌법수정안에서 사회주의 초급단계임을 밝혔으며, 국민의 기본권인 신체의 자유에 관한 규정과 불법적인 체포금지 등을 규정하였다.

Police Science

🌐🔍 중국 개관

2019년 기준 중국의 총면적은 약 9억 6,000만 ha이고, 인구는 2021년 기준 약 14억 4,421만 명이다. 2020년 기준 GDP는 약 14조 7,227억 달러이다. 중국의 면적은 남한면적(약 1,004만 ha)의 약 95.6배이며, 인구는 남한인구(약 5,182만 명)의 약 28배이다. GDP는 남한(약 1조 6,382억 달러)의 약 8.9배이다.

1 근대 이전의 경찰제도

고대 봉건국가 시대의 중국은 치안을 전담하는 독자적인 경찰기능을 갖지 않고 군대를 통해서 치안을 담당하는 군·경찰 일치시대를 유지했다.

중국에서 '경'警과 '찰'察이라는 용어는 고대에도 존재했다. '경'警은 고대 중국의 군사작전에서 '경계하여 대비한다'계비·戒備는 뜻으로 쓰였다. '찰'察은 살핀다는 뜻을 가지고 있었다. 「논어」論語에는 "대중이 모두 싫어하면 반드시 살펴볼 필요가 있다."(중오지, 필찰언)衆惡之,必察焉는 구절이 있다.[376]

중국에서 오늘날 경찰과 유사한 기능을 했던 조직은 진秦나라 진시황이 설치한 '정'亭이었다. 이러한 정은 한漢나라에도 이어졌다. 한나라는 진나라의 군현제郡縣制를 답습하였다. 현縣 이하의 조직으로 '향'鄕과 '정'亭이 있었다. 정 밑으로 다시 리里·십什·오伍로 나누었다. 5가家를 오伍로, 10가家를 십什으로, 10십을 리里로, 10리를 정亭으로, 10정을 향鄕으로 하였다.[377]

군郡의 장관은 태수太守였으며, 그 밑에 군사업무를 맡은 도위都尉와 행정업무를 맡은 승丞이 각 1명씩 있었다. 현縣의 장관은 령令이라 하였으며, 그 밑에 갑졸甲卒을 맡아 도적을 다스리는 위尉와 문서관리를 맡은 승丞이 있었다. 향鄕에는 소송과 징세를 담당하는 색부嗇夫, 교육과 교화를 담당하는 삼로三老, 치안을 담당하는 유요遊徼가 있었다.

정亭에는 정장亭長이 있어 치안과 민·형사 문제를 담당하였다. 그 아래에 리괴理魁·십장什長·오장伍長 등이 있었다.[378] 이 중 정亭의 설립은 비록 호구戶口를 표준으로 삼았으나 치안유지와 변경의 방어를 튼튼히 하기 위하여 설치하였다.[379]

송宋나라 때에 와서 '순검제도'巡檢制度라는 최초의 독립적인 경찰기능을 하는 조직이 탄생했다. 이때도 경찰기관들은 군대와의 관계가 불분명하였고 정경합일政警合一의 경우가 대부분이었다.[380] 청淸나라 말기, 광서제(1874－1908년) 때에 치안을 담당하는 '순포'巡捕와 '순경'巡警이라는 경찰제도가 운영되었다.

---

376 한우덕, "漢字, 세상을 말하다, 警察<경찰>" 「중앙선데이」, 2014.07.27.
377 신승하(역), 「중국통사」(서울: 지영사, 1998), p. 221.
378 상게서, p. 222.
379 상게서, p. 221.
380 康大民, 「公安論」(北京: 群衆出版社, 1998), p. 9.

🌐🔍 중국 노나라에서 경찰청장을 한 공자(孔子)

- 사마천의 사기에 의하면 공자의 아버지는 66세에 50살 차이가 나는 어머니와 결혼했으며, 그 어머니는 세 번째 부인이었다고 한다.
- 공자의 나이 3세 때 아버지가, 17세 때 어머니가 돌아가셨다. 모친이 돌아가시고 난 후, 공자는 생계를 위해 여러 가지 일들을 했다.
- 훗날 "내가 어렸을 때는 생계를 위해 험한 일을 했었다."고 회상할 정도로 어려운 시절을 보냈다.
- 이후 낮은 벼슬을 하다가 51세부터 55세까지 대략 4년 동안 중도재中都宰를 거쳐 대사구大司寇·경찰청장를 지냈다. 머리에 관을 쓴 모습의 공자 초상화는 대사구 시절 모습이다. 대사구 시절은 짧았다.
- 그는 노나라에서 더 이상 자신의 정치적 이상을 펼칠 수 없는 것을 알고 긴 유랑길에 올랐다.
- 유랑은 14년 동안이나 계속됐지만 그를 환영하는 군주는 만나지 못했다. 68세가 되어 고국인 노나라로 되돌아왔다.
- 귀국 후에는 일체의 정치적 활동은 접고 제자들을 가르치고 고문헌을 정리하는 데 전념하다 73세를 일기로 긴 일생을 마쳤다.[381]

2 1949년 공산화 이전

19세기 말 이전 중국은 淸정부가 향촌과 도시 기층사회를 매우 엄밀히 통제하는 '강력한 국가/미약한 사회'의 외관을 갖고 있었다. 그러나 동시에 청말까지 중국 정부의 정식 관료기구는 현縣아문 까지였으며, 현급 이하의 국가기구는 반관제半官制 인원인 세무행정을 위한 이갑里甲, 치안을 위한 보갑保甲, 선전활동을 위한 향약鄕約 등으로 이루어져 있었다.[382]

청나라 말엽인 1900년 의화단의 난으로 인한 영국을 비롯한 서방 8개국의 북경 점령 이후 청나라 정부에서는 '선준협순영'善俊協巡營을 설치하였다가 다시 황제직속으로 중국 최초의 근대경찰인 '공순총국'工巡總局을 설치하였다.[383]

---

381 조정욱, "상갓집 개, 만세의 사표가 되다." 「주간조선」, 2013.09.26.
382 임상범, "20세기 전반기 북경의 경찰과 시민생활" 「중국학보」, 48, 2003, p. 534.
383 이황우f, 「비교경찰제도(Ⅰ)」(서울: 법문사, 2005), pp. 244-245.

이후 서구열강의 압력으로 1905년에 중앙에 '순경부'巡警部와 학부學部를 설치하였지만, 이것들은 신구체제가 병존한 조직이었기 때문에 개혁의 요구가 더욱 높아졌다. 결국 1906년에는 5명의 대신들을 해외로 파견해 관제 개혁을 본격적으로 추진하였다.[384]

이후의 중국 경찰은 중국공산당에 그 기초를 두고 있다. 1927년 12월 중국공산당 중앙위원회는 '중앙특별공작위원회'中央特別工作委員會 하에 '중앙특과'中央特科를 설치하고, 총무·정보·행동·교통 등 4과를 두어, 주은래로 하여금 책임지게 한 것이 그 기원이다.[385]

그 후 1931년 서금홍색정권瑞金紅色政權이 수립되기 이전까지는 공산당 치하에 있던 소비에트지역 내에서 반혁명 분자를 타도하기 위한 '숙반위원회'肅反委員會가 경찰의 기능을 담당하였다.

1931년 강서江西 서금瑞金에 중화소비에트 공화국 중앙정부를 수립한 후 정부 산하에 '정치보위국'政治保衛局을 두었는데 이는 중국 최초의 공식적인 경찰기구였다. 당시 경찰의 주요기능은 반혁명분자의 색출과 정탐활동, 범죄행위 단속, 치안유지 등의 역할을 하였다.

1937년부터 해방되기까지는 주로 항일전쟁과 국공내전 시기에 적을 분쇄하는 업무와 소비에트 내의 치안유지 활동을 하였다.[386]

3 1949년 공산화 이후

공산화를 통한 건국 이후 중국경찰은 주로 5단계의 발전과정을 거쳐왔다. 첫 번째는 사회주의 형성시기(1949–1956)이며, 두 번째는 전면사회주의 시기(1956–1966), 세 번째는 문화대혁명기(1966–1976), 네 번째는 사회주의 현대화 건설시기, 마지막으로 개방화 시기부터 현재까지이다.[387]

❶ 사회주의 형성시기(1949–1956)

사회주의 형성시기 중국경찰은 주로 반혁명, 간첩(미국, 일본 등의 간첩), 특무(대만간첩), 악패惡覇·악질토호, 반동교회(敎會를 이용한 반혁명활동)를 진압하고, 건달, 깡패 등의 단속

---

384 임상범, 전게논문, p. 535.
385 那書亭·万首聖 主編, 「公安學校程」(北京: 警官教育出版社, 1966), p. 12.
386 상게서, pp. 18–19.
387 본서에서는 천안문사태를 기점으로 개방화시기로 구분하였다.

과 마약단속, 매춘녀선도, 걸인수용 보호소 운영, 사회정화, 사회질서 확립 등의 공안업무를 하였다.[388]

1949년 10월 15일 당과 정부의 배려하에 북경에서 제1차 전국공안인원 회의를 소집하여 공안기관의 통일적 체계를 수립하고, 각 부서의 업무를 안배하였다. 10월 19일에는 중앙인민정부는 나서경羅瑞卿을 중앙인민정부공안부장으로 임명하고, 동년 11월 5일 공안부는 북경에서 창립대회를 갖고 수차의 전국공안회의를 소집하여 조직건설, 업무건설, 기술건설과 법제건설을 강화하였다.[389]

또한 1954년 중화인민공화국 헌법은 정무원을 국무원으로 바꾸고 공안부는 국무원 소속의 중앙정권조직의 하나로 독립하였으며, 인민공안부대는 공안군으로 명칭을 바꾸어 인민해방군의 일종이 되었다.

❷ 전면사회주의 시기(1956-1966)

전면사회주의 시기의 중국경찰은 국내외 적의 파괴활동을 타도하고 범죄인에 대한 교육개조와 인민들의 안정운동을 전개하여 사회주의 건설의 순조로운 진행을 보장하는데 중점을 두었다. 1957년 6월 25일 제1차 전국인대상위회全國人大常委會는 '중화인민공화국경찰조례'中華人民共和國警察條例를 통과시켜 공안기관의 성질, 임무, 직책, 권한, 인민경찰의 조건과 상벌제도 등 법률적 형식을 확정하였다.

이것은 건국 후 중국인민경찰의 제1차의 입법조치였으며, 중국공안제도 건설의 초석이 되었다. 또한 공안기관 건설강화를 위해 1958년 6월 9일 제9차 전국공안회의를 소집하여 수사, 노개勞改·보호소, 소방, 경제, 문화, 교통 등 일련의 업무 등이 새롭게 결정되었다.

동시에 공안요원들의 조직, 기율, 법제 등을 실사구시이념으로 진일보하고, 공안요원들의 사상과 행동준칙을 위하여 '공안인원팔대기율'公安人員八大紀律, '십항주의'十項注意가 제정되었다.[390]

❸ 문화대혁명기(1966-1976)

1970년 헌법개정안에서는 여러 공안기관에 검찰기관으로서의 권한이 주어졌으며, 체포권에 대해서도 공안기관의 권한에 포함시켰다. 문화대혁명기의 공안기관은 4인방의 발

---

388 那書亭·万首聖 主編, 前揭書, p. 22.
389 상게서, p. 19.
390 상게서, p. 20.

호로 제기능을 발휘하지 못하였다. 사회주의 법제건설도 답보상태에 있어 공안기관도 제대로 활동할 수가 없었다.**391**

사회주의 체제유지라는 정치적 논리에 묶여 치안유지와 민생안전이라는 경찰 본연의 기능을 하지 못하였으며, 공안부 등 공안기관들은 군에 접수되어 독자성을 상실하게 되었다.

❹ 사회주의 현대화 건설시기(1976-1989: 천안문사태)

사회주의 현대화 건설시기의 중국경찰은 당이 내세운 4대 현대화에 부응할 새로운 정세 속에서 사회주의법제의 강화가 필요하였고, 1978년 2월 헌법개정을 하여 검찰부분을 부활, 검찰업무를 공안부에서 분리시켰다.**392**

사회주의 현대화 건설시기의 중국경찰은 국내외의 적대세력에 대해 엄격히 대처하며 형사 및 경제사범에 대해 엄격히 처리하고, 사회치안관리 강조, 재해사고의 관리 및 공안기관의 개혁 개방정책을 강조하고 있다.**393**

중국공산당 제11차 삼중전회三中全會에서 당의 공작 중심이 경제건설로 변함에 따라, 1982년 당 중앙은 중국인민해방군 중 내부치안과 관련된 내위부대內衛部隊를 공안부에서 분리시켜 종래의 무장민경, 국경경비민경, 소방경찰부대를 통합하여 '중국인민무장경찰부대'를 창설하였다.

1983년 6월 전국인민대표대회 상무위원회는 국가안전부를 창설하여 공안기관의 대외정보와 대간첩업무를 분리시켰고, 공안기관의 교도소, 보호소의 관리업무체계를 사법부와 분리시키는 공안업무의 대개혁을 추진하였다. 또한 1984년 국제형사경찰기구ICPO 제53회 총회에서 ICPO의 정식 가맹국으로 가입하여 공안부 형사국을 통해 국제형사경찰기구 중국사무국을 조직하였다.**394**

❺ 개방화 시대(1990-현재)

천안문사태로 내려졌던 계엄령이 해제되고 중국이 개혁·개방에 박차를 가하기 시작하여 오늘에 이르는 시기이다. 이 시기에는 인민경찰력의 혁명화, 현대화, 정규화를 추진하고, 1992년 7월 7일에 공안인원의 계급제도警衛制를 실시하였다.**395**

또한 사회주의 인민주권과 법제발전을 촉진하기 위하여 1995년 2월 28일 제8차 전국인민대표대회 상무위원회는 '중화인민공화국인민경찰법'을 통과시켜 공안기관의 임무, 직권, 의무와 기율, 조직관리, 경무, 감사, 법률적 책임 등을 명확하게 규정하였다.

동법은 1957년 6월 25일에 공포한 '중화인민공화국 인민경찰조례'를 완전히 대체하는 것으로 이 법은 한국의 경찰법과 경찰관직무집행법에 해당하는 내용을 포함하고 있다.[396]

2 ‖ 중국경찰의 조직

사회주의 경찰은 그 기원을 구소련에 두고 있다. 1917년 볼세비키 혁명으로 제정 러시아를 타도하고 수립된 소련정권은 사회주의 무산계급통치 국가를 표방하고 소비에트정권을 전복 파괴하려는 일체의 활동을 막고 새로운 정권을 보호하기 위하여 국가보위부를 설치한 것이 사회주의 경찰의 시원이 되었다.[397]

중국에서 경찰이란 '인민경찰'을 의미[398]하며, 이들이 근무하는 기관이 '공안기관'이다. 중국경찰의 범위는 비교적 광범위한데 「인민경찰법」 제2조 제2항에 "인민경찰은 '공안기관', '국가안전기관', '감옥', 노동교양관리기관의 '인민경찰'과 인민법원, 인민검찰원의 '사법경찰'을 포함한다."고 하여 5가지의 경찰이 규정되어 있다. 이러한 5종의 경찰은 모두 국가경찰에 속한다.

1957년 제정된 「인민경찰」조례에 의하면 단지 공안기관의 인민경찰만을 의미했으나, 1983년 공안부와 국가안전부가 분리되고, 인민법원, 인민검찰원이 양원의 조직법에 의해 사법경찰을 두게 되면서 인민경찰의 범위가 공안부문에 관련된 부서로 확대되었다.[399]

중국의 경찰은 국무원 공안부를 정점으로 하여 지방경찰기관으로 인민경찰이 있으며, 무장경찰력으로 인민무장경찰대(인민해방군 소속)와 일반 국민의 민간조직인 주민자치방위조직이 치안유지를 담당하고 있다. 중국에서 경찰警察이라는 명칭은 중국 인민무장경

---

396 경찰대학b, 전게서, p. 470.

397 邢書亭·万首聖 主編, 前揭書, p. 12.

398 '공안(公安)'이란 용어는 장개석의 국민당에서 사용한 '경찰'이란 용어와 구별하기 위해서 사용한 데에서 그 기원을 두고 있다. 이후 1949년 중국이 공산화된 이후 '人民警察(약칭 民警)' 또는 '공안'으로 통용하고 있다(유도현, "중국경찰제도에 관한 연구", 「석사학위논문」 서울: 한서대학교 대학원, 2005, p. 8).

399 상게논문, p. 16.

찰부대를 포함하여 중국 경찰조직 전반을 칭하는 명칭이다. 공안公安은 공안부 소속 경찰이자, 과거 인민경찰의 공식 명칭이다.

이러한 중국의 경찰체제는 크게 중앙집권과 지방분권의 결합체제**400**이며, 사법경찰과 행정경찰의 일원주의를 채택하고 있다. 국가경찰 중 가장 중요한 역할을 하는 공안기관인 공안부와 국가안전기관 그리고 전문공안기관에 대해서 살펴보면 다음과 같다.

1 공안기관

❶ 국무원 공안부

공안기관公安機關인 국무원國務院 공안부公安部는 중앙조직과 지방조직으로 나누어져 있으며, 개별적인 전문공안기관이 있다.

● 중앙조직

국무원國務院 공안부公安部는 전국의 치안활동을 지도·감독하는 기관으로 한국의 경찰청에 해당하는 기관이다. 중앙공안기관인 공안부는 국가의 최고 공안기관으로서 국무원에 소속된 업무부서이며, 전국 공안업무의 지도와 조직을 책임지고, 국무원을 거쳐 전국인민대표대회 및 그 상무위원회에 대해 책임을 진다.**401**

공안부는 중앙조직 외에 각 행정단위에 대응하는 지방공안기관이 있다. 공안부의 하부 지방조직으로는 공안청 또는 공안국(직할시)이 있으며, 그 밑에 市공안국 또는 공안분국이 있고, 그 밑에 공안경찰서 마지막으로 파출소(경찰기관의 최하위조직)가 있다.

국가주석 밑에 국무원이 있으며, 그 밑에 공안부가 있으며, 성省정부 밑에 성省공안청이 있고, 시市정부 밑에 시市공안국이 있는 형태이다.

공안기관의 총책임자인 공안부장은 국무원 총리가 지명하고 전국인민대표회의 및 그 상무위원회에서 임면권을 갖고 있으며, 각 성省자치구와 직할시 인민대표대회 및 그 상무위원회에서 성省공안청 청장의 임면권을 갖는다. 또 현縣·시市 인민대표대회 및 그 상무

---

400 중국 공안기관의 지도체제는 중앙집권과 지방분권이 상호결합된 체제라고 할 수 있는데, 이는 서구의 중앙집권체제나 지방분권체제와는 다른 개념이다. 중앙집권과 지방분권이 결합된 체제의 실시는 중국 공안체제의 또 다른 특색 중 하나라고 할 수 있다(상게논문, p. 33).

401 손연, 전게논문, p. 18.

위원회는 현縣·시市 공안국 국장의 임면권을 행사한다.[402]

공안부장은 국무원의 구성원이며, 공안부장의 선출은 국무원 총리가 하게 되고, 파면권은 전국인민대표회의에 속하게 된다. 지방의 공안청장이나 공안국장은 지방의 인민대표대회 상무위원회가 결정하며 반드시 국무원에 보고하여 등록하여야 한다.

공안청장이나 공안국장은 같은 급의 지방 인민대표회의 상무위원회가 결정하며, 공안청장은 부성장의 한 사람이 겸임하는데 최근에는 전문직이 되는 경향이 있다.[403]

이 밖에도 공안부 직속으로 인민공안대학이 있으며, 고급 경찰관을 훈련하는 공안간부학원과 일반경찰관을 훈련하는 공안학교가 있다. 공안부의 밑에는 아래 표와 같은 여러 국이 있다.

국무원 공안부의 조직[404]	
제1국 정치국	• 특무, 공격, 잠입, 침투공작 방지활동의 지휘 • 정치조사에서의 고급간부의 안전감시와 보위 • 반공분자의 체포 및 감시 • 공안부의 사상과 조직, 문화, 기율업무 담당 • 경찰간부의 교육훈련과 홍보업무 등 인사업무
제2국 경비국 (경제문화부위국)	• 노동자, 농민의 파업 및 폭동의 감시와 방지 • 공업, 상업, 금융활동의 조사, 세관, 밀무역의 단속
제3국 치안국 (치안관리국)	• 호적관리, 외국인 거주자 관리, 도사의 무단유입자 처리 • 교통관리 및 대중에 대한 경찰홍보와 교육 • 검찰기관 및 법원이 실시하는 형사사건의 처리 협력 • 주민등록증의 인쇄, 제작, 발행 및 관리
제4국 국경수비국 (변경관리국)	• 국경수비, 출입국자의 감시 및 국외도망 방지 • 소수민족의 활동 및 인접국의 월경 감시
제5국 형사국	• 전국의 범죄정세 파악, 수사활동의 지도 및 중요사건의 수사
제6국 출입국관리국	• 중국인민의 사적인 출입국 및 일반여권을 소지하는 외국인의 출입국, 체류, 여행 등의 관리사무의 지도
제7국 소방국	• 소방법규의 제정, 개정, 소방기재의 제작감시, 소방의 안전검사 및 소방활동
제8국 경호국	• 내외요인 특히 외국요인의 경호 담당
제9국 요인경호국	• 국내 최고지도자의 경호를 담당 • 인민해방군 총참모부를 겸함
제10국 철도공안국	• 철도와 관련된 경찰업무를 수행
제11국 전산통신국 (계산기관리감찰사)	• 컴퓨터 관리의 지도 및 경찰통신의 담당

---

402 那書亭·万首聖 主編, 前揭書, pp. 40−42.
403 경찰공제회a, 「경찰실무종합(상)」, 2004, pp. 312−313.
404 경찰대학b, 전게서, pp. 456−457 재구성.

제12국 기술국 (과학기술사)	• 수사기술의 개발, 관리 및 부속연구소 관리
제13국 송무국 (예심국)	• 예심 및 유치장의 지도관리
제14국 교통국 (교통부공안국)	• 교통문제 일반 처리
제15국 민간항공국 (민항공부공안국)	• 민간항공에 대한 업무를 처리
제16국 산림국 (임업부공안국)	• 임업에 관한 업무를 담당
국제협력국 (ICPO 국가중앙사무국)	• 인터폴 관계의 국제협력 업무를 수행
판공청(辦公廳)	• 전국공안업무상황을 파악하고 사회치안상황을 종합·분석 • 대외적인 소식발표 • 공안계통의 통신망 관리

이러한 국무원 공안부의 행정조직상 형태는 행정 각부에 소속하게 하여 그 권한의 행사를 보조하게 하는 경우인 보조기관형으로 볼 수 있다. 공안부는 모든 범죄가 아닌 공무원부패와 대형경제범죄를 제외한 전 분야의 범죄를 단속할 권한을 가지고 있다.

● 지방조직

공안부의 하부 지방조직으로 인민경찰(지방경찰)이 있다. 지방공안기관은 행정기관의 종류에 따라 구체적인 조직에 차이가 있으나 일반적으로 공안부─공안청 또는 공안국─공안분국(경찰서)─공안파출소로 나누어진다. 지방공안기관은 성省─자치구自治區 공안청公安廳, 직할시直轄市 공안국公安局, 市공안국·자치주自治州 공안처公安處, 현縣·자치현自治縣·기旗 공안국公安局의 3개 급으로 나누기도 하는데, 전체적으로는 다음과 같이 4개로 구분할 수 있다.**405**

중국의 지방 공안기관	
구분	**내용**
성급 공안기관	• 성급(省級) 공안기관은 성과 자치국에 설치된 공안청과 직할시에 설치된 공안국이다. • 공안청(국)은 서, 자치구, 직할시, 인민정부의 직능부분으로 성, 자치구, 직할시 범위내의 공안관리 업무를 담당한다.

---

405 손연, 전게논문, pp. 23─24.

소속구의 공안기관	• 성(省)·할(轄)·시(市)·지구(地區)·자치주(自治州) 소속구(所屬區)의 공안기관은 인민정부의 직능부분이다. • 성·할·시가 설립된 공안국은 성할시 인민정부의 직능부문이다. • 지구가 설립한 공안국은 지구 인민정부의 직능부문이다. • 자치주가 설립한 공안국은 자치주 인민정부의 직능부문이고, 이런 공안기관들은 각 행정기관 내의 공안관리 업무를 담당한다.
현급 공안기관	• 현급(縣級) 공안기관은 현·시(현급 시), 기(旗)에 설립된 공안국으로 인민정부와 동급의 직능부문이다. • 현·시(현급 시), 기 인민정부 내의 공안관리 업무를 담당한다.
기층 공안파출소	• 크고 작은 도시의 각 지역에 사무처와 현 소속의 진(鎭)·향(響)에 설립된 공안파출소는 공안분국(경찰서)과 현·시·기 공안국의 파출기관으로 구역의 공안관리 업무를 담당한다. • 이러한 공안파출소는 경찰기관의 최하위 조직이라고 할 수 있다. • 공안파출소는 체계상 공안기관과 같은 급의 진·향의 지시를 받지만 주된 지휘는 공안기관이 한다. • 상급 공안기관이 독점적 지휘권을 행사하지 못하며, 주민자치조직인 공안보위위원회의 지휘를 받는 것이 아니다.[406] • 공안파출소는 사회질서와 치안에 관한 법률의 시행 확보, 반혁명분자 발견, 호적 및 주민등록증의 관리업무, 형사사건해결 협력, 주민자치조직인 공안보위위원회(公安保衛委員會)의 활동 원조, 주민복지에 참여 또는 협력, 안전방범활동 등의 역할을 수행한다.[407]

중국의 주민자치조직	
구분	**내용**
거민위원회와 촌민위원회	• 일반적으로 도시지역에는 거민위원회가 농촌에는 촌민위원회가 있다. • 이러한 위원회 등은 정식 경찰조직이 아니며, 정부조직에도 속하지 않는다.
치안보위 위원회	• 대중적인 치안방위조직으로 공장, 기업, 학교, 마을 등을 단위로 설치된 치안보위위원회(治安保衛委員會)는 한국의 민간방범조직과 유사하나 보다 전문적이고 역할이 크며, 경찰과 국민을 이어주는 역할을 하고 있다. • 치안보위위원회는 대중에 대한 강·절도, 재해, 사고방지업무, 청소년에 대한 교육활동, 반혁명가족에 대한 교육 및 사상교화, 반혁명분자의 조사, 감시, 고발, 형사범죄자 및 반혁명분자 공안기관에의 인도, 범죄현장에서 공안기관이 하는 질서유지 및 현장보존 등의 역할을 한다.

---

406 경찰공제회a, 전게서, p. 314.
407 손연, 전게논문, p. 24.

	• 이러한 치안보위위원회도 공안기관의 조직체계에도 속하지 않고 국가기관도 아니다.**408**
인민조정 위원회	• 인민조정위원회는 주민들간의 분쟁에 대해서 연장자를 중심으로 한 분쟁해결제도를 말한다. • 정부는 이 제도를 축소시키거나 폐지하는 것이 아니라 민간조정 보급으로 소송사건의 감소를 도모하고, 형사사건의 경우에도 반혁명 이외에는 조정을 적용할 수 있도록 하고 있다. • 도시에서는 일반적으로 파출소의 관할구 또는 마을을 단위로 설치한다. • 위원회는 주임위원 1명, 부주임위원 1~2명을 둔다. • 위원은 주민의 직접선거가 아니라 말단 인민정부 주재로 주민대표를 추천하여 선출하고, 농촌에서는 향인민위원회가 추천하여 선출한다.**409**
	• 주민자치조직은 정식 경찰조직은 아니지만 주민자치방위기구인 거민위원회, 촌민위원회, 치안보위위원회가 경찰의 최하위 조직인 공안파출소와 함께 치안업무를 담당하고 있다.

● 인민무장경찰부대

인민무장경찰부대^{무경}·People's Armed Police Force는 1984년에 중화인민공화국 인민경찰에서 무장경찰을 분리하면서 창설되었다. 치안 유지라는 점에서 소련 내무군의 영향을 받았다. 무경武警은 중국공산당 중앙군사위원회 소속의 중국 인민해방군의 군종 중 하나이다.

국가정치안보보위와 사회안전, 해상권리 수호 법 집행, 작전방어의 3대 주요 임무를 담당하는 무경은 약 160만의 무장부대이다. 이는 치안기관으로 경찰기관과 인민해방군의 중간적 성격을 갖는 조직이다.

2 국가안전기관

국가안전기관은 1983년 제6기 전인대 제1차 회의 결의에 따라 설립된 국가안전업무의 전담기관이다. 주요업무는 국가안전을 위해하는 형사사건의 수사업무를 담당하는 것이다. 국가안전기관과 공안기관은 국무원의 지시를 받는 국가행정기관이라는 점에서는 같으나, 형사사건의 수사에 있어서 국가안전기관은 간첩·특무사건을 담당하고, 공안기관은 기타 국가안전 위해의 형사사건을 담당한다.

---

408 경찰대학b, 전게서, pp. 463−464 재구성.
409 상게서, pp. 464−465 재구성.

3 전문공안기관

전문공안기관은 공안부의 파견기관으로 공안부와 지방공안기관이 업무수요에 따라 철로(중국은 철도를 철로(鐵路)라고 함), 교통, 공항과 임업 등의 부문에 설치된 공안기관이다. 업무상으로는 중앙공안기관(공안부)에 상응하는 지방공안기관의 지시를 받는다.

중국의 전문공안기관	
구분	내용
철로 공안기관	• 철로공안기관은 최초로 조직, 설립된 전문공안기관이다. 기구설치는 철도부가 설립한 공안국, 철로관리국이 설치한 공안처(국), 철로분국이 설치한 공안처, 철로공안부처가 있다. 주로 역과 열차상에서 발생하는 형사사건의 수사발생과 중대 책임사고와 일반 치안사건을 담당한다.
교통 공안기관	• 교통공안기관은 1971년 설립되었다. 기구설치는 교통부에 설치된 교통공안국, 하급부서로는 각 항구·항운공안국이 있다. • 교통공안기관은 업무상으로는 중앙과 지방공안기관의 지시를 받고, 행정상으로는 교통부의 지시를 받는다.
민항(공항) 공안기관	• 민항공안기관은 1981년 설립되었다. 기구설치는 중국민항총국에 설립된 공안국, 지구민항관리국, 국제항공공항에 설립된 공안분국, 공안파출소이다.
임업 공안기관	• 임업공안기관은 1984년에 설립되었다. • 기구설치는 임업부에 설치된 공안국, 성급 임업청·국에 설치된 공안처, 각 임업국·임관국 등에 설치된 공안처·공안국, 삼림집중 지구에서는 수요에 따라 상응하는 공안국과 공안파출소를 설치한다.

4 중국의 사법제도

중국의 사법기관은 공안기관, 국가안전기관, 인민법원 및 사법행정기관으로 되어 있다. 형사사건에 대한 수사·구류·예심은 공안기관이, 간첩사건에 대한 수사·구류·예심은 국가안전기관이, 수사권 및 체포승인·공소제기 및 유지의 공소권은 인민검찰원이 각각 담당한다. 재판은 인민법원이 담당하고 법정에서 변호를 맡는 변호사제도를 두고 있다.

중국의 형사소송법상 수사절차에 관한 용어가 한국과는 다른 경우가 많다. 중국에서 수사란 '정사'偵查로 표현되고 있으며, 중국 형소법상의 '수사'라는 용어는 한국의 '수색'과 비슷한 개념이다. '구전'拘傳은 한국의 강제소환과 비슷하다고 볼 수 있다.

'입안'立案이란 개념은 형사사건이 반드시 거쳐야 하는 하나의 소송절차로 형사소송활동의 시작을 의미하며, 수사의 단서들에 대하여 범죄사실의 유무와 형사책임을 부과할 것인지를 심사하는 절차를 말한다.

'정사'偵查란 공안기관·인민검찰원이 사건을 처리하는 중 법률에 따라 진행하는 전문적 조사업무 및 관련 있는 강제조치를 의미하며, 증거수집과 범죄협의자의 조사검거 및 범죄사실의 유무와 구체적 죄질의 경중을 밝히는 것이다.

정사의 전단계로 입안이 있으며, 기소와 불기소, 사건의 취소 등으로 정사를 종결하게 된다. '예심'豫審이란 정사결과 범죄사실을 증명하는 증거가 있는 사건에 대해 수집한 증거에 문제점이 없는지를 살피는 것을 말한다. '관제'管制란 한국의 보호관찰과 유사한 중국 형법상 형벌의 한 종류이며, '재정'裁定은 인민법원이 사건을 심리하는 과정과 판결 집행과정 중에 소송의 절차문제와 부분적 실체문제에 대하여 취하는 결정을 말한다.**410**

체포는 공안기관의 체포증에 의하며, 피의자에 대한 구속은 강제조치로 인민검찰원의 승인 또는 인민법원의 결정을 거친 후에 공안기관이 집행하게 된다. 공안기관은 체포 후 24시간 이내에 조사를 해야 하며, 수사 중 피의자의 구속은 원칙적으로 2개월을 넘기지 못한다.

수사 중의 구속기간은 상급 검찰원의 승인을 얻어 1개월 연장할 수 있다. 특수한 사정으로 장기간 종결되지 않은 중대하고 복잡한 사건은 최고인민검찰원에 보고하여 전인대상무위원회의 허가로 심리기간을 연장할 수 있다. 구속은 반드시 인민법원의 결정 또는 검찰원의 승인을 받아야 한다. 불법체포 금지에 관한 규정은 헌법에도 명시되어 있으며, 법원은 스스로의 결정으로 체포를 결정하게 된다.

중국의 행정강제조치권 중에는 노동교양이라는 것이 있는데, 이는 형사처벌을 할 수 없는 경미한 범죄에 대하여 공안기관에서 행하는 행정처벌로 사실상 징역과 동일한 효과를 가져온다. 법원에서 형사처벌되지 않는다고 재판한 사안에 대하여도 노동교양을 실시할 수 있다. 노동교양의 시간은 1년 이상 3년 이하이며, 성·자치구·직할시 및 대도시의 공안국이 주가 된 노동교양관리위원회에서 결정하게 된다.**411**

❶ 법원조직

전국인민대표대회 직속기관인 최고인민법원과 각급 지방인민법원, 군사법원, 해사법

---

410   경찰공제회a, 전게서, pp. 320 – 322.
411   상게서, p. 312.

원, 삼림법원, 철도운수법원, 수상운수법원 등의 전문인민법원이 있다. 원칙적으로 재판제도의 구조는 민사, 형사 모두 4급 2심 합의제를 채택하고 있다.

4급 2심 합의제가 원칙이지만 예외적으로 사형에 대해서는 3심을 허용하고 있다. 4급이란 기층, 중급, 고급, 최고의 각 인민법원을 의미하며, 2심제란 한 소송을 2단계의 인민법원 심리로 종결하는 제도이다. 1심에서만 배심원제를 실시하고 있다.[412]

제1심 형사사건의 재판이 중급 인민법원이 되는 경우는 반혁명사건, 무기징역 또는 사형을 부과해야 하는 형사사건, 외국인 범죄 및 외국인의 권리를 침해한 형사사건 등이 있다. 모든 성·시·구에 미치는 중대한 형사사건의 경우에는 고급 인민법원이 관할하게 된다. 범죄사실이 명확하고 충분한 증거가 있는 자송사건自訟事件의 심리는 인민검찰원이 아닌 인민법원이 심리할 것을 결정할 수 있다.

❷ 검찰조직

인민검찰청은 공소기관이고 국가의 법률감독기관으로 독립한 검찰권을 행사한다. 그 조직은 중화인민공화국 인민검찰원조직법과 검찰관법에서 규정한다. 인민검찰청은 형사사건에 대한 정사偵査기관의 하나이며, 국가의 유일한 공소기관이다.

체포를 비준하고, 수색·입안 활동과 심판활동 및 판결과 재정의 집행이 합법적인지 여부 등을 감독한다. 중국의 검찰은 기소를 독점하고 있는 것이 아니라 피해자나 법정대리인이 법원에 대하여 범인에 대한 형사처벌을 직접 소추할 수 있는 자소自訴제도를 두고 있다. 교도소, 구치소, 노동교화 기관의 활동이 적법한가를 감독할 수 있는 권한을 가지고 있다.[413]

❸ 중앙정법위원회

중국공산당 중앙정법위원회는 사회주의 민주화와 법제의 건전화, 사회주의의 강화, 사회주의 현대화의 촉진으로 공안부문, 국가안전부문, 사법부문, 민생부문, 인민검찰원 등 사법관계 기관을 통괄하는 국내 치안 담당의 최고기관이다. 이 조직은 1981년 전국 5대 도시 치안좌담회를 통하여 그 존재가 알려졌고, 지방에도 정법관계 조직이 있다.[414]

---

412 경찰대학b, 전게서, pp. 445-446 재인용.
413 경찰공제회a, 전게서, pp. 321.323.
414 경찰대학b, 전게서, p. 467.

　　중국의 공안기관은 인민법원 또는 인민검찰원이 직접 처리하는 사건 이외의 사건수사를 할 수 있으며, 예심의 진행, 법정경비 등의 업무를 처리한다. 공안기관은 수사, 구치, 예비심사를 할 수 있으며, 직접 지명수배 영장을 발부할 수도 있다.

　　수사요원은 흉악하다고 인정할 때에는 피의자, 피고인의 신체검사를 할 수 있는 등 법원의 영장 없이 수색·압수를 할 수 있다. 중국경찰은 한국경찰보다 비교적 강한 수사권한을 가지고 있다고 할 수 있다.

　　중국경찰은 경범죄 처벌에 있어서 형사소송법상 형사구류 이외에 행정구류의 권한을 가지고 있다. 구류는 1일 이상 15일 이하의 기간 동안 가능하다. 치안관리처벌조례에는 몰수와 노동교양의 행정벌도 규정되어 있다. 매매춘 또는 그 소개, 장소제공 등도 공안기관이 치안관리처벌조례에 따라 벌금 등에 처할 수 있다.

　　중국경찰의 치안조례에는 직무집행 중에 체포거부, 폭동반란, 습격, 총기강탈, 기타 사회치안을 폭력으로 파괴하는 긴급상황시에 무기사용을 인정하고 있다.

　　「인민경찰법」은 한국의 「경찰법」과 「경찰관직무집행법」에 해당하는 내용을 포함하고 있으며, 경미한 형사범을 행정벌로 처분하는 권한을 가지고 있다. 중국은 1983년 "사회치안에 중대한 위해를 미치는 범죄자를 엄벌하는 것에 관한 결정"과 "사회치안에 중대한 위해를 미치는 범죄자를 신속하게 재판하는 절차에 관한 결정"으로 형사관련 처벌법규를 강화하고 있다.

1 ▌▌ 북한경찰의 역사[415]

1 김일성 정부의 통치이념과 국가체제

❶ 통치이념

북한 정권 초기인 1950년대와 60년대에는 다른 사회주의 국가들과 마찬가지로 '마르크스－레닌주의'를 바탕으로 통치하였다. 하지만 김일성 주석이 스탈린 사망 이후 권력투쟁 과정에서 제시했던 주체사상은 1970년 제5차 당대회에서 '마르크스－레닌주의를 창조적으로 발전시킨 당의 지도사상'으로 천명된 이래 김일성 유일체제 확립 및 1인 절대지배 체계를 정당화하는 이념으로 변천되었다.[416]

하지만 1970년 11월 제5차 당대회 그리고 1972년 12월에 채택된 '사회주의 헌법'을 계기로 '마르크스－레닌주의'와 함께 '주체사상'이 노동당의 통치이념으로 확립되었다.[417] 이는 유일사상체계를 국가체제에 구현하려는 시도였다.[418]

1974년에는 주체사상을 지도적 지침으로 하여 '온사회의 김일성주의화'를 당의 최고 강령으로 내세웠다. 1980년 제6차 당대회에서 당의 '유일적 지도사상'으로 규정된 주체사상은 이후 김정일 국방위원장에 의해 지배체제의 영속화를 위한 '수령론', '혁명적 수령관'으로 확대되었다

1980년 10월 제6차 당대회에서는 당 규약에 "김일성의 주체사상이 당의 공식 지도이념"이라고 규정하였다. 이로써 북한은 북한만의 특수한 통치이념을 표방하게 되었으며, 주체사상은 북한식 수령독재체제의 근간이 되었다.[419]

1980년대 말 이후 북한 정권은 소련 및 동유럽 사회주의권 붕괴와 냉전종식에 따른 위기 상황 속에서 주체사상을 체제생존을 위한 방어적 논리로서 '우리식 사회주의'라는 이름으로 재해석하였다.

---

415 김창윤d－1, "북한의 치안정책에 관한 연구" 「한국경찰학회보」, 22(4), 2020, pp. 321－366.
416 통일부a, 「2017 북한이해」, 2016, p. 34.
417 통일부b, 「2019 북한이해」, 2018, p. 11.
418 류길재, "1970년 사회주의 헌법과 '수령제' 정치체제(1)" 「기독교사상」, 2월호, 1997, p. 168.
419 통일부b, 전게서, p. 15.

❷ 국가체제

김일성 정부**420**의 국가체제는 몇 단계로 형성·발전되어 왔다. 그 첫 단계는 해방이후 소련 군정정책에 의하여 조선민주주의인민공화국을 건국하는 '사회주의 인민공화국 수립 단계'(1945.8 – 1948.9)이다. 그리고 2단계는 한국전쟁 후 중공업 우선의 사회주의 국가발전을 위하여 국가기구의 조직을 개선하는 시기인 '주체적 사회주의 국가건설 단계'(1948.9 – 1972.12)이다.

제3단계는 1972년 사회주의 헌법 개정에서 명시한 마르크스 – 레닌주의와 주체사상을 통한 당과 인민대중이 일심 단결된 형태인 '수령 중심의 전체주의적 독재체제 구축 단계'(1972.12 – 1994.7)이다. 특히 제3단계에서는 국가기구 면에서 권력통합적 주석제가 신설되어 수령의 유일적 영도제가 확립되었으며 동시에 국가기구의 기능이 현저히 강화되었다.

2 김정일 정부의 통치이념과 국가체제

❶ 통치이념

1994년 김일성 주석 사후 국방위원회 중심의 선군정치를 강조한 김정일 정부는 '주체사상에 뿌리를 둔 선군사상'을 사회주의 강성대국 건설을 위한 통치이념으로 제시하였다.**421** 2009년 헌법(김일성 헌법) 개정 및 2010년 당 규약 개정을 통해서 '주체사상을 구현한 선군사상'을 통치이념으로 공식화하였다. 이후 국가주석 중심의 중앙인민위원회체제를 마감하고 선군 이념에 부합하는 국방위원장 중심의 '국방위원회 체계'를 출범시켰다.**422**

❷ 국가체제

1990년대 들어 북한에서 일어난 가장 큰 변화는 1994년 7월 최고 권력자 김일성 주석의 사망과 김정일 정권의 출범이라고 할 수 있다.**423** 새로운 단계로서 제4단계는 '군 –

---

420 김일성 주석은 1912년 4월 15일 생이다. 북한은 이 날이 우연히 타이타닉호가 침몰한 날과 겹친다는 데 착안해 '금세기 가장 격정적인 날'이라는 주장을 펼치고 있다. '김일성 주석이 동방에서 인류의 태양으로 탄생하던 날 서방에서는 자본주의 번영의 상징으로 여겨지던 타이타닉호가 침몰한 것은 동방의 일출과 서방의 침몰을 예고하는 것'이라고 해석했다(「한국경제」, 2011.12.19.).

421 통일부b, 전게서, p. 34.

422 김갑식 외 3인, 「김정은 정권의 정치체제: 수령제, 당·정·군 관계, 권력엘리트의 지속성과 변화」, 통일연구원, 2015, p. 17.

423 김일성 주석은 1994년 7월 8일 82세의 나이로 심근경색으로 숨을 거뒀다. 김정일 국방위원장은 1942년 생으로 32세의 나이로 정치위원회 위원에 임명된 이래 20년간 단계적으로 후계자로서의 권력 이양 단계를 밟아 1994년

국가체제'^{Military-State System} 구축 단계(1994.7-2011)이다. 이는 그동안의 김일성 주석 중심의 권력체계와는 또 다른 변화를 시도하는 단계이다.

이를 위하여 북한은 김일성 주석 사후 초기의 '유훈통치' 단계를 지나, 1997년 10월에는 김정일 국방위원장을 노동당총비서로 추대하였다. 1998년 9월 헌법 개정을 통하여 기존의 국가주석제 및 중앙인민위원회를 폐지하고 '국방위원장'을 중심으로 하는 군사중심체제를 새롭게 정비하였다. 이를 통해서 김정일 정권의 승계 작업은 마무리되었지만 군부 우위의 비정상적인 정부운영단계로 진입하였다.

3 김정은 정부의 통치이념과 국가체제

❶ 통치이념

2011년 김정일 국방위원장 사망 이후 3대 세습체제를 구축한 김정은 정권은 2012년 제4차 당대표자회를 통해 "김일성-김정일주의를 유일한 지도사상으로 하고 온사회의 김일성-김정일주의화를 당의 최고 강령으로 한다."는 내용으로 당 규약을 개정함으로써 '김일성-김정일주의'를 김정은 시대의 통치이념으로 제시하였다.[424]

2016년 5월 노동당 제7차대회를 기점으로 김정은에 대해 '위대한 영도자' 호칭 사용 등 김일성·김정일과 동일한 수령의 지위를 부여하였다. 2016년 개정 헌법(김일성·김정일헌법)에서는 김일성 주석과 김정일 국방위원장을 함께 '영원한 수령'으로 표기하였다. 2019년 4월 개정된 사회주의 헌법에서는 국무위원장에게 '국가대표'로서의 권한을 부여하였다.[425]

❷ 국가체제

2011년 김정일 국방위원장의 사망[426] 이후 김정은 정권이 2012년 공식출범하였다.[427] 김정은 정권의 제5단계는 '당-국가체제'^{Party-State System} 정상국가화 단계'(2011-현재)이다.

52세에 국방위원장이 되었다.
424 통일부c, 전게서, p. 34.
425 상게서, p. 34.
426 북한 조선중앙TV는 김정일 국방위원장이 2011년 12월 17일 오전 8시 30분에 급성 심근경색 등 합병증세로 69세의 일기로 사망했다고 공식발표했다. 1994년 김일성 주석 사망 이후 김정일 시대를 연 지 17년 만에, 1974년 후계자로 공식화된 지 37년 만이었다(「연합뉴스」, 2011.12.19.).
427 김정은 국무위원장은 1984년 생으로 이때 나이는 28세였다. 여동생인 김여정은 1988년 생으로 어머니가 같은 친남매 지간이다.

김정일 시대의 '국방위원회'는 국방 분야에 한정되어 있었다.

하지만 김정은 시대에 신설된 '국무위원회'는 국방, 외교, 통일, 경제 분야로 기능과 역할이 대폭 확대되었다. 과거 김정일 시대의 선군정치를 통한 군부 중심의 과도기적 국가체제에서 '사회주의 당－국가체제'Party-State System로서의 '정상국가화'를 추진하였다.

2 ‖ 북한경찰의 조직[428]

북한의 3대 사회통제기관에는 '국가보위성(보위성)'과 '사회안전성' 그리고 인민군 '보위국'이 있다. 이 중 주민들의 동향을 감시·감독하는 정치사찰 기관으로서의 '국가보위성'과 '사회안전성'이 있다.

북한의 3대 사회통제기관은 북한 주민들의 사상동태를 감시하고 반당·반혁명 세력을 색출하는 임무를 담당한다. 이들 기관은 세습체제 반대 세력의 저항을 진압하고 김정은 체제의 지속성을 유지하는데 기여하고 있다.

1 국가보위성

한국의 국정원과 유사한 '국가보위성'보위성·Ministry of State Security은 김정은 유일영도체제와 조선노동당을 보위하는 북한의 최고 정보수사기관이자 대남공작 부서이다. 국가보위성은 형사재판 제도와 별개로 운영되는 북한 최고의 정치사찰 전담 기구로서 정치사상범의 감시, 구금, 체포, 처형 등을 법적 절차 없이 임의로 결정하는 권한을 행사하고 있다.

국가보위성(보위성)은 창설 이래 한 번도 '성'으로 불린 적이 없었다. 일제 강점기의 잔재가 많이 남아 있는 북한에서는 부部가 성省보다 높은 조직으로 인식되는 점을 감안하면 2016년 기준, 국가보위성으로의 명칭 변경은 내각의 다른 행정부서의 장들과 마찬가지의 지위를 갖게 되었다는 것을 의미한다.[429]

이는 김정은 국무위원장이 국무위원회를 여타 일반 국가의 '국무부서'와 같은 뜻으로 명

---

428 김창윤d－1, 전게논문, pp. 321－366.
429 주성하, "北 실세조직 보위부, 보위성으로 격 낮아져" 「동아일보」, 2016.08.16.

칭을 부여하였듯이 '군사적' 의미가 내포된 정부조직을 행정적 의미의 '성'으로 전환시킴으로써 '군사주의적 국가'가 아닌 '정상국가'의 이미지를 강화하기 위한 조치로 평가된다.[430]

국가보위성은 북한 집권층 내의 불만과 주민동요 등을 차단하기 위한 사상 동향 감시를 전문으로 하는 기관이다. 북한은 체제가 위기에 봉착할 때마다 국가보위성을 동원해 '종파분자' 등을 빌미로 반체제 세력을 무자비하게 제거해 왔다.[431]

Police Science

🌐 국가보위성(국정원 격)의 역사

- 북한의 국가보위성(보위성)은 한국의 국정원에 해당하는 조직이다. 보위성은 최대의 비밀경찰기구로, 오로지 김일성 가문의 명령과 지시에만 복종하는 김일성 가문의 사조직이다.[432] 보위성은 노동당을 포함한 권력기관에 대한 감시와 사회전체에서 반체제 사상범 색출을 담당한다.

- 보위성은 1947년 '북조선인민위원회 보안국'에 기원을 두고 있다. 이후 내무성 정치보위국(1948), 정치보위부(1949), 사회안전성 정치보위국(1951), 내무성 정치보위국(1952), 사회안전성 정치보위국(1962), 사회안전부(1972) 등으로 이어져 오다가 1973년 5월 김일성 주석의 지시에 의해 '사회안전부'의 기능 중 정치보위 부문만을 독립시켜 '국가정치보위부'를 신설하여 반국가·반혁명 범죄수사 등의 임무를 전담하게 되었다.[433]

- 1982년 최고인민회의를 통해 정무원에서 분리하여 '국가보위부'로 변경되었다가 1993년 국방위원회 소속인 '국가안전보위부'로 개칭했다. 이후 2016년 6월 현재의 '국가보위성' 명칭으로 환원되었다.

---

2 보위국

북한의 인민군 '보위국'Defense Security Bureau은 김정은 체제를 보위하고자 인민군의 동향을 감시·통제하고 대남공작활동을 수행하는 정보·사찰기관이다. 보위국은 군내의 모든 군사범죄 활동에 대한 수사, 예심, 처형 등을 담당하며, 간첩과 반체제 활동 관련자를 색

---

430 김태구, "김정은 위원장 집권 이후 군부 위상 변화 연구", 「통일과 평화」, 11(2), 2019, p. 156.
431 김윤영, "북한 3대 사회통제기구의 과거와 현재", 「북한」, 574, 2019, p. 41.
432 차성근, "북한 권력조직의 독재체제 장기화와 효율성에 관한 연구" 「주관성 연구」, 48, 2019, p. 53.
433 김윤영, 전게논문, p. 40.

출하여 처벌하는 것을 주된 업무로 하고 있다.**434** 북한군을 정치적으로 감시하는 기관이다.

보위국은 호위사령부와 함께 국무위원장(김정은 최고사령관 겸임)의 직접 지시를 받는다. 북한 당국은 국가보위성과 사회안전성은 비리세력과 깊이 결탁되어 있기 때문에 정확한 검열을 할 수 없다고 하면서 이들 조직의 간부들에 대한 검열을 보위국에 맡기고 있다.

Police Science

🔍 보위국(군사안보지원사령부 격)의 역사

- 북한의 보위국은 한국의 군사안보지원사령부(구. 기무사령부)에 해당하는 조직이다. 총정치국 산하의 보위국은 북한군내 반체제 동향감시를 주된 목적으로 한다.**435**
- 1948년 인민군 창설 당시 방첩담당 조직인 '안전기관'이 보위국의 기원이다.
- 1968년 인민군 내부에 김일성 유일지도체제를 실현시키고자 '정치안전국'을 설치하고 김일성 주석에게 중요사항을 직접 보고하였다.**436**
- 1970년 '조선인민군 보위국'으로 개칭하고 활동범위도 확대해 나갔다. 1995년 12월 국방위원회(현. 국무위원회) 직속기관인 보위사령부로 확대·개편되었다.
- 2016년 보위사령부를 '보위국'으로 명칭을 변경한 뒤 오늘에 이르고 있다.**437**
- 보위국은 과거 김정일 국방위원장의 지시를 받아 국가보위성에 대한 검열 작업을 단독으로 수행하는 등 막강한 권력을 행사하기도 하였다.
- 2019년 기준, 보위국은 북한군 내에서 반체제 또는 군기 위반행위 등에 대한 감시를 전담하고 있다.**438**

---

3 사회안전성

북한의 '사회안전성'^{Ministry of Social Security}은 수령과 노동당을 결사옹위 및 보위하고, 독

---

434 통일부c, 전게서, p. 134.
435 정성장. 「현대 북한의 정치」(서울: 한울 아카데미, 2011), p. 9.
436 김윤영, 전게논문, p. 44.
437 상계논문, p. 44.
438 차성근, 전게논문, p. 53.

재체제에 위협이 되는 반혁명 활동을 감시·통제하는 기관이다. 체제수호와 치안유지를 최우선 목표로 한다. 사회안전성은 1948년 9월 북한 정권수립 당시 내무성 산하의 일개 국局 형태로 존속하였다. 이후 사회안전성, 사회안전부의 명칭을 사용하여 위상이 확대되어 오다가 2000년 4월 인민보안성, 2020년 5월 현재의 사회안전성으로 개칭되었다.

사회안전성은 사회주의 경찰의 기본 특성이자 임무인 정치사업을 수행한다. 정치사업은 정치국에서 총괄하며 혁명과업을 원만히 수행할 수 있도록 조직·동원하는 사업이다. 사회안정성은 정치사업을 '사회안전성의 최우선 사업'으로 설정하고 있다. 북한주민들을 수령(김정은)과 당노선에 복종·순응토록 하는 의식화 사업도 담당하고 있다.

사회안전성은 '수령-당-인민대중'이라는 '혁명적 수령관'에 따라서 수령과 당을 보위하는데 주력하면서 인민의 생명과 재산 보호 등 치안질서 유지업무를 표방하고 있다. 하지만 김정은 국무위원장은 전국 '분주소장(파출소장) 회의'(2012.11.23.) 축하문에서 "내무군(경찰)은 노동당 깃발을 혁명의 제일 군기로 틀어지고 당의 사상과 영도에 무한히 충실"하며, "소요·동란을 일으키기 위해 악랄하게 책동하는 불순 적대분자" 등을 색출해 가차 없이 처단해야 할 것[439]을 강조했다.[440]

이에 따라 사회안전성은 보편적인 경찰업무인 주민의 생명과 재산보호 및 치안질서의 유지기능보다 북한체제의 특수성으로 인해 수령과 당을 '결사옹위보위'하는 것을 궁극적 임무로 하고, ① '혁명의 수뇌부'로 불리는 수령 옹호보위, ② 조선노동당과 북한정권의 보안사업 옹호보위, ③ 인민의 생명과 재산 보호, ④ 사회질서 유지 등을 1차적 임무로 한다.

이는 북한권력의 핵심 테제인 '수령-당(국가기관)-인민대중'의 '혁명적 수령관'에서 유래한다.[441] 결국 사회안전성은 김일성 가문의 3대 세습체제 유지를 궁극적 임무로 하고, 북한 주민감시와 통제, 처벌 등을 통해서 체제 불만세력을 사전에 제거하는 역할을 담당하는 기관이라고 할 수 있다.

「북한총람」에서는 사회안전성의 주요 임무로 ① 반국가 행위 감시와 적발 처벌, ② 반혁명 행위의 감시와 적발 처벌, ③ 회색분자·불평분자·종파분자·지방주의자 등 일체의

---

439 「조선중앙통신」, 2012.12.23.
440 김윤영, 전게논문, p. 43.
441 전현준, "북한의 사회통제 기구 고찰(인민보안성을 중심으로)", 통일연구원, 3(14), 2003, p. 23.

불건전한 요소의 적발 제거, ④ 배경 및 신원조회, ⑤ 출입국자 신원조사, ⑥ 지방치안유지, ⑦ 각종 범죄단속, ⑧ 외국방문객의 감시, ⑨ 국가기관 고위간부의 경비 및 지역경비 담당, ⑩ 교통질서 및 방화대책, ⑪ 인구조사, ⑫ 감시인 사찰, ⑬ 신분등록사업, ⑭ 비밀문서 보관 관리, ⑮ 교화소 및 노동교양소 운영 관리, ⑯ 철도 경비, ⑰ 국가 및 공동재산·개인재산 보호, ⑱ 선박 출입관리, ⑲ 반항공조직 운영 등을 들고 있다.[442]

사회안전성은 한국 경찰에서는 볼 수 없는 소방, 교정, 민방공, 철도 및 지하철 관리, 화폐 및 주요상표 생산, 외화벌이 등을 비롯해, 주민들의 감시와 성분분류, 신원조사, 주민등록사무(공민증·여행증명서 발급 및 관리), 주민 이동통제 등 매우 광범위한 업무를 수행하고 있다.[443]

Police Science

🔍 북한 사회안전성의 경찰개념

- 사회안전성(경찰)은 수령과 노동당을 '결사옹위보위'하는 것을 궁극적 임무로 한다.
- ① '혁명의 수뇌부'로 불리는 수령 옹호보위, ② 조선노동당과 북한정권의 보안사업 옹호보위, ③ 인민의 생명과 재산 보호, ④ 사회질서 유지 등을 1차적 임무로 하면서 체제유지 및 위험방지, 범죄수사, 대민서비스 등의 임무를 수행하는 기관을 말한다.

Police Science

🔍 사회안전성의 역사

- 북한의 사회안전성은 한국의 경찰청에 해당하는 조직이다. 해방 후 소련 군정기관인 '북조선 5도 행정국'(1945.10.28.) 소속의 보안국에 기원을 두고 있다. 1947년 보안국을 내무국으로 개칭하고, 북한 정권수립(1948) 후에는 내각 소속의 '내무성'에서 치안기능을 담당했다.[444]
- 이후 사회안전성(1962.10), 사회안전부(1972.12), 사회안전성(1998.9), 인민보안성(2000.4), 인민보안부(2010.4) 등으로 이어져 오다가 2016년 '인민보안성'으로 개칭되었다.[445] 2020년 5월 24일 당 중앙군사위원회 제7기 제4차 확대회의에서 인민보안성을 '사회안전성'으로 개칭하여 현재에 이르고 있다.[446]

---

[442] 북한연구소, 「북한총람」, 1985, p. 264.
[443] 김윤영, 전게논문, p. 43.
[444] 상게논문, pp. 42-43.
[445] 상게논문, pp. 42-43.
[446] 「뉴스핌」, 2020.06.04.

- 북한의 사회안전성은 한국의 경찰청에 해당하는 조직이다. 해방 후 소련 군정기관인 '북조선 5도 행정국'(1945.10.28.) 소속의 보안국에 기원을 두고 있다. 1947년 보안국을 내무국으로 개칭하고, 북한 정권수립(1948) 후에는 내각 소속의 '내무성'에서 치안기능을 담당했다.[447]
- 이후 사회안전성(1962.10), 사회안전부(1972.12), 사회안전성(1998.9), 인민보안성(2000.4), 인민보안부(2010.4) 등으로 이어져 오다가 2016년 '인민보안성'으로 개칭되었다.[448] 2020년 5월 24일 당 중앙군사위원회 제7기 제4차 확대회의에서 인민보안성을 '사회안전성'으로 개칭하여 현재에 이르고 있다.[449]
- 사회안전성은 국무위원회(구. 국방위원회) 직속이다. 사회안전상은 당 정치국 위원, 당 중앙군사위원회 위원, 국무위원회 위원 등의 직책을 맡고 있다. 사회안전성은 독자적인 무력조직인 '인민경비대'를 직접 운영하고 있다.
- 사회안전성은 당중앙위원회로부터 직접 지시를 받으며, 보위부보다 2배에 가까운 무력을 갖고 있다. 사회안전성의 인원은 보안원 8만 명, 공병요원 8만 명, 경비요원 2만 명 등 총 20만 명 정도로 추정되고 있다.[450]

---

3 ‖ 북한경찰의 특징[451]

북한의 치안체제는 사회통제를 담당하는 물리적 억압기구 간의 분업화가 잘 유지된다는 특징이 있다.[452] 또한 사회통제는 사상·이념적, 정치·조직적, 경제·사회적, 법적 통제의 방식으로 이루어진다.[453] 북한은 다양한 사회통제기구를 동원해 3대 세습체제 반대세력을 진압하고, 체제를 유지하고 있다. 북한 치안체제의 특징은 다음과 같다

첫째, 수령사회주의 구축 및 유지와 범죄를 포함한 각종 일탈행위를 감시하고 통제하는 기구들인 '국가보위성'(보위성)과 '사회안전성' 그리고 '노동당' 등이 중심이 되어 주민

---

447 상계논문, pp. 42−43.
448 상계논문, pp. 42−43.
449 「뉴스핌」, 2020.06.04.
450 김윤영, 전게논문, p. 43.
451 김창윤d−1, 전게논문, pp. 321−366.
452 이우영, 「전환기의 북한 사회통제체제」, 통일연구원, 1999, p. 80
453 윤규식, "북한 사회의 통제실상과 변화 가능성 연구(북한의 사회실상을 중심으로)"「군사논단」, 90, 2017, p. 75.

을 2중, 3중으로 철저히 통제하는 시스템을 구축하고 있다.

국가보위성은 반정부 음모 및 정치동향, 사상이반을 통제하는 기관이며, 사회안전성은 직장생활 및 사회주의 준법 위반에 대한 통제를 시행하는 기관이다. 노동당은 정치생활을 통제하는 기관이다.[454]

둘째, 군부 내의 일탈방지와 주민들의 일상생활에 대한 통제, 그리고 국가보위성(보위성) 및 사회안전성의 간부들에 대한 검열을 담당하는 인민군 보위국이 있다.

셋째, 체제유지라는 공통된 목적을 가진 검찰과 법원 등과 같은 사법체계가 존재한다.

넷째, 북한 특유의 사회조직인 '인민반'을 통해서 북한사회의 이념과 규범을 수용케 하는 체제를 유지하고 있다.

마지막으로 사회통제를 위한 3대 기관(보위성, 사회안전성, 보위국) 및 검찰과 사법부 등과 같은 치안체제는 체제유지라는 공통의 목적을 가지고 있으나 각각 수행하는 독립된 고유 업무가 있다.

이중 사회안전성은 일반 형사범들을 담당하고 사회이동을 통제한다. 국가보위성(보위성)은 체제이념과 같은 사상범을 담당하지만 당 관계 인사문제에 대해서는 직접 개입하지 않는다. 사법부는 명목상으로는 독립되어 있지만 실질적으로는 노동당의 지도에 따른다. 형식적으로는 사법부는 물론 인민무력성[455]과 보위성도 내각으로부터 독립되어 있다.

사회주의 체제에서는 사회구성원을 한 개 이상의 다양한 정치·사회적 조직에 가입하게 하여 체제가 추구하는 사상과 가치를 전파한다. 과거 소련의 '콤소몰'Komsomol · 청년공산동맹이나 중국의 '공청단'共靑團·공산주의청년당 등과 같은 최말단 사회통제 조직은 인민을 이중적으로 통제하는 역할을 담당하였다.

북한은 제1차 노동당의 지령선, 제2차 국가보위성(보위성)과 사회안전성의 감시선, 제3차 행정조직의 통제선 등으로 사회통제체제를 구축하여 모든 권력구조와 주민들을 2중, 3중으로 통제 및 감시하는 독재체제를 완성하였다. 특히 북한에서만 존재하는 '인민반'은 세대별 가족 단위로 집단생활과 사생활이 공존하는 독특한 구조이며, 국가의 공권력 개입과 정책집행이 제도화되어 있는 조직이다.

북한의 '인민반'은 북한 체제유지를 위해 ① 공동주거를 통한 집단주의 구현, ② 사회적 관계망 형성, ③ 사회주의 경제건설을 위한 사회동원과 많은 경제 과제 수행, ④ 사

---

454 상계논문, p. 79.
455 인민무력성은 1948년 민족보위성으로 출범, 1972년 인민무력부로 개칭된 이후 수차례 명칭이 바뀌었다가 2016년 이후 '인민무력성'으로 개칭되었다.

회통제조직으로서 주민들의 광범위한 일상생활의 감시와 검열 등의 역할과 기능을 수행하는 최말단 사회통제망이다.[456]

코저Coser는 체제의 변화는 누적된 갈등을 해결하지 못할 때 기존체제가 붕괴되고 새로운 체제가 대두된다고 하였다.[457] 하지만 북한은 제1차 당의 지령선, 제2차 국가보위성(보위성)과 사회안전성의 감시선, 제3차 행정조직의 통제선 등으로 3중의 사회감시 통제체제를 구축하고 있다. 북한은 최소한 5명이 모이면 1명 정도는 '감시망'이라는 파놉티콘Panopticon과 같은 통제된 '감시사회'이기 때문에 체제변화는 사실상 불가능하다는 것이 일반적인 평가이다.

---

456 배영애, "북한의 체제유지를 위한 '인민반'의 역할과 변화" 「통일과 평화」, 10(2), 2018, pp. 193－200.

457 Lewis A. Coser, "Social conflict and the theory of social change" *The British Journal of Sociology*, 8(3), 1957, pp. 114－112.

제**3**장 경찰제도의 3가지 모델

세계 각국은 저마다의 실정에 맞는 경찰제도를 운영하고 있다. 하지만 이러한 경찰제도를 크게 나누어 보면 3가지 제도로 구별할 수 있다.

첫째는 집권화 체제(중앙집권적 국가경찰제도)이며, 두 번째는 분권화 체제(지방분권적 자치경찰제도) 마지막으로 절충형 체제(통합형 체제)이다. 일반적으로 분권화 체제는 영미법계 국가의 전통으로 간주되며, 집권화 체제는 대륙법계 국가의 전통으로 간주된다.

일반적으로 어떤 국가가 경찰체제를 선택할 때는 '인구추세의 전환'Demographic Transition 이나 '민주주의의 변동'Democratic Change을 통제할 수 있도록 경찰체제를 중앙집권화할 것인지, 지방분권화할 것인지 고민하게 되는데 이를 '이중 D의 딜레마'라고 한다.**458**

제1절 토마스 바커의 경찰모델 분류

토마스 바커Thomas Barker에 의하면 지방분권형 경찰체제Fragmented System를 채택하고 있는 국가는 미국, 캐나다, 네덜란드, 스위스, 벨기에 등이고, 중앙집권형 경찰체제Centralized System를 채택하고 있는 국가는 프랑스, 이탈리아, 핀란드, 이스라엘, 대만, 아일랜드, 덴마크, 스웨덴 등이며, 통합형 경찰체제Integrated System를 채택하고 있는 국가는 일본, 호주, 브

---

458 박칠성, "MB 정부의 지방자치(행정)체제의 광역화 개편정책과 최적합 자치경찰모형의 탐색"「한국치안행정논총」 6(2), 2009, p. 202.

라질, 영국, 독일 등이다.[459]

제2차 세계 대전 이후, 세계 경찰제도의 변화에 있어서 새로운 경향은 능률성 위주의 대륙법계 체계의 국가에서는 자치성을, 자치성 위주의 영·미법계 체계의 국가에서는 능률성을 추구하고 있다는 것이다.

1 ‖ 분권화된 모델

경찰활동의 분권화 체제Fragmented System는 비체제Nonsystem 혹은 극단적인 분권화Extremely Decentralized로 불린다. 일반적으로 계층제에 의하여 준군대식으로 조직화된 경찰구조를 가지고 있는 국가들은 경찰력의 남용에 대한 두려움 때문에 많은 자치경찰기관을 창설하였다.

분권화된 경찰모델인 자치경찰을 이황우 교수는 "지방분권의 정치사상에 따라서 경찰이 지방자치단체의 권한과 책임하에 지역주민의 의사에 따라서 치안업무를 수행하는 제도"라고 한다.[460] 박진현 교수는 "치안행정 업적에 단체장이 책임지며, 선거를 통해 주민의 필요에 따라 지역실정에 맞게 치안행정을 펼칠 수 있는 지방자치 이념의 진정한 구현을 위한 제도"로 정의하고 있다.[461]

따라서 분권화된 경찰모델은 주민의 직접선거에 의해서 구성된 자치정부의 의회에서 자율적인 결정에 따라 자체예산과 자체인력으로 구성·운영되는 자치경찰 기구를 창설해서 자치정부의 최종책임자인 시장의 책임하에 지역주민을 위한 자치경찰 서비스를 제공하는 경찰모델이다.[462] 이것이 지방분권체제 하에서의 자치경찰Municipal police, City police, Communal police, Local self government's police, Local police을 의미한다.

분권화된 모델은 경찰력의 남용에 대한 두려움에 바탕을 두고 있다. 경찰활동의 효과성의 수준은 국가의 면적, 지형, 인구밀도, 산업화의 정도, 정치풍토, 문화의 변천, 그리고 사회적 여건 등에 의해 영향을 받는다. 분권화된 모델을 채택한 국가들은 일반적으로 보다 광범위한 시민의 자유보호를 강조하지만 상당한 수준의 범죄를 감수해야 하는 단점

---

459 Thomas Backer, Ronald D. Hunter & Jeffrey P. Rush, *Police system & Practice: An Introduction* (NJ: Prentice-Hall, 1997), p. 34.

460 이황우a, 「경찰행정학」(서울: 법문사, 1998), p. 5.

461 박진현, "우리나라 자치경찰제 도입방향에 관한 실증적 연구"「한국공안행정학회보」, 9, 2000, p. 319.

462 박칠성, 전게논문, p. 204.

이 있다.**463** 또한 업무의 중복과 비효율의 문제도 대두되고 있다.

오늘날 분권화된 모델을 채택하고 있는 영·미법계 국가에서는 대륙법계의 '능률성'과 '합법성'을 가미하는 방향으로 나아가고 있다. 이를 위해서 첫째, 부분적인 국가경찰제의 도입, 둘째, 미국의 FBI와 같은 전국적이고 광역적인 업무 등에 국가조직의 활용, 셋째, 능률성 확보를 위한 예산 또는 인사에 대한 중앙정부의 통제 등을 들 수 있다.

2 ‖ 집권화된 모델

집권화된 경찰제도는 경찰력이 중앙정부의 직접적인 통제하에 있다. 실제로 많은 국가의 경찰조직들은 관리형태와 운영구조에 있어서 분권화될 수 있지만, 중앙정부가 궁극적으로 법집행에 대한 책임을 지고 있기 때문에 집권화된 경찰제도가 요구시되고 있다. 사회의 권리를 개인적인 시민의 권리보다 더 중요시하며 대표적인 국가로 프랑스가 있다.

집권화된 모델, 일명 중앙집권적 모델은 중앙정부의 정치권력으로부터 독립하여 민주주의를 위협하지 않고 지역주민을 위한 경찰서비스를 제공해야 하는 숙제를 안고 있다. 급증하는 범죄문제와 제반 사회가 복잡하게 변모함에 따라서 효율적인 경찰체제를 고려하게 된다. 집권화된 모델은 시민의 자유보다는 공공의 안녕과 질서를 더 우선시 하면서 사회문제를 통제하는 데 있어서 더욱 효율적인 모델이다.

오늘날 집권화된 모델을 채택하고 있는 대륙법계 국가는 영·미법계의 '민주성'과 '자치성'을 가미하는 방향으로 나아가고 있다. 이를 위해서 첫째, 부분적인 자치경찰제의 도입, 둘째, 경찰위원회제도의 도입, 셋째, 경찰서장의 민간인 임명을 채택하면서 집권화 모델의 단점을 보완하고 있다.

463   이황우, "한국 실정에 맞는 자치경찰제도" 「자치경찰제도 공청회 자료집」, 1998, pp. 8−9.

일반적으로 집권화 모델은 경찰권을 국가의 통치권으로 인식하여 국가적 이해관계의 지배 아래 두고 경찰행정의 중앙집권화를 추진하여 '능률성'을 추구한다. 분권화 모델은 경찰권은 고유한 자치권의 일부로 인식하여 지방적 이해관계 아래 경찰행정의 지방분권화를 추진하여 지역주민의 자치에 의한 '민주성'을 추구한다.

따라서 통합형 모델은 중앙정부와 지방정부가 경찰에 대한 통제권한을 공유하고 있다는 특징이 있다. 경찰활동의 통합형 모델은 중앙과 지방정부가 통제를 분담하기 위한 수단을 제공한다는 점에서 절충형 모델이라고도 불린다. 이는 중앙집권적인 경찰체제에서 나타날 수 있는 권한남용의 가능성을 불식시키고, 지방분권적인 경찰체제에서 나타날 수 있는 비효율의 문제를 해결하는 것을 목표로 한다.

토마스 바커의 경찰모델 분류	
경찰체제	해당 국가
분권화 체제	미국, 벨기에, 캐나다, 네델란드, 스위스 등
집권화 체제	프랑스, 이태리, 핀란드, 이스라엘, 태국, 대만, 덴마크, 스웨덴 등
절충형 제체	한국, 영국, 일본, 호주, 독일, 브라질 등

제2절 데이비드 베일리의 경찰모델 분류

데이비드 베일리David H. Bayley는 1980년대 이후에 경찰제도에 관해서 크게 단일체제 Single System, 상호협력체제Multi-Coordinated System, 상호독립체제Multi-Uncoordinated System로 구분하였다. 다시 권한이 중앙에 집중되어 있는 중앙집권형인지, 아니면 권한이 지방에 분권되어 있는 지방분권형인지를 분류하여 총 6가지의 경찰제도로 설명하고 있다.[464]

---

464 D. H. Bayley, *op. cit.*, pp. 522−523.

1 ║ 단일체제

단일체제 중에서 중앙집권형 단일체제^{Centralized Single System}로는 전통적인 대륙법계 경찰제도인 국가경찰제도를 의미하며, 중앙에서 지방까지 권위형(피라미드) 구조로 구성하고 있다. 각 국가와 지역의 특수한 상황이 반영되어 있는 대부분의 국가가 이에 해당된다. 대표적으로 아일랜드, 이스라엘, 나이지리아, 폴란드, 사우디아라비아 등이 이에 속한다. 한국도 2021년 이전에는 중앙집권형 단일체제로 분류하였다.

단일체제 중 지방분권형 단일체제^{Decentralized Single System}로는 한국과 일본을 들 수 있다. 일본은 지방분권화가 되어 있지만, 중앙에 경찰조직을 두고 지방 경찰조직을 유기적으로 운영하고 있다. 일선 치안과 관련해서는 지방의 자치경찰조직을 운영한다. 지방의 자치경찰조직을 지역별로 유기적으로 관리하고 있는 관구경찰국 또는 방면본부 등을 두고 있다. 이러한 관구경찰국이나 방면본부 등은 단일체제인 경찰청의 지휘·감독하에 있는 것이 특징이다.

2 ║ 상호협력체제

상호협력체제는 두 개 조직 이상이 경찰업무를 분담하고 있으면서 상호협력이 잘 이루어지고 있는 경찰체제이다. 중앙집권형 상호협력체제^{Centralized Multi-Coordinated System}는 중앙에 있는 경찰은 중앙경찰로서의 역할을 확고히 유지하고 있으면서 분리된 경찰조직을 동시에 유지하고 있는 조직이다.

예를 들어 중앙정부인 국방부 소속의 경찰조직과 내무부 소속의 경찰조직을 중앙집권형 경찰조직으로 함께 운영하고 있는 국가들이나 행정적으로 분리된 두 개 이상의 지역을 분리된 경찰조직으로 각각 운영하면서도 중앙정부의 단일한 지휘·감독하에 상호협력이 잘 이루어지고 있는 국가들을 말한다. 대표적으로 오스트리아, 프랑스, 잉글랜드와 웨일즈 등이 이에 속한다.

지방분권형 상호협력체제^{Decentralized Multi-Coordinated System}는 지방경찰을 지휘·감독하는 중앙경찰조직을 별도로 운영하고 있지 않거나 형식적으로만 존재하고 있는 상태에서 지방분권화된 경찰조직을 중심으로 경찰업무를 담당하고 있는 체제이다. 국토면적이 크기 때문에 지방분권형 경찰제도를 유지할 수밖에 없는 호주, 캐나다, 인도 등이 이에 속하고, 지방분권제도의 역사가 깊은 독일도 지방분권형 상호협력체제로 구분된다.

3 ▌ 상호독립체제

상호독립체제 경찰제도는 두 개 이상의 경찰조직이 경찰업무를 분담하고 있지만, 상호협력보다는 상호독립된 경찰조직을 운영하고 있는 체제이다. 중앙집권형 상호독립체제 Centralized Multi-Uncoordinated System는 중앙집권형 경찰체제가 갖고 있는 지휘감독권은 중앙정부에 있지만, 특정범죄에 대한 업무영역이나 권역별 업무영역을 명확히 구분하여 다수의 경찰조직이 상호독립적으로 운영하는 경찰체제이다. 예를 들어 벨기에, 이탈리아, 스페인, 스위스 등이 속하며, 홍콩을 제외한 중국의 경찰제도도 중앙집권형 상호독립체제로 구분할 수 있다.

지방분권형 상호독립체제 Decentralized Multi-Uncoordinated System는 지방분권화된 행정, 법률, 인사, 조직체제 하에서 상호독립적으로 경찰업무를 분담하고 있는 체제이다. 지방분권형 상호독립체제로는 대표적으로 미국을 들 수 있으며, 멕시코도 이러한 국가로 구분할 수 있다.

데이비드 베일리의 경찰모델 분류[465]		
구분	중앙집권형 (Centralized)	지방분권형 (Decentralized)
단일체제 (Single System)	• 아일랜드, 폴란드, 싱가폴, 스리랑카, 북한*	• 한국*, 일본
상호협력체제 (Multi-coordinated System)	• 프랑스, 영국(잉글랜드 & 웨일즈), 핀란드, 중국*	• 독일, 호주, 캐나다, 인도
상호독립체제 (Multi-uncoordinated System)	• 이탈리아, 벨기에, 스위스, (구)소련(USSR)	• 미국, 멕시코

※ 한국, 북한, 중국 등은 저자의 의견으로 분류하였다.

---

465 D. H. Bayley, *op. cit.*, p. 523 재구성.

🔍 경찰의 심벌인 '참수리'의 변경 필요성

- 미국은 국가의 상징으로 그리스 최고의 신 '제우스'의 성스러운 새 인 '독수리'를 1782년 미국 의회에서 나라새로 선택했으며 대부분 미국경찰의 상징이다. 독수리는 찬란한 라틴문명을 세계에 전파한 로마제국의 상징이기도 했다.
- 서양문명의 정수는 그리스와 로마제국의 문명이며, 로마제국의 상징은 독수리였다. 독수리를 사용한다는 의미는 로마제국의 계승자이며, 서양문명의 전수자임을 자인하는 것이다.
- 해방직후 미군정기(1945~1948) 미국의 영향으로 우리 경찰은 독수리, 엄밀히 말하면 미국제 흰독수리를 한국경찰의 심벌로 사용했다. 그러다가 2005년, 경찰 창설 60주년을 맞아 거의 구별인 어려운 포맷으로 천연기념물인 '독수리'를 천연기념물인 '참수리'로 바꾸었다.
- 독수리는 우리나라의 천연기념물로 지정된 매목目, 수리과科로 몸길이는 80㎝, 편 날개길이가 2.3m인 대형 조류이며 겨울을 나기 위해서 오는 철새다.
- '참수리'도 우리나라의 천연기념물로 지정된 매목目, 수리과科로 몸길이는 89~102㎝, 편 날개가 2.5m에 달하는 대형조류이며, 우리나라에서는 아직 번식지가 발견되지 않았으며, 겨울에 한하여 눈에 띄는 철새이다.
- 우리경찰의 심벌이었던 '독수리'가 생물학적 분류로 독수리의 종류만 바뀐 '참수리'로 변경된 것이다. 제우스의 상징이었던 그리스의 독수리-로마제국의 독수리-미국의 흰독수리-우리나라의 참수리로 이어져 왔다.
- 영국경찰은 왕실이나 귀족들의 문양을 변형하여 경찰의 상징으로 삼고 있다. 프랑스경찰은 삼색기를 변형하여 경찰의 심벌로 삼고 있으며, 독일경찰은 신성로마제국의 상징이었던 흑독수리를 변형하여 경찰의 심벌로 삼고 있다.
- 일본경찰은 빛나는 태양이라는 욱일旭日을 형상화한 상징을 경찰의 심벌로 삼고 있으며, 중국은 국기인 오성홍기와 자금성을 형상화한 상징을 경찰의 심벌로 삼고 있다.
- 21세기 선진국인 우리나라도 이제 경찰의 심벌을 우리민족의 역사성과 정체성을 고려한 심벌로 바꿀 때가 되었다. 우리나라에 번식하지도 않는 철새를 우리를 보호하는 경찰의 심벌로 삼는 것은 적절하지 않다.
- 우리 역사에서 수호신은 마을어귀에 있던 장승, 12지신이 있으며, 좌-청룡, 우-백호, 남-주작, 북-현무, 중앙-황룡 등이 있고, 시비와 선악을 판단한다는 해태(혹은 해치)도 있었다. 꽃으로는 단군개국 때부터 나라꽃이었던 무궁화도 있으며, 태극의 음양을 형상화한 태극문양도 있다. 참고로 참수리와 비슷한 '참매'는 한국 고유종이다.

POLICE SCIENCE

경|찰|학|총|론

PART

03

경찰법제론

"괴물과 싸우는 사람이라면 누구나 괴물과 싸우는 동안 자신 역시 괴물이 되지 않도록 조심해야 한다. 네가 깊은 구렁을 바라보면, 그 구렁 역시 너를 바라본다."

— 프리드리히 니체(1869-1879), 「선악의 피안」(Jenseits von Gut und Böse) 中에서

"너의 고통을 남에게 알리지 마라. 도와주기는 커녕 사람들은 위태로운 너를 멀리할 것이다."

"혹독한 고난이 네게 닥쳤는지 보이지 말라. 왜냐하면 고통의 무게를 보인다면 위기의 너를 도와줄 자 없으리다."

— 테오그니스(Theognis)(B.C 570-485)

"죽고 사는 것은 하늘에 있으니, 죽을 때가 되면 죽는다"(死生有天, 死當死矣)

— 성웅 이순신 제독(1545-1588)

제 **1** 장 경찰행정법의 이해

제1절 경찰행정법의 기초

1 경찰행정법의 의의

경찰행정법이란 공공의 안녕과 질서유지를 위한 국가작용의 내용, 범위 및 형식에 관한 성문 및 불문의 법체계를 의미한다. 경찰행정법은 일반경찰행정법과 특별경찰행정법으로 나눌 수 있다.[1] 일반경찰행정법은 본래의 행정목적자체가 위험방지 및 질서유지를 내용으로 하는 경찰작용에 관한 법으로서, 경찰법과 경찰관직무집행법이 기본법이라고 할 수 있다.

개별법으로 청원경찰법, 경비업법, 총포·도검및화약류등단속에관한법, 집회및시위에관한법률 등의 개별법이 있다. 통상적으로 경찰행정법이란 함은 일반경찰행정법을 의미하는 것이다.

특별경찰행정법이란 특별법상으로 규정된 실질적 경찰관련법으로서 건축법상의 경찰규정, 영업법상의 경찰규정, 보건위생법상의 경찰규정, 환경행정법상의 경찰규정 등을 들 수 있다. 따라서 이 경우에는 원래의 행정목적은 경찰작용이 아니며, 당해 행정의 수행에 수반되는 위해방지의 필요성에 의해서 인정되는 법규범을 말한다. 협의의 행정경찰작용에 관한 법을 의미하는 것이라고 할 수 있다.[2]

1　최영규 교수는 경찰행정법의 내용을 경찰조직법, 경찰작용법, 경찰구제법 등으로 구분하고 있다.
2　허경미, 「경찰행정법」(서울: 법문사, 2003), p. 17.

1 법치주의의 역사적 발전

근대초기의 법치주의를 시민적 법치국가라고 한다. 근대 시민적 법치국가에서는 시민의 자유를 보장하는 것을 이념으로 하였고, 국가의 임무는 사회공공의 안녕과 질서유지에 한정되었다. 시민적 법치국가는 본질적으로는 인권의 보장이라는 실질적 측면을 포함하고 있었지만 점차 법치국가의 형식적 측면만을 강조하게 되었다.

이때의 법치주의는 의회가 제정한 법률에 의한 지배만을 의미하게 되었고 법률의 목적이나 내용은 문제삼지 않게 되었다. 따라서 시민적 법치국가는 형식적 법치국가로 변질되게 되었다.

이러한 형식적 법치주의의 한계를 극복하기 위해서 제2차 세계대전 후 법령의 내용도 통제하는 실질적 법치주의가 등장하였다. 원래 법치주의란 근대 절대군주의 자의적 권력행사를 제한하기 위한 목적으로 생겨난 개념이며, 이는 말 그대로 법法대로 하자는 것이었다. 이때의 법치주의는 의회가 제정한 법률에 의한 지배만을 의미하게 되었고 법률의 목적이나 내용은 문제삼지 않게 되었다. 그러다가 20세기 초 바이마르공화국에 이르면 법치는 부르주아 계급의 이익을 대변하는 지배도구로 전락했다.

입법기관인 국회 또는 행정권의 부패에 의해 특히 독일에서는 나치정권 하에서, 프랑스의 경우 비시정권 하에서 정의에 반하는 법이 제정되고 집행되었다. 부패한 국가권력에 정당성을 부여하여 지배권력에 대한 복종을 요구하는 기능을 수행하였다. 오늘날 헌법책에는 이 시기를 '합법적 불법국가'라고 규정하고 있다. 이후 1949년 독일 기본법은 경제적 불평등을 제거하고 정의·평화를 보장하는 올바른 법만이 실질적 법치주의라고 못 박았다. 법은 형식뿐만 아니라 그 내용까지도 정의로워야 한다는 것이다.

Police Science

🌐🔍 형식적 법치주의

- 포괄적 수권, 독립명령 등의 방식에 의해 행정권에게 광범위한 입법권이 인정되었다.
- 법의 지배가 미치지 않는 '법으로부터 자유로운 영역'(내부문제, 재량행위, 통치행위, 특별권력관계)이 광범위하게 인정되었다.

- 법률유보의 원칙에 있어서 침해유보설이 통설이었으므로 국민의 자유와 재산에 대한 침해를 가져오지 않는 영역에 있어서는 행정권이 전권을 갖고 있었다.
- 입법기관인 국회 또는 행정권의 부패에 의해 특히 독일에서는 나치정권 하에서, 프랑스의 경우 비시정권 하에서 정의에 반하는 법이 제정되고 집행되었다. 부패한 국가권력에 정당성을 부여하여 지배권력에 대한 복종을 요구하는 기능을 수행하였다.
- 행정재판을 담당하는 법원이 행정조직에 속하는 등 행정법원의 독립이 확보되지 못하였고, 행정소송의 대상이 되는 사항이 법률상 열거된 사항에 한정되었다(이를 열기주의列記主義라고 한다).

Police Science

🔍 실질적 법치주의

- 국민의 기본권을 보장하기 위하여 법률과 명령의 위헌성을 통제하는 위헌법령심사제에 의해 담보되었으며, 아울러 포괄적 위임도 금지되었다.
- 행정통제 내지 국민의 구제제도가 강화되면서 행정소송 사항이 일반적으로 규정되는 개괄주의概括主義가 채택되었다. 행정법원의 통제대상이 되는 활동영역이 확대되었다. 예를 들면 한국 「행정소송법」 제2조는 행정소송의 대상이 되는 처분 등을 일반적으로 '행정청에 준하는 행정작용(처분) 및 행정심판에 대한 재결을 말한다'라고 정의되어 있다. 따라서 이러한 개념정의에 해당되는 행정권의 모든 행위는 모두 행정소송의 대상이 된다.
- 통치행위는 최소한으로 제한되었고, 과거 내부행위로 보았던 행위도 국민의 법적 지위에 영향을 미치는 것으로 인정되는 경우 사법적 통제의 대상이 되었고, 내부행위에 대하여 절차적 통제가 이루어지고 있다.
- 행정재판기관도 독립된 기관으로 되었으며, 행정에 대한 절차적 통제도 이루어지게 된다.

2 법치행정의 원리

법률의 법규창조력, 법률의 유보 및 법률의 우위는 공법(특히 행정법)에 있어서의 대원칙이다. 이에 대한 이론을 체계화한 대표적인 학자가 독일의 오토 마이어Otto Mayer이다. 이는 '행정'보다 '법률'이 우위(상위)에 있기에 행정은 법률에 위배해서는 안 되며 일정한 행정작용(개인의 자유나 권리를 침해·제한하는 작용)은 법률에 유보되어, 법률의 수권 없이는

작동할 수 없고, 그에 따라 법규는 법률만이 창조할 수 있다는 법원칙을 의미한다.[3]

이처럼 법률은 행정에 우월한 것이며 행정이 법률에 위반해서는 안 된다. 법률이 행정보다 우위에 있음을 강조하는 '법률우위의 원칙'이 강조된 이유는 '법률'은 국민대표기관인 의회가 제정한 것으로 그 법률은 '국민의 의사'라는 성격을 띠고 있기 때문이다. 국민의 의해 선출된 의원들이 토론을 거쳐 제정한 것이기에 신성시되고 존중되어야 한다는 뜻도 함께 지니고 있다.

이 중 법률의 법규창조력이란 국가작용 중 법규(국민의 권리의무에 관한 새로운 규율)를 정립하는 입법은 모두 의회가 행하여야 한다는 원칙을 말한다.[4] 위임명령이 기술적 견지에서 이루어지고 있지만, 입법 명령에의 위임은 구체적으로 범위를 정하여 행해져야만 하고, 포괄적 위임은 인정되지 않는다.[5] 나머지 2가지 원칙인 법률우위의 원칙과 법률유보의 원칙을 자세히 살펴보면 다음과 같다.

❶ 법률우위의 원칙

법률우위의 원칙은 행정은 법을 위반해서는 안 되며, 법적 행위뿐만 아니라 사실행위도 법에 위반해서는 안 된다는 것이다. 행정은 법률뿐만 아니라 헌법, 법률, 명령, 자치법규, 법의 일반원칙 등 모든 법을 위반해서는 안 된다.

과거에 행정을 규율하는 법은 기본적으로 국민의 대표기관인 국회가 제정하는 법률이었으므로 법률의 우위라는 표현을 사용하였다. 하지만 지금은 법률뿐만 아니라 헌법, 법의 일반원칙, 명령도 행정을 규율하는 중요한 법원이 되고 있다. 따라서 오늘날 '법률우위의 원칙'이라는 표현이 '법의 우위'라는 표현으로 바뀌어 가고 있다.

법률의 우위를 강조하며 신성시 하던 유럽대륙에서와는 달리 '법의 우위' 또는 '법의 지배'Rule of Law를 강조하며 신성시 하던 영·미(특히 영국)에서는 '제정법으로서의 법률'이 아니라, '법원 판례의 집적으로서의 법'이 절대시되고 강조되었다. 결론적으로 한국에서도 '법률의 우위'가 아니라 '법의 우위'가 최고의 법원칙이 되고 있으며, 영미식 '법의 지배'가 일상화되고 있다.

법의 우위는 법률의 행정입법에 대한 우위를 포함한다. 법규명령이 법률에 위반되는 경우 위법한 명령으로 법원에 의한 구체적 규범통제의 대상이 된다. 법우위 원칙의 위반

---

3 이명구, "法律의 優位에서 法의 優位 및 支配로(卷頭言)"「고시연구」, 33(4), 2006, p. 12.
4 박균성, 「행정법론(상)」(서울: 박영사, 2002), pp. 23-28.
5 홍준형 교수는 법치행정의 원칙의 내용을 법률우위의 원칙과 법률유보의 원칙이라는 두 요소로 구성되는 것으로 보고 있다.

효과는 개별적 처분은 하자의 정도에 따라 무효 또는 취소의 대상이 된다는 것이다.

Police Science

🔍 법의 지배

- 행정수도를 서울에서 지방으로 이전하는 것이 헌법에 합치되는가? 지방자치단체장의 3선 어느 연임을 제한하는 법률규정이 개인의 기본권을 침해하는 위헌 규정인가? 등의 문제는 어느 것이나 법(헌법 및 법률)의 해석을 통해서 쉽게 판단될 수 없으며, 헌법재판소의 결정을 통하여 비로소 해답이 나오는 것을 부인할 수 없다. 이러한 점에서 한국에서도 점차 판례의 집적을 통해 법이 형성된다는 의미의 '법의 지배'가 대원칙이 되어 가고 있다고 할 수 있다.[6]

---

❷ 법률유보의 원칙

법률유보法律留保의 원칙은 중요한 행정권의 발동에는 법률의 직접적 근거 또는 법률의 위임에 근거하여 제정된 명령에 의한 근거 등과 같은 법률의 근거가 있어야 한다는 것이다. 법률의 근거가 없는 경우에는 행정개입의 필요가 있더라도 행정권이 발동될 수 없다는 것을 의미한다.

근대국가에서는 소극적인 질서유지를 위하여 행해지는 침해행정이 행정의 대부분을 차지하였기 때문에 침해유보설이 통설적 지위를 가졌다. 하지만 행정작용의 중점이 소극적인 침해행정에서 적극적인 급부행정으로 옮겨지게 되고 행정에 대한 국민의 의존도가 증대된 오늘날의 복지국가하에서는 침해유보설은 타당하지 않게 되었다.

민주주의의 원칙에 의하면 국민에 의한 행정을 실현하기 위해 모든 행정에는 법률의 근거가 필요하다고 보는 전부유보설이 요구된다. 그러나 전부유보설에 의하면 법률의 수권이 없는 한 국민에게 필요한 급부를 할 수 없게 되는 문제가 있기 때문에 전부유보설은 주장되지 않는다. 따라서 오늘날 주장되는 법률유보의 이론으로는 사회유보설(급부행정유보설), 권력행위설, 중요사항유보설(본질유보설) 등이 있다.

---

6   이명구, 전게논문, p. 13.

법률유보에 관한 학설	
학설의 종류	내용
사회유보설 (급부행정유보설)	• 국민의 자유와 재산에 대한 침해행정뿐만 아니라 급부행정에도 원칙상 법률의 근거가 있어야 한다는 견해이다.
권력행정유보설	• 침해행정인지 혹은 수익행정인지를 불문하고 모든 권력행정은 법률의 근거를 요한다는 견해이다.
중요사항유보설 (본질유보설)	• 중요사항유보설은 공동체나 시민에게 중요한(본질적인) 행정권의 조치는 침해행정뿐만 아니라 급부행정에 있어서도 법률의 근거를 요하고, 그 중요성의 정도에 비례하여 보다 구체적인 규율을 하여야 한다는 견해이다. • 이 이론은 독일 연방헌법재판소의 판례에 채택되고 있는 이론이다.

3 행정통제제도(행정구제제도)의 확립

위법·부당한 공권력 행사에 의해 국민의 권익이 침해된 경우에는 이 침해된 국민의 권익을 구제해 주는 제도가 보장되어야만 법치행정의 원칙이 실질적으로 구현된다고 할 수 있다. 행정구제제도에는 재판적 구제제도와 비재판적 구제제도가 있다. 재판적 구제제도는 전통적 구제제도인데, 행정심판과 행정소송이 있다. 현행 헌법은 공권력 행사에 의한 국민의 기본권침해에 대한 보충적인 구제제도로서 헌법소원을 인정하고 있다. 비재판적 구제로는 행정절차, 청원, 민원처리제도가 있다.

4 법치행정의 원칙에 대한 내용 확대

대륙법계의 법치주의는 국가작용에 대한 실체법적 규율을 주된 내용으로 하였다. 그러나 대륙법계에서도 영미법계의 영향을 받아서 적법절차에 의한 절차적 통제를 인정하게 되었다.[7] 적법절차의 원칙이란 모든 국가작용은 '적법절차'Due Process에 따라 이루어져야 한다는 원칙이다.

경찰력 행사의 절차가 적정한 절차를 거치지 않으면 그 경찰력 행사는 적법절차의

---

[7] 박균성, 전게서, pp. 30–31.

원칙 위반으로 위법한 행위가 된다. 적법절차의 원칙은 절차적 법치주의의 내용을 이루는 것이다.

행정권은 합리적인 기간 내에 법률을 시행하는 명령을 제정하여야 할 의무를 진다. 법률이 집행되기 위해서 시행명령의 제정이 필수적인 경우에 행정권이 시행명령을 제정하지 않으면 법률의 집행이 행정권에 의해 저지되는 결과를 가져오게 된다.

이는 법치행정의 원칙에 반하게 된다. 행정권은 일정한 조건 하에서(적어도 명령의 위헌·위법이 대법원에 의해 최종적으로 위헌·위법으로 확인된 경우에는) 위법한 명령을 개정 혹은 폐지해야 한다.

3 ┃ 법의 일반원칙

법의 일반원칙이란 현행 헌법 및 국가 법질서의 기초를 이루는 일반 법 원칙을 말한다. 이에는 헌법에서 도출되는 법의 일반원칙과 모든 법의 일반원칙, 기타 법의 일반원칙 등이 있다.

법의 일반법칙	
구분	내용
헌법으로부터 도출되는 법의 일반원칙	• 평등의 원칙: 평등의 원칙은 불합리한 차별이 있어서는 안 된다는 원칙이다. • 비례의 원칙: 일명 과잉조치금지의 원칙이라고도 하는데, 행정작용에 있어서 행정목적과 행정수단 사이에는 합리적인 비례관계가 있어야 한다는 원칙이다. 이에는 적합성의 원칙, 필요성의 원칙, 상당성의 원칙(협의의 비례원칙)과 같은 세부원칙이 있다. • 신뢰보호의 원칙: 행정법상의 신뢰보호의 원칙은 행정기관이 어떠한 언동에 대해 국민이 신뢰를 갖고 행위를 한 경우 그 국민의 신뢰가 보호가치가 있는 경우에 그 신뢰를 보호하여 주어야 한다는 원칙이다. 신뢰보호의 법적 근거로 신의성실의 원칙을 드는 경우도 있지만(신의칙설), 법치국가의 한 내용인 법적 안정성을 드는 것(법적 안정성설)이 일반적 견해이다. • 적법절차의 원칙: 적법절차의 원칙이란 모든 국가작용은 적법절차에 따라 행하여져야 한다는 원칙이다. 적법절차의 원칙은 헌법상의 원칙이다. 따라서 적법절차에 반하는 법률은 위헌이다.
모든 법의 일반원칙	• 신의성실의 원칙: 신의성실의 원칙은 모든 사람은 공동체의 일원으로서 상대방의 신뢰를 헛되이 하지 않도록 성의 있게 행동하여야 한다는 원칙이다.

기타 법의 일반원칙	• 권리남용의 금지: 권리남용금지의 원칙은 민법의 일반원칙이지만 행정법을 포함한 모든 법의 일반원칙이다.
	• 부당결부금지의 원칙: 행정기관이 행정권을 행사함에 있어서 그것과 실체적인 관련이 없는 반대급부를 결부시켜서는 안 된다는 원칙이다.
	• 공역무(公役務)계속성의 원칙: 공역무(행정서비스)는 중단 없이 계속 제공되어야 한다는 원칙이다. 특히 최소한의 행정서비스는 어떠한 경우에도 계속 제공되어야 한다는 것을 의미한다.

4 ┃ 행정의 일반원칙

행정의 일반원칙이란 현행 행정법 질서의 기초를 이루는 일반 '법' 원칙을 말한다. 「행정기본법」에 규정된 행정의 법 원칙에는 ① 법치행정의 원칙, ② 평등의 원칙, ③ 비례의 원칙, ④ 성실의무의 원칙, ⑤ 권한남용금지의 원칙, ⑥ 신뢰보호의 원칙, ⑦ 부당결부금지의 원칙 등이 있다. 이러한 제반 원칙은 경찰행정법 영역에서도 동일하게 적용된다.

행정기본법상 행정의 법 원칙	
구분	**내용**
법치행정의 원칙	제8조(법치행정의 원칙) 행정작용은 법률에 위반되어서는 아니 되며, 국민의 권리를 제한하거나 의무를 부과하는 경우와 그 밖에 국민생활에 중요한 영향을 미치는 경우에는 법률에 근거하여야 한다.
평등의 원칙	제9조(평등의 원칙) 행정청은 합리적 이유 없이 국민을 차별하여서는 아니 된다.
비례의 원칙	제10조(비례의 원칙) 행정작용은 다음 각 호의 원칙에 따라야 한다. 1. 행정목적을 달성하는 데 유효하고 적절할 것(적합성) 2. 행정목적을 달성하는 데 필요한 최소한도에 그칠 것(필요성) 3. 행정작용으로 인한 국민의 이익 침해가 그 행정작용이 의도하는 공익보다 크지 아니할 것(상당성)
성실의무의 원칙	제11조(성실의무 및 권한남용금지의 원칙) ① 행정청은 법령 등에 따른 의무를 성실히 수행하여야 한다.
권한남용 금지의 원칙	제11조(성실의무 및 권한남용금지의 원칙) ② 행정청은 행정권한을 남용하거나 그 권한의 범위를 넘어서는 아니 된다.

신뢰보호의 원칙	제12조(신뢰보호의 원칙) ① 행정청은 공익 또는 제3자의 이익을 현저히 해칠 우려가 있는 경우를 제외하고는 행정에 대한 국민의 정당하고 합리적인 신뢰를 보호하여야 한다. ② 행정청은 권한 행사의 기회가 있음에도 불구하고 장기간 권한을 행사하지 아니하여 국민이 그 권한이 행사되지 아니할 것으로 믿을 만한 정당한 사유가 있는 경우에는 그 권한을 행사해서는 아니 된다. 다만, 공익 또는 제3자의 이익을 현저히 해칠 우려가 있는 경우는 예외로 한다.
부당결부 금지의 원칙	제13조(부당결부금지의 원칙) 행정청은 행정작용을 할 때 상대방에게 해당 행정작용과 실질적인 관련이 없는 의무를 부과해서는 아니 된다.

Police Science

🔍 법의 일반원칙과 조리와의 관계

- 일반적으로 '행정의 법 원칙'을 조리상의 한계이론에 포함시켜 논하고 있는데 이는 논의가 필요하다고 할 수 있다. 왜냐하면 행정기본법상의 법 원칙은 조리와 그 발생연원과 효력에 있어서 차이가 있기 때문이다.
- 첫째, '행정의 법 원칙'은 실정법에서 도출되는 것이며, 조리는 정의의 관념에서 도출되는 것이다.
- 둘째, 평등의 원칙, 비례의 원칙 등은 헌법상의 원칙이며 신뢰보호의 원칙은 합법성의 원칙과 대등하다. 따라서 법의 흠결이 있을 경우에(성문법과 불문법이 일체 없는 경우에) 최후의 보충적 법원이 되는 조리와는 구별될 수 있다.

5 || 법과 경찰활동과의 관계

1 조직규범

모든 경찰기관의 활동은 조직규범으로서 법률에 정해진 권한의 범위 내에서 행해져야 한다. 경찰의 직무는 경찰의 조직규범인 경찰법 제3조에서 정한 범위 내에서 행해져야 한다. 경찰관이 조직법상의 정해진 직무범위 외의 행위를 하게 되면 그것은 직무행위로 볼 수 없으며, 그 효과는 국가에 귀속되지 않는다. 경찰관의 행위는 조직법에 근거가 있을 때 비로소 경찰기관의 행위가 되며, 경찰작용으로 인정되는 것이다.

2 제약규범

어떠한 경찰활동도 경찰활동을 제약하는 법률의 규정, 즉 제약규범을 위반해서는 안 된다. 경찰관청은 국민에게 법의 취지에 저촉되는 명령을 발해서는 안 되며, 내부에서도 법의 취지에 반하는 명령을 발동해서도 안 된다. 이러한 원칙을 법률우위의 원칙이라고 하며, 모든 경찰활동에 적용된다.

3 근거규범

법률에 일정한 행위를 일정한 요건 하에 수행하도록 수권하는 근거규정, 즉 근거규범이 없으면 경찰기관은 자기의 판단 하에 독창적으로 행위할 수 없다. 이를 법률유보의 원칙이라고 한다. 단, 경찰관은 구체적 수권규정이 없더라도 직무범위 내에서라면 얼마든지 비권력적 수단이나 서비스 활동을 할 수 있다.

제2절 경찰행정법의 법원

법원法源이란 법의 존재형식을 말한다. 따라서 경찰법의 법원의 문제는 행정법(경찰행정법)이 어떠한 형식의 법규범으로 이루어져 있는가에 관한 문제이다. 엄밀한 의미의 법원이란 엄격한 의미의 법규범, 즉 '법규'만을 대상으로 하는 것이다(법규설). 이에 대하여 행정기준이 되는 구속력 있는 규범을 모두 법원의 대상으로 이해하려는 견해(행정기준설)가 있다.

양 견해의 실제 상의 차이는 행정규칙의 법원성 인정 여부에 있다. 법규설에 의하면 행정규칙의 법원성이 인정될 수 없지만, 행정기준설에 의하면 행정규칙의 법원성이 인정된다.

법치행정의 원칙의 내용이 되는 법률유보의 원칙 내지는 법률의 법규창조력의 원칙에 비추어 볼 때 경찰행정법은 성문법임을 원칙으로 한다. 그러나 행정법(경찰행정법)에는 행정법전이나 행정법 총칙이 존재하지 않는다. 따라서 행정법에는 법이 불비된 경우가 많다. 이 경우에는 불문법이 적용되는데 행정법 분야에서는 불문법 중에서 법의 일반원칙이 특히 중요한 법원이 된다.

1 ║ 성문법원(成文法源)

1 헌법

헌법의 여러 조항이 행정의 조직과 작용에 관하여 규율하고 있다. 이들 헌법조항은 행정법경찰행정법의 법원이 된다.

2 법률

법률이란 헌법에서 정해진 절차에 따라 국회에서 제정된 법규범이다. 기본적이거나 중요한 사항은 법률로 정하여야 한다(중요사항유보설, 의회유보설). 국민의 기본권 제한은 법률로 하여야 한다(헌법 제37조 제2항). 행정권에 포괄적인 위임을 해서는 안 된다(헌법 제75조).

Police Science
⊕🔍 헌법(시행 1988. 2. 25.)

제37조 ② 국민의 모든 자유와 권리는 국가안전보장·질서유지 또는 공공복리를 위하여 필요한 경우에 한하여 법률로써 제한할 수 있으며, 제한하는 경우에도 자유와 권리의 본질적인 내용을 침해할 수 없다.

제75조 대통령은 법률에서 구체적으로 범위를 정하여 위임받은 사항과 법률을 집행하기 위하여 필요한 사항에 관하여 대통령령을 발할 수 있다.

3 국제조약

헌법 제6조 제1항은 "헌법에 의하여 체결·공포된 조약과 일반적으로 승인된 국제법규는 국내법과 동일한 효력을 갖는다."라고 규정하고 있다. 따라서 국제법규 중에서 행정에 관한 사항을 규율하고 있는 것은 경찰행정법의 법원이 된다.

4 명령

명령이란 행정권에 의해 정립되는 법을 말한다. 헌법은 국회입법의 원칙을 채택하고 있지만 헌법에서 명시적으로 인정된 경우에 한해서 예외적으로 행정입법인 명령을 인정하고 있다. 예를 들어 「도로교통법」은 국회에서 법률로써 제정하지만, 「도로교통법시행령」은 대통령령으로 제정되며, 「도로교통법시행규칙」은 행정안전부령으로 제정된다. 이때 「도로교통법시행령」과 「도로교통법시행규칙」이 '명령'이다.

명령의 종류	
헌법에서 인정한 명령	· 긴급명령과 긴급재정·경제명령(헌법 제76조) · 대통령령(헌법 제75조) · 총리령과 부령(헌법 제95조) · 중앙선거관리위원회규칙(헌법 제114조) · 국회규칙(헌법 제64조) · 대법원규칙(헌법 제108조) · 헌법재판소규칙(헌법 제113조)
법률에서 인정한 명령	· 감사원규칙(감사원법 제52조) · 노동위원회규칙(노동위원회법 제18조)

5 자치법규

자치법규란 지방자치단체의 기관이 제정하는 지방자치에 관한 법규범을 말한다. 자치법규에는 지방의회가 제정하는 조례와 지방자치단체의 장(집행기관)이 제정하는 규칙이 있다. 규칙에는 일반사무의 집행기관이 제정하는 규칙과 교육집행기관이 제정하는 교육규칙이 있다.

지방자치법(시행 2022. 1. 13.)

제28조(조례) ① 지방자치단체는 법령의 범위에서 그 사무에 관하여 조례를 제정할 수 있다. 다만, 주민의 권리 제한 또는 의무 부과에 관한 사항이나 벌칙을 정할 때에는 법률의 위임이 있어야 한다.

제29조(규칙) 지방자치단체의 장은 법령 또는 조례의 범위에서 그 권한에 속하는 사무에 관하여 규칙을 제정할 수 있다.

2 불문법원(不文法源)

1 관습법

관습법이란 계속적인 관행이 성립되고 이 관행이 법적 요구에 응하는 것이라는 것이 관계 당사자의 확신에 의해 인정됨으로써 성립하는 법규범이다. 관습법은 성문법 및 법의 일반원칙이 존재하지 않거나 불완전한 경우에 보충적으로 인정된다. 행정법상 관습법에는 행정선례법과 민중적 관습법이 있다.

행정선례법이란 행정청이 취급한 선례가 상당히 오랫동안 반복됨으로써 성립되는 관습법이다. 행정선례법의 인정은 행정에 대한 신뢰보호의 관념이 기초를 이루고 있다. 그런데 행정관습법과 신뢰보호의 원칙의 인정에 있어서의 차이점 중의 하나는 신뢰보호의 원칙의 경우에는 상대방인 국민이 신뢰를 갖도록 한 행정기관의 적극 또는 소극적인 말이나 행동이 있어야 하는 반면에 관습법의 성립에 있어서는 그것이 인정되지 않는다.

민중관습법은 민중 사이의 오랜 기간의 관행에 의해 성립되는 관습법을 말한다. 그 예로는 관습상 어업권, 관습상 하천수사용권 및 지하수사용권을 들 수 있다.

2 판례법

성문법국가에 있어서 법원은 법을 해석하는 권한만을 갖고 법을 창설하는 권한은 갖지 않는 것이 원칙이다. 대륙법계 국가에서처럼 한국에서는 영미법계 국가와는 달리 선례가 법적 구속력을 갖지 않는다. 법원은 판례를 변경할 수 있다. 하급법원도 이론상 상급법원의 판결에 구속되지 않는다.

Police Science

🔍 판례법의 인정 여부

- 법원조직법 제8조(상급심 재판의 기속력)는 "상급법원 재판에서의 판단은 해당 사건에 관하여 하급심下級審을 기속羈束한다."라고 규정하고 있다.
- 이는 하급심이 상급심의 판결에 기속 당하는 것은 '당해사건'에 한하는 것이다. 따라서 동종의 사건이라도 다른 사건에서는 하급심은 상급심의 판결에 구속 당하지 않는다.
- 그러나 실제에 있어서 판례는 사실상 구속력을 가지고 있다. 그 이유는 법원 특히 대법원은 법적 안정성을 위하여 판례를 잘 변경하지 않는 경향이 있고, 하급심이 상급심의 판결을 따르지 않는 경우 하급심의 판결이 상급심에서 파기될 가능성이 높으므로 하급심은 상급심의 판결을 존중하는 경향이 있기 때문이다.
- 더욱이 법원조직법 제7조(심판권의 행사) 제1항 제1호는 대법원이 종전의 판례를 변경하는 경우에 대법관 전원의 3분의 2 이상의 합의체에서 행사하는 것으로 규정하여 대법원 판례의 변경에 신중을 기하도록 하고 있다.

---

3 조리

조리란 사회일반의 정의감에서 마땅히 그러하여야 할 것이라고 인정되는 것을 말한다. 조리가 법원이 되는 것은 한국과 일본에 특유한 것으로 동양의 관념으로는 '도리'道理, 서양의 관념으로는 '정의' 또는 '형평'과 동의어라고 할 수 있다.

조리의 법원으로서의 인정은 실정법 질서 내에 자연법적 사상의 제한적 수용이라고 할 수 있다. 조리는 법의 흠결이 있는 경우에 최종적이고 보충적인 법원이 된다. 법원은 적용할 법이 없다는 이유로 재판을 거부할 수 없고, 이 경우에는 조리에 따라 재판해야 한다.

오늘날 법의 일반원칙은 성문화되어 가는 추세에 있다. 대표적인 예로서는 「경찰관직무집행법」상의 비례의 원칙(제1조 제2항)이나, 「행정절차법」상의 신의성실 및 신뢰보호의 원칙(제4조) 등이 있다.[8]

---

[8] 경찰대학c, 「경찰행정법」, 2004, p. 131.

🔍 관련 법률

경찰관직무집행법(시행 2022. 2. 3.)

제1조(목적) ② 이 법에 규정된 경찰관의 직권은 그 직무 수행에 필요한 최소한도에서 행사되어야 하며 남용되어서는 아니 된다.

행정절차법(시행 2022. 7. 12.)

제4조(신의성실 및 신뢰보호) ① 행정청은 직무를 수행할 때 신의信義에 따라 성실히 하여야 한다.

제**2**장 경찰조직법

제1절 서설

1 ‖ 경찰조직의 의의와 근거

경찰조직은 경찰특유의 목적을 달성하기 위해서, 경찰구성원과 물적 자원을 결합하는 체계적인 협동방식, 그리고 자체의 생명력을 특징으로 가지고 있는 유기체로 보아야 한다. 경찰조직은 경찰목적을 신속하고도 효율적으로 달성하기 위하여 인적·물적 요소를 갖춘 일체화된 조직체를 말한다.

경찰조직도 다른 사회조직이 일정한 조직의 목적을 가지고 존재하는 것과 마찬가지로 일정한 목적을 가지고 존재한다. 이러한 조직은 단절되거나 고정된 조직이 아니라 생명력이 있는 유기체와 같이 변화하고 활동하는 것이다.

국가의 행정조직에 관한 기본법은 정부조직법이다. 1991년 경찰법이 제정되기 전까지는 정부조직법이 우리 경찰의 조직법적 근거였다. 현재는 일반법인 「정부조직법」과 특별법인 「경찰법」이 경찰조직에 관한 근거 법률이다.

2 ‖ 국가경찰과 자치경찰의 특징

경찰조직에 관한 기본법인 「경찰법」에서 경찰의 조직과 작용에 관한 기본적인 사항

PART 03
경찰행정론

을 정하고 있으며, 경찰에 관한 사항은 정부조직법, 경찰관직무집행법, 경찰공무원법 등에서도 정하고 있다.

과거 국가경찰로 일원화되어 있던 한국의 경찰조직은 중앙집권적인 국가경찰제도를 유지하고 자치체경찰은 인정되고 있지 않는 것이 특징이었다. 우리나라는 2006년 제주자치경찰단의 설치 및 운영을 시작했으나 실질적인 자치경찰제의 실행으로 해석하기에 운영 규모와 권한 측면에서 제한적이라는 한계를 가지고 있었다.

2019년 자치경찰 시범운영과 관련한 로드맵을 시작으로 2020년 12월 9일 국회에 경찰법과 경찰공무원법 개정안이 통과되었다. 개정된 「경찰법」에 따라 2021년 7월 1일부터 자치경찰제가 전국적으로 실시되었다.

1 국가경찰의 특징

모스코스[Moskos]에 의하면 경찰과 같은 공조직은 공식적인 목적[Goal]이나 목표[Objective]보다 더 나은 목표를 위하여 개인의 이익을 초월하는 가치, 규범, 목적성 등을 정당화하는 조직, 제도 등을 의미한다.[9]

국가경찰은 유사시 24시간 비상근무, 근무지의 잦은 이동, 경찰법 등 법규에 대한 엄격한 복종, 파업과 근무조건에 대한 협상의 불가능, 노조와 같은 이익집단 구성의 불가능 등과 같은 특성을 가지고 있다. 이러한 내용은 공조직의 특성을 반영한 것이다. 김용현과 박은미는 국가경찰의 특성을 다음과 같이 분석하였다.[10]

첫째, 환경적 특성이 있다. 국가경찰 조직은 다른 조직체계와 상호작용하며 전체 사회의 한 하부조직으로 존재하지만 업무성격상 외부와 교류의 제한성, 사회변동 대응에의 지연 등 비탄력적인 조직운영의 위험성이 내재해 있다.

엄격한 법률과 규정, 명령에 대한 복종을 강조하는 위계질서와 지휘체계, 기타 근무조건, 업무방식, 의식을 포함하여 일반사회 조직과는 다른 특수한 조직 내·외 환경에 처해있다.

둘째, 이념 및 목표상의 특성이다. 국가경찰은 타 조직에 비해 목표달성을 위한 상당

---

9 김용현·박은미, "경찰 조직에서 Fiedler의 리더십 상황적합 모형에 관한 실증적 분석"「한국경찰연구」, 8(2), 2009, p. 34.
10 상계논문, pp. 34−35.

한 강제력을 행사할 수 있고, 내부적으로 강한 결속력을 요구한다.

국가경찰 조직의 목표는 국민전체에 대한 봉사기능과 희생을 요구하기 때문에 조직 구성원의 자유의사와 재량권보다는 목표달성을 위한 행동의 절대성이 다른 어느 조직보다도 절실히 요구된다. 경찰활동 특성상 위험성, 돌발성, 기동성, 권력성, 조직성이 내포되어 있기 때문이다.

셋째, 구조적 특성이다. 국가경찰은 다른 조직에 비해 공식적 위계와 집권화 정도가 높은 계층적 구조를 가지고 있어 자연적으로 상급자에 대한 복종심과 충성심이 중요시되고 있다.

간부직원들은 하위 계급자들을 상대적으로 통제하고 제한된 범위 내에서만 개인적 욕구를 표출하도록 허용하고 있기 때문에 현실에 대한 회의와 부정적인 태도를 형성할 수도 있다.

넷째, 사회 심리적 특성이다. 국가경찰관은 개인의 욕구보다 조직의 목표가 우선시 되며 명령과 통제가 일반사회에 비해 더욱 보편화되어 있다. 국가경찰 관리자급과 일반 직원 간에는 행동, 근무태도, 소속감, 자아실현 노력, 가치관 등에서 많은 차이를 보이고 있다.

국가경찰 조직 관리자와 직원 간에는 심리적 이질감(성향과 판단, 가치관, 신뢰형성, 참여의식, 소속감, 자아실현의 차이)으로 조직목표 달성에 보이지 않는 장애요인이 존재하고 있다. 급속한 평가와 진급, 빈번한 보직변경에 따른 단기성과에의 집착, 모든 의사결정 권한의 지휘관 집중, 업무성과에 대한 무한책임 등의 관리적 특성 면에서도 사기업과 다른 특징이 있다.

2 자치경찰의 특징

자치경찰제는 지역사회와 밀접한 관련이 있는 생활안전, 경비, 교통, 여성청소년 등 업무를 자치경찰이 담당하게 되면서 '민생치안' 업무에 중점을 둔다는 특징을 가지고 있다. 자치경찰제는 헌법이 보장하는 지방자치의 철학과 연관되어 있고 지역 공동체와 주민참여를 포함하는 치안행정의 민주성을 확보하는 것을 목표로 한다.[11] 자치경찰은 이론적으로는 다음과 같은 특징을 가지고 있다.

---

[11] 김영식·황의갑, "자치경찰제 도입의 정당성에 대한 비판적 고찰: 지역사회 경찰활동(Community Policing)을 중심으로" 「한국경찰연구」, 20(1), 2021, pp. 51-68.

첫 번째는 기존 국가경찰에서의 위계사슬을 끊어내고 중앙집권화된 조직구조를 분권화시킨다.

두 번째는 범죄통제와 실적 달성을 위해 지역사회를 '통제 및 지시'Control and Order가 아니라 지역사회 구성원들과의 협력적인 관계에 중점을 두면서 '보호와 서비스'Care and Service에 집중하게 된다.

세 번째는 의사결정 구조의 변화로 경찰관리자 및 일선 경찰관들이 지역사회에 관심을 가지게 된다.

이상과 같은 특징을 가진 자치경찰은 경찰조직 내·외부적으로 민주적인 구조변화의 계기를 마련할 수 있게 된다.

제2절 보통경찰기관의 종류

1 보통경찰기관의 의의

행정주체라 함은 행정을 행하는 법주체를 말한다. 행정주체에는 국가, 지방자치단체, 공공조합, 영조물법인, 공법상 재단, 공무수탁사인이 있다. 행정기관의 예로는 대통령, 국무총리, 장관, 차관, 차관보, 국장, 담당관, 과장, 계장 등이 있다. 이들 행정기관은 상이한 법적 지위를 갖는 여러 종류의 행정기관(행정청, 보조기관, 의결기관 등)으로 분류될 수 있다.

이 중에서 행정청이 행정법(경찰행정법)에서 가장 중요한 기관이다. 국가에 있어서는 통상적으로 장관, 청장과 특별지방행정기관의 장이 행정청이 되고 지방자치단체에 있어서는 지방자치단체의 장이 행정청이 된다.

국가행정의 주체는 국가가 된다. 국가는 법인격을 가진 법인으로서 행정법 관계의 법주체가 된다. 국가행정은 국가의 행정기관에 의해 직접 행해지는 것이 원칙이다. 국가행정기관에는 중앙행정기관(행정안전부 등)과 지방행정기관(시·도경찰청, 경찰서 등)이 있다. 현행 경찰법(국가경찰과 자치경찰의 조직 및 운영에 관한 법률)은 국가경찰제와 자치경찰제를 채택하고 있으므로 국가와 지방자치단체가 경찰행정의 주체이다.

보통경찰기관은 그 기능에 따라 경찰관청, 보조기관, 경찰심의·의결기관, 경찰자문기관 및 경찰집행기관으로 나누어진다. 경찰법에서는 경찰사무를 행정안전부장관의 관장사무에서 분리하되, 그 소속하에 경찰청을 설치하여 경찰사무를 관장하도록 하고, 경찰청과는 별도로 행정안전부장관 소속하에 심의·의결기관인 경찰위원회를 설치하여 경찰청장의 임명에 대한 동의와 경찰에 관한 주요정책을 의결하도록 하고 있다.

보통경찰기관의 종류			
보통 경찰기관	경찰관청	보통경찰관청	· 경찰청장, 시·도경찰청장, 경찰서장
		해양보통경찰관청	· 해양경찰청장, 지방해양경찰청장, 해양경찰서장
	보통경찰 집행기관	일반경찰집행기관	· 경찰공무원(순경-치안총감) · 경찰기동대, 경비대
		특별경찰집행기관	· 의무경찰대, 군사경찰, 소방
	경찰의결기관		· 경찰위원회, 시·도 자치경찰위원회
	경찰자문기관		· 경찰개혁위원회, 경찰청 인권위원회
특별 경찰기관	협의의 행정경찰기관		· 각 중앙행정기관의 소속 공무원
	비상경찰기관		· 계엄사령관

2 경찰행정관청

1 의의

행정관청이란 일정한 범위 내의 행정사무에 관하여 국가나 지방자치단체의 의사를 결정하고 표시할 수 있는 권한을 가진 기관을 말한다. 행정관청은 자기의 행정의사를 자기의 이름으로 대외적으로 유효하게 표시할 수 있다.

「행정절차법」에서는 행정관청(행정청)을 행정에 관한 의사를 결정하여 표시하는 권한을 가진 행정기관을 말한다. 예를 들어 행정 각부의 장관, 청장, 시·도지사 등은 대표적인 행정관청이다. 이때 행정안전부, 서울특별시, 경찰청이 아니라 행정안전부장관, 서울특별시장, 경찰청장 등이 관청이다.

경찰행정관청이란 경찰에 관하여 직접 대외적 구속력 있는 국가의사를 결정·표시할 수 있는 권한을 가진 경찰기관을 말한다. 경찰청장·시·도경찰청장·경찰서장 등과 해양경찰청장, 지방해양경찰청장, 해양경찰서장 등이 이에 해당한다. 정부조직법과 경찰법은 경찰청장을 중앙보통경찰관청으로 하였다.

경찰청은 행정안전부장관 소속하에 두며, 행정안전부장관은 경찰청장을 임명제청하고, 중요정책수립에 관하여 청장을 직접 지휘할 수 있으므로, 넓은 의미에서는 행정안전부장관도 보통경찰관청의 하나라고 할 수 있다.[12] 하지만 1991년 경찰청이 설치되고, 경찰청장이 행정관청의 지위를 획득하고 있으므로, 경찰관청으로 보지는 않는다.[13] 경찰의 경우에는 행정책임은 종국적으로 최상급의 경찰관청인 경찰청에 귀속된다.[14]

경찰청은 육상과 해상에서의 경찰사무를 모두 담당하여 왔으며, 그 소속하에 육상에서의 경찰사무를 담당할 시·도경찰청과 경찰서를, 해상에서의 경찰사무를 담당할 해양경찰청과 해양경찰서를 두고 있다.

Police Science

🌐 행정 각부 장관 및 청장의 권한

- 각부장관은 집행기관으로서 대통령과 국무총리의 통할하에 국가의 행정사무의 일부를 분장·처리하는 중앙행정관청이다.
- 각부장관은 각부에 공통된 권한과 그 부에만 특수한 권한이 있는데, 공통적 권한을 보면 소관사무통할권 및 소속공무원에 대한 지휘·감독권, 부령제정권, 법률안 또는 대통령안의 국무회의제출권, 지방행정기관의 장에 대한 감독권·인사권(임명제청 또는 임용권) 등이다.
- 행정 각부 장관에 직속하는 중앙행정관청으로는 청이 있다. 행정안전부장관 소속하에는 독립된 외청으로 경찰청과 소방청이 있다.
- 청은 각부의 관장사무 중에서 보조기관인 1개 국의 사무로 하기에는 양이 너무 방대하고, 그 처리에 있어서 어느 정도 독자성을 인정할 필요가 있는 사무를 관장하게 하기 위해서 설치된다.
- 청은 사무처리에 있어 독자성을 갖기 때문에 소속 장관은 청에 대하여는 중요정책수립에 관해서만 직접 지휘할 수 있다(정부조직법 제7조 제4항).
- 청장은 중앙행정관청이며 장관의 일반적 지휘를 받아 소관 사무통할권 및 소속 공무원에 대한 지휘·감독권, 법률안·대통령안 또는 부령안을 작성하여 장관에게 제출하는 권한, 지방행정기관의 장에 대한 감독권, 인사권(임용제청 또는 임용권) 등을 가진다.

---

12 박윤흔a, 「행정법강의(하)」(서울: 박영사, 1997), p. 317.
13 김남진c, 「경찰행정법」(서울: 경세원, 2004), p. 23.
14 경찰대학c, 전게서, p. 134.

Police Science

🔍 행정안전부장관을 경찰관청으로 볼 수 있는지의 여부[15]

- 행정안전부장관을 최상급 경찰관청이라고 보는 일부 견해가 있다. 행정안전부장관이 경찰 사무에 관한 법규명령과 행정규칙 제정권, 경찰청장에 대한 감독권과 경찰공무원 인사에 관한 일정한 권한을 가지고 있는 것은 사실이지만, 직접 경찰권을 행사할 수는 없다.
- 따라서 행정안전부장관을 경찰행정청으로 볼 수는 없다. 만일 경찰기관에 대한 감독권과 경찰공무원 인사에 관한 권한을 가진 기관을 경찰행정청이라고 한다면, 행정안전부장관만이 아니라 국무총리와 대통령도 경찰행정청이라는 결과를 낳게 된다.

Police Science

🔍 행정절차법(시행 2022. 7. 12.)

제2조(정의) 이 법에서 사용하는 용어의 뜻은 다음과 같다.

1. "행정청"이란 다음 각 목의 자를 말한다.

가. 행정에 관한 의사를 결정하여 표시하는 국가 또는 지방자치단체의 기관

나. 그 밖에 법령 또는 자치법규(이하 "법령 등"이라 한다)에 따라 행정권한을 가지고 있거나 위임 또는 위탁받은 공공단체 또는 그 기관이나 사인私人

Police Science

🔍 경찰국

- 「행정안전부와 그 소속기관 직제」(시행 2022. 8. 2.)에 따라 행정안전부장관 소속 하의 하부 조직으로 '경찰국'이 신설되면서 '경찰국장' 자리도 신설되었다.
- 제4조(하부조직) ① 행정안전부에 운영지원과·정부혁신조직실·디지털정부국·경찰국·지방 자치분권실·지방재정경제실 및 재난안전관리본부를 둔다.
- 제13조의2(경찰국) ① 국장은 치안감으로 보한다.

② 국장은 다음 사항을 분장한다.

1. 「정부조직법」 제7조(행정기관의 장의 직무권한) 제4항에 따른 행정안전부장관의 경찰청장에 대한 지휘·감독에 관한 사항

2. 「국가경찰과 자치경찰의 조직 및 운영에 관한 법률」 제8조(국가경찰위원회 위원의 임명 및

---

15 최영규a, 「경찰행정법」(서울: 법영사, 2007), p. 56.

결격사유 등) 제1항에 따른 국가경찰위원회 위원의 임명 제청 및 같은 법 제14조(경찰청장) 제2항 전단에 따른 경찰청장의 임명 제청에 관한 사항

3. 「국가경찰과 자치경찰의 조직 및 운영에 관한 법률」 제10조(국가경찰위원회의 심의·의결 사항 등) 제1항 제9호에 따른 국가경찰위원회 안건 부의^{附議} 및 같은 조 제2항에 따른 국가경찰위원회의 심의·의결 사항에 대한 재의 요구

4. 「경찰공무원법」 제7조(임용권자) 제1항에 따른 총경 이상 경찰공무원의 임용 제청, 같은 법 제30조(정년) 제4항 후단에 따른 계급정년 연장 승인을 위한 경유 및 같은 법 제33조(징계의 절차) 단서에 따른 징계를 위한 경유에 관한 사항

5. 「국가경찰과 자치경찰의 조직 및 운영에 관한 법률」 제25조(시·도자치경찰위원회의 심의·의결사항 등) 제4항에 따른 시·도자치경찰위원회의 의결에 대한 재의 요구 및 같은 법 제28조(시·도경찰청장) 제2항에 따른 시·도경찰청장의 임용 제청에 관한 사항

6. 그 밖에 다른 법령에 따른 경찰행정 및 자치경찰사무 지원에 관한 사항

2 경찰청장

경찰청장은 경찰청이 행정안전부 장관 소속 하의 독립된 외청으로 규정되어 있기 때문에 행정안전부 장관의 보조기관이 아닌 독자적인 관청이다. 행정안전부장관, 경찰청장, 시·도경찰청장, 경찰서장으로 이어지는 일사분란한 조직체계를 유지하고 있다.

행정안전부장관은 정치적 책임에 상응하는 지휘권만 행사하고, 경찰청장에게 일선서장의 전보권, 경정 이하의 임용권 등의 인사권 행사, 치안시책의 입안·시행 및 인력·예산·장비 등의 경찰력 운용과 관련한 독자적인 업무수행이 가능하도록 하고 있다. 이는 독립된 외청으로서의 독자적인 기능을 갖고 있다는 의미이다.

Police Science
🌐 경찰청장

• 경찰청 소관 사무를 총괄하고, 소속 공무원 지휘·감독, 치안에 관한 사무 관장, 경찰청 소속 공무원 및 각급 국가경찰기관의 장을 지휘·감독하는 업무 담당

---

3 시·도경찰청장

경찰청장은 법령의 위임 규정에 따라 경찰청장의 권한을 시·도경찰청장에게 위임하고 있다. 경찰청장의 행정권한이 시·도경찰청장에게 기관 위임된 경우, 권한을 위임받은 시·도경찰청장은 권한을 위임한 경찰청장의 지휘·감독하에 그 사무를 처리한다. 따라서 시·도경찰청장은 관청이다.

예를 들어 「총포·도검·화약류 등의 안전관리에 관한 법률」에 의하면 총포 제조·판매·임대업소가 총포를 제조·판매·임대·수출입하였을 경우 그 내역을 허가관청에 보고하도록 의무화하고 있다. 이때 그 허가관청은 시·도경찰청장이다.

경찰청장이 법령에 의해서 위임한 국가사무에 대해서 시·도경찰청 소속 공무원이 위법한 직무행위를 했을 경우, 시·도경찰청장이 소속된 국가가 국가배상법상의 배상책임을 지게 된다.

만약 「도로교통법」에 따라 관할 시·도경찰청장에게 위임된 사무를 담당하던 경찰공무원의 잘못으로 교통사고가 발생한 경우, 지방자치단체는 시·도경찰청장을 관리하는 자로서 배상책임을 지게 된다.

Police Science

🌐🔍 시·도 자치경찰위원회를 경찰관청으로 볼 수 있는지의 여부

- 자치경찰을 운영하는 시·도 자치경찰위원회는 2022년 기준, 전국 18개 시·도에서 운영되고 있다. 시·도 자치경찰위원회는 독립된 업무를 수행하는 합의제 행정기관이다. 임기 3년에 단임인 7명이 합의제 행정기관을 운영하고 있다.
- 시·도 자치경찰위원회는 자치경찰사무에 대해 심의·의결을 통하여 시·도경찰청장을 지휘·감독한다.
- 자치경찰사무에 대해서는 시·도 자치경찰위원회의 지휘·감독을 받아 시·도경찰청장이 관할구역의 소관 사무를 관장하고 소속 공무원 및 소속 경찰기관의 장을 지휘·감독한다.
- 시·도 자치경찰위원회의 성격은 합의제 행정기관 중 시·도 자치경찰행정에 관한 의사를 결정할 수 있는 권한을 가지는 심의·의결기관이다. 국가경찰위원회의 성격과 동일하다.
- 행정관청은 행정에 관한 의사를 결정하여 표시하는 행정기관이다. 처분을 통해서 행정관청이 행하는 구체적 사실에 관한 법을 집행한다.
- 시·도 자치경찰위원회는 법적으로 인사위원회와 징계위원회 등과 같은 합의제 행정기관이

다. 하지만 대외적으로 구체적 사실에 관한 법을 집행하지는 않는다.

• 따라서 시·도자치경찰위원회는 행정관청이 아니다.

4 경찰서장

시·도경찰청장은 법령의 위임 규정에 따라 시·도경찰청장의 권한을 경찰서장에게 위임하고 있다. 시·도경찰청장의 행정권한이 경찰서장에게 기관 위임된 경우, 권한을 위임받은 경찰서장은 권한을 위임한 시·도경찰청장의 지휘·감독하에 그 사무를 처리한다. 따라서 경찰서장은 관청이다.

예를 들어 「도로교통법」 제72조(도로의 지상 인공구조물 등에 대한 위험방지 조치) 제1항에 의하면 경찰서장은 도로의 지상地上 인공구조물이나 그 밖의 시설 또는 물건이 교통에 위험을 일으키게 하거나 교통에 뚜렷이 방해될 우려가 있으면 그 인공구조물 등의 소유자·점유자 또는 관리자에게 그것을 제거하도록 하거나 그 밖에 교통안전에 필요한 조치를 명할 수 있다. 경찰서장은 1991년 「경찰법」 제정 이전부터 경찰관청이었다.

시·도경찰청장이 법령에 의해서 위임한 국가사무에 대해서 경찰서 소속 공무원이 위법한 직무행위를 했을 경우, 경찰서장이 소속된 국가가 국가배상법상의 배상책임을 지게 된다.

3 경찰심의·의결기관[16]

경찰법은 행정안전부장관 소속하에 경찰위원회를 두고 있으며, 경찰위원회는 '합의제 심의·의결기관'이다. 경찰위원회가 의결기관이므로 경찰위원회의 의결을 거치지 않거나, 의결된 내용과 다르게 집행하게 되면 위법이 된다. 이 점이 자문기관과 다른 점이다. 경찰위원회는 경찰사무에 관한 사항을 심의·의결하는 최고 의사결정기구이다.

합의제 행정기관은 의사결정이나 집행에 신중을 기할 필요가 있거나 정치적 중립 및

---

16 행정안전부 국가기록원, "합의제행정기관"(n.d)(from https://www.archives.go.kr/(Retrieved October 18, 2022).

행정의 공정성이 강조될 경우, 또 업무의 결정 및 처리에 각계 전문가로부터 의견을 들을 필요가 있는 환경에 놓여있을 때 적합한 조직유형이다. 근거는「정부조직법」제5조(합의제행정기관의 설치),「행정기관의 조직과 정원에 관한 통칙」제21조(합의제행정기관의 설치) 등이다.

　행정기관은 의사결정구조를 기준으로 독임제와 합의제로 구분되는데, 우리나라에서 독임제 중앙행정기관의 일반적 형태는 부部 · 처處 · 청廳이고, 합의제 중앙행정기관의 일반적 형태는 행정위원회라고 할 수 있다.

　독임제는 최고결정자 1인의 책임과 결정에 의해 이루어지는 반면, 합의제는 여러 사람으로 구성되는 합의체에 조직의 의사결정권을 부여하고, 그 운영 또는 행정이 여러 사람의 합의에 의하여 이루어지도록 하는 조직형태를 갖는다. 합의형 또는 다수지배형이라고도 부르며, 독임제와는 상반되는 개념이다.

　행정조직은 원칙적으로 독임제 기관으로 구성되나 독립성, 공정성, 신중성, 민주성 내지 참여의 폭을 넓혀 민주적인 정당성 보완이 필요하거나, 다양한 경험과 아이디어를 수렴할 필요가 있는 경우 등에 합의제 행정기관을 설치하는 것이 보통이다.

　합의제 행정기관에는 대외적인 구속력을 가지는 의사표시를 할 수 있는 합의제 행정(관)청과 그 밖의 보조기관 내지 보좌기관으로서 합의제 행정기관으로 구분될 수 있다.

　합의제 행정관청에는 국가인권위원회, 방송통신위원회, 공정거래위원회, 국민권익위원회, 금융위원회, 개인정보 보호위원회, 원자력 안전위원회 등이 있다.

　보조기관 내지 보좌기관으로서의 합의제 행정기관은 내부적인 의사결정에만 관여할 수 있을 뿐 대외적인 표시권한은 없다. 합의제 행정기관은 통상 의결기관과 심의기관, 자문기관으로 구분된다.

합의제 행정기관의 종류	
의결기관	• 의결기관은 합의제기관의 의사결정이 당해 기관 및 대외적인 구속력을 가지는 경우를 의미한다. 의결기관에 속하는 지방자치단체의 합의제 기관으로는 지방의회, 인사위원회, 징계위원회 등을 들 수 있다.
심의기관	• 심의기관은 일정한 안건을 반드시 심의에 부쳐야 하나 행정청의 의사가 심의결과에 반드시 구속될 필요는 없는 경우를 의미한다.
자문기관	• 자문기관은 안건의 부의 여부, 안건의 심의결과 등이 구속력이 없는 경우를 의미한다. • 중앙행정기관의 장이나 지방자치단체장 소속 하의 각종 위원회나 심의회 등은 대개의 경우 자문기관으로서 성질을 가지나 심의기관과 자문기관의 성질을 겸하는 경우도 있다.

합의제 행정기관 중 자문기관은 안건의 부의 여부, 안건의 심의결과 등이 구속력이 없는 경우를 의미한다. 중앙행정기관의 장이나 지방자치단체장 소속 하의 각종 위원회나 심의회 등은 대개의 경우 자문기관으로서 성질을 가지나 심의기관과 자문기관의 성질을 겸하는 경우도 있다.

경찰의 자문기관에는 '경찰제도개선 자문위원회', '경찰청 인권위원회', '정책자문위원회', '외사자문위원회' 등이 있다.

5 ‖ 보조기관

보조기관은 행정조직의 내부기관으로 행정청의 권한 행사를 보조하는 것을 임무로 하는 행정기관이다. 행정 각부의 차관·차장·실장·국장·부장·과장 등과 지방자치단체의 부지사, 부시장, 부군수, 부구청장 등이 이에 해당한다. 행정안전부장관의 경찰사무에 대한 보조기관에는 경찰국장이 있다. 경찰의 보조기관에는 국장, 부장, 과장, 계장 등이 있다.

「경찰법」 제15조(경찰청 차장) 2항에는 경찰청 차장은 경찰청장을 보좌한다고 규정되어 있다. 경찰청 차장은 보조기관이면서, 경찰청장의 정책업무를 보좌하는 역할을 수행한다. 보조기관은 권한의 위임규정에 따라 그 직무를 대리할 수 있다.[17]

행정기관의 장은 업무의 내용에 따라 보조기관으로 하여금 위임전결하게 할 수 있다. 따라서 경찰청장의 보조기관은 해당 업무에 대해서 위임전결 권한을 가지고 있다. 따라서 경찰의 보조기관은 직무대리 권한과 위임전결 권한을 가지고 있다.

예를 들어 경찰청장의 사고나 유고 상황이 발생하면 경찰청 차장이 그 직무를 대리한다. '경찰청장 직무대리 홍길동 차장'의 이름으로 그 직무를 대리한다. '행정안전부장관 직무대리 행정안전부차관 홍길동', '교장 직무대리 홍길동 교감' 등의 경우도 같다.

---

17 「정부조직법」 제6조(권한의 위임 또는 위탁) 2항.

🔍 경찰청 차장(치안정감)

- 경찰청장을 보좌하여 행정업무를 처리하고, 소속 공무원 지휘·감독업무, 경찰청장 지시사항 관리 등 청장 정책보좌, 경찰청장 사고시 직무대행

🔍 경찰법(시행 2021. 7. 1.)

제15조(경찰청 차장) ② 차장은 경찰청장을 보좌하며, 경찰청장이 부득이한 사유로 직무를 수행할 수 없을 때에는 그 직무를 대행한다.

🔍 보조기관의 권한

정부조직법(시행 2022. 1. 1.)

제6조(권한의 위임 또는 위탁) ② 보조기관은 제1항에 따라 위임받은 사항에 대하여는 그 범위에서 행정기관으로서 그 사무를 수행한다.

지방자치법(시행 2022. 1. 13.)

제2절 보조기관

제124조(지방자치단체의 장의 권한대행 등) ① 지방자치단체의 장이 다음 각 호의 어느 하나에 해당되면 부지사·부시장·부군수·부구청장(부단체장)이 그 권한을 대행한다.

6 ‖ 보좌기관(Staff)

보좌기관은 행정청 또는 그 보조기관을 보좌하는 기관이다. 보좌기관은 참모기관 또는 막료기관이라고도 한다. 보좌기관은 정책의 기획·입안·연구·조사 등을 통해 간접적으로 행정청 또는 그 보조기관의 행정목적 수행에 기여한다. 경찰청장의 보좌기관에는 대변인, 감사관, 기획조정관, 정보화장비정책관, 경무인사기획관, 치안상황관리관, 치안빅데이터정책담당관 등이 있다.

행정기관의 장은 업무의 내용에 따라 보좌기관으로 하여금 위임전결하게 할 수 있다.

따라서 경찰청장의 보좌기관은 해당 업무에 대해서 위임전결 권한을 가지고 있다.

Police Science

🌐🔍 행정 효율과 협업 촉진에 관한 규정(시행 2021. 1. 5.)

제10조(문서의 결재) ② 행정기관의 장은 업무의 내용에 따라 보조기관 또는 보좌기관이나 해당 업무를 담당하는 공무원으로 하여금 위임전결하게 할 수 있으며, 그 위임전결 사항은 해당 기관의 장이 훈령이나 지방자치단체의 규칙으로 정한다.

2022년 기준, 경찰청장 보좌기관의 종류와 업무	
구분	업무
대변인 (경무관)	• 경찰홍보담당관 활동 총괄 • 경찰이 하는 일을 국민과 쌍방향 커뮤니케이션을 통해 널리 알림으로써 경찰에 대한 신뢰와 지지를 확보하고 경찰 고유문화의 확산 및 사기진작 제반 활동 총괄 • 홍보담당관(총경): 언론기관 보도자료 배포, 기자회견, 방송출연 치안활동 설명, 언론 기고, 인터넷 홈페이지 치안정책 게시 등 국민과 직·간접적으로 접촉하는 모든 홍보담당관 활동 업무 총괄
감사관	• 고위공무원 나급·일반임기제 • 경찰청 감사, 감찰 및 인권보호 정책 • 감사담당관(총경): 경찰행정사무 종합 감사 및 일상감사, 특별감사, 공직기강 및 반부패에 관한 사항, 징계제도 운영, 공직자재산등록 등 총괄 • 감찰담당관: 감찰업무 기획 및 비리 예방대책 수립, 비위첩보 수집, 감찰 민원 처리 등 업무 총괄 • 인권보호담당관(총경):경찰 직무수행상 인권보호 관련 정책수립 지도업무, 인권침해 신고 상담 접수 및 처리, 인권교육, 성희롱신고상담센터 운영, 경찰청 인권위원회 운영 및 국가인권위원회 권고사항 처리 총괄
기획 조정관 (치안감)	• 경찰청 치안정책방향 수립과 주요 업무추진 총괄 조정 • 혁신기획조정담당관(총경): 경찰청 주요업무계획 등 정책 수립, 직급(정원) 조정 등 조직관리, 정부업무평가 등 성과관리 및 정부혁신, 당정협의 등 대내외 업무조정 총괄 • 재정담당관(총경): 경찰청 예산의 편성 및 조정과 결산에 관한 사항, 국유재산관리계획의 수립 및 집행, 중기 재정계획 수립 및 재정사업 성과분석 등 업무 총괄 • 규제개혁법무담당관(총경): 법무업무(규제심사·개혁, 법령안 심사·입법, 타부처 법령협의, 송무업무(행정·국가소송 및 심판업무), 소송지원업무(법령질의 회신, 판례분석) 등 업무 총괄 • 자치경찰담당관(총경): 자치경찰제 관련 정책 및 계획 수립 • 정책지원담당관(총경): 국가경찰위원회 간사 등 회의운영, 상정안건 사전검토, 경찰청장 임명

	제청 동의, 국가 및 시·도 자치경찰위원회 추천 업무 등 업무 총괄 • 과학치안정책팀(기술서기관·일반임기제): 치안분야 과학기술진흥을 위한 시책 수립 및 연구개발사업 총괄·조정
정보화 장비정책관 (경무관)	• 지능정보책임관(CIO) 업무 및 정보화장비 업무 총괄 • 정보화장비기획담당관(총경): 정보화·장비 법령 및 기술 융합을 위한 기획·조정, 공공데이터 제공 및 이용 활성화, 개인정보보호 및 정보화보안 업무 총괄 • 정보통신기술담당관(기술서기관): ICT 신기술 연구개발 및 전자정부 구현, 정보통신 기반 구축 및 정보통신망 운영 등 업무 총괄 • 장비담당관(총경): 경찰장비 연구·기획 및 보급 등 정책업무, 특수장비 개선 및 개발업무 총괄
경무인사 기획관 (치안감)	• 경찰청 소속 경찰관, 일반직 공무원, 주무관에 대한 인사행정, 실무역량 강화를 위한 교육행정, 직원 복무관리, 재직자 및 퇴직자 복지업무 총괄 • 경무담당관(총경): 경찰청 의전, 행사기획, 회의관리, 세출예산의 집행 및 계약업무, 복무제도의 운영 및 노조업무, 경찰청과 부속시설의 유지보수, 경찰박물관 업무 총괄 • 인사담당관(총경): 인사법령 및 제도개선, 경찰관·일반직·계약직 공무원의 임용 및 승진심사 업무, 상훈·특별승진 등 포상 계획의 수립 및 시행 업무 총괄 • 교육정책담당관(총경): 직장교육·사격·체력검정 및 경찰 교육기관 업무 지도·관리, 교육계획 수립 및 교육관련 법령정비, 사이버콘텐츠 운용, 인재선발 및 승진시험 총괄 • 복지정책담당관(총경): 복지계획수립, 보수·수당체계 개선, 관사·수련원·보육시설·체력단련장 지원, 퇴직경찰관 취업지원, 건강관리, 순직·공상경찰관 예우 업무 총괄 • 양성평등정책담당관(총경): 양성평등 정책에 관한 종합 기획, 성별영향평가 운영 등 업무 총괄
치안상황 관리관 (경무관)	• 치안상황관리 업무 총괄 • 112상황기획 업무, 위기관리 업무, 상황팀 업무, 지역경찰 업무 등 총괄
치안 빅데이터 정책담당관	• 기술서기관(일반임기제) • 치안분야 빅데이터 활용에 관한 정책의 수립·시행 등 총괄

경찰집행기관은 행정청이 결정한 의사를 집행하는 기관이다. 경찰집행기관은 순경부터 치안총감까지 모든 경찰관이 경찰집행기관이 된다.

1 일반경찰집행기관

경찰집행기관에는 순경에서 치안총감까지 모두 포함된다. 이들은 경력직 공무원 중 특정직 공무원으로서, 제복을 착용하고 무기를 휴대·사용할 수 있다. 일반경찰집행기관을 이루는 경찰공무원은 「형사소송법」 제197조(사법경찰관리) 규정에 따라서 사법경찰에 관한 사무를 아울러 담당하도록 되어 있다.

이 경우의 경찰기관을 사법경찰관리라고 부른다. 사법경찰관리는 사법경찰관(경위에서 경무관)과 사법경찰리(순경에서 경사)로서 검사와 상호협력하여 「형사소송법」이 정하는 바에 따라서 사법경찰사무를 담당한다.

경찰청장 또는 해양경찰청장은 돌발사태를 진압하거나 특수지구를 경비하도록 하기 위하여 특히 필요할 때에는 소속 경찰관으로 경찰기동대(기동대)를 편성하여 필요한 지역에 파견할 수 있다. 시·도경찰청장은 행정안전부령으로 정하는 범위에서 차장(차장을 두지 않는 경우에는 시·도경찰청장) 밑에 직할대를 둘 수 있다. 시·도경찰청장은 경찰청장이 정하는 기준에 따라 경비단 또는 경비대·기동대·의무경찰대·경찰특공대 등 직할대를 둘 수 있다.

서울특별시경찰청(서울경찰청) 공공안전차장 밑에 101경비단·기동단·22경찰경호대·국회경비대·김포공항경찰대·경찰특공대 및 202경비대를 둔다. 경비단, 기동단, 경호대, 특공대, 경비대 등은 경찰관청이 아니고 경찰집행기관의 하나이다.

Police Science
🌐 경찰집행기관 관련 규정

형사소송법(시행 2022. 2. 3.)

제195조(검사와 사법경찰관의 관계 등) ① 검사와 사법경찰관은 수사, 공소제기 및 공소유지에 관하여 서로 협력하여야 한다.

제197조(사법경찰관리) ① 경무관, 총경, 경정, 경감, 경위는 사법경찰관으로서 범죄의 혐의가 있다고 사료하는 때에는 범인, 범죄사실과 증거를 수사한다. ② 경사, 경장, 순경은 사법경찰리로서 수사의 보조를 하여야 한다.

경찰직무응원법(시행 2021. 1. 1.)

제4조(기동대의 편성) 경찰청장 또는 해양경찰청장은 돌발사태를 진압하거나 특수지구를 경비하도록 하기 위하여 특히 필요할 때에는 소속 경찰관으로 경찰기동대(기동대)를 편성하여 필요한 지역에 파견할 수 있다.

경찰청과 그 소속기관 직제(시행 2022. 5. 9.)

제41조(직할대) ① 시·도경찰청장은 행정안전부령(경찰청과 그 소속기관 직제 시행규칙)으로 정하는 범위에서 차장(차장을 두지 않는 경우에는 시·도경찰청장) 밑에 직할대를 둘 수 있다.

경찰청과 그 소속기관 직제 시행규칙(시행 2022. 8. 1.)

제31조(서울특별시경찰청에 두는 담당관 및 직할대) ② 서울특별시경찰청(서울경찰청) 공공안전차장 밑에 101경비단·기동단·22경찰경호대·국회경비대·김포공항경찰대·경찰특공대 및 202경비대를 둔다.

제50조(하부조직) ⑦ 시·도경찰청장은 경찰청장이 정하는 기준에 따라 경비단 또는 경비대·기동대·의무경찰대·경찰특공대 등 직할대를 둘 수 있다.

2 특별경찰집행기관

특별경찰집행기관은 일반경찰작용 중에서도 특정 분야의 경찰작용에 관한 경찰집행기관을 말한다. 여기에는 소방공무원, 의무경찰대, 군사경찰 등이 있다.

❶ 소방공무원

소방, 즉 화재를 예방·진압·경계하는데 종사하는 기관인 소방공무원은 특별경찰집행기관이다.

❷ 의무경찰대

의무경찰대는 간첩(무장공비 포함)의 침투거부·포착·섬멸 그 밖의 대간첩작전을 수행하고, 치안업무를 보조하기 위하여 시·도경찰청장 및 대통령령으로 정하는 국가경찰기관의 장 또는 해양경찰기관의 장 소속하의 특별경찰집행기관이다.

🌐🔍 **의무경찰대 설치 및 운영에 관한 법률(의무경찰대법)(시행 2021. 3. 23.)**

제1조(설치 및 임무) ① 간첩(무장공비를 포함한다)의 침투거부浸透拒否, 포착捕捉, 섬멸殲滅, 그 밖의 대對간첩작전을 수행하고 치안업무를 보조하기 위하여 시·도경찰청장 및 대통령령으로 정하는 국가경찰기관의 장 또는 해양경찰기관의 장 소속으로 의무경찰대를 둔다.

❸ 군사경찰

군사경찰은 군사 및 군인·군무원에 관한 보안경찰과 사법경찰작용을 담당하는 특별경찰집행기관이다. 군사경찰은 원칙적으로 일반인에 대한 수사를 못한다. 하지만 군사 또는 군인·군무원의 범죄와 관련 있는 일반인의 범죄와 군용물·군용시설의 침입·군사기밀에 관한 일반인의 범죄에 관하여는 수사할 수 있다.

🌐🔍 **사법경찰관리의 직무를 수행할 자와 그 직무범위에 관한 법률(시행 2022. 6. 16.)**

제9조(군사법경찰관리) ① 「군사법원법」 제43조(군사법경찰관) 제1호 및 제46조(군사법경찰리) 제1호에 따른 군사법경찰관리로서 지방검찰청검사장의 지명을 받은 자는 「군용물 등 범죄에 관한 특별조치법」에 규정된 범죄에 관하여 사법경찰관리의 직무를 수행한다.

② 「군사법원법」 제43조(군사법경찰관) 제2호와 제46조(군사법경찰리) 제2호에 규정된 군사법경찰관리로서 지방검찰청검사장의 지명을 받은 자는 「군사기밀보호법」에 규정된 범죄에 관하여 사법경찰관리의 직무를 수행한다.

1 협의의 행정경찰기관

협의의 행정경찰이란 다른 행정작용에 부수하여 발생하는 사회공공의 안녕과 질서를 유지하기 위하여 행하여지는 권력적 작용을 말한다. 이를 관장하는 기관은 각 주무장관이다.[18] 각 중앙행정기관은 그의 소관사무와 관련되는 범위 내에서 협의의 행정경찰작용을 담당하는 경찰기관이 된다. 따라서 협의의 행정경찰기관은 협의의 행정경찰관청의 소속 공무원이다. 예를 들어 위생경찰에 관해서는 보건복지부장관, 산림경찰에 관해서는 산림청장이 된다.

협의의 행정경찰집행기관은 당해 행정작용과 관련하여 발생하는 범죄를 수사하고 범인을 체포하는 특별사법경찰관리가 된다. 이들은 대부분 「형사소송법」 제245조의 10(특별사법경찰관리)에 의한 규정과 「사법경찰관리의 직무를 수행할 자와 그 직무범위에 관한 법률」 제5조(검사장의 지명에 의한 사법경찰관리) 규정에 의해 사법경찰관리로 지명된 특별사법경찰관리이다. 그러나 특별사법경찰기관의 관장사항에 대하여 일반사법경찰기관의 직무가 배제되는 것은 아니다.

Police Science

🌐 특별사법경찰관리(특사경) 관련 규정

형사소송법(시행 2022. 2. 3.)

제245조의10(특별사법경찰관리) ① 삼림, 해사, 전매, 세무, 군수사기관, 그 밖에 특별한 사항에 관하여 사법경찰관리의 직무를 행할 특별사법경찰관리와 그 직무의 범위는 법률로 정한다.

사법경찰관리의 직무를 수행할 자와 그 직무범위에 관한 법률(시행 2022. 6. 16.)

제5조(검사장의 지명에 의한 사법경찰관리) 다음 각 호에 규정된 자로서 그 소속 관서의 장의 제청에 의하여 그 근무지를 관할하는 지방검찰청검사장이 지명한 자 중 7급 이상의 국가공무원 또는 지방공무원 및 소방위 이상의 소방공무원은 사법경찰관의 직무를, 8급·9급의 국가공무원 또는 지방공무원 및 소방장 이하의 소방공무원은 사법경찰관리의 직무를 수행한다.

---

18 이황우·조병인·최응렬, 「경찰학개론」(서울: 형사정책연구원, 2001), p. 113.

비상경찰은 비상사태시에 병력으로서 공안을 유지하는 것이므로, 당연히 군사기관이 비상경찰기관으로 되며, 비상경찰기관으로서는 계엄사령관이 있다.

전국 또는 일부지역에 비상사태가 발생하여 일반경찰조직으로 공안을 유지할 수 없다고 인정되는 경우에 병력으로서 공안을 유지하게 된다. 이 경우 군사기관이 비상경찰기관이 되는데, 비상경찰기관으로는 계엄사령관이 있다. 비상사태와는 관계없이 수도 일원의 공안유지를 담당하고 있는 수도방위사령관이 있다.

Police Science

🌐🔍 계엄사령관

- 전시·사변 또는 이에 준하는 국가비상사태에 있어서 병력으로써 군사상의 필요에 응하거나 공공의 안녕질서를 유지할 필요가 있을 때에는 대통령은 「헌법」 제77조 1항에 의해 계엄을 선포할 수 있다. 계엄이 선포되면 계엄사령관이 병력으로 당해 지역 내의 경찰작용을 수행한다.
- 계엄은 비상계엄과 경비계엄으로 구분한다.
- 비상계엄의 경우, 계엄사령관은 계엄지역 내의 모든 행정사무와 사법사무를 관장한다.
- 경비계엄의 경우, 계엄사령관은 계엄지역 내의 군사에 관한 행정사무와 사법사무를 관장한다.
- 계엄의 시행에 관하여 계엄사령관은 계엄지역이 전국에 걸치는 경우에는 대통령, 일부지역에 국한되는 경우에는 국방부장관의 지휘·감독을 받는다.

Police Science

🌐🔍 위수령衛戍令의 폐지

- 「위수령」은 1950년 3월 27일 육군의 질서 및 군기유지, 군사시설물 보호 목적으로 최초 제정되었다. 1950년 대통령령으로 제정된 위수령은 군부대가 특정 지역에 주둔하면서 지역 치안을 유지할 수 있도록 허용한 법령이었다. 독소조항까지 있어 군사정권 시절 군이 집회나 시위를 진압하는 구실이 되기도 했다.
- 계엄령과 유사하지만 위수령은 육군 부대에만 적용되며, 군부대를 출동시킬 때 국회의 동의가 필요하지 않았다. 계엄령은 국가비상시 대통령이 발령하는 헌법이 규정한 대통령의 고유권한이다. 반면, 위수령은 재해 또는 비상사태 발생시 지방경찰청장의 요청에 따라 발령

되는 설치 근거가 되는 모법이 없는 시행령이었다.

- 위수령은 최근까지 시행 사례가 없는 등 실효성이 낮고, 상위 근거 벌률의 부재로 위헌 소지가 많았다. 2018년 9월 11일 정부는 국무회의를 열고 위수령 폐지령안을 심의·의결했다. 국회의 별도 의결없이 제도가 생긴 지 68년 만에 위수령은 폐지되었다.

Police Science

🌐🔍 **헌법(시행 1988. 2. 25.)**

제77조 ① 대통령은 전시·사변 또는 이에 준하는 국가비상사태에 있어서 병력으로써 군사상의 필요에 응하거나 공공의 안녕질서를 유지할 필요가 있을 때에는 법률이 정하는 바에 의하여 계엄을 선포할 수 있다.

② 계엄은 비상계엄과 경비계엄으로 한다.

제4절 **경찰행정청의 권한 및 상호관계**

1 ▎ 권한의 의의와 범위

1 권한의 의의

권한은 관할이라고도 하는데 이는 행정관청이 법령상 유효하게 국가의사 또는 판단을 결정·표시할 수 있는 범위를 말한다. 실정법은 '직무범위'·'직무권한' 등의 용어를 사용한다. 조직법적 의미의 권한 또는 일반적 권한이라고 할 수 있다. 이에 비해서 작용법적으로는 행정청이 소속 행정주체를 위하여 일정한 행위를 할 수 있는 법적인 힘을 말한다. 작용법적 의미의 권한 또는 개별적 권한이라고 할 수 있다.

경찰행정청의 권한이란 조직법적인 의미에서는 경찰행정청이 유효하게 직무를 행할 수 있는 범위를 말하고, 작용법적인 의미에서는 경찰행정청이 국가를 위하여 일정한 행위를 할 수 있는 법적인 힘을 말한다.

「경찰법」제14조(경찰청장) 3항에서 정하는 경찰청장의 권한이나 제28조(시·도경찰청장) 3항에서 시·도경찰청장의 권한은 조직법적인 권한이다. 반면, 「도로교통법」제80조(운전면허)·제93조(운전면허의 취소·정지) 등에서 정한 시·도경찰청장의 운전면허 발급권 및 취소·정지권은 작용법적인 권한이다.

Police Science

🌐 경찰행정청의 권한 관련 법률

경찰법(시행 2021. 7. 1.)

제14조(경찰청장) ③ 경찰청장은 국가경찰사무를 총괄하고 경찰청 업무를 관장하며 소속 공무원 및 각급 경찰기관의 장을 지휘·감독한다.

제28조(시·도경찰청장) ③ 시·도경찰청장은 국가경찰사무에 대해서는 경찰청장의 지휘·감독을, 자치경찰사무에 대해서는 시·도자치경찰위원회의 지휘·감독을 받아 관할구역의 소관 사무를 관장하고 소속 공무원 및 소속 경찰기관의 장을 지휘·감독한다. 다만, 수사에 관한 사무에 대해서는 국가수사본부장의 지휘·감독을 받아 관할구역의 소관 사무를 관장하고 소속 공무원 및 소속 경찰기관의 장을 지휘·감독한다.

도로교통법(시행 2022. 7. 12.)

제80조(운전면허) ① 자동차 등을 운전하려는 사람은 시·도경찰청장으로부터 운전면허를 받아야 한다.

제93조(운전면허의 취소·정지) ① 시·도경찰청장은 운전면허(연습운전면허 제외)를 받은 사람이 다음 각 호의 어느 하나에 해당하면 행정안전부령으로 정하는 기준에 따라 운전면허를 취소하거나 1년 이내의 범위에서 운전면허의 효력을 정지시킬 수 있다.

---

2 권한의 범위

행정청의 권한은 법규(원칙적으로 법률, 법률의 위임이 있는 경우에는 그 위임에 의한 법규명령)에 의하여 정해진다. 행정청의 권한의 범위는 그 행정청의 설치를 규정하는 법령(조직법)에 의하여 정해진다. 그러나 국민을 상대로 구체적인 행위를 할 수 있는 권한은 개별적으로 행정작용의 근거를 정하는 법령(작용법)에 의해서 정해진다.

예를 들면 시·도경찰청장의 권한은 「경찰법」이 그 대강을 정하고 있지만 이를 근거로 시·도경찰청장이 운전면허를 발급하거나 취소·정지할 수 없다. 「도로교통법」의 규정에 의해서 비로소 운전면허 발급 및 취소·정지권한이 부여된다. 행정청의 권한은 법령에 의하여 정해지므로 행정청이 그 스스로 그 권한을 변경하지는 못한다.

2 | 권한의 한계

1 사물관할(사항적 한계)

행정작용을 할 수 있는 권한은 목적과 성질 및 중요도에 따라 각 행정청에 배분된다. 그 결과 행정청의 권한에는 사항적으로 일정한 한계가 있으며, 이를 권한의 사항적 한계 또는 사물관할이라고 한다. 예를 들어 운전면허의 발급은 시·도경찰청장의 사물관할에 속하며, 감독청인 경찰청장은 운전면허의 발급에 관하여 시·도경찰청을 감독할 수는 있으나 스스로 운전면허를 발급할 수는 없다.

2 지역적 한계

중앙행정기관은 전국을 관할구역으로 하므로 그 권한에는 지역적 한계가 없다. 지방행정기관(국가의 지방행정기관, 지방자치단체의 행정기관)은 그 관할구역이 정해져 있으므로 그 구역 안에서만 권한을 행사할 수 있는 것이 원칙이다. 이러한 한계를 지역적 한계 또는 토지관할이라고 한다.

예를 들어 경찰청장은 중앙행정기관이므로 전국에 걸쳐서 그 권한을 행사할 수 있다. 시·도경찰청장 및 경찰서장은 지방행정기관으로서 원칙적으로 그 관할구역 안에서만 권한을 가진다.

3 대인적 한계

행정청의 권한이 미치는 인적 범위가 한정되어 있는 경우에 이를 권한의 대인적 적 한계 또는 대인관할이라고 한다. 예를 들어 특별경찰집행기관인 군사경찰은 원칙적으로 군인·군무원에 대해서만 경찰권을 행사할 수 있는 것이 그 예이다.

3 ║ 권한의 효과

행정청이 권한의 범위 내에서 행위를 하면 그 행위는 소속 행정주체인 국가의 행위로서 효과가 발생한다. 일단 국가의 행위로서 효과가 발생하면 행정청 구성자가 교체되더라도 그 효력에 영향을 미치지 않으며, 행정청 자체의 폐지·변경이 있더라도 역시 효력은 영향을 받지 않는다. 예를 들어 시·도경찰청장이 운전면허를 취소한 뒤에 시·도경찰청장이 교체되거나 시·도경찰청 자체가 폐지되더라도 운전면허 취소처분의 효력에는 영향이 없다.

행정청이 권한 외의 행위를 하면 그 행위는 무권한의 행위로서 위법이며, 원칙적으로 무효이다. 예를 들어 운전면허를 발급하는 것은 시·도경찰청장의 권한이므로 경찰청장이나 경찰서장이 발급한 운전면허는 무효이다.

제5절 ║ 권한의 위임과 대리

1 ║ 권한의 위임

1 의의

권한의 위임이란 행정관청이 그의 권한의 일부를 법령에 근거하여 다른 행정기관, 즉 하급관청 또는 보조기관에 위임하여 수임기관의 권한으로 행사하게 하는 것을 말한다.

경찰행정청의 권한의 위임이란 경찰행정청이 법령상의 권한을 법령에 근거하여 다른 기관에게 실질적으로 이전하여 그 다른 기관이 자기 이름과 자기책임으로 행사하게 하는 것을 말한다.

지휘·감독관계에 있는 행정관청 간에는 협의의 위임이라 하고, 대등기관 간에는 위탁이라고도 한다. 권한의 위임은 실질적으로 권한이 수임기관에게 이전되어 수임자가 자기책임으로 자기이름으로 권한을 행사한다.

대리의 경우에는 대리기관은 일시적으로 피대리관청의 권한을 행사할 뿐, 권한 자체는 여전히 피대리관청의 것이라는 점에서 본질적인 차이가 있다.

위임은 위임청의 권한이 위임됨으로써 타행정기관(수임청)의 권한이 되고 동시에 위임청은 권한을 상실하지만, 대리의 경우에는 권한 그 자체가 이양되는 것은 아니다. 위임은 법령상 정하여진 권한 분배를 변경하는 것이므로 반드시 법적 근거를 요한다.

대리(특히 수권대리)의 경우에는 반드시 법령의 명시적 근거를 요하지는 않는다. 위임에 있어서의 수임자는 하급기관이 되고, 대리의 경우에는 보조기관이 대리인이 되는 것이 일반적이다.

🌐 관청주의官廳主義

- 관청주의官廳主義란 행정에 관한 대외적인 권한행사를 모두 행정청의 이름으로 하는 제도를 말한다.
- 위임전결제도는 한국의 행정조직법이 행정청 제도를 채택하면서 나타난 현상이다.
- 위임전결은 실제로 행정청이 그 권한에 속한 모든 행위를 스스로 결정하는 것이 불가능하므로 법률상 권한의 소재와 행정업무의 능률을 높이기 위하여 실무상 관행으로 행해져 왔다.

---

2 법적 근거와 위임의 방식

권한의 위임에는 반드시 법령의 근거를 요한다. 일반적 근거로서 「정부조직법」 제6조(권한의 위임 또는 위탁), 「행정권한 위양·위탁에 관한 규정」, 「지방자치법」 제115조(국가사무의 위임) 등이 있다. 이외에도 많은 개별적 법률규정들이 있다. 법률에 특별한 규정이 없는 경우에 「정부조직법」 제6조(권한의 위임 또는 위탁)를 근거로 권한을 위임할 수 있다.

법률에서는 위임할 수 있다는 근거 규정만을 두고, 그 근거에 의하여 법규명령(지방자치단체의 경우에는 조례 또는 규칙)에서 직접 위임되는 권한과 위임의 상대방을 정하는 것이 보통이다.

「총포·도검·화약류 등의 안전관리에 관한 법률」 제68조(권한의 위임)에 근거하여 동법 시행령 제83조(권한의 위임)에서 경찰청장의 권한 중 엽총 등의 제조업허가권 등을 시·도경찰청장에게 위임하고 있는 것이 그 예이다. 위임에는 위임기관의 통지가 있어야 한다. 권한의 전부 또는 주요부분에 관한 위임은 허용되지 않는다.

Police Science

🌐🔍 위임관련 규정

정부조직법(시행 2022. 1. 1.)

제6조(권한의 위임 또는 위탁) ① 행정기관은 법령으로 정하는 바에 따라 그 소관사무의 일부를 보조기관 또는 하급행정기관에 위임하거나 다른 행정기관·지방자치단체 또는 그 기관에 위탁 또는 위임할 수 있다. 이 경우 위임 또는 위탁을 받은 기관은 특히 필요한 경우에는 법령으로 정하는 바에 따라 위임 또는 위탁을 받은 사무의 일부를 보조기관 또는 하급행정기관에 재위임할 수 있다.

지방자치법(시행 2022. 1. 13.)

제115조(국가사무의 위임) 시·도와 시·군 및 자치구에서 시행하는 국가사무는 시·도지사와 시장·군수 및 자치구의 구청장에게 위임하여 수행하는 것을 원칙으로 한다. 다만, 법령에 다른 규정이 있는 경우에는 그러하지 아니하다.

총포·도검·화약류 등의 안전관리에 관한 법률(시행 2021. 1. 1.)

제4조(제조업의 허가) ① 총포·화약류의 제조업(총포의 개조·수리업과 화약류의 변형·가공업을 포함)을 하려는 자는 제조소마다 행정안전부령으로 정하는 바에 따라 경찰청장의 허가를 받아야 한다.

제68조(권한의 위임) 이 법에 따른 경찰청장 또는 시·도경찰청장의 권한은 그 일부를 대통령령으로 정하는 바에 따라 시·도경찰청장 또는 경찰서장에게 위임할 수 있다.

제83조(권한의 위임) ① 법 제68조의 규정에 의하여 경찰청장의 다음 각호의 권한은 이를 시·도경찰청장에게 위임한다.

1. 법 제4조 제1항의 규정에 의한 엽총·사격총·어획총·마취총·도살총·산업용총·구난구명총·가스발사총 및 그 부품의 제조업(개조·수리업을 포함)과 화공품의 제조업(변형·가공업을 포함)의 허가에 관한 권한

3 위임의 효과

권한이 위임되면 수임기관은 자기 이름으로 그리고 자기책임으로 위임받은 권한을 행사한다. 따라서 그 권한행사에 따른 내부적인 책임만이 아니라 대외적인 책임도 수임기관이 진다. 예를 들어 경찰청장으로부터 엽총 등 제조업의 허가권을 위임받은 시·도경찰청장이 위임받은 권한을 행사하여 허가처분을 하면, 그 허가에 대한 행정소송의 피고도 시·도경찰청장이 된다. 권한이 실질적으로 수임기관에 이전하는 것이다.

권한의 위임에 의해 위임청은 당해 위임사항을 처리할 수 있는 권한을 상실하고, 그 권한은 수임청의 권한으로 된다. 따라서 수임청은 자기의 이름으로 권한을 행사하며, 쟁송법상으로도 수임기관이 직접 피고·피청구인이 된다. 그러나 위임청이 수임청에 대한 지휘·감독할 지위까지 상실하는 것은 아니므로 수임청의 위임사무처리가 위법·부당한 경우에는 위임청이 이를 취소하거나 중지시킬 수 있다.

2 ‖ 권한의 대리

1 개념

경찰행정청의 권한의 대리란 경찰행정청의 권한의 전부 또는 일부를 다른 경찰행정기관이 행사하고 그 행위가 원래의 권한 있는 경찰행정청의 행위로서 효과를 발생하는 것을 말한다. 이 경우 원래의 권한 있는 행정청을 피대리관청, 그 권한을 대리행사하는 기관(보통은 보조기관 때로는 하급관청)을 대리기관이라고 한다.

권한의 대리란 행정관청의 권한의 전부 또는 일부를 다른 행정기관 또는 보조기관이 피대리관청을 위한 것임을 표시하여, 자기의 이름으로 행사하고 그 행위의 법률적 효과는 피대리관청의 행위로서 효과가 발생하는 것을 말한다. 실정법상으로는 직무대행 또는 직무대리라는 용어를 사용하는 것이 보통이다. 예를 들어 「경찰법」 제15조(경찰청 차장)의 2항, 동법 제29조(시·도경찰청 차장) 2항의 규정 등을 들 수 있다.[19]

---

[19] 허경미, 전게서, p. 45.

제15조(경찰청 차장) ② 차장은 경찰청장을 보좌하며, 경찰청장이 부득이한 사유로 직무를 수행할 수 없을 때에는 그 직무를 대행한다.

제29조(시·도경찰청 차장) ② 차장은 시·도경찰청장을 보좌하여 소관 사무를 처리하고 시·도경찰청장이 부득이한 사유로 직무를 수행할 수 없을 때에는 그 직무를 대행한다.

2 구별개념

❶ 내부위임

행정청이 법령의 근거 없이 특정한 사무를 처리할 권한을 사실상 하급기관(하급행정청 또는 보조기관)에 위임하면서, 대외적으로는 위임청의 이름으로 그 권한을 행사하게 하는 것을 말한다. 상급관청이 내부적인 사무처리의 편의를 위하여 그 사무를 하급 관청에 위임하는 것을 말한다.

법령의 근거가 없고 따라서 사실상 수임기관이 권한을 행사하면서도 자신의 이름으로 행사하지 못하고 위임청의 이름으로 한다는 점에서 권한의 위임과 차이가 있다. 대외적으로는 위임청의 권한행사로 간주된다. 만일 수임기관이 내부위임 받은 권한을 자신의 이름으로 행사하면 무권한 행위로서 무효로 된다.

❷ 대표

대표자인 행정청의 행위가 직접 국가 또는 지방자치단체의 행위가 되는 점에서 대리와 구별된다. 국가를 당사자 또는 참가인으로 하는 소송에 있어서 법무부장관이 국가를 대표하는 경우, 감사원장이 감사원을 대표하는 경우 등이 이에 해당한다.

❸ 전결

전결專決 혹은 위임전결이란 행정청의 권한 중 의사결정권(결재권)을 보조기관에 사실상 위임하되, 대외적인 권한행사는 행정청의 이름으로 하는 것을 말한다. 실무적으로는 결재권을 위임받은 자가 행하는 결재를 말한다. 위임받은 의사결정권한을 독자적으로 결재한다.

예를 들어 운전면허의 발급이 법률상 시·도경찰청장의 권한이지만 그 발급 여부를 보조기관인 차장이나 담당과장이 결정하되 대외적으로는 시·도경찰청장의 이름으로 운전면허를 발급하는 것이 그 예이다.

위임전결이 있더라도 법적으로 행위자는 여전히 행정청이며, 모든 법적인 책임도 행정청이 진다. 예를 들어 운전면허의 발급을 차장이나 담당과장이 위임전결로 처리한 경우, 운전면허에 대한 소송은 차장이나 담당과장이 아니라 시·도경찰청장이 피고가 된다.

위임전결은 권한의 실질적인 이전을 의미하는 위임과 다르다. 따라서 법적으로 내부위임과 차이가 없다. 단지 내부위임은 주로 하급행정청에 대하여 행해지나 위임전결은 보조기관에 대하여 행해진다는 점에서만 차이가 있다.

법률의 근거를 요하지 않고 행정규칙을 근거로 하여도 무방하다. 「행정 효율과 협업 촉진에 관한 규정」은 위임전결 사항을 훈령 또는 지방자치단체의 규칙으로 정하도록 규정하고 있다.

Police Science

🌐🔍 행정 효율과 협업 촉진에 관한 규정(시행 2021. 1. 5.)

제10조(문서의 결재) ① 문서는 해당 행정기관의 장의 결재를 받아야 한다. 다만, 보조기관 또는 보좌기관의 명의로 발신하는 문서는 그 보조기관 또는 보좌기관의 결재를 받아야 한다.
② 행정기관의 장은 업무의 내용에 따라 보조기관 또는 보좌기관이나 해당 업무를 담당하는 공무원으로 하여금 위임전결하게 할 수 있으며, 그 위임전결 사항은 해당 기관의 장이 훈령이나 지방자치단체의 규칙으로 정한다.

---

❹ 대결

대결代決이란 결재권자가 휴가, 출장, 그 밖의 사유로 결재할 수 없을 때에는 그 직무를 대리하는 사람이 결재하는 것을 말한다. 내용이 중요한 문서에 대하여는 결재권자에게 사후에 보고하여야 한다. 기존의 결재권자가 결재할 수 없을 때 그 직무를 대리하는 자가 행하는 결재를 말한다.

대결이란 행정관청구성자의 일시 부재시 보조기관이 사무처리에 관한 결정을 외부에 표시함이 없이 본래의 행정청의 이름으로 결재하는 경우를 말한다. 역시 대외적으로는 행정청의 이름으로 권한이 행사된다는 점에서 권한의 위임과 구별된다.

🔍 행정 효율과 협업 촉진에 관한 규정(시행 2021. 1. 5.)

제10조(문서의 결재) ③ 제1항이나 제2항에 따라 결재할 수 있는 사람이 휴가, 출장, 그 밖의 사유로 결재할 수 없을 때에는 그 직무를 대리하는 사람이 대결하고 내용이 중요한 문서는 사후에 보고하여야 한다.

3 대리의 종류

❶ 임의대리

권한의 대리에는 대리권 발생의 원인에 따라 임의대리(수권대리)와 법정대리가 있다. 임의대리^{수권대리·授權代理}란 피대리관청(본래의 행정청)의 일방적 수권행위에 의하여 대리관계가 발생하는 경우를 말한다. 피대리관청이 대리권을 수여하는 법률행위이다. 이를 수권대리·위임대리라고도 한다. 본래의 행정청이 다른 기관에 대하여 자기를 대리하여 그 권한의 일부인 대리권을 행사할 권한을 부여하는 것이다.

임의대리	
구분	내용
의의	• 피대리관청이 대리권을 수여하는 법률행위이다.
법적 근거	• 임의대리는 권한의 이전을 가져오는 것이 아니므로 위임과는 달리 법률에 특별한 규정을 요하지 않는다.
대리권 행사와 범위	• 대리권의 행사는 대리관청이 대리관계와 피대리관청(본래의 관청)을 명시하여 의사표시를 하여야 한다. 대리권은 수권행위에 의해서 정하여지는 것이 원칙이다. 수권은 반드시 권한의 일부이어야 하고, 전부대리는 허용되지 않는다.
대리행위의 효과	• 대리관청의 행위는 법률적으로 본래의 관청(피대리관청)의 행위로 귀속된다.

❷ 법정대리

권한의 대리에는 대리권 발생의 원인에 따라 임의대리(수권대리)와 법정대리가 있다. 법정대리^{法定代理}란 행정관청이 사고 등으로 부재하는 경우에 법률의 규정에 따라 다른 행정기관이 본래의 행정관청의 권한의 전부를 당연히 대행하거나 일정한 자의 지정에 의하여 행하는 것을 말한다.

법정대리에 대한 법적 근거로는 헌법 제71조, 정부조직법 제6조 2항, 제12조 2항, 제22조, 직무대리규정 제3조 등이 있다.

법정대리의 종류	
협의의 법정대리	• 협의의 법정대리는 누가 대리기관이 되는가에 따라 법령이 정하는 자가 당연히 대리기관이 되는 경우를 협의의 법정대리라고 한다. • 법령에 대리인이 명시되어 있으므로 법정사실의 발생과 더불어 당연히 대리관계가 형성되는 경우를 뜻한다. • 지정대리와의 차이점은 대리자에 대한 별도의 지정이 필요치 않다는 것이다.
지정대리	• 지정대리는 법령이 정한 자가 지정하는 자가 대리기관이 되는 경우를 말한다. • 법정사실이 발생한 경우에 일정한 자가 다른 자를 대리관청으로 지정함으로써 대리관계가 발생하는 경우를 말한다. • 「경찰법」 제15조(경찰청 차장) 2항에 의해서 경찰청장이 부득이한 사유로 직무를 수행할 수 없을 때에 경찰청 차장이 그 직무를 대행하는 경우가 이에 해당한다.

Police Science

🔍 서리署理

- 피대리관청의 구성자가 궐위된 경우에 법정의 대리기관이 아닌 자로서 임시로 피대리관청의 직무를 행하는 자(보통은 후임자로 지명된 자)를 서리라고 한다.
- 국무총리가 궐위된 경우에 후임 국무총리 지명자가 국회의 임명동의를 받기 전에 국무총리의 직무를 행하는 것이 그 예이다.
- 서리도 피대리관청 구성자가 궐위되어 있다는 점을 제외하고는 권한의 대리와 다른 점이 없으며, 지정대리의 일종이라고 보는 것이 통설이다.

4 대리권의 범위와 효과

대리기관은 피대리관청의 권한을 자기이름으로, 그러나 피대리관청의 권한임을 표시하여 행사한다. 예를 들어 '경찰청장 직무대리 경찰청차장 홍길동', '행정안전부장관 직무대리 행정안전부차관 홍길동' 혹은 '교장 직무대리 교감 홍길동' 등으로 표시한다.

대리기관이 행한 행위는 피대리관청의 행위로서 효과를 발생한다. 따라서 대리기관이 행한 행위에 대해서도 행정심판의 피청구인 또는 행정소송의 피고가 되는 것은 피대리관청이다.

대리행위에 대한 책임은 기관으로서의 책임과 기관구성자인 공무원의 책임을 구별하여야 한다. 대리행위의 잘못에 대한 공무원법상·민사상 및 형사상의 책임은 실제로 행위를 한 대리기관 구성자가 진다. 그러나 국민에 대한 법적 책임은 피대리관청 구성자의 사고 여부와 관계없이 피대리관청이 진다.

예를 들어 대리행위의 잘못에 대한 공무원법상·민사상 및 형사상의 책임은 실제로 행위를 한 대리기관인 '경찰청장 직무대리 경찰청차장 홍길동'이 진다. 그러나 국민에 대한 법적 책임은 피대리관청인 '경찰청장'의 사고 여부와 관계없이 피대리관청인 '경찰청장'이 진다. 경찰청장의 사고로 경찰청 차장이 경찰청장을 대리하여 행한 처분에 대하여 행정소송이 제기되는 경우에 피고는 경찰청장이 된다.

위임과 대리의 비교		
구분	권한위임	권한대리
공통점	· 경찰관청의 권한을 타인이 대신하여 행사한다는 점에서 공통점을 갖는다.	
차이점 / 권한 귀속	· 경찰관청의 권한이 피위임관청에 이전되어 수임자의 권한으로 된다.	· 경찰관청의 권한이 다른 행정기관에 이전되지 않는다.
차이점 / 법령 근거	· 경찰관청의 권한이 이전되기 때문에 반드시 법령의 명시적 근거를 필요로 한다.	· 법령상의 근거를 요하지 않는다(임의대리).
차이점 / 기관 지위	· 수임기관은 하급관청이 주로 된다.	· 대리기관은 보조기관이 되는 것이 보통이다.
차이점 / 피고 적격	· 권한위임을 한 행정행위에 대한 항고소송의 피고는 수임관청(피위임관청)이 된다.	· 권한대리를 한 행정행위에 대한 항고소송의 피고는 피대리관청이 된다.

경찰행정청 상호 간의 관계

1 ┃ 상하관청 관계

상하관계란 원래 동일 행정주체, 동일계통에 속한 상급행정관청과 하급행정관청 간의 관계를 의미한다. 그 내용은 권한의 위임관계와 감독관계를 중심으로 한다.[20] 상급행정청은 하급행정청에 대하여 일반적인 감독권을 가진다. 예를 들어 '상급관청'인 경찰청장은 '하급관청'인 시·도경찰청장을 지휘·감독한다. '상급관청'인 시·도경찰청장은 '하급관청'인 경찰서장을 지휘·감독한다.

행정청의 설치를 규정하는 법령에서는 상급관청이 하급관청에 대한 감독권을 규정하는 것이 보통이다. 권한의 감독이란 하급관청의 권한행사에 대한 적법성과 합목적성을 확보하고, 국가의사의 통일을 도모하기 위한 통제적 작용을 말한다.

감독권은 상급관청이 하급관청에 대하여 일반적으로 가지는 권한이다. 따라서 개별적인 법령에 근거가 있어야 할 필요는 없다. 그러나 일반적이고 추상적인 조직법적 근거는 필요하다. 「경찰법」 제14조(경찰청장) 3항과 제28조(시·도경찰청장) 등에는 상급 경찰관청의 지휘·감독권을 규정하고 있다.

감독권의 구체적인 내용은 개별법령에 규정된 것도 있으나 개별적인 근거규정이 없더라도 감독권의 내용에 당연히 포함되는 일반적인 감독권의 내용은 감시권·승인권·취소정지권·주관쟁의 결정권·훈령권의 5가지가 있다.

Police Science

🌐🔍 **경찰법**(시행 2021. 7. 1.)

제14조(경찰청장) ③ 경찰청장은 국가경찰사무를 총괄하고 경찰청 업무를 관장하며 소속 공무원 및 각급 경찰기관의 장을 지휘·감독한다.

제28조(시·도경찰청장) ③ 시·도경찰청장은 국가경찰사무에 대해서는 경찰청장의 지휘·감독을, 자치경찰사무에 대해서는 시·도 자치경찰위원회의 지휘·감독을 받아 관할구역의 소관사무를 관장하고 소속 공무원 및 소속 경찰기관의 장을 지휘·감독한다. 다만, 수사에 관한

---

[20] 최영규a, 전게서, p. 79.

사무에 대해서는 국가수사본부장의 지휘·감독을 받아 관할구역의 소관 사무를 관장하고 소속 공무원 및 소속 경찰기관의 장을 지휘·감독한다.

1 감시권

감시권은 상급행정청이 하급행정청의 사무처리 상황을 파악하기 위하여 감사·조사를 하거나 보고를 받는 등의 권한을 말한다. 하급 관청으로부터 업무를 보고 받거나, 실제로 사무감사를 행하는 권한이다. 감시에는 하급관청의 집무를 검열하는 방법과 하급관청으로 하여금 그 집무에 관하여 보고하게 하는 방법의 두 가지가 있다.

예를 들어 경찰청장이 시·도경찰청장이 수행하는 국가경찰사무에 대해서 그 사무를 검열하거나, 시·도경찰청장에게 국가경찰사무에 대해서 보고하게 할 수 있다. 감시권의 발동에는 특별한 법적 근거를 요하지 않는다. 감시권은 원칙적으로 사전적·예방적 감독수단이지만, 예외적으로 사후적·교정적 감독수단이 되는 경우도 있다.

2 권한쟁의 결정권

권한쟁의 결정권은 상급관청이 소속 하급 관청 상호 간의 주관 권한 다툼이 있을 경우에 이를 결정하는 상급 관청의 권한을 말한다. 행정청 간의 권한에 관한 다툼을 '권한쟁의' 또는 '주관쟁의'라고 한다. 서로 자기의 권한이라고 주장하는 '적극적 권한쟁의'와 서로 자기의 권한이 아니라고 주장하는 '소극적 권한쟁의'가 있다.

권한쟁의 결정권은 예방적 감독수단으로써, 하급 관청 간의 주관하는 권한에 관한 다툼(쟁의)이 있을 때 상급 관청이 이를 결정하는 권한이다.[21]

행정청은 행정주체의 기관일 뿐 권리주체가 아니다. 하급 관청 간의 권한쟁의는 권한에 관한 다툼이지 권리·의무에 관한 분쟁, 법률적 쟁송이 아니다. 따라서 권한쟁의는 행정쟁송의 대상이 아니다. 행정조직 내부에서 감독권을 가진 상급 관청이 결정한다.

하지만 지방의회와 지방자치단체의 장 사이의 권한쟁의는 권한쟁의 심판의 대상이

---

21 「행정절차법」 제6조(관할) 2항.

되며, 대법원이 재판한다.[22] 정부와 지방자치단체 간 또는 지방자치단체 상호 간의 권한 쟁의도 권한쟁의 심판의 대상이 되며, 헌법재판소가 심판한다.[23]

🌐 권한쟁의 결정권

- 권한쟁의 결정권은 상급관청이 그 소속 하급관청 간에 권한다툼이 있는 경우에 이를 결정하는 권한을 말한다. 행정조직 내부의 문제로서 법률적 쟁송에 해당하지 않으므로 원칙적으로 행정기관 스스로에 의해 해결되는 것이 원칙이다.
- 공통으로 감독하는 상급 행정청이 없는 경우에는 「행정절차법」 제6조(관할)에 따라 각 상급 행정청이 협의하여 그 관할을 결정한다. 협의가 이뤄지지 않을 때에는 「헌법」 제89조의 국무회의 심의대상 중 하나인 '행정 각부 간의 권한의 획정' 대상이 된다.
- 최종적으로 행정 각부 간의 권한쟁의 대상이 되면, 국무회의의 심의를 거쳐 대통령이 결정한다.

🌐 권한쟁의 관련 규정

행정절차법(시행 2022. 7. 12.)
　제6조(관할) ② 행정청의 관할이 분명하지 아니한 경우에는 해당 행정청을 공통으로 감독하는 상급 행정청이 그 관할을 결정하며, 공통으로 감독하는 상급 행정청이 없는 경우에는 각 상급 행정청이 협의하여 그 관할을 결정한다.

지방자치법(시행 2022. 1. 13.)
　제120조(지방의회의 의결에 대한 재의 요구와 제소) ③ 지방자치단체의 장은 제2항에 따라 재의결된 사항이 법령에 위반된다고 인정되면 대법원에 소(訴)를 제기할 수 있다. 이 경우에는 제192조 제4항을 준용한다.
　제192조(지방의회 의결의 재의와 제소) ④ 지방자치단체의 장은 제3항에 따라 재의결된 사항이 법령에 위반된다고 판단되면 재의결된 날부터 20일 이내에 대법원에 소를 제기할 수 있다. 이 경우 필요하다고 인정되면 그 의결의 집행을 정지하게 하는 집행정지 결정을 신청할 수 있다.

22　「지방자치법」 제120조(지방의회의 의결에 대한 재의 요구와 제소) 3항·제192조(지방의회 의결의 재의와 제소) 4항.
23　「헌법재판소법」 제61조(청구사유) 1항·제62조(권한쟁의심판의 종류) 1항.

3 승인권(인가권)

❶ 의의

승인권 또는 인가권은 상급 행정청이 하급 행정청에 대하여 권한을 행사하여 어떤 행정작용을 하기 전에 사전에 상급행정청의 승인을 받도록 하는 것을 말한다. 승인권은 강력한 예방적 감독 수단이다. 하급 관청의 권한행사에 적법성과 타당성을 보장하기 위한 예방적 감독수단이다. 여기서의 승인은 행정조직법 상의 승인이므로 행정행위로서의 인가와는 구별된다.

예를 들어 경찰의 주요 정책이나 법령 개정에 대한 구속력을 갖는 심의·의결 권한은 '국가경찰위원회'가 갖는다. 행정안전부장관은 안건 부의권과 재의요구권 그리고 안건 승인권을 가지고 있다. 국가경찰위원회의 심의·의결 이후 행정안전부장관의 안건 승인권한을 '승인권'으로 본다.

감독권행사로서의 승인권은 대외적 구속력을 갖는 행정행위가 아니라 행정의 내부행위에 불과하다. 따라서 하급 행정청은 상급 행정청의 승인 거부에 대하여 행정쟁송을 제기할 수 없다. 다만, 법률이 기관소송을 제기할 수 있도록 규정한 경우는 예외이다.

❷ 승인의 효력

승인권이 법령에 규정된 경우에 상급 행정청의 승인 없는 하급행정청의 권한행사는 위법이다. 그 권한 행사가 국민에 대한 처분인 경우, 그 처분으로 인하여 법률상 이익을 침해받은 국민은 행정쟁송을 제기하여 처분의 효력을 다툴 수 있다. 그러나 쟁송의 대상은 처분이지, 승인 또는 승인의 거부가 아니다.

법령의 근거 없는 승인 요구의 경우에는 하급행정청이 상급 행정청의 승인을 받지 않고 권한을 행사하더라도 위법은 아니다. 따라서 대외적인 효력에는 영향이 없으며, 단지 내부적으로 하급 행정청의 책임문제가 야기될 뿐이다.

4 취소·정지권

취소·정지권은 상급행정청이 하급행정청의 위법 또는 부당한 권한행사를 취소하거나, 그 효력을 일시적으로 정지할 수 있는 권한을 말한다. 훈령은 원칙적으로 사전적·예방적 감독수단이다. 반면, 취소·정지권은 가장 강력한 사후적·교정적 감독 수단이다.

취소·정지권은 상급관청이 직권으로 또는 당사자의 신청 등의 청구에 의하여 하급관청의 위법·부당한 행위를 취소하거나 정지할 수 있는 권한을 말한다.

취소·정지의 대상이 되는 하급 행정청의 행위는 행정행위(처분)인 경우가 많다. 명령(법규명령)·공법상 계약 등의 다른 행정작용일 수도 있다. 행정행위 이외의 행정작용에 대한 취소는 엄밀히 말하면 취소가 아니라 무효 선언의 성질을 가지고 있다.

감독청의 취소·정지는 하급행정청 자신의 취소·정지와 동일한 성질 및 효과를 가진다. 취소·정지의 대상인 행위가 행정행위(처분)일 때에는 그 취소·정지도 행정행위이다. 감독청의 취소·정지에 의하여 법률상 이익을 침해받은 국민은 감독청을 상대로 행정쟁송을 제기하여 다툴 수 있다.

예를 들어 엽총의 제조허가에 대해서 시·도경찰청장이 권한을 남용하여 허가를 한 경우, 감독청인 경찰청장은 그 엽총제조 허가를 취소할 수 있다. 이때 엽총 제조업자는 경찰청장을 상대로 행정쟁송을 제기할 수 있다.

자신의 행위가 감독청에 의하여 취소·정지된 하급 행정청은 기관쟁송을 제기할 수 있는 경우를 제외하고는 행정쟁송을 제기할 수 없다. 원칙적으로 취소·정지권자는 하급처분청이지만, 감독청도 취소·정지할 수 있다. 예를 들어 경찰청장이 한 취소·정지를 하급 행정청인 시·도경찰청장이 경찰청장을 상대로 행정쟁송을 제기할 수 없다.

5 훈령권

훈령권이란 상급행정청이 하급 행정청의 권한행사를 지휘하기 위하여 훈령을 발할 권한을 말한다. 상급행정청이 하급 행정청의 권한행사를 지휘하기 위하여 발하는 명령을 훈령이라고 한다.[24] 훈령권은 감독권의 중추적 수단으로서, 개별 법령의 근거를 요하지 않는다.

훈령은 원래 상급 행정청이 하급 행정청의 권한행사를 일반적으로 지휘하기 위하여 발하는 명령을 의미한다. 훈령은 처분이 아니라 규범의 성질을 가진다. 법적 형식에 있어서는 행정규칙의 일종이다.

훈령은 가장 강력한 사전적·예방적 감독 수단이다. 왜냐하면 지시도 훈령의 일종으로 포함되기 때문이다. 지시는 예방적 수단으로도 교정적 수단으로도 사용될 수 있다. 훈령은 행정규칙의 대표적 형식이다. 훈령이 법규의 성질을 가지고 있는가가 문제가 되는데 행정규칙은 그 자체로서는 법규라고 할 수 없는 것으로 정리가 되었다.

하급 행정청의 권한에 속하는 특정한 처분을 하거나 하지 말도록 하는 지시는 사전적·예방적 감독 수단의 예이다. 하급 행정청이 행한 특정한 처분의 위법·부당을 이유로 그 취소를 명하는 지시는 사후적·교정적 감독 수단의 예이다.

Police Science

🌐🔍 훈령에 의한 경찰활동

- 법률은 민주적 정당성을 갖는 입법자인 국회에서 제·개정한다. 훈령은 행정청에 의해 임의적으로 개정 내지 폐지될 수 있다. 훈령에 기반한 제반 경찰활동과 제도는 그 존립의 안정성을 확보하기 어렵고 외부적 변화에 영향을 쉽게 영향을 받는다.
- 훈령에 기반한 많은 경찰사무와 자문기구가 있다. 「범죄수사규칙」에 의한 '수사활동', 「경찰인권보호 규칙」에 의한 '경찰청 인권위원회' 등은 그러한 예가 될 것이다.
- 훈령을 통한 사무와 기구는 일관되고 예측 가능한 체제를 형성하거나 구축하기가 쉽지 않다. 업무상 독립성과 정치적 중립성을 확보하기도 쉽지 않다.
- 결국 훈령에 근거한 경찰활동은 경찰에 대한 민주적 통제와 경찰업무에 대한 제반 임무와 직무를 달성하기에는 한계를 가지게 된다.

---

24 최영규, 전게서, p. 80.

❶ 훈령과 직무명령

행정청이 행정기관의 구성원인 공무원에 대하여 그 직무에 관하여 발하는 명령을 직무명령이라고 한다. 출장명령, 당직명령 등이 그 대표적인 예이다. 훈령은 행정기관에 대한 명령이므로 발령자인 상급 행정청의 구성자나 수명자인 하급 행정청 구성자에 변경이 있더라도 계속하여 효력을 가진다.

직무명령은 공무원에 대한 명령이므로, 수명자인 공무원에게만 효력이 있다. 그 공무원이 공무원의 지위를 상실하거나 발령자의 감독권이 미치지 않는 다른 행정관서로 전보된 경우에는 효력을 상실한다. 그 공무원의 후임자에게는 효력을 미치지 않는다.

훈령은 하급 행정청의 권한행사를 지휘하는 것을 내용으로 하지만, 직무명령은 소속 공무원의 직무수행에 관한 명령이다. 직무수행과 관련이 있는 한 공무원의 근무 기타 생활행동에 대해서도 규율할 수 있다. 출근시간에 관한 명령이나 근무 중의 복장에 관한 명령 등이 이에 속한다.

훈령은 직무명령의 성격을 동시에 가진다(그 역은 성립하지 않는다). 행정기관에 대한 명령은 결국 행정기관의 구성자인 공무원이 이행하여야 하므로 공무원에 대한 명령의 성질도 함께 가지고 있다. 따라서 훈령을 위반하면 해당 공무원은 징계책임을 지게 된다.

훈령과 직무명령의 구별		
구분	훈령	직무명령
기본적 성격	• 경찰기관에 대한 명령	• 경찰공무원 개인에 대한 명령
발령자	• 상급관청의 하급관청에 대한 명령	• 상관의 하급자에 대한 명령
구속의 대상	• 경찰기관의 의사를 구속	• 경찰공무원 개인의 의사를 구속
효력	• 경찰기관의 구성이 변경·교체되어도 유효	• 경찰공무원의 변경·교체에 의해 당연히 효력을 상실
규율범위	• 하급경찰기관의 권한행사에 대하여 가능	• 직무사항 외에 객관적으로 직무수행에 필요하다고 인정되는 경찰공무원의 일상생활에 대해서도 관여
양자의 관계	• 훈령은 동시에 직무명령으로서의 성질을 갖게 되지만, 직무명령은 훈령으로서의 성질을 당연히 갖는 것은 아니다.	

❷ 훈령의 종류

훈령은 공문서의 일종이다. 공문서의 종류에는 법규문서, 지시문서, 공고문서, 비치문서, 민원문서, 일반문서 등이 있다. 지시문서는 행정기관이 그 하급기관이나 소속 공무원에 대해서 일정한 사항을 지시하는 문서를 말한다. 지시문서에는 ① 훈령, ② 지시, ③ 예규, ④ 일일명령 등이 있다.

훈령의 종류	
협의의 훈령	• 사무관리의 규정을 더 세분하여 상당한 장기간에 걸쳐 하급기관이 권한행사를 일반적으로 지시하기 위하여 발하는 명령
지시	• 하급기관에 대하여 개별적·구체적으로 발하는 명령
예규	• 법규문서 이외의 문서로서 반복적 행정사무의 기준을 제시하는 문서
일일명령	• 당직·출장·특근 및 각종 휴가 등 일일업무에 관한 명령

❸ 훈령의 형식

훈령은 행정규칙의 일종이므로 특별한 형식을 요하지 않으며, 구두로도 가능하다. 하지만 「행정 효율과 협업 촉진에 관한 규정」에 따르면 훈령은 '지시문서'의 하나인 공문서로 규정하고 있다. 따라서 협의의 훈령은 조문형식 또는 시행문 형식으로, 예규 및 지시는 시행문 형식으로 작성하도록 하는 등 일정한 형식을 따르도록 하고 있다. 다만, 이러한 규정은 훈시규정에 불과하고 이러한 형식을 갖추지 않았다고 하여 훈령이 아니라거나 훈령으로서의 효력이 없다고 할 수 없다.

❹ 훈령의 발령절차

훈령은 특별한 절차를 거치지 않고 발령권자가 수명자에게 통지함으로써 성립한다. 훈령자체에서 따로 효력발생일을 규정하지 않는 한 성립 즉시 효력을 발생한다. 훈령은 일반 국민의 권리·의무에 관한 사항을 정하거나 일반국민에 대하여 구속력을 가지는 않는다. 대외적인 공포를 요하지도 않는다.[25] 다만 실무상으로는 중앙행정기관의 훈령은 관보에 훈령란이 있어서 거기에 게재되는 것이 보통이다.[26]

---

25 상게서, p. 83.
26 「관보규정」 제7조(관보의 편집 구분과 순서) 1항.

🔍 관보규정(시행 2019. 9. 1.)

제7조(관보의 편집 구분과 순서) ① 관보의 편집 구분과 순서는 다음과 같다. 1. 헌법란, 2. 법률란, 3. 조약란, 4. 대통령령란, 5. 총리령란, 6. 부령란, 7. 훈령란, 8. 고시란, 9. 공고란, 10. 국회란, 11. 법원란, 12. 헌법재판소란, 13. 선거관리위원회란, 14. 감사원란, 15. 국가인권위원회란, 16. 지방자치단체란, 17. 인사란, 18. 상훈란, 19. 기타란

❺ 훈령의 요건과 흠

훈령이 유효하게 성립하기 위해서는 형식적 요건과 실질적 요건을 갖추어야 한다. 훈령이 위의 요건을 갖추지 못하면 위법한 훈령으로서 무효이다. 그 위법이 중대·명백 여부에 관계없이 위법하면 항상 무효라는 점에서 국민을 상대로 한 행정행위(처분)가 흠(하자)있는 경우와는 큰 차이가 있다. 흠있는 행정행위에 대해서는 취소라는 제도가 있지만, 훈령에 대해서는 취소라는 제도가 없기 때문이다.

훈령의 형식적 요건과 훈령의 실질적 요건	
훈령의 형식적 요건	훈령의 실질적 요건
• 감독권을 가진 행정청이 발할 것 • 하급행정청의 권한에 속하는 사항에 관하여 규율할 것 • 규율의 내용이 하급 행정청의 직무상 독립이 보장된 사항에 관한 것이 아닐 것	• 법령에 위반하지 않을 것 • 공익에 적합할 것 • 내용이 확정될 것 • 규율 내용이 실현가능할 것

❻ 하급 행정청의 심사권

훈령의 수명자인 하급 행정청은 훈령의 위법 여부에 관하여 심사를 할 수 있는지가 문제된다. 형식적 요건의 구비 여부에 관하여는 하급 행정청에 심사권이 있다. 따라서 형식적 요건을 갖추지 못한 훈령에 대하여 하급 행정청은 복종을 거부할 수 있다. 실질적 요건의 심사에 관해서는 명백한 위법 내지 불법한 명령인 경우에는 복종을 거부할 수 있다.

- 하관은 소속 상관의 적법한 명령에 복종할 의무는 있으나, 그 명령이 참고인으로 소환된 사람에게 가혹행위를 가하라는 등과 같은 명백한 위법 내지 불법한 명령인 때에는 이미 직무상의 지시명령이라 할 수 없으므로 이에 따라야 할 의무는 없다.

❼ 훈령의 효력

훈령은 행정규칙의 일종으로서 국민이나 법원에 대한 구속력은 없다. 따라서 하급행정청이 훈령에 위반하여 국민을 상대로 행정작용을 하더라도, 그것만으로는 그 행정작용이 위법으로 되지는 않는다. 그러나 훈령에 위반한 행정작용이 평등원칙 등의 행정법의 일반원칙을 위반한 결과가 되어 결과적으로 그 행정작용이 위법하게 되는 경우는 있을 수 있다.

훈령은 행정조직 내부에서는 구속력이 있다. 따라서 하급 행정청이 훈령에 위반하여 권한을 행사한 경우에는 그 행정청의 구성자 또는 실제로 업무를 처리한 공무원이 복종의무 위반을 이유로 징계책임을 질 수 있다.

❽ 훈령의 경합

내용이 서로 모순되는 2개 이상의 상급 관청의 훈령이 경합된 때에는 주관 상급 관청의 훈령에 따라야 한다. 주관 상급관청이 불명확한 때에는 권한쟁의 방법으로 해결한다. 서로 상하관계에 있는 상급 관청의 훈령이 경합된 때에는 행정조직의 계층적 질서가 서야 하기 때문에 직근 상급 관청의 훈령에 따라야 한다(통설).

- 행정규칙은 그 자체로서는 법규라고 할 수 없다. 따라서 국민의 권리·의무에 관한 사항(법규사항)을 정할 수 없다. 원칙적으로 국민에 대하여 구속력을 가지지 않는다. 다만 행정조직 내부에서만 구속력을 가질 뿐이다.
- 예외적으로 훈령에 의한 사무취급이 오랜 세월 관행화된 경우가 있다. 그러한 훈령은 헌

---

27 대법원 1988.02.23. 선고 87도2358판결; 김남진b, 「경찰행정법」(서울: 경세원, 2002), p. 53.

법상의 평등원칙(혹은 신뢰보호의 원칙)을 전환규범으로 하여 간접적으로 법적 구속력을 갖는다.

- 훈령이 오랜 세월 관행화되어 국민의 법적 확신을 얻은 때에는 관습법으로 성립하여, 평등원칙의 매개 없이 법적 구속력을 갖는 경우도 있다.[28]
- 행정기관은 내부적으로 행정규칙을 따라야 할 법적 의무를 지고 실제에 있어서도 행정기관은 행정규칙에 따라서 행정을 행한다.
- 행정규칙은 대외적으로 사실상 구속력 있는 규범으로 작용한다. 행정규칙이 대외적으로 법적 구속력을 갖는가 하는 문제는 별개의 문제이다.
- 행정규칙의 대외적인 법적 구속력이란 행정행위가 행정규칙에 위반하였다는 것을 이유로 국민이 행정행위의 위법을 주장할 수 있는가 하는 것과 행정규칙이 법원에 대하여 재판규범이 되는가 하는 것이 문제된다.
- 조직규칙에 대하여는 대외적 구속력을 인정하고 있다. 박윤흔 교수는 "조직규칙이 정하여지면 그 성질상 행정기관은 그에 따라 대외적으로 권한행사를 하는 것이므로 국민에 대하여 직접적인 법규적 효력을 갖는다고 볼 수 있다."라고 한다.
- 재량준칙은 평등원칙을 매개로 하여 간접적으로 대외적인 구속력을 갖는다고 보는 것이 다수의 견해이다.
- 판례의 태도는 평등원칙을 매개로 재량준칙의 간접적인 대외적 구속력을 인정하는 다수설의 견해와 유사하다.
- 재량준칙에 따라 동일한 내용의 처분이 반복된 경우에 특별한 사유 없이 특정한 자에게 그 재량준칙을 적용하지 않고 재량준칙의 내용과 다른 처분을 하는 것은 평등원칙에 반하여 위법한 처분이 된다.

---

28 박윤흔a, 전게서, p. 51.

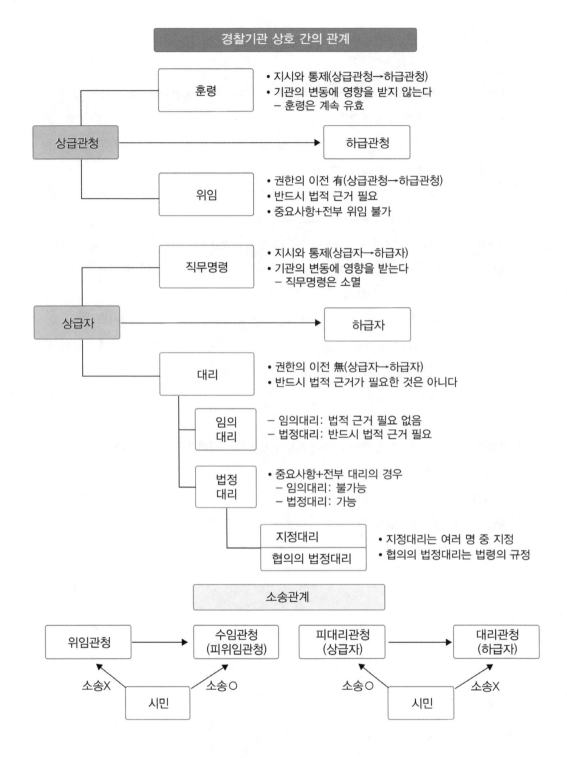

경찰기관 상호 간의 관계

상급관청 → 하급관청

훈령
- 지시와 통제(상급관청→하급관청)
- 기관의 변동에 영향을 받지 않는다
  - 훈령은 계속 유효

위임
- 권한의 이전 有(상급관청→하급관청)
- 반드시 법적 근거 필요
- 중요사항+전부 위임 불가

상급자 → 하급자

직무명령
- 지시와 통제(상급자→하급자)
- 기관의 변동에 영향을 받는다
  - 직무명령은 소멸

대리
- 권한의 이전 無(상급자→하급자)
- 반드시 법적 근거가 필요한 것은 아니다

임의대리
- 임의대리: 법적 근거 필요 없음
- 법정대리: 반드시 법적 근거 필요

법정대리
- 중요사항+전부 대리의 경우
  - 임의대리: 불가능
  - 법정대리: 가능

지정대리 / 협의의 법정대리
- 지정대리는 여러 명 중 지정
- 협의의 법정대리는 법령의 규정

소송관계

위임관청 → 수임관청(피위임관청)

소송X / 시민 / 소송○

피대리관청(상급자) → 대리관청(하급자)

소송○ / 시민 / 소송X

2 ‖ 대등관청 관계

1 의의

대등한 행정청 간에는 소극적으로는 상호간에 권한을 존중하고, 적극적으로는 서로 협력하여 공동으로 행정목적을 달성해 나가야 하는 관계에 있다. 대등관청 상호간의 관계는 상호존중관계이다. 따라서 대등관청 상호간에는 권한을 존중하여야 하며, 대등관청 상호간에 권한쟁의가 있는 경우 공통상급관청의 결정 또는 협의에 의하여 해결하여야 한다.

관청상호간에는 원활한 업무수행을 위하여 서로 협력하여야 한다. 예를 들어 어떤 시·도경찰청장이 발급한 운전면허에 대하여, 다른 시·도경찰청장이나 국가 및 지방자치단체의 다른 행정청은 그 위법 여부에 관하여 의문이 있더라도 그것이 무효이거나 취소되지 않는 한 그 효력을 인정하고 그것이 유효하다는 것을 전제로 자신의 권한을 행사하여야 한다.

대등한 행정청 사이에 권한에 관한 다툼이 발생하는 경우에는 권한쟁의 결정의 방법에 의하여 해결한다. 대등한 행정청 간의 상호협력의 형태는 협의·사무위탁·행정응원 등이 있다.

2 상호협력관계

❶ 협의

둘 이상의 행정청의 권한에 관련되는 사항은 어느 한 행정청이 단독으로 처리할 것이 아니라 관계 행정청간의 협의에 의하여 처리하여야 한다. 구체적으로는 주관행정청과 관계행정청을 구별할 수 있다면 주관행정청이 처리하되 관계행정청과의 협의를 거쳐야 한다.

예를 들어 도로의 관리에 관해서는 도로관리청이 주관행정청이지만, 도로관리청이 도로점용허가 등을 할 때에는 관계 행정인 관할 경찰서장의 의견을 들어야 한다(도로교통법 제65조 제1항). 이 경우 관할 경찰서장의 의견이 구속력은 없으나, 관할 경찰서장의 의견을 듣지 않고 도로점용을 허가하면 그 허가는 위법이다.

둘 이상의 행정청이 모두 주관행정청이라면 그 행정청이 공동주관 행정청으로서의 협의를 거쳐 공동명의로 권한을 행사한다. 예를 들어 '층간소음'에 대한 내용은 환경부와 국토교통부의 관할에 공통된 사항이다. 공통된 사항이므로 층간소음에 대한 적용대상, 층간소음 범위, 층간소음 기준 설정, 활용방안 등에 필요한 사항은 2개 부서의 공동 부령으로 정하는 것이 그 예이다. 이 경우 어느 한 행정청이 협의를 거치지 않고 단독으로 권한을 행사하면 그 권한행사는 무권한 행위로서 무효이다.

❷ 사무위탁

사무위탁이란 하나의 관청이 그 지휘·감독하에 있지 아니한 대등한 다른 관청 또는 하급 관청에 사무(권한)의 일부를 이양하는 것을 말한다. 사무위탁 중에서 등기·소송에 관한 사무의 이양을 특히 촉탁이라고 한다.

대등한 행정청 사이에 어느 한 행정청의 직무상 필요한 사무가 다른 행정청의 관할에 속하는 경우에는 관할 행정청에 위탁하여 그 사무를 처리하여야 한다. 예를 들어 경찰서장이 불법주차한 차를 폐차한 때에는 자동차등록의 관할 관청에 그 말소 등을 촉탁하여야 한다.[29]

Police Science

⊕ 도로교통법 시행령(시행 2022. 7. 12.)

제14조(보관한 차의 매각 또는 폐차 등) ④ 경찰서장, 도지사 또는 시장 등은 차를 매각한 경우에는 다음 각 호의 사항이 포함된 매각결정서를 매수인에게 발급하여야 하며, 차를 폐차한 경우에는 관할 관청에 그 말소등록을 촉탁^{囑託}하여야 한다.

---

3 행정응원

❶ 의의 및 종류

행정응원이란 좁은 의미로는 재해·사변 등의 비상시에 하나의 행정청의 인력과 장비만으로는 행정목적을 달성할 수 없는 경우에 그 행정청의 요청에 의하여 또는 자발적으

---

29 「도로교통법 시행령」 제14조(보관한 차의 매각 또는 폐차 등) 4항.

로 다른 행정청의 인력과 장비를 원조하는 것을 말한다.[30] 이러한 행정응원에는 「경찰직무응원법」에 의한 경찰응원이나 「소방기본법」에 의한 소방응원 그리고 「계엄법」에 근거한 군사응원이 있다.

넓은 의미의 행정응원은 평상시의 행정응원, 즉 평상시에 한 행정청의 요청에 의하여 다른 행정청에 인력과 장비를 원조하거나 관리하는 자료를 제공하는 것을 포함한다.

❷ 행정응원 요청사유

행정청은 다음에 해당하는 경우에는 다른 행정청에 행정응원行政應援을 요청할 수 있다.

첫째, 법령 등의 이유로 독자적인 직무 수행이 어려운 경우

둘째, 인원·장비의 부족 등 사실상의 이유로 독자적인 직무 수행이 어려운 경우

셋째, 다른 행정청에 소속되어 있는 전문기관의 협조가 필요한 경우

넷째, 다른 행정청이 관리하고 있는 문서(전자문서를 포함한다. 이하 같다)·통계 등 행정자료가 직무 수행을 위하여 필요한 경우

다섯째, 다른 행정청의 응원을 받아 처리하는 것이 보다 능률적이고 경제적인 경우

❸ 파견직원의 지휘·감독 및 비용부담

행정응원은 해당 직무를 직접 응원할 수 있는 행정청에 요청하여야 한다. 행정응원을 요청받은 행정청은 응원을 거부하는 경우 그 사유를 응원을 요청한 행정청에 통지하여야 한다. 행정응원을 위하여 파견된 직원은 응원을 요청한 행정청의 지휘·감독을 받는다. 다만, 해당 직원의 복무에 관하여 다른 법령 등에 특별한 규정이 있는 경우에는 그에 따른다.

행정응원에 드는 비용은 응원을 요청한 행정청이 부담하며, 그 부담금액 및 부담방법은 응원을 요청한 행정청과 응원을 하는 행정청이 협의하여 결정한다.

Police Science

🌐 **행정응원의 거부**

행정청은 ① 다른 행정청이 보다 능률적이거나 경제적으로 응원할 수 있는 명백한 이유가 있는 경우, ② 행정응원으로 인하여 고유의 직무 수행이 현저히 지장받을 것으로 인정되는 명백한 이유가 있는 경우에는 행정응원을 거부할 수 있다.

---

30 상게서, p. 89.

제8조(행정응원) ① 행정청은 다음 각 호의 어느 하나에 해당하는 경우에는 다른 행정청에 행정응원^{行政應援}을 요청할 수 있다.

1. 법령 등의 이유로 독자적인 직무 수행이 어려운 경우

2. 인원·장비의 부족 등 사실상의 이유로 독자적인 직무 수행이 어려운 경우

3. 다른 행정청에 소속되어 있는 전문기관의 협조가 필요한 경우

4. 다른 행정청이 관리하고 있는 문서(전자문서를 포함한다. 이하 같다)·통계 등 행정자료가 직무 수행을 위하여 필요한 경우

5. 다른 행정청의 응원을 받아 처리하는 것이 보다 능률적이고 경제적인 경우

② 제1항에 따라 행정응원을 요청받은 행정청은 다음 각 호의 어느 하나에 해당하는 경우에는 응원을 거부할 수 있다.

1. 다른 행정청이 보다 능률적이거나 경제적으로 응원할 수 있는 명백한 이유가 있는 경우

2. 행정응원으로 인하여 고유의 직무 수행이 현저히 지장받을 것으로 인정되는 명백한 이유가 있는 경우

③ 행정응원은 해당 직무를 직접 응원할 수 있는 행정청에 요청하여야 한다.

④ 행정응원을 요청받은 행정청은 응원을 거부하는 경우 그 사유를 응원을 요청한 행정청에 통지하여야 한다.

⑤ 행정응원을 위하여 파견된 직원은 응원을 요청한 행정청의 지휘·감독을 받는다. 다만, 해당 직원의 복무에 관하여 다른 법령 등에 특별한 규정이 있는 경우에는 그에 따른다.

⑥ 행정응원에 드는 비용은 응원을 요청한 행정청이 부담하며, 그 부담금액 및 부담방법은 응원을 요청한 행정청과 응원을 하는 행정청이 협의하여 결정한다.

4 경찰응원

❶ 서설

경찰응원은 돌발사태를 진압하거나 공공질서가 교란^{攪亂}되었거나 교란될 우려가 현저한 지역(특수지구)을 경비할 때 어느 한 시·도경찰청의 소속 인력과 장비만으로는 충분한 위해방지의 임무를 수행할 수 없는 경우에, 다른 시·도경찰청 소속의 인력과 장비를 지

원받아서 위해방지의 임무를 수행하는 것을 말한다. 「경찰직무 응원법」에는 경찰응원제도가 구체적으로 규정되어 있다.

경찰응원의 방법에는 경찰관의 파견에 의한 응원과 경찰기동대의 파견에 의한 응원 등 2가지이다.

이 밖에 동법 제3조(이동 근무)에는 "시·도경찰청장이나 지방해양경찰관서의 장은 경호, 이동 승무, 물품 호송 등에 특히 필요한 경우에는 그 소속 경찰관으로 하여금 다른 시·도경찰청 또는 지방해양경찰관서의 구역에서 직무를 수행하게 할 수 있다."고 규정하고 있다. 이는 토지관할의 예외에 관한 규정이지 경찰응원에 관한 것은 아니다.

Police Science
🌐 경찰직무 응원법(시행 2021. 1. 1.)

제1조(응원경찰관의 파견) ① 시·도경찰청장 또는 지방해양경찰관서의 장은 돌발사태를 진압하거나 공공질서가 교란攪亂되었거나 교란될 우려가 현저한 지역(이하 "특수지구"라 한다)을 경비할 때 그 소관 경찰력으로는 이를 감당하기 곤란하다고 인정할 때에는 응원應援을 받기 위하여 다른 시·도경찰청장이나 지방해양경찰관서의 장 또는 자치경찰단을 설치한 제주특별자치도지사에게 경찰관 파견을 요구할 수 있다.

② 경찰청장이나 해양경찰청장은 돌발사태를 진압하거나 특수지구를 경비할 때 긴급한 경우 시·도경찰청장, 소속 경찰기관의 장 또는 지방해양경찰관서의 장에게 다른 시·도경찰청 또는 지방해양경찰관서의 경찰관을 응원하도록 소속 경찰관의 파견을 명할 수 있다.

❷ 경찰관의 파견에 의한 응원

시·도경찰청장 또는 지방해양경찰관서의 장은 돌발사태를 진압하거나 공공질서가 교란攪亂되었거나 교란될 우려가 현저한 지역(특수지구)을 경비할 때 그 소관 경찰력으로는 이를 감당하기 곤란하다고 인정할 때에는 응원應援을 받기 위하여 다른 시·도경찰청장이나 지방해양경찰관서의 장 또는 자치경찰단을 설치한 제주특별자치도지사에게 경찰관 파견을 요구할 수 있다.

경찰청장이나 해양경찰청장은 돌발사태를 진압하거나 특수지구를 경비할 때 긴급한 경우 시·도경찰청장, 소속 경찰기관의 장 또는 지방해양경찰관서의 장에게 다른 시·도경찰청 또는 지방해양경찰관서의 경찰관을 응원하도록 소속 경찰관의 파견을 명할 수 있다.

파견된 경찰관은 파견받은 시·도경찰청 또는 지방해양경찰관서의 경찰관으로서 직무를 수행한다. 파견된 경찰관은 파견 목적 외의 직무를 수행할 수 없다.

Police Science
🌐 경찰직무 응원법(시행 2021. 1. 1.)

제2조(파견경찰관의 소속) 제1조에 따라 파견된 경찰관은 파견받은 시·도경찰청 또는 지방해양
경찰관서의 경찰관으로서 직무를 수행한다.

제3조(이동 근무) 시·도경찰청장이나 지방해양경찰관서의 장은 경호, 이동 승무, 물품 호송 등
에 특히 필요한 경우에는 그 소속 경찰관으로 하여금 다른 시·도경찰청 또는 지방해양경찰
관서의 구역에서 직무를 수행하게 할 수 있다.

제8조(파견경찰관의 직무) 제1조와 제3조에 따라 파견된 경찰관과 제4조에 따른 기동대는 파견
목적 외의 직무를 수행할 수 없다.

---

❸ 경찰기동대의 파견에 의한 응원

경찰청장 또는 해양경찰청장은 돌발사태를 진압하거나 특수지구를 경비하도록 하기 위하여 특히 필요할 때에는 소속 경찰관으로 경찰기동대(기동대)를 편성하여 필요한 지역에 파견할 수 있다.

기동대의 편성, 파견 목적, 주둔지역과 해체는 그때마다 경찰청장이나 해양경찰청장이 공고한다. 기동대에 대장을 두되, 대장은 경무관警務官 또는 총경總警 중에서 경찰청장이나 해양경찰청장이 임명한다. 다만, 필요에 따라 과장인 총경으로 하여금 대장을 겸하게 할 수 있다.

기동대의 대장은 경찰청장이나 해양경찰청장의 명을 받아 기동대의 업무를 맡아 처리하며 소속 경찰관(대원)을 지휘·감독한다. 파견된 기동대는 파견 목적 외의 직무를 수행할 수 없다.

Police Science
🌐 경찰직무 응원법(시행 2021. 1. 1.)

제4조(기동대의 편성) 경찰청장 또는 해양경찰청장은 돌발사태를 진압하거나 특수지구를 경비
하도록 하기 위하여 특히 필요할 때에는 소속 경찰관으로 경찰기동대(이하 "기동대"라 한다)
를 편성하여 필요한 지역에 파견할 수 있다.

제5조(기동대의 편성·파견·해체) 기동대의 편성, 파견 목적, 주둔지역과 해체는 그때마다 경찰청장이나 해양경찰청장이 공고한다.

제6조(기동대의 대장) 기동대에 대장을 두되, 대장은 경무관警務官 또는 총경總警 중에서 경찰청장이나 해양경찰청장이 임명한다. 다만, 필요에 따라 과장인 총경으로 하여금 대장을 겸하게 할 수 있다.

제7조(대장의 권한) 대장은 경찰청장이나 해양경찰청장의 명을 받아 기동대의 업무를 맡아 처리하며 소속 경찰관(대원)을 지휘·감독한다.

제8조(파견경찰관의 직무) 제1조와 제3조에 따라 파견된 경찰관과 제4조에 따른 기동대는 파견 목적 외의 직무를 수행할 수 없다.

제3장 경찰공무원법

제1절 서설

1 공무원의 개념

공무원은 여러 가지 의미로 사용된다. 최광의로는 일체의 공무담당자를 말하며, 공무원의 신분을 가진 자에 한정되지 않는다. 「국가배상법」상의 공무원이 이에 해당한다. 광의의 공무원은 국가 또는 공공단체와 광의의 공법상 근무관계를 맺고 있는 자를 총칭하며, 공무원법상의 공무원 외에 국가최고기관의 구성자(대통령·국회의원) 및 명예직 공무원(지방의회 의회)을 포함한다.

협의로는 「국가공무원법」에 의하여 임용되어 국가 또는 지방자치단체와 협의의 공법상 근무관계를 맺고 있는 자를 말한다. 흔히 직업공무원이라고 부르는 공무원, 즉 「국가공무원법」상의 경력직 공무원과 특수경력직 공무원이 이에 해당한다. 「국가공무원법」의 규율대상이 되는 것은 원칙적으로 협의의 공무원이다.

국가공무원법상의 공무원	
제2조(공무원의 구분) ① 국가공무원(공무원)은 경력직 공무원과 특수경력직 공무원으로 구분한다.	
경력직 공무원	• 실적과 자격에 따라 임용되고 그 신분이 보장되며 평생동안(임기제 공무원의 경우에는 근무기간 동안) 공무원으로 근무할 것이 예정되는 공무원
특수경력직	• 경력직 공무원 외의 공무원

공무원	• 국가공무원법 또는 다른 법률에 특별한 규정이 없는 한 국가공무원법을 적용함. 다만, 정무직 공무원에게는 결격사유(제33조) 규정과 당연퇴직(제69조) 규정이 적용되지 않음.

2 │ 공무원의 종류

「국가공무원법」상의 국가공무원이란 국가에 의하여 선임되고 국가의 공무에 종사하는 경력직과 특수경력직(비경력직) 공무원을 말한다. 국가공무원에는 행정부의 사무를 담당하는 행정공무원뿐만 아니라, 입법부의 사무를 담당하는 입법공무원(국회의원 및 국회의 사무직원)과 사법부의 사무를 담당하는 사법공무원(법관 및 사법부의 사무직원)도 포함된다.

한국의 공직분류제도는 1948년 대한민국 정부 수립 이후 1980년까지는 공무원을 일반직과 별정직으로만 구분하다가 1981년 「국가공무원법」을 개정한 이후부터 2012년까지는 신분보장 여부에 따라 경력직과 특수경력직으로 크게 나누었다. 경력직은 다시 일반직·기능직·특정직으로 하고 특수경력직은 정무직·별정직·계약직·고용직으로 해서 모두 7개의 직종으로 구분하였다.

경력직의 각 직종에는 서로 유사하다고 판단하는 직무 그룹끼리 묶어서 직군·직렬·직류, 병과(군인), 경과(경찰) 등으로 나누고 있다. 종적으로는 경력직 공무원의 경우, 공무원의 신분 등급을 몇 개로 나누고 있으며, 특수경력직 공무원도 비록 명칭은 계급이 아니지만 사실상 계급처럼 운용하는 연봉(보수) 등급을 몇 단계로 구분하고 있다.

경력직 공무원의 직종 간 또는 직렬 간 이동은 각각의 채용시험에 합격하고 들어오지 않는 한 거의 불가능하다. 일단 하나의 직종 또는 직군(렬)으로 들어오면, 이동에 따르는 엄청난 불이익(종전의 경력을 아예 인정받지 못하거나 경력평정 점수를 손해보는 등)을 감수하지 않는 한 옮길 엄두를 내지 못한다. 직군이나 직렬을 수시로 조정해 왔지만 복잡하고 다원화·전문화되어 가는 행정수요를 모두 반영할 수는 없다는 점이 단점이라고 할 수 있다.

2013년 6월 12일 개정된 「국가공무원법」에서는 공직사회의 통합을 도모하고 합리적이고 효율적인 인사행정 체계를 구축하기 위하여 6개로 세분화된 공무원의 구분 체계에서 기능직과 계약직을 폐지하여 업무성격 중심의 4개의 구분 체계로 단순화하였다.

주요내용은 경력직 공무원(일반직, 특정직, 기능직) 중에서 기능직을 폐지하고 일반직에 통합하였다. 특수경력직 공무원(정무직, 별정직, 계약직, 고용직) 중에서 계약직과 고용직을 폐지하여 일반직 또는 별정직으로 통합하였다.

2022년 기준 공직 분류체계는 '경력직 공무원'으로 일반직 공무원, 특정직 공무원의 2개, '특수경력직 공무원'으로 정무직 공무원과 별정직 공무원의 2개 등 총 4개의 체계로 운영되고 있다.

공무원의 종류[31]			
구분			분류
경력직 공무원	일반직	행정·기술·관리운영직 공무원	• 계급구조: 1~9급(행정부는 고위공무원, 3~9급)
		우정직 공무원	• 우정1급~우정9급
		연구·지도직 공무원	• 연구직(계급구조: 연구관, 연구사) • 지도직(계급구조: 지도관, 지도사)
		전문경력관	• 계급구분 및 직군·직렬 분류가 적용되지 않음 • 직위군으로 구분(가군, 나군, 다군)
	특정직	법관	• 대법원장–대법관–판사
		검사	• 검찰총장–검사
		외무공무원	• 고위외무공무원(공사급 이상) • 외무공무원
		경찰공무원	• 치안총감–치안정감–치안감–경무관–총경–경정–경감–경위–경사–경장–순경(11개 계급)
		소방공무원	• 소방총감–소방정감–소방감–소방준감–소방정–소방령–소방경–소방위–소방장–소방교–소방사(11개 계급)
		교육공무원	• 교원 – 유치원, 초·중·고등학교: 교장(원장), 교감(원감), 수석교사, 교사 – 대학: 교수, 부교수, 조교수, 조교 • 장학관–장학사 • 교육연구관–교육연구사
		군인	• 장교: 장성(원수, 대장, 중장, 소장, 준장), 영관(대령, 중령, 소령), 위관(대위, 중위, 소위)

---

31 인사혁신처, 「2022 공무원 인사실무」, 2022, pp. 3–6.

특 수 경 력 직 공 무 원	정 무 직		· 준사관: 준위 · 부사관: 원사, 상사, 중사, 하사
		군무원	· 일반군무원: 1–9급(9개 계급)
		국가정보원 직원	· 특정직 직원: 1–9급(9개 계급)
		경호공무원	· 경호공무원: 1–9급(9개 계급)
		헌법연구관	· 헌법연구관–헌법연구관보 *헌법연구관보는 별정직 국가공무원임
		선거로 취임	· 대통령, 국회의원(지자체장, 지방의회의원, 교육감 등)
		정무직으로 지정	· 고도의 정책결정업무를 담당하거나 이를 보조하는 공무원으로서 법령에서 정무직으로 지정 · 감사원 감사위원 및 사무총장, 국회사무총장·차장·도서관장·예산정책처장·입법조사처장, 헌법재판소재판관·사무처장 및 사무차장, 중앙선거관리위원회 상임위원·사무총장 및 차장 · 국무위원, 대통령비서실장, 국가안보실장, 대통령경호처장, 국무조정실장, 처의 처장, 각부 차관, 청장(경찰청장은 특정직), 차관급 상당 이상의 보수를 받는 비서관(대통령비서실 수석비서관, 국무총리비서실장, 대법원장 비서실장, 국회의장 비서실장) · 국가정보원장 및 차장, 방송통신위원회 위원장, 국가인권위원회 위원장, 공정거래위원회 위원장·부원장 등
	별 정 직	별정직으로 지정	· 비서관·비서 등 보좌업무 등을 수행하거나 특정한 업무수행을 위하여 법령에서 별정직으로 지정 · 비서관·비서, 정책보좌관 · 국회 수석전문위원 · 기타 법령에서 별정직으로 지정하는 공무원

Police Science

🌐 경력직 공무원 중 특정직 공무원

- 담당업무가 특수하여 자격·신분보장·복무 등에서 특별법이 우선 적용되는 공무원
- 법관·검사·외무공무원·경찰공무원·소방공무원·교육공무원·군인·군무원·헌법재판소 헌법연구관·국가정보원 직원·경호공무원 등
- 계급, 임용 등에 관한 사항은 개별법(국가공무원법의 특례법)으로 규정(법원조직법, 검찰청법, 외무공무원법, 경찰공무원법, 교육공무원법 등)

공무원제도는 민주적·직업적 공무원제도를 기본원칙으로 하고 있다. 민주적 공무원제도에는 국민전체에 대한 봉사자, 국민에 대한 책임, 공무담임의 기회균등 등이 포함된다. 직업공무원제도에는 신분보장, 정치적 중립, 실적주의, 능률보장 등이 있다.

1 민주적 공무원제도

❶ 국민전체에 대한 봉사자

국민주권주의에 입각한 우리 「대한민국 헌법」하에서 공무원은 과거와 같이 집권자 개인이나 집권세력에 대한 개인적 봉사자가 아니라 주권자인 국민의 수임자로서 국민전체에 대한 봉사자이다.[32]

따라서 공무원은 무제한의 권력을 행사하고 무제한의 근무의무를 지는 자가 아니라, 법률에 의하여 부여된 권한만을 행사하고 법률에 일정한 권리·의무 및 책임을 지는 직업인이다. 국민전체에 대한 봉사자로서 공무를 수행하는 특수성에 따라 법률에 의하여 특별한 취급을 받는다.

> Police Science
> ### 🌐 헌법(시행 1988. 2. 25.)
>
> 제7조 ① 공무원은 국민 전체에 대한 봉사자이며, 국민에 대하여 책임을 진다.
> ② 공무원의 신분과 정치적 중립성은 법률이 정하는 바에 의하여 보장된다.

❷ 국민에 대한 책임

공무원은 국민의 수임자로서 국민에 대하여 책임을 진다.[33] 공무원이 직무와 관련하여 잘못을 저지른 경우에는 법률의 규정에 의하여 민사상·형사상 및 「국가공무원법」상 책임을 지며, 정치적 책임을 지는 경우도 있다. 다만, 현행법상 국민이 특정 공무원을 직접 파면하거나 임용권자에게 파면을 청구하는 제도는 없다.

---

[32] 「헌법」 제7조 1항 전단.
[33] 「헌법」 제7조 1항 후단.

❸ 공무담임의 기회균등

공무원은 집권자의 개인적 신임이나 집권당의 자의에 의해서 임용되는 것이 아니라 모든 국민에게 임용의 기회가 개방된다. 국민은 성별·종교 또는 사회적 신분 등에 의하여 차별을 받지 않고 평등하게 공무를 담임할 권리를 가진다.[34] 다만, 법률이 일정한 자격과 능력을 갖추도록 요구하는 것이 보통이나, 이는 공무를 수행하기 위하여 필수불가결한 것으로서, 평등한 공무담임권을 침해하는 것은 아니다.

Police Science

⊕🔍 헌법(시행 1988. 2. 25.)

제11조 ① 모든 국민은 법 앞에 평등하다. 누구든지 성별·종교 또는 사회적 신분에 의하여 정치적·경제적·사회적·문화적 생활의 모든 영역에 있어서 차별을 받지 아니한다.

제25조 모든 국민은 법률이 정하는 바에 의하여 공무담임권을 가진다.

---

2 직업공무원제도

공무원의 직무는 전문성과 능률성 및 당파적 영향으로부터의 자유를 요구한다. 이러한 요청에 부응하기 위하여 공무원의 신분보장과 정치적 중립, 실적주의 및 능률보장을 위한 제도가 마련되어 있다.

❶ 신분보장

공무원이 안심하고 전문적인 능력을 발휘하여 능률적으로 직무를 수행하기 위해서는 신분이 보장되어야 한다. 「헌법」에서는 공무원의 신분보장을 명시하고 있다. 「국가공무원법」에서는 형의 선고, 자신의 또는 결격사유의 발생 등의 사유가 없이는 공무원의 의사에 반한 휴직·강임·면직을 당하지 않도록 보장하고 있다.

❷ 정치적 중립주의

정기적인 선거의 결과 정권이 교체되더라도 공무원은 영향을 받지 않고 중립적인 입장에서 지속적으로 공무를 수행하여야 하며, 이를 위해서는 공무원의 정치적 중립성이

---

34 「헌법」 제11조 1항, 제25조.

보장되어야 한다. 헌법 제7조 2항에서는 "공무원의 신분과 정치적 중립성은 법률이 정하는 바에 의하여 보장된다."고 규정하고 있다. 이를 근거로 각종 공무원법은 공무원의 정치운동과 집단행위를 금지하고 있다.

❸ 실적주의

공무원이 직업으로서 전문적·능률적으로 직무를 수행하기 위해서는 공무원의 인사관리가 정실에 의해서가 아니라 객관적인 능력의 실증에 의해서 이루어져야 한다. 「국가공무원법」은 공무원의 임용을 시험성적·근무성적·경력평정·기타 능력의 실증에 의하여 행하도록 규정함으로써, 실적주의를 채택하고 있다.

계급제에 대한 대안 내지 보완책으로서 직위분류제를 단계적으로 실시할 것이 예정되어 있다. 직위분류제는 공무원의 전문성을 최고도로 발휘하게 하는 제도라는 점에서 실적주의의 한 요소로 볼 수 있다.

직위분류제의 실시	
국가 공무원법	제24조(직위분류제의 실시) 직위분류제는 대통령령으로 정하는 바에 따라 그 실시가 쉬운 기관, 직무의 종류 및 직위부터 단계적으로 실시할 수 있다.
지방 공무원법	제24조(직위분류제의 실시) 일반직을 대상으로 하는 직위분류제는 대통령령으로 정하는 바에 따라 실시하기 쉬운 것부터 단계적으로 실시할 수 있다.

❹ 능률보장

공무원이 능률적으로 직무를 수행할 수 있도록 현행 「국가공무원법」은 공무원의 능률보장을 위한 여러 가지 제도를 규정하고 있다. 교육훈련, 근무성적, 제안제도, 상훈과 표창 등이 대표적인 예이다. 공무원의 생활보장과 사회보장 및 고충처리제도도 이를 통하여 공무원이 안심하고 직무에 전념할 수 있게 한다는 점에서, 능률보장에 기여하는 제도라고 할 수 있다.

1 | 경찰공무원의 의의

경찰공무원이란 「경찰공무원법」에 의하여 임용되어 국가와 공법상 근무관계를 맺고 있는 특정직 국가공무원을 말한다. 실질적인 관점에서는 ① 국민의 생명·신체 및 재산의 보호, ② 범죄의 예방·진압 및 수사, ③ 범죄피해자 보호, ④ 경비·요인경호 및 대간첩·대테러 작전 수행, ⑤ 공공안녕에 대한 위험의 예방과 대응을 위한 정보의 수집·작성 및 배포, ⑥ 교통의 단속과 위해의 방지, ⑦ 외국 정부기관 및 국제기구와의 국제협력, ⑧ 그 밖에 공공의 안녕과 질서유지를 임무로 하는 특정직 국가공무원이라 할 수 있다.

경찰공무원은 국가공무원의 일종이다. 하지만, 경찰공무원의 책임 및 직무의 중요성과 신분 및 근무조건의 특수성에 비추어 그 임용, 교육훈련, 복무服務, 신분보장 등에 있어서 일반공무원과 차이가 있다.

이 때문에 일반직이 아닌 특정직 국가공무원으로 분류하여 규율하고 있다. 경찰공무원에 대해서는 「국가공무원법」에 대하여 특별법의 지위를 가지는 「경찰공무원법」을 별도로 제정하여 그 임용과 인사관리, 복무, 신분보장 등을 규율하고 있다.

공무원	
국가 공무원법	• 국가공무원법상의 국가공무원의 범위는 동법 제2조에서 정하고 있는 모든 경력직공무원과 특수경력직공무원이다. • 국가공무원법에 동일하게 규정되었다고 해서, 경력직과 특수경력직이 일률적으로 국가공무원법의 적용을 받는 것이 아니다. • 특히 국가공무원법상 규정 중 제5장(보수)과 제7장(복무)을 제외하고는 원칙적으로 특수경력직공무원에게는 적용되지 않는다.

경력직
공무원 중
특정직
공무원
	• 경력직공무원 중 특정직공무원에 대해서는 해당 특별법이 있으면 이러한 특별법이 우선 적용되고 특별법이 없는 사항에 대하여는 국가공무원법이 적용된다.
	• 이러한 특별법에는 다음과 같은 것들이 있다.
	  – 법원조직법
	  – 검찰청법
	  – 외무공무원법
	  – 경찰공무원법
	  – 소방공무원법

	− 교육공무원법
	− 군인사법
	− 군무원인사법
	− 대통령등의경호에관한법률
	− 국가정보원직원법
	− 헌법재판소법
형법과 국가배상법상의 공무원	• 국가공무원의 범위는 모든 법률에서 국가공무원법과 동일하게 정하고 있는 것은 아니며, 당해 법률의 목적에 비추어 각각 다르게 정하고 있다. 예컨대 형법과 국가배상법은 공무원의 범위를 아주 넓은 의미로 사용하고 있다.

2 경찰공무원의 계급

경찰은 공권력을 행사하여 질서를 유지해야 한다는 임무의 특성상 군대에 준하는 편제를 갖추고, 그에 종사하는 경찰공무원도 계급제를 채택하고 있다. 계급제는 경찰공무원을 상하로 구분하여 권위와 책임, 그리고 보수 등에 차이를 두기 위한 것이다. 반면에 경

경찰공무원의 계급과 명칭			
치안총감 Commissioner General	치안정감 Chief Superintendent General	치안감 Senior Superintendent General	경무관 Superintendent General
총경 Senior Superintendent	경정 Superintendent	경감 Senior Inspector	경위 Inspector
경사 Assistant Inspector	경장 Senior Policeman	순경 Policeman	의경 Auxiliary Policeman

과는 개개 경찰공무원의 특성, 자격과 능력, 그리고 경력을 활용하기 위해 수평적으로 분류하는 것이다.

3 ｜｜ 경찰공무원의 경과

경과는 일반경과와 보안경과, 특수경과 및 수사경과로 대별되고, 특수경과는 다시 항공경과 정보통신경과로 나누어진다. 이러한 경과에 대한 규정은 「경찰공무원임용령시행규칙」 제19조(경과별 직무의 종류)에 상세하게 규정되어 있다.

전과는 일반경과에서 수사경과·보안경과 또는 특수경과로의 전과만 인정한다. 다만, 정원감축 등 경찰청장이 정하는 사유가 있는 경우 보안경과·수사경과 또는 정보통신경과에서 일반경과로의 전과를 인정할 수 있다.[35]

「경찰공무원 임용령」 제3조(경과)[36]와 「경찰공무원 임용령 시행규칙」 제19조(경과별 직무의 종류)[37]에 따른 경과는 총경 이하 경찰공무원에게 부여된다. 다만, 수사경과와 보안경과는 경정 이하 경찰공무원에게만 부여된다.

임용권자 또는 임용제청권자는 경찰공무원을 신규채용 할 때에 경과를 부여해야 한다. 신규채용된 경찰공무원에게는 일반경과를 부여한다. 다만, 수사, 보안, 항공, 정보통신분야로 채용된 경찰공무원에게는 임용예정 직위의 업무와 관련된 경과를 부여한다.

과거 경찰의 일반경과 분류였던 일반특기와 전문특기에 관한 규정은 2016년 「경찰공무원임용령 시행규칙」을 개정하면서 전면 삭제되었다.

---

35 「경찰공무원 임용령 시행규칙」 제27조(전과의 유형)
36 「경찰공무원 임용령」(시행 2022.01.01.)
37 「경찰공무원 임용령 시행규칙」(시행 2022.02.16.)

경찰공무원의 경과[38]			
경과	직무		계급
일반경과	• 기획·감사·경무·생활안전·교통·경비·작전·정보·외사나 그 밖에 수사경과·보안경과 및 특수경과에 속하지 아니하는 직무		총경이하
수사경과	• 범죄수사에 관한 직무		경정이하
보안경과	• 보안경찰에 관한 직무		
특수경과	항공경과	• 항공경과는 경찰항공기의 운영·관리에 관한 직무	총경이하
	정보통신경과	• 정보통신경과는 경찰정보통신의 운영·관리에 관한 직무	

Police Science

🔍 경찰공무원의 경과 관련 규정

경찰공무원 임용령(시행 2022. 1. 1.)

제3조(경과) ① 총경 이하 경찰공무원에게 부여하는 경과는 다음 각 호와 같다. 다만, 제2호와 제3호의 경과는 경정 이하 경찰공무원에게만 부여한다.

1. 일반경과

2. 수사경과

3. 보안경과

4. 특수경과

가. 삭제 <2016. 12. 30.>

나. 삭제 <2016. 12. 30.>

다. 항공경과

라. 정보통신경과

경찰공무원 임용령 시행규칙(시행 2022. 2. 16.)

제19조(경과별 직무의 종류) 경찰공무원의 경과별 직무의 종류는 다음 각 호와 같다.

1. 일반경과는 기획·감사·경무·생활안전·교통·경비·작전·정보·외사나 그 밖에 수사경과·보안경과 및 특수경과에 속하지 아니하는 직무

2. 수사경과는 범죄수사에 관한 직무

3. 보안경과는 보안경찰에 관한 직무

---

38 「경찰공무원임용령」 제3조(경과).

4. 특수경과 중 항공경과는 경찰항공기의 운영·관리에 관한 직무, 정보통신경과는 경찰정
   보통신의 운영·관리에 관한 직무

제3절 경찰공무원 관계의 발생

1 임용의 의의와 성격

1 임용의 의의

공무원관계는 신규채용으로 발생하며, 승진임용·전직·전보·강임·휴직·직위해제 및
복직으로 변경되고, 면직 등으로 소멸한다. '임용'이란 신규채용, 승진임용, 전직轉職, 전
보, 겸임, 파견, 강임降任, 휴직, 직위해제, 정직, 강등, 복직, 면직, 해임 및 파면을 말한
다.[39] 따라서 공무원관계를 발생·변경·소멸시키는 모든 행위를 총괄하여 임용이라 한다.

임명任命이라는 용어도 현재 사용되고 있는데, 이는 특정인에게 공무원의 신분을
부여하여 공무원관계를 발생시키는 행위를 채용 또는 임명이라고 한다. 공무원관계의
발생원인에는 임명 외에 선거에 의하는 경우(대통령·국회의원 등)도 있고, 법률의 규정
에 의하여 강제적으로 설정되는 경우(병역법에 의한 징집·소집)도 있다. 가장 보편적이고
중요한 것은 임명이다. 임용이라는 용어도 좁은 의미에서는 임명이라는 뜻으로도 사용
된다.[40]

Police Science

🌐 임용의 정의

- 임용이란 공무원관계를 발생·변경·소멸시키는 모든 행위를 말한다. 공무원의 신분을 부여
  (설정)하여 근무하게 하는 모든 인사활동을 의미하는 것이다.

---

39 「공무원임용령」 제2조(정의) 1호.
40 박윤흔a, 전게서, pp. 223 – 225.

- 구체적 내용으로는 공무원의 신규채용, 승진임용, 전직, 전보, 겸임, 파견, 강임, 휴직, 직위
  해제, 정직, 강등, 복직, 면직, 해임, 파면 등이 있다.

임용의 원칙	
평등의 원칙	공개경쟁에 따른 채용시험은 같은 자격을 가진 모든 국민에게 평등하게 공개하여야 하며 시험의 시기와 장소는 응시자의 편의를 고려하여 결정한다.[41]
실적주의의 원칙	공무원의 임용은 시험성적·근무성적, 그 밖의 능력의 실증에 따라 행한다.[42]
적격자임용의 원칙	경찰공무원을 보직할 때에는 경과·교육훈련·근무경력 등을 고려하여 능력을 적절히 발전시킬 수 있도록 하여야 한다.[43]

2 임용의 성격

임용의 법적 성질에 대하여는 동의를 전제로 하는 단독행위설·쌍방적 행정행위설·공법상계약설 등이 대립되고 있다. 단독행위설은 공무원관계의 내용이 임명권자의 일방적 행위로 정하여지는 것을 중시한 것이고, 뒤의 두 학설은 공무원임용에 본인의 동의를 요하는 것을 중시한 것이다.

우리의 통설과 판례에서는 쌍방적 행정행위설을 취하고 있다. 상대방의 동의는 임용이 유효하게 성립하기 위한 절대적 유효조건으로, 이 요건이 흠결되면 임용행위는 당연무효라고 한다. 동의가 없으면 임용은 무효가 된다.

Police Science

🔍 **프라이머시 효과**Primacy effect

- 경찰공무원 면접에 있어서 가장 중요한 요소 중의 하나는 프라이머시 효과Primacy effect를 이해하는 것이다.
- 처음에 제시된 정보가 나중에 제시된 정보보다 나중의 판단에 더 영향을 미친다는 것이다.
- 경찰면접관이 면접 후에 내리는 평가는 면접 전의 첫인상과 상당히 비슷하다고 한다.

---

41 「국가공무원법」 제35조(평등의 원칙).
42 「국가공무원법」 제26조(임용의 원칙).
43 「경찰공무원 임용령」 제22조(보직관리의 원칙) 2항.

2 ║ 임용의 형식과 효력발생 시기

1 임용의 형식

공무원의 임용은 임용장 또는 임용통지서의 교부의 형식에 의하는 것이 원칙이다. 그러나 임용은 요식행위가 아니므로 임용장 등의 교부는 임용의 유효요건이 아니고 임용을 형식적으로 표시·증명하는 선언적·공증적 효력밖에 없다.

2 효력발생시기

공무원은 임용장 또는 임용통지서에 기재된 일자에 임용된 것으로 본다(공무원임용령 제6조 1항). 이는 임용시기가 당해 공무원이 행한 행위의 효력·급여 기타 인사의 기준이 되므로 그 시기를 명백하게 하려는 것이다.

3 ║ 임용의 능력요건과 자격요건

공무원에 임용되기 위해서는 일정한 능력과 자격을 갖추어야 한다. 일정한 능력을 능력요건, 일정한 자격을 자격요건이라고 한다. 능력요건에는 소극 요건과 적극 요건이 있다. 자격요건에는 신규채용, 특별채용 등에 대한 규정을 들 수 있다.

Police Science

🌐🔍 능력요건과 자격요건에 대한 학설의 대립

- 김남진 교수, 이철호 교수 등은 결격사유가 없을 것을 능력요건, 시험 등을 통한 능력의 실증을 자격요건이라고 주장한다.[44] 판례에서도 공무원임용결격사유는 공무원임용에 절대적으로 필요한 능력요건을 규정한 것이라고 한다.[45]

---

44 김남진c, 전게서, pp. 67−69; 이철호, 「경찰행정법」(서울: 대영문화사, 2013), pp. 85−87.
45 대구고등법원 1986. 85구339판결.

- 하지만 최영규 교수는 결격사유의 유무는 자격의 문제이지 능력의 문제가 아니다. 시험 등을 통한 능력의 실증은 그것을 통하여 일정한 자격이 부여되지 않는 이상, 자격의 문제가 아니라고 한다.[46]
- 본 교재에서는 다수설과 판례의 입장에 따라 결격사유가 없을 것을 능력요건으로, 시험 등을 통한 능력의 실증을 자격요건으로 보고자 한다.

1 능력요건

공무원의 능력요건에는 첫째, 소극 요건(국가공무원법 제33조(결격사유)과 적극 요건(국가공무원법 제26조(임용의 원칙) 등이 있다.

소극 요건인 결격사유 규정을 둔 목적은 공무원은 국민전체에 대한 봉사자로서 그 자질에 흠결이 있거나 행위능력·책임능력이 없는 사람까지 공무원 신분을 취득하게 할 수는 없다는 것이다. 따라서 공무담임의 기본권행사가 제한되는 일정한 사유를 규정하고 있다. 적극요건은 공무원의 임용은 시험성적·근무성적, 그 밖의 능력의 실증에 따라 행한다고 규정하여 실적주의 원칙을 표방하고 있다.

공무원의 임용요건(국가공무원법)(시행 2022. 1. 21.)	
구분	관계 법령
소극 요건	• 제33조(결격사유) 다음 각 호의 어느 하나에 해당하는 자는 공무원으로 임용될 수 없다. 1. 피성년후견인 2. 파산선고를 받고 복권되지 아니한 자 3. 금고 이상의 실형을 선고받고 그 집행이 종료되거나 집행을 받지 아니하기로 확정된 후 5년이 지나지 아니한 자 4. 금고 이상의 형을 선고받고 그 집행유예 기간이 끝난 날부터 2년이 지나지 아니한 자 5. 금고 이상의 형의 선고유예를 받은 경우에 그 선고유예 기간 중에 있는 자 6. 법원의 판결 또는 다른 법률에 따라 자격이 상실되거나 정지된 자 6의 2. 공무원으로 재직기간 중 직무와 관련하여 「형법」 제355조(횡령, 배임) 및 제356조(업무상의 횡령과 배임)에 규정된 죄를 범한 자로서 300만 원 이상의 벌금형을 선고받고 그 형이 확정된 후 2년이 지나지 아니한 자

	6의 3. 「성폭력범죄의 처벌 등에 관한 특례법」 제2조(정의)에 규정된 죄를 범한 사람으로서 100만 원 이상의 벌금형을 선고받고 그 형이 확정된 후 3년이 지나지 아니한 사람 6의 4. 미성년자에 대한 다음 각 목의 어느 하나에 해당하는 죄를 저질러 파면·해임되거나 형 또는 치료감호를 선고받아 그 형 또는 치료감호가 확정된 사람(집행유예를 선고받은 후 그 집행유예기간이 경과한 사람을 포함한다) 가. 「성폭력범죄의 처벌 등에 관한 특례법」 제2조(정의)에 따른 성폭력범죄 나. 「아동·청소년의 성보호에 관한 법률」 제2조(정의) 제2호에 따른 아동·청소년대상 성범죄 7. 징계로 파면처분을 받은 때부터 5년이 지나지 아니한 자 8. 징계로 해임처분을 받은 때부터 3년이 지나지 아니한 자
적극 요건	• 제26조(임용의 원칙) 공무원의 임용은 시험성적·근무성적, 그 밖의 능력의 실증에 따라 행한다.

🌐🔍 경찰공무원법 상의 결격사유(시행 2021. 1. 1.)

제8조(임용자격 및 결격사유) ② 다음 각 호의 어느 하나에 해당하는 사람은 경찰공무원으로 임용될 수 없다.

1. 대한민국 국적을 가지지 아니한 사람

2. 「국적법」 제11조의2(복수국적자의 법적 지위 등) 제1항에 따른 복수국적자

3. 피성년후견인 또는 피한정후견인

4. 파산선고를 받고 복권되지 아니한 사람

5. 자격정지 이상의 형刑을 선고받은 사람

6. 자격정지 이상의 형의 선고유예를 선고받고 그 유예기간 중에 있는 사람

7. 공무원으로 재직기간 중 직무와 관련하여 「형법」 제355조(횡령, 배임) 및 제356조(업무상의 횡령과 배임)에 규정된 죄를 범한 자로서 300만 원 이상의 벌금형을 선고받고 그 형이 확정된 후 2년이 지나지 아니한 사람

8. 「성폭력범죄의 처벌 등에 관한 특례법」 제2조(정의)에 규정된 죄를 범한 사람으로서 100만 원 이상의 벌금형을 선고받고 그 형이 확정된 후 3년이 지나지 아니한 사람

9. 미성년자에 대한 다음 각 목의 어느 하나에 해당하는 죄를 저질러 형 또는 치료감호가 확정된 사람(집행유예를 선고받은 후 그 집행유예기간이 경과한 사람을 포함한다)

가. 「성폭력범죄의 처벌 등에 관한 특례법」 제2조(정의)에 따른 성폭력범죄

나. 「아동·청소년의 성보호에 관한 법률」 제2조(정의) 제2호에 따른 아동·청소년대상 성범죄

10. 징계에 의하여 파면 또는 해임처분을 받은 사람

2 자격요건

자격요건에는 신규채용, 특별채용 등에 대한 규정을 들 수 있다.

자격요건(경찰공무원임용령(시행 2022. 1. 1.))		
시험실시의 원칙(제32조)	• 경찰공무원의 채용시험은 계급별로 실시한다. 다만, 결원보충을 원활히 하기 위하여 필요하다고 인정될 때에는 직무분야별·근무예정지역 또는 근무예정기관별로 구분하여 실시할 수 있다.	
시험의 방법 (제35조)	• 경찰공무원의 채용시험(경력경쟁채용시험 등은 제외)은 신체검사·체력검사·필기시험·종합적성검사·면접시험 또는 실기시험과 서류전형으로 실시한다. • 다만, 시험실시권자는 업무내용의 특수성이나 그 밖의 사유로 필요하다고 인정하는 경우에는 체력검사를 실시하지 않을 수 있다.	
공통자격	• 운전면허 1종 보통 또는 대형면허 소지자	
모집분야	공개경쟁채용시험	경력경쟁채용시험 등
	• 일반순경(남자, 여자, 101단): 18세 이상 40세 이하 • 간부후보생: 21세 이상 40세 이하 • 경정 이상: 25세 이상 40세 이하	• 일반순경: 20세 이상 40세 이하 (함정요원은 18세 이상 40세 이하) • 경사·경장: 20세 이상 40세 이하 • 경정 이상: 27세 이상 40세 이하
	경찰행정학과 특채 자격요건	
	• 2년제 이상 대학의 경찰행정 관련 학과를 졸업했거나 4년제 대학의 경찰행정 관련학과에 재학 중이거나 재학했던 사람으로서 경찰행정전공 이수로 인정될 수 있는 과목을 45학점 이상을 이수한 사람 • 20세 이상 40세 이하	

3 능력요건 또는 자격요건이 결여된 임용의 효과

임용요건의 하자요건에 대한 법적 효과와 관련하여 능력요건, 자격요건, 성적요건 등이 있다.

당연무효 vs 임용취소[47]		
구분	임용요건	하자요건의 법적효과
능력요건	· (임용적격) 국공법 제33조 및 다른 법령에 의한 결격사유에 해당하지 않을 것	· 당연무효
자격요건	· (응시연령) 20세 – 7급 이상, 18세 – 8급 이하 · 개별 채용시험에서 정하는 자격증, 학위 및 경력요건을 갖출 것	· 임용취소
성적요건	· 시험·근무성적 등의 능력이 실증될 것	· 임용취소

당연무효 vs 임용취소[48]	
당연무효	· 공무원 임용에 절대적으로 필요한 능력요건을 갖추지 못한(국공법상 결격사유) 경우였다면, 위반의 정도가 법령의 실질적인 부분을 위반한 것으로서 중대하고, 또한 객관적으로도 명백하므로 해당 임용행위는 당연무효가 됨
관련판례	· "임용전에 당시 국가공무원법상의 임용결격사유가 있었으면 국가가 과실에 의해 이를 밝혀 내지 못하였다고 하더라도 그 임용행위는 당연무효이고, 그 하자가 치유되는 것은 아님"[49] · "공무원임용결격사유는 공무원임용에 절대적으로 필요한 능력요건을 규정한 것으로서 국가 공무원법 제69조에 의하면 그에 해당하는 경우에는 당연 퇴직하는 것으로 되어 있는 점에 비추어 보더라도 이에 저촉되는 임용처분은 당연무효임"[50]
임용취소	· 성적·자격·학위·경력 등 법령에서 요구하는 요건과 임용시험합격 등에 대한 하자에 대해서는 임용취소 대상으로 판단함 · 다만, 하자의 정도가 취소할 만큼 중대하지 않고, 당사자에 대한 신뢰이익을 고려할 필요가 있으면 임용취소의 처분이 제한됨
관련판례	· "중퇴자인 자의 허위의 고등학교 졸업증명서를 제출하는 사위의 방법에 의한 하사관 지원의 하자를 이유로 하사관 임용일로부터 33년이 경과한 후에 행정청이 행한 하사관 및 준사관 임용취소처분이 적법하다."[51]

47 인사혁신처, 전게서, p. 99.
48 상게서, p. 99.
49 대법원 1996.04.12. 선고 95누18857판결.
50 대구고등법원 1986. 85구339 판결.
51 대법원 2002.02.05. 선고 2001두5286판결.

능력요건 또는 자격요건이 결여된 자의 행위의 효력과 지급된 급여의 문제	
능력요건 또는 자격요건이 결여된 자의 행위의 효력 문제	• 그 자가 행한 행위는 엄격하게 보면 국가행위로서는 효력을 발생하지 못할 것이나, 선임행위의 유효여부는 불명료한 경우가 많으며, 상대방은 정당한 권한을 가진 것으로 믿을 만한 상당한 이유가 있는 경우가 많다. • 상대방의 신뢰보호와 법적 안정성을 위하여 원칙적으로 유효로 보아야 하며 이를 뒷받침하는 것이 '사실상의 공무원'(de facto Beamten)이론이다.
지급된 급여의 문제	• 그 자에게 지급된 봉급 기타 급여는 법률상 원인 없이 지급받은 것으로 그 자의 부당이득이 된다. 그 자는 그 때까지 국가에 대하여 일정한 근무를 제공하는 것이 보통이므로 국가측에서도 부당이득을 하게 된다. 따라서 특별한 사정이 없는 한 상호 간에 부당이득반환청구권을 행사할 수 없다.

4 ‖ 경찰공무원의 임용

1 임용권자 및 임용권의 위임

2022년 기준, 경찰공무원법 제7조(임용권자)에서는 경찰공무원의 임용권자에 대해서 다음과 같이 규정하고 있다.

첫째, 총경 이상 경찰공무원은 경찰청장 또는 해양경찰청장의 추천을 받아 행정안전부장관 또는 해양수산부장관의 제청으로 국무총리를 거쳐 대통령이 임용한다. 다만, 총경의 전보, 휴직, 직위해제, 강등, 정직 및 복직은 경찰청장 또는 해양경찰청장이 한다.

둘째, 경정 이하의 경찰공무원은 경찰청장 또는 해양경찰청장이 임용한다. 다만, 경정으로의 신규채용, 승진임용 및 면직은 경찰청장 또는 해양경찰청장의 제청으로 국무총리를 거쳐 대통령이 한다.

셋째, 경찰청장은 대통령령으로 정하는 바에 따라 경찰공무원의 임용에 관한 권한의 일부를 특별시장·광역시장·도지사·특별자치시장 또는 특별자치도지사, 국가수사본부장, 소속 기관의 장, 시·도경찰청장에게 위임할 수 있다.

이 경우 시·도지사는 위임받은 권한의 일부를 대통령령으로 정하는 바에 따라 「국가경찰과 자치경찰의 조직 및 운영에 관한 법률」 제18조(시·도 자치경찰위원회의 설치)에 따른 시·도 자치경찰위원회, 시·도경찰청장에게 다시 위임할 수 있다. 경찰청장, 해양경찰청장 또는 임용권을 위임받은 자는 행정안전부령 또는 해양수산부령으로 정하는 바에 따라 소속 경찰공무원의 인사기록을 작성·보관하여야 한다.

경찰공무원의 임용권자 및 임용권의 위임[52]	
임용권자	임용내용
대통령	• 경찰청장
	• 총경 이상(승진·면직) • 단, 총경의 전보, 휴직, 직위해제, 강등, 정직 및 복직은 경찰청장
	• 경정으로의 신규채용, 승진임용 및 면직
경찰청장	• 총경의 전보·휴직·직위해제·정직·복직
	• 경정 이하의 임용권(단, 경정에의 신규채용·승진임용·면직은 대통령)
	• 경찰공무원의 임용에 관한 권한의 일부를 시·도 지사, 국가수사본부장, 소속 기관의 장, 시·도경찰청장에게 위임할 수 있다.
국가수사본부장	• 국가수사본부 안에서의 경정 이하에 대한 전보권
경찰대학장 경찰인재개발원장 중앙경찰학교장 경찰수사연수원장 경찰병원장	• 그 소속 경찰공무원 중 경정의 전보·파견·휴직·직위해제 및 복직 • 경감 이하의 임용권
시·도경찰청장	• 경정의 전보·파견·휴직·직위해제 및 복직
	• 경감 이하의 임용권
시·도지사	• 시·도의 자치경찰사무를 담당하는 경찰공무원 중 경정의 전보·파견·휴직·직위해제 및 복직에 관한 권한 • 시·도의 자치경찰사무를 담당하는 경찰공무원 중 경감 이하의 임용권(신규채용 및 면직에 관한 권한은 제외)
시·도 경찰위원회	• 자치경찰사무를 담당하는 경찰공무원 중 경감 또는 경위로의 승진임용에 관한 권한을 제외한 임용권
경찰서장	• 임용권은 없음 • 경찰서 내 소속 경감 이하의 전보권

---

52 「경찰공무원법」 제7조(임용권자), 「경찰공무원 임용령」 제4조(임용권의 위임 등)

2 임용절차

❶ 경찰청장

경찰법 및 인사청문회법 개정으로 경찰청장 임명시 국회의 인사청문회를 거치도록 하는 등 검증절차를 통해 인사의 공정성과 투명성을 제고하도록 하고 있다. 경찰청장 임용의 관련근거 규정은 경찰법[53] 제14조(경찰청장) 제2항, 국회법 제46조의 3(인사청문특별위원회) 및 제65조의 2(인사청문회), 인사청문회법 등을 들 수 있다.

경찰청장 임용절차

후보자 지명	대통령 → 행정안전부장관

1. 경찰청장 임명대상자 통보(대통령실 → 인사혁신처 → 경찰청)
2. 인사청문(임명동의) 요청관련 서류 준비 및 제출(경찰청 → 인사혁신처)
3. 인사청문(임명동의) 요청서 결재(인사혁신처장 → 국무총리 → 대통령 재가)

↓

국가경찰위원회 개최	행정안전부장관의 제안설명

1. 임명동의 요청(장관 명의) 기안 → 장관결재(인사과) → 경찰위원회 송부
2. 국가경찰위원회에서 경찰청장 임명동의 의결
3. 경찰청장 임명동의 결과통보(국가경찰위원회 → 행정안전부장관)

↓

국회의 인사청문

1. 국회에 인사청문(경찰청장 후보자 임명동의) 요청안 제출(대통령→국회의장)
   ※ 인사혁신처(심사임용과) → 국회(의안과)
2. 행정안전위원회의 인사청문회 → 회부된 날로부터 15일 이내 완료
3. 행정안전위원회의 인사청문회는 15일의 기간 중 3일 이내 실시
4. 국회(행정안전위원회)가 20일 이내에 인사청문회를 마치지 못할 경우
   → 대통령은 10일의 범위 내에서 청문결과보고서를 송부해 줄 것을 요구

↓

대통령 재가

1. 경찰청장 인사청문(임명동의) 요청서 결재(인사혁신처장 → 국무총리 → 대통령 재가)
2. 시행문서에 국무총리와 관계 국무위원 부서(副署)(헌법 제82조)

---

53 본 교재의 「경찰법」은 「국가경찰과 자치경찰의 조직 및 운영에 관한 법률」을 의미한다.

❷ 총경 이상

총경 이상의 임용 근거규정은 경찰공무원법 제7조(임용권자) 제1항을 들 수 있다. 총경 이상 경찰공무원은 경찰청장 또는 해양경찰청장의 추천을 받아 행정안전부장관 또는 해양수산부장관의 제청으로 국무총리를 거쳐 대통령이 임용한다. 다만, 총경의 전보, 휴직, 직위해제, 강등, 정직 및 복직은 경찰청장 또는 해양경찰청장이 한다. 경찰청장은 수사부서에서 총경을 보직하는 경우에는 국가수사본부장의 추천을 받아야 한다.

❸ 경정 이하의 임용(신규채용·승진·면직)

경정 이하의 임용 근거규정은 경찰공무원법 제7조(임용권자) 제2항과 경찰공무원 임용령 제4조(임용권의 위임 등)를 들 수 있다. 경정 이하의 경찰공무원은 경찰청장 또는 해양경찰청장이 임용한다. 다만, 경정으로의 신규채용, 승진임용 및 면직은 경찰청장 또는 해양경찰청장의 제청으로 국무총리를 거쳐 대통령이 한다.

경찰청장은 국가수사본부장에게 국가수사본부 안에서의 경정 이하에 대한 전보권을 위임한다. 경찰청장은 경찰대학·경찰인재개발원·중앙경찰학교·경찰수사연수원·경찰병원 및 시·도경찰청의 장에게 그 소속 경찰공무원 중 경정의 전보·파견·휴직·직위해제 및 복직에 관한 권한과 경감 이하의 임용권을 위임한다. 소속 기관 등의 장은 경감 또는 경위를 신규채용하거나 경위 또는 경사를 승진시키려면 미리 경찰청장의 승인을 받아야 한다.

자치경찰사무를 담당하는 경찰공무원에 대한 임용권을 위임받은 시·도지사는 경감 또는 경위로의 승진임용에 관한 권한을 제외한 임용권을 시·도 자치경찰위원회에 다시 위임한다. 임용권을 위임받은 시·도 자치경찰위원회는 시·도 지사와 시·도경찰청장의 의견을 들어 그 권한의 일부를 시·도경찰청장에게 다시 위임할 수 있다.

시·도 자치경찰위원회는 임용권을 행사하는 경우에는 시·도경찰청장의 추천을 받아야 한다. 시·도경찰청장 및 경찰서장은 지구대장 및 파출소장을 보직하는 경우에는 시·도 자치경찰위원회의 의견을 사전에 들어야 한다.

경정으로의 임용(신규채용·승진·면직) 절차			
임용제청 경찰청장	인사혁신처장 전　　　결 인사혁신 처　　장	총리경유 국무총리	임　용 대통령

Police Science

🔍 퍼스트 펭권First Penguin

- 먹이를 찾기 위한 수천 마리의 펭귄무리들은 바다에 뛰어들기를 머뭇거린다. 바다에는 천적인 바다표범과 물개들이 펭귄을 노리고 있기 때문에 가장 먼저 바다에 뛰어드는 퍼스트 펭귄이 있어야 한다.
- 이때 퍼스트 펭귄이 자기를 희생하면서 바다에 뛰어들어야만 나머지 수천 마리의 펭귄들이 뒤를 이어 뛰어듦으로써 생존을 영위하게 된다.
- 리더는 이처럼 '불확실성을 감수하고 용감하게 도전하는 선구자'가 되어야 한다.

1 의의

시보임용^{Probation}이란 신규채용시험에 합격한 자를 바로 정규 경찰공무원으로 임명하는 것이 아니고 시보로 임용하여 일정한 기간을 거치게 하는 것을 의미한다. 시보기간은 국가에 따라 혹은 직종 및 계급에 따라 차이가 있다.

우리나라의 경우 경정 이하의 경찰공무원을 신규 채용할 때에는 1년간 시보^{試補}로 임용하고, 그 기간이 만료된 다음 날에 정규 경찰공무원으로 임용한다.[54] 이때 휴직기간, 직위해제기간 및 징계에 의한 정직처분 또는 감봉처분을 받은 기간은 시보임용기간에 산입하지 않는다.[55]

2 신분보장의 정도

시보임용 중에 있는 경찰공무원이 근무성적이나 교육훈련 성적이 현저히 불량하고 앞으로 경찰공무원으로 근무하기에 부적당한 때에는 징계절차를 거치지 않고 면직시킬 수 있으므로 신분상의 보장은 없다. 따라서 임용권자가 시보임용 중인 자를 일방적으로 해임하더라도 시보임용 중인 경찰관은 소청심사의 청구 등 구제수단을 쓸 수 없다.

임용권자 또는 임용제청권자는 시보임용 기간 중에 있는 경찰공무원(시보임용 경찰공무원)의 근무사항을 항상 지도·감독하여야 한다.[56] 임용권자 또는 임용제청권자는 시보임용 경찰공무원이 법령에 해당하여 정규 경찰공무원으로 임용하는 것이 부적당하다고 인정되는 경우에는 정규임용심사위원회의 심사를 거쳐 해당 시보임용 경찰공무원을 면직시키거나 면직을 제청할 수 있다.[57]

---

54 「경찰공무원법」 제13조(시보임용) 1항.
55 「경찰공무원법」 제13조(시보임용) 2항.
56 「경찰공무원 임용령」 제20조(시보임용경찰공무원) 1항.
57 「경찰공무원 임용령」 제20조(시보임용경찰공무원) 2항.

🔍 시보임용의 예외

- 경찰대학을 졸업한 사람 또는 경찰간부후보생으로서 정하여진 교육을 마친 사람을 경위로 임용하는 경우
- 경찰공무원으로서 대통령령으로 정하는 상위계급으로의 승진에 필요한 자격 요건을 갖추고 임용예정 계급에 상응하는 공개경쟁 채용시험에 합격한 사람을 해당 계급의 경찰공무원으로 임용하는 경우
- 퇴직한 경찰공무원으로서 퇴직 시에 재직하였던 계급의 채용시험에 합격한 사람을 재임용하는 경우
- 자치경찰공무원을 그 계급에 상응하는 경찰공무원으로 임용하는 경우

🔍 시보임용대상자의 면직 및 면직제청 사유[58]

- 징계사유에 해당하는 경우(1호)
- 시보임용 경찰공무원 등에 대한 교육훈련에 따른 교육훈련성적이 만점의 60퍼센트 미만이거나 생활기록이 극히 불량한 경우(2호)
- 「경찰공무원 승진임용 규정」 제7조(근무성적 평정) 제2항에 따른 제2 평정 요소(근무실적, 직무수행능력, 직무수행태도)의 평정점이 만점의 50퍼센트 미만인 경우(3호)

경찰공무원 정규임용심사위원회	
설치	• 시보임용 경찰관의 임용권자 또는 임용제청권자가 소속된 경찰기관
구성[59]	• 위원장 1명을 포함한 위원 5명 이상 7명 이하로 구성한다.
위원장[60]	• 위원장은 위원 중 가장 계급이 높은 경찰공무원이 된다. 다만, 가장 계급이 높은 경찰공무원이 둘 이상인 경우 그 중 해당 계급에 승진임용된 날이 가장 빠른 경찰공무원이 된다.
위원[61]	• 위원은 소속 경감 이상 경찰공무원 중에서 위원회가 설치된 기관의 장이 임명하되, 심사대상자보다 상위 계급자로 한다.

---

58 「경찰공무원 임용령」 제20조(시보임용경찰공무원) 2항.
59 「경찰공무원 임용령 시행규칙」 제9조(정규임용심사위원회) 1항.
60 「경찰공무원 임용령 시행규칙」 제9조(정규임용심사위원회) 2항.
61 「경찰공무원 임용령 시행규칙」 제9조(정규임용심사위원회) 3항.

의결[62]	• 위원회는 재적위원 3분의 2 이상 출석과 출석위원 과반수 찬성으로 의결한다.
심사 내용[63]	• 시보임용 기간 중 근무실적 및 직무수행 태도 • 징계사유에 해당하는지 여부[64] • 일정 기간 교육훈련(실무수습 포함) 성적[65]이 만점의 60퍼센트 미만이거나 생활기록이 극히 불량한 경우에 해당하는지 여부[66] • 제2 평정 요소[67]의 평정점이 만점의 50퍼센트 미만인 경우에 해당하는지 여부[68] • 지능 저하 또는 판단력 부족으로 경찰업무를 감당할 수 없는 경우와 책임감의 결여로 직무수행에 성의가 없고 위험한 직무를 고의로 기피하거나 포기하는 경우 등에 해당하는지 여부[69] • 인격장애, 알코올·약물중독 그 밖의 정신장애로 인하여 경찰업무를 감당할 수 없는 경우와 사행행위 또는 재산의 낭비로 인한 채무과다, 부정한 이성관계 등 도덕적 결함이 현저하여 타인의 비난을 받는 경우 등에 해당하는지 여부[70] • 소속 상사의 소견
제출[71]	• 경찰기관의 장은 시보임용경찰공무원에 관한 자료를 시보임용 기간 만료 10일 전까지 임용권자 또는 임용제청권자에게 제출하여야 한다.
면직[72]	• 시보임용경찰공무원의 면직 또는 면직제청에 따른 동의의 절차는 해당 징계위원회의 파면 의결에 관한 절차를 준용한다.

경찰공무원 시보임용	
대상	• 경정 이하의 경찰공무원[73]
기간	• 경정 이하의 경찰공무원을 신규 채용할 때에는 1년간 시보(試補)로 임용하고, 그 기간이 만료된 다음 날에 정규 경찰공무원으로 임용[74] • 휴직기간, 직위해제기간 및 징계에 의한 정직처분 또는 감봉처분을 받은 기간은 시보임용기간에서 산입 제외[75] • 시보기간은 승진소요최저연수, 경력평정대상기간에 산입

---

62 「경찰공무원 임용령 시행규칙」 제9조(정규임용심사위원회) 4항.
63 「경찰공무원 임용령 시행규칙」 제10조(정규임용심사) 1항.
64 「경찰공무원 임용령」 제20조 2항
65 「경찰공무원 임용령」 제21조(시보임용경찰공무원 등에 대한 교육훈련) 1항.
66 「경찰공무원 임용령」 제20조(시보임용경찰공무원) 2항.
67 「경찰공무원 승진임용 규정」 제7조(근무성적 평정) 2항.
68 「경찰공무원 임용령」 제20조(시보임용경찰공무원) 2항.
69 「경찰공무원 임용령」 제47조(직권면직사유) 제1항.
70 「경찰공무원 임용령」 제47조(직권면직사유) 제2항.
71 「경찰공무원 임용령 시행규칙」 제10조(정규임용심사) 2항.
72 「경찰공무원 임용령 시행규칙」 제10조(정규임용심사) 3항.
73 「경찰공무원법」 제13조(시보임용) 1항.
74 「경찰공무원법」 제13조(시보임용) 1항.
75 「경찰공무원법」 제13조(시보임용) 2항.

신분	• 징계사유에 해당, 교육훈련성적 부족, 생활기록 극히 불량, 제2 평정 요소 부족 등의 경우에는 「국가공무원법」 제68조(의사에 반한 신분 조치) 및 제70조(직권면직), 제28조(신규채용) 등의 규정에도 불구하고 면직 혹은 면직제청 가능[76] • 면직시에는 임용권자 또는 임용제청권자별로 정규임용심사위원회를 구성하여 의결을 거쳐야 함 • 신분보장규정 일부 적용(휴직·직위해제·징계에 관한 규정은 적용) • 징계위원회의 의결을 거쳐 징계 가능 • 승진임용제한: 시보임용 기간 중에 있는 경우 승진 제한
임용[77]	• 시보임용경찰공무원을 정규 경찰공무원으로 임용하는 경우 그 적부(適否)를 심사하게 하기 위하여 임용권자 또는 임용제청권자 소속으로 정규임용심사위원회를 둔다.
교육 훈련[78]	• 임용권자 또는 임용제청권자는 시보임용경찰공무원 또는 시보임용예정자에게 일정 기간 교육훈련(실무수습 포함)을 시킬 수 있다. • 이 경우 시보임용예정자에게 교육훈련을 받는 기간 동안 예산의 범위에서 임용예정계급의 1호봉에 해당하는 봉급의 80퍼센트에 해당하는 금액 등을 지급할 수 있다.
면직 사유[79]	• 징계사유에 해당하는 경우 • 일정 기간 교육훈련(실무수습 포함)[80]에 따른 교육훈련성적이 만점의 60퍼센트 미만이거나 생활기록이 극히 불량한 경우 • 제2 평정 요소[81]의 평정점이 만점의 50퍼센트 미만인 경우
면직 절차[82]	• 임용권자 또는 임용제청권자는 시보임용 경찰공무원이 면직사유에 해당하여 정규 경찰공무원으로 임용하는 것이 부적당하다고 인정되는 경우에는 정규임용심사위원회의 심사를 거쳐 해당 시보임용 경찰공무원을 면직시키거나 면직을 제청할 수 있다.
시보 임용의 예외[83]	• 경찰대학을 졸업한 사람 또는 경찰간부후보생으로서 정하여진 교육을 마친 사람을 경위로 임용하는 경우 • 경찰공무원으로서 대통령령으로 정하는 상위계급으로의 승진에 필요한 자격 요건을 갖추고 임용예정 계급에 상응하는 공개경쟁 채용시험에 합격한 사람을 해당 계급의 경찰공무원으로 임용하는 경우 • 퇴직한 경찰공무원으로서 퇴직 시에 재직하였던 계급의 채용시험에 합격한 사람을 재임용하는 경우 • 자치경찰공무원을 그 계급에 상응하는 경찰공무원으로 임용하는 경우

76 「경찰공무원법」 제13조(시보임용) 3항.
77 「경찰공무원법」 제20조(시보임용경찰공무원) 3항.
78 「경찰공무원 임용령」 제21조(시보임용경찰공무원 등에 대한 교육훈련) 1항.
79 「경찰공무원 임용령」 제20조(시보임용경찰공무원) 2항.
80 「경찰공무원 임용령」 제21조(시보임용경찰공무원 등에 대한 교육훈련) 1항.
81 「경찰공무원 승진임용 규정」 제7조(근무성적 평정) 2항.
82 「경찰공무원 임용령」 제20조(시보임용경찰공무원) 2항.
83 「경찰공무원법」 제13조(시보임용) 4항.

6 ‖ 경찰공무원 인사위원회

1 설치

2022년 기준, 「경찰공무원법」과 「경찰공무원 임용령」에 따르면 경찰공무원의 인사人事에 관한 중요 사항에 대하여 경찰청장 또는 해양경찰청장의 자문에 응하게 하기 위하여 경찰청과 해양경찰청에 경찰공무원인사위원회를 두도록 규정하고 있다.[84]

2 구성과 지위

경찰공무원인사위원회는 위원장을 포함하여 5명 이상 7명 이하의 위원으로 구성한다. 인사위원회의 위원장은 경찰청 인사담당국장이 되고, 위원은 경찰청 소속 총경 이상 경찰공무원 중에서 경찰청장이 각각 임명한다.[85] 경찰공무원인사위원회는 비상설위원회로서 자문기관이다.

3 운영

위원장은 인사위원회를 대표하며, 인사위원회의 사무를 총괄한다. 위원장이 부득이한 사유로 직무를 수행할 수 없을 때에는 위원 중에서 최상위계급 또는 선임의 경찰공무원이 그 직무를 대행한다.

위원장은 인사위원회의 회의를 소집하고 그 의장이 된다. 회의는 재적위원 과반수의 찬성으로 의결한다. 인사위원회에 2명 이하의 간사를 둔다. 간사는 경찰청 소속 경찰공무원 중에서 위원장이 지명한다. 간사는 위원장의 명을 받아 인사위원회의 사무를 처리한다. 위원장은 인사위원회에서 심의된 사항을 지체 없이 경찰청장에게 보고하여야 한다.

---

84 「경찰공무원법」, 「경찰공무원임용령」.
85 「경찰공무원임용령」 제9조(경찰공무원인사위원회의 구성).

경찰공무원 인사위원회	
설치[86]	• 경찰공무원의 인사(人事)에 관한 중요 사항에 대하여 경찰청장 또는 해양경찰청장의 자문에 응하게 하기 위하여 경찰청과 해양경찰청에 경찰공무원인사위원회(인사위원회)를 둔다.
구성[87]	• 경찰공무원인사위원회(인사위원회)는 위원장을 포함하여 5명 이상 7명 이하의 위원으로 구성한다.
지위	• 비상설위원회로서 자문기관이다.
위원장[88]	• 인사위원회의 위원장은 경찰청 인사담당국장이 된다.
위원[89]	• 위원은 경찰청 소속 총경 이상 경찰공무원 중에서 경찰청장이 각각 임명한다.
위원장 직무[90]	• 위원장은 인사위원회를 대표하며, 인사위원회의 사무를 총괄한다. • 위원장이 부득이한 사유로 직무를 수행할 수 없을 때에는 위원 중에서 최상위계급 또는 선임의 경찰공무원이 그 직무를 대행한다.
심의 대상[91]	• 경찰공무원의 인사행정에 관한 방침과 기준 및 기본계획 • 경찰공무원의 인사에 관한 법령의 제정·개정 또는 폐지에 관한 사항 • 그 밖에 경찰청장 또는 해양경찰청장이 인사위원회의 회의에 부치는 사항 • 경찰공무원의 징계(×), 경찰공무원의 고충(×)
회의[92]	• 위원장은 인사위원회의 회의를 소집하고 그 의장이 된다.
의결[93]	• 회의는 재적위원 과반수의 찬성으로 의결한다.
간사[94]	• 인사위원회에 2명 이하의 간사를 둔다. • 간사는 경찰청 소속 경찰공무원 중에서 위원장이 지명한다. • 간사는 위원장의 명을 받아 인사위원회의 사무를 처리한다.
보고[95]	• 위원장은 인사위원회에서 심의된 사항을 지체 없이 경찰청장에게 보고하여야 한다.

86 「경찰공무원법」 제5조(경찰공무원인사위원회의 설치).
87 「경찰공무원 임용령」 제9조(경찰공무원인사위원회의 구성) 1항.
88 「경찰공무원 임용령」 제9조(경찰공무원인사위원회의 구성) 2항.
89 「경찰공무원 임용령」 제9조(경찰공무원인사위원회의 구성) 2항.
90 「경찰공무원 임용령」 제10조(위원장의 직무).
91 「경찰공무원법」 제6조(인사위원회의 기능).
92 「경찰공무원 임용령」 제11조(회의).
93 「경찰공무원 임용령」 제11조(회의).
94 「경찰공무원 임용령」 제12조(간사).
95 「경찰공무원 임용령」 제13조(심의사항의 보고).

1 변경의 의의

공무원관계의 변경이란 공무원으로서 신분을 유지하면서 공무원관계의 전부 또는 일부를 일시적으로 또는 영구적으로 변경함을 말한다. 변경사유로는 승진·전직·전보·복직·휴직·정직·직위해제·강임·감봉 등이 있다.

2 승진·전직·복직·파견의 경우

승진·전직·전보·복직·파견 등은 공무원의 신분을 가진 자에 대하여 국가가 행하는 일방적 단독행위이다. 일방적 단독행위지만 반드시 법령의 규정에 따라야 한다.

1 승진

❶ 승진의 의의

승진이란 동일한 직렬 안에서 하위직급에 재직 중인 공무원을 바로 상위직급에 임용하는 것을 말한다. 경찰공무원은 직렬의 구분이 없고 계급제를 채택하고 있으므로, 결국 경찰공무원의 승진이란 하위계급에서 상위계급에 임용되는 것을 말한다.

경찰공무원은 승진에 필요한 계급별 최저 근무기간이 법정되어 있으므로, 결국 승진임용에는 자격요건과 능력요건이 함께 필요하다. 경무관 이하 계급에서의 승진은 승진심사에 의하는 것이 원칙이다. 다만, 경정 이하 계급에의 승진에 있어서는 대통령령이 정하는 비율에 따라 승진시험을 병행할 수 있다. 승진임용의 방법에는 시험승진, 심사승진, 특별승진, 근속승진이 있다.

❷ 승진의 방법

경찰공무원의 승진과 관련된 규정은 「경찰공무원 승진임용 규정」, 「경찰공무원 승진임용 규정 시행규칙」 등에서 정하고 있다. 구체적인 사항은 「경찰청 승진업무 처리지침」을 통해 경찰공무원 승진에 적용하고 있다.

경찰공무원 승진은 각 계급에서 승진소요 최저근무연수에 도달하여야 하고, 징계 등 승진제한사유에 포함되지 않아야 하는 등 승진에 필요한 자격을 갖추어야 한다. 승진소요 최저근무연수의 경우 순경·경장·경사·경위는 1년, 경감·경정은 2년, 총경은 3년이다.

승진소요 최저근무연수에는 휴직기간, 직위해제기간 및 징계처분기간은 포함되지 않고 있다. 비록 당해 계급에서 승진소요 최저근무연수가 경과하였더라도 법령에 규정된 사유에 해당하는 경우에는 승진임용을 제한한다. 총경으로의 승진은 심사에 의한 승진만으로, 경정 이하의 승진은 승진소요 최저근무연수 이상을 근무한 대상자에 한하여 심사 승진과 시험승진을 50:50의 비율로 적용한다.[96]

특별승진과 근속 승진은 경감까지만 운영하며 심사승진은 근무성적 평정, 경력·가점 평정의 점수를 핵심 요소로 하며 시험, 특별, 근속 승진은 유형에 따라 심사 요소가 다양하다.

경찰공무원의 승진은 심사승진, 시험승진, 특별승진, 근속승진으로 구별되며 승진계급에 따라 승진방식과 심사요소가 다양하게 정해진다.[97]

경찰공무원의 승진방법과 내용	
승진방법	내용
시험승진	• 경정 이하 계급으로의 승진은 대통령령으로 정하는 비율에 따라 승진시험과 승진심사를 병행할 수 있다.[98]
심사승진	• 경무관 이하 계급으로의 승진은 승진심사에 의하여 한다. 다만, 경정 이하 계급으로의 승진은 대통령령으로 정하는 비율에 따라 승진시험과 승진심사를 병행할 수 있다.[99] • 승진심사위원회는 총경 이상 계급으로의 승진심사를 위한 중앙승진심사위원회와 경정 이하 계급으로의 승진심사를 담당하는 보통승진심사위원회로 구분된다. 경찰서 소속 경찰공무원의 경감 이상 계급으로의 승진심사를 위한 시·도경찰청 보통승진심사위원회가 있다.[100]
특별승진	• 경찰공무원으로서 국가공무원법상의 우수 공무원 등의 특별승진요건에 해당하는 자(1호), 전사하거나 순직한 자(2호), 또는 직무수행 중 현저한 공적을 세운 자(3호)는 1계급 특별승진

96 박현호·최천근, "경찰시험승진제도 개선을 위한 비교분석 연구" 「경찰학논총」, 15(2), 2020, p. 11.
97 심민규, "경찰 승진공정성에 영향을 미치는 요인에 관한 연구" 「한국경찰학회보」, 22(1), 2020, p. 201.
98 「경찰공무원법」 제15조(승진) 2항.

	시킬 수 있다. 다만, 경위 이하의 경찰공무원으로서 모든 경찰공무원의 귀감이 되는 공을 세우고 전사하거나 순직한 사람에 대하여는 2계급 특별승진시킬 수 있다.[101]
근속승진	• 경찰청장 또는 해양경찰청장은 해당 계급에서 법규정의 기간 동안 재직한 사람을 경장, 경사, 경위, 경감으로 각각 근속승진임용할 수 있다. 다만, 인사교류 경력이 있거나 주요 업무의 추진 실적이 우수한 공무원 등 경찰행정 발전에 기여한 공이 크다고 인정되는 경우에는 그 기간을 단축할 수 있다.[102] • 근속승진이 적용되는 계급은 경장·경사·경위·경감이다. • 순경을 경장으로 근속승진임용하려는 경우: 해당 계급에서 4년 이상 근속자 • 경장을 경사로 근속승진임용하려는 경우: 해당 계급에서 5년 이상 근속자 • 경사를 경위로 근속승진임용하려는 경우: 해당 계급에서 6년 6개월 이상 근속자 • 경위를 경감으로 근속승진임용하려는 경우: 해당 계급에서 8년 이상 근속자

승진계급에 따른 승진방식과 심사요소[103]	
치안감 이상	• 정부인사
경무관·총경	• 심사승진
경정	• 심사승진, 시험승진
경감 이하	• 심사승진, 시험승진, 특별승진, 근속승진

❸ 승진심사와 경찰공무원 승진심사위원회

2022년 기준, 「경찰공무원법」에 의하면 경찰공무원은 바로 아래 하위계급에 있는 경찰공무원 중에서 근무성적평정, 경력평정, 그 밖의 능력을 실증實證하여 승진임용한다. 다만, 해양경찰청장을 보하는 경우 치안감을 치안총감으로 승진임용할 수 있다.

「경찰공무원 승진임용 규정」 제3조(승진임용의 구분)에는 "경찰공무원의 승진임용은 심사승진임용·시험승진임용 및 특별승진임용으로 구분한다."고 규정되어 있다. 경무관 이하 계급으로의 승진은 심사승진에 의하여 한다. 다만, 경정 이하 계급으로의 승진은 대통령령으로 정하는 비율에 따라 시험승진과 심사승진을 병행할 수 있다.

경찰공무원의 '승진심사'는 계급별로 하되, 경찰청장이 필요하다고 인정할 때에는 경과별 또는 특수분야별로 구분하여 실시할 수 있다. '승진시험'(시험)은 계급별로 실시하

---

99 「경찰공무원법」 제15조(승진) 2항.
100 「경찰공무원법」 제17조(승진심사위원회의 관할) 1항 1호, 2호, 3호.
101 「경찰공무원법」 제19조(특별유공자 등의 특별승진).
102 「경찰공무원법」 제16조(근속승진).
103 심민규, 전게논문, p. 201.

되, 경찰청장이 필요하다고 인정할 때에는 경과별 또는 특수분야별로 구분하여 실시할 수 있다.

경찰공무원은 징계처분의 집행이 끝난 날부터 일정 기간이 지나지 않은 사람은 승진임용될 수 없다. 징계처분의 집행 종료일부터 ① 강등·정직은 18개월, ② 감봉은 12개월, ③ 견책은 6개월의 기간이 미경과한 사람은 승진임용될 수 없다.

경찰공무원 승진심사위원회의 종류 (경찰공무원 승진임용 규정(시행 2021. 8. 31.))	
중앙승진 심사위원회	· 중앙승진심사위원회는 위원장을 포함한 5명 이상 7명 이하의 위원으로 구성한다. · 경무관으로의 승진심사를 위하여 구성되는 중앙승진심사위원회 회의에 부칠 사항을 사전에 심의하기 위하여 중앙승진심사위원회에 복수의 승진심의위원회를 둘 수 있으며, 각각의 승진심의위원회는 위원장을 포함한 5명 이상 7명 이하의 위원으로 구성한다. · 위원은 회의 소집일 전에 승진심사대상자보다 상위계급인 경찰공무원 중에서 경찰청장이 임명하되, 복수의 승진심의위원회를 두는 경우 중앙승진심사위원회 위원은 승진심의위원회 위원 중에서 임명한다. · 위원장은 위원 중 최상위계급 또는 선임인 경찰공무원이 된다.
보통승진 심사위원회	· 보통승진심사위원회는 경찰청·소속기관 등 및 경찰서에 둔다. · 보통승진심사위원회는 위원장을 포함한 5명 이상 7명 이하의 위원으로 구성한다. · 보통승진심사위원회 위원은 그 보통승진심사위원회가 설치된 경찰기관의 장이 승진심사대상자보다 상위계급인 경위 이상 소속 경찰공무원 중에서 임명하며, 위원장은 위원 중 최상위계급 또는 선임인 경찰공무원이 된다. · 시·도경찰청 및 경찰서에 두는 보통승진심사위원회 위원 중 2명은 승진심사대상자보다 상위계급인 경위 이상 소속 경찰공무원 중에서 시·도자치경찰위원회의 추천을 받아 그 보통심사위원회가 설치된 경찰기관의 장이 임명한다.

경찰공무원 승진심사위원회의 관할과 회의방법 (경찰공무원 승진임용 규정(시행 2021. 8. 31.))	
관할	· 승진심사위원회는 경찰공무원의 승진심사를 관할한다. 다만, 경찰청장은 승진예정 인원 등을 고려하여 부득이할 때에는 경정 이하 계급으로의 승진심사의 승진심사 중 경찰서의 보통승진심사위원회에서 실시할 경위 이하 계급으로의 승진심사를 시·도경찰청의 보통승진심사위원회에서 하게 할 수 있다. · 총경 이상 계급으로의 승진심사: 중앙승진심사위원회 · 경정 이하 계급으로의 승진심사: 해당 경찰관이 소속한 경찰기관의 보통승진심사위원회(경찰서 소속 경찰공무원의 경감 이상 계급으로의 승진심사의 경우는 제외) · 경찰서 소속 경찰공무원의 경감 이상 계급으로의 승진심사: 시·도경찰청 보통승진심사위원회

회의	· 중앙승진심사위원회의 회의는 경찰청장이 소집하며, 보통승진심사위원회의 회의는 해당 경찰기관의 장이 경찰청장(경찰서 보통승진심사위원회 회의의 경우 시·도경찰청장을 말한다)의 승인을 받아 소집한다. · 승진심사위원회의 회의는 재적위원 과반수의 찬성으로 의결한다. · 승진심사위원회의 회의는 비공개로 한다.

❹ 승진최저 근무연수

2022년까지는 순경에서 경무관까지의 승진소요 최저근무연수는 16년이었다. 경무관으로 승진하려면 총경으로 4년 이상 재직해야 했다. 경정·경감은 3년 이상, 경위·경사는 2년 이상, 경장·순경은 1년 이상 근무해야 승진할 수 있었다.

2022년 12월 19일 '경찰 조직 및 인사제도 개선방안'을 통해 전체 계급의 최저 연수를 최대한 줄여 총 5년을 단축했다. 2023년 1월 1일부터 순경에서 경무관까지의 승진소요 최저근무연수는 11년이 되었다.

특히 계·팀장을 맡을 수 있는 실제 간부 직급인 경감이 되기까지 최저연수를 통일성 있게 1년으로 설정해 일반 순경출신도 빨리 간부로 승진할 수 있는 길을 만들었다.

2023년 기준 「경찰공무원 승진임용 규정」에 의하면 경찰공무원이 승진하려면 다음의 구분에 따른 기간 동안 해당 계급에 재직하여야 한다. 승진 최저 근무연수는 ① 총경: 3년 이상, ② 경정 및 경감: 2년 이상, ③ 경위 및 경사: 1년 이상, ④ 경장 및 순경: 1년 이상 등이다. 하지만 징계의결 요구, 징계처분, 직위해제, 휴직 또는 시보임용 기간 중에 있는 사람은 승진임용의 제한을 받는다.

경찰청장 또는 해양경찰청장은 해당 계급에서 다음의 기간 동안 재직한 사람을 경장, 경사, 경위, 경감으로 각각 근속승진 임용할 수 있다. 다만, 인사교류 경력이 있거나 주요 업무의 추진 실적이 우수한 공무원 등 경찰행정 발전에 기여한 공이 크다고 인정되는 경우에는 대통령령으로 정하는 바에 따라 그 기간을 단축할 수 있다.

경찰공무원 승진소요 최저근무연수					
계급	순경·경장	경사·경위	경감	경정	총경
소요연수	1년	1년	2년	2년	3년
일반직 공무원 승진소요 최저근무연수					
계급	9급	8·7급	6급	5급	4급
소요연수	1년 6개월	2년	3년 6개월	4년	3년

경찰공무원의 근속승진 기간				
계급	순경 → 경장	경장 → 경사	경사 → 경위	경위 → 경감
근속승진기간	4년 이상	5년 이상	6년 6개월 이상	8년 이상
일반직 공무원 근속승진 기간				
계급	9급 → 8급	8급 → 7급	7급 → 6급	6급 → 5급
근속승진기간	5년 6개월 이상	7년 이상	11년 이상	규정없음

❺ 경찰공무원 근무평정

「경찰공무원 승진임용 규정」(시행 2021.8.31.)과 「경찰공무원 승진임용 규정 시행규칙」(시행 2021.12.31.)에 따르면 총경 이하의 경찰공무원에 대해서는 매년 근무성적을 평정하여야 하며, 근무성적 평정의 결과는 승진 등 인사관리에 반영하여야 한다.

근무성적은 평정 요소에 따라 평정한다. 다만, 총경의 근무성적은 제2평정 요소로만 평정한다. 근무성적 평정 결과는 공개하지 아니한다. 다만, 경찰청장은 근무성적 평정이 완료되면 평정 대상 경찰공무원에게 해당 근무성적 평정 결과를 통보할 수 있다.

경찰공무원 근무평정		
구분	제1평정 요소	제2평정 요소
평정요소	• 경찰업무 발전에 대한 기여도 • 포상 실적 • 그 밖에 「경찰공무원 승진임용 규정 시행규칙」으로 정하는 평정 요소	• 근무실적 • 직무수행능력 • 직무수행태도
분포비율	• 분포비율 없음	• 수: 20퍼센트 • 우: 40퍼센트 • 양: 30퍼센트 • 가: 10퍼센트

❻ 총경인 경찰공무원의 근무성적 평정

총경인 경찰공무원의 근무성적 평정에는 ① 근무실적·직무수행능력·직무수행태도 평정, ② 성격평정, ③ 적성평정, ④ 발전성 평정, ⑤ 주변 평판 평정, ⑥ 물욕관계(청렴도) 평정, ⑦ 음주관계 평정, ⑧ 이성관계 평정, ⑨ 가족관계 평정, ⑩ 건강상태 평정 등이 있다.

첫째, 근무실적·직무수행능력·직무수행태도에 대한 평정의 내용은 아래 표와 같다.

둘째, 성격에 대한 평정요소는 ① 지도력(민주형, 자유방임형, 군림권위형), ② 근면성실, ③ 무사안일주의, ④ 솔선수범, ⑤ 책임감 결여, ⑥ 인화단결, ⑦ 파벌조성, ⑧ 이기적·독선적, ⑨ 겸손하고 예의바름, ⑩ 편견과 아집이 있음, ⑪ 순응적, ⑫ 반발적, ⑬ 자제적, ⑭ 감정적, ⑮ 적극적, ⑯ 소극적 등이다. 이에 대해서 평정대상자의 특정적인 것 4가지 이상을 선택하여 'O' 표시한다.

셋째, 적성에 대한 평정은 ① 지휘관, ② 참모, ③ 기획요원 등에 대해서 적합, 보통, 부적합 등의 평정을 실시한다.

넷째, 발전성에 대한 평정은 ① 상위직 업무수행 능력이 우수한다, ② 상위직 업무수행 능력이 보통이다, ③ 상위직 업무수행 능력이 부족하다 등에 대한 1차 평정과 2차 평정을 실시한다.

다섯째, 주변의 평판에 대한 평정은 ① 아주 좋다, ② 보통이다, ③ 나쁘다 등의 3가지 요소에 대해서 주관식으로 서술한다.

여섯째, 물욕관계(청렴도)에 대한 평정은 ① 문제될 것 없다, ② 함부로 물품을 받는 버릇이 있다, ③ 대내·외인에게 물품을 요구하는 버릇이 있다 등에 대해서 평정을 실시한다.

일곱째, 음주관계에 대한 평정은 ① 전혀 마시지 않는다, ② 분별하여 마신다, ③ 마시면 이성을 잃는다 등에 대해서 평정을 실시한다.

여덟째, 이성관계에 대한 평정은 ① 문제될 것 없다, ② 항상 문제가 된다 등에 대해서 평정을 실시한다.

아홉째, 가족관계에 대한 평정은 ① 원만(건전)하다, ② 보통이다, ③ 불건전하다 등에 대해서 평정한다.

마지막으로 건강상태에 대한 평정은 ① 건강하다, ② 보통이다, ③ 허약하다, ④ 질병이 있다 등에 대해서 평정을 실시한다.

총경인 경찰공무원의 근무성적 평정		
제2평정요소	평가요소	평정기준
근무실적	① 직무의 양	• 어느 정도로 많은 양의 담당 직무를 처리하고 있는가?
	② 직무수행의 정확성	• 담당 직무를 어느 정도로 우수하고 정확하게 처리하고 있는가?
	③ 직무수행의 신속성	• 담당 직무를 미결없이 어느 정도로 신속히 처리하고 있는가?

	④ 지식 및 기술	· 담당 직무수행에 필요한 지식과 기술을 가지고 활용하고 있는가?
직무 수행능력	⑤ 이해 및 판단력	· 담당 직무에 대하여 잘 이해하고 정확한 판단을 내리는가?
	⑥ 기획 및 창의력	· 담당 직무를 수행할 때에 새로운 방법을 연구하여 개선하려고 노력하고 있는가?
	⑦ 관리 및 지휘력	· 부하직원과 인화단결하고 민주적인 방법으로 통솔하고 있는가?
직무 수행태도	⑧ 성실성 및 규율준수	· 담당 직무를 성실하게 수행하며 상사의 명령에 복종하고 규율을 준수하고 있는가?
	⑨ 친절 및 협조성	· 상사·동료간 및 대민관계에서 인화단결하며 협조하려고 노력하고 있는가?
	⑩ 적극성 및 책임성	· 직무를 수행할 때에 의욕과 열의 및 책임감과 실천력은 어느 정도인가?

❼ 경정 이하 경찰공무원의 근무성적 평정

「경찰공무원 승진임용 규정」(시행 2021.8.31.)과 「경찰공무원 승진임용 규정 시행규칙」(시행 2021.12.31.)에 따르면 경정 이하 경찰공무원의 근무성적 평정에는 ① 제1평정 요소와 ② 제2평정 요소가 있다. 제1평정 요소는 평정기준에 따라 제1차 평정자가 평가하고, 제2차·제3차 평정자는 관련 자료로 확인한다.

제2평정 분포 비율은 수(19점 이상)는 20%, 우(16점 이상 19점 미만)는 40%, 양(10점 이상 16점 미만)은 30%, 가(10점 미만)는 10%로 규정하고 있다. 제1평정 요소와 제2평정 요소의 내용은 아래 표와 같다.

경정 이하 경찰공무원의 제1평정 요소					
평정 항목	경찰업무발전에 대한 기여도	포상	교육훈련	근무태도	계
배점	6	9	13	2	30
내용	· 중요 업무계획 수립, 중요 범죄 검거 등을 평가	· 상훈으로 인한 상점과 징계 등으로 인한 벌점을 상계	· 체력단련, 상시학습 이수 등을 평가	· 근무태도 일반을 평가	소계

경정 이하 경찰공무원의 제2평정 요소			
항목 평정	근무실적	직무수행능력	직무수행태도	계
배점	6	8	6	20
내용	· 담당 직무의 양 · 직무수행의 정확성 · 직무수행의 신속성	· 직무 지식 및 기술 · 직무의 이해력 · 창의력 및 기획력 · 관리 및 통솔력	· 성실성 및 준법성 · 친절도 및 협조성 · 적극성 및 책임감	소계

🔍 일선 경찰관의 근무평정

- 경찰 인사는 「경찰공무원」법에 규정된 경찰인사의 대원칙은 '능력실증'이다.
- 승진 규정에서는 구체적으로 1·2·3차 평정권자를 정해 놓았다.
- 예를 들어 일선 지구대 요원에 대한 1차 평정권자는 팀장이다. 팀장은 팀원이 112신고 등에 대해서 일선 지구대 요원이 어떻게 대응하는지 등을 평가한다.
- 2차 평정권자는 지구대장이다.
- 3차는 경찰서의 생활안전과장이다. 지구대에서 112신고를 몇 건이나 처리하고 어떻게 대응했는지 등에 대한 매일 업무보고 등을 생활안전과장이 평가한다.
- 업무능력을 객관적 자료를 통해서 평가하고 있다.

2 전직

전직이란 원칙적으로 직렬을 달리하는 임용을 말하며, 직위분류제의 원칙에서 볼 때에는 일종의 특례를 의미하므로 일정한 요건에 해당될 때에 한하여 원칙적으로 전직시험을 거쳐 행한다(예를 들어 행정사무관을 검찰사무관으로 임용하는 것 등). 특정직 국가공무원인 경찰공무원은 직렬로 구분되지 않고 경과로 구분되므로 전직임용은 없다. 오히려 전과가 일반직 공무원의 전직에 해당한다고 볼 수 있다. 경찰공무원의 '전과'란 '경과'警科를 변경하는 것을 말한다.[104]

일반직 국가공무원이나 경찰공무원 이외의 특정직 국가공무원이 경찰공무원으로 임

---

[104] 「경찰공무원 임용령」 제2조(정의).

용되는 것은 전직에 해당하지 않으며, 신규채용의 형식을 취한다. 다만, 특별채용시험에 의하는 경우가 많다.[105]

3 전보

전보란 동일직급 내에서의 보직변경을 말한다(A경정을 경비과장에서 정보과장직으로 옮기는 것 등). 경찰공무원을 포함한 모든 공무원은 원칙적으로 하나의 직급 또는 직위를 부여받아 그 직급·직위에 따른 직무를 수행한다. 공무원에게 부여된 특정의 직급 또는 직위를 보직이라고 한다. 경찰공무원이 보직을 부여받은 뒤 1년 이내에는 원칙적으로 전보를 할 수 없다. 전보가 행정처분의 성질을 가지는가 하는 점이 문제가 되는데 행정처분의 성질을 갖는다는 판례가 있다.[106]

4 파견

파견이란 행정청이 소속 공무원을 일시적으로 다른 기관에서 근무하게 하는 것을 말한다. 공무원의 파견은 전보에 준하는 변경행위의 일종이다.

5 복직

복직이란 휴직·직위해제 및 정직 중에 있는 공무원을 직위에 복직시키는 것을 말한다. 휴직의 경우에는 그 기간이 만료되거나 그 기간 중이라도 사유가 소멸된 때에는 복직이 보장된다.

---

105 「경찰공무원법」 제10조(신규채용) 3항.
106 김남진c, 전게서, p. 74.

3 ‖ 휴직·직위해제·강임·정직·감봉의 경우

휴직·직위해제·강임·정직·감봉 등은 공무원 본인에게 불이익하게 변경을 하는 것이므로 반드시 법령에 규정된 사유가 발생하여야 한다. 특히 공무원은 형의 선고, 징계처분 또는 「국가공무원법」에서 정하는 사유에 따르지 아니하고는 본인의 의사에 반하여 휴직·강임 또는 면직을 당하지 아니한다. 다만, 1급 공무원과 국가공무원법 제23조(직위의 정급)에 따라 배정된 직무등급이 가장 높은 등급의 직위에 임용된 고위공무원단에 속하는 공무원은 그러하지 아니하다.[107]

1 휴직

휴직이란 공무원의 신분을 보유하면서도 일정한 기간 직무에 종사하지 못하게 하는 것을 말한다. 직위해제와 달리 제재적 의미가 없다. 경찰공무원법에는 휴직에 관한 규정이 없으므로, 국가공무원법의 휴직에 관한 규정이 직접 적용된다.

2 직위해제

직위해제란 공무원이 일정한 사유에 해당되면 일시적으로 직위를 부여하지 아니하여 사유에 따라 능력회복 및 재판업무 등에 전념할 기회를 부여하고 직무수행의 공정성을 확보하기 위한 제도이다. 직위해제는 공무원의 신분을 박탈하지 않으면서도 직위를 부여하지 않음으로서 직무에 종사하지 못하게 하는 것을 말한다. 하지만 출근의무가 소멸되는 것은 아니다.

직위해제는 징계처분의 일종은 아니다. 하지만 승진임용제한, 승진소요최저연수·경력평정기간·승급기간에서 제외되는 등 사실상 제재적 의미를 가진다. 따라서 임용권자는 직위해제자에 대해서 인사발령통지서를 교부할 때 '직위해제처분사유설명서'를 첨부해야 한다.

직위해제처분은 공무원에 대한 불이익처분에 해당하며, 소청심사청구 및 행정소송의

---

107 「국가공무원법」 제68조(의사에 반한 신분조치).

대상이 된다. 임용권자는 직위해제 사유가 소멸된 때에는 지체 없이 복직 발령 후 직위를 부여하여야 한다. 임용권자는 직무수행 능력이 부족하거나 근무성적이 극히 나쁜 경우에 따라 직위해제된 자에게 3개월의 범위에서 대기를 명한다.

임용권자는 직무수행 능력이 부족하거나 근무성적이 극히 나쁜 경우에 따라 대기 명령을 받은 자에게 능력 회복이나 근무성적의 향상을 위한 교육훈련 또는 특별한 연구과제의 부여 등 필요한 조치를 하여야 한다.

임용권자는 직무수행 능력이 부족하거나 근무성적이 극히 나쁜 경우에 따라 대기 명령을 받은 자가 그 기간에 능력 또는 근무성적의 향상을 기대하기 어렵다고 인정된 때에는 직권으로 면직시킬 수 있다.

직위해제[108]	
근거	• 「국가공무원법」 제73조의 3(직위해제) 제1항(시행 2022. 1. 21.)
사유	• 직무수행능력이 부족하거나 근무성적이 극히 나쁜 자(제2호) • 파면·해임·강등 또는 정직에 해당하는 징계의결 요구중인 자(제3호) • 형사사건으로 기소된 자(약식명령 청구자 제외)(제4호) • 고위공무원단에 속하는 일반직공무원으로서 적격심사를 요구받은 자(제5호) • 금품비위, 성범죄 등 일정한 비위행위로 감사원 및 검찰·경찰 등 수사기관에서 조사나 수사 중인 자로서 비위의 정도가 중대하고 정상적인 업무수행을 기대하기 현저히 어려운 자(제6호)
효력	• 봉급(연봉월액) 감액 지급 • 법 제73조의 3 제1항 제2호에 해당하는 경우 → 봉급의 8할(연봉 월액의 7할) 지급 • 법 제73조의 3 제1항 제5호에 해당하는 경우 → 봉급의 7할(연봉 월액의 6할) 지급, 직위해제 기간이 3월이 경과된 경우 봉급의 4할(연봉 월액의 3할) 지급 • 법 제73조의 3 제1항 제3호·제4호·제6호에 해당하는 경우 → 봉급의 5할(연봉 월액의 4할) 지급, 직위해제기간이 3월이 경과된 경우 봉급의 3할(연봉 월액의 2할) 지급 • 승진임용제한, 승진소요최저연수·경력평정기간·승급기간에서 제외

108 인사혁신처, 전게서, p. 440.

🌐🔍 직위해제시의 출근의무

- 근로자가 직위해제를 당한 경우 단순히 직위의 부여가 금지된 것일 뿐이고 근로자와 사용자의 근로관계가 당연히 종료되는 것은 아니라고 할 것이므로 대기발령을 받지 않았다거나 교육훈련 또는 특별한 연구과제를 부여받지 않았다고 하여 당연히 출근의무가 소멸되는 것도 아니라고 판단하였는바, 기록에 비추어 살펴보면, 원심의 위와 같은 판단은 정당한 것으로 수긍이 되고, 거기에 상고이유에서 주장하는 바와 같이 직위해제시 출근의무에 관한 법리를 오해한 위법이 있다고 할 수 없다.[109]

🌐🔍 직위해제의 법적 성격

- 형사사건으로 기소된 경우 등 특별한 사전절차를 거침이 없이 일시적으로 직위를 부여하지 아니하여 직무에 종사하지 못하도록 하는 '보직의 해제'로서 비위자에 대하여 소정의 절차를 거쳐 과하는 징벌적 성격의 징계와는 다름.
- 다만, 직위해제시 승급, 보수 등에서의 불이익한 처우가 수반되고, 일정한 경우 직위해제를 기초로 직권면직처분을 받을 가능성까지 있으므로 '인사상 불이익 처분'에 속함.

  ※ 소청심사 청구 등을 위하여 당사자에게 '처분사유설명서' 교부

🌐🔍 직위해제처분과 징계처분과의 관계

- 직위해제처분은 비위사건을 징계하는 처분과는 다르므로 감봉의 징계처분을 받았다고 하더라도 다시 형사사건으로 기소된 이상 이를 이유로 한 직위해제처분은 정당함.[110] 직위해제처분은 징계처분이 아니므로 동일한 사유로 직위해제처분과 징계처분을 하여도 이중처벌이 아님.

---

109 대법원 2003.05.16. 선고 2002두8138판결.
110 대법원 1972.04.26. 선고 72누3판결.

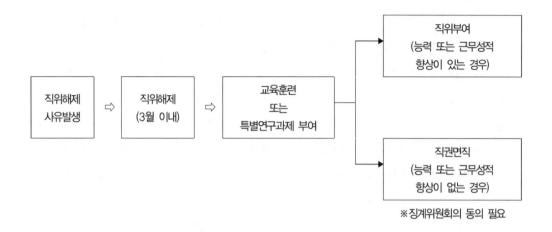

직무수행능력이 부족하거나 근무성적이 불량자에 대한 직위해제 절차

직위해제
사유발생 ⇒ 직위해제
(3월 이내) ⇒ 교육훈련
또는
특별연구과제 부여

직위부여
(능력 또는 근무성적
향상이 있는 경우)

직권면직
(능력 또는 근무성적
향상이 없는 경우)

※징계위원회의 동의 필요

3 강임

강임이란 동일한 직렬 내에서 하위의 직급에 임명하거나 하위직급이 없어 다른 직렬의 하위직급으로 임명하는 것을 말한다. 임용권자는 직제 또는 정원의 변경이나 예산의 감소 등으로 직위가 폐직되거나 하위의 직위로 변경되어 과원이 된 경우 또는 본인이 동의한 경우에는 소속 공무원을 강임할 수 있다.

강임된 공무원은 상위 직급 또는 고위공무원단 직위에 결원이 생기면 우선 임용된다. 다만, 본인이 동의하여 강임된 공무원은 본인의 경력과 해당 기관의 인력 사정 등을 고려하여 우선 임용될 수 있다.

Police Science
🔍 경찰공무원의 강임

- 「국가공무원법」 제73조의 4(강임) 1항은 "임용권자는 직제 또는 정원의 변경이나 예산의 감소 등으로 직위가 폐직되거나 하위의 직위로 변경되어 과원이 된 경우 또는 본인이 동의한 경우에는 소속 공무원을 강임할 수 있다."고 규정하고 있다.
- 「경찰공무원법」 제36조(국가공무원법과의 관계) 1항은 "경찰공무원에 대해서는 「국가공무원법」 제73조의 4(강임)의 규정을 적용하지 아니한다."고 규정하고 있다.
- 따라서 직제와 정원의 개·폐, 직위변경 등의 사유에 의해서는 경찰공무원을 '강임'할 수 없다. 하지만 징계의 의한 '강임'은 당연히 가능하다.

4 정직

정직은 징계처분의 일종으로서, 공무원의 신분은 박탈하지 않으면서 일정한 기간 직무에 종사하지 못하게 하는 처분이다. 정직기간이 만료되면 당연히 복직된다. 정직은 기간이 미리 정해져 있으므로, 별도의 처분(직위해제 등)이 없는 한 기간이 만료하게 되면 당연히 복직된다.[111]

정직의 처분기간은 1개월 이상 3개월 이하이다. 정직기간 중에는 신분은 보유하지만 직무에는 종사하지 못한다. 정직처분기간＋18개월은 승진소요 최저연수에서 제외되고, 승진임용 및 특별승진임용에도 제한을 받는다. 정직 처분기간 중에는 보수 전액을 삭감한다.

국가공무원법 제78조의 2(징계부가금)의 규정 중 법령에 해당하는 사유로 인한 징계처분과 소극행정, 음주운전, 성폭력, 성희롱 및 성매매에 따른 징계처분의 경우에는 각각 6개월을 가산한다.

5 감봉

감봉은 징계처분의 일종으로서, 공무원의 직무담임을 계속 시키면서 보수만을 감하는 처분이다. 감봉의 처분기간은 1개월 이상 3개월 이하이다. 감봉기간 중에는 신분을 보유하고 직무를 수행한다. 감봉처분기간＋12개월은 승진소요 최저연수에서 제외하고 승진임용 및 특별승진임용에도 제한을 받는다. 감봉 처분기간 중에는 보수의 1/3을 감액한다.

국가공무원법 제78조의 2(징계부가금)의 규정 중 법령에 해당하는 사유로 인한 징계처분과 소극행정, 음주운전, 성폭력, 성희롱 및 성매매에 따른 징계처분의 경우에는 각각 6개월을 가산한다.

---

[111] 김남진c, 전게서, p. 76.

경찰공무원 근무관계의 변경		
변경		**내용**
단독 행위	승진	• 특정계급에서 상위계급으로 수직이동하는 것이다.
	전과 (경과)	• 특정직 국가공무원인 경찰공무원은 직렬로 구분되지 않고 경과로 구분되므로 전직임용 은 없다. 오히려 전과가 일반직 공무원의 전직에 해당한다고 볼 수 있다. • 동일한 계급에서 경과를 변경하는 것이다. • 일반경과인 파출소장(경위)에서 수사경과인 형사반장(경위)으로 변경 • 경찰공무원의 '전과'란 '경과'(警科)를 변경하는 것을 말한다
	전보	• 동일직급 내에서의 보직변경을 말한다(A경정을 경비과장에서 정보과장직으로 옮기는 것 등).
	파견	• 파견이란 행정청이 소속 공무원을 일시적으로 다른 기관에서 근무하게 하는 것을 말한 다. 국가기관, 공공단체, 연구기관 등에 파견하는 것을 말한다.
	복직	• 복직이란 휴직·직위해제 및 정직 중에 있는 공무원을 직위에 복직시키는 것을 말한다.
법적 규정 필요	휴직	• 휴직이란 공무원이 신분을 보유하면서도 일정한 기간 직무에 종사하지 못하게 하는 것 을 말한다. 직위해제와 달리 제재적 의미가 없다.
	직위 해제	• 신분을 보유하나 직위를 부여하지 않는 것을 말한다. • 직위해제는 징계처분의 일종은 아니지만, 사실상 제재적 의미를 가진다. • 직위해제처분은 공무원에 대한 불이익처분에 해당하며, 소청심사청구 및 행정소송의 대 상이 된다.
	강임	• 강임이란 동일한 직렬 내에서 하위의 직급에 임명하거나 하위직급이 없어 다른 직렬의 하위직급으로 임명하는 것을 말한다.
	정직	• 정직은 징계처분의 일종으로서, 공무원의 신분은 박탈하지 않으면서 일정한 기간 직무 에 종사하지 못하게 하는 처분이다.
	감봉	• 감봉이란 직무담임을 계속시키면서 보수만을 감하는 행위이다. 징계처분의 일종으로서 징계처분절차를 거쳐 행하여야 한다.

1 소멸의 의의

경찰공무원 관계의 소멸이란 경찰공무원으로서의 신분을 상실하는 것을 말한다. 경찰공무원관계는 법정주의의 원칙에 따라 법이 정하거나 허용하는 일정 전제요건과 형식에 따라서만 종료될 수 있다. 경찰공무원관계가 소멸하는 원인으로는 퇴직과 면직이 있다.

퇴직에는 당연퇴직(결격사유 해당자)과 기타 당연퇴직 사유(사망·임기만료·정년도달·근무상한연령 도달 등)가 있다. 면직에는 본인의 의사표사에 의한 의원면직과 본인의 의사와 관계없이 임용권자가 법률의 규정에 의해서 하는 직권면직이 있다.

Police Science

🌐🔍 임용결격 및 당연퇴직 규정의 목적[112]

- 국가공무원법, 지방공무원법, 경찰공무원법 등 많은 법에서 공무원의 임용결격사유 및 당연퇴직에 관한 규정을 두고 있다.
- 위 규정들은 범죄행위로 인하여 일정한 유죄판결을 받은 자 등을 공무원으로 임용될 수 없도록 하고 임용된 후에는 공무원직에서 당연퇴직하도록 하고 있다.
- 임용결격사유에 해당하는 자를 공무원의 직무로부터 배제함으로써 ① 그 직무수행에 대한 국민의 신뢰, ② 공무원직에 대한 신용 등을 유지하고, ③ 그 직무의 정상적인 운영을 확보하기 위한 것일 뿐만 아니라, ④ 공무원범죄를 사전에 예방하고, ⑤ 공직사회의 질서를 유지하고자 함에 그 목적이 있다.[113]

---

[112] 인사혁신처, 전게서, p. 458.
[113] 대법원 1996.05.14. 선고 95누7307판결.

퇴직은 공무원에게 일정한 사유가 발생한 경우에 임용권자의 의사표시(처분)가 필요 없이 당연히 공무원의 신분을 상실하는 것을 말한다. 당연퇴직이라고도 한다. 일정한 법정의 사유가 발생함에 따라 별도의 행위를 기다릴 것이 없이 당연히 공무원의 신분을 상실하는 것을 말한다.

퇴직의 사유로는 결격사유의 발생, 사망, 임기만료, 정년 등이 있으나, 경찰공무원의 경우에는 임기직 공무원이 없으므로 임기만료는 퇴직사유가 되지 않는다. 경찰공무원의 당연퇴직 사유에는 「경찰공무원법」에서 규정한 결격사유와 사망, 연령정년, 계급정년 등이 있다.

Police Science

🌐 **일반공무원과 경찰공무원의 결격사유 차이**

- 일반 공무원과 달리 경찰공무원은 대한민국국적을 가지지 않는 것이 결격사유의 하나로 규정되어 있다.[114] 따라서 경찰공무원이 재직 중 대한민국 국적을 상실하는 것도 당연퇴직사유에 해당한다.

경찰공무원법 제8조(임용자격 및 결격사유) 2항에 의한 당연퇴직[115]	
구분	내용
당연퇴직사유	• 대한민국 국적을 가지지 아니한 사람(1호) • 「국적법」에 따른 복수국적자(2호) • 피성년후견인(구. 금치산자와 비슷) 또는 피한정후견인(구. 한정치산자와 비슷)(3호) • 파산선고를 받고 복권되지 아니한 사람(4호) • 자격정지 이상의 형(刑)을 선고받은 사람(5호) • 자격정지 이상의 형의 선고유예를 선고받고 그 유예기간 중에 있는 사람(6호) • 공무원으로 재직기간 중 직무와 관련하여 「형법」 제355조(횡령, 배임) 및 제356조(업무상의 횡령과 배임)에 규정된 죄를 범한 자로서 300만 원 이상의 벌금형을 선고받고 그 형이 확정된 후 2년이 지나지 아니한 사람(7호)

---

114 「경찰공무원법」 제8조(결격사유의 발생) 2항 1호.
115 「경찰공무원법」 제8조(결격사유의 발생) 2항.

- 「성폭력범죄의 처벌 등에 관한 특례법」 제2조(정의)에 규정된 죄를 범한 사람으로서 100만 원 이상의 벌금형을 선고받고 그 형이 확정된 후 3년이 지나지 아니한 사람(8호)
- 미성년자에 대한 다음 각 목의 어느 하나에 해당하는 죄를 저질러 형 또는 치료감호가 확정된 사람(집행유예를 선고받은 후 그 집행유예기간이 경과한 사람을 포함한다)(9호)
  - 「성폭력범죄의 처벌 등에 관한 특례법」 제2조(정의)에 따른 성폭력범죄(가목)
  - 「아동·청소년의 성보호에 관한 법률」 제2조(정의) 제2호에 따른 아동·청소년대상 성범죄(나목)
- 징계에 의하여 파면 또는 해임처분을 받은 사람(10호)

경찰공무원법 제27조(당연퇴직) 규정에 의한 당연퇴직[116]	
구분	내용
당연퇴직사유	• 경찰공무원이 경찰공무원법 제8조(결격사유의 발생) 제2항 각 호의 어느 하나에 해당하게 된 경우에는 당연히 퇴직한다. 다만, 제8조 제2항 제4호는 파산선고를 받은 사람으로서 「채무자 회생 및 파산에 관한 법률」에 따라 신청기한 내에 면책신청을 하지 아니하였거나 면책불허가 결정 또는 면책 취소가 확정된 경우만 해당한다. • 경찰공무원법 제8조(결격사유의 발생) 제2항 제6호는 「형법」 제129조(수뢰, 사전수뢰)부터 제132조(알선수뢰)까지이다. • 「성폭력범죄의 처벌 등에 관한 특례법」 제2조, 「아동·청소년의 성보호에 관한 법률」 제2조(정의) 제2호 및 직무와 관련하여 「형법」 제355조(횡령, 배임) 또는 제356조(업무상의 횡령과 배임)에 규정된 죄를 범한 사람으로서 자격정지 이상의 형의 선고유예를 받은 경우만 해당한다.

---

116 「경찰공무원법」 제27조(당연퇴직).

기타 당연퇴직 사유		
구분	**내용**	
사망	• 경찰공무원이 재직 중 사망하면 당연히 경찰공무원관계는 소멸	
정년[117]	연령정년	• 60세
	계급정년	• 치안감: 4년 • 경무관: 6년 • 총경: 11년 • 경정: 14년 • 나머지 계급의 계급정년 없음
	• 수사, 정보, 외사, 보안, 자치경찰사무 등 특수 부문에 근무하는 경찰공무원으로서 대통령령으로 정하는 바에 따라 지정을 받은 사람은 총경 및 경정의 경우에는 4년의 범위에서 대통령령으로 정하는 바에 따라 계급정년을 연장할 수 있다.[118]	
	• 경찰청장 또는 해양경찰청장은 전시·사변이나 그 밖에 이에 준하는 비상사태에서는 2년의 범위에서 계급정년을 연장할 수 있다. 이 경우 경무관 이상의 경찰공무원에 대해서는 행정안전부장관 또는 해양수산부장관과 국무총리를 거쳐 대통령의 승인을 받아야 하고, 총경·경정의 경찰공무원에 대해서는 국무총리를 거쳐 대통령의 승인을 받아야 한다.[119]	

임용결격사유 해당자의 인사처리[120]	
임용전 결격사유 존재	• 당연무효로서 당초 임용행위를 소급하여 취소 　(당연무효의 통지·확인 성격) • 이미 퇴직한 자에 대해서도 당초 임용일자로 소급하여 임용 취소
재직 중 결격사유 발생	• 형 확정일자로 당연퇴직 발령조치 • 이미 퇴직한 자에 대해서도 당연퇴직 발령조치 • 근무기간 중 기 지급된 보수는 환수하지 아니함[121]

3 ‖ 경찰공무원의 면직 사유

　　면직이란 경찰공무원의 신분을 상실시키는 임용권자의 의사표시(처분)를 말한다. 면직에는 '의원면직'과 '직권면직'이 있다. 직권면직에는 직권면직 사유에 의한 '협의의 직권면직'(일방적 직권면직)과 징계에 의한 '징계면직'이 있다.

---

117 「경찰공무원법」 제30조(정년) 1항.
118 「경찰공무원법」 제30조(정년) 3항.
119 「경찰공무원법」 제30조(정년) 4항.
120 「국가공무원법」 제33조(결격사유).
121 「공무원보수규정」 제25조(퇴직 후의 실제 근무 등에 대한 보수 지급).

면직의 종류와 구별		
면직의 종류	구별	
의원면직	• 본인의 의사에 의한 것	
직권면직	• 본인의 의사에 의한 것이 아님	
	징계면직	• 징계처분에 의한 면직
	협의의 직권면직	• 징계에 의하지 않고 임용권자의 일방적 처분에 의해 공무원의 신분을 상실시키는 것

1 의원면직

의원면직^{依願免職}이란 본인의 의사표시에 의하여 공무원 관계를 소멸시키는 경우를 말한다. 경찰공무원 본인의 의사표시에 의하여 경찰공무원 관계를 소멸시키는 행위를 말한다. 임명의 경우와 마찬가지로 신청을 요하는 쌍방적 행정행위이다.

의원면직에 있어서는 사직의 의사표시만으로는 부족하고 서면으로 사직서를 제출하여 임명권자의 승인을 받아야 한다. 의원면직시에는 본인의 의사 여부를 판단하기 위하여 반드시 자필 사직원을 첨부해야 한다. 하지만 강요에 의한 사의표시로 인한 면직처분은 위법이며 취소 또는 무효사유가 된다.[122]

명예퇴직은 20년 이상 근속하고 정년 퇴직일 전 1년 이상의 기간 중 자진하여 퇴직하는 공무원을 대상으로 한다. 경찰공무원의 명예퇴직은 치안정감 이하 경찰이 대상이며 본인의 의사를 전제로 한다. 따라서 법적으로는 명예퇴직도 의원면직의 일종이다.

Police Science
🌐 사표수리 전 직무수행 의무

• 경찰공무원이 사직서만 제출하고 직장을 무단이탈하면 징계 및 형사책임의 원인이 된다. 공무원은 언제든지 사의를 표시할 수 있으나 의원면직은 쌍방적 행정행위이므로 사의표시만으로 공무원관계가 소멸되는 것은 아니다. 임용권자에 의한 면직행위가 있을 때까지는 공무원관계는 존속한다.

• 공무원의 사의표시만으로 그 효력이 발생하여 곧 공무원의 신분을 상실하게 된다면 공무상

---

122 대법원 1976.06.24. 선고 75누46판결.

질서가 문란해질 염려가 있으므로 공무원의 사의표시만으로 그 효력이 발생하여 공무원 자격을 상실한다고 보지 않음이 타당하다.[123]

- 따라서 사표수리 전까지는 직장에 출근하여 직무를 수행할 의무가 있다.

Police Science

🔍 퇴직을 희망하는 공무원에 대한 징계사유 확인 및 의원면직 제한[124]

- 임용권자 또는 임용제청권자는 공무원이 퇴직을 희망하는 경우에는 제78조 제1항에 따른 징계사유가 있는지 및 규정 중 어느 하나에 해당하는지 여부를 감사원과 검찰·경찰 등 조사 및 수사기관(조사 및 수사기관)의 장에게 확인하여야 한다.
- 절차에 따른 확인 결과 퇴직을 희망하는 공무원이 파면, 해임, 강등 또는 정직에 해당하는 징계사유가 있거나 다음 각 호의 어느 하나에 해당하는 경우(제1호·제3호 및 제4호의 경우에는 해당 공무원이 파면·해임·강등 또는 정직의 징계에 해당한다고 판단되는 경우에 한정) 소속 장관 등은 지체 없이 징계의결 등을 요구하여야 하고, 퇴직을 허용하여서는 아니 된다.
- 비위非違와 관련하여 형사사건으로 기소된 때(1호)
- 징계위원회에 파면·해임·강등 또는 정직에 해당하는 징계 의결이 요구 중인 때(2호)
- 조사 및 수사기관에서 비위와 관련하여 조사 또는 수사 중인 때(3호)
- 각급 행정기관의 감사부서 등에서 비위와 관련하여 내부 감사 또는 조사 중인 때(4호)

2 직권면직

직권면직은 공무원이 법률에서 정한 일정한 사유에 해당되는 경우 본인의 의사와 관계 없이 임용권자가 면직처분을 행할 수 있도록 하여 조직의 효율성을 제고하기 위한 목적으로 만든 제도이다. 직권면직에는 직권면직 사유에 의한 협의의 직권면직(일방적 직권면직)과 징계에 의한 징계면직이 있다.

❶ 협의의 직권면직(일방적 직권면직)

협의의 직권면직(일방적 직권면직)은 국가공무원법 제70조, 경찰공무원법 제28조, 경찰

---

123 대법원 1971.03.23. 선고 71누7판결.
124 「국가공무원법」 제78조의 4(퇴직을 희망하는 공무원의 징계사유 확인 및 퇴직 제한 등).

공무원 임용령 제47조 등의 규정에 의한 직권면직을 말한다. 법령에 의한 사유가 발생하면 임용권자는 공무원 본인의 의사와 관계없이 공무원 관계를 소멸시킬 수 있다.

협의의 직권면직(일방적 직권면직) 사유	
국가공무원법 상의 직권면직 (제70조 제1항) (시행 2022. 1. 21.)	• 직제와 정원의 개폐 또는 예산의 감소 등에 따라 폐직(廢職) 또는 과원(過員)이 되었을 때(3호) • 휴직 기간이 끝나거나 휴직 사유가 소멸된 후에도 직무에 복귀하지 아니하거나 직무를 감당할 수 없을 때(4호) • 직무수행 능력이 부족하거나 근무성적이 극히 불량함에 따라 대기 명령을 받은 자가 그 기간에 능력 또는 근무성적의 향상을 기대하기 어렵다고 인정된 때(5호) 전직시험에서 세 번 이상 불합격한 자로서 직무수행 능력이 부족하다고 인정된 때(6호) • 병역판정검사·입영 또는 소집의 명령을 받고 정당한 사유 없이 이를 기피하거나 군복무를 위하여 휴직 중에 있는 자가 군복무 중 군무(軍務)를 이탈하였을 때(7호) • 해당 직급·직위에서 직무를 수행하는데 필요한 자격증의 효력이 없어지거나 면허가 취소되어 담당 직무를 수행할 수 없게 된 때(8호) • 고위공무원단에 속하는 공무원이 제70조의 2에 따른 적격심사 결과 부적격 결정을 받은 때(9호)
경찰공무원법 상의 직권면직 (제28조 제1항) (시행 2021. 1. 1.)	• 직제와 정원의 개폐 또는 예산의 감소 등에 따라 폐직(廢職) 또는 과원(過員)이 되었을 때(1호) • 휴직 기간이 끝나거나 휴직 사유가 소멸된 후에도 직무에 복귀하지 아니하거나 직무를 감당할 수 없을 때(1호) • 직무를 수행하는 데에 위험을 일으킬 우려가 있을 정도의 성격적 또는 도덕적 결함이 있는 사람으로서 대통령령으로 정하는 사유에 해당된다고 인정될 때(1호) • 경찰공무원으로는 부적합할 정도로 직무 수행능력이나 성실성이 현저하게 결여된 사람으로서 대통령령으로 정하는 사유에 해당된다고 인정될 때(2호) • 직무를 수행하는 데에 위험을 일으킬 우려가 있을 정도의 성격적 또는 도덕적 결함이 있는 사람으로서 대통령령으로 정하는 사유에 해당된다고 인정될 때(3호) • 해당 경과에서 직무를 수행하는 데 필요한 자격증의 효력이 상실되거나 면허가 취소되어 담당 직무를 수행할 수 없게 되었을 때(4호)

경찰공무원 임용령상의 직권면직사유 (제47조 제1항) (시행 2022. 1. 1.)	• 경찰공무원법 제28조 제1항 제2호에서 '대통령령으로 정하는 사유'란 다음 각호의 경우를 말한다.
	  – 지능 저하 또는 판단력 부족으로 경찰업무를 감당할 수 없는 경우
	  – 책임감의 결여로 직무수행에 성의가 없고 위험한 직무를 고의로 기피하거나 포기하는 경우
	• 경찰공무원법 제28조 제1항 제3호에서 '대통령령으로 정하는 사유'란 다음 각호의 경우를 말한다.

> – 인격장애, 알코올·약물중독 그 밖의 정신장애로 인하여 경찰업무를 감당할 수 없는 경우
> – 사행행위 또는 재산의 낭비로 인한 채무과다, 부정한 이성관계 등 도덕적 결함이 현저하여 타인의 비난을 받는 경우

❷ 징계에 의한 징계면직

징계처분으로 공무원 신분을 소멸시키는 처분으로 '파면'과 '해임'이 있다. 징계에 의한 징계면직은 '파면'과 '해임'을 말한다. 파면과 해임은 공무원 신분을 '박탈'한다는 점에서는 같지만 그 외의 '불이익' 측면에선 큰 차이가 난다.

「국가공무원법」 제33조(결격사유)의 규정에 의해 파면은 5년 뒤에, 해임은 3년 뒤에 다시 공무원으로 임용이 가능하다. 공무원에서 파면·해임된 자가 공무원으로 재임용되는 경우는 드물기 때문에 실질적으로 가장 큰 차이는 '퇴직급여'(퇴직연금＋퇴직수당)에 있다.

파면된 경찰관은 재직기간이 5년 미만이면 퇴직급여의 4분의 1 삭감, 재직기간이 5년 이상이면 퇴직급여의 2분의 1이 삭감된다. 퇴직수당은 재직기간과 무관하게 2분의 1 삭감된다. 재직기간이 1년 이상 5년 미만인 경우엔 6.5%, 20년 이상인 경우 최고 39%를 곱하게 되어 있다. 오래 재직한 경찰공무원의 경우엔 수천만 원 정도에 이른다.

해임된 경찰관은 재직기간이 5년 미만이면 퇴직급여의 8분의 1 삭감, 재직기간이 5년 이상이면 퇴직급여의 4분의 1이 삭감될 수 있다. 퇴직수당은 4분의 1이 삭감된다. 해임된 경찰관은 '금고 이상의 형'의 확정이 없으면 '퇴직급여'의 불이익을 받지 않는다.

해임된 공무원이라도 형사처벌로 '금고 이상의 형'이 확정되면 공무원연금에 대해선 '파면'과 같은 수준의 불이익을 받게 된다. 직무상의 문제로 징계를 받아 해임된 경우엔 퇴직급여가 제한되지 않는다. 금품이나 향응과 관련된 비위로 해임된 게 아니기 때문이다.[125]

125 유동주, "인천 경찰 2명 '해임' … '파면'과 결정적 차이는 연금"「머니투데이」, 2021.12.02.

형벌 등에 따른 급여의 제한(「공무원연금법」 제65조)(시행 2021. 6. 23.)		
종류	내용	
탄핵 또는 징계에 의하여 파면된 경우 (제1항 제2호)	재직기간이 5년 미만	• 퇴직급여: 4분의 1 삭감
	재직기간이 5년 이상	• 퇴직급여: 2분의 1 삭감
	• 퇴직수당: 2분의 1 삭감(재직기간과 무관)	
금품 및 향응 수수, 공금의 횡령·유용으로 징계에 의하여 해임된 경우 (제1항 제3호)	재직기간이 5년 미만	• 퇴직급여: 8분의 1 삭감
	재직기간이 5년 이상	• 퇴직급여: 4분의 1 삭감
	• 퇴직수당: 4분의 1 삭감(재직기간과 무관)	

제6절 경찰공무원의 권익보호(소청심사·고충처리 등)

1 서설

일반 공무원 및 경찰공무원의 권익을 보호하기 위해서 「국가공무원법」과 「경찰공무원법」 그리고 「성희롱·성폭력 근절을 위한 공무원 인사관리규정」 등에서는 다양한 제도를 두고 있다.

첫째, 공무원에 대한 인사상 불이익처분을 하는 경우에 '처분사유설명서'의 교부를 의무화하고 있다.

둘째, 불이익처분에 대한 행정구제절차로써 소청심사제도와 행정소송제도를 규정하고 있다.

셋째, 근무조건과 기타 신상문제 등에 대한 고충처리제도를 두고 있다.

넷째, 공직 내 성희롱·성폭력을 신고할 수 있도록 하여 효과적으로 공직 내 성비위를 근절시키기 위한 '국가공무원 성희롱성폭력 신고센터'를 운영하고 있다.

이러한 제도들은 경찰공무원 관계의 변동이 없는 경우에도 이용할 수 있는 경우도 있지만, 대부분은 공무원 관계 및 경찰공무원 관계의 변동에 관계되는 것이 일반적이다.

2 │ 처분사유설명서의 교부

1 의의 및 취지

경찰공무원에 대하여 징계처분이나 휴직·직위해제 또는 면직처분을 행할 때에는 처분권자 또는 처분제청권자는 처분의 사유를 기재한 설명서를 교부하여야 한다. 다만, 본인의 의사에 의한 휴직 또는 면직처분을 하는 경우에는 처분사유설명서를 교부할 필요가 없다.

상대방에 대하여 그 처분이 정당한 이유와 근거에 의한 것임을 분명히 하고 상대방이 소청심사·행정소송 등 불복을 제기하는데 편의를 제공하는 동시에, 처분권자로 하여금 처분을 함에 있어서 신중을 기하게 하려는 취지이다. 따라서 처분사유설명서에 기재되어야 할 처분의 사유는 그러한 처분을 하게 된 원인이 된 사실의 적시뿐만 아니라 그 사실에 적용된 법적 근거를 포함한다.

2 대상

처분사유설명서를 교부해야 하는 처분은 징계처분 및 직권에 의한 휴직·직위해제·면직처분이다.

3 효력

처분사유설명서의 교부가 이러한 처분의 성립요건 내지 효력발생요건인지가 문제된다. 판례는 처분사유설명서의 교부는 단지 그 처분의 정당성을 밝히고 상대방에게 불복의 기회를 제공하려는데 취지가 있다는 이유로, 처분사유설명서의 교부를 처분의 효력발생요건이라고 할 수 없고, 그 처분의 통지가 상대방이 볼 수 있는 상태에 놓여질 때에는 처분사유설명서의 교부가 없더라도 그 행정처분은 유효하다고 판시하고 있다.[126] 다만 소청심사청구기간은 처분사유설명서를 교부받은 날부터 진행한다.[127]

---

[126] 대법원 1970.01.27. 선고 68누10판결; 대법원 1991.12.24. 선고 90누100판결.
[127] 「국가공무원법」 제76조(심사청구와 후임자 보충 발령) 1항.

징계처분의 경우에 있어서는 징계처분의 집행은 처분사유설명서의 교부에 의하여 이루어지진다.[128] 따라서 처분사유설명서가 교부되지 않았다면 아직 징계처분이 집행되지 않은 것이고, 상대방이 다른 경로로 징계처분의 존재를 알았다고 하더라도, 아직 징계처분은 존재하지 않는 것으로 본다.[129]

처분사유서설명서의 교부	
국가 공무원법	제76조(심사청구와 후임자 보충 발령) ① 제75조에 따른 처분사유 설명서를 받은 공무원이 그 처분에 불복할 때에는 그 설명서를 받은 날부터, 공무원이 제75조에서 정한 처분 외에 본인의 의사에 반한 불리한 처분을 받았을 때에는 그 처분이 있은 것을 안 날부터 각각 30일 이내에 소청심사위원회에 이에 대한 심사를 청구할 수 있다. 이 경우 변호사를 대리인으로 선임할 수 있다.
경찰공무원 징계령	제18조(경징계 등의 집행) ② 징계 등 의결을 요구한 자는 제1항에 따라 징계 등 의결을 집행할 때에는 의결서 사본에 별지 제4호 서식의 징계 등 처분 사유 설명서를 첨부하여 징계 등 처분 대상자에게 보내야 한다.

3 ‖ 행정쟁송

경찰공무원이 인사상 불리한 처분을 받은 경우, 소청심사를 거쳐 행정소송을 제기할 수 있다. 행정쟁송에는 소청심사와 행정소송이 있다. 행정소송에는 항고소송과 당사자 소송이 있다.

4 ‖ 소청심사

1 서설

소청심사제도란 공무원이 징계처분·강임·휴직·직위해제·면직처분 그 밖에 그 의사

---

128 「경찰공무원 징계령」 제18조(경징계 등의 집행) 2항.
129 최영규b, 전게서, p. 120.

에 반하는 불리한 처분 또는 부작위에 대하여 이의를 제기하는 경우, 이의를 심사하고 결정하는 행정심판제도의 일종이다. 위법, 부당한 인사상 불이익 처분에 대한 구제라는 사법 보완적 기능을 통하여 직접적으로 공무원의 신분 보장 및 권익을 보장함으로써 직업공무원 제도를 확립하고, 간접적으로는 행정의 자기 통제 효과를 도모하고 있다.

❶ 의의

소청심사제도는 인사상 처분에 대한 구제절차로서 행정심판전치주의가 적용되는 특별행정심판제도를 말한다. 소청심사제도에 관련되는 근거 법률은 「국가공무원법」 제9조·제16조·제76조 등과 「소청절차규정」(대통령령), 「소청업무처리지침」(소청심사위원회 예규) 등이 있다.

행정심판전치주의(行政審判前置主義) (Transposition System of Administrative Decision before the Litigation)	
관련 규정	「국가공무원법」 제16조(행정소송과의 관계) ① 제75조에 따른 처분, 그 밖에 본인의 의사에 반한 불리한 처분이나 부작위(不作爲)에 관한 행정소송은 소청심사위원회의 심사·결정을 거치지 아니하면 제기할 수 없다

- 행정심판전치주의란 행정청의 위법한 처분 등을 취소 또는 변경하고자 하는 취소소송(取消訴訟)은 원칙적으로 행정심판의 재결을 거치지 않으면 제기할 수 없게 하는 원칙을 말한다. 법원에 의한 행정소송 이전에 행정심판을 거치도록 하는 제도를 말한다.
- 행정심판을 반드시 진행해야 하는 경우를 '필요적 전치주의'라고 한다. 하지만 행정심판을 진행하지 않아도 행정소송이 가능한 방식을 '임의적 전치주의'라고 한다.
- 공무원에 대한 위법, 부당한 인사상 불이익 처분의 경우, 소청심사위원회의 심판을 먼저 받아야 행정소송을 진행할 수 있다. 이때 소청심사위원회의 심사는 행정심판전치주의에 해당하며, '필요적 전치주의'에 해당한다.
- 예를 들어 공무원에 대한 징계처분의 경우 소청심사위원회의 심판을 먼저 받아야 한다.
- 조세 관련 분야는 조세심판원을, 도로교통법과 관련된 경우는 중앙행정심판위원회의 심판을 먼저 거쳐야 한다.
- 각 분야마다 해당 기관에서 '필요적 전치주의'에 해당하는 행정심판을 먼저 받아야 법원에서 행정소송을 받아들이게 된다.

❷ 대상

소청심사청구의 대상이 되는 처분은 처분사유설명서의 교부대상인 처분(징계처분·직권휴직·직권면직처분)만이 아니라 그 밖에 자신의 의사에 반하는 불리한 처분을 모두 포함한다. 경찰공무원이 자신에게 유리한 어떤 처분을 신청하였으나 상당한 기간 내에 아무런 처분도 없는 경우, 즉 부작위도 포함된다. 예를 들어 휴직사유에 해당하여 휴직을 신

청하였으나 상당한 기간이 지나도 휴직처분도 휴직거부의 통보도 없는 경우가 이에 해당한다.[130]

고충심사제도와 소청심사제도의 비교[131]

- 심사대상에 있어서 소청은 공무원이 받은 신분상 불이익처분이 주요 대상인 반면, 고충은 개인에 대한 신분보다는 근무조건·처우·인사상 직면하게 되는 일상의 신상문제를 그 대상으로 함
- 처리의 법적 성격에 있어서 소청은 불이익처분에 대한 사후구제를 위한 쟁송절차로서 준사법적 기능을 수행하는 반면, 고충은 단순히 적정한 행정상 조치를 구하는 심사기능을 수행함
- 심사결과의 효력에 있어서 당해 행정청은 소청심사위원회의 심사결과에 반드시 기속되나, 고충심사의 결과는 당해 행정청을 기속하지 않고 스스로 판단·시정조치를 하여야만 효력이 발생함

2 소청심사위원회

소청심사위원회는 행정부, 입법부, 사법부, 헌법재판소, 중앙선거관리위원회 등에 설치된 합의제 행정관청이다. 소청심사위원회는 준사법적 합의제 의결기관으로 위원장 1인을 포함한 5명 이상 7명 이내의 상임위원과 상임위원 수의 2분의 1 이상인 비상임위원으로 구성되어 있다.

2022년 기준, 인사혁신처 소속하의 소청심사위원회는 위원장 1명을 포함한 상임위원 5명과 비상임위원 7명으로 구성되어 있다. 위원회 사무를 처리하기 위하여 행정과가 있다. 경찰공무원의 소청은 행정부 내의 인사혁신처에 설치된 소청심사위원회에서 담당한다.

---

130   최영규b, 전게서, pp. 134-135.
131   인사혁신처, 전게서, p. 486.

인사혁신처 소속 하의 소청심사위원회[132]	
사유	• 행정기관 소속 공무원의 징계처분·강임·휴직·직위해제·면직처분 그 밖에 그 의사에 반하는 불리한 처분 또는 부작위[133]
설치	• 인사혁신처(합의제 행정관청)[134]
구성	• 위원장 1명을 포함한 5명 이상 7명 이하의 상임위원과 상임위원 수의 2분의 1 이상인 비상임위원으로 구성하되, 위원장은 정무직으로 보한다.[135]
위원장	• 위원장은 정무직으로 하고, 상임위원은 고위공무원단에 속하는 임기제 공무원으로 보한다.[136]
임명	• 인사혁신처장의 임명제청으로 국무총리를 경유하여 대통령이 임명한다.[137]
임기	• 소청심사위원회의 상임위원의 임기는 3년으로 하며, 한 번만 연임할 수 있다.[138] • 상임위원은 다른 직무를 겸할 수 없다(겸직불가)[139] • 소청심사위원회 비상임위원의 임기는 2년으로 한다.[140]
자격	• 법관·검사 또는 변호사의 직에 5년 이상 근무한 자 • 대학에서 행정학·정치학 또는 법률학을 담당한 부교수 이상의 직에 5년 이상 근무한 자 • 3급 이상 공무원 또는 고위공무원단에 속하는 공무원으로 3년 이상 근무한 자[141]
결격 사유	• 「국가공무원법」 제33조(결격사유) 각 호의 어느 하나에 해당하는 자[142] • 「정당법」에 따른 정당의 당원 • 「공직선거법」에 따라 실시하는 선거에 후보자로 등록한 자[143]
신분 보장	• 소청심사위원회의 위원은 금고 이상의 형벌이나 장기의 심신 쇠약으로 직무를 수행할 수 없게 된 경우 외에는 본인의 의사에 반하여 면직되지 아니한다.[144]

---

132 「국가공무원법」제9조(소청심사위원회의 설치), 제16조(행정소송과의 관계), 제76조(심사청구와 후임자 보충 발령); 「소청절차규정」(대통령령); 「소청업무처리지침」(소청심사위원회 예규)
133 「소청절차규정」제2조(소청심사청구)
134 「국가공무원법」제9조(소청심사위원회의 설치) 1항.
135 「국가공무원법」제9조(소청심사위원회의 설치) 3항.
136 「인사혁신처와 그 소속기관 직제」제23조(소청심사위원회의 구성) 2항.
137 「국가공무원법」제10조(소청심사위원회위원의 자격과 임명) 1항.
138 「국가공무원법」제9조(소청심사위원회의 설치) 2항.
139 「국가공무원법」제10조(소청심사위원회위원의 자격과 임명) 4항.
140 「인사혁신처와 그 소속기관 직제」제23조(소청심사위원회의 구성) 3항.
141 「국가공무원법」제10조(소청심사위원회위원의 자격과 임명) 1항.
142 「국가공무원법」제33조(결격사유)
143 「국가공무원법」제10조의 2(소청심사위원회위원의 결격사유) 1항.
144 「국가공무원법」제11조(소청심사위원회위원의 신분 보장).

3 소청심사의 내용

❶ 적용대상

인사혁신처 소속 하의 소청심사의 적용대상은 일반직과 특정직의 경력직 공무원이다.

❷ 인사혁신처 소속 하의 소청심사위원회

인사혁신처에 설치된 소청심사위원회는 위원장 포함 5−7인 이내 상임위원과 상임위원 수의 2분의 1 이상인 비상임위원으로 구성된다.

❸ 소청제기 사유사

소청제기 사유는 행정기관 소속 공무원의 징계처분·강임·휴직·직위해제·면직처분·전보 그 밖에 그 의사에 반하는 불리한 처분 또는 부작위 처분 등이다.

❹ 소청심사 청구기간

소청심사 청구기간은 징계처분, 강임, 휴직, 직위해제 또는 면직처분 등 처분사유설명서를 교부받는 경우에는 처분사유설명서를 받은 날로부터 30일 이내이다. 반면, 기타 처분사유서를 받지 않는 경우에는 처분이 있은 것을 안 날로부터 30일 이내에 소청을 제기해야 한다. 처분사유 설명서 수령일 또는 처분이 있는 것을 안 날로부터 30일 이내에 직접, 우편, FAX, 온라인, E−Mail 등으로 소청을 제기한다.

소청인에게 책임이 없는 사유로 소청제기 기간이 도과된 경우에는 그 기간을 소청제기 기간에 산입하지 않는다. 이때 기간 계산은 민법의 계산 규정 적용, 처분사유서를 받은 날인 초일은 제외, 위원회에 청구서가 도달한 날을 제기일로 보며, 토·공휴일이 말일일 경우 그 다음날을 만료일로 한다.

❺ 소청심사

소청제기가 접수되면 소청심사위원회에서는 소청인에게 소청청구서 접수 통지 및 답변서 제출을 요구한다. 답변서가 접수되면 답변자료를 검토한다. 답변자료 검토 후 소청인에게는 답변서 부본을 송부하며, 심사기일을 지정하여 통지한다. 소청심사위원회에서는 답변서 자료를 바탕으로 사실조사(서류조사·현지조사·기타 조사)를 실시한다. 이후 조사

보고서를 작성한다.

❻ 소청결정

소청결정의 기간은 접수일로부터 60일 이내이며, 30일 이내 연장이 가능하다. 소청심사위원회의 결정은 재적 위원 3분의 2 이상의 출석과 출석위원 과반수의 합의에 의하여 결정한다. 의견이 나뉠 경우에는 출석 위원 과반수에 이를 때까지 소청인에게 가장 불리한 의견에 차례로 유리한 의견을 더하여 그 중 가장 유리한 의견을 합의된 의견으로 본다. 다만, 중징계 사건 인용 시에는 출석위원 2/3 이상의 합의가 필요하다.

❼ 결정의 종류

소청심사위원회 결정의 종류에는 ① 각하, ② 기각, ③ 취소, ④ 변경, ⑤ 효력유무확인, ⑥ 존재여부확인, ⑦ 의무이행명령 결정 등이 있다.

소청심사위원회 결정의 종류[145]	
구분	**내용**
각하	• 심사 청구가 「국가공무원법」이나 다른 법률에 적합하지 아니한 것이면 그 청구를 각하(却下)한다.
기각	• 심사 청구가 이유 없다고 인정되면 그 청구를 기각(棄却)한다.
취소	• 처분의 취소 또는 변경을 구하는 심사 청구가 이유 있다고 인정되면 처분을 취소 또는 변경하거나 처분 행정청에 취소할 것을 명한다.
변경	• 처분의 취소 또는 변경을 구하는 심사 청구가 이유 있다고 인정되면 처분을 취소 또는 변경하거나 처분 행정청에 변경할 것을 명한다.
효력유무확인	• 처분의 효력 유무 또는 존재 여부에 대한 확인을 구하는 심사 청구가 이유 있다고 인정되면 처분의 효력 유무를 확인한다.
존재여부확인	• 처분의 효력 유무 또는 존재 여부에 대한 확인을 구하는 심사 청구가 이유 있다고 인정되면 처분의 존재 여부를 확인한다.
의무이행명령	• 위법 또는 부당한 거부처분이나 부작위에 대하여 의무 이행을 구하는 심사 청구가 이유 있다고 인정되면 지체 없이 청구에 따른 처분을 하거나 이를 할 것을 명한다.

---

145 「국가공무원법」 제14조(소청심사위원회의 결정) 6항.

❽ 소청심사위원회 결정의 효력

소청심사위원회가 징계처분을 받은 자의 청구에 의하여 소청을 심사할 경우에는 원 징계처분에서 과한 징계보다 중한 징계를 과하는 결정을 하지 못한다(불이익 변경 금지의 원칙). 소청심사위원회의 결정은 그 이유를 명시한 결정서로 하여야 한다. 소청심사위원회의 결정은 처분행정청을 기속한다. 따라서 처분청은 소청심사위원회의 결정내용에 따른 작위·징계의 의무가 발생한다.

Police Science

🌐 불이익 변경 금지의 원칙 적용146

소청심사위원회가 징계처분 또는 징계부가금 부과처분(징계처분 등)을 받은 자의 청구에 따라 소청을 심사할 경우에는 원징계처분보다 무거운 징계 또는 원징계부가금 부과처분보다 무거운 징계부가금을 부과하는 결정을 하지 못한다.

---

❾ 불복수단

소청심사위원회의 결정에 대하여 불복이 있더라도 소청인은 행정부 내에서는 더 이상 다툴 수 있는 수단은 없고, 행정소송으로 다투어야 한다. 소청심사위원회의 결정에 불복할 경우에는 행정소송을 제기할 수 있다. 소청결정에 불복할 경우 소청인은 결정서 수령일부터 90일 이내에 관할 행정법원에 행정소송을 제기하는 것이 가능하다.

인사혁신처 소속 하의 소청심사위원회의 주요내용	
심사청구 기간	• 징계처분, 강임, 휴직, 직위해제 또는 면직처분 등 처분사유설명서를 교부받는 경우: 처분사유설명서를 받은 날로부터 30일 이내 • 기타 처분사유서를 받지 않는 경우 : 처분이 있은 것을 안 날로부터 30일 이내 • 심사: 60일 이내 심사(30일 연장 가능)
심사	• 소청심사위원회는 국가공무원법에 따른 소청을 접수하면 지체 없이 심사하여야 한다. • 소청심사위원회는 심사를 할 때 필요하면 검증(檢證)·감정(鑑定), 그 밖의 사실조사를 하거나 증인을 소환하여 질문하거나 관계 서류를 제출하도록 명할 수 있다. • 소청심사위원회가 소청 사건을 심사하기 위하여 징계 요구 기관이나 관계 기관의 소속 공무원을 증인으로 소환하면 해당 기관의 장은 이에 따라야 한다.

---

146 「국가공무원법」 제14조(소청심사위원회의 결정) 8항.
147 「국가공무원법」 제12조(소청심사위원회의 심사).

	• 소청심사위원회는 필요하다고 인정하면 소속 직원에게 사실조사를 하게 하거나 특별한 학식·경험이 있는 자에게 검증이나 감정을 의뢰할 수 있다.[147]
결정	• 소청 사건의 결정은 재적 위원 3분의 2 이상의 출석과 출석 위원 과반수의 합의에 따른다. 의견이 나뉘어 출석 위원 과반수의 합의에 이르지 못하였을 때에는 과반수에 이를 때까지 소청인에게 가장 불리한 의견에 차례로 유리한 의견을 더하여 그 중 가장 유리한 의견을 합의된 의견으로 본다. • 파면·해임·강등 또는 정직에 해당하는 징계처분을 취소 또는 변경하려는 경우와 효력 유무 또는 존재 여부에 대한 확인을 하려는 경우에는 재적 위원 3분의 2 이상의 출석과 출석 위원 3분의 2 이상의 합의가 있어야 한다. 이 경우 구체적인 결정의 내용은 출석 위원 과반수의 합의에 따른다. 의견이 나뉘어 출석 위원 과반수의 합의에 이르지 못하였을 때에는 과반수에 이를 때까지 소청인에게 가장 불리한 의견에 차례로 유리한 의견을 더하여 그 중 가장 유리한 의견을 합의된 의견으로 본다. • 중징계 사건 인용시에는 출석위원 2/3 이상의 합의가 필요하다.[148]
불이익 변경의 금지	• 소청심사위원회가 징계처분 또는 징계부가금 부과처분(징계처분 등)을 받은 자의 청구에 따라 소청을 심사할 경우에는 원징계처분보다 무거운 징계 또는 원징계부가금 부과처분보다 무거운 징계부가금을 부과하는 결정을 하지 못한다(불이익변경의 금지).[149]
결정의 종류	• 각하, 기각, 취소, 변경, 효력유무확인, 존재여부확인, 의무이행명령
효력	• 소청심사위원회의 결정은 처분 행정청을 기속(羈束)한다.[150]
행정소송 제기	• 소청결정에 불복할 경우 소청인은 결정서 수령일부터 90일 이내 관할 행정법원에 행정소송 제기 가능
행정심판 전치주의	• 공무원에 대하여 징계처분 등을 할 때나 강임·휴직·직위해제 또는 면직처분 등과 같은 국가공무원법에 따른 처분, 그 밖에 본인의 의사에 반한 불리한 처분이나 부작위(不作爲)에 관한 행정소송은 소청심사위원회의 심사·결정을 거치지 아니하면 제기할 수 없다(필요적 전치주의).[151]

소청심사위원회[152]						
구분	소청심사기관					
행정부	국가공무원	경력직	일반직		• 인사혁신처 소청심사위원회	
			특정직	외무공무원	• 인사혁신처 소청심사위원회	
				경찰공무원	• 인사혁신처 소청심사위원회 ※ 단, 경찰관기동대의 경사, 경장, 순경은 당해 전투경찰대가 소속된 기관에 설치된 경찰공무원징계위원회	
				소방공무원	• 인사혁신처 소청심사위원회	
				검 사	• 소청제도 없음	
				교 원	• 교원소청심사위원회	
				군 인	장교 및 준사관	• 국방부 중앙군인사소청심사위원회 (징계처분 외) • 항고심사위원회(징계처분)
					부사관	• 각 군 본부의 군인사 소청심사위원회 (징계처분 외) • 항고심사위원회(징계처분)
				군무원	• 국방부 군무원인사소청심사위원회 (징계처분 외) • 항고심사위원회(징계처분)	
				국가정보원	• 인사혁신처 소청심사위원회	
				대통령경호처	• 인사혁신처 소청심사위원회	
		특수경력직			• 원칙적으로 소청대상에 포함되지 않음(정무직·별정직)	
	지방공무원	경력직	일반직		• 각 시·도 지방소청심사위원회 • 교육소청심사위원회(지방교육청 소속 공무원)	
			특정직	소방직	• 지방공무원 소청심사위원회	
		특수경력직			• 원칙적으로 소청대상에 포함되지 않음	
입법부	• 국회사무처 소청심사위원회					
사법부	• 법원행정처 소청심사위원회					
헌재	• 헌법재판소사무처 소청심사위원회					
선관위	• 중앙선거관리위원회사무처 소청심사위원회					

---

152 인사혁신처, 전게서, p. 483 재수정.

🌐 감사원의 재심 요구권

- 감사원이 소청심사위원회에 파면을 요구한 소청심사 결정은 그 결정이 있은 날부터 15일 이내에 감사원에 통보해야 한다.
- 감사원은 소청심사위원회로부터 통보를 받은 날부터 1개월 이내에 그 재심을 요구할 수 있다.
- 소청심사위원회의 결정에 대해서 감사원이 파면을 요구한 사항에 대해서만 재심을 요구할 수 있다.

🌐 감사원법(시행 2020. 10. 20.)

「감사원법」 제32조(징계 요구 등) ① 감사원은 「국가공무원법」과 그 밖의 법령에 규정된 징계 사유에 해당하거나 정당한 사유 없이 이 법에 따른 감사를 거부하거나 자료의 제출을 게을 리한 공무원에 대하여 그 소속 장관 또는 임용권자에게 징계를 요구할 수 있다.

⑤ 감사원으로부터 제1항에 따른 파면 요구를 받아 집행한 파면에 대한 소청訴請 제기로 소청심사위원회 등에서 심사 결정을 한 경우에는 해당 소청심사위원회의 위원장 등은 그 결정 결과를 그 결정이 있은 날부터 15일 이내에 감사원에 통보하여야 한다.

⑥ 감사원은 제5항의 통보를 받은 날부터 1개월 이내에 그 소청심사위원회 등이 설치된 기관의 장을 거쳐 소청심사위원회 등에 그 재심을 요구할 수 있다.

⑦ 제2항부터 제6항까지의 규정에 따른 기간에는 그 징계 의결이나 소청 결정은 집행이 정지된다.

5 ‖ 행정소송

1 서설

소청을 제기한 자가 소청심사위원회의 결정에 불복이 있는 때에는 위법하다고 생각되는 경우에 한하여 소송을 제기할 수 있다. 이 경우에도 소청심사위원회의 결정을 다투는 것이 아니고, 원칙적으로 공무원에게 불리한 원처분(징계 포함)을 다투는 것이므로(다만 이 경우에도 소청심사위원회의 결정자체의 취소·변경을 구할 수 있는가에 대해서는 견해가 나눠진다) 행정소송의 피고는 원처분청이 된다.

대통령이 행한 처분(예를 들어 5급 이상 공무원의 파면처분)에 대한 행정소송은 대통령의 국가원수로서의 지위 등을 감안하여 특례가 인정되어, 소속 장관을 피고로 하여 제기하여야 한다.[153] 경찰공무원의 징계처분, 휴직처분, 면직처분, 그 밖에 의사에 반하는 불리한 처분에 대한 행정소송은 경찰청장 또는 해양경찰청장을 피고로 한다.[154]

공무원이 그에 대한 불이익처분에 대하여 소송을 제기함에 있어서는 행정심판전치주의가 적용되므로 원칙적으로 소청을 거치지 않고는 행정소송을 제기할 수 없다. 행정소송은 소청심사위원회의 심사·결정을 거치지 아니하면 제기할 수 없다.[155]

2 행정소송의 종류

❶ 항고소송

경찰공무원은 자신에게 불리한 처분이나 징계에 대하여 불복하는 경우에는 경찰청장 또는 해양경찰청장(임용권이 위임된 경우에는 위임을 받은 위임청)을 피고로 하여 항고소송(취소소송·무효 등 확인소송 또는 징계위법 확인소송)을 제기할 수 있다. 다만, 소청심사위원회의 심사·결정을 거쳐야 한다.

그러나 무효 등 확인소송을 제기하는 경우에는 예외적으로 행정심판전치주의가 적용되지 않으므로, 소청심사위원회의 심사·결정을 거치지 않아도 무방하다.[156]

항고소송의 대상이 되는 것은 처분(거부처분 포함)과 징계이다. 법적 효과를 발생하지 않는 훈계·권고 등은 처분이 아니므로 항고소송의 대상이 되지 않는다.[157] 다만, 경고는 항고소송의 대상이 되는 처분으로 보고 있다.[158]

---

153 「국가공무원법」 제16조(행정소송과의 관계) 2항.
154 「경찰공무원법」 제34조(행정소송의 피고).
155 「국가공무원법」 제16조(행정소송과의 관계) 1항.
156 「행정소송법」 제38조(준용규정) 1항.
157 최영규b, 전게서, p. 122.
158 대법원 2002.07.26. 선고 2001두3532판결.

❷ 당사자소송

당사자소송은 국가·공공단체 그 밖의 권리주체를 피고로 한다.[159] 처분을 원인으로 하던 하지 않던, 경찰공무원과 국가 간에 공법상 법률관계에 관하여 다툼이 있는 경우에는 국가를 피고로 하여 당사자소송을 제기할 수 있다. 결격사유에 해당하지 않음에도 불구하고 결격사유 해당을 이유로 당연퇴직의 통지를 받은 경우에 경찰공무원의 신분확인을 청구하는 경우가 그 예이다.[160]

6 ‖ 고충처리

1 의의

고충처리제도는 공무원이 근무조건, 인사관리 기타 신상문제에 대하여 불만이 있는 경우 고충심사를 청구하거나, 고충상담을 신청하여 적절한 해결책을 강구하는 제도이다. 공무원들의 부당한 처우나 근무조건 개선 및 직무 능률 향상에 기여함을 목적으로 한다.

고충처리제도의 근거는 「국가공무원법」 제76조의 2, 「공무원고충처리규정」(대통령령), 「중앙고충업무처리지침」(소청심사위원회 예규) 등이 있다.

2 대상

공무원은 인사·조직·처우 등 각종 직무 조건과 그 밖에 신상 문제와 관련한 고충에 대하여 상담을 신청하거나 심사를 청구할 수 있으며, 누구나 기관 내 성폭력 범죄 또는 성희롱 발생 사실을 알게 된 경우 이를 신고할 수 있다. 이 경우 상담 신청이나 심사 청구 또는 신고를 이유로 불이익한 처분이나 대우를 받지 아니한다.[161]

공무원은 누구나 인사·조직·처우 등 직무 조건과 관련된 신상 문제와 「성폭력범죄의 처벌 등에 관한 특례법」 제2조에 따른 성폭력범죄·「양성평등기본법」 제3조 제2호에

---

159 「행정소송법」 제39조(피고적격).
160 최영규b, 전게서, p. 137.
161 「국가공무원법」 제76조의 2(고충 처리) 1항.

따른 성희롱 및 「공무원 행동강령」 제13조의 3에 따른 부당한 행위 등으로 인한 신상 문제와 관련된 고충의 처리를 요구할 수 있다.[162]

인사혁신처장, 임용권자 또는 임용제청권자는 공무원의 고충을 예방하고 고충이 발생한 경우 신속하고 공정하게 처리하기 위해 노력해야 한다.

3 사유

고충처리에 대한 사유로는 크게 ① 근무조건에 관한 사항, ② 인사관리에 관한 사항, ③ 기타 신상문제에 관한 사항, ④ 성폭력범죄·성희롱에 관한 사항 등이 있다.

고충처리에 대한 사유[163]		
고충 상담	• 고충을 제기한 사람(청구인)의 동의 • 공무원의 고충상담은 해당 기관 내부에서 임용권자 단위로 이루어지는 것이 원칙이나, 소청심사위원회 '온라인 고충상담채널'을 이용할 수도 있음	
	기관장 책무	
	• 기관장은 소속 공무원의 직급별 인원 등을 고려하여 전담부서를 지정 • 고충상담 창구(온라인 또는 오프라인) 운영, 처리대장 비치 및 부처별 실정에 맞는 세부 운영기준 마련	
	상담원의 권한과 임무	
	권한	• 관계자·관계부서에 대한 고충사정 청취 및 자료제출 요구 • 조사에 필요한 외출·연가·병가 처리 요구 • 고충 신청인에 대한 인사이동 요청, 감사부서에 조사의뢰 • 기타 인사고충 해소에 필요한 사항
	임무	• 기록 작성·처리대장 관리(사안별 고충의 개요 및 처리상황 기록) • 신청인의 직급·성명·상담내용 등의 비밀유지 조치 • 유형별 통계작성 및 관리 등
고충 심사	근무조건에 관한 사항	
	• 봉급·수당 등 보수에 관한 사항 • 근무시간·휴식·휴가에 관한 사항	

---

162 「공무원고충처리규정」 제2조(고충처리 대상) 1항.

PART 03 경찰법제론

	• 업무량, 작업도구, 시설안전, 보건위생 등 근무환경에 관한 사항 • 주거·교통 및 식사편의 제공 등 후생복지에 관한 사항
	인사관리에 관한 사항
	• 승진·전직·전보 등 임용에 관한 사항으로서 임용권자의 재량행위에 속하는 사항 • 근무성적평정·경력평정·교육훈련·복무 등 인사행정의 기준에 관한 사항 • 상훈·제안 등 업적성취에 관한 사항
	기타 신상문제에 관한 사항
	• 성별·종교별·연령별 등에 관한 차별대우 • 기타 개인의 정신적·심리적·신체적 장애로 인하여 발생되는 직무수행과 관련된 사항
성폭력범죄 및 성희롱 신고처리	• 성폭력범죄·성희롱 신고: 피해자의 동의 • 임용권자 등은 상·하급자나 동료, 그 밖에 업무 관련자 등의 부적절한 언행, 신체적 접촉 또는 위법·부당한 지시 등으로 인한 고충에 대하여 심사가 청구된 경우로서 고충의 신속한 조사 및 피해 방지 등을 위해 필요한 경우에는 고충심사 절차가 시작되기 전이라도 다음 각 호의 조치를 할 수 있고, 인사혁신처장은 임용권자 등에게 다음 각 호의 조치의 이행 및 그 결과의 통지를 요청할 수 있다.[164] 1. 피해 사실에 대한 조사(1호) 2. 가해자 등 책임자에 대한 조치(2호) 3. 피해자에 대한 보호·지원(3호) 4. 추가 피해 방지를 위한 조치(4호)

4 관할

공무원의 고충을 심사하기 위하여 인사혁신처에 중앙고충심사위원회를 설치하고, 임용권자 및 임용제청권자 단위로 보통고충심사위원회를 설치한다. 다만, 6급 이하의 공무원의 고충이 성폭력 범죄 또는 성희롱 사실에 관한 고충 등 보통고충심사위원회에서 심사하는 것이 부적당하다고 대통령령 등으로 정한 사안이거나 임용권자를 달리하는 둘 이상의 기관에 관련된 경우에는 중앙고충심사위원회에서 심사할 수 있다.[165]

---

163 「국가공무원법」 제76조의 2, 「공무원고충처리규정」(대통령령), 「중앙고충업무처리지침」(소청심사위원회 예규)
164 「공무원고충처리규정」 제2조의 2(고충처리 절차) 3항.
165 「국가공무원법」 제76조의 2 제5항, 「공무원고충처리규정」 제3조의6 제5항.
166 인사혁신처, 전게서, p. 487.

고충심사의 관할166			
구분	공무원(근거법)	심사기관	심사대상
국가직	일반·외무 등 (국가공무원법)	중앙고충심사위 (인사처 소청심사위)	• 5급 이상 • 보통고충심사위 등 결정 재심
		보통고충심사위 (임용(제청)권자 단위)	• 6급(연구사, 지도사) 이하
	경찰 (경찰공무원법)	경찰공무원 고충심사위	• 경감 이하 • 재심은 인사처 중앙고충심사위
	소방 (소방공무원법)	소방공무원 고충심사위	• 소방경 이하 국가소방공무원 • 재심은 인사처 중앙고충심사위
	교육 (교육공무원법) ※지방직 포함	교육공무원 중앙고충심사위 (교육부 교원소청심사위)	• 교장·장학관·교육연구관, 부교수 이상 등 • 보통고충심사위 결정 재심
		교육공무원 보통고충심사위 (임용(제청)권자 단위)	• 조교수 이하 대학교원, 교육공무원 • 교원, 장학사, 교육연구관 등
지방직	일반·소방 등 (지방공무원법 등)	시·도 인사위*	• 소속 공무원, 소방령 이상 • 소방경 이하 지방소방공무원 재심
		소방공무원 고충심사위	• 소방경 이하 지방소방공무원
	* 시·도 인사위: 민간위원 1/2 이상으로 구성 및 결정167		

5 구성 및 운영

❶ 고충심사위원회의 관할

경찰공무원에 대한 고충심사는 경감 이하의 경우, 경찰공무원 보통고충심사위원회에서 담당하며, 재심은 인사혁신처 중앙고충심사위원회에서 담당한다.

---

167 「지방공무원법」 제7조, 제10조.

경찰공무원 보통고충심사위원회
(공무원고충처리규정 제3조의 2(경찰공무원 고충심사위원회(시행 2022. 4. 15.))

심사대상	• 경감 이하 • 재심은 인사혁신처 중앙고충심사위원회
설치 (1항)	• 경찰청, 해양경찰청, 시·도 자치경찰위원회, 시·도경찰청 • 경찰대학·경찰인재개발원·중앙경찰학교·경찰수사연수원·경찰서·경찰기동대·경비함정 기타 경감 이상의 경찰공무원을 장으로 하는 기관 중 행정안전부장관 또는 해양수산부장관이 지정하는 경찰기관
구성 (2항)	• 위원장 1명을 포함하여 7명 이상 15명 이내의 공무원위원과 민간위원으로 구성 • 민간위원의 수는 위원장을 제외한 위원 수의 2분의 1 이상
위원장 (3항)	• 위원장은 설치기관 소속 공무원 중에서 인사 또는 감사 업무를 담당하는 과장 또는 이에 상당하는 직위를 가진 사람
임명 (5항)	• 민간위원은 설치기관의 장이 위촉
공무원위원 (4항)	• 공무원위원은 청구인보다 상위 계급 또는 이에 상당하는 소속 공무원 중에서 설치기관의 장이 임명
민간위원 자격 (5항)	• 경찰공무원으로 20년 이상 근무하고 퇴직한 사람 • 대학에서 법학·행정학·심리학·정신건강의학 또는 경찰학을 담당하는 사람으로서 조교수 이상으로 재직 중인 사람 • 변호사 또는 공인노무사로 5년 이상 근무한 사람 • 「의료법」에 따른 의료인
임기 (6항)	• 위촉되는 민간위원의 임기는 2년으로 하며, 한 차례만 연임 가능
위원결격 사유 (8항)	• 심신장애로 직무를 수행할 수 없게 된 경우 • 직무와 관련된 비위사실이 있는 경우 • 직무태만, 품위손상이나 그 밖의 사유로 위원으로 적합하지 않다고 인정되는 경우 • 위원 스스로 직무를 수행하는 것이 곤란하다고 의사를 밝히는 경우
회의 (7항)	• 회의는 위원장과 위원장이 회의마다 지정하는 5명 이상 7명 이내의 위원으로 성별을 고려하여 구성 • 이 경우 민간위원이 3분의 1 이상 포함되어야 함
심사절차	• 진술권: 반드시 부여(출석 또는 서면) • 결정종류: 시정요청/권고·의견표명/기각/각하 등으로 구분

고충심사[168]	
관할	• 공무원의 고충을 심사하기 위하여 인사혁신처에 중앙고충심사위원회를 설치하고, 임용권자 및 임용제청권자 단위로 보통고충심사위원회를 설치함 • 다만, 6급 이하의 공무원의 고충이 성폭력 범죄 또는 성희롱 사실에 관한 고충 등 보통고충심사위원회에서 심사하는 것이 부적당하다고 대통령령 등으로 정한 사안이거나 임용권자를 달리하는 둘 이상의 기관에 관련된 경우에는 중앙고충심사위원회에서 심사할 수 있음[169]
위원회	• 명단구성: 설치기관별 7~15명 (민간위원 1/2이상) • 위원장: 기관별 인사 또는 감사 담당 과장 • 회의개최: 5~7명 (민간위원 1/3이상)

❷ 심사절차

● 청구접수

고충심사위원회가 청구서를 접수한 때에는 지체 없이 처분청이나 관계 기관의 장에게 청구서 부본副本을 송부해야 한다.[170] 청구서 부본을 송부받은 처분청이나 관계 기관의 장은 청구서 부본을 송부받은 날부터 14일 이내에 고충심사위원회에 고충심사청구에 대한 답변서(부본 포함)와 청구인 수만큼의 부본을 제출해야 한다.[171] 고충심사위원회는 제출된 답변서 부본을 지체 없이 청구인에게 송달하여야 한다.[172]

고충심사위원회는 심사일 5일 전까지 청구인 및 처분청에 심사일시 및 장소를 알려야 한다.[173] 고충심사위원회는 통지를 하는 경우 청구인 및 처분청에 심사에 출석하여 의견을 진술하거나 서면으로 의견을 제출할 기회를 주어야 한다.[174] 고충심사위원회는 통지를 받은 청구인 및 처분청이 심사일에 특별한 이유 없이 출석하지 아니한 때에는 진술 없이 심사·결정할 수 있다. 다만, 서면으로 진술할 때에는 결정서에 서면진술의 요지를 기재하여야 한다.[175]

고충심사위원회는 제출된 답변서 부본, 추가 제출된 답변 내용 및 입증자료를 지체 없이 청구인에게 송달해야 한다.[176]

---

168 「국가공무원법」 제76조의2, 「공무원고충처리규정」(대통령령), 「중앙고충업무처리지침」(소청심사위원회 예규).
169 「국가공무원법」 제76조의2 제5항, 「공무원고충처리규정」 제3조의6 제5항.
170 「공무원고충처리규정」 제7조(고충심사절차) 2항.
171 「공무원고충처리규정」 제7조(고충심사절차) 3항.
172 「공무원고충처리규정」 제7조(고충심사절차) 6항 신설.
173 「공무원고충처리규정」 제8조(심사일의 통지 등) 1항.
174 「공무원고충처리규정」 제8조(심사일의 통지 등) 2항.
175 「공무원고충처리규정」 제8조(심사일의 통지 등) 3항.

고충심사위원회와 청구인의 권한		
고충 심사 위원회	보완 요구권	• 고충심사위원회는 청구서에 흠이 있다고 인정할 때에는 청구서를 접수한 날로부 터 7일 이내에 상당한 기간을 정하여 청구인에게 이의 보완을 요구할 수 있으며, 청구인은 동 기간 내에 이를 보완하여야 한다.[177]
	자료제출 요구권	• 고충심사위원회는 제출된 답변서의 내용이 충분하지 않거나 입증자료가 필요한 경우에는 처분청이나 관계 기관의 장에게 답변 내용의 보충이나 입증자료의 제 출을 요구할 수 있다.[178]
	사실 조사권	• 고충심사위원회는 고충심사에 필요하다고 인정하는 경우에는 사실조사를 할 수 있다.[179]
고충 심사 청구인	진술권	• 고충심사위원회는 제1항에 따른 통지를 하는 경우 청구인 및 처분청에 심사에 출 석하여 의견을 진술하거나 서면으로 의견을 제출할 기회를 주어야 한다.[180]
	증거 제출권	• 고충심사당사자는 참고인의 소환·질문 또는 증거물 기타 심사자료의 제출요구를 신청하거나 증거물 기타 심사자료를 제출할 수 있다.[181]

● 결정

고충심사위원회는 청구서를 접수한 날부터 30일 이내에 고충심사에 대한 결정을 해야 한다. 단, 부득이한 경우에는 고충심사위원회의 의결로 30일의 범위에서 그 기한을 연기할 수 있다.[182] 기한 연기의 경우 서면으로도 의결이 가능하다. 고충심사의 청구기간에는 제한이 없음이 원칙이다. 단, 재심청구는 결정서를 받은 날부터 30일 이내에 청구해야 한다.

고충심사위원회 결정의 종류에는 ① 시정요청, ② 의견표명, ③ 기각, ④ 각하, ⑤ 권고 등이 있다.

---

176 「공무원고충처리규정」 제8조(심사일의 통지 등) 6항 신설.
177 「공무원고충처리규정」 제5조(보완요구).
178 「공무원고충처리규정」 제7조(고충심사절차) 4항.
179 「공무원고충처리규정」 제7조(고충심사절차) 7항.
180 「공무원고충처리규정」 제8조(심사일의 통지 등) 2항.
181 「공무원고충처리규정」 제9조(증거제출권).
182 「공무원고충처리규정」 제7조(고충심사절차) 1항.

고충심사위원회 결정의 종류[183]	
구분	**내용**
시정요청	• 고충심사청구가 상당한 이유가 있다고 인정되는 경우: 처분청이나 관계 기관의 장에게 시정을 요청하는 결정[184]
의견표명	• 시정을 요청할 정도에 이르지 아니하나, 제도나 정책 등의 개선이 필요하다고 인정되는 경우: 처분청이나 관계 기관의 장에게 이에 대한 합리적인 개선을 권고하거나 의견을 표명하는 결정[185]
기각	• 고충심사청구가 이유 없다고 인정되는 경우: 청구를 기각(棄却)하는 결정[186]
각하	• 고충심사청구가 적법하지 아니한 경우와 사안이 종료된 경우, 그리고 같은 사안에 관하여 이미 소청 또는 고충심사 결정이 이루어진 경우 등 명백히 고충심사의 실익이 없는 경우 등에 해당하는 경우: 청구를 각하(却下)하는 결정[187]
권고	• 심사결과 중에서 개선 권고를 받은 처분청 또는 관계 기관의 장은 이를 이행하도록 노력해야 한다.[188]

❸ 결과처리

고충심사위원회가 고충심사청구에 대하여 결정을 한 때에는 결정서를 작성하고, 위원장과 출석한 위원이 서명·날인하여야 한다.[189] 결정서가 작성된 경우에는 지체 없이 이를 설치기관의 장에게 송부하여야 한다.[190]

결정서작성 및 송부에 따라 결정서를 송부받은 설치기관의 장은 청구인, 처분청 또는 관계 기관의 장에게 심사결과를 통보하여야 한다.[191] 심사결과 중 고충심사위원회의 결정에 따른 시정을 요청받은 처분청 또는 관계 기관의 장은 특별한 사유가 없으면 이를 이행하고, 시정 요청을 받은 날부터 30일 이내에 그 처리 결과를 설치기관의 장에게 알려야 한다. 다만, 특별한 사유로 이행할 수 없는 경우 그 사유를 설치기관의 장에게 문서로 통보하여야 한다.[192]

---

183 「공무원고충처리규정」 제10조(고충심사위원회의 결정) 3항.
184 「공무원고충처리규정」 제10조(고충심사위원회의 결정) 3항 1호.
185 「공무원고충처리규정」 제10조(고충심사위원회의 결정) 3항 2호.
186 「공무원고충처리규정」 제10조(고충심사위원회의 결정) 3항 3호.
187 「공무원고충처리규정」 제10조(고충심사위원회의 결정) 3항 4호.
188 「공무원고충처리규정」 제12조(고충심사의 결과 처리) 3항.
189 「공무원고충처리규정」 제11조(결정서작성 및 송부) 1항.
190 「공무원고충처리규정」 제11조(결정서작성 및 송부) 2항.
191 「공무원고충처리규정」 제12조(고충심사의 결과 처리) 1항.
192 「공무원고충처리규정」 제12조(고충심사의 결과 처리) 2항.

고충심사 처리규정과 불복[193]	
처리 규정	• 고충심사위원회는 청구서를 접수한 날부터 30일 이내에 심사결정 하여야 함. 단, 부득이한 경우 30일의 범위에서 기한 연기 가능[194] • 기한 연기의 경우 서면으로도 의결 가능
	• 처분청이나 관계기관의 장은 고충심사 청구서를 송달받은 날부터 14일 이내에 고충심사위원회에 답변서(부본 포함)를 제출하여야 하고,[195] 고충심사위원회는 제출된 답변서 부본을 지체 없이 청구인에게 송달하여야함[196]
	• 고충심사위원회는 ① 재적위원 과반수의 합의에 의하여 결정하고,[197] ② 심사결과를 설치기관의 장에게 송부하며,[198] ③ 설치기관의 장은 스스로 필요한 조치를 취하거나 관계기관의 장에게 필요한 조치를 요청함[199]
	• 시정을 요청 받은 기관의 장은 특별한 사유가 없는 한 이를 이행하고 그 처리결과를 통보하여야 함[200]
심사 절차	• 진술권: 반드시 부여(출석 또는 서면) • 결정종류: 시정요청/권고·의견표명/기각/각하 등으로 구분
결과 처리	• 처리결과 확인: 처리결과·불이행 사유 통보 기간(30일), 방법(문서) 규정
결정에 대한 불복	• 일반직 고위공무원 및 5급 이상 공무원 또는 경정 이상의 경찰공무원, 소방령 이상의 소방공무원 등 상위직 공무원의 경우 고충심사위원회의 결정에 불복하더라도 고충재심의 기회 없음 • 6급 이하 공무원의 경우 고충결정에 불복하는 때에는 결정서를 통보받은 날로부터 30일 이내에 관할 중앙고충심사위원회(교원의 경우 교육공무원중앙고충심사위원회)에 재심을 청구할 수 있음[201]

---

193 「국가공무원법」 제76조의 2, 「공무원고충처리규정」(대통령령); 「중앙고충업무처리지침」(소청심사위원회 예규」
194 「공무원고충처리규정」 제7조 제1항.
195 「공무원고충처리규정」 제7조 제3항 신설.
196 「공무원고충처리규정」 제7조 제6항 신설.
197 「공무원고충처리규정」 제10조.
198 「공무원고충처리규정」 제11조 제2항.
199 「공무원고충처리규정」 제12조.
200 「국가공무원법」 제76조의 2 제6항.
201 「국가공무원법」 제76조의 2 제4항, 「공무원고충처리규정」 제13조.

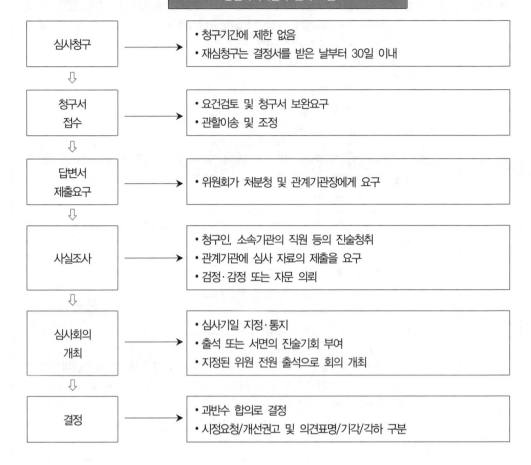

고충심사처리절차 전체 흐름도[202]

| 심사청구 | → | • 청구기간에 제한 없음
• 재심청구는 결정서를 받은 날부터 30일 이내 |

⇩

| 청구서
접수 | → | • 요건검토 및 청구서 보완요구
• 관할이송 및 조정 |

⇩

| 답변서
제출요구 | → | • 위원회가 처분청 및 관계기관장에게 요구 |

⇩

| 사실조사 | → | • 청구인, 소속기관의 직원 등의 진술청취
• 관계기관에 심사 자료의 제출을 요구
• 검정·감정 또는 자문 의뢰 |

⇩

| 심사회의
개최 | → | • 심사기일 지정·통지
• 출석 또는 서면의 진술기회 부여
• 지정된 위원 전원 출석으로 회의 개최 |

⇩

| 결정 | → | • 과반수 합의로 결정
• 시정요청/개선권고 및 의견표명/기각/각하 구분 |

7 성희롱·성폭력 근절을 위한 공무원 인사관리

1 의의

성희롱·성폭력 근절을 위한 공무원 인사관리 규정은 공직사회 내 성희롱 및 성폭력 사건이 발생했을 시 신속하고 효과적인 가해자 조치 및 피해자 보호를 위해 단일 법령으로 일원화된 규정을 제정하여 피해자·신고자 및 인사부서의 대응성과 예측가능성 제고하기 위해서 제정되었다. 「국가공무원 성희롱성폭력 신고센터」를 통해 인사혁신처장에게

---

202 인사혁신처, 전게서, p. 489.

도 공직 내 성희롱·성폭력을 신고할 수 있도록 하여 효과적으로 공직 내 성비위를 근절하도록 하고 있다.

근거규정은 「성희롱·성폭력 근절을 위한 공무원 인사관리규정」(대통령령)과 「국가공무원법」 제76조 2(고충처리), 「고충처리규정」 제15조(성폭력범죄·성희롱 신고 및 조사) 등이 있다.

2 성희롱·성폭력 발생 시 신고 및 조사(제3조 및 제4조)

국가공무원은 누구나 공직 내 성희롱 또는 성폭력 발생 사실을 알게 된 경우 그 사실을 임용권자 또는 임용제청권자에게 신고할 수 있다. 임용권자 등은 신고를 받거나 사건 발생 사실을 알게 된 경우에는 지체 없이 사실확인을 위한 조사를 하여야 하며, 조사 과정에서 피해자 보호를 위한 조치를 하여야 한다.

3 피해자 또는 신고자의 보호(제5조)

임용권자 등은 성희롱 또는 성폭력 발생 사실이 확인된 때에는 피해자 또는 신고자의 의사에 따라 파견근무, 전보 등의 조치를 할 수 있다.

4 가해자에 대한 인사조치(제6조)

임용권자 등은 성희롱 또는 성폭력 발생 사실이 확인된 때에는 가해자에게 직위해제, 징계의결 요구, 주요 보직 제한 등의 조치를 할 수 있다.

5 피해자 등에 대한 인사상 불이익 조치 금지(제7조)

임용권자 등은 피해자 또는 신고자 등에게 그 피해 또는 신고를 이유로 징계, 승진, 성과평가 등에서의 인사상 불이익 조치를 하여서는 안 된다.

6 인사상 불이익 조치에 대한 신고 및 감사(제8조)

성희롱 또는 성폭력 발생과 관련하여 인사상 불이익 조치를 받은 피해자 등은 인사혁신처장에게 신고 또는 고충심사 청구 등을 할 수 있다. 인사혁신처장은 신고를 받은 경우 인사 감사를 실시할 수 있으며, 그에 대한 입증책임은 임용권자 등에게 있다. 인사감사 결과 적발한 중대한 위법·부당한 사실의 원인이 기관장의 지시 등에 있는 경우 그 사실을 해당 기관장의 임명권자에게 통보할 수 있다.

성희롱·성폭력 사건 처리 절차			
성희롱·성폭력 신고	사실확인 조사	피해자보호 및 가해자 인사조치	피해자 등에 인사상 불이익 조치시
• 피해자 및 제3자 등 누구든지 임용권자에게 성희롱·성폭력 사실 신고 가능	• 임용권자는 신고 및 자체 인지시 지체 없이 사실확인 조사 실시	• 전보, 파견근무 등 피해자 보호조치 • 직위해제, 징계의결요구, 전보 등 가해자 인사조치	• 피해자 등은 인사혁신처에 신고하거나 고충상담 신청, 고충심사 청구 가능

7 국가공무원 성희롱·성폭력 신고센터

국가공무원 성희롱·성폭력 신고센터의 신고대상은 국가공무원(일반·외무·경찰·소방 등)에 의한 기관 내 성희롱·성폭력 사건이다. 처리업무는 공직 내 성비위에 대한 상담·조사·심의, 사건발생 기관에 대한 당사자 조치 및 재발방지대책 등 요구이다.

국가공무원 성희롱·성폭력 신고센터의 사건 처리 절차			
신고 접수·상담	사실확인·조사	조치결정 및 조치요구	확인 점검
• 인사신문고, 전화 등 • 익명상담	• 기관에 조사요청 • 직접 조사(필요시)	• 심의위원회 개최 • 성비위 여부 및 피해자 행위자에 대한 조치 등	• 조치 이행여부 및 2차 피해 모니터링

경찰공무원의 법적 지위

1 ║ 서설

공무원의 법적 지위는 두 가지 차원에서 접근할 수 있다. 과거에는 특별권력관계라는 이름 하에 공무원은 소속 행정주체에 대하여 무제한의 복종의무를 가지고 있었다. 오늘날 그러한 관념은 불식되고, 이제 공무원관계도 행정주체와 공무원간의 법률관계로서 양자가 서로 일정한 권리·의무를 가지는 관계로 인식되고 있다.

행정주체는 공무원에 대하여 공무수행이라는 행정목적을 달성하기 위하여 필요한 명령을 하고 그 위반의 경우에는 징계를 할 수 있는 지배권을 가진다. 공무원은 그에 상응하는 의무와 책임이 부과된다.

오늘날 공무원이라고 하여 행정주체가 법률의 근거 없이 국민의 한 사람으로서 가지는 기본권을 제한하는 것은 허용되지 않는다. 이러한 법리는 경찰공무원의 경우에도 동일하게 적용된다. 경찰공무원의 법적 지위는 공무원이 소속 행정주체에 대하여 가지는 권리와 의무 그리고 책임의 총체를 의미한다.

Police Science

🔍 국가공무원과 지방공무원

- 국가공무원은 국가에 의해서 임용되고, 국가의 사무를 집행하며, 국가로부터 보수를 받는 공무원을 말한다.
- 반면 지방공무원은 지방자치단체에 의해서 임용되고, 지방자치단체의 사무를 담당하며, 지방자치단체로부터 보수를 받는 공무원을 말한다.
- 일반적으로 국가공무원은 「국가공무원법」의 적용을 받고, 지방공무원은 「지방공무원법」의 적용을 받는다.
- 예를 들어 경찰공무원은 제주특별자치도의 제주자치경찰단 소속의 경찰관을 제외하고는 모두 국가공무원이다.

2 경찰공무원의 법적 지위

경찰공무원의 법적 지위 종류는 크게 경찰공무원의 권리, 의무, 책임으로 나눌 수 있다. 경찰공무원의 권리에는 신분상의 권리와 재산상의 권리가 있다. 경찰공무원의 의무에는 신분상의 의무와 직무상의 의무가 있다. 경찰공무원의 책임에는 행정상 책임(징계책임, 변상책임), 형사상 책임 그리고 민사상 책임 등이 있다.

국가공무원 및 경찰공무원의 권리		
• 경찰공무원은 국가공무원법 등의 제반 권리규정과 경찰관련 법령의 제반 권리규정이 모두 적용된다.		
국가 공무원	신분상의 권리	① 신분보유권, ② 직위보유권, ③ 직무집행권(직무수행권), ④ 행정쟁송권, ⑤ 고충심사청구권, ⑥ 성폭력·성희롱 신고권
	재산상의 권리	① 보수청구권, ② 연금청구권, ③ 실비변상청구권, ④ 재해보상청구권
경찰 공무원	신분상의 권리	① 무기휴대권, ② 제복착용권, ⑧ 직명사용권
	직무상의 권리	① 무기사용권, ② 장비사용권, ③ 장구사용권, ④ 분사기 등 사용권, ⑤ 이의제기권(수사시)
	재산상의 권리	① 보훈청구권, ② 실물지급·대여청구권
※ 경찰공무원은 「경찰공무원법」 제26조(복제 및 무기 휴대) 1항 "경찰공무원은 제복을 착용하여야 한다."는 규정에 의해 제복착용의 의무가 있다. 이때 제복착용의 의무는 제복착용의 권리도 당연히 갖는 개념으로 해석된다. 따라서 제복착용은 경찰공무원의 권리이자 의무이다.[203]		
※ 공무원은 「국가공무원법」 제32조의 5(보직관리의 원칙) 1항 "임용권자나 임용제청권자는 법령으로 따로 정하는 경우 외에는 소속 공무원의 직급과 직류를 고려하여 그 직급에 상응하는 일정한 직위를 부여하여야 한다."는 규정에 의해 직위보유권을 갖는다. 홍정선 교수는 직무집행권을 직위보유권의 한 내용으로 보고 있다.[204] 일반적으로 직위보유권은 직무집행권(직무수행권)을 포함하는 개념으로 해석되고 있다. 따라서 직위보유권과 직무집행권은 일반공무원과 경찰공무원의 권리이자 의무이다.[205]		
※ 경찰공무원은 계급과 직위를 직명으로 사용할 권리가 있다. 경찰공무원이 아닌 자가 경찰공무원의 직명을 사칭하면 경범죄로 처벌[206]된다. 경우에 따라서는 형법상의 공무원자격 사칭죄(제118조)가 성립할 수도 있다.[207]		

---

203 최영규b, 전게서, p. 142.
204 홍정선b, 「경찰행정법(제3판)」(서울: 박영사, 2013), p. 166.
205 최영규b, 전게서, p. 142.
206 「경범죄 처벌법」 제3조(경범죄의 종류) 1항 7호(관명사칭 등).
207 최영규b, 전게서, p. 142.

국가공무원법 및 경찰관련법 상의 의무		
경찰공무원은 국가공무원법 등의 제반 의무규정과 경찰관련 법령의 제반 의무규정이 모두 적용된다.		
국가공무원법	신분상의 의무	① 선서 의무, ② 외국정부 영예의 제한, ③ 품위유지의 의무, ④ 직위보유의 의무, ⑤ 병역사항 신고의무
	직무상의 의무	① 성실의무, ② 법령준수의 의무, ③ 복종의 의무, ④ 친절·공정의 의무, ⑤ 종교중립의 의무, ⑥ 비밀엄수의 의무, ⑦ 청렴의 의무, ⑧ 직무집행의 의무, ⑨ 직무전념의 의무, ⑩ 직장이탈 금지, ⑪ 영리업무 및 겸직금지, ⑫ 정치운동의 금지, ⑬ 집단행위의 금지
경찰법 및 경찰공무원법	신분상의 의무	① 제복 착용 의무, ② 정치관여 금지
	직무상의 의무	① 인권보호 의무, ② 권한남용의 금지, ③ 직무수행 의무, ④ 직무수행 협력 의무, ⑤ 직무태만 및 직무유기 금지, ⑥ 거짓 보고 등의 금지, ⑦ 지휘권 남용 등의 금지
경찰 공무원 복무규정	직무상의 의무	① 상관에 대한 신고 의무, ② 보고 및 통보 의무, ③ 여행 신고 및 허가 의무, ④ 비상소집 및 대기 의무, ⑤ 지정장소 외에서의 직무금지, ⑥ 근무시간 중 음주금지, ⑦ 민사분쟁에의 부당개입 금지

국가공무원법 및 관련법 상의 책임		
경찰공무원은 국가공무원법 등의 제반 책임규정과 경찰관련 법령의 제반 책임규정이 모두 적용된다.		
국가공무원 및 경찰공무원	징계책임	• 공무원은 행정상 책임으로 징계책임[208] • 국가공무원법 및 동법에 의한 명령에 위반하였을 때 • 직무상의 의무에 위반하거나 직무를 태만히 한 때 • 직무의 내외를 불문하고 그 체면 또는 위신을 손상하는 행위를 한 때
	변상책임	• 국가재산 상에 손해를 끼쳤을 경우 • 국가배상법 및 회계 관계 직원 등의 책임에 관한 법률에 의함
	형사책임	• 공무원의 행위가 특별권력관계에 있는 공무원으로서의 책임외에 일반법익을 침해하는 경우 • 징계벌을 과하는 이외에 형벌을 병과할 수 있음
	민사책임	• 공무원이 공무집행 상의 위법행위로 인하여 타인에게 손해를 입힌 경우 • 공무원에게 고의 또는 중과실이 있는 때에는 공무원 개인에게 배상책임이 있음

208 「국가공무원법」 제78조(징계사유) 1항.

1 권리의 의의

경찰공무원은 소속 행정주체인 국가에 대하여 일반 국민은 가지지 않는 여러 가지 권리를 가진다. 경찰공무원은 일반국민과 동일한 지위를 통해서 헌법상 기본권을 가진다. 국가기관의 구성원으로서의 지위를 통해서 국가에 대해서 개별법상의 권리인 개인적 공권公權을 가진다. 국가에 대한 경찰공무원의 권리는 신분상의 권리와 재산상의 권리로 나누는 것이 보통이다.

2 국가공무원과 공통으로 갖는 관리

1 신분상의 권리

❶ 신분보유권

국가공무원과 경찰공무원은 형의 선고, 징계처분 또는 이 법에서 정하는 사유에 따르지 아니하고는 본인의 의사에 반하여 휴직·강임 또는 면직을 당하지 않는다. 하지만 치안총감, 치안정감, 시보임용 기간 중에 있는 경찰공무원은 신분보장이 되지 않는다.

Police Science
🌐🔍 신분보장 관련 규정

국가공무원법(시행 2022. 1. 21)

제68조(의사에 반한 신분 조치) 공무원은 형의 선고, 징계처분 또는 이 법에서 정하는 사유에 따르지 아니하고는 본인의 의사에 반하여 휴직·강임 또는 면직을 당하지 아니한다. 다만, 1급 공무원과 제23조에 따라 배정된 직무등급이 가장 높은 등급의 직위에 임용된 고위공무원단에 속하는 공무원은 그러하지 아니하다.

제36조(「국가공무원법」과의 관계) ① 경찰공무원에 대해서는 「국가공무원법」 제73조의 4(강임),
제76조(심사청구와 후임자 보충 발령) 제2항부터 제5항까지의 규정을 적용하지 아니하며, 치
안총감과 치안정감에 대해서는 「국가공무원법」 제68조(의사에 반한 신분조치) 본문을 적용하
지 아니한다.

제13조(시보임용) ③ 시보임용기간 중에 있는 경찰공무원이 근무성적 또는 교육훈련성적이 불
량할 때에는 「국가공무원법」 제68조(의사에 반한 신분 조치) 및 이 법 제28조(신규채용)에도
불구하고 면직시키거나 면직을 제청할 수 있다.

❷ 직위보유권

국가공무원과 경찰공무원은 공무집행에 필요한 직위를 받을 권리를 갖고 있다. 법적
사유에 의하지 않고는 직위를 박탈당하지 않는다. 홍정선 교수와 최영규 교수 등은 직위
보유권은 일반공무원과 경찰공무원의 권리이자 의무로 보고 있다.[209]

🌐 국가공무원법(시행 2022. 1. 21)

제32조의 5(보직관리의 원칙) ① 임용권자나 임용제청권자는 법령으로 따로 정하는 경우 외에는
소속 공무원의 직급과 직류를 고려하여 그 직급에 상응하는 일정한 직위를 부여하여야 한다.

❸ 직무집행권(직무수행권)

국가공무원과 경찰공무원은 공무집행에 필요한 직위를 받여 받고 직무를 집행(수행)
할 권리를 갖는다. 홍정선 교수는 「국가공무원법」 제32조의 5(보직관리의 원칙) 1항에서
규정한 직위보유권에는 직무집행권이 포함된다고 보고 있다.[210]

최영규 교수는 직위보유권을 통해서 직위에 따른 직무를 집행(수행)할 권리를 가진다
고 본다. 따라서 직위보유권과 직무집행권은 일반공무원과 경찰공무원의 권리이자 의무
이다. 타인이 공무원의 직무를 방해하면 「형법」상 공무집행방해죄가 성립된다.

경찰공무원의 경우, 「경찰법」 제6조(직무수행)에서는 "지휘·감독의 적법성 또는 정당
성에 대하여 이견이 있을 때에는 이의를 제기할 수 있다."고 규정하고 있다. 경찰공무원
의 직무수행에는 복종의 의무가 있지만, 구체적 사건수사에 해당하는 직무수행 중에는

---

209 최영규b, 전게서, p. 142.
210 홍정선b, 전게서, p. 166.

이의제기권을 갖는다. 이의제기권은 직무집행(수행)권의 일종이다.

Police Science

🌐 직위보유권과 직무집행(수행)권의 관계

- 공무원의 직권, 즉 직무상 권한은 그 직위에 따른 직무수행을 위해 부여된다. 공무원의 직위는 공무원 조직에서 해당 공무원이 차지하는 위치를 말한다. 공무원이 직위를 부여 받으면 직무를 집행을 할 수 있는 권리, 즉 직무상 권한이 발생한다. 이러한 권한은 직무집행(수행)권으로 이어진다.
- 따라서 일반공무원과 경찰공무원은 직위보유권을 통해 해당 직무를 수행을 할 수 있는 직무집행(수행)권을 갖게 된다.
- 공무원은 직위보유권과 직무집행(수행)권을 통해서 국가의 행정목적을 달성해야 하는 의무를 지게 된다.
- 따라서 공무원의 직위보유권과 직무집행(수행)권은 공무원의 권리이자 의무가 된다.

Police Science

🌐 공무집행방해죄의 성립[211]

- 공무집행방해죄는 공무원의 직무집행이 적법한 경우에 성립한다. 여기서 적법한 공무집행이라고 함은 그 행위가 공무원의 추상적 권한에 속할 뿐 아니라 구체적으로도 그 권한 내에 있어야 하고 직무행위로서의 중요한 방식을 갖추어야 한다.
- 추상적인 권한에 속하는 공무원의 어떠한 공무집행이 적법한지 여부는 행위 당시의 구체적 상황에 기하여 객관적·합리적으로 판단하여야 한다.

Police Science

🌐 적법한 공무집행[212]

- 공무원이 구체적 상황에 비추어 그 인적·물적 능력의 범위 내에서 적절한 조치라는 판단에 따라 직무를 수행한 경우에는, 그러한 직무수행이 객관적 정당성을 상실하여 현저하게 불합리한 것으로 인정되지 않는 한 이를 위법하다고 할 수 없다.

---

211 대법원 2013.08.23. 선고 2011도4763판결.
212 대법원 2010.11.11. 선고 2010도7621판결.

🔍 경찰법상 이의제기권[213]

- 「경찰법」 제6조(직무수행) 제2항은 "경찰공무원은 구체적 사건수사와 관련된 제1항의 지휘·감독의 적법성 또는 정당성에 대하여 이견이 있을 때에는 이의를 제기할 수 있다."라고 규정하고 있다.
- 따라서 경찰공무원은 구체적 사건수사와 관련해서 지휘·감독의 적법성 또는 정당성에 이견이 있으면 이의를 제기할 수 있다.

🔍 국가공무원법(시행 2022. 1. 21)

제32조의 5(보직관리의 원칙) ① 임용권자나 임용제청권자는 법령으로 따로 정하는 경우 외에는 소속 공무원의 직급과 직류를 고려하여 그 직급에 상응하는 일정한 직위를 부여하여야 한다.

❹ 행정쟁송권

국가공무원과 경찰공무원은 위법·부당하게 권리가 침해된 경우에는 행정쟁송을 통해서 이를 바로잡을 권리가 있다. 행정쟁송에는 소청심사와 행정소송이 있다. 행정소송에는 항고소송과 당사자 소송이 있다. 공무원이 인사상 불리한 처분을 받은 경우, 소청심사를 거쳐 행정소송을 제기할 수 있다.

🔍 국가공무원법(시행 2022. 1. 21)

제9조(소청심사위원회의 설치) ① 행정기관 소속 공무원의 징계처분, 그 밖에 그 의사에 반하는 불리한 처분이나 부작위에 대한 소청을 심사·결정하게 하기 위하여 인사혁신처에 소청심사위원회를 둔다.

제16조(행정소송과의 관계) ① 제75조(처분사유 설명서의 교부)에 따른 처분, 그 밖에 본인의 의사에 반한 불리한 처분이나 부작위不作爲에 관한 행정소송은 소청심사위원회의 심사·결정을 거치지 아니하면 제기할 수 없다.

---

213 「경찰법」 제6조(직무수행) 1항.

❺ 고충심사청구권

국가공무원과 경찰공무원은 인사·조직·처우 등 각종 직무 조건과 그 밖에 신상 문제와 관련한 고충에 대하여 임용권자 등에게 상담을 신청하거나 심사를 청구할 수 있다. 이 경우 상담 신청이나 심사 청구 또는 신고를 이유로 불이익한 처분이나 대우를 받지 않는다.

Police Science

⊕️ 국가공무원법(시행 2022. 1. 21)

제76조의2(고충 처리) ① 공무원은 인사·조직·처우 등 각종 직무 조건과 그 밖에 신상 문제와 관련한 고충에 대하여 상담을 신청하거나 심사를 청구할 수 있으며, 누구나 기관 내 성폭력 범죄 또는 성희롱 발생 사실을 알게 된 경우 이를 신고할 수 있다. 이 경우 상담 신청이나 심사 청구 또는 신고를 이유로 불이익한 처분이나 대우를 받지 아니한다.

---

❻ 성폭력·성희롱 신고권

국가공무원과 경찰공무원은 누구나 기관 내 성폭력 범죄 또는 성희롱 발생 사실을 알게 된 경우 이를 신고할 수 있다. 이 경우 상담 신청이나 심사 청구 또는 신고를 이유로 불이익한 처분이나 대우를 받지 않는다.

Police Science

⊕️ 국가공무원법(시행 2022. 1. 21)

제76조의 2(고충 처리) ① 공무원은 인사·조직·처우 등 각종 직무 조건과 그 밖에 신상 문제와 관련한 고충에 대하여 상담을 신청하거나 심사를 청구할 수 있으며, **누구나 기관 내 성폭력 범죄 또는 성희롱 발생 사실을 알게 된 경우 이를 신고할 수 있다. 이 경우 상담 신청이나 심사 청구 또는 신고를 이유로 불이익한 처분이나 대우를 받지 아니한다.**

---

2 재산상의 권리

❶ 보수청구권[214]

국가공무원과 경찰공무원은 근로의 대가로서 보수를 받을 권리가 있다. 보수란 봉급

---

214 「국가공무원법」 제46조(보수 결정의 원칙) 1항.

과 그 밖의 각종 수당을 합산한 금액을 말한다. 다만, 연봉제 적용대상 공무원은 연봉과 그 밖의 각종 수당을 합산한 금액을 말한다. 봉급이란 직무의 곤란성과 책임의 정도에 따라 직책별로 지급되는 기본급여 또는 직무의 곤란성과 책임의 정도 및 재직기간 등에 따라 계급(직무등급이나 직위를 포함)별, 호봉별로 지급되는 기본급여를 말한다.[215]

보수의 성격에 대해서 반대급부설과 생활자금설이 있다. 반대급부의 성격에는 직무의 곤란성과 책임의 정도에 맞게 계급별·직위별 또는 직무등급별로 정하도록 한 것, 결근자·휴직자 및 직위해제 처분을 받은 자의 봉급을 감액하도록 한 것 등을 들 수 있다. 생활자금의 성격에는 일반의 표준생계비와 물가수준 등을 고려하여 공무원의 보수를 정하도록 한 것, 보수의 압류를 제한하는 것 등을 들 수 있다.[216] 오늘날은 반대급부의 성격과 생활자금의 성격이 모두 존재하는 것으로 보고 있다.[217]

보수의 성질에 대해서 통설은 보수청구권은 공권이므로 그 청구소송은 공법상 당사자 소송에 의해야 한다고 보고 있다. 판례는 보수청구권은 사법상의 권리이므로 민사소송에 의해야 한다고 보고 있다. 결론적으로 보수청구권은 공권이므로 그 청구소송은 공법상 당사자 소송에 의해야 한다는 것이 일반적 견해이나, 소송실무상으로는 민사소송에 의하고 있다.

보수청구권의 소멸시효에 대해서는 논의가 있다. 「국가재정법」 제96조(금전채권·채무의 소멸시효) 1항에는 "금전의 급부를 목적으로 하는 국가의 권리로서 시효에 관하여 다른 법률에 규정이 없는 것은 5년 동안 행사하지 아니하면 시효로 인하여 소멸한다."고 규정하고 있다.

「국가재정법」에 따르면 금전채권의 소멸시효는 5년이므로 보수청구권의 소멸시효도 5년이다. 하지만 판례는 「민법」 제163조(3년의 단기소멸시효)[218] "다음 각호의 채권은 3년간 행사하지 아니하면 소멸시효가 완성한다."는 규정과 1호 규정[219]을 적용하여 보수청구권의 소멸시효는 3년이라고 보고 있다.[220] 따라서 판례에 따라 보수청구권의 소멸시효는 3년으로 보는 것이 일반적이다.

---

215 「공무원 보수규정」 제4조(정의).
216 김동희b, 「행정법Ⅱ」(서울: 박영사, 2013), p. 164.
217 최영규b, 전게서, p. 143.
218 「민법」 제163조(3년의 단기소멸시효) 다음 각호의 채권은 3년간 행사하지 아니하면 소멸시효가 완성한다.
219 「민법」 제163조(3년의 단기소멸시효) 1호. 이자, 부양료, 급료, 사용료 기타 1년 이내의 기간으로 정한 금전 또는 물건의 지급을 목적으로 한 채권
220 대법원 1966.09.20. 선고 65다2506판결; 대법원 1971.07.27. 선고 71다494판결.

보수청구권	
정의	• 보수란 봉급과 그 밖의 각종 수당을 합산한 금액을 말한다. 다만, 연봉제 적용대상 공무원은 연봉과 그 밖의 각종 수당을 합산한 금액을 말함[221]
근거	• 「국가공무원법」, 「공무원 보수규정」, 「국가재정법」, 「국세징수법」, 「민법」, 「민사집행법」, 「국가재정법」 등
학설	• 반대급부설과 생활자금설이 모두 존재[222] • 반대급부설: 직무의 곤란성과 책임의 정도에 맞게 계급별·직위별 또는 직무등급별로 정하도록 한 것 등 • 생활자금설: 보수의 압류를 제한하는 것 등
성질	• 통설: 공법상의 권리 (보수청구권은 공권이므로 그 청구소송은 공법상 당사자 소송에 의해야 한다고 봄) • 판례: 사법상의 권리 (보수청구권은 사법상의 권리이므로 민사소송에 의해야 한다고 봄) • 결론: 보수청구권은 공권이므로 그 청구소송은 공법상 당사자 소송에 의해야 한다는 것이 일반적 견해이나, 소송실무상으로는 민사소송에 의하고 있음.
소멸 시효	• 「국가재정법」에 따르면 금전채권의 소멸시효는 5년임[223] • 판례는 민법 제163조(3년의 단기소멸시효)[224]를 적용하여 보수청구권의 소멸시효는 3년이라고 보고 있음[225] • 보수청구권의 소멸시효도 3년으로 보는 것이 일반적임.[226]
압류의 제한	• 「민사집행법」에 따르면 봉급의 1/2에 해당하는 금액은 압류하지 못함[227] • 「국세징수법」에 따르면 봉급 총액의 1/2에 해당하는 금액은 압류가 금지됨[228] • 국가와 사인은 봉급 총액의 1/2에 해당하는 금액은 압류할 수 없음
거짓 또는 부정수령	• 보수를 거짓이나 그 밖의 부정한 방법으로 수령한 경우에는 수령한 금액의 5배의 범위에서 가산하여 징수할 수 있음[229]

---

221 「공무원 보수규정」 제4조(정의).
222 최영규b, 전게서, p. 143.
223 「국가재정법」 제96조(금전채권·채무의 소멸시효) ① 금전의 급부를 목적으로 하는 국가의 권리로서 시효에 관하여 다른 법률에 규정이 없는 것은 5년 동안 행사하지 아니하면 시효로 인하여 소멸한다.
224 「민법」 제163조(3년의 단기소멸시효) 다음 각호의 채권은 3년간 행사하지 아니하면 소멸시효가 완성한다.
225 대법원 1966.09.20. 선고 65다2506판결; 대법원 1971.07.27. 선고 71다494판결.
226 경찰공제회c, 「경찰실무Ⅰ(상)」, 2005, p. 113; 박윤흔b, 「최신 행정법강의(하)」(서울: 박영사, 2002), p. 247.
227 「민사집행법」 제246조(압류금지채권) ① 다음 각호의 채권은 압류하지 못한다. 4호. 급료·연금·봉급·상여금·퇴직연금, 그 밖에 이와 비슷한 성질을 가진 급여채권의 2분의 1에 해당하는 금액.
228 「국세징수법」 제42조(급여채권의 압류 제한) ① 급료, 연금, 임금, 봉급, 상여금, 세비, 퇴직연금, 그 밖에 이와 비슷한 성질을 가진 급여채권에 대해서는 그 총액의 2분의 1에 해당하는 금액은 압류가 금지되는 금액으로 한다.
229 「국가공무원법」 제47조(보수에 관한 규정) ③ 제1항에 따른 보수를 거짓이나 그 밖의 부정한 방법으로 수령한 경우에는 수령한 금액의 5배의 범위에서 가산하여 징수할 수 있다.

🌐🔍 **국가공무원법**(시행 2022. 1. 21.)

제47조(보수에 관한 규정) ① 공무원의 보수에 관한 다음 각 호의 사항은 「공무원보수규정」으로 정한다.

1. 봉급·호봉 및 승급에 관한 사항

2. 수당에 관한 사항

3. 보수 지급 방법, 보수의 계산, 그 밖에 보수 지급에 관한 사항

❷ 연금청구권[230]

● 의의

국가공무원과 경찰공무원 그리고 유족은 해당 공무원이 퇴직, 장해 또는 사망과 공무로 인한 질병·부상·폐질에 대하여 연금을 청구할 권리를 가진다. 「국가공무원법」에서는 "공무원이 질병·부상·폐질廢疾·퇴직·사망 또는 재해를 입으면 본인이나 유족에게 법률로 정하는 바에 따라 적절한 급여를 지급한다."고 규정하고 있다.[231]

「공무원연금법」의 목적에서는 "공무원의 퇴직, 장해 또는 사망에 대하여 적절한 급여를 지급하고 후생복지를 지원함으로써 공무원 또는 그 유족의 생활안정과 복지 향상에 이바지함을 목적으로 한다."고 규정하고 있다. 동법 제2조에서는 "이 법에 따른 공무원연금제도의 운영에 관한 사항은 인사혁신처장이 주관한다."고 규정[232]하여 국가의 연금지급 의무를 규정하고 있다.

공무원연금이란 공무원 및 그 유족의 생활안정과 후생복지에 기여하기 위하여 공무원이 퇴직, 장해 또는 사망과 공무로 인한 질병·부상·폐질에 대하여 지급하는 급여를 말한다. 따라서 연금청구권이란 공무원이 퇴직, 장해 또는 사망과 공무로 인한 질병·부상·폐질에 대하여 국가에 공무원연금을 신청할 수 있는 권리를 말한다.

---

230 「국가공무원법」 제77조(사회보장) 1항.
231 「국가공무원법」 제77조(사회보장) 1항.
232 「공무원연금법」 제1조(목적), 제2조(주관).

🌐 국가공무원법(시행 2022. 1. 21.)

제77조(사회보장) ① 공무원이 질병·부상·폐질廢疾·퇴직·사망 또는 재해를 입으면 본인이나 유족에게 법률로 정하는 바에 따라 적절한 급여를 지급한다.

● 내용

공무원연금의 성격에 대해서 헌법재판소는 사회보장적 급여가 아니라 사회보험원리에 입각한 급여의 성격을 가진다고 한다. 공무원연금법에 의한 급여는 단기급여와 장기급여로 구분된다. 공무원연금법에 의한 급여를 받을 권리는 동법이 정한 사유가 발생하면 당연히 발생한다. 하지만 원칙적으로는 각종 급여는 그 급여를 받을 권리를 가진 사람의 신청에 따라 인사혁신처장의 결정으로 공무원연금공단이 지급한다.

● 불복

급여에 대한 공무원연금관리공단의 결정은 행정쟁송의 대상이 되는 처분이다. 하지만 급여에 관한 결정, 기여금의 징수, 그 밖에 「공무원연금법」에 따른 급여에 관하여는 「행정심판법」에 따른 행정심판을 청구할 수 없다.[233] 하지만 심사청구 및 결정을 거쳐야만 행정소송을 제기할 수 있다는 규정은 없다. 따라서 행정심판 심사청구를 거치지 않고 바로 행정소송을 제기할 수도 있다.[234] 「공무원연금법」에서는 "공무원연금법에 따른 급여를 받을 권리는 급여의 사유가 발생한 날부터 5년간 행사하지 아니하면 시효로 인하여 소멸한다."라고 규정하고 있다.[235] 따라서 공무원연금법에 따른 연금청구권의 소멸시효는 5년이다.

● 권리보호

「공무원연금법」에서는 급여와 연금에 대한 권리보호 규정을 두고 있다. 우선 「공무원연금법」에서는 "급여를 받을 권리는 양도, 압류하거나 담보로 제공할 수 없다. 다만, 연금인 급여를 받을 권리는 대통령령으로 정하는 금융회사에 담보로 제공할 수 있고, 「국세징수법」, 「지방세징수법」, 그 밖의 법률에 따른 체납처분의 대상으로 할 수 있다."는 규정을 두고 있다. 이때 체납처분에 의한 연금의 압류도 1/2 이하로 제한

---

233 「공무원연금법」 제87조(심사의 청구) 3항.
234 최영규b, 전게서, P. 146.
235 「공무원연금법」 제88조(시효) 1항.

된다.[236]

또한 "수급권자에게 지급된 급여 중 「민사집행법」 제195조(압류가 금지되는 물건) 제3호[237]에서 정하는 금액 이하는 압류할 수 없다."고 규정하여 공무원의 연금을 보호하고 있다.[238]

연금청구권		
정의	• 공무원이 퇴직, 장해 또는 사망과 공무로 인한 질병·부상·폐질에 대하여 국가에 공무원연금을 신청할 수 있는 권리	
근거	• 「국가공무원법」, 「공무원연금법」	
성격	• 헌법재판소는 공무원연금제도가 공무원의 퇴직·사망시 본인과 유족의 생활안정과 복리향상에 기여하기 위한 사회보험으로써, 연금법상의 급여는 후불임금의 성격과 공로보상 또는 은혜적 급여의 성격도 함께 가지고 있기는 하나 기본적으로는 사회보장적 급여의 성격을 가진다고 봄[239]	
종류	단기급여	• 공무원의 공무로 인한 질병·부상과 재해에 대하여 지급하는 급여
	장기급여	• 공무원의 퇴직·사망 및 비공무상 장해에 대하여 지급하는 급여
급여사유 확인 및 결정	• 각종 급여는 그 급여를 받을 권리를 가진 사람의 신청에 따라 인사혁신처장의 결정으로 공무원연금공단이 지급한다.[240]	
불복	• 급여에 관한 결정, 기여금의 징수, 그 밖에 이 법에 따른 급여에 관하여 이의가 있는 사람은 대통령령으로 정하는 바에 따라 「공무원 재해보상법」 제52조에 따른 공무원재해보상연금위원회에 심사를 청구할 수 있음[241] • 심사 청구는 급여에 관한 결정 등이 있었던 날부터 180일, 그 사실을 안 날부터 90일 이내에 하여야 한다. 다만, 정당한 사유가 있어 그 기간에 심사 청구를 할 수 없었던 것을 증명한 경우는 예외로 함[242] • 급여에 관한 결정, 기여금의 징수, 그 밖에 이 법에 따른 급여에 관하여는 「행정심판법」에 따른 행정심판을 청구할 수 없음[243]	

---

236 「국세징수법」 제42조(급여채권의 압류 제한) ① 급료, 연금, 임금, 봉급, 상여금, 세비, 퇴직연금, 그 밖에 이와 비슷한 성질을 가진 급여채권에 대해서는 그 총액의 2분의 1에 해당하는 금액은 압류가 금지되는 금액으로 한다.

237 「민사집행법」 제195조(압류가 금지되는 물건) 3호. 채무자 등의 생활에 필요한 1월간의 생계비로서 대통령령이 정하는 액수의 금전.

238 「공무원연금법」 제39조(권리의 보호) 1항.

239 헌재 1999.04.29. 선고 1997헌마333결정.

240 「공무원연금법」 제29조(급여사유의 확인 및 급여의 결정) 1항.

241 「공무원연금법」 제87조(심사의 청구) 1항.

242 「공무원연금법」 제87조(심사의 청구) 2항.

243 「공무원연금법」 제87조(심사의 청구) 3항.

소멸시효	• 공무원연금법에 따른 연금청구권의 소멸시효는 5년
연금의 보호	• 급여를 받을 권리는 양도, 압류하거나 담보로 제공할 수 없음. • 다만, 연금인 급여를 받을 권리는 금융회사에 담보로 제공할 수 있음 • 「국세징수법」, 「지방세징수법」, 그 밖의 법률에 따른 체납처분의 대상으로 할 수 있음 • 단, 체납처분에 의한 연금의 압류도 1/2 이하로 제한됨

❸ 실비변상청구권244

국가공무원과 경찰공무원은 보수 외에 「국가공무원법」 제48조(실비변상 등) 제2항과 「공무원수당 등에 관한 규정」 등으로 정하는 바에 따라 직무 수행에 필요한 실비實費 변상과 위탁과제 수탁 처리에 대한 보상을 받을 수 있다.245

실비변상의 대표적인 경우는 「공무원여비규정」에 의한 운임·일비·숙박비·식비 등과 위탁연구과제에 대한 보상을 들 수 있다.

Police Science

🌐 국가공무원법상의 실비변상청구권

제48조(실비 변상 등) ① 공무원은 보수 외에 대통령령 등으로 정하는 바에 따라 직무 수행에 필요한 실비實費 변상을 받을 수 있다.

② 공무원이 소속 기관장의 허가를 받아 본래의 업무 수행에 지장이 없는 범위에서 담당 직무 외의 특수한 연구과제를 위탁받아 처리하면 그 보상을 지급받을 수 있다.

• 「국가공무원법」 제48조(실비 변상 등) 1항에는 실비변상에 대한 내용이, 2항에는 위탁과제 처리시 보상을 받을 수 있다는 내용이 규정되어 있다. 이때의 보상은 '보상청구권'의 내용이 아니라 실비 변상 등의 내용에 포함되는 일종의 수당에 대한 내용이다.

---

❹ 재해보상청구권(보상청구권)246

● 의의

재해보상청구권이란 공무원이 공무원의 공무로 인한 부상·질병·장해·사망에 대하여 적합한 보상을 국가에 청구할 수 있는 권리를 말한다. 다만, 군인과 선거에 의하여 취임하는 공무원은 제외한다.247

---

244 「국가공무원법」 제48조(실비 변상 등) 1항.
245 「국가공무원법」 제48조(실비 변상 등) 1항.
246 「국가공무원법」 제48조(실비 변상 등) 2항.
247 「공무원 재해보상법」 제3조(정의) 1항 1호. 「국가공무원법」, 「지방공무원법」, 그 밖의 법률에 따른 공무원. 다만,

⊕🔍 '보상청구권'과 '재해보상청구권'의 구별 필요성

- 일반적으로 대다수 경찰행정법 교재에서는 '보상청구권'을 「국가공무원법」 제48조(실비변상 등) 제2항의 "공무원이 소속 기관장의 허가를 받아 본래의 업무 수행에 지장이 없는 범위에서 담당 직무 외의 특수한 연구과제를 위탁받아 처리하면 그 보상을 지급받을 수 있다."는 규정을 근거로 삼고 있다.

- 이는 단순히 특수한 연구과제를 위탁받아 처리하면서 받은 보상을 국가공무원법상의 권리라고 하는 오해를 낳고 있다. 공무원의 보상청구권은 위탁연구과제에 대한 보상청구권이 아니라 공무상 재해를 당한 공무원이 국가에 대해서 보상을 청구할 수 있는 권리를 의미한다.

- 왜냐하면 위탁연구과제 처리에 대한 보상규정은 '실비변상 등'의 내용에 포함되는 것으로 보는 것이 법의 제정 취지에 더욱 타당하기 때문이다.

- 기존의 「국가공무원법」 제48조(실비변상 등) 제2항의 '보상청구권'은 실비변상청구권에 포함시키는 것이 바람직해 보인다.

- 따라서 오해의 여지 없이 보상청구권은 '재해보상청구권'으로 용어를 변경하여 사용하는 것이 더욱 타당할 것으로 판단된다.

● 공무원재해보상법

「공무원재해보상법」 제1조 목적에는 "이 법은 공무원의 공무로 인한 부상·질병·장해·사망에 대하여 적합한 보상을 하고, 공무상 재해를 입은 공무원의 재활 및 직무복귀를 지원하며, 재해예방을 위한 사업을 시행함으로써 공무원이 직무에 전념할 수 있는 여건을 조성하고, 공무원 및 그 유족의 복지 향상에 이바지함을 목적으로 한다."고 규정하고 있다. 이 법에 따른 공무원 재해보상제도의 운영에 관한 사항은 인사혁신처장이 주관한다.[248]

● 공무상 재해의 인정기준

공무원이 공무상 재해의 인정기준 중 어느 하나에 해당하는 부상을 당하거나 질병에 걸리는 경우와 그 부상 또는 질병으로 장해를 입거나 사망한 경우에는 공무상 재해로 본

군인과 선거에 의하여 취임하는 공무원은 제외한다.

248 「공무원 재해보상법」 제1조(목적)·제2조(주관).

다. 다만, 공무와 재해 사이에 상당한 인과관계가 없는 경우에는 공무상 재해로 보지 아니한다.

공무상 재해의 인정기준[249]	
구별	내용
공무상 부상	• 공무수행 또는 그에 따르는 행위를 하던 중 발생한 사고 • 통상적인 경로와 방법으로 출퇴근하던 중 발생한 사고 • 그 밖에 공무수행과 관련하여 발생한 사고
공무상 질병	• 공무수행 과정에서 물리적·화학적·생물학적 요인에 의하여 발생한 질병 • 공무수행과정에서 신체적·정신적 부담을 주는 업무가 원인이 되어 발생한 질병 • 공무상 부상이 원인이 되어 발생한 질병 • 그 밖에 공무수행과 관련하여 발생한 질병

Police Science

🌐 공무상 재해의 인정 특례

• 유해하거나 위험한 환경에서 공무를 수행하는 공무원이 공무수행과정에서 상당기간 유해·위험요인에 노출되어 질병에 걸리는 경우와 그 질병으로 장해를 입거나 사망한 경우에는 공무상 재해로 추정한다.

• 이 경우 질병의 종류는 대통령령으로 정하고, 구체적인 질병명, 공무원의 직종, 유해하거나 위험한 환경에서 재직한 기간 및 그 밖에 필요한 사항은 인사혁신처장이 정한다(「공무원 재해보상법」 제4조의 2(공무상 재해의 인정 특례)(본조신설 2022. 6. 10.)(시행일: 2023. 6. 11.).

● 위험직무순직공무원의 요건에 해당하는 재해

위험직무순직공무원의 요건에 해당하는 재해는 다음의 어느 하나에 해당하는 재해를 말한다.[250]

첫째, 경찰공무원이 직무를 수행하다가 입은 재해

둘째, 소방공무원이 직무를 수행하다가 입은 재해

셋째, 대통령경호처 직원이 「대통령 등의 경호에 관한 법률」에 따른 경호 업무를 수

---

249 「공무원 재해보상법」 제4조(공무상 재해의 인정기준).
250 「공무원 재해보상법」 제5조(위험직무순직공무원의 요건에 해당하는 재해).

행하다가 입은 재해

넷째, 국가정보원 직원이 직무를 수행하다가 입은 재해

다섯째, 교도관이 「형의 집행 및 수용자의 처우에 관한 법률」에 따른 계호^{戒護} 업무를 수행하다가 입은 재해

여섯째, 산림항공기 조종사 및 그와 동승^{同乘}한 근무자가 현장에서 산불예방·진화작업, 산림병해충 예찰·방제 작업, 인명구조, 재난·재해 현장에서의 구난행위(그 업무수행을 위한 긴급한 출동·복귀 및 부수활동을 포함한다)를 하다가 입은 재해

일곱째, 「수산업법」 제69조에 따른 어업감독 공무원이 어업지도선 및 단속정에 승선하여 불법어업 지도·단속(그 업무수행을 위한 긴급한 출동·복귀 및 부수활동을 포함)을 하다가 입은 재해

여덟째, 「형사소송법」 제197조 및 제245조의 9에 따른 사법경찰관리나 「사법경찰관리의 직무를 수행할 자와 그 직무범위에 관한 법률」 제3조부터 제5조까지의 규정에 따른 사법경찰관리가 범죄의 수사·단속 또는 범인이나 피의자를 체포하다가 입은 재해

아홉째, 공무원이 공무원재해보상법 관련 법령에 따라 활동 중 입은 재해

열 번째, 공무원이 공무원재해보상법 관련 법령에 따라 공무수행과 관련하여 보복성 범죄·테러 등으로 입은 재해 또는 실기·실습 훈련 중 입은 재해

마지막으로 그 밖에 공무원재해보상심의회가 재해에 준한다고 인정하는 위험한 직무를 수행하다가 입은 재해

Police Science

🌐 경찰공무원의 위험직무 순직공무원의 요건에 해당하는 재해[251]

- 범인 또는 피의자의 체포
- 「경찰관 직무집행법」 제2조(직무의 범위) 제3호에 따른 경비, 주요 인사^{人士} 경호 및 대간첩·대 테러 작전 수행
- 「경찰관 직무집행법」 제2조(직무의 범위) 제5호에 따른 교통 단속과 교통 위해^{危害}의 방지
- 긴급신고 처리를 위한 현장 출동, 범죄예방·인명구조·재산보호 등을 위한 순찰 활동, 해양 오염 확산 방지

---

251 「공무원 재해보상법」 제5조(위험직무순직공무원의 요건에 해당하는 재해) 1호. 경찰공무원이 다음 각 목의 직무를 수행하다가 입은 재해.

공무원 재해보상심의회	
심의 사항252	• 공무원 재해보상제도에 관한 사항 • 공무수행사망자의 인정에 관한 사항 • 급여 결정에 관한 사항 • 손해배상청구에 관한 사항 • 재요양에 관한 사항 • 다른 법령에서 심의회의 심의를 거치도록 한 사항 • 그 밖에 공무원 재해보상제도의 운영과 관련하여 대통령령으로 정하는 사항
설치253	• 인사혁신처
구성254	• 위원장 1명을 포함한 100명 이내의 위원으로 구성한다.
위원장255	• 위원장은 위원 중에서 인사혁신처장이 임명 또는 위촉한다.
당연직 위원256	• 당연직 위원은 기획재정부, 행정안전부, 고용노동부, 국가보훈처 및 인사혁신처 소속 4급 이상 공무원 또는 이에 상당하는 공무원으로서 재해보상·연금·복지 또는 복무 관련 업무를 담당하는 공무원 중에서 해당 기관의 장이 지명하는 사람
비당연직 위원257	• 당연직이 아닌 위원은 인사혁신처장이 임명 또는 위촉한다.
임기258	• 위원의 임기는 3년으로 하며, 대통령령으로 정하는 바에 따라 연임할 수 있다. • 다만, 당연직 위원 및 「공무원연금법」에 따른 공무원연금공단(공단) 소속 임직원 중 해당 기관의 장이 추천하는 위원은 그 직(職)에 있는 동안 재임(在任)한다.
비당연직 위원 자격259	• 「공무원연금법」에 따른 공무원연금공단(공단) 소속 임직원 중 해당 기관의 장이 추천하는 사람 • 재해보상·연금·복지·복무 등 인사행정 또는 사회보장 관련 업무에 종사하고 있거나 종사하였던 사람 중에서 4급 이상 공무원 또는 이에 상당하는 공무원으로 재직하고 있거나 재직하였던 사람 • 판사, 검사 또는 변호사로 재직하고 있거나 재직하였던 사람 • 「의료법」 제2조에 따른 의료인 • 그 밖에 재해보상·연금·복지·복무 등 인사행정 및 사회보장 분야에 관한 학식과 경험이 풍부한 사람

252 「공무원 재해보상법」 제6조(공무원재해보상심의회).
253 「공무원 재해보상법」 제6조(공무원재해보상심의회).
254 「공무원 재해보상법」 제7조(심의회의 구성 등) 1항.
255 「공무원 재해보상법」 제7조(심의회의 구성 등) 2항.
256 「공무원 재해보상법」 제7조(심의회의 구성 등) 3항 전단.
257 「공무원 재해보상법」 제7조(심의회의 구성 등) 3항 후단.
258 「공무원 재해보상법」 제7조(심의회의 구성 등) 4항.
259 「공무원 재해보상법」 제7조(심의회의 구성 등) 3항.

| 권한[260] | • 급여 청구인 또는 그 청구인이 지정하는 사람, 관계 공무원 및 그 밖의 이해관계인 등에 대한 출석 요구 및 의견 청취 |
| | • 관계 공무원 또는 그 밖에 급여에 관련된 사람·기관 등에 대한 자료 제출 요구 |

● 급여의 청구 및 결정

급여를 받으려는 사람은 인사혁신처장에게 급여를 청구하여야 한다. 인사혁신처장은 급여의 청구를 받으면 급여의 요건을 확인한 후 급여를 결정하고 지급한다. 이 경우 요양급여, 장해급여, 순직유족급여, 위험직무순직유족급여 등의 급여를 결정할 때에는 공무상부상이 공무상 사고로 인하여 발생한 것이 명백한 경우를 제외하고는 심의회의 심의를 거쳐야 한다.[261]

● 권리의 보호

「공무원재해보상법」에서는 "급여를 받을 권리는 양도, 압류하거나 담보로 제공할수 없다. 다만, 연금인 급여를 받을 권리는 대통령령으로 정하는 금융회사에 담보로 제공할 수 있고, 「국세징수법」, 「지방세징수법」, 그 밖의 법률에 따른 체납처분의 대상으로 할 수 있다."는 규정을 두고 있다. 이때 체납처분에 의한 연금의 압류도 1/2 이하로 제한된다.[262]

또한 "수급권자에게 지급된 급여 중 「민사집행법」 제195조(압류가 금지되는 물건) 제3호[263]에서 정하는 금액 이하는 압류할 수 없다."고 규정하여 「공무원재해보상법」상의 연금을 보호하고 있다.[264]

Police Science

🌐 「공무원 재해보상법」 제18조(권리의 보호) 1항·2항

• 급여를 받을 권리는 양도, 압류하거나 담보로 제공할 수 없다. 다만, 연금인 급여를 받을 권리는 대통령령으로 정하는 금융회사에 담보로 제공할 수 있고, 「국세징수법」, 「지방세징수법」, 그 밖의 법률에 따른 체납처분의 대상으로 할 수 있다(1항).

---

260 「공무원 재해보상법」 제7조(심의회의 구성 등) 6항.
261 「공무원 재해보상법」 제9조(급여의 청구 및 결정) 1항·3항.
262 「공무원 재해보상법」 제18조(권리의 보호) 1항.
263 「민사집행법」 제195조(압류가 금지되는 물건) 3호. 채무자 등의 생활에 필요한 1월간의 생계비로서 대통령령이 정하는 액수의 금전.
264 「공무원연금법」 제39조(권리의 보호) 1항.

- 수급권자에게 지급된 급여 중 「민사집행법」 제195조 제3호에서 정하는 금액 이하는 압류할 수 없다(2항).

국가공무원의 10대 권리	
신분상의 권리	① 신분보유권, ② 직위보유권, ③ 직무집행권(직무수행권), ④ 행정쟁송권, ⑤ 고충심사청구권, ⑥ 성폭력·성희롱 신고권
재산상의 권리	① 보수청구권, ② 연금청구권, ③ 실비변상청구권, ④ 재해보상청구권

3 ‖ 경찰공무원의 특수한 권리

1 신분상의 권리

경찰공무원의 신분상의 권리에는 ① 무기 휴대권, ② 제복착용권, ③ 직명 사용권 등이 있다.

경찰공무원의 신분상의 권리	
무기휴대권[265]	· 경찰공무원은 직무 수행을 위하여 필요하면 무기를 휴대할 수 있다.
제복착용권[266]	· 경찰공무원은 제복을 착용하여야 한다(권리이자 의무).
직명사용권[267]	· 경찰공무원은 계급과 직위를 직명으로 사용할 권리가 있다. 경찰공무원이 아닌 자가 경찰공무원의 직명을 사칭하면 경범죄로 처벌[268] 된다. 경우에 따라서는 형법상의 공무원 자격 사칭죄(제118조)가 성립할 수도 있다.[269]

---

265 「경찰공무원법」 제26조(복제 및 무기 휴대) 2항.
266 「경찰공무원법」 제26조(복제 및 무기 휴대) 1항.
267 「경범죄 처벌법」 제3조(경범죄의 종류) 1항 7호(관명사칭 등).
268 「경범죄 처벌법」 제3조(경범죄의 종류) 1항 7호(관명사칭 등).
269 최영규b, 전게서, p. 142.

2 직무상의 권리

경찰공무원의 직무상의 권리에는 ① 무기 사용권, ② 장비 사용권, ③ 장구 사용권, ④ 분사기 등 사용권, ⑤ 이의제기권 등이 있다.

경찰공무원의 직무상의 권리	
무기사용권[270]	• 경찰관은 범인의 체포, 범인의 도주 방지, 자신이나 다른 사람의 생명·신체의 방어 및 보호, 공무집행에 대한 항거의 제지를 위하여 필요하다고 인정되는 상당한 이유가 있을 때에는 그 사태를 합리적으로 판단하여 필요한 한도에서 무기를 사용할 수 있다.
장비사용권[271]	• 경찰관은 직무수행 중 경찰장비를 사용할 수 있다.
장구사용권[272]	• 경찰관은 직무를 수행하기 위하여 필요하다고 인정되는 상당한 이유가 있을 때에는 그 사태를 합리적으로 판단하여 필요한 한도에서 경찰장구를 사용할 수 있다.
분사기 등 사용권[273]	• 경찰관은 직무를 수행하기 위하여 부득이한 경우에는 현장책임자가 판단하여 필요한 최소한의 범위에서 분사기 또는 최루탄을 사용할 수 있다.
이의제기권[274]	• 경찰공무원은 구체적 사건수사와 관련된 상관의 지휘·감독의 적법성 또는 정당성에 대하여 이견이 있을 때에는 이의를 제기할 수 있다.

3 재산상의 권리

❶ 보훈청구권

보훈청구권은 경찰공무원으로서 전투나 그 밖의 직무 수행 또는 교육훈련 중 사망하거나 부상을 입고 퇴직한 경우에 퇴직한 경찰공무원과 그 유족 또는 가족이 국가에 대하여 예우 또는 지원을 청구할 수 있는 권리를 말한다.

「국가유공자 등 예우 및 지원에 관한 법률」에 따라 예우 및 지원을 받을 수 있는 경찰공무원의 종류는 ① 전몰군경, ② 전상군경, ③ 순직군경, ④ 공상군경 등이다.

---

270 「경찰관직무집행법」 제10조의 4(무기의 사용) 1항.
271 「경찰관직무집행법」 제10조(경찰장비의 사용 등) 1항.
272 「경찰관직무집행법」 제10조의 2(경찰장구의 사용) 1항.
273 「경찰관직무집행법」 제10조의 3(분사기 등의 사용).
274 「경찰법」 제6조(직무수행) 2항.

경찰공무원의 보훈청구권		
관련 근거	• 「경찰공무원법」, 「국가유공자 등 예우 및 지원에 관한 법률」 또는 「보훈보상대상자 지원에 관한 법률」	
경찰 공무원법	• 제21조(보훈) 경찰공무원으로서 전투나 그 밖의 직무 수행 또는 교육훈련 중 사망한 사람(공무상 질병으로 사망한 사람을 포함) 및 부상(공무상의 질병 포함)을 입고 퇴직한 사람과 그 유족 또는 가족은 「국가유공자 등 예우 및 지원에 관한 법률」 또는 「보훈보상대상자 지원에 관한 법률」에 따라 예우 또는 지원을 받는다.	
국가유공자 등 예우 및 지원에 관한 법률	• 제4조(적용 대상 국가유공자) ① 다음 각 호의 어느 하나에 해당하는 국가유공자, 그 유족 또는 가족은 이 법에 따른 예우를 받는다. • 전몰군경(戰歿軍警): 군인이나 경찰공무원으로서 전투 또는 이에 준하는 직무수행 중 사망한 사람(3호) • 전상군경(戰傷軍警): 군인이나 경찰공무원으로서 전투 또는 이에 준하는 직무수행 중 상이를 입고 전역하거나 퇴직(면직 포함)한 사람 또는 6개월 이내에 전역이나 퇴직하는 사람으로서 그 상이정도가 국가보훈처장이 실시하는 신체검사에서 제6조의 4에 따른 상이등급으로 판정된 사람(4호) • 순직군경(殉職軍警): 군인이나 경찰·소방 공무원으로서 국가의 수호·안전보장 또는 국민의 생명·재산 보호와 직접적인 관련이 있는 직무수행이나 교육훈련 중 사망한 사람(질병 사망 포함)(5호) • 공상군경(公傷軍警): 군인이나 경찰·소방 공무원으로서 국가의 수호·안전보장 또는 국민의 생명·재산 보호와 직접적인 관련이 있는 직무수행이나 교육훈련 중 상이(질병 포함)를 입고 전역하거나 퇴직한 사람 또는 6개월 이내에 전역이나 퇴직하는 사람으로서 그 상이정도가 국가보훈처장이 실시하는 신체검사에서 상이등급으로 판정된 사람(6호)	

❷ 실물지급·대여청구권

실물지급·대여청구권은 경찰공무원이 직무수행에 필요한 급여품과 대여품을 지급받을 권리를 말한다.[275] 「경찰공무원 지급품에 관한 규칙」에는 경찰공무원(전투경찰순경 포함)에게 그 직무수행을 위하여 지급하는 물품과 대여하는 물품에 관한 사항을 규정하고 있다.

---

275 「경찰공무원 지급품에 관한 규칙」 제1조(목적).

경찰공무원의 지급품에 관한 규칙	
구분	**내용**
정의[276]	• 급여품이란 경찰공무원에게 지급되는 물품 중 지급받은 경찰공무원이 사용기간 동안 사용한 후 처분할 수 있는 물품을 말한다.
	• 대여품이란 경찰공무원에게 지급되는 물품 중 지급받은 경찰공무원이 사용기간 동안 사용한 후 다시 반납하여야 하는 물품을 말한다
급여품 및 대여품의 보수[277]	• 급여품 및 대여품의 보수(補修)에 드는 비용은 해당 물품을 지급받은 사람이 부담한다.
급여품 및 대여품의 재지급 등[278]	• 경찰공무원이 급여품 또는 대여품을 분실하거나 훼손하였을 때에는 대용품(代用品)을 지급한다.
	• 그 분실이나 훼손이 경찰공무원의 고의 또는 중대한 과실로 인한 것일 때에는 그 대가를 변상하게 하여야 한다.
대여품의 반납[279]	• 경찰공무원이 퇴직할 때에는 대여품을 반납하여야 한다.
	• 경찰공무원의 고의 또는 중대한 과실로 대여품을 분실하거나 훼손하여 그 대여품을 반납할 수 없을 때에는 급여품 및 대여품의 재지급 등을 준용한다.

경찰공무원의 특수한 권리	
신분상의 권리	① 무기휴대권, ② 제복착용권, ③ 직명사용권
직무상의 권리	① 무기사용권, ② 장비사용권, ③ 장구사용권, ④ 분사기 등 사용권, ⑤ 이의제기권(수사시)
재산상의 권리	① 보훈청구권, ② 실물지급·대여청구권

---

276 「경찰공무원 지급품에 관한 규칙」 제1조의 2(정의).
277 「경찰공무원 지급품에 관한 규칙」 제4조(급여품 및 대여품의 보수).
278 「경찰공무원 지급품에 관한 규칙」 제5조(급여품 및 대여품의 재지급 등).
279 「경찰공무원 지급품에 관한 규칙」 제6조(대여품의 반납).

1 ║ 의무의 의의

공무원은 국민전체에 대한 봉사자이자 공무의 수행자로서 일반 국민은 가지지 않는 여러 가지 의무를 부담한다. 특히 경찰공무원은 직접 공권력을 행사하여 위해방지의 임무를 수행하는 까닭에, 일반공무원에 비하여 의무도 강화되어 있다.

다만, 이러한 의무는 어디까지나 법률에 의하여 부과되는 의무이며, 공무원이라고 하여 법률의 근거 없이 당연히 지는 의무는 아니다. 경찰공무원을 포함한 공무원의 의무는 ① 신분상 의무, ② 직무상 의무로 구분된다.

Police Science

🔍 공무원의 의무 유형화 논쟁

- 공무원의 의무를 몇 가지로 유형화하는 경향이 있다. ① 선서의 의무, ② 성실의 의무, ③ 직무상의 의무, 신분상의 의무로 유형화하는 예(김도창·박윤흔), ① 선서의 의무, ② 성실의 의무, ③ 직무상의 의무로 나누어, 흔히 신분상의 의무로 분류되는 것(품위유지의무, 청렴의 의무)도 직무상의 의무에 포함시키는 예(김동희), 직무전념의 의무를 서술하는 예(최영규), 그리고 공무원의 주요의무를 나열식으로 서술하는 예(김남진b) 등이 있다. 경찰대학의 경찰학교재는 기본적 의무(선서의무, 성실의무), 직무상 의무, 신분상 의무 등으로 분류한다.
- 국가인사행정의 길잡이 역할을 하는 인사혁신처의 「2022 공무원 인사실무」에서는 「국가공무원법」의 규정에 따라 공무원의 의무유형을 크게 신분상 의무와 직무상 의무로 구분하고 있다.
- 신분상 의무에는 ① 선서 의무(제55조), ② 영예 제한(제62조), ③ 품위유지의무(제63조), ④ 영리업무 및 겸직 금지(제64조, 복무규정 제25조·제26조), ⑤ 정치운동 및 집단행위의 금지(제65조·제66조) 등이다.
- 직무상 의무에는 ① 성실의무(제56조), ② 복종의무(제57조), ③ 직장이탈 금지(제58조), ④ 친절·공정의무(제59조), ⑤ 종교중립의무(제59조의 2), ⑥ 비밀엄수의무(제60조), ⑦ 청렴의무(제61조) 등으로 구분하고 있다.
- 이처럼 학계와 인사혁신처를 포함한 실무계에서도 공무원의 의무를 분류하는 것이 통일되

지 못하고 있다.

- 본 교재에서는 인사혁신처의 「2022 공무원 인사실무」의 분류방법을 참고하고 다수설에 따라 공무원의 의무를 구분하고자 한다.

Police Science

🔍 직무전념의 의무에 대한 개념 논쟁

- 행정법 교재와 판례에서 사용하는 '직무전념의 의무'라는 용어에 대해서 논란이 있다.
- 왜냐하면 「국가공무원법」과 「국가공무원 복무규정」에는 다른 의무 조항과 다르게 직무전념 조항과 용어 정의가 없기 때문이다. 반면, 학계와 판례에서는 직무전념의무라는 개념을 사용하고 있다.
- 판례에서 말하는 직무전념이란 "공무원은 전력을 다하여 직무를 수행해야 하며, 직장을 이탈하거나 직무수행을 저해하는 다른 활동을 해서는 안 된다."는 의미이다.
- 학계에서 말하는 직무전념 의무는 ① 성실의무, ② 법령준수 의무, ③ 직장이탈금지 의무, ④ 영리행위 및 겸직 금지 의무, ⑤ 정치운동 금지 의무, ⑥ 집단행위 금지 의무 등을 포함하는 광범위한 개념이다.
- 이 중 성실의무, 법령준수 의무, 직장이탈금지 의무 등은 직무상 의무이다. 반면 영리행위 및 겸직 금지 의무, 정치운동 금지 의무, 집단행위 금지 의무는 신분상의 의무에 해당한다.
- 따라서 '직무전념의 의무'는 신분상의 의무와 직무상의 의무가 모두 포함되어 있는 '이중적 의무'의 성격을 갖고 있다.
- '직무전념의 의무'는 「국가공무원법」 제56조(성실 의무)와 「지방공무원법」 제48조(성실의 의무) 등에서 도출도며, 공무원이 법령을 준수하여 성실하게 직무에 전념할 의무를 말한다.
- 결론적으로 '직무전념의 의무'는 공무원의 전문성과 책임성을 강조하기 위한 것이며, 신분상의 의무이자 직무상의 의무이며, 신분상의 의무와 직무상의 의무를 모두 포함하는 '이중적 의무'라는 특징을 갖고 있다.

1 신분상 의무

❶ 선서 의무

국가공무원과 경찰공무원은 최초 임용되어 임명장을 수여받을 때 소속 기관의 장 앞에서 선서한다. 다만, 부득이한 사유가 있는 경우에는 임명장을 수여받은 후에 선서를 할 수 있다.

Police Science

⊕Q 선서 관련 규정

국가공무원법(시행 2022. 1. 21.)

제55조(선서) 공무원은 취임할 때에 소속 기관장 앞에서 「국가공무원 복무규정」등으로 정하는 바에 따라 선서宣誓하여야 한다. 다만, 불가피한 사유가 있으면 취임 후에 선서하게 할 수 있다.

국가공무원 복무규정

제2조(선서) ① 국가공무원(이하 "공무원"이라 한다)은 「국가공무원법」 제55조에 따라 취임할 때에 소속 기관의 장 앞에서 선서를 하여야 한다.

선서문280

• 나는 대한민국 공무원으로서 헌법과 법령을 준수하고, 국가를 수호하며, 국민에 대한 봉사자로서의 임무를 성실히 수행할 것을 엄숙히 선서합니다.

---

❷ 외국정부 영예의 제한

국가공무원과 경찰공무원은 외국 정부로부터 영예나 증여를 받을 경우에는 대통령의 허가를 받아야 한다.281 「행정권한의 위임 및 위탁에 관한 규정」 제17조(대통령 소관) 1항에는 "소속 공무원의 영예 등의 수령 허가에 관한 권한을 해당 중앙행정기관의 장에게 위임하고, 그 밖의 기관 소속 공무원의 영예 등의 수령 허가에 관한 권한을 행정안전부장관에게 위임한다."라고 규정하고 있다.

---

280 「국가공무원 복무규정」(별표 1).
281 「국가공무원법」 제62조(외국 정부의 영예 등을 받을 경우).

공무원(지방의회의원 포함) 또는 공직유관단체의 임직원은 외국으로부터 선물을 받거나 그 직무와 관련하여 외국인(외국단체 포함)에게 선물을 받으면 지체 없이 소속 기관·단체의 장에게 신고하고 그 선물을 인도하여야 한다. 이들의 가족이 외국으로부터 선물을 받거나 그 공무원이나 공직유관단체 임직원의 직무와 관련하여 외국인에게 선물을 받은 경우에도 또한 같다. 이때 신고된 선물은 신고 즉시 국가 또는 지방자치단체에 귀속된다.

이는 공무원이 외국 정부로부터 영예·증여 그리고 선물 등을 받는 모든 경우에 그것이 우리나라의 국시나 국익에 저촉되는지 여부 등 그 적격성을 객관적으로 심사하기 위한 법령이다.

❸ 품위유지의 의무

국가공무원법 제63조는 "공무원은 직무의 내외를 불문하고 그 품위가 손상되는 행위를 하여서는 아니 된다"고 규정하고 있다. 국민으로부터 널리 공무를 수탁받아 국민 전체를 위해 근무하는 공무원의 지위를 고려할 때 공무원의 품위손상행위는 본인은 물론 공직사회에 대한 국민의 신뢰를 실추시킬 우려가 있으므로, 모든 공무원은 국가공무원법 제63조에 따라 직무의 내외를 불문하고 그 품위를 손상하는 행위를 하여서는 아니 된다.

품위유지의무란 공무원이 직무의 내외를 불문하고, 국민의 수임자로서의 직책을 맡아 수행해 나가기에 손색이 없는 인품에 걸맞게 본인은 물론 공직사회에 대한 국민의 신뢰를 실추시킬 우려가 있는 행위를 하지 않아야 할 의무라고 할 수 있다.

공무원이 공정성, 청렴성 등을 훼손하여 신뢰를 실추시킬 우려가 있을 경우에는 품위유지의무 위반에 해당한다.

Police Science

🔍 공무원의 품위의 의미[282]

- '품위'라 함은 주권자인 국민의 수임자로서의 직책을 맡아 수행해 나가기에 손색이 없는 인품을 말하는 것이므로 공무원이 모든 국민에게 보장된 기본권을 행사하는 행위를 하였다 할지라도 그 권리행사의 정도가 권리를 인정한 사회적 의의를 벗어날 정도로 지나쳐 주권자인 국민의 입장에서 보아 바람직스럽지 못한 행위라고 판단되는 경우라면 공무원의 그와 같은 행위는 그 품위를 손상하는 행위에 해당한다고 할 것임.

---

[282] 대법원 2013.09.12. 선고 2011두20079판결.

國 국가공무원법(시행 2022. 1. 21.)

제63조(품위 유지의 의무) 공무원은 직무의 내외를 불문하고 그 품위가 손상되는 행위를 하여
　　서는 아니 된다.

❹ 직위보유의 의무

국가공무원과 경찰공무원은 공무집행에 필요한 직위를 받을 권리와 의무를 갖고 있
다.[283] 법적 사유에 의하지 않고는 직위를 박탈당하지 않는다. 직위보유권은 일반공무원
과 경찰공무원의 권리이자 의무로 보고 있다.[284]

國 국가공무원법(시행 2022. 1. 21.)

제32조의 5(보직관리의 원칙) ① 임용권자나 임용제청권자는 법령으로 따로 정하는 경우 외에
　　는 소속 공무원의 직급과 직류를 고려하여 그 직급에 상응하는 일정한 직위를 부여하여야
　　한다.

❺ 병역사항 신고의무

국가의 정무직 공무원과 총경(자치총경 포함) 이상의 경찰공무원 등은 본인과 본인의
배우자 및 18세 이상인 직계비속의 병역사항을 소속 기관에 신고하여야 한다. 소속 기관
의 장이 병무청장에게 이를 통보하면 병무청장은 그 병역사항을 1개월 이내에 관보와 인
터넷을 통하여 공개하여야 한다.

國 공직자 등의 병역사항 신고 및 공개에 관한 법률(병역공개법)(시행 2021. 10. 14.)

제2조(신고의무자) 다음 각 호의 어느 하나에 해당하는 공직자(신고의무자)는 제3조에 따른 신
　　고대상자의 병역사항을 신고하여야 한다.
　　1. 대통령, 국무총리, 국무위원, 국회의원, 국가정보원의 원장·차장 등 국가의 정무직 공무원
　　2. 지방자치단체의 장과 지방의회의원

---

283 「국가공무원법」 제32조의5(보직관리의 원칙) 1항.
284 최영규b, 전게서, p. 142.

3. 4급 이상의 일반직 국가공무원 및 지방공무원과 이에 상당하는 보수를 받는 별정직 공무원

4. 직무등급 6등급 이상인 직위의 외무공무원, 4급 이상의 국가정보원의 직원 및 대통령경호처의 경호공무원

5. 법관 및 검사

6. 헌법재판소 헌법연구관

7. 대령 이상의 장교 및 2급 이상의 군무원

8. 교육공무원 중 대학의 장, 부총장, 대학원장, 단과대학장 및 대학에 준하는 각종 학교의 장과 대학의 처장·실장, 특별시·광역시·특별자치시·도·특별자치도의 교육감 및 교육장

9. 총경(자치총경을 포함한다) 이상의 경찰공무원과 소방정 이상의 소방공무원 등

제8조(병역사항의 공개 및 이의신청 등) ① 병무청장은 신고기관의 장으로부터 병역사항을 통보받으면 그 병역사항을 1개월 이내에 관보와 병무청의 인터넷 홈페이지에 게재하여 공개하여야 한다.

제4조(신고시기와 신고기관 등) ① 신고의무자는 신고의무자가 된 날부터 1개월 이내에 신고의무자가 된 날 현재의 신고대상자의 병역사항을 적은 병역사항 신고서를 대통령령으로 정하는 신고의무자의 소속 기관(신고기관)에 제출하여야 한다.

벌칙

제17조(신고의무 불이행 등의 죄 등) ① 다음 각 호의 어느 하나에 해당하는 사람은 1년 이하의 징역 또는 1천만 원 이하의 벌금에 처한다.

1. 제4조(신고시기와 신고기관 등) 제1항·제9조(공직선거후보자의 병역사항 신고 및 공개) 제1항 또는 제10조(공직후보자의 병역사항 신고 및 공개) 제1항을 위반하여 신고의무를 이행하지 아니한 사람

2 직무상 의무

❶ 성실의무

「행정기본법」에 성실의무 및 권한남용 금지의 원칙을 명문화하여 이들 원칙이 행정법 및 경찰행정법 영역 전반에 공통적으로 적용되는 일반적 법 원칙임을 천명하고 있다. '신의성실의 원칙'은 모든 사회적 주체가 사회공동체의 일원으로 상대방의 신뢰에 반하지 않도록 성실하게 행동할 것을 요구하는 법 원칙이다. 신의성실의 원칙은 사법상 원칙으

로 오해될 수 있는 소지가 있으므로 '성실 의무의 원칙'으로 용어를 변경하여 「행정기본법」 제56조(성실 의무) 제1항에 도입하였다.

국가공무원과 경찰공무원을 포함한 모든 공무원은 법령을 준수하며 성실히 직무를 수행하여야 한다. 따라서 성실 의무는 공무원의 의무 중 가장 기본적인 의무이다. 상습지각, 음주 근무는 대표적인 성실의무의 위반사례이다.

Police Science
🌐 성실의무의 내용285

- 성실의무는 공무원에게 부과된 가장 기본적인 중대한 의무로서 최대한으로 공공의 이익을 도모하고, 그 불이익을 방지하기 위하여 전 인격과 양심을 바쳐서 성실히 직무를 수행할 의무를 뜻한다.

Police Science
🌐 성실의무 관련 규정

국가공무원법(시행 2022. 1. 21.)
제56(성실 의무) 모든 공무원은 법령을 준수하며 성실히 직무를 수행하여야 한다.
행정기본법(시행 2021. 9. 24.)
제11조(성실의무 및 권한남용금지의 원칙) ① 행정청은 법령 등에 따른 의무를 성실히 수행하여야 한다.
② 행정청은 행정권한을 남용하거나 그 권한의 범위를 넘어서는 아니 된다.

❷ 법령준수의 의무286

공무원은 직무를 수행함에 있어서 법령을 준수하여야 한다.287 법령은 좁은 의미로는 법률과 법규명령을 의미하지만, 여기에서는 법률과 법규명령만이 아니라 자치법규를 포함한 모든 성문법, 나아가 불문법까지를 포함한 실정법 전체를 의미한다.288

공무원이 법령에 위반하여 직무를 수행하면 그 행위는 위법한 행위로서 무효이거나 취소할 수 있는 행위로 될 뿐 아니라, 공무원 자신에게는 징계책임·형사책임·민사책임이 발생한다.

---

285 대법원 1989.05.23. 선고 88누3161판결.
286 「국가공무원법」 제56조(성실 의무) 전단.
287 「국가공무원법」 제56조(성실의 의무) 전단.
288 최영규b, 전게서, p. 140.

법원(법관)은 법률의 위헌 여부가 재판의 전제가 되는 경우, 헌법재판소에 제청할 수 있다.[289] 명령·규칙의 위법 여부가 재판의 전제가 되는 경우에는 스스로 심판할 수 있는 권한을 가지고 있다.[290]

공무원(집행부 소속)에게 법령의 위법 여부를 스스로 심사하고 나아가 위법하다고 판단되는 법령의 적용을 배제할 권한이 있는가라는 것이 문제된다. 법령이 위헌·위법이 명백한 경우에는 행정기관에도 당해 법령에 대한 심사권은 물론 적용배제의 권리·의무가 있다고 본다.[291] 공무원이 법령을 위반하면 징계책임을 지게 됨은 물론 형사책임·민사책임(배상책임)의 원인이 된다.

Police Science

🔍 헌법

제107조 ① 법률이 헌법에 위반되는 여부가 재판의 전제가 된 경우에는 법원은 헌법재판소에 제청하여 그 심판에 의하여 재판한다.
② 명령·규칙 또는 처분이 헌법이나 법률에 위반되는 여부가 재판의 전제가 된 경우에는 대법원은 이를 최종적으로 심사할 권한을 가진다.

공무원의 상위법 위반 여부 판단 후 배제 권리 존재의 여부	
학설	내용
형식적 요건 심사권 인정설	• 공무원(또는 행정기관)은 법령의 형식적 요건에 대한 심사권을 가진다는 입장
실질적 심사 내지 적용배제권 부인설	• 공무원은 법령의 실질적 심사 내지 적용배제권을 가지지 않는다는 입장
전반적인 심사 및 적용배제권 인정설	• 공무원이 법령에 대한 전반적 심사 및 적용배제권을 가진다고 보는 입장
절충설	• 공무원(또는 행정기관)이 법령의 위법 여부에 대한 실질적 심사권은 가지되 적용배제권은 가지지 않는다고 보는 입장(독일에서의 통설·판례)
결론	• 법령이 위헌·위법이 명백한 경우에는 행정기관에도 당해 법령에 대한 심사권은 물론 적용배제의 권리·의무가 있다고 본다.

---

289 「헌법」 제107조.
290 「헌법」 제107조 2항.
291 최영규b, 전게서, p. 150; 김남진b, 「경찰행정법」(서울: 경세원, 2002), p. 99.

❸ 복종의 의무

공무원은 직무를 수행함에 있어 소속 상관의 직무상 명령에 복종할 의무를 진다.[292] 다만 복종의 의무는 직무의 독립성이 인정된 공무원(감사위원, 의결기관의 구성원 등)에게는 적용되지 않는다. 법관은 재판상 지휘, 감독을 받지 않으며, 재판행위에 관해서는 복종의무가 없다. 대학교수도 그의 교육내용에 관하여는 복종의무를 지지 않는다.

소속 상관에는 직무상의 상관과 신분상의 상관이 있다. 신분상의 상관은 공무원의 진퇴·상벌을 행하거나 그 제청권을 가진 사람을 말한다. 직무상의 상관은 공무원의 직무를 지휘·감독할 권한이 있는 사람, 즉 공무원이 소속된 행정청과 그 보조기관 담당자를 말한다.[293]

복종의 의무가 되는 상관은 직무상의 상관만을 의미한다. 직무명령이 경합하는 경우에는 직근상관의 명령에 복종하여야 한다. 직무명령은 직무에 관하여 소속 상관이 발하는 일체의 명령을 말한다. 직무상의 명령에는 직무집행에 직접 관계되는 것뿐만 아니라 복장 등도 그 대상이 된다. 그러나 직무와 관련 없는 사생활에까지 미치는 것은 아니다.

상관의 직무명령이 위와 같은 요건을 충족하지 않음으로 인하여 위법함이 명백한 경우에는 복종을 거부하여야 하며, 위법함을 알고도 복종하였다면 그에 대한 책임을 져야 한다. 직무명령이 헌법에 저촉되는 등 그 하자가 중대하고 명백하여 무효가 아닌 한 공무원은 소속 상관의 직무명령에 복종하여야 한다. 그러나 직무명령이 위법함을 알면서도 복종하였다면, 비록 소속 상관의 명령이 있었다 하더라도 복종한 공무원은 책임을 면할 수 없다.

Police Science

🔍 직무명령의 적법·유효 요건[294]

- 직무상의 상관이 발한 것일 것
- 부하공무원의 직무에 관한 것일 것
- 직무상의 독립이 인정되는 사항에 관한 것이 아닐 것
- 적법한 절차로 발해진 것
- 기타 법규에 저촉되는 것이 아닐 것

---

292 「국가공무원법」 제57조(복종의 의무).
293 최영규b, 전게서, p. 151.
294 최영규b, 전게서, pp. 151-152.

위법한 직무명령과 부당한 직무명령에 대한 복종의무	
위법한 직무명령	• 위법함이 명백한 경우에는 복종을 거부하여야 한다(복종거부○).
부당한 직무명령	• 그 하자가 중대하고 명백하여 무효가 아닌 한 공무원은 소속 상관의 직무명령에 복종(복종거부×). • 자기의견 진술가능
징계	• 부당한 직무명령에 복종하지 않은 것은 복종의무 위반으로 징계의 대상이 된다. • 위법한 직무명령을 발한 상관은 법령준수의무 위반으로 징계의 대상이 되며, 하관은 징계의 대상이 되지 않는다.
이의 제기권	• 「경찰법」 제6조(직무수행) ② 경찰공무원은 구체적 사건수사와 관련된 제1항의 지휘·감독 의 적법성 또는 정당성에 대하여 이견이 있을 때에는 이의를 제기할 수 있다. • 복종의 의무와 관련해서 「경찰법」에서는 구체적 사건수사 경우에 한해서 이의제기권을 가 지고 있다.

Police Science
🌐 국가공무원법(시행 2022. 1. 21.)

제57조(복종의 의무) 공무원은 직무를 수행할 때 소속 상관의 직무상 명령에 복종하여야 한다.

제66조(집단 행위의 금지) ① 공무원은 노동운동이나 그 밖에 공무 외의 일을 위한 집단 행위
를 하여서는 아니 된다. 다만, 사실상 노무에 종사하는 공무원은 예외로 한다.

제84조의2(벌칙) 제44조(시험 또는 임용의 방해행위 금지)·제45조(인사에 관한 부정행위 금지) 또는
제66조(집단 행위의 금지)를 위반한 자는 다른 법률에 특별히 규정된 경우 외에는 1년 이하
의 징역 또는 1천만 원 이하의 벌금에 처한다.

❹ 친절·공정의 의무

공무원은 국민전체에 대한 봉사자로서 친절·공정히 집무하여야 할 의무를 진다.[295]
친절·공정의 의무 역시 윤리적인 의무가 아니라 법적인 의무이다. 이를 위반하면 징계사
유에 해당되어 징계책임을 지게 된다.

Police Science
🌐 국가공무원법(시행 2022. 1. 21.)

제59조(친절·공정의 의무) 공무원은 국민 전체의 봉사자로서 친절하고 공정하게 직무를 수행
하여야 한다.

---

[295] 「국가공무원법」 제59조(친절·공정의 의무).

❺ 종교중립의 의무

종교중립의 의무는 헌법이 보장하는 종교의 자유와 평등권 침해를 예방하고 정교분리의 원칙에 따른 정부와 종교의 바람직한 역할구분 및 협력관계를 재정립하여 국가발전과 국민화합에 기여하려는 목적을 가지고 있다.

공무원은 직무를 수행할 때 종교 등에 따른 차별 없이 공정하게 업무를 처리해야 한다. 소속 상관이 종교와 관련하여 중립적인 직무수행을 저해하는 지시를 한 경우에는 이에 따르지 않을 수 있다.[296] 종교중립 의무에 위배되는 상관의 직무상 명령을 거부할 수 있다. 공무원은 법적 의무로 종교 편향 없이 직무를 수행해야 한다. 이에 위반될 경우 징계사유가 된다.

Police Science

⊕ 국가공무원법(시행 2022. 1. 21.)

제59조의 2(종교중립의 의무) ① 공무원은 종교에 따른 차별 없이 직무를 수행하여야 한다.

② 공무원은 소속 상관이 제1항에 위배되는 직무상 명령을 한 경우에는 이에 따르지 아니할 수 있다.

---

❻ 비밀엄수의 의무

공무원은 재직 중은 물론 퇴직 후에도 직무상 지득한 비밀을 엄수하여야 한다.[297] 퇴직 후에도 지켜야 한다는 점에서 다른 의무와 차이가 있다. 공무원이 비밀엄수의무를 위반하면 징계의 원인이 될 뿐 아니라 형법상 피의사실공표죄(형법 제126조) 또는 공무상비밀누설죄(형법 제127조)로 처벌받을 수 있다.

공무원의 비밀엄수의 의무는 학자에 따라 '직무상의 의무'로 또는 '신분상의 의무'로 분류되고 있는데 그만큼 양면의 성격을 아울러 가지고 있다고 볼 수 있다. 직무상 비밀이란 당해 사실이 외부에 알려질 경우에 그러한 행정목적의 달성을 해할 우려가 있는가를 기준으로 판단하여 그러한 우려가 있는 것을 말한다.

「국가공무원 복무규정」 제4조의 2(비밀 엄수)에는 비밀엄수의 대상이 되는 비밀을 다양하게 규정하고 있다. 그러나 제1호 '법령에 따라 비밀로 지정된 사항'을 제외하고는 전형적인 불확정 개념으로 규정되어 있다. 비밀의 구체적인 내용에 대해서는 실질설과 형

---

296 「국가공무원법」 제59조의2(종교중립의 의무) 1항·2항.
297 「국가공무원법」 제60조(비밀 엄수의 의무).

식설의 다툼이 있다.

형식적으로 비밀로 분류하여 놓은 것이 아니라 실질적으로 비밀로서 보호할 가치가 있는 것을 말한다(실질설). 따라서 실질적으로는 비밀사항이 아니나 형식적으로 비밀로 분류해 놓은 것(형식설)을 누설할 경우에는 비밀엄수의 의무에 대한 위반이 아니라 비밀엄수에 관한 직무명령에 위반한 것으로 징계의 대상이 될 수 있다.

퇴직한 공무원이 직무상 취득한 비밀을 누설한 경우에는 공무상 비밀누설죄(형법 제127조)를 구성하는 것은 별론으로 하더라도 징계책임은 물을 수 없으나, 다음에 공무원관계설정을 거부할 수 있다는 것이 다수설이다.

Police Science

🔍 비밀엄수의 의무와 관련된 문제

- 「형사소송법」 제147조(공무상 비밀과 증인자격)·제177조(준용규정)와 「민사소송법」 제306조(공무원의 신문)·제333조(증인신문의 준용) 등에 의하면 공무원 또는 공무원이었던 자가 법원 기타 법률상 권한을 가진 기관이 증언 또는 감정인이 되어 직무상 비밀에 관하여 신문을 받을 때에는 소속 관청 또는 감독 관청의 허가를 받은 사항에 한하여 진술할 수 있다.
- 「국회에서의 증언·감정 등에 관한 법률」 제4조(공무상 비밀에 관한 증언·서류 등의 제출) 2항에도 그에 관한 특례규정이 있다. 최종적으로 국회가 요구한 증언 또는 서류의 제출이 국가의 중대한 이익을 해친다는 취지의 국무총리의 성명聲明 발표가 없는 한 서류제출을 거부할 수 없게 되어 있다.
- 「공공기관의 정보공개에 관한 법률」의 제정을 통해서 관료에 의한 정보독점, 비공개의 장애는 많이 사라졌다. 법에 정해진 비공개대상정보를 제외하고는 공무원은 공무원법상의 비밀엄수의무를 내세워 그의 공개를 거부하지 못하게 되었다. 하지만 세부적으로 문제로 '국민의 정보공개청구권'과 '공무원의 비밀엄수의무'가 끊임없이 충돌하고 있다.
- 「형사소송법」 제234조 2항에는 "공무원은 그 직무를 행함에 있어 범죄가 있다고 사료하는 때에는 고발하여야 한다."라고 규정하고 있다. 이에 따라 공무원의 '공무원법상의 비밀유지의 의무'와 '형사소송법상의 고발의무' 간의 조화도 문제가 된다.

⊕ 비밀엄수 관련 규정

국가공무원법(시행 2022. 1. 21.)

제60조(비밀 엄수의 의무) 공무원은 재직 중은 물론 퇴직 후에도 직무상 알게 된 비밀을 엄수^{嚴守}하여야 한다.

형법(시행 2021. 12. 9.)

제126조(피의사실공표) 검찰, 경찰 그 밖에 범죄수사에 관한 직무를 수행하는 자 또는 이를 감독하거나 보조하는 자가 그 직무를 수행하면서 알게 된 피의사실을 공소제기 전에 공표^{公表}한 경우에는 3년 이하의 징역 또는 5년 이하의 자격정지에 처한다.

제127조(공무상 비밀의 누설) 공무원 또는 공무원이었던 자가 법령에 의한 직무상 비밀을 누설한 때에는 2년 이하의 징역이나 금고 또는 5년 이하의 자격정지에 처한다.

⊕ 국가공무원 복무규정(시행 2022. 1. 13.)

제4조의 2(비밀 엄수) 공무원이거나 공무원이었던 사람은 직무상 알게 된 다음 각 호의 사항을 타인에게 누설하거나 부당한 목적을 위하여 사용해서는 아니 된다. 다만, 법령에 따라 공개하는 경우는 제외한다.

1. 법령에 따라 비밀로 지정된 사항
2. 정책 수립이나 사업 집행에 관련된 사항으로서 외부에 공개될 경우 정책 수립이나 사업 집행에 지장을 주거나 특정인에게 부당한 이익을 줄 수 있는 사항
3. 개인의 신상이나 재산에 관한 사항으로서 외부에 공개될 경우 특정인의 권리나 이익을 침해할 수 있는 사항
4. 그 밖에 국민의 권익 보호 또는 행정목적 달성을 위하여 비밀로 보호할 필요가 있는 사항

❼ 청렴의 의무

직무와 관련 직·간접적으로 사례·증여·향응을 수수할 수 없다. 직무상의 관계여하를 불문하고 소속 상관에 증여하거나 소속 공무원으로부터 증여를 받아서는 안 된다.[298] 청렴의무 위반은 징계의 원인이 될 뿐 아니라 경우에 따라서는 수뢰 등의 범죄가 될 수도 있다.[299]

---

298 「국가공무원법」 제61조(청렴의 의무) 1항.

299 「형법」 제129조(수뢰, 사전수뢰) – 제135조(공무원의 직무상 범죄에 대한 형의 가중).

⊕ 경찰공무원의 청렴의무 위반에 관한 판례[300]

- 교통법규 위반 운전자로부터 1만 원을 받은 경찰공무원을 해임처분한 것이 징계재량권의 일탈·남용이 아니라고 한 사례

- 원고가 받은 돈이 1만 원에 불과하여 큰 금액이 아니라고 하더라도, 위와 같은 경찰공무원의 금품수수행위에 대하여 엄격한 징계를 가하지 아니할 경우 경찰공무원들이 교통법규 위반행위에 대하여 공평하고 엄정한 단속을 할 것을 기대하기 어렵게 되고, 일반 국민 및 함께 근무하는 경찰관들에게 법적용의 공평성과 경찰공무원의 청렴의무에 대한 불신을 배양하게 될 것이다. 그러므로 원고의 직무의 특성과 비위의 내용 및 성질, 징계양정의 기준, 징계의 목적 등에 비추어 볼 때에 그 징계 내용이 객관적으로 명백히 부당한 것으로서 사회통념상 현저하게 타당성을 잃었다고 할 수는 없을 것이다.

⊕ 국가공무원법(시행 2022. 1. 21.)

제61조(청렴의 의무) ① 공무원은 직무와 관련하여 직접적이든 간접적이든 사례·증여 또는 향응을 주거나 받을 수 없다.

② 공무원은 직무상의 관계가 있든 없든 그 소속 상관에게 증여하거나 소속 공무원으로부터 증여를 받아서는 아니 된다.

● 공직자윤리법 및 시행령

「공직자윤리법」에는 재산등록 의무자와 재산공개 의무자가 규정되어 있다. 관련되는 사항을 심사·결정하기 위하여 공직자윤리위원회를 두고 있다.

---

300 대법원 2006.12.21. 선고 2006두16274판결.

공직자윤리법(시행 2022. 7. 5.)	
구분	내용
재산등록 의무자[301]	• 공직자(등록의무자)는 이 법에서 정하는 바에 따라 재산을 등록하여야 한다. • 국가 및 지방자치단체의 정무직 공무원과 4급 이상 공무원(고위공무원단 포함) • 법관 및 검사 • 헌법재판소 헌법연구관 • 대령 이상의 장교 및 2급 이상 군무원 • 교육공무원 중 총장, 부총장·대학원장·학장, 특별시·광역시·도 및 특별자치시·특별자 치도의 교육감 및 교육장 • 총경(자치총경을 포함) 이상의 경찰공무원과 소방정 이상의 소방공무원 등

재산공개
의무자[302]
	• 공직자윤리위원회는 관할 등록의무자 중 공직자 본인과 배우자 및 본인의 직계존속·직
	  계비속의 재산에 관한 등록사항과 변동사항 신고내용을 등록기간 또는 신고기간 만료
	  후 1개월 이내에 관보 또는 공보에 게재하여 공개하여야 한다.
	• 국가 및 지방자치단체의 정무직 공무원과 1급 공무원(고위공무원단 가등급)
	• 교육공무원 중 총장, 특별시·광역시·도 및 특별자치시·특별자치도의 교육감
	• 고등법원 부장판사급 이상의 법관, 대검찰청 검사급 이상의 검사
	• 중장 이상의 장성급 장교
	• 치안감 이상 경찰 및 특별시·광역시·도의 경찰청장
	• 지방국세청장, 공직유관단체장 등 법령에서 정한 자 등

재산변동사항 신고[303]	• 등록의무자는 매년 1월 1일부터 12월 31일까지의 재산 변동사항을 다음 해 2월 말일까지 등록기관에 신고하여야 한다.
신고내역 공개[304]	• 공직자윤리위원회는 같은 동법 제10조(등록재산의 공개)에 따라 관할 재산공개대상자의 신고내역을 신고기간 만료 후 1개월 이내에 관보 또는 공보에 게재하여 공개해야 한다.

시정조치	• 등록재산을 거짓으로 기재했거나 중대한 과실로 재산을 누락 또는 잘못 기재, 직무상 알
	  게 된 비밀을 이용해 재산상 이익을 취득한 경우에는 「공직자윤리법」에 따라 경고 및
	  시정조치, 과태료 부과, 해임·징계의결 요구 등의 조치 가능

벌칙[305]	공직자윤리위원회 또는 주식백지신탁 심사위원회로부터 보고나 자료 제출 등을 요구받은 각 기관·단체·업체의 장이 거짓 보고나 거짓 자료를 제출하거나 정당한 사유 없이 보고 또는 자료 제출을 거부하면 1년 이하의 징역 또는 1천만 원 이하의 벌금에 처한다.

---

301 「공직자윤리법」 제3조(등록의무자) 1항.
302 「공직자윤리법」 제10조(등록재산의 공개) 1항.
303 「공직자윤리법」 제6조(변동사항 신고).
304 「공직자윤리법」 제10조(등록재산의 공개).
305 「공직자윤리법」 제25조(거짓 자료 제출 등의 죄).

공직자윤리법 상 정부 공직자윤리위원회	
업무 대상[306]	• 재산등록사항의 심사와 그 결과의 처리 • 금융거래의 내용에 관한 자료 제출을 요구와 조사의뢰에 따른 승인 • 취업제한 여부의 확인 및 취업승인과 업무취급의 승인
설치[307]	• 국회·대법원·헌법재판소·중앙선거관리위원회·정부·지방자치단체 및 특별시·광역시·특별자치시·도·특별자치도교육청에 각각 공직자윤리위원회를 둔다.
구성[308]	• 위원장과 부위원장 각 1명을 포함한 13명의 위원으로 구성(제9조 3항) • 위원장을 포함한 9명의 위원은 판사·검사·변호사, 교육자, 학식과 덕망이 있는 사람 또는 시민단체(「비영리민간단체 지원법」 제2조에 따른 비영리민간단체)에서 추천한 사람 중에서 선임 • 다만, 시·군·구 공직자윤리위원회는 위원장과 부위원장 각 1명을 포함한 7명의 위원으로 구성하되, 위원장을 포함한 5명의 위원은 판사·검사·변호사, 교육자, 학식과 덕망이 있는 사람 또는 시민단체에서 추천한 사람 중에서 선임
위원장	• 위원장은 판사·검사·변호사, 교육자, 학식과 덕망이 있는 사람 또는 시민단체에서 추천한 사람 중에서 대통령이 위촉한다.
부위원장[309]	• 부위원장은 인사혁신처장이 된다(제9조 2항).
임명[310]	• 위원장을 포함한 9명의 위원은 법 제9조 제3항 본문에 해당하는 사람 중에서 대통령이 위촉 • 「공직자윤리법 시행령」 제1항과 제2항에 따른 위원 외에 3명의 위원은 정부 소속 공무원 중에서 대통령이 임명한다.
임기[311]	• 정부 공직자윤리위원회의 위원장과 위원의 임기는 2년으로 하되, 한 차례만 연임할 수 있다.
위원 해임 해촉 사유[312]	• 심신장애로 직무를 수행할 수 없게 된 경우 • 직무와 관련된 비위사실이 있는 경우 • 직무를 소홀히 하거나, 그 품위를 손상하는 행위 또는 그 밖의 사유로 인하여 위원으로 적합하지 아니하다고 인정되는 경우 • 위원의 제척 및 회피 사유에 해당하는 데에도 불구하고 회피하지 아니한 경우 • 위원 스스로 직무를 수행하는 것이 곤란하다고 의사를 밝히는 경우
회의[313]	• 위원장은 회의를 소집하며, 그 의장이 된다. • 회의는 재적위원 과반수의 출석으로 개의(開議)하고, 출석위원 과반수의 찬성으로 의결한다.

---

306 「공직자윤리법」 제9조(공직자윤리위원회) 1항.
307 「공직자윤리법」 제9조(공직자윤리위원회) 1항.
308 「공직자윤리법」 제9조(공직자윤리위원회) 3항.
309 「공직자윤리법 시행령」 제16조(정부 공직자윤리위원회의 구성 등) 2항.
310 「공직자윤리법 시행령」 제16조(정부 공직자윤리위원회의 구성 등) 1항.
311 「공직자윤리법 시행령」 제17조(정부윤리위원회의 위원장 및 위원의 임기) 1항.
312 「공직자윤리법 시행령」 제9조의3(정부윤리위원회 위원의 해임 및 해촉).
313 「공직자윤리법 시행령」 제19조(정부윤리위원회의 회의 등) 1·2항.

공직자윤리법 시행령상 재산등록의무자와 재산공개 대상자(시행 2021. 10. 2.)	
구분	**내용**
재산등록 의무자[314]	• 5급 이하 7급 이상의 일반직공무원 • 경찰공무원 중 경정, 경감, 경위, 경사와 자치경찰공무원 중 자치경정, 자치경감, 자치경위, 자치경사 • 소방공무원 중 소방령, 소방경, 소방위 및 소방장 • 국세청 및 관세청 소속 공무원 중 5급 이하 7급 이상의 일반직공무원 • 법무부, 검찰청 및 고위공직자범죄수사처 소속 공무원 중 5급 이하 7급 이상의 검찰직공무원 및 마약수사직공무원 • 대학의 처장·실장
재산공개 대상자[315]	• 직무등급이 12등급 이상 14등급 이하의 직위의 외무공무원 또는 고위공무원단에 속하는 외무공무원 중 가등급의 직위에 보직된 사람 • 고위공직자범죄수사처장 및 고위공직자범죄수사처 차장 • 대통령경호처 차장

● 고위공직자 범죄수사처 설치 및 운영에 관한 법률

고위공직자 등의 범죄는 정부에 대한 신뢰를 훼손하고, 공공부문의 투명성과 책임성을 약화시키는 중요한 원인이 되고 있다. 고위공직자 등의 권력형 범죄, 부패범죄를 척결하고, 국가의 투명성과 공직사회의 신뢰성을 높이려는 시도에서 「고위공직자범죄수사처 설치 및 운영에 관한 법률」을 제정하였다.

고위공직자범죄 등에 관한 수사와 대법원장, 대법관, 검찰총장, 판사, 검사 또는 경무관 이상의 경찰공무원으로 재직 중에 본인 또는 본인의 가족이 범한 고위공직자범죄 및 관련범죄의 공소제기와 그 유지에 필요한 직무를 수행하기 위하여 고위공직자 범죄수사처(공수처)를 두고 있다.

● 부패방지 및 국민권익위원회의 설치와 운영에 관한 법률

국민권익위원회는 불합리한 행정으로 인한 국민의 권익침해를 신속하게 해결하고 부패행위를 효과적으로 예방하기 위한 목적으로 국가청렴위원회, 국민고충처리위원회, 국무총리 행정심판위원회의 3개 기관을 통합하여 2008년 2월 29일 출범하였다. 설치근거는 「부패방지 및 국민권익위원회의 설치와 운영에 관한 법률」이다.

고충민원의 처리와 이에 관련된 불합리한 행정제도를 개선하고, 부패의 발생을 예방

---

314 「공직자윤리법 시행령」 제3조(등록의무자) 5항.
315 「공직자윤리법 시행령」 제24조(재산공개대상자) 2항·3항.

하며 부패행위를 효율적으로 규제하도록 하기 위하여 국무총리 소속으로 국민권익위원회를 설치하였다. 위원회는 「정부조직법」에 따른 중앙행정기관으로서 그 권한에 속하는 사무를 독립적으로 수행한다.[316]

국민권익위원회에 신고가 접수된 당해 부패행위의 혐의대상자가 고위공직자로서 부패혐의의 내용이 형사처벌을 위한 수사 및 공소제기의 필요성이 있는 경우에는 위원회의 명의로 검찰, 수사처, 경찰 등 관할 수사기관에 고발을 하여야 한다.[317]

고발대상은 차관급 이상의 공직자, 특별시·광역시·도 지자체장, 경무관급 이상의 경찰공무원, 법관 및 검사, 장성급 장교, 국회의원 등이다. 관할 수사기관은 국민권익위원회의 고발에 대한 수사결과를 위원회에 통보하여야 한다. 위원회가 고발한 사건이 이미 수사 중이거나 수사 중인 사건과 관련된 사건인 경우에도 또한 같다.[318]

국민권익위원회의 주요기능		
부패방지	반부패 청렴	• 반부패·청렴정책 수립 및 청렴교육 • 청탁금지 및 공직자 이해충돌방지 제도 운영 • 공공기관 청렴도 측정
	신고처리 신고자보호	• 부패·공익신고 처리 • 신고자 보호·보상 제도 운영 • 공공재정환수제도 운영
권익구제	고충처리	• 고충민원 처리 및 집단민원 조정 • 민원처리 실태 확인·평가 • 시민고충처리위원회 활성화 지원
	행정심판	• 행정심판제도 총괄·조정 • 행정심판 사건 처리 • 행정심판 국선대리인제도 운영

● 부정청탁 및 금품 등 수수의 금지에 관한 법률(청탁금지법)

청탁금지법은 일명 '김영란법'으로 더 잘 알려져 있다. 청탁금지법은 「부정청탁 및 금품수수의 금지에 관한 법률」로 공직자의 부정부패를 방지하고 공직사회의 기강을 확립하

---

316 「부패방지 및 국민권익위원회의 설치와 운영에 관한 법률」 제11조(국민권익위원회의 설치) 1항·2항.
317 「고위공직자범죄수사처 설치 및 운영에 관한 법률(공수처법)」 제59조(신고내용의 확인 및 이첩 등) 6항.
318 「고위공직자범죄수사처 설치 및 운영에 관한 법률(공수처법)」 제59조(신고내용의 확인 및 이첩 등) 7항.

자는 취지에서 도입되었다.

공직자 등의 공정한 직무수행을 저해하는 부정청탁 관행을 근절하고, 공직자 등의 금품 등의 수수행위를 직무관련성 또는 대가성이 없는 경우에도 제재가 가능하도록 하여 공직자 등의 공정한 직무수행을 보장하고 공공기관에 대한 국민의 신뢰를 확보하기 위해서 제정되었다. 공직자뿐만 아니라 언론인 임직원과 교직원까지 확대 적용되고 있다. 적용 대상자가 동일인으로부터 1회 100만 원(연 330만 원) 이상의 금품을 수수할 경우 형사처벌을 받는다.

청탁을 받은 경우, 법에 규정된 공직자 등은 부정청탁을 받았을 때에는 부정청탁을 한 자에게 부정청탁임을 알리고 이를 거절하는 의사를 명확히 표시하여야 한다. 동일한 부정청탁을 다시 받은 경우에는 이를 소속 기관장에게 서면(전자문서 포함)으로 신고하여야 한다.[319]

처음 청탁을 받았을 때는 거절의무만 있고, 신고의무는 없다. 이는 바로 법적인 조치를 하지 말고 바로잡을 기회를 주라는 의미와 청탁받는 입장에 있는 사람을 보호하는 조항이라고 할 수 있다.

청탁금지법은 뇌물죄의 처벌에 필요한 구성요건인 '직무관련성'과 '대가성' 요건을 제외하고 있다. 공무원이 수뢰죄로 처벌받기 위해서는 '직무관련성'과 '대가성'이 그 요건이다. 청탁금지법은 "공직자 등은 직무와 관련하여 대가성 여부를 불문하고 법에서 정한 금액 이하의 금품 등을 받거나 요구 또는 약속해서는 아니 된다."라고 규정하고 있다.[320] 이는 뇌물죄로 처벌하기 어려운 영역을 규제하기 위해서 제정된 규정이라고 할 수 있다.

---

[319] 「부정청탁 및 금품등 수수의 금지에 관한 법률」 제7조(부정청탁의 신고 및 처리) 1항·2항.
[320] 「부정청탁 및 금품등 수수의 금지에 관한 법률」 제8조(금품 등의 수수 금지) 2항.

경찰공무원의 청렴의무 관련 규정		
관련법	구별	내용
공직자윤리법	재산공개 의무자	• 치안감 이상의 경찰공무원 • 특별시·광역시·도의 경찰청장
	재산등록 의무자	• 총경(자치총경 포함) 이상의 경찰공무원
공직자윤리법 시행령	재산등록 의무자	• 경찰공무원 중 경정·경감·경위·경사 • 자치경찰공무원 중 자치경정·자치경감·자치경위·자치경사
고위공직자 범죄수사처 설치 및 운영에 관한 법률	고위공직자 범죄수사처의 수사대상 범위[321]	• 현직 및 퇴직 후 2년 이내의 고위공직자와 그 배우자, 직계존비속 • 대통령(배우자와 사촌 이내의 친족) • 국회의장 및 국회의원 • 대법원장 및 대법관 • 헌법재판소장 및 헌법재판관 • 대통령비서실 등 소속의 3급 이상 공무원 • 검찰총장 • 특별시·광역시·도 지자체장 및 교육감 • 판사 및 검사 • 장성급 장교 • 경무관급 이상 경찰공무원 등
부패방지 및 국민권익위원회의 설치와 운영에 관한 법률	국민 권익위원회의 검찰, 수사처, 경찰 등에 고발의무[322]	• 차관급 이상의 공직자 • 특별시·광역시·도 지자체장 • 법관 및 검사 • 장성급 장교 • 국회의원 • 경무관급 이상의 경찰공무원 등
	신고대상	• 고위공직자의 직권남용, 뇌물수수, 횡령·배임, 허위공문서작성 등 부패행위 • 고위공직자뿐만 아니라 배우자, 직계존비속 등 고위공직자 가족이 범한 부패행위 • 퇴직·전역한 고위공직자가 재직 중 범한 부패행위
부정청탁 및 금품 등 수수의 금지에 관한 법률	권민권익위원회의 업무관장[323]	• 국민권익위원회는 이 법에 따른 업무를 관장
	위반행위의 신고[324]	• 누구든지 이 법의 위반행위가 발생하였거나 발생하고 있다는 사실을 알게 된 경우에는 해당하는 기관에 신고 가능
	신고대상[325]	• 위반행위가 발생한 공공기관 또는 그 감독기관 • 감사원 또는 수사기관 • 국민권익위원회

---

321 「고위공직자범죄수사처 설치 및 운영에 관한 법률(공수처법)」 제2조(정의).
322 「고위공직자범죄수사처 설치 및 운영에 관한 법률(공수처법)」 제59조(신고내용의 확인 및 이첩 등) 6항.
323 「부정청탁 및 금품등 수수의 금지에 관한 법률」 제12조(공직자 등의 부정청탁 등 방지에 관한 업무의 총괄).
324 「부정청탁 및 금품등 수수의 금지에 관한 법률」 제13조(위반행위의 신고 등) 1항.
325 「부정청탁 및 금품등 수수의 금지에 관한 법률」 제13조(위반행위의 신고 등) 1항.

🌐🔍 고위 공무원들의 재산 공개[326]

- 고위 공무원들의 재산을 이처럼 공개하게 된 것은 5공화국인 1980년 11월 전두환 대통령 때였다. '정의사회 구현'을 캐치프레이즈로 들고 나온 전 대통령은 같은 해 7월 5,000여 명의 공무원을 잘랐다.

- '사회정화' 차원에서 고위 공직자들을 대대적으로 숙정했다. 전두환 정부는 공직기강을 다잡기 위해 1980년 11월 20일 공직자윤리법을 만들겠다고 선언했다. 당시 발표를 보면 1981년 7월부터 장관급 이상 대통령까지 재산을 공개하고 1982년부터는 2급 이상 모든 공무원의 재산을 등록하도록 했다.

- 공무원 숙정작업에 이어 공무원들의 고삐를 바짝 죄겠다는 정치적인 의도가 담겨 있었다.

- 각종 인허가권이라는 칼자루를 쥔 공무원들이 특정 기업에 특혜를 주고 반대급부로 검은돈을 받는 부패의 고리를 끊겠다는 생각이었다.

- 여기에다 직무와 관련해 외국인에게서 받은 선물을 신고하도록 했다. 비위에 연루된 퇴직 공무원의 취업을 제한하고 고위 공직자의 경우 관련 사기업 취업을 금지토록 하는 아이디어도 이때 나왔다.

- 이런 과정을 거쳐 공직자윤리법은 1981년 12월 31일에 제정됐다. 하지만 등록재산을 공개하지는 않았고 당초 엄포와 달리 재산 등록 과정에서 규정을 위반하는 공직자에 대한 구체적인 처벌 규정을 마련하지 못했다.

- 공직자윤리법은 김영삼 대통령 때인 1993년과 1994년 잇따라 개정돼 범위가 4급 이상으로 확대되고 허위 등록에 대한 징계규정이 마련됐다. 2005년에는 1급 이상 공무원을 대상으로 주식백지신탁제도가 도입됐다.

❽ 직무집행(직무수행)의 의무

국가공무원과 경찰공무원은 공무집행에 필요한 직위를 받여 받고 직무를 집행(수행)할 권리와 의무를 갖는다. 공무원의 직권, 즉 직무상 권한은 그 직위에 따른 직무수행을 위해 부여된다. 공무원의 직위는 공무원 조직에서 해당 공무원이 차지하는 위치를 말한다.

공무원이 직위를 부여 받으면 직무를 집행을 할 수 있는 권리, 즉 직무상 권한이 발

---

326 최영해, "책갈피 속의 오늘, 1980년 공직자윤리법 제정 선언"「동아일보」, 2008.11.20.

생한다. 이러한 권한은 직무집행(수행)권으로 이어진다. 따라서 일반공무원과 경찰공무원은 직위보유권을 통해 해당 직무를 수행할 수 있는 직무집행(수행)권을 갖게 된다.

공무원은 직위보유권과 직무집행(수행)권을 통해서 국가의 행정목적을 달성해야 하는 의무를 지게 된다. 따라서 공무원의 직위보유권과 직무집행(수행)권은 공무원의 권리이자 의무가 된다.

Police Science
🌐 국가공무원법(시행 2022. 1. 21)

제32조의 5(보직관리의 원칙) ① 임용권자나 임용제청권자는 법령으로 따로 정하는 경우 외에는 소속 공무원의 직급과 직류를 고려하여 그 직급에 상응하는 일정한 직위를 부여하여야 한다.

❾ 직장이탈 금지

국가공무원과 경찰공무원은 소속 상관의 허가 또는 정당한 사유가 없으면 직장을 이탈하지 못한다. 공무원은 근무시간에 직장을 벗어날 수 없으며, 직장 안에서 직무수행에 최선을 다해야 하는 의무에서 나오는 직무상의 의무이다.

공무원은 직무에 전념할 의무를 지며, 따라서 소속 상관의 허가 또는 정당한 이유 없이 직장을 이탈하지 못한다.[327] 여기에서 '직장'은 반드시 장소적 개념과 일치하는 것은 아니다. 특히 외근경찰, 전투경찰대와 같이 옥외에서 근무하는 경우가 많은 공무원의 경우, 그 '직장'은 '근무지'(또는 근무장소)와 같은 의미이다.[328]

공무원이 소속 상관에게 허가를 신청하였다고 하더라도 상관의 허가가 있기 전에 직장을 이탈하면, '직장이탈'에 해당한다. 공무원은 직장이탈금지의 의무가 부과되어 있다. 따라서 수사기관이 공무원을 구속하려면 그 소속 기관의 장에게 미리 통보하여야 한다. 다만, 현행범은 그러하지 아니하다.[329]

---

[327] 「국가공무원법」 제58조(직장 이탈 금지) 1항.
[328] 최영규b, 전게서, p. 144.
[329] 「국가공무원법」 제58조(직장 이탈 금지) 2항.

🌐 공무원의 직장이탈금지 위반 사례

- 사직서를 제출한 후, 사직원이 수리되기 전에 무단결근을 하는 경우
- 법정 연가일수의 범위 내에서 연가를 신청하였더라도 기관장의 결재가 없는 경우
- 수사회피의 목적으로 공무원이 직장을 이탈한 후, 검찰에 자진출두하여 무혐의 결정을 받았더라도 기관장의 허가가 없는 경우
- 직위 해제 받은 사람이 처분을 받음과 동시에 직위해제 기간 중 대기명령을 어기고, 담당 직무가 없어 직무수행을 전제로 하는 출근 의무가 없다고 임의로 판단하여 출근을 하지 않는 경우

🌐 경찰공무원의 직장이탈금지 내용

- 경찰공무원은 상사의 허가를 받거나 그 명령에 의한 경우를 제외하고는 직무와 관련 없는 장소에서 직무수행을 하여서는 안 된다.[330] 직접 국민에 대하여 권력을 행사하는 경찰공무원의 특성상 직무수행의 장소를 제한하는 규정을 두고 있다.
- 경찰공무원은 휴무일 또는 근무시간 외에 2시간 이내에 직무에 복귀하기 어려운 지역으로 여행을 하고자 할 때에는 소속 경찰기관의 장에게 신고를 하여야 한다. 다만, 치안상 특별한 사정이 있어 경찰청장, 해양경찰청장 또는 경찰기관의 장이 지정하는 기간 중에는 소속 경찰기관의 장의 허가를 받아야 한다.[331] 이는 경찰공무원의 특성에 비추어 언제든지 비상소집에 응할 수 있도록 하기 위한 것이다.
- 경찰기관의 장은 비상사태에 대처하기 위하여 필요하다고 인정할 때에는 소속경찰공무원을 긴급히 소집(비상소집)하거나 일정한 장소에 대기하게 할 수 있다.[332]
- 비상소집에 응하지 않거나 대기장소에서 대기하지 않는 것도 직장이탈에 해당한다고 본다.

---

330 「경찰공무원 복무규정」 제8조(지정장소 외에서의 직무수행금지).
331 「경찰공무원 복무규정」 제13조(여행의 제한).
332 「경찰공무원 복무규정」 제14조(비상소집) 1항.

🌐 국가공무원법(시행 2022. 1. 21.)

제58조(직장 이탈 금지) ① 공무원은 소속 상관의 허가 또는 정당한 사유가 없으면 직장을 이탈하지 못한다.

⑩ 영리업무 및 겸직금지

● 영리업무의 금지

국가공무원과 경찰공무원은 직무에 전념할 의무가 있기 때문에 영리를 목적으로 하는 업무에 종사하지 못한다. 영리업무 및 겸직금지 규정은 국민 전체의 봉사자라는 공무원의 특수한 신분에서 나오는 의무이다. 영리업무란 계속적으로 재산상의 이득을 취하는 행위를 말한다. 계속성이 없는 일시적인 행위로 계속적인 수입이 발생하는 경우는 업무가 아니므로 금지 또는 허가의 대상이 아니다.

「국가공무원법」과 「국가공무원 복무규정」에서 금지되는 영리 업무의 종류는 다음과 같다.

첫째, 영리적인 업무를 스스로 경영하여 영리를 추구함이 현저한 업무

둘째, 영리를 목적으로 하는 사기업체의 이사·감사·무한책임사원·지배인·발기인 기타 임원이 되는 것

셋째, 직무와 관련 있는 기업에 투자하는 행위

넷째, 기타 계속적으로 재산상의 이득을 목적으로 업무를 행하는 것 등이다.

🌐 영리업무 및 겸직금지 관련 규정

국가공무원법(시행 2022. 1. 21.)

제64조(영리 업무 및 겸직 금지) ① 공무원은 공무 외에 영리를 목적으로 하는 업무에 종사하지 못하며 소속 기관장의 허가 없이 다른 직무를 겸할 수 없다.

② 제1항에 따른 영리를 목적으로 하는 업무의 한계는 「국가공무원 복무규정」 등으로 정한다.

국가공무원 복무규정(시행 2022. 1. 13.)

제25조(영리 업무의 금지) 공무원은 다음 각 호의 어느 하나에 해당하는 업무에 종사함으로써 공무원의 직무 능률을 떨어뜨리거나, 공무에 대하여 부당한 영향을 끼치거나, 국가의 이익과 상반되는 이익을 취득하거나, 정부에 불명예스러운 영향을 끼칠 우려가 있는 경우에는

그 업무에 종사할 수 없다.

1. 공무원이 상업, 공업, 금융업 또는 그 밖의 영리적인 업무를 스스로 경영하여 영리를 추구함이 뚜렷한 업무(영리적인 업무를 스스로 경영하여 영리를 추구함이 현저한 업무)

2. 공무원이 상업, 공업, 금융업 또는 그 밖에 영리를 목적으로 하는 사기업체私企業體의 이사·감사 업무를 집행하는 무한책임사원·지배인·발기인 또는 그 밖의 임원이 되는 것

3. 공무원 본인의 직무와 관련 있는 타인의 기업에 대한 투자

4. 그 밖에 계속적으로 재산상 이득을 목적으로 하는 업무

● 겸직금지

국가공무원과 경찰공무원은 직무에 전념할 의무가 있기 때문에 소속 기관장의 사전 허가 없이 다른 직무를 겸하지 못한다. '소속기관장'은 고위공무원 이상의 경우는 임용제청권자, 3급 이하의 경우는 임용권자를 말한다.

공무원은 겸하려는 행위가 누가 보더라도 명백하게 계속성이 없는 행위라고 볼 수 있는 경우가 아니라면, 반드시 소속 기관의 장에게 겸직허가를 신청하여야 한다.

Police Science
🌐 겸직허가

- 겸직허가의 범위는 「국가공무원 복무규정」 제25조(영리 업무의 금지)에서 정한 금지되는 영리업무에 해당하지 않는 영리업무와 영리를 목적으로 하지 않는 지속성이 있는 비영리업무를 말한다.

- 어떤 업무가 금지되는 영리업무인지 또는 겸직을 허가할 것인지의 여부는 해당 공무원이 소속된 기관의 장이, 해당 공무원이 하고자 하는 업무의 내용과 성격, 담당직무의 내용과 성격 및 영리업무 금지와 겸직허가 제도의 취지를 종합적으로 고려하여 개별적·구체적으로 판단해야 한다.[333]

---

333 인사혁신처, 전게서, p. 503.

🔍 국가공무원 복무규정

제26조(겸직 허가) ① 공무원이 제25조의 영리 업무에 해당하지 아니하는 다른 직무를 겸하려
는 경우에는 소속 기관의 장의 사전 허가를 받아야 한다.

② 제1항의 허가는 담당 직무 수행에 지장이 없는 경우에만 한다.

③ 제1항에서 "소속 기관의 장"이란 고위공무원단에 속하는 공무원 이상의 공무원에 대해
서는 임용제청권자, 3급 이하 공무원 및 우정직공무원에 대해서는 임용권자를 말한다.

⑪ 정치운동의 금지

국가공무원과 경찰공무원은 직무에 전념할 의무가 있기 때문에 정치운동이 금지되
며, 정치적 중립의무를 가진다. 공무원의 정치적 중립 의무는 엽관주의의 폐해를 극복하
고 행정의 능률성과 계속성, 전문성, 공평성을 확보하고, 인사행정의 실적주의 확립을 위
한 규정이다.

공무원의 정치운동을 금지하는 정치적 중립 의무는 '국민전체에 대한 봉사자'라는 공
무원의 지위(헌법 §7)와 자유선거의 원칙(헌법 §41, §67), 정당간 균등한 기회보장(헌법 §116)
이라는 헌법적 요청을 구체화한 것이다.[334] 정치운동의 금지 규정은 국민 전체의 봉사자
라는 공무원의 특수한 신분에서 나오는 의무이다.

국가기관이나 공무원이 자신을 특정 정당이나 정치적 세력과 동일시 하거나 일체감
을 가지고 특정 정당이나 후보자의 편에 서거나 선거에서 유리 또는 불리한 영향을 미치
는 행위를 해서는 안 된다는 것이다.

대법원은 공무원이 정치적 편향성 또는 당파성을 명백하게 드러내어 공무원의 정치
적 중립성을 침해할 만한 직접적인 위험을 초래할 정도가 되면 공익에 반하는 것이라 판
시하였다.

공무원은 특정 정당이나 이익집단의 대표자가 아니고 국민전체에 대한 봉사자로서
차별 없이 공무를 수행해야 한다. 공무원의 정치적 중립성의 보장은 민주적 공무원제도
의 핵심이다. 이를 위해서 국가공무원법은 공무원의 정치운동 및 집단행위 금지를 명문
화하고 있다.

공직선법에서는 선거에 대한 부당한 영향력의 행사, 기타 선거결과에 영향을 미치는

---

[334] 행정안전부, 「공직선거법 등에 따른 공무원이 지켜야 할 행위 기준」, 2012, p. 8.

행위를 금지하고 있다. 이는 경찰공무원에게도 그대로 적용된다. 공무원이 정치운동을 하면 징계사유가 될 뿐만 아니라 형벌을 받을 수도 있다.

과거에는 국가공무원의 정치 운동의 금지 위반에 대한 처벌 형량이 1년 이하의 징역 또는 500만 원 이하의 벌금이었다. 2014년 국가공무원법을 개정한 후, 현재는 3년 이하의 징역과 3년 이하의 자격정지로 강화하고, 그 죄의 공소시효 기간을 10년으로 규정하고 있다.

Police Science

🌐 국가공무원법(시행 2022. 1. 21.)

제65조(정치 운동의 금지) ① 공무원은 정당이나 그 밖의 정치단체의 결성에 관여하거나 이에 가입할 수 없다. ② 공무원은 선거에서 특정 정당 또는 특정인을 지지 또는 반대하기 위한 다음의 행위를 하여서는 아니 된다.

1. 투표를 하거나 하지 아니하도록 권유 운동을 하는 것

2. 서명 운동을 기도企圖·주재主宰하거나 권유하는 것

3. 문서나 도서를 공공시설 등에 게시하거나 게시하게 하는 것

4. 기부금을 모집 또는 모집하게 하거나, 공공자금을 이용 또는 이용하게 하는 것

5. 타인에게 정당이나 그 밖의 정치단체에 가입하게 하거나 가입하지 아니하도록 권유 운동을 하는 것

③ 공무원은 다른 공무원에게 제1항과 제2항에 위배되는 행위를 하도록 요구하거나, 정치적 행위에 대한 보상 또는 보복으로서 이익 또는 불이익을 약속하여서는 아니 된다.

④ 제3항 외에 정치적 행위의 금지에 관한 한계는 「국가공무원 복무규정」등으로 정한다.

벌칙

제84조(정치 운동죄) ① 제65조(정치 운동의 금지)를 위반한 자는 3년 이하의 징역과 3년 이하의 자격정지에 처한다.

② 제1항에 규정된 죄에 대한 공소시효의 기간은 「형사소송법」 제249조 제1항에도 불구하고 10년으로 한다.

🌐 **국가공무원 복무규정(시행 2022. 1. 13.)**

제27조(정치적 행위) ① 「국가공무원법」법 제65조의 정치적 행위는 다음 각 호의 어느 하나에 해당하는 정치적 목적을 가진 것을 말한다.

1. 정당의 조직, 조직의 확장, 그 밖에 그 목적 달성을 위한 것

2. 특정 정당 또는 정치단체를 지지하거나 반대하는 것

3. 법률에 따른 공직선거에서 특정 후보자를 당선하게 하거나 낙선하게 하기 위한 것

② 제1항에 규정된 정치적 행위의 한계는 제1항에 따른 정치적 목적을 가지고 다음 각 호의 어느 하나에 해당하는 행위를 하는 것을 말한다.

1. 시위운동을 기획·조직·지휘하거나 이에 참가하거나 원조하는 행위

2. 정당이나 그 밖의 정치단체의 기관지인 신문과 간행물을 발행·편집·배부하거나 이와 같은 행위를 원조하거나 방해하는 행위

3. 특정 정당 또는 정치단체를 지지 또는 반대하거나 공직선거에서 특정 후보자를 지지 또는 반대하는 의견을 집회나 그 밖에 여럿이 모인 장소에서 발표하거나 문서·도서·신문 또는 그 밖의 간행물에 싣는 행위

4. 정당이나 그 밖의 정치단체의 표지로 사용되는 기^旗·완장·복식 등을 제작·배부·착용하거나 착용을 권유 또는 방해하는 행위

5. 그 밖에 어떠한 명목으로든 금전이나 물질로 특정 정당 또는 정치단체를 지지하거나 반대하는 행위

🌐 **공직선거법(시행 2022. 7. 1.)**

제9조(공무원의 중립의무 등) ① 공무원 기타 정치적 중립을 지켜야 하는 자^{機關·團體를 포함}는 선거에 대한 부당한 영향력의 행사 기타 선거결과에 영향을 미치는 행위를 하여서는 아니 된다.

② 검사(군검사를 포함) 또는 경찰공무원^{檢察搜査官 및 軍司法警察官吏를 포함}은 이 법의 규정에 위반한 행위가 있다고 인정되는 때에는 신속·공정하게 단속·수사를 하여야 한다.

🔍 선거를 할 수 있는 공무원[335]

- 국회의원, 지방의회의원(정무직 중 대통령, 총리, 국무위원, 자치단체장 제외)
- 국회 부의장의 수석비서관·비서관·비서·행정보조요원
- 국회 상임위원회·예산결산특별위원회·윤리특별위원회 위원장의 행정보조요원
- 국회의원의 보좌관·비서관·비서
- 국회교섭단체대표의원의 행정비서관, 국회교섭단체의 정책연구위원·행정보조요원
- 국·공립대 총장·학장·교수·부교수·조교수인 교원

🔍 공직선거법과 국가공무원법의 관계

- 「국가공무원법」에서는 대통령, 국무총리, 국무위원 등은 정치활동을 할 수 있도록 규정하고 있음
- 그러나 「공직선거법」 제9조(공무원의 중립의무 등)는 선거영역에서의 특별법으로서 일반법인 「국가공무원법」조항에 우선하여 적용되므로, 정치활동이 허용된다고 하더라도 「공직선거법」에서 금지하고 있는 선거중립의무에 위반되는 정치활동은 할 수 없음
- 「국가공무원법」 제65조(정치 운동의 금지)는 정무직 공무원들의 일반적 정치활동을 허용하는 데 반하여, 「공직선거법」 제9조는 그들로 하여금 정치활동 중 '선거에 영향을 미치는 행위'만을 금지하고 있으므로, 「공직선거법」 제9조는 선거영역에서의 특별법으로서 일반법인 「국가공무원법」 조항에 우선하여 적용됨[336]

⑫ 집단행위의 금지

국가공무원과 경찰공무원은 직무에 전념할 의무가 있기 때문에 집단행위가 금지된다. 공무원의 집단행위의 금지의무는 '국민전체에 대한 봉사자'라는 공무원의 지위(헌법 §7)라는 헌법적 요청을 구체화한 것이다.

「국가공무원법」 제66조에서는 공무원의 노동운동이나 그 밖에 공무 이외의 일을 위한 집단행위를 모두 금지하고 있다. 이는 공무원의 집단행동이 공무원 집단의 이익을 대변함으로써 국민 전체의 이익추구에 장애가 될 소지가 있기 때문이다. 따라서 집단행위

---

335 「공직선거법」 제60조(선거운동을 할 수 없는 자) 1항.
336 헌재 2008.01.17. 선고 2007헌마700결정

의 금지 규정은 국민 전체의 봉사자라는 공무원의 특수한 신분에서 나오는 의무이다.

「국가공무원법」 제66조(집단 행위의 금지) 1항에는 "공무원은 노동운동이나 그 밖에 공무 외의 일을 위한 집단 행위를 하여서는 아니 된다."라고 규정하고 있다. 이때 '공무 외의 일을 위한 집단행위'란 공익에 반하는 목적을 위하여 직무전념의무를 해태하는 등의 영향을 가져오는 집단적 행위를 의미한다.[337] 일반적으로 공·반·목·직·해·집이라고도 한다.

이때의 '공익'이란 개인 또는 특정 단체나 집단적 이익이 아니라 일반 다수 국민의 이익 내지는 사회공동의 이익을 의미한다. '집단행위'란 공무원의 직무전념성을 해치거나 공무에 대한 국민의 신뢰에 손상을 가져올 수 있는 다수의 결집된 행위를 의미한다.[338]

'공·반·목·직·해·집'에 해당하는지에 대한 판단기준은 ① 다수의 결집된 행위(집단행위)에 해당하는지 유무(집단행위 여부), ② 공익에 반하는 목적의 유무(공익에 반하는 목적 여부) ③ 직무전념의무 해태 여부 등 3가지 개념표지가 모두 충족되었는지 여부이다.[339]

Police Science

🔍 집단행위의 금지 의무 규정이유[340]

국가공무원법이 제66조 제1항에서 "공무원은 노동운동이나 그 밖에 공무 외의 일을 위한 집단행위를 하여서는 아니 된다."고 하여 공무원의 언론·출판의 자유와 집회·결사의 자유를 제한하고 공무원에 대하여 공무 외의 일을 위한 집단행위를 금지하고 있는 것도 공무원의 집단행동이 공무원 집단의 이익을 대변함으로써 국민전체의 이익추구에 장애가 될 소지가 있기 때문이고, 이는 국민전체의 봉사자라는 공무원의 특수한 신분에서 나오는 의무의 하나를 규정한 것이라고 할 것이다.

---

337   헌재 2020.04.23. 선고 2018헌마550기각.
338   헌재 2020.04.23. 선고 2018헌마550기각.
339   성중탁b, "공무원 신분에 따른 기본권 제한의 문제점과 개선방안"「법학논집」, 69, 2020, pp. 37-39.
340   헌재 2007.08.30. 선고 2003헌바51결정.

국가공무원법(시행 2022. 1. 21.)

제66조(집단 행위의 금지) ① 공무원은 노동운동이나 그 밖에 공무 외의 일을 위한 집단 행위를 하여서는 아니 된다. 다만, 사실상 노무에 종사하는 공무원은 예외로 한다.

벌칙

제84조의 2(벌칙) 제44조(시험 또는 임용의 방해행위 금지)·제45조(인사에 관한 부정행위 금지) 또는 제66조(집단 행위의 금지)를 위반한 자는 다른 법률에 특별히 규정된 경우 외에는 1년 이하의 징역 또는 1천만 원 이하의 벌금에 처한다.

국가공무원의 신분상 의무와 직무상 의무	
신분상 의무	① 선서 의무, ② 외국정부 영예의 제한, ③ 품위유지의 의무, ④ 직위보유의 의무, ⑤ 병역사항 신고의무
직무상 의무	① 성실의무, ② 법령준수의 의무, ③ 복종의 의무, ④ 친절·공정의 의무, ⑤ 종교중립의 의무, ⑥ 비밀엄수의 의무, ⑦ 청렴의 의무, ⑧ 직무집행의 의무, ⑨ 직무전념의 의무, ⑩ 직장이탈 금지, ⑪ 영리업무 및 겸직금지, ⑫ 정치운동의 금지, ⑬ 집단행위의 금지

3 ‖ 경찰공무원의 특수한 의무

1 신분상 의무

❶ 제복 착용 의무

경찰공무원은 제복을 착용할 의무가 있다. 제복착용은 경찰공무원의 의무이자 권리이다.

국가공무원법(시행 2022. 1. 21.)

제26조(복제 및 무기 휴대) ① 경찰공무원은 제복을 착용하여야 한다.

❷ 정치관여 금지의무

국가공무원법에서는 공무원의 정치적 중립성을 보장하기 위해서 정당이나 그 밖의 정치단체의 결성에 관여하거나 이에 가입할 수 없도록 규정하고 있다.[341] 경찰공무원법에서는 경찰의 정치적 중립을 위해서 국가공무원법보다 강화된 내용으로 경찰의 정치 관여 금지 의무를 규정하고 있다.

일반공무원이 「국가공무원법」 제65조(정치운동의 금지)를 위반한 경우, 3년 이하의 징역과 3년 이하의 자격정지에 처하며, 공소시효의 기간은 10년으로 한다.[342] 경찰공무원이 「경찰공무원법」 제23조(정치 관여 금지)를 위반한 경우, 5년 이하의 징역과 5년 이하의 자격정지에 처하고, 그 죄에 대한 공소시효의 기간은 10년으로 한다.[343] 공소시효 기간은 10년으로 같지만, 경찰공무원의 벌칙규정이 일반공무원보다 더 강화되어 있다.

경찰공무원과 일반공무원에 대한 정치적 중립 의무 비교		
구분	• 경찰공무원	• 일반공무원
근거	• 경찰공무원법 제23조(정치 관여 금지)	• 국가공무원법 제65조(정치 운동의 금지)
정당 활동 금지	• 경찰공무원은 정당이나 정치단체에 가입하거나 정치활동에 관여하는 행위를 하여서는 아니 된다.[344]	• 공무원은 정당이나 그 밖의 정치단체의 결성에 관여하거나 이에 가입할 수 없다.[345]
금지 행위	• 정당·정치단체 결성·가입의 지원·방해(1호) • 특정 정당·정치인을 위해 지지·반대의견 유포(2호 전단) • 특정 정당·정치인을 위해 찬양·비방 의견·사실 유포(2호 후단) • 특정 정당·정치인을 위해 기부금 모집 지원·방해(3호 전단) • 공공기관 자금의 이용·강제이용(3호 후단) • 특정 정당·정치인의 선거운동·대책회의 관여행위(4호) • SNS 등 정보통신망 상에서의 정치행위(5호)	• 특정 정당·정치인을 위해 투표독려 및 불참 권유 운동(1항 1호) • 특정 정당·정치인을 위해 서명운동 기도·주재·권유(1항 2호) • 특정 정당·정치인을 위해 문서·도서의 게시·강제게시(1항 3호) • 특정 정당·정치인을 위해 기부금 모집·강제모집(1항 4호) • 특정 정당·정치인을 위해 정당·정치단체 가입·미가입 권유(1항 5호) • 정치적 행위 보상·보복으로 이익·불이익 약속(2항)

---

341 「국가공무원법」 제65조(정치운동의 금지) 1항.
342 「국가공무원법」 제84조(정치운동 죄) 1항·2항.
343 「경찰공무원법」 제37조(벌칙) 3항.
344 「경찰공무원법」 제23조(정치 관여 금지) 1항.
345 「국가공무원법」 제65조(정치활동의 금지) 1항.

벌칙	• 5년 이하의 징역과 5년 이하의 자격정지 • 공소시효의 기간은 10년	• 3년 이하의 징역과 3년 이하의 자격정지 • 공소시효의 기간은 10년
비고	• 헌법 제7조 2항에는 "공무원의 신분과 정치적 중립성은 법률이 정하는 바에 의하여 보장된다."고 규정하고 있다. • 정치적 중립성을 규정한 헌법 조항에 따라 일반법인 국가공무원법 제65조(정치 운동의 금지)가 제정되었다. • 경찰공무원법 제23조(정치 관여 금지)는 국가공무원법에 대한 특별법의 성격을 갖고 있다. • 따라서 일반법인 국가공무원법 상의 '정치운동의 금지의무'를 보다 구체화한 것이 특별법인 경찰공무원법 상의 '정치관여 금지의무'라고 할 수 있다.	

🌐🔍 공직선거법상의 금지내용

- 공무원의 선거중립 의무(제9조)
- 지위를 이용한 선거운동 금지(85조)
- 공무원의 선거에 영향을 미치는 행위금지(제86조)
- 정당가입 금지(제22조)
- 후원회 가입 및 후원금 기부 금지(제3조·제8조)
- 기부행위의 제한·금지(제112조)
- 단체의 선거운동 금지 등(제87조)
- 시설물 설치 등의 금지(제90조)
- 탈법방법에 의한 문서·도화의 배부·게시 등 금지(제93조)
- 타연설회·각종 집회 등의 제한(제101조·103조)

Police Science

🌐🔍 경찰의 정치적 중립의무 위반시 처벌

- 과거 경찰이 정치적 중립을 지키지 않아도 이를 처벌할 법적 근거가 없었다. 2018년 고위 경찰관이 조직 구성원을 동원해 정부에 우호적인 댓글을 달도록 지시한 혐의로 구속 기소되었다. 정치적 중립의무를 위반했다고 판단한 것이지만 적용된 혐의는 정치관여죄가 아닌 형법상 직권남용죄였다.
- 이 당시 경찰법과 경찰공무원법 그리고 경찰관직무집행법에는 경찰의 정치활동을 처벌하는 법조항이 없었기 때문이었다. 처벌조항이 없었기 때문에 실제 댓글을 다는 등 정치활동에

개입한 실무자를 처벌할 수 없는 문제가 발생했다.

- 이후 2020년 경찰공무원법을 개정하여 벌칙규정을 신설하였다. 현재는 경찰공무원이 경찰공무원법 상 '정치관여 금지의무'를 위반한 경우, 5년 이하의 징역과 5년 이하의 자격정지에 처하고, 이에 대한 공소시효의 기간은 10년으로 하고 있다.

Police Science

🌐 경찰공무원법(시행 2021. 1. 1.)

제23조(정치 관여 금지) ① 경찰공무원은 정당이나 정치단체에 가입하거나 정치활동에 관여하는 행위를 하여서는 아니 된다.

② 제1항에서 정치활동에 관여하는 행위란 다음 각 호의 어느 하나에 해당하는 행위를 말한다.

1. 정당이나 정치단체의 결성 또는 가입을 지원하거나 방해하는 행위
2. 그 직위를 이용하여 특정 정당이나 특정 정치인에 대하여 지지 또는 반대 의견을 유포하거나, 그러한 여론을 조성할 목적으로 특정 정당이나 특정 정치인에 대하여 찬양하거나 비방하는 내용의 의견 또는 사실을 유포하는 행위
3. 특정 정당이나 특정 정치인을 위하여 기부금 모집을 지원하거나 방해하는 행위 또는 국가·지방자치단체 및 「공공기관의 운영에 관한 법률」에 따른 공공기관의 자금을 이용하거나 이용하게 하는 행위
4. 특정 정당이나 특정인의 선거운동을 하거나 선거 관련 대책회의에 관여하는 행위
5. 「정보통신망 이용촉진 및 정보보호 등에 관한 법률」에 따른 정보통신망을 이용한 제1호부터 제4호까지의 규정에 해당하는 행위
6. 소속 직원이나 다른 공무원에 대하여 제1호부터 제5호까지의 행위를 하도록 요구하거나 그 행위와 관련한 보상 또는 보복으로서 이익 또는 불이익을 주거나 이를 약속 또는 고지^{告知}하는 행위

---

❸ 직무상 의무

● 인권보호 의무

헌법 제7조와 제10조, 그리고 경찰관직무집행법 제1조(목적)와 경찰공무원법 제5조(권한남용의 금지) 등에는 경찰이 모든 개인이 가지는 불가침의 기본적 인권을 최대한 보장할 책임과 의무가 있다고 명시하고 있다.

헌법은 경찰이 보장한 기본적 인권을 책임지기 위해 주권자가 설치한 인권보장기구

이다. 따라서 경찰의 모든 업무 또한 자유와 평등 및 인간의 존엄을 핵심가치로 삼아 기본권의 실현을 위한 것임을 천명하고 있다.

경찰업무와 관련해서 「유엔경찰행동강령」Code of Conduct for Law Enforcement Officials과 「경찰을 위한 10가지 지침」10 Basic Human Rights Standards for Law Enforcement Officials이 대표적인 국제규범으로 널리 활용되고 있다. 「유엔경찰행동강령」은 국제사회에서 경찰의 인권존중 의무에 대해 합의한 최초의 문서다.**346**

「경찰을 위한 10가지 지침」은 국제사면위원회Amnesty International가 발표한 것으로 강제력 사용이나 집회 및 시위의 통제, 적법 절차 준수와 같은 경찰력 행사에서 인권의 원칙과 지침을 구체적으로 제시하고 있다.

경찰공무원법 상에는 경찰은 그 직무를 수행할 때 헌법과 법률에 따라 국민의 자유와 권리 및 모든 개인이 가지는 불가침의 기본적 인권을 보호하라고 규정하고 있다.

경찰의 대표적인 인권기구인 '경찰청 인권위원회'는 국민의 인권을 보호하고 증진하는 헌법적 책무를 잘 이행할 수 있도록 자문하고 조정하는 기능을 하고 있다.

하지만 비상설기관으로 사무국이 부재하고 경찰청장의 자문기구라는 한계로 인해 경찰업무를 인권적 관점에서 독립적으로 감시·감독하는 민간통제기구로서의 역할을 하는 데는 그 위상과 권한에서 제도적 한계를 갖고 있다.

경찰청은 「경찰인권보호규칙」(2018) 및 '경찰관 인권행동강령'(2020)을 제정했으며, 인권영향평가 제도 도입(2018), '인권경찰 구현을 위한 경찰개혁추진 방안' 등을 발표(2021)하였다.

경찰의 인권보호 의무 이행에 대해서 '국가인권위원회'나 '국민권익위원회'와 같은 외부기관 그리고 '경찰청 인권위원회' 같은 내부 기관의 감시와 통제가 있다. 이들 기관에서는 인권정책관 및 경찰인권·감찰위원회(또는 경찰인권옴부즈만) 신설과 같은 경찰의 인권보장체제 구축과 관련된 이행사항을 권고하고 있다.

경찰은 '국가인권위원회'나 '국민권익위원회' 그리고 '경찰청 인권위원회' 등과 같은 내·외부 기관의 감시와 통제를 통해서 인권증진과 인권보호 그리고 피해자 보호 및 구제조치에 나서고 있다.

---

346 경찰청 인권위원회, "경찰인권제도화 권고 결정문", 2022.06.07.

🔍 인권보호 관련 규정

헌법(시행 1988. 2. 25.)

제7조 ① 공무원은 국민전체에 대한 봉사자이며, 국민에 대하여 책임을 진다.

제10조 모든 국민은 인간으로서의 존엄과 가치를 가지며, 행복을 추구할 권리를 가진다. 국가는 개인이 가지는 불가침의 기본적 인권을 확인하고 이를 보장할 의무를 진다.

경찰관직무집행법(시행 2022. 2. 3.)

제1조(목적) ① 이 법은 국민의 자유와 권리 및 모든 개인이 가지는 불가침의 기본적 인권을 보호하고 사회공공의 질서를 유지하기 위한 경찰관의 직무 수행에 필요한 사항을 규정함을 목적으로 한다.

② 이 법에 규정된 경찰관의 직권은 그 직무 수행에 필요한 최소한도에서 행사되어야 하며 남용되어서는 아니 된다.

경찰공무원법(시행 2022. 1. 21.)

제5조(권한남용의 금지) 경찰은 그 직무를 수행할 때 헌법과 법률에 따라 국민의 자유와 권리 및 모든 개인이 가지는 불가침의 기본적 인권을 보호하고, 국민 전체에 대한 봉사자로서 공정·중립을 지켜야 하며, 부여된 권한을 남용하여서는 아니 된다.

● 권한남용의 금지

권한남용의 금지 원칙은 법의 일반원칙 중 하나이다. 경찰공무원법 제5조(권한남용의 금지) 규정 후단에는 "경찰은 국민 전체에 대한 봉사자로서 공정·중립을 지켜야 하며, 부여된 권한을 남용하여서는 아니 된다."고 규정하고 있다.

「경찰관 직무집행법」 제1조(목적) 제2항에는 "이 법에 규정된 경찰관의 직권은 그 직무 수행에 필요한 최소한도에서 행사되어야 하며 남용되어서는 아니 된다."고 규정하고 있다. 따라서 법의 일반원칙이자 명문의 근거가 있기 때문에 경찰공무원의 권한남용은 위법사유가 된다.

권한남용의 금지 원칙을 법규화한 것은 경찰권 남용금지와 관련된 국민과 경찰공무원의 인식을 높이고 경찰행정의 적법성 및 합법성을 확보하는 한편, 법치주의의 확립에 기여하는 것을 목적으로 한다.

권한남용의 금지 원칙은 경찰행정권 행사시 법령을 통해 규정된 공익목적에 반하여 경찰행정권을 행사하는 것을 금지한다는 원칙이다. 예를 들어 경찰관 개인의 사적 목적을 실현하기 위해서 경찰권을 행사한 경우나 특별한 정치적 목적을 갖고 경찰권을 행사하는 것을 금지한다는 원칙이다.

또 형사처벌을 받은 전력이 없을 뿐만 아니라 주거가 일정하고, 신분도 확실하여 도주의 우려도 낮다고 볼 수 있는 사람에게 범죄사실을 부풀려 구속영장을 청구한 것은 경찰관들의 자의적인 조치이며, 이는 경찰권 남용의 금지를 규정한 경찰관직무집행법을 위반한 것이다.

Police Science

⊕🔍 권한남용 금지의 원칙[347]

대법원은 권한남용 금지의 원칙을 법치국가 또는 법치주의에 기초한 것으로 보면서, 행정법상 권한남용 금지의 원칙을 민법상 권리남용금지의 원칙과 구별하여 행정법의 고유한 법원칙으로 선언하고 있다.

Police Science

⊕🔍 권한남용 금지 관련 규정

경찰공무원법(시행 2022. 1. 21.)

제5조(권한남용의 금지) 경찰은 그 직무를 수행할 때 헌법과 법률에 따라 국민의 자유와 권리 및 모든 개인이 가지는 불가침의 기본적 인권을 보호하고, 국민 전체에 대한 봉사자로서 공정·중립을 지켜야 하며, 부여된 권한을 남용하여서는 아니 된다.

경찰관 직무집행법(시행 2022. 2. 3.)

제1조(목적) ② 이 법에 규정된 경찰관의 직권은 그 직무 수행에 필요한 최소한도에서 행사되어야 하며 남용되어서는 아니 된다.

행정기본법(시행 2021. 9. 24.)

제11조(성실의무 및 권한남용금지의 원칙) ① 행정청은 법령 등에 따른 의무를 성실히 수행하여야 한다.

② 행정청은 행정권한을 남용하거나 그 권한의 범위를 넘어서는 아니 된다.

---

347 대법원 2016.12.15. 선고 2016두47659판결.

● 직무수행 의무(상관의 지휘·감독에 의한 직무수행)

「국가공무원법」상의 직위보유권과 직무집행권의 규정과 별도로 「경찰법」 제6조(직무수행) 제1항 전단에서는 "경찰공무원은 상관의 지휘·감독을 받아 직무를 수행해야 한다."고 규정하고 있다.

국가공권력의 최일선에 위치하고 국민의 생명과 안전을 책임지는 경찰공무원은 무기휴대권 및 무기사용권 등을 갖고 있다. 따라서 경찰공무원의 직무수행은 일반 공무원과 달리 반드시 상관의 지휘와 감독을 받아 직무를 수행하도록 엄격하게 규정하고 있다.

경찰공무원의 직무수행에 필요한 사항은 「경찰관 직무집행법」이라는 별도의 법에서 상세하게 규정하고 있다. 현행법상 경찰공무원의 직무수행 과정에서 경과실로 인해 발생한 사고에 대하여 형을 감면할 수 있는 근거가 미비하여 경찰관이 직무집행에 소극적으로 임하고 있다는 지적이 제기되었다.

이러한 이유로 2022년 2월 3일 「경찰관 직무집행법」이 개정되어 시행되고 있다. 살인 또는 상해·폭행의 죄, 아동학대범죄 등으로 타인의 생명·신체에 대한 위해 발생의 우려가 명백하고 긴급한 상황에서 경찰관이 그 위해를 예방·진압하는 등의 과정에서 타인에게 피해가 발생한 경우, 그 경찰관의 직무수행이 불가피하고 필요한 최소한의 범위에서 이루어졌으며 고의 또는 중대한 과실이 없는 경우에는 그 정상을 참작하여 형을 감경하거나 면제할 수 있도록 새로운 규정을 신설하였다.

Police Science

🔍 직무수행 관련 규정

경찰법(시행 시행 2021. 7. 1.)

　제6조(직무수행) ① 경찰공무원은 상관의 지휘·감독을 받아 직무를 수행하고, 그 직무수행에 관하여 서로 협력하여야 한다.

　② 경찰공무원은 구체적 사건수사와 관련된 제1항의 지휘·감독의 적법성 또는 정당성에 대하여 이견이 있을 때에는 이의를 제기할 수 있다.

　③ 경찰공무원의 직무수행에 필요한 사항은 따로 법률(경찰관직무집행법)로 정한다.

경찰관직무집행법(시행 2022. 2. 3.)

　제11조의 5(직무 수행으로 인한 형의 감면) 다음 각 호의 범죄가 행하여지려고 하거나 행하여지고 있어 타인의 생명·신체에 대한 위해 발생의 우려가 명백하고 긴급한 상황에서, 경찰관이 그 위해를 예방하거나 진압하기 위한 행위 또는 범인의 검거 과정에서 경찰관을 향한 직접적인

유형력 행사에 대응하는 행위를 하여 그로 인하여 타인에게 피해가 발생한 경우, 그 경찰관의 직무수행이 불가피한 것이고 필요한 최소한의 범위에서 이루어졌으며 해당 경찰관에게 고의 또는 중대한 과실이 없는 때에는 그 정상을 참작하여 형을 감경하거나 면제할 수 있다.

1. 「형법」 제2편 제24장 살인의 죄, 제25장 상해와 폭행의 죄, 제32장 강간과 추행의 죄 중 강간에 관한 범죄, 제38장 절도와 강도의 죄 중 강도에 관한 범죄 및 이에 대하여 다른 법률에 따라 가중처벌하는 범죄
2. 「가정폭력범죄의 처벌 등에 관한 특례법」에 따른 가정폭력범죄, 「아동학대범죄의 처벌 등에 관한 특례법」에 따른 아동학대범

● 직무수행 협력 의무

「국가공무원법」상의 직위보유권과 직무집행권의 규정과 별도로 「경찰법」 제6조(직무수행) 제1항 후단에서는 "경찰공무원은 그 직무수행에 관하여 서로 협력하여야 한다."고 규정하고 있다.

국민의 생명과 재산의 안전을 책임지고, 각종 범죄 수사부터 민생 곳곳에 영향력을 미칠 수 있는 권한을 가진 경찰공무원의 직무수행은 일반 공무원과 달리 반드시 협력할 것을 법령에서 명시하고 있다.

Police Science
🌐🔍 경찰법(시행 시행 2021. 7. 1.)

제6조(직무수행) ① 경찰공무원은 상관의 지휘·감독을 받아 직무를 수행하고, 그 직무수행에 관하여 서로 협력하여야 한다.

● 직무태만 및 직무유기 금지

경찰공무원법 제24조(거짓 보고 등의 금지) 제2항에는 "경찰공무원은 직무를 게을리하거나 유기遺棄해서는 아니 된다."고 규정하고 있다.

경찰공무원의 직무태만 및 직무유기 등은 「형법」 제122조 상의 직무유기죄, 「특가법」 제15조 상의 특수직무유기죄, 「폭처법」 제9조 상의 직무유기죄 등을 구성할 수 있다. 따라서 일반공무원에게 적용되는 직무전념의무를 보다 구체적으로 규정하여 경찰공무원의 직무태만 및 유기를 방지하고 있다.

🔍 직무태만 및 직무유기 관련 규정

경찰공무원법(시행 2021. 1. 1.)

제24조(거짓 보고 등의 금지) ② 경찰공무원은 직무를 게을리하거나 유기遺棄해서는 아니 된다.

형법(시행 2021. 12. 9.)

제122조(직무유기) 공무원이 정당한 이유 없이 그 직무수행을 거부하거나 그 직무를 유기한 때에는 1년 이하의 징역이나 금고 또는 3년 이하의 자격정지에 처한다.

특정범죄 가중처벌 등에 관한 법률 (특가법)(시행 2020. 5. 5.)

제15조(특수직무유기) 범죄 수사의 직무에 종사하는 공무원이 이 법에 규정된 죄를 범한 사람을 인지하고 그 직무를 유기한 경우에는 1년 이상의 유기징역에 처한다.

폭력행위 등 처벌에 관한 법률(폭처법)(시행 2016. 1. 6.)

제9조(사법경찰관리의 직무유기) ① 사법경찰관리司法警察官吏로서 이 법에 규정된 죄를 범한 사람을 수사하지 아니하거나 범인을 알면서 체포하지 아니하거나 수사상 정보를 누설하여 범인의 도주를 용이하게 한 사람은 1년 이상의 유기징역에 처한다.

● 거짓 보고 등의 금지

경찰공무원법 제24조(거짓 보고 등의 금지) 제1항에는 "경찰공무원은 직무에 관하여 거짓으로 보고나 통보를 해서는 안 된다."고 규정하고 있다. 이는 경찰 지휘부 및 상관에 대한 거짓 및 허위 그리고 축소보고 등의 금지를 말한다. 경찰공무원의 거짓 및 허위 그리고 축소보고는 지휘·통제기능의 부실대응과 경찰신뢰를 잃게 하는 주된 요인이 된다.

🔍 경찰공무원법(시행 2021. 1. 1.)

제24조(거짓 보고 등의 금지) ① 경찰공무원은 직무에 관하여 거짓으로 보고나 통보를 하여서는 아니 된다.

● 지휘권 남용 등의 금지

「경찰공무원법」 제25조(지휘권 남용 등의 금지)에는 비상사태와 작전수행 중인 경우, 그리고 위급한 사태의 경우 등에 대한 경찰지휘관과 감독관의 지휘권 남용 등의 금지규정을 두고 있다. 「군형법」 제3장 지휘권 남용의 죄 조항에는 불법 전투 개시, 불법 전투 계속, 불법 진퇴 등에 대한 지휘권 남용 금지 규정을 두고 있다.

Police Science

🌐 지휘권 남용 금지 관련 규정

경찰공무원법(시행 2021. 1. 1.)

제25조(지휘권 남용 등의 금지) 전시·사변, 그 밖에 이에 준하는 비상사태이거나 작전수행 중인 경우 또는 많은 인명 손상이나 국가재산 손실의 우려가 있는 위급한 사태가 발생한 경우, 경찰공무원을 지휘·감독하는 사람은 정당한 사유 없이 그 직무 수행을 거부 또는 유기하거나 경찰공무원을 지정된 근무지에서 진출·퇴각 또는 이탈하게 하여서는 아니 된다.

제37조(벌칙) ① 경찰공무원으로서 전시·사변, 그 밖에 이에 준하는 비상사태이거나 작전 수행 중인 경우에 제25조를 위반한 사람은 3년 이상의 징역이나 금고에 처한다.

② 집단 살상의 위급 사태가 발생한 경우에 제25조를 위반한 사람은 7년 이하의 징역이나 금고에 처한다.

군형법(시행 2022. 7. 1.)

제3장 지휘권 남용의 죄

제18조(불법 전투 개시) 지휘관이 정당한 사유 없이 외국에 대하여 전투를 개시한 경우에는 사형에 처한다.

제19조(불법 전투 계속) 지휘관이 휴전 또는 강화講和의 고지를 받고도 정당한 사유 없이 전투를 계속한 경우에는 사형에 처한다.

제20조(불법 진퇴) 전시, 사변 시 또는 계엄지역에서 지휘관이 권한을 남용하여 부득이한 사유 없이 부대, 함선 또는 항공기를 진퇴進退시킨 경우에는 사형, 무기 또는 7년 이상의 징역이나 금고에 처한다.

제21조(미수범) 이 장의 미수범은 처벌한다.

경찰공무원의 의무		
경찰법 및 경찰공무원법	신분상 의무	① 제복 착용 의무, ② 정치관여 금지
	직무상 의무	① 인권보호 의무, ② 권한남용의 금지, ③ 직무수행 의무, ④ 직무수행 협력 의무, ⑤ 직무태만 및 직무유기 금지, ⑥ 거짓 보고 등의 금지, ⑦ 지휘권 남용 등의 금지

● 경찰공무원 복무규정에서 규정한 직무상 의무

경찰공무원 복무규정에서 규정한 직무상 의무에는 ① 상관에 대한 신고 의무, ② 보고 및 통보 의무, ③ 여행 신고 및 허가 의무, ④ 비상소집 및 대기 의무, ⑤ 지정장소 외에서의 직무금지, ⑥ 근무시간 중 음주금지, ⑦ 민사분쟁에의 부당개입금지 등이 있다.

경찰공무원 복무규정에서 규정한 직무상 의무	
구분	내용
상관에 대한 신고의무	제11조(상관에 대한 신고) 경찰공무원은 신규채용·승진·전보·파견·출장·연가·교육훈련기관에의 입교 기타 신분관계 또는 근무관계 또는 근무관계의 변동이 있는 때에는 소속상관에게 신고를 하여야 한다.
보고 및 통보 의무	제12조(보고 및 통보) 경찰공무원은 치안상 필요한 상황의 보고 및 통보를 신속·정확·간결하게 하여야 한다.
여행 신고 및 허가 의무	제13조(여행의 제한) 경찰공무원은 휴무일 또는 근무시간 외에 2시간 이내에 직무에 복귀하기 어려운 지역으로 여행을 하고자 할 때에는 소속 경찰기관의 장에게 신고를 하여야 한다. 다만, 치안상 특별한 사정이 있어 경찰청장, 해양경찰청장 또는 경찰기관의 장이 지정하는 기간 중에는 소속경찰기관의 장의 허가를 받아야 한다.
비상소집 및 대기 의무	제14조(비상소집) ① 경찰기관의 장은 비상사태에 대처하기 위하여 필요하다고 인정할 때에는 소속경찰공무원을 긴급히 소집(비상소집)하거나 일정한 장소에 대기하게 할 수 있다.
지정장소 외에서의 직무금지	제8조(지정장소 외에서의 직무수행금지) 경찰공무원은 상사의 허가를 받거나 그 명령에 의한 경우를 제외하고는 직무와 관계없는 장소에서 직무수행을 하여서는 아니 된다.
근무시간 중 음주금지	제9조(근무시간 중 음주금지) 경찰공무원은 근무시간 중 음주를 하여서는 아니 된다. 다만, 특별한 사정이 있는 경우에는 예외로 하되, 이 경우 주기가 있는 상태에서 직무를 수행하여서는 아니 된다.
민사분쟁에의 부당개입금지	제10조(민사분쟁에의 부당개입금지) 경찰공무원은 직위 또는 직권을 이용하여 부당하게 타인의 민사분쟁에 개입하여서는 아니 된다.

경찰공무원의 특수한 의무 종합		
경찰법 및 경찰공무원법	신분상 의무	① 제복 착용 의무, ② 정치관여 금지
	직무상 의무	① 인권보호 의무, ② 권한남용의 금지, ③ 직무수행 의무, ④ 직무수행 협력 의무, ⑤ 직무태만 및 직무유기 금지, ⑥ 거짓 보고 등의 금지, ⑦ 지휘권 남용 등의 금지
경찰공무원 복무규정	직무상 의무	① 상관에 대한 신고 의무, ② 보고 및 통보 의무, ③ 여행 신고 및 허가 의무, ④ 비상소집 및 대기 의무, ⑤ 지정장소 외에서의 직무금지, ⑥ 근무시간 중 음주금지, ⑦ 민사분쟁에의 부당개입 금지

1 행정상 책임

1 징계책임

국민에게는 「헌법」에 규정된 국민의 6대 의무가 있다. 국방, 납세, 교육, 근로, 공공복리에 적합한 재산권 행사, 환경보전을 위해 노력 등이다. 이처럼 모든 국민에게 의무가 있듯이 대부분의 조직에는 구성원들이 반드시 준수해야 하는 의무가 있다. 징계책임은 공무원 조직 내부에서 그 구성원이 의무에 위반되는 행동을 할 경우 그 구성원에게 부과되는 책임을 말한다.

공무원 조직에는 공무원들이 지켜야 할 의무에 대한 내용이 「국가공무원법」과 「국가공무원 복무규정」에 규정되어 있다.[348] 경찰공무원의 경우, 일반법인 「국가공무원법」과 특별법인 「경찰공무원법」 그리고 「경찰공무원 복무규정」의 적용을 받는다.

하지만 이러한 법령 외에도 「공직자윤리법」, 「고위공직자범죄수사처 설치 및 운영에 관한 법률(공수처법)」, 「부패방지 및 국민권익위원회의 설치와 운영에 관한 법률(부패방지법)」, 「부정청탁 및 금품 등 수수의 금지에 관한 법률(김영란 법)」 등에서 규정한 의무도 지켜야 한다.

일반 공무원과 경찰공무원이 법령에서 규정된 의무를 위반하게 되면 「국가공무원법」, 「공무원징계령」, 「경찰법」, 「경찰공무원법」, 「경찰공무원 징계령」 등 관련 법규에 따라 징계가 이뤄진다.

Police Science
징계의 원인이 되는 사실의 발생

- 징계의 원인이 되는 사실은 ① 검찰·경찰 그 밖의 수사기관의 조사 또는 수사, ② 감사원의 감사 및 조사, ③ 국가인권위원회, 국민권익위원회 등의 감사 및 조사, ④ 국무총리실·인사혁신처·정부합동점검반 등의 감사 또는 조사, ⑤ 기타 기관 자체의 감사 또는 조사 등 다양한 경로를 통해 발생된다.

---

[348] 김승호, "공무원의 의무와 징계책임" 「문화저널21」, 2019.01.29.

🌐 감사원과 검찰·경찰, 그 밖의 수사기관의 징계의결 요구

- 국가공무원법 제83조를 보면, 감사원과 검찰·경찰, 그 밖의 수사기관은 조사나 수사를 시작한 때와 이를 마친 때에는 10일 내에 소속 기관의 장에게 그 사실을 통보하여야 한다고 규정하고 있다.
- 통보를 받은 당해 기관은 「공무원 비위사건 처리규정」 제4조에 따라 혐의 없음 또는 죄가 안되는 경우는 물론 공소권 없음 결정이 있더라도 비위의 정도 및 과실의 경중, 고의성 유무 등 사안에 따라 징계의결 요구를 할 수 있다.

🌐 형사소송법 상 고발에 의한 징계

- 「형사소송법」 제234조 2항에는 "공무원은 그 직무를 행함에 있어 범죄가 있다고 사료하는 때에는 고발하여야 한다."라고 규정하고 있다.
- 이 규정은 고발대상이 범죄행위에만 국한되지만 고발 대상인이 현직 공무원일 경우에는 당연히 징계대상이 된다.

🌐 감사원의 징계 등 요구권 및 재심의 요구권

- 「감사원법」 제32조(징계 요구 등) ① 감사원은 「국가공무원법」과 그 밖의 법령에 규정된 징계 사유에 해당하거나 정당한 사유 없이 이 법에 따른 감사를 거부하거나 자료의 제출을 게을리한 공무원에 대하여 그 소속 장관 또는 임용권자에게 징계를 요구할 수 있다.
- 제1항에 따른 징계 요구 중 파면 요구를 받은 소속 장관 또는 임용권자는 그 요구를 받은 날부터 10일 이내에 해당 징계위원회 또는 인사위원회 등(징계위원회 등)에 그 의결을 요구하여야 하며, 중앙징계위원회의 의결 결과에 관하여는 인사혁신처장이, 그 밖의 징계위원회 등의 의결 결과에 관하여는 해당 징계위원회 등이 설치된 기관의 장이 그 의결이 있은 날부터 15일 이내에 감사원에 통보하여야 한다.
- 감사원은 제1항에 따라 파면 요구를 한 사항이 파면 의결이 되지 아니한 경우에는 제2항의 통보를 받은 날부터 1개월 이내에 해당 징계위원회 등이 설치된 기관의 바로 위 상급기관에 설치된 징계위원회 등(바로 위 상급기관에 설치된 징계위원회 등이 없는 경우에는 해당 징계위

원회 등)에 직접 그 심의 또는 재심의를 요구할 수 있다.

- 감사원은 독자적으로 소속 장관 및 임용권자에게 징계를 요구할 수 있다.
- 감사원이 파면을 요구한 사항에 대해서만 재심의를 요구할 수 있다.

Police Science
🌐🔍 공무원 비위사건 처리규정(시행 2021. 12. 30.)

제4조(수사기관이 통보한 공무원 범죄사건 처리기준) 행정기관의 장은 「국가공무원법」 제83조(감사원의 조사와의 관계) 제3항에 따라 공무원의 범죄사건에 대한 통보를 받은 경우 다음 각호의 기준에 따라 처리해야 한다. 이 경우 제1호 또는 제2호의 경우 해당 사건에 대한 징계또는 징계부가금 부과를 의결하기 전에 다시 수사 또는 기소되는 경우에는 그 수사 또는기소 결과에 따라 처리해야 한다.

1. 혐의없음 또는 죄가안됨 결정: 내부종결 처리. 다만, 「국가공무원법」상의 징계사유에 해당하는 경우에는 별표 1부터 별표 6까지를 적용한다.
2. 공소권없음 결정, 기소중지 결정 또는 참고인중지 결정 또는 수사중지 결정: 비위의 정도 및 과실의 경중, 고의성 유무 등 사안에 따라 혐의사실이 인정되는 경우에는 별표 1부터 별표 6까지 적용
3. 기소유예 결정, 공소제기 결정 및 그 밖의 결정: 별표 1부터 별표 6까지 적용

2 변상책임

❶ 의의

공무원과 경찰공무원이 국가 또는 지방자치단체에 대하여 재산상의 손해를 발생하게한 경우의 배상책임을 '공무원의 변상책임'이라고 한다. 변상책임은 「국가배상법」상의 변상책임」과 「회계관계직원 등의 책임에 관한 법률」에 의한 회계관계직원 등의 변상책임이있다.

변상책임의 법적 성질에 대해서는 공법적 성질설과 사법적 성질설이 나누어져 있다.판례는 사법적 성질설로 파악하고 있다. 소송실무에서는 사법설에 따라 국가배상청구사건을 통상 민사소송으로 다루고 있고, 대법원 판례도 사법설을 따르고 있다.

변상책임의 법적 성질	
공법설 (다수설)	• 공법설은 국가배상법의 성질을 공법으로 이해하고 행정상의 손해배상청구권이 헌법규정에 의해서 직접 효력을 갖는 권리이고 그 성질이 일반적인 사권과는 달리 일정한 경우에는 양도나 압류의 대상이 되지 않으며, 그 주체가 외국인인 경우 상호보증주의에 입각한 제한이 있음을 그 논거로 든다.
사법설 (판례)	• 사법설은 국가배상책임을 일반불법행위책임의 유형으로 이해하고 국가배상법은 민법의 특별법에 불과하다고 본다. • 행정상의 손해배상청구권은 국가가 사적인 사용자의 지위에서 지는 책임으로 이를 공권으로 이해하는 경우에는 많은 제약이 따른다는 점을 그 논거로 제시한다.

❷ 국가배상법에 의한 변상책임

● 공무원이 위법한 직무행위로 인한 손해배상 책임(과실책임)

공무원과 경찰공무원이 직무를 집행하면서 고의 또는 과실로 법령을 위반하여 타인에게 손해를 입히거나, 「자동차손해배상 보장법」에 따라 손해배상의 책임이 있을 때에는 국가 또는 지방자치단체에 손해배상의 책임이 있다. 가해 공무원에게 고의 또는 중대한 과실이 있게 되면 국가 또는 지방자치단체는 가해 공무원에게 구상권을 청구할 수 있다. 이에 따라 그 경찰공무원은 국가 또는 지방자치단체에 대하여 변상책임을 지게 된다.

Police Science

🔍 블랑코Blanco 판결

• 블랑코Blanco판결은 블랑코란 소년이 국영담배공장 운반차에 부상을 당하여 민사법원에 손해배상청구소송을 제기하였는데, 손해가 공무원에 의하여 발생한 것이라는 이유로 행정재판소 관할로 옮겨진 사건이다.

• 공무원에 의한 손해는 국가에 배상책임이 있고, 그 관할은 행정재판소라는 원칙이 확립되는 계기가 된 판결이다.

Police Science

🔍 국가배상법(시행 2017. 10. 31.)

제2조(배상책임) ① 국가나 지방자치단체는 공무원 또는 공무를 위탁받은 사인(공무원)이 직무를 집행하면서 고의 또는 과실로 법령을 위반하여 타인에게 손해를 입히거나, 「자동차손해

배상 보장법」에 따라 손해배상의 책임이 있을 때에는 이 법에 따라 그 손해를 배상하여야 한다.

② 제1항 본문의 경우에 공무원에게 고의 또는 중대한 과실이 있으면 국가나 지방자치단체는 그 공무원에게 구상求償할 수 있다.

배상책임의 성질	
구분	내용
대위 책임설	• 공무원의 위법한 직무행위로 인하여 발생한 손해는 원래 가해 공무원이 부담해야 할 책임이나, 국가 또는 공공단체가 대신하여 책임을 진다는 입장이다. • 공무원의 위법행위는 국가 또는 공공단체의 기관으로서 행하였다고 볼 수 없기 때문에 위법한 행위의 효과 역시 국가 또는 공공단체에 귀속되지 않는다. • 국가배상법 제2조에서 공무원의 고의·과실을 배상책임의 성립요건으로 규정하므로 국가 또는 공공단체의 대위책임이 인정되기 위해서는 기본적으로 공무원 자신에 대한 불법행위책임이 성립되어야 한다. • 이러한 국가배상법의 규정은 공무원에게 배상책임이 있을 때 국민의 피해구제를 위하여 재력이 풍부한 국가가 공무원을 대신하여 책임을 지는 것이다. • 행정법학계의 다수설이다. • 대위책임설 하에서는 선택적 청구권이 부인된다.
자기 책임설	• 국가의 손해배상책임은 공무원의 책임을 대신하여 지는 것이 아니고 국가의 기관에 해당하는 공무원에 대한 일종의 위험부담으로서의 자기책임을 지는 것이다. • 국가 또는 공공단체는 성질상 기관당사자인 공무원을 통해서 행위를 하기 때문에 그 행위의 효과는 적법행위에 의한 것이든지 위법행위에 의한 것이든지 구별할 필요가 없이 당연히 국가 또는 공공단체에 귀속된다고 본다. • 자기책임설 하에서는 선택적 청구권이 인정된다.
중간설	• 고의 또는 중과실에 의한 공무원의 불법행위는 국가 또는 공공단체의 기관행위로서의 성질을 가질 수 없는 것이므로 그에 대한 배상책임은 공무원에 갈음한 대위책임인 것이나, 기타의 경우는 기관행위로서의 성질을 인정하지 아니할 수 없기 때문에 원칙적으로 국가 또는 공공단체의 자기책임이라는 견해이다. • 고의 또는 중과실인 경우에는 대위책임설을 따라서 선택적 청구권이 부인되며, 경과실의 경우에는 자기책임설을 따라서 선택적 청구권이 인정된다.
판례	• 대법원은 행정상 손해배상의 성질과 관련해서 "국가 등에게 손해배상책임을 부담시켜 국민의 재산권을 보장하기 위한 것이라는 점에서 자기책임을 인정하면서도 고의 또는 중과실의 경우는 국가와 공무원 개인의 중첩적 배상책임을 진다."라고 판시하였다. • 고의 또는 중과실의 경우에 한해서 선택적 청구권을 인정한다.

● 영조물의 설치·관리상 하자로 인한 책임(무과실책임)

도로·교통신호기 등 공공의 영조물의 설치·관리상의 하자로 인하여 타인에게 손해를 끼친 경우에도 국가가 손해를 배상하지만, 공무원에게 고의 또는 중과실이 있는 경우에는 국가에 대하여 변상책임이 있다. 도로·하천 등 공공의 영조물의 설치·관리의 하자로 인하여 경찰공무원이 타인에게 손해를 발생하게 한 경우에 있어서도 국가 또는 지방자치단체가 그 손해에 대한 배상책임을 지게 되고, 당해 경찰공무원은 구상에 따른 변상책임을 지게 된다.

● 사경제적 행위로 인한 책임

경찰공무원이 사경제적 직무행위(물품의 구매 등)를 행하여 고의 또는 과실로 타인에게 손해를 입힌 경우에 국가는 민법상 사용자책임을 지고, 당해 공무원은 국가의 구상에 따르는 변상책임을 지게 된다(민법 제756조). 그러나 이는 국가배상법에 의한 구상책임은 아니다.

Police Science

🔍 민법(시행 2021. 1. 26.)

제756조(사용자의 배상책임) ① 타인을 사용하여 어느 사무에 종사하게 한 자는 피용자가 그 사무집행에 관하여 제삼자에게 가한 손해를 배상할 책임이 있다. 그러나 사용자가 피용자의 선임 및 그 사무감독에 상당한 주의를 한 때 또는 상당한 주의를 하여도 손해가 있을 경우에는 그러하지 아니하다.

② 사용자에 갈음하여 그 사무를 감독하는 자도 전항의 책임이 있다.

③ 전2항의 경우에 사용자 또는 감독자는 피용자에 대하여 구상권을 행사할 수 있다.

● 자동차손해배상 보장법에 의한 책임

경찰공무원이 자동차운행으로 인하여 다른 사람을 사망하게 하거나 부상하게 한 때에는 국가는 국가배상법에 의한 책임을 지게 되고, 당해 경찰공무원은 국가의 구상에 따르는 변상책임을 지게 된다.

⊕🔍 배상책임 관련 규정

국가배상법(시행 2017. 10. 31.)

제2조(배상책임) ① 국가나 지방자치단체는 공무원 또는 공무를 위탁받은 사인(공무원)이 직무를 집행하면서 고의 또는 과실로 법령을 위반하여 타인에게 손해를 입히거나, 「자동차손해배상 보장법」에 따라 손해배상의 책임이 있을 때에는 이 법에 따라 그 손해를 배상하여야 한다.

② 제1항 본문의 경우에 공무원에게 고의 또는 중대한 과실이 있으면 국가나 지방자치단체는 그 공무원에게 구상求償할 수 있다.

자동차손해배상 보장법(시행 2022. 7. 28.)

제3조(자동차손해배상책임) 자기를 위하여 자동차를 운행하는 자는 그 운행으로 다른 사람을 사망하게 하거나 부상하게 한 경우에는 그 손해를 배상할 책임을 진다. 다만, 다음 각 호의 어느 하나에 해당하면 그러하지 아니하다.

❸ 회계관계 직원 등의 책임에 관한 법률에 의한 책임

예산회계법(제122조), 물품관리법(제39조) 등에 의하여 회계관계직원등의책임에관한법률이 제정되어 회계관계직원 등의 변상책임을 규정하고 있다. 일반회계관계 직원의 변상책임 요건은 고의 또는 중과실이다. 현금 또는 물품을 출납·보관하는 회계관계직원의 변상책임 요건은 선량한 관리자로서의 주의의무 위반이다.

회계관계 직원 등의 변상책임 요건	
구분	내용
회계관계직원	• 회계관계직원은 고의 또는 중대한 과실로 법령기타 관계규정 및 예산에 정하여진 바에 위반하여 국가 또는 단체 등의 재산에 대하여 손해를 끼친 때에는 변상의 책임이 있다(고의 또는 중과실).
현금 또는 물품을 출납·보관하는 회계관계 직원	• 현금 또는 물품을 출납보관하는 자가 그 보관에 속하는 현금 또는 물품을 망실, 훼손하였을 경우에 선량한 관리자의 주의를 태만히 하지 아니한 증명을 못하였을 때에는 변상의 책임이 있다(주의의무 위반).
2인 이상의 회계관계 직원의 행위	• 손해가 2인 이상의 회계관계직원의 행위로 인하여 발생하였을 때에는 각자의 행위가 손해발생에 미친 정도의 한계에 따라 각각 변상의 책임을 진다. • 그 손해발생에 미친 정도의 한계가 분명하지 아니한 때에는 그 정도가 동일한 것으로 본다.

● 변상의 절차

소속 장관, 감독기관의 장 또는 해당 기관의 장은 관계 공무원의 변상책임이 있는 사실이 발생하였을 때에는 지체 없이 재정경제부장관과 감사원에 통지하여야 한다. 따라서 변상책임의 유무 및 변상액은 감사원이 판정한다(감사원법 31조). 감사원의 판정 전이라도 소속장관 또는 감독기관의 장은 회계관계직원의 변상책임이 있다고 인정되는 때에는 당해 회계관계직원에 대하여 변상을 명할 수 있다.

그러나 감사원이 관계공무원의 변상책임이 없다고 판정하는 때에는 납부한 변상금을 지체 없이 반환하여야 한다. 변상책임자가 기한 내에 변상책임을 이행하지 않을 경우에는 소속장관 등은 관계세무서장에게 위탁하여 체납처분에 준하여 국세징수법에 의한 절차에 따라 집행한다.

Police Science
⊕🔍 감사원법(시행 2020. 10. 20.)

제31조(변상책임의 판정 등) ① 감사원은 감사 결과에 따라 따로 법률에서 정하는 바에 따라 회계관계직원 등에 대한 변상책임의 유무를 심리審理하고 판정한다.

● 불복

감사원의 변상판정이 위법 또는 부당하다고 인정하는 본인이나 소속장관은 변상판정서가 도달한 날부터 3개월 이내에 감사원에 재심의를 청구할 수 있다. 감사원은 재심의청구를 심리하여 2월 이내에 각하·기각 또는 인용(원처분의 취소 또는 변경)의 결정을 한다. 그러나 재심의청구는 원래의 변상판정에 대한 집행정지의 효력은 없다.

감사원의 재심의판정에 대하여도 불복하는 경우에는 다시 재심의청구를 할 수 없고, 감사원을 피고로 하여 행정소송을 제기하여야 한다. 행정소송을 제기하는 경우에도 재심의판정의 효력을 정지하는 가처분결정은 할 수 없다.

2 ‖ 형사상 책임

공무원의 행위가 공무원으로서의 책임 외에 일반 법익을 침해하는 경우에는 징계벌을 과하는 이외에 형벌을 병과할 수 있다.

Police Science

🔍 공무원의 의무위반에 대한 형사책임

- 공무원의 의무위반에 대해서 징계벌 외에 형사벌을 규정한 처벌조항도 있다.
- 「국가공무원법」에서는 비밀엄수 의무, 청렴의 의무, 정치운동 금지 및 집단행위 금지 의무에 대해 형사벌을 규정하고 있다. 「공직자윤리법」에는 재산등록의무를 거부할 경우 등에 대해서 벌칙규정을 갖고 있다.
- 「형법」 제7장에는 수뢰, 수뢰후 부정처사, 사후 수뢰, 공무상 비밀누설 등 공무원의 직무에 관한 죄에 대한 처벌조항을 규정하고 있다.
- 이처럼 일반 공무원과 경찰공무원은 공무원의 의무를 위반할 경우, 징계책임과는 별도로 형사책임도 지게 된다.

---

3 ‖ 민사상 책임

공무원이 그 직무와 관련하여 민법상 불법행위를 저지른 경우에 피해자에게 그 손해를 배상하여야 할 책임을 공무원의 민사책임이라고 한다. 공무원의 직무상 행위가 권력행위 또는 관리행위의 성질을 가진 경우에는 민법에 대한 특별법으로서 국가배상법이 우선 적용되어, 공무원이 속한 국가 또는 지방자치단체가 피해자에게 배상할 책임이 있다. 물론 이때 국가 등이 피해자에게 배상한 뒤 해당 공무원의 고의·중과실이 있는 경우에 구상할 수 있다.

이 경우 피해자는 국가 또는 지방자치단체에 배상을 청구하지 않고 직무상 불법행위를 한 공무원 개인을 상대로 배상을 청구할 수 있는지가 문제된다. 공무원의 개인책임 또는 선택적 청구권의 문제이다. 이에 관하여는 오랫동안 학설이 대립되고 판례도 통일되어 있지 않으나, 대법원은 1966년 전원합의체판결에서 공무원에게 고의 또는 중과실이 있는 경우에만 피해자는 공무원 개인에게 배상을 청구할 수 있다고 판시하였다.

공무원의 직무상 행위가 사경제적 행위의 성질을 가지는 경우에는 국가배상법이 적용되지 않고 민법에 의하여 배상책임이 결정된다. 이 경우에도 그 공무원이 속한 국가 또는 지방자치단체는 사용자로서 배상책임이 있지만(민법 제756조), 공무원 개인도 불법행위자로서 배상책임이 있고, 피해자는 어느 쪽이나 선택하여 배상을 청구할 수 있다.

종합하면 공무원이 공무집행상의 위법행위로 인하여 타인에게 손해를 입힌 경우에는 민사상 책임을 진다. 이때 공무원에게 고의 또는 중과실이 있는 때에는 공무원 개인에게 배상책임이 있다. 공무원에게 경과실뿐인 때에는 민법과 국가배상법에 의하여 배상책임이 없다.

공무원이 직무상 자동차를 운전하다가 교통사고를 일으켜 타인에게 손해를 입힌 경우에는 경과실과 중과실도 불문하고 「자동차손해배상보장법」상의 손해배상 책임을 진다. 이때 「자동차손해배상보장법」은 특별법으로서 민법과 국가배상법에 우선하여 적용된다.

국가공무원법 및 관련법 상의 책임		
• 경찰공무원은 국가공무원법 등의 제반 책임규정과 경찰관련 법령의 제반 책임규정이 모두 적용된다.		
국가 공무원 및 경찰 공무원	징계책임	• 공무원은 행정상 책임으로 징계책임[349] • 국가공무원법 및 동법에 의한 명령에 위반하였을 때 • 직무상의 의무에 위반하거나 직무를 태만히 한 때 • 직무의 내외를 불문하고 그 체면 또는 위신을 손상하는 행위를 한 때
	변상책임	• 국가재산 상에 손해를 끼쳤을 경우 • 국가배상법 및 회계 관계 직원 등의 책임에 관한 법률에 의함
	형사책임	• 공무원의 행위가 특별권력관계에 있는 공무원으로서의 책임 외에 일반법익을 침해하는 경우 • 징계벌을 과하는 이외에 형벌을 병과할 수 있음
	민사책임	• 공무원이 공무집행 상의 위법행위로 인하여 타인에게 손해를 입힌 경우 • 공무원에게 고의 또는 중과실이 있는 때에는 공무원 개인에게 배상책임이 있음 • 민법과 국가배상법에 의함 • 공무원에게 경과실뿐인 때에는 배상책임 없음 • 공무원이 직무상 자동차를 운전하다가 교통사고를 일으켜 타인에게 손해를 입힌 경우에는 자동차손해배상보장법 상의 손해배상 책임 있음(경과실도 인정) ※ 특별법으로서 민법과 국가배상법에 우선하여 적용

---

349 「국가공무원법」 제78조(징계사유) 1항.

1 징계의 의의

징계란 공무원의 의무위반 또는 비행이 있는 경우에 공무원관계의 질서를 유지하기 위해 임용권자에 의해 과해지는 제재를 의미하며, 그 제재로서의 벌을 징계벌이라고 한다. 징계책임은 공무원 조직 내부에서 그 구성원이 의무위반 또는 비행이 있는 경우 그 구성원에게 부과되는 책임을 말한다.

징계책임을 추궁하는 징계권은 공무원 조직내부에서 발동되는 명령권의 형태로 나타나게 된다. 징계책임은 민사 또는 형사책임과는 목적·내용 및 권력의 기초 등을 달리하므로 이들은 병과併科될 수 있다.

징계벌과 형벌과의 구별	
구별의 기준	내용
권력의 기초상 구별	• 징계벌은 직접적으로 공무원관계에 입각한 특별권력에 기초하고 있는데 반해서, 형벌은 국가의 일반통치권에 근거하여 과해진다.
목적상 구별	• 징계벌은 공무원관계 내부의 질서를 유지하는 것을 목적으로 하는 데 반해서, 형벌은 일반사회의 질서유지를 목적으로 한다.
내용상 구별	• 징계벌은 공무원의 신분적 이익의 전부 또는 일부를 박탈함을 내용으로 하는 데 반해서, 형벌은 신체적·재산적 이익의 박탈 등을 내용으로 한다.
대상상 구별	• 징계벌은 공무원법상의 의무위반을 대상으로 하는 데 반해서, 형벌은 형사상 비행, 즉 형사범을 대상으로 한다.
주관적 요건상 구별	• 징계벌의 경우는 형벌의 경우보다 고의·과실의 유무와 같은 주관적 요건이 완화된다고 본다.

1 징계벌과 형벌의 병과

징계벌과 형사벌은 양자를 병과할 수 있으며, 이는 일사부재리의 원칙에 저촉되지 않는다. 징계벌과 형사벌은 병과가 가능하다. 감사원에서 조사 중인 사건에 대해서는 조사

개시의 통보를 한 날부터 징계의결의 요구 기타 징계절차를 진행하지 못하도록 되어 있는데 반해서(국가공무원법 제83조 제1항), 형사벌과의 관계에 있어서는 형사소추선행의 원칙이 채택되어 있지 않다. 검찰·경찰 기타 수사기관에서 수사 중인 사건에 대해서 징계절차를 진행시킬 수 있다(국가공무원법 제83조 제2항).[350]

2 징계벌과 법치주의

공무원의 징계에는 법률의 수권이 필요하며, 징계권의 발동에는 공무원의 기능상 특수성·전문성을 고려해서 어느 정도 재량의 여지를 남겨두고 있다. 따라서 징계사유가 발생하는 한 징계권자는 반드시 징계를 요구해야 하는 점에서 기속성이 인정되고, 징계에 대해서는 재량성이 인정된다.

Police Science

징계위원회의 성격[351]

- 공무원의 징계처분 등은 반드시 징계위원회의 의결을 거쳐 위원회가 설치된 소속 기관의 장이 하되 중앙징계위원회의 의결에 대해서는 중앙행정기관의 장이 행함(국가공무원법 제82조)
- 징계위원회를 두는 이유는 인사권자의 자의적 징계운영을 견제하여 혐의자의 권익을 보호하고 공정한 징계운영을 도모하는 데 있음
- 징계위원회의 성격은 의결기관이라고 하여야 할 것이고, 징계권자는 징계위원회의 의결에 기속되어 징계의결된 양정을 변경할 수 없음

2 징계사유

징계사유는 법정주의를 택하고 있다. 그러나 직무명령의 위반도 직무상 의무위반이 되는 경우는 징계사유가 되므로 이 한도 내에서 징계사유법정주의는 축소된다. 공무원의

---

350 최영규b, 전게서, p. 155.
351 인사혁신처, 전게서, p. 542.

행위가 징계사유에 해당하면 반드시 징계의결을 요구하여 징계의결의 결과에 따라 징계처분을 행하여야 한다(국가공무원법 제78조).

징계의결의 요구 및 징계처분은 기속행위이며, 재량행위가 아닌 점에 주의해야 한다. 징계에 관하여 다른 법률의 적용을 받는 공무원이 국가공무원법의 징계에 관한 규정의 적용을 받는 공무원으로 임용된 경우에 임용 이전의 다른 법률에 의한 징계사유는 그 사유가 발생한 날로부터 국가공무원법에 의한 징계사유가 발생한 것으로 본다.

징계사유의 발생에 있어서 행위자의 고의·과실은 불문한다는 것이 판례와 학설의 입장이다. 그러나 고의·과실의 유무가 징계의 양정에는 영향을 미칠 것이다. 징계처분에도 일사부재리의 원칙이 적용된다. 다만, 징계처분과 직위해제는 그 성질을 달리하므로 직위해제와 같은 사유로 징계처분을 할 수 있다. 감독자의 감독태만 역시 '직무상의 태만'에 해당되므로 징계사유가 된다.[352]

Police Science

🌐 징계사유

국가공무원법 상의 징계사유(국가공무원법 제78조 제1항)(시행 2022. 1. 21.)

• 국가공무원법 및 국가공무원법에 따른 명령을 위반한 경우(1호)

• 직무상의 의무(다른 법령에서 공무원의 신분으로 인하여 부과된 의무를 포함)를 위반하거나 직무를 태만히 한 때(2호)

• 직무의 내외를 불문하고 그 체면 또는 위신을 손상하는 행위를 한 때(3호)

경찰공무원법 상의 징계사유(경찰공무원법 제36조 제2항)(시행 2021. 1. 1.)

제36조(「국가공무원법」과의 관계) ② 「국가공무원법」을 경찰공무원에게 적용할 때에는 다음 각 호에 따른다.

• 「국가공무원법」 제78조 제1항 제1호 중 '이 법'은 「국가공무원법」으로 본다.

• 따라서 국가공무원법 상의 징계사유와 경찰공무원법 상의 징계사유는 동일하다.

---

352 최영규b, 전게서, p. 165.

국가공무원법 및 국가공무원법에 따른 명령을 위반한 경우(1호)		
• 국가공무원법 등의 제반 규정과 국가공무원법에서 위임한 바에 따라 제정된 일반적·추상적 행정명령(대통령령·총리령·부령 등)과 개별적·구체적 집행명령(훈령·지침·유권해석 등)에 위반한 경우		
국가 공무원법	10대 의무	① 선서 의무,**353** ② 성실 의무,**354** ③ 복종의 의무,**355** ④ 친절·공정의 의무,**356** ⑤ 종교중립의 의무,**357** ⑥ 비밀엄수의 의무,**358** ⑦ 청렴의 의무,**359** ⑧ 품위유지의 의무,**360** ⑨ 직위보유의 의무,**361** ⑩ 직무집행(직무수행)의 의무**362**
	4대 금지	① 직장이탈 금지,**363** ② 영리 업무 및 겸직 금지,**364** ③ 정치 운동의 금지,**365** ④ 집단 행위의 금지**366**
경찰법 및 경찰 공무원법	3대 의무	① 제복 착용 의무,**367** ② 직무수행 의무,**368** ③ 직무수행 협력 의무**369**
	5대 금지	① 정치관여 금지,**370** ② 거짓 보고 등의 금지,**371** ③ 지휘권 남용 등의 금지,**372** ④ 권한남용의 금지,**373** ⑤ 직무태만 등의 금지**374**
경찰 공무원 복무규정	4대 의무	① 상관에 대한 신고 의무,**375** ② 보고 및 통보 의무,**376** ③ 여행 신고 및 허가 의무,**377** ④ 비상소집 및 대기 의무**378**

353 「국가공무원법」 제55조(선서).
354 「국가공무원법」 제56조(성실 의무).
355 「국가공무원법」 제57조(복종의 의무).
356 「국가공무원법」 제59조(친절·공정의 의무)
357 「국가공무원법」 제59조의 2(종교중립의 의무) 1항.
358 「국가공무원법」 제60조(비밀 엄수의 의무).
359 「국가공무원법」 제61조(청렴의 의무) 1항.
360 「국가공무원법」 제63조(품위 유지의 의무).
361 「국가공무원법」 제32조의5(보직관리의 원칙) 1항.
362 「국가공무원법」 제32조의5(보직관리의 원칙) 1항.
363 「국가공무원법」 제58조(직장 이탈 금지) 1항.
364 「국가공무원법」 제64조(영리 업무 및 겸직 금지) 1항.
365 「국가공무원법」 제65조(정치 운동의 금지) 2항.
366 「국가공무원법」 제66조(집단 행위의 금지) 1항.
367 「경찰공무원법」 제26조(복제 및 무기 휴대) 1항.
368 「경찰법」 제6조(직무수행) 1항 전단.
369 「경찰법」 제6조(직무수행) 1항 후단.
370 「경찰공무원법」 제23조(정치 관여 금지) 2항.
371 「경찰공무원법」 제24조(거짓 보고 등의 금지) 1항.
372 「경찰공무원법」 제25조(지휘권 남용 등의 금지).
373 「경찰법」 제5조(권한남용의 금지).
374 「경찰공무원법」 제24조(거짓 보고 등의 금지) 2항.
375 「경찰공무원 복무규정」 제11조(상관에 대한 신고).
376 「경찰공무원 복무규정」 제12조(보고 및 통보).
377 「경찰공무원 복무규정」 제13조(여행의 제한).
378 「경찰공무원 복무규정」 제14조(비상소집).

3대 금지	① 지정장소 외에서의 직무금지,[379] ② 근무시간 중 음주금지,[380] ③ 민사분쟁에의 부당개입금지[381]

직무상의 의무(다른 법령에서 공무원의 신분으로 인하여 부과된 의무를 포함)를 위반하거나 직무를 태만히 한 때(2호)
• 공무원이 담당업무와 관련된 각종 법령이나 훈령에서 부과되어 있는 의무를 공공이익과 복리증진에 기여하도록 적극·타당하게 수행하지 않은 경우와 당연히 해야 할 직무를 성실하게 수행하지 않는 경우 • 이 경우 본인의 고의·과실 유무와 관계없이 성립하며, 행위자뿐만 아니라 감독자에게도 감독의무를 태만히 한 구체적 사실이 인정되면 징계책임을 물을 수 있음 • 성실 의무, 복종의 의무, 직장이탈금지, 친절·공정의 의무, 종교중립의 의무, 비밀 엄수의 의무, 청렴의 의무, 품위 유지의 의무, 영리업무 및 겸직 금지, 정치 운동의 금지, 집단 행위의 금지 등과 같은 직무상의 의무위반 및 직무태만

직무의 내외를 불문하고 그 체면 또는 위신을 손상하는 행위를 한 때(3호)
• 공무원의 외부 행위가 공직의 체면·위신을 손상하는데 직접적인 영향이 있는 행위로써 사회 일반 통념상 비난 가능성을 갖고 있는 경우에는 형사책임 유무나 공직수행과 직접 관련이 없는 경우에도 징계사유에 해당 • 예를 들어 음주운전, 성추행, 성희롱, 성매매, 축첩, 도박 등

3 ▎ 징계기관

징계는 징계위원회의 의결을 거쳐 징계권자가 행한다.

1 징계권자

징계권도 임용권의 일종이므로 원칙적으로 임용권자가 '징계의결요구권자' 및 '징계권자'가 된다. 일반직 공무원의 징계의결요구권자 및 징계권자는 5급 이상 공무원 등의 경우, 소속 장관이 된다. 6급 이하 공무원 등은 소속 기관의 장 및 소속 상급기관의 장이 된다.

---

379 「경찰공무원 복무규정」 제8조(지정장소외에서의 직무수행금지).
380 「경찰공무원 복무규정」 제9조(근무시간중 음주금지).
381 「경찰공무원 복무규정」 제10조(민사분쟁에긔 부당개입금지).

경찰공무원의 징계는 징계위원회의 의결을 거쳐 징계위원회가 설치된 소속 기관의 장이 하되, 「국가공무원법」에 따라 국무총리 소속으로 설치된 징계위원회에서 의결한 징계는 경찰청장 또는 해양경찰청장이 한다.

다만, 파면·해임·강등 및 정직은 징계위원회의 의결을 거쳐 해당 경찰공무원의 임용권자가 하되, 경무관 이상의 강등 및 정직과 경정 이상의 파면 및 해임은 경찰청장 또는 해양경찰청장의 제청으로 행정안전부장관 또는 해양수산부장관과 국무총리를 거쳐 대통령이 하고, 총경 및 경정의 강등 및 정직은 경찰청장 또는 해양경찰청장이 한다(경찰공무원법 제33조).

경찰공무원법에 따른 징계권자 및 징계절차	
징계권자	절차
대통령	• 경무관 이상의 강등 및 정직과 경정 이상의 파면 및 해임은 경찰청장 또는 해양경찰청장의 제청으로 행정안전부장관 또는 해양수산부장관과 국무총리를 거쳐 대통령이 함(법 제33조)
경찰청장 또는 해양경찰청장	• 「국가공무원법」에 따라 국무총리 소속으로 설치된 징계위원회에서 의결한 징계는 경찰청장 또는 해양경찰청장이 함(법 제33조) • 총경 및 경정의 강등 및 정직은 경찰청장 또는 해양경찰청장이 함(법 제33조)
징계위원회가 설치된 소속 기관의 장	• 경찰공무원의 징계는 징계위원회의 의결을 거쳐 징계위원회가 설치된 소속 기관의 장이 함(동법 제33조) • 파면·해임·강등 및 정직은 징계위원회의 의결을 거쳐 해당 경찰공무원의 임용권자가 함(법 제33조)

계급	징계권자					
	징계					
	파면	해임	강등	정직	감봉	견책
치안총감	대통령		대통령		경찰청장 또는 해양경찰청장	
치안정감						
치안감						
경무관						
총경						
경정						
경감	경찰청장 또는 해양경찰청장		경찰기관의 장382			
경위						
경사						
경장						
순경						

2 징계위원회

징계처분은 징계권자의 이름으로 행해진다. 실제 징계 여부 및 징계벌의 종류와 정도를 결정하는 것은 징계위원회이다. 경찰공무원의 징계에 관한 의결을 하는 징계위원회는 국무총리 소속하의 징계위원회, 경찰공무원 중앙징계위원회, 경찰공무원 보통징계위원회의 3종이 있다. 장이 소속 기관의 장, 지방 해양경찰관서의 장에게 임용권을 위임한 경우에는 그 위임을 받은 자를 피고로 한다.

---

382 경찰청, 해양경찰청, 시·도경찰청, 지방해양경찰청, 경찰대학, 경찰인재개발원, 중앙경찰학교, 경찰수사연수원, 해양경찰교육원, 경찰병원, 경찰서, 경찰기동대, 의무경찰대, 해양경찰서, 해양경찰정비창, 경비함정 및 경찰청장 또는 해양경찰청장이 지정하는 경감 이상의 경찰공무원을 장으로 하는 기관(「경찰공무원 징계령」 제3조(징계위원회의 종류 및 설치) 2항).

경찰공무원 징계위원회의 종류와 소속	
종류	**소속**
국무총리 소속 징계위원회	• 국무총리실**383**
경찰공무원 중앙징계위원회	• 경찰청 및 해양경찰청**384**
경찰공무원 보통징계위원회	• 경찰청, 해양경찰청, 시·도경찰청, 지방해양경찰청, 경찰대학, 경찰인재개발원, 중앙경찰학교, 경찰수사연수원, 해양경찰교육원, 경찰병원, 경찰서, 경찰기동대, 의무경찰대, 해양경찰서, 해양경찰정비창, 경비함정 및 경찰청장 또는 해양경찰청장이 지정하는 경감 이상의 경찰공무원을 장으로 하는 기관**385**

경찰공무원법 및 경찰공무원 징계령에 따른 징계위원회의 관할		
종류	**관할**	**징계대상자**
국무총리 소속 징계위원회	• 경무관 이상의 경찰공무원**386**	경무관 이상
경찰공무원 중앙징계위원회	• 총경 및 경정에 대한 징계 또는 「국가공무원법」 제78조의 2에 따른 징계부가금 부과 사건을 심의·의결**387**	총경 및 경정
경찰공무원 보통징계위원회	• 해당 징계위원회가 설치된 경찰기관 소속 경감 이하 경찰공무원에 대한 징계 등 사건을 심의·의결**388**	소속 경감 이하

경찰공무원 징계령 상 중앙징계위원회**389**	
설치 (제3조)(2항)	• 경찰청 및 해양경찰청
관할 (제4조)(1항)	• 총경 및 경정에 대한 징계 또는 징계부가금 부과 사건을 심의·의결

---

383 「경찰공무원법」 제32조(징계위원회) 1항.
384 「경찰공무원 징계령」 제3조(징계위원회의 종류 및 설치) 1항.
385 「경찰공무원 징계령」 제3조(징계위원회의 종류 및 설치) 2항.
386 「경찰공무원법」 제32조(징계위원회).
387 「경찰공무원 징계령」 제4조(징계위원회의 관할) 1항.
388 「경찰공무원 징계령」 제4조(징계위원회의 관할) 2항.
389 「경찰공무원 징계령」.

구성 (제6조)(1항)	• 위원장 1명을 포함하여 11명 이상 51명 이하의 공무원위원과 민간위원으로 구성
위원장 (제6조)(4항)	• 위원장은 위원 중 최상위 계급 또는 이에 상응하는 직급에 있거나 최상위 계급 또는 이에 상응하는 직급에 먼저 승진임용된 공무원
임명 (제6조)(3항)	• 징계위원회가 설치된 경찰기관의 장은 위원 수의 2분의 1 이상을 민간위원으로 위촉 • 특정 성별의 위원이 민간위원 수의 10분의 6을 초과하지 않도록 해야 함
공무원위원 (제6조)(2항)	• 징계위원회가 설치된 경찰기관의 장은 징계 등 심의 대상자보다 상위 계급인 경위 이상의 소속 경찰공무원 또는 상위 직급에 있는 6급 이상의 소속 공무원 중에서 징계위원회의 공무원위원을 임명
민간위원자격 (제6조)(3항)	• 법관·검사 또는 변호사로 10년 이상 근무한 사람 •「고등교육법」제2조에 따른 학교 또는 이에 준하는 교육기관(대학)에서 경찰 관련 학문을 담당하는 정교수 이상으로 재직 중인 사람 • 총경 또는 4급 이상의 공무원으로 근무하고 퇴직한 사람 • 민간부문에서 인사·감사 업무를 담당하는 임원급 또는 이에 상응하는 직위에 근무한 경력이 있는 사람

경찰공무원 징계령 상 보통징계위원회[390]	
설치 (제3조)(2항)	• 경찰청, 해양경찰청, 시·도경찰청, 지방해양경찰청, 경찰대학, 경찰인재개발원, 중앙경찰학교, 경찰수사연수원, 해양경찰교육원, 경찰병원, 경찰서, 경찰기동대, 의무경찰대, 해양경찰서, 해양경찰정비창, 경비함정 및 경찰청장 또는 해양경찰청장이 지정하는 경감 이상의 경찰공무원을 장으로 하는 기관(경찰기관)
관할 (제4조)(2항)	• 경감 이하 경찰공무원에 대한 징계 또는 징계부가금 부과 사건을 심의·의결
구성 (제6조)(1항)	• 징계위원회는 위원장 1명을 포함하여 11명 이상 51명 이하의 공무원위원과 민간위원
위원장 (제6조)(4항)	• 위원장은 위원 중 최상위 계급 또는 이에 상응하는 직급에 있거나 최상위 계급 또는 이에 상응하는 직급에 먼저 승진임용된 공무원
임명 (제6조)(3항)	• 징계위원회가 설치된 경찰기관의 장은 위원 수의 2분의 1 이상을 민간위원으로 위촉 • 특정 성별의 위원이 민간위원 수의 10분의 6을 초과하지 않도록 해야 함

---

390 「경찰공무원 징계령」.

공무원위원 (제6조)(2항)	• 징계위원회가 설치된 경찰기관의 장은 징계 등 심의 대상자보다 상위 계급인 경위 이상의 소속 경찰공무원 또는 상위 직급에 있는 6급 이상의 소속 공무원 중에서 징계위원회의 공무원위원을 임명 • 다만, 보통징계위원회의 경우 징계 등 심의 대상자보다 상위 계급인 경위 이상의 소속 경찰공무원 또는 상위 직급에 있는 6급 이상의 소속 공무원의 수가 민간위원을 제외한 위원 수에 미달되는 등의 사유로 보통징계위원회를 구성하는 것이 곤란한 경우에는 징계 등 심의 대상자보다 상위 계급인 경사 이하의 소속 경찰공무원 또는 상위 직급에 있는 7급 이하의 소속 공무원 중에서 임명할 수 있음 • 이 경우에는 3개월 이하의 감봉 또는 견책에 해당하는 징계 등 사건만을 심의·의결한다.
민간위원자격 (제6조)(3항)	• 법관·검사 또는 변호사로 5년 이상 근무한 사람 • 대학에서 경찰 관련 학문을 담당하는 부교수 이상으로 재직 중인 사람 • 공무원으로 20년 이상 근속하고 퇴직한 사람 • 민간부문에서 인사·감사 업무를 담당하는 임원급 또는 이에 상응하는 직위에 근무한 경력이 있는 사람

경찰공무원 징계령 상 중앙징계위원회와 보통징계위원회의 공통사항	
임기 (제6조의 2)	• 민간위원의 임기는 2년으로 하며, 한 차례만 연임 가능
회의 (제7조)	• 징계위원회의 회의는 위원장과 징계위원회가 설치된 경찰기관의 장이 회의마다 지정하는 4명 이상 6명 이하의 위원으로 성별을 고려하여 구성하되, 민간위원의 수는 위원장을 포함한 위원 수의 2분의 1 이상이어야 한다. • 징계사유가 「성폭력범죄의 처벌 등에 관한 특례법」에 따른 성폭력범죄 또는 「양성평등기본법」에 따른 성희롱에 해당하는 징계 사건이 속한 징계위원회의 회의를 구성하는 경우에는 피해자와 같은 성별의 위원이 위원장을 제외한 위원 수의 3분의 1 이상 포함되어야 한다. • 징계위원회의 위원장은 위원회의 사무를 총괄하며 위원회를 대표한다. • 징계위원회의 회의는 위원장이 소집한다. • 위원장은 표결권을 가진다. • 위원장이 부득이한 사유로 직무를 수행할 수 없거나 위원장이 필요하다고 인정하는 경우에는 출석한 위원 중 최상위 계급 또는 이에 상응하는 직급에 있거나 최상위 계급 또는 이에 상응하는 직급에 먼저 승진임용된 공무원이 위원장이 된다.
심문과 진술 (제13조)	• 징계위원회는 징계 심의 대상자(혐의자)에 대한 심문과 진술권 부여 및 관계인의 출석요구 후 심문이 가능하다. • 징계 심의 대상자는 서면 또는 구술로 사실진술이 가능하며, 증인의 심문신청도 가능하다.

징계시 고려사항 (제16조)	• 징계위원회는 징계 등 사건을 의결할 때에는 징계 등 심의 대상자의 비위행위 당시 계급 및 직위, 비위행위가 공직 내외에 미치는 영향, 평소 행실, 공적(功績), 뉘우치는 정도나 그 밖의 정상과 징계 등 의결을 요구한 자의 의견을 고려해야 한다.
의결 (제14조)	• 징계위원회의 의결은 위원장을 포함한 위원 과반수의 출석과 출석위원 과반수의 찬성으로 의결하되, 의견이 나뉘어 출석위원 과반수의 찬성을 얻지 못한 경우에는 출석위원 과반수가 될 때까지 징계 등 심의 대상자에게 가장 불리한 의견을 제시한 위원의 수를 그 다음으로 불리한 의견을 제시한 위원의 수에 차례로 더하여 그 의견을 합의된 의견으로 본다. • 징계위원회의 의결은 징계 또는 징계부가금 의결서(의결서)로 한다. 이 경우 의결서의 이유란에는 ① 징계 등의 원인이 된 사실, ② 증거에 대한 판단, ③ 관계 법령, ④ 징계 등 면제 사유 해당 여부, ⑤ 징계부가금 조정(감면) 사유 등에 대한 사항을 구체적으로 적어야 한다.
성격 및 효력	• 징계위원회를 두는 이유는 인사권자의 자의적 징계운영을 견제하여 혐의자의 권익을 보호하고 공정한 징계운영을 도모하는 데 있음 • 징계위원회의 성격은 의결기관 • 징계권자는 징계위원회의 의결에 기속되어 징계의결된 양정을 변경할 수 없음

4 ‖ 징계의 내용

경찰공무원을 포함한 일반직 공무원에 대한 징계는 파면·해임·강등·정직·감봉·견책譴責의 6종으로 구분한다.[391] 「경찰공무원 징계령」 제2조(정의)에 의하면 '중징계'란 파면, 해임, 강등 및 정직을 말하며, '경징계'란 감봉 및 견책을 말한다.

배제징계란 공무원신분을 완전히 해제함을 내용으로 하며, 파면과 해임이 있다. 파면과 해임은 그 효력을 국가공무원법 제33조(결격사유), 공무원연금법 제64조 및 같은 법 시행령 제61조에서 처분효과를 정하고 있다. 교정징계란 공무원신분을 보유하게 하면서 하는 징계벌이며, 강등, 정직, 감봉, 견책 등이 있다.

---

391 「국가공무원법」 제79조(징계의 종류).

징계의 종류와 효과			
종류			효과
배제 징계		파 면	• 공무원 관계 배제(소멸) • 퇴직급여의 1/2 감액(재직기간 5년 미만: 1/4 감액) • 퇴직수당 금액의 1/2 감액 • 5년간 공직재임용 제한
		해 임	• 공무원 관계 배제(소멸) • 금품·향응수수·공금횡령 및 유용으로 해임된 경우 퇴직급여 1/4 감액 (단, 재직기간이 5년 미만 재직자는 1/8 감액) • 퇴직수당 금액의 1/4 감액 • 3년간 공직재임용 제한

교정
징계
	중징계	강 등	• 1계급 아래로 직급을 내림+정직 3개월
			• 처분기간(3월)에는 신분보유, 직무에 종사하지 못함
			• 처분기간(3월)+18개월은 승진소요 최저연수에서 제외하고 승진임용 및
			  특별승진임용을 제한
			• 국가공무원법 제78조의 2 제1항 각 호의 어느 하나에 해당하는 사유로
			  인한 징계처분과 소극행정, 음주운전, 성폭력, 성희롱 및 성매매에 따른
			  징계처분의 경우에는 각각 6개월을 가산
			• 강등된 후의 보수를 기준으로 3개월간 보수 전액 삭감

		정 직
		(1–3개월)
			• 처분기간(1~3월)에는 신분은 보유, 직무에 종사하지 못함
			• 정직처분기간+18개월은 승진소요 최저연수에서 제외하고 승진임용 및
			  특별승진임용을 제한
			• 국가공무원법 제78조의 2 제1항 각 호의 어느 하나에 해당하는 사유로
			  인한 징계처분과 소극행정, 음주운전, 성폭력, 성희롱 및 성매매에 따른
			  징계처분의 경우에는 각각 6개월을 가산
			• 처분기간 중 보수 전액 삭감

	경징계	감 봉
		(1–3개월)
			• 감봉처분기간+12개월은 승진소요 최저연수에서 제외하고 승진임용 및
			  특별승진임용을 제한
			• 국가공무원법 제78조의 2 제1항 각 호의 어느 하나에 해당하는 사유로
			  인한 징계처분과 소극행정, 음주운전, 성폭력, 성희롱 및 성매매에 따른
			  징계처분의 경우에는 각각 6개월을 가산
			• 처분기간 중 보수의 1/3 감액
			• 연봉적용자는 연봉월액 40% 감액

		견 책	• 6개월은 승진소요 최저연수에서 제외하고 승진임용 및 특별승진임용을 제한(국가공무원법 제78조의 2 제1항 각 호의 어느 하나에 해당하는 사

		유로 인한 징계처분과 소극행정, 음주운전, 성폭력, 성희롱 및 성매매에 따른 징계처분의 경우에는 각각 6개월을 가산 • 처분기간 중 보수 전액 지급
의무경찰에 대한 징계		• 의무경찰에 대한 징계는 강등, 정직, 영창, 휴가 제한 및 근신(謹愼)으로 한다.[392]

🌐🔍 징계부과금(국가공무원법 제78조의 2)

- 2010년 개정된 국가공무원법은 징계의결 요구권자가 공무원의 징계의결을 요구할 때 그 징계사유에 따라서 징계부가금의 부과에 관해서도 요구하도록 규정하였다.
- 징계요구권자가 공무원의 징계 의결을 요구하는 경우 그 징계 사유가 징계부과금 사유의 어느 하나에 해당하는 경우에는 해당 징계 외에 징계부과금 사유의 행위로 취득하거나 제공한 금전 또는 재산상 이득(금전이 아닌 재산상 이득의 경우에는 금전으로 환산한 금액)의 5배 내의 징계부가금 부과 의결을 징계위원회에 요구하여야 한다.

5 ‖ 징계의 절차

1 징계 등 의결의 요구

❶ 징계 요구권자 및 징계권자

경찰공무원의 징계는 징계위원회가 설치된 소속 기관의 장이 요구하여 징계위원회의 의결을 거쳐 징계위원회가 설치된 소속 기관의 장이 한다. 「국가공무원법」에 따라 국무총리 소속으로 설치된 징계위원회의 징계 요구권자는 국무총리가 되며, 국무총리 소속으로 설치된 징계위원회의에서 의결한 징계를 집행하는 징계권자는 경찰청장이다.

경무관 이상의 강등 및 정직과 경정 이상의 파면 및 해임에 대한 징계권자는 대통령이며, 총경 및 경정의 강등 및 정직에 대한 징계 요구권자 및 징계권자는 경찰청장이 된다.[393] 기타 경찰공무원의 파면·해임·강등 및 정직은 해당 징계위원회가 소속된 기관의

---

392 「의무경찰대 설치 및 운영에 관한 법률」 제5조(징계).
393 「경찰공무원법」 제33조(징계의 절차).

임용권자가 징계 요구권자이자 징계권자가 된다.

❷ 징계 원인 사실의 조사 및 징계 등 의결 요구

● 사실의 조사

경찰기관의 장은 징계 등 의결 요구 또는 그 신청은 징계 사유에 대한 충분한 조사를 한 후에 하여야 한다(경찰공무원 징계령 제9조 3항).

● 징계 등 의결요구

사실조사 결과 징계사유가 있다고 인정되면 경찰기관의 장은 지체 없이 관할 징계위원회를 구성하여 징계 등 의결을 요구하여야 한다. 그 신청을 받은 경찰기관의 장은 역시 지체 없이 관할 징계위원회를 구성하여 징계 등 의결을 요구하여야 한다.

징계절차는 징계 의결요구권자가 징계위원회에 대하여 징계의결을 요구함으로써 개시된다. 경찰공무원의 징계 의결요구권자는 당해 경찰공무원이 소속된 경찰기관의 장이다. 국가공무원법과 경찰공무원징계령은 징계사유가 있다고 인정되는 경우에는 징계의결요구권자는 징계의결을 "요구하여야 한다"고 규정하고 있다.

징계 의결요구는 징계 의결요구권자의 재량이 아니라 징계사유가 있다고 인정되는 한 반드시 하여야 하는 기속행위이다. 따라서 징계 등 의결요구는 경찰기관의 장에게 '결정재량'이 없다. 징계사유가 있다고 인정되는 한 반드시 하여야 하는 '기속행위'이다.[394]

Police Science

🌐 징계의 감경

- 징계책임을 확정하기 위해서는 징계위원회를 개최하여 징계의결이 요구된 대상자에게 반드시 진술권을 부여한 후 심의 의결을 해야 한다.
- 이 과정에서 징계위원회는 훈장포장이나 중앙행정기관장의 표창을 받은 경우 「공무원 징계령 시행규칙」에 따라 징계를 감경할 수 있다.
- 반면에 최근 기간에 이미 징계를 받은 사실이 있는 경우에는 동 규칙에 따라 징계 수위를 가중할 수 있다.

---

394 최영규b, 전게서, p. 170.

● 징계의결의 요구형식

징계 등 의결요구 또는 그 신청은 징계 등 의결요구서 또는 징계 등 의결요구 신청서에 의한다. 이 경우 '경찰공무원 징계 의결 또는 징계부가금 부과 의결 요구서'와 '확인서'(징계의결서 등)를 관할 징계위원회에 제출하여야 한다. 다만, 소속 경찰공무원에 대한 징계 등 사건이 상급 경찰기관에 설치된 징계위원회의 관할에 속한 경우에는 그 상급 경찰기관의 장에게 징계의결서 등을 첨부하여 징계 등 의결의 요구를 신청하여야 한다.[395]

경찰기관의 장이 징계 등 의결 요구 또는 그 신청을 할 때에는 중징계 또는 경징계로 구분하여 요구하거나 신청하여야 한다. 따라서 중징계를 요구할 것인지 혹은 경징계를 요구할 것인지에 관하여 경찰기관의 장은 재량권(선택재량)을 가진다.[396]

다만, 「감사원법」 제32조 제1항 및 제10항에 따라 감사원장이 「국가공무원법」 제79조에 따른 징계의 종류를 구체적으로 지정하여 징계요구를 한 경우에는 그러하지 아니하다.[397]

Police Science

🌐🔍 **징계요구 관련 규정**

감사원법(시행 2020. 10. 20.)

제32조(징계 요구 등) ① 감사원은 「국가공무원법」과 그 밖의 법령에 규정된 징계 사유에 해당하거나 정당한 사유 없이 이 법에 따른 감사를 거부하거나 자료의 제출을 게을리한 공무원에 대하여 그 소속 장관 또는 임용권자에게 징계를 요구할 수 있다.

⑧ 감사원은 법령에서 정하는 징계 규정의 적용을 받지 아니하는 사람으로서 법령 또는 소속 단체 등이 정한 문책 사유에 해당한 사람 또는 정당한 사유 없이 이 법에 따른 감사를 거부하거나 자료의 제출을 게을리한 사람에 대하여 그 감독기관의 장 또는 해당 기관의 장에게 문책을 요구할 수 있다.

⑩ 제1항 또는 제8항에 따라 징계 요구 또는 문책 요구를 할 때에는 그 종류를 지정할 수 있다. 문책의 종류는 징계의 종류에 준한다.

국가공무원법(시행 2022. 1. 21.)

제79조(징계의 종류) 징계는 파면·해임·강등·정직·감봉·견책謹責으로 구분한다.

---

395 「경찰공무원 징계령」 제9조(징계 등 의결의 요구) 1항, 2항.
396 최영규b, 전게서, p. 170.
397 「경찰공무원 징계령」 제9조(징계 등 의결의 요구) 4항.

● 징계 등 사건의 통지

경찰기관의 장은 징계 등 의결을 요구할 때에는 경찰공무원 징계 의결 또는 징계부가금 부과 의결 요구서 사본을 징계 등 심의 대상자에게 보내야 한다. 다만, 징계 등 심의 대상자가 그 수령을 거부하는 경우에는 그러하지 아니하다.[398]

🔍 소속이 아닌 경찰공무원에 대한 징계 등 사건의 통지[399]

- 경찰기관의 장은 그 소속이 아닌 경찰공무원에게 징계 사유가 있다고 인정될 때에는 해당 경찰기관의 장에게 그 사실을 증명할 만한 충분한 사유를 명확히 밝혀 통지하여야 한다.
- 징계 사유를 통지받은 경찰기관의 장은 타당한 이유가 없으면 통지를 받은 날부터 30일 이내에 관할 징계위원회에 징계 등 의결을 요구하거나 그 상급 경찰기관의 장에게 징계 등 의결의 요구를 신청하여야 한다.
- 징계 사유를 통지받은 경찰기관의 장은 해당 사건의 처리 결과를 징계 사유를 통지한 경찰기관의 장에게 회답하여야 한다.

❸ 징계시효

징계의결 등의 요구는 징계 등 사유가 발생한 날부터 법령의 구분에 따른 기간이 지나면 하지 못한다.[400] 다만, 감사원에서 조사 중인 사건에 대하여는 조사개시 통보를 받은 날부터 징계 의결의 요구나 그 밖의 징계 절차를 진행하지 못한다.

검찰·경찰, 그 밖의 수사기관에서 수사 중인 사건에 대하여는 수사개시 통보를 받은 날부터 징계 의결의 요구나 그 밖의 징계 절차를 진행하지 아니할 수 있다. 감사원과 검찰·경찰, 그 밖의 수사기관은 조사나 수사를 시작한 때와 이를 마친 때에는 10일 내에 소속 기관의 장에게 그 사실을 통보하여야 한다.

감사원의 조사 또는 검찰·경찰 그 밖의 수사기관의 수사와 조사가 진행 중이어서 징계 절차를 진행하지 못하여 그 기간이 지나거나 그 남은 기간이 1개월 미만인 경우에는 조사나 수사의 종료 통보를 받은 날부터 1개월이 지난 날에 끝나는 것으로 본다.

징계위원회의 구성·징계의결 등, 그 밖에 절차상의 흠이나 징계양정 및 징계부가금의 과다過多를 이유로 소청심사위원회 또는 법원에서 징계처분 등의 무효 또는 취소의 결

---

398 「경찰공무원 징계령」 제9조(징계 등 의결의 요구) 5항.
399 「경찰공무원 징계령」 제10조(징계 등 사건의 통지).
400 「국가공무원」 제83조의2.

정이나 판결을 한 경우에는 제1항의 기간이 지나거나 그 남은 기간이 3개월 미만인 경우에도 그 결정 또는 판결이 확정된 날부터 3개월 이내에는 다시 징계의결 등을 요구할 수 있다.

징계위원회의 구성·징계의결 등, 그 밖에 절차상의 흠이나 징계양정 및 징계부가금의 과다^{過多}를 이유로 소청심사위원회 또는 법원에서 징계처분 등의 무효 또는 취소의 결정이나 판결을 한 경우에는 징계 등 의결 요구기간이 지나거나 그 남은 기간이 3개월 미만인 경우에도 그 결정 또는 판결이 확정된 날부터 3개월 이내에는 다시 징계의결 등을 요구할 수 있다.

징계사유와 시효	
징계 등 사유가 다음의 어느 하나에 해당하는 경우	시효
• 「성매매알선 등 행위의 처벌에 관한 법률」 제4조에 따른 금지행위 • 「성폭력범죄의 처벌 등에 관한 특례법」 제2조에 따른 성폭력범죄 • 「아동·청소년의 성보호에 관한 법률」 제2조 제2호에 따른 아동·청소년대상 성범죄 • 「양성평등기본법」 제3조 제2호에 따른 성희롱	10년
징계 등 사유가 제78조의 2(징계부가금) 제1항 다음의 어느 하나에 해당하는 경우	시효
• 「국가재정법」에 따른 예산 • 「지방재정법」에 따른 예산 및 「지방자치단체 기금관리기본법」에 따른 기금 • 「국고금 관리법」 제2조 제1호에 따른 국고금 • 「보조금 관리에 관한 법률」 제2조 제1호에 따른 보조금 • 「국유재산법」 제2조 제1호에 따른 국유재산 및 「물품관리법」 제2조 제1항에 따른 물품 • 「공유재산 및 물품 관리법」 제2조 제1호 및 제2호에 따른 공유재산 및 물품 • 그 밖에 대통령령으로 정하는 것	5년
그 밖의 징계 등 사유에 해당하는 경우	3년

2 징계 등의 심의 의결

❶ 징계 등 심의 대상자의 출석

징계위원회가 징계 등 심의 대상자의 출석을 요구할 때에는 출석 통지서로 하되, 징계위원회 개최일 5일 전까지 그 징계 등 심의 대상자에게 도달되도록 해야 한다. 징계위원회는 징계 등 심의 대상자가 그 징계위원회에 출석하여 진술하기를 원하지 아니할 때

에는 진술권 포기서를 제출하게 하여 이를 기록에 첨부하고 서면심사로 징계 등 의결을 할 수 있다.[401]

출석통지	
일반직 공무원	• 징계위원회 개최일 '3일' 전에 징계 등 혐의자에게 도달되도록 하여야 한다. [402]
경찰공무원	• 징계위원회 개최일 '5일' 전까지 그 징계 등 심의 대상자에게 도달되도록 해야 한다.[403]

❷ 심문과 진술

징계위원회는 출석한 징계 등 심의 대상자에게 징계 사유에 해당하는 사실에 관한 심문을 하고 심사를 위하여 필요하다고 인정될 때에는 관계인을 출석하게 하여 심문할 수 있다. 징계위원회는 징계 등 심의 대상자에게 진술할 수 있는 기회를 충분히 주어야 하며, 징계 등 심의 대상자는 의견서 또는 말로 자기에게 이익이 되는 사실을 진술하거나 증거를 제출할 수 있다.[404]

심문과 진술권	
징계위원회	• 혐의자에 대한 심문과 진술권 부여 및 관계인의 출석요구 심문
징계혐의자	• 서면 또는 구술로 사실진술, 증인의 심문신청 가능

❸ 의결방법

징계위원회의 의결은 위원장을 포함한 위원 과반수의 출석과 출석위원 과반수의 찬성으로 의결하되, 의견이 나뉘어 출석위원 과반수의 찬성을 얻지 못한 경우에는 출석위원 과반수가 될 때까지 징계 등 심의 대상자에게 가장 불리한 의견을 제시한 위원의 수를 그 다음으로 불리한 의견을 제시한 위원의 수에 차례로 더하여 그 의견을 합의된 의견으로 본다.[405]

의결은 징계 또는 징계부가금 의결서(의결서)로 한다. 이 경우 의결서의 이유란에는 ① 징계 등의 원인이 된 사실, ② 증거에 대한 판단, ③ 관계 법령, ④ 징계 등 면제 사유 해

---

401 「경찰공무원 징계령」 제12조(징계 등 심의 대상자의 출석).
402 「공무원 징계령」 제10조(징계 등 혐의자의 출석).
403 「경찰공무원 징계령」 제12조(징계 등 심의 대상자의 출석).
404 「경찰공무원 징계령」 제13조(심문과 진술권).
405 「경찰공무원 징계령」 제14조(징계위원회의 의결) 1항.

당 여부, ⑤ 징계부가금 조정(감면) 사유 등과 같은 사항을 구체적으로 적어야 한다.**406**

징계위원회의 의결 내용은 공개하지 아니한다.**407** 징계위원회가 징계 등 사건을 의결할 때에는 징계 등 심의 대상자의 비위행위 당시 계급 및 직위, 비위행위가 공직 내외에 미치는 영향, 평소 행실, 공적功績, 뉘우치는 정도나 그 밖의 정상과 징계 등 의결을 요구한 자의 의견을 고려해야 한다.**408**

❹ 징계 등 의결 기한

징계 등 의결 요구를 받은 징계위원회는 그 요구서를 받은 날부터 30일 이내에 징계 등에 관한 의결을 하여야 한다. 다만, 부득이한 사유가 있을 때에는 해당 징계 등 의결을 요구한 경찰기관의 장의 승인을 받아 30일 이내의 범위에서 그 기한을 연기할 수 있다.

징계 등 의결이 요구된 사건에 대한 징계 등 절차의 진행이 「국가공무원법」 제83조(감사원의 조사와의 관계)에 따라 중지되었을 때에는 그 중지된 기간은 징계 등 의결 기한에서 제외한다.**413**

징계의결 등의 기한**409**	
일반 공무원 중앙징계위원회**410**	• 요구서를 접수한 날부터 60일 이내에 징계의결 등을 해야함 • 중앙징계위원회의 의결로 60일의 범위에서 연기 가능
일반 공무원 보통징계위원회**411**	• 요구서를 접수한 날부터 30일 이내에 징계의결 등을 해야함 • 징계위원회의 의결로 30일의 범위에서 연기 가능
경찰공무원 중앙 및 보통징계위원회**412**	• 요구서를 받은 날부터 30일 이내에 징계 등에 관한 의결 해야함 • 경찰기관의 장의 승인을 받아 30일 이내의 범위에서 연기 가능

❺ 징계 등 의결의 통지

징계위원회는 징계 등 의결을 하였을 때에는 지체 없이 징계 등 의결을 요구한 자에게 의결서 정본正本을 보내어 통지하여야 한다.**414** 징계의결 요구권자와 징계처분권자에

---

406 「경찰공무원 징계령」 제14조(징계위원회의 의결) 2항.
407 「경찰공무원 징계령」 제14조(징계위원회의 의결) 5항.
408 「경찰공무원 징계령」 제16조(징계 등의 정도).
409 「공무원 징계령」 제9조(징계의결 등의 기한).
410 「공무원 징계령」 제9조(징계의결 등의 기한).
411 「공무원 징계령」 제9조(징계의결 등의 기한).
412 「경찰공무원 징계령」 제11조(징계 등 의결 기한).
413 「경찰공무원 징계령」 제11조(징계 등 의결 기한).
414 「경찰공무원 징계령」 제17조(징계 등 의결의 통지)

게 징계의결서 정본을 첨부하여 의결을 통보한다.

3 징계 등의 집행

❶ 징계 등 의결의 구속력

징계 등 의결을 요구한 자가 징계위원회로부터 징계 등 의결을 통고받으면, 그 내용에 따라 징계 등을 집행하여야 한다. 징계위원회의 의결은 징계권자를 구속하며, 징계권자가 임으로 징계 등을 하지 않거나 징계 등 의결의 내용과 다른 처분을 할 수 없다. 징계처분 등은 징계 등 의결과의 관계에서 기속행위이다.[415]

다만, 징계 등 의결을 요구한 기관의 장은 징계위원회의 의결이 가볍다고 인정하면 그 처분을 하기 전에 직근 상급기관에 설치된 징계위원회에 심사나 재심사를 청구할 수 있다.[416]

❷ 집행의 통지

징계 등을 집행한다는 것은 징계권자가 징계위원회의 의결대로 징계처분 등을 하는 것을 말한다. 징계 등 의결을 요구한 자는 '중징계'의 징계 등 의결을 통지받았을 때에는 지체 없이 징계 등 처분 대상자의 임용권자에게 의결서 정본을 보내어 해당 징계 등 처분을 제청하여야 한다. 다만, 경무관 이상의 강등 및 정직, 경정 이상의 파면 및 해임 처분의 제청, 총경 및 경정의 강등 및 정직의 집행은 경찰청장 또는 해양경찰청장이 한다.

징계 등 의결을 요구한 경찰기관의 장은 '경징계'의 징계 등 의결을 집행하였을 때에는 지체 없이 그 결과에 의결서의 사본을 첨부하여 해당 임용권자에게 보고하고, 징계 등 처분을 받은 사람의 소속 경찰기관의 장에게 통지하여야 한다.

---

415 최영규b, 전게서, p. 173.
416 「국가공무원법」 제82조(징계 등 절차) 2항.

징계의 집행		
중징계의 집행[417]		• 징계 등 의결을 요구한 자는 중징계(파면·해임·강등 및 정직)의 징계 등 의결을 통지받았을 때에는 지체 없이 징계 등 처분 대상자의 임용권자에게 의결서 정본을 보내어 해당 징계 등 처분을 제청하여야 한다. 다만, 경무관 이상의 강등 및 정직, 경정 이상의 파면 및 해임 처분의 제청, 총경 및 경정의 강등 및 정직의 집행은 경찰청장 또는 해양경찰청장이 한다. • 중징계 처분의 제청을 받은 임용권자는 15일 이내에 의결서 사본에 '징계 등 처분 사유 설명서'를 첨부하여 징계 등 처분 대상자에게 보내야 한다.
경징계의 집행[418]		• 징계 등 의결을 요구한 자는 경징계(감봉·견책)의 징계 등 의결을 통지받았을 때에는 통지받은 날부터 15일 이내에 징계 등을 집행하여야 한다. • 징계 등 의결을 요구한 자가 징계 등 의결을 집행할 때에는 의결서 사본에 '징계 등 처분 사유 설명서'를 첨부하여 징계 등 처분 대상자에게 보내야 한다.

6 ‖ 징계에 대한 불복

경찰공무원의 징계처분 등에 대해서는 인사혁신처 소속 하의 소청심사위원회에 소청심사를 청구할 수 있다. 소청심사위원회의 결정에 대해서는 행정소송을 제기할 수 있다.

1 소청심사 청구

징계처분에 대한 불복은 공무원이 처분사유설명서를 받은 때에는 그 설명서를 받은 날부터, 공무원이 징계처분이나 강임·휴직·직위해제 또는 면직처분 이외의 그 의사에 반한 불리한 처분을 받았을 때에는 그 처분이 있은 것을 안 날부터 각각 30일 이내에 인사혁신처 소속 하의 소청심사위원회에 이에 대한 심사를 청구할 수 있다.

---

417 「경찰공무원 징계령」 제19조(중징계 등의 처분 제청과 집행)
418 「경찰공무원 징계령」 제18조(경징계 등의 집행)

2 행정소송의 제기

소청심사위원회의 결정에 불복이 있는 자는 90일 이내에 행정소송을 제기할 수 있다. 이때의 피고는 경찰청장 또는 해양경찰청장이 되며 다만, 임용권을 위임한 경우에는 그 위임을 받은 자를 피고로 한다.[419] 이때 소청은 필요적 전심절차이며, 행정소송(항고소송)이 대상은 원칙적으로 소청심사위원회의 결정이 아니라, 원처분인 징계처분이다.

징계처분, 휴직처분, 면직처분, 그 밖에 의사에 반하는 불리한 처분에 대한 행정소송은 경찰청장 또는 해양경찰청장을 피고로 한다. 다만, 시·도 지사, 국가수사본부장, 소속기관의 장, 시·도경찰청장에게 위임된 경우에는 그 위임을 받은 자를 피고로 한다.[420]

Police Science

🔍 형사사건 진행 중의 징계절차 진행 여부

- 공무원에게 징계사유가 인정되는 이상 관계된 형사사건이 아직 유죄로 인정되지 아니하였거나 수사기관에서 이를 수사중에 있다 하여도 징계처분은 할 수 있다.[421]
- 징계혐의 사실의 인정은 형사재판의 유죄확정 여부와는 무관한 것이므로 형사재판 절차에서 유죄의 확정판결을 받기 전이라도 징계혐의 사실은 인정될 수 있는 것이며 그와 같은 징계혐의 사실인정은 무죄추정에 관한 헌법 제26조 제4항 또는 형사소송법 제275조의 2 규정에 저촉된다고 볼 수 없다.[422]

PART 03
경찰부제도

7 징계처분의 말소

경찰공무원 인사기록관리자는 징계처분을 받은 경찰공무원이 ① 징계처분의 집행이 종료된 날부터 일정 기간이 경과한 경우, ② 소청심사위원회나 법원에서 징계처분의 무효 또는 취소의 결정이나 판결이 확정된 경우, ③ 징계처분에 대한 일반사면이 있는 경우 등의 어느 하나에 해당하는 경우에는 해당 경찰공무원의 인사기록카드에서 징계처분

---

419 「경찰공무원법」 제34조(행정소송의 피고).
420 「경찰공무원법」 제34조(행정소송의 피고).
421 대법원 1984.09.11. 선고 84누110판결.
422 대법원 1986.06.10. 선고 85누407판결.

기록을 말소하여야 한다.[423]

징계처분의 집행이 종료된 날부터 강등(9년), 정직(7년), 감봉(5년), 견책(3년)의 기간이 경과한 경우에는 해당 경찰공무원의 인사기록카드에서 징계처분 기록을 말소하여야 한다. 다만, 징계처분을 받고 그 집행이 종료된 날부터 강등(9년), 정직(7년), 감봉(5년), 견책(3년)의 기간이 경과하기 전에 다른 징계처분을 받은 경우에는 각각의 징계처분에 대한 해당 기간을 더한 기간이 경과하여야 한다.[424]

징계처분 등에 관한 말소				
구분	강등	정직	감봉	견책
말소 필요기간	9년	7년	5년	3년

---

423 「경찰공무원 임용령 시행규칙」 제15조의 2(징계처분 등에 관한 말소) 1항.
424 「경찰공무원 임용령 시행규칙」 제15조의 2(징계처분 등에 관한 말소) 1항.

징계업무처리 흐름도[425]

1. 비위 사실 적발	**2. 징계의결 요구** ○ 징계의결요구기관 　– 타기관 통보는 　　통보받은 날로부터 　　1개월 이내	**3. 관할징계위원회** ○ 요구서 접수 　– 사실조사 　– 상정안건 작성 　– 진술권 부여

5. 징계의결 통보 ○ 관할징계위원회 　– 지체 없이 통보 　　• 요구권자 　　• 관계기관	**4. 징계의결** ○ 관할징계위원회 　– 요구서접수일로부터 　　• 중앙: 60일 이내 의결 　　• 보통: 30일 이내 의결 　– 진술 및 심문 　– 의결 　　• 의결서 및 회의록 작성

6. 징계집행 ○ 징계처분권자 　– 통보받은 날로부터 　　15일이내 집행 　– 징계처분사유설명서 교부	**7. 징계처분 효력발생**

8. 소청 및 행정소송
○ 징계 등 처분대상자
　– 징계처분 등의 사유설명서를
　　받은 날로부터 30일 이내
　　소청심사 청구
　– 소청결정을 받은 날로부터
　　90일 이내 행정소송 청구

※ 징계의결 등을 요구한 기관의 장은 징계위원회의 의결이 가볍다고 인정하면 그 처분을 하기 전에 심사나 재심사를 청구(법 제82조 제2항)

---

425 인사혁신처, 전게서, p. 558.

Police
Science

경|찰|학|총|론

제4장 경찰작용법

제1절 서설

1 ‖ 경찰작용법의 의의

경찰작용법은 경찰행정의 내용을 규율하는 법규로써, 경찰행정상의 법률관계의 성립·변경·소멸에 관한 모든 법규를 말한다. 이것은 경찰의 임무, 경찰권발동의 근거와 한계, 경찰행정의 유형, 경찰상 처분의 법적 효력, 경찰강제 등에 관한 규율을 그 내용으로 한다.

2 ‖ 경찰작용법의 필요성과 한계

경찰이 기본적 임무에 충실하여 개인의 기본권을 보장하면서도 공공의 안녕과 질서에 대한 위험의 방지와 제거라는 양 이념의 조화를 이룰 수 있도록 법적 근거가 필요하다. 그러나 모든 경찰상황을 법규화한다는 것은 입법기술상으로나 사실상으로도 불가능하다.

개별적인 경찰작용에 대한 근거규정을 둔다 하더라도 경찰권발동에 대한 재량은 불가피하다. 이러한 이유로 경찰작용에 관한 일반조항의 필요성이 논의되고 있다. 법적 근거가 있는 경우에도 경찰권발동에 관한 한계이론이 대두되고 있다.

PART03
경찰행정론

3 ‖ 경찰작용법의 법적 토대

현행법상 경찰작용에 관한 일반법은 「경찰관직무집행법」이다. 경찰작용에 관한 일반법인 「경찰관직무집행법」 외에도 개별적으로 많은 경찰작용법이 있다. 주로 범죄예방에 관한 규정, 교통에 관한 규정, 경비에 관한 규정 등이 있다.

첫째, 범죄예방에 관한 법률로는 「사격 및 사격장 안전관리에 관한 법률」, 「총포·도검·화약류 등의 안전관리에 관한 법률」, 「신용정보의 이용 및 보호에 관한 법률」, 「사행행위 등 규제 및 처벌 특례법」, 「아동·청소년의 성보호에 관한 법률(청소년성보호법)」 「경비업법」, 「경범죄처벌법」 등이 있다.

둘째, 교통에 관한 법률로는 「도로교통법」, 「교통사고처리 특례법」, 「도로법」 등이 있다.

셋째, 경비에 관한 법률로는 「경찰직무 응원법」, 「청원경찰법」, 「수상에서의 수색·구조 등에 관한 법률(수상구조법)」 등이 있다.

이처럼 경찰작용에 관한 개별법이 다수 존재함에도 불구하고 「경찰관직무집행법」은 일반법으로서의 체계적 통합성이나 법적 명확성을 갖지 못하는 한계를 가지고 있다. 따라서 경찰작용에 대한 통합 경찰작용법의 제정 필요성이 대두되고 있다.

제2절 경찰권 발동의 의의

1 ‖ 경찰권 발동의 근거

경찰은 공공의 안녕과 질서에 대한 위험의 방지를 그 임무로 하고 있다. 이러한 임무의 수행을 위해서는 국민의 자유와 권리를 침해하는 명령적이고 부담적인 행정행위를 그 수단으로 사용하는 것이 보통이다. 이러한 명령·강제적인 작용에 있어서 그 근거 또는 한계는 중요한 의미를 가진다.

경찰권 발동을 위한 법적 근거의 형태는 일반적 수권조항 또는 개별적 수권조항이라는 2가지 형태로 나타난다. 법치국가에서는 경찰권 행사에 관한 규범을 직무규범과 권한규범으로 나누어 규정하고 있다.

직무(임무)에 규정인 직무규범은 경찰이 처리할 수 있고 또 처리해야 하는 사무내용의 범위를 설정한 것이다. 경찰의 사물관할의 범위라고 할 수 있다. 직무규범은 원칙적으로 당사자의 권리에 직접적인 부담을 주지 않는 수단만이 허용된다. 경찰관의 순찰활동이나 일반적인 교통관리 같은 경우가 이에 해당한다.

권한 규정은 경찰이 행할 수 있는 조치에 대한 수권 및 그 조치의 발동요건과 한계를 정한 것을 말한다. 경찰권을 발동할 수 있는 권한규정은 개별적 법률에 의한 수권과 일반법인 「경찰관직무집행법」에 따른 표준적 수권조항이 있다. 개별적 수권조항 외에 포괄적으로 수권하는 일반조항이 존재하는지에 대해서는 학설의 대립이 있다.

1 일반수권조항의 의의

❶ 개념

일반조항(개괄적 조항)이란 법률에 의한 개별적 수권이 없이도 경찰권의 발동 권한을 포괄적으로 수권하는 규정을 말한다. 일반적인 위험방지를 위한 추상적인 내용으로 된 규정을 말한다. 이와 관련하여 경찰작용에 관한 일반적 수권조항의 필요성과 일반조항의 인정 여부, 그리고 「경찰관직무집행법」 제2조(직무의 범위) 제7호의 규정인 "그 밖에 공공의 안녕과 질서 유지" 규정이 일반조항인지가 문제된다.

일반적 수권조항과 개별적 수권조항과의 관계는 개별 수권조항이 있는 한도 내에서 일반적 수권조항은 적용되지 않는다. 일반적 조항은 개별적 수권조항에 대하여 보충적으로만 적용된다.

Police Science

🌐 경찰관 직무집행법(시행 2022. 2. 3.)

제2조(직무의 범위) 경찰관은 다음 각 호의 직무를 수행한다.
　7. 그 밖에 공공의 안녕과 질서 유지

❷ 연혁

일반조항의 연혁은 「프로이센 일반란트법」의 경찰의 '직무범위' 규정에서 비롯된다. 이후 프로이센의 고등행정법원의 '크로이쯔베르그 판결'에 의하여 일반적 수권조항의 존재가 정당화되어 왔다. 「프로이센 일반란트법」에서 작용법적 근거인 일반적 수권조항으로 명문화되었다.

독일 「경찰법 모범초안」 제8조(경찰의 권한) 제1항에서는 "경찰은 제8조의 a로부터 제24조에서 경찰의 직무권한으로 특별히 규정하지 않은 사항에 있어서는, 공공의 안녕과 질서에 대한 개별적 경우에 존재하는 위험을 방지하기 위하여 필요한 조치를 취할 수 있다."고 규정하고 있다.

위험방지 직무와 관련하여 경찰의 권한에 대한 법적 근거를 포괄적으로 부여하고 있다. 독일 각 주의 「경찰법」에서도 이러한 모범초안에 따라 일반적 수권조항을 두고 있는 것이 보통이다.

만약, 우리나라에서도 「경찰관직무집행법」에서 "경찰기관은 공공의 안녕과 질서유지를 위하여 필요한 조치를 취할 수 있다."라고 규정한다면 독일과 같이 이 조항은 일반조항이 되며 개괄적·포괄적 조항이 된다.

2 ‖ 일반수권조항의 필요성과 인정 여부

1 일반조항의 필요성

위험방지를 위한 개인의 자유와 권리를 침해하는 경찰수단은 법률유보의 원칙에 따라서 법률의 근거가 있어야 한다. 그러나 사회적 사정의 변화와 복잡한 현실로 인하여 입법자가 예상할 수 없는 위해가 발생하는 경우에는 개별적인 수권규정이 없으므로 이러한 위해에 대처할 수 없게 된다.

일반조항에서 사용되는 '공공의 안녕'·'공공의 질서'·'위험' 등의 개념은 재량개념이 아니라 불확정개념으로서 학설과 판례를 통해서 구체화 될 수 있는 법률개념이다. 따라서 일반적 수권조항에 의해서 경찰권이 발동된 경우에도 그 경찰권 발동이 요건을 충족하고 있는가, 없는가를 법원이 이미 심사하고 있다. 따라서 일반적 수권조항은 필요하다고 본다.

2 일반조항의 인정 여부

일반조항의 인정 여부	
구분	내용
긍정설	• 긍정설은 「경찰관직무집행법」 제2조(직무의 범위) 제7호의 규정(그 밖에 공공의 안녕과 질서유지)을 개괄조항으로 보고, 개별적 근거규정이 없을 때에는 이를 근거로 경찰권을 발동할 수 있다고 한다. • 첫째, 공공의 안녕과 질서 유지는 경찰 고유의 직무이다. 모든 위해의 사항을 법률에 규정할 수 없기 때문에 개별적인 수권규정이 없는 경우에도 경찰의 임무수행을 위해서는 일반규정이 필요하다. • 둘째, 일반조항은 개별적 규정이 없을 때 한하여 보충적으로 적용된다. • 셋째, 일반조항에 의한 경찰권남용의 가능성은 조리상의 한계 등으로 통제가 가능하다는 점 등을 논거로 한다.
부정설	• 부정설은 국민의 권리와 자유는 법률로써 제한할 수 있으며(헌법 제37조 2항), 이 경우의 법률은 개별적인 경찰작용법이어야 하므로 개괄적·포괄적인 수권규정은 허용되지 않는다고 한다. • 따라서 「경찰관직무집행법」 제2조(직무의 범위) 제7호는 경찰권의 발동근거에 관한 개괄조항이 아니라 경찰의 직무범위만을 정한 것으로서 조직법적 성질의 규정이라고 한다.
절충설	• 이 견해는 실정법상 개괄조항의 필요성과 허용성을 인정하면서도, 경찰법이나 경찰관직무집행법의 규정을 권한규정이 아니라 단순한 임무규정으로 파악하고, 입법을 통해 개괄조항을 도입할 것을 주장한다.
판례	• 「경찰관직무집행법」 제2조(직무의 범위) 제7호가 개괄적 수권조항인지 여부를 명시적으로 밝힌 판례는 없으나, 대법원은 청원경찰이 무허가 개축행위를 단속한 행위가 정당한 공무집행에 속한다고 판시함으로써 동 조항의 개괄 조항성을 긍정하는 것으로 해석된다.[426]

---

426 대법원 1986.01.28. 선고 85도2448판결; 최영규b, 전게서, p. 186.

1 경찰편의주의(경찰관의 경찰권 발동은 재량)

경찰법규는 경찰작용을 기속행위로 규정하는 경우도 있지만 대부분의 경찰작용은 재량행위로 되어 있다. 기속행위의 경우 경찰기관은 법규가 정한 특정한 행위를 할 의무가 있으며, 그 특정한 행위를 하지 않으면 위법이다. 그러나 재량행위의 경우는 법규가 정한 요건에 해당하는 경우에도 경찰기관은 조치를 취할 것인지 여부 및 법규가 허용하는 다수의 조치 중에서 어떤 조치를 취할 것인가를 결정할 권한을 가진다. 이 경우 경찰기관이 특정한 행위를 하여야 할 의무가 없다.

이처럼 경찰권의 발동 여부(결정재량) 및 수단의 선택(선택재량)을 경찰기관의 재량에 맡기는 것을 경찰편의주의라고 한다. 경찰편의주의 하에서 경찰권의 발동은 일반적으로 경찰기관의 의무가 아니라 권한이다.

결정재량과 선택재량	
결정 재량	• 위험 또는 경찰위반의 방지를 위해서 경찰개입을 할 것인가 혹은 하지 않을 것인가에 대한 결정이다. • 결정재량의 문제라고도 하며, 경찰에게 진정한 의미의 재량이 인정되는 것은 이 영역에서이다. • 이 영역에서는 합법주의가 아니라 편의주의가 적용된다. • 특별한 경우에 경찰행정청의 재량영역이 축소되어 경찰개입이라고 하는 특정행위를 하는 것만이 적법한 것이 되는데 이를 재량권의 0으로의 수축이론이라고 한다.
선택 재량	• 여러 가지 조치 가운데 어떤 조치를 선택할 것인가에 관한 사용수단의 결정이다. • 선택재량의 문제이며, 어떻게 경찰권을 발동할 것인가에 관한 문제이다. • 선택재량에 있어서는 과잉금지의 원칙이 적용된다. • 예를 들어 교란자와 비교란자 사이에서 교란이 교란자뿐만 아니라 비교란자에 의해서도 제거될 수 있다면, 반드시 경찰권 발동은 교란자에 대해서만 이루어져야 한다. 교란자와 비교란자에 대해서는 선택재량이 인정되지 않는다. • 다수 교란자 사이에서, 위험방지에 관해 다수 교란자가 책임이 있는 경우에는 교란자 사이에서 선택은 경찰의 재량에 놓인다. 선택재량이 존재한다.

🌐 경찰의 재량권 남용

- 만약 경부고속도로에서 시속 130km로 앞차를 위협하는 난폭운전을 한 경우, 암행순찰 경찰관은 속도위반으로 1건으로 처리할 수도 있고, 여러 건으로 할 수도 있다.
- 벌점이 몇 점이 나올지 벌금이 얼마나 나올지 난폭운전에 대해서는 경찰의 재량권이 크기 때문에 어떻게 나올지 알 수가 없다.
- 경찰편의주의에 해당하기 때문이다. 시민들은 '경찰의 재량권 남용'에 대해서 많은 우려를 갖고 있다.

🌐 피의자 호송시 수갑사용 '재량규정'으로 개정[427]

- 경찰청이 국가인권위원회 권고를 수용해 피의자 호송 시 수갑 사용을 의무화했던 규정을 임의규정으로 바꿨다. 피의자에게 도주 우려 등이 없을 경우 경찰관 '재량' 하에 수갑을 사용하지 않을 수 있도록 하였다.
- 피의자가 도주하거나 자·타해 우려 등에 대한 고려 없이 무조건 수갑 등을 사용하도록 규정하고 있는 「피의자 유치 및 호송 규칙」(경찰청 훈령)을 개정하였다.

2 ‖ 재량권의 0으로의 수축(경찰관의 경찰권 발동은 의무)

경찰권발동이 일반적으로는 경찰기관의 재량사항이라고 하여도, 예외적으로 특정한 상황하에서 경찰권 발동이 의무로 되는 경우가 있다. 개인의 생명·신체·재산에 대한 위험이 중대하고 급박하며, 경찰권 발동으로 다른 동가치적인 보호법익을 희생시킴이 없이 그러한 위험을 제거할 수 있는 경우에는 경찰개입 결정만이 의무에 합당한 재량행사, 즉 적법한 재량행사로 인정된다.

경찰권 행사의 편의주의 원칙상 경찰관청이 현존하는 위험에 대하여 개입하지 않더라도 반드시 위법한 것은 아니다. 그러나 학설·판례는 예외적인 상황하에서는 오직 하나

---

427 이학준, "경찰청, 피의자 호송시 수갑사용 '재량규정'으로 개정 … 인권위 권고 수용"「조선biz」, 2021.09.07.

의 결정만이 의무에 합당한 재량권행사로 인정된다고 하는 재량권의 0으로의 수축이론을 인정하고 있다.

재량권이 0으로 수축되면 경찰권 발동은 의무화되며, 경찰권 미발동은 위법한 것이 된다. 재량권이 0으로 수축되는 경우 당해 재량행위는 내용적으로는 기속행위로 전환되고, 징계에 대해서는 의무이행심판 및 징계위법확인소송 그리고 그로 인해서 손해가 발생한 경우에는 손해배상소송을 제기하여 구제받을 수 있다.

관련 판례	
김신조 사건 (1968. 1. 21.)[428]	• 대법원은 "망인의 사망사고는 피고 예하 공무원들이 즉시 출동하지 아니한 직무유기행위로 인하여 발생된 것이라고 못 볼 바 아니다"라고 하면서 국가의 배상책임을 인정하였다. • 경찰관 등이 부작위로 인해 징계를 받자, 징계로 인한 손해배상청구사건에서 국가의 배상책임을 인정하였다.
재량권의 0으로의 수축이론 인정 판례[429]	• 피해자로부터 범죄신고와 함께 신변보호요청을 받은 경찰관의 보호의무 위반을 인정한 사례에 있어서 피해자의 생명·신체에 계속 위해를 가할 것이 명백하여 피해자의 신변이 매우 위험한 상태에 있어 피해자가 살해되기 며칠 전 범죄신고와 함께 신변보호를 요청하고 가해자를 고소한 경우, 피해자에 대한 범죄의 위험이 일상적인 수준으로 감소할 때까지 피해자의 신변을 특별히 보호해야 할 의무가 있다고 판시하였다. • 우리 판례에서도 '재량권의 영으로의 수축이론'을 인정하고 있다.
띠톱 판결[430]	• 주거지역에 설치된 석탄제조업체에서 사용하는 띠톱에서 배출되는 먼지와 소음으로 피해를 받고 있던 인근주민이 행정청에 건축경찰상의 금지처분을 발할 것을 청구한 것에 대해 연방재판소가 경찰법상의 일반수권조항의 해석을 새롭게 해석하였다. • 인근 주민의 무하자재량행사청구권을 인정하고 재량권의 0으로의 수축이론에 입각하여 원고의 청구를 인용한 판결로서 경찰개입청구권을 인정한 판결의 효시로 평가된다.

---

428 대법원 1971.04.06. 선고 71다124판결.
429 대법원 1998.05.25. 선고 98다11635판결.
430 독일연방재판소 1960.08.18.

1 의의

경찰개입청구권은 일반 국민이 주위의 상황이나 환경 또는 제3자로부터 생명·신체·재산 등에 심각한 위험이 초래하거나 위험이 현실화하고 있는 경우에 경찰관청에 대하여 경찰권의 발동을 촉구하는 것을 내용으로 하는 실체적 권리를 말한다.

과거에는 반사적 이익론과 행정편의주의를 근거로, 경찰권 발동요건의 충족과 경찰권 발동 여부는 별개의 것으로서 경찰권 발동 여부는 경찰관청이 자유재량에 의하여 결정할 권한이 있다고 보았다. 경찰개입청구권을 부정적으로 보는 것이 일반적이었다.

공적 안전이나 질서에 대한 위험이 개개인의 법익의 침해를 가져올 때에는 개인에게는 주관적인 권리가 있으며 이러한 권리가 '무하자 재량 행사 청구권'이다. 이는 경찰에게 하자 없는 올바른 경찰재량권을 요청하는 권리다. 하지만 반드시 경찰권 발동을 요청할 수 있는 권리까지는 나아가지 못했다.

그러나 오늘날 사회적 법치국가에 있어서는 반사적 이익의 법적 이익화와 재량이 영으로 수축하는 상황에서는 형식적 권리인 '무하자 재량 행사 청구권'이 실체적 권리인 '경찰개입청구권'으로 전환된다는 이론으로 발전하고 있다. 경찰개입청구권이 발생하기 위해서는 관련 법규가 개인적 이익을 보호하도록 규정하고 있는 경우에만 인정된다는 것이 독일의 이론과 판례이다.

경찰권 발동은 대부분 경찰기관의 권한이지 의무가 아니므로 경찰개입청구권의 성립요건 중 경찰기관이 경찰권을 발동할 의무가 존재할 것이라는 요건을 결하는 경우가 많다. 그러나 예외적으로 경찰법규가 일정한 경우에 경찰권 발동을 기속행위로 규정하는 경우, 또는 법규자체는 재량행위로 규정하고 있지만 재량권의 0으로의 수축에 의해서 국민에게 경찰개입청구권이 발생하는 경우도 있다.

Police Science

🌐🔍 경찰개입청구권이 발생하기 위한 2가지 요건

- 경찰개입청구권이 발생하기 위한 2가지 요건 중 첫번째는 경찰기관이 경찰권을 발동할 의무가 존재할 것, 즉 사인이 경찰기관에 발동을 요구하는 경찰작용이 기속행위일 것이어야 한다.

- 둘째, 경찰기관에 대해서 그러한 의무를 부과하는 법규가 공익만이 아니라 사인의 이익도 보호하려는 목적을 가져야 한다.
- 만약, 이 2가지 요건 가운데 하나라도 갖추지 못하면, 경찰기관의 경찰권 발동에 의하여 이익을 받더라도 그 이익은 반사적 이익에 불과하다.

Police Science
🌐 경찰개입청구권(시민의 권리)

- 경찰관직무집행법 제6조(범죄의 예방과 제지)는 경찰관은 범죄행위가 목전에 행하여지려 하고 있다고 인정될 때에는 이를 예방하기 위하여 관계인에게 경고를 발하는 등의 경찰의 개입을 규정하고 있다.
- 이러한 경찰개입을 위한 요건에는 ① 구체적 위험, ② 위험의 실재적 상황, ③ 법익의 침해 등이 있다. (오상위험×)
- 오늘날 복지국가적 행정을 요구하고 있는 시대적 요청에 따라 경찰행정 분야에서도 각 개인이 경찰권의 발동을 요청할 수 있는 권리인 '경찰개입청구권'을 인정하기에 이르렀다.
- 원칙적으로 경찰권 행사는 편의주의 원칙이 적용되나, 예외적인 상황 하에서는 오직 하나의 결정만이 합당한 재량권 행사로 인정된다는 것이 재량권의 0으로의 수축이론이다.
- 경찰의 재량권이 0으로 수축되면, 국민은 경찰에게 의무에 합당한 경찰개입을 요청할 수 있는 권리가 생긴다. 국민은 경찰개입을 요청할 수 있는 정당한 권리인 '경찰개입청구권'을 갖는다.

Police Science
🌐 무하자 재량행사 청구권(시민의 권리)

- 무하자 재량행사 청구권無瑕疵 裁量行使 請求權은 행정청이 행정행위를 함에 있어 재량권이 부여되는 경우 행정청에 대해 하자 없는 재량권을 행사하여 줄 것을 요구할 수 있는 시민의 권리를 말한다.
- 과거에는 국민은 행정청의 재량행위에 대해 어떠한 요구도 할 수 없는 것으로 생각되었다. 이러한 고전적 견해는 점차 쇠퇴하여, 오늘날에는 재량행위 영역의 경우에도 행정청에 대해 하자 없는 어떠한 재량행위를 요구할 수 있는 것으로 보는 견해가 일반적이다.
- 재량권이 0으로 수축되면 행정청의 재량권이 특정한 처분을 해야 될 의무로 변하게 된다.

- 따라서 이 경우 무하자 재량행사 청구권이 특정 의무를 청구할 수 있는 경찰개입청구권으로 변환하게 된다.

2 반사적 이익

반사적 이익이란 행정법규가 공익을 실현하기 위하여 행정주체 또는 제3자에 대하여 작위 또는 징계의무 등을 규정하고 있는 결과로 인해 그 반사적 효과로서 개인이 어떤 사실상의 이익을 얻는 경우를 말한다. 그러나 반사적 이익은 그 침해의 경우에도 법적 보호를 받지 못한다는 점에서 공권과 구별된다.

3 반사적 이익의 보호법익화

오늘날에는 종래의 반사적 이익으로 보았던 것도 공권으로 인정되는 경우가 점차 증가하고 있다. 독일에서는 학설과 판례에서 반사적 이익의 공권화를 주장하고 있다. 더 나아가 국가조직은 개인의 이익을 충족시키기 위한 조직이므로 개인은 자신의 이익충족에 필요한 법규의 실현을 요구할 청구권을 가진다고 하여 행정개입청구권(경찰개입청구권)의 근거를 마련하였다.

판례의 경우 눈썰매 사건, 별장점탈사건, 혼잡교차로 교통정리 미실시 사건, 지뢰사건 등의 판결을 통해서 경찰권 불행사를 이유로 손해배상책임을 인정하였다. 나아가 띠톱판결에서는 경찰개입청구권을 인정하기에 이르렀다.

특히 띠톱판결은 반사적 이익론의 극복과 재량권의 영으로의 수축법리를 모두 채용하고 있다. 우리의 경우도 학설과 판례는 종래의 태도에서 벗어나 관련 법규가 공익의 보호와 더불어 사익도 보호하고 있다고 해석함으로써 종래 반사적 이익으로 보았던 것도 점차 법적 보호이익으로 인정하여 사법적 구제의 폭을 넓히고 있다.

4 경찰개입청구권에 대한 쟁송

경찰개입청구권을 행사하였음에도 불구하고 경찰권 발동을 하지 않는 경우 의무이행소송을 인정하는 것이 국민에게 유용한 구제수단이 될 수 있다. 우리나라는 '의무이행소송' 제도의 도입을 예정하고 있다. 현재는 의무이행심판과 거부처분 취소청구 소송 또는 징계위법 확인소송 등과 같은 간접 강제제도에 의해야 한다.

Police Science

🌐 독일의 의무이행소송

- 의무이행소송이란 당사자의 특정한 행정처분의 신청에 대하여 행정청이 그 처분을 거부하거나 부작위로 대응하는 경우에 적극적으로 법원의 판결에 의해 행정청으로 하여금 신청에 따른 행정처분을 하도록 명하는 것을 청구하는 소송이다.
- 개인이 신청한 행정행위가 재량의 여지가 없는 기속행위인 경우 및 재량행위라도 재량이 영으로 수축되어 기속화된 경우, 법원은 행정청으로 하여금 특정 행정행위를 하도록 명하는 판결을 선고하게 된다. 이는 행정청에 대해서 신청된 직무행위를 이행할 의무를 선고하는 '행정처분 이행판결'이 된다.[431]
- 재량의 여지가 있는 사안의 경우, 법원은 특정 행정행위를 명하는 것이 아니라, 행정청에 대하여 법원의 견해를 고려하여 처분을 하도록 명하는 판결을 선고한다. 이는 법원 판결의 취지를 존중하여 처분을 이행하도록 명하는 판결인 '의무이행판결'이다.
- 의무이행소송은 행정기관에 대하여 법원의 판결에 의해 적극적인 행위를 하도록 강제하는 성질을 가진다. 만약 우리나라에 도입된다면 국민의 경찰개입청권에 의한 요청을 거부한 경찰의 부작위에 대해서 국민은 의무이행소송을 제기할 수 있게 된다.

---

431 맹주한·곽상현, "의무이행소송의 도입과 관련하여"「법률신문」, 2018.04.06.

경찰권 발동의 한계이론(조리상의 한계이론)

1 ‖ 서설

한국과 일본에서 논의되고 있는 경찰권 발동의 한계이론은 조리상의 문제로서 취급되고 있다. 그러나 독일에서는 일반적 수권조항을 전제로 그 수권의 범위를 한정하기 위한 경찰조치의 기준으로 제시되고 있다. 조리상의 한계이론으로서가 아니라 법률 또는 기본법을 통해서 구체적으로 규정되어 있거나 표현되어 있다는 점에 주의해야 한다.[432]

한국과 일본에서는 독일에서의 경찰권 발동의 한계이론인 보충성의 원칙과 편의주의 원칙을 제외시키고, 경찰소극목적의 원칙, 경찰공공의 원칙, 경찰책임의 원칙, 경찰평등의 원칙을 추가하고 있는 것이 보통이다.

독일의 경찰권발동 한계이론	
보충성의 원칙	• 경찰권의 작용은 일반 수권규정에 근거하여 작용함에 따라 타 관청의 작용 또는 타 법령의 규정에 의한 작용과 중복되는 면이 있을 수 있으므로, 특별히 권한 있는 기관이 있으면 그 관청의 권한 행사가 우선되며, 특별법이 있으면 그에 의한다는 원칙이다.
비례의 원칙	• 경찰의 작용이 위험방지를 위하여 필요한 조치를 취할 수 있고, 그 권한행사에 있어서 광범한 재량이 인정되기 때문에 그 권한행사의 태양·정도 등에 관한 기준을 제시할 필요에서 둔 규정이다. • 독일 경찰법 모범초안 제2조 제1항은 경찰이 가능하고 적정한 다수의 조치 중에서 개인과 공공에 대하여 침해를 최소화하는 조치를 취하여야 한다고 규정하고 있다. 제2항은 조치는 얻어지는 효과에 비하여 현저하게 비례관계를 잃는 불이익을 초래해서는 안 된다고 규정하고 있다. 제3항은 조치는 그 목적이 달성되거나 목적달성의 불가능이 명백해진 때까지만 허용된다고 규정하고 있다.
편의주의의 원칙	• 재량원칙이라고도 부르며 경찰권의 작용은 일반 수권규정에 근거하는 작용이므로 경찰위반의 상태가 있는 경우에 반드시 경찰권을 발동해야 하는 것은 아니고, 발동할 것인가 말 것인가, 또는 어떠한 수단을 선택할 것인가는 당해 경찰관청의 의무에 합당한 재량에 따른다는 원칙이다.

---

432 경찰대학c, 「경찰행정법」, p. 177.

경찰권 발동의 한계이론(조리상의 한계이론)	
종류	**구분**
경찰공공의 원칙	• 경찰권발동의 요건(공공의 안녕과 질서에 대한 위해의 존재)
경찰책임의 원칙	• 경찰권발동의 대상
비례의 원칙	• 경찰권발동의 수단 및 정도(과잉금지의 원칙)
경찰상의 편의주의 경찰소극목적의 원칙	• 경찰권발동의 효과
경찰개입청구권	• 경찰권발동의 의무화

2 ‖ 경찰소극목적의 원칙

경찰권은 공공의 안녕과 질서유지라는 소극 목적을 위해서만 발동되고, 적극적인 복리증진을 위해서는 발동할 수 없다는 원칙이다. 따라서 현상의 유지가 경찰의 본래 임무이며 현상을 개선한다든가 나아가 국민의 복리를 증진하는 것은 경찰의 임무가 아니다. 따라서 공공복리 증진을 위한 경찰권발동은 경찰작용이 아니며, 위법한 작용이다.

3 ‖ 경찰공공의 원칙

경찰권은 공공의 안녕과 질서를 보호하기 위해서만 발동될 수 있고, 공공의 안녕·질서와 무관한 개인의 사생활·사주소·민사관계 등의 사적인 영역에는 간섭할 수 없다는 원칙이다. 그러나 「가정폭력방지 및 피해자보호 등에 관한 법률」 제9조의 4(사법경찰관리의 현장출동 등)와 「아동학대범죄의 처벌 등에 관한 특례법」 제11조(현장출동)에서 보는 것처럼 개별법에 의해 경찰공공의 원칙이 제한되기도 한다.

경찰공공의 원칙의 종류	
사생활 불간섭의 원칙	• 공공의 안녕·질서와 관계없는 개인의 사생활에 대해서는 경찰권이 미칠 수 없다는 원칙이다. 여기에 반하는 경찰권 발동은 프라이버시의 침해는 물론이고, 권한 외의 행위로서 위법하다. • 오늘날 사생활의 자유는 헌법상의 기본권으로서 보호받고 있다(헌법 제17조). 따라서 사생활불간섭의 원칙은 이미 조리상의 원칙이 아니라 헌법원칙이다. • 경찰법규가 사생활불간섭의 원칙에 위배된 경우 그 법규자체가 위헌으로 무효이다.
사주소 불가침의 원칙	• 경찰권은 사주소에는 발동될 수 없다. • 사인이 소유하는 장소라도 극장·숙박업소 등과 같이 불특정 다수인이 출입하는 장소는 사주소가 아니다. • 사주소에 경찰권이 발동될 수 없는 것은 공공의 안녕과 질서에 영향을 미치지 않기 때문이다. 따라서 사주소 안에서 행해지는 행위 또는 상태가 공공의 안녕과 질서에 대한 위해를 조성하는 경우에는 경찰권발동이 가능하다(예를 들어 악기연주 등). • 사주소는 헌법상 기본권인 주거의 자유에 의하여 보호된다(헌법 제16조). 따라서 오늘날 사주소불가침의 원칙 역시 단순한 조리상의 원칙이 아니라 헌법원칙이다.
민사관계 불관여의 원칙	• 경찰권은 동산·부동산의 소유관계, 계약의 유효 여부와 채무의 이행, 혼인과 이혼 등과 같은 민사관계에는 개입할 수 없다.

Police Science

🌐 경찰공공의 원칙 제한 규정

가정폭력방지 및 피해자보호 등에 관한 법률(가정폭력방지법)(시행 2020. 6. 9.)

제9조의4(사법경찰관리의 현장출동 등) ① 사법경찰관리는 가정폭력범죄의 신고가 접수된 때에는 지체 없이 가정폭력의 현장에 출동하여야 한다.

아동학대범죄의 처벌 등에 관한 특례법(아동학대처벌법)(시행 2022. 1. 27.)

제11조(현장출동) ① 아동학대범죄 신고를 접수한 사법경찰관리나 「아동복지법」 제22조 제4항에 따른 아동학대전담공무원(아동학대전담공무원)은 지체 없이 아동학대범죄의 현장에 출동하여야 한다.

② 아동학대범죄 신고를 접수한 사법경찰관리나 아동학대전담공무원은 아동학대범죄가 행하여지고 있는 것으로 신고된 현장 또는 피해아동을 보호하기 위하여 필요한 장소에 출입하여 아동 또는 아동학대행위자 등 관계인에 대하여 조사를 하거나 질문을 할 수 있다.

경찰비례의 원칙이란 경찰권 발동의 요건이 충족되는 경우에 그 발동의 정도를 한정하는 원칙이다. 경찰권은 필요한 최소한도로 행사되어야 한다. 경찰상 과잉금지의 원칙이라고도 한다. 이 원칙은 오늘날 경찰행정만이 아니라 모든 행정작용, 나아가 입법·사법을 포함한 모든 국가작용에 적용된다.

비례의 원칙은 오늘날 단순한 조리상의 원칙이 아니라 법치국가 원칙에서 도출되는 헌법원칙으로 인정된다. 헌법 제37조 제2항과 경직법 제1조 제2항은 경찰비례원칙의 직접적인 근거규정이라고 할 수 있다.

Police Science

경찰관 직무집행법(시행 2022. 2. 3.)

제1조(목적) ② 이 법에 규정된 경찰관의 직권은 그 직무 수행에 필요한 최소한도에서 행사되어야 하며 남용되어서는 아니 된다.

경찰비례의 원칙	
구분	**내용**
적합성의 원칙	• 경찰기관은 경찰권을 발동함에 있어서 근거법규가 여러 가지 조치를 허용하는 경우에 그 목적을 달성하기에 적합한 수단을 선택하여야 한다. • 경찰이 취하는 조치의 적합성 여부는 1차적으로 그것이 구체적인 상황에서 위해방지에 적합한 것인가 아닌가 하는 관점에서 검토되어야 한다.
필요성의 원칙 (최소침해의 원칙)	• 경찰권 발동은 설정된 목적을 위하여 필요한 한도 이상으로 나아가서는 안 된다는 것이다. • 필요성의 원칙은 최소침해의 원칙이라고도 한다. • 어떤 수단이 상대방에게 적은 부담을 주는지는 사회통념에 따라 판단할 수밖에 없다.
상당성의 원칙	• 어떤 행정조치가 설정된 목적을 위하여 필요한 경우라도 그 행정조치를 취함에 따른 불이익이 그것에 의해 초래되는 효과(또는 이익)보다 큰 경우에는 의도한 조치가 취해져서는 안 된다. • 수인가능성의 원칙 또는 협의의 비례원칙이라고도 한다. • "참새를 쫓기 위해 대포를 쏘아서는 안 된다."라는 표현으로 나타난다.
적용순서	• 위의 3원칙은 적합성의 원칙, 필요성의 원칙, 상당성의 원칙의 순서로 적용된다. • 경찰기관은 먼저 법이 허용하는 수단 중에서 적합성의 원칙을 적용하여 목적달성에 적합

한 수단을 선택하고, 그 수단들 중에서 필요성의 원칙을 적용하여 상대방 및 관계인에게 가장 적은 부담을 주는 하나의 수단을 선택한 뒤, 최종적으로 상당성의 원칙을 적용하여 그 수단이 상대방 및 관계인에게 주는 불이익과 그로 인하여 달성되는 공익을 비교하여 조치 여부를 결정하여야 한다.

5 ‖ 경찰평등의 원칙

경찰권 발동의 요건이 충족되는 경우에도 경찰권은 모든 국민에게 평등하게 행사되어야 하고, 성별·종교·사회적 신분·인종·재산 등을 이유로 불합리한 차별을 하지 못한다. 경찰평등의 원칙은 헌법에 명문의 근거를 가진 헌법원칙이다.[433] 평등의 원칙은 경찰뿐만 아니라 모든 행정작용, 나아가 입법·사법을 포함한 모든 국가작용을 기속한다.

Police Science

🌐 헌법(시행 1988. 2. 25.)

제11조 ① 모든 국민은 법 앞에 평등하다. 누구든지 성별·종교 또는 사회적 신분에 의하여 정치적·경제적·사회적·문화적 생활의 모든 영역에 있어서 차별을 받지 아니 한다.

6 ‖ 경찰책임의 원칙

1 의의

경찰책임의 원칙은 경찰권은 경찰위반의 상태에 대하여 책임이 있는 자에 대해서만 발동하여야 한다는 원칙을 말한다. 위해발생에 대한 책임을 경찰책임이라고 하고, 그 책임이 있는 자를 경찰책임자라고 한다. 예외적으로 경찰긴급사태에 대하여는 경찰비책임자에 대해서도 경찰책임이 인정된다. 경찰책임의 원칙은 경찰권 발동의 대상에 관한 것이다.

---

[433] 「헌법」 제11조 1항.

경찰위반의 상태는 행위 또는 상태의 특별한 위법성을 요하지 않는다. 경찰책임은 행위자의 의사능력·행위능력·불법행위능력·형사책임능력과도 관련이 없다. 경찰책임자에게 고의·과실이 있는지 여부를 불문한다.

단지 사회공공의 안녕과 질서에 대한 객관적인 위험상황이 존재하기만 하면 된다.[434] 따라서 도로교통을 위협하는 간질병자나 만취상태에서 차도에 누워 있는 사람도 고의·과실의 여부와 상관없이 경찰책임자가 된다.

경찰책임과 형사책임의 비교		
구분	경찰책임	형사책임
목적	· 공공의 안녕과 질서유지를 위하여 위해를 방지함으로써 직접적으로 개인으로부터 사회를 보호	· 응보적 제재를 통하여 간접적으로 사회를 보호
책임의 기초	· 개인을 사회적 공동체의 구성자로 파악하며, 객관적으로 공동체의 안녕과 질서에 대한 위해의 발생이라는 사실에 기초	· 개인을 독립한 윤리적 존재로 파악하여 자기결정에 의한 비윤리적·반사회적 행동에 기초
내용	· 경찰상의 명령·강제에 의하여 위해방지의 의무를 부과하거나 위해가 없는 상태를 실현하는 것을 내용	· 형벌을 과하여 생명·자유·재산 등의 법익을 박탈하는 것을 내용
주관적 요건의 여부	· 위해를 방지함으로써 사회를 보호하는 것을 목적 · 행위자인지 여부 또는 고의·과실의 유무와 무관 · 현존하는 위해를 방지하기 위하여 누구에게 책임을 과하는 것이 가장 적합한가 하는 관점에서 과해지는 객관적 책임 · 경찰책임은 징계 행위가 아닌 자기의 지배하에 있는 타인의 행위 또는 자신이 관리하는 물건의 상태에 의하여 위해가 발생한 경우에도 발생 · 고의·과실을 요하지 않음	· 행위자를 처벌함으로써 사회를 보호하는 것을 목적으로 하기 때문에 행위자 본인에게만, 그리고 행위자에게 고의·과실이 있는 경우에만 과할 수 있는 주관적 책임

2 경찰책임의 종류

경찰책임은 위해발생에 원인을 제공한 자가 지는 책임으로써, 그 원인에 따라 행위책임과 상태책임 그리고 복합책임으로 구분된다.

---

[434] 허경미, 전게서, p. 125.

경찰책임의 종류		
행위책임		• 사람의 행위에 의해서 위해가 발생한 경우에 행위자 또는 행위자를 보호·감독하는 자가 지는 책임이다. 미성년의 자녀가 행위자인 경우에 그 친권자, 종업원이 행위자인 경우에 그 사용자 등을 말한다. • 행위자에 대한 책임은 자기의 행위에 대한 책임과 타인의 행위에 대한 책임으로 나눌 수 있다. • 보호·감독 하에 있는 자의 행위에 대하여 보호·감독자가 지는 책임은 행위자의 책임에 대한 대위책임이 아니라 자신의 지배범위 안에서 경찰위반상태가 발생한 데 대한 자기책임이다. • 어떠한 기준에 의해서 책임의 귀속을 결정할 수 있는가가 문제된다.
	상당인과 관계설	• 상당인과관계설은 경찰책임의 귀속을 결정함에 있어서 부적당하다. • 이유는 '위험'의 세계에서는 경험법칙으로 예견·측정할 수 없는 이례적인 일이 많이 생기기 때문이다.
	조건설	• 조건설도 적합하지 않다. • 이유는 이에 의하게 되면 책임의 귀속이 무한히 확대되기 때문이다.
	직접 원인설	• 직접원인설이 타당시 된다. • 이유는 경찰위해에 대해서 직접적(결정적)인 원인을 일으킨 자에게만 행위책임이 귀속하게 된다. • 예를 들어 운동장에서 대학 간 축구시합을 개최하였는데 흥분한 관중간 싸움이 발생한 경우, 그 축구시합의 개최자에게 행위책임을 귀속시킬 수 없다.
	의도적 간접원인 제공자 이론	• 스스로 위험을 직접적으로 실현하지는 않았으나 행위책임을 지게 되는 제3자로 하여금 질서위반 행위를 하도록 한 자는 예외적으로 의도적 간접원인제공자라 하여 예외적으로 행위책임을 물을 수 있다.
상태책임		• 어떤 물건(식물·동물 등 포함)의 상태가 객관적으로 위해를 조성하고 있는 경우에 그 물건의 관리자가 지는 책임이다. • 책임의 귀속에 있어서는 누가 물건에 대한 실질적인 점유권(지배권) 내지는 소유권(처분권)을 가지고 있는가의 여부가 중요한 의미를 갖는다. • 예를 들어 절취당한 물건(자동차 등)이 경찰장애를 조성하고 있는 경우, 그 물건의 소유권자에게 경찰책임을 귀속시킬 수는 없다.
복합책임		• 하나의 경찰위반사실이 다수인의 행위 또는 다수인이 지배하는 물건의 상태에 기인하거나 행위책임과 상태책임이 결합함으로써 발생하는 경우를 포괄하여 복합책임이라고 한다. • 행위책임과 상태책임이 경합하는 경우에는 일반적으로 행위책임이 우선한다. • 다수의 경찰책임자가 존재함에도 불구하고 그 중의 어느 한 사람이 위험방지를 위한 중요한 책임을 갖고 있어서 그에게 경찰권을 발동하는 것만이 재량권의 행사에 하자가 없는 것으로 인정되는 경우, 그의 비용상환청구권이 부인되어야 한다. • 하지만 다수의 경찰책임자 중 누구에게 경찰권을 발동할 것인지가 행정청의 의사여하에 달려 있는 경우에는 민법의 연대채무 규정의 유추에 따른 비용상환청구가 되어야 한다.

3 경찰책임의 주체

경찰책임을 지는 자는 모든 사인私人이다. 자연인·법인, 내국인·외국인·무국적자를 불문한다. 민사상 행위능력이나 의사능력·불법행위능력 및 형사상의 책임능력이 있고 없고를 불문한다. 사법상의 법인 외에도 사법상 권리능력 없는 법인도 경찰책임을 진다.

실질적 경찰책임이란 국가 또는 행정기관이 경찰관계 법률·법규명령을 준수할 의무가 있는지 문제된다. 법률우위의 원칙이 적용되는 결과 이는 인정된다. 따라서 국가 또는 행정기관도 법률우위의 원칙에 의하여 경찰법규의 구속을 받아야 하므로 실질적 경찰책임을 진다.

형식적 경찰책임이란 국가 등이 경찰상의 위험을 야기한 경우에 경찰이 경찰권을 발동하여 개입할 수 있는지, 즉 형식적 경찰책임이 있는지에 관한 것이다. 예를 들어 국가가 소유·관리하는 건물이 붕괴의 위험에 처해 있는 경우에 경찰은 국가에 대하여 퇴거를 명하거나 강제 퇴거시킬 수 있는가 하는 문제가 있다.

국가 등에 대한 경찰권 발동이 가능한지 여부	
제한적 긍정설 (부정설) (다수설)	• 국가 등 공권력 주체의 형식적 경찰책임을 원칙적으로 인정하지만 타 행정기관 등에 대하여 경찰이 조치를 취하는 것은 그 조치로 인하여 타 공권력 주체에게 할당된 기능의 적법한 행사가 침해되지 않는 한도 내에서만 가능하다고 한다. • 공공의 안녕과 질서유지에 관한 한 경찰기관의 권한이 더 우월하므로 경찰기관은 다른 국가기관에 대해서도 경찰권을 발동할 수 있다. 단, 경찰기관의 경찰권 발동이 다른 국가기관의 고유한 임무수행 내지 권력행사를 방해해서는 안 된다.
전면적 긍정설 (소수설)	• 국가의 공권력 기능에도 차등이 있으며 이 경우 공공의 안녕 혹은 질서의 유지라는 경찰의 목적이 타 행정기관의 그것에 비해 우월적이라는 것을 전제로 하여 국가 등 공권력 주체의 형식적 경찰책임을 인정하는 견해이다.

Police Science
🌐🔍 경찰책임의 승계

• 경찰상 행위책임자가 사망 또는 물건을 양도하더라도 행위책임은 승계되지 않는다.
• 그러나 상태책임은 물건의 상태와 관련이 있으므로 책임의 승계가 인정된다.
• 따라서 피승계인에게 발하여진 행정행위를 근거로 승계인에게 집행을 할 수 있다.

4 경찰책임에 대한 예외(경찰긴급권)

경찰책임은 직접적인 질서위반 책임자에게만 발동되는 것이 원칙이지만, 예외적으로 직접 질서위반의 책임이 없는 자에게도 경찰권이 발동되는 경우가 있다. 이를 경찰긴급권이라 한다.

제3자인 경찰비책임자에 대한 경찰권 발동의 예로는 화재 현장에 있는 자에 대한 소화활동 종사명령[435]과 수난구호를 위한 종사명령[436] 등이 있다.

Police Science

🔍 경찰비책임자에 대한 경찰긴급권 발동요건

- 경찰상의 위해가 이미 존재하거나 목전에 급박한 상황
- 경찰책임자에 대한 경찰권 발동으로는 위해의 제거 또는 방지가 곤란한 경우
- 경찰자신의 고유의 수단을 사용하여서는 장해 혹은 위험에 대처할 수 없는 경우
- 경찰비책임자의 생명이나 건강을 해치지 말 것
- 경찰비책임자의 본래의 급박한 업무를 방해하는 것이 아닐 것
- 그 외에도 일시적·임시적 방편이어야 하며, 경찰권 발동의 대상이 된 비책임자가 입은 손실에 대한 보상이 행해져야 한다.

Police Science

🔍 경찰비책임자에 대한 결과제거와 손실보상

- 경찰비책임자에 대한 긴급한 경찰처분은 그의 전제조건이 소멸하게 되면 폐지되어야만 한다. 그러나 처분의 폐지만으로는 경찰비책임자에게 충분한 권리구제가 되지 못하는 경우도 있다.
- 예를 들어 경찰이 타인의 승용차를 압류하였다가 압류처분의 폐지 후에도 반환하지 않는 경우 등이다. 이런 경우 비책임자는 결과제거청구권을 행사하여 권리구제를 받을 수 있다.
- 원상회복이 불가능한 손실에 대해서는 경찰비책임자는 행정청에 금전으로 손실보상을 해 줄 것을 청구할 수 있다.[437]

---

435 「소방기본법」 제24조(소방활동 종사 명령) 1항.
436 「수상에서의 수색·구조 등에 관한 법률」 제29조(수난구호를 위한 종사명령 등) 1항.
437 경찰대학c, 전게서, p. 154.

경찰권 발동의 한계이론 요약		
기본원칙		내용
경찰편의주의원칙		• 공공의 안녕과 질서유지에 대한 위해가 존재하는 경우에도 경찰권의 발동 여부 또는 어떠한 수단을 택할 것인지의 여부는 경찰기관의 재량에 맡겨져 있다는 원칙
경찰소극목적의 원칙		• 경찰권은 공공의 안녕과 질서유지라는 소극목적을 위해서만 발동
경찰 책임의 원칙	행위책임	• 사람의 행위로 경찰위반상태가 발생
	상태책임	• 물건, 동물의 소유자 및 및 점유자 기타 관리자가 그 지배범위에 속하는 물건·동물로 인하여 경찰위반의 상태가 발생한 경우에 지는 책임
	복합책임	• 행위책임과 상태책임 중복
	경찰 긴급권	• 예외적으로 긴급한 필요가 있는 경우에 경찰은 경찰책임이 없는 자, 즉 비책임자에게도 경찰권을 발동 가능 • 이같은 경찰의 권한을 경찰긴급권이라고 함 • 경찰긴급권은 경찰비책임자에게 발동됨
경찰 공공의 원칙	사생활 불간섭	• 경찰권은 공공의 안녕과 질서유지에 관계없는 사적 관계에 발동되어서는 안 된다는 원칙
	사주소 불가침	
	민사관계 불간섭	
경찰 비례의 원칙	적합성	• 공공의 안녕과 질서유지를 위해서 묵과할 수 없는 장애가 발생한 경우에 이를 해결하기 위하여 필요한 최소한의 범위 내에서 발동되어야 한다는 원칙 • 경찰비례의 원칙은 일반조항에 근거하여 경찰권을 발동하는 경우는 물론 개별적 수권조항에 근거하여 발동하는 경우에도 적용
	필요성	
	상당성	

🔍 경찰비책임자에 대한 경찰권 발동 관련 규정

소방기본법(시행 2022. 6. 9.)

제24조(소방활동 종사 명령) ① 소방본부장, 소방서장 또는 소방대장은 화재, 재난·재해, 그 밖의 위급한 상황이 발생한 현장에서 소방활동을 위하여 필요할 때에는 그 관할구역에 사는 사람 또는 그 현장에 있는 사람으로 하여금 사람을 구출하는 일 또는 불을 끄거나 불이 번지지 아니하도록 하는 일을 하게 할 수 있다. 이 경우 소방본부장, 소방서장 또는 소방대장은 소방활동에 필요한 보호장구를 지급하는 등 안전을 위한 조치를 하여야 한다.

수상에서의 수색·구조 등에 관한 법률(수상구조법)(시행 2021. 10. 14.)

제29조(수난구호를 위한 종사명령 등) ① 구조본부의 장 및 소방관서의 장은 수난구호를 위하여 부득이하다고 인정할 때에는 필요한 범위에서 사람 또는 단체를 수난구호업무에 종사하게 하거나 선박, 자동차, 항공기, 다른 사람의 토지·건물 또는 그 밖의 물건 등을 일시적으로 사용할 수 있다. 다만, 노약자, 정신적 장애인, 신체장애인, 그 밖에 대통령령으로 정하는 사람에 대하여는 제외한다.

제**5**장 경찰작용의 행위형식

제1절 경찰명령(법규명령)

1 ‖ 경찰작용(행위형식)

1 경찰작용(행위형식)의 분류

경찰도 행정작용의 일부로서, 다양한 행위형식을 통하여 위해방지의 목적을 실현한
다. 행정행위와 권력적 사실행위는 물론, 비권력적 사실행위, 행정계획, 때로는 사법행위
私法行爲까지를 포함한 다양한 방식으로 위해방지의 목적을 달성하고자 한다.

이러한 활동이 소기의 목적을 달성하지 못하는 경우에는, 제2차적으로 경찰벌(행정벌)
이나 경찰강제(행정강제) 등의 수단을 통하여 원래의 목적을 관철하고자 노력한다. 법률과
구체적 행정작용의 중간 단계에서 법률을 구체화하는 법규명령(경찰명령)을 제정하거나
경찰조직 내부에서의 조직과 활동에 관한 자율적 규범으로서의 행정규칙(경찰규칙)을 제
정하기도 한다.

2 경찰명령과 경찰규칙

전통적으로 행정법학에서는 행정기관이 성문의 일반적·추상적 규범을 정립하는 작
용 또는 그 작용의 산물인 규범을 행정입법이라고 하고, 그것을 다시 법규의 성질 유무를
기준으로 법규명령과 행정규칙으로 구분하였다.

법규명령과 행정규칙은 행정기관이 제정하는 성문의 일반적·추상적 규범이라는 점에서는 공통점이 있다. 그러나 법규명령의 제정은 실질적 의미에서는 입법의 성질을 가진 작용으로서 구체적 행정작용의 법적 근거를 마련하는 작용이다. 반면, 행정규칙은 국민이나 법원에 대해서는 구속력이 없는 순수한 행정 내부적 사항을 규율하는 규범으로서 그 차이가 있다.

2 ‖ 경찰명령의 의의

경찰명령[438]이란 경찰상의 법규명령, 즉 경찰행정기관이 제정하는 경찰의 조직과 작용에 관한 성문의 일반적·추상적 규범으로서 법규의 성질을 가진 것을 말한다. 법률은 원칙적으로 법률의 법규창조력의 원리에 따라 국회가 법률의 형식으로 제정한다. 예를 들어「경찰법」은 국회에서만 제정이 가능하다.

하지만 대통령령으로「경찰청과 그 소속기관 직제」가 제정되고, 행정안전부령으로「경찰청과 그 소속기관 직제 시행규칙」이 제정된다. 이때「경찰청과 그 소속기관 직제」와「경찰청과 그 소속기관 직제 시행규칙」은 입법부인 국회에 의해서 제정된 법률의 하위법령이며 행정입법의 일종이다.「경찰청과 그 소속기관 직제」와「경찰청과 그 소속기관 직제 시행규칙」은 행정명령이며, 경찰과 관련되는 행정입법이기 때문에 경찰명령이라고 한다.

Police Science
🌐 시행령과 시행규칙의 구별

- 대통령령은 법률에서 구체적 범위를 정하여 위임한 사항과 법률의 집행을 위하여 필요한 사항에 관하여 대통령령이 발하는 것으로 보통 '시행령'이라고 한다.
- 총리령 및 부령은 법률 또는 대통령령에서 위임한 사항과 그 집행을 위하여 필요한 사항에 관하여 총리 및 행정각부 장관이 발하는 명령으로 보통 '시행규칙'이라고 한다.

---

438 경찰명령을 경찰하명으로 대치하는 용어로 사용하는 학자도 있다(김도영 교수). 그러나 규범 내지 법원의 일종으로서의 명령은 전통적으로 법규명령을 가리키는 의미로 사용되어 왔기 때문에 행정행위의 일종인 하명을 명령으로 부르는 것은 적절하지 않다(최영규 교수)는 견해도 있다. 본 교재에서는 최영규 교수의 견해를 따르기로 한다.

법률의 위임이 있거나 명시적인 위임이 없더라도 법률을 집행하기 위하여 세부적인 법규사항을 정할 필요가 있는 경우, 행정기관이 법률을 근거로 그것을 보충하는 세부적인 법규사항을 정하는 규범이 법규명령이다. 그 중에서 경찰의 조직과 작용에 관한 사항을 정한 것이 경찰명령이다.

경찰명령을 경찰작용의 독자적 행위형식의 하나로 보지 않고 그 중에서 국민에 대하여 의무를 부과하는 것만을 행정행위의 성질을 가지는 하명과 함께 경찰하명이라는 명칭으로 포괄하는 것이 보통이었다. 그러나 법규명령과 행정행위를 하나의 행위형식에 포괄하는 것은 비논리적이며, 법규명령 중에는 의무를 부과하는 것만 있는 것이 아니다. 따라서 법규명령인 경찰명령과 경찰규칙의 일종인 경찰하명은 구별하는 것이 타당하다고 할 수 있다.[439]

3 ‖ 경찰명령의 종류와 형식

1 위임명령과 집행명령

경찰명령도 그 제정의 근거를 기준으로 위임명령과 집행명령으로 구분할 수 있다. 양자의 구별은 한 건의 법규명령 전체를 대상으로 하는 것이 아니라, 한 건의 법규명령을 구성하는 개개의 조항을 대상으로 한다. 대부분의 대통령령의 경우 그 목적조항에서 "이 영은… 법에서 위임받은 사항과 그 시행에 관하여 필요한 사항을 정함을 그 목적으로 한다."라고 하여 위임명령과 집행명령을 함께 규정하고 있다.

「경찰청과 그 소속기관 직제」제1조(목적)에는 "제1조(목적) 이 영은 경찰청과 그 소속기관의 조직과 직무범위, 그 밖에 필요한 사항을 규정함을 목적으로 한다."라고 규정되어 있다. 동 시행령에서는 경찰법에서 위임한 사항을 규정하고 있다.

「경찰청과 그 소속기관 직제 시행규칙」제1조(목적)에는 "이 규칙은 경찰청과 그 소속기관에 두는 보조기관·보좌기관의 직급 및 직급별 정원, 과 또는 이에 상당하는 담당관의 설치 및 사무분장 등 「경찰청과 그 소속기관 직제」에서 위임된 사항과 그 시행에

---

439 경찰명령을 경찰하명과 구별되는 독자의 행위형식으로 설명하는 학자는 김남진, 김철용, 홍정선, 김성수, 이광윤, 유지태 교수 등이 있으며, 석종현 교수는 경찰처분과 경찰명령을 구별하면서도 경찰하명이라고 부르고 있다.

필요한 사항을 규정함을 목적으로 한다."라고 규정되어 있다. 동 시행규칙에서는 위임명령과 집행명령을 함께 규정하고 있다.

위임명령과 집행명령의 구별	
위임 명령	• 법률 또는 상위의 법규명령의 명시적 위임에 의하여 위임받은 법규사항을 정하는 것은 위임명령이다. • 위임명령은 법률 또는 상위법령에서 구체적으로 범위를 정하여 위임한 사항에 관하여 법규로서의 성질을 가지는 일반적·추상적 규범을 정립하는 것을 의미하는 것으로 상위법령의 내용을 보충한다. • 따라서 그 위임을 받은 범위안에서는 법률과 같은 효력을 가진다.
집행 명령	• 법률의 명시적 위임은 없지만 법률을 집행하기 위해서 필요한 법규사항을 행정기관이 직권으로 정하는 것은 집행명령이다. • 집행명령은 법률에 의한 입법권의 위임에 의하지 아니하고 상위의 법령을 집행하기 위하여 필요한 세부적 사항이나 절차를 직권에 의하여 발하는 명령이다. • 대통령령이나 총리령 및 부령은 이와 같이 위임명령과 집행명령으로 이루어져 있다.
• 위임명령과 집행명령이 각각 독립한 별개의 형식으로 발하여 진다는 것은 아니며, 이들은 통상적으로 하나의 대통령령이나 총리령 및 부령에 혼재하여 규정된다. • 대통령령, 총리령 및 부령은 그 근거법령인 상위법령이 폐지되면 특별한 규정이 없는 한 당연히 실효된다. • 그러나 상위법령이 폐지되지 않고 개정됨에 그친 경우에는 개정법령과 그 내용이 모순·저촉되지 아니하고 그 법령의 시행에 필요한 사항을 규정하고 있는 이상 그 법령은 상위법령의 개정에도 불구하고 당연히 실효되지 않는다. • 개정법령의 시행을 위한 명령이 새로이 제정되거나 개정될 때까지는 여전히 그 효력을 가진다.	

도로교통법시행령 상에서의 위임명령과 집행명령의 구체적 예	
위임 명령	제12조(주차 및 정차 단속 담당공무원) ① 도지사와 시장 등은 주차나 정차 단속을 위하여 필요하다고 인정되는 경우에는 교통행정 관련 분야에서 근무하는 공무원 등 해당 지방자치단체에 근무하는 공무원을 법 제35조 제1항 제2호에 따라 주차 및 정차를 단속하는 담당공무원(단속담당공무원)으로 임명할 수 있다.
집행 명령	제13조(주차위반 차의 견인·보관 및 반환 등을 위한 조치) ① 경찰서장, 도지사 또는 시장 등은 법 제35조 제2항에 따라 차를 견인하려는 경우에는 행정안전부령으로 정하는 바에 따라 과태료 또는 범칙금 부과 및 견인 대상 차임을 알리는 표지(과태료부과대상차표지)를 그 차의 보기 쉬운 곳에 부착하여 견인 대상 차임을 알 수 있도록 하여야 한다.

2 경찰명령의 형식

법규명령은 그 형식이 제한되어 있다. 행정기관이 법규명령을 제정하는 것은 헌법상의 국회입법주의의 예외를 의미한다. 법규명령은 헌법이나 헌법에 근거한 법률이 인정하는 경우에만 허용된다.

현행법상 국가의 행정기관이 제정하는 법규명령으로는 「헌법」 제75조에서 규정한 '대통령령'과 제95조에서 규정한 '총리령'·'부령' 그리고 제114조 제6항에서 규정한 '중앙선거관리위원회규칙' 등이 있다. 「감사원법」 제52조(감사원규칙)에서 규정한 「감사원규칙」은 헌법상 명문의 근거는 없지만 법률에 근거한 법규명령으로 보고 있다. 지방자치단체가 제정하는 '조례'와 '규칙'도 법규명령으로서의 성질을 가지는 자치법규이다.

경찰명령은 별도의 형식이 있는 것은 아니다. 법규명령 중에서 경찰에 관한 사항을 정한 것이 경찰명령이다. 따라서 경찰명령은 대통령령 또는 총리령·부령의 형식을 가진다. 부령은 원칙적으로 행정안전부령이 된다. 지방자치단체의 조례와 규칙도 경찰에 관한 사항을 정하는 경우에는 경찰명령의 성질을 가질 수 있다.

Police Science

⊕ 법규명령 관련 규정

헌법(시행 1988. 2. 25.)

제75조 대통령은 법률에서 구체적으로 범위를 정하여 위임받은 사항과 법률을 집행하기 위하여 필요한 사항에 관하여 대통령령을 발할 수 있다.

제95조 국무총리 또는 행정각부의 장은 소관사무에 관하여 법률이나 대통령령의 위임 또는 직권으로 총리령 또는 부령을 발할 수 있다.

제114조 ⑥ 중앙선거관리위원회는 법령의 범위 안에서 선거관리·국민투표관리 또는 정당사무에 관한 규칙을 제정할 수 있으며, 법률에 저촉되지 아니하는 범위 안에서 내부규율에 관한 규칙을 제정할 수 있다.

감사원법(시행 2020. 10. 20.)

제52조(감사원규칙) 감사원은 감사에 관한 절차, 감사원의 내부 규율과 감사사무 처리에 관한 규칙을 제정할 수 있다.

3 경찰명령의 입법절차

경찰명령인 대통령령과 총리령 및 부령의 입법절차는 다음과 같다. 먼저 대통령령의 입법절차는 ① 법령안의 입안 → ② 관계 기관과의 협의 → ③ 사전 영향평가 → ④ 입법예고 → ⑤ 규제심사 → ⑥ 법제처 심사 → ⑦ 차관회의·국무회의 심의 → ⑧ 대통령 재가 및 국무총리와 관계 국무위원의 부서 → ⑨ 공포 등의 순서로 이뤄진다.

총리령과 부령의 입법절차는 ① 법령안의 입안 → ② 관계 기관과의 협의 → ③ 사전 영향평가 → ④ 입법예고 → ⑤ 규제심사 → ⑥ 법제처 심사 → ⑦ 공포 등의 순서로 이뤄진다.

Police Science

🔍 정부의 법률안 입법절차

정부의 법률안 입법절차는 다음과 같다. ① 입법계획의 수립 → ② 법령안의 입안 → ③ 관계 기관과의 협의 → ④ 사전 영향평가 → ⑤ 입법예고 → ⑥ 규제심사 → ⑦ 법제처 심사 → ⑧ 차관회의·국무회의 심의 → ⑨ 대통령재가 및 국무총리와 관계 국무위원회의 부서 → ⑩ 국회제출 → ⑪ 국회 심의·의결 → ⑫ 공포안 정부 이송 → ⑬ 국무회의 상정 → ⑭ 공포

---

4 ‖ 경찰명령의 근거와 한계

1 경찰명령의 근거

경찰명령은 법률에 근거하여 제정된다. 경찰명령 중에서도 위임명령은 법률 또는 상위 법규명령의 명시적 위임이 있어야 한다. 집행명령은 법률의 위임은 필요 없다. 하지만 법률 집행을 위해서 필요한 사항을 정하는 것이므로 결국 법률에 근거하여 제정된다.

2 경찰명령의 한계

위임명령은 위임받은 사항만을 위임받은 범위 안에서 정할 수 있다. 위임의 범위를

넘어서 정하면 안 된다. 법률이 위임의 한계를 지키지 않은 경우, 그 위임은 무효이다. 그에 근거한 위임명령도 무효가 된다. 집행명령은 법률 집행을 위한 필수적인 사항만을 위임할 수 있다. 근거법에 없는 새로운 법규사항을 정할 수 없다. 법률 집행을 위한 필수적인 사항이란 주로 행정작용의 내용 자체가 아니라 그 형식과 절차 등의 세부적인 사항을 말한다.

5 ‖ 경찰명령의 성립·발효 및 소멸

1 경찰명령의 성립요건

경찰명령은 대통령령 또는 총리령·부령을 의미하기 때문에 그 주체·내용·절차·형식·공포에 관한 요건을 갖추어야 한다.

첫째, 경찰명령은 정당한 권한을 가진 이가 권한의 범위 내에서 제정할 수 있으므로 주체가 있어야 한다. 대통령, 국무총리, 각 부의 장관 등이 그 주체가 된다.

둘째, 경찰명령은 그 내용상 상위 법령의 근거가 있어야 한다. 헌법이나 상위 법령에 저촉되지 않아야 한다.

셋째, 경찰명령은 행정 내부적인 절차를 거쳐야 한다. 대통령령은 법제처의 심사와 국무회의의 심의를 거쳐야 한다. 총리령과 부령은 법제처의 심사를 거쳐 제정된다.

넷째, 경찰명령은 법조의 형식으로 제정되어야 한다.

마지막으로 경찰명령은 외부에 공포함으로서 유효하게 성립한다.

경찰명령의 성립요건	
주 체	• 경찰명령은 그 형식별로 제정권을 가진 행정기관이 제정하여야 한다. • 예를 들어 대통령령은 대통령이 제정해야 한다.
내 용	• 경찰명령은 한계를 지켜야 하고, 법률과 상위의 법규명령에 위반하지 않아야 한다. • 그 내용은 가능하고 명확해야 한다.
절 차	• 경찰명령은 법제처의 심사(대통령령·총리령·부령의 경우), 국무회의의 심의(대통령령의 경우) 등의 행정 내부적인 절차를 거쳐야 한다.[440]

---

440 「정부조직법」 제23조(법제처) 1항·「헌법」 제89조 3호.

	• 국민의 권리·의무 또는 일상생활과 밀접한 관련이 있는 법규명령은 행정상 입법예고 절차를 거쳐야 한다.
형 식	• 경찰명령은 연도구분과 관계 없이 일련번호를 부여한다.**441** • 제정권자의 서명·날인이 있어야 한다.**442**
공 포	• 경찰명령은 공포함으로써 성립한다. 공포는 원칙적으로 관보에 게재하는 방법으로 하며, 관보 또는 신문이 발행된 날이 공포일 또는 공고일이다.**443**

Police Science

🌐 경찰명령의 성립 관련 규정

헌법(시행 1988. 2. 25.)

제89조 다음 사항은 국무회의의 심의를 거쳐야 한다.

3. 헌법개정안·국민투표안·조약안·법률안 및 대통령령안

정부조직법(시행 2022. 1. 1.)

제23조(법제처) ① 국무회의에 상정될 법령안·조약안과 총리령안 및 부령안의 심사와 그 밖에 법제에 관한 사무를 전문적으로 관장하기 위하여 국무총리 소속으로 법제처를 둔다.

행정 효율과 협업 촉진에 관한 규정 시행규칙(시행 2021. 9. 7.)

제8조(법규문서 등의 번호) 영 제11조 제2항에 따라 문서의 종류별로 다음 각 호의 구분에 따른 번호를 부여한다.

1. 영 제4조 제1호에 따른 법규문서에는 연도구분과 관계 없이 누적되어 연속되는 일련번호(누년 일련번호)를 부여한다.

법령 등 공포에 관한 법률(시행 2018. 10. 16.)

제7조(대통령령) 대통령령 공포문의 전문에는 국무회의의 심의를 거친 사실을 적고, 대통령이 서명한 후 대통령인을 찍고 그 공포일을 명기하여 국무총리와 관계 국무위원이 부서한다.

제9조(총리령 등) ① 총리령을 공포할 때에는 그 일자를 명기하고, 국무총리가 서명한 후 총리인總理印을 찍는다.

② 부령을 공포할 때에는 그 일자를 명기하고, 해당 부部의 장관이 서명한 후 그 장관인長官印을 찍는다.

제10조(법령 번호) ① 법률, 대통령령, 총리령 및 부령은 각각 그 번호를 붙여서 공포한다.

---

441 「행정 효율과 협업 촉진에 관한 규정 시행규칙」 제8조(법규문서 등의 번호).
442 「법령 등 공포에 관한 법률」 제7조(대통령령)·제9조(총리령 등)·제10조(법령 번호).
443 「법령 등 공포에 관한 법률」 제11조(공포 및 공고의 절차)·제12조(공포일).

제11조(공포 및 공고의 절차) ① 헌법개정·법률·조약·대통령령·총리령 및 부령의 공포와 헌법개정안·예산 및 예산 외 국고부담계약의 공고는 관보官報에 게재함으로써 한다.

제12조(공포일·공고일) 제11조의 법령 등의 공포일 또는 공고일은 해당 법령 등을 게재한 관보 또는 신문이 발행된 날로 한다.

2 경찰명령의 발효요건

경찰명령은 성립함으로써 바로 효력을 발생하는 것이 아니라 시행이 되어야 효력이 발생한다. 시행의 시기는 경찰명령 스스로 정하는 것이 원칙이다. 예를 들어 "이 영은 2023년 1월 31일부터 시행한다." 또는 "이 영은 공포 후 30일이 경과한 날부터 시행한다." 등이다. 경찰명령 자체의 특별한 규정이 없으면 공포한 날부터 20일이 경과함으로써 효력이 발생한다.[444]

Police Science

🔍 법령 등 공포에 관한 법률(법령공포법)(시행 2018. 10. 16.)

제13조(시행일) 대통령령, 총리령 및 부령은 특별한 규정이 없으면 공포한 날부터 20일이 경과함으로써 효력을 발생한다.

3 경찰명령의 소멸

경찰명령은 법률이나 동위 또는 상위의 경찰명령에 의해서 명시적으로 폐지됨으로써 소멸된다. 기존의 경찰명령과 충돌되는 법률이나 동위 또는 상위의 경찰명령의 시행, 근거법률의 폐지 또는 실효, 유효기간의 경과, 해제조건의 성취 등의 사유로 인하여 묵시적으로 폐지되는 경우에도 소멸된다.

그러나 상위법령이 폐지되지 않고 개정됨에 그친 경우, 개정법령과 그 내용이 모순·저촉되지 않고 그 법령의 시행에 필요한 사항을 규정하고 있는 이상 그 법령은 상위법령의 개정에도 불구하고 당연히 실효되지 않는다. 개정법령의 시행을 위한 명령이 새롭게 제

---

444 「법령 등 공포에 관한 법률」 제13조(시행일).

정되거나 개정될 때까지는 여전히 그 효력을 가진다.

검사의 수사개시 범죄 범위에 관한 규정 시행규칙 폐지령안 입법예고

⊙ 법무부공고 제2022-253호

 검사의 수사개시 범죄 범위에 관한 규정 시행규칙 폐지령안 입법예고를 하는데 있어, 그 이유와 주요내용을 국민에게 미리 알려 이에 대한 의견을 듣기위하여 "행정절차법" 제41조에 따라 다음과 같이 공고합니다.

2022년 8월 12일
법무부장관

검사의 수사개시 범죄 범위에 관한 규정 시행규칙 폐지령안 입법예고

1. 폐지이유
 상위법령인 「검찰청법」(이하 "법"이라 한다), 「검사의 수사개시 범죄 범위에 관한 규정」의 개정을 반영하는 취지임.

---

6 ‖ 경찰명령의 하자와 효력

1 경찰명령의 하자

경찰명령이 성립요건 중의 어느 하나라도 결하면, 위법한 경찰명령으로서 무효이다. 이 점에서 위법하더라도 대부분 무효가 아니라 취소할 수 있는데 불과한 행정행위의 경우와 큰 차이가 있다. 효력발생요건을 갖추지 못한 경우, 아직 시행되지 않은 경우에도 효력이 없음은 물론이다.

2 경찰명령의 효력

경찰명령은 법규명령의 일종으로서 법원法源을 구성한다. 따라서 행정기관은 물론 모든 국민에 대해서 구속력이 있으며, 법원에 대해서도 구속력이 있다. 법원은 재판을 할 때에 경찰명령을 법의 일종으로서 재판의 기준을 삼아야 한다.

경찰명령은 법규명령의 일종으로서 법규사항, 즉 국민의 권리·의무에 관한 사항을

정한다. 그러나 경찰명령 자체에 의하여 직접 개개의 국민에게 일정한 권리·의무가 발생하는 것이 아니라, 경찰기관이 그 경찰명령에 구체적 사실에 적용하여 경찰하명이나 경찰허가 등의 작용을 함으로써 비로소 구체적인 권리·의무가 발생하는 것이 원칙이다.

이 점에서 경찰명령은 처분이 아니라 규범의 성질을 가진다. 다만, 예외적으로 처분이 필요 없이 경찰명령 자체에 의하여 특정인 또는 불특정 다수의 국민에게 구체적인 권리·의무가 발생하는 경우도 있을 수 있다. 이러한 경찰명령을 처분적 경찰명령이라고 한다.

제2절 경찰규칙(행정규칙)

1 | 경찰규칙의 의의

1 경찰규칙의 개념

경찰규칙이란 행정기관이 경찰의 조직과 작용에 관하여 제정하는 일반적·추상적 규범으로서 법규의 성질을 가지지 않는 것, 즉 경찰상의 행정규칙을 말한다. 경찰규칙은 경찰기관 내부에서만 구속력을 가질 뿐 직접 국민에 대해서는 효력이 없다.

행정기관은 법령의 범위 안에서 그 조직에 관한 세부사항이나 업무수행의 절차·기준 등을 정하기 위하여 많은 행정규칙을 제정한다. 이러한 사항들은 법규사항(국민의 권리·의무에 관한 사항)이 아니기 때문에 법률로 정할 필요가 없다. 법률의 근거가 필요하지 않다. 이러한 행정규칙 중에서 경찰의 조직과 작용에 관한 사항을 정한 것이 경찰규칙이다. 실제로 경찰청 훈령, 경찰청 예규 등의 형식으로 많은 경찰규칙이 제정되어 있다.

경찰명령과 경찰규칙은 1차적으로는 형식에 의해서 구별된다. 행정기관이 제정하는 경찰에 관한 성문의 일반적·추상적 규범 중에서 경찰명령의 형식에 해당하지 않는 것은 모두 경찰규칙이다.

🌐 행정규칙

- 일반적으로 행정규칙은 "행정조직 내부에서 또는 상급행정기관이 하급행정기관에 대하여 그 조직이나 업무처리와 절차·기준 등에 관하여 발하는 일반적·추상적 규율"이라고 정의된다.
- 「훈령·예규 등의 발령 및 관리에 관한 규정」(시행 2021. 2. 5.) 제2조(기본원칙) 제1항에 따르면, 중앙행정기관은 그 명칭에 관계없이 법령의 시행 또는 행정사무 처리 등을 위하여 훈령·예규·고시 등을 입안·발령할 수 있다. 이러한 훈령·예규·고시 등을 실무상이나 강학상 행정규칙이라고 부른다.

2 경찰규칙 제정의 기본원칙

경찰규칙 제정의 기본원칙[445]	
구분	내용
필요성	• 훈령·예규 등은 법령(법률, 조약, 대통령령, 총리령 및 부령) 집행의 통일성 등을 확보하기 위하여 필요한 경우에만 발령할 것
적법성	• 법률에 근거 없이 국민의 권리의무에 관한 사항을 규정하거나 법령의 내용과 다른 사항 또는 다른 중앙행정기관의 소관업무에 관한 사항을 규정하지 아니할 것
적절성	• 행정기관이 쉽게 확보할 수 있는 서류를 국민에게 제출하게 하거나 현실에 맞지 아니한 사항을 규정하여 국민에게 불편을 주지 아니할 것
조화성	• 다른 훈령·예규 등과 조화와 균형이 유지되도록 하고, 중복·상충되는 내용이 없을 것
명확성	• 국민이 훈령·예규 등을 이해하기 쉽도록 누구나 알기 쉬운 용어와 표현 등을 사용하여야 하며, 재량권이 남용되지 아니하도록 구체적이고 명확하게 규정할 것

---

445 「훈령·예규 등의 발령 및 관리에 관한 규정」 제2조(기본원칙).

2 ∥ 경찰규칙의 종류와 한계

1 경찰규칙의 종류

「행정 효율과 협업 촉진에 관한 규정」제4조(공문서의 종류)에서는 지시문서의 분류로서 행정규칙을 훈령·지시·예규·일일명령으로 구분하고 있다.[446] 따라서 경찰규칙에도 훈령·지시·예규·일일명령 등이 있다. 이때 행정규칙과 경찰규칙에서 말하는 훈령은 협의의 훈령을 말한다. 일반적으로 훈령의 종류에는 협의의 훈령·지시·예규·일일명령 등이 있다.

훈령의 종류	
구분	내용
협의의 훈령	• 상급기관이 하급기관에 대하여 장기간에 걸쳐 그 권한의 행사를 일반적으로 지시하기 위하여 발하는 명령을 말한다.
지시	• 상급기관이 직권 또는 하급기관의 문의에 의하여 하급기관에 개별적·구체적으로 발하는 명령을 말한다.
예규	• 행정사무의 통일을 기하기 위하여 반복적 행정사무의 처리기준을 제시하는 법규문서 외의 문서를 말한다.
일일명령	• 당직·출장·시간외 근무·휴가 등 일일업무에 관한 명령을 말한다.

2 경찰규칙의 한계

경찰규칙은 행정기관이 그 권한의 범위 안에서 직권으로 정하는 자율적인 규범으로써 법령의 근거는 필요하지 않다. 경찰규칙은 법규사항을 정할 수 없다. 법령 및 상급행정청이 발한 행정규칙에 위반해서는 안 된다. 행정청의 권한에 속한 사항에 관해서만 규정할 수 있다. 그 내용은 행정목적 달성을 위하여 필요하고 적합하여야 한다.

---

[446] 박균성, 「행정법론」(서울: 박영사, 2002), p. 179.

1 경찰규칙의 성립요건

경찰규칙의 성립요건	
구분	내용
주체	• 경찰규칙의 제정권자는 경찰사무에 관한 권한을 가진 모든 행정청이다. 따라서 경찰행정청에 한정되지 않고 대통령·국무총리·행정안전부장관 등도 경찰사무에 관하여 자신의 권한에 속한 사항이라면 경찰규칙을 제정할 수 있다. 그러나 실제로는 경찰행정청(경찰청장·해양경찰서장·시·도경찰청장 등)이 제정하는 경우가 대부분이다.
내용	• 경찰규칙은 그 한계를 지켜야 하고, 그 내용은 가능하고 명확해야 한다.
절차	• 경찰규칙에 관해서는 행정내부적으로나 대외적으로나 특별한 절차가 규정되어 있지 않다.
형식	• 경찰규칙은 형식에 제한이 없다. 따라서 구두로도 발할 수 있다는 것이 통설이다(그러나 실제로 대부분의 경찰규칙은 문서로 발해질 것이다).
공포	• 경찰규칙은 국민의 권리·의무와 관계가 없으므로 공포는 원칙적으로 필요하지 않다. 실제로는 중앙행정기관인 경찰청장과 해양경찰청장의 훈령과 고시는 관보에 게재되고 있다.[447]

Police Science

🌐🔍 「관보규정」(시행 2019. 9. 1.)

제7조(관보의 편집 구분과 순서) ① 관보의 편집 구분과 순서는 다음과 같다. 1. 헌법란, 2. 법률란, 3. 조약란, 4. 대통령령란, 5. 총리령란, 6. 부령란, 7. 훈령란, 8. 고시란, 9. 공고란, 10. 국회란, 11. 법원란, 12. 헌법재판소란, 13. 선거관리위원회란, 14. 감사원란, 15. 국가인권위원회란, 16. 지방자치단체란, 17. 인사란, 18. 상훈란, 19. 기타란

2 경찰규칙의 효력발생과 소멸 요건

경찰규칙은 경찰명령과 달리 성립 즉시 효력을 발생하는 것이 원칙이다. 다만, 경찰규칙 자체에서 시행일을 정한 경우에는 그 시행일에 효력을 발생한다. 경찰규칙도 성립요건 중의 하나라도 결하면 위법한 경찰규칙으로서 무효이다.

---

447 「관보규정」 제7조(관보의 편집 구분과 순서).

경찰규칙 역시 법령이나 동종 또는 상위의 행정규칙에 의하여 명시적으로 폐지될 수 있다. 부관 중 하나인 종기의 도래, 해제조건의 성취, 내용상 저촉되는 법령이나 동종 또는 상위의 행정규칙의 제정 등으로 인하여 묵시적으로 폐지되기도 한다.

경찰규칙(행정규칙)의 효력	
대외적 구속력 부인	• 경찰규칙은 법규가 아니므로 국민의 권리·의무에 관한 사항을 규정할 수 없고, 규정하더라도 무효이다. • 경찰규칙은 일반국민이나 법원에 대해서는 구속력이 없다. • 경찰규칙에 위배한 행정처분의 효력은 적법하고 유효하다. 다만, 경찰규칙(주로 훈령)에 위배한 경찰관은 징계사유가 된다.
재량준칙	• 경찰규칙 중 일부, 특히 하급 행정기관의 재량권 행사의 기준을 정하는 행정규칙(재량준칙)은 간접적·결과적으로 외부적 효력을 가지는 경우가 있다. • 경찰규칙의 수명자인 하급 경찰기관이 국민을 상대로 처분을 함에 있어서 이를 위반하였더라도 그 자체로는 위법이 아니지만, 그 처분이 결과적으로 상대방을 다른 사례에 있어서와 차별하는 결과가 된 경우에는 그 처분은 평등원칙 위반을 이유로 위법한 처분이 된다. • 경찰기관이 재량권 행상의 기준을 정하여 이를 시행하고 있다면 특별한 사유가 없는 한 그 기준을 지킬 의무가 있고, 이를 위반한 처분은 위법이라고 할 수 있다(행정의 자기구속력의 법리).
내부적 효력	• 경찰규칙은 외부적 효력을 가지지 않지만 행정조직 내부에서는 구속력이 있다. 따라서 경찰규칙을 위반한 경찰공무원에게는 징계책임이 발생한다. • 예를 들어 「(경찰청) 범죄수사규칙」은 내부 훈령인 경찰규칙이다. 수사경찰관이 이 훈령을 위반하면 징계책임을 지게 된다.

Police Science

🔍 (경찰청) 범죄수사규칙(시행 2022. 6. 20.)(경찰청훈령 제1057호)

제1조(목적) 이 규칙은 경찰공무원이 범죄를 수사할 때에 지켜야 할 방법과 절차 그 밖에 수사에 관하여 필요한 사항을 정함으로써 수사사무의 적정한 운영을 기함을 목적으로 한다.

1 ║ 경찰처분의 의의

경찰처분이란 경찰기관이 위해방지를 목적으로 법 아래서 구체적 사실에 관한 법집행으로서 행하는 권력적·단독적 공법행위, 즉 경찰상의 행정행위를 말한다.[448] 행정행위는 원래 실정법상의 개념이 아니라 학문상의 개념이다. 행정처분은 행정청이 법 아래서 구체적 사실에 관한 법집행으로서 행하는 권력적·단독적 공법행위를 말한다.

실정법상으로는 처분 또는 행정처분이라는 용어가 대체로 행정행위를 의미한다. 다만, 「행정심판법」과 「행정소송법」 그리고 「행정절차법」에서 사용하는 처분의 개념은 학문상의 행정행위보다 넓은 개념이다.

행정청이 국민을 상대로 행정목적을 실현하기 위해서 행하는 행정작용은 사실행위를 제외하면 대부분이 행정행위의 형식으로 이루어진다. 경찰작용의 경우에도 양적으로는 사실행위가 더 많지만, 법적 효과를 발생하는 작용은 대부분 행정행위, 즉 경찰처분이라고 할 수 있다. 특히 권력적 사실행위가 많이 행해지는 것이 경찰작용의 특성이라고 할 수 있다.

경찰처분은 경찰기관의 권력적 단독행위이다. 경찰기관의 일방적 의사에 의하여 상대방에 대해서 권리를 부여하거나 제한·박탈하고 또는 상대방에게 의무를 부과하거나 해제하는 등의 법적 효과를 발생한다.

경찰처분은 법률의 근거를 요하며 그 요건과 효과는 법률에 의해서 정해진다. 국민의 권리·이익을 보호하기 위해서 하자 있는 경찰처분에 대해서는 '행정심판'이나 '행정소송'을 통해서 다툴 수 있다.

양 당사자의 합의에 의하여 권리·의무변동이라는 법적 효과가 발생하는 것이 원칙이다. 사적 자치의 원칙이 지배하며, 다툼이 있는 경우에 민사소송을 제기해야 하는 민법상의 법률행위와 차이가 있다.

---

[448] 경찰처분을 경찰상의 모든 행정행위가 아니라 그 중에서 상대방에게 의무를 부과하거나 불이익을 과하는 것, 즉 하명만을 가리키는 용어로 사용하는 입장이 있다(김남진, 석종현, 홍정선, 유지태, 이철호). 그 주된 이유는 독일에서 경찰처분이 그러한 용어로 사용되기 때문이다. 그러나 한국에서 처분이라고 하면 행정행위와 동의어 또는 그보다 넓은 의미(행정심판법 제2조 제1항 및 행정소송법 제2조 제1항)로 사용되는 것이 일반적 용례이므로 경찰처분은 경찰상의 행정행위 전체를 가르키는 용어로 사용하는 입장도 있다(김철용, 김성수, 최영규). 결론적으로 개념의 혼란을 피하기 위해서는 후자의 입장이 바람직하다고 할 수 있다.

🔍 사실행위

- 행정기관의 행위는 직접적인 법적 효과를 발생시키는가를 기준으로 하여 법적 행위와 사실행위로 구분되고 있다.
- 사실행위는 직접적인 법적 효과를 발생시키지 않는 행위이다. 법질서에 직접적인 변경을 가져오지 않는 행위이다. 그러나 사실행위도 간접적으로는 법적 효과를 발생시키는 경우가 있다.
- 예를 들어 위법한 사실행위로 인하여 국민에게 손해가 발생한 경우에 국가 또는 지방자치단체는 피해 국민에 대해서 손해배상의무를 지고, 피해자인 국민은 손해배상청구권을 갖게된다.
- 사실행위의 예로는 폐기물수거 행위, 행정지도, 대집행의 실행, 행정상 즉시강제 등이 있다.
- 행정상의 사실행위는 경고, 권고, 시사와 같은 정보제공이나 단순한 지식표시행위인 행정지도와 같이 대외적 구속력이 없는 비권력적 사실행위와 행정청이 우월적 지위에서 일방적으로 강제하는 권력적 사실행위로 나눌 수 있다.
- 권력적 사실행위는 행정소송과 헌법소원의 대상이 되는 공권력의 행사에 해당한다.
- 예를 들어 불법건축물의 철거행위와 같은 권력적 사실행위는 공권력의 행사 혹은 불행사에 해당하기 때문에 행정소송과 헌법소원을 제기할 수 있다.
- 비권력적 사실행위는 행정소송과 헌법소원의 대상이 되는 공권력의 행사에 해당하지 않는다.
- 예를 들어 구치소나 교도소 수감자들에게 행한 경고, 권고와 같은 정보제공이나 코로나 감염예방을 위한 손씻기 등과 같은 행정지도는 대외적 구속력이 없는 비권력적 사실행위이다. 이러한 비권력적 사실행위는 행정소송이나 헌법소원의 대상이 되는 공권력의 행사에 해당하지 않는다.
- 행정상 사실행위에 대한 항고쟁송이 인정되기 위해서는 행정상 사실행위가 「행정심판법」과 「행정소송법」상의 '처분'의 개념에 포함되어야 한다. 권력적 사실행위의 처분성을 인정하는 것이 다수설과 판례의 입장이다. 하지만 비권력적 사실행위를 처분으로 볼 수 있는가 하는 점은 논란이 있다.[449]
- 대법원의 경우 행정상 사실행위의 처분성 인정문제와 관련하여 "항고소송의 대상이 되는 행정처분이라 함은 행정청의 공법상의 행위로서 특정 사항에 대하여 법규에 의한 권리의

---

[449] 박균성, 전게서, p. 263.

설정 또는 의무의 부담을 명하며 기타 법률상의 효과를 발생하게 하는 등 국민의 구체적인 권리 의무에 직접적 변동을 초래하는 행위를 말하는 것이고, 행정권 내부에서의 행위나 알선, 권유, 사실상의 통지 등과 같이 상대방 또는 기타 관계자들의 법률상 지위에 직접적인 법률적 변동을 일으키지 아니하는 행위는 항고소송의 대상이 될 수 없다고 해석하여야 할 것이다."라고 판시하고 있다.[450] 대법원은 행정상 사실행위의 처분성을 소극적으로 이해하고 있는 것으로 보여진다.[451]

기속행위·재량행위·판단여지의 구별	
구분	내용
기속행위	• 기속행위란 경찰기관이 경찰처분을 할 수도 안 할 수도 있는 것이 아니라, 법이 정한 요건이 충족되었을 때 법이 정한 효과로서의 일정한 처분을 반드시 하거나 해서는 안 되는 경우의 경찰처분을 말한다.
재량행위	• 재량행위란 둘 이상의 복수행위 가운데 어느 것을 선택할 수 있는 경우의 경찰처분을 말한다. 선택의 자유를 의미하는 재량은 다시 결정재량과 선택재량으로 나눌 수 있다. • 결정재량은 경찰처분(경찰권발동)을 할 것인가 안 할 것인가에 관한 재량을 의미하고, 선택재량은 어떻게 할 것인가, 또는 누구에 대해, 어느 것에 대해 할 것인가 등에 관한 재량이다. • 재량행위는 자유재량행위와 기속재량행위로 구분된다. • 자유재량행위는 국민에게 이익을 주는 행위(수익적 행정행위)를 의미하며, 기속재량행위는 국민에게 불이익을 주는 행위(부담적 행정행위)를 의미한다.
판단여지	• 재량과 판단여지(불확정 개념)는 구분할 필요가 있다. • 「경찰관직무집행법」 제3조(불심검문) 제1항 제1호에는 "수상한 행동이나 그 밖의 주위 사정을 합리적으로 판단하여 볼 때 어떠한 죄를 범하였거나 범하려 하고 있다고 의심할 만한 상당한 이유가 있는 사람"이라는 규정이 있다. • 이때 어떤 사람이 '상당한 이유가 있는 사람'에 해당하는가 아닌가에 관해서 재량이 인정된다고 할 수 없다. • 경찰은 그에 대한 판단에 '판단여지'가 인정된다고 말할 수 있다. • 경찰의 판단이 객관적인 증거에 의하여 뒷받침되고 있다고 판단되는 경우, 법관은 그 이상의 실질적인 심사를 자제하고, 그에 따라 경찰의 판단이 법관의 심사를 벗어나는 영역이 있을 수 있는데, 이러한 영역을 '판단의 여지'라고 한다.

---

450 대법원 1993.10.26. 선고 93누6331판결.
451 성중탁a, "사실행위에 대한 사법적통제경향 및 그 개선방안(권력적사실행위와 비권력적사실행위에 대한 헌법재판소판례검토를 중심으로)" 「행정판례연구」, 19(1), 2014, p. 318.

기속행위와 재량행위 구별실익	• 기속행위의 위반은 바로 '위법'이 되어 행정심판 및 행정소송(항고소송)의 대상이 된다.
	• 재량행위는 그의 한계를 벗어나거나 남용하여 위법이 되지 않는 한, 하자가 있더라도 '부당'에 그치고 따라서 행정심판의 대상은 되지만 행정소송의 대상은 되지 않는다.

Police Science

🌐 운전면허 행정처분(경찰처분) 이의신청

- 감경대상 및 사유는 다음과 같다.
- 음주운전으로 운전면허 행정처분(취소·정지)을 받은 사람 중 과거 5년 이내에 음주운전경력이 없는 사람, 벌점·누산점수 초과로 취소된 자, 운전면허 적성검사미필(해외장기체류, 병원 장기입원 등)로 취소된 자로서 운전 이외에는 가족의 생계를 감당할 수단이 없거나(※ 운전이 업무수행에 밀접한 연관이 있거나, 운전을 하지 못하면 업무수행에 현저한 지장을 초래할 수 있는 경우로서 당해 업무가 가족의 생계유지에 중요한 부분을 차지하는 경우) 모범운전자로서 처분 당시 3년 이상 교통봉사활동에 종사하고 있거나, 과거에 교통사고를 일으키고 도주한 운전자를 검거하여 경찰서장 이상의 표창을 받은 사람

2 ‖ 경찰처분의 내용

경찰처분을 경찰상의 행정행위라고 할 경우, 행정행위에는 법률행위적 행정행위와 준법률행위적 행정행위가 있다. 법률행위적 행정행위는 행정청이 표시한 의사의 내용대로 법적 효과가 생기는 것을 말한다. 준법률행위적 행정행위는 행정청의 의사여하를 불문하고 법이 직접 규정한 일정한 법적 효과가 발생하는 것이다.

그 구별 실익은 법률행위적 행정행위는 의사표시를 요소로 하므로 행정주체가 스스로 그 법적 효과를 일부 제약하는 부관附款을 붙여서 행정행위를 할 수 있다. 준법률행위적 행정행위는 그렇지 못하다.[452] 예를 들어 한약업사 면허를 허가하면서 특정 지역에서만 영업을 할 수 있다는 부관을 붙일 수 있다. 혹은 경비업 허가를 하면서 그 지역에서만 경비업을 할 수 있다는 부관을 붙일 수 있다.

---

[452] 유상현·조인성, 「행정법총론」(서울: 형설출판사, 2007), pp. 183-184.

경찰처분의 구체적 효력은 경찰처분마다 다르며, 근거법규에 의하여 정해진다. 경찰처분의 효력 종류에는 ① 공정력, ② 확정력(불가변력 및 불가쟁력), ③ 구속력, ④ 강제력 등이 있다.

경찰처분의 효력 종류	
구분	내용
공정력	• 경찰처분은 일단 성립·발효되면 하자가 있더라도 무효인 경우를 제외하고는 권한 있는 기관에 의해서 취소되기 전까지는 유효한 것으로 통용되며, 누구도 그 구속력을 부인하지 못한다. 이러한 힘을 공정력이라고 한다. • 사법상의 법률행위에서는 볼 수 없는 행정행위의 특유한 효력이다.
확정력	• 경찰처분은 법적 안정성을 위하여 처분청 자신이 함부로 취소·변경하지 하거나 상대방 기타 이해관계인이 취소를 청구하지 못하는 경우가 있다. 이러한 효력을 확정력이라고 하며, 불가변력과 불가쟁력으로 나뉜다. • 불가변력과 불가쟁력은 서로 무관하게 독립적으로 발생하는 효력이다. • 따라서 불가변력이 있는 처분이라도 쟁송기간이 경과하기 전에는 상대방 기타 이해관계인은 취소를 청구할 수 있으며, 반대로 불가쟁력이 발생한 처분이라도 확인행위가 아닌 한 처분청은 취소·변경 또는 철회할 수 있다.
불가변력	• 경찰처분이 일단 성립·발효되면 하자가 있거나 사정이 변경되더라도 행정청 자신이 취소·변경 또는 철회할 수 없는 효력을 말한다. 확인행위의 성질을 가진 처분에만 발생한다.
불가쟁력	• 경찰처분에 하자가 있더라도 상대방 기타 이해관계인이 그 처분의 취소를 청구할 수 없는 효력을 말한다. 불가쟁력은 모든 경찰처분에 대해서 발생하지만, 처음부터 발생하는 효력이 아니라 그 처분에 대한 쟁송기간이 경과한 때에 발생한다.
구속력	• 경찰처분이 일단 성립·발효되면 그 내용에 따라 일정한 법적 효과가 발생하여 상대방 및 그 밖의 관계인을 구속하는 힘을 구속력이라고 한다. • 예를 들어 경찰관이 경직법 제5조 제1항 제3호에 근거하여 위험방지를 위하여 필요하다고 인정되는 조치를 할 것을 명하면 상대방은 그 조치를 이행할 의무가 발생한다. 「도로교통법」의 규정에 의하여 운전면허가 발급되면 상대방에 대한 운전금지가 해제되어 적법하게 운전을 할 수 있게 된다.
강제력	• 경찰처분에 의하여 부과된 의무를 상대방이 스스로 이행하지 않는 경우에 경찰기관이 그 의무이행을 강제할 수 있는 힘을 강제력이라고 한다. 자력집행력과 제재력으로 구분된다. • 자력집행력은 경찰처분에 의하여 부과된 의무를 상대방이 이행하지 않는 경우에 경찰기

관이 법원의 힘을 빌리지 않고 자력으로 강제집행할 수 있는 효력이다.
- 제재력은 형벌 또는 행정질서벌 등의 제재를 과할 수 있는 효력이다.
- 이러한 효력은 모든 경찰처분이 아니라 의무를 부과하는 처분, 즉 경찰하명에만 발생하는 효력이다. 강제력은 경찰처분에 당연히 내재하는 효력이 아니라 법률이 부여하는 효력에 불과하다.

Police Science

🔍 사법처분과 행정처분(경찰처분)

- 사법처분은 법원에서 내려지는 재판 등의 결정을 말한다.
- 행정처분은 행정기관에서 행정목적 달성을 위한 행정법 위반에 대한 처분이다.
- 원칙적으로 행정처분과 사법처분은 별개이다.
- 사법처분은 받지 않았지만 행정처분은 받을 수 있다.
- 불량식품 제조로「건강기능식품에 관한 법률」위반사건의 경우, 경찰은 수사결과에 따라 사법처분 대상인지 아니면 행정처분 대상인지 구별한다.
- 경찰은 수사결과에 따라 사법처분 대상으로 판단하여 유죄의견으로 검찰에 송치했다.
- 이때 대표는 2개월간의 영업정지라는 행정처분을 받았지만, 무죄로 사법처분을 받을 수도 있다.
- 만약 벌금형의 사법처분을 받게 되면 행정처분 결과는 판결 결과에 따라 기계적으로 적용된다.
- 일반적으로 판결결과인 사법처분에 따라 행정처분이 이뤄지는 것이 보통이다.

Police Science

🔍 운전면허 행정처분(경찰처분) 불가 사례

- 새벽에 술을 마신 상태로 경찰서 주차장에서 10-20m가량 차량을 운전한(도로교통법상 음주운전) 혐의로 수사를 받은 사건의 경우, 근무지인 경찰서 안에서 음주운전을 한 경찰관은 조사 경찰관의 수사 결과에 상관없이 면허 행정처분을 받지 않는다.
- 음주경찰관은 음주운전 혐의가 인정돼 형사처벌을 받더라도 면허취소나 면허정지 등의 행정처분을 받지 않는다.
- 경찰서 주차장은 불특정 다수가 통행하는 곳이 아니라 직원 등 특정인이 이용하는 곳으로 도로교통법상 '도로'에 포함되지 않기 때문이다.

- 경찰서 직원 주차장과 민원인 주차장 모두 출입구마다 차단기가 설치돼 있고, 관리자가 통행을 통제할 수 있어 도로와 명확히 구분되는 공간이다.
- 음주경찰관은 경찰서 바깥 도로로 통하는 출입구 차단기를 넘어 운전하지는 않아 「도로교통법」상 행정처분 대상이 아니다.
- 2011년 개정된 「도로교통법」은 도로뿐 아니라 주차장, 학교 구내 등 도로가 아닌 곳의 음주운전도 처벌하도록 규정하고 있으나 '행정처분' 대상에서는 계속 제외하고 있다.
- 면허 행정처분은 '도로'에서 차량을 운행한 운전자를 대상으로 한다.

4 ∥ 경찰처분의 하자

1 하자의 의의

경찰처분을 포함한 행정행위의 하자는 위법과 부당으로 구분된다. 위법은 법(성문법 물론 불문법을 포함)이 요구하는 요건을 결한 것을 말하며, 부당은 법에는 위반되지 않지만 공익에 부적합한 것을 말한다. 기속행위의 하자는 위법뿐이며, 부당은 재량행위에만 있을 수 있다. 재량행위가 법을 위반한 경우 또는 재량권의 한계를 위반한 경우는 위법이지만, 재량권의 한계 안에서 재량권을 부적정하게 행사한 경우가 부당인 것이다.

2 하자의 효과

❶ 무효와 취소의 구별

경찰처분이 위법한 경우에는 무효인 경우도 있고, 취소할 수 있는 경우도 있다. 문제는 어떤 경우에 무효로 되는가에 있다. 위법이 중대하고 또한 명백한 경우에만 그 처분이 무효라는 것이 통설과 판례의 입장이다. 그 밖의 경우를 통틀어 단순 위법이라고 하며, 단순 위법은 취소사유에 그친다. 경찰처분이 부당한 경우에도 단순 위법의 경우와 마찬가지로 취소할 수 있는 처분이 된다.

❷ 경찰처분의 사후 소멸

무효인 처분은 처음부터 아무런 효력을 발생하지 않는다. 따라서 외관상으로는 존재하더라도 실질적으로는 존재하지 않는 것과 마찬가지다. 그러나 처분이 위법하더라도 무효인지 단지 취소할 수 있는 행위인지 구별하기는 어려운 경우가 많다. 그 처분에 의해서 법률상 이익을 침해받을 우려가 있는 사람은 그 처분이 무효임을 공적으로 확인받을 필요가 있다.

따라서 「행정심판법」과 「행정소송법」은 무효인 처분에 의해서 법률상 이익을 침해받을 우려가 있는 사람이 '무효확인심판' 또는 '무효확인소송'을 제기하여 그 처분이 무효임을 확인받을 수 있도록 하고 있다.

효력을 발생한 경찰처분의 효력이 사후에 소멸되는 원인에는 취소·철회 및 실효의 3가지 경우가 있다.

● 경찰처분의 취소

경찰처분의 취소	
구분	**내용**
취소의 의의 및 종류	• 경찰처분의 취소란 일단 성립·발효한 경찰처분이 취소사유인 하자를 가지고 있음을 이유로 사후에 권한 있는 기관이 그 효력을 소급하여 소멸시키는 행위를 말한다. • 취소는 행정청(처분청 또는 감독청)이 직권으로 하는 직권취소와 상대방 또는 이해관계인의 청구의 청구에 의해서 행정심판이나 행정소송을 거쳐 재결청이나 법원이 재결 또는 판결로써 취소하는 쟁송취소가 있다.
취소권자 및 취소권의 근거	• 직권취소는 그 경찰처분을 발한 행정청(처분청) 또는 감독청이 할 수 있다. 처분청은 따로 취소에 관한 법적 근거가 없더라도 하자있는 경찰처분을 당연히 취소할 수 있다. • 쟁송취소는 재결청 및 법원만이 할 수 있다.
취소사유	• 취소의 사유는 그 처분이 성립 당시부터 가지고 있는 하자이다. 다만, 법원에 의한 쟁송취소의 사유는 부당을 제외한다.
취소권의 제한	• 취소권의 제한은 직권취소에만 적용되며, 쟁송취소의 경우에는 취소사유가 인정되면 사정재결 또는 사정판결을 하는 경우를 제외하고는 항상 취소를 해야 한다.
취소의 형식	• 직권취소는 그 자체가 하나의 행정행위이다. 쟁송취소는 재결 또는 판결의 형식으로 이루어진다.
취소의 절차	• 수익적 경찰처분의 취소는 그 자체가 침해적 경찰처분이므로 행정절차법이 요구하는 불이익처분의 절차(사전통지·의견청취)를 거쳐야 한다.
취소의 효과	• 취소의 효과는 소급한다. 경찰처분이 취소되면 처음부터 그 처분이 없었던 것과 같은 상태로 된다.

● 경찰처분의 철회

경찰처분의 철회	
구분	내용
철회의 의의	• 경찰처분이 아무런 하자 없이 적법·타당하게 성립하였으나 법적·사실적 사정의 변경에 따라 그 처분의 효력을 장래에 한하여 소멸시키는 행위를 말한다. • 철회는 항상 직권에 의해서 이루어지고, 쟁송에 의한 철회란 없다.
철회권자 및 철회권의 근거	• 철회는 그 처분을 한 행정청, 즉 처분청만이 할 수 있다. 감독청은 법률에 명문의 근거가 없는 한 하급행정청의 처분을 철회할 수 없다. • 처분청이 철회를 함에 있어서 법률의 근거가 필요한지에 대해서는 학설이 나뉜다. 판례는 철회에 관한 별도의 법률상 근거가 없어도 철회할 수 있다고 한다.[453]
철회사유	• 공익상 행정행위의 효력을 더 존속시킬 수 없는 새로운 사정이 발생하면 철회할 수 있다. 대표적인 경우로는 법령의 개폐를 들 수 있다. 실제로는 상대방의 의무위반을 이유로 하는 경우가 가장 많다.
철회권의 제한	• 수익적 경찰처분은 상대방의 이익을 보호하기 위하여 철회가 제한된다.
철회의 형식	• 경찰처분을 철회하는 행위는 그 자체가 하나의 행정행위이다.
철회의 절차	• 수익적 경찰처분의 철회는 행정절차법이 요구하는 사전통지 및 의견청취의 절차를 거쳐야 한다.
철회의 효과	• 철회의 효과는 장래에 향해서만 발생한다. 철회 전에 그 처분을 전제로 이루어진 법률관계는 유효하게 존속한다. • 수익적 경찰처분의 철회에 의해서 상대방이 본인의 귀책사유 없이 특별한 손실을 입은 경우에는 그 손실을 보상해야 한다.

● 경찰처분의 실효

경찰처분의 실효란 일단 유효하게 성립한 경찰처분이 사후에 일정한 사정의 발생으로 인하여 권한 있는 기관의 행위에 의하지 않고 당연히 그 효력이 소멸되는 것을 말한다. 그 사유로는 목적물의 소멸, 상대방의 사망, 목적의 달성, 해제조건의 성취 또는 종기의 도래 등이 있다.

경찰처분의 실효는 무효의 경우와 마찬가지로 특별한 절차나 확인을 요하지 않는다. 실효여부에 관한 의문이나 다툼을 제거하기 위하여 공권적으로 실효되었음을 확인할 필요가 있는 경우에는 실효확인심판이나 실효확인소송을 제기할 수 있다.

---

453 대법원 1984.11.13. 선고 84누269판결.

무효와 취소의 구별	
행정쟁송에 있어서의 구별실익	• 취소할 수 있는 행정행위의 경우에는 취소심판과 취소소송에 의해 취소를 구할 수 있다. • 무효인 행정행위에 대해서는 무효확인심판과 무효확인소송에 의해 무효확인을 구할 수 있다.
행정불복 제기기간과의 관계	• 취소쟁송은 단기의 제기기간 내에 제기되어야 한다. • 무효확인쟁송을 제기함에는 그러한 제한이 없다.
행정행위의 효력	• 무효인 행정행위는 행정행위가 애초부터 효력을 발생하지 않는다. 무효인 행정행위에는 공정력, 불가쟁력이 인정되지 않는다. • 취소할 수 있는 행정행위는 공정력이 인정되어 권한 있는 기관에 의해 취소되기 전까지는 유효하다. • 취소할 수 있는 행정행위에 대해서 일정한 불복기간 내에 행정심판이나 행정소송을 제기하지 않으면 불가쟁력이 발생한다.
하자의 치유와 전환과의 관계	• 통설에 의하면 하자의 치유는 취소할 수 있는 행정행위에 대해서만 인정된다. • 하자의 전환은 무효인 행정행위에 대해서만 인정된다고 보므로 이와 관련하여 무효와 취소를 구별할 실익이 있다.

사례	
내용	• 자동차운수업을 하는 홍길동씨는 음주운전으로 강남경찰서로부터 자동차운전면허취소통지서를 받았다. 이에 대해 이의를 제기하고자 한다.
피청구인	• 도로교통법 제78조 및 제79조에 의하면 시·도경찰청장만이 운전면허를 취소시킬 수 있고 또한 그 운전면허증의 반납을 명할 수 있다. 무효 내지 취소를 구할 수 있는 상대방은 그 당해 처분을 실제로 행한 경찰서장이지 당해 처분을 할 수 있는 적법한 권한을 가지고 있는 시·도경찰청장이 아니다. 따라서 그 처분을 행한 경찰서장을 피청구인(처분청)으로 하여 행정심판을 청구하여야 한다.
심판청구서 제출기간	• 자동차운전면허취소 통지서를 받은 송달일로부터(처분이 있음을 안 날로부터) 90일 이내에 시·도경찰청장에게 면허취소의 부당 또는 불편함에 대해 심판을 요구하는 심판청구서를 제출하여야 한다.
재결청	• 경찰행정의 재결청은 행정심판법 제5조 제5항에 의하여 경찰청장이 된다.
재결	• 재결은 재결청 또는 피청구인이인 행정청이 심판청구서를 받은 날로부터 60일 이내에 하여야 한다. 다만, 부득이한 사정이 있을 때에는 30일을 연장할 수 있다. 위 사건의 재결은 국무총리행정심판위원회(위원장: 법제처장)에서 심판청구일로부터 60일 이내지만 30일간 연장가능하므로 최장 90일 이내에 재결이 이루어지게 된다.

결론	• 위 사례에서 경찰서장은 아무런 권한 없이 청구인에 대하여 운전면허를 취소시키고 또한 그 운전면허증의 반납을 명한 것이므로 이는 권한없는 자에 의하여 이루어진 처분으로서 무효가 된다. • 만약 국가를 당사자로 하는 소송 및 행정소송의 수행에 있어서는 법무부장관의 지휘를 받게 된다.

Police
Science

경|찰|학|총|론

제**6**장 행정행위

제1절 법률행위적 행정행위와 준법률행위적 행정행위

　법률행위적 행정행위와 준법률행위적 행정행위를 구별하는 가중 중요한 요소는 행정청의 효과의사 유·무이다. 법률행위적 행정행위는 행정청의 효과의사 표시를 요소로 한다. 원칙적으로 부관이 가능하다. 그 법적 효과는 행정청이 원하는 대로 발생한다.

　반면, 준법률행위적 행정행위는 행정청의 효과의사가 없다. 행정행위의 구성요소가 행정청의 의사표시가 아닌 판단·인식·관념의 표시 등과 같은 정신작용이다. 그 법적 효과는 행정청의 효과의사가 없어도 법규에 직접 규정된 대로 발생한다.

행정행위	
구분	종류
행정청의 효과의사 유무	• 법률행위적 행정행위 • 준법률행위적 행정행위
법률효과	• 수익적 행정행위 • 침해적 행정행위 • 복합적 행정행위
행위형식 필요 여부	• 불요식 행정행위 • 요식 행정행위
상대방의 협력 필요 여부	• 일방적 행정행위 • 쌍방적 행정행위
행정청의 법규 구속 여부	• 기속행위 • 재량행위

1 ║ 법률행위적 행정행위

법률행위적 행정행위는 일정한 형식을 필요하지 않는 불요식 행위이다. 행정심판의 재결, 납세의 독촉과 같은 요식행위가 필요 없는 불요식행위이다. 법률행위적 행정행위는 그 법률효과의 내용에 따라 명령적 행정행위와 형성적 행정행위로 나뉜다. 명령적 행정행위는 주로 의무와 관련이 있다. 형성적 행정행위는 주로 권리와 관련이 있다.

1 명령적 행정행위

명령적 행정행위(적법요건)는 국민의 자연적 자유를 내용으로 하는 행위이다. 개인이 원래부터 가지고 있던 자연적 자유를 제한하거나, 그 제한을 해제하는 행위이다. 주로 의무와 관련이 있다. 이에는 하명, 허가, 면제 등이 있다. 하명에는 작위·부작위·수인·급부하명 등이 있다. 예를 들어 경찰하명에는 야간통행금지, 집회신고의무, 부패식품판매금지, 좌측통행금지 등이 있다.

허가는 부작위 의무를 해제하는 행위를 말한다. 허가에는 대인적 허가와 대물적 허가 그리고 혼합적 허가가 있다. 대인적 허가에는 일반음식점 영업허가, 운전면허, 의사면허 등이 있다. 대물적 허가에는 건축허가, 차량검사합격증 등이 있다. 혼합적 허가에는 총포제조업 허가 등이 있다.

면제는 작위·급부·수인의무를 해제하는 행위를 말한다. 해제되는 의무의 종류를 제외하고는 허가와 성질·효과가 동일하다. 면제에는 일부 시험의 면제, 수수료의 일부 면제, 징집면제, 조세면제 등이 있다.

2 형성적 행정행위

형성적 행정행위(유효요건)는 상대방에게 권리 그 밖의 법률상의 힘을 설정·변경·박탈하거나 법적 지위를 설정하는 처분을 말한다. 주로 권리와 관련이 있다. 형성적 행정행위에는 특허, 인가, 대리 등이 있다.

특허는 상대방에게 그가 원래 가지고 있지 않은 새로운 권리나 신분 등 법률상의 힘을 설정하는 처분을 말한다. 예를 들어 기업의 특허, 어업면허, 귀화허가 등이 있다.

인가는 상대방의 법률행위(단독행위·계약·합동행위)를 보충하여 그 효력을 완성시켜주는 처분을 말한다. 예를 들어 비영리법인 설립인가, 공공조합 설립인가, 도로교통 안전관리공단의 정관 변경의 인가, 도로교통안전관리공단의 이사 임명 또는 해임의 승인 등이 있다.

대리(공법상 대리)는 경찰기관이 상대방을 대신하여 행하는 행위로서 그 행위의 법적 효과가 상대방에게 귀속하는 것을 말한다. 민법상의 대리와 구별하기 위해서 공법상의 대리라고도 한다. 예를 들어 공매행위, 행려병사자의 유류품 처분, 과태료 강제징수, 압류재산의 매각 등이 있다.

법률행위적 행정행위					
명령적 행정행위			형성적 행정행위		
하명	허가	면제	특허	인가	대리

· 통행금지
· 집회신고의무
· 총포거래금지
· 부패식품판매금지
	· 일반음식점영업
	  허가
	· 건축허가
	· 총포제조업허가
		· 시험면제
		· 징집면제
		· 조세면제
			· 기업특허
			· 어업면허
			· 귀화허가
				· 비영리법인설립인가
				· 공공조합 설립인가
					· 공매행위
					· 행려병사자의
					  유류품 처분

2 ‖ 준법률행위적 행정행위

준법률행위적 행정행위는 경찰기관의 의사표시가 아닌 정신작용의 표현(판단·인식·사실의 통지 등)을 내용으로 하는 처분을 말한다. 의사표시(효과의사표시) 이외의 정신작용(판단·인식·관념)을 요소로 하고, 원칙적으로 부관을 붙일 수 없는 요식행위이며, 효과는 법률의 규정에 따라 발생한다. 법률효과의 내용에 따라 확인행위, 공증행위, 통지행위, 수리행위로 구분한다.[454]

---

[454] 최용규, 전게서, p. 231.

1 확인행위

확인행위란 특정한 사실 또는 법률관계의 존부 또는 정부^{正否}에 관하여 의문이 있거나 다툼이 있는 경우에 행정청이 이를 공권적으로 그 존부 또는 정부^{正否}를 판단하는 행위를 말한다. 확인행위는 사실 또는 법률관계를 확인하는 행위이므로 행정청에게 재량권이 인정될 수 없고 따라서 기속행위이다.

예를 들어 당선인 결정, 국가시험합격자의 결정, 교과서의 검증, 발명특허, 도로구역 또는 하천구역의 결정, 이의신청의 재결, 행정심판의 재결, 소득금액의 결정, 운전면허시험의 합격 여부 결정, 주차금지구역의 지정 등이 그 예이다.

2 공증행위

공증행위란 특정의 사실 또는 법률관계의 존재를 공적으로 증명하는 행위를 말한다. 공증행위의 효력은 사실 또는 법률관계의 존재에 대해서 공적 증명력을 부여하는 것이다. 그러나 영업허가 후의 영업허가증의 교부는 영업허가를 받은 자의 법적 지위에 어떠한 영향도 미치지 않으므로 사실행위에 불과하다.

예를 들어 부동산 등기, 선거인명부에의 등록, 여권발급, 운전면허증과 같은 각종 증명서의 교부, 자동차운전학원의 등록과 같은 공부^{公簿}에의 등록·등재 등이 그 예이다.

3 통지행위

통지행위란 특정인 또는 불특정다수인에게 특정한 사실을 알리는 행정행위를 말한다. 통지행위는 그 자체가 일정한 법률효과를 발생시키는 행정행위이다. 통지행위는 행정행위의 효력발생요건인 통지 또는 고지와 구별되어야 한다. 단순한 사실의 통지(당연퇴직의 통보, 법률효과를 발생시키지 않는 경고)도 통지행위가 아니다.

예를 들어 사업인정의 고지, 특허출원의 공고, 귀화의 고시, 납세의 독촉, 도로의 일정한 구간에 대한 통행금지 또는 제한의 공고, 경찰행정청이 행정대집행법에 의하여 대집행을 하는 경우의 계고 등을 들 수 있다.

4 수리행위

수리행위란 법상 행정청에게 수리의무가 있는 경우에 신고, 신청 등 타인의 행위를 행정청이 적법한 행위로써 받아들이는 행위를 말한다. 경찰행정청이 사인의 행위를 유효한 행위로서 받아들이는 행위를 말한다. 수리행위는 행정청의 수리의무를 전제로 하여 행해지는 행정행위이다.

따라서 수리행위는 내부적 사실행위인 단순한 접수행위와 구별되어야 한다. 수리에 의한 법적 효과는 법률이 정하는 바에 의한다. 혼인·출생신고의 경우 신분상 법적 지위에 변동이 일어난다.

예를 들어 사직원의 수리, 행정심판청구서의 수리, 혼인신고서의 수리, 교통사고의 신고, 자동차운전학원의 휴·폐원 신고 등이 그 예이다.

준법률행위적 행정행위			
확인	공증	통지	수리
• 국가시험합격자 결정 • 당선인 결정 • 발명특허	• 토지대장 등재 • 여권발급 • 운전면허증교부	• 특허출원 공고 • 대집행 계고 • 납세의 독촉	• 사직원 수리 • 행정심판청구서 수리

제2절 명령적 행정행위

1 명령적 행정행위의 의의

명령적 행정행위란 국민에 대하여 작위·부작위·수인·급부 등의 의무를 명하거나 혹은 이러한 의무를 면제하는 행정행위를 말한다. 경찰의 목적은 주로 사회장해의 제거에 있으므로 일정한 행위를 금지시키는 부작위하명이 가장 많다.

이는 공공의 필요에 의하여 자연적 자유를 제한하거나 그 제한을 해제시켜 주는 행위라는 점에서 개인에게 권리 또는 능력을 설정·변경·소멸시키는 행위인 형성적 행정행위와 구별된다. 명령적 행정행위는 그 내용에 따라 다시 하명·허가·면제로 나누어 볼 수 있다.

2 ║ 하명(경찰하명)

1 의의

하명이란 행정청이 행정 목적을 달성하기 위하여 국가의 일반통치권에 근거하여 사인에게 일정한 작위·부작위·수인 또는 급부 등의 의무를 부과하는 것이다. 이 중에서 부작위의무를 명하는 것을 특히 금지라고 한다.

하명은 새로운 의무를 과하는 것을 내용으로 하므로 부담적 행정행위에 속한다. 따라서 법령의 근거를 요한다. 하명은 부담적 행정행위이기 때문에 기속행위의 성질을 가진다. 하명은 다른 행정행위의 경우와 같이 일반적으로 요구되는 형식이 없으므로 특별한 규정이 없는 한 불요식행위에 속한다. 하명은 주로 개인에게 일정한 의무를 과하는 것을 내용으로 한다. 그 내용의 명확성이 요구되므로 법령에 의한 형식이 요구되는 경우가 많다.

Police Science
⊕⚲ 행정절차법(시행 2022. 7. 12.)

제24조(처분의 방식) ① 행정청이 처분을 할 때에는 다른 법령 등에 특별한 규정이 있는 경우를 제외하고는 문서로 하여야 하며, 다음 각 호의 어느 하나에 해당하는 경우에는 전자문서로 할 수 있다.

경찰하명의 성립요건과 효력발생	
구분	**내용**
주체	• 경찰하명은 경찰행정청만이 할 수 있는 것이 원칙이다. 그러나 경찰하명은 성질상 현장에서 즉시 행해져야 하는 경우가 많다. • 법률이 조직법상 행정청이 아닌 경찰공무원에게 경찰하명을 할 수 있는 권한을 부여하는 경우가 많다(경직법상의 위험발생의 조치 등). • 이 경우에는 경찰공무원 개개인이 행정쟁송법상의 행정청으로 간주된다.
내용	• 경찰하명도 그 내용이 적법하고 적합하며 가능하고 명확하여야 한다. • 다만, 경찰기관에 판단여지가 부여되는 경우가 많은 것이 특징이다.
형식	• 행정행위는 문서로 하는 것이 원칙이다.[455] • 따라서 경찰하명도 문서로 하는 것이 원칙이다. 하지만 경찰하명은 성질상 현장에서 즉시 이루어지는 경우가 많으므로 구두에 의한 경우도 있다. • 경찰공무원의 동작이나 표지 또는 자동화된 기계에 의한 하명이 많은 것도 경찰하명의 특징이다. • 예를 들어 교통경찰관의 수신호는 동작에 의한 하명이다. • 안전표지에 의한 통행제한이나 속도제한은 표지에 의한 하명이다. • 적색신호 등에 의한 횡단금지는 자동화된 기계에 의한 하명이다.
절차	• 경찰하명은 전형적인 불이익처분이므로 사전통지와 의견청취의 절차를 거치고 또한 이유를 제시해야 하는 것이 원칙이다. • 그러나 현장에서 즉시에 행해지는 경찰하명은 성질상 사전통지 및 의견청취의 절차를 거칠 수 없는 경우가 많다.
표시	• 경찰하명도 상대방에게 표시함으로써 성립하고 효력을 발생한다. • 개별하명의 경우에는 통지, 일반 하명의 경우에는 공고에 의한다. • 문서나 구두가 아닌 동작·표지 또는 기계의 의한 하명의 경우에도 상대방이 이를 볼 수 없는 상태라면 표시가 있었다고 볼 수 없고, 따라서 하명으로 성립하지 못한다.
효력발생	• 경찰하명도 정지조건이나 시기가 붙어 있지 않는 한 성립 즉시 효력을 발생한다.

2 경찰하명의 종류

경찰하명은 내용에 따라서 작위·부작위·수인·급부 하명 등이 있다. 대상에 따라서는 대인적·대물적·혼합적 하명 등이 있다.

---

[455] 「행정절차법」 제24조(처분의 방식).

경찰하명의 종류	
종류	내용
작위 하명 (해라)	• 작위하명은 작위의무를 부과하는 경찰하명이다. 위험발생 방지를 위하여 필요한 조치를 하도록 명하는 것이다. • 불법집회·시위의 해산명령이 그 예이다. • 작위하명에 의해서는 일정한 행위를 적극적으로 해야 할 의무가 발생한다.
부작위 하명 (하지 마라)	• 부작위하명은 부작위의무, 즉 특정한 행위를 하지 않을 의무를 부과하는 경찰하명이다. • 대간첩작전지역에서의 통행의 제한·금지, 도로교통법에 의한 도로의 통행금지·제한 등이 그 예 이다. • 부작위하명(금지)에 의해서는 일정한 행위를 하지 않을 의무가 발생한다.

수인
하명
(참아라)
	• 수인하명은 수인의무, 즉 경찰기관의 실력행사에 대하여 항거하지 않을 의무를 부과하는 경찰하
	  명이다.
	• 수인하명은 독립적으로 발해지는 경우는 없고, 경찰기관의 실력행사(경찰상 즉시강제, 경찰상의
	  강제집행)에 부수하여 발해지거나 또는 그것에 내포되어 행해진다.
	• 수인하명에 의해서는 행정청에 의한 실력행사를 감수하고 이에 저항하지 않을 의무가 발생한다.

급부 하명 (돈내라)	• 급부하명은 금전이나 물건을 급부할 의무를 부과하는 경찰하명이다. • 범칙금의 통고처분이나 과태료의 부과처분이 그 예이다. • 급부하명에 의해서는 금전적 가치가 있는 것을 제공할 의무가 발생한다.

경찰하명의 대상	
종류	내용
대인적 하명	• 특정인에게 개인적 사정에 중점을 두고 행하는 하명이다. • 대인적 하명에 의해 발생된 경찰의무는 이전 또는 승계되지 않는다.
대물적 하명	• 특정의 물건이나 설비 등 물적 사정에 중점을 두고 행해진 하명이다. • 하명의 효과는 그 상대방뿐만 아니라 승계인에게 이전 또는 승계된다.
혼합적 하명	• 대물적 하명이면서 동시에 대인적 하명의 요소가 함께 있는 경우이다. • 원칙적으로 이전이 제한된다.

3 경찰하명의 효과

❶ 경찰의무의 발생과 자연적 자유의 제한

경찰하명의 효과는 경찰의무의 발생이다. 경찰의무는 경찰하명을 받은 각인에게 인정된 자연적 자유를 사회공공의 질서유지를 위해 제한하는 것이다. 그러나 경찰하명의 효과가 자유의 제한에 있으므로, 경찰하명에 위반한 사법상의 계약 또는 법률행위에 영향을 미치는 것은 아니다. 경찰하명에 대한 위반의 경우, 그 행위의 법률상 효과에는 영향이 없는 것이 원칙이다.

경찰하명의 수명자는 국가 또는 지방자치단체에 대하여 의무를 이행할 의무를 부담하는 것이고 제3자에 대하여 법상의 의무를 부담하는 것은 아니다. 예를 들어「의료법」제15조(진료거부 금지 등)의 의사의 진료의무는 국가에 대한 의무이지 환자에 대한 의무는 아니다. 따라서 이 경우에 환자는 반사적 이익을 누릴 뿐이다.

Police Science

🔍 경찰의무 위반과 법률행위

- 경찰하명은 직접 상대방에게 작위·부작위 등의 의무를 부과할 뿐, 상대방에게 행하는 행위의 법률적 효력을 좌우하는 효과를 가지지 않는다.
- 예를 들어 경찰행정청이 특정인에게 어떤 물건(총포·도검)의 판매를 금하였는데, 그 사람이 그 명령을 어기고 물건을 판매한 경우, 경찰청의 명령(매매금지명령)을 위반하여 행한 매매의 법적 효력(허가업자와 물건을 산 사람과의 매매계약의 효력)이 부인되지 않는다.

Police Science

🔍 의료법(시행 2021. 12. 30.)

제15조(진료거부 금지 등) ① 의료인 또는 의료기관 개설자는 진료나 조산 요청을 받으면 정당한 사유 없이 거부하지 못한다.

4 새로운 법률관계의 발생과 효과의 범위

경찰하명의 직접 효과인 경찰의무이행의 결과, 사법상 또는 공법상의 법률관계의 변화를 가져오기도 한다. 의사가 경찰의무인 진료의무를 이행한 결과 환자와 의사 사이의 사법상의 계약관계가 성립한다. 전염병 환자를 국공립병원에 강제수용함으로써 공법상의 특별권력관계가 성립한다. 사회장애를 제거하기 위해 특정인에게 경찰의무를 부과한 결과, 재산상의 특별한 손해를 끼친 경우 공법상의 손실보상의 문제가 제기되기도 한다.

효과의 범위	
대인적 범위	• 경찰하명의 효과로서 발생하는 의무는 하명의 직접 상대방에게만 발생하는 것이 원칙이다. 그러나 대물적 하명의 경우에는 그 물건이 양도되면 양수인에게 그 의무도 이전된다.
지역적 범위	• 경찰하명의 효과는 처분청의 관할구역 안에만 미치는 것이 원칙이라고 설명하는 것이 보통이다.

5 경찰하명의 위반 형태

경찰하명의 위반 형태에는 경찰의무의 불이행과 경찰의무위반이 있다. 경찰의무 불이행의 경우는 경찰상 강제집행이 행해진다. 경찰상 강제집행의 수단으로 대집행·강제징수·집행벌·직접강제가 있다. 또 강제집행의 수단이 없는 경우에는 경찰벌을 과하도록 규정하는 것이 보통이다. 경찰의무에 위반하는 경우에는 경찰벌을 과하는 것이 일반적이다. 경찰하명에 과해진 의무를 이행하지 않는 자에 대해서는 행정상 강제집행이나 행정벌의 대상이 된다. 다만, 법률의 근거를 요한다.

6 경찰하명의 하자와 권리구제

경찰하명에 흠(하자)이 있는 경우에는 그 하자의 정도에 따라서 무효 또는 취소원인이 되고, 경찰법률이나 명령이 헌법과 법률에 위반된 경우에는 위헌 또는 위법의 문제가 발생한다.

따라서 무효원인이 있는 하명에 대해서는 이행의 의무가 없고, 이에 대한 집행에 대한 반격행위는 정당방위가 성립하여, 공무집행방해죄가 성립하지 않는다. 이와는 달리 취소의 원인이 있는 경우에는 비록 그것이 위법하더라도 권한 있는 기관에 의하여 취소되기까지는 행정행위의 공정력에 의하여 구속력이 있다.

경찰하명에 대한 권리구제	
구분	내용
행정 쟁송	• 경찰하명은 행정쟁송법상의 처분으로서, 하자 있는 경찰하명에 의해서 법률상 이익을 침해당한 자는 행정심판 및 행정소송을 제기할 수 있다. 그러나 실제로는 경찰하명 중에는 성립·

		발효 즉시 그 하명에 부과된 의무의 이행이 끝나 하명의 효력이 소멸되는 경우가 많고, 이 경우에는 소의 이익이 부정되어 행정쟁송이 실효적 구제수단이 되지 못하는 경우가 많다.
국가 배상	손해 배상	• 위법한 경찰하명에 의하여 손해를 입은 자는 국가를 상대로 국가배상을 청구할 수 있다. 그러나 위법한 경찰하명을 발한 경찰공무원 개인에 대하여는 고의 또는 중과실이 있는 경우에만 손해배상을 청구할 수 있다는 것이 판례의 태도이다.
	손실 보상	• 적법한 경찰하명에 의하여 특별한 희생에 해당하는 손실을 입은 자에 대해서는 국가가 그 손실을 보상하여야 한다. 그러나 손실보상은 법률의 근거를 요하는 바, 현행법상 경찰하 명에 의한 손실의 보상에 관한 일반법은 없다. 따라서 개별보상 규정이 있는 경우에는 문 제가 없지만 그 밖의 경우에는 문제가 발생한다.

3 ‖ 허가(경찰허가)

1 의의 및 성질

경찰허가란 공공의 안녕·질서유지를 위한 일반적·상대적 금지를 특정한 경우에 특정인에 대하여 해제함으로써 적법하게 그 행위를 할 수 있도록 하는 경찰처분을 말한다. 경찰허가는 경찰행정의 가장 전형적인 수단 중 하나이다. 실정법상 경찰허가의 예로는 운전면허, 승차정원·적재중량 등의 초과의 허가, 총포·도검·화약류의 제조업허가, 총포·도검·화약류 등의 소지허가, 화약류제조보안책임자·관리보안책임자의 면허, 사격장 설치허가, 유선사업 및 도선사업의 면허 등이 있다.

이처럼 경찰허가란 특정한 경우에 경찰금지를 해제하여 일정한 행위를 적법하게 할 수 있도록 자연적 자유를 회복시켜 주는 경찰처분을 말한다. 금지에는 절대적 금지와 상대적 금지가 있는데, 허가는 상대적 금지를 해제하는 것을 말하므로 절대적 금지는 허가의 대상이 될 수 없다. 절대적 금지의 해제를 예외적 승인(예외적 허가)이라 한다.

Police Science

🌐 일반적·상대적 금지

• 허가는 일반적·상대적 금지의 존재를 전제로 한다.

• 일반적 금지란 불특정다수인 또는 전 국민을 상대로 하는 금지이며, 특정인에 대한 금지를

의미하는 개별적 금지에 구별된다.

- 일반적 금지는 절대적 금지, 상대적 금지, 억제적 금지로 구분된다.
- 절대적 금지는 어떤 행위자체가 사회적 해악으로 인정되기 때문에 예외 없이 절대적으로 금지되는 경우(예를 들어 살인 등)이다.
- 상대적 금지는 행위자체가 해악은 아니지만 그것을 행하는 방법 여하에 따라 사회에 해악을 끼칠 수도 있기 때문에 일단 일반적으로 금지해 놓고 심사를 거쳐 해악을 끼칠 염려가 없는 경우에는 금지를 해제해 주는 경우(예를 들어 자동차운전 등)이다.
- 억제적 금지는 행위자체는 해악으로 인정되고 있지만 예외적으로 특정한 경우 특정인에 한하여 그 행위를 허용하더라도 해악이 없을 것으로 인정되는 경우(예를 들어 총기의 소지·사용 등)이다.

🌐 경찰허가의 성질

- 경찰허가의 성질은 명령적 행위이며, 기속행위이다. 경찰허가는 자연적 자유를 회복시켜 준다는 점에서 권리나 능력 기타의 법률상의 힘을 설정하여 주는 형성적 행위와 다르다. 허가는 수익적 경찰처분이지만 원칙적으로 기속행위로 해석한다.

2 형식과 요건

❶ 허가의 형식

허가의 형식은 행정행위의 형식으로만 이루어진다. 보통 서면으로 이루어지지만 요식행위는 아니다. 경찰허가는 원칙적으로 상대방의 출원을 요하는 쌍방적 행정행위이다. 서면으로 행해지는 것이 보통이나 법령에 특별한 규정이 없는 한 불요식행위이다.

❷ 허가의 요건과 종류

허가는 상대방의 협력(특히 신청)을 요하는 행정행위이다. 허가의 요건으로는 신청·시험·수수료나 조세의 납부·공적증명의 교부 등이 있다. 그러나 항상 상대방의 신청(출원)을 요하는 것은 아니다. 신청을 전제로 하지 않는 허가도 있다(통행금지의 해제 등).[456]

---

456 박균성, 전게서, p. 262.

허가의 요건	
구분	내용
신청	• 경찰허가는 공익상 필요보다도 당사자의 이익을 위한 것이 보통이기 때문에 법령에 특별한 규정이 없는 한 당사자의 신청을 필요로 하는 쌍방적 행정행위이므로 신청이 없는 허가는 무효이다.[457] • 경찰허가가 재량허가인 때에는 반드시 허가내용이 신청내용과 일치될 필요가 없으며, 신청내용의 일부를 변경하여 허가하거나 부관을 붙여 허가(수정허가)하는 것도 가능하다. • 다만, 예외적으로 신청없이 직권으로 일반허가를 할 때가 있다(예를 들어 특정한 특정 외래품 수입금지의 일반적 해제, 계엄하에서의 보도관제사항의 해제를 신문사에 통고).
시험 및 검사 등	• 자동차운전면허와 같이 일정한 시험·검사 등에 합격한 자에 대해서만 경찰허가를 부여하는 경우, 시험·검사 등 합격결정(확인행위)을 거치지 않은 경찰허가는 무효이다.
수수료 및 조세의 납부	• 경찰허가에 대해서 수수료를 징수하는 경우로는 면허시험, 면허증의 교부·재교부 등의 수수료가 그 예이다. • 허가를 받은 자에게 조세를 납부하게 하는 경우로는 의사면허세 등이 있다.
공적 증명	• 허가 받은 자와 받지 않은 자를 구별하기 위해서 법령의 규정에 의해서 일정한 형식에 의한 공증행위를 허가의 효력발생요건으로 할 때가 많다. • 예를 들어 자동차 운전면허의 효력은 운전면허증을 본인 또는 대리인에게 교부한 때부터 발생한다.
다른 법령에서 정한 요건과의 관계	• 하나의 경찰허가의 요건에 대해서 입법목적을 달리하는 2개 이상의 경찰법령이 정하고 있는 경우가 있다. • 이 경우에는 이들 법령이 정한 모든 여건을 갖추어야 허가를 받을 수 있다. • 예를 들어 주유소허가를 받기 위해서는 「석유 및 석유대체연료 사업법」·「건축법」 등의 요건을 모두 갖추어야 한다.

허가의 종류		
구분	내용	사례
대인적 허가	• 사람의 주관적 요소를 심사대상으로 하는 허가 • 이전불가능	운전면허, 의사면허
대물적 허가	• 물건의 객관적 사정에 착안하여 하는 허가 • 이전 가능	자동차검사
혼합적 허가	• 사람과 물건을 모두 심사대상으로 하는 허가 • 이전 제한	총포류제조허가

---

[457] 경찰대, 전게서, p. 163.

3 허가의 효과

❶ 경찰금지의 해제

경찰허가의 효과는 경찰금지를 해제하여 자연적 자유를 회복시켜 주는 데에 있다. 경찰 금지의 해제가 사실상의 독점적 경제적 이익이 생기는 경우도 있으나 이는 반사적 이익에 지나지 않는다. 그러나 법규의 성질이 공익만을 보호하고 있지 않고, 사익도 보호하고 있는 경우에는 법률상 이익이 인정된다.

경찰허가는 경찰상의 금지만 해제하여 줄 뿐이고, 타 법률상의 제한까지 해제하여 주는 것은 아니다. 예를 들어 운전면허를 받은 자는 적법하게 운전이라는 행위를 할 수 있지만, 운전과 관련된 어떤 권리를 취득하는 것은 아니다. 이 점에서 특정인에 대해서 일정한 권리 그 밖의 법률상의 힘을 부여하는 특허와 구별된다.

❷ 무허가 행위의 효과

허가 대상행위를 허가받지 않고 행한 경우에는 행정벌의 대상이 되는 것이 보통이다. 원상회복 의무가 부과되고, 그 불이행에 대해서 행정상 강제집행이 이루어지는 경우도 있다. 다만, 어느 쪽이나 법률의 근거를 요한다. 경찰허가의 대상이 되는 행위는 주로 사실행위이다(예를 들어 운전, 총포의 소지 등). 그러나 때로는 법률행위를 대상으로 하는 경찰허가도 있을 수 있다. 화약류의 양도·양수허가가 그 예이다.

허가를 받지 않고 그 행위를 하면 처벌을 받지만 그 행위의 법적 효력에는 영향이 없다. 이 점에서 허가는 대상 행위의 적법요건으로서 법률행위의 유효요건인 인가와는 본질적인 차이가 있다. 예를 들어 화약류의 양도허가를 받지 않고 화약류를 양도하면 양도인이 처벌을 받지만, 양도행위 자체는 유효하며, 양수인은 소유권을 취득한다.

4 경찰허가의 하자

❶ 경찰허가의 무효

무효는 처음부터 아무런 효력이 없는 행정행위이다. 취소 또는 철회는 행정행위의 효력을 소멸시키는 행정청의 의사표시를 필요로 하는 점에서 차이가 있다. 경찰허가의 하자가 중대하고 명백하여 무효인 경우, 그러한 허가에 따라 행위를 한 자는 결과적으로 경찰금지를 위반하게 된다. 본인에게 귀책사유 없이 그 경찰허가가 무효임을 알지 못한 경우를 제외하고는 경찰벌의 대상이 된다.

❷ 경찰허가의 취소

반드시 그 허가를 취소하도록 법령이 규정하고 있는 경우 혹은 일정한 취소원인이 있는 경우에는 경찰관청은 반드시 그 허가를 취소해야 한다. 법령은 일정한 취소원인이 있는 경우에 경찰허가를 취소할 것인지의 여부를 경찰관청의 재량에 맡긴 경우가 많다. 이 경우의 재량은 경찰목적 및 경찰비례의 원칙에 의해서 제한받는 기속재량이다.

경찰허가에 하자가 있는 경우, 그 경찰허가는 하자의 정도에 따라 무효 또는 취소의 원인이 된다. 그러나 일정한 취소 원인이 있는 경우에 경찰관청에게 취소 여부를 맡긴 경우가 많다. 이 경우는 경찰의 목적과 경찰비례의 원칙에 의해 제한을 받는 기속재량이다. 취소의 경우 일단 경찰허가를 받은 자가 사업에 착수한 경우에는 허가의 취소가 허가의 거부를 정당화할 정도 이상의 중대한 경찰상의 필요가 있는 경우가 아니면 허가를 취소할 수 없다.

❸ 경찰허가의 철회

하자의 효과는 아니지만 경찰허가의 취소와 관련하여 구별해야 되는 개념이 철회이다. 일반적인 행정행위와 마찬가지로 허가된 행위가 사후에 공공의 안녕과 질서에 반하게 된 경우, 허가를 받은 자가 상당한 기간 내에 허가된 행위를 실행하지 않은 경우 등에는 철회할 수 있다. 이때 취소의 경우보다 더 강한 제한을 받는다.

5 경찰허가에 대한 권리구제

❶ 상대방의 권리구제

● 행정쟁송

경찰허가를 신청하였으나 거부된 경우에, 거부처분도 처분이므로 신청인은 거부처분을 대상으로 행정심판 및 행정소송 등과 같은 행정쟁송을 제기할 수 있다.

경찰허가에 대한 상대방의 권리구제	
구분	**내용**
취소심판 및 취소소송	• 거부처분의 취소를 청구할 수 있다.
무효확인심판 및 무효확인소송	• 중대·명백한 위법이 있는 경우에 거부처분의 무효확인을 청구할 수 있다.
의무이행심판	• 거부처분에 대한 의무이행심판을 청구하여 곧바로 허가를 해줄 것을 청구할 수 있다.
부작위 위법확인소송 및 의무이행심판	• 경찰허가를 신청하였으나 상당한 기간이 경과하여도 허가처분 혹은 거부처분이 없는 경우에는 부작위가 성립한다. 부작위에 대해서는 의무이행심판을 제기하여 허가를 해줄 것을 청구하거나 부작위위법확인소송을 제기하여 부작위가 위법하다는 확인을 청구할 수 있다.
행정심판 및 행정소송	• 일단 효력을 발생한 경찰허가가 직권취소되거나 철회된 경우에는 그 취소·철회처분에 대해서 행정심판(취소심판·무효확인심판)이나 행정소송(취소소송·무효확인소송)을 제기할 수 있다.

● 국가보상

국가보상제도는 국가책임의 원리와 「헌법」상 근거에 의해서 국가가 국민이 입은 손실을 보상하는 제도를 말한다. 국가의 불법행위로 인한 손해배상과 적법한 행정행위로 인한 손실보상 등이 있다.

손해배상과 손실보상	
손해배상	• 공무원의 직무상 불법행위로 국민이 입은 손해를 배상하는 제도이다. • 허가의 거부가 위법하고 관련 공무원의 고의·과실이 인정되며 그 거부로 인하여 손해를 입은 경우에는 국가배상을 청구할 수 있고, 관련 공무원에게 고의나 중과실이 있는 경우에는 공무원 개인을 상대로 손해배상을 청구할 수도 있다. • 경찰허가가 직권취소되거나 철회된 경우에도 같다.
손실보상	• 국가의 적법한 행정행위로 발생한 손실을 국가가 보상하는 제도이다. • 손실보상이 문제되는 것은 주로 허가의 철회와 관련해서이다. • 허가받은 자의 귀책사유 없이 공익을 위하여 허가가 철회된 경우에 그 상대방이 특별한 희생에 해당하는 손실을 입었다면 국가는 그 손실을 보상하여야 한다.

❷ 제3자의 권리구제

경찰허가로 인하여 상대방은 이익을 받지만 제3자가 불이익을 받는 경우가 있다. 위험물제조소나 취급소의 설치허가로 인근 주민의 안전이 위협받는 경우가 대표적이다. 이 경우에는 제3자의 생명·건강 및 재산에 대한 직접적인 위험이 초래되고 있으므로, 법률상 이익이 침해된 것으로 인정할 수 있다. 따라서 제3자는 행정심판의 청구인적격 및 행정소송의 원고적격이 있다.

4 ‖ 면제(경찰면제)

경찰면제의 의의와 성질	
구분	**내용**
의의	• 법령에 의해 일반적으로 부과된 경찰상의 작위·수인·급부의 의무를 특정한 경우에 해제하여 주는 경찰상의 행정행위를 말한다. • 예를 들어 시험의 면제, 수수료의 일부면제, 납기연기 등 • 허가는 소극적인 부작위의무를 해제해 주는 것이지만 면제는 적극적인 작위·수인·급부의무를 해제하는 것을 말한다.
성질	• 경찰면제 역시 의무를 해제하는 행위라는 점에서는 경찰허가와 그 성질이 같다. • 따라서 면제의 성질·종류·효과 등은 허가와 같다. • 경찰허가가 경찰금지(부작위의무)를 해제하는 것에 반해서 경찰면제는 경찰상의 작위·수인·급부의 의무를 해제하는 행위라는 점에서 구분된다.

제3절 ‖ 형성적 행정행위

형성적 행정행위란 상대방에게 특정한 권리, 능력(권리능력, 행위능력), 법률상의 지위 또는 포괄적 법률관계 기타 법률상의 힘을 발생, 변경 또는 소멸시키는 행위를 말한다. 형성적 행정행위는 행위의 내용에 따라 상대방에게 직접 권리, 능력, 법적 지위, 포괄적 법률관계를 형성하는 특허, 타인의 법률적 행위의 효력을 보충하여 그 효력을 완성시키는 인가, 제3자를 대리하여 행위하는 대리로 나누어진다.

1 ║ 특허

특허란 상대방에게 직접 권리, 능력, 법적 지위, 포괄적 법률관계를 설정하는 행위를 말한다. 권리를 설정하는 예로는 특허기업의 특허, 광업허가, 어업면허 등을 들 수 있고, 능력을 설정하는 예로는 공법인을 설립하는 행위를 들 수 있고, 포괄적 법률관계를 설정하는 예로는 공무원임명, 귀화허가를 들 수 있다.

특허는 상대방에게 권리 등을 설정하여 주는 행위이므로 형성적 행정행위이다. 판례는 특허가 상대방에게 권리나 이익을 부여하는 형성적 행정행위라는 점에서 특허를 원칙적으로 재량행위로 보고 있다.

Police Science
🔍 특허와 허가의 구별

- 허가는 명령적 행정행위이고, 특허는 형성적 행정행위이다.
- 허가는 원칙상 기속행위이고, 특허는 원칙상 재량행위이다.
- 허가로 인하여 상대방이 받는 이익은 반사적 이익이다.
- 특허로 인하여 상대방은 권리를 설정받는다.

2 ║ 인가

인가란 타인의 법률적 행위를 보충하여 그 법률적 효력을 완성시켜 주는 행정행위를 말한다. 예를 들어 협동조합의 임원의 선출에 관한 행정청의 인가가 그것이다. 협동조합의 임원은 조합원이 선출하는 것이지만 조합원의 선출행위만으로는 선출행위의 효력이 완성되지 못하고 행정청의 인가가 있어야 선출행위가 완벽하게 효력을 발생한다. 인가가 행해져야 인가의 대상이 된 제3자의 법률적 행위가 법적 효력을 발생한다. 인가는 기본행위가 효력을 발생하기 위한 효력요건이다.

3 ‖ 대리(공법상 대리)

대리(공법상 대리)란 제3자가 해야 할 행위를 행정기관이 대신하여 행함으로써 제3자가 스스로 행한 것과 같은 효과를 발생시키는 행정행위를 말한다. 여기에서의 대리는 행정기관이 국민을 대리하는 것을 말하므로 행정조직 내부에서의 대리와 구별되어야 한다.

예를 들어 체납처분절차에서의 압류재산의 공매처분, 감독청에 의한 공법인의 정관작성 또는 임원임명, 당사자 간의 협의가 이루어지지 않는 경우의 재결, 행려병자 또는 죽은 자의 유류품 처분 등을 들 수 있다.

제4절 부관

1 ‖ 부관의 의의

종래의 통설은 행정행위의 부관을 정의함에 있어 '의사표시'를 기본요소로 "행정행위의 효과를 제한하기 위하여 주된 의사표시에 부가된 종된 의사표시"라고 정의하였다. 이견해는 의사표시를 요소로 하지 않는 준법률행위적 행정행위에는 부관을 붙일 수 없다는점을 강조하기 위한 것이었다. 그러나 이제는 준법률행위적 행정행위에도 제한적이기는하지만 부관이 붙여질 수 있으므로 종래의 통설이 타당하지 않게 되었다.

따라서 이제는 행정행위의 효과를 제한하거나 보충하기 위해서 행정청이 주된 행정행위에 부가한 종된 규율을 행정행위의 부관이라고 한다. 경찰처분에도 부관이 붙는 경우가 많다. 부관은 주된 행정행위와 별개의 행위가 아니라 주된 행정행위와 결합하여 하나의 행위를 구성한다.

행정청이 부가한 종된 규율만이 부관이고 법령 자체가 유효기간을 정한 경우 또는 일정한 사실이 발생하면 행정행위의 효력이 자동적으로 상실되도록 규정한 경우 등은 부관이 아니다.

2 ║ 부관의 종류

1 조건

조건이란 행정행위의 효력의 발생 또는 소멸을 장래의 불확실한 사실에 의존시키는 부관을 말한다. 형법상으로는 친고죄가 정지조건부에 해당된다. 친고죄란 범죄의 피해자와 그밖에 법률이 정한 자의 고소·고발이 있어야 법률상 처벌할 수 있는 범죄이다. 고소·고발을 함으로써 고소·고발을 하지 않으면 법률상 처벌할 수 없는 전제조건을 중단하는 효력이 발생하여 처벌할 수 있게 되는 것이다.

정지조건과 해제조건	
정지 조건	• 조건이 성취되면 효과가 발생한다. • 조건이 성취되어야 행정행위가 비로소 효력을 발생하는 조건을 정지조건이라고 한다. • '가옥의 준공을 조건으로 하는 영업허가'와 같이 어떤 사실의 성취(가옥이 준공)와 더불어 행정행위(경찰허가)의 효과를 발생하게 하는 것은 정지조건이다. • 형법상으로는 친고죄가 정지조건부에 해당된다.
해제 조건	• 조건이 성취되면 효과가 소멸한다. • 행정행위가 일단 효력을 발생하고 조건이 성취되면 행정행위가 효력을 상실하는 조건을 해제조건이라고 한다. • '앞으로 3개월 이내에 영업을 시작할 것을 조건으로 하는 영업허가'와 같이 어떤 사실의 성취(3개월이 지나도 영업을 개시하지 않음)와 더불어 행정행위의 효력을 소멸하게 하는 것이 해제조건이다.

2 기한

행정행위의 효과의 발생·소멸 또는 계속을 시간적으로 정한 부관이 기한이며, 시기와 종기로 나누어진다. 이러한 기한 다시 도래할 시기에 따라서 확정기한과 불확정기한으로 나눈다.

시기와 종기	
시 기	• 그 사실이 발생함으로써 행정행위가 효력을 발생하는 경우를 시기라고 한다. • "몇 년 몇 월 몇 일부터 허가한다"라는 경우이다.
종 기	• 그 사실이 발생함으로써 행정행위의 효력이 소멸되는 경우를 종기라고 한다. • "몇 년 몇 월 몇 일까지 허가한다"라는 경우이다.

확정기한과 불확정기한	
확정 기한	• 도래할 것이 확실함은 물론 도래하는 시기까지 확실한 것이 확정기한이다. • 2100년 연금지급하겠다.
불확정 기한	• 도래는 확실하나 도래하는 시기는 확실하지 않는 것이 불확정기한이다. • 사망시에 연금지급하겠다.

3 부담

행정행위의 주된 내용에 부가하여 그 상대방에게 작위·부작위·급부 등의 의무를 부과하는 행정청의 의사표시를 말한다. 음식점영업허가를 하면서 여러 가지 시설을 갖출 의무를 부과하는 것이 그 예이다. 부담은 다른 부관과 달리 그 자체가 행정행위이다. 따라서 부담만이 항고소송의 대상이 될 수 있다.

부담과 조건의 구별	
정지조건 과의 구별	• 부담부 행정행위는 부담의 이행을 필요로 함이 없이 즉시 효력을 발생하지만 정지조건부 　행정행위는 조건이 성취되어야 비로소 효력이 발생한다. • 그러나 실제로는 어떠한 부관이 부담인지 아니면 정지조건인지 구별이 어렵다. • 예를 들어 소음방지시설설치를 조건으로 노래방 영업허가를 내 준 경우가 그러하다. 이 경 　우에 당해 부관이 부담이라면 노래방 영업허가의 상대방은 즉시 노래방영업을 할 수 있지 　만, 당해 부관이 정지조건이라면 소음방지시설을 설치한 후에 노래방 영업을 할 수 있다. • 부담은 일정한 의무를 창설하고 그 의무의 불이행은 독립하여 강제집행의 대상이 된다. 그 　러나 정지조건은 의무를 부과하지 않으며, 조건이 성취되지 않았다고 하여 강제집행이 행 　해질 수 없으며, 그러한 강제집행이 필요하지 않다. • 부담은 부담만이 취소소송의 대상이 될 수 있지만 정지조건은 독립하여 취소소송의 대상이 　되지 못하며 정지조건부 행정행위가 취소소송의 대상이 된다.
해제조건 과의 구별	• 해제조건의 경우에는 조건이 성취되면 행정행위의 효력이 당연히 소멸하게 된다. • 부담의 경우에는 부담에 의해 부가된 의무의 불이행이 있는 경우에 행정행위가 당연히 효 　력을 상실하는 것이 아니며 행정행위의 철회사유가 될 뿐이다. • 부담은 부담만이 독립하여 취소소송의 대상이 되지만 해제조건은 그러하지 않다.

4 철회권의 유보

철회권의 유보란 행정행위를 행함에 있어 일정한 경우에는 행정행위를 철회할 수 있음을 정한 부관을 말한다. 철회권의 유보가 있어도 그것만을 근거로 철회할 수는 없고, 철회의 일반적 요건을 충족한 경우에만 철회를 할 수 있다는 것이 통설과 판례의 입장이다.

철회권이 유보는 효력이 소멸이라는 점에서 해제조건과 유사한 성질을 가지나 철회권의 유보의 경우에는 유보된 사실이 발생하더라도 행정행위의 효력을 소멸시키는 행정청의 의사표시(철회)가 있어야 그 효력이 소멸하는데 비해서, 해제조건의 경우에는 조건이 성취되면 당연히 행정행위의 효력이 소멸하는 점에서 차이가 있다.

5 수정부담

수정부담이란 행정행위에 부가하여 새로운 의무를 부과하는 것이 아니라 행정행위의 상대방이 신청한 것과 다르게 행정행위의 내용을 정하는 부관이다. A도로 통행허가 신청을 했는데 B도로 통행허가를 하는 것이 그 예이다. 수정부담에 의해서 권리를 침해당한 자의 구제수단으로는 취소쟁송은 적합하지 않으며, 의무이행쟁송이 적합하게 된다.

6 법률효과의 일부배제

법률이 행정행위에 부여하는 효과의 일부를 배제하는 내용의 부관이 법률효과의 일부배제이다. 택시의 영업허가를 하면서 격일제 운행을 부관으로 정하는 것 등이 그 예이다. 법률효과의 일부배제는 신청된 행정행위의 내용이 일부를 받아들이는 행정행위이므로 일부허가이며 동시에 행정행위의 내용이 일부를 거부하는 행위이므로 일부거부행위라고 볼 수 있다. 법률효과의 일부배제는 법률 자체가 인정하고 있는 법률효과의 일부를 행정기관이 배제하는 것이므로 법률에 근거가 있어야 한다.

Police Science

🔍 부관과 행정행위 자체의 내용적 제한과 구별[458]

- 부관과 행정행위 자체의 내용적 제한과는 구별이 되어야 한다.
- 행정행위의 내용적 제한은 법령상 행정행위에 부과된 일반적 효과를 제한하는 것이다. 행정행위의 내용 자체의 일부분을 이루며 행정행위의 내용자체를 제한하는 것이다.
- 부관은 행정행위의 일반적 효과 내지 행정행위의 내용자체를 제한하는 것이 아니다. 행정행위와는 구분되는 것으로서 행정행위의 내용에 부가된 것인 점에서 양자는 구별된다.
- 주된 행정행위와 부관은 주종의 관계에 있다.
- 주된 의사표시는 허가이며, 종된 의사표시는 부관이다.
- 행정행위 자체의 내용적 제한에는 법률효과의 일부배제와 수정부담(변경허가)이 있다.

---

3 부관의 하자와 쟁송

부관도 행정행위의 일부로서 위법이나 부당이라는 하자를 가질 수 있다. 하자있는

---

458 박균성, 전게서, p. 273.

부관은 경우에 따라 무효가 되거나 취소할 수 있는 부관이 된다. 어느 경우에 무효가 되고 어느 경우에 취소할 수 있는 부관이 되는가는 행정행위의 무효·취소의 구별기준에 준한다.

부관이 무효인 경우에 주된 행정행위는 원칙적으로 부관 없는 행정행위가 된다. 부관이 행정행위의 본질적 요소인 경우는 행정행위 전체가 무효로 된다는 것이 통설과 판례의 입장이다. 취소할 수 있는 부관이 취소되기 전에는 부관부 행정행위 전체가 효력을 가진다. 부관만이 취소된 경우에 주된 행정행위의 효력은 부관이 무효인 경우와 같다.

부관의 종류 종합	
종류	내용
조건 (장래의 발생 불확실)	• 정지조건(허가×) → 효과의 발생
	• 해제조건(허가○) → 효과의 소멸
부담	• 유흥음식점 영업허가를 하면서 신고의무를 부과
수정부담	• 상대방이 신청한 것과 다르게 경찰처분
철회권의 유보	• 일정한 경우에 그 처분을 취소할 수 있는 권리를 유보
법률효과의 일부배제	• 택시영업허가하면서 10부제
기한 (장래에 발생이 확실)	• 확정기한(장래 도래하는 시기가 명확): 2040. 12. 31.
	• 불확정기한(장래 도래시기가 불명확): 네가 사망하면

제7장 경찰상 의무이행 확보수단

제1절 경찰강제

1 ‖ 경찰상 강제집행

1 의의

경찰상 강제집행은 경찰하명(의무부과)에 따르는 의무의 불이행이 있는 경우, 상대방의 신체 또는 재산(가택 포함)에 실력을 가하여 의무를 이행시키거나 의무이행이 있는 것과 같은 상태를 실현하는 경찰작용을 말한다.

미리 하명을 통해서 의무를 부과하였음에도 불구하고 상대방이 그 의무를 이행하지 않는 경우에 행해지는 점에서, 사전에 의무를 명하지 않고 행해지는 경찰상의 즉시강제와 구분된다. 경찰상의 강제집행 역시 법원의 힘을 빌리지 않고 경찰 스스로의 힘으로 의무이행을 강제(자력강제)할 수 있다는 점에 특색이 있다.

2 성질

경찰상 강제집행은 본질적으로 권력적 사실행위의 성질을 가진다. 그러나 경찰상 강제집행의 구체적 수단 중에는 집행벌과 같이 법적 행위의 성질을 가지는 것도 있고, 또한 강제집행이 여러 단계의 절차를 거쳐 이루어지는 경우에는 그 중 일부가 법적 행위의 성질을 가지는 경우도 있다.

● 즉시강제와 경찰벌과의 차이

경찰상 강제집행과 즉시강제 및 경찰법과의 구별	
즉시강제	• 경찰상 강제집행은 미리 상대방에게 법규 또는 행정행위에 의한 구체적인 의무가 부과되어 있음을 전제로 한다. • 경찰상 즉시강제는 그러한 사전적 의무부과 없이 행해진다는 점에서 차이가 있다.
경찰벌	• 경찰벌은 기본적으로 과거의 의무불이행에 대한 제재로서 과해진다. • 경찰상 강제집행은 장래에 향하여 의무이행을 강제하는 수단이다.

3 경찰상 강제집행의 근거

경찰상 강제집행은 직접 상대방의 신체나 재산에 실력을 행사하는 권력적 사실행위로서 국민의 자유권에 대한 중대한 침해라는 점에서 별도의 법적 근거가 필요하다. 현행 법상 경찰상 강제집행에 대한 일반법은 없고, 강제집행의 수단별로 일반적 또는 개별적 법률이 제정되어 있을 뿐이다.

4 경찰상 강제집행의 수단

경찰상 강제집행을 위한 고유 수단은 별도로 존재하지 않는다. 행정상 강제집행의 수단이 경찰의무의 강제집행을 위하여 그대로 적용된다. 행정상 강제집행의 수단으로는 대집행, 집행벌, 직접강제 및 행정상 강제징수의 4가지가 있다. 대집행과 강제징수는 행정대집행법과 국세징수법에 의해서 이뤄지고 있으며, 집행벌과 직접강제는 개별 법률에 의해서 예외적으로 인정되고 있다.

❶ 대집행
● 개념

대집행이란 행정법상의 대체적 작위의무를 의무자 스스로 이행하지 않는 경우에 의무자가 해야 할 행위를 의무자를 대신하여 행정청이 스스로 하거나 제3자로 하여금 의무자의 부담으로 하게 하는 것을 말한다(대체적 작위의무의 불이행시).[459] 비용은 의무자가 부담하며, 대집행은 경찰의무의 강제집행수단으로 자주 사용된다.

🌐🔍 직접강제와 대집행의 구별

- 대집행은 행정청 스스로 하는 경우 외에 제3자를 시켜서 행하는 경우도 있으나, 직접강제는 행정청 스스로 해야 한다.
- 대집행은 대체적 작위의무만을 대상으로 하지만, 직접강제는 금전급부의무를 제외한 행정법상의 모든 의무를 대상으로 한다.
- 대집행에 있어서 실력행사는 재산에 대해서만 가능하나, 직접강제는 의무자의 신체에 대해서도 가능하다.
- 대집행에 있어서의 실력행사는 대체적 집행의 한계 안에서만 허용되며, 그 한계를 넘어서서 통상이 방법이 아닌 방법으로 의무이행상태를 실현하거나 의무자의 신체에 실력을 가하여 실현하는 것은 허용되지 않는다. 그러나 직접강제는 근거 법률이 허용하는 한도에서 모든 형태의 실력행사가 가능하다.

● 대집행의 근거 및 주체

대집행에 관한 일반법으로는 행정대집행법이 있다. 대집행의 주체는 당해 행정청이다. 실제로 대집행의 실행행위는 당해 행정청이 스스로 할 수도 있으나(자기집행) 제3자를 시켜서 할 수도 있다(타자집행). 후자의 경우에도 대집행의 주체는 당해 행정청이며, 대집행을 위임받은 제3자는 당해 행정청의 수임인에 불과하다.

● 대집행의 요건 및 절차

대집행은 법령이나 처분에 의하여 부과된 대체적 작위의무의 불이행에 대하여, 다른 수단으로는 그 의무의 이행을 확보하기 곤란하고, 그 불이행을 방치함이 심히 공익을 해할 것으로 인정되는 경우에 할 수 있다.

---

459 상계서, p. 389.

	대집행의 절차
계고	• 행정청이 대집행을 하려면 상당한 이행기한을 정하여 그 기한까지 이행되지 않을 때에는 대집행을 한다는 뜻을 문서로써 계고하여야 한다. • 계고는 새로운 의무를 부과하는 행위가 아니라 법령 또는 처분에 의하여 이미 부과된 의무를 전제로 그 이행을 촉구하는 행위로써, 준법률행위적 행정행위의 일종인 통지행위(의사의 통지)의 성질을 가진다.
대집행 영장에 의한 통지	• 의무자가 계고를 받고 지정된 기한까지 그 의무를 이행하지 않을 때에는 행정청은 대집행영장으로써 대집행의 시기, 집행책임자의 성명 및 대집행비용의 계산액을 의무자에게 통지해야 한다. • 대집행영장에 의한 통지는 계고와 마찬가지로 준법률행위적 행정행위의 일종인 통지행위의 성질을 가진다.
대집행의 실행	• 의무자가 대집행영장에 의한 통지를 받고도 대집행영장에 명시된 대집행의 시기까지 의무를 이행하지 않는 경우에는 행정청은 스스로 의무자가 해야 할 행위를 하거나 또는 제3자로 하여금 의무자가 해야 할 행위를 하게 할 수 있다. • 대집행의 실행은 권력적 사실행위의 성질을 가진다.
비용징수	• 대집행은 원래 의무자가 해야 할 행위를 행정청 또는 제3자가 대신하는 것이므로, 그 비용은 의무자가 부담해야 한다.
하자의 승계	• 대집행을 구성하는 4단계의 행위는 각각 독립된 목적을 가진 것이 아니라 서로 결합하여 대집행이라는 하나의 효과를 완성하는 것이므로, 그 상호간에는 하자의 승계가 인정된다.

● 대집행에 대한 구제

행정대집행법은 대집행에 관해서 불복이 있는 경우에 행정심판과 행정소송을 제기할 수 있음을 명문으로 규정하고 있다. 대집행이 완료된 후에는 의무자는 대집행의 위법을 이유로 손해배상을 청구할 수 있다.

❷ 집행벌
● 의의

집행벌이란 행정법상 의무의 불이행에 대하여 그 의무이행을 간접적으로 강제하기 위하여 부과하는 금전적 부담을 말한다. 실정법상으로는 이행강제금으로 불린다. 집행벌의 대상은 비대체적 작위의무와 부작위의무가 주로 대상이 된다.

● 성질

집행벌은 의무이행을 직접적으로 강제하는 수단이 아니라, 금전적 부담을 통해서 간접적·심리적으로 의무이행을 강제하는 수단이다. 집행벌은 장래에 향해서 의무이행을 확보하기 위한 강제집행의 수단이지 과거의 의무위반에 대한 제재로서의 행정벌은 아니다.

따라서 집행벌과 행정벌은 병과될 수 있으며, 하나의 의무위반에 대해서 1회만 부과할 수 있는 행정벌과는 달리 집행벌은 의무가 이행될 때까지 반복하여 부과할 수도 있다. 대집행이나 즉사강제와 달리 집행벌을 부과하는 행위는 사실행위가 아니라 행정행위(경찰처분 중 경찰하명)이다.

● 법적 근거

집행벌은 의무부과행위의 근거와는 별도로 법률상 근거를 요한다. 현행법상 집행벌에 관한 일반법은 없고, 개별 법률에 의해서 예외적으로 인정되고 있을 뿐이다(건축법상의 이행강제금제도 등).

❸ 직접강제

● 의의

직접강제란 행정법상의 의무불이행에 대하여 직접 의무자의 신체나 재산에 실력을 가하여 의무가 이행된 것과 동일한 상태를 실현하는 작용을 말한다. 직접강제는 행정상 강제집행수단의 하나이다. 따라서 사전에 법령 또는 행정행위에 의해서 의무가 부과되어 있을 것을 전제로 한다(이 점에서 같은 수단을 사용하는 즉시강제와 구별된다). 직접강제는 의무자의 신체나 재산에 대한 직접적·유형적 실력, 보조수단 및 무기 등에 의해서 실현된다. 따라서 그 성질은 권력적 사실행위이다.

● 법적 근거

직접강제는 강제집행의 수단 중 가장 강력한 수단으로서 의무자의 자유권에 대한 침해의 정도가 매우 크므로 엄격한 법률의 근거를 요한다. 경직법상의 위험방지조치 중 관계인에게 위해방지상 필요하다고 인정되는 조치를 취하는 것과 출입국관리법상의 강제출국 등을 예로 들 수 있다.

❹ 행정상 강제징수

● 의의

행정상 강제징수는 국민이 행정주체에 대한 공법상의 금전급부의무를 이행하지 않는 경우에 행정청이 의무자의 재산에 실력을 가하여 그 의무가 이행된 것과 동일한 상태를 실현하는 작용을 말한다. 국민의 공법상 금전급부의무는 조세납무의무가 대표적이며, 경찰기관이 경찰목적을 위하여 공과금(과태료)을 부과하는 경우 등도 있다.

● 근거

행정상 강제징수는 공과금 납무의무의 근거와는 별개의 법률의 근거가 있어야 한다. 국세징수법은 일반법의 기능을 하고 있다.

● 절차

국세징수법상의 강제징수의 절차는 독촉과 체납처분으로 구성된다. 체납처분에는 압류, 매각, 청산 등이 있다.

독촉과 체납처분		
독촉		• 독촉은 금전급무의무자에 대하여 그 의무의 이행을 최고하고 일정한 기한까지 의무를 이행하지 않으면 강제징수를 할 뜻을 통지하는 행위이다.
체납처분		• 체납처분은 금전급무 의무자의 재산을 압류·매각하여 그가 납부해야 할 급부액을 충당하는 행위를 말한다. 재산의 압류, 압류재산의 매각 및 청산의 3단계로 구성된다.
	압류	• 압류는 체납자의 재산을 보전하는 강제행위로서 압류에 의해서 소유자의 사실상 및 법률상 처분이 금지된다.
	매각	• 체납자의 재산을 압류한 행정관서의 장은 압류한 동산·유가증권·부동산·무체재산권과 채권압류에 의하여 제3채무자에게서 추심한 물건을 매각하여 금전으로 환가하여야 한다.
	청산	• 재산을 압류한 행정관서의 장은 압류재산의 매각대금과 압류한 금전 등을 체납자가 납부할 공과금과 가산금·체납처분비 기타의 채권에 배분하고, 잔액은 체납자에게 지급하여야 한다.

강제집행의 종류와 내용	
종류	내용
대집행 (작위의무 불이행)	• 경찰기관이 직접 제3자로 하여금 의무의 이행과 동일한 상태를 실현 예) 도로교통법 제31조의 주·정차 위반차량에 대한 대집행
집행벌 (작위의무 or 부작위위무 불이행)	• 의무의 이행을 간접적으로 강제하기 위해 과하는 수단 예) 도로교통법 제119조의 범칙금 납부기간 초과시 범칙금의 100분의 20을 더한 금액부담

직접강제 (의무불이행)	• 의무자의 신체·재산 등에 직접적으로 실력을 행사 예) 집회 및 시위에 관한 법률 제18조에 따른 해산명령 불이행에 대한 해산조치
강제징수 (금전급부 의무 불이행)	• 의무자의 재산에 실력을 가함 예) 도로교통법 제31조의 주·정차 위반차량에 대한 대집행에 따른 비용의 강제징수

2 ‖ 경찰상 즉시강제

1 의의 및 한계

❶ 의의

경찰상 즉시강제는 목전에 급박한 경찰위반상태를 제거하거나 예방하기 위하여 의무를 명할 시간적 여유가 없거나, 사전에 의무를 명하는 것으로 질서유지의 목적을 달성할 수 없을 경우에 사인의 신체 또는 재산에 실력을 가하여 경찰상 필요한 상태를 실현하는 경찰작용이다.

즉시강제와 강제집행 및 행정조사와의 구별	
강제집행과의 구별	• 즉시강제는 행정상 강제집행과는 권력적 사실행위인 점에서는 공통점이 있지만, 의무의 존재와 불이행을 전제로 하지 않는다는 점에서 구별된다.
행정조사와의 구별	• 행정조사라 함은 경찰목적을 위한 자료수집활동인 질문, 검사, 조사목적을 위한 영업소 등에의 출입 등을 말한다. • 질문 등 비권력적 행정조사는 강제적 요소가 없다는 점에서 즉시강제와 구별된다.

Police Science

🌐 행정조사

• 행정조사는 법령 등의 위반에 대하여 혐의가 있는 경우 수시로 실시할 수 있는데(법 제7조 제2호), 조사원이 가택, 사무실 또는 사업장 등에 출입하여 현장조사를 실시하는 경우에는 조사목적, 조사기간과 장소, 조사원의 성명과 직위, 조사범위와 내용 등이 기재된 현장출입 조사서를 조사대상자에게 미리 발송하여야 한다(제11조). 사전통지의무는 행정조사를 규정

한 개별 법령에도 규정되어 있는 경우가 많다.

- 사법경찰관리의 직무를 행할 자와 그 직무범위에 관한 법률에서 사법경찰관리의 신분을 취득하거나, 일반 공무원 가운데에서 일정 직위에 있는 자들을 검사장이 지명하여 사법경찰관리의 직무를 수행하도록 한다. 특정업무에 대한 지도·단속권을 가진 행정공무원에게 범죄의 수사 및 증거의 수집 등을 위해 특별사법경찰관리의 신분을 부여하고 사법경찰권을 부여함으로써 일반사법경찰관리가 담당하기 힘든 개별 행정 영역의 범죄에 대한 위험방지, 범죄예방, 단속활동 및 수사업무를 담당한다.
- 행정조사는 임의조사를 원칙으로 한다. 그러나 행정조사를 거부하고 저항할 경우 행정청이 실력을 행사하여 행정조사를 할 수 있거나 조사 거부자에 대한 제재로 행정벌이나 형사처벌이 있는 경우도 있다.

Police Science

🌐 행정조사기본법(시행 2022. 7. 5.)

제7조(조사의 주기) 행정조사는 법령 등 또는 행정조사운영계획으로 정하는 바에 따라 정기적으로 실시함을 원칙으로 한다. 다만, 다음 각 호 중 어느 하나에 해당하는 경우에는 수시조사를 할 수 있다.

제11조(현장조사) ① 조사원이 가택·사무실 또는 사업장 등에 출입하여 현장조사를 실시하는 경우에는 행정기관의 장은 다음 각 호의 사항이 기재된 현장출입조사서 또는 법령 등에서 현장조사시 제시하도록 규정하고 있는 문서를 조사대상자에게 발송하여야 한다.

1. 조사목적
2. 조사기간과 장소
3. 조사원의 성명과 직위
4. 조사범위와 내용
5. 제출자료
6. 조사거부에 대한 제재(근거 법령 및 조항 포함)
7. 그 밖에 당해 행정조사와 관련하여 필요한 사항

❷ 실체법적 한계

행정상 즉시강제는 개인의 신분 또는 재산에 대해 중대한 침해를 가하기 때문에 법률적합성의 원칙에 따라 엄격한 법적 근거가 있어야 함은 물론 그 목적을 달성하기 위해 필요한 최소한도에 그쳐야 하는 등 법적 원칙에 의한 제약을 받는다.

특히, 즉시강제는 급박성, 보충성, 비례성의 원칙을 준수해야 한다. 비례의 원칙(과잉금지의 원칙)에는 적합성의 원칙, 필요성의 원칙, 상당성의 원칙 등이 있다.

즉시강제의 일반원칙	
급박성	· 행정적 장애가 급박해야 한다.
보충성	· 다른 수단으로는 그 목적을 달성할 수 없어야 한다.
비례성	· 필요한 최소한도에 그쳐야 한다.

❸ 절차법적 한계

● 증표의 제시 등

즉시강제의 일반적인 절차를 정한 법은 없다. 그러나 개별 법령에서 증표의 제시를 요구하는 경우가 많다(경찰관직무집행법 제3조 제4항 등). 또한 소속 상관에 대한 사후보고, 본인이 사전동의, 강제조치 후 증명서의 발급 등의 절차적 요건이 규정되는 경우도 있다.

Police Science
🔍 **경찰관 직무집행법(시행 2022. 2. 3.)**

제3조(불심검문) ④ 경찰관은 제1항이나 제2항에 따라 질문을 하거나 동행을 요구할 경우 자신의 신분을 표시하는 증표를 제시하면서 소속과 성명을 밝히고 질문이나 동행의 목적과 이유를 설명하여야 하며, 동행을 요구하는 경우에는 동행 장소를 밝혀야 한다.

● 즉시강제와 영장주의

헌법은 개인의 자유 및 재산을 보호하기 위해 개인의 신체·재산 및 가택에 대한 강제에 법관의 영장을 요하도록 규정하고 있다(헌법 제12조, 헌법 제16조).

즉시강제와 영장주의에 대한 학설	
영장 필요설	· 영장주의는 형사작용에만 적용된다는 명문의 규정이 없으므로 즉시강제에도 일반적으로 적용된다는 견해이다. · 영장주의는 헌법의 취지상 당연히 인정되는 것으로 보아야 한다. · 강제조치가 형사책임의 추급과 직접적 관련성을 띠고 있는 경우에는 헌법상 규정이 직접적으로 적용된다. · 성질상 미리 의무를 명하는 것으로는 행정목적을 달성할 수 없는 경우에 행하는 즉시강제에 대해서는 원칙적으로 사전영장이 요구된다고 보고 있다.

영장 불요설	• 영장주의는 형사상의 범죄수사 작용에만 적용되고 행정상의 즉시강제에는 적용되지 않는다고 한다. • 헌법상 영장주의는 연혁상 형사법상의 원칙에서 연유하고 있기 때문에 영장주의는 행정상(경 찰상) 즉시강제에 적용되지 않는다는 견해이다. • 경찰상 즉시강제의 경우는 목전에 급박한 경찰위반상태를 제거하거나 예방하기 위하여 의무 를 명할 시간적 여유가 없거나, 사전에 의무를 명하는 것으로 질서유지의 목적을 달성할 수 없을 경우에 발동되는 경찰작용이므로 영장주의를 고집하면 경찰상 즉시강제를 부정하는 결 과를 가져오고, 헌법상의 사후영장제는 경찰상 즉시강제의 경우에는 거의 적용의 여지가 없다 는 점을 볼 때 불요설이 타당하다고 할 수 있다.

2 경찰상 즉시강제 수단

경찰상 즉시강제에 대한 기본법은 「경찰관 직무집행법」이다. 경찰관의 직무수행의 수단은 일반법인 「경찰관 직무집행법」과 개별법에 구체적으로 규정하고 있다. 경찰상 즉시강제수단은 대상에 따라 대인적 강제수단, 대물적 강제수단, 대가택적 강제수단이 있다.

이러한 경찰상 즉시강제는 국민의 자유와 권리의 보호 및 사회공공의 질서유지를 위해 행사하는 것이지만 그 침해와 권리제한의 정도가 크기 때문에, 경찰관의 직권은 직무수행에 필요한 최소한도 내에서 행사되어야 하며 이를 남용하여서는 안 된다.

Police Science
🔍 경찰관 직무집행법(시행 2022. 2. 3.)

제1조(목적) ② 이 법에 규정된 경찰관의 직권은 그 직무 수행에 필요한 최소한도에서 행사되어야 하며 남용되어서는 아니 된다.

❶ 대인적 즉시강제

대인적 강제는 사람의 신체에 실력을 가하여 경찰상 필요한 상태를 실현시키는 것을 말한다. 「경찰관 직무집행법」상의 대인적 강제로는 불심검문, 보호조치, 위험발생 방지조치, 범죄의 제지, 장구사용, 무기사용 등이 있다. 개별적 경찰 법규상의 대인적 강제로는 「소방기본법」상 원조강제, 「감염병의 예방 및 관리에 관한 법률」상 강제격리·강제수용·강제건강진단, 「정신건강증진 및 정신질환자 복지서비스 지원에 관한 법률」상 응급입원, 「마약류 관리에 관한 법률」상 강제수용 등이 있다.

❷ 대물적 즉시강제

대물적 강제수단은 물건의 소유자나 점유자 등의 의사에 반하여 물건에 대하여 실력을 행사함으로써 재산권을 사실상 침해하는 즉시강제를 말한다. 「경찰관 직무집행법」상의 대물적 강제수단으로는 임시영치가 있다.

개별적인 경찰법규상의 대물적 즉시강제로는 「소방기본법」상 차량 및 물건의 일시사용 및 파괴, 소화를 위한 강제처분, 「도로교통법」상 주차방법의 변경 또는 이동, 장애물의 제거, 「식품위생법」과 「약사법」상 폐기, 「총포·도검·화약류 등의 안전관리에 관한 법률」상 총포 소지의 박탈 또는 사용의 제한, 「옥외광고물 등의 관리와 옥외광고산업 진흥에 관한 법률」상 위법광고물 철거 등이 있다.

❸ 대가택적 즉시강제

대가택 강제는 거주자나 소유자의 의사에 반하여 주거나 창고, 영업소 등에 출입하고 검사·수색하는 조치이다. 「경찰관 직무집행법」상의 대가택적 즉시강제에는 위험방지를 위한 가택출입이 있다. 개별적 경찰법규상의 대가택적 즉시강제는 「집회 및 시위에 관한 법률」상 긴급한 경우의 옥내집행장소에의 출입 등을 들 수 있다.

3 행정상 즉시강제에 대한 구제

❶ 적법한 즉시강제에 대한 구제

행정상 즉시강제가 법률에 근거하여 적법하게 행해졌으나 장애발생자 또는 제3자에게 수인의 한도를 넘는 특별한 희생이 발생한 경우에는 손실보상을 청구할 수 있다. 경찰상 즉시강제의 기본법인 「경찰관 직무집행법」은 손실보상에 대한 규정을 갖고 있다.

Police Science

🔍 경찰관 직무집행법(시행 2022. 2. 3.)

제11조의2(손실보상) ① 국가는 경찰관의 적법한 직무집행으로 인하여 다음 각 호의 어느 하나에 해당하는 손실을 입은 자에 대하여 정당한 보상을 하여야 한다.

---

❷ 위법한 즉시강제에 대한 구제

위법한 즉시강제에 대한 구제	
행정쟁송	• 즉시강제는 급박한 경우에 취해지는 조치로써 이미 행위가 완료되어 쟁송의 대상이 소멸된 경우가 대부분이다. • 따라서 즉시강제와 같은 사실행위는 그 행위의 위법을 이유로 하는 손해배상 또는 원상회복의 청구를 하는 것은 몰라도 그 사실행위의 취소를 구하는 것은 권리보호의 실익이 없다.
손해배상의 청구	• 즉시강제가 국가배상법상의 공무원의 직무상 불법행위를 구성하는 경우에는 당연히 손해배상을 청구할 수 있다.
자력구제	• 공무원의 직무상 위법한 즉시강제의 경우에는 자력구제를 할 수 있으며, 이때 즉시강제에 대한 항거는 공무집행방해죄를 구성하지 않는다.

제2절 경찰벌(행정벌)

1 경찰벌(행정벌)의 의의

1 경찰벌(행정벌) 개념

행정법상의 의무위반에 대해서 일반통치권에 근거하여 과하는 제재로서의 벌을 행정벌이라고 하고, 그 중에서 경찰의무의 위반에 대해서 과하는 벌을 경찰벌이라고 한다. 이러한 경찰벌이 과해지는 비행을 하는 사람을 경찰범이라고 한다. 경찰벌(행정벌)은 직접적으로는 과거의 위무위반에 대해서 제재를 가함으로써 경찰법규의 실효성을 확보함을 목적으로 하는 것이다.

경찰벌은 직접적으로는 과거의 위무위반행위에 대한 제재이며, 이 점에서 장래에 향해서 의무이행을 확보하기 위한 경찰상 강제집행과 구별된다. 경찰벌에는 경찰형벌과 경찰질서벌의 2종류가 있다.

경찰벌과 타개념과의 구별	
징계벌	• 징계벌은 특별신분관계의 질서를 유지하기 위해서 그 내부 질서위반자에 대해서 특별권력의 발동으로서 과하는 제재이다. • 경찰벌은 일반권력관계에 있어서 일반사인에 대해 통치권의 발동으로서 과하는 제재이다. • 따라서 양자는 그 목적·대상·권력의 기초 등에 있어 차이가 있으며, 양자를 병과하는 것은 일사부재리의 원칙에 저촉되지 않는다.
집행벌	• 집행벌(이행강제금)은 행정법상의 의무불이행이 있는 경우에 장래의 의무이행을 확보하기 위한 강제집행의 수단으로서 과해지는 것이다. • 경찰벌은 과거의 행정법상의 의무위반행위에 대한 제재로서 과해지는 점에 차이가 있다.
형사벌	• 형사범은 국가의 제정법 이전에 문화규범이나 도덕규범을 침해한 자연범의 성격을 가진다. • 행정범은 행위의 성질 자체는 반윤리성, 반사회성을 갖는 것은 아니다. • 국가의 행정목적의 달성을 위해서 제정한 행정법을 침해한 법정범이라는 점에서 차이를 나타낸다.

2 경찰벌(행정벌)의 근거

죄형법정주의의 원칙은 경찰벌(행정벌)에도 타당하다. 따라서 법률에 의하지 아니하고는 경찰벌(행정벌)을 과할 수 없다. 지방자치단체도 법률의 위임이 있는 경우에 조례로 벌칙(행정벌)을 정할 수 있다.[460] 지방자치단체는 조례로써 조례위반행위에 대해서 1천만원 이하의 과태료를 정할 수 있도록 되어 있다.[461]

Police Science

🌐 지방자치법(시행 2022. 1. 13.)

제28조(조례) ① 지방자치단체는 법령의 범위에서 그 사무에 관하여 조례를 제정할 수 있다. 다만, 주민의 권리 제한 또는 의무 부과에 관한 사항이나 벌칙을 정할 때에는 법률의 위임이 있어야 한다.

제34조(조례 위반에 대한 과태료) ① 지방자치단체는 조례를 위반한 행위에 대하여 조례로써 1천만원 이하의 과태료를 정할 수 있다.

---

460 「지방자치법」 제28조(조례).
461 「지방자치법」 제34조(조례 위반에 대한 과태료).

2 ‖ 경찰형벌(행정형벌)

1 의의와 법적 근거

형법상의 형벌(사형·징역·금고·자격상실·자격정지·벌금·구류·과료·몰수)에 과해지는 경찰벌을 말한다. 형벌이므로 특별한 규정이 없는 한 형법총칙이 적용되고, 형사소송절차에 의해서 과해진다. 경찰형벌은 행정형벌이 일종이다. 경찰형벌은 형벌이므로 죄형법정주의가 적용된다. 따라서 경찰형벌을 과하기 위해서는 당연히 법률의 근거가 있어야 한다.

2 경찰형벌의 특수성

❶ 내용

경찰형벌을 포함한 행정형벌은 형벌의 일종이므로 형법총칙의 규정이 적용된다. 그러나 현실의 경찰형벌 법규는 ① 법인의 책임을 인정하고, ② 종업원이나 미성년자의 행위에 대해서 사업주·법정대리인을 처벌하며, ③ 형법상의 책임능력에 관한 규정이나 공범에 관한 규정, 누범·경합범에 관한 규정의 적용을 배제하는 등 형사범과는 다른 규정을 두는 경우가 많다.

❷ 경찰형벌에 관한 특별규정

경찰형벌은 특별한 규정에 의해 형법총칙의 적용이 배제되거나 변형될 수 있는데 그 구체적인 예를 경찰형벌을 통해서 살펴보면 다음과 같다.

경찰형벌에 관한 특별규정	
고의	• 범죄의 성립에는 고의가 있어야 한다. 경찰범에 있어서도 위법성의 인식가능성이 있으면 고의가 성립된다. • 다만, 형사범의 경우는 사회적·반도덕적인 것으로 일반인에 의해 인식되고 있기 때문에 형사범에 있어서는 특별한 사정이 없는 한 위법성의 인식가능성이 인정된다. • 그러나 경찰범은 본래 반사회적·반도덕적인 것이 아니라 법률의 제정에 의해 반사회적·반도덕적인 행위가 되고 범죄로 되는 것이므로 위법성 인식가능성은 형사범에 비해서 위법성 인식가능성이 없는 경우가 넓게 인정될 수 있다.

과실 행위의 처벌	• 오늘날의 통설 및 판례는 과실행위에 대한 처벌에 있어서는 형사범과 행정범 사이에 차이를 두고 있지 않다. • 경찰범에서도 원칙상 고의를 필요로 하지만, 과실행위를 처벌한다는 명문의 규정이 있는 경우뿐만 아니라 관련 행정형벌 법규의 해석에 의해서 과실행위도 처벌한다는 뜻이 도출되는 경우에는 과실행위도 처벌된다.
행위자 이외의 자의 처벌	• 형사범에서는 범죄를 행한 자만을 벌하지만 경찰범에서는 범죄행위자 이외의 자를 벌하는 것으로 규정하는 경우가 있다. • 종업원의 위반행위에 대해서 사업주도 처벌하는 것으로 규정하는 경우가 있고, 미성년자나 금치산자의 위반행위에 대해서 법정대리인을 처벌하는 것으로 규정하는 경우가 있다. • 범죄행위자와 함께 행위자 이외의 자를 함께 처벌하는 법규정을 양벌규정(兩罰規定)이라 한다. • 사업주나 법정대리인 등 행위자 이외의 자가 지는 책임의 성질은 타인에 대신하여 책임을 지는 대위책임이 아니라, 자신이 감독의무를 태만히 한 책임, 즉 과실책임이라고 보는 것이 일반적 견해이다.
법인의 책임	• 형사범에서는 법인은 범죄능력이 없고, 범죄행위자만이 처벌되므로 법인은 형사벌의 대상이 되지 않는다. • 그러나 경찰범에서는 법인의 대표자 또는 법인의 종업원이 그 법인의 업무와 관련하여 행정범을 범한 경우에 행위자뿐만 아니라 법인도 함께 처벌한다는 규정을 두는 경우가 많다. • 법인의 책임의 성질에 관해서는 법인이 대표자의 범죄행위에 대한 법인의 책임은 법인의 직접책임이고, 법인의 종업원의 범죄행위에 대한 법인의 책임은 종업원에 대한 감독의무를 해태한 책임, 즉 과실책임이라고 본다.
공범	• 경찰범에 있어서는 형법의 공범에 관한 규정 중 일부 규정의 적용을 배제하는 규정을 두고 있는 경우도 있고, 교사범을 정범으로 처벌하도록 규정하고 있는 경우[462]도 있다.
경합범	• 판결이 확정되지 아니한 죄 또는 판결이 확정된 죄와 그 판결확정 전에 범한 죄를 경합범이라 한다. 형법총칙은 경합범의 처벌기준을 정하고 있는데 행정형벌 법규에서 경합범에 관한 특별 규정을 두는 경우가 있다.[463]
작량 감경	• 형법은 범죄의 정상에 참작할 만한 사유가 있는 때에는 작량하여 그 형을 경감할 수 있도록 하고 있다. 행정범에도 이 규정은 적용되지만 이 규정의 적용이 배제되는 경우도 있다.[464]

Police Science

🌐🔍 경찰형벌에 관한 특별규정

근로기준법(시행 2021. 11. 19.)

제115조(양벌규정) 사업주의 대리인, 사용인, 그 밖의 종업원이 해당 사업의 근로자에 관한 사

---

462 「근로기준법」 제115조(양벌규정).
463 「담배사업법」 제31조(「형법」의 적용 제한).
464 「담배사업법」 제31조(「형법」의 적용 제한).

항에 대하여 제107조, 제109조부터 제111조까지, 제113조 또는 제114조의 위반행위를 하면 그 행위자를 벌하는 외에 그 사업주에게도 해당 조문의 벌금형을 과(科)한다. 다만, 사업주가 그 위반행위를 방지하기 위하여 해당 업무에 관하여 상당한 주의와 감독을 게을리하지 아니한 경우에는 그러하지 아니하다.

담배사업법(시행 2020. 7. 1.)
제31조(「형법」의 적용 제한) 이 법에서 정한 죄를 저지른 자에 대해서는 「형법」 제9조, 제10조 제2항, 제11조, 제16조, 제32조 제2항, 제38조 제1항·제2호 중 벌금 경합에 관한 제한가중규정과 같은 법 제53조는 적용하지 아니한다. 다만, 징역형에 처할 경우 또는 징역형과 벌금형을 병과할 경우의 징역형에 대해서는 그러하지 아니하다.

3 경찰형벌의 과벌절차

❶ 일반절차

경찰형벌도 원칙적으로는 형사소송절차에 의해서 과해진다. 다만, 예외적으로 통고처분과 즉결심판이라는 예외적인 과벌절차가 있다.

❷ 통고처분

통고처분은 행정범에 대해서 형사절차에 의한 형벌을 과하기 전에 행정청이 형벌을 대신하여 금전적 제재를 과하고 행정범을 범한 자가 그 금액을 납부하면 형사처벌을 하지 않고, 만일 지정된 기간 내에 그 금액을 납부하지 않으면 형사소송절차에 따라 형벌을 과하도록 하는 절차이다.

통고처분은 현행법상 조세범, 관세범, 출입국관리사범 등에 대해서 인정되고 있다. 경찰에서는 「경범죄처벌법」과 「도로교통법」에 규정되어 있다. 범칙자가 납부기한 내에 범칙금을 납부하지 않으면, 통고처분은 효력을 상실하고, 자동적으로 또는 행정청의 고발에 의해서 즉결심판이나 형사소송절차로 이행된다. 따라서 통고처분은 행정쟁송의 대상이 되지 않는다.

❸ 즉결심판

20만 원 이하의 벌금·구류·과료에 해당하는 경미한 범죄를 신속·적정하게 심판하기 위한 절차로 즉결심판절차가 있다. 즉결심판은 경찰형벌 내지 행정형벌만의 특별과형 절차는 아니고, 형사범에도 적용된다. 즉결심판은 행정범이나 형사범이나 20만 원 이하의 벌금·구류·과료에 해당하는 모든 범죄에 대한 과벌절차이다.

20만 원 이하의 벌금, 구류, 과료의 경미한 형사사건 중 초범, 생계형 또는 우발적, 피해자합의, 동종전과 등의 여부를 고려하여 대상자를 선정한다.

Police Science

🌐 경미범죄심사위원회

- 경찰서장을 위원장으로 하여 법조계·공무원 등으로 구성된 전문가 외부위원으로 인력풀을 구성하여 5-7명의 위원회로 구성(외부위원이 1/2 이상)되어 있다.
- 즉결심판 청구사건 및 20만 원 이하의 벌금, 구류, 과료의 경미한 형사사건 중 초범, 생계형 또는 우발적, 피해자합의, 동종전과 등의 여부를 고려하여 대상자를 선정한다.
- 위원회 심사 결과 선처로 결정이 되는 경우, 형사입건대상자는 즉결심판으로, 즉결심판 대상자는 훈방으로 감경할 수 있다.

---

3 ‖ 경찰질서벌

1 의의 및 종류

과태료가 과해지는 행정벌을 행정질서벌이라고 하며, 그 중에서 경찰법규 위반에 대해서 과해지는 것을 경찰질서벌이라고 한다. 경찰질서벌은 그 부과의 근거에 따라 법령에 의한 과태료와 조례에 의한 과태료로 나눌 수 있다.

2 근거

행정질서벌이란 행정법규의 질서위반 행위자에 대한 제재로서 과태료가 과해지는 행정벌을 말한다. 질서위반행위란 법률(지방자치단체의 조례 포함)상의 의무를 위반하여 과태료를 부과하는 행위를 말한다. 과료는 형벌의 일종이며, 과태료는 질서벌의 일종이다.

경찰질서벌은 형벌이 아니므로 죄형법정주의가 적용되지는 않는다. 하지만 국민의 재산권을 침해하는 행위이므로 법률의 근거를 요한다. 현행법상 경찰질서벌에 관한 일반법은 없고, 개별 법률에 의해서 정해지고 있다.

과태료의 부과대상이 되는 질서위반행위와 과태료 금액은 개별 법류에서 정한다. 그 부과 등의 징수절차는 「질서위반행위규제법」에서 정한다.

3 경찰질서벌의 특수성

일반적으로 행정질서벌은 고의·과실을 요하지 않고, 객관적인 법규위반의 사실만 있으면 과할 수 있다는 것이 통설·판례의 입장이다. 행정질서벌과 형벌은 목적과 성질이 다르므로 병과할 수 있다는 것이 판례의 입장이다.

행정상의 질서벌인 과태료의 부과처분과 형사처벌은 그 성질이나 목적을 달리하는 별개의 것이다. 행정법 상의 질서벌인 과태료를 납부한 후, 형사처벌을 한다고 해도 이는 일사부재리의 원칙에 반하지 않는다. 과태료는 형벌과는 성질을 달리하는 것이므로 행정질서벌에는 형법총칙이 적용되지 않는다. 행정질서벌은 행정법규의 위반사실만 있으면 과해진다. 행위자의 고의나 과실은 묻지 않는다.

4 경찰질서벌의 부과절차

❶ 일발절차

법령에 의한 과태료는 특별한 규정이 없으면 법원이 「비송사건절차법」에 의한 과태료의 재판을 거쳐 결정으로써 부과한다.[465] 관할법원은 과태료에 의한 과태료의 재판을 거쳐 결정으로써 부과한다. 관할법원은 과태료에 처할 자의 주소지를 관할하는 지방법원이며, 과태료의 결정에 불복하는 경우에는 즉시항고를 할 수 있다.

❷ 행정청에 의한 부과

최근 과태료를 부과하는 행정법규는 거의 예외 없이 특례규정을 두어 행정청이 과태

---

[465] 박윤흔b, 전게서, p. 375.

료를 부과·징수하도록 하는 것이 보통이다. 행정청의 과태료 부과처분에 불복하는 경우에는 일정한 기간 내에 처분청에 이의를 제기할 수 있다. 이의가 제기되면 처분청이 관할 법원에 통보하여 「비송사건절차법」에 의한 과태료의 재판으로 이행한다. 확정된 과태료는 국세 또는 지방세 체납처분의 예에 의해서 강제징수하도록 하고 있다.

❸ 조례에 의한 과태료의 부과절차

조례에 의한 과태료 중 조례위반에 대한 과태료는 지방자치단체의 장이 부과·징수한다. 부과처분을 받은 자가 이에 불복하는 경우에는 지방자치단체의 장에게 30일 이내에 이의를 제기할 수 있다. 이의가 제기된 경우에는 지방자치단체 장의 통보에 의하여 관할 법원의 과태료의 재판으로 이행된다.

사용료 면탈 등에 의한 과태료도 지방자치단체의 장이 부과·징수한다. 부과처분을 받은 자는 60일 이내에 이의신청을 할 수 있다. 이의신청에 대한 지방자치단체장의 결정에 대해서는 60일 이내에 관할 고등법원에 소를 제기할 수 있다. 어느 경우에나 확정된 과태료를 납부하지 않는 경우에는 지방세 징수의 예에 의해서 강제징수할 수 있다.

새로운 의무이행 확보 수단	
구분	내용
금전적 제재	• 행정법상의 의무위반에 대한 금전적 제재로는 과징금, 가산금, 가산세, 부당이득세, 범칙금 등이 있으나, 현행법상 경찰의무 위반에 대해서 그 제재로서 행정청이 부과하는 조세 이외의 금전적 부담을 말한다. • 과징금의 취지 내지 성질에도 여러 가지가 있으나, 가장 흔한 것은 영업정지처분에 갈음하는 과징금이다. • 과징금은 거의 예외 없이 행정청이 부과하고, 납부기한 안에 납부하지 않는 경우에는 행정상 강제집행을 할 수 있도록 규정하고 있다. • 경찰의무 위반에 대한 과징금으로서 실정법상 규정된 것으로는 소방시설업자에 대한 영업정지처분에 갈음하는 과징금, 방역업자·소방시설관리업장에 대한 영업정지처분에 갈음하는 과징금, 위험물제조소 등의 사용정지처분에 갈음하는 과징금 등이 있다.
비금전적 제재	• 행정법상의 의무위반에 대한 비금전적 제재로는 공급거부, 수익적 행정행위의 철회·정지, 관허사업의 제한(인허가 등의 거부), 위반사실의 공표 등의 수단이 널리 활용되고 있다. • 수익적 행정행위의 철회·정지는 모든 행정 영역에 걸쳐서 의무위반에 대한 제재수단으로서 널리 규정되고 있으며, 경찰행정의 영역도 예외가 아니다. • 운전면허 등 각종 자격의 취소·정지, 각종 사업·영업의 허가·등록 등의 취소·정지, 기타 인허가의 취소·정지 등이 그 예이다. 그러나 공급거부, 관허사업의 제한, 위반사실의 공표 등은 현행법상 경찰과 관련한 법규에는 규정된 예가 없다.

• 행정법상의 의무위반에 대한 제재는 전통적으로 경찰벌에 의해서 이뤄져 왔다.
• 최근에는 과징금·공급거부·공표 등의 새로운 제재수단이 등장하고, 또한 과거부터 있어 온 인·허가의 철회·정지 등과 같은 수단도 행정법상의 의무위반에 대한 제재수단으로 널리 활용되고 있다.
• 새로운 제재수단들은 직접적으로는 행정벌과 마찬가지로 과거의 의무위반에 대한 제재의 수단이 된다. 새로운 제재수단은 금전적 제재와 비금전적 제재로 구분된다.

제8장 경찰관 직무집행법

제1절 개관

1 경찰관 직무집행법의 의의

경찰작용은 법률행위적 작용과 사실상의 작용으로 구분할 수 있다. 경찰하명이나 경찰허가와 같은 행정행위는 법률행위적 작용이고, 경찰강제와 경찰벌은 사실상의 작용에 해당한다. 경찰강제에는 강제집행과 즉시강제가 있다. 「경찰관 직무집행법」은 이 중 경찰상 즉시강제에 관한 기본법이다. 경찰상 즉시강제의 수단은 그에 대한 일반법인 「경찰관 직무집행법」과 각 경찰법규에서 정하고 있는데, 그 수단은 매우 다양한 것이 특징이다.

「경찰관 직무집행법」은 경찰관이 직무를 충실히 수행하기 위하여 필요한 구체적 조치, 즉 수단을 규정하고 있다. 그러한 조치는 경찰목적을 위해서 필요한 최소한도 안에서 취하여야 한다. 경찰권행사의 한계로는 비례의 원칙(적합성의 원칙, 필요성의 원칙, 상당성의 원칙)과 보충성의 원칙을 들 수 있다. 경찰관이 「경찰관 직무집행법」상의 직무를 수행할 경우, 기본원칙을 충실히 지켜야 한다. 이에 위반했을 때는 위법의 문제가 발생한다.

「경찰관 직무집행법」이 정하는 표준적 경찰조치의 내용은 경찰처분(하명), 비권력적 사실행위의 성질을 가진 것, 경찰상 강제집행(직접강제)의 성질을 가진 것 등이 있다. 원칙적으로는 국민을 상대로 한 행정작용은 법령상 행정청의 권한으로 규정되고 행정청의 이름으로 행해지는 것이 원칙이다.

「경찰관 직무집행법」상의 경찰 조치들은 급박한 위해를 방지하기 위해서 현장에서 즉시 이루어지는 경우가 많다. 따라서 조직법상 행정청이 아닌 경찰관 개개인의 권한으로 규정되어 있다. 「경찰관 직무집행법」상의 권한을 행사하는 경찰관은 행정작용법 및 행정쟁송법상으로는 행정청으로 간주된다.

경찰작용에 대한 최초의 법은 1894년이 「행정경찰장정」이다. 「행정경찰장정」은 프랑스의 「죄와형벌법」의 영향을 받은 일본의 「행정경찰규칙」을 모방한 것이다. 대한민국정부 수립(1948. 8. 15.) 후 경찰작용법으로 제정된 것은 1953년 12월 14일 법률 제299호로 제정·공포된 「경찰관 직무집행법」이다. 여기에는 프랑스법, 독일법(프로이센법)과 함께 일부 영·미법이 반영되었다.

「경찰관 직무집행법」은 미군정기의 비경찰화정책으로 경찰의 직무를 보안경찰 또는 사법경찰로 국한하고, 경찰권 발동에 제약과 한계를 분명히 하여 개인의 기본권 보호라는 소극적 측면에 중점을 둔 일본의 「경찰관 등 직무집행법」을 계수한 것이다. 따라서 영미법계의 민주주의적 이념에 따라 '국민의 생명·신체·재산의 보호'가 경찰의 책무로서 강조되었다.

2 ‖ 경찰관 직무집행법의 목적

「경찰관 직무집행법」은 국민의 자유와 권리 및 모든 개인이 가지는 불가침의 기본적 인권을 보호하고 사회공공의 질서를 유지하기 위한 경찰관(경찰공무원만 해당)의 직무수행에 필요한 사항을 규정함을 목적으로 한다. 여기서 경찰관이란 경찰업무를 수행하는 국가공무원으로서 모든 경찰관을 말한다.

Police Science
🔍 경찰관 직무집행법(시행 2022. 2. 3.)

제1조(목적) ① 이 법은 국민의 자유와 권리 및 모든 개인이 가지는 불가침의 기본적 인권을 보호하고 사회공공의 질서를 유지하기 위한 경찰관(경찰공무원만 해당)의 직무 수행에 필요한 사항을 규정함을 목적으로 한다.

1 비례의 원칙(과잉금지의 원칙)

비례의 원칙 혹은 과잉금지의 원칙은 법치국가의 원리에서 도출되는 「헌법」상 원칙이다. 「헌법」 제37조 제2항과 「행정기본법」 제10조(비례의 원칙), 「경직법」 제1조(목적) 제2항은 경찰비례원칙의 직접적인 근거 규정이다. 이 원칙은 경찰행정만이 아니라 모든 행정작용, 나아가 입법·사법을 포함한 모든 국가작용에 적용된다. 비례원칙에는 ① 적합성의 원칙, ② 필요성의 원칙(최소침해의 원칙), ③ 상당성의 원칙(협의의 비례원칙)이 있다.

「경직법」상의 모든 경찰작용은 경찰행정의 목적을 달성하는 데 유효하고 적절할 것 (적합성), 경찰행정의 목적을 달성하는 데 필요한 최소한도에 그칠 것(필요성), 경찰행정의 작용으로 인한 국민의 이익 침해가 그 행정작용이 의도하는 공익보다 크지 아니할 것(상당성) 등을 요구받는다.

예를 들어 경찰관은 사실의 확인, 경찰장구의 사용, 경찰장비의 사용, 분사기 등의 사용, 무기의 사용 등의 경우, 이러한 조치를 취하여야 할 필요 또는 부득이한 경우에 한하여 경찰권의 행사가 가능하다.

경찰관은 불심검문, 보호조치, 사실의 확인, 경찰장구의 사용, 무기의 사용 등의 경우, 이러한 조치를 취하여야 할 상당한 이유가 있어야만 즉시강제가 가능하다.

Police Science

🌐 비례의 원칙 관련 규정

헌법(시행 1988. 2. 25.)

제37조 ② 국민의 모든 자유와 권리는 국가안전보장·질서유지 또는 공공복리를 위하여 필요한 경우에 한하여 법률로써 제한할 수 있으며, 제한하는 경우에도 자유와 권리의 본질적인 내용을 침해할 수 없다.

행정기본법(시행 2021. 9. 24.)

제10조(비례의 원칙) 행정작용은 다음 각 호의 원칙에 따라야 한다.

1. 행정목적을 달성하는 데 유효하고 적절할 것(적합성)

2. 행정목적을 달성하는 데 필요한 최소한도에 그칠 것(필요성)

3. 행정작용으로 인한 국민의 이익 침해가 그 행정작용이 의도하는 공익보다 크지 아니할

경찰관 직무집행법(시행 2022. 2. 3.)

제1조(목적) ② 이 법에 규정된 경찰관의 직권은 그 직무 수행에 필요한 최소한도에서 행사되어야 하며 남용되어서는 아니 된다.

제12조(벌칙) 이 법에 규정된 경찰관의 의무를 위반하거나 직권을 남용하여 다른 사람에게 해를 끼친 사람은 1년 이하의 징역이나 금고에 처한다.

2 | 보충성의 원칙

범죄의 수사와 교통의 단속과 관련해서는 「형사소송법」과 「도로교통법」이 우선 적용되고 동법은 보충적으로 적용된다. 경찰관의 무기사용은 무기를 사용하지 않고는 다른 수단이 없을 때에 한하여 가능하다. 다만, 대간첩작전수행에 있어 무장간첩이 경찰관의 투항명령을 받고도 이에 불응하는 경우에는 보충성을 요하지 않는다.

4 ‖ 경찰관 직무집행법 상 직무의 범위

「경직법」 제2조(직무의 범위)에는 ① 국민의 생명·신체 및 재산의 보호(1호), ② 범죄의 예방·진압 및 수사(2호), ③ 범죄피해자 보호(2호의 2), ④ 경비, 주요 인사人士 경호 및 대간첩·대테러 작전 수행(3호), ⑤ 공공안녕에 대한 위험의 예방과 대응을 위한 정보의 수집·작성 및 배포, ⑥ 교통 단속과 교통 위해危害의 방지, ⑦ 외국 정부기관 및 국제기구와의 국제협력, ⑧ 그 밖에 공공의 안녕과 질서유지 등을 직무범위로 정하고 있다.

특히 '공공의 안녕과 질서유지'는 다른 모든 임무를 포괄하는 개념으로, 「경직법」 제2조에 예시되지 않은 사항일지라도 공공의 안녕과 질서유지에 관계되는 사항은 경찰의 직무범위에 포함된다. 「경직법」상의 조치를 이황우 교수 등은 다음과 같이 규정하기도 한다.

경찰관직무집행법 상의 경찰조치		
표준적 경찰조치	• 사실의 확인 등(제8조)	기타
	• 정보의 수집 등(제8조의 2)	
	• 유치장 운영(제9조)	
	• 위험방지를 위한 출입(제7조)	대가택적 즉시강제
	• 임시영치(제4조)	대물적 즉시강제
	• 불심검문(제3조)	대인적 즉시강제 (위험발생의 방지조치는 대인적·대물적· 대가택적 즉시강제의 성질을 갖는다)
	• 보호조치 등(제4조)	
	• 위험발생의 방지 등(제5조)	
	• 범죄의 예방과 제지(제6조)	
보충적 경찰조치	• 경찰장비의 사용(제10조)	
	• 경찰장구의 사용(제10조의 2)	
	• 분사기 등의 사용(제10조의 3)	
	• 무기의 사용(제10조의 4)	

5 ‖ 비례의 원칙에 따른 경찰 물리력 행사에 관한 기준[466]

1 경찰 물리력의 의의

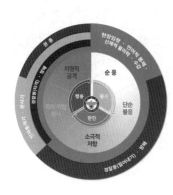

경찰 물리력이란 적법한 공무집행 중에 이루어지는 경찰관과 경찰권 발동의 대상자 간의 직접적, 간접적 신체접촉을 말한다.

따라서 권총, 전자충격기, 분사기, 경찰봉, 방패, 신체적 물리력의 사용과 같은 경찰관과 대상자 간의 직접적인 신체접촉뿐만 아니라 경찰관의 언어적 통제, 현장 임장과 같은 간접적인 접촉까지 모두 포함한다.

---

466 경찰청 혁신기획조정과, "비례의 원칙에 따른 경찰 물리력 행사에 관한 기준", 2019.03.

경찰권은 국민의 자유·권리를 최대한 보장하기 위하여 국민으로부터 부여받은 권한이다. 경찰권의 행사는 반드시 법률에 근거하여야 하고, 인권에 대한 존중에 기반을 두어야 하며, 남용되어서는 안 된다.

2 경찰 물리력 행사의 기준

경찰은 구체적인 경찰목적을 실현함에 있어 그 목적과 수단 사이에 합리적인 비례관계가 유지되도록 해야 한다. 이를 위해 경찰이 취하는 수단은 ① 경찰 목적 달성에 적합하여야 하고, ② 최소한의 침해를 가져와야 하며, ③ 경찰이 취하는 수단을 통하여 보호되는 공익은 그로 인해 침해되는 사익보다 커야 한다.

따라서, 경찰이 공공의 안녕·질서유지 등 경찰목적 달성을 위하여 개인의 권리를 제한할 필요가 있는 경우, 설득·조언·경고를 통해 자발적 협력을 구하는 것이 바람직하며, 신체접촉을 동반하는 물리력의 행사는 최후의 수단으로 직무수행에 필요한 최소한도에 그쳐야 한다.

현행 「경찰관 직무집행법」은 ① '상당성', ② '합리성', 그리고 ③ '필요 최소한도'라는 포괄적이고 추상적인 경찰 물리력 사용의 조건을 나열하고 있다. 대법원의 판례에서 정립된 '무기사용 6대 원칙'은 경찰 물리력 사용에 대한 합법성 판단요건이 되었다.[467]

하지만 이와 같은 기준들은 경찰의 실무현장에서 적용하기에는 여전히 불확실한 기준제시에 그치고 있다는 비판을 받았다. 이에 따라 경찰청은 2018년 4월 "비례의 원칙에 입각한 경찰 물리력 행사 기준 연구"라는 연구용역과제 발주를 통하여 종합적인 경찰 물리력 사용 가이드라인 마련을 시도하였다. 경찰청 훈령 제873호 「경찰 인권보호 규칙」 제21조 2-제24조의 규정에 따라 물리력 사용 가이드라인 초안에 대한 인권영향평가를 실시하였다. 이후 2019년 11월 24일부터 「경찰 물리력 행사의 기준과 방법에 관한 규칙」을 제정하여 시행하고 있다.[468]

경찰청의 새로운 경찰 물리력 행사 기준인 「경찰 물리력 행사의 기준과 방법에 관한 규칙」은 기존 '현장매뉴얼'에서 볼 수 없었던 경찰 물리력 사용 3대 기본원칙, 추가적 유

---

[467] 김화수·전용태, "현장 경찰관의 물리력 행사의 한계에 대한 연구(경찰청 예규(경찰관 물리력 행사의 기준과 방법에 관한 규칙)를 중심으로)" 「한국경찰연구」, 19(3), 2020, p. 77.
[468] 「경찰 물리력 행사의 기준과 방법에 관한 규칙」(시행 2019. 11. 24.).

의사항, 경찰 물리력 사용 연속체, 개별 물리력 사용 한계와 유의사항, 물리력 사용 후 조치사항 등을 포괄적으로 담고 있는 것이 특징이다.[469]

「경찰 물리력 행사의 기준과 방법에 관한 규칙」은 '비례의 원칙에 따른 경찰 물리력 행사에 관한 기준'이라고도 한다. 동규칙은 「경찰관직무집행법」 제1조(목적), 제4조(보호 조치 등)부터 제7조(위험 방지를 위한 출입), 제10조(경찰장비의 사용 등)부터 제10조의 4(무기의 사용) 및 비례의 원칙에 따라 경찰관이 물리력 사용 시 준수하여야 할 기본원칙, 물리력 사용 연속체, 각 물리력 수단의 사용 한계 및 유의사항을 규정함으로써 국민과 경찰관의 생명·신체·인권을 보호하고 경찰관 직무집행의 적절성과 실효성을 확보하는 것을 목적으로 한다.

Police Science

🔍 경찰 물리력의 정의[470]

- 경찰 물리력이란 적법한 공무집행 중에 이루어지는 경찰관과 경찰권 발동의 대상자 간의 직접적, 간접적 신체접촉을 말한다.
- 따라서 권총, 전자충격기, 분사기, 경찰봉, 방패, 신체적 물리력의 사용과 같은 경찰관과 대상자 간의 직접적인 신체접촉뿐만 아니라 경찰관의 언어적 통제, 현장 임장과 같은 간접적인 접촉까지 모두 포함한다.

경찰 물리력의 4대 원칙[471]	
객관적 합리성의 원칙	· 경찰관은 ① 범죄의 종류, ② 죄질, ③ 피해 법익의 경중, ④ 위해의 급박성, ⑤ 저항의 강약, ⑥ 범인과 경찰관의 수, ⑦ 대상자가 휴대·사용하는 무기의 종류, ⑧ 대상자의 무기 사용의 태양, ⑨ 대상자의 자해·자살 기도의 태양, ⑩ 도주 여부, ⑪ 현장 주변의 상황 등 자신이 처한 개별적이고 특수한 상황을 종합적으로 고려하여 객관적으로 합리적인 현장 경찰관의 관점에서 가장 적절한 물리력을 선택, 사용하여야 한다.
필요성의 원칙	· 경찰관은 적법한 공무집행을 위해 필요최소한도의 물리력만을 사용하여야 한다. 필요 이상의 경찰 물리력 사용은 과잉 물리력 사용으로서 용인되지 않는다.

---

469 이훈·정진성, "우리나라 외근경찰 물리력 사용 가이드라인 재정립에 따른 현장 대응력 강화 내실화 방안에 관한 연구: 경찰 물리력 행사의 기준과 방법에 관한 규칙 제정안을 중심으로" 「한국공안행정학회보」, 28(2), 2019, pp. 244−245.
470 「경찰 물리력 행사의 기준과 방법에 관한 규칙」 제1장 총칙. 1.2(경찰 물리력의 정의).
471 「경찰 물리력 행사의 기준과 방법에 관한 규칙」 제1장 총칙. 1.3(경찰 물리력 사용 3대 원칙).

경찰 물리력 간 비례성의 원칙 (대상자 저항시)	• 경찰관은 직면한 대상자의 저항, 위해, 위력, 위협, 위험 등의 정도에 상응하는 적절한 수 준의 물리력만을 사용하여야 한다. • 대상자가 초래하는 저항 등의 수준이 심각할수록 경찰관 역시 이에 비례하여 대상자를 제 압할 수 있을 정도의 물리력을 사용할 수 있으며, 대상자가 초래하는 저항 등의 정도가 경미한 경우에는 그에 비례하여 경찰관 역시 낮은 수준의 물리력을 사용하여야 한다.
위해감소노력 우선의 원칙	• 경찰관은 전체적인 현장상황이 안전하고 시간적 여유가 있어 대상자와의 대화가 가능한 경우에는 대상자의 흥분 상태를 완화시킴으로써 대상자가 야기하고 있는 위해의 수준을 떨어뜨려 보다 덜 위험한 경찰 물리력을 사용하여 안전하게 상황을 종료시킬 수 있도록 최선의 노력을 다하여야 한다. • 위해감소 노력 우선의 원칙은 높은 수준의 갈등과 긴장(High Tension)을 낮은 수준의 상 태로 감소(Reduced Tension)시키는 행동변화(The Act of Moving)를 의미한다. • 위해감소노력(De-Escalation) 우선의 원칙은 2015년 미국 경찰과 시민의 갈등을 해결하 기 위한 방안으로 채택되었다.

대상자 저항 정도[472]	
구분	**내용**
순응	• "순응"은 대상자가 경찰관의 지시, 통제, 명령을 따르는 상태를 말한다. • 예를 들어 통고처분을 위해 정지시킨 대상자가 경찰관에 대해 그 이유를 묻는 과정에서 신분 증 제시 요구에 즉각 응하지 않고 약간의 시간을 지체하는 경우는 "순응" 상태에 해당한다.
단순불응	• "단순 불응"은 대상자가 경찰관의 지시 또는 명령을 따르지 않고 비협조적이지만 체포·연행 등 적법한 공무집행을 수행하는 경찰관, 제3자에 대해 직접적인 위해를 가하지 않는 상태를 말한다. • 예를 들어 경찰관이 정당한 이동 명령을 발하였음에도 이동하지 않고 가만히 서있거나 앉아 있는 등 전혀 움직이지 않는 상태, 일부러 몸의 힘을 모두 빼 스스로 움직일 의도가 전혀 없 는 상태, 고정된 물체를 꽉 잡고 움직이지 않으려는 상태 등이 "단순 불응"에 해당한다.
소극적 저항	• "소극적 저항"은 대상자가 자신에 대한 경찰관의 체포·연행 등 정당한 공무집행을 방해하지 만 경찰관, 제3자에 대해 위해 수준이 극히 낮은 행동만을 하는 상태를 말한다. • 예를 들어 대상자가 자신을 체포·연행하려는 경찰관으로부터 물리적으로 약간 이탈하거나 도 주하려는 행위, 자신을 체포·연행하기 위해 팔을 잡으려는 경찰관의 손을 뿌리치는 행위, 대 상자가 경찰관이 신체적 부상을 당하지 않을 정도의 힘으로 경찰관을 밀거나 잡아끄는 행위 등이 "소극적 저항"에 해당한다.

---

472 「경찰 물리력 행사의 기준과 방법에 관한 규칙」 제2장 대상자 행위와 경찰 물리력 사용의 정도. 2.1.1(순
응) - 2.1.5(치명적 공격).

적극적 저항 (위협·폭력 행사)	• "위협·폭력 행사"는 대상자가 경찰관, 제3자에 대해 신체적 위해, 위력, 위협을 가하는 상태를 말한다. • 예를 들어 경찰관에 대해 주먹질 또는 발길질을 하거나, 나무막대기와 같은 타격무기를 이용하여 공격함으로써 경찰관에 대해 신체적 위해를 초래하고 있거나 그 가능성이 임박한 상태, 대상자가 경찰관에게 신체적 완력·폭력을 행사하려는 자세를 취하여 그 행사가 임박한 상태 역시 "위협·폭력 행사"에 해당한다.
치명적 공격	• "치명적 공격"은 대상자가 경찰관, 제3자에 대해 사망 또는 심각한 신체적 부상을 초래할 수 있는 행위를 하는 상태를 말한다. • 예를 들어 총기류(공기총·엽총·사제권총 등), 흉기(칼·도끼·낫 등), 둔기(망치·쇠파이프 등)를 이용하여 경찰관, 제3자에 대해 위력을 행사하고 있거나 위해 발생이 임박한 경우, 경찰관이나 제3자의 목을 세게 조르거나 무차별 폭행하는 등 생명·신체에 대해 중대한 위해가 발생할 정도의 극도로 위험한 신체적 폭력을 행사하는 경우가 "치명적 공격"에 해당한다.

• 대상자가 경찰관, 제3자 또는 대상자 자신에게 가할 수 있는 다양한 저항, 위해, 위력, 위협, 위험(저항)의 정도는 ① 순응, ② 단순 불응, ③ 소극적 저항, ④ 적극적 저항(위협·폭력 행사), ⑤ 치명적 공격 등 다섯 단계로 구별한다.

경찰관의 대응 수준[473]	
구분	내용
저위험 물리력	• 저위험 물리력은 대상자가 신체적 부상을 당할 가능성이 낮은 경찰 물리력으로서 "순응", "단순불응", "소극적 저항"을 보이는 대상자에게 사용할 수 있는 물리력을 총칭한다. • ① 현장 임장, ② 언어적 통제(대화, 설득, 명령 등), ③ 강제력 없는 잡기, 밀기, 잡아끌기, 돌려세우기, ④ 체포·호송 등을 위한 수갑·포승 사용 등
중위험 물리력	• 중위험 물리력은 "위협·폭력 행사" 이상의 저항, 위해, 위력, 위협, 위험 등을 야기하는 대상자를 직면한 경찰관이 사용할 수 있는 물리력 수준으로서 이를 대상자에게 사용하는 경우 대상자에게 경미한 신체적 부상을 입힐 수 있으나 대상자의 생명·신체에 대한 중대한 위해 발생 가능성은 낮은 경찰 물리력을 말한다. • ① 분사기 및 전자충격기 사용, ② 대상자에 대한 중대하지 않은 신체적 부상 가능성이 있는 경찰관의 신체적 물리력 사용, ③ 경찰봉으로 대상자 신체를 압박하거나 중요부위가 아닌 신체부위를 찌르거나 타격하는 행위, ④ 외근경찰 방패로 대상자 신체를 강하게 압박하거나 세게 미는 행위

---

473 「경찰 물리력 행사의 기준과 방법에 관한 규칙」 제2장 대상자 행위와 경찰 물리력 사용의 정도. 2.2.3(저위험 물리력) − 2.2.5(고위험 물리력).

고위험 물리력	• 고위험 물리력은 대상자가 "치명적 공격"의 방법으로 경찰관 또는 제3자의 생명에 대한 급박한 위해 또는 신체에 대한 중대한 부상을 초래할 가능성이 있는 경우 경찰관이 최후의 수단으로 사용할 수 있는 물리력 수준으로서 대상자의 사망 또는 심각한 신체적 부상을 초래할 수 있는 경찰장비 또는 신체적 물리력 사용을 말한다. • 따라서 권총, 소총과 같은 무기뿐만 아니라 통상의 용법으로는 비살상 물리력 즉, 저위험 물리력 또는 중위험 물리력으로 분류되는 신체적 물리력이나 경찰봉, 방패와 같은 경찰장비 등을 통상적인 용법 이외의 방법으로 사용하여 대상자의 사망 또는 심각한 신체적 부상을 초래할 수 있는 물리력도 포함한다. • 권총, 소총 등 총기 등 사용 가능

경찰 물리력 사용의 절차[474]	
구분	내용
제1단계 평가	• 제1단계는 평가단계 • 현장상황을 종합적으로 고려하여 대상자 행위를 ① '순응', ② '소극적 저항', ③ '적극적 저항(위협·폭력 행사)', ④ '치명적 공격' 등으로 평가
제2단계 판단	• 제2단계는 판단단계 • 대상자의 저항이나 공격을 제압할 수 있는 적절한 물리력 수단을 선택하되, 전체적인 현장 상황이 안전하고 시간적 여유가 있는 경우 대상자가 야기하는 위해 수준을 감소시키기 위해 노력하여야 하며, 낮은 수준의 물리력 수단을 우선적으로 고려
제3단계 행동	• 제3단계는 행동단계 • 선택한 물리력을 사용하는 경우에도 경찰목적을 달성하는 한도 내에서 대상자에게 최소한의 침해를 가져오는 방법으로 물리력을 사용
제4단계 재평가	• 제4단계는 재평가단계 • 이후 상황을 지속적으로 재평가하면서 대상자의 행위 및 현장 주변 상황 변화에 따라 대응 물리력 수준을 증가시키거나 감소

---

474 「경찰 물리력 행사의 기준과 방법에 관한 규칙」 제2장 대상자 행위와 경찰 물리력 사용의 정도. 2.3.2.

상황별 경찰 물리력 행사 기준(경찰청)[475]			
저항 정도	대상자 행위	대응 수준	경찰관 대응 수준
순응	• 경찰관의 지시·통제에 따르는 상태	• 협조적 통제 • 저위험 물리력	• 체포·호송 등을 위한 수갑·포승 사용 • 강제력 없는 잡기, 밀기, 잡아끌기, 돌려세우기 • 언어적 통제(대화, 설득, 명령 등)
단순 불응	• 비협조적 자세 • 경찰관, 제3자에 대한 직접적 위해 없는 행동	• 협조적 통제 • 저위험 물리력	• 부상위험 없이 잡기, 밀기, 끌기, 관절 비틀기
소극적 저항	• 체포, 연행 등 정당한 공무집행 방해 • 경찰관, 제3자에 대한 낮은 수준의 행동	• 접촉 통제 • 저위험 물리력	• 누르기, 조르기, 관절꺾기, 넘어뜨리기
적극적 저항 (위협·폭력 행사)	• 경찰관, 제3자에 대한 신체적 위해, 위력, 위협 • 경찰관, 제3자에 대한 위협·폭력 행사가 임박	• 접촉·비접촉 진압 • 중위험 물리력	• 전자충격기, 가스분사기 가능 • 경찰봉과 방패로 경미한 신체적 부상 가능 • 중대한 위해 발생은 불가능
치명적 공격	• 경찰관, 제3자에 대한 사망 또는 심각한 신체적 부상을 초래	• 접촉·비접촉 진압 • 고위험 물리력	• 권총, 소총 등 총기 사용 • 경찰봉 방패 등으로 급소 부위 타격 가능

* 붉은 색 글씨는 각 대상자 저항 범주에서 사용 가능한 최고 수준의 경찰 물리력을 나타냄.

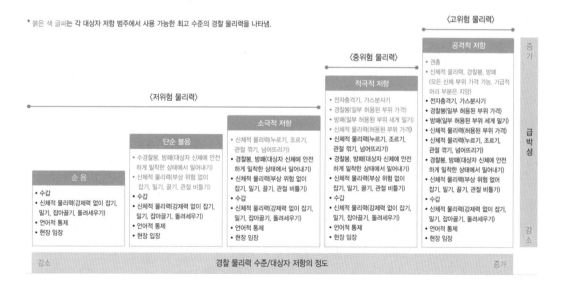

475 경찰청 혁신기획조정과, 전게자료, pp. 4-7;「경찰 물리력 행사의 기준과 방법에 관한 규칙」재구성.

제8장 경찰관 직무집행법   833

1 ‖ 불심검문(제3조)

경찰관은 수상한 행동이나 그 밖의 주위 사정을 합리적으로 판단하여 볼 때 어떠한 죄를 범하였거나 범하려 하고 있다고 의심할 만한 상당한 이유가 있는 사람을 정지시켜 질문할 수 있는데 이를 '불심검문'이라고 한다.

불심검문은 범죄예방을 위한 행정경찰 목적의 경찰작용에 해당한다. 불심검문은 행정경찰 작용이며, 수사작용에 해당하지 않는다.[476] 불심검문은 수사개시 전 단계에서 수사단서의 확보를 한도로 하는 경우에만 허용된다.

경찰관은 정지시킨 장소에서 질문을 하는 것이 그 사람에게 불리하거나 교통에 방해가 된다고 인정될 때에는 질문을 하기 위하여 가까운 경찰서·지구대·파출소 또는 출장소로 동행할 것을 요구할 수 있다. 이 경우 동행을 요구받은 사람은 그 요구를 거절할 수 있다.

이때 대상자의 동의를 얻어 가까운 경찰관서로 함께 데리고 가는 것을 '임의동행'이라고 한다. 임의동행은 「형사소송법」 제199조(수사와 필요한 조사) 1항에서의 임의동행과 「경직법」 제3조(불심검문) 2항에서의 임의동행이 있다. 「형사소송법」 제199조 1항에서의 임의동행은 경찰공무원뿐만 아니라 그 이외의 다른 수사기관도 주체가 될 수 있다. 하지만 「경직법」 제3조 2항의 임의동행은 경찰공무원만이 그 주체가 될 수 있다.[477]

불심검문에서의 정지·질문에 있어서 상대방은 자신의 의사에 반해서 답변을 강요당하지 않는다. 이때의 질문은 비권력적 사실행위이다. 경찰관은 동행요구를 거절하는 상대방에 대해서 물리적 강제력을 행사할 수 없다. 경찰관이 실력으로써 강제연행하고자 하는 경우에는 적법한 공무집행이 아니므로 이에 저항하여도 공무집행방해죄가 성립되지 않는다.

임의동행을 한 경우, 경찰관은 당해인을 6시간을 초과하여 경찰관서에 머물게 할 수 없다. 불심검문의 경우에 당해인은 형사소송에 관한 법률에 의하지 아니하고는 신체를 구속당하지 아니하며, 그 의사에 반하여 답변을 강요당하지 아니한다.

---

476 대법원 2006.07.06. 선고 2005도6810판결.
477 지은석, "경찰관직무집행법상 임의동행(대법원 2020.5.14. 선고 2020도398판결을 중심으로)" 「형사법의 신동향」, 71, 2021, p. 168.

불심검문	
구분	내용
전제	• 수상한 행동이나 그 밖의 주위 사정을 합리적으로 판단한 때 • 합리성과 객관성
대상	• 형사절차상 '피의자'(거동이 수상한 사람·거수자)+형사절차상 '참고인' • 범죄를 범하였거나 범하려 하고 있다는 '합리적 의심'(Reasonable Doubt)과 '상당한 이유'(Probable Cause)가 있는 사람(거수자)은 형사 절차상 '피의자'에 해당하는 사람을 상정하고 있음 • 이미 행하여진 범죄나 행하여지려고 하는 범죄행위에 관한 사실을 안다고 인정되는 사람은 형사절차상 '참고인'에 해당하는 사람을 상정하고 있음 • 방금 막 끝난 범죄 또는 시작되려고 하는 범죄에 대하여 그 내용 등을 알고 있음이 인정되어야 함
정지 및 질문 (직무질문)	• 경찰관은 신분을 표시하는 증표의 제시와 소속과 성명을 밝힌 후, 거수자와 참고인을 정지시켜 질문할 수 있다(Stop and Question). • 정지시켜 질문할 경우, 경찰관은 친절과 예의를 지켜야 하는 법적 의무가 있다.[478] • 거수자와 참고인은 답변을 강요당하지 않는다. 답변할 의무는 없다.
신분증 요구	• 경찰관은 거수자와 참고인에게 주민등록증의 제시를 요구할 수 있다.[479] • 거수자와 참고인은 주민등록증 요구에 반드시 따라야 된다는 법규정이 없으므로 의무가 아니다. 거부가 가능하다. • 거수자와 참고인의 주민등록증 미제시로 가까운 경찰관서로 동행을 요구받을 경우, 임의동행 요구이므로 거부가 가능하다. • 신원확인 불가는 임의동행의 사유가 아니다.
흉기소지 조사	• 경찰관은 거수자와 참고인에게 질문을 할 때, 흉기소지 여부를 조사할 수 있다. • 소지품 검사의 방법은 '외표검사'(Stop and Fisk)에 한정한다. • 외표검사는 거수자와 참고인을 정지시키고, 손으로 옷이나 휴대한 물건의 '겉'을 손으로 만져서 확인하는 방법이다. • 경찰관은 강제적으로 주머니나 가방 속 물건에 대해서 조사할 수 없다. • 소지품 검사는 '임의수사'이므로 거수자는 응할 의무가 없고 거부할 수 있다. • 거수자와 참고인이 직접 소지품을 꺼내 보이면 '임의제출'이 된다.
임의동행 요구	• 불심검문의 장소가 거수자와 참고인에게 불리하거나 교통에 방해가 된다고 인정될 경우, 경찰관은 질문을 하기 위하여 가까운 경찰관서로 동행할 것을 요구할 수 있다.

---

478 「주민등록법」 제26조(주민등록증의 제시요구) 2항.
479 「주민등록법」 제26조(주민등록증의 제시요구) 1항.

	· 동행을 요구받은 거수자와 참고인은 그 요구를 거절할 수 있다.
	· 임의동행으로 경찰관서에 간 경우, 경찰관은 6시간을 초과하여 거수자와 참고인을 경찰관서에 머물게 할 수 없다.
	· 거수자와 참고인은 임의동행 후, 언제든지 경찰관서에서 퇴거할 자유가 있다.
	· 거수자와 참고인은 경찰관서에 간 뒤 조사받기를 거부할 수 있고, 언제든지 경찰관서를 나갈 수 있는 퇴거의 자유가 있다.
강제수사로의 전환	· 거수자와 참고인이 거부의사를 밝히지 않고, 도주를 한 경우, 현행범으로 간주될 수 있다.[480]
	· 경찰관서에서의 조사 후, 범죄혐의가 밝혀지면, 강제수사로 전환된다.

Police Science

⊕🔍 경찰관 직무집행법(시행 2022. 2. 3.)

제3조(불심검문) ① 경찰관은 다음 각 호의 어느 하나에 해당하는 사람을 정지시켜 질문할 수 있다.

1. 수상한 행동이나 그 밖의 주위 사정을 합리적으로 판단하여 볼 때 어떠한 죄를 범하였거나 범하려 하고 있다고 의심할 만한 상당한 이유가 있는 사람

2. 이미 행하여진 범죄나 행하여지려고 하는 범죄행위에 관한 사실을 안다고 인정되는 사람

② 경찰관은 제1항에 따라 같은 항 각 호의 사람을 정지시킨 장소에서 질문을 하는 것이 그 사람에게 불리하거나 교통에 방해가 된다고 인정될 때에는 질문을 하기 위하여 가까운 경찰서·지구대·파출소 또는 출장소(지방해양경찰관서를 포함하며, 이하 "경찰관서"라 한다)로 동행할 것을 요구할 수 있다. 이 경우 동행을 요구받은 사람은 그 요구를 거절할 수 있다.

③ 경찰관은 제1항 각 호의 어느 하나에 해당하는 사람에게 질문을 할 때에 그 사람이 흉기를 가지고 있는지를 조사할 수 있다.

④ 경찰관은 제1항이나 제2항에 따라 질문을 하거나 동행을 요구할 경우 자신의 신분을 표시하는 증표를 제시하면서 소속과 성명을 밝히고 질문이나 동행의 목적과 이유를 설명하여야 하며, 동행을 요구하는 경우에는 동행 장소를 밝혀야 한다.

⑤ 경찰관은 제2항에 따라 동행한 사람의 가족이나 친지 등에게 동행한 경찰관의 신분, 동행 장소, 동행 목적과 이유를 알리거나 본인으로 하여금 즉시 연락할 수 있는 기회를 주어야 하며, 변호인의 도움을 받을 권리가 있음을 알려야 한다.

---

480 「형사소송법」 제211조(현행범인과 준현행범인) 2항 4호.

⑥ 경찰관은 제2항에 따라 동행한 사람을 6시간을 초과하여 경찰관서에 머물게 할 수 없다.

⑦ 제1항부터 제3항까지의 규정에 따라 질문을 받거나 동행을 요구받은 사람은 형사소송에 관한 법률에 따르지 아니하고는 신체를 구속당하지 아니하며, 그 의사에 반하여 답변을 강요당하지 아니한다.

Police Science

⊕✎ 형사소송법(시행 2022. 2. 3.)

제199조(수사와 필요한 조사) ① 수사에 관하여는 그 목적을 달성하기 위하여 필요한 조사를 할 수 있다. 다만, 강제처분은 이 법률에 특별한 규정이 있는 경우에 한하며, 필요한 최소한도의 범위 안에서만 하여야 한다.

제211조(현행범인과 준현행범인) ① 범죄를 실행하고 있거나 실행하고 난 직후의 사람을 현행범인이라 한다.

② 다음 각 호의 어느 하나에 해당하는 사람은 현행범인으로 본다.

1. 범인으로 불리며 추적되고 있을 때

2. 장물이나 범죄에 사용되었다고 인정하기에 충분한 흉기나 그 밖의 물건을 소지하고 있을 때

3. 신체나 의복류에 증거가 될 만한 뚜렷한 흔적이 있을 때

4. 누구냐고 묻자 도망하려고 할 때

Police Science

⊕✎ 주민등록법(시행 2022. 7. 12.)

제26조(주민등록증의 제시요구) ① 사법경찰관리司法警察官吏가 범인을 체포하는 등 그 직무를 수행할 때에 17세 이상인 주민의 신원이나 거주 관계를 확인할 필요가 있으면 주민등록증의 제시를 요구할 수 있다. 이 경우 사법경찰관리는 주민등록증을 제시하지 아니하는 자로서 신원을 증명하는 증표나 그 밖의 방법에 따라 신원이나 거주 관계가 확인되지 아니하는 자에게는 범죄의 혐의가 있다고 인정되는 상당한 이유가 있을 때에 한정하여 인근 관계 관서에서 신원이나 거주 관계를 밝힐 것을 요구할 수 있다.

② 사법경찰관리는 제1항에 따라 신원 등을 확인할 때 친절과 예의를 지켜야 하며, 정복근무 중인 경우 외에는 미리 신원을 표시하는 증표를 지니고 이를 관계인에게 내보여야 한다.

보호조치는 자기 또는 타인의 생명·신체·재산에 위해를 미칠 우려가 있는 사람에 대하여 그 위해 방지를 위해 잠정적으로 신체의 자유를 제한하여 보호하는 조치를 의미한다.[481] 보호조치는 정상적인 의사능력을 갖지 못한 상태 또는 신체적으로 정상적이지 않은 상태에 있는 자의 신체의 자유를 예방적 차원에서 잠정적으로 제한하는 조치이다.[482]

「경찰관 직무집행법」상의 보호조치는 정신착란자, 주취자, 자살시도자 등을 경찰관서 등에 일시적으로 보호하는 제도로서 대상자의 신체의 자유라는 기본권을 제한하는 조치이다. 정신착란자와 자살시도자 등에 대한 보호조치는 대상자의 동의를 요하지 않는 강제보호조치이다. 이들에 대한 보호조치는 대인적 즉시강제의 성질을 갖는다는 것이 학설과 판례의 입장이다.[483]

경찰관서에서의 보호조치는 24시간을, 임시영치는 10일을 초과할 수 없다. 임시영치는 상대방의 의사에 반하지 않고 물건을 제출받아 보관하는 것을 말하며, 이 점에서 압수와 구별된다. 따라서 압수에 요구되는 법관의 영장은 임시영치에는 요구되지 않는다.

Police Science

🌐 경찰의 긴급구호권한 불행사 판례

- 「경찰관직무집행법」에 의하면 경찰관이 병자, 부상자 등으로서 적당한 보호자가 없으며 응급의 구호를 요한다고 인정되는 자를 발견한 때에는 보건의료기관 또는 공공구호기관에 긴급구호를 요청할 수 있다.

- 이러한 긴급구호요청을 받은 보건의료기관이나 공공구호기관은 정당한 이유 없이 긴급구호를 거절할 수 없다고 규정하고 있다(「경찰관 직무집행법」 제4조 제1항, 제2항).

- 긴급구호권한과 같은 경찰관의 조치권한은 일반적으로 경찰관의 전문적 판단에 기한 합리적인 재량에 위임되어 있는 것이나, 그렇다고 하더라도 구체적 상황하에서 경찰관에게 그

---

481 박균성·김재광, 「경찰행정법 입문(제4판)」(서울: 박영사, 2020), p. 197.

482 김남욱, "경찰상 보호조치에 대한 법적 문제" 「유럽헌법연구」, 13, 2013, pp. 351−352.

483 배정범, "「경찰관 직무집행법」상 보호조치의 헌법상 정당화 근거와 입법적 개선 방향" 「법조협회」, 71(2), 2022, p. 113.

러한 조치권한을 부여한 취지와 목적에 비추어 볼 때 그 불행사가 현저하게 불합리하다고 인정되는 경우에는, 그러한 불행사는 법령에 위반하는 행위에 해당하게 되어 국가배상법상의 다른 요건이 충족되는 한, 국가는 그로 인하여 피해를 입은 자에 대하여 국가배상책임을 부담한다.[484]

Police Science

🌐🔍 임시영치(제4조 3항)(대물적 즉시강제)

- 경찰관은 구호대상자를 발견하여 보건의료기관이나 공공구호기관에 긴급구호를 요청하거나 경찰관서에 보호하는 등 적절한 조치를 하는 경우에 구호대상자가 휴대하고 있는 무기·흉기 등 위험을 일으킬 수 있는 것으로 인정되는 물건을 경찰관서에 임시로 영치領置하여 놓을 수 있다.

- 구호대상자가 휴대하고 있는 무기·흉기 등 위험을 일으킬 수 있는 것으로 인정되는 물건을 경찰관서에 임시로 영치領置한 물건을 경찰관서에 임시로 영치하는 기간은 10일을 초과할 수 없다.

Police Science

🌐🔍 경찰관 직무집행법(시행 2022. 2. 3.)

제4조(보호조치 등) ① 경찰관은 수상한 행동이나 그 밖의 주위 사정을 합리적으로 판단해 볼 때 다음 각 호의 어느 하나에 해당하는 것이 명백하고 응급구호가 필요하다고 믿을 만한 상당한 이유가 있는 사람(구호대상자)을 발견하였을 때에는 보건의료기관이나 공공구호기관에 긴급구호를 요청하거나 경찰관서에 보호하는 등 적절한 조치를 할 수 있다.

1. 정신착란을 일으키거나 술에 취하여 자신 또는 다른 사람의 생명·신체·재산에 위해를 끼칠 우려가 있는 사람

2. 자살을 시도하는 사람

3. 미아, 병자, 부상자 등으로서 적당한 보호자가 없으며 응급구호가 필요하다고 인정되는 사람. 다만, 본인이 구호를 거절하는 경우는 제외한다.

---

484 대법원 1996.10.25. 선고 95다45927판결.

② 제1항에 따라 긴급구호를 요청받은 보건의료기관이나 공공구호기관은 정당한 이유 없이 긴급구호를 거절할 수 없다.

③ 경찰관은 제1항의 조치를 하는 경우에 구호대상자가 휴대하고 있는 무기·흉기 등 위험을 일으킬 수 있는 것으로 인정되는 물건을 경찰관서에 임시로 영치領置하여 놓을 수 있다.

⑦ 제1항에 따라 구호대상자를 경찰관서에서 보호하는 기간은 24시간을 초과할 수 없고, 제3항에 따라 물건을 경찰관서에 임시로 영치하는 기간은 10일을 초과할 수 없다.

3 위험발생의 방지(제5조)

경찰관은 사람의 생명 또는 신체에 위해를 끼치거나 재산에 중대한 손해를 끼칠 우려가 있는 천재天災, 사변事變, 인공구조물의 파손이나 붕괴, 교통사고, 위험물의 폭발, 위험한 동물 등의 출현, 극도의 혼잡, 그 밖의 위험한 사태가 있을 때에는 위험발생의 방지조치를 할 수 있다. 위험발생의 방지조치에는 ① 경고, ② 억류 또는 피난, ③ 위해방지조치 등이 있다.

첫째, 경고는 위험의 내용을 알리고 대피 또는 예방조치를 취하도록 권고하는 비권력적 사실행위이다. 경찰지도의 성질을 가지고 있다. 경고를 관계인에게 대피·예방조치 등을 할 의무를 부과하는 하명으로 해석할 여지도 있다. 하지만 위해 방지상 필요한 조치를 명령할 권한이 따로 규정되어 있으므로 여기에서의 경고는 구속력이 없는 단순한 사실행위로 해석된다.

둘째, 억류와 피난은 상대방의 신체에 물리적 강제력이 수반되므로 모두 대인적 즉시강제의 성질을 가진다. 위해를 입을 우려가 있는 사람에게 '필요한 한도'에서 억류와 피난을 시키는 것은 경찰하명의 성질을 가진다.

셋째, 위해를 방지하기 위해서 '필요하다고 인정되는 조치'를 하게 하거나 직접 그 조치를 하는 것도 경찰하명의 성질을 가진다.

경찰관서의 장은 대간첩 작전의 수행이나 소요騷擾 사태의 진압을 위하여 필요하다고 인정되는 상당한 이유가 있을 때에는 대간첩 작전지역이나 경찰관서·무기고 등 국가중요시설에 대한 접근 또는 통행을 제한하거나 금지할 수 있다(접근 또는 통행의 제한·금지).

또한 경찰관은 위험발생방지의 조치를 하였을 때에는 지체 없이 그 사실을 소속 경찰관서의 장에게 보고하여야 한다.

🌐🔍 대간첩작전지역 등의 통행제한 등

- 접근 또는 통행의 제한·금지는 일반적인 위험발생조치와는 무관하고 대간첩작전의 수행이 라는 군사목적 또는 국가중요시설의 보호라는 국가목적을 위한 조치이다

🌐🔍 경찰관 직무집행법(시행 2022. 2. 3.)

제5조(위험 발생의 방지 등) ① 경찰관은 사람의 생명 또는 신체에 위해를 끼치거나 재산에 중 대한 손해를 끼칠 우려가 있는 천재天災, 사변事變, 인공구조물의 파손이나 붕괴, 교통사고, 위험물의 폭발, 위험한 동물 등의 출현, 극도의 혼잡, 그 밖의 위험한 사태가 있을 때에는 다음 각 호의 조치를 할 수 있다.

1. 그 장소에 모인 사람, 사물事物의 관리자, 그 밖의 관계인에게 필요한 경고를 하는 것
2. 매우 긴급한 경우에는 위해를 입을 우려가 있는 사람을 필요한 한도에서 억류하거나 피 난시키는 것
3. 그 장소에 있는 사람, 사물의 관리자, 그 밖의 관계인에게 위해를 방지하기 위하여 필요 하다고 인정되는 조치를 하게 하거나 직접 그 조치를 하는 것

② 경찰관서의 장은 대간첩 작전의 수행이나 소요騷擾 사태의 진압을 위하여 필요하다고 인정되는 상당한 이유가 있을 때에는 대간첩 작전지역이나 경찰관서·무기고 등 국가중요 시설에 대한 접근 또는 통행을 제한하거나 금지할 수 있다.

③ 경찰관은 제1항의 조치를 하였을 때에는 지체 없이 그 사실을 소속 경찰관서의 장에게 보고하여야 한다.

④ 제2항의 조치를 하거나 제3항의 보고를 받은 경찰관서의 장은 관계 기관의 협조를 구하 는 등 적절한 조치를 하여야 한다.

4 ║ 범죄의 예방과 제지(제6조)

경찰관은 범죄행위가 목전目前에 행하여지려고 하고 있다고 인정될 때에는 이를 예방하기 위하여 관계인에게 필요한 경고를 하고, 그 행위로 인하여 사람의 생명·신체에 위해를 끼치거나 재산에 중대한 손해를 끼칠 우려가 있는 긴급한 경우에는 그 행위를 제지할 수 있다.

예방조치로서의 경고는 비권력적 사실행위, 즉 경찰지도의 성질을 가진다. 이에 반해서 제지조치는 대인적 즉시강제의 성질을 가진다.

Police Science
⊕🔍 경찰관 직무집행법(시행 2022. 2. 3.)

제6조(범죄의 예방과 제지) 경찰관은 범죄행위가 목전目前에 행하여지려고 하고 있다고 인정될 때에는 이를 예방하기 위하여 관계인에게 필요한 경고를 하고, 그 행위로 인하여 사람의 생명·신체에 위해를 끼치거나 재산에 중대한 손해를 끼칠 우려가 있는 긴급한 경우에는 그 행위를 제지할 수 있다.

---

5 ║ 위험방지를 위한 출입(제7조)

경찰관은 위험발생의 방지 등(제5조 제1항·제2항) 및 범죄의 예방과 제지(제6조)에 따른 위험한 사태가 발생하여 사람의 생명·신체 또는 재산에 대한 위해가 임박한 때에 그 위해를 방지하거나 피해자를 구조하기 위하여 부득이하다고 인정하면 합리적으로 판단하여 필요한 한도에서 다른 사람의 토지·건물·배 또는 차에 출입할 수 있다.

이때 '위해가 임박한 때'는 시간적으로 가장 급박한 위험에 해당한다. 따라서 위험방지를 위한 출입은 ① 위해의 임박성, ② 불가피성, ③ 합리성, ④ 필요성, ⑤ 출입의 불가피성 등을 요건으로 한다.

위험방지를 위한 출입은 경찰관이 위해를 예방하고 방지하기 범죄의 예방과 제지를 위하여 일정한 장소를 출입하는 것을 말한다. 이때 경찰관은 수인하명을 발하며, 국민은 수인의무가 발생한다. 긴급출입은 대가택적 즉시강제에 해당하며, 예방출입은 경찰조사의 성질을 갖는다. 경찰관은 대간첩 작전 수행에 필요할 때에는 작전지역에서 법령에 따른 장소를 검색할 수 있다.

위험방지를 위한 출입은 ① 긴급출입, ② 예방출입, ③ 대간첩작전 수행을 위한 검색으로 구분된다. 어느 것이나 대가택적 즉시강제의 성격을 가진다.

Police Science

🌐 위험방지를 위한 출입의 요건

- 위험한 사태가 발생하여 사람의 생명·신체 또는 재산에 대한 위해가 임박한 때(임박성)
- 그 위해를 방지하거나 피해자를 구조하기 위하여 부득이하다고 인정할 때(불가피성)
- 합리적으로 판단(합리성)
- 필요한 한도(필요성)
- 다른 사람의 토지·건물·배 또는 차에 출입가능(출입의 불가피성)

---

1 긴급출입(제1항)

경찰관은 위험한 사태가 발생하여 사람의 생명·신체 또는 재산에 대한 위해가 임박한 때에 그 위해를 방지하거나 피해자를 구조하기 위하여 부득이하다고 인정하면 합리적으로 판단하여 필요한 한도에서 다른 사람의 토지·건물·배 또는 차에 출입할 수 있다.

긴급출입은 위험 발생의 방지 등 조치(경직법 제5조 제1항)의 요건 또는 범죄의 예방과 제지 조치(경직법 제6조)의 요건에 해당하는 위험한 사태가 발생해야 가능하다. 이때 사람의 생명·신체 또는 재산에 대한 위해가 임박해야 하고, 그 위해를 방지하거나 피해자를 구조하기 위하여 부득이하다고 인정되어야 한다.

긴급출입은 위와 같은 요건을 충족하는 경우, 다른 사람의 토지·건물·배 또는 차에 출입할 수 있다. 이때 필요한 시간 동안에 한해서만 출입할 수 있다. 출입은 경찰상 즉시 강제의 성질을 갖는다. 토지 등의 소유자 기타 관리자는 출입의 요건과 절차를 충족하는 한 출입을 거절할 수 없다. 만일 관리자가 경찰관의 출입을 폭행 또는 협박의 방법으로 방해한다면 공무집행방해죄가 성립한다.

⊕ 긴급출입의 요건

- 사람의 생명 또는 신체에 위해를 끼치거나 재산에 중대한 손해를 끼칠 우려가 있는 천재天災, 사변事變, 인공구조물의 파손이나 붕괴, 교통사고, 위험물의 폭발, 위험한 동물 등의 출현, 극도의 혼잡, 그 밖의 위험한 사태가 있을 때(위험발생의 방지 등(제5조 제1항))
- 대간첩 작전의 수행이나 소요騷擾 사태의 진압을 위하여 필요하다고 인정되는 상당한 이유가 있을 때(위험발생의 방지 등(제5조 제2항))
- 범죄행위가 목전目前에 행하여지려고 하고 있다고 인정될 때(범죄의 예방과 제지(제6조))

2 예방출입(제2항)

흥행장興行場, 여관, 음식점, 역, 그 밖에 많은 사람이 출입하는 장소의 관리자나 그에 준하는 관계인은 영업시간이나 해당 장소가 일반인에게 공개된 시간에 경찰관이 범죄나 사람의 생명·신체·재산에 대한 위해를 예방하기 위하여 그 장소에 출입하겠다고 요구하면 정당한 이유 없이 그 요구를 거절할 수 없다.

출입의 대상이 되는 장소는 다수인이 출입하는 장소이다. 여기에서의 '다수인'은 불특정 다수인을 의미하며 특정한 다수인이 출입하는 장소(강연장, 동창회, 향우회, 친목회 등의 회관 또는 집회장소 등)는 포함되지 않는다.

위험방지를 위한 출입	
예방출입	긴급출입
· 범죄나 사람의 생명·신체·재산에 대한 위해를 예방을 목적(위해예방) · 흥행장(興行場), 여관, 음식점, 역, 그 밖에 많은 사람이 출입하는 장소(다수인 출입장소) · 해당 장소의 영업시간이나 해당 장소가 일반인에게 공개된 시간(영업시간·공개된 시간) · 정당한 이유가 있으면 거절가능	· 위험사태 발생·위해임박·위해방지와 피해자 구조를 목적(위해방지) · 상대방은 수인의무 발생 · 긴급출입요구시 시간제한 없음 · 정당한 이유가 있어도 거절불가 · 상대방의 동의 필요없음
· 적법한 경찰권 발동으로 제3자가 입은 손실에 대해서는 정당한 보상가능(「경직법」 제11조의 2(손실보상)) · 위법한 경찰권 발동으로 입은 손해는 국가배상법에 의한 손해배상 가능 · 위법한 행위를 한 경찰관은 징계책임 및 형사책임 가능	

3 대간첩작전을 위한 검색(제3항)

경찰관은 대간첩작전수행에 필요한 때, 작전지역 안에 있는 흥행장興行場, 여관, 음식점, 역, 그 밖에 많은 사람이 출입하는 장소를 검색할 수 있다. 검색을 위해서는 출입이 전제되므로, 출입을 포함한다. 검색은 그 장소 안에서 간첩을 수색하는 것을 의미하며, 간첩이 발견된 경우, 체포행위도 가능하다.

Police Science

🌐 경찰관 직무집행법(시행 2022. 2. 3.)

제5조(위험 발생의 방지 등) ① 경찰관은 사람의 생명 또는 신체에 위해를 끼치거나 재산에 중대한 손해를 끼칠 우려가 있는 천재天災, 사변事變, 인공구조물의 파손이나 붕괴, 교통사고, 위험물의 폭발, 위험한 동물 등의 출현, 극도의 혼잡, 그 밖의 위험한 사태가 있을 때에는 다음 각 호의 조치를 할 수 있다.

제7조(위험 방지를 위한 출입) ① 경찰관은 제5조 제1항·제2항 및 제6조에 따른 위험한 사태가 발생하여 사람의 생명·신체 또는 재산에 대한 위해가 임박한 때에 그 위해를 방지하거나 피해자를 구조하기 위하여 부득이하다고 인정하면 합리적으로 판단하여 필요한 한도에서 다른 사람의 토지·건물·배 또는 차에 출입할 수 있다.

② 흥행장興行場, 여관, 음식점, 역, 그 밖에 많은 사람이 출입하는 장소의 관리자나 그에 준하는 관계인은 경찰관이 범죄나 사람의 생명·신체·재산에 대한 위해를 예방하기 위하여 해당 장소의 영업시간이나 해당 장소가 일반인에게 공개된 시간에 그 장소에 출입하겠다고 요구하면 정당한 이유 없이 그 요구를 거절할 수 없다.

③ 경찰관은 대간첩 작전 수행에 필요할 때에는 작전지역에서 제2항에 따른 장소를 검색할 수 있다

---

6 사실조회(제8조)

경찰관서의 장은 직무수행에 필요하다고 인정되는 상당한 이유가 있을 때에는 국가기관이나 공사公私 단체 등에 직무수행에 관련된 사실을 조회할 수 있다.

경찰관서의 장은 직무수행에 필요하다고 인정되는 상당한 이유가 있을 때에는 국가기관 또는 공사단체 등에 대하여 직무수행에 관련된 사실을 조회할 수 있다. 다만, 긴급을 요할 때에는 소속 경찰관으로 하여금 현장에 출장하여 당해 기관 또는 단체의 장의 협조를 얻어 그 사실을 확인하게 할 수 있다.

「경찰관 직무집행법」은 경찰관서의 장에게 직무수행에 관련된 사실의 조회·확인권을, 경찰관에게 관계인의 출석요구권을 부여하고 있다. 이러한 권한은 공공의 안녕·질서 유지를 위한 정보와 자료의 수집을 목적으로 하는 것이다. 그 행사는 행정경찰작용에 속한다. 따라서 「형사소송법」 제199조(수사와 필요한 조사) 상의 수사목적을 위한 조회나 「형사소송법」 제200조(피의자의 출석요구) 상의 피의자의 출석요구와는 성격을 달리한다.

「경찰관 직무집행법」상 권한이 일반적으로 경찰관을 주체로 하는 것과는 달리, 사실조회 및 확인의 주체는 경찰관서의 장이다. 경찰관서의 장은 일반적으로 경찰행정청을 의미하지만, 「경찰관 직무집행법」 제3조(불심검문) 제2항의 경찰관서에는 경찰서·지구대·파출소 또는 출장소도 포함시키고 있다. 따라서 사실조회를 할 수 있는 경찰관서의 장은 경찰서·지구대·파출소 또는 출장소도 포함된다.

사실조회 및 직접 확인을 위한 요건은 직무수행에 필요하다고 인정되는 상당한 이유가 있어야 한다. 이때의 직무는 「경찰관 직무집행법」은 물론 그 밖의 법령에 의해서 경찰행정청 또는 경찰관에게 부여되는 권한을 의미한다. 다만, 범죄수사는 「형사소송법」에 의해서 규율되므로 여기에서의 직무에서는 제외된다. 직접 확인은 긴급한 필요가 있어야 한다.

일반적인 수단은 직무수행에 관련된 사실의 조회이다. 조회란 일정한 사실의 유무 또는 내용을 문의하는 것을 말한다. 상대방의 답신에 의해서 사실이 확인된다. 상대방이 조회에 답신할 의무가 있는가에 대해서는 논란이 있다. 설사 의무가 있다고 하더라도 강제할 수단은 규정되어 있지 않다. 따라서 조회는 비권력적 사실행위로서의 경찰조사의 성질을 갖는다. 현장에서의 사실확인 역시 비권력적 사실행위로써 경찰조사의 성질을 가진다.

예를 들어 경찰의 수사협조 요청은 「형사소송법」 제199조(수사와 필요한 조사)와 「경찰관 직무집행법」 제8조(사실의 확인 등) 제1항에 따른 사실조회로서 임의수사이다.

🌐🔍 출석요구

- 출석요구의 주체는 경찰관으로 되어 있다. 하지만 실제로는 대부분 개개의 경찰관이 아니라 경찰서장의 이름으로 이루어진다.
- 교통사고 조사상의 사실확인은 교통사로 인한 행정법상의 책임(운전면허의 취소·정지, 범칙금 등)을 가리기 위한 것이며, 형사책임을 규명하기 위한 경우에는 형사소송법이 정한 절차에 따라 출석을 요구해야 한다.
- 출석요구는 관계인에게 출석을 요하는 사유·일시 및 장소를 명확히 한 출석요구서에 의하여야 한다.
- 출석요구는 임의적 사실행위이므로 출석을 강제할 수단은 규정되어 있지 않다.
- 따라서 출석요구 역시 경찰조사를 위한 비권력적 사실행위의 성질을 가진다.

출석요구 사유 및 불사유	
사실확인을 위한 출석요구	출석요구 불사유
· 미아를 인수할 보호자 확인 · 유실물을 인수할 권리자 확인 · 사고로 인한 사상자(死傷者) 확인 · 행정처분을 위한 교통사고 조사에 필요한 사실 확인(형사처분×)	· 형사책임을 규명하기 위한 사실조사 · 범죄피해내용 확인 · 교통사고시의 가해자와 피해자의 합의를 위한 종용

🌐🔍 경찰관 직무집행법(시행 2022. 2. 3.)

제8조(사실의 확인 등) ① 경찰관서의 장은 직무 수행에 필요하다고 인정되는 상당한 이유가 있을 때에는 국가기관이나 공사公私 단체 등에 직무 수행에 관련된 사실을 조회할 수 있다. 다만, 긴급한 경우에는 소속 경찰관으로 하여금 현장에 나가 해당 기관 또는 단체의 장의 협조를 받아 그 사실을 확인하게 할 수 있다.

② 경찰관은 다음 각 호의 직무를 수행하기 위하여 필요하면 관계인에게 출석하여야 하는 사유·일시 및 장소를 명확히 적은 출석 요구서를 보내 경찰관서에 출석할 것을 요구할 수 있다.

1. 미아를 인수할 보호자 확인

2. 유실물을 인수할 권리자 확인

3. 사고로 인한 사상자^{死傷者} 확인

4. 행정처분을 위한 교통사고 조사에 필요한 사실 확인

Police Science

🌐🔍 형사소송법(시행 2022. 2. 3.)

제199조(수사와 필요한 조사) ① 수사에 관하여는 그 목적을 달성하기 위하여 필요한 조사를 할 수 있다. 다만, 강제처분은 이 법률에 특별한 규정이 있는 경우에 한하며, 필요한 최소한도의 범위 안에서만 하여야 한다.

② 수사에 관하여는 공무소 기타 공사단체에 조회하여 필요한 사항의 보고를 요구할 수 있다.

제200조(피의자의 출석요구) 검사 또는 사법경찰관은 수사에 필요한 때에는 피의자의 출석을 요구하여 진술을 들을 수 있다.

---

7 ║ 정보의 수집(제8조의 2)

경찰관은 범죄·재난·공공갈등 등 공공안녕에 대한 위험의 예방과 대응을 위한 정보의 수집·작성·배포와 이에 수반되는 사실의 확인을 할 수 있다. 과거 '치안정보'라는 모호한 개념을 '공공안녕에 대한 위험의 예방과 대응을 위한 정보'로 수정하였다.

「경찰관의 정보수집 및 처리 등에 관한 규정」 제3조(수집 등 대상 정보의 구체적인 범위) 제7호는 국민의 생명·신체·재산의 보호와 공공안녕에 대한 위험의 예방과 대응을 위한 정책에 관한 정보를 규정하고 있다. 공공안녕에 대한 위험의 예방을 위한 정보의 수집·작성·배포 권한을 부여하고 있다는 점에서 '구체적 위험 요건'의 충족 이전 단계 단계에서도 경찰권 행사의 근거를 마련하고 있다.[485] 또한 '정책정보' 수집 규정을 명문화하였다.

---

485 손재영, "경찰관직무집행법 제8조의2 제1항에 따른 위험예방을 위한 정보수집의 헌법적 한계"「법학논고」, 73, 2021, p. 213.

제9호에서는 「보안업무규정」 제45조(권한의 위탁) 제1항에 따라 경찰청장이 위탁받은 '신원조사' 또는 「공공기관의 정보공개에 관한 법률」 제2조(정의) 제3호에 따른 공공기관의 장이 법령에 근거하여 요청한 사실의 확인을 위한 정보를 구체적 범위로 제시하고 있다. 이는 경찰의 정보수집 범위에 '정책정보'와 '신원조사'가 포함되어 있음을 의미한다.[486]

Police Science

🌐🔍 경찰관 직무집행법(시행 2022. 2. 3.)

제8조의 2(정보의 수집 등) ① 경찰관은 범죄·재난·공공갈등 등 공공안녕에 대한 위험의 예방과 대응을 위한 정보의 수집·작성·배포와 이에 수반되는 사실의 확인을 할 수 있다.

② 제1항에 따른 정보의 구체적인 범위와 처리 기준, 정보의 수집·작성·배포에 수반되는 사실의 확인 절차와 한계는 대통령령으로 정한다.

Police Science

🌐🔍 경찰관의 정보수집 및 처리 등에 관한 규정(시행 2021. 3. 23.)

제3조(수집 등 대상 정보의 구체적인 범위) 경찰관이 「경찰관 직무집행법」 제8조의2 제1항에 따라 수집·작성·배포할 수 있는 정보의 구체적인 범위는 다음 각 호와 같다.

1. 범죄의 예방과 대응에 필요한 정보

2. 「형의 집행 및 수용자의 처우에 관한 법률」 제126조의 2 또는 「보호관찰 등에 관한 법률」 제55조의 3에 따라 통보되는 정보의 대상자인 수형자·가석방자의 재범방지 및 피해자의 보호에 필요한 정보

3. 국가중요시설의 안전 및 주요 인사人士의 보호에 필요한 정보

4. 방첩·대테러활동 등 국가안전을 위한 활동에 필요한 정보

5. 재난·안전사고 등으로부터 국민안전을 확보하기 위한 정보

6. 집회·시위 등으로 인한 공공갈등과 다중운집에 따른 질서 및 안전 유지에 필요한 정보

7. 국민의 생명·신체·재산의 보호와 공공안녕에 대한 위험의 예방과 대응을 위한 정책에 관한 정보[해당 정책의 입안·집행·평가를 위해 객관적이고 필요한 사항에 관한 정보로 한정하며, 이와 직접적·구체적으로 관련이 없는 사생활·신조信條 등에 관한 정보는 제외

---

486 윤병훈·최영관, "행정경찰과 사법경찰의 분리원칙 필요성에 대한 논의: 정보경찰을 중심으로" 「한국치안행정논집」, 18(4), 2021, p. 117.

한다]

8. 도로 교통의 위해危害 방지·제거 및 원활한 소통 확보를 위한 정보

9. 「보안업무규정」 제45조(권한의 위탁) 제1항에 따라 경찰청장이 위탁받은 신원조사 또는 「공공기관의 정보공개에 관한 법률」 제2조(정의) 제3호에 따른 공공기관의 장이 법령에 근거하여 요청한 사실의 확인을 위한 정보

10. 그 밖에 제1호부터 제9호까지에서 규정한 사항에 준하는 정보

8 | 국제협력(제8조의 3)

경찰청장 또는 해양경찰청장은 「경직법」에 따른 경찰관의 직무수행을 위하여 외국 정부기관, 국제기구 등과 자료 교환, 국제협력 활동 등을 할 수 있다. 이때의 자료교환과 국제협력은 「국제형사공조법」 제38조(국제형사기구와의 협력) 제1항에 다른 조치를 말한다. 그 조치는 ① 국제범죄의 정보 및 자료 교환, ② 국제범죄의 동일증명同一證明 및 전과 조회, ③ 국제범죄에 관한 사실 확인 및 그 조사 등이다.

Police Science

🌐🔍 국제형사경찰기구INTERPOL: International Criminal Police Organization

- 1914년 모나코에서 국제형사경찰회의International Criminal Police Congress가 개최되어 국제범죄 기록보관소 설립, 범죄인 인도절차의 표준화 등에 대해서 논의하였다. 이것이 국제형사경찰 기구의 기초가 되었다.
- 1923년 비엔나에서 19개국 경찰기관장이 참석한 가운데 제2차 국제형사경찰회의가 개최되 어 국제형사경찰위원회International Criminal Police Commission를 창설하였다.
- 인터폴INTERPOL: International Criminal Police Organization은 수사기관이 아니고 정보와 자료를 교 환하고, 범인체포와 인도에 관하여 상호협조하는 국제형사경찰기구이다. 인터폴은 수사권 이 없는 국제형사경찰기구이다.
- 세계 최대 국제형사경찰기구이다.
- 우리나라는 1964년에 가입하였으며, 경찰청 외사국 인터폴국 국제공조과에서 담당하고 있다.

🌐🔍 경찰관 직무집행법(시행 2022. 2. 3.)

제8조의 3(국제협력) 경찰청장 또는 해양경찰청장은 이 법에 따른 경찰관의 직무수행을 위하여 외국 정부기관, 국제기구 등과 자료 교환, 국제협력 활동 등을 할 수 있다.

🌐🔍 국제형사공조법(시행 2021. 1. 5.)

제38조(국제형사경찰기구와의 협력) ① 행정안전부장관은 국제형사경찰기구로부터 외국의 형사사건 수사에 대하여 협력을 요청받거나 국제형사경찰기구에 협력을 요청하는 경우에는 다음 각 호의 조치를 취할 수 있다.

1. 국제범죄의 정보 및 자료 교환
2. 국제범죄의 동일증명同一證明 및 전과 조회
3. 국제범죄에 관한 사실 확인 및 그 조사

9 ‖ 경찰장비의 사용(제10조)

경찰관은 직무수행 중 경찰장비를 사용할 수 있다. 다만, 사람의 생명이나 신체에 위해를 끼칠 수 있는 경찰장비(위해성 경찰장비)를 사용할 때에는 필요한 안전교육과 안전검사를 받은 후 사용하여야 한다. 이때의 '경찰장비'란 무기, 경찰장구警察裝具, 최루제催淚劑와 그 발사장치, 살수차, 감식기구鑑識機具, 해안 감시기구, 통신기기, 차량·선박·항공기 등 경찰이 직무를 수행할 때 필요한 장치와 기구를 말한다.

경찰장비는 「경직법」 제10조(경찰장비의 사용) 제1항에서 규정하는 사람의 생명이나 신체에 위해를 끼칠 수 있는 '위해성 경찰장비'에 해당하여 필요한 안전교육과 안전검사를 받은 후, 동법 제10조(경찰장비의 사용) 제4항에 따라 필요한 최소한도에서 사용하여야 한다.

「경직법」 및 「위해성 경찰장비의 사용기준 등에 관한 규정」의 시행을 위하여 필요한 사항을 정하고 경찰장비의 관리에 관한 기본적인 사항을 규정하기 위해 제정된 것은 경찰청 훈령인 「경찰장비관리규칙」이다. 일선 지구대·파출소 외근경찰의 위해성 경찰장비

에는 ① 권총, ② 테이저건, ③ 가스분사기, ④ 경찰봉, ⑤ 수갑 등이 있다.[487]

「경찰관직무집행법」에는 '항공기'를 경찰장비의 종류에 규정하고, 「경찰장비관리규칙」에 '헬기'와 '헬기용 카메라'를 각각 기동장비와 부수 장비로 규정하고 있다. 「경찰항공운영규칙」을 제정하여 다양한 경찰업무에 헬기와 드론을 이용한 항공촬영을 활용하고 있다.

경찰장비 중에서도 경찰장구와 분사기·최루탄 및 무기에 관해서는 그 구체적 사용요건을 별개의 조문으로 규정하고 있다. 경찰장비의 사용은 모두 경찰상 즉시강제의 성질을 가진다. 대부분 대인적 즉시강제이지만, 공공의 안전을 위협하는 동물을 사살하기 위해서 무기를 사용하는 경우와 같이 대물적 즉시강제인 경우도 있다.

경찰장비를 함부로 개조하거나 경찰장비에 임의의 장비를 부착하여 일반적인 사용법과 달리 사용함으로써 다른 사람의 생명·신체에 위해를 끼쳐서는 아니 된다. 위해성 경찰장비의 종류 및 그 사용기준, 안전교육·안전검사의 기준 등은 대통령령으로 정한다.

위해성 경찰장비	
종류	내용
경찰장구	• 수갑·포승(捕繩)·호송용포승·경찰봉·호신용경봉·전자충격기·방패 및 전자방패
무기	• 권총·소총·기관총(기관단총 포함)·산탄총·유탄발사기·박격포·3인치포·함포·크레모아·수류탄·폭약류 및 도검
분사기와 최루탄 등	• 근접분사기·가스분사기·가스발사총(고무탄 발사겸용을 포함) 및 최루탄(그 발사장치 포함)
기타 장비	• 가스차·살수차·특수진압차·물포·석궁·다목적발사기 및 도주차량차단장비

Police Science

🌐 경찰관 직무집행법(시행 2022. 2. 3.)

제10조(경찰장비의 사용 등) ① 경찰관은 직무수행 중 경찰장비를 사용할 수 있다. 다만, 사람의 생명이나 신체에 위해를 끼칠 수 있는 경찰장비(이하 이 조에서 "위해성 경찰장비"라 한다)를 사용할 때에는 필요한 안전교육과 안전검사를 받은 후 사용하여야 한다.

② 제1항 본문에서 "경찰장비"란 무기, 경찰장구警察裝具, 최루제催淚劑와 그 발사장치, 살수

---

[487] 「위해성 경찰장비의 사용기준 등에 관한 규정」, 별표1·별표2.

차, 감식기구鑑識機具, 해안 감시기구, 통신기기, 차량·선박·항공기 등 경찰이 직무를 수행할 때 필요한 장치와 기구를 말한다.

③ 경찰관은 경찰장비를 함부로 개조하거나 경찰장비에 임의의 장비를 부착하여 일반적인 사용법과 달리 사용함으로써 다른 사람의 생명·신체에 위해를 끼쳐서는 아니 된다.

④ 위해성 경찰장비는 필요한 최소한도에서 사용하여야 한다.

⑤ 경찰청장은 위해성 경찰장비를 새로 도입하려는 경우에는 대통령령으로 정하는 바에 따라 안전성 검사를 실시하여 그 안전성 검사의 결과보고서를 국회 소관 상임위원회에 제출하여야 한다. 이 경우 안전성 검사에는 외부 전문가를 참여시켜야 한다.

⑥ 위해성 경찰장비의 종류 및 그 사용기준, 안전교육·안전검사의 기준 등은 대통령령으로 정한다.

Police Science

🌐 위해성 경찰장비의 사용기준 등에 관한 규정(시행 2021. 1. 5.)

제2조(위해성 경찰장비의 종류) 「경찰관 직무집행법」(이하 "법"이라 한다) 제10조 제1항 단서에 따른 사람의 생명이나 신체에 위해를 끼칠 수 있는 경찰장비(이하 "위해성 경찰장비"라 한다)의 종류는 다음 각 호와 같다.

1. 경찰장구: 수갑·포승捕繩·호송용포승·경찰봉·호신용경봉·전자충격기·방패 및 전자방패

2. 무기: 권총·소총·기관총(기관단총을 포함한다. 이하 같다)·산탄총·유탄발사기·박격포· 3인치포·함포·크레모아·수류탄·폭약류 및 도검

3. 분사기·최루탄 등: 근접분사기·가스분사기·가스발사총(고무탄 발사겸용을 포함한다. 이하 같다) 및 최루탄(그 발사장치를 포함한다. 이하 같다)

4. 기타장비: 가스차·살수차·특수진압차·물포·석궁·다목적발사기 및 도주차량차단장비

---

10 ║ 경찰장구의 사용(제10조의 2)

'경찰장구'란 경찰관이 휴대하여 범인 검거와 범죄 진압 등의 직무 수행에 사용하는 수갑, 포승捕繩, 경찰봉, 방패 등을 말한다. 이외에도 호송용 포승, 경찰봉·호신용 경봉,

전자충격기·전자방패 등이 있다. 경찰장구는 범죄자의 도주방지와 신체보호, 공무집행 항거 억제 등을 위해서 필요하다고 인정되는 상당한 이유가 있을 때 가능하다.

경찰장구의 사용 사유에는 ① 현행범인인 경우, ② 사형·무기 또는 장기 3년 이상의 징역이나 금고에 해당하는 죄를 범한 범인의 체포·도주의 방지, ③ 자기 또는 타인의 생명·신체에 대한 방호, ④ 공무집행에 대한 항거의 제지 등이 있다.

Police Science

🌐🔍 경찰장구의 사용요건

- 현행범인 경우
- 사형·무기 또는 장기 3년 이상의 징역이나 금고에 해당하는 죄를 범한 범인의 체포·도주의 방지를 위한 경우
- 자기 또는 타인의 생명·신체의 방어 및 보호를 위한 경우
- 공무집행에 대한 항거의 제지를 위한 경우

Police Science

🌐🔍 살수차 사용기록의 보관

- 살수차를 사용하는 경우 그 책임자는 사용 일시·장소·대상, 현장책임자, 종류, 수량 등을 기록하여 보관하여야 한다.

경찰장구의 사용기준	
수갑·포승·호송용 포승	• 체포·구속된 자, 자유형 선고를 받은 자를 호송 또는 수용하는 경우 • 범인·주취자 또는 정신착란자의 자살·자해기도를 방지하기 위한 경우. 단, 이 경우에는 소속 국가경찰관서장에게 사용 사실을 보고해야 한다.
경찰봉·호신용 경봉	• 불법 집회·시위의 경우 사용 가능
전자충격기·전자방패	• 14세 미만의 자 또는 임산부에 대해서는 사용금지
전자충격기	• 상대방의 얼굴을 향한 전극침 발사 금지

🌐 경찰관 직무집행법(시행 2022. 2. 3.)

제10조의 2(경찰장구의 사용) ① 경찰관은 다음 각 호의 직무를 수행하기 위하여 필요하다고 인정되는 상당한 이유가 있을 때에는 그 사태를 합리적으로 판단하여 필요한 한도에서 경찰장구를 사용할 수 있다.

1. 현행범이나 사형·무기 또는 장기 3년 이상의 징역이나 금고에 해당하는 죄를 범한 범인의 체포 또는 도주 방지

2. 자신이나 다른 사람의 생명·신체의 방어 및 보호

3. 공무집행에 대한 항거抗拒 제지

② 제1항에서 "경찰장구"란 경찰관이 휴대하여 범인 검거와 범죄 진압 등의 직무 수행에 사용하는 수갑, 포승捕繩, 경찰봉, 방패 등을 말한다.

제11조(사용기록의 보관) 제10조 제2항에 따른 살수차, 제10조의 3에 따른 분사기, 최루탄 또는 제10조의 4에 따른 무기를 사용하는 경우 그 책임자는 사용 일시·장소·대상, 현장책임자, 종류, 수량 등을 기록하여 보관하여야 한다.

🌐 위해성 경찰장비의 사용기준 등에 관한 규정(시행 2021. 1. 5.)

제5조(자살방지 등을 위한 수갑 등의 사용기준 및 사용보고) 경찰관은 범인·술에 취한 사람 또는 정신착란자의 자살 또는 자해기도를 방지하기 위하여 필요한 때에는 수갑·포승 또는 호송용포승을 사용할 수 있다. 이 경우 경찰관은 소속 국가경찰관서의 장(경찰청장·해양경찰청장·시·도경찰청장·지방해양경찰청장·경찰서장 또는 해양경찰서장 기타 경무관·총경·경정 또는 경감을 장으로 하는 국가경찰관서의 장을 말한다. 이하 같다)에게 그 사실을 보고해야 한다.

제6조(불법집회 등에서의 경찰봉·호신용경봉의 사용기준) 경찰관은 불법집회·시위로 인하여 발생할 수 있는 타인 또는 경찰관의 생명·신체의 위해와 재산·공공시설의 위험을 방지하기 위하여 필요한 때에는 최소한의 범위 안에서 경찰봉 또는 호신용경봉을 사용할 수 있다.

제8조(전자충격기 등의 사용제한) ① 경찰관은 14세 미만의 자 또는 임산부에 대하여 전자충격기 또는 전자방패를 사용하여서는 아니 된다.

② 경찰관은 전극침電極針 발사장치가 있는 전자충격기를 사용하는 경우 상대방의 얼굴을 향하여 전극침을 발사하여서는 아니 된다.

경찰관은 ① 범인의 체포 또는 도주의 방지, ② 불법집회·시위로 인한 자신이나 다른 사람의 생명·신체와 재산 및 공공시설 안전에 대한 현저한 위해의 발생을 억제하기 위하여 부득이한 경우, 현장책임자가 판단하여 필요한 최소한의 범위에서 분사기(「총포·도검·화약류 등의 안전관리에 관한 법률」에 따른 분사기와 최루 등의 작용제) 또는 최루탄을 사용할 수 있다.

Police Science

🔍 분사기·최루탄 사용기록의 보관

- 분사기·최루탄을 사용하는 경우 그 책임자는 사용 일시·장소·대상, 현장책임자, 종류, 수량 등을 기록하여 보관하여야 한다.

분사기 등의 사용 제한	
가스 발사총	• 경찰관은 1미터 이내의 거리에서 상대방의 얼굴을 향하여 이를 발사해서는 안 됨
최루탄	• 최루탄발사기로 최루탄을 발사하는 경우 30도 이상의 발사각을 유지 • 가스차·살수차 또는 특수진압차의 최루탄발사대로 최루탄을 발사하는 경우에는 15도 이상의 발사각을 유지

Police Science

🔍 경찰관 직무집행법(시행 2022. 2. 3.)

제10조의 3(분사기 등의 사용) 경찰관은 다음 각 호의 직무를 수행하기 위하여 부득이한 경우에는 현장책임자가 판단하여 필요한 최소한의 범위에서 분사기(「총포·도검·화약류 등의 안전관리에 관한 법률」에 따른 분사기를 말하며, 그에 사용하는 최루 등의 작용제를 포함한다. 이하 같다) 또는 최루탄을 사용할 수 있다.

1. 범인의 체포 또는 범인의 도주 방지
2. 불법집회·시위로 인한 자신이나 다른 사람의 생명·신체와 재산 및 공공시설 안전에 대한 현저한 위해의 발생 억제

제11조(사용기록의 보관) 제10조 제2항에 따른 살수차, 제10조의 3에 따른 분사기, 최루탄 또

는 제10조의 4에 따른 무기를 사용하는 경우 그 책임자는 사용 일시·장소·대상, 현장책임자, 종류, 수량 등을 기록하여 보관하여야 한다.

🔍 위해성 경찰장비의 사용기준 등에 관한 규정(시행 2021. 1. 5.)

제12조(가스발사총 등의 사용제한) ① 경찰관은 범인의 체포 또는 도주방지, 타인 또는 경찰관의 생명·신체에 대한 방호, 공무집행에 대한 항거의 억제를 위하여 필요한 때에는 최소한의 범위 안에서 가스발사총을 사용할 수 있다. 이 경우 경찰관은 1미터 이내의 거리에서 상대방의 얼굴을 향하여 이를 발사하여서는 아니 된다.

② 경찰관은 최루탄발사기로 최루탄을 발사하는 경우 30도 이상의 발사각을 유지하여야 하고, 가스차·살수차 또는 특수진압차의 최루탄발사대로 최루탄을 발사하는 경우에는 15도 이상의 발사각을 유지하여야 한다.

---

12 ‖ 무기의 사용(제10조의 4)

1 무기의 휴대와 사용

경찰공무원은 「경찰공무원법」 제26조(복제 및 무기 휴대) 제2항에 의해 직무수행을 위하여 필요한 때에는 무기를 휴대할 수 있다. 「경찰관 직무집행법」 제10조의 4(무기의 사용) 규정에 의해 ① 상당성의 원칙, ② 합리성의 원칙, ③ 필요성의 원칙, ④ 보충성의 원칙 등을 준수하여 무기를 사용할 수 있다.

🔍 무기 사용기록의 보관

• 무기를 사용하는 경우 그 책임자는 사용 일시·장소·대상, 현장책임자, 종류, 수량 등을 기록하여 보관하여야 한다.

경찰공무원법(시행 2021. 1. 1.)

제26조(복제 및 무기 휴대) ① 경찰공무원은 제복을 착용하여야 한다.

② 경찰공무원은 직무 수행을 위하여 필요하면 무기를 휴대할 수 있다.

경찰관 직무집행법(시행 2022. 2. 3.)

제10조의 4(무기의 사용) ① 경찰관은 범인의 체포, 범인의 도주 방지, 자신이나 다른 사람의 생명·신체의 방어 및 보호, 공무집행에 대한 항거의 제지를 위하여 필요하다고 인정되는 상당한 이유가 있을 때에는 그 사태를 합리적으로 판단하여 필요한 한도에서 무기를 사용할 수 있다. 다만, 다음 각 호의 어느 하나에 해당할 때를 제외하고는 사람에게 위해를 끼쳐서는 아니 된다.

1. 「형법」에 규정된 정당방위와 긴급피난에 해당할 때

2. 다음 각 목의 어느 하나에 해당하는 때에 그 행위를 방지하거나 그 행위자를 체포하기 위하여 무기를 사용하지 아니하고는 다른 수단이 없다고 인정되는 상당한 이유가 있을 때

  가. 사형·무기 또는 장기 3년 이상의 징역이나 금고에 해당하는 죄를 범하거나 범하였다고 의심할 만한 충분한 이유가 있는 사람이 경찰관의 직무집행에 항거하거나 도주하려고 할 때

  나. 체포·구속영장과 압수·수색영장을 집행하는 과정에서 경찰관의 직무집행에 항거하거나 도주하려고 할 때

  다. 제3자가 가목 또는 나목에 해당하는 사람을 도주시키려고 경찰관에게 항거할 때

  라. 범인이나 소요를 일으킨 사람이 무기·흉기 등 위험한 물건을 지니고 경찰관으로부터 3회 이상 물건을 버리라는 명령이나 항복하라는 명령을 받고도 따르지 아니하면서 계속 항거할 때

3. 대간첩 작전 수행 과정에서 무장간첩이 항복하라는 경찰관의 명령을 받고도 따르지 아니할 때

② 제1항에서 "무기"란 사람의 생명이나 신체에 위해를 끼칠 수 있도록 제작된 권총·소총·도검 등을 말한다.

③ 대간첩·대테러 작전 등 국가안전에 관련되는 작전을 수행할 때에는 개인화기^{個人火器} 외에 공용화기^{共用火器}를 사용할 수 있다.

제11조(사용기록의 보관) 제10조 제2항에 따른 살수차, 제10조의 3에 따른 분사기, 최루탄 또는 제10조의 4에 따른 무기를 사용하는 경우 그 책임자는 사용 일시·장소·대상, 현장책임자, 종류, 수량 등을 기록하여 보관하여야 한다.

2 경찰관 직무집행법상 무기의 개념

'무기'란 인명 또는 사람의 생명이나 신체에 위해를 끼칠 수 있도록 제작된 권총·소총·도검 등을 말한다. 따라서 용법상의 무기(채찍, 돌팔매, 각목, 쇠파이프 등)는 「경찰관 직무집행법」상의 무기에 해당하지 않는다.

Police Science

🌐 무기사용 6대 원칙

- 「경직법」상의 무기사용의 요건은 ① 상당성(필요한 상당한 이유), ② 합리성(사태에 대한 합리적 판단), ③ 필요성(필요한 한도 내) 등 3가지이다. 하지만 대법원은 경찰관의 직무집행 중 무기사용의 행위가 「경직법」에 따른 요건을 충족하는지 여부에 대해서 다음과 같은 '무기사용 6대 원칙'으로 구체화하였다.
- 대법원은 "경찰관의 무기 사용이 경직법에 따른 요건을 충족하는지 여부는 ① 범죄의 종류, 죄질, 피해법익의 경중, ② 위해의 급박성, ③ 저항의 강약, ④ 범인과 경찰관의 수, ⑤ 무기의 종류, 무기 사용의 태양, ⑥ 주변의 상황 등 6가지 요건을 고려하여 사회통념상 상당하다고 평가되는지 여부에 따라 판단하여야 하여야 하고, 특히 사람에게 위해를 가할 위험성이 큰 권총의 사용에 있어서는 그 요건을 더욱 엄격하게 판단하여야 할 것"이라고 전제하고 있다.[488]

---

[488] 대법원 2008.02.01. 선고 2006다6713판결.

🌐 무기사용 6대 원칙에 관한 최근 판례[489]

- 대법원은 최근 판결에서도 무기사용 6대 원칙을 재확인하였다. 경찰관이 길이 40cm 가량의 칼로 반복적으로 위협하며 도주하는 차량 절도 혐의자를 추적하던 중, 도주하는 범인의 등을 향하여 약 2m 거리에서 실탄을 발사하여 혐의자를 사망하게 한 경우, 이러한 경찰관의 총기사용은 무기사용 6대 원칙을 고려할 때 사회통념상 허용되는 범위를 벗어난 위법행위라고 판단하였다.

🌐 공용화기의 사용

- 대간첩·대테러 작전 등 국가안전에 관련되는 작전을 수행할 때에는 개인화기個人火器 외에 공용화기共用火器를 사용할 수 있다.

3 위해를 수반하지 않는 무기 사용

위해를 수반하지 않는 무기 사용
· 범인의 체포, 범인의 도주 방지
· 자신이나 다른 사람의 생명·신체의 방어 및 보호
· 공무집행에 대한 항거의 제지

4 위해를 수반한 무기의 사용

위해를 수반한 무기의 사용
· 「형법」에 규정된 정당방위와 긴급피난에 해당하는 때
· 사형·무기 또는 장기 3년 이상의 징역이나 금고에 해당하는 죄를 범하거나 범하였다고 의심할만한 충분한 이유가 있는 사람이 경찰관의 직무집행에 대하여 항거하거나 도주하려고 할 때
· 체포·구속영장과 압수·수색영장을 집행하는 과정에서 경찰관의 직무집행에 항거하거나 도주하려고 할 때
· 사형·무기 또는 장기 3년 이상의 징역이나 금고에 해당하는 죄를 범하거나 범하였다고 의심할만한 충분한

---

489 대법원 2004.05.13. 선고 2003다57956판결.

이유가 있는 사람 또는 체포·구속영장과 압수·수색영장을 집행하는 과정에서 경찰관의 직무집행에 항거하거나 도주하려는 사람을 도주시키려고 경찰관에게 항거할 때
- 범인이나 소요를 일으킨 사람이 무기·흉기 등 위험한 물건을 지니고 경찰관으로부터 3회 이상 물건을 버리라는 명령이나 항복하라는 명령을 받고도 따르지 아니하면서 계속 항거할 때
- 대간첩작전수행과정에서 무장간첩이 항복하라는 경찰관의 명령을 받고도 따르지 아니하는 경우

경찰장구 및 무기의 사용요건		
사용요건		내용
경찰장구의 사용요건		• 현행범인 경우 • 사형·무기 또는 장기 3년 이상의 징역이나 금고에 해당하는 죄를 범한 범인의 체포 또는 도주 방지를 위한 경우 • 자신이나 다른 사람의 생명·신체의 방어 및 보호를 위한 경우 • 공무집행에 대한 항거(抗拒) 제지를 위한 경우
경찰무기의 사용요건	위해를 수반하지 않는 무기의 사용	• 범인의 체포, 범인의 도주 방지 • 자신이나 다른 사람의 생명·신체의 방어 및 보호 • 공무집행에 대한 항거의 제지
	위해를 수반한 무기의 사용	• 정당방위와 긴급피난 • 사형·무기 또는 장기 3년 이상의 징역이나 금고에 해당하는 범인이 항거하거나 도주할 때 • 체포·구속영장과 압수·수색영장을 집행하는 과정에서 경찰관의 직무집행에 항거하거나 도주하려고 할 때 • 사형·무기 또는 장기 3년 이상의 징역이나 금고에 해당하는 죄를 범하거나 범하였다고 의심할 만한 충분한 이유가 있는 사람 또는 체포·구속영장과 압수·수색영장을 집행하는 과정에서 경찰관의 직무집행에 항거하거나 도주하려는 사람을 도주시키려고 경찰관에게 항거할 때 • 무기·흉기 등 위험한 물건을 소지한 범인이나 소요행위자가 경찰관으로부터 3회 이상 물건을 버리라는 명령이나 항복하라는 명령을 받고도 불응하면서 계속 항거할 때 • 대간첩 작전 수행 과정에서 무장간첩이 항복하라는 경찰관의 명령을 받고도 따르지 아니할 때

2014년 4월 6일부터 시행된 「경찰관 직무집행법」은 경찰관의 적법한 직무집행으로 인하여 국민에게 재산상 손실이 발생한 경우, 국가로 하여금 그 손실을 보상하도록 '손실보상 규정'을 신설하였다.

「경찰관 직무집행법」상의 손실보상 규정은 경찰의 적법한 행위로 인해 사회적으로 특별한 희생이 발생했을 때, '다수를 위한 소수의 희생 금지'Do Not Sacrifice The Few To The Many 혹은 '공평과 정의'Fairness and Justice를 위한 사회공동체 철학을 반영한 것이다.**490**

「경찰관 직무집행법」상의 손실보상 규정의 가장 큰 특징은 경찰관의 '적법한 직무집행'을 전제로 한다는 점이다. 위법행위를 전제로 한 것이 아니어서 「헌법」 제29조와 「국가배상법」에 따른 행정상 손해배상의 영역에 속하지 않는다.

또한 공익사업의 위하여 적법하게 재산권에 특별희생을 가하는 것이 아니다. 「헌법」 제23조와 「공익사업을 위한 토지 등의 취득 및 보상에 관한 법률」에 따른 행정상 손실보상의 영역에도 속하지 않는 제3의 국가보상영역에 포함된다. 개정된 「경찰관 직무집행법」에 규정된 손실보상 규정은 재산권 침해와 관련한 '수용유사침해이론'과 생명·신체의 침해와 관련한 '희생보상청구권 이론'을 실정법에 반영한 것이다.**491**

2019년 6월 24일 개정된 「경찰관 직무집행법」의 중요한 특징은 국가보상의무를 규정하면서 그 요건에 손실발생의 원인에 대하여 '책임이 없는 자'가 생명신체 또는 재산상의 손실을 입은 경우와 손실발생의 원인에 대하여 '책임이 있는 자'가 자신의 책임에 상응하는 정도를 초과하는 생명신체 또는 재산상의 손실을 입은 경우를 모두 포함시키고 있다는 점이다. 책임이 없는 자는 '일반적인 경우'와 '경찰협조자' 등 2가지를 설정하고 있다.

「경찰관 직무집행법」상 손실보상은 4가지 성립요건을 가지고 있다.

첫째, 경찰관의 적법한 직무집행으로 인한 손실이어야 한다(적법한 공무수행).

둘째, 손실을 입은 자는 손실발생의 원인에 대해서 책임이 없어야 한다(경찰비책임자). '책임이 없는 자'는 행위책임 및 상태책임 중 어느 하나에도 해당되어서는 안 된다. '책임이 없는 자'가 자신을 희생하여 위험을 방지 또는 제거한 사람이 입은 손실을 전보하기 위해서 「의사상자 등 예우 및 지원에 관한 법률」이 시행되고 있다.

---

490 이상훈, "경찰관직무집행법상 손실보상 심의 사례연구(서울지방경찰청 손실보상심의를 중심으로)" 「한국경찰학회보」, 20(1), 2018, p. 251.

491 오준근, "경찰관직무집행 상 변화된 국가보상책임에 관한 행정법적 고찰" 「토지공법연구」, 87, 2019, p. 553.

셋째, 생명·신체 또는 재산상의 손실을 입어야 한다(생명·신체 또는 재산상의 손실).

넷째, 손실발생의 원인책임자가 그 책임을 초과하는 생명·신체 또는 재산상의 손실을 입어야 한다(예외적 경찰책임자).

책임이 없는 자에 대한 손실보상	
일반적인 경우	• 경찰특공대가 인질범을 검거하기 위해 출입문을 부수고 진입한 경우 • 경찰관이 적법하게 발사한 총알의 유탄을 맞고 지나가는 사람이 부상을 당한 경우
경찰협조자	• 강도범을 검거하는 과정에서 시민이 경찰을 도와주다가 부상을 당한 경우 • 경찰의 범인 추격시 차량을 빌려주었으나, 추격과정에서 손상을 입은 경우

손실보상	
구분	**내용**
보상의무	• 국가는 경찰관의 적법한 직무집행으로 인하여 법령의 어느 하나에 해당하는 손실을 입은 자에 대하여 정당한 보상을 하여야 한다. • 재량규정이 아닌 의무규정
보상대상	• 생명·신체에 대한 손실 • 재산상의 손실 • 생명·신체에 대한 손실과 재산상의 손실을 모두 포함

대상	• 책임이 없는 자
	  – 일반적인 경우: 손실발생의 원인에 대하여 책임이 없는 자가 생명·신체 또는 재산상의 손실을 입은 경우
	  – 경찰협조자: 손실발생의 원인에 대하여 책임이 없는 자가 경찰관의 직무집행에 자발적으로 협조하거나 물건을 제공하여 생명·신체 또는 재산상의 손실을 입은 경우
	• 책임이 있는 자: 손실발생의 원인에 대하여 책임이 있는 자가 자신의 책임에 상응하는 정도를 초과하는 생명·신체 또는 재산상의 손실을 입은 경우

소멸시효	• 보상을 청구할 수 있는 권리는 손실이 있음을 안 날부터 3년, 손실이 발생한 날부터 5년간 행사하지 아니하면 시효의 완성으로 소멸한다.
심의	• 손실보상신청 사건을 심의하기 위하여 손실보상심의위원회를 둔다.

🌐 경찰관 직무집행법(시행 2022. 2. 3.)

제11조의 2(손실보상) ① 국가는 경찰관의 적법한 직무집행으로 인하여 다음 각 호의 어느 하나에 해당하는 손실을 입은 자에 대하여 정당한 보상을 하여야 한다.

1. 손실발생의 원인에 대하여 책임이 없는 자가 생명·신체 또는 재산상의 손실을 입은 경우(손실발생의 원인에 대하여 책임이 없는 자가 경찰관의 직무집행에 자발적으로 협조하거나 물건을 제공하여 생명·신체 또는 재산상의 손실을 입은 경우를 포함한다)

2. 손실발생의 원인에 대하여 책임이 있는 자가 자신의 책임에 상응하는 정도를 초과하는 생명·신체 또는 재산상의 손실을 입은 경우

② 제1항에 따른 보상을 청구할 수 있는 권리는 손실이 있음을 안 날부터 3년, 손실이 발생한 날부터 5년간 행사하지 아니하면 시효의 완성으로 소멸한다.

③ 제1항에 따른 손실보상신청 사건을 심의하기 위하여 손실보상심의위원회를 둔다.

④ 경찰청장 또는 시·도경찰청장은 제3항의 손실보상심의위원회의 심의·의결에 따라 보상금을 지급하고, 거짓 또는 부정한 방법으로 보상금을 받은 사람에 대하여는 해당 보상금을 환수하여야 한다.

14 ‖ 범인검거 등 공로자 보상(제11조의 3)

경찰청장, 시·도경찰청장 또는 경찰서장은 ① 범인 또는 범인의 소재를 신고하여 검거하게 한 사람, ② 범인을 검거하여 경찰공무원에게 인도한 사람, ③ 테러범죄의 예방활동에 현저한 공로가 있는 사람, ④ 그 밖에 법령의 규정에 준하는 사람으로서 첫째, 범인의 신원을 특정할 수 있는 정보를 제공한 사람, 둘째, 범죄사실을 입증하는 증거물을 제출한 사람, 셋째, 그 밖에 범인 검거와 관련하여 경찰 수사 활동에 협조한 사람 중 보상금 지급 대상자에 해당한다고 보상금심사위원회가 인정하는 사람에 해당하는 사람에게 보상금을 지급할 수 있다.

🌐 경찰관 직무집행법(시행 2022. 2. 3.)

제11조의 3(범인검거 등 공로자 보상) ① 경찰청장, 시·도경찰청장 또는 경찰서장은 다음 각 호의 어느 하나에 해당하는 사람에게 보상금을 지급할 수 있다.

1. 범인 또는 범인의 소재를 신고하여 검거하게 한 사람

2. 범인을 검거하여 경찰공무원에게 인도한 사람

3. 테러범죄의 예방활동에 현저한 공로가 있는 사람

4. 그 밖에 제1호부터 제3호까지의 규정에 준하는 사람으로서 대통령령으로 정하는 사람

② 경찰청장, 시·도경찰청장 및 경찰서장은 제1항에 따른 보상금 지급의 심사를 위하여 대통령령으로 정하는 바에 따라 각각 보상금심사위원회를 설치·운영하여야 한다.

③ 제2항에 따른 보상금심사위원회는 위원장 1명을 포함한 5명 이내의 위원으로 구성한다.

④ 제2항에 따른 보상금심사위원회의 위원은 소속 경찰공무원 중에서 경찰청장, 시·도경찰청장 또는 경찰서장이 임명한다.

⑤ 경찰청장, 시·도경찰청장 또는 경찰서장은 제2항에 따른 보상금심사위원회의 심사·의결에 따라 보상금을 지급하고, 거짓 또는 부정한 방법으로 보상금을 받은 사람에 대하여는 해당 보상금을 환수한다.

제18조(범인검거 등 공로자 보상금 지급 대상자) 법 제11조의 3 제1항 제4호에서 "대통령령으로 정하는 사람"이란 다음 각 호의 어느 하나에 해당하는 사람을 말한다.

1. 범인의 신원을 특정할 수 있는 정보를 제공한 사람

2. 범죄사실을 입증하는 증거물을 제출한 사람

3. 그 밖에 범인 검거와 관련하여 경찰 수사 활동에 협조한 사람 중 보상금 지급 대상자에 해당한다고 법 제11조의 3(범인검거 등 공로자 보상) 제2항에 따른 보상금심사위원회가 인정하는 사람

🌐 범인검거 등 공로자 보상에 관한 규정(경찰청 고시 제2019-3호)

제1조(목적) 이 규정은 「경찰관 직무집행법」 제11조의 3, 같은 법 시행령 제18조에 따른 범인 검거 및 테러범죄 예방에 대한 공로가 있는 사람에게 적정한 보상금을 지급하기 위하여 필요한 사항을 규정함을 목적으로 한다.

제2조(용어의 정의) 이 규정에서 사용하는 용어의 뜻은 다음과 같다.

1. "테러범죄"란 「국민보호와 공공안전을 위한 테러방지법」 제2조(정의) 제1호 각 목에 해당하는 행위 및 「정보통신기반 보호법」 제12조(주요정보통신기반시설 침해행위 등의 금지) 각 호에 해당하는 행위를 말한다.
2. "범인검거 등 공로자"란 「경찰관 직무집행법」 제11조의 3(범인검거 등 공로자 보상), 같은 법 시행령 제18조(범인검거 등 공로자 보상금 지급 대상자)에 따른 범인 검거 및 테러범죄 예방에 대한 공로가 있는 사람을 말한다.

15 | 직무수행으로 인한 형의 감면(제11조의 5)

과거 경찰공무원의 직무 수행 과정에서 경과실로 인해 발생한 사고에 대하여 형을 감면할 수 있는 근거가 미비하여 경찰관이 직무집행에 소극적으로 임하고 있다는 지적이 제기되었다. 살인 또는 상해·폭행의 죄, 아동학대범죄 등으로 타인의 생명·신체에 대한 위해 발생의 우려가 명백하고 긴급한 상황에서 경찰관이 그 위해를 예방·진압하는 등의 과정에서 타인에게 피해가 발생하는 경우가 발생할 수 있다.

그 경우, 그 경찰관의 직무수행이 불가피하고 필요한 최소한의 범위에서 이루어졌으며 고의 또는 중대한 과실이 없는 경우에는 그 정상을 참작하여 형을 감경하거나 면제할 수 있는 규정이 필요하게 되었다. 2022년 2월 3일 「경찰과 직무집행법」을 일부 개정하여 '직무수행으로 인한 형의 감면 규정'을 신설하였다.

'형의 감면'을 위한 전제 상황은 위해의 긴급성과 명백성 그리고 타인의 피해발생이 있어야 한다. 범죄가 행하여지려고 하거나 행하여지고 있다는 '긴급성'과 타인의 생명·신체에 대한 위해 발생이 명백해야 한다는 '명백성', 그리고 경찰관을 향한 직접적인 유형력 행사에 대응하는 행위를 하여 그로 인하여 타인에게 피해가 발생해야 한다는 '타인의 피해발생'이 있어야 한다.

'형의 감면' 대상 범죄에는 살인죄, 상해와 폭행 죄, 강간죄, 강도죄, 가중처벌 범죄, 가정폭력범죄, 아동학대 범죄 등이 있다. 그 요건은 ① 직무수행의 불가피한 것이고(불가피성), ② 필요한 최소한의 범위에서 이루어졌으며(필요성), ③ 해당 경찰관에게 고의 또는 중대한 과실(경과실만 면제)이 없어야 한다.

'형의 감면'을 위한 전제 상황과 요건을 충족한 경우, 경찰관의 직무수행 정상을 참작하여 형을 감경하거나 면제할 수 있다. 이때의 감면은 필요적 감면이 아니라 임의적 감면이며, 의무재량이 아니라 경찰기관의 재량행위다.

직무수행으로 인한 형의 감면	
전제상황	• 위해의 긴급성과 명백성: 형의 감면 대상 범죄가 행하여지려고 하거나 행하여지고 있어 타인의 생명·신체에 대한 위해 발생의 우려가 명백하고 긴급한 상황 • 타인의 피해발생: 경찰관이 그 위해를 예방하거나 진압하기 위한 행위 또는 범인의 검거 과정에서 경찰관을 향한 직접적인 유형력 행사에 대응하는 행위를 하여 그로 인하여 타인에게 피해가 발생 • 재산에 대한 위해는 포함되지 않음
대상범죄	• 살인죄, 상해와 폭행죄, 강간죄, 강도죄, 가중처벌 범죄, 가정폭력범죄, 아동학대 범죄 등
요건	• 불가피성: 직무수행의 불가피 • 필요성: 필요한 최소한의 범위 내 • 경과실: 해당 경찰관에게 고의 또는 중대한 과실이 없는 때
효과	• 경찰공무원의 직무 수행과정에서 경과실로 발생한 사고에 대하여 형을 감면 • 직무수행으로 인한 경과실만 면책
감면의무	• 그 정상을 참작하여 형을 감경하거나 면제할 수 있다(재량행위) • 필요적 감면이 아니라 임의적 감면 • 의무규정이 아닌 재량규정

Police Science

🌐 경찰관 직무집행법(시행 2022. 2. 3.)

제11조의 5(직무 수행으로 인한 형의 감면) 다음 각 호의 범죄가 행하여지려고 하거나 행하여지고 있어 타인의 생명·신체에 대한 위해 발생의 우려가 명백하고 긴급한 상황에서, 경찰관이 그 위해를 예방하거나 진압하기 위한 행위 또는 범인의 검거 과정에서 경찰관을 향한 직접적인 유형력 행사에 대응하는 행위를 하여 그로 인하여 타인에게 피해가 발생한 경우, 그 경찰관의 직무수행이 불가피한 것이고 필요한 최소한의 범위에서 이루어졌으며 해당 경찰관에게 고의 또는 중대한 과실이 없는 때에는 그 정상을 참작하여 형을 감경하거나 면제할 수 있다.
1. 「형법」 제2편 제24장 살인의 죄, 제25장 상해와 폭행의 죄, 제32장 강간과 추행의 죄 중 강간에 관한 범죄, 제38장 절도와 강도의 죄 중 강도에 관한 범죄 및 이에 대하여 다른 법률에 따라 가중처벌하는 범죄

2. 「가정폭력범죄의 처벌 등에 관한 특례법」에 따른 가정폭력범죄, 「아동학대범죄의 처벌 등에 관한 특례법」에 따른 아동학대범죄

16 ‖ 유치장(제9조)

유치장留置場은 체포·구속된 피의자, 피고인, 구류 처분을 받은 자 및 의뢰입감자 등을 수감하는 경찰서의 시설을 말한다. 경찰서 및 해양경찰서에 법률에서 정한 절차에 따라 체포·구속된 사람 또는 신체의 자유를 제한하는 판결이나 처분을 받은 사람을 수용하기 위하여 경찰서와 해양경찰서에 유치장을 둔다.

유치장에 수용되는 사람은 법률이 정한 절차에 따라 ① 체포·구속된 사람과 ② 신체의 자유를 제한하는 판결이나 처분을 받은 사람이다. 피의자의 경우 구속되어 구치소나 교도소로 이감되기 전에 조사를 할 때까지 수감한다. 경범죄자의 경우에는 교도소를 대신하는 역할을 하며, 보호실이라고도 한다.

중대한 죄를 범한 현행범이나 긴급체포된 경우, 우선적으로 구금되는 장소가 경찰서의 유치장이다. 구속영장이 발부되어 구치소로 넘어가기 전 일주일 이내로 더 머무르는 경우도 있다. 유치장은 「경범죄처벌법」 위반으로 인한 구류형 복역 및 노역장 유치 등 경범죄자 등을 수감하는 역할도 한다.

Police Science
🌐 경찰관 직무집행법 시행령(시행 2021. 1. 5.)

제9조(유치장) 법률에서 정한 절차에 따라 체포·구속된 사람 또는 신체의 자유를 제한하는 판결이나 처분을 받은 사람을 수용하기 위하여 경찰서와 해양경찰서에 유치장을 둔다.

🔍 형의 집행 및 수용자의 처우에 관한 법률(형집행법)(시행 2020. 8. 5.)

제2조(정의) 이 법에서 사용하는 용어의 뜻은 다음과 같다.

1. "수용자"란 수형자·미결수용자·사형확정자 등 법률과 적법한 절차에 따라 교도소·구치소 및 그 지소(교정시설)에 수용된 사람을 말한다.

2. "수형자"란 징역형·금고형 또는 구류형의 선고를 받아 그 형이 확정되어 교정시설에 수용된 사람과 벌금 또는 과료를 완납하지 아니하여 노역장 유치명령을 받아 교정시설에 수용된 사람을 말한다.

3. "미결수용자"란 형사피의자 또는 형사피고인으로서 체포되거나 구속영장의 집행을 받아 교정시설에 수용된 사람을 말한다.

4. "사형확정자"란 사형의 선고를 받아 그 형이 확정되어 교정시설에 수용된 사람을 말한다.

유치장(Prison Cell) 수용대상자	
체포 구속된 자	• 형사피의자 또는 형사피고인으로서 체포되거나 구속영장이 집행된 자는 구치소나 교도소의 미결수용실에 수용한다.[492] • 구속영장이 집행되지 않은 피의자(현행범인으로 체포된 자, 긴급구속된 자)는 구치소나 교도소에 수용할 수 없으므로 유치장에 수용한다. • 경찰에 의해서 체포되었거나 사전 구속영장이 발부되면 유치장에 수감된다. • 경찰에서 검찰로 송치될 경우, 검사 조사 후 구치소로 이감된다. • 검찰에 의해서 체포될 경우, 인근 경찰서 유치장에 수감되고, 구속영장이 발부되면 구치소에 수감된다. • 유치장에서의 구속기간은 경찰이나 검찰의 수사단계에서는 10일, 검찰에서는 1회에 한하여 10일이 추가 연장이 가능하다.
자유형을 선고받은 자	• "신체의 자유를 제한하는 판결 또는 처분"은 징역형·금고형·구류형을 선고한 판결이나 보안처분을 의미한다. • 정식재판에 의해 선고받은 자유형이나 보안처분은 교도소와 보호감호소에서 집행된다. • 유치장의 수용대상이 되는 것은 주로 즉결심판에 의해서 구류형의 처분을 받은 자이다.

「경찰관 직무집행법」의 제정 목적은 "국민의 자유와 권리 및 모든 개인이 가지는 불가침의 기본적 인권을 보호하고 사회공공의 질서를 유지하기 위한 경찰관(경찰공무원)의 직무수행에 필요한 사항을 규정"하기 위함이다. 모든 경찰관은 국민의 기본적 인권을 보호하고 사회질서유지에 노력해야 할 의무를 가지고 있다. 따라서 경찰관이 「경직법」상 직무를 수행하면서 국민의 기본적 인권을 침해하면 1년 이하의 징역이나 금고의 형을 받게 된다.

또한 "경찰관의 직권은 그 직무 수행에 필요한 최소한도에서 행사되어야 하며 남용되어서는 아니 된다."고 규정하고 있다. 경찰공무원의 직무집행의 내용은 기본적으로 시민권에 대한 침해 가능성을 내포하고 있다. 경찰권 발동으로 인한 침해 범위가 최소한도에 그치도록 경찰관에게 강제로 규정하고 있다. 따라서 경찰관이 「경직법」상 직무를 수행하면서 직권을 남용하거나 경찰권을 과잉 행사하면 1년 이하의 징역이나 금고의 형을 받게 된다.

Police Science

🔍 경찰관 직무집행법(시행 2022. 2. 3.)

제1조(목적) ① 이 법은 국민의 자유와 권리 및 모든 개인이 가지는 불가침의 기본적 인권을 보호하고 사회공공의 질서를 유지하기 위한 경찰관(경찰공무원만 해당한다. 이하 같다)의 직무 수행에 필요한 사항을 규정함을 목적으로 한다.

② 이 법에 규정된 경찰관의 직권은 그 직무 수행에 필요한 최소한도에서 행사되어야 하며 남용되어서는 아니 된다.

제12조(벌칙) 이 법에 규정된 경찰관의 의무를 위반하거나 직권을 남용하여 다른 사람에게 해를 끼친 사람은 1년 이하의 징역이나 금고에 처한다.

POLICE SCIENCE

경찰관리론

"그날에 겪은 고통은 그날에 겪은 것만으로도 족하다. 내일 걱정은 내일해라."
(Don't worry about tomorrow, for tomorrow will bring its own worries. Today's trouble is enough for today.)

— 마태복음(the Gospel of Matthew) 6장 34편

"과거는 이미 지나가 버렸고, 미래는 아직 오지 않았다. 오늘이 선물이다."
(Yesterday is history. Tomorrow is a mystery. Today is a gift, the present.)

— 영화 「쿵푸 팬더」(KungFu Panda, 2008) 中에서

"난 35mm 표준렌즈의 소형 라이카 카메라로 살아가는 행위 속에서 '삶'을 포착해서 '삶'을 간직하기 위해서 70년을 거리를 헤매고 다녔다. 난 끊임없이 바뀌는 상(像)이 시간을 초월한 형태와 표정과 내용의 조화에 도달한 순간을 절정의 순간이라고 여겼다. 난 평생 결정적 순간을 카메라로 포착하길 바랬다. 하지만 인생의 모든 순간이 결정적인 순간이었다."

— 앙리 까르띠에 브레송(1908-2004)

"리더는 어떤 상황에서도 동료의 입장을 이해할 수 있어야 한다. 긍정적인 태도, 함께 일할 수 있는 자세가 함께 일할 사람을 뽑는 기준이다. 이 세상에 진실은 없다. 모든 것은 해석하기 나름이다. 지금의 불만스러운 상황은 시간이 해결해준 균형이다."

Police
Science

경|찰|학|총|론

제**1**장 경찰관리론

제1절 경찰관리

1 경찰관리의 의의

경찰관리란 경찰목적을 달성하기 위해서 경찰조직을 구성하고 있는 제반 요소인 인력, 장비, 시설, 예산 등을 확보하고 조직화하며, 이를 연결하여 경찰관에게 직무를 부여함으로써 경찰 전체의 활동을 효율적으로 운영하는 작용이라고 할 수 있다.[1]

2 경찰관리자의 의의와 역할

1 경찰관리자의 의의

경찰관리자는 조직목적을 달성하기 위해서 조직의 인적·물적 자원을 활용하여 업무를 추진해 가는 사람을 말한다. 관리자는 조직목적 달성을 위해 인적·물적 자원을 잘 활용하고 조직을 발전시켜 나가는 사람을 말한다.

굴릭L. Gulick과 어윅L. Urwick은 1937년에 발표한 「행정과학에 관한 연구」Papers on Science of

---

1 이상안b, 「신경찰행정학」(서울: 대명출판사, 1999), p. 252.

^{Administration}라는 저서에서 최고 행정관리자가 수행해야 하는 7가지 기능을 제시했다. 그 책에 따르면 경찰관리자의 역할은 ① 기획^{Planning}, ② 조직^{Organizing}, ③ 인사^{Staffing}, ④ 지휘^{Directing}, ⑤ 조정^{Coordinating}, ⑥ 보고^{Reporting}, ⑦ 예산^{Budgeting} 등이다. 이를 포스드코브^{POSDCoRB}라고 한다. 경찰에서 관리자란 보통 총경급 이상을 지칭한다. 총경급 이상의 관리자를 고위관리자로, 그 이하의 과장이나 계장, 반장 등의 관리자는 중간관리자로 부른다.[2]

경찰관리자의 요건		
조직 관련 요건	넓은 시야	• 전체적 균형을 잃지 않기 위해서 경찰관리자는 조직을 전체적인 시야로 파악하여야 한다.
	대외 교섭력	• 경찰관리자는 조직의 대외적인 대표자로서 외부기관은 물론 지역의 시민들과 협조하는 능력을 키워야 한다.
직무 관련 요건	기획능력	• 경찰관리자는 조직의 관리자로서 조직목적을 달성하기 위한 기획능력이 요구된다.
	집행력	• 경찰관리자는 기획된 업무를 강력하게 추진해 나가는 능력도 갖추어야 한다.
	업무지식	• 업무추진에는 업무에 대한 깊은 지식을 가지고 있어야 한다.
	판단력	• 경찰활동에는 예상치 못한 사건사고가 빈발하므로 경찰관리자는 신속하고 정확한 판단력을 배양하고 있어야 한다.
자기 자신	리더십 (Leadership)	• 관리자는 다수의 직원을 상대로 하여 업무를 추진하므로 리더십을 배양하여 이러한 능력을 갖추어야 한다.

2 경찰 고위관리자의 역할

경찰 고위관리자의 역할		
조직 관련 역할	비전의 제시	• 조직의 비전(Vision)을 제시하고 여기에 따른 구체적인 목표를 제시하고 이를 실천해 나가도록 하여야 한다. • 관리자는 조직의 목적에 의해서 조직의 비전을 제시하고, 그에 따라 조직목적에 맞는 구체적인 목표를 하나하나 제시하며, 조직구성원들로 하여금 그 목표에 따르도록 지도해 가야 한다.
	환경에 대한	• 경찰조직을 최적화하여 효율적인 경찰조직을 운영하여야 하며, 조직이 속해있는 지역 사회의 지지와 협력을 이끌어 내야 한다.

---

2 경찰대학k, 「경찰경무론」, 2004, p. 191.

	적응성 확보	• 경찰조직의 관리자는 조직구성원에게 비전과 목표를 제시하고 효과적으로 집행해 나가는 것도 중요하지만 조직을 둘러싼 환경에 대해 신축적으로 대응하기 위해 경찰조직의 최적화에 노력하고, 조직 내부와 시민으로부터 지지와 협력을 획득하여 경찰목적달성에 기여하도록 해야 한다.
	조정과 통합	• 경찰관리자는 모든 업무가 경찰의 목적에 이바지하도록 부서나 기관을 조정하고 통합하는 역할을 하여야 한다. • 관리자는 자기 부서나 기관의 경찰활동을 조정하고 통합하는 역할을 해야 한다. 각 부서가 전문성을 가지고 업무를 수행하지만 모든 업무는 경찰목적에 맞도록 관리자에 의해 조정되어야 한다.
직원 관련 역할	직원의 지도 육성	• 직원 스스로 창의성을 발휘하여 능동적으로 업무의 효율적 수행을 하도록 하는 역할을 해야 한다
	직원의 사기관리	• 직원들이 창의성을 가지고 능동적으로 업무수행에 힘쓸 수 있도록 업무환경을 조성하여야 한다. • 관리자는 직원의 사기관리가 조직의 성과에 직접 연결된다는 사실을 인식하고, 인사 등의 공정성, 인격적 대우, 경찰관의 인권보장 등에 노력해야 한다.
	직원의 생활지도	• 근무 이외의 생활이 조직 전체에 미치는 경우도 있기 때문에 직원들의 생활지도도 염두에 두어야 한다. • 관리자는 경찰관은 근무시간 외일지라도 조직인임에는 틀림이 없고, 공무원에게는 품위유지의 의무가 주어져 있으므로 직원이 공적 생활과 사적 생활을 잘 관리해야 한다.

3 중간관리자의 역할

경찰 중간관리자의 역할	
의사전달	• 중간관리자는 상하좌우의 의사전달이 잘 이루어지도록 해야 한다. • 중간관리자는 상하 그리고 좌우에 걸쳐 의사전달이 원활하게 이루어지도록 하여야 한다. 고위직의 의사와 하위직의 의사가 전달되는 않는다면, 이것을 파악하여 제거하는 데도 힘써야 한다.
의사전달	• 중간관리자는 상하좌우의 의사전달이 잘 이루어지도록 해야 한다. • 중간관리자는 상하 그리고 좌우에 걸쳐 의사전달이 원활하게 이루어지도록 하여야 한다. 고위직의 의사와 하위직의 의사가 전달되는 않는다면, 이것을 파악하여 제거하는 데도 힘써야 한다.
상사의 보좌	• 중간관리자는 상급관리자가 결정한 방침에 따라 각 부분의 실천계획을 수립하고 시행해 가야 한다.

	• 중간관리자는 중간자로서 상하의 원만한 관계의 형성과 조정의 역할을 하고, 경찰관리자의 경찰목표달성을 위한 결정사항을 실천하는 데에 책임을 가지고 최선을 다하여야 한다.
지도·감독	• 업무를 추진하는 과정은 계획수립–실시–평가의 순서가 된다. • 실시와 평가단계에서는 중간관리자의 역할로 반드시 지도·감독업무가 들어간다. • 중간관리자는 업무의 추진에 있어서 감독업무도 수행하여야 한다. 이러한 감독업무는 업무를 추진하는데 중요한 역할을 할 뿐만 아니라 하위직원을 육성하는 기능도 있다.

제2절 치안정책

1 치안정책의 의의

「정책학」Policy Sciences은 중요한 사회문제에 대한 문제해결책Solution Oriented Response을 찾는 과정에서 등장하게 된다. 정책에 관한 연구는 결국 정치권력Political Power에 관한 연구로 발전하게 된다.[3] 로위는 정책유형을 분배정책, 규제정책, 재분배정책 등 세 가지로 구분하였다. 로위의 정책분류에서 치안정책은 분배정책Distributive Policy이면서 또한 규제정책Regulatory Policy에 해당된다.[4]

정책과정이론에서 말하는 정책과정Policy Process은 복잡한 단계들로 구성된다. 정책과정에는 ① 정책형성Policy Formulation, ② 정책집행Policy Implementation, 그리고 ③ 정책평가Policy Evaluation의 단계를 포함하고 있다.[5] 정책과정이론에서는 정책을 정치활동으로 보고 있다. 특히 정책의제설정에 많은 관심을 가지고 있다.[6]

경찰이념은 치안정책을 수립하기 위한 상위개념으로 철학적 목적이 강한 기본 이상이다. 경찰이념을 구현하기 위한 수단이 곧 치안정책이다. 이는 경찰행정의 기본지침이라고 할 수 있다. 경찰행정은 경찰제도를 운영하기 위한 제반 조직과 제도를 본래의 목적달성에 맞게 운영하는 지원활동이다. 경찰제도는 치안정책의 실현을 위해서 최적화·효율화

---

3 김창윤y, "역대 정부의 치안정책 분석 및 범죄추세분석에 관한 연구"「한국공안행정학회보」, 68, 2017, p. 42.
4 이상안a, 「신경찰행정학」(서울: 대하문화사, 1995), p. 481.
5 김창윤·서샛별, "박근혜 정부의 치안정책 및 범죄추세 분석에 관한 연구"「한국경찰학회보」, 20(6), 2018, p. 120.
6 윤정길, 「발전기획론」(서울: 법론사, 1984), p. 65.

된 조직을 의미한다.

정책과 시책의 개념은 시간의 장단에 따라서 달라진다. 시책은 주로 1년 단위의 계획이나 이를 구현하는 정책수단을 의미한다. 정책은 시책보다 계획수립의 절차가 체계화되고 시간적으로도 일정한 폭을 갖는다는 점에서 차이점이 있다.[7]

용어의 정의[8]	
경찰이념	• 국가의 경찰이념은 경찰의 제반 조직과 제도에 영향을 미친다. 경찰조직은 그 구성원에게 영향을 미쳐 경찰이념에 따른 경찰활동이 이루어진다. • 경찰이념은 치안정책을 수립하기 위한 상위개념으로 철학적 목적이 강한 기본 이상이다. • 경찰이념이 경찰활동과 운영의 최고 원리이다.
치안정책 (경찰정책)	• 치안정책은 국가정책을 바탕으로 경찰이념을 실현하는 기본적 수단이며, 경찰행정의 기본방침이다. • 치안정책은 국가의 정책, 정치 이데올로기, 국민의 공통된 가치관 및 국민정신 등을 반영해야 한다. • 경찰이념을 구현하기 위한 수단이 곧 치안정책이다. 이는 경찰행정의 기본지침이라고 할 수 있다. • 치안정책은 경찰이념 구현을 위한 하위개념으로 수단적 성격을 갖는다. • 치안정책은 경찰행정의 목표와 방향을 결정해 주는 것으로 경찰이념이 구체화된 것이다. • 치안정책은 경찰의 목적달성을 위한 방안이다.
경찰행정	• 경찰행정은 경찰제도를 운영하기 위한 제반 조직과 제도를 본래의 목적달성에 맞게 운영하는 지원활동이다. • 치안정책을 추진하는 경찰활동이 경찰행정이다. • 경찰행정은 제도화된 실체를 운영하는 제반 행위를 의미한다.
경찰제도	• 경찰제도는 치안정책의 실현을 위해서 최적화·효율화된 조직을 의미한다. • 경찰제도는 정책목적에 맞게 제도화된 조직이다.

Police Science

🌐🔍 범죄예방을 위한 범죄유형별 치안정책[9]

• 범죄예방을 위한 범죄유형별 치안정책에는 살인에 대한 블랙 플랜Black Plan, 강도에 대한 레드 플랜Red Plan, 강간에 대한 그레이 플랜Gray Plan, 폭행에 대한 블루 플랜Blue Plan, 절도에

---

7   백기인, "국방정책형성의 제도화 과정(1948-1970)"「국방연구」, 47(2), 2004, pp. 95-124.
8   김창윤, "미군정기 치안정책연구,"「한국공안행정학회보」, 17(4), 2008, p. 19.
9   김창윤, "박근혜정부의 치안정책 기본방향과 개혁과제"「한국공안행정학회보」, 51, 2013, p. 97.

대한 그린 플랜Green Plan, 성폭행에 대한 오렌지 플랜Orange Plan 등과 같은 개별적인 치안정
책이 있다.

2 ‖ 경찰기획의 의의와 종류

1 경찰기획의 개념

1928년 소련이 제1차 경제개발 5개년 계획을 추진하면서 국가 수준의 국가기획이 최
초로 등장하였다. 미국의 경우 19세기의 연방도로, 연방운하, 철도건설 그리고 1890년부
터 시작된 도시 및 마을계획 등에서 기획이 시작되었다.

제1차 세계대전에 미국이 참전하면서 연방정부의 전쟁산업국War Industries Board이 국가
기획을 시작하였다. 제2차 세계대전에 참전 후에는 국가기획에 대한 관심이 더욱 증가하
였다. 이후 기획과정과 기획에 관한 다양한 기술은 미국 공공행정 분야로 확산되었다.

기획이란 행정이 달성하고자 하는 목표를 설정하고, 이 목표를 위해 최적의 수단을
선택하고 준비하는 과정이다. 기획은 행정목적을 위하여 최상의 이용 가능한 방법 및 절
차를 의식적으로 개발하는 과정이다.[10]

정부에서는 매년 각종 계획을 수립하고 있다. 단기계획이든 장기계획이든, 어떤 특정
정책 분야의 변동에 대응하기 위한 것이든, 대선 공약을 추진하기 위한 것이든 계획은 관
계 기관을 통해 문서화되어 계획Plan으로 나타나게 된다. 미래를 위한 대비를 하기 위해
크고 작은 계획을 만드는 활동을 기획Planning이라고 한다.[11] 일반적으로 기획Planning → 계
획Plan → 집행Execution의 단계로 이뤄진다.

기획이 구체적이고 명확할수록 해당 기획이 목표하는 바가 확실해진다. 행정관리에
서는 이렇게 목표를 설정하여 관리하는 것을 목표에 의한 관리MBO: Management By Objectives라
고 한다. 조직이 달성할 목표를 설정하고 이를 기준으로 달성 여부에 따라 조직의 성과를
관리하는 방법을 말한다.[12]

---

10 경찰청e, 「경찰실무전서」, 2000, p. 1577.
11 임도빈, 「행정학(시간의 관점에서)」(서울: 박영사, 2018), p. 330.
12 차세영, "계획, 기획, 그리고 행정조직: 한국 고도성장기 행정에 대한 비판적 근거이론 해석"「한국행정학보」,

따라서 '경찰기획'Police Planning이란 치안정책 실현을 위한 경찰행정활동의 수단·방법을 사전에 체계적으로 연구·검토하여 결정하는 과정을 말한다. 경찰기획이란 경찰행정이 추구하는 미래의 궁극적인 목적을 성취하기 위하여 경찰행정의 기본시책인 치안정책과 그 실현을 위한 행정활동의 수단·방법을 사전에 체계적으로 연구·검토하여 결정하는 과정을 말한다. 경찰기획이란 최적 수단으로 행정목표를 달성하기 위하여 장래의 활동에 관한 일련의 결정을 준비하는 계속적·동태적 과정이다.

Police Science

🌐 경찰기획

- 경찰기획이란 치안정책 실현을 위한 경찰행정활동의 수단·방법을 사전에 체계적으로 연구·검토하여 결정하는 과정을 말한다.
- 경찰목적 달성을 위하여 최상의 이용 가능한 방법과 절차를 의식적으로 개발하는 과정이다.
- 정책결정권자의 의지나 철학을 구체화시키는 과정이며, 바람직한 변화를 이끌어내는 것이다.
- 경찰개혁의 목표와 방향 그리고 추진전략은 경찰기획의 실천철학이다.
- 경찰조직의 구성원으로 하여금 직무의 구심점이 되는 목표의식을 부여하여 응집력을 높인다.
- 경찰자원의 효율적 배분에 기여한다.
- 경찰조직 관리자에게 행정통제의 수단을 제공한다.

---

2 경찰기획의 종류

❶ 기획의 종류

허드슨Hudson은 기획의 유형을 총괄적 기획Synoptic Planning, 점진적 기획Incremental Planning, 교류적 기획Transactive Planning, 창도적 기획Advocacy Planning, 급진적 기획Radical Planning의 5가지로 분류하였다.

첫째, 총괄적 기획은 체제접근의 관점으로 보면, 관련 변수들을 단순화시켜 모형을 구성하고, 계량적인 분석을 활용한다. 목표와 문제, 수단과 제약조건 등이 거시적으로 명료하게 제시된다는 장점이 있지만 복합적으로 얽힌 현실 문제에 적용하는 데는 한계가 있다.

둘째, 점진적 기획은 윤리적 일관성이나 최적의 해결책보다는 계속적인 조정과 적응

52(4), 2018, p. 471.

을 추구하는 접근방법이다. 기획 및 정책결정의 실제 형태에 부합하는 방식이라 할 수 있다. 특히 민주사회 및 시장경제체제 하에서는 이익갈등의 조정과 절충에 의해서 분권적인 의사결정과 기획이 이루어져야 한다는 것이 점진적 기획의 입장이다.

셋째, 교류적 기획은 공익이라는 불확실한 기준을 내세우기보다는 어떤 결정에 의해서 직접적으로 영향을 받는 사람들과 대면접촉을 통해서 계획을 수립한다. 자료조사나 통계분석보다는 개인 상호간의 대화를 통해서 서로 이해하고 배우는 과정을 형성하는데 중점을 둔다. 교류적 기획은 분권화된 기획체계를 발전시킴으로써 주민들로 하여금 자신들의 복지에 관한 의사결정 및 집행과정에 참여하고 영향력을 발휘할 수 있도록 한다.

넷째, 창도적 기획은 1960년대 대두되어 법조계에 형성된 피해구제 절차로부터 비롯된 것이다. 강자에 대항하여 약자의 이익을 보호하는데 활용되어 왔다. 이해당사자들조차도 기획에 무관심한 경향과 공익을 일방적으로 규정해 온 관계를 시정하는 데 큰 공헌을 하였다.

지역사회 주민집단의 이익을 대변하고 주창하는 성격을 지니며, 사회에는 다원적인 가치가 혼재되어 있으므로 이론상 단일의 계획보다는 복수의 다원적인 계획을 수립하는 것이 바람직하다고 본다. 창도적 기획은 기획과정에서 당위적, 규범적 원칙을 반영하여 사회정의라는 기준이 정책의 선택에 중요한 역할을 하도록 하였다.

마지막으로 급진적 기획은 자발적 실행주의 사조에 기초를 두고, 단기간 내에 구체적인 성과를 가져올 수 있는 집단행동을 실현시키는 접근방법이다. 따라서 단편적인 지역사회문제의 해결보다는 사회, 경제 전반에 걸친 개혁을 시도하는 기획방식이라고 할 수 있다.

Police Science

🌐 몽플뢰 기획(Mont Fleur Planning)

- '어려운 난제 풀기'Solving Tough Problems라는 책의 저자 아담 카헤인Adam Kahane은 1991년 흑백혼란기에 남아공의 '몽 플뢰'에 가서 새로운 4가지 기획안을 제시하여 남아공을 성공적인 국가로 이끄는 데 기여한다.
- 첫째, 현실 도피적인 '타조'Ostrich 기획안이다. 이 기획안은 국민의 대표성이 없는 백인 정부가 다시 정권을 잡는 것을 의미한다. 백인 정부는 타조처럼 자신의 머리를 모래 속에 박고 현실을 무시하면서 대다수 흑인 국민들이 요구하는 협상안에 응하지 않는 것을 말한다.
- 둘째, 아무것도 할 수 없는 '레임덕'Lame Duck 기획안이다. 이 기획안은 다음 정권에 약체정부가 들어설 경우를 가정한다. 약체정부는 모든 정당 및 사회단체의 눈치를 보면서 필요한

개혁을 미루는 것을 의미한다.

- 셋째, 너무 태양 가까이 날다 떨어져 죽은 '이카루스'Icarus 기획안이다. 이상적인 이 기획안에 따르면 흑인 정부가 대중적인 지지를 얻어 집권한다. 흑인 정부는 흑인과 백인의 빈부 격차를 해소하기 위해, 많은 경비가 들어가는 이상적인 국가사업을 추진한다. 그러다 재정 적인 문제에 부딪히면서 실패하는 것을 상징한다.

- 마지막 기획안은 '플라밍고들의 비행'Flight of the Flamingoes이다. 이 기획안은 미래의 성공적 인 전환을 보여준다. 왜냐하면 남아공의 발전을 위해 핵심적인 세력들이 연합해 모두 함께 갈등을 해결하고 천천히 새로운 사회를 건설해 나가기 때문이다.

- '시간이 해결해준 균형'이라는 표현이 있다. 지금의 갈등과 문제상황은 결국 오랜 시간 동안 고민해온 결과이며, 급진적인 개혁은 성장과 포용이라는 2마리 토끼를 잡지 못한다는 것이다.

❷ 치안정책의 기획

치안정책의 기획업무는 실무상으로는 업무계획과 업무 시행계획이라는 이름으로 추진 된다. 치안정책의 기획업무에는 ① 주요업무계획과 ② 주요업무시행계획이 있다. '주요 업 무계획'이란 1년 동안의 치안주요시책 및 사업을 말한다. '주요업무 시행계획'이란 주요 업 무계획을 심사평가하기 쉽도록 단위사업별 또는 시책별로 분류·작성하는 시행계획이다.

Police Science

🌐🔍 주요업무계획

- 경찰청에서는 매년 다음 연도의 주요업무계획을 연도 개시 전까지 수립한다.
- 경찰청 각 국에서는 다음 연도에 추진할 주요치안시책을 작성한다.

Police Science

🌐🔍 주요업무시행계획

- 경찰청에서는 국무총리실에서 하달하는 「정부업무평가 기본법」 및 「정부업무평가 기본법 시행령」에 따라 주요업무시행계획을 단위시책 또는 사업별로 작성하여 국무총리실에 제출 한다.
- 경찰청에서는 주요업무심사평가지침을 시·도경찰청 등에 통보한다.
- 시·도경찰청 등에서는 주요업무시행계획을 작성하여 경찰청에 제출한다.

🔍 기본계획의 수립 및 평가관련 규정

정부업무평가 기본법(정부업무평가법)(시행 2017. 7. 26.)

　제8조(정부업무평가기본계획의 수립) ① 국무총리는 위원회의 심의·의결을 거쳐 정부업무의 성

　　과관리 및 정부업무평가에 관한 정책목표와 방향을 설정한 정부업무평가기본계획(이하 "정

　　부업무평가기본계획"이라 한다)을 수립하여야 한다.

정부업무평가 기본법 시행령(시행 2022. 6. 29.)

　제12조(자체평가의 절차 등) ① 중앙행정기관의 장은 가능한 한 계량화된 평가지표에 의한 측

　　정을 통하여 자체평가를 실시하여야 한다.

3 ‖ 경찰기획의 착안사항 및 과정

❶ 착안사항

기획은 사회 혹은 경제적 단위를 위한 목표, 정책 그리고 절차나 방법같은 수단들을 선택하고 결정하는 과정이다. 계획은 결정된 것에 따른 것을 하려고 하는 형성 혹은 조직된 방법이다.

기획은 목표^{Goals}, 정책^{Policies}, 절차^{Procedures}, 설계^{Design}, 조직된 방법$^{Organized Method}$, 창안 ^{Device}행위의 프로그램$^{Program of Action}$, 의도^{Intention}, 잘 정돈된 준비$^{Orderly Arrangements}$, 도식화 ^{Schmatic}, 목적^{Aim} 등을 포함해야 한다.

기획은 활동목표와 수단이 문서로 체계화된 것이다. 기획은 계획을 세워 가는 절차와 과정을 의미한다. 이러한 기획의 본질적 특성은 ① 계속성, ② 미래지향성, ③ 목표지향성 등이 있다.

치안정책 기획인 주요업무계획 수립시 착안 사항은 ① 경찰개혁과제 중 주요추진과제는 빠짐없이 포함, ② 중요 현안중심, ③ 다음 연도 예산에 신규 반영된 사업, ④ 전년도 계속사업으로 주요시책인 사업, ⑤ 다음 연도에 시범운영 또는 추진 검토 중인 과제, ⑥ 다음 연도 치안정세전망(정보) 등이다.

치안정책 기획은 경무에서부터 생활안전·수사·통신 등 모든 경찰기능에서 기획과 정책결정을 하고 있다. 기획 능력의 한계로는 ① 미래예측의 한계, ② 자료 및 정보의 부

족, ③ 정치적 인식 및 행정적 지원의 미흡, ② 기획가의 능력부족, ③ 예산 및 관리제도의 비효율성, ④ 시간과 비용의 제약 등이 있다.

❷ 기획의 과정

기획의 과정에는 ① 목표의 설정, ② 상황분석, ③ 기획전제의 설정, ④ 대안의 탐색과 평가(해결안의 모색), ⑤ 최종안의 선택, ⑥ 계획집행의 평가 등이 있다.

첫째, 목표의 설정이란 기획의 첫 단계로서 달성하고자 하는 목적이 무엇인지를 규정하고, 구체화시키는 작업을 말한다. 목표의 설정의 요건에는 실제 필요한 것, 현실타당성, 계획목표간 내적 일관성, 구체성, 실현가능성 등이 있다.

둘째, 목표가 확인되면 목표를 달성하는데 예상되는 장애요인과 문제점은 어떠한 것이 있는지 상황을 분석해야 한다. 상황분석을 통해서 현재의 문제점 및 예상되는 문제점 그리고 목표달성의 장애요인은 필수적으로 규명되어야 한다.

상황분석은 목표설정과 현황파악 및 문제점 도출 그리고 미래예측이 함께 이루어진다. 현황파악 및 문제점 인식 없이는 목표를 설정할 수 없으므로 목표설정과 상황분석은 함께 이루어진다. 상황분석을 위해서는 선례가 있는지 파악하는 등 관련 정보와 자료를 수집하는 것이 선행되어야 한다.

중요한 계획을 세우고 정책을 결정해야 하는 때는 반드시 현장조사를 실시하는 것이 상황파악의 핵심이 된다. 미래예측 방법에는 법칙·논리적 사유에 의한 연역적 예측, 델파이기법 등 주관적·질적 예측, 추세분석·회귀분석 등 통계적 기법을 이용한 계량적 예측 등이 있다.

셋째, 기획전제란 계획을 통하여 달성하려는 목표에 지대한 영향을 미치는 변수에 관한 장래전망 또는 가정이다. 계획을 수립하는 과정에서 토대로 삼아야 할 기본적인 예측·가정을 의미한다. 기획전제가 변하면 계획은 수정되어야 하는 만큼 다양한 요소를 고려한 효과적인 기획전제를 설정하여야 한다. 기획전제가 무너질 가능성이 크거나 그에 따른 파급효과가 클 것으로 전망되는 경우, 미리 그에 대비한 상황적응 계획을 수립해 두어야 한다.

기획전제의 설정 요건에는 ① 중대한 영향을 미치는 요소들 중에 빠진 것은 없는가? ② 발생가능성, 즉 확률이 가장 높은 상태를 전망·가정하였는가? ③ 예측하지 못한 불의의 상황까지도 고려하고 있는가? ④ 전제를 설정함에 있어서는 이용 가능한 정보의 예측들이 충분히 수집·분석되었는가? 등이 있다.

넷째, 대안의 탐색과 평가(해결안의 모색)란 최종안은 목표달성에 기여할 수 있어야 한다는 것이다. 해결안은 실현가능성(구체화)이 있어야 하며, 경제적 합리성이 있어야 한다. 해결안의 모색에는 비교평가의 방법이 있다. 비교평가에서는 각 대안의 효과분석(비용편익분석, 비용효과분석), 개괄적 분석방법 등이 사용된다.

다섯째, 최종안의 선택은 기획과정의 마지막 단계로 최선의 대안을 선택하는 것이다. 최종안의 선택은 곧 정책을 결정하는 작업이며, 정책결정권자의 의지·철학이 결정에 영향을 미친다. 최종안의 선택은 정책을 결정하는 작업으로 기준과 절차를 정하고 대안들을 비교하는 절차에 따라 이루어진다.

마지막으로 계획집행의 평가란 최선의 대안을 선택하고 난 다음에 그것이 과연 합리적인 결정인지를 검증하는 선택의 검증 과정이 필요하다는 것이며, 순환과정을 포함한다.

검증은 여론탐색, 전문가의 논평을 구하는 것, 시험적으로 실시하고 평가해 보는 정책실험을 통하여 할 수 있다. 보통 좁은 의미의 기획과정은 최종안의 선택단계에서 종료된다. 넓은 의미의 기획과정 속에는 수립된 계획의 집행을 평가하고 환류시키는 일련의 순환과정이 모두 포함한다.

경찰기획의 과정	
목표의 설정	• 경찰 정책결정권자의 지시 취지 및 내용을 정확하게 파악하여 핵심에 접근해야 한다.
	⇩
상황분석	• 선례분석과 관련 정보 그리고 자료수집이 선행되어야 한다. 현재의 문제점, 예상되는 문제점, 목표달성의 장애요인 등을 필수적으로 분석해야 한다. • 현장조사는 상황파악의 핵심이다.
	⇩
기획전제의 설정	• 목표에 지대한 영향을 미치는 변수에 관한 장래전망과 가정이 있어야 한다. • 우발사태에 대비한 상황적응 계획을 수립해야 한다.
	⇩
대안의 탐색과 평가 (해결안의 모색)	• 해결안은 목표달성에 기여하고, 실현가능하며 경제적 합리성이 있어야 한다. • 1안, 2안, 3안 등의 다양한 대안의 제공이 있어야 한다.
	⇩
최종안의 선택	• 다양한 해결안 중에서 최선의 대안을 선택하는 것이다.

	• 경찰 정책결정권자의 의지와 철학이 결정에 영향을 미친다.
	⇩
기획집행의 평가	• 최선의 대안을 선택한 후, 합리적인 결정인지를 검증하는 과정이 필요하다. • 선택의 검증이 필요하다.

제2장 경찰조직관리

제1절 서설

1 경찰조직의 의의

경찰조직은 경찰 특유의 목적을 달성하기 위해서, 경찰구성원과 물적 자원을 결합하는 체계적인 협동방식, 그리고 자체의 생명력을 특징으로 가지고 있는 유기체로 보아야 한다. 경찰조직은 경찰목적을 신속하고도 효율적으로 달성하기 위하여 인적·물적 요소를 갖춘 일체화된 조직체를 말한다.

경찰조직도 다른 사회조직이 일정한 조직의 목적을 가지고 존재하는 것과 마찬가지로 일정한 목적을 가지고 존재한다. 이러한 조직은 단절되거나 고정된 조직이 아니라 생명력이 있는 유기체와 같이 변화하고 활동하는 것이다.

2 경찰조직의 기본이념

경찰법은 조직의 이념을 "경찰의 민주적인 관리·운영과 효율적인 임무수행을 위하여 경찰의 기본조직 및 직무범위 기타 필요한 사항을 규정함을 목적"이라고 규정하고 있다. 따라서 경찰의 조직의 운영과 관리는 민주적이어야 하고, 효율적인 임무수행에 적합하게 조직되어야 한다.

경찰조직의 기본이념은 경찰에 있어서 철학적인 요소라고 할 수 있다. 이것은 경찰조직이 지향해야 할 궁극적인 방향이기 때문에 지도이념이라고도 한다. 이와 같은 경찰이념은 시대와 장소에 따라 그 의미와 비중을 달리 하고 있으며 고정되어 있는 것은 아니다.

경찰조직의 기본이념	
민주성	• 경찰조직은 국민을 위한 봉사조직으로서 국민을 위한 경찰행정을 해야 함을 의미한다.
합법성	• 경찰조직은 경찰행정과정이 법률적합성을 지녀야 한다는 것을 의미하고 모든 경찰행정이 객관적인 법률에 의해서 지배된다는 원칙이다.
능률성	• 능률성이란 적은 투입으로 산출을 극대화시키는 것을 의미한다. • 능률성은 민주성과 상대적·상반적인 성격을 가지고 있기 때문에 능률성과 민주성을 조화시키는 것이 중요하다.
효과성	• 효과성(Effectiveness)은 목표와 수단을 연결한 상태에서 현실적인 산출이 당초의 목표를 어느 정도 충족시켰는가 하는 목표의 달성도를 의미하는 동태적·기능적·사회학적 개념이다. • 능률성은 수단을 목표로부터 절단한 상태 하에서 제한된 자원과 중립적인 수단을 사용하여 산출의 극대화를 기하는 것을 의미하는 정태적·기계적·경제학적 개념이다. • 따라서 능률성을 전제로 하지 않는 효과성이란 어렵기 때문에 양자를 조화시킨 효율성, 즉 생산성이란 개념이 전개되고 있다.
정치적 중립성	• 경찰조직의 정치적 중립성이란 경찰이 어떤 정당이나 특수계층의 이익을 위해서 봉사하는 기관이 되어서는 안 된다는 것을 의미한다.
사회적 형평성	• 전통적 행정학은 능률성을 강조하였고, 발전행정은 효과성을 강조하였다. 그러나 능률성은 인간의 수단화·기계화·소외화를 가중시켰고, 효과성은 배분된 정의를 실현하지 못했기 때문에 제기된 이념이 사회적 형평성이다. 신행정학에서 강조되는 사회적 형평성은 적극적인 분배의 평등을 함축하고 있다.

3 ‖ 경찰조직업무의 특수성[13]

경찰은 권력을 행사하는 작용이라는 점에서 일반행정조직과는 다른 성격을 지닌다. 따라서 경찰의 본질을 정확히 이해하기 위해서는 경찰조직의 특수성을 규명할 필요가 있다. 국가와 사회의 존립·유지라는 관점에서 보면 경찰조직은 강한 조직일 필요가 있다.

---

[13] 이황우d, 「경찰행정학」(서울: 법문사, 2005), pp. 19−24.

하지만 국민의 자유와 권리보호라는 관점에서 보면 경찰조직은 약화되어져야만 한다. 버클리^{G. E. Berkley}는 민주주의와 경찰 간에는 이처럼 양립하기가 어려운 관계가 있다고 말하고 있다.[14]

스콜니크^{J. H. Skolnick}는 경찰에 관한 환경 중에서 특히 현저한 요소로서 위험성과 권력성을 들고 있다.[15] 유사이 다카하시^{高橋雄豺}는 경찰은 강한 정치성과 보수성을 지니고 있다고 한다.[16] 서재근 교수는 경찰의 특수성으로 돌발성, 시급성, 직접성, 위험성, 조직성을 들고 있다.[17] 이러한 견해를 종합하여 이황우 교수는 경찰행정의 특수성을 다음과 같이 정리하고 있다.[18]

1 위험성

경찰관의 역할을 특징짓는 것 중 하나는 경찰관은 국민의 생명·신체 및 재산에 대한 공격에 대처할 것이 요청되고 있다는 점이다. 예를 들어 무장강도사건이 발생한다면 모든 경찰관은 그의 담당업무에 관계 없이 위험한 폭력을 행사하는 범인의 검거에 대한 책임을 지게 된다. 경찰의 존재 이유는 폭력의 위협과 지역사회에 대한 위험의 가능성이 존재함으로써 더욱 명확해진다.

경찰은 각종 위험의 제거를 그 주요 기능으로 하고 있으며 그 수단으로서 명령·강제 등 경찰권의 발동이 필요하며 실력행사를 할 때가 많아 무기를 휴대하게 된다. 경찰관의 자격요건으로 일정한 신체적 기준을 정하여 체력이 강건하고 정의감이 강한 자를 채용하고 있는 것은 이러한 이유이다.

2 돌발성

일반행정기관은 일정한 여건 하에서 대부분 알려진 대상을 어느 정도 예측하면서 업

14 George E. Berkley, *The Democratic Policeman* (Boston: Beacon Press, 1969), p. 1.
15 Jerome H. Skolnick, *Justice without Trial: Law Enforcement in Democratic Society* (New York: John Wiley & Sons, 1966), p. 42.
16 高橋雄豺, 「警察制度概論」(東京: 日本警察協會, 1970), pp. 13－15.
17 서재근, 「경찰행정학」(서울: 삼중당, 1963), pp. 90－92.
18 이황우·한상암, 「경찰행정학(제7판)」(서울: 법문사, 2019), pp. 20－24.

무를 수행한다. 그러나 경찰관은 대부분 예측하지 못한 사태가 돌발적으로 발생하여 그 사건의 주체가 누구인지 알지 못하는 상황에 놓이게 되는 경우가 많다. 경찰조직은 이러한 돌발적인 사건을 합리적으로 해결할 수 있도록 고도의 민첩성과 유기적인 공조체제를 갖추어야 한다.

3 기동성

일반행정기관이 당면하는 업무는 예측이 가능하며 피해가 발생한 후에도 그 흔적이 뚜렷하게 남아 있는 경우가 많아 구제 가능성이 있다. 경찰의 업무는 대부분 시급히 해결하지 않으면 그 피해를 회복하기가 곤란하여 구제의 기회를 상실하게 된다.

기동성은 질서유지를 위한 범죄와의 투쟁에 있어서 범인의 체포와 증거물의 확보에도 대단히 중요한 요소가 된다. 112시민신고 즉응체제가 범죄사건에 신속히 대응할 수 있도록 초동 대처시간Response Time을 최소화하고 있는 것은 그 까닭이다.

4 권력성

경찰작용은 사회공공의 안녕과 질서를 유지하기 위하여 국민에게 명령·강제하는 권력작용이다. 윌슨O. W. Wilson은 경찰의 이와 같은 권력적 요소가 경찰에 대한 반감을 초래하는 주요한 원인이라고 하였다.

경찰관은 질서유지를 위하여 법에 근거하여 일반시민에게 일정한 사항을 지시함으로써 시민 행동의 자유를 제한할 수 있다. 그러나 그러한 권력작용의 상대방이 되는 시민은 자유의 제한에 분개하고 경찰관의 권위를 경시하고 경찰의 직무에 적대적 또는 비우호적이어서 경찰관에게 사회적 고립을 느끼게 한다.

웨슬리W. Westley는 경찰임무의 권력성은 경찰관을 지역사회와 대립하게 하고 경찰을 지역사회로부터 고립된 사회적 집단이 되게 한다고 지적하고 있다.[19]

---

[19] William Westley, "Violence and the Police", *American Journal of Sociology*, 59, 1953, p. 294.

5 조직성

경찰은 그 조직에 있어서 일반행정조직과는 다른 특성을 지니고 있다. 돌발적인 사건이 발생하면 그 해결이 시급하며 이해관계는 직접적으로 국민에게 미친다. 또한 경찰업무는 위험성을 띠고 있다. 경찰조직의 기동성·협동성을 충분히 발휘할 수 있도록 치밀한 조직성이 필요하다.

경찰조직은 안정되고 능률적이며 군대식으로 조직되어야 한다. 이러한 조직성의 요구에 부응하기 위하여 경찰조직은 계급사회를 이루고 있으며 제복을 착용하고 있다.

6 정치성

경찰에 대한 정치적 간섭은 직무할당, 승진, 전보, 채용 그리고 특정한 징계 등에서 나타난다. 정치적 간섭 때문에 결국 경찰도 냉소적인 태도를 보이게 되고, 시민들은 경찰에 대하여 객관성, 성실성 그리고 신뢰성을 잃게 된다.[20]

경찰조직의 정치적 중립성을 위한 제도적 장치가 이루어지지 않았을 때 경찰조직은 그 정치성·권력성으로 인해 악용될 소지가 많다. 경찰조직은 전국에 걸쳐 있고 주·야간 구별 없이 활동하며 그 집행력이 강력하다. 정치권력이 경찰력을 악용하려는 경향이 많다. 경찰은 특정한 정당 내지는 정권에 의하여 좌우되어서는 안 되며 국민 전체의 봉사자로서 그 역할을 해야 한다.

우리나라에서는 오랜 권력기관으로서의 전통아래 독재정권의 사병화로 전락되어 경찰에 대한 많은 비판이 있었다. 정치적 중립성을 확보하기 위하여 경찰위원회를 설치하는 등 많은 노력을 하고 있다.[21]

7 고립성

시민들의 경찰에 대한 존경심의 결여, 법집행에 대한 협력의 결여, 경찰업무에 대한

---

20 Allen H. Andrews Jr., "Structuring the Political Independence of the Police Chie", William A. Geller, *Police Leadership in America* (New York: Praeger Publishers, 1985), p. 6.

21 이황우d, 전게서, pp. 19-24.

이해부족 등으로 경찰관은 고립감과 소외감을 갖고 있다. 경찰관은 '더러운 해리 문제'Dirty Harry Problem를 갖고 있다. 더러운 해리 문제는 결과는 좋았지만Good End, 그 결과를 위한 수단이 나쁠 때Bad Means 나타나는 문제이다.**22** 시민의 비난이 거세질 때 경찰관은 그들만의 '푸른 장막'Blue Curtain 속으로 숨는다.

맥인스Colin McInnes는 경찰관의 일반시민으로부터의 고립감을 다음과 같이 표현하고 있다. "경찰관은 모든 일반인과 같이 한 사람의 시민이며 일반시민 속에서 생활하고 있다고 한다. 그러나 이것은 전설에 불과하다. 경찰관은 고립되고 있다. 경찰관은 일반시민과 동일한 위치에 있는 것은 아니다. 시민들 가운데 어떤 자는 우리들을 무서워하고 어떤 자는 우리들에게 아부하며 어떤 자는 우리들을 혐오하며 회피하고 있다. 우리들을 일반시민과 동일하게 생각하고 있는 사람은 극히 소수일 것이다. 여하간에 이와 같은 일들은 때때로 우리들을 고독하게 만든다."**23**

- 가장 신뢰받고 있는 영국경찰은 고립감과 소외감을 극복하고 시민경찰이 되기 위한 다양한 노력을 하고 있다. 영국 경찰의 기본적인 관념은 경찰관이 동료인 시민을 보호하고 원조하는 직무를 시민으로서 수행한다고 하는 관점을 가지고 있다. 영국 경찰의 '시민경찰의 5원칙'은 다음과 같다.

  제1원칙 경찰은 시민의 공복이다.

  제2원칙 경찰은 무기를 휴대하지 않는다.

  제3원칙 시민과 함께 거주하며 생활한다.

  제4원칙 경찰관은 자기의 직무행위에 대하여 개인이 책임을 져야 한다.

  제5원칙 경찰관은 단체행동을 금지한다.

8 보수성

경찰은 사회공공의 안녕과 질서를 유지하는 것을 임무로 한다. 본질적으로 개혁적인 변화를 추구하기보다는 현상유지적인 보수성을 가지고 있다. 따라서 경찰은 본질상 보수

---

22 John P. Crank & Michael A. Caldero, *Police Ethics*(*the corruption of noble cause*) (Cincinnati, Anderson publishing co., 2000), p. 42.

23 Colin McInnes, *Mr. Love and Justice* (London: New English Library, 1962), p. 20.

적인 색채가 강하다. 내부로부터의 개혁과 개선은 극히 완만하다. 사회정세의 변화가 심하여 객관적인 요구와 경찰과의 사이에 격차가 커지게 되면 정치적인 수단에 의하여 비약적으로 경찰개혁이 행해진다.[24]

경찰조직 업무의 특수성	
위험성	• 경찰관은 국민의 생명·신체 및 재산에 대한 공격에 대처할 것이 요청되고 있다. • 경찰관의 자격요건으로 일정한 신체적 기준을 정하여 체력이 강건하고 정의감이 강한 자를 채용하고 있는 것은 이러한 조건을 충족시키기 위한 것이다.
돌발성	• 경찰관은 대부분 예측하지 못한 사태가 돌발적으로 발생하여 그 사건의 주체가 누구인지 알지 못하는 상황에 놓이게 되는 경우가 많다. • 경찰조직은 이러한 돌발적인 사건을 합리적으로 해결할 수 있도록 고도의 민첩성과 전체적인 공조체제를 갖추어야 한다.
기동성	• 경찰의 업무는 대부분 시급히 해결하지 않으면 그 피해를 회복하기가 곤란하여 구제의 기회를 상실하게 된다. • 112신고에 즉시 대응해서 초동대처시간을 최소화하는 것은 이 때문이다.
권력성	• 경찰작용은 사회공공의 안녕과 질서를 유지하기 위해서 국민에게 명령·강제하는 권력적 작용이다. • 윌슨(O. W. Wilson)은 경찰의 이와 같은 권력적 요소가 경찰에 대한 반감을 초래하는 주요한 원인이라고 하였다.
조직성	• 경찰조직의 기동성. 협동성을 충분히 발휘할 수 있도록 치밀한 장치가 필요하다. • 따라서 경찰조직은 안정되고 능률적이며 군대식으로 조직되어야 한다. • 이러한 조직성의 요구에 부응하기 위해서 경찰조직은 계급사회를 이루고 있으며 제복을 착용하고 있다.
정치성	• 경찰조직에 대한 정치적 간섭은 승진. 전보, 채용 그리고 특정한 징계 등에서 주로 나타나게 된다. • 경찰조직의 중립성을 위한 제도적 장치가 이루어지지 않았을 때 경찰조직은 그 정치성. 권력성으로 인해서 정치상황에 따라서 악용될 소지가 많다. 따라서 정치적 중립성이 반드시 이루어져야 한다.
고립성	• 맥킨스(Colin Mclinnes)는 경찰관은 일반시민으로부터 고립되어 있다고 한다. • 경찰관은 시민으로부터 소외를 당하고 있는데 그 이유는 경찰에 대한 존경심의 결여, 법집행에 대한 협력의 결여, 경찰업무에 대한 몰이해 등에서 비롯되고 있다.
보수성	• 경찰은 사회공공의 안녕과 질서를 유지하는 것을 임무로 하고 있기 때문에 본질적으로 쇄신적인 변화를 추구하기보다는 현상유지적인 형태를 가지고 있다.

24 백형조, "경찰조직 결정과정에 관한 연구", 「석사학위논문」 서울: 동국대학교 행정대학원, 1985, pp. 14 – 15.

4 경찰조직의 유형

1 서설

학자들은 다양하게 수많은 종류의 조직들에 대해 어떠한 기준을 가지고 유형화할 것인가 하는 문제를 끊임없이 고민했다. 이러한 문제는 조직의 비교연구가 활발했던 60년대 이후부터 본격적으로 대두되기 시작했다.[25] 조직의 유형에는 ① 에치오니의 분류(복종관계 기준), ② 탈코트 파슨스의 분류, ③ 카츠와 칸의 분류, ④ 블라우와 스콧의 분류, ⑤ 민츠버그의 분류 등이 있다.

2 경찰조직의 분류

❶ 에치오니의 분류(복종관계의 기준)

에치오니^{Etzioni}는 상급자가 하급자를 통제하기 위해 행사하는 조직 내 복종관계 $^{Compliance\ Relation}$를 핵심적인 변수로 파악하면서 조직의 개인에 대한 관여^{Involvement}를 중심으로 조직유형을 분류하였다. 이들 조직과 복종이 부합되는 조직유형으로 강제적·강압적 조직, 공리적 조직, 규범적 조직으로 제시하였다.

에치오니의 분류(복종관계의 기준)	
강제적·강압적 조직	• 강제적·강압적 조직(Coercive Organizations)은 강제가 주요한 통제수단이며, 구성원은 조직에 대해서 고도의 소외감을 느끼는 조직형태로서 경찰서, 강제수용소, 교도소, 감금하는 정신병원 등이 해당된다. 이는 질서유지를 위한 성격이 강하다.
공리적 조직	• 공리적 조직(Utilitarian Organization)은 물질적·경제적 수단을 주요 통제수단으로 사용하여 조직구성원들이 계산적 이해관계에 의해 복종하는 조직유형이다. 보상이 주요한 통제수단이며 대다수 구성원들이 이해타산적으로 행동한다. 사기업조직·이익단체·경제단체·공장·평상시의 군대조직 등이 이에 속한다.
규범적 조직	• 규범적 조직(Normative Organizations)은 규범적 권력이 주요한 통제수단이 되며 구성원은 조직에 대해서 헌신적인 사명감 그리고 일체감과 충성심을 갖게 되는 조직이다. 이념적 정치조직·종교단체·병원·대학 등이 이에 해당된다.

---

[25] 이영남·신현기, 「경찰조직관리론」(서울: 법문사, 2003), pp. 11-18.

❷ 파슨스의 조직유형 분류

탈코트 파슨스^{T. Parsons}의 AGIL 모델은 일반적이고 추상적이어서 모든 사회뿐만 아니라 사회 내의 어느 하위체계에도 적용된다. 사회체계는 4가지 주요한 기능을 담당하는 하위체계, 즉 사회구조물로 분화하는 경향이 있다고 한다.

사회체계^{Social System}가 유지되려면 4가지 기본적인 기능이 필요하다고 주장하였다. 사회체계^{Social System}의 기능에 따라 적응기능^{Adaptation}, 목표달성기능^{Goal Attainment}, 통합기능^{Integration}, 유형유지 기능^{Latent Pattern Maintenance} 등으로 분류했다. 이를 영어 약자로 'AGIL 모델'이라고 부른다. 이러한 기능들은 경제적 조직, 정치조직, 통합조직, 유형유지 조직들에 의해 각각 수행된다고 보았다.[26]

파슨스의 조직유형 분류(AGIL 모델)	
적응기능	• 적응기능(경제)(Adaptation)은 사회체계가 그것이 처한 환경에 적응하고 환경을 사회의 필요에 맞추어 조정하는 기능이다. • 음식·주거 등과 같은 생존을 위한 물질적 욕구를 충족시키는 방식과 관련된 경제적 기능이다. • 적응기능은 환경으로부터 생존수단을 조달하고 배분하는 것과 경제적 재화의 생산과 배분에 종사하는 조직을 말한다. • 영리를 목적으로 하는 사기업이 대표적이다.
목표달성 기능	• 목표달성기능(정치)(Goal Attainment)은 미래에 성장하기 위해 목표를 규정하고 이를 달성하기 위해 사람들과 자원을 그 목적에 맞게 동원하는 기능이다. • 목표달성기능은 사회체계의 목표를 결정하고, 순서를 매기고 그것의 달성을 촉진하는 것을 말한다. • 정치는 목표달성기능에서 핵심적인 요소다.
통합기능	• 통합기능(사회통제)(Integration)은 다양한 하위 체계들을 효과적으로 조정하고 통합하는 기능이다. • 통합기능은 질서유지 기능과 관계된다. • 사회체계 내의 부분들이 잘 통제되고 전체로서 안정된 일관성을 유지하는 기능을 말한다. • 통합기능은 체계 내부의 협동적이고 잘 조화된 사회적 관계를 보장하는 것을 의미한다. • 이는 사회 내에 있는 구성원들의 관계를 통제하고 사회적 규범을 창조하고 유지하는 기능이다. • 경찰, 사법기관 등이 대표적이다.
유형유지 기능	• 유형유지(Latent Patten Maintenance) 기능은 유형유지와 긴장관리 기능(Latent Patten Maintenance and Tension Management)이라고도 한다.

---

26 상게서, pp. 11–18.

- 유형유지는 자신의 가치와 문화를 보존해 새로운 세대에게 전수할 방법을 가지고 있는 잠재성 기능이다.
- 유형유지 기능은 긴장관리 기능이라고도 하며 긴장의 통제를 포함하는 긴장관리(Tension Management)를 뜻한다.
- 사회는 구성원들의 행위 방향과 목표를 인도한다.
- 종교단체와 학교 그리고 가족 등과 같은 문화적 가치나 유대의 유지 그리고 사회화와 관련된다.
- 사회체계 전체의 활동을 장기간 유지하고 그 과정에서 축적된 사회체계 내의 긴장을 해소하는 기능이다.
- 유형유지 기능은 사회체계를 유지하거나 사회의 문화적 가치를 창조한다.
- 긴장의 통제를 포함하는 긴장관리를 뜻한다.
- 특히 문화와 교육적인 기능에 밀접한 관련을 맺고 있다.
- 학교, 교회, 학술, 예술 등의 문화클럽 등이 대표적이다.

❸ 카츠와 칸의 조직유형 분류

카츠Katz와 칸Kahn은 탈코트 파슨스가 밝힌 조직의 기본적 기능인 적응기능, 목표달성 기능, 통합기능, 유형유지 기능을 기준으로 조직을 다음과 같이 분류하였다.[27]

카츠와 칸의 조직유형분류	
생산조직	• 생산조직 또는 경제조직(Productive or Economic Organizations)은 물자·서비스를 공급하는 조직이다. • 인간의 기본적 요구를 충족시키거나 인간의 협동을 유도하는 기능을 가진다. • 행정분야에서는 사업관서나 공기업이 이에 해당된다.
현상유지 조직	• 현상유지조직(Maintenance Organizations)은 한 세대로부터 다음 세대로 문화를 전수하고 교육하며 사회화기능을 담당하는 조직이다. • 학교·교회·가정 등이 이에 속한다.
적응조직	• 적응조직(Adaptive Organizations)은 새로운 지식이나 문제해결방안을 개발하는 기능을 가진 조직이다. • 대학·연구기관 등이 이에 속한다.
관리·정치 조직	• 관리·정치조직(Managerial-Political Organizations)은 사람과 자원에 대한 조정·통제를 하는 조직이다. • 국가와 그 하위체제인 정부기관(경찰)이 이에 속하고 또한 노조 및 압력집단이나 정당도 이 유형에 속한다.

---

27 상계서, pp. 11-18.

❹ 블라우와 스콧의 조직유형 분류

블라우^{Blau}와 스콧^{Scott}은 조직에 대한 연관관계를 중심으로 사람을 조직구성원·하급 참여자, 조직의 소유자·관리자, 고객·접촉하는 공중, 대중 등으로 구분하면서 조직의 주요 수익자를 기준으로 하여 다음과 같이 3가지로 분류하였다.

블라우와 스콧의 조직유형 분류	
호혜적 조직	• 호혜적 조직(Mutual–Benefit Associations)은 조직의 일반 구성원이 주요 수익자가 된다. • 호혜적 조직에는 정당·노동조합·전문직업단체·클럽·재향군인회·종교적 종파 등이 있다.
서비스 조직	• 서비스 조직(Service Organizations)은 조직과 직접적인 관계를 하고 있는 고객의 수익의 대상이 된다. • 서비스 조직에는 병원·사회사업기관·학교·법률상담소·정신병원 등이 있다. • 경찰에 잡혀온 피의자 등과 같은 고객집단을 주요 수혜자로 할 때, 경찰조직은 서비스 조직이 될 수 있다.
공공복지 조직	• 공공복지 조직(Commonwell Organizations)은 일반대중이 주요 수익자가 된다. • 공공복직 조직에는 일반행정기관·군대·경찰서·소방서 등이 있다. • 공공복지 조직의 문제는 외부적·민주적 통제를 과연 어떻게 확보하느냐에 달려 있다.

❺ 민츠버그의 조직유형 분류

조직 연구의 권위자인 헨리 민츠버그^{Henry Mintzberg}는 다양한 상황에 대처해 조직이 구조화되는 방식을 중심으로 ① 단순조직^{Simple Structure}, ② 기계적 관료제^{Machine Bureaucracy}, ③ 전문적 관료제^{Professional Bureaucracy}, ③ 다부서 조직^{Divisional Structure Organization}, ④ 임시특별 조직(애드호크러시)^{Adhocracy}구조로 분류했다.[28]

민츠버그는 모든 조직은 조직원들이 공유하는 무형의 가치관^{Ideology}을 바탕으로 5가지 부분으로 이뤄진다고 한다. ① 전략 최고위층^{Strategic Apex}는 조직 최고위의 의사결정을 담당하고, 전체적인 방향성을 제시한다. 중앙집권^{Centralization}을 지향한다.

② 중간 계층^{Middle Line}은 각 기능들이 원활히 동작할 수 있도록 관리하는 중간관리자의 역할을 한다. 잘게 쪼개어 관리하려는^{Balkanization} 성향을 갖는다. ③ 기술 관료^{Techno-Structure}는 조직 자체의 구조를 설계하고 전사적 자원관리^{ERP: Enterprise resource planning}나 제품 수명주기 관리^{PLM: Product Lifecycle Management} 등과 같은 운영 프로세스를 구축하는 역할을 한다. 모든 프로세스의 표준화^{Standardization}를 추구한다.

---

28 상게서, pp. 11–18.

④ 지원 스탭Support Staff은 운영 프로세스 이외의 업무, 인사·법무·총무 등을 담당하며 상이한 기능 조직 간의 협력Collaboration을 지향한다. ⑤ 운영 핵심Operating Core은 운영 프로세스상 실제로 무언가를 해내는 실무진이다. 주로 구매, 제조, 판매 등을 담당하며 전문화Professionalization를 추구한다.

이러한 5가지 부분이 어떠한 구성비로 이루어졌는지에 따라서 ① 단순조직Simple Structure, ② 기계적 관료조직Machine Bureaucracy, ③ 전문적 관료조직Professional Bureaucracy, ④ 다부서 조직Divisionalized Form, ⑤ 임시특별조직애드호크라시·Adhocracy 등으로 구분한다.

민츠버그의 조직유형 분류	
단순조직	• 단순조직(Simple Structure)은 1인 지도자의 엄격한 감독이 특징이며, 표준화, 공식화, 분화 정도가 낮은 조직이다. • 동적인 환경 속의 소규모 조직인 경우가 많고 조직기술은 정교하지 않고 단순하다.
기계적 관료조직	• 기계적 관료조직(Machine Bureaucracy)은 전통적 조직형태로 표준운영절차에 의해 운영되는 조직이다. • 계층적 질서와 책임구분이 명확하고 직무는 반복적이고 일상적 업무가 많다. • 장점은 관료제의 장점과 같다. 규모의 경제적 이점이 있다. • 우체국, 항공회사, 제철소 등과 같이 조직 규모가 크고 환경이 안정되어 있으며 조직에 대한 외부통제가 이루어진다.
전문적 관료조직	• 전문적 관료조직(Professional Bureaucracy)은 전문적·기술적 훈련을 통해 업무가 표준화되는 조직을 말한다. • 전문가들은 자신의 업무에 대해 통제권과 재량권을 가진다. • 기계적 관료조직의 특성을 포함하고 있다. • 지원 스태프(staff) 부분에 전문가를 둔다. • 대학, 종합병원, 사회복지기관 등이 이에 해당한다.
다부서 조직	• 다부서 조직(Divisionalized Form)은 조직 내 기능별, 직업별, 서비스별 등 독자적인 구조를 지닌 작은 조각들이 분화되어 있는 형태이다. • 사업부 사이에 갈등이 유발될 수 있고 조정이 어려울 수 있다. • 사업부 간의 중복으로 예산낭비, 이기주의가 초래될 가능성 등이 있다. • 변화가 심하지 않는 조직에 적합하며 변화가 너무 심한 조직에는 적합하지 않다.
임시특별 조직	• 임시특별 조직(애드호크라시)(Adhocracy)은 동태적이고 급변하는 환경에 조직이 전략적으로 적응하여 가변적으로 편성된 조직을 말한다. • 위험부담이 높을 때, 기회라고 생각될 때, 비일상적(Non Routine)·비정형적(Non Programmed) 상황 하에서 문제해결을 위해 한시적으로 만들어지는 조직이다. • 방송국 기획회의, 항공우주센터나 첨단기술연구소 등에서 그 형태가 나타난다.

1 경찰조직의 편성기준

경찰조직의 편성기준이란 경찰조직을 편성함에 있어 구체적으로 어떠한 방침에 따라 편성하고 분담시킬 것인가에 관한 것을 뜻한다. 이러한 편성기준은 수평적 분화, 관리단위의 분화라고 하며, 수직적 분화인 계층분화와 구별되는 개념이다.

관리이론의 대가인 프랑스의 경영자 출신인 페이욜H. Fayol은 1916년 「일반 및 기업관리」General and Industrial Management라는 저서를 출판하였다. 1949년에 미국에서 영어로 번역되어 소개되면서 '페이욜의 14개 관리원칙'Fayol's Fourteen Principles은 더욱 확산되었다.

페이욜의 14개 관리원칙은 ① 분업Division of Labor의 원리, ② 권한과 책임Authority and Responsibility의 원리, ③ 규율Discipline의 원리, ④ 명령통일Unity of Command의 원리, ⑤ 지휘통일Unity of Direction의 원리, ⑥ 조직이익 우선Subordination of Individual Interests to General Interests의 원리, ⑦ 보수Remuneration 공정의 원리, ⑧ 집권화Centralization의 원리, ⑨ 계층제Hierarchy에 근거한 서열Scalar Chain의 원리, ⑩ 질서Order의 원리, ⑪ 평등Equality의 원리, ⑫ 신분보장Stability of Tenure of Personnel의 원리, ⑬ 자발성Initiative의 원리, ⑭ 사기 진작의 원칙Common Sprit 등이다.**29**

'페이욜의 14개 관리원칙'Fayol's Fourteen Principles은 귤릭Gulick과 어웍L. Urwick의 「행정과학에 관한 연구」Paper on Science of Administration에 많은 영향을 미쳤다. 귤릭Gulick과 어웍L. Urwick은 조직편성의 기준으로 ① 목적 또는 기능(규범)Purpose, ② 과정(절차·수단)Process, ③ 고객(수혜자·대상)Thing & Person, ④ 지역Place 등과 같은 4가지 기준을 제시하였다.

美GM 자동차 회사의 경영자였던 무니J. D. Mooney와 라일리A. C. Reiley는 1931년 정부조직, 카톨릭 교회, 군대조직에 관한 연구자료를 바탕으로 「미래의 기업」Onward Industry이라는 저서를 발간했다. 무니J. D. Mooney와 라일리A. C. Reiley는 조직편성의 일반원리로 ① 조정과 통합의 원리Coordination Principle, ② 계층제의 원리Scalar Principle, ③ 기능적 원리Functional Principle, ④ 계선과 참모의 원리Staff Principle 등과 같은 4가지 원리를 제시했다.**30**

쿤츠H. Koontz와 오도넬C. J. O'Donnell은 1968년 「관리의 원칙」Principles of Management이라는

---

29 김태룡, 「행정이론」(서울: 대영문화사, 2010), pp. 207-209.
30 상게서, p. 210.

저서를 통해서 감독^{Supervision}의 범위 혹은 관리책임^{Managerial Responsibility}의 범위를 포함하는 통솔범위^{Span of Control}의 개념을 제시하였다.[31]

2 경찰조직의 편성원리

경찰조직편성의 원리는 복잡하고 거대한 경찰조직을 가장 능률적이고 합리적으로 편제하고 관리하여 목표의 효율적 달성에 적용되는 일반적·보편적 원칙을 말한다. '페이욜의 14개 관리원칙'^{Fayol's Fourteen Principles}과 귤릭^{Gulick}과 어윅^{L. Urwick}의 4가지 기준 그리고 무니^{J. D. Mooney}와 라일리^{A. C. Reiley}의 4가지 원리를 종합하여 경찰조직의 편성원리를 제시하면 다음과 같다.

① 분업^{Division of Labor}의 원리, ② 계층제에 근거한 서열^{Scalar Principle}의 원리, ③ 통솔범위^{Span of Control}의 원리, ④ 명령통일^{Unity of Command}의 원리, ⑤ 조정과 통합의 원리^{Coordination Principle} 등이다.

1 분업의 원리(전문화의 원리)

분업^{Division of Labor}의 원리란 업무를 세분화하여 분담시키고 이를 반복하게 함으로써 업무의 숙련성·능률성을 증진하고자 하는 원리이다. 기능화의 원리 또는 직능화의 원리라고도 한다. 분업의 원리는 인간의 능력을 향상시켜 보다 많은 양의 업무를 효율적으로 수행하게 한다. 한 사람이 한 가지 일을 계속하면 기술이 축적되고 전문화되어 분업의 효과는 극대화되는 것이다.

분업과 전문화가 될수록 할거주의가 심화되어 조정과 통합이 곤란해진다. 인간의 흥미상실과 인간의 도구화가 야기된다. 정형적·반복적 업무수행에 기인하여 작업에 대한 흥미 상실과 노동의 소외화나 인간기계화를 심화시킨다.

---

[31] H. Koontz and C. J. O'Donnell, *Principles of Management* (NewYork: McGraw–Hil, 1968), p. 88.

분업의 유형(방법)	
수직적 전문화와 수평적 전문화	· 부처편성의 기준은 수평적 전문화이다. · 의사결정의 주도·보조·집행에 근거한 상·하 계층의 업무분담은 수직적 전문화이다.

상향적 전문화와
하향적 전문화
	· 귤릭(Gulic)k과 어윅(L. Urwick)의 포스드코브(POSDCoRB)는 하향적(Top Down) 전문화의 근거이다.
	· 테일러(Taylor)의 시간·동작연구와 길브레드 부부(F. B. Gilbreth & L. M. Gilbreth)의 '서브릭 기호'(Therblig Symbol)는 상향적(Down Top) 전문화의 근거가 된다.
	· 시간·동작 연구(Time-Motion Study)는 비즈니스 효율 기법의 하나이다.
	  동작연구는 인간의 육체적 운동, 즉 작업을 구성하는 요소인 동작을 분석하여 능률적인 작업방법으로 종합하는 것이다.
	  시간연구는 어떤 작업에 필요한 시간을 구하기 위하여 실제로 작업자의 작업을 관찰하여 스톱워치로 측정하는 테일러의 방법을 말한다.
	· 테일러를 신봉했던 길브레드 부부(Frank and Gilbreth)는 Gilbreth의 이름 철자를 뒤집어 이름을 붙인 서브릭 기호(Therbrig Symbol)를 만들어 과학적 관리운동을 발전시켰다.
	· 서브릭 기호는 사람의 동작을 세세하게 분석하면 '18가지 기본동작'이 되고, 이 동작을 기호화한 '서브릭 기호'를 기초로 작업을 관측해서 데이터를 분석하는 것이다.
	· 서브릭 기호를 바탕으로 사람의 동작을 분석한 것이 서브릭 동작분석이다.

2 계층제에 근거한 서열의 원리

계층제^{Hierarchy}란 목적달성에 필요한 직무·권한·책임을 권한의 위임에 의해 차등별로 분담시켜 형성된 피라미드형 구조를 말한다. 계층제^{Hierarchy}에 근거한 서열^{Scalar Chain}의 원리란 권한과 책임의 정도에 따라 직무를 등급화 함으로써 상·하계층 간에 직무상 지휘·감독 관계에 서게 하는 것을 말한다. 관료제조직, 계선조직, 고전적 조직의 기본적 형태이다. 계층제에 근거한 서열의 원리는 구성원의 임무를 책임과 난이도에 따라 상하로 나누고, 상위로 갈수록 권한과 책임이 무거운 임무를 수행하도록 하는 것을 말한다.

계층제에 근거한 서열의 원리는 경찰이나 군대의 편성원리로서 명령과 지시를 거의 여과 없이 수행하도록 하는 데에 적합한 원리로서, 분업의 원리의 수직적 분담이기도 하다. 경찰과 군대조직의 편성에 핵심적인 원리로 명령과 지시를 거의 여과 없이 수행하도록 하는데 적합한 조직원리이다.

계층제의 특성	계층제의 형성요건
• 조직계층의 집권적 결정구조 • 권한의 위임에 의해 직무차등화·등급화·수직적 특성 • 명령일원화의 통로 • 관료제나 계선조직의 전형 등	• 계층제는 최고층의 리더십(결정권, 지휘·통솔권)이 존재 • 권한이 하위 계선들에게 위임(Delegation) • 모든 기능이 조직의 각 계층에게 배정되어 직무의 결정(Functional Definition)이 되면서 전개

계층제의 장·단점		
순기능	장점(순기능)	단점(역기능)
일반 행정 조직	• 지휘·명령의 통로 • 상하연결의 의사전달 경로 • 업무를 배분하는 통로 • 권한과 책임의 명확(권한위임통로) • 내부통제의 경로 • 조직 내 분쟁조절수단 • 조직의 통일성(일관성) 유지 • 신속하고 능률적인 업무수행 • 조직의 안정성(위계질서) 유지 • 승진의 유인	• 기관장의 독단화 우려 • 동태적 인간관계 형성 저해 • 자아실현인의 활동무대로 곤란 • 조직의 경직화와 의사전달의 저해 • 할거주의나 계층 간의 단절 • 새로운 지식·기술도입의 곤란 • 비합리적인 인간지배의 수단화 　(계층제의 사회적 부작용) • 민주적·협력적 여건 저해
경찰 조직	• 지휘계통 확립·대규모의 경찰조직을 효율적으로 운용 • 업무수행의 통일성 • 업무처리의 신중 • 조직 내의 갈등이 조직 내에서 해소	• 계층구조가 늘어날수록 의사소통의 단계가 기하급수적으로 증가 • 이로 인한 업무지연은 긴급성을 요하는 경찰업무의 특성에 부적합 • 지시와 명령에 의존하므로 계층간에 갈등의 소지 발생(동태적 인간관계 형성의 저해) • 조직의 경직화 • 할거주의 • 새로운 기술·지식 도입의 곤란

3 통솔범위의 원리

❶ 의의

계층제 구조를 가진 조직의 상위자가 직접 지휘·감독할 수 있는 부하의 수는 한계가 있으므로 적정수의 부하를 관리해야 한다는 것을 말한다. 통솔범위의 원리^{Span of Control}는 한 사람의 관리자가 통솔할 수 있는 사람은 몇 명이 적절한가의 문제이고 효율성을 좌우하는 중요한 원리가 되는 것이다.

경찰의 조직구조는 피라미드형이 아니라 첨탑형이라고 한다. 이는 중간계층이 작다는 것이다. 이것은 통솔범위의 문제이다. 전통적으로 행정학의 기본입장은 소수 통솔범위를 강조하면서 획일적 수치에 역점을 두었다.

쿤츠H. Koontz 등은 상위 관리계급에서는 4-8명을, 하위 관리계급에서는 8-15명을 최적의 통솔범위로 보았다.**32** 데이비스R. Davis는 조직 상부의 기획·조직관리 등의 정신적 업무를 담당하는 행정부서의 경우 3-8명을, 조직 하부의 육체적·반복적 업무를 담당하는 일선 부서는 18-26명을 제시하였다.**33**

❷ 통솔범위의 결정요인(적정범위)

조직의 오랜 역사, 업무의 단순성·정형성·표준성(업무성질), 교통·통신의 발달, 상관이 능력이 탁월하고 부하가 잘 훈련되어 있는 경우, Y이론적 관리, 평면적·분권적 구조 하의 낮은 계층구조, 참모나 정보관리체제MIS의 발달은 통솔범위를 증가시킨다.

업무의 성질이 기계적·반복적·상규적인 것일수록 감독상의 주의는 단순하므로 통솔의 범위가 확대된다. 업무의 성질이 동질적인 것은 이질적인 것에 비해서 사고방식 등의 전환에 소요되는 시간적 손실을 방지하고 감독상의 숙련을 기대할 수 있기 때문에 통솔의 범위가 확대된다.

감독자의 능력과 능숙도, 부하에 대한 신임도, 부하의 자발적 협력도가 높을수록 그리고 부하가 잘 훈련되어 있을수록 통솔의 범위가 확대된다.

조직체 내에서의 감독자의 상대적인 위치에 따라 다르다. 감독자의 최고관리자에 의한 신임도가 높을수록 통솔의 범위가 확대된다. 행정조직체가 권한위임과 책임체제가 확립되어 있을수록 그 범위는 확대된다.

업무의 내용이 정적이고 안정되어 있을수록 통솔의 범위가 확대된다. 감독자의 업무에 대한 개인적 관심도, 흥미도가 높을수록 통솔의 범위가 확대된다. 감독자가 위치하는 곳과 부하의 집무장소와의 거리가 멀수록 통솔의 범위는 협소해진다. 신설 부서보다는 오래된 부서, 복잡한 업무보다는 단순한 업무의 경우에 통솔범위가 확대된다.

---

32 H. Koontz and C. J. O'Donnell, *Principles of Management* (NewYork: McGraw-Hil, 1968), p. 88.

33 J. M. Pfiffiner and F. P. Sherword, *Administration Organization* (Englewood Cliffs: Prentice-Hall, 1960), p. 88.

통솔범위의 결정요인	
관리자의 리더쉽	• 부하의 능력과 함께 관리자의 리더쉽 능력이 높으면 통솔범위가 넓다.
부서의 역사	• 신설 부서보다는 오래된 부서가 통솔범위가 넓다.
지리적 분포	• 지리적으로 분산된 부서보다는 근접한 부서의 통솔범위가 넓다.
업무의 종류	• 복잡한 업무보다는 단순한 업무의 경우에 통솔범위가 넓다.

4 명령통일의 원리

❶ 의의

명령통일Unity of Command의 원리란 지시는 한 사람만이 하고, 보고는 한 사람에게 하여야 한다는 원칙을 말한다. 지시나 명령의 혼선으로 인한 업무의 비능률을 막기 위한 원칙이다. 한 사람의 업무담당자는 언제 어디서나 단일한 명령계통에 따라서 바로 직속 상관에게만 명령을 받아야 한다는 원칙이다. 관료제나 기능별 조직(계선조직) 그리고 군대조직에서 엄격히 적용된다.

❷ 주요내용

사이몬Simon은 조직의 동태성이 요구되는 오늘날에 명령 일원화를 주장하는 것은 바람직하지 않다고 주장한다. 명령통일의 원리를 너무 철저하게 지킨다면 실제 업무수행에 더 큰 지체와 혼란을 야기할 수 있다. 오늘날 전문화·복잡화가 심화됨에 따라 엄격한 적용은 곤란하다는 주장이 대두되고 있다.

관리자가 사고나 다른 이유로 인해 적정한 지시를 할 수 없다면, 그 관리자로 인해 모든 업무가 마비될 수 있다. 그러므로 일반 조직에서와 마찬가지로 경찰의 경우도 관리자의 사고나 여타의 이유로 인해 관리자가 적정한 지휘통솔을 할 수 없는 때에는 관리기능을 대행하는 체제를 갖추고 있다.

대리 또는 대행자를 미리 지정해 두고 관리자의 유고시에는 정해진 순서에 따라 유고관리자의 임무를 대행하게 하고 있다.

권한의 위임제도가 있는데 이는 관리자의 임무를 하위 관리자에게 분담시켜, 통솔범위의 한계를 재조정하거나 명령통일제도의 한계를 완화할 수 있는 제도이다. 따라서 경찰관리자는 대리나 위임제도를 적절히 활용하여 계층제의 통솔범위나 명령통일의 원리가 갖는 단점을 보완하여 업무에 공백이나 차질이 없도록 해야 한다.

5 조정과 통합의 원리

❶ 의의

조정과 통합의 원리Coordination Principle란 공동목적을 달성하기 위해서 구성원의 행동통일을 기하도록 집단적 세력을 질서 있게 배열하는 과정이며 가장 상위적인 최고의 원리이다. 조직관리자는 오케스트라의 지휘자와 같은 능력을 발휘하여 협력성과 통합성을 유지시키는 조정과 통합을 해야 한다.

분업의 원리, 계층제, 명령통일, 통솔범위의 원리 등은 조직목적을 효율적으로 달성하는 데에 있다. 그러나 조직에는 계층 간의 갈등이나 부서 간의 갈등, 또 구성원 간의 갈등 등 내부의 갈등이 존재한다. 이러한 갈등을 조정하여야 한다는 원리가 조정과 통합의 원리이다.

조정과 통합의 원리는 조직의 목표를 달성하기 위한 최종적인 원리로서 다른 조직의 원리들은 조정과 통합을 위한 수단적 원리이다. 조직의 최종적인 목표달성과 직결되는 원리가 조정과 통합의 원리이기 때문에 조직편성의 '제1의 원리'라고도 한다. 모니Mooney는 조정과 통합의 원리를 가장 상위적인 최고의 원리라고 하였다.

❷ 갈등의 조정

갈등이란 의사결정이나 심리적 측면에서 행위나 활동을 순조롭게 진행하지 못하도록 하는 현상이나 심리적인 곤란 상태이며, 비정형적Non-Programmed 결정상황에서 심각하게 야기되는 분쟁상황을 의미한다.

사이몬Simon과 마치March는 갈등해결을 위해서 ① 문제해결, ② 설득, ③ 협상, ④ 정략을 주장했다. 토마스Thomas는 ① 회피전략, ② 공동협력전략, ③ 타협전략, ④ 경쟁전략, ⑤ 적응(수용)전략을 제시했다.

분업의 원리는 능률적인 면에서 장점이 있으나 타업무에 대한 무지로 의사소통의 단절로 인하여 오해가 생길 수도 있다. 한 부서에서 처리하여도 되는 업무를 분담하여 하는 경우, 지휘계통이 과다하게 많은 경우 등이 모두 갈등의 소지를 낳게 한다. 분업으로 인한 전문화도 타부서와 공유되지 않으면 이기주의화 되어 갈등의 요소가 된다.

갈등의 역기능에는 미시적이고 단편적인 입장에서 볼 때 심리적인 불안감 조성, 위계질서의 문란, 불협화음 조장, 결정이나 업무진행의 지체 등이 있다. 갈등의 순기능에는 전체적이고 장기적인 안목에서 조직의 활력과 융통성·창의성을 증진시킨다. 또한 건설적 갈등은 선의의 경쟁을 통해서 조직발전과 개혁을 오히려 촉진시킨다.

토마스(Thomas)의 갈등 해결방안	
회피전략	• 논제가 사소하고 타 논제가 더 중요 ⇒ 진정(긴장해소) • 자신과 상대방 이익에 모두 무관심
공동협력전략	• 양측에 모두 중요하고 관여 긴요 ⇒ 통합책이 절실 • 상대방과 자기이익증진
타협전략	• 복잡하지만 잠정해결요구(임기응변적 대처) • 상대방 이익과 자기이익의 중간책
경쟁전략	• 인기 없는 조치를 강행 ⇒ 신속(결단)한 행동요구 • 상대방 이익희생, 자기이익증진
적응(수용)전략	• 논제가 다른 상대에게 중요 ⇒ 다음 논제(신용획득) • 상대방 이익증진, 자기이익희생

3 ‖ 계선 · 참모조직

조직에는 목표달성기능을 직접적으로 수행하는 기관과 이를 간접적으로 측면에서 보조 · 지원하는 기관이 있다. 전자를 계선^{Line}이라 하고, 후자를 참모^{Staff}라 한다. 양자가 상호보완의 관계를 지니는 것이 본래적 의도이나 현실적으로 갈등과 불화가 발생하기 때문에 이를 해결하는 방안이 모색되어야 한다. 대부분의 관료조직은 계선, 참모, 그리고 보조조직으로 분리되어 있다.[34]

1 계선조직

계선조직은 경찰기능의 중추적인 위치에 있다. 법령을 집행하고 정책을 결정하여 국민에게 직접적으로 봉사하는 임무를 맡고 있다. 계선조직은 계원, 반장, 계장, 과장, 그리고 경찰서장 자신을 포함하여 계선직원에 의해서 수행되고 있으며, 명령적 · 집행적 기능

---

34 이황우b, 「경찰행정학」(서울: 법문사, 2000), pp. 112-115.

을 갖는다.

🌐🔍 계선조직의 장점

- 권한과 책임의 한계가 명확하여 업무수행이 능률적이다.
- 단일기관으로 구성되어 정책결정이 신속히 이루어진다.
- 업무가 단순하고 비용이 적게 드는 조직에 적합하다.
- 강력한 통솔력을 행사할 수 있다.

2 참모조직

참모조직은 계선조직을 지원하기 위해서 설계된 조직이다. 전형적인 참모조직은 인사행정, 교육훈련, 법률자문, 공공관계, 지역사회관계, 감찰, 정보, 연구 및 기획, 예산통제, 범죄분석 등의 기능을 수행한다. 참모들은 현장에서 실제 사건을 직접 처리하지 않으며, 주로 치안정책과 실무를 연구하고 경찰기관의 장에게 정책제안을 담당한다. 참조조직은 조직의 목적에 간접적으로 기여하고 조성적, 촉진적 기능을 담당하지만 집행 권한은 없다.

🌐🔍 참모조직의 장점

- 기관장의 통솔범위를 확대시킨다.
- 전문적인 지식과 경험을 활용함으로써 보다 합리적인 지시와 명령을 내릴 수 있다.
- 수평적인 업무의 조정과 협조를 가능하게 한다.
- 조직의 신축성을 가질 수 있다.

1 서설

　모든 관료조직은 그 조직의 목표설정, 구성원, 그리고 환경과 독특하게 결합되어 있다. 따라서 모든 조직은 효과적으로 기능을 분담할 필요가 있다. 이러한 이유로 공공기관을 조직화하고 관리하기 위한 가장 훌륭한 방법에 관한 많은 이론이 제안되었다. 조직관리의 역사적 발전과정을 살펴보면 대략 다음과 같이 구분하여 설명할 수 있다.

조직관리의 역사적 발전과정	
전통적 관리시기 (1750–1900)	• 경제적 인간, 중앙집권적 관리, 준군대식 모형, 강력한 리더쉽, 범죄예방활동 강조 • 필(Sir. Robert Peel), 로완(Charles Rowan), 메인(Ricahard Mayne), 필딩(Henry Fielding) 등
과학적 관리시기 (1900–현재)	• 현대관료제, 명령의 통일, 전문화, 가시적 순찰활동, 계층제 등이 강조 • 베버(Max Weber), 윌슨(O. W. Wilson), 테일러(Frederick Taylor), 패욜(Henry Fayol), 퍼스딕(Raymond Fosdick), 스미스(Bruce Smith), 볼머(August Vollmer), 레오나드(V. A. Leonard), 왈드(Dwight Waldo), 파커(William Parker) 등
인간관계 및 참여관리의 시기 (1925–현재)	• 인사관리, 동기부여, 사기, 참여 및 민주적 관리, 의사전달, 총체적 품질관리 등 강조 • 매요(Alton Mayo), 버나드(Chester I. Barnard), 허즈버그(Frederick Herzberg), 블레이크(Robert R. Blake)와 모우턴(Jane S. Mouton) 등
행태적 관리시기 (1945–현재)	• 경찰관리에 계획예산제도(PPBS), 조직발전(OD), PERT(Program Evaluation and Review Technique), STAR(System Training and Analysis of Requirement) 등이 도입 • 사이몬)Herbert Simon), 맥그리거(Douglas Murray McGregor) 등
체계관리 시기 (1960–현재)	• 영기준예산제도(ZBB), 하위체계와의 협력을 강조 • 머피(Patrick Muphy), 맥나마라(James Mcnamara) 등
적극적 관리시기 (1980–현재)	• 미래의 기획 및 자문관리기법, 컴퓨터와 통신강조 • 윌슨(J. Q. Wilson), 디바울터(E. A. Thibault), 린치(L. M. Lynch), 맥브라이드(R. B. McBride) 등

1 관료

독일의 사회학자인 베버$^{Max Weber}$는 종교학, 사회학, 경제학, 그리고 정치학에 관심을 가진 학자였다. 그는 '관방의 지배'$^{Power of the Office}$라는 의미로 관료제^{Bureaucracy}라는 말을 만들어 냈으며, 조직에 대한 관료적 접근방법의 시조가 되었다.[35]

공공의 안녕과 사회질서유지에 그 목적을 둔 경찰은 그 조직에 있어서 그 구조는 군대조직에 가까운 관료제를 띠고 있다. 막스베버$^{M. Weber}$에 의하면 관료제는 합리성과 능률성에 의해 요소와 요소의 관계가 유지되고, 상하가 복종·협동하는 조직의 존재양식을 말한다. 막스베버는 관료제가 사회의 발전에 따른 복잡하고 대규모적인 조직에 있어서 가장 능률적으로 모든 문제를 해결할 수 있는 수단이라고 보았다.

막스 베버의 지배유형	
전통적 지배	• 이는 정당성의 근거가 전통에 있다고 보는 것이다. 예전부터 행해져온 전통의 신성성을 비롯해 이것으로부터 권위가 부여된 자의 정당성에 의한 지배이다.
카리스마적 지배	• 어떤 인물이 지니는 또는 그가 계시 혹은 제정한 질서의 신성성, 초인적인 힘, 규범적 자질에 대한 신앙에 의거한 지배이다. 많은 지지자나 추종자를 리드해 나가고 있는 정치가나 군지도자 또는 종교지도자 등이 좋은 예이다.
합법적 지배	• 법규화된 합법성과 명령권에 근거를 두고 행해지는 지배유형이다.

임시특별조직·애드호크러시(Adhocracy)	
의의	• 고전적 관료제모형에서 완전히 벗어나서 관료제를 타파(혁신·개혁·쇄신)하자는 급진적이고 근본적인 처방을 반관료제(Anti-Bureaucracy)인 애드호크러시라고 한다. • 다양한 전문적 기술을 가진 비교적 낯선 사람들로 구성된 집단이며 해결해야 할 문제를 중심으로 조직화되고 불확실하고 가변적 상황에의 적응력이 강한 임시적인 체제이다.
성립 배경	• 반관료제모형(Adhocracy)이 전개된 것은 1960년대 말(1968) 미국의 정치·경제·사회환경과 연계되어 형성되었다. 베니스(W. Bennis)의 「탈관료제」와 토플러(A. Toffler)의 「미래의 충격」에서 용어화된 것이다.

---

35 이황우c, 「경찰행정학」(서울: 법문사, 2003), p. 114.

특징	<ul><li>고도의 수평적 전문화</li><li>고도의 유기적 구조</li><li>기능별 집단과 목적별 집단의 공존</li><li>비정형적인 기술인 연결장치 사용</li><li>선택적 분권화</li></ul>

2 관료제의 특징

관료제의 특징	
관청 권한의 명확한 한계	• 관료의 권한배분이나 직무 그리고 관료의 자격요건 등이 법규에 명확하게 규정되어 있기 때문에 권한의 남용이 방지되고 안정성과 예측성이 있게 된다.
계층제	• 조직내부는 물론이고 조직과 조직간의 상하관계가 계층제의 원리에 의해 체계적으로 확립되어 있다. 계층제는 상급기관이 하급기관을 통제하고 감독하는 것을 특징으로 한다. • 수평적 관계가 아니라 수직적 관계를 특징으로 한다. 베버의 관료제 특징 중에서 가장 큰 특징은 구조의 계층제적 측면이다.
문서주의	• 관료들의 직무의 집행은 반드시 원본이나 초안대로 보존될 수 있는 공식서류에 의해 행해지는 것이다. 행정행위나 결정 등은 문서로서 처리되는 것을 특징으로 한다.
공·사의 분리	• 공공의 직무상에 있어서 공과 사의 엄격한 구분을 의미한다. 관료는 직무수행과정에서 애정이나 증오 등의 개인적 감정에 의하지 않고 법규에 따라 임무를 수행한다.
전문지식	• 모든 직무는 전문지식과 기술을 지닌 관료가 담당하고 이들은 시험 또는 자격에 의해 공개적으로 채용된다. 관료들은 지속적인 교육훈련을 통해서 전문화되고 구성원은 전문 직업인으로 자리잡는다.
직무에의 전념	• 관료는 직무상 전념화를 위해 상근을 필요로 한다. 관료는 직무수행의 대가로 급료를 정규적으로 받고, 승진 및 퇴직금 등의 직업적 보상을 받는다.
법규에 의한 행정	• 관료의 공공직무는 어디까지나 습득 가능한 일반적인 법규에 따라 수행되어야 함을 의미한다. 동시에 관료의 직무집행은 명확하고 철저해야 한다.
고용관계의 자유계약성	• 관료제에서 구성원은 신분의 계급에 의한 관계가 아니라 계약관계이다. 이는 자유로운 계약관계를 의미하며, 오늘날 이러한 요청은 충분하게 실현되지 못하고 있다.

3 경찰관료제의 특징

경찰관료제의 특징	
통합조직	• 경찰조직을 체계 내부의 협동적이고 잘 조화된 사회적 관계를 보장하는 것을 의미하는 통합기능으로 보았다(탈코트 파슨스·T. Parsons).
강제적 조직	• 경찰조직을 분류하면서 강제가 주요한 통제수단이며, 구성원은 조직에 대해서 고도의 소외감을 느끼는 조직형태로서 강제적·강압적 조직으로 보았다. 이는 질서유지를 위한 성격이 강하다(에치오니(A. Etzioni)).
관리·정치조직	• 경찰조직을 형사처벌기관의 일종으로서 정치적 조직이며, 사회화 기능 내지 규범적 기능을 수행하는 관리·정치조직으로 보았다(카츠와 칸(D. Katz & R. L. Kahn)).
서비스·공공복지조직	• 경찰에 잡혀온 피의자 등의 고객집단을 주요 수혜자로 할 때에 경찰조직은 봉사조직이 될 수 있으며, 국민일반을 대상으로 할 때에는 공공복지조직이 된다(블라우와 스코트(P. Blau & R. Scott).

4 관료제의 병리

❶ 의의

관료제의 병리란 본래 의도된 것과는 다른 변화와 기능이 야기되어 조직목표의 달성에 지장을 초래하는 것을 말한다. 관료제의 병리현상에 관해 연구한 사람은 머튼R. K. Merton, 톰슨V. A. Thompson, 그리고 블라우P. M. Blau 등이다.

관료제의 병리현상을 연구한 학자	
머튼	• 관료제의 구조로부터 발생하는 역기능의 문제를 언급했다. • 핵심은 동조과잉에 의한 목표의 전환으로서 규칙을 지키는 것은 형식주의를 만들어 내는 결과가 됨으로써 조직의 목표달성에 저해가 된다고 하였다.
톰슨	• 안정성의 결여 내지는 불안의식이라는 개념으로 관료제의 역기능과 병리에 대한 해석을 시도했다.
블라우	• 머튼의 역기능개념을 계승해 동조과잉이나 의식주에 관한 병리는 일정한 조직내의 사회관계의 불안정성에서 유래한다는 연구결과를 제시하였다.

❷ 관료제의 주요 병리현상

관료제의 주요 병리현상	
문서주의 (Red Tape) ·형식주의 (Formalism)	• 관료제에 있어서 모든 사무의 처리는 서면주의의 원리에 따라 문서로 행해진다. • 따라서 관료의 모든 행정처리나 의무, 그리고 책임이나 한계는 결국 차후에 이 서면을 통해서 증거로 확인될 수밖에 없다. • 따라서 수많은 도장, 많은 문서(red tape) 등과 같은 형식주의(Formalism)로 나타나게 된다.
수단의 목표화	• 관료가 맡고 있는 직책은 관료제가 추구하려는 커다란 목표의 수단이 될 수가 있다. 직책 전념하는 경우, 마치 이것이 가장 중요한 과제로 인식하게 되고 수단적인 성격을 망각하게 된다.
무사안일주의	• 관료가 무조건 상관으로부터 지시가 옳든 그르든 이에 영합하고 선례에 따라 소극적으로 처리하는 행동을 말한다.
귀속주의에 입각한 자생집단	• 대규모 조직에서는 항상 자생집단이 탄생한다. • 문제는 이것이 능력과 자격에 의한 것이 아니고 출신학교·동향·취미 등과 같은 귀속적 관계에 의해 생겨날 경우에는 대인관계에 문제점이 생기고 정실인사가 이루어질 수 있다는 것이다. • 이 경우에는 이른바 과소관료제화(Under-Bureaucratization)가 발생할 수 있다.
할거주의 (Sectioalism)	• 행정관료들이 자기가 소속하고 있는 기관·부처·국·과만을 중심으로 생각하는 소속이기주의를 말한다.
전문화로 인한 무능	• 오늘날의 관료제는 고도의 전문가를 필요로 하는 관계로 이런 전문가는 흔히 한정된 분야의 전문성만을 갖고 있을 수밖에 없기 때문에 타분야에 대한 이해와 협조심이 비교적 약하고 융통성을 결여하기 쉽다.
변화에 대한 저항	• 관료제가 본질적으로 선례답습적이며 현상유지적이기 때문에 통상적으로 관료제는 보수성을 지니고 상황의 변화를 거부한다.
과잉준수	• 관료제는 정실주의에 관련된 개별주의를 배제하고 조직의 목표를 지나치게 합리적이고 능률적으로 성취하려는 경향이 강하다. • 따라서 관료제는 규칙을 너무 절대적인 것으로 과잉준수 하려는 경향을 낳을 수 있다.
독선주의	• 계층제, 과두제, 권력성을 지니고 있는 관료제는 국민들에 대해 직접적인 책임을 지지 않는다. • 지나친 독선적 관료주의를 낳을 수 있다. • 관료 독선주의는 불친절과 교만성 그리고 비밀주의나 무책임성을 야기한다.

1 과학적 관리의 개념

테일러^{Frederick W. Taylor}는 1911년 「과학적 관리의 원리」^{The Principles of Scientific Management}라는 저서를 출판하였다. 그는 시간과 동작연구를 통해 과학적 원리를 찾아내어 인간과 기계의 능률을 극대화하고자 하였다.[36] 이 이론은 오직 한 가지의 가장 최선의 방법으로 과업을 수행하고 있는 사람을 일류의 종업원으로 인정하는 것이다. 과학적 관리^{Scientific Management}는 최상의 과학성 및 능률성의 탐구에 기초를 두고 있으며, 인간에 대한 불신에 바탕에 둔 것이다. 이것은 용이하게 표준화시킬 수 있고, 시간을 조절할 수 있다. 과학적으로 측정할 수 있는 정밀한 과업과 반복적인 동작으로 작업을 분석하는 것이다.

Police Science

🔍 과학적 관리이론의 확산

- 제1차 세계대전 전에는 제품생산과 판매 등에 필요한 전문적인 기술과 능력이 노동자들에게 많지 않았다.
- 제1차 세계대전이 발발하자 기술이 없는 단순 노동자들이 전쟁물자 수급을 위한 엄청난 생산성을 달성해야 했다.
- 프레드릭 테일러가 창안한 과학적 관리기법은 육체노동자들의 체계적인 훈련에 적용되었다.
- 비숙련 공정을 위한 직업훈련은 제2차 세계대전을 통해 더욱 발전하게 된다.

2 이론적 근거 및 특징

과학적 관리는 4가지 기본적 원리인 순수과학의 발전, 노동자의 과학적 선발, 노동자의 과학적 교육과 발전, 경영자와 노동자 사이의 친밀한 협조를 결합시키는 철학적 근거를 가지고 있다.

---

36 김태룡, 전게서, p. 202.

과학적 관리론의 기본적 특징	
과학적 분석	• 모든 운영 또는 과업은 과학적으로 실험되어야 하고, 그것을 수행하기 위해서 엄격한 규칙이 공식화되어야 한다.
시간과 동작연구	• 노동자에 의해서 이루어진 모든 과업과 활동은 쓸데없는 활동 또는 지연을 없애기 위해서 시간에 맞추어야 하고, 자세히 묘사되어야 하며, 조심스럽게 연구되어야 한다.
최선의 방법으로 과업수행	• 어떤 주어진 과업을 달성하기 위해서는 오직 최선의 방법인 과학적 방법이 있으며, 과업은 항상 그러한 방법으로 이루어져야 한다.
훈련	• 노동자들은 능률성이 높은 방법으로 정밀하고 반복적인 과업을 달성하기 위해서 훈련을 받아야 한다.
일류의 노동자	• 훈련을 통해서 모든 노동자는 일류의 노동자(항상 최선의 방법으로 직무를 수행하는 사람)가 되어야 한다.
성과급 임금	• 고정된 보수를 지급하는 대신에 노동자들은 그들의 생산성에 따라 보수가 지급되어야 한다.
기획	• 직무기획은 필수적일 뿐만 아니라 결정적인 것이며, 그것은 전문가에 의해서 이루어져야 한다.
기능적 감독	• 노동자들의 감독은 계급구조보다는 오히려 기능적이어야 한다. • 능률성을 높이는 감독자, 기획하는 감독자, 교정하는 감독자가 되어야 한다.
번영	• 능률적으로 일하는 것은 생산비용을 절감시키는 것이다. • 이것은 경영자측과 노동자측의 번영을 증대시키고 노동자들을 해고할 필요성을 제거하는 효과를 가지고 있다.

4 ‖ 인간관계이론

1 인간관계이론의 개념

관료제 이론과 과학적 관리이론은 1940년대까지는 크게 문제되지 않았다. 그 후 관료제 이론은 능률성과 생산성, 그리고 과학적 관리론의 기본적 가정들은 행정조직 내에서 사회적 상호작용 및 인간관계의 필요성을 강조한 새로운 인간관계이론에 의해서 도전을 받았다.

현대에 있어서 조직의 구성원인 각 개인은 조직을 통해서 자기 자신의 목표를 실현하고, 동시에 조직은 개인을 통해서 그 목표를 실현하는 관계에 있다. 따라서 조직과 인간은 상호공존관계에 있으며 조직의 연구에 있어서 인간의 행동에 관한 연구가 가장 중요한 과제로 등장하게 되었다. 인간관계이론은 인간에 대한 신뢰를 바탕으로 종업원의 비공식적 관계, 상호작용, 사교적 작업조건, 그리고 조직의 조화를 강조하는 이론이다.

Police Science

🔍 메요의 호손공장 실험

- 작업조건에 있어서 인간의 재발견은 1927년과 1933년 사이에 메요Elton Mayo교수가 이끄는 하버드대학의 연구팀이 웨스턴 일렉트릭Western Electric회사의 호손Hawhtoren공장에서 행해진 실험연구를 통해서 최초로 이루어졌다.
- 물리적인 작업여건과 작업시간은 6명의 여공의 생산성 향상에 중추적인 역할을 하지 않는다는 것이 밝혀졌다.
- 이 연구의 결론은 다음과 같다.
- 첫째, 노동자들은 가까운 1차 집단으로 구성되어 있을 때 성취감이 높았다.
- 둘째, 노동자들은 관리에 의해서 인정받기를 원한다.
- 셋째, 사회문제들을 해결하는 것이 생산성을 증가시킨다.
- 넷째, 격려와 동기부여는 인간을 위한 기본적 요소이다.
- 마지막으로 인간은 빵만으로 살 수 없다고 하는 심리적 욕구를 충족시켜야 한다.

---

2 매슬로우(Maslow)의 욕구계층 이론

매슬로우Abraham Maslow는 1943년 「동기와 인성」Motivation and Personality이라는 저서에서 욕구계층 이론Hierarchy of needs을 주장하였다. 그는 인간의 욕구는 5가지 계층으로 이루어지며 하위욕구부터 상위욕구로 발달된다고 보았다.

[매슬로우의 욕구단계설]

자아실현의 욕구
(Self-Actualization)(Ⅴ)

존경의 욕구
(Self-Esteem Needs)(Ⅳ)

애정의 욕구
(Love · Social Needs)(Ⅲ)

안전의 욕구
(Safety Needs)(Ⅱ)

생리적 욕구
(Physicological Need)(Ⅰ)

매슬로우(Maslow)의 욕구계층 이론	
생리적 욕구 (Ⅰ)	• 생리적 욕구(Physicological Needs)는 가장 기본적이며 선행되어야 할 의·식·주에 대한 욕구이다. 이 욕구충족 이전에는 어떤 욕구도 일어나지 않으며 모든 욕구가 충족되지 못할 때 가장 강렬하게 추구하는 욕구단계이다. • 만일 경찰관의 임금수준이 곤궁할 정도로 책정된다면 의·식·주에 대한 생리적 욕구는 동기유발 요소가 된다. • ① 적정보수제도, ② 휴가제도, ③ 탄력적 근무제, ④ 과학적 관리
안전욕구 (Ⅱ)	• 안전욕구(Safety Needs)는 자기의 생명과 소유물을 안전하게 보호하고 안정된 생활유지를 위해 공포나 위협으로부터 벗어나고 싶어하는 욕구이다. • 낮은 보수인데도 공무원을 선호하는 이유는 안전욕구 때문이다. • 수준 이하의 장비, 운송수단, 부적절한 인사배치, 군중통제 문제 등과 같은 요소가 이 단계에서 고려된다. • ① 고용 및 신분의 안정화, ② 퇴직금 등 연금제도의 활성화, ③ 작업장의 안정성, ④ 인사배치
애정의 욕구 (Ⅲ)	• 애정의 욕구(Love · Social Needs)는 조직 내·외적 환경변수에 대한 적응욕구이다. • 이웃과의 따뜻한 정, 사상, 소속감을 유지하고자 하는 소속이나 친밀의 욕구이다. 이 단계는 조직구성원으로서 소속감과 일체감 때문에 부서 내 경찰관의 동료애 욕구를 다룬다. • ① 인간관계의 개선, ② 의사전달, ③ 민주적 리더쉽
존경의 욕구 (Ⅳ)	• 존경의 욕구(Self-Esteem Needs)는 존경받거나 존경하고 싶어 하는 욕구이다. 자존심, 명예, 위신, 인정감 등이다. • 경찰관은 이 단계에서 부서 내 힘든 업무를 수행하려고 한다. 경찰관서는 '이달의 경찰관'같은 시상제도로 이 단계를 충족시키려 한다. • ① 참여의 확대, ② 권한의 위임, ③ 제안제도, ④ 근무성적평정, ⑤ 교육훈련, ⑥ 전직·전

	보, ⑦ 파견근무
자아실현의 욕구 (Ⅴ)	• 자아실현의 욕구(Self-Actualization)는 인간의 욕구 중 최고급 욕구이다. 창조적이고, 잠재 성을 실현시키고, 누구든 할 수 있는 존재가 되는 것을 말한다. • 매슬로우는 극소수만이 이 단계에 도달할 수 있다고 보았다. • ① 합리적 승진, ② 직무확대와 직무충실, ③ 공직윤리의 정립, ④ 공무원단체, ⑤ 공직의 사회적 평가 향상, ⑥ 개인의 목표와 조직의 목표를 동일시 하면서 강조하는 목표관리 (MBO: Management By Objective)와 조직발전(OD: Organization Development)의 도입

3 앨더퍼(Alderfer)의 ERG이론

앨더퍼$^{Clayton\ A.\ Alderfer}$의 ERG이론은 매슬로우의 5단계설을 3단계로 수정한 것이다. 매슬로우의 욕구이론을 수정하여 조직체 환경 하에서의 개인의 욕구동기를 보다 현실적으로 설명하였다. 그는 개인의 욕구를 존재욕구$^{Existence\ Needs}$, 관계욕구$^{Relatedness\ Needs}$, 성장욕구$^{Growth\ Needs}$로 구분하여 매슬로우와 같이 인간의 욕구는 계층을 이룬다고 하였다.

존재욕구는 의·식·주와 같은 인간의 기본적인 욕구를 말한다. 관계욕구는 사회적·개인적 인간관계 형성에 의해서 충족될 수 있는 욕구이다. 성장욕구는 개인의 생산적이고 창의적인 공헌에 의해서 충족될 수 있는 욕구를 말한다.

ERG이론은 다음과 같은 작동원리를 가지고 있다. 첫째, 고차원의 성장욕구가 충족되지 않으면 욕구좌절$^{Needs\ Frustration}$이 일어나서 저차원의 관계욕구를 갈망하게 된다.

둘째, 저차원의 존재욕구가 충족되면 고차원의 관계욕구를 갈망한다. 관계욕구가 충족되면, 고차원의 성장욕구를 추구하게 된다. 이는 매슬로우의 가정과 동일하다. 마지막으로 각 수준의 욕구가 충족되지 않을수록 그 욕구만족$^{Needs\ Satisfaction}$에 대한 갈망은 더욱 커진다.

이론 \ 욕구	저차원 욕구 ⟶ 고차원 욕구		
매슬로우	생리적 욕구·안전의 욕구	애정욕구·존경욕구	자아실현욕구
앨더퍼	존재욕구(E)	관계욕구(R)	성장욕구(G)

4 맥클렌드의 성취동기이론(Motivational Needs Theory)

모든 사람은 유사한 욕구의 계층을 갖고 있다는 매슬로우의 입장과 달리 매클렌드[D. C. McClelland]는 욕구는 학습된 것이고 인간행동에 영향을 미칠 수 있는 욕구들은 인간마다 서열이 다르다고 하였다. 그는 인간행동에 영향을 미치는 욕구를 권력욕구[n-Pow: need for Power], 친교욕구[n-Aff: need for Affiliation], 성취욕구[n-Ach: need of Achievement] 등의 3가지 욕구로 유형화했다.

성취동기이론(Motivational Needs Theory)의 3가지 욕구(동기)	
권력욕구	• 권력욕구(n-Pow: need for Power)는 타인에 대해서 강력한 영향력을 미치거나 통제하고, 논쟁에서 이기고, 타인의 행동을 변화시키려는 욕구이다.
친교욕구	• 친교욕구(n-Aff: need for Affiliation)는 타인에 대해 따뜻하고 친근한 관계유지에 많은 시간을 할애하는 욕구이다.
성취욕구	• 성취욕구(n-Ach: need of Achievement)는 권력욕구나 친교욕구가 조직성과나 유능한 리더쉽을 좌우하는 욕구(동기)가 될 수 없다고 본다. 높은 성취동기(High-Ach)가 어떤 국가의 경제성장이나 조직성 그리고 훌륭한 리더쉽을 결정하는 요인이라고 본다.

5 아지리스의 성숙·미성숙이론(Immaturity·Maturity Motivation Theory)

아지리스[Chris Argyris]는 인간의 개인적 성격[Personality]과 성격의 성숙과정을 '미성숙에서 성숙으로'라고 보았다. 관리자는 조직 구성원을 최대의 성숙상태로 실현시켜야 한다고 하였다.[37]

---

37 이황우c, 전게서, p. 167.

🌐🔍 성숙·미성숙이론의 주요 내용

요구되는 개인적 성격의 변화

- 수동상태에서 능동상태로
- 타인에 대한 의존상태로부터 독립상태로
- 단순한 행동양식에서 다양한 행동양식으로
- 피상적인 관심에서 보다 깊고 강한 관심으로
- 단기적이고 근시안적인 전망에서 장기적이고 거시적인 전망으로
- 복종의 상태로부터 평등 또는 우월의 상태로
- 자기인식의 결핍의 상태로부터 자각과 자제의 상태로

성숙한 인간의 욕구에 대응하기 위한 방법

- 직무확대Job Enlargement의 추진
- 참여적이고 조직구성원 중심적인 리더십에 입각
- 현실중심적 리더십에 입각

6 허즈버그의 동기·위생이론(2 Factor Hygiene and Motivation Theory)

매슬로우의 이론과 함께 비교적 많이 알려져 있는 동기이론으로써 허즈버그Frederick Herzberg의 2대 요인론이 있다. 매슬로우의 이론이 임상적인 관찰임에 비해 허즈버그의 이론은 직무자료에 기초를 둔 이론이다.

허즈버그는 200명이 넘는 기술자와 회계사를 대상으로 면접을 실시한 결과 개인의 동기에 영향을 주는 요인들은 서로 다른 2가지 부류Category로 나눠진다. 상호독립적인 양 분류는 상이한 방식으로 인간의 행태에 영향을 끼친다는 사실을 발견하였다.[38]

---

38 상게서, p. 169.

PART 04
경찰관리론

허즈버그의 동기·위생이론(2대 요인론)	
동기요인	• 동기요인(Motivators of Satisfiers)이란 성취감, 인정감, 책임감, 도전감, 성장, 발전 및 보람 있는 직무내용 등과 같이 개인으로 하여금 보다 열심히 일하게 하며 성과를 높여주는 요인을 말한다. • 위생요인이 직무 외적 성격을 가지고 있는 데 반해서 동기요인은 직무 내적 성격(Intrinsic Job Condition)을 지니고 있다. • 위생요인이 동기행동을 유발시키지 못하는 데에 비해 동기요인은 개인의 불만족을 초래하지는 않는다.
위생요인	• 위생요인(Hygiene Factors of Dissatisfiers)이란 보수, 작업조건, 승진, 감독, 대인관계, 관리 등과 같이 주로 개인의 불만족을 방지해 주는 효과를 가져오는 요인을 말한다. 이를 불만족 요인이라고 한다. • 조직 내에서 이 요인이 갖추어지지 않으면 조직성원들은 극히 불만을 느끼게 되어 작업성과가 떨어지게 되고 심지어는 조직을 떠나게 된다. • 위생요인이 갖춰진다고 하더라도 조직 구성원들로 하여금 보다 열심히 일하도록 동기를 자극하지는 못한다.

7 X·Y·Z 이론

인간관계이론의 발전은 맥그리거Douglas McGregor가 Y이론을 소개했던 1960년에 이루어졌다. 맥그리거는 X이론으로 간주되는 전통적이고 형식주의적인 이론(관료제 및 과학적 관리)에 대한 인간주의적 해법으로 Y이론을 발전시켰다.

X이론Model of X-Theory은 인간은 태만하기 때문에 될수록 일을 적게 하려고 하며, 선천적으로 이기적이고, 주로 안정과 경제적인 만족을 추구한다고 전제한다. X이론은 대부분의 경찰관서에서 전형적으로 볼 수 있다. 린치R. Lynch는 대다수 경찰지휘관들은 업무의 대부분을 부하를 감독하는데 그 시간을 보낸다고 지적했다.

Y이론Model of Y-Theory은 인간은 부지런하고, 책임과 자율성 및 창의성을 발휘하기를 원하고, 조직목적에 적극 참여하여 자아실현을 추구하며, 자기자신을 통제할 수 있는 능력을 가지고 있다고 전제한다.

Y이론에 근거를 한 경찰관서는 규칙, 규율을 대신하는 폭넓은 행동지침이 있으며, 일선 감독의 계층단계가 적다. 이 이론을 수행하려면 경찰관서는 의사결정에 경찰관들을 참여시킬 필요가 있다. 목표달성을 위해서는 신기술이 도입되어야 하며 적성을 충족시켜야 한다. 맥그리거의 Y이론은 인간주의적 관리접근 방법을 적용하는 것이다.

Z이론^{Model of Z-Theory}은 이 방법에 고도의 기술을 접목시킨 것이다. Z이론은 종신고용을 특징으로 하는 일본식 관리접근 방법이다. 고용인과 참모조직 간의 경쟁보다 팀웍을 북돋는 것을 강조한다.

5 ‖ 체계이론(System Theory)

1 서설

체계이론^{System Theory}은 오스트리아의 이론 생물학자 베르탈란피^{L. Bertalanffy}가 1947년 '일반체계이론'을 발표한 후 도입되었다. 여러 학문 분야에서 응용되면서 체계론적 접근법에 의한 체계이론으로 발전하였다. 체계^{System}란 각자가 어느 정도의 독립성과 경계를 유지하면서 다른 대상이나 부분 및 요소들의 상호의존·상호관련·상호작용 하는 전체^{Whole}, 집합^{Set}, 혹은 실체^{Entity}라고 할 수 있다.[39] 서로 의존작용을 하는 부분 단위들이 통일적으로 구성되어 이뤄진 실체^{Entity}라고 할 수 있다.

과거의 경영학 연구는 분화된 조직요소를 강조한 정적인 구조 측면을 연구하였다. 전체와의 연계성과 일치성이 미흡했다. 일원적으로 단순화시키는 경향이 많았다. 체계이론은 계량적 기법을 활용하여 각 부분과 전체와의 연계성을 강조하였다.

체계이론은 추상적인 실체라는 개념을 기반으로 투입과 산출간의 관계 및 체계와 체계 간의 상호작용 관계를 규명함으로써 조직을 파악·연구하고자 하는 이론이라고 할 수 있다.[40]

예를 들어 경찰체계의 경우, 범죄에 대한 일반 국민의 요구와 정치적 압력 등이 '투입'^{Input}되면 경찰 내부에서 범죄정책 수립을 위한 심사·조정과 같은 '전환과정'^{Conversion Process}이 있게 된다. 이를 통해서 구체적인 정책으로 '산출'^{Output}된다. 그 정책이 실시된 결과, 그 영향이 다시 투입으로 작용하는데 이를 '환류'^{Feedback}라고 한다. 환류가 계속 이루어지면 그 체계는 존속성을 유지할 수 있게 된다.

---

39 체계이론에서의 체계(system)는 체제라고 부르기도 한다. 하지만 '정치체제', '경체체제' 등과 같은 이념적 제도의 뜻과 구별하기 위해서 '체계'라는 용어를 사용한다.
40 이황우c, 전게서, p. 177.

2 특징

하나의 체계는 다른 체계와의 상호작용^{Interaction} 속에 존재하고 있다. 전체 체계^{Total} ^{System} 속의 하위체계^{Sub-System}로 구성되어 각각은 상호의존^{Interdependence}관계를 유지하고 있다. 전체 체계 속 각각의 하위체계들은 경계에 의해서 다른 체계들과 구별된다.

하나의 체계는 환경^{Environment}과 상호작용을 하지 않는 폐쇄체계^{Closed System}로 인식될 수도 있고, 환경과 상호작용하는 개방체계로 파악될 수도 있다.

일반적으로 체계는 환경^{Environment} → 투입^{Input} → 전환^{Conversion} → 산출^{Output} → 환류 ^{Feedback}의 순서를 가진다. 체계는 정적인 균형^{Static Equilibrium}을 이룰 수도 있고, 동적인 균형 ^{Dynamic Equilibrium}을 이룰 수도 있다.

폐쇄체계와 개방체계	
폐쇄체계	• 환경과 관련이 없는 자급자족적인 실체로서의 체계를 의미한다. • 초기의 사회과학과 과학적 관리론·인간관계론을 비롯한 전통적인 조직이론에서는 폐쇄체계 이론의 입장에 입각했기 때문에 조직과 환경 간의 상호관계를 고려하지 않았다. • 조직의 내부적 구조문제·외부적 인간관리 문제 등만을 연구대상으로 삼았다. • 외부로부터 투입도 없으며, 외부로의 산출도 없었다.
개방체계	• 조직을 환경과의 상호작용관계 속에서 파악·연구한다. • 조직의 외적인 환경과 독립적인 조직구조는 서로 다른 요소를 지니고 있지만 양자는 상호작용관계에 의해 연결된다고 보았다. • 외부로부터의 투입을 받아들이며, 처리과정을 거친 산출을 외부로 보낸다.

3 하위체계로서 조직의 기능

조직을 하나의 체계로 보는 동시에 전체사회 내에서 기능을 수행하는 하위체계로서 파악하고자 했던 파슨스^{Talcott Parsons}는 어떤 하위체계든 그 존립과 목표달성을 위해서는 기본적인 기능을 수행하고 있다고 하였다. 파슨스는 모든 조직이 사회체계 유지에 도움을 주는 기능적 의미를 갖고 있음을 강조하였다.

조직의 기능적 의미	
목표달성기능 (Goal Attainment)	• 모든 체계(또는 조직)는 외부환경과의 상호관계 속에서 기능을 수행하고 있다. • 그 속에서 체계의 안정을 공고히 하기 위해서 목표의 달성을 추구하는 정치적인 기능을 수행하고 있다.
적응기능 (Adaptation)	• 어떤 체계가 환경과의 상호작용 속에서 존립하기 위해서는 목표달성에 필요한 인적 자원과 물적 자원을 획득해야만 하는 경제적 기능을 수행해야 한다.
통합기능 (Integration)	• 체계 내의 구성요소 및 각 단위들 간의 원활한 상호작용은 체계의 역할수행에 도움을 준다. 그렇지 못할 경우, 효과적인 기능을 수행하기 위해서 구성요소와 단위들 간의 상호조정을 도모해야 한다. • 경찰제도, 사법제도, 관습 등이 이에 해당한다.
유형유지 (Pattern Maintenance)	• 모든 체계는 외부의 압력과 변동에 대응하여 체계를 안정시키고자 하는 경향이 있다. • 이와 같은 안정성을 유지하기 위해서는 그 체계가 지닌 구조적인 유형(pattern)과 문화적 가치 등을 유지해야 한다. • 사회 전체적인 측면에서 볼 때, 가족제도, 교육제도, 종교제도 등이 수행하는 기능이 이에 속한다.

6 ▌▌ 상황이론(Contingency Theory)

1 서설

체계이론의 도입으로 경영 및 조직현상에 대한 이해는 보다 높아졌지만, 현실적인 문제해결에 대한 실천적 요구에는 별로 부응하지 못했다. 왜냐하면 체계이론이란 사고의 방법으로서는 좋았지만 이 개념을 실제에 응용하여 조직운영과 관련된 해결책을 얻기에는 지나치게 추상적이고 복잡했기 때문이다.

또한 모든 상황에 적합한 조직 및 경영이론의 존재 가능성에 대해서 의문이 제기되었다. 모든 조직에 유효성을 가져오는 유일한 이론은 존재하지 않는다는 점을 깨닫게 되었다. 경영이론가들은 이론적으로 다소 정교함이 떨어지더라도 실천적 의미가 크도록 체계이론을 변경해야 할 필요성을 인정했다.

체계이론의 추상성을 극복하기 위한 배경 속에서 1960년 초 상황이론^{Contingency Theory}이 등장했다. 현실적으로 볼 때 조직과 환경은 끊임없이 변하고 있기 때문에 조직관리에 있어서 항구적이고 절대적인 방법이란 존재할 수 없다.

따라서 조직에 대한 관리는 변동하는 상황에 적응할 수 있는 상태에서 전개되어야 한다. 이러한 변화하는 상황에 적합한 조직을 추구하는 것을 상황이론, 즉 상황적 조직이론이라고 한다. 상황이론은 조직이 직면하는 과업 및 성격에 따라 조직의 적합성 및 경영기법이 변화해야 한다는 점을 강조한다.

2 내용

❶ X이론과 Y이론의 부정

기존의 조직이론에서는 극단적인 성격을 지닌 X이론과 Y이론의 입장에서 각각 적합한 관리방식을 채택하였다. 반면, 상황이론은 극단론을 피하고 어떤 조직이든 하위체계의 상호작용 양태, 구성원의 사상, 개성, 배경, 능력 및 환경적 조건 등에 따라 상대적이라는 전제를 갖고 있다. 각각의 상황에 따라 서로 다른 관리방식을 취해야 한다는 입장이다.

❷ 융통성 있는 운영

상황이론에서는 기존의 조직이론에서 제기된 이론을 부정함으로써 상대적 입장을 취하여 융통성 있는 조직설계와 관리방식을 주장하고 있다. 상황이론에서는 조직의 원리 Organization Principles를 부정하고 통솔범위란 정해진 범위가 없다고 한다.

리더십 유형에 관해서도 일반적으로 가장 바람직하다고 인정되어 온 민주적 리더십 유형이 최선의 유형임을 부인한다. 상황에 따라 그 유형을 달리해야 함을 주장하고 있다. 상황에 따라서는 독재적 리더십 유형이 최선의 유형이 될 수도 있다.

❸ 효과성과 능률성과의 관계

기존의 조직이론과 달리 상황론적 조직이론에서는 효과성Effectiveness과 능률성Efficiency을 상호보완적으로 이룩하는 것이 가장 바람직한 조직관리라는 입장을 취한다. 이는 전통적 조직이론이 효과성을 중시하였고, 행태론에서는 능률성을 중시했던 점과 비교된다.

❹ 다양한 방법에 의한 목표달성

상황이론에서는 목표달성을 위해 정해진 조직원리에 따를 것을 강조한 전통적 조직이론과 달리 목표달성을 위한 유일한 최선의 방법은 존재하지 않는다는 입장을 취한다. 어떤 조직이든 상황에 따라 적절한 관리방법을 선택해야 한다는 입장을 취한다.

❺ 복잡·다양한 관리자의 직책

상황이론에 의하면 조직관리자의 직책과 기능 그리고 능력이 대단히 복잡하고 광범위해야 한다. 조직관리자의 직책에서 요구되는 것은 ① 전략의 수집Strategy Formulation, ② 조직설계Organization Design, ③ 정보·결정체제의 설계Information-Decision Systems Design, ④ 영향체제와 리더십 체계의 형성Shape Influence Systems and Leadership, ⑤ 조직개선Organization Improvement 등이다.

7 ‖ 목표에 의한 관리(MBO)

1 서설

우리나라 공공부분에 도입된 대표적인 성과관리 시스템이 '목표에 의한 관리'MBO: Management By Objective and Self Control이다. 목표에 의한 관리는 동기부여Motivation의 한 방법으로서 일종의 집단참가를 통한 관리방식이라고 할 수 있다. MBO란 인간적인 측면을 강조하는 조직관리방식으로서 보다 효율적인 조직관리를 이루고자 하는 관리이념 및 방법을 통틀어 의미한다.

MBO는 "측정할 수 없는 것은 증명할 수 없다."라는 명제를 갖고 있다. 명령에 의한 관리MBD: (Mangement By Domination)에서 자기통제에 의한 관리Management By Self Control로 전환된다. 조직관리자로 하여금 자기 자신의 성과를 스스로 관리할 수 있게 해주었다.

MBO는 드러커Peter F. Drucker가 1954년 「관리의 실제」The Practice of Management라는 저서에서 주장하였다. MBO는 장기적인 계획의 수립, 통제체제 및 조직의 목표와 개별적인 조직참여자의 목표를 통합하기 위한 폭넓은 접근방법으로 발전하여 왔다.

MBO는 사기업 분야에서 개발된 조직관리기법이었다. 행정조직에 정식으로 도입된 것은 1973년 미국의 닉슨Nixon대통령이 美연방정부의 21개 주요기관에 대해서 MBO를 실시하라는 지시 이후부터이다.

우리나라는 행정안전부가 1998년 목표관리제 도입계획을 수립하여 행정안전부와 21

개 자치단체에 시범 실시하였다. 1999년 2월부터 지방자치단체에 전면적으로 도입되었다. 목표관리제 도입은 첫째, 개인별 업무성과를 공정하게 평가하고, 둘째, 성과에 상응한 차등적인 보상을 하며, 셋째, 행정의 성과를 높여 공직사회의 경쟁력을 강화하는데 그 목적이 있다.[41]

2 MBO의 절차

MBO의 절차를 크게 ① 목표의 발견^{Finding the Objective}, ② 목표의 설정^{Setting the Objective}, ③ 목표의 확인^{Validating the Objective}, ④ 목표의 실행^{Implementing the Objective}, ⑤ 목표달성 상태의 통제와 보고^{Controlling and Reporting Status of the Objective} 등의 5가지로 구분하고 있다.

MBO의 5가지 절차	
목표의 발견	• MBO는 먼저 조직의 생존·성장·개선 및 문제점을 위해 조직이 이루고자 하는 결과나 상태, 즉 목표를 찾아내고자 하는 단계에서 시작된다. 이를 위한 조직의 현황과 조직이 달성하고자 하는 것을 파악·분석하는 것이 필요한데, 바로 이러한 분석·파악을 위해서 타당성 조사와 사전준비를 하게 된다. • 특히 사전준비단계에서는 조직구성원을 교육하고 훈련시키는 일과 함께 특히 중요한 것은 목표를 설정하는데 있어서 상하계층의 각자가 공통적으로 적용하게 될 통일된 목표구조의 수치(Measurement Index)를 만드는 일이다. • 목표에 관한 측정수치로서 수익성(Profitability), 효율성(Operational Efficiency), 인력관리와 개발(Personnel Attitude and Development), 연구개발(Research and Development) 등이 있다.
⇩	
목표의 설정	• 타당성 조사와 사전준비가 끝나면 관리자와 조직구성원들이 공동으로 목표를 설정하는 단계에 들어가게 된다. • 실제적인 MBO의 절차는 이 단계에서 시작되며, 가장 창의력을 요하는 중요한 과정이다.
⇩	
목표의 확인	• 설정된 목표는 확인하는 과정을 거쳐야 한다. • 계획을 실행하는 데 있어서 문제점이나 실패요인은 없는가를 찾아내기 위해서는 실행에

---

41 행정안전부, 「목표관리제 운영 성과측정모델」, 2001; 최응렬, 「경찰조직론」(서울: 박영사, 2013), p. 315.

	따른 위험도나 변화가 예상되는 사항들을 분석·검토해야 한다.
⇩	
목표의 실행	· 설정된 목표가 확인과정을 거치게 되면 목표를 달성하기 위한 구체적인 실행전략(업무계획)(Implementation Strategy)을 수립하고 그에 따라 실행에 옮겨지게 된다.
⇩	
목표달성 상태의 통제와 보고	· 이 단계는 MBO의 마지막 단계로서 목표가 계획대로 진행되고 있는가를 측정하고 계획과 차질이 생길 경우, 이를 시정하고 통제하기 위한 보고를 하게 된다.

3 MBO의 장점과 단점

MBO의 장점과 단점	
장점	단점
· 효과성 제고 · 조직목표와 개인목표의 통합 · 참여적 방법에 의한 조직성원의 사기제고 · 갈등의 최소화 · 조직의 동태화	· 급변하는 환경 하에서 목표설정의 어려움 · 단기적·양적 목표에 치중 · 구성원 간의 합의도출 곤란 · 목표성과 측정이 어려움

4 목표와 결과에 의한 관리(MOR)

목표와 결과에 의한 관리^{MOR: Management By Objective and Results}는 MBO를 좀더 세련화시킨 관리이론이다. 목표와 결과를 강조하는 체계적인 조직 교육 프로그램을 제공함으로써 공공부문에서 관리자 개개인의 조직 역할, 임무 및 목표 설정 등을 강조한다. 1970년에 모리세이^{George L. Morrisey}는 공공부문에 있어서 「목표와 결과에 의한 관리」^{Management By Objective and Results in Public Sector}라는 저서에서 종래의 목표이론에 결과까지 포함시킨 이론을 소개했다.[42]

---

42 G. L. Morrisey, *Management By Objectives And Results In The Public Sector* (Basic Books, 1976), p. 1.

8 ┃ 총체적 품질관리(TQM)

1 서설

'총체적 품질관리'TQM: Total Quality Management는 목표에 의한 관리MBO: Management By Objective와 마찬가지로 우리나라에 도입된 대표적인 성과관리 시스템이다. 총제적 품질관리는 1920년대 미국과 영국의 방위산업체에 우선 적용되었다. 고객만족을 서비스질의 제1차적 목표로 삼는다. 조직구성원의 광범위한 참여하에 목표달성의 과정과 절차를 지속적으로 개선하여 장기적인 전략적 품질관리를 하기 위한 일련의 관리철학 혹은 관리원칙을 말한다.

TQM은 쉬왓Shewhart이 통계적 과정Statistical Process Control기법을 1920년대에 도입한 것을 효시로 한다. 그 후 제자인 디밍Deming이 일본의 제2차 세계대전 후 복구사업을 위한 경영관리 기법으로 적용하였다. 그 후 일본기업의 성공적 운영에 충격을 받은 미국기업들이 TQM을 광범위하게 도입하였으며, 美정부기관에도 큰 영향을 끼쳤다.[43]

2 TQM의 특징 및 내용

TQM은 기획, 조직관리, 지휘 등을 강조하면서 고객만족을 최우선으로 하는 전략과 통합적인 관리체계를 추구한다. TQM은 고객지향, 예방적 품질관리, 능률성 지양, 체계지향적 관리, 투입과 과정에 대한 지속적인 개선추구, 강력한 참여관리, 총체적 참여에 의한 품질관리이다. TQM의 운영과정은 고객이 누구이며 요청이 무엇인가를 확인하는 업무기술 → 결함 및 원인확인 → 개선안 시험적 실시 → 개선안의 채택과 실시 → 반복의 과정을 통한 업무수행의 지속적 개선 순서로 진행된다.

---

43 이영남·신현기, 전게서, pp 388-392.

TQM의 세부적인 특징	
고객지향	• 행정서비스가 너무 복잡하거나 비싸고, 고개의 마음을 끌지 못하면 정상적인 서비스도 높은 질을 가진다고 평가되지 못한다.
예방적 품질관리	• 서비스의 질은 산출의 초기단계에 반영되면 추후단계의 비효율을 방지할 수 있고 고객만 족을 도모할 수 있다.
능률성 지양 (서비스의 변이성 방지)	• 서비스의 질이 떨어지는 것은 서비스의 지나친 변화성(Variability)에 기인하므로 서비스가 바람직한 기준을 벗어나지 않도록 해야 한다(종업원의 사기, 고객의 반응 고려)
체계지향적 (통계적) 공정관리	• 일부 관리층의 직관이나 경험에 배타적으로 의존하는 경향을 탈피하여 정확하고 축적된 통계자료에 의존하게 되어 불량품의 원인을 규명하는 데 큰 도움이 되었다.
투입과정의 지속적인 개선	• 서비스의 질은 고객만족에 초점을 두므로 정태적이 아니라 계속 변동되는 목표이며 산출 (Output)이 아니라 투입(Input)과 과정의 계속적인 개선에 주력해야 한다.
강력한 참여관리	• 서비스의 질은 산출활동을 하는 구성원과 투입 및 과정의 끊임없는 개선에 의존하므로 실책이나 변화에 대한 두려움이 없는 구성원의 참여강화가 중요하며 계층수준과 기능단 위간 의사소통의 장벽이 없어야 한다.
총체적 참여	• 높은 질을 가진 서비스를 산출하고 서비스를 개선하는 데 초점을 맞춘 조직문화를 관리 자가 창출하는 경우에만 질을 얻게 되며 총체적인 헌신이 쇠퇴하면 질은 급격하게 떨어 지고 조직은 경쟁에서 뒤떨어지게 된다.

Police Science

🌐 TQM의 경찰도입

* TQM은 신축적인 팀활동에 크게 의존하고 있다.
* 전통적인 계층구조보다는 Task-Force팀이나 Project팀 그리고 Matrix조직 등을 운영하여 보다 전략적이고 신축적인 활동을 해야 한다.
* 경찰서비스의 특성을 파악하여 고객에 맞는 서비스를 제공해야 하는 경우에 적합하다.

제3장 경찰인사관리

제1절 경찰인사행정 기초

1 경찰인사행정의 의의

경찰인사행정^{Police Personnel Administration}이란 경찰목적의 효과적인 달성을 위하여 경찰인력을 효율적이고 공정하게 운용하는 동태적 과정이다.**44** 경찰관을 체계적이고 합리적인 기준에 따라 분류·모집·채용·관리 등을 해나가는 활동을 말한다.

따라서 경찰인사행정은 경찰조직의 목적을 달성함에 필요한 인적 자원을 효율적으로 활용하는 행정 또는 관리를 의미한다. 인사관리 업무는 직원의 업적 및 조정, 그리고 생산성의 향상뿐만 아니라 경찰관의 모집, 선발, 교육훈련, 보수, 승진, 퇴직관리, 그리고 복지를 다룬다.

경찰인사행정의 목적	· 효율적인 경찰운영 · 인사운영의 공정성 · 경찰조직과 경찰관 개개인의 욕구의 조화 · 우수인력확보 · 경찰환경변화에 대한 적응 등이 있다.

---

44 한국에서 인사행정이라는 용어는 주로 정부 또는 행정기관의 인사관리(Personnel Administration)를 의미하고, 인사관리(Personnel Management)는 민간기업의 인사활동을 의미하고 있다. 인사관리는 미국에서는 정부 또는 행정기관의 인사활동을 폭넓게 지칭할 때는 Public이라는 수식어를 붙인다. 그리고 Administration이나 Management라는 용어는 학자에 따라서 다양하게 사용하고 있다.

1 조선시대

조선의 중앙집권적 관료제는 유교를 이념적 기반으로 삼았다. 지배계급인 소수의 양반계급 출신이 모든 정치적·사회적·경제적 특권을 향유하여 모든 가치체계를 지배하였다. 당시 인사행정의 기본법은 「경국대전」, 「대전회통」 등을 들 수 있으며, 인사기관은 육조 중 이조였다.[45]

관인등용의 원칙적인 방법은 '과거'였다. 실제로는 과거를 거치지 않는 소위 '남행'南行에 의해서 임명되는 숫자가 더 많았다. 학행과 덕망이 있고, 정부의 고관·지방관 또는 지방민의 추천에 의한 '천거'라는 제도가 있었다. 국가유공자의 자손이나 궁정의 친척관계 기타의 사유로 특별 채용하는 '문음'이라는 것도 있었다. 조선조의 관직은 문관·무관·음관의 3종으로 크게 나눌 수 있다.

도둑의 체포와 야간순찰을 임무로 하는 전문 경찰기관인 포도청이 성종 때 설치되었다. 포도청의 간부는 왕의 낙점을 받아 임명하는 형태로서 임시의 권설직權設職으로 하였다가 중종 때 항구직恒久職으로 하였다.

1894년 갑오개혁으로 포도청과 같은 봉건제도의 경찰은 신관제의 실시에 따라 폐지되었다. 근대 경찰로서 내무아문의 소속하에 최초의 근대 경찰인 '경무청'이 설치되어 신경찰 제도가 도입되었다.

경무청의 구성	
• 경무사(警務使) 1명(경무청의 장)	• 감금(監禁)(감옥의 장)
• 경무부관(副管) 1명	• 부감금(副監禁)(감옥차장)
• 서기관(書記官)	• 감금서기(監禁書記)
• 경무관(警務官)	• 감수(監守)
• 총순(總巡)	
• 순검(巡檢)	

---

45 김중양, 「한국인사행정론」(서울: 법문사, 2002), pp. 5-12.

🌐🔍 순검의 채용방법

- 23세에서 40세의 건강·단정하고 중죄의 전과가 없을 것
- 시험 또는 정근증서精勤證書를 받은 자
- 시험과목은 형법·송법訟法·경무법개략
- 순검은 5년 이상 근무해야 정근증서를 받고, 성적이 좋으면 총순으로 승진가능

2 일제시대

1905년 통감부를 설치한 후 일제는 1907년 정미조약을 강요하였다. 대한제국 정부의 법령제정과 주요한 행정처분에 대해서는 일제 통감의 승인을 얻도록 하였다. 대한제국 고급관리의 임면은 통감의 동의를 거치도록 하였으며, 통감이 추천하는 일본인을 대한제국의 고급관리로 임명하도록 하였다.

1909년에 대한제국의 사법관 임용을 자행하였다. 1910년에는 대한제국의 경찰사무를 전담한 다음, 그해 8월 29일에 합병조약을 체결함으로써 대한제국의 관료제는 붕괴되었다. 한일 강제병탄 후, 조선 내에서의 인사행정은 조선총독 관방이 이를 관장하였다. 관직은 칙임관, 주임관, 판임관, 고원雇員 등으로 구분되는 계급제에 입각한 신분적 관료제를 채택하였다.

일제시대 중 헌병경찰 시대에는 조선인에게만 적용하던 순사보 계급이 있었다. 보통경찰 시대에는 회유책의 일환으로 순경보 계급을 없애고, 일률적으로 순사로 승격시켜 순경보 계급이 사라졌다. 그 후 경부보 계급을 신설하였다.

일제시대에는 대한제국 시대에 비해서 많은 제도적인 근대화가 이루어졌다. 하지만 일제 관료는 일제 덴노(국왕)와 일제에 대해서만 봉사할 뿐 국민에 대해 특권계급으로 군림하였다. 혹독한 식민정책으로 인해서 조선인은 다른 식민지에 비해서 행정상의 훈련과 경험을 쌓기가 어려웠다.

3 미군정 시대

美군정은 군정청의 기구를 개편하고 인사제도 개혁을 시도하였다. 관료조직은 종래

의 총독 지위가 군정장관으로 대치되었다. 미군정은 현상유지에 주력하였으나 인사행정만은 미국의 제도를 직수입하였다. 미군정시대에 직위분류제, 보수의 조정, 채용시험의 원칙을 확립하고자 노력하였다.

하지만 미군정 당국의 한국 사회에 대한 예비지식의 결여와 한국인의 행정경험 부족으로 많은 혼란을 야기하였다. 당시 인사행정에서 가장 특이한 것은 직위분류제였다. 계급제만을 보고 이에 익숙한 한국인에게 수많은 직위의 직무를 일일이 분석하여 분류하는 기술적·분석적 방법의 적용은 성공을 거두기 어려웠다.

4 대한민국 정부수립 이후

1948-1952년까지는 개별적인 인사권자의 정실인사가 나타나던 시기였다. 1949년 8월 12일 인사행정의 기본법인 「국가공무원법」이 제정되었다. 동법은 실적주의 원칙에 입각한 것이었다. 법제상으로는 실적주의적 요소를 가지고 있었지만, 실제로는 정실주의 인사가 이뤄졌다.

1952년에 이승만 대통령은 자신의 재선이 어려워지자 공무원의 여당화와 인사행정의 엽관주의화를 시도하였다. 이때부터 경찰의 사병화 혹은 공무원의 여당에 대한 지나친 충성심, 야당에 대한 차별이라는 문제가 발생하였다.[46] 1961년 이후에는 인사행정 상의 많은 제도가 개혁되고 법제상 정비된 시대였다.

1969년 1월 1일 제정된 「경찰공무원법」은 엄격한 계급제를 요하는 경찰의 직급을 일반공무원의 직급과는 별도로 부여하였다. 계급 간의 구분을 명확히 하고, 군대의 분과제를 도입하였다. 직능별 전문화의 달성, 경찰 고유의 실정을 감안한 보수와 연금체계, 계급정년제 도입 등으로 승진의 원활화를 도모하기 위한 취지였다.

Police Science
🌐🔍 1969년 경찰공무원법의 제정시의 주요내용

- 경찰관의 계급구조를 8개에서 10개로 확대
- 내무부에 경찰인사위원회 설치

---

[46] 박동서, 「인사행정론」(서울: 법문사, 1999), pp. 60-67.

- 경과제 채택
- 시험승진과 심사승진의 병행
- 교육훈련제도를 개선
- 직급별·직능별 전문화교육 실시
- 경찰고유의 보수체계와 연금제도 도입
- 연령별 정년퇴직제와 계급별 정년제 도입
- 경찰윤리 명시
- 경찰관으로 구성된 징계위원회 설치

Police Science

🌐🔍 일본의 경찰채용제도

- 일본의 경찰은 한국과 같은 별도의 「경찰공무원법」이 없다. 「국가공무원법」또는 「지방공무원법」의 적용을 받는다. 채용방법에는 크게 3가지 종류가 있다. ① 국가공무원 제1종시험 합격자, ② 국가공무원 제2종시험 합격자, ③ 지방공무원 채용시험 합력자로 처음부터 구분한다.

- 국가공무원 제1종시험(행정고시)에 합격한 자는 경찰청의 경부보(경위)로 채용한다. 국가공무원 제2종 시험(7급)에 합격한 자는 경찰청의 순사부장(경사)으로 채용한다.

- 공무원사회 또는 매스컴에서는 국가공무원 제1종 시험출신을 성省·청廳의 사무차관 또는 장관까지 올라갈 수 있다고 해서 '케리어'career라고 한다. 국가공무원 제2종 시험출신은 사무차관 또는 장관까지 올라갈 수 없어도 지방이나 지방 일선기관의 장까지 올라갈 수 있다. 이들을 '준케리어'라고 호칭한다.

- 지방공무원 출신은 일정 계급(경시정)까지만 올라갈 수 있다. 이들을 '논캐리어'non-career라고 호칭한다. 채용시험은 Ⅰ류類(대졸), Ⅱ類(전문대졸), Ⅲ類(고졸)로 구분해서 실시한다.

1 정실주의와 엽관주의

엽관주의^{Spoil System} 또는 정실주의^{Patronage}란 공직 임명의 기준을 능력·자격에 두는 것이 아니라 당파성, 개인적 충성심, 혈연, 지연 및 학연 등에 두는 제도를 말한다. 엽관주의와 정실주의는 공직의 임용이 능력이나 실적 이외의 요소에 의하여 행하여졌다는 점에서 동일하다.

미국에서 처음으로 인사행정에 도입된 엽관주의는 선거에서 승리한 정당이 모든 관직을 당파적으로 이용하여 대폭 경질하는 제도이다. 승리한 정당이 전리품을 획득하듯이 모든 공직을 차지한다.

영국에서 발달하기 시작한 정실주의는 금품을 포함한 정실적 요소에 의해서 공직에 임용한다는 점에서 엽관주의와는 그 개념과 성격이 다르다.

미국의 엽관주의와 영국의 정실주의와의 또 다른 차이점은 엽관주의는 한 번 정권교체로 많은 수의 공직이 경질된다. 반면, 영국의 정실주의는 국왕이나 집권당의 의원들에 의해서 소수의 공직이 교체된다. 일단 임용되면 종신적이라는 점이 차이점이다.

1 영국

❶ 영국 정실주의 성립과정

19C 중엽까지 영국의 관료제는 두 종류의 정실주의^{Patronage}가 공존하고 있었다. 하나는 국왕에 의한 시혜(은혜)적 정실주의이고, 다른 하나는 정치적 정실주의이다.**47** 정부기관이 제도화의 단계로 들어서기 시작한 튜터 왕조부터 스튜어트 왕조까지 영국의 관계^{官界}에는 시혜적 정실주의가 지배적이었다.

1714년 하노버 왕조 이후부터는 정치적 정실주의가 관계의 전면에 등장하게 되었다. 그러나 시혜적 정실주의의 경향을 완전히 배제할 만큼 발달하지는 못했다. 따라서 이 두 경향의 정실주의가 복잡하게 얽혀진 상태에서 관료의 임용·봉급·승진·연금 등이 결정되었다.

---

47 박연호, 「인사행정론」(서울: 법문사, 2001), pp. 49－61.

❷ 시혜적 정실주의

대륙에서는 절대군주제의 확립과 동시에 근대적인 관리제도가 성립되었다. 그러나 영국에 있어서는 절대군주제가 확고하게 성립된 시대에도 체계화된 관리제도가 확립되지 못했다. 대륙에서 볼 수 있는 강력한 상비군도 설치되지 않았다. 당시의 국왕은 개인적으로 가까운 충신이나 또는 의회를 조정하기 위해서 자기 편이 될 의원에게 고위 관직이나 고액의 연금 등을 국왕의 특권으로 부여하였다. 이를 시혜적 정실주의라고 한다.

❸ 정치적 정실주의

1688년 명예혁명 후 내각책임제가 발전함에 따라 의회에 대한 국왕의 세력이 약화되었다. 관리에 대한 실권이 국왕에서 의회의 다수당으로 이동하게 되었다. 이에 따라 인사행정제도도 국왕에 대한 정실주의로부터 의회의 유력한 정치가들에 의한 정실주의로 바뀌게 되었다. 정당의 지도자들은 선거운동의 공로자들에게 관직과 연금을 부여하였다. 이른바 정치적 정실주의를 발달시켰다. 이러한 영국의 정치적 정실주의는 정당보다는 한 사람 한 사람의 정치인을 중심으로 이루어졌다.

❹ 정실주의의 폐해

영국의 정실주의는 공무원제도에 많은 부정적인 영향을 끼쳤다. 예를 들어 무능한 공무원의 배출, 고액의 보수만 주어지고 실질적인 직무는 거의 없는 소위 공직^{空職}의 증설, 연금수급자의 증가 및 필요 이상으로 많은 공무원의 수 등이 그것이다. 이는 공무원제도의 마비와 부패를 단적으로 드러내면서 결과적으로는 행정능률의 저하와 재정의 낭비를 초래하였다.

2 미국

❶ 엽관주의의 개념

엽관주의^{Spoil System}란 관직에의 임명은 정당에 대한 공헌도와 충성도에 따라 행하여져야 한다는 원칙을 말한다. 마시^{W. L. Marcy} 의원의 "전리품^{Spoil}은 승자의 것이다."^{To the Victor belongs the Spoils}라는 말이 유명하다.

관직을 선거에서 승리한 정당이 일방적·임의적으로 처분할 수 있는 전리품으로 간주한 데에서 나온 말이다. 따라서 엽관주의적 인사행정에서는 정권이 교체되면 기존의 재직자들은 자리를 물러나야 한다는 '교체 임용주의'Doctrine of Rotation의 원칙이 적용된다.

❷ 엽관주의의 성립과정

미국의 초대 대통령 워싱턴은 관직 임명의 원칙으로서 '인물의 적격성'Fitness of Character을 강조하였다. 하지만 그도 중요한 관직에 자기의 정책에 반하는 정치적 신조를 가진 사람을 임명한다는 것은 일종의 정치적 자살Political Suicide을 의미한다는 견해를 가지고 있었다.

따라서 미국은 건국 초부터 인사정책은 당파적 색채를 띠게 되었다. 워싱턴의 그러한 관념은 이후에도 역대 대통령들에게 계승되어 엽관주의의 유력한 연원이 되었다.**48**

1801년 제3대 대통령에 당선된 제퍼슨Thomas Jefferson은 자신이 대통령에 취임했을 때 행정기관의 거의 모든 관직을 반대당인 연방파에 의해서 충원되어 있는 것을 알게 되었다. "죽은 사람은 거의 없고 아무도 사임하지 않는다."Few Die and No Resign는 사실을 알게 되었다. 따라서 그는 대통령 임명직의 약 25%를 해임하고, 그 자리에 자기 당인 민주공화당의 인사를 임명하였다.

제퍼슨 이후 19세기 초의 미국은 정당의 대립도 약화되었기 때문에 공무원이 공직을 사유재산과 동일시하는 인상을 갖게 되었다. 따라서 제5대 대통령인 먼로James Monroe 재직 시인 1820년에 관직임기를 대통령 임기와 같이 4년으로 한정하는 '임기 4년법'Four Years Law을 제정하였다.

임기 4년법의 제정은 결국 공무원도 정권이 교체되면 대통령과 함께 그 운명을 함께해야 한다는 '관직 경질의 원칙'이 법제화되었음을 뜻하는 것이다.

제퍼슨 대통령 시대에 시작된 엽관주의적 인사행정이 본격적으로 미국 공무원제도를 지배하기 시작한 것은 1829년에 제7대 대통령에 취임한 잭슨Andrew Jackson 대통령 시대이다. 잭슨은 1829년 의회에 보낸 최초의 연두교서Annual Message에서 공직에의 문호를 널리 민중에게 개방할 것을 주장하였다. 공무원제도에서 처음으로 엽관주의를 민주주의의 실천적인 정치원리로 채택하였다. 따라서 잭슨 대통령을 엽관주의의 시조라고 부르게 되었다.

❸ 엽관주의의 발전요인

민주정치의 발전에 따라 모든 공직을 널리 민중에게 개방해야 하며, 동시에 지위가

---

48 상게서, p. 50.

보장된 공무원의 출현은 민주주의에 대한 무서운 위험신호라고 생각하였다. 정부행정이 단순하여 건전한 상식을 가진 일반인이면 누구나 공직을 수행할 수 있다고 생각하였다.

❹ 엽관주의의 폐해

엽관주의의 폐해는 첫째, 행정능률의 저하를 초래하였다, 둘째, 불필요한 공직이 남설 되었다. 이로 인해서 정부재정의 막대한 낭비를 가져왔다, 셋째, 정치적 배경을 안고 공직에 임용된 많은 공무원들로 인해서 기강의 문란이 초래되었다, 넷째, 관료가 국민을 위해서 봉사하는 것이 아니라 정당을 위해서 봉사하며 공익보다는 개인적 일에 치중하면서 관료의 정당에의 사병화가 야기되었다.

2 ║ 실적주의

1 실적주의의 의의와 기본원칙

실적주의Merit System란 공직에의 임명이 당파성이나 정실관계에 의해서가 아니라 자격·능력 그리고 실적 등을 기준으로 행해지는 인사행정제도이다. 실적주의는 행정국가가 본격화되면서 엽관주의의 병폐를 극복하기 위해서 채택된 제도이다.

미국의 실적주의는 소극적 실적주의로부터 차츰 적극적 실적주의로 발전되었다. 전자는 엽관주의의 방지에 중점을 둔 보호중심의 인사관리였다. 후자는 전자를 포함하여 공무원의 능력발전 및 경력발전에도 중점을 두는 관리중심의 인사행정이라고 할 수 있다.

실적주의적 인사행정의 원칙은 엽관주의적 요소가 지배적이던 남북전쟁 이전부터 이미 싹트기 시작하였다. 실적주의는 오랜 기간에 걸친 엽관주의에 대한 개혁운동의 영향으로 1883년 「팬들턴법」Pendleton Act의 제정으로 그 열매를 맺게 되었다.

실적주의의 기본원칙	· 공직취임에 있어서 기회균등 · 개인의 능력·적성·자격·실적을 기준으로 한 인사임용 · 공무원의 정치적 중립 · 공무원의 신분보장

2 실적주의의 성립과정

❶ 영국의 실적주의

영국의 실적주의	
성립과정	• 영국은 산업혁명의 영향으로 정부의 기능이 확대·강화되었다. • 당시 정실주의 하의 무능력하고 비능률적인 인사행정제도로서는 이러한 행정기능을 감당할 수 없었다. • 이러한 배경하에서 영국의 근대적 공무원제도가 1853년 노스코트·트레벨리안(Northcote-Trevelyan)보고서가 제안한 개혁안을 기초로 1885년 추밀원령을 거쳐 1870년 개혁안이 제정되면서 실적주의가 확립되었다.
노스코트· 트레벨리안 보고서	• 노스코트·트레벨리안(Northcote·Trevelyan)보고서는 정실주의를 폐지할 것, 공개경쟁시험제도를 도입할 것 등과 같은 혁신적인 내용을 담고 있었다. 따라서 대다수 정치인들의 비난을 받았다. • 그러나 정실주의에 피해를 본 중간계급의 지지를 받았기 때문에 이 보고서의 개혁내용을 실행에 옮기라는 압력에 직면하게 되었다.
1870년의 추밀원령	• 1868년 노스코트·트레벨리안 보고서의 지지자인 글래드스톤 내각이 출범하였다. • 영국에 있어서 근대적 공무원제도의 시초로 알려진 「추밀원령」이 제정되었다. • 이 「추밀원령」에는 공무원의 임용은 공개경쟁시험에 의한다는 원칙 등이 천명되었다. • 따라서 영국의 관계(官界)는 귀족과 일부 특권계급의 독점에 의한 종래의 부패·타락·비능률이 불식되고 누구나 그 재능이 우수하면 용이하게 공직에 진출할 수 있는 길이 마련되었다

❷ 미국의 실적주의

「펜들턴법」의 성립 이전에도 엽관제도의 개혁에 대한 노력이 있었다. 1881년 커티스를 총재로 하는 전국공무원제도개혁연맹National Service Reform League이 설립되어 실적제의 확립에 강력한 영향력을 발휘하였다. 이러한 활동이 마침내 1883년의 「펜들턴법」을 낳게 하였다. 펜들턴 공무원법Pendleton Civil Service Act은 1883년에 제정된 최초의 미국 공무원법이다. 약칭하여 '펜들턴법'이라고도 부르며, 최초의 美연방공무원법이라는 의미에서 '미국 공무원제도의 마그나 카르타'Magna Carta로 불리기도 한다. 「펜들턴법」이 제정되기 까지는 정치적 사실이 많은 작용을 하였다.

1881년 9월 가필들James A. Garfield 대통령이 엽관배인 귀토Charles J. Guiteau에 의해서 암살당한 사건이 발생하였다. 이는 미국 시민들에게 공무원제도의 개혁이 급선무임을 인식시켜 주었다.

정권을 장악하던 공화당은 차기 대통령선거에서 승리할 자신이 없어지자 자기 세력의 공무원이 대량 경질을 당하는 것보다는 차라리 공무원의 지위를 보장하는 공무원법을 제정하는 것이 유리하다고 판단했다. 이러한 이유로 1883년 1월 美의회는「펜들턴법」을 통과시켰다. 이로써 미국의 공무원제도는 엽관주의적 요소를 청산하고 실적주의에 입각하여 발전하기 시작하였다.

Police Science

🌐🔍 펜들턴법의 주요내용

- 독립적이며 초당파적·집권적 중앙인사위원회의 설치
- 공개경쟁시험에 의한 임용
- 시보임용기간의 설정
- 공무원의 정치활동 금지

---

3 실적제의 문제점과 새로운 방안

실적제(실적주의)의 문제점을 해결하기 위한 적극적인 극복 노력이 대두되면서 적극적 인사행정, 대표관료제의 도입, 엽관주의적 임용의 확대, 정치적 중립성의 완화, 평등고용기회의 제도적 도입 등이 논의되고 있다.

Police Science

🌐🔍 실적제의 문제점

- 엽관주의의 문제점을 해결하기 위해 도입된 실적제는 그 원칙을 지나치게 강조한 결과 오히려 인사행정을 소극적·형식적·집권적으로 변화시키게 되었다.
- 정책의 효과적인 수립·집행의 곤란
- 지나친 소극화 및 비용통성
- 창의성 저해
- 형식화 및 비인간화 등

PART 04
경찰관리론

실적제 극복을 위한 새로운 방안	
적극적 인사행정 (Positive Public Personnel Administration)	• 초기의 실적제에 대한 비판과 엽관주의의 적절한 가미의 필요성은 적극적 인사행정을 탄생시켰다. • 엽관주의도 가미하고, 분권적이며, 사회심리적 욕구를 충족시키는 인간주의적이고 신축적인 인사관리를 의미한다.
대표 관료제 (Representative Bureaucracy)	• 인종, 종교, 성별, 직업, 신분, 계층, 지역 등 여러 기준에 의해서 분류되는 모든 사회집단들이 한 나라의 인구전체 안에서 차지하는 비율에 맞게 관료조직의 직위들을 차지해야 한다는 원리가 적용되는 관료제이다.

3 ║ 직업공무원제

직업공무원제Career Civil Service System란 공직을 일생의 보람된 직장a Worth while Life Work으로 생각하면서, 일생을 거기에 기꺼이 바쳐 봉사할 수 있도록 인사업무를 조직·운영하는 공무원제도를 말한다. 직업공무원제도는 정당제도 및 의회제도에 기초를 두고 있는 민주국가에 있어서 정권교체로 인한 행정의 공백상태가 초래하는 것을 막고 행정의 안정성을 유지하는데 유용한 제도적 장치이다.

오늘날 계급제, 폐쇄형, 농업사회적 풍토가 강한 영국·프랑스·독일 등 유럽 각국에서 원칙적으로 채택하고 있다. 직업공무원제의 주요내용은 계급제, 농업사회, 인간경력 존중주의, 신분보장, 공직의 생애성, 전문직업 윤리의식, 폐쇄형 승진, 공개경쟁시험에 의한 임용, 정치적 중립성 등이 주요내용이다.

직업공무원제와 실적제의 비교		
구분	직업공무원제(CS)	실적제(MS)
차이점	• 영국, 독일, 프랑스, 일본, 한국 • 농업사회(미분화사회, 혼합직) • 인간-경력, 근무연한 중시 ⇒ 폐쇄형 • 생활급, 승급제(호봉) • 일반인(Generalist)(장기적 시야) • 인간화(사기, 사회적 능률성 등)	• 미국, 캐나다, 호주 • 산업사회(분화사회, 분리적) • 직무-업무, 능력중시 ⇒ 개방형 • 직무급, 근속호봉제 없음 • 전문가(Specialist)(단기적 시야) • 합리화(명확화·능률화·전문화)

	• 계급제(배치의 신속성)	• 직위분류제(비신축성)
공통점	• 정치적 중립성 • 능력·업적에 따른 공개경쟁시험에 의한 임용 • 신분보장(직업공무원제>실적제) • 기회균등(직업공무원제<실적제)	

4 ‖ 직위분류제와 계급제

1 서론

현대 인사행정에 있어서 기본적인 분류기준은 일반공무원법의 획일적인 적용여부(일반직과 특정직), 실적주의 원칙의 전면적인 적용여부(경력직 공무원과 특수경력직 공무원), 정부의 수준(국가공무원과 지방공무원), 직업적 전문성(일반행정직과 과학·기술직) 등을 들 수 있다. 인간중심적인 분류를 계급제라 하고 직무중심적인 분류를 직위분류제라 한다.

특정인이 획득·보유하고 있는 자격·신분·학력에 의한 공직분류를 계급제^{Rank Classification or Rank in Person}라 한다. 특정 직위에 내재하고 있는 직무의 성질·종류와 직무의 곤란도·책임도·복잡도 등에 따라 직군·직렬·직류·직급으로 직위를 분류하는 것을 직위분류제^{Position Classification or Rank in Job}라 한다.

2 직위분류제

직위분류제는 1909년 시카고 市에서 처음으로 실시된 이후 1920년 미국연방정부에 도입되었다. 직위분류제는 신분적인 계급 전통이 없는 산업(분화)사회, 엽관주의의 폐해를 제거하려는 실적주의나 과학적 관리운동의 풍토, 직무조사·직무분석·직무평가 등에 대한 실증적 조사연구가 용이한 여건, 동일직무-동일보수^{Equal Job-Equal Pay} 등의 직무급제를 도입하려는 미국에서 발달되었다. 1923년 「직위분류법」의 제정으로 더욱 발전되었다.

❶ 직위분류제의 구성요소

직위분류제의 구성요소에는 직위분류제에서 기초로 삼고 있는 최소단위인 직위^{Job or} ^{Position} 부터 보수결정과 직결되는 등급^{Grade} 그리고 가장 대단위이자 최대 단위인 직군에 이르기까지 여러 요소가 있다. 한국의 직위분류 구조를 살펴보면, 직군·직렬 및 직류는 직위분류제의 원리를 따르고 있다. 하지만 직급 형성에서는 아직도 계급제의 원리를 적용하고 있다. 한국의 분류구조는 계급제를 원칙으로 하고 직위분류제가 가미된 형태라고 할 수 있다.

직위분류제의 구성요소	
직군 (Occupational Group)	• 직무의 종류가 광범위하게 유사한 것들의 군을 말한다. 직군은 비슷한 성격을 가진 직렬들을 모아 놓은 직위분류의 대단위이다. • 공무원 직군은 행정직군과 기술직군 그리고 공안직군(공공안전직군)으로 구분된다. • 헌법재판소·국회·법원·검찰·교정·대통령 경호실 공무원 등 한정된 곳에서 직·간접적으로 특정인을 방호하는 직군이나 공안직군 업무를 수행한다고 보기 어려운 사무·행정·기술·통역직으로 근무하는 공무원까지 공안업무 등에 종사하는 공무원(공공안전직군)으로 별도 편성하여 일반직 공무원과 차등해 보수를 지급하고 있다. • 과거 경찰·해경·소방 등은 공안직군에서 제외되어 최대 월 23만 원 상당의 급여를 적게 받았다. • 2022년 12월 19일 '경찰 조직 및 인사제도 개선방안'이 발표되면서 2023년부터 경찰과 해경 그리고 소방 등의 경정 이하 계급 경찰관의 기본급이 공안직 수준으로 조정되었다.
직렬(Series)	• 직무의 종류가 유사하고 그 곤란성과 책임도가 상이한 직급의 군을 말한다. • 공안직군에는 교정직렬, 보호직렬, 검찰사무직렬, 마약수사직렬, 출입국관리직렬, 철도공안직렬 등이 있다. • 예를 들어 검찰공무원이 되고 싶을 때 9급 검찰사무직(직렬)으로 지원하게 된다.
직류(Sub-Series)	• 동일한 직렬 내에서 담당 분야가 동일한 직무의 군을 말한다. • 직류를 신설한 목적은 행정의 전문화 추세에 대응한 공무원의 채용과 임용 후의 보직관리를 합리화하고, 직위분류제의 기반을 조성하려는 데 있다. • 행정직렬은 다시 일반행정직류, 교육행정직류, 선거행정직류 등으로 나눠진다. • 예를 들어 일반행정직(직류)은 행정부의 전체 부처에서 근무한다.
직급(Class)	• 직무의 종류·곤란성·책임도가 유사한 것들의 군을 말한다. 따라서 동일한 직급에 속하는 직위에 대해서는 임용자격·시험·보수 등 인사관리상 동일한 취급을 한다. • 예를 들어 모든 9급(서기보) 순경은 직급이 9급으로 모두 동일하다.

직위(Position)	• 한 사람의 공무원에게 부여할 수 있는 직무(배당된 업무)와 책임(직무를 수행하거나 타인의 직무수행을 감독할 의무)이며 직책이라고도 한다. • 공식적으로는 같은 계급인 직위 간에도 책임도와 곤란도가 서로 다르다. • 따라서 동일 직급 간의 이동에 대해서도 '영전'이니 '좌천'이니 하는 평가가 나오고 있다. • 예를 들어 경찰서에 8명의 과장이 있다면 과장이라는 직위의 수는 8개이다. 경찰청 인사과장(총경급)은 같은 과장급(직위) 중에서도 승진 우선 자리로 알려져 있다.
등급(Grade)	• 보수의 등급을 말한다. • 어느 한 등급은 직무의 종류는 다르지만 그 곤란성·책임도 및 자격요건이 유사하여 동일한 보수를 지급할 수 있는 모든 직위를 포함한다. • 경찰은 1호봉을 올리는 특별승급제도가 있다.

Police Science

🔍 2023년부터 경찰의 복수직급제 도입 및 실시

- 복수직급제는 하나의 직위를 복수의 직급이 맡을 수 있게 하는 제도다. 중앙행정기관에서는 1994년부터 운영돼왔다.
- 복수직급제는 하나의 직위를 2개 직급이 맡을 수 있게 하는 제도다.
- 예를 들어 112관리팀장이라는 직위는 5급(직급) 사무관인 경정으로 보임되었지만 복수직급제가 도입되면 4급(직급)인 총경도 112 관리팀장 직위를 맡을 수 있게 된다.
- 예를 들어 112 관리팀장(직위)의 경우 5급(직급)과 4급(직급) 모두 가능하게 된다.
- 경찰은 인사적체를 해소하기 위해서 오랫동안 복수직급제 도입을 요구해 왔다.
- 2022년 12월 19일 '경찰 조직 및 인사제도 개선방안'이 발표되면서 2023년부터 복수직급제가 도입되었다.
- 경찰 복수직급제는 총경급이 대상이다. 경정만 맡던 자리를 경정 외에 총경도 맡을 수 있게 되었다.
- 복수직급제 도입에 따라 총경 자리는 58개가 늘어났다. 상황팀장 직위 16개, 경찰청 소속기관 4개, 경찰청과 시·도경찰청 38개 등이다.
- 복수직급제 도입으로 총경급 간부는 기존 580명에서 638명으로 58명이 증가하였다.
- 복수직급제 도입으로 총경 승진인사가 대폭 늘어났다.
- 매년 80−90명의 총경 승진자가 배출되는데 2023년 총경 인사부터 최소 130명 이상의 경정이 총경 계급장을 달게 되었다.

3 계급제(Rank-in-Person)

계급제란 사람을 중심으로 한 공직분류를 말한다. 특정인이 갖고 있는 또는 획득한 자격, 신분, 능력, 지위 등에 의한 분류이다.

계급제의 특성	
4대 계급제	• 계급제를 채택하고 있는 국가들은 그 나라의 교육제도와 밀접하게 연관시켜 공직의 계급분류를 전개하고 있다. • 영국의 행정그룹·집행그룹·서기그룹·서기보그룹 • 프랑스의 A·B·C·D • 독일의 고위직·상위직·중급직·단순업무직 • 한국의 9계급도 그 기본은 4대 계급이다.
폐쇄형의 충원	• 신규채용은 계급의 최하한선. 승진은 재직자 간의 승진임용에 의존하므로 폐쇄형의 충원을 하고 있다.
계급간의 차별	• 대체로 영국, 독일 등 계급제를 채택하는 국가들은 각 계급에 따라 학력·보수·사회적 평가 등의 차이가 심하다. • 재직자들 간의 승진경쟁이 능력발전을 위한 인센티브가 되고 있다.
고급공무원의 엘리트화	• 계급제를 주로 운용하는 서양에서는 고위직 공무원의 수가 적고 높은 학력이 요구됨에 따라 우대되고 있어 고급공무원의 엘리트화가 뚜렷하다.

계급제와 직위분류제의 비교		
구분	계급제	직위분류제
분류기준	• 인간의 능력·신분·자격	• 직무의 종류·책임도·곤란도
발달배경	• 농업사회	• 산업사회
채택국가	• 영국·독일·일본	• 미국·캐나다
보수책정/인재	• 생활급/일반행정가·장기계획	• 직무급/전문행정가·단기계획
중심	• 인간중심	• 직무중심
인사배치	• 신축적·융통적	• 비신축적·비융통적
충원방식	• 폐쇄적	• 개방적

🌐🔍 역량기반 인적자원관리Competency-based HRM[49]

- 전통적인 인사행정Personnel Administration이 인력을 확보하여 유지 및 관리하는 데 역점을 두었다면 인적자원관리HRM: Human Resource Management는 인적 자원의 개발기능을 강조한다.
- 역량기반 인적자원관리Competency-based HRM는 광범위한 능력Ability중심의 직무역할Job Role로의 전환을 의미한다.
- 역량기반 인적자원관리는 경찰인사관리의 비체계성을 향상시키고, 일관성 있는 인적자원관리 시스템을 구축하는 데 도움을 준다.
- 역량기반 인적관리의 하위요소인 역량기반 교육훈련CBC: Competency Based Curriculum 체제의 도입은 역량기반 인적관의 중요한 목표인 성과관리에도 도움을 준다.

🌐🔍 인사관리부서

- 어느 나라든지 공무원의 인사관리는 공무원의 임용이나 승진에 정실주의의 폐해가 작용하는 것을 방지하기 위해서 독립적이고 집권적인 중앙인사기관을 설치하는 것이 원칙이다.
- 실적주의가 지배하던 시대가 됨에 따라 공무원에 대한 인사관리기관은 분권적인 부처인사기관 형태로 바뀌게 되었다.
- 이러한 요청을 만족시켜 주는 제도가 바로 인사권이 분권화된 '부처 인사기관'이다.
- 우리 경찰의 인사기관은 바로 부처 인사기관의 형태이다.

제3절 사기관리

1 ‖ 사기의 의의

공무원의 사기Morale란 인간관계론 이후부터 본격적으로 논의된 것으로서 일하려는

---

49 김창윤, "신임경찰 역량기반 교육훈련에 관한 연구(신임경찰 역량기반교육훈련을 중심으로)"「한국경찰학회보」, 23, 2010, pp. 39-63 재구성.

동기$^{Motivation\ to\ Work}$, 직무수행동기나 근무의욕 혹은 태도를 말한다. 사기란 경찰조직의 구성원으로서 경찰관이 개인적·집단적으로 경찰조직의 목적을 달성하기 위하여 갖는 열의와 솔선, 결의와 용기 등이라 말할 수 있다.

설리번$^{John\ L.\ Sullivan}$에 따르면 경찰의 사기란 경찰조직 내에서 하나의 구성원인 경찰공무원에게 개인적이고 집단적으로 경찰조직이 성취하고자 하는 목적을 위해 최대한의 열의와 솔선수범을 비롯해 결연한 결의와 용기 따위를 제고시키는 정신적 태도 내지는 확고한 정신을 지칭하는 것을 말한다.[50] 이러한 사기가 진작될 때에 자기에게 부과된 열과 성을 다하여 맡은 바 임무를 충실히 수행하게 되는 것이다.

2 ‖ 사기와 효율성(생산성)과의 관계

투입 대비 산출의 의미를 나타내는 '능률성'^{Efficiency}과 투입 대비 목표달성도를 의미하는 '효과성'^{Effectiveness}을 합한 개념으로 '효율성' 또는 '생산성'^{Productivity}이 있다.[51] 효율성(생산성)을 향상시키는 방법에는 여러 가지가 있다. 사기는 효율성(생산성)을 증진시키는 여러 가지 요인 중 하나일 뿐이다. 일반적으로 높은 사기는 높은 효율성(생산성)을, 낮은 사기는 낮은 효율성(생산성)을 낳게 된다. 특수하게 사기가 높아도 효율성(생산성)이 낮은 경우도 있고, 사기가 낮아도 효율성(생산성)이 높은 경우도 있다.

따라서 사기와 생산성은 직접적인 상관관계가 있는 것은 아니며, 생산성을 결정하는 하나의 중요한 요인일 뿐이다. 사기와 생산성과의 관계를 브룸$^{V.\ Vroom}$의 기대이론의 제1공식으로 표현하면 다음과 같다.

효율성(생산성)(Productivity) = 사기(Morale) × 근무능력과 경험(Ability)

---

50 이황우c, 전게서, p. 396.
51 강황선·김미선, "지방정부 성과의 상대적 능률성 측정에 관한 연구" 「한국행정논집」, 21(3), 2009, p. 1003.

3 ||| 사기조사(Morale Survey)

공무원의 근무의욕 정도를 조사하는 것을 사기조사라고 한다. 조사결과 근무의욕이 높을 때는 보다 많은 배려와 유인을 제공해 주고, 사기가 낮을 때는 그 원인을 규명하여 해결책을 모색하기 위해서 사기조사를 하게 된다. 사기조사의 방법은 크게 직접적 측정지표인 태도조사^{Attitude Survey}가 있고, 간접적 측정지표인 근무관계 기록조사^{Analysis of Work Performance and other Records}가 있다.

사기조사의 방법	
태도조사	• 일상적인 관찰과 정보수집 • 면접법(지시적·비지시적·집단토의) • 질문지법 • 사회적 측정법(Sociometry) • 투사법(Projective Method)
근무관계 기록조사	• 생산성, 퇴직, 근태, 사고, 고충, 이직률 등에 관한 기록과 분석

4 ||| 제안제도

1 의의

제안제도^{Suggestion System}란 공무원이 과업수행 과정에서 능률과 절약을 가져올 수 있는 아이디어를 제안하고, 공정하고 객관적인 심사를 거쳐, 제안이 과업의 능률적 수행과 합리성에 공헌할 수 있다고 인정되면, 제안을 과업수행에 적응하고, 그 정도에 따라 제안자에게 상금을 지급하고 표창하는 제도로서 공무원에 대한 보상제도를 의미한다.

제안제도의 효용은 업무개선, 사기제고, 교육적 효과(능력개발), 환류 등의 효용을 갖는다. 1차적인 효용은 참여의식의 함양에 의한 사기진작이라는 주장도 있으며, 업무개선이라는 견해도 있다.

2 연혁

1880년 스코틀랜드 조선업자 데니^{W. Denny}가 창안한 것이다. 1930년경부터 보급되기 시작했으며, 미국은 1963년부터 제정하였다. 한국은 1973년 「국가공무원법」 제53조(제안제도)에 규정을 두고, 그 후 시행령을 1979년에 제정하였다.

Police Science

🔍 **국가공무원법(시행 2022. 1. 21.)**

제53조(제안 제도) ① 행정 운영의 능률화와 경제화를 위한 공무원의 창의적인 의견이나 고안考案을 계발하고 이를 채택하여 행정 운영의 개선에 반영하도록 하기 위하여 제안 제도를 둔다.

② 제안이 채택되고 시행되어 국가 예산을 절약하는 등 행정 운영 발전에 뚜렷한 실적이 있는 자에게는 상여금을 지급할 수 있으며 특별승진이나 특별승급을 시킬 수 있다.

---

3 제안의 종류 및 운영

「공무원 제안 규정」 제2조(정의)에서 말하는 제안에는 ① 공모제안, ② 채택제안, ③ 자체우수제안, ④ 중앙우수제안 등이 있다. 첫째, 공모제안이란 중앙행정기관의 장이 과제를 지정하여 공개적으로 모집하는 경우에 제출하는 제안을 말한다.

둘째, 채택제안이란 중앙행정기관의 장이 접수한 공무원제안 중 그 내용을 심사한 후 채택한 것을 말한다.

셋째, 자체우수제안이란 중앙행정기관의 장이 채택제안 중 그 내용이 우수하다고 인정하여 행정안전부장관(국방·군사에 관한 제안의 경우에는 국방부장관)에게 추천한 것을 말한다.

넷째, 중앙우수제안이란 행정안전부장관이 자체우수제안 중 그 내용을 심사한 후 채택한 것을 말한다.

첫째는 과제선정을 공무원이 자유롭게 행하는 자유제안이다.

두번째는 정부가 과제를 지정하여 모집하는 지정제안이 있으며, 세번째는 중앙행정기관이 자체적으로 심의하여 기관장이 추천하는 추천제안이 있다.

「공무원 제안규정」에서 규정하고 있는 운영절차는 제안의 접수 ⇒ 제안의 심사 ⇒ 채택제안의 결정 ⇒ 채택제안의 실시 ⇒ 채택제안의 시상과 인사상 특전 그리고 상여금의 지급 등이다. 모든 공무원은 제안 내용의 소관 중앙행정기관의 장에게 공무원 제안을 제출할 수 있다. 제안심사를 위해서 중앙행정기관의 장은 공무원제안 심사위원회를 구성·운영할 수 있다. 심사의 기준은 ① 실시 가능성, ② 창의성, ③ 효율성과 효과성, ④ 적용 범위, ⑤ 계속성 등이다.

제4절 ## 경찰공무원의 능력발전

1 ‖ 능력발전의 의의

인사행정의 주요기능은 통제지향의 임용 및 채용, 인간중심의 사기앙양 및 신분보장, 인간중심의 능력발전으로 체계화되었다. 채용(임용)⇒ 사기앙양 및 신분보장⇒ 능력발전으로 체계화된다. 인사행정의 3대 요소 중 하나인 공무원의 능력발전이란 능률적인 업무수행을 위해 공무원의 지식, 기술, 가치관, 태도, 업무경험, 변화대응능력 등을 향상시키는 활동이다. 공무원의 능력발전을 위한 제도적 방안은 근무성적평정, 교육훈련, 승진, 제안제도, 전직·전보, 파견근무 등이 있다.

2 ‖ 교육훈련

교육훈련Education and Training이란 신규채용자는 물론 재직공무원을 과학적·합리적인 방법으로 여러 가지 능력, 즉 지식과 기술뿐만 아니라 가치관 및 태도를 발전적으로 향상하는 인사기능이다.

교육훈련의 목적Training Objectives은 행정발전이며, ① 전문지식과 기술 그리고 가치관·태도의 향상, ② 사기앙양, ③ 능력발전, ④ 생산성(능률성)의 향상, ⑤ 환경에의 적응력 증진, ⑥ 분석능력과 정책결정능력의 함양에 의한 관리자 양성, ⑦ 자율적 문제해결 능력의 증진과 조정 및 통제의 필요성 감소, ⑧ 조직목표의 내면화 등 매우 다양하다.

교육훈련의 목적 또는 수요[Training Objectives and Needs]는 다음과 같은 공식으로 추상적으로 표시된다.[52]

| 직책이 요구하는 자격
(Job Requirement) | − | 공무원의 현재 자격
(Present Job Skill of Public
Servant) | = | 훈련의 목적·수요
(Training Objectives and
Needs) |

공무원의 교육훈련 종류	
기초훈련 (Orientation)	• 기초훈련이란 신규채용된 공무원이 새로이 어떤 직위의 직책을 담당하기 전에 받는 훈련이다. • 기초훈련은 2가지로 나누어 구별되는데, 하나는 일반적인 것으로서 기관의 목적·구조·기능·인사행정의 내용 등을 들 수 있으며, 이러한 설명을 위해 인사담당자가 안내서(handbook)를 배부하는 것이 효과적이다. 다음으로 이러한 일반적인 설명이 끝나면 직속상관이 그가 근무할 사무실 직책을 소개하는 등 특수한 직책에 대해 설명을 한다.
정부고유업무담당자 교육	• 공무원의 임용은 채용시험을 거쳐서 채용되므로 직무를 담당할 능력이 있다고 간주된다. • 그러나 직책의 내용이 정부에만 고유한 것이어서 정부에 들어오기 전에는 그러한 직무를 담당할 교육이나 경험을 별로 쌓을 수 없는 직책의 경우 이들은 채용된 후 실제로 직무를 담당하기 전에 일정한 훈련을 받아야 한다는 것이다. • 이러한 대표적인 예로 경찰학교를 들 수 있다.
감독자훈련 (Supervisory Training)	• 보통 감독자란 제1선 감독을 의미하는 것으로 한국의 경우는 계장이나 과장을 의미한다. • 이러한 훈련의 내용으로 보통 인사행정·의사전달·인간관계·부하의 훈련·사무관리·사무개선 등 기술적인 것을 들 수 있다.
관리자훈련 (Executive Training)	• 관리자란 감독자보다 계층이 높은 국장급을 중심으로 한 고위공무원을 의미하는 것이 일반적이다. • 관리자의 직책은 정책수립·조정·조직·인사·부하의 동기부여·통제 등이며, 고위층에 속할수록 주임무는 정책수립이나 계획에 중점을 두게 된다.
일반재직자훈련 (Refresher and Extension Course)	• 시대의 변화에 대응하기 위해 새로운 지식과 기술을 제공하고 새로운 법령의 내용을 숙지시켜 행정능률을 증진하고자 하는 것이다.
교관훈련	• 현장훈련(OJT: On the Job Training)의 경우 실무자를 지도교관으로 할 경우 강의기법과 자세를 습득하게 하는 훈련이다.

---

52 박동서, 전게서, p. 211.

공무원의 교육훈련방법	
강의(Lectures)	• 전통적인 교육훈련방법으로서, 대상자가 많은 경우에 지식을 전달하는 경제적인 훈련방법이지만 피훈련자가 배운 것을 실습해 볼 기회가 거의 없다.
현장훈련(OJT)	• 현장훈련이란 실제 직무를 수행하면서 감독자 또는 선임자로부터 직무수행에 관한 지식과 기술을 배우는 것을 의미한다.
순환보직·전보 (Position Rotation and Job Transfer)	• 장기적이고 체계적인 사전계획을 기초로 피교육훈련자를 일정한 시일을 두고 직무 간에 또는 조직단위 간에 근무처를 옮기면서 훈련시키는 방법이다.
회의 (Conference, Seminar)	• 어떤 주요과제에 관한 논의 또는 토의가 이루어지는 공식적인 모임을 말한다.
사례연구 (Case Method)	• 사례연구는 피훈련자들 스스로가 특정사례에 기술된 상황을 분석·연구하고 이에 대한 질문·비판 및 제안을 받으면서 그 사례 속에 제시된 문제에 대한 최선의 해결책을 모색해 가는 방법이다.
역할연기 (Role—Playing)	• 참가자 중 일부가 어떠한 사례를 그대로 보여주고 나머지 사람들은 관중이 되어 연기에 있어 각 요소들을 비판적인 안목으로 관찰한 다음 모두가 다같이 그것에 관해 토론하게 하는 훈련방법이다.
모의훈련 (Simulation)	• 모의훈련에 있어서 피교육자들은 주의 깊게 설계된 상황 속에 놓여지고, 설정된 목적을 달성하거나 혹은 특정계획을 수행하도록 요청받는다. • 피훈련자가 업무수행 중 직면하게 될 어떠한 상황을 가정해 놓고 피훈련자가 그 상황에 대처하도록 하는 훈련방법이다.
감수성훈련 (Sensitivity Training, T—Groups Training)	• 10—20명 정도의 피훈련자들이 이전의 모든 집단귀속관계를 벗어나 인간관계를 매개로 하여 타인에 대한 자신의 태도와 행위의 영향에 대해서 자유롭게 조사하고 좀더 효과적인 서로의 인격형성을 개발하려 노력함으로써 관리능력을 개발하는 방법이다.
분임연구 (Syndicate)	• 이 방법은 영국의 관리자학교(The Administrative Staff College at Henley-on—Thames)에서 관리자훈련을 위해 개발한 집단적 과제연구의 한 형태이다.
실무수습 (Internship)	• 실무수습이란 공무원이 되려고 준비하는 자에게 정부기관의 실무를 실습하게 하는 훈련방법이다.

1 의의

경찰의 교육훈련이란 경찰관이 직무수행에 필요한 지식과 기술을 습득하여 경찰목적의 달성에 민주적이고 능률적으로 기여할 수 있도록 경찰관의 능력을 계발·향상시키는 훈련을 말한다. 여기서의 교육훈련에는 경찰관 태도의 발전적 변화를 촉진하는 활동도 포함된다.

국민들의 경찰서비스에 대한 요구의 변화에 부응하고 경찰의 직무수행에 따른 지식 습득과 직무수행에 적합한 태도와 가치관의 확립을 위해 교육훈련이 필요하다.

경찰교육훈련의 목적은 직무수행에 필요한 지식과 기술을 습득하고, 경찰관으로서의 가치관을 정립하여 경찰의 임무를 원활히 수행하여, 국민의 경찰서비스에 대한 만족과 나아가 경찰관의 발전을 도모하는 데에 그 목적이 있다.

2 경찰교육훈련의 역사

❶ 일제시대

일제시대 경찰교육기관으로는 서울에 경찰관강습소와 각 도에 순사교습소가 있었다. 그러나 이와 같은 교육기관은 제도나 시설면에서 어느 정도 근대적인 형태를 갖추었다 할지라도 오히려 일제의 침략목적을 달성하기 위한 기구로 볼 수 있다.

❷ 1945-1971년

1945년 8월 15일 해방은 되었지만 당시의 경찰은 군정체제를 유지하였다. 따라서 미군정은 1945년 9월 13일 일제시대의 경찰관강습소를 이어받아 경찰관교습소를 발족시켜 경찰교육을 실시하였다. 1945년 10월을 기해 경찰관교습소를 조선경찰학교로 개칭하고 교육과정에 보통과와 특과를 두었다.

1946년 2월 1일 조선경찰학교를 국립경찰학교로 개편하고 행정과·전문과 및 수사과로 나누어 경찰간부교육을 실시하였다. 이와 함께 지방의 각 관구 경찰청장 소속하에 지방경찰학교를 설치하여 교습과·보습과·강습과로 나누어 경사·순경급 교육을 실시하였다.

1946년 8월 15일 국립경찰학교를 국립경찰전문학교로 승격시키고 교육과정에 행정과(별과)·전문과(본과) 및 수사과(강습과)를 두었다. 정부수립 후인 1948년 9월에는「경찰전문학교직제」를 제정하여 경찰교육의 전문화 및 체계화를 도모하였다.[53]

Police Science

🔍 경찰종합학교(현. 경찰인재개발원)

- 경찰종합학교는 가장 오랜 전통을 지닌 경찰교육기관이다. 1945년에 조선경찰학교로 출발하여 1946년에 국립경찰전문학교로 승격하였다. 1954년 3월 3일 경찰교육기관 일원화를 위하여 지방경찰학교를 폐지하고 중앙으로 경찰교육을 집중하고 통합하였다. 1955년 3월 27일 부평으로 이사하여 시설 및 기구를 확장하였다.

- 1972년 2월 22일 경찰간부 교육의 질적 향상과 위상정립의 차원에서 교명을 경찰전문학교에서 '경찰대학'으로 승격시키고, 부설학교로 형사학교·교통학교·소방학교를 설치하였다. 1975년에 경찰대학으로의 승격 당시 설치하였던 형사·교통·소방학교를 모두 직무과정으로 흡수하여 '경찰종합학교'로 개칭하였다. 1979년「경찰대학설치법」이 국회를 통과함으로써 '경찰대학'이 탄생하였다. 1983년 경찰대학이 경기도 용인으로 이전됨에 따라 1984년에 경찰대학과 경찰종합학교가 완전히 분리되었다.

- 경찰종합학교는 4년제 경찰대학이 용인캠퍼스로 이전하기 전까지만 해도 현재 경찰대학에 개설된 모든 직무과정을, 1987년 중앙경찰학교가 개설되기 전까지는 신임 순경에 대한 신규임용 교육까지도 모두 담당하고 있었다. 특히 경찰대학 졸업생이 배출되기 전까지는 국립경찰에 정예 경찰간부를 공급하는 기관으로서의 역할을 담당하였다.

- 2009년 11월 26일 최첨단 교육시설을 갖춘 경찰관 직무전문 교육기관으로 도약하기 위하여 부평에서 아산시로 이전한 후, '경찰교육원'으로 명칭을 변경하였다. 2018년 3월 30일 '경찰인재개발원'으로 명칭을 변경하여 오늘에 이르고 있다.

- 1947년 제1기 93명을 모집한 이후 지금까지 경찰간부를 배출하고 있다. 또한 연간 2만 명에 이르는 경정 이하의 경찰공무원을 대상으로 전문 직무교육을 수행하면서 명실 공히 경찰인재교육기관으로서의 위상도 갖고 있다.

❸ 1972년 이후

1972년 2월 22일「경찰전문학교직제」를 폐지함과 동시에「경찰대학직제」를 제정하

---

53 내무부치안국c,「경찰의 이모저모」, 1967, p. 68.

여 전문학교체제를 대학체제로 승격시키면서 기구와 교육과정을 개편하였다. 1975년 5월 3일 경찰교육기관을 경찰대학과 경찰종합학교로 이원화하고 교육과정도 대학교 과정(신임·기본·직무)과 종합학교 과정(신임·직무)으로 구분하였다. 당시 경찰대학은 간부들의 교육을 담당하고, 종합학교는 비간부들의 교육을 담당하였다.

1979년 12월 28일 「경찰대학설치법」이 제정되어 4년제 경찰대학이 설립되고, 1984년 1월 21일 「경찰종합학교직제」의 제정으로 경찰교육기관이 경찰대학과 경찰종합학교로 이원화되었다. 그 후 경찰교육의 표준화를 도모하기 위해 지방경찰학교를 단계적으로 폐쇄하고, 1987년 9월 18일 경찰공무원(전투경찰포함)으로 임용된 자에 대한 교육훈련을 전담하는 중앙경찰학교가 설립되었다.

2009년에는 충남 아산에 경찰교육원Police Trainning Institute이 새롭게 설립되었다. 경찰교육원은 경찰종합학교의 기능을 그대로 이어 받았으며, 간부후보생과 초급간부반필수기본교육 및 일선현장에서 필요로 하는 직무교육을 담당하고 있다.

2018년 3월 30일 경찰교육원의 명칭을 '경찰인재개발원'으로 변경하였다. 경찰인재개발원은 지식Knowledge, 성실Fidelity, 용기Bravery를 모토로 하고 있다.

Police Science
🔍 경찰대학

- 우리나라 경찰의 자질문제는 해방 이후 꾸준히 제기되어 왔다. 특히 1970년대 이후 급격한 산업화와 도시화로 국민의 수준은 매우 높아졌으나 국민과의 접점에서 법을 집행하는 경찰관의 의식과 수준은 기대 이하인 경우가 많았다.
- 이에 1970년대 초부터 경찰 내부와 학계에서 경찰간부의 질적 향상과 전문인 양성을 위해서는 정규 대학과정의 경찰대학이 설치되어야 한다는 주장이 제기되고 있었다. 1979년 12월에 「경찰대학설치법」이 국회를 통과함으로써 1981년 3월부터 정규 4년제 대학과정의 경찰대학이 탄생하였다.
- 1979년 12월 28일 법률 제3172호로 「경찰대학설치법」이 국회를 통과하였고, 이어 1981년 3월에 제1기 신입생을 선발·교육하게 되었다. 이로써 국제수준의 한국경찰로서 능력과 사명감이 고도로 함양된 정예경찰간부의 양성과 치안행정의 발전을 위하여 4년제의 정규경찰대학을 설치하려는 꿈이 실현되었다.
- 현재 경찰대학장은 치안정감이며, 경찰학과, 법학과, 행정학과의 3개 과가 있다. 또한 2017년 5월 30일 「경찰대학 설치법」을 근거로 개원한 '치안대학원'은 특별법에 의한 대학원으

로 2018년 3월 5일부터 치안대학원 석사학위과정, 2019년 3월 4일부터 박사과정을 운영하고 있다. 치안대학원의 학과는 수사학과, 범죄학과, 공공안전학과로 편재되어 있다.

🌐 중앙경찰학교

- 1980년대 이후 전투경찰 순경의 증가와 신규 임용된 순경급 교육에 대한 교육수요가 크게 증가하여 기존의 시설로는 감당하기 어려운 상황에 처하였다. 이에 1984년 5월에 신임 경찰관 전담 교육계획이 확정되고 그에 따라 새로운 학교를 증설하기로 하였다. 이어서 충북 충주시 수안보면 적보산 기슭에 부지 31만평을 확보하여 교사 신축에 들어갔으며, 1987년 9월18일 대통령령 제1241호로 「중앙경찰학교 직제」가 공포되면서 개교하였다.
- 중앙경찰학교 설립 후 초창기 10년에는 학교 기반시설을 조성하고 교육체계를 마련하는데 주력하였다. 그 이후 교육시설을 더욱 확충하고 보강하여 선진 교육인프라를 구축하였다. 유능한 교수진의 확충 및 전문화와 교과과정을 포함한 교육제도를 정비하여 명실상부한 '경찰교육 메카'로 선도적 역할을 수행하고 있다.
- 중앙경찰학교에서는 ① 교육과정별 채용목적과 임용 후 맡게 될 현장업무를 분석하여 과정별 특성에 맞는 맞춤형 교육을 실시하고 있다. ② 전문적인 분야의 필요를 토대로 일반과정 외 정보통신, 특공대, 사이버정보보안, 피해자심리과정 등 특화과정을 선정하고 교과목을 설계하여 운영하고 있다. ③ 교과목의 내용과 실습과의 연계성 등을 고려하여 교육과정을 재설계하여 집중학습이 가능하도록 하였고 교육 완료시 평가와 연계하여 수행능력을 측정하도록 하는데 특징이 있다.
- 중앙경찰학교 교육과정은 신임경찰관 임용 예정자 교육, 경장 이하 신임교육 미이수자 교육, 의무경찰 교육 그리고 의무경찰 기율교육 등을 담당하고 있다. 특히 신임경찰관을 위한 우수한 교육환경과 종합적이고 전문적인 교육과정을 통해서 문제해결능력을 갖춘 창조적 경찰관을 양성하고 있다.

3 경찰공무원 교육훈련의 근거 및 종류

「경찰공무원법」 제22조(교육훈련) 제1항에는 "경찰청장 또는 해양경찰청장은 모든 경찰공무원에게 균등한 교육훈련의 기회가 주어지도록 교육훈련에 관한 종합적인 기획 및

PART 04
경찰관리론

조정을 하여야 한다."라고 규정되어 있다.

동법 제2항에는 "경찰청장 또는 해양경찰청장은 경찰공무원의 교육훈련을 위한 교육 훈련기관을 설치·운영할 수 있다."라고 규정되어 있다.

동법 제3항에는 "경찰청장 또는 해양경찰청장은 교육훈련을 위하여 필요하면 대통령 령으로 정하는 바에 따라 경찰공무원을 국내외의 교육기관에 위탁하여 일정 기간 교육훈 련을 받게 할 수 있다."라고 규정하고 있다.

「경찰공무원 교육훈련규정」 제2조(정의)에는 경찰공무원의 교육훈련을 ① 학교교육, ② 위탁교육, ③ 직장훈련, ④ 기타 교육훈련 등으로 나누고 있다.

경찰공무원 교육훈련	
학교교육	• 학교교육이란 경찰대학·경찰인재개발원·중앙경찰학교 및 경찰수사연수원(경찰교육기관)에 서 실시하는 교육을 말한다.
위탁교육	• 위탁교육이란 「경찰공무원법」 제22조(교육훈련) 제3항에 따른 국내외의 교육기관 등에 위 탁하여 행하는 교육훈련을 말한다.
직장훈련	• 직장훈련이란 경찰기관의 장이 소속 경찰공무원의 직무수행능력을 향상시키기 위하여 일상 업무를 통하여 행하는 훈련을 말한다.
기타 교육훈련	• 기타 교육훈련이란 학교교육·위탁교육·직장훈련까지의 교육훈련에 속하지 아니하는 교육 훈련으로서 경찰기관의 장의 명에 의하거나 경찰공무원 스스로 하는 직무 관련 학습·연구 활동을 말한다.

Police Science
🌐🔍 경찰공무원 교육훈련규정(시행 2021. 7. 20.)

제7조(교육훈련의 구분) 경찰공무원의 교육훈련은 학교교육·위탁교육·직장훈련 및 기타교육훈 련으로 구분한다.

❶ 학교교육

학교교육이란 경찰대학·경찰인재개발원·중앙경찰학교 및 경찰수사연수원(경찰교육기 관)에서 실시하는 교육을 말한다. 「경찰공무원 교육훈련규칙」별표 '교육과정별 교육대 상·교육기간 및 교육기관표'에 의하면 학교교육에는 신임교육과 기본교육이 있다.

학교교육의 종류	
신임교육	• 신임교육은 공개경쟁 등에 의하여 채용된 사람들에게 임용을 전제로 하는 기초교육을 말한다. 이러한 기초교육에는 소양교육, 직무수행에 필요한 기초지식, 실무에 필요한 법률과 규정, 체력훈련과 기술훈련 등이 그 내용을 이룬다.
기본교육	• 기본교육은 재직경찰관이 승진한 경우에 승진된 직무와 관련된 학식과 기술의 습득은 물론 직무수행능력과 관리기법 등을 교육훈련한다. • 기본교육과정에는 ① 경사기본 교육과정, ② 경위기본 교육과정, ③ 경감기본 교육과정, ④ 경정기본 교육과정, ⑤ 치안정책 교육과정 등이 있다. • 치안정책 교육과정은 총경 및 승진후보자를 대상으로 정책수립·지도·의사결정에 필요한 능력 등 관리능력을 향상시키는 교육훈련이고, 경찰대학에서 실시한다.

교육과정별 교육대상·교육기간 및 교육기관표					
교육과정	구분	교육대상	교육기간	교육기관	비고
신임교육과정	신규채용자 교육과정	경찰공무원으로 임용될 자 또는 임용된 자	34주	중앙경찰학교	전투경찰순경출신자 및 특수경과(항공·통신·운전)의 경찰공무원 및 경찰청장이 지정하는 경찰공무원에 대한 신임교육과정은 12주에서 최대 24주로 단축할 수 있다.
신임교육과정	간부후보생 교육과정	간부후보생	52주	경찰대학	
기본교육과정	경사기본 교육과정	경사 및 승진후보자	30시간	사이버교육 (경찰인재개발원)	
기본교육과정	경위기본 교육과정	경위 및 승진후보자	30시간	사이버교육 (경찰인재개발원)	
기본교육과정	경감기본 교육과정	경감 및 승진후보자	2주 이상 8주 이하	경찰인재개발원	
기본교육과정	경정기본 교육과정	경정 및 승진후보자	2주 이상 8주 이하	경찰인재개발원	
기본교육과정	치안정책 교육과정	총경 및 승진후보자	24주	경찰대학	

❷ 위탁교육

경찰공무원의 위탁교육은 국내외의 대학원 석·박사과정을 비롯하여 각급 국가기관, 공공기관, 연구기관, 민간기관 등을 통해 다양한 형태로 이루어지고 있다. 외국 경찰 관련기관의 단기과정에 참여하여 위탁교육을 받기도 한다.

국내의 중앙공무원교육원·정보통신공무원교육원·외국어연수원(한국외국어대학)·군부대·국가정보원·정보전산관리소·건설공무원교육원·통일연수원·여성개발원·국어문화연구원 등 60여 개 기관의 교육프로그램을 이수하기도 한다.

경감 또는 경위로서 당해 직무와 관련된 전문분야의 위탁교육을 받은 자는 그에 상응하는 전문화교육을 받은 것으로 본다. 위탁교육기관에서 받은 포상 또는 징계는 경찰교육기관에서 받은 포상 또는 징계로 본다.

❸ 직장훈련

「경찰공무원 직장훈련 규칙」제2조(적용범위)에 의해 각급 경찰기관은 경정 이하의 소속 경찰관에 대해서 직장훈련을 실시한다. 직장훈련은 직장교육·체력단련 및 사격훈련으로 구분한다. 직장훈련 중 직장교육은 월 2회 이상 실시, 무도훈련은 월 2회 이상 실시, 사격은 정례사격은 연 2회, 외근요원 특별사격은 연 2회 실시한다. 직장훈련의 평가는 직장훈련 실시기관의 장이 한다. 다만, 경위 이하 경찰관의 평가에 대하여 경찰청은 각 국장이, 서울특별시 경찰청은 각 부장이 실시하여 직장훈련담당관에게 제출한다.

경정의 직장훈련 평가 기준은 직장교육평가 2점, 체력단련평가 5점이다. 경감 이하의 직장훈련 평가 기준은 직장교육평가 2점, 체력단련평가 5점, 사격훈련평가 3점 등이다.

Police Science
🔍 직장훈련담당관

- 경찰청 경무인사기획관, 시·도경찰청의 경무부장 또는 경무과장, 경찰서의 경무과장
- 경찰대학·경찰인재개발원·중앙경찰학교·경찰수사연수원의 운영지원과장
- 경찰기동단 등 직할대의 경감 이상의 경찰관을 장으로 하는 경찰기관에 있어서는 차석 직위자

직장훈련 평가의 기준	경정	· 직장교육평가 2점 · 체력단련평가 5점
	경감 이하	· 직장교육평가 2점 · 체력단련평가 5점 · 사격훈련평가 3점

경찰공무원 직장훈련 규칙(시행 2020. 10. 21.)

제7조(직장훈련의 구분 등) ① 직장훈련은 직장교육·체력단련 및 사격훈련으로 구분한다.

② 직장교육은 기관·부서·그룹단위의 업무관련 교육으로 한다.

③ 체력단련은 무도훈련(호신체포술훈련을 포함한다. 이하 같다) 및 체력검정으로 한다.

④ 사격훈련은 정례사격과 특별사격으로 구분 실시한다.

경찰공무원 직장훈련 규칙(시행 2020. 10. 21.)

제9조(직장훈련 횟수 및 시간) ① 직장교육은 월 2회 이상 실시하되 1회는 기관단위 소집교육(사이버교육을 포함한다)으로 하여야 하며, 1회 교육 시간은 1시간 이상으로 한다.

② 무도훈련은 월 2회 이상 실시하되 1회 훈련시간은 1시간 이상으로 한다.

③ 체력검정은 매년 10월까지 연 1회 정기적으로 실시한다.

④ 사격훈련은 다음 각 호와 같이 실시한다.

1. 정례사격: 연 2회(2, 3분기 각 1회)

2. 외근요원 특별사격: 연 2회(1, 4분기 각 1회), 다만 사격성적 등 특별한 사정에 따라 횟수를 증감하여 실시할 수 있다.

⑤ 현장순회교육 등 연간 교육훈련계획에 따라 사전에 지정된 교육훈련기관 전문교육에 참여시 1항의 기관단위 교육에 참석한 것으로 인정할 수 있다.

❹ 기타 교육훈련

기타 교육훈련이란 학교교육·위탁교육·직장훈련까지의 교육훈련에 속하지 아니하는 교육훈련으로서 경찰기관의 장의 명에 의하거나 경찰공무원 스스로 하는 직무 관련 학습·연구 활동을 말한다.

제4장 경찰예산관리

제1절 예산관리의 의의

1 예산의 개념

예산^{Budget}이란 중세 영어의 가방이나 지갑을 의미하는 'bouget'에서 유래한다. 중세에 재정담당관이 왕의 재정수요를 설명하기 위한 자료를 담은 큰 가방을 들고 다녔는데, 이 가방을 'budget'이라고 불렀다. 시간이 지나면서 이 가죽가방 속에 든 서류는 '예산'^{Budget}이라 불렀다. 이 서류들을 준비(예산편성)하고 실행(예산집행)하는 활동을 일컬어 '예산활동'^{Budgeting}이라 부르기 시작했다.

왕은 자신의 재정담당관으로 하여금 의회에 나가서 필요한 자금을 허락받도록 하는 것을 관행으로 받아들이게 되었다. 이러한 전통은 오늘날 예산의 과정 중에서 편성과 집행은 행정부(왕)가 담당하고, 심의와 회계검사는 입법부가 관장하는 모습으로 정착하게 되었다. 오늘날 예산은 회계연도에 있어서 국가의 세입과 세출의 예정계획을 말한다. 국가의 정책이나 사업은 예산을 통하여 구체화된다.

예산의 분류기준과 종류[54]	
분류의 기준	**종류**
회계형태	1. 일반회계예산 2. 특별회계예산 3. 기금
예산성립내용	1. 본예산 2. 수정예산 3. 추가경정예산
예산불성립시의 집행	1. 잠정예산 2. 가예산 3. 준예산
예산기법	품목별 예산, 자본예산, 성과주의예산, 계획예산, 영기준예산, 권리기준예산, 목표기준예산 등
예산형식	예산총칙, 세입세출예산, 계속비, 명시이월비, 국고채무부담행위

1 회계 형태별 예산의 종류

한국의 회계체계는 주로 일반회계, 특별회계 및 기금으로 이루어져 있다. 이러한 회계체계는 각 회계 간에 재원조달상·회계의 속성상 상호교류를 하고 있다.

회계 형태별 예산의 종류	
일반회계	• 일반회계란 순수한 의미의 정부예산이다. 일반회계는 국방, 교육, 사회개발, 경제개발, 일반행정, 경찰행정 등의 순수한 의미의 행정서비스 제공에 사용된다. 일반회계란 국가활동에 관한 세입·세출에 관한 회계이다. • 경찰예산 대부분은 이 일반회계에 속한다.
특별회계 (Special	• 예산회계법 제9조(회계구분)에서는 국가의 회계를 일반회계와 특별회계로 나누고 있다. 이 중 특별회계란 ① 국가에서 특정한 사업을 운영할 때, ② 특정한 자금을 보유하여 운용할

---

54 황윤원, 「재무행정론」(서울: 법문사, 1996), p. 249.

Account Budget)	때, ③ 기타 특정한 세입으로 특정한 세출에 충당함으로써 일반회계와 구분하여 계리할 필요가 있을 때에 법률로 설치한다. • 특별회계란 특정한 세입으로 특정한 세출를 충당하는 일반회계와 구분하여 경리하는 회계이다. 최근 조세 이외의 정부수입과 사업적 성격을 지니는 행정분야의 증대에 따라 이들 분야의 경영합리화를 위해 특별회계의 적용이 점차 늘어가고 있는 경향이다. • 2022년 기준, 경찰의 특별회계로는 책임운영기관특별회계(책특회계)가 있다.
기금 (Fund)	• 국가는 특정한 목적을 위하여 특정한 자금을 운용할 필요가 있을 때에 한하여 법률로써 특별한 기금을 설치할 수 있다. 기금은 세입세출예산에 의하지 아니하고 운용할 수 있다. • 이 기금은 일반회계와 특별회계와는 달리 예산외(Off Budget)로 운영할 수 있다. • 예를 들어 국민주택기금, 군인연금기금 등이 있다.

2 예산성립 내용별 종류

예산성립 내용별 분류	
본예산	• 본예산은 당초예산이라고도 하며, 연간예산을 최초로 성립시킨 예산을 말한다. • 예산단일성의 원칙에 의하면 일반회계나 특별회계 예산이나 모두 본예산에 의해서만 집행되어야 한다.
수정예산	• 수정예산은 행정부가 입법부에 예산안을 제출한 후 예산이 확정적으로 의결되기 전에 변경을 가하고자 하는 예산제도이다. 정부가 예산안(본예산 또는 추가경정예산)을 국회에 제출한 후 부득이한 사유로 그 내용의 일부를 변경하고자 하는 경우에는 국무회의의 심의를 거쳐 대통령의 승인을 얻어 수정예산안을 국회에 제출할 수 있도록 하고 있다. • 수정예산안은 그 성격상 회계연도 개시 전에 그리고 국회가 이미 제출한 예산안을 의결하기 전까지 제출하여야 하므로 수정예산안에 대한 국회의 심의는 상임위원회 또는 예산결산특별위원회에서, 이미 제출한 예산안의 심사가 종료된 경우에는 별도 수정예산안에 대한 소관 상임위원회의 예비심사와 예산결산특별위원회의 종합심사를 거쳐야 한다. 또한 이미 제출한 예산안에 대한 심사가 진행 중인 경우에는 이미 제출한 예산안과 함께 수정예산안의 규모와 내용 등을 심사하여야 한다.
추가경정 예산	• 추가경정예산은 부족액에 대한 추가예산(Deficiency Budget)으로서, 일단 편성된 추가예산은 본예산에 반영되어 본예산의 변경(경정)이 일어나기 때문에 추가경정예산이라고 한다. • 추가경정예산은 예산성립 후에 생긴 사유로 인하여 이미 성립된 예산에 변경을 가할 필요가 있을 때 행정부에서 편성·제출하고 의법부의 의결로 성립하는 예산이다. 예산이 국회를 통과하여 성립한 후에 생긴 사유로 인하여 이미 성립한 예산에 변경을 가할 필요가 있을 때 편성하는 예산으로서 금액을 추가하는 추가예산과 비목간 조정을 하는 경정예산이 합쳐진 것이다.

- 추가경정예산은 예산이 성립한 후에 그 내용을 변경하는 점에서, 예산이 국회에서 성립·확정되기 전에 그 내용을 변경하는 수정예산과 다르다.

3 예산 불성립시의 종류

예산 불성립시의 종류	
잠정예산	• 잠정예산(Tentative Budget)은 새로운 회계연도가 개시될 때까지 부득이한 사유로 예산안이 입법부에서 확정되지 못한 경우에 일정기간 동안 예산의 집행을 허용하는 제도이다. • 예산의 임시집행제도인 잠정예산제도는 반드시 사전에 입법부의 의결을 필요로 한다. 이 점이 준예산과의 차이점이다. 한국에서는 점정예산제도를 채택하지 않고 준예산제도를 택하고 있다.
가예산	• 가예산(Provisional Budget)은 새로운 회계연도가 개시될 때까지 예산안이 의결되지 못한 경우, 1개월 이내의 예산의 집행을 허용하는 제도이다. 잠정예산과 1개월분의 집행에 대한 입법부의 심의를 반드시 필요로 한다. • 한국에서는 과거 제1공화국에서 이를 채택한 적이 있다. 당시의 헌법에는 "부득이한 사유로 인하여 예산이 의결되지 못한 때에는 국회는 1개월 이내의 가예산을 의결하고 그 기간 내에 예산을 의결하여야 한다"는 규정이 있었다.
준예산	• 준예산(Quasi-Budget)은 새로운 회계연도가 개시될 때까지 입법부에서 예산안이 의결되지 못한 경우에 행정부는 입법부의 예산안이 의결될 때까지 다음의 예산집행은 전년도 예산에 준하여 할 수 있도록 한 것으로 국회의 의결을 필요로 하지 않는다. • 그 내용은 ① 헌법이나 법률에 의하여 설치된 기관 또는 시설의 유지운영, ② 법률상 지출의무의 이행(공무원의 보수와 사무처리에 관한 기본경비 등), ③ 이미 예산으로 승인된 사업의 계속을 위한 목적의 경비 • 회계연도 개시 전까지 예산의 불성립시에 전년도에 준해서 지출하는 예산제도로서 예산집행의 신축성을 부여하고 예산불성립으로 인한 행정의 중단을 방지한다. • 준예산에 의해 집행된 예산은 잠정예산이나 가예산과는 달리 입법부의 허락이 필요 없다. 한국은 준예산제도를 1960년부터 채택하고 있지만, 아직 한번도 사용해 본 적이 없다.
• 예산이 국회에서 통과되지 못하여 예산이 불성립된 경우에는 잠정예산과 가예산 그리고 준예산을 활용하게 된다.	

4 예산기법상 종류

성과주의 예산편성의 사례[55]						
사업명	사업목적	측정단위	단가	실적	금액	변화
긴급출동	비상시 6분 내 현장까지 출동	출동횟수	$100	1,904건	$190,400	+10.0%
일반순찰	24시간 계속순찰	순찰시간	$25	2,232시간	$$55,800	+7.8%
범죄예방	강력범죄 발생률의 10% 감소	투입시간	$30	2,327시간	$69,800	+26.7%
계					$316,000	

예산기법상 종류	
품목별 예산	• 품목별예산(Line-Item Budget System)은 세출예산의 대상과 성질에 따라 편성한 예산제도이다. • 행정부에 대한 통제를 목적으로 고안된 예산제도이며, 예산의 남용이나 오용을 방지하는데 도움을 주나, 왜 예산집행이 이루졌는가에 대한 관심이 적은 예산제도이다. • 행정기관이 구체적으로 어떠한 항목에 지출하는가를 상세히 밝혀주는 예산제도이다. 우리경찰의 예산제도이기도 하다.
성과주의 예산	• 성과주의 예산(Performance Budget System)은 한정된 정부예산의 효율적 운용을 위해 성과측정에 치중하여 편성하는 예산제도가 성과주의 예산이다. • 예산과목을 사업계획활동별로, 세부사업별로 단위원가×업무량=예산액으로 표시하여 편성하는 예산
계획예산	• 계획예산(PPBS: Planning Programming Budgeting System)은 예산 단년성의 원칙이 갖는 문제점을 극복하고 예산편성을 장기적 목표하에 합리적 재원배분을 지향하고자 하는 예산제도이다. • 장기적인 계획과 단기적인 예산편성을 구체적인 실시계획을 통하여 유기적으로 연결하여 예산배분에 관한 의사결정을 합리적으로 일관성 있게 행하려는 예산제도이다. • 1950년대에 미국의 랜드연구소(Rand Corporation)에 의해 개발되어 미국 연방정부에 공식적으로 채택된 후 각국으로 전파되었다. • 1965년 존슨(Johnson) 대통령은 연방정부의 새로운 예산제도로 계획예산제도를 채택하였다. PPBS는 산출(Output)에 초점을 둔다. 예산결정과정에 있어 인원, 장비, 관리와 같은 투입요인보다 오히려 정부의 목표, 생산과 같은 산출물을 강조한다. 이 점에서 PPBS의 기본철학은 책임성이라고 볼 수 있다. 각 연방기관은 공공재와 서비스의 산출에 있어 대통령에 대해 책임을 지며, 보다 구체적으로는 이들 재화 및 서비스 배분에 있어 국민에게 책임을 지는 것이다.

---

55 윤영진, 「새재무행정학」(서울: 대영문화사, 2003), p. 390.

	• PPBS의 단점을 보완하고 그것의 통제기능을 향상시키기 위해 목표에 의한 관리(MBO)를 적용하였다. MBO의 성공적인 3가지 요인은 목표와 목표설정, 참여, 환류이다.
영기준 예산	• 영기준예산(ZBO: Zero–Base Budgeting)은 조직체의 모든 사업·활동에 대하여 영기준을 적용해서 각각의 효율성·효과성 및 중요성 등을 체계적으로 분석하고 사업의 존속·축소·확대 여부를 원점에서 새로 분석·검토하여 우선 순위별로 실행예산을 결정하는 예산제도이다. • 대부분 전년도 예산액을 기준으로 증감을 결정하는 종전의 예산결정방식으로부터 과감히 탈피한다는 사고방식을 전제로 한다. • 사기업에서 비용절감을 위해서 개발된 이 예산제도는 미국 조지아주에서 성공을 거두게 되자, 카터대통령이 연방정부에 도입하였다.
자본예산	• 자본예산(CB: Capital Budgeting)은 정부의 재정활동을 크게 경상예산과 자본예산으로 구분하여 소비적 지출과 투자적 지출을 구분하고자 하는 것이 자본예산이다. • 오늘날 정부의 역할이 확대되면서 예산의 기능이 적극적으로 국민경제에 관여하는 수단으로 사용되면서부터 적자예산을 편성하게 되었다. 따라서 공채발행과 같은 세입이나 정부의 유형자산에 대한 투자, 감가상각비의 계상 등이 제대로 반영되게 하는 예산기법이 자본예산제도이다.

3 ‖ 예산구조

국가예산은 부·처·청의 중앙행정기관별로 분류한 '소관'분류와 '회계'로 구분된다. 한 회계는 예산의 기능별로 장章 – 관款 – 항項 – 세항細項으로 구분되며, 각 세항은 예산을 성질별로 분류한 목目으로 편성되는데 장章 – 관款 – 항項 – 세항細項 – 목目은 각각 고유한 숫자가 부여되어 있다.

경찰예산은 본청, 지방청, 교육기관, 직속기관 등 기관별로 별도의 장 – 관 – 항이나 세항으로 예산을 편성하여 집행하고 있다. 특정한 항 – 목에서 돈이 모자란다고 하여 다른 항 – 목의 예산을 함부로 집행하지는 못하고 필요하면 이용移用하거나 전용轉用하는 절차를 거쳐서 사용하게 된다.

예산구조	
세입예산 과목 구조	• 세입예산은 조직별 분류를 한 다음 그 내용을 성질별로 관(款)·항(項)·목(目)으로 구분하는 것이 원칙이다. • 예를 들어 행자부의 세입예산 과목구조는 소관(안전행정부)–관(11·12 등)–항(51·57 등)–목

	(511–512 등)으로 되어 있다.
세출예산 과목 구조	• 세출예산과목구조는 어떠한 예산사업이든지 일단 소관별 분류로 소속부처를 밝히고, 이어서 회계구분과 기능을 중심으로 장(章)–관(款)–항(項)–세항(細項) 분류와 품목별(경비성질별)분류인 목별분류를 하고 있다. 장(章)–관(款)–항(項)–세항(細項)–목(目)으로 분류하고 있다.

• 예를 들어 수사요원들에게 매달 지급하는 '수사요원활동비'는 경찰청 소관–일반회계–사법 및 경찰 章(120)–경찰 款(124)–경찰행정 項(1100)–범죄수사 및 감식활동 細項(1117)–직무수행경비 目(210)에 편성되어 있다.

입법과목	• 입법과목은 국회의 심의대상이 되는 예산과목을 말한다. 여기에는 세입예산은 관·항이, 세출예산은 장·관·항이 그 대상이 된다. • 입법과목은 과목상호간 혼용, 신설 및 변경이 원칙적으로 금지되기 때문에 필요시에는 반드시 추가경정예산에 의해야 하지만, 실제적으로는 과목을 신설하는 방식으로 운영하고 있다. 이러한 것을 이용이라고 하며, 장·관·항목의 변경시에는 국회의 승인이 있어야 한다.
행정과목	• 행정과목은 입법과목의 하위체계로서 일정한 요건하에 행정부의 재량에 의해 운용할 수 있는 예산과목을 말한다. • 각 중앙관서의 장은 대통령령이 정하는 바에 의하여 각 세항 또는 목의 금액을 기획재정부장관의 승인을 얻어 전용할 수 있다.

Police Science

🌐🔍 이용移用과 전용轉用

• 소위 법정과목인 장–관–항의 예산을 상호 융통하는 것을 이용이라 하고, 행정과목인 세항–목의 예산을 상호 융통하는 것을 전용이라고 한다.

• 예산이 당초 편성목적 외로 집행되는 것을 막기 위해 행정부처에서 이용을 할 때에는 원칙적으로 국회의 승인을 받아야 하고, 전용을 하고자 할 경우에는 원칙적으로 기획재정부 장관의 승인을 받아야 한다.

Police Science

🌐🔍 예비비

• 예측할 수 없는 지출이나 예산초과 지출에 충당하기 위해 예산편성시 일정액의 예산을 예비로 남겨 놓은 것을 말하는데 기획재정부가 관리하며 필요한 부처가 요구하면 기획재정부 검토, 국무회의 심의, 대통령 재가를 거쳐 사용하게 된다.

1 ║ 경찰예산의 구조

2021년 기준, 경찰은 일반회계와 책임운영기관특별회계 그리고 국가균형발전특별회계 등 모두 3개의 회계를 운영하고 있다. 2021년도 경찰예산의 총규모는 11조 9,651억 원이다. 일반회계는 11조 8,824억 원이다. 책특회계(경찰병원)는 781억 원, 균특회계(제주자치경찰지원)는 46억 원이다.[56]

경찰회계의 종류	
일반회계	<ul><li>2021년 기준 경찰의 일반회계 예산은 11조 8,824억 원이다.</li><li>일반회계에는 인건비, 기본사업비, 주요사업비가 포함된다.</li><li>인건비에는 기본급과 수당, 복리후생비, 성과상여금 등을 포함한다.</li><li>기본사업비는 각급관서에서 일상적인 업무처리를 위해 기본적으로 소요되는 경비를 말한다. 기본사업비는 다른 예산과는 달리 기획재정부에서 각 부처에 일정한 한도(Ceiling)를 주면 각 부처에서는 일정한 기준에 의해 자율적으로 편성하게 된다(Ceiling이란 예산증액범위의 최고한도를 의미한다).</li><li>주요사업비는 경찰행정업무지원, 경찰차량관리, 피복관리, 예방경찰활동, 범죄수사 및 감식활동, 경비경찰활동, 정보·보안·외사활동, 통신경찰활동 등, 전산관리업무, 경찰병원, 경찰대학, 경찰종합학교, 중앙경찰학교 등에 관련되는 경비를 말한다.</li></ul>
책특회계	<ul><li>책임운영기관특별회계에서 말하는 책임운영기관이란 정부가 수행하는 사무 중 공공성을 유지하면서도 경쟁원리에 따라 운영하는 것이 바람직한 사무에 대하여 책임운영기관의 장에게 재정상의 자율성을 부여하고 그 운영성과에 대하여 책임을 지도록 하는 행정기관을 말한다.</li><li>책특회계는 경찰예산의 다른 회계와는 달리 기업회계방식을 채택하고 있어 단일계정이 아닌 손익계정과 자본계정으로 구분하여 구성되어 있다(예. 경찰병원).</li><li>손익계정은 책임운영기관의 경영성과로 발생하는 모든 수익을 세입으로 하고, 인건비 등 비용을 세출로 하는 계정이고, 자본계정은 손익계정으로부터의 전입금을 세입으로 하고 장비 등 고정자산을 취득하는 것을 세출로 하는 계정을 말한다.</li></ul>
균특회계	<ul><li>국가균형발전특별회계는 제주자치경찰 인력지원 예산이다.</li></ul>

---

[56] 경찰청i, 전게자료, p. 12.

🌐🔍 경찰의 프로그램 중심의 예산제도[57]

- 우리나라에서는 2005년부터 '재정자율 평가제도'를 도입하는 등 성과와 예산을 연계시키고 자 하는 정책적 노력을 지속적으로 추진하면서 2007년부터 그동안의 품목별 예산제도를 바탕으로 '프로그램 중심의 예산제도'를 도입하였다.[58]
- 프로그램 중심의 예산제도는 사업을 중심으로 예산을 편성, 배정, 집행, 평가함으로써 재정 운영의 효과성을 극대화하기 위한 예산제도이다.[59]
- 2007년부터 도입된 경찰의 '프로그램 중심의 예산제도'는 경찰사업, 경찰프로그램에 투입되 는 예산비용이 어느 정도인가를 사전에 파악하여 해당 사업 및 프로그램의 결과를 비교할 수 있게 하는 예산제도이다.
- 이와 같이 사업 및 프로그램의 비용과 결과를 비교함으로써 경찰사업의 효율성과 생산성을 측정하고 평가할 수 있게 되었다.
- 예를 들어 범죄예방 및 사회적 약자 보호 프로그램, 치안인프라 구축 프로그램 등이 있다.
- 경찰청은 '2023년도 경찰청 예산안(계획)'을 2022년 5월 16일(월) 국가경찰위원회의 상정안 건으로 제출하였다. 국가경찰위원회는 예산안 편성내용을 보고 받은 후 5월 16일에 '2023 년도 경찰청 예산안(계획)'을 심의·의결하였다.

2 ║ 경찰예산 편성과정

1 신규 및 주요 계속사업계획서 제출

경찰청은 매년 1월 31일까지 해당 회계연도부터 5회계연도 이상의 기간 동안의 신규 사업 및 기획재정부장관이 정하는 주요 계속사업에 대한 중기사업계획서를 기획재정부장 관에게 제출한다.

---

57 박종승·김창윤, "경찰의 예산분석 및 효율화 방안에 관한 연구"「한국경호경비학회」, 38, 2014, pp. 11 – 12.
58 이효, "사업예산제도 실시의 성과와 과제", 「지방재정과 지방세」, 8, 2008, p. 5.
59 행정안전부, 「2008년 사업예산운영규정」, 2008, p. 34.

🔍 국가재정법(시행 2022. 3. 25.)

제28조(중기사업계획서의 제출) 각 중앙관서의 장은 매년 1월 31일까지 해당 회계연도부터 5회계연도 이상의 기간 동안의 신규사업 및 기획재정부장관이 정하는 주요 계속사업에 대한 중기사업계획서를 기획재정부장관에게 제출하여야 한다.

2 예산편성지침 통보

기획재정부장관은 국무회의의 심의를 거쳐 대통령의 승인을 얻은 후 다음 연도의 예산편성지침을 매년 3월 31일까지 경찰청장에게 통보하여야 한다. 이를 위해 기획재정부장관은 예산편성지침에 포함시킬 사항을 경찰청장으로부터 제출받아 이를 토대로 예산편성지침, 예산요구서 작성기준을 확정하여 경찰청에 통보한다.

🔍 국가재정법(시행 2022. 3. 25.)

제29조(예산안편성지침의 통보) ① 기획재정부장관은 국무회의의 심의를 거쳐 대통령의 승인을 얻은 다음 연도의 예산안편성지침을 매년 3월 31일까지 각 중앙관서의 장에게 통보하여야 한다.

3 예산요구서 제출

4월 초 예산편성 관계관 회의를 통해 예산편성 방향과 일정을 논의하고, 4월 말까지 본청의 각 국·관과 시·도경찰청 등 각 기능별로 해당 예산을 편성하고 이를 취합·조정한 후 경찰위원회의 심의·의결을 거쳐 매년 5월 31일까지 기획재정부장관에게 제출하여야 한다. 예산의 조정과정에는 관련기관과의 협의가 수시로 이루어진다.

국가재정법(시행 2022. 3. 25.)

제31조(예산요구서의 제출) ① 각 중앙관서의 장은 제29조의 규정에 따른 예산안편성지침에 따라 그 소관에 속하는 다음 연도의 세입세출예산·계속비·명시이월비 및 국고채무부담행위 요구서(이하 "예산요구서"라 한다)를 작성하여 매년 5월 31일까지 기획재정부장관에게 제출하여야 한다.

4 정부안의 확정 및 국회 제출

기획재정부에서는 5월 31일까지 전 정부부처의 예산요구서를 접수받아 9월 말까지 심의·조정하여 정부안을 확정한다. 그 후 기획재정부장관은 예산안을 편성하여 국무회의의 심의를 거쳐 대통령의 승인을 얻어 정부예산을 확정한다. 확정된 예산안은 회계연도 개시 120일 전(10월 2일)까지 국회에 제출하여야 한다.

국가재정법(시행 2022. 3. 25.)

제32조(예산안의 편성) 기획재정부장관은 제31조(예산요구서의 제출) 제1항의 규정에 따른 예산요구서에 따라 예산안을 편성하여 국무회의의 심의를 거친 후 대통령의 승인을 얻어야 한다.

제33조(예산안의 국회제출) 정부는 제32조의 규정에 따라 대통령의 승인을 얻은 예산안을 회계연도 개시 120일 전까지 국회에 제출하여야 한다.

5 국회의 심의·의결

확정된 예산안은 10월 2일까지 국회에 제출되어 경찰청을 담당하는 상임위원회인 행정안전위원회와 정부예산을 총괄 심의하는 예산결산특별위원회의 심의를 받게 된다. 국회는 예산결산특별위원회를 구성하여 예산을 심사하고 회계년도 개시 30일 전(12월 2일한)까지 예산안을 의결 확정하여야 한다.

국회의 예산심의 제도
• 정부가 편성한 예산안은 국회로 보내져 행정부처를 담당하는 상임위원회(경찰청의 경우, 행정안전위원회)와 예산·결산을 총괄하는 예산결산특별위원회의 심의를 받게 된다.
• 정부예산안의 국회심의를 위해 각 상임위원회와 예결결산특별위원회에 속한 전문위원과 입법조사관들은 정부안을 세밀히 분석한 검토보고서를 작성하여 국회의원들에게 보고한다.
• 상임위와 예결위 회의에는 해당 국회의원들과 행정부처 장·차관들이 참석하여 예산안과 소관 업무에 대한 질의와 답변을 통해 예산안을 검토한다. 통상 11월 말까지 회의가 진행된다.

국회 예산안 심의 절차

행안위·예결위 전문위원 예비검토(8~9월)	⇨	행안위 심의 (10월)	⇨	예결위 심의 (11월)	⇨	본회의 의결 (12.2한)

경찰예산의 편성과정	
내용(일정)	제출
신규 및 주요 계속사업계획서 제출(1월 31일까지)	기획재정부장관에게 제출
예산편성지침 통보(3월 31일까지)	경찰청장에게 통보
국가경찰위원회의 심의·의결(5월 중순)	경찰예산요구안 확정
예산요구서 제출(5월 31일까지)	기획재정부장관에게 제출
정부안의 확정 및 국회제출(회계연도 개시 120일 전까지)	국회에 제출
국회의 심의·의결(회계연도 개시 30일 전까지)(12월 2일 한)	국회의 의결

경찰예산안 편성절차

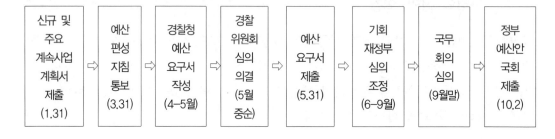

경찰예산의 집행

1 │ 예산집행의 의의

예산의 집행이란 국회에서 의결·확정된 예산에 따라 재원을 조달하고 경비를 지출하는 재정활동을 의미한다. 각 중앙관서의 장은 세출예산이 정한 목적 이외에 경비를 사용하거나 예산이 정한 각 기관간, 각 장·관·항간에 상호 이용할 수 없다. 예산의 집행은 예산의 배정으로 시작된다. 현행 예산회계제도에 의하면 각종 정부예산사업의 수행과 경비지출을 위한 지출원인행위(대부분 계약형태)는 배정된 예산의 범위 내에서 하도록 되어 있다. 따라서 국회를 통과하여 예산이 확정되었더라도 해당 예산이 배정되지 않은 상태에서는 지출원인행위를 할 수 없다.[60]

2 │ 예산집행의 절차

1 예산배정요구서 제출

예산이 성립되면 각 중앙관서의 장은 예산이 확정된 후 사업운영계획 및 이에 따른 세입세출예산·계속비와 국고채무부담행위를 포함한 예산배정요구서를 기획재정부장관에게 제출하여야 한다. 예산이 국회에서 통과되어 의결·확정되면 경찰청장은 기획재정부장관에게 예산배정요구서를 제출하여야 한다.

Police Science
🌐🔍 **국가재정법**(시행 2022. 3. 25.)

제42조(예산배정요구서의 제출) 각 중앙관서의 장은 예산이 확정된 후 사업운영계획 및 이에 따른 세입세출예산·계속비와 국고채무부담행위를 포함한 예산배정요구서를 기획재정부장관에게 제출하여야 한다.

---

60 경찰대학c, 전게서, pp. 280-298.

2 예산의 배정

기획재정부장관은 예산배정요구서에 따라 분기별 예산배정계획을 작성하여 국무회의의 심의를 거친 후 대통령의 승인을 얻어 각 부처(경찰청)에 예산을 배정한다. 기획재정부장관은 각 중앙관서의 장에게 예산을 배정한 때에는 감사원에 통지하여야 한다.

Police Science

🌐🔍 국가재정법(시행 2022. 3. 25.)

제43조(예산의 배정) ① 기획재정부장관은 제42조의 규정에 따른 예산배정요구서에 따라 분기별 예산배정계획을 작성하여 국무회의의 심의를 거친 후 대통령의 승인을 얻어야 한다.

② 기획재정부장관은 각 중앙관서의 장에게 예산을 배정한 때에는 감사원에 통지하여야 한다.

Police Science

🌐🔍 결산절차

- 결산이란 1회계년도 내의 정부의 세입과 세출의 실적을 확정계수로 표시하는 행위를 말한다. 정부의 지출이 예산에 의하여 국회의 사전감독을 받는 것처럼 결산도 국회의 사후감독을 받는다.
- 중앙관서의 장은 매 회계연도마다 그 소관에 속하는 세입세출의 결산보고서, 계속비결산보고서 및 국가의 채무에 관한 계산서를 작성하여 다음 연도 2월 말일까지 기획재정부장관에게 제출하여야 한다(예산회계법 제42조).
- 기획재정부장관은 세입세출의 결산보고서에 의하여 세입세출의 결산을 작성하여 국무회의의 심의를 거쳐 대통령의 승인을 얻어야 한다.
- 기획재정부장관은 세입세출결산에 각 중앙관서의 세입세출결산보고서, 계속비결산보고서 및 국가의 채무에 관한 계산서를 첨부하여 이를 다음 연도 6월 10일까지 기획재정부장관 및 감사원에 제출하여야 한다.
- 감사원은 제1항의 세입세출결산서를 검사하고 그 보고서를 다음 연도 8월 20일까지 기획재정부장관에게 송부하여야 한다.
- 정부는 감사원의 검사를 거친 세입세출결산을 회계연도마다 다음 회계연도 개시 120일 전까지 국회에 제출한다.

지출원인행위 및 지출과 그 특례

1 │ 지출원인행위 및 지출

1 지출원인행위

지출원인행위란 국가의 지출원인이 되는 계약이나 기타의 행위를 말한다. 예산이 배정되면 경찰청은 예산의 범위 내에서 계약 등 지출원인행위를 하게 된다. 각 경찰기관은 지출원인행위를 한 때로부터 예산을 지출할 수 있는 근거가 생기게 된다. 예산지출의 원인행위를 할 수 있는 자는 경찰의 경우는 경찰청장 또는 위임을 받은 자이다.

지출원인행위자	
재무관	• 지출원인행위의 권한을 가진 자는 각 관서의 장 또는 지출원인행위사무를 위임받은 공무원이다. 지출원인행위권한을 가진 자를 재무관이라고 한다.
대리재무관 및 분임재무관	• 각 관서의 장은 필요하다고 인정할 경우에는 재무관 사무의 전부를 대리하게 하거나 그 일부를 분장하게 할 수 있다.

Police Science
🔍 경찰서 경무과장의 역할

- 인사관리: 인사기안권자, 교양관, 기타
- 시설·장비관리 등의 관리: 무기·탄약의 관리, 차량관리, 시설관리, 기타 장비관리
- 예산관리: 재무관(경리책임자)

2 지출

지출사무의 관리기관은 각 관서의 장이지만, 실제로 지출기관으로 그 임무를 부여받은 지출관은 지출관과 출납기관의 2가지가 있다.

지출관과 출납기관	
지출관	• 재무관으로부터 지출원인행위 관계 서류를 송부받고 지출을 명하는 기관이다. 재무관, 지출관, 출납기관은 2개 직위 이상을 겸임해서는 안 된다.
출납기관	• 출납기관은 지출관의 지출명령에 따라 현금의 지급을 행하는 집행기관이다. 출납기관은 원칙적으로 한국은행이다. • 예외적으로 일상경비 출납공무원 등이 현금을 지급할 때가 있다.

2 지출의 특례

1 의의

지출이란 배정받은 예산의 범위 내에서 지출원인행위부에 기재된 대로, 급부가 제공된 후에 국가재정 전산 시스템을 이용해서, 한국은행이 채권자의 금융계좌로 이체함으로써 완료되는 것이 원칙이며 규정된 절차에 따른다. 지출은 ① 정당한 채권자에게, ② 채무확정 및 이행기가 도래했을 때에, ③ 그 회계연도에 속한 경비를, ④ 회계연도가 성립된 때에 지불함을 원칙으로 한다.

지출은 지출에 관한 법령상 그 요건을 구비하지 않으면 각종 제한을 받게 된다. 경리운용상 불편과 부적당한 경우가 많기 때문에 지출에 관한 제한규정에 대해서 예외를 인정하는데 이를 '지출의 특례'라고 한다. 지출의 특례는 지출에 관한 제한규정을 지킬 수 없는 경우에 이용된다.

지출의 특례에는 자금전도, 조체금, 선금금과 개산금, 과년도 지출, 관서운영경비 등이 있다. 대표적인 경우는 관서운영경비이다.

지출의 특례	
자금전도	• 출납공무원이 현금지급을 하지 않으면 업무수행에 지장을 초래할 우려가 있는 경우, 지출관으로부터 자금을 교부받아 지급하는 것
조체금	• 출납공무원이 어떤 종류의 비목에 있어서 지출자금이 부족하여 급박한 수요에 응할 수가 없는 경우, 일시 여유가 있는 수중자금을 사용하는 것

선급금	• 확정된 채무에 대하여 상대방의 이행 전 또는 지급할 수 있는 시기의 도래 전에 미리 그 대금의 전부 또는 일부를 지급하는 것
개산금	• 채무는 존재하지만 그 금액이 미확정적인 경우에 개략 계산한 금액으로 지급하는 것
관서운영경비	• 관서 또는 재외관서를 운영하는 데 드는 경비를 말한다. 주로 관서장의 책임하에 운영된다.

2 관서운영경비

종전의 일상경비 및 도급경비 등을 관서운영경비로 통합하였다. 경찰청장 또는 그 위임을 받은 공무원은 관서를 운영하는 데 드는 경비로서 그 성질상 지출의 제한에서 규정한 절차에 따라 지출할 경우 업무수행에 지장을 가져올 우려가 있는 경비(관서운영경비)는 필요한 자금을 출납공무원으로 하여금 지출관으로부터 교부받아 지급하게 할 수 있다. 관서운영경비는 관서운영경비 출납공무원이 아니면 지급할 수 없다.

관서운영경비는 관서운영경비 출납공무원으로 하여금 지출관으로부터 교부받아 지급하도록 한다. 관서운영경비 출납공무원은 교부된 자금의 범위 안에서 지급원인행위를 할 수 있다. 관서운영경비 집행에 있어서는 정부구매카드를 사용하도록 하여 집행의 투명성을 높이고, 불가피한 경우 현금 등을 지급할 수 있도록 하고 있다. 관서운영경비 출납공무원은 관서운영경비를 금융회사 등에 예치하여 관리하여야 한다.

관서운영경비 출납공무원이 관서운영경비로 지급할 수 있는 경비의 최고금액은 건당 500만 원으로 정해져 있다. 관서운영경비 출납공무원은 지급결의서에 따라 지급을 하고, 그 결과를 자금출납부에 기록하여야 한다.

Police Science
🔍 관서운영경비의 사용범위

• 운영비(복리후생비·학교운영비·일반용역비 및 관리용역비는 제외)·특수활동비·안보비 및 업무추진비 중 「기획재정부령」으로 정하는 최고 건당 500만 원 이하의 경비
• 외국에 있는 채권자가 외국에서 지급받으려는 경우에 지급하는 경비(재외공관 및 외국에 설치된 국가기관에 지급하는 경비를 포함)
• 여비
• 기업특별회계상 당해 사업에 직접 소요되는 경비

- 운영비 중 공과금 및 위원회참석비
- 특수활동비 중 수사활동에 소요되는 경비
- 안보비 중 정보활동에 소요되는 경비

Police Science

🔍 **국고금관리법(시행 2020. 6. 9.)**

제24조(관서운영경비의 지급) ① 중앙관서의 장 또는 그 위임을 받은 공무원은 관서를 운영하는 데 드는 경비로서 그 성질상 제22조에서 규정한 절차에 따라 지출할 경우 업무수행에 지장을 가져올 우려가 있는 경비(이하 "관서운영경비"라 한다)는 필요한 자금을 출납공무원으로 하여금 지출관으로부터 교부받아 지급하게 할 수 있다.

② 제1항에 따라 관서운영경비를 교부받아 지급하는 출납공무원(이하 "관서운영경비출납공무원"이라 한다)은 대통령령으로 정하는 바에 따라 제1항에 따라 교부된 자금의 범위에서 지급원인행위를 할 수 있다.

③ 관서운영경비는 관서운영경비출납공무원이 아니면 지급할 수 없다.

④ 관서운영경비출납공무원은 관서운영경비를 금융회사 등에 예치하여 관리하여야 한다.

⑤ 관서운영경비출납공무원이 관서운영경비를 지급하려는 경우에는 정부구매카드(「여신전문금융업법」 제2조 제3호 및 제6호에 따른 신용카드·직불카드 또는 「전자금융거래법」 제2조 제13호에 따른 직불전자지급수단으로서 대통령령으로 정하는 바에 따라 관서운영경비를 지급하기 위하여 사용되는 것을 말한다. 이하 같다)를 사용하여야 한다. 다만, 경비의 성질상 정부구매카드를 사용할 수 없는 경우에는 대통령령으로 정하는 바에 따라 현금지급 등의 방법으로 지급할 수 있다.

⑥ 관서운영경비의 범위, 지급절차 및 정부구매카드의 사용방법 등에 필요한 사항은 대통령령으로 정한다.

Police Science

🔍 **국고금 관리법 시행령(시행 2022. 3. 22.)**

제31조(관서운영경비의 범위) 법 제24조 제6항에 따른 관서운영경비의 범위는 다음 각 호와 같다.
1. 운영비(복리후생비·학교운영비·일반용역비 및 관리용역비는 제외한다)·특수활동비·안보비 및 업무추진비 중 기획재정부령으로 정하는 금액 이하의 경비

2. 외국에 있는 채권자가 외국에서 지급받으려는 경우에 지급하는 경비(재외공관 및 외국에 설치된 국가기관에 지급하는 경비를 포함한다)

3. 여비

4. 그 밖에 제28조부터 제30조까지에서 규정한 절차에 따라 지출할 경우 업무수행에 지장을 가져올 우려가 있는 경비로서 기획재정부령으로 정하는 경비

Police Science

🌐🔍 국고금 관리법 시행규칙(시행 2021. 10. 28.)

제52조(관서운영경비의 범위) ① 영 제31조 제1호에 따라 관서운영경비로 지급할 수 있는 경비의 최고금액은 건당 500만 원으로 한다. 다만, 다음 각 호의 어느 하나에 해당하는 경우에는 그러하지 아니하다.

1. 기업특별회계상 당해 사업에 직접 소요되는 경비

2. 운영비 중 공과금 및 위원회참석비

3. 특수활동비 중 수사활동에 소요되는 경비

4. 안보비 중 정보활동에 소요되는 경비

5. 그 밖에 기획재정부장관이 정하는 경비

---

1 ‖ 성립요건과 변상책임의 요건

변상책임은 회계관계 직원과 현금 또는 물품을 출납·보관하는 회계관계직원이 고의 또는 중대한 과실 혹은 선량한 관리자로서의 주의의무 위반 등으로 법령이나 그 밖의 관계규정 및 예산에 정하여진 바를 위반하여 국가, 지방자치단체, 그 밖에 감사원의 감사를 받는 단체 등의 재산에 손해를 끼친 경우, 그 손해를 배상해야 하는 책임을 말한다. 회계관계 직원과 현금 또는 물품을 출납·보관하는 회계관계직원은 그 직무상 국가 등의 재산

상 이해에 관계되는 일이 많다.

국가 등의 재산 취급을 신중하게 하고자 하는 예방적 목적과 일단 손해가 발생한 경우, 재산상 손해를 신속히 해결하고자 하는 손해배상 목적으로 「회계관계직원 등의 책임에 관한 법률」을 제정하여 운영하고 있다.

변상책임의 요건	
일반회계 관계 직원	• 회계관계직원은 고의 또는 중대한 과실로 법령이나 그 밖의 관계 규정 및 예산에 정하여진 바를 위반하여 국가, 지방자치단체, 그 밖에 감사원의 감사를 받는 단체 등의 재산에 손해를 끼친 경우에는 변상할 책임이 있다. • 일반회계공무원의 변상책임 요건은 고의 또는 중대한 과실이 된다.
현금· 물품을 출납· 보관하는 자	• 현금 또는 물품을 출납·보관하는 회계관계직원은 선량한 관리자로서의 주의를 게을리하여 그가 보관하는 현금 또는 물품이 망실(亡失)되거나 훼손(毀損)된 경우에는 변상할 책임이 있다. • 종전에는 현금 또는 물품을 출납·보관하는 자는 그가 보관하는 현금 또는 물품이 망실되거나 훼손된 경우, 선량한 관리자로서의 주의를 게을리 하지 아니하였음을 본인이 입증하지 못하면 변상책임을 지게 되어 있었다. • 일반 회계관계 직원의 경우, 고의 또는 중과실에 대해서 본인이 입증책임을 지지 않는 것과 형평이 맞지 않았다. • 현금 또는 물품을 출납·보관하는 자의 선량한 관리자로서의 주의의무 위반에 대한 입증책임을 면제하였다. • 현금 또는 물품을 출납·보관하는 회계관계직원의 변상책임 요건은 선량한 관리자로서의 주의의무 위반이다.

2 ‖ 변상책임의 판정과 구제

변상책임의 판정에 있어서 회계관계 직원 등의 책임 유무와 그 범위는 감사원의 판정에 의해서 확정된다. 일반회계 관계 직원의 고의 또는 중과실에 대한 입증책임과 현금 또는 물품을 출납·보관하는 회계관계 직원의 선량한 관리자로서의 주의의무 위반에 대한 입증책임도 감사원이 진다. 감사원으로부터 변상명령을 받은 회계관계직원은 이의가 있으면 감사원장이 정하는 판정청구서에 의하여 감사원에 판정을 청구할 수 있다.

🌐🔍 **회계관계직원 등의 책임에 관한 법률(시행 2016. 11. 30.)**

제4조(회계관계직원의 변상책임) ① 회계관계직원은 고의 또는 중대한 과실로 법령이나 그 밖의 관계 규정 및 예산에 정하여진 바를 위반하여 국가, 지방자치단체, 그 밖에 감사원의 감사를 받는 단체 등의 재산에 손해를 끼친 경우에는 변상할 책임이 있다.

② 현금 또는 물품을 출납·보관하는 회계관계직원은 선량한 관리자로서의 주의를 게을리하여 그가 보관하는 현금 또는 물품이 망실亡失되거나 훼손毁損된 경우에는 변상할 책임이 있다.

제6조(감사원의 판정 전의 회계관계직원의 변상책임) ③ 제1항 또는 제2항에 따라 변상명령을 받은 회계관계직원은 이의가 있으면 감사원장이 정하는 판정청구서에 의하여 감사원에 판정을 청구할 수 있다.

제5장 장비관리와 보안관리

제1절 장비관리

1 장비관리의 의의

경찰 장비관리란 경찰업무를 수행하는데 필요한 물품과 장비를 취득하여 효율적으로 사용·보관하고, 사용 후 합리적으로 처분하는 과정을 말한다. 장비관리의 목표는 능률성·효과성·경제성에 있으므로, 경찰업무수행에 낭비적 요소가 없도록 국가예산과 물자를 절약하여야 한다.

경찰물품이란 「물품관리법」 제2조(정의) 제1항에 따른 물품 중 경찰청과 그 소속기관에서 관리하는 물품을 말한다. 경찰장비란 무기, 경찰장구, 최루제 및 그 발사장치, 과학수사기구, 해안감시기구, 정보통신기기, 차량·선박·항공기 등 경찰의 직무 수행을 위해 필요한 장치와 기구를 말한다.

「경찰장비관리규칙」 제68조(장비의 구분)에 의한 장비는 성질에 따라서 ① 경찰장구류, ② 안전·보호장비, ③ 기동장비, ④ 무기류, ⑤ 최루제 및 그 발사장치, ⑥ 작전장비, ⑦ 검색·관찰장비, ⑧ 감정·감식장비, ⑨ 정보통신장비, ⑩ 기타 장비 등으로 구분한다.

🌐 경찰장비 사용의 원칙61

- 경찰관은 현장상황을 합리적으로 판단하여 휴대장비 및 당해 경찰관서 보유장비 중 가장 적합한 장비를 사용하여야 한다(적합성).
- 경찰장비를 사용함에 있어서는 국민의 생명·신체 등에 위해를 최소화하기 위한 각종 안전수칙을 준수하고, 기타 필요한 수단을 강구하여야 한다(필요성).

2 ∥ 경찰장비의 종류

1 경찰장구류62

경찰장구류는 경찰관이 휴대하여 범인검거와 범죄진압 등 직무수행에 사용하는 장비로서, 수갑, 포승, 호송용 포승, 경찰봉, 호신용경봉, 전자충격기, 방패, 전자방패 등을 말한다.

경찰장구류	
수갑	· 수갑은 개인이 관리·운용할 수 있다. · 물품관리관은 집중관리하는 수갑 중 일부를 피의자 호송용으로 사용하기 위하여 유치장을 관장하는 주무과장(유치인보호주무자)에게 대여하여 유치인보호주무자의 책임하에 관리하도록 할 수 있다. · 경찰관이 직무수행을 위하여 수갑을 사용할 경우, ① 잠금 해제장치 작동 여부 등을 점검한 후 사용, ② 과도한 사용으로 상대방에게 불필요한 상처 등을 입히지 않도록 주의 등과 같은 안전수칙을 준수하여야 한다.
포승· 호송용 포승	· 포승, 호송용 포승은 운용부서에서 운용부서장의 책임 하에 관리·운용한다. · 경찰관이 직무수행을 위하여 포승, 호송용 포승 등을 사용할 경우, 과도한 사용으로 상대방에게 불필요한 상처 등을 입히지 않도록 주의하여야 한다.
경찰봉·	· 경찰봉, 호신용경봉은 물품관리관의 책임 하에 집중관리한다. 다만, 운용부서에 대여하여

---

61 「경찰장비관리규칙」 제69조(장비의 사용).
62 「경찰장비관리규칙」 제2절 장구류.

호신용경봉	그 부서장의 책임 하에 관리·운용하게 할 수 있다. • 지구대 등에서 관리·운용하는 경찰봉, 호신용경봉은 지역경찰관리자의 책임하에 관리·운용한다. • 경찰관이 직무수행을 위하여 경찰봉, 호신용경봉을 사용할 경우, ① 범인의 검거 및 제압 등 정당한 공무수행을 위해서만 사용, ② 손상 등으로 날카롭게 된 경찰봉을 사용하지 않도록 사전점검을 실시, ③ 위해를 가할 수 있는 물질을 경찰봉에 삽입하거나 부착하는 등의 임의적인 변형 금지, ④ 상대방의 머리, 얼굴, 흉·복부 등을 직접 가격하는 것 자제 등과 같은 안전수칙을 준수하여야 한다.
전자충격기	• 전자충격기는 물품관리관의 책임 하에 집중관리함을 원칙으로 하나, 운용부서에 대여하여 그 부서장의 책임하에 관리·운용하게 할 수 있다. • 경찰관이 직무수행을 위하여 전자충격기를 사용할 경우, ① 사용 전 배터리 충전 여부를 확인, ② 전극침이 발사되는 전자충격기의 경우 안면을 향한 발사금지, ③ 14세 미만의 자 또는 임산부에 대한 사용금지 등의 안전수칙을 준수하여야 한다.
방패 전자방패	• 방패, 전자방패는 각급 경찰기관의 보관시설에 집중관리함을 원칙으로 한다. 다만, 신속한 출동을 위해 출동버스에 보관할 수 있다. • 경찰관이 직무수행을 위하여 방패, 전자방패를 사용할 경우, 다음과 같은 안전수칙을 준수하여야 한다. • 방패의 경우, 모서리 등이 파손되어 가장자리가 날카롭지 않도록 사전점검을 철저히 하여야 한다. 가장자리로 상대의 머리 등 중요부위에 사용하지 않도록 주의하여야 한다. • 전자방패의 경우, ① 누전 여부를 확인 후 사용하여야 한다. 특히, 우천 등으로 피복이 젖은 경우에는 사용을 자제하여야 한다. ② 14세 미만자나 임산부임이 명백한 경우에는 사용하지 않아야 한다.

2 안전·보호장비[63]

안전·보호장비는 안전·보호장비는 직무수행시 안전을 위해 착용 또는 휴대하는 장비로서, 착용장비와 휴대장비로 구분한다. 착용장비에는 방석모, 진압복, 방독면, 호신용조끼, 방검장갑, 방탄복, 방탄헬멧 등이 있다. 휴대장비에는 개인소화기, 휴대용소화기, 소화포, 후레쉬봉, 안전경고등, 안전매트 등이 있다.

---

63 「경찰장비관리규칙」 제3절 안전·보호장비.

3 기동장비[64]

기동장비란 차량, 항공기, 선박, 자전거를 말한다. 차량이란 자동차와 원동기를 장치한 이륜차를 말한다. 항공기란 경찰항공대에서 관리·운용하는 헬리콥터(헬기)를 말한다. 선박이란 범죄예방 업무수행을 위하여 운영되는 순찰정을 말한다.

4 무기류[65]

무기류에는 무기, 집중무기고, 탄약고, 간이무기고 등이 있다. 무기는 개인화기와 공용화기로 구분한다. 개인화기는 권총·소총(자동소총 및 기관단총을 포함) 등 개인이 운용하는 장비를 말한다. 공용화기는 유탄발사기·중기관총·박격포·저격총·산탄총·로프발사총·다목적발사기(고폭탄을 사용하는 경우)·물발사분쇄기·석궁 등 부대단위로 운용되는 장비를 말한다.

경찰기관의 장은 무기를 휴대한 자 중에서 법령에 해당하는 자가 있을 때에는 무기 소지 적격 심의위원회(심의위원회)의 심의를 거쳐 대여한 무기·탄약을 회수할 수 있다. 다만, 심의위원회를 개최할 시간적 여유가 없거나 사고 방지 등을 위해 신속한 회수가 필요하다고 인정되는 경우에는 대여한 무기·탄약을 즉시 회수할 수 있으며, 회수한 날부터 7일 이내에 심의위원회를 개최하여 회수의 타당성을 심의하고 계속 회수 여부를 결정하여야 한다.

경찰 무기류[66]	
무기	• 무기란 인명 또는 신체에 위해를 가할 수 있도록 제작된 권총·소총·도검 등을 말한다.
집중무기고	• 집중무기고란 경찰인력 및 경찰기관별 무기책정기준에 따라 배정된 개인화기와 공용화기를 집중보관·관리하기 위하여 각 경찰기관에 설치된 시설을 말한다.
탄약고	• 탄약고란 경찰탄약을 집중 보관하기 위하여 타용도의 사무실, 무기고 등과 분리 설치된 보관시설을 말한다.
간이무기고	• 간이무기고란 경찰기관의 각 기능별 운용부서에서 효율적 사용을 위하여 집중무기고로부터 무기·탄약의 일부를 대여받아 별도로 보관·관리하는 시설을 말한다.

---

64 「경찰장비관리규칙」 제4절 기동장비.
65 「경찰장비관리규칙」 제5절 무기류.
66 「경찰장비관리규칙」 제112조(정의).

무기·탄약고 열쇠의 보관[67]			
집중무기고 및 탄약고		• 일과시간: 무기관리부서의 장(정보화장비과장, 운영지원과장, 총무과장, 경찰서 경무과장 등) • 일과시간 후 또는 공휴일: 당직 업무(청사방호) 책임자 (상황관리관 등 당직근무자)	휴가, 비번 등으로 관리책임자 공백시는 별도 관리책임자를 지정하여야 한다.
간이 무기고	상 황 실	• 112종합상황실(팀)장	
	지구대 등	• 지역경찰관리자	
	기 타	• 일과시간: 설치부서 책임자 • 일과시간 후 또는 공휴일: 당직 업무(청사방호) 책임자	

무기·탄약의 회수 및 보관[68]	
즉시 회수·보관해야 하는 경우	• 직무상의 비위 등으로 인하여 징계대상이 된 자 • 형사사건의 조사의 대상이 된 자 • 사의를 표명한 자
회수·보관할 수 있는 경우	• 경찰공무원 직무적성검사 결과 고위험군에 해당되는 자 • 정신건강상 문제가 우려되어 치료가 필요한 자 • 변태성벽이 있는 자 • 정서적 불안 상태로 인하여 무기 소지가 적합하지 않은 자로서 소속 부서장의 요청이 있는 자 • 그 밖에 경찰기관의 장이 무기 소지 적격 여부에 대해 심의를 요청하는 자
대여 무기탄약을 보관하여야 하는 경우 (무기고 보관 사유)	• 술자리 또는 연회장소에 출입할 경우 • 상사의 사무실을 출입할 경우 • 기타 정황을 판단하여 필요하다고 인정되는 경우

Police Science

🔍 권총 사용시 안전수칙[69]

• 총구는 공중 또는 지면(안전지역)을 향한다.

• 실탄 장전시 반드시 안전장치(방아쇠울에 설치 사용)를 장착한다.

• 1탄은 공포탄, 2탄 이하는 실탄을 장전한다. 다만, 대간첩작전, 살인 강도 등 중요범인이나

---

67 「경찰장비관리규칙」 제117조(무기·탄약고 열쇠의 보관).
68 「경찰장비관리규칙」 제20조(무기·탄약의 회수 및 보관).
69 「경찰장비관리규칙」 제123조(무기·탄약·취급상의 안전관리).

무기·흉기 등을 사용하는 범인의 체포 및 위해의 방호를 위하여 불가피한 경우에 1탄부터 실탄을 장전할 수 있다.

- 조준시는 대퇴부 이하를 향한다.

🔍 소총, 기관총, 유탄발사기 사용시 안전수칙[70]

- 실탄은 분리 휴대한다.
- 실탄 장전시 조정간을 안전위치로 한다.
- 사용 후 보관시 약실과 총강을 점검한다.
- 노리쇠 뭉치나 구성품은 다른 총기의 부품과 교환하지 않도록 한다.
- 공포 탄약은 총구에서 6m 이내의 사람을 향해 사격해서는 아니 된다.

🔍 경찰장비관리규칙(시행 2021. 12. 28.)

제120조(무기·탄약의 회수 및 보관) ① 경찰기관의 장은 무기를 휴대한 자 중에서 다음 각 호에 해당하는 자가 발생한 때에는 즉시 대여한 무기·탄약을 회수하여야 한다.

1. 직무상의 비위 등으로 인하여 징계대상이 된 자

2. 형사사건의 조사의 대상이 된 자

3. 사의를 표명한 자

② 경찰기관의 장은 무기를 휴대한 자 중에서 다음 각 호에 해당하는 자가 있을 때에는 무기 소지 적격 심의위원회(이하 '심의위원회'라 한다.)의 심의를 거쳐 대여한 무기·탄약을 회수할 수 있다. 다만, 심의위원회를 개최할 시간적 여유가 없거나 사고 방지 등을 위해 신속한 회수가 필요하다고 인정되는 경우에는 대여한 무기·탄약을 즉시 회수할 수 있으며, 회수한 날부터 7일 이내에 심의위원회를 개최하여 회수의 타당성을 심의하고 계속 회수 여부를 결정하여야 한다.

1. 경찰공무원 직무적성검사 결과 고위험군에 해당되는 자

2. 정신건강상 문제가 우려되어 치료가 필요한 자

---

70 「경찰장비관리규칙」 제123조(무기·탄약·취급상의 안전관리).

3. 정서적 불안 상태로 인하여 무기 소지가 적합하지 않은 자로서 소속 부서장의 요청이 있는 자

4. 그 밖에 경찰기관의 장이 무기 소지 적격 여부에 대해 심의를 요청하는 자

③ 경찰기관의 장은 제2항에 규정한 사유들이 소멸되면 직권 또는 당사자 신청에 따라 무기 소지 적격 심의위원회의 심의를 거쳐 무기 회수의 해제 조치를 할 수 있다.

④ 경찰기관의 장은 무기를 휴대한 자 중에서 다음 각 호에 해당하는 경우에는 대여한 무기·탄약을 무기고에 보관하도록 하여야 한다.

1. 술자리 또는 연회장소에 출입할 경우

2. 상사의 사무실을 출입할 경우

3. 기타 정황을 판단하여 필요하다고 인정되는 경우

5 최루제 및 그 발사장치

최루장비의 종류에는 ① 분사기, ② 가스발사총, ③ 최루탄발사기, ④ 기타 최루탄류 등이 있다. 분사기에는 스프레이형·총포형·삼단봉(경봉)형·근접분사기형·배낭형·유색분사형 등이 있다. 가스발사총에는 가스발사권총·고무탄 겸용가스발사권총 등이 있다.

최루제 및 그 발사장치[71]	
최루장비	• 최루장비란 화학적 성질에 의하여 최루·자극·연막 또는 신호 등의 효과를 일으키거나 이를 제거하는 최루작용제를 장착하여 사용하는 장비 및 작용제를 말한다.
분사기	• 분사기란 사람의 활동을 일시적으로 곤란하게 하는 최루 또는 자극(질식) 등의 작용제를 내장된 압축가스의 힘으로 분사할 수 있는 기기를 말한다.
가스발사총	• 가스발사총이란 장약을 이용한 추진력에 의하여 가스작용제 또는 고무탄 등을 발사할 수 있는 장비를 말한다.
최루탄발사기	• 최루탄발사기란 장전탄통에 최루탄을 장착하여 추진탄에 의한 가스방출력으로 발사할 수 있도록 장치된 장비를 말한다.

---

71 「경찰장비관리규칙」 제6절 최루제 및 그 발사장치.

최루장비의 안전관리[72]	
최루탄 발사기	• 현장 지휘관의 지휘에 따라 발사하되 인화성 물질에 발사해서는 아니 된다. • 밀폐된 공간에서는 사용을 피해야 한다. • 최루탄 발사기는 30도 미만 각도에서 방아쇠가 격발되지 않도록 한다. • 최루탄은 물 또는 습기에 젖어 있는지 확인 후 이상이 없을 때에만 사용한다. • 장전탄통 고정 조임나사를 완전히 조인 후 사용하여야 한다. • 상황출동 등으로 정비하지 못하거나 추가정비를 요하는 발사기는 자체정비 또는 무기창에 입고하여 수리 정비하여야 한다. • 발사기는 훈련탄 실사훈련을 실시하여 안전장치(30도 이상 발사) 등 고장 여부를 수시 점검하여 각종 상황에 대비할 수 있도록 하여야 한다. • 발사기는 사용 후 총구 및 약실 내부의 가스를 완전히 제거하여 보관하고, 장전탄통은 가스방출구 막힘을 방지하는 등 손질을 철저히 하여야 한다.
분사기	• 범인 검거 및 제압 등 유사시 정당한 공무수행 목적에 한하여 필요한 최소한도로 사용하여야 한다. • 분사기를 사용하고자 할 때에는 사용에 관하여 미리 경고한 후 분사하여야 한다. 다만, 범인의 체포 등을 위해 긴급을 요하는 경우에는 그러하지 아니한다. • 밀폐된 공간에서의 사용을 자제하여야 한다. • 분사기의 사용 등에 관하여 이 장에서 정하지 아니한 사항은 「분사기 운용지침」에 따른다.
가스발사총 (고무탄 발사 포함)	• 1m 이내의 거리에서 발사해서는 아니 된다. • 사용시에는 반드시 안전장치 확인 후 발사하여야 한다. • 밀폐된 공간에서의 사용을 자제해야 한다.

6 작전장비

작전장비는 국가안전과 치안질서 유지를 위한 대테러·대간첩작전, 수색·경계 등에 사용하는 장비로서, ① 전술장비, ② 탐지장비, ③ 수중장비, ④ 폭발물처리장비, ⑤ 화생방장비 등으로 구분한다.

작전장비	
전술장비	• 특수작전복, 다목적공구, 배낭, 우의, 탄창, 탄띠, 대검, 방탄방패, 야간망원경, 휴대용제논 탐조등, 제논 26인치 탐조등, 야전삽, 전술 라이트 및 레이져, 조준·관측용 광학장비류

	등 전술에 소요되는 각종 장비
탐지장비	• 탐지견 또는 탐지견 운용에 필요한 장비 및 비금속물체에서 금속반응을 확인하는 장비
수중장비	• 수중장비: 보트, 잠수복, 산소통 등 수중 작전시 사용하는 장비
폭발물처리장비	• 폭발물처리장비: X-ray 촬영기, 폭발물처리로봇, 방폭텐트, 방폭복, 방폭담요 등 폭발물 검색 및 처리에 사용하는 장비
화생방장비	• 화생방장비: 방사능·화학·생물학 테러예방 및 진압 등에 사용하는 장비

7 검색·관찰장비

검색·관찰장비는 위해성 요소 및 범죄혐의 등을 검색·검측·관찰하는 장비로서, 검색 장비와 관찰장비로 구분된다. 검색장비에는 금속탐지기(문형·봉형·휴대용) 및 탐지기용 텐트, X-ray 소화물검색기, 검측장비, 차량검측거울, 탐침봉, 전압측정기, 레이저거리측정기 등이 있다. 관찰장비에는 휴대용탐조등, 쌍안경, CCTV, 차량용 녹화카메라 등이 있다.[73]

8 감정·감식장비

감정·감식장비는 범죄수사 및 조사를 위하여 운용하는 장비로서, 감정장비와 감식장 비로 구분한다. 감정장비에는 무인교통단속장비(고정식, 이동식), 이동형 차량번호자동판독 기, 음주측정기, 음주감지기, 가시광선투과율측정기, 교통사고조사세트 등이 있다. 감식장 비에는 가변광원기, 지문현출 공기정화기, 거짓말탐지기, 현장종합감식세트 등이 있다.[74]

9 정보통신장비

정보통신장비는 공통장비와 전용장비로 구분한다. 공통장비에는 전화기, 모사전송기, 무전기(고정용·차량용·휴대용·군경합동용), 수신기, 휴대폰조회기, PDA 등이 있다. 전용장

---

[73] 「경찰장비관리규칙」 제8절 검색·관찰장비.
[74] 「경찰장비관리규칙」 제9절 감정·감식장비.

비에는 교환기, 비상소집 자동전파장치, 민원전화 자동안내장비, 동보장비, 회선다중분배장비, 중계용 무전기, SSB무전기, 무선지령대, 위성전화, 주전산기, 레이더, 네트워크 장비 등이 있다.[75]

10 기타장비

경찰병원의 물품관리·운용에 관한 사항에 대해서는 「물품관리법」, 「의료기기법」 기타 관련규정을 적용한다. 다만, 물품관리·운용에 관한 세부사항에 대해서는 「경찰장비관리규칙」 또는 자체적인 운용지침에 따라 사용할 수 있다. 「경찰장비관리규칙」에서 분류되지 않은 일반상용품이라 하더라도 카메라, 비디오카메라, 녹음장비 등 경찰의 직무수행을 위하여 필요하다고 인정되는 일반상용품 및 질서유지선 등은 경찰장비로 사용할 수 있다.[76]

Police Science

🌐🔍 특별관리대상 장비[77]

- 특별관리대상 장비는 경찰관의 직무수행 중 통상 용법대로 사용하는 경우 사람에게 위해를 가할 우려가 있어 관리 및 사용상 특별한 주의가 필요한 장비를 말한다. 특별관리대상 장비는 ① 경찰장구, ② 무기, ③ 분사기 등, ④ 기타장비로 구분한다.
- 경찰장구: 수갑, 포승, 호송용포승, 경찰봉, 호신용경봉, 전자충격기, 진압봉, 방패 및 전자방패
- 무기: 권총, 소총, 기관총, 산탄총, 유탄발사기, 박격포, 3인치포, 클레이모어, 수류탄, 폭약류 및 도검
- 분사기 등: 근접분사기, 가스분사기, 가스발사총, 가스분사겸용경봉, 최루탄발사기 및 최루탄
- 기타장비: 가스차, 살수차, 특수진압차, 석궁, 다목적발사기(스펀지탄·고무탄·페인트탄·조명탄을 사용하는 경우)

---

75 「경찰장비관리규칙」 제10절 정보통신장비.
76 「경찰장비관리규칙」 제11절 기타장비.
77 「경찰장비관리규칙」 제11장 특별관리대상 장비 관리.

1 보안의 의의

1 보안의 개념

보안이란 개인이나 단체 또는 국가가 그 존립을 확보하고 이익을 얻기 위해 필요한 요소를 보호하는 수단이라 할 수 있다. 국가보안은 "국가의 안전과 존립을 보장하고 국익을 보호하는 것"으로 적극적 의미의 보안과 소극적 의미의 보안으로 구분할 수 있다.

보안의 개념	
적극적 의미의 보안	• 국가안전보장을 위태롭게 하는 간첩 등 불순분자의 책동을 방지하며 탐지·조사·체포 등의 적극적인 예방활동으로 경찰·국가정보원 등 방첩수사기관에서 수행하는 것
소극적 의미의 보안	• 국가안전보장이나 국가이익과 관련되는 인원·문서·시설·지역·통신 및 제반 가치 등을 각종 침해행위로부터 보호하기 위해 취해지는 일체의 수단과 방법을 의미하는 것으로 모든 국가기관과 공공단체가 소관사무와 함께 병행하여 수행하는 것(경무과에서는 주로 소극적 보안활동을 주로 함).

Police Science

🌐 보안업무의 법적 근거

- 국가정보원법(시행 2021. 10. 19.)(법률)
- 정보및보안업무기획·조정규정(시행 2017. 7. 26.)(대통령령)
- 보안업무규정(시행 2021. 1. 1.)(대통령령)
- 보안업무규정 시행규칙(시행 2020. 3. 17.)(대통령훈령)
- 보안업무규정 시행 세부규칙(시행 2021. 1. 22.)(경찰청훈령)

국가보안업무의 주체는 국가기능을 수행하는 국가기관 또는 공공단체이나, 경찰공무원 개개인도 국가로부터 위임받은 업무범위 내에서 보안관리까지도 함께 위임을 받으므로 결국 경찰공무원 개개인도 보안관리의 주체이다. 보안업무의 대상에 있어서 보안은 인원, 문서, 자재, 시설, 지역 등을 대상으로 하며 국가는 보안의 대상이 아니라 주체이다.

보안업무의 대상	
인원	• 지위고하 불문, 내방중인 외국인도 포함
문서 및 자재	• 내용의 중요성과 가치의 정도에 따라 각 급으로 분류
시설	• 중요산업시설로서 특별히 보호가 요청되는 시설
지역	• 국가안전보장상 특별히 보호가 요청되는 지역

2 보안의 원칙

보안의 원칙이란 비밀보호를 효과적으로 하기 위해 보안대상에 대한 최소한의 접근만을 허용하는 방법을 말한다.

보안의 원칙	
알 사람만 알아야 하는 원칙 (한정성의 원칙)	• 보안대상이 되는 사실은 전파할 때 전파가 꼭 필요한가 또는 피전파자가 반드시 전달받아야 하며 필요한 것인가를 검토하여야 한다는 원칙이다. • 보안에 있어서 가장 기본이며 중요한 원칙이다.
부분화의 원칙	• 알 사람만 알게 하고 한 번에 다량의 비밀이나 정보가 유출되지 않도록 하는 원칙이다. • 부분화의 방법으로는 조직에 있어서는 종적·횡적 분화의 방법이 있다. • 문서에 있어서는 내용과 가치의 정도에 따라서 다른 비밀과 관련되지 않게 독립시키거나 부분적으로 있게 한다.
보안과 효율의 조화	• 지나친 비밀주의는 꼭 알 필요가 있는 사람이 알지 못하게 하는 단점이 있어 보안과 업무효율은 반비례관계에 있으므로 양자의 적절한 조화를 유지해야 한다는 원칙이다.

3 보안책임

보안책임자는 법령위반시 행정책임과 형사책임을 지게 된다. 행정책임은 보안업무를 담당하는 공무원과 관계기관의 장이 고의와 관계 없이 보안누설이나 보안사고 등 또는 보안업무 처리상 하자로 인하여 부담하는 징계책임을 말한다. 형사책임은 공무원이 자기가 취급하는 비밀이나 업무상 지득한 비밀을 누설하는 경우 형사상 공무상 비밀누설죄를 구성한다.

인원보안이란 자질과 능력, 성실성, 충성심, 신뢰성을 갖춘 사람이 국가보안업무를 수행하는 주체로 선택되도록 하고 그러한 자세를 지속적으로 견지하도록 감독 및 사후관리를 통해 사람을 관리하는 것이다.

모든 경찰공무원은 특별인가(자동인가)로 임용과 동시에 Ⅲ급 비밀취급권을 가진다.

인원보안의 수단	
신원조사	• 조사 대상자의 국가에 대한 충성심, 성실성, 신뢰성을 조사하여 국가의 안전보장을 확보하는 것으로 인원보안의 중요한 수단이다.
근무태도 파악	• 임용시의 신원조사는 장기재직자에게는 별 의미가 없으므로 효율적인 인원보안관리를 위해 평소의 면담, 애로사항 청취, 근무태도 파악 등을 통해 각종 불순한 기도나 유혹으로부터 보호하는 것이다.
보안교육	• 모든 경찰기관의 장은 보안진단의 날 등을 통해서 소속 직원에 대해 반복적인 보안직무교육 및 보안정신교육을 실시하여 평소 철저한 보안관리가 이루어지도록 해야 한다. • 신임지원, 비밀취급인가자, 해외여행자, 중요업무동원자 등에 대해서는 대상자에게 적합한 별도의 보안교육을 시켜야 한다.

Police Science
🔍 보안업무규정 시행 세부규칙(시행 2021. 1. 22).

제15조(특별인가) ① 모든 경찰공무원(전투경찰순경을 포함한다)은 임용과 동시 Ⅲ급 비밀취급권을 가진다.

3 || **문서보안**

문서보안이란 공문서 및 그 내용이 누설되지 않도록 보호·관리되는 것을 말한다. 국가보안의 대상이 되는 문서는 일반문서와 비밀문서로 구분한다. 일반문서는 「행정 효율과 협업 촉진에 관한 규정」에 의해 관리된다. 반면 비밀문서는 보안업무관련 규정에 의해 특별한 방법으로 보호·관리된다.

🔍 국가 기밀과 비밀의 개념

- 국가 기밀은 국가의 안전에 대한 중대한 불이익을 피하기 위하여 한정된 인원만이 알 수 있도록 허용되고 다른 국가 또는 집단에 대하여 비밀로 할 사실·물건 또는 지식으로서 국가 기밀로 분류된 사항만을 말한다.[78]
- 비밀이란 국가 기밀에 속하는 문서·자재·시설·지역 및 국가안전보장에 한정된 국가 기밀로서 비밀로 분류된 것을 말한다.[79]
- 비밀이란 그 내용이 누설되는 경우, 국가안전보장에 유해한 결과를 초래할 우려가 있는 국가기밀을 말한다. 문서, 사진, 녹음테이프, 디스켓, 도면 등 그 형태를 불문한다.
- 기밀은 비밀에는 이르지 않더라도 극히 일부라도 보안을 지킬 필요가 있는 모든 것을 포함하는 개념이다. 실질적으로 공개해서는 곤란한 내용은 모두 비밀이나 일반문건을 불문하고 모두 기밀에 해당된다.

비밀의 구분	
구분	개념
1급 비밀(Top Secret)	· 누설될 경우 대한민국과 외교관계가 단절되고 전쟁을 일으키며, 국가의 방위계획·정보활동 및 국가방위에 반드시 필요한 과학과 기술의 개발을 위태롭게 하는 등의 우려가 있는 비밀(Exceptionally Grave Damage)
2급 비밀(Secret)	· 누설될 경우 국가안전보장에 막대한 지장을 끼칠 우려가 있는 비밀(Serious Damage)
3급 비밀(Confidential)	· 누설될 경우 국가안전보장에 해를 끼칠 우려가 있는 비밀(Damage)
대외비	· 위에서 규정한 것 외에 직무수행상 특별히 보호를 요하는 사항으로, 비밀에 준하여 취급
※ 비밀문건의 등급은 비밀문건을 생산한 부서에서 비밀등급을 결정한다. 비밀문건의 구분은 비밀을 작성하거나 생산하는 자가 그 비밀내용의 중요성과 가치의 정도에 따라 분류한다.	

---

[78] 「국가정보원법」 제4조(직무).
[79] 「보안업무규정」 제2조(정의).

🌐🔍 보안업무규정(시행 2021. 1. 1.)

제4조(비밀의 구분) 비밀은 그 중요성과 가치의 정도에 따라 다음 각 호와 같이 구분한다.

1. Ⅰ급비밀: 누설될 경우 대한민국과 외교관계가 단절되고 전쟁을 일으키며, 국가의 방위계획·정보활동 및 국가방위에 반드시 필요한 과학과 기술의 개발을 위태롭게 하는 등의 우려가 있는 비밀

2. Ⅱ급비밀: 누설될 경우 국가안전보장에 막대한 지장을 끼칠 우려가 있는 비밀

3. Ⅲ급비밀: 누설될 경우 국가안전보장에 해를 끼칠 우려가 있는 비밀

비밀분류의 원칙	
과도 또는 과소분류 금지의 원칙	• 비밀은 적절히 보호할 수 있는 최저 등급으로 분류하여야 하며, 과도 또는 과소하게 분류하여서는 안 된다는 원칙. • 단, 암호자재는 2급 이상으로 분류.
독립분류의 원칙	• 비밀은 그 자체의 내용과 가치의 정도에 따라 분류하여야 하며 다른 비밀과 연관지어 자체의 내용에 합당하지 않는 등급의 비밀로 분류해서는 안 된다는 원칙. • 상급부서가 지시문서가 2급이라고 해서 하급부서에게 획일적으로 보고문서(응신문서)에 대해 2급으로 비밀등급을 지시하는 것은 독립분류의 원칙에 반함. • 상급기관에서 자료파악을 지시하는 문서가 3급 비밀로 하달된 경우에도 보고문서에 비밀로 분류할만한 내용이 없는 경우, 일반문건으로 생산함.
외국비밀 존중의 원칙	• 외국 또는 국제기구로부터 접수한 비밀은 그 발행기관이 필요로 하는 정도 또는 그 이상으로 보호할 수 있도록 분류하여야 한다는 원칙

※ 행정상의 오류나 업무상 과실을 은닉할 목적으로 비밀이 아닌 사항을 비밀로 분류하는 것은 금지된다.

🌐🔍 보안업무규정(시행 2021. 1. 1.)

제12조(분류원칙) ① 비밀은 적절히 보호할 수 있는 최저등급으로 분류하되, 과도하거나 과소하게 분류해서는 아니 된다.

② 비밀은 그 자체의 내용과 가치의 정도에 따라 분류하여야 하며, 다른 비밀과 관련하여 분류해서는 아니 된다.

③ 외국 정부나 국제기구로부터 접수한 비밀은 그 생산기관이 필요로 하는 정도로 보호할 수 있도록 분류하여야 한다.

시설보안이란 국가중요시설, 자재·장비 등을 적과 불순분자 및 인위적·자연적 침해로부터 보호하여 원활한 국가기능을 유지할 수 있도록 하는 것이다. 국가정보원장은 파괴 또는 기능이 침해되거나 비밀이 누설될 경우, 전략적·군사적으로 막대한 손해가 발생하거나 국가안전보장에 연쇄적 혼란을 일으킬 우려가 있는 시설 및 항공기·선박 등 중요 장비를 각각 국가보안시설 및 국가보호장비로 지정할 수 있다.

각 경찰기관의 장은 평상시의 출입자 통제와 비상시의 인명·재산 보호 및 국가보안 유지를 위하여 자체 방호계획을 수입하여 운영해야 한다. 보호지역은 그 중요도에 따라 제한지역, 제한구역 및 통제구역으로 나눈다.

Police Science

🌐 보안업무규정(시행 2021. 1. 1.)

제32조(국가보안시설 및 국가보호장비 지정) ① 국가정보원장은 파괴 또는 기능이 침해되거나 비밀이 누설될 경우 전략적·군사적으로 막대한 손해가 발생하거나 국가안전보장에 연쇄적 혼란을 일으킬 우려가 있는 시설 및 항공기·선박 등 중요 장비를 각각 국가보안시설 및 국가보호장비로 지정할 수 있다.

Police Science

🌐 보안업무규정 시행규칙(시행 2020. 3. 17.)

제54조(보호지역의 구분) ① 영 제34조(보호지역) 제2항에 따른 제한지역, 제한구역 및 통제구역이란 각각 다음 각 호의 지역 또는 구역을 말한다. <개정 2020.3.17>

1. 제한지역: 비밀 또는 국·공유재산의 보호를 위하여 울타리 또는 방호·경비인력에 의하여 영 제34조(보호구역) 제3항에 따른 승인을 받지 않은 사람의 접근이나 출입에 대한 감시가 필요한 지역

2. 제한구역: 비인가자가 비밀, 주요시설 및 Ⅲ급 비밀 소통용 암호자재에 접근하는 것을 방지하기 위하여 안내를 받아 출입하여야 하는 구역

3. 통제구역: 보안상 매우 중요한 구역으로서 비인가자의 출입이 금지되는 구역

1 정보 · 통신보안

정보 · 통신보안이란 정보통신 수단에 의해서 처리, 저장, 소통되는 정보를 보호하거나 도청, 해킹 등 외부위협으로부터 취약요인을 제거하기 위한 각종 수단과 방법을 말한다. 정보 · 통신보안에는 통신보안과 전산보안에 대한 내용을 포함한다.

2 통신보안

통신보안이란 통신수단에 의해 소통되는 제반정보가 직 · 간접적으로 비인가자에게 누설되는 것을 미연에 방지하거나 지연시켜 국가비밀을 보호하는 것이다. 정보의 도청은 문자화된 정보에 대한 것과 최근 들어 전자매체에 의한 정보에 대한 도청을 포함해서 중요한 정보수집방법이 되고 있다. 따라서 각 국가들은 전선이나 무전에 의해 전송되는 원거리전파통신을 보호하는 보안활동에 중점을 두고 있다.

전선에 의해 송신되는 정보는 전선을 차단함으로써 도청되는 것을 방지할 수 있는 안전장치가 강구될 수 있다. 전선을 통해 송신되는 정보를 도청하는 것은 전선에 흐르고 있는 소량의 전류를 끌어내거나 전선을 통해 흐르는 전류에 의해 만들어지는 전선주위의 자장파동을 감지함으로써 이루어진다.

반면, 무선신호정보는 보호될 수가 없다. 왜냐하면 가청거리 내에서는 어떠한 수신장치로도 도청해 낼 수 있기 때문이다. 장거리 전화송신에 주로 사용되는 극초단파송신은 전파가 특정한 방향으로만 고도로 지향발사되고 있어서 사방팔방으로 분산 · 발사되는 성질을 가지지 않으며, 특정 수신자 쪽을 향해 집중적으로 전파대를 형성하고 있다. 그러므로 이러한 극초단파는 송신지점과 전파수신지점 등을 고려하여 수신장치를 적절히 장치하면 역시 도청될 수 있다.[80]

무선 전문내용은 주로 암호화되어 왔다. 활자화되는 전문은 통상적으로 송신 이전에 암호화될 수 있다. 음성정보 보안을 위해서는 보안장치가 된 전화Secure Phones 또는 비화기Scrambler 등이 사용되고 있다. 이와 같은 장치들은 음성신호를 복잡한 방법으로 변조해 준다. 그러므로 누군가가 그러한 전파신호를 도청할 경우 뒤죽박죽이 된 무의미한 음성신

---

80 김윤덕a, 「국가정보학」(서울: 박영사, 2001), pp. 199 – 200.

호만을 수집하게 되며, 원래의 음성을 복원하는 것은 용이하지가 않다. 통신보안의 방법에는 다음과 같은 3가지가 있다.

통신보안의 종류	
자재보안	• 자재보안이란 비밀보안자재 및 장비를 생산·운반·취급하는 과정에서 상대방의 정보획득활동으로부터 보호하는 것을 말한다.
암호보안	• 암호보안이란 통신수단에 의하여 전달되는 비밀내용을 은닉할 목적으로 문자나 숫자 등에 암호기술상의 처리를 가함으로써 그 내용을 전혀 알 수 없도록 암호나 음어자재에 대해 보호하는 것을 말한다.
송신보안	• 송신보안이란 통신소통의 과정 중 송신에서 수신까지의 통신회로상에 도청·통신방해 등으로부터 통신내용을 보호하기 위한 모든 방법을 말한다.

3 전산보안

전산보안이란 컴퓨터에 의해서 처리, 보관, 전송되는 전산자료와 이와 관련된 전산자원(컴퓨터·운영S/W 및 통신망 등)을 각종 침해로부터 보호하는 것이다. 컴퓨터는 크게 자료의 기록수단, 전송수단, 시스템의 통제수단으로 사용되고 있다.

많은 국가들이 정보자료를 컴퓨터에 의해 보관하고 있으며, 거대한 데이터 베이스체제를 갖추고 있다. 자료의 활용과 업무적 커뮤니케이션을 위해 컴퓨터 네트워크 체제가 급속하게 발전하고 있다. 또한 컴퓨터는 경찰의 공적인 특정활동으로 통제하는 시스템운영의 수단으로 확산되어 가고 있다. 군사·에너지·교통·환경·경제부분 등 다양한 분야에서 통제 수단으로 컴퓨터를 이용하고 있으며, 컴퓨터 네트워크는 국가의 기간망으로 발전해 가고 있다.[81]

컴퓨터의 확산으로 컴퓨터는 보안의 중요한 대상이 되고 있다. 컴퓨터에 대한 보안은 크게 컴퓨터보안COMSEC: Computer Security과 네트워크보안NETSEC: Network Security으로 분류된다.

컴퓨터보안은 하드웨어 자체에 대한 보안으로 컴퓨터기기의 사용과 관련된 보안을 말한다. 패스워드·비밀번호 등 접근체제에 대한 보안이 포함된다.

네트워크보안은 컴퓨터 네트워크에 대한 보안으로 활용되고 있는 인터넷 프로그램에 대한 보안이 포함된다. 네트워크에 대한 해킹은 크게 3가지로 나누어진다.

---

81 상게서, pp. 200 – 201.

첫째, 침입^{Intrusion}이다. 이는 불법적으로 시스템 자원을 이용한다든지, 또 다른 해킹을 거쳐 가는 경로로 사용하기 위해서 다른 시스템을 침입하는 것이다.

둘째, 서비스거부^{Denial of Service}이다. 인터넷상에서 특정 호스트 또는 네트워크가 제역할을 수행하지 못하도록 각종 서비스를 정지시키는 형태의 해킹 방법이다. 홈페이지를 공격하여 웹서비스를 마비시키는 형태가 이에 해당된다.

셋째, 정보유출^{Information Theft}이다. 정보유출은 상대국의 국가기밀이나 중요 기업정보를 수집하기 위해 이루어진다.

위와 같은 해킹을 차단하기 위해서 보안도구들이 개발되어 사용되고 있다. 이러한 보안도구들은 시스템의 취약성을 체크하며 침입자를 감시하는데 이용된다. 또한 인터넷에 침입하여 컴퓨터의 데이터·네트워크 시스템을 파괴하는 컴퓨터 바이러스를 유포하는 크래킹^{Cracking}행위에 대한 보안이 요구된다. 크래킹은 사이버테러행위로서 잠재적 적국이나 테러조직에 의해 조직적으로 자행될 경우, 컴퓨터기간망이 파괴되어 엄청난 국가적 혼란을 야기할 수 있다.

6 ‖ 보안조사

1 의의

보안조사는 보안관련 법령에서 규정한 인원·문서·자재·시설·지역 및 장비 등의 보안관리 상태와 적정여부를 조사하여, 궁극적으로 보안업무의 효율화를 도모하고 보안사고를 예방하는데 그 목적이 있다. 국가정보원장은 ① 비밀의 누설 또는 분실, ② 국가보안시설·국가보호장비의 파괴 또는 기능 침해, ③ 승인을 받지 않은 보호지역 접근 또는 출입, ④ 그 밖에 국가정보원장이 정하는 사고가 발생한 경우, 사고원인 규명 및 재발 방지 대책마련을 위하여 보안사고 조사를 한다.⁸²

각 경찰기관 및 부서의 장은 ① 비밀의 누설 또는 분실, ② 공무원의 행방불명, 납치, 피살사고, ③ 시설물에 대한 화재, 방화, 기타 파괴사고, ④ 보호구역에 대한 불법침입사고, ⑤ 그 밖의 보안사고가 보안사고가 발생하였을 때에는 지체 없이 지휘 계통을 통

---

82 「보안업무규정」 제38조(보안사고 조사).

하여 경찰청장(보안담당관 참조)에게 보고하고, 경찰청장은 국가정보원장에게 즉시 통보하여야 한다.[83] 경찰기관의 보안담당관은 매월 셋째 주 수요일을 '보안 진단의 날'로 지정하여 법령의 사항을 시행한다.

Police Science

🌐🔍 보안업무규정 시행 세부규칙(시행 2021. 1. 22.)

제30조(보안 진단의 날 시행) 보안담당관은 매월 셋째 주 수요일(부득이한 경우에는 그 다음날로 할 수 있다)을 '보안 진단의 날'로 지정하여 다음 각 호의 사항을 시행한다.

1. 개인용컴퓨터(Personal Computer를 말하며, 이하 "PC"라 한다) 진단 프로그램 점검결과 및 보안패치 등 취약점 제거여부 확인
2. 유에스비(Universal Serial Bus 방식을 말하며, 이하 "USB"라 한다) 저장장치 등 보조기억매체 관리현황 점검
3. 비밀 전수조사
4. 비밀 안전지출 및 파기계획 점검
5. 비밀 편법분류 실태 점검

---

2 보안감사

정기보안감사는 연 1회, 수시감사는 필요에 따라 수시로 실시한다. 경찰청장은 「보안업무규정」에서 정한 인원·문서·자재·시설·지역 및 장비 등의 보안관리 상태와 그 적정여부를 조사하기 위하여 보안감사를 하여야 한다. 또한 경찰청장은 정보통신수단에 의한 비밀의 누설방지와 정보통신시설의 보안상태를 조사하기 위하여 정보통신 보안감사를 하여야 한다. 경찰청장은 보안감사 및 정보통신보안감사의 결과를 국가정보원장에게 통보해야 한다.

상급 경찰기관은 하급 경찰기관에 대한 보안감사권을 가지며, 보안담당관이 보안감사(정보통신보안분야 포함)를 실시한다. 보안담당관은 사전에 감사계획의 통보 없이 수시로 보안감사를 실시할 수 있다. 각급 경찰기관의 보안담당관은 보안사고 예방과 보안관리 수준의 향상을 위하여 보안업무 진단과 지도(정보통신보안분야 포함)를 실시할 수 있다.

---

[83] 「보안업무규정 시행 세부규칙」 제63조(보안사고 보고).

🔍 보안업무규정(시행 2021. 1. 1.)

제39조(보안감사) 중앙행정기관 등의 장은 이 영에서 정한 인원·문서·자재·시설·지역 및 장비 등의 보안관리상태와 그 적정 여부를 조사하기 위하여 보안감사를 한다. <개정 2020. 12. 31.>

제40조(정보통신보안감사) 중앙행정기관 등의 장은 정보통신수단에 의한 비밀의 누설방지와 정보통신시설의 보안상태를 조사하기 위하여 정보통신보안감사를 한다. <개정 2020. 12. 31.>

제41조(감사의 실시) ① 제39조에 따른 보안감사와 제40조에 따른 정보통신보안감사는 정기감사와 수시감사로 구분하여 한다.

② 정기감사는 연 1회, 수시감사는 필요에 따라 수시로 한다.

제42조(보안감사 결과의 처리) ① 중앙행정기관 등의 장은 제39조에 따른 보안감사 및 제40조에 따른 정보통신보안감사의 결과를 국가정보원장에게 통보해야 한다. <개정 2020. 12. 31.>

② 중앙행정기관등의 장은 제39조에 따른 보안감사 및 제40조에 따른 정보통신보안감사의 결과와 관련하여 보안상의 취약점이나 개선 필요 사항을 확인한 경우에는 재발 방지 및 개선을 위하여 필요한 조치를 하고, 그 조치결과를 국가정보원장에게 통보해야 한다.

🔍 보안업무규정 시행 세부규칙(시행 2021. 1. 22.)

제64조(보안감사) ① 상급 경찰기관은 하급 경찰기관에 대한 보안감사권을 가지며, 보안담당관이 보안감사("정보통신보안분야"를 포함한다. 이하 같다)를 실시한다.

② 보안담당관은 사전에 감사계획의 통보 없이 수시로 보안감사를 실시할 수 있다.

제65조(보안업무 진단과 지도) 각급 경찰기관의 보안담당관은 보안사고 예방과 보안관리 수준의 향상을 위하여 보안업무 진단과 지도("정보통신보안분야"를 포함한다)를 실시할 수 있다.

제**6**장 경찰홍보(공공관계)

제1절 경찰홍보의 개관

1 경찰홍보의 의의

홍보 혹은 공공관계[PR: Public Relation]란 학문과 실무에서 상대적으로 새로운 분야이기 때문에 일반적으로 통일된 정확한 정의는 없다. 홍보의 정의 가운데 그루닉[Grunig]과 헌트[Hunt]의 정의가 유명하다. 홍보를 "조직과 공중들 사이의 커뮤니케이션 관리"로 정의했다. 대부분의 홍보에 관한 정의에도 관리[Manage], 조직[Organization], 공중[Public] 등 3가지 요소를 핵심용어로 채택하고 있다.

홍보라는 용어는 미국의 제3대 대통령 토마스 제퍼슨이 의회에 제출할 교서[教書]의 초고[草稿]를 쓰고 있다가, 공공이 감정[Public Sentiment]이라는 용어 대신에 공공관계[Public Relations]로 고쳐 쓴 것이, PR이 쓰이기 시작한 최초라고 한다.

근대 PR의 창시자는 아이비 리[Ivy Lee]로 그는 1904년에 파커-리사[社]를 설립하였다. 그는 공사[公私] 기업의 문제에 관해 공중의 이해를 얻을 수 있는 유익한 뉴스를 보도기관에 제공하였다. 그 덕택으로 많은 기업들이 위기를 극복할 수 있었다고 한다.

경찰홍보란 협의로는 경찰의 활동이나 업무와 관련된 사항을 외부에 알려서 경찰목적달성에 유리한 환경을 조성하는 행위를 말한다. 광의로는 지역주민의 경찰활동에 대한 참여를 확대하고 각종 기관·단체 및 언론 등과 상호 협조체제를 강화하여 이를 경찰이 수행하는 모든 업무에 연계시키는 것을 포함한다.

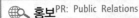
- 홍보PR란 조직이나 집단이 주체가 되어 그 목적달성을 위한 제활동을 고객, 직원, 공중 등에 주지시켜 이들로부터 이해와 신뢰 및 협력을 획득하고 증진하기 위한 제활동이라고 할 수 있다. PR을 이렇게 포괄적으로 정의한다면, 기업조직이나 행정조직, 기타 조직들이 모두 PR의 주체가 될 수 있다.

- 행정홍보Administrative Public Relations는 정부가 PR의 주체가 되어 행정목적을 달성하기 위한 제반 활동을 일반국민, 국회, 언론기관, 정당, 이익단체 등에게 주지시켜 이들 객체로부터 신뢰와 지지 및 협조를 획득하고 이를 증진시키기 위한 일련의 행정활동이다.

- 경찰홍보Police Public Relations란 위의 행정PR의 정의와 동일하게 적용할 수 있을 것이며, 경찰기관이 제반 환경과의 우호적인 관계를 유지하기 위한 노력이라고 할 수 있다.

- 홍보PR란 조직의 활동에 대한 공중의 태도를 평가하고 조직의 정책·사업에 대한 공중의 이해·협력과 신뢰를 확보하여 이를 유지·증진시키기 위한 관리활동을 의미한다.

- 오늘날의 행정에서 홍보PR가 중요시 되는 근거는 행정에 대한 국민의 신뢰·지지나 동반자 또는 동의를 획득하는 활동이 중요하기 때문이다.

2 ｜ 홍보와 유사개념

홍보와 유사개념				
구분	홍보(PR) (Public Relation)	공보 (Public Information)	선전 (Propaganda)	광고 (Advertising)
활동목적	공중파의 이해증진 (상호교류, 왜곡없이 사실제공)		선전가의 실리 (일방적, 거짓말, 왜곡 등 가능)	판매/이미지 향상
대상	공중(Public)		정치와 관련된 공중(유권자)	소비자
주체	정부, 경찰 등	정부기관	정당, 정치단체	기업체
전달형태	상호교류(쌍방적)		일방적	일방적

홍보와의 관계[84]		
의사전달과의 관계	• 홍보(PR)와 의사전달(Communication)은 둘 다 정보·생각·감정 등의 전달이며, 상대방의 이해와 협조를 얻기 위하여 영향력을 미친다는 점에서는 동일하다. • 의사전달은 조직 내부에 있어서의 의사전달을 말하며, PR은 정부, 경찰 등과 국민 즉, 그 환경과의 의사전달을 의미한다.	
여론과의 관계	• 홍보는 의도적이고 계획적인 데 반하여, 여론은 자생적이다. 그러나 경우에 따라서는 여론도 고의적이고 의도적인 경우가 있다. • 홍보는 주체가 분명하지만, 여론은 주체가 불분명하다. 홍보는 여론형성에 영향을 미친다.	
선전과의 관계	• 홍보와 선전은 인간이나 집단에 영향을 미치려고 하는 점에서는 동일하다. 그러나 방법면에서 선전은 일방적이며, 공중에 대하여 선전자 자신에게 호의적인 것만을 선택하여 전달하는 것이다. • 선전자는 실리주의자이다. 실리가 있는 것만을 이용하기 때문에 거짓말이 필요할 때에 거짓말도 하고, 왜곡의 필요가 있을 때에는 왜곡도 하며, 일반화가 필요할 때에는 일반화도 하는 등 그 수단이나 방법이 실리에 있다. • 홍보는 상호교류관계이며, 또한 왜곡없이 사실을 그대로 진실되게 제공한다는 점에서 선전과 근본적인 차이가 있다.	

3 │ 경찰홍보(PR)의 원칙과 기능

경찰홍보의 원칙에는 공공이익합치의 원칙, 커뮤니케이션에 있어서 상호교류의 원칙, 진실성의 원칙, 계몽성의 원칙 등이 있다. 홍보는 국가발전의 조건을 조성하는 수단으로서 중요한 의의를 갖는다.

홍보의 원칙	
공공이익 합치의 원칙	• 홍보활동을 행하는 주체의 사회적 책임을 자각하고 공중·여론의 배후에 있는 '공중의 이익'의 존재를 인식하고, 거기에 합치된 행동을 취하도록 노력해야 한다.
커뮤니케이션에 있어서	• 민주정치에 있어서 민의의 소재를 파악하여 그것을 행정에 반영시켜야 한다. 따라서 정부는 일방적인 정보의 제공이 아니라 동시에 국민의 요망이나 의견을 경청함으로써 공

---

84 김기태, 「행정학」(서울: 대왕상, 1997), p. 417.

상호교류의 원칙	중과 상호교류적인 커뮤니케이션의 실현을 기하여야 한다.
진실성의 원칙	• 민주정치체제에 있어서 최종적인 판단을 행하는 것은 상대방인 대중이라는 인식 위에서 사실에 기초를 둔 진실한 정보를 대중에게 제공하여야 한다.
계몽성의 원칙	• 국민들의 정치의식이 향상되지 못하고 또한 자기들의 정당한 권리마저 행사하지 못하는 나라에 있어서는 행정홍보가 국민들에 대한 계몽적·교육적 성격을 갖고 있어야 한다.

홍보의 기능[85]	
주지적 기능	• 정부(경찰)가 성취한 행정실적을 국민에게 널리 알림으로써 대중의 신임을 얻는 기능이다.
방어적 기능	• 외부의 부당한 공격으로부터 행정을 방어하는 기능이다.
안정화 기능	• 사회가 내외의 돌발사태로 위기에 처할 때 민심을 수습하고 불안을 해소시키는 기능이다.
중개적 기능	• 정부의 의도를 천명하고 국민의 참여를 유발하는 기능이다.

4 ‖ 경찰홍보(PR)의 내용

경찰홍보의 내용에는 경찰과 지역사회와의 관계, 언론관계, 대중매체관계, 기업이미지식 경찰홍보 등이 있다. 경찰의 홍보는 각각의 대상에 맞는 홍보전략이 필요하다.

Police Science

🌐🔍 경찰과 지역사회와의 관계[86]

- 1957년 세인트루이스에서 경찰과 지역사회 관계 부서Police-Community Relations Units을 설치했지만 1960년대 후반과 1970년대 초반까지 국가적 관심을 끌지는 못했다. 이후 홍보PR: Public Relations 프로그램을 통해서 경찰이미지 제고 향상을 위한 다양한 홍보프로그램을 실시하였다.
- 경찰과 지역사회 관계PCR: Police Community Relations란 지역사회 내의 각종기관, 단체, 주민 등과 유기적인 관계를 유지하고, 협조체제를 구축하는 것 등을 통해 경찰활동의 긍정적인 면을 지역사회에 널리 알리는 종합적인 지역사회 홍보체계를 말한다.

---

85 박연호·오세덕, 「현대조직관리론」(서울: 법문사, 2001), p. 511.
86 최선우a, 「경찰과 커뮤니티」(서울: 대왕사, 2003), pp. 158–163.

- PCR은 경찰과 지역사회의 관계를 개선하고자 하는 총체적인 노력을 의미하며, 이는 경찰조직과 지역사회 내의 시민들 간에 존재하는 모든 형태의 상호작용 속에서 나타나는 관계개선을 의미한다.

- PCR의 목적은 경찰과 대중 사이의 긴밀한 협력관계 구축이었다. 이는 경찰활동을 대중에게 '판매'sell하는 것이었다. 경찰활동을 잘 홍보하면 시민들이 경찰을 더 잘 이해하고 협조할 것이라고 생각했다.

- PCR은 긍정적인 관계개선은 물론 부정적인 관계개선을 모두 포함하는 것이다. 긍정적인 관계란 경찰과 지역사회의 협력과 의사소통을 촉진시켜 주는 여러 가지 상호작용을 의미하며, 부정적인 관계란 일반적으로 예기치 못했던 의사소통의 단절과 상호작용을 불가능하게 하는 장애물을 의미하는 것이다.

- PCR의 초기단계에서는 시민과의 정보를 교환하기 위한 수단으로 시작되었으나, 점차 경찰에게 시민과의 의사소통방안에 관하여 교육하고, 시민들에게는 경찰업무의 위험성과 어려움을 알리며 상호간의 이해를 증진시키려는 방향으로 발전하게 되었다.

- PCR의 구성요소는 크게 '인간관계'HR: Human Relation와 '공공관계'PR: Public Relation로 나누어진다. 첫 번째, 인간관계의 개선은 어떻게 하면 그동안 소원했던 경찰과 시민상호간의 신뢰를 회복할 수 있느냐가 관건이다.

- 두 번째, 공공관계의 개선은 경찰이 무엇을 하고 있고, 왜 그것을 하고, 누구에게 봉사하며, 그러한 활동들이 지역사회의 공공안녕과 질서유지에 얼마만큼 기여하는가를 시민에게 알림으로써 경찰의 좋은 이미지를 심어 주는 것이라고 할 수 있다.

- 이러한 경찰과 공공관계와의 개선은 언론관계, 대중매체 관계, 기업 이미지식 경찰홍보 등이 있다. 과거의 경찰은 '그레샴 법칙'이 지배하는 비밀주의 그 자체라고 할 수 있었는데 정보공개를 통해서 투명하게 경찰활동을 소개하여 경찰의 이미지를 제고하고자 하는 특성을 갖는다.

경찰홍보	
언론관계	· 언론관계(Press Relations) 홍보는 신문이나 잡지·TV·Radio 등의 보도나 뉴스에 대응하여 사건·사고에 대한 기자들의 질의에 답하는 대응적이고 소극적인 홍보활동이다.
대중매체 관계	· 대중매체 관계 홍보는 신문이나 TV·Radio 등의 영상물 등 각종의 대중매체 제작자와 긴밀한 협조관계를 구축·유지하여 대중매체의 필요를 충족시켜주는 한편, 경찰의 긍정적인 측면을 널리 알리는 활동이다.

기업 이미지식 홍보	• 기업 이미지식 홍보는 경찰 서비스개념의 도입으로 적극적인 광고홍보를 전개하는 소비자관점의 광고활동이다.

🌐 그레샴 법칙Gresham's Law

- 그레샴의 법칙Gresham's Law은 영국의 금융업자이자 무역가인 그레샴Thomas Gresham, 1519-1579이 내놓은 법칙으로 "악화惡貨가 양화良貨를 구축한다."Bad Money drives out Good Money라는 말로 유명하다.
- H. A. 사이먼이 주장한 '계획의 그레샴 법칙'은 기업 관리자가 정형적 업무에 대한 의사결정권과 혁신적 의사결정권을 동시에 가지고 있을 때 일상적인 정형적 업무처리를 우선시해서 전략적·혁신적 의사결정을 희생한다는 내용이다.
- 경찰분야에서 그레샴의 법칙은 중요하지 않은 정보는 서로 공유하되, 정말로 중요한 정보는 독점함으로써 배타적인 이익을 누리고자 하는 것을 의미한다.

5 ‖ 경찰홍보 전략

경찰홍보전략에는 소극적 홍보전략과 적극적 홍보전략이 있다. 소극적 홍보전략은 필요한 최소한의 정보를 국민에게 전달하는 것이며, 적극적 홍보전략은 필요한 최대한의 정보를 국민에게 제공하는 전략이다.

경찰의 홍보전략	
소극적 홍보전략	적극적 홍보전략
• 공보실과 기자실 • 비밀주의와 공개최소화 원칙 • 언론접촉 규제 • 홍보기능의 고립	• 대중매체의 이용 • 공개주의와 비밀최소화 원칙 • 언론접촉 장려 • 홍보와 타 기능의 연계를 통한 총체적 홍보전략

경찰의 홍보활동 중 범죄사실을 발표하는 경우에는 다음의 사항을 주의하여야 한다.
첫째, 범죄사실이라도 공공의 이익을 위한 것이 아닌 때에는 발표해서는 안 된다.
둘째, 범죄사실을 발표하는 경우에도 그와 밀접한 관련이 있는 것에 한정하여야 한다.
셋째, 진실의 증명이 불가능한 사실 또는 진실이라고 믿기에 상당한 이유가 없는 경우에는 발표해서는 안 된다.
넷째, 청소년범죄의 소년범이나 성범죄의 경우에는 실명으로 발표해서는 안 된다.
다섯째, 경찰보도기관의 발표담당자는 시·도경찰청장, 경찰서장이나 수사본부장 또는 지정을 받은 책임 있는 지위에 있어야 한다.

제2절 ‖ 경찰과 대중매체

1 ‖ 경찰과 대중매체와의 관계

현대는 미디어의 시대이며, 대중매체는 공공의 장Public Sphere으로 들어가는 통로를 장악하고 있다. 오늘날 대중매체가 우리 사회에 미치는 영향은 매우 크며, 대중매체를 통해서 정보를 얻고 이를 토대로 개인은 어떤 판단을 내리게 된다. 이러한 대중매체로는 TV·신문·잡지·영화·책자·인터넷 등을 들 수 있다.

경찰과 대중매체와의 관계	
로버트 마크경 (Sir Robert Mark)	• 1970년대 영국경찰을 뒤흔든 런던시 경찰청의 부패스캔들을 해결하며, 500여 명의 형사들을 구속, 파면, 사직시킨 개혁가이다. 언론에 대한 '열린 정책(Open Policy)'을 최초로 주창하였다. 적극적인 언론정책을 편 현대 영국경찰 관리자의 모델로 꼽히는 인물이다. • 경찰과 대중매체와의 관계를 '단란하고 행복스럽지는 않더라도, 오래 지속되는 결혼생활'에 비유하였다.
크랜든	• 경찰과 대중매체가 서로를 필요로 하기 때문에 둘 사이에는 공생관계(Symbiotic Relationship)

(Crandon)	가 발달한다고 주장하였다.
에릭슨 (Ericson)	• 경찰과 대중매체의 관계에 대해 보다 광범위하고 정치적인 관점을 제시하고 있다. "경찰과 대중매체는 서로 연합하여 그 사회에 있어서의 일탈에 대한 개념을 규정하며, 도덕과 정의를 규정짓는 사회적 엘리트집단을 구성한다."고 하였다.

2 ‖ 취재대응방법

취재대응방법		
신문기자와의 인터뷰 10원칙	**라디오인터뷰 10원칙**	**TV인터뷰 10원칙**
① 모든 발언에 주의하라 ② 필요하면 확인할 시간을 달라고 요청하라 ③ 계속 이어질 질문을 예상하라 ④ 확실하고 명확하게 답변하라 ⑤ 사실에 입각한 얘기만 하라 ⑥ 자신 스스로의 말을 하라 ⑦ 말 다듬어 주기는 받아들여라 ⑧ 단호하게 말하되 실수에 대해서는 사과하라 ⑨ 노 코멘트(No Comment)라고 답하지 말라 ⑩ 혼자 고민하지 말라	① 겁내지 말라 ② 인터뷰의 주제를 파악하라 ③ 생방송일 때와 녹음방송일 때를 구분하여 대응하라 ④ 관련 자료와 통계의 정확성 여부를 확인하라 ⑤ 주요 메시지에 집중하라 ⑥ 청취자를 의식하라 ⑦ 평이한 용어로 쉽게 설명하라 ⑧ 간결히 설명하라 ⑨ 너무 장황하게 늘어놓지 말라 ⑩ 당황하지 말라	① 계획하고, 계획하고, 계획하라 ② 방송출연이 예정되었을 땐 충분한 시간을 갖고 출발하라 ③ 주위를 깨끗이 하라 ④ 방해요소를 제거하라 ⑤ 대본을 미리 점검하라 ⑥ 진행자와 친근감을 형성하라 ⑦ 세부사항에 주의하라 ⑧ 자신 있게 이야기하라 ⑨ 오직 진실만을 이야기하라 ⑩ 카메라 주위에선 항상 긴장하라

3 ‖ 용어해설

언론 관련 용어해설	
가십 (Gossip)	• 가십은 원래 험담이나 루머 등 확인되지 않은 뉴스를 말하나, 한국 언론에서는 스트레이트로 처리하기 힘든 흥밋거리, 뒷이야기, 낙수, 스케치 등을 함축성 있게 처리한 기사로 사용하고 있다.

게이트 키퍼 (Gatekeeper)	• 뉴스는 여러 과정의 관문을 거치면서 전파되는데, 뉴스제작 흐름에 있어서 보다 중요한 결정을 할 수 있는 사람들이 게이트키퍼이다.
내부고발자 (Deep Throat)	• 언론용어로는 '익명의 소식통'이라고 한다. 이와 관련된 유명한 사건으로는 미국의 닉슨 대통령을 사임으로 이끈 워터게이트의 내막을 워싱턴포스트 기자에게 전화로 알려준 자가 스스로를 '깊은 목구멍'(Deep Throat)으로 자칭한 데서 유래한다.
데드라인 (Deadline)	• 취재된 기사를 편집부에 넘겨야 하는 기사 마감시간을 의미하며, 이 시간을 넘기면 그날의 해당판에 보도할 수 없게 된다.
리드(전문) (Lead)	• 기사의 내용을 요약해서 1~2줄 정도로 간략하게 쓴 글로, 대부분 기사의 앞머리에 해당된다. 독자의 호기심을 끌기 위해서 기사전체의 정수를 집약했다. • 유형으로는 새로 발굴된 사실을 보도하는 기사에 사용되는 '하드 리드'(Hard Leed), 독자의 관심을 끌기 위해서 인용문·일화·문학적 제명을 사용하는 '소프트 리드'(Soft Lead), 분위기를 내세우는 현장 리드(Scenic Lead), 이야기의 첫머리에 보도대상의 이름을 밝히는 신원확인 리드(Immediate Identification Lead) 등이 있다.
스쿠프(특종) (Scoop)	• 특정기자가 뉴스가치가 큰 정보를 독점 입수하여 단독 매체에서 보도하는 것을 의미한다.
엠바고 (Embargo)	• 어느 시한까지 보도하지 않을 것을 전제로 자료제공이 이루어지는 관행을 말한다. • 유형으로는 뉴스가치가 매우 높은 기사로서 전문적이고 복잡한 문제를 다루고 있을 때, 객관적인 보충취재가 절대 필요하므로 취재기자와 취재원 간의 합의 아래 이루어지는 '보충취재용 엠바고'가 있다. • 사건이 일어나는 정확한 시간을 예측할 수 없을 경우, 사건발생 이후에 기사화한다는 것을 조건으로 보도자료를 제공하는 '조건부 엠바고', 국가안위 또는 이익과 직결된 경우 사건이 해결될 때까지 보도를 중지하는 '공공이익을 위한 엠바고', 재외공관장의 인사이동, 외국과의 협정체결 등 외교관례를 존중하여 일시 보도를 중지하는 사례와 같은 '관례적 엠바고' 등이 있다.
오프 더 레코드(비보도) (Off the Record)	• 보도하지 않을 것을 조건으로 하는 자료나 정보제공을 말한다. 다만 보도는 못하지만 이를 취재계획에 이용하는 것은 가능하다. • 유형으로는 취재한 내용을 어떠한 형식으로도 보도하지 못하는 '전면적 비보도', 취재원을 보호하기 위하여 소속기관까지도 공표하지 않을 것을 약속하는 '취재원 및 소속기관 비보도', 취재원의 신원만을 밝히지 않을 것을 조건으로 하는 '취재원 비보도' 등이 있다.
이슈 (Issue)	• 일정 시점에 중요시되어 토론논쟁이나 갈등의 요인이 되는 사회·문화·경제·정치적 관심이나 사고를 의미한다.
크레디트 (Credit)	• 외신 기사머리에 발신·수신·통신사명 등을 밝히는 것으로, 기사의 신뢰성과 계약관계를 명시한다.

플러시 (Flush)	• 통신사가 큰 뉴스의 한 포인트를 계약된 신문사·방송국에 속보하는 것으로 신문사는 호외를 발행하고, 방송국은 임시뉴스를 내보낸다.

4 ‖ 오보에 대한 대응

오보에 대한 대응	
기사 시정조치	• 기사를 쓴 기자와 전화통화를 하거나 만나서 진상을 설명
추가보도 요청	• 한쪽의 이야기만 듣고 일방적으로 경찰에 불리한 쪽으로 보도한 경우, 경찰측의 입장에 대해서도 추가보도 함으로써 공정을 기해 줄 것을 요구
반론보도청구	• 언론의 사실보도로 피해를 받은 자가 해당 언론사에 자신이 작성한 반론문을 게재 또는 방송해 줄 것을 요구하는 것 • 기사가 잘못된 경우에 올바른 사실관계를 당사자가 직접 글로 작성하여 그대로 게재해 주도록 요청하는 것
독자투고	• 특정 기사 내용에 대해 경찰의 입장을 충분히 밝힌 글을 해당 언론사 지면에 보도되도록 추진하는 것
정정보도청구	• 반론보도 청구나 정정보도 청구는 해당 언론사에 직접 할 수도 있고, 이를 거치지 않고 언론중재위원회에 바로 청구하는 것도 가능
민형사상의 소송제기	• 반론보도청구와 별로도 손해배상청구, 출판물에 의한 명예훼손 등 소송을 제기할 수 있음

제3절 언론중재 및 피해구제

1 ‖ 언론중재법의 의의

「언론기본법」과 「정기간행물의등록등에관한법률」 그리고 「방송법」등 각 개별법에 분산 규정되어 있던 언론피해구제제도를 포괄하여 「언론중재 및 피해구제 등에 관한 법률」(언론중재법)에 단일화하여 2005년 1월 27일에 제정하고, 2005년 7월 28일부터 발효되었다. 2009년 2월 6일 동법을 개정하여 포털뉴스(인터넷뉴스서비스)와 IPTV(인터넷멀티미디어방송)도 동법의 적용대상에 포함시켰다. 2019년 동법을 개정하여 중재위원의 결격사유를 바꾸어 현재에 이르고 있다.

언론보도로 인한 인격권 침해에 대한 피해의 구제방법으로는 ① 언론사에 대한 직접 시정요구, ② 피해구제기구인 언론중재위원회의 활용, ③ 소송제기를 통한 재판상 피해구제 등이 있다. 이 중 손해배상청구, 사죄광고, 반론권에 의한 구제방법 등이 주로 사용된다. 최근에는 가짜뉴스에 대한 규제와 잊혀질 권리^{Right to be Forgotten}에 대한 논의도 진행되고 있다.

Police Science

🔍 가짜뉴스(허위조작정보)[87]

- 로마시대 카이사르의 양자였던 옥타비아누스는 후계자 자리를 놓고 경쟁하게 된 안토니우스에 대한 허위조작정보를 유포함으로써 로마 최초의 황제가 되었다.
- 옥타비아누스^{Octavianus}는 안토니우스^{Marcus Antonius}가 클레오파트라^{Cleopatra Ⅶ}와 불륜을 저지르고 있으며 눈에 마스카라를 바르는 등 야만적이고 편협한 가치들을 따른다는 허위정보를 유포시켰다.
- 이와 같은 정보전쟁을 통해 옥타비아누스는 정치적 이득을 얻게 되었으며 기원전 31년 악티움 해전에서 안토니우스로부터 승리를 거두고 돌아옴으로써 로마 최초의 황제가 되었다.

우리나라는 언론보도 피해에 대한 사법적 구제에는 한계가 있다는 점을 근거로 1981년 '언론중재위원회'를 설립했다. 언론중재위원회는 언론 등의 보도 또는 매개(언론보도 등)로 인한 분쟁의 조정·중재 및 침해사항을 심의하기 위한 기관이다.[88] 언론중재위원회는 '언론의 자유와 개인의 반론권의 조화'를 기관의 존립 근거로 내세우며, 현재까지 우리나라 특유의 언론피해 구제 제도로서 자리매김하고 있다.

언론중재법은 손해의 배상도 언론중재위원회의 중재와 조정대상으로 삼고 있다. 언론중재위원회에서는 '정정보도청구', '반론보도청구', '추후보도청구', '손해의 배상' 등을

---

87 최은창, 「가짜뉴스의 고고학」(서울: 동아시아, 2020), pp. 42-43.
88 「언론중재 및 피해구제 등에 관한 법률(언론중재법)」 제7조(언론중재위원회의 설치).

중재와 조정의 대상으로 하고 있다.

언론중재법은 용어상의 혼동을 피하기 위하여 사실적 주장, 정정보도와 반론보도의 정의를 분명하게 제시하고 있다. 사실적 주장은 "증거에 의하여 그 존재 여부를 판단할 수 있는 사실관계에 관한 주장"이라고 정의하고 있다. 정정보도는 "언론의 보도내용의 전부 또는 일부가 진실하지 아니한 경우 이를 진실에 부합되게 고쳐서 보도하는 것"으로, 반론보도는 "보도내용의 진실 여부에 관계없이 그와 대립되는 반박적 주장을 보도하는 것"으로 구분했다.

「언론중재법」은 언론 보도로 인한 피해를 구제하기 위한 장치로 ① 정정보도, ② 반론보도, ③ 추후보도 제도를 규정하고 있다.[89]

첫째, 정정보도는 언론의 보도 내용이 명백히 사실과 어긋날 경우, 즉 오보를 바로잡기 위한 제도다.

둘째, 반론보도는 보도 내용의 사실 여부와 상관없이 언론 보도로 인해 피해를 입은 사람이 해당 매체를 통해 자신의 의견을 개진할 수 있도록 하는 '반론권'을 보장하는 제도다.

셋째, 추후보도 제도는 언론을 통해 범죄혐의가 공표된 사람이 그에 대한 형사절차가 무죄판결을 받거나 이와 동등한 형태로 종결되었을 때 무죄판결 등을 공표하도록 하는 제도다. 이 세 가지 제도 모두 언론 보도로 인한 인격권 침해 구제를 목적으로 도입한 장치다.

언론중재법은 '중재'와 '조정'을 명확히 구분하고 있다.[90] 중재는 분쟁 당사자 간의 '합의'로 중재인의 판정에 의하여 분쟁을 해결하는 방법이다. 조정은 당사자가 자주적으로 합의를 도출할 수 있도록 제3자가 도와주는 과정이다.

첫 번째, 중재는 당사자가 종국적으로 언론중재위원회 중재부의 결정에 따르기로 합의하고, 중재판정에 따르는 방법이다. 중재신청은 조정절차 중에도 할 수 있다.

---

89 윤진희, "언론중재법상 추후보도 제도 개선방안에 관한 연구" 「언론과 법」, 18(3), 2019, p. 109.
90 언론중재위원회, 「언론중재법 해석」, 2005, pp. 124−128.

중재의 경우, 당사자 양쪽은 정정보도청구 등 또는 손해배상의 분쟁에 관하여 중재부의 종국적 결정에 따르기로 합의하면 중재를 신청할 수 있다. 당사자 쌍방이 중재부의 최종 결정에 따르기로 합의하고 신청할 경우 인정된다. 중재결정의 경우, 확정판결과 동일한 효력을 부여하고 있다.

중재절차의 경우, 언론중재법상의 규정과 「민사소송법」상의 조정에 관한 기준(제34조, 35조, 39조, 41−45조)을 준용하도록 했다. 언론중재위원회의 중재부가 중재결정을 내리면 언론사는 결정된 내용대로 정정보도문, 반론보도문, 추후보도문을 방송 또는 게재하고 손해배상액을 지급해야 한다. 언론사가 그 결정 내용대로 이행하지 않으면 신청인은 법원에 이행을 강제하도록 청구할 수 있다.

두 번째, 조정은 분쟁당사자 중 피해자 또는 언론사 등으로부터 조정신청이 있는 경우, 언론중재위원회 중재부가 사실조사에 대한 조정안을 작성하여 양측에게 일정한 기간을 정하여 권고함으로써 분쟁을 해결하는 방법이다. 정정보도청구 등과 손해배상의 조정신청은 언론보도 등이 있음을 안 날로부터 3월 이내, 언론보도 후 6월 이내에 해야 한다. 서면 외에도 구술이나 전자우편 등으로도 가능하다. 조정은 접수일부터 14일 이내에 하여야 한다.

언론중재위원회 중재부의 장은 조정신청을 접수하였을 때에는 지체 없이 조정기일을 정하여 당사자에게 출석을 요구하여야 한다. 조정에 의한 합의는 재판상의 화해로 인정해 중재와 동일한 확정판결의 법적 지위를 갖고 있다.

직권조정 결정에 관하여 이의신청이 있는 경우, 그 이의신청이 있은 때에 따른 소(訴)가 제기된 것으로 본다. 피해자를 원고로 하고 상대방인 언론사 등을 피고로 한다. 신청인은 조정절차 계속 중에 정정보도청구 등과 손해배상청구 상호 간의 변경을 포함하여 신청취지를 변경할 수 있다. 이들을 병합하여 청구할 수 있다.

직권조정 결정은 조정신청 접수일로부터 21일 이내에 하여야 한다. 직권조정 결정에 불복하는 자는 결정 정본을 송달받은 날부터 7일 이내에 불복 사유를 명시하여 서면으로 중재부에 이의신청을 할 수 있다. 이 경우 그 중재부의 결정은 효력을 상실한다.

언론중재위원회	
설치	• 언론 등의 보도 또는 매개(언론보도 등)로 인한 분쟁의 조정·중재 및 침해사항을 심의하기 위하여 언론중재위원회(중재위원회)를 둔다.
위원장	• 중재위원회에 위원장 1명과 2명 이내의 부위원장 및 2명 이내의 감사를 두며, 각각 중재위원

	중에서 호선(互選)한다.
위원	• 40명 이상 90명 이내의 중재위원으로 구성한다. • 중재위원은 문화체육관광부장관이 위촉한다.
위원자격	• 법관의 자격이 있는 사람 중에서 법원행정처장이 추천한 사람 • 변호사의 자격이 있는 사람 중에서 대한변호사협회의 장이 추천한 사람 • 언론사의 취재·보도 업무에 10년 이상 종사한 사람 • 그 밖에 언론에 관하여 학식과 경험이 풍부한 사람
임기	• 위원장·부위원장·감사 및 중재위원의 임기는 각각 3년으로 하며, 한 차례만 연임할 수 있다.
심의사항	• 중재부의 구성에 관한 사항 • 중재위원회규칙의 제정·개정 및 폐지에 관한 사항 • 사무처의 사무총장의 임명 동의 • 시정권고에 따른 시정권고의 결정 및 그 취소결정 • 그 밖에 중재위원회 위원장이 회의에 부치는 사항
직무수행	• 중재위원은 법률과 양심에 따라 독립하여 직무를 수행하며, 직무상 어떠한 지시나 간섭도 받지 아니한다.
중재부	• 중재는 5명 이내의 중재위원으로 구성된 중재부에서 하며, 중재부의 장은 법관 또는 변호사의 자격이 있는 중재위원 중에서 중재위원회 위원장이 지명한다. • 중재부는 중재부의 장을 포함한 과반수의 출석과 출석위원 과반수의 찬성으로 의결한다
활동보고	• 중재위원회는 매년 그 활동 결과를 다음 연도 2월 말까지 국회에 보고하여야 하며, 국회는 필요한 경우 중재위원회 위원장 또는 사무총장의 출석을 요구하여 그 의견을 들을 수 있다.

언론중재법상 용어해설	
사실적 주장	• 증거에 의하여 그 존재 여부를 판단할 수 있는 사실관계에 관한 주장
정정보도	• 언론의 보도내용의 전부 또는 일부가 진실하지 아니한 경우 이를 진실에 부합되게 고쳐서 보도하는 것
반론보도	• 보도내용의 진실 여부에 관계 없이 그와 대립되는 반박적 주장을 보도하는 것
중재	• 중재(Arbitration)는 분쟁 당사자간의 '합의'로 중재인의 판정에 의하여 분쟁을 해결하는 방법 • 언론중재법상의 규정과 「민사소송법」상의 조정에 관한 기준(제34조, 35조, 39조, 41-45조)을 준용 • 중재의 경우, 당사자 양쪽은 정정보도청구 등 또는 손해배상의 분쟁에 관하여 중재부의 종국적 결정에 따르기로 합의하고 중재를 신청할 수 있음 • 중재는 당사자 쌍방이 중재부의 종국적 결정에 따르기로 합의하고 신청할 경우 인정 • 중재결정의 경우, 확정판결과 동일한 효력을 부여

조정	• 조정(Conciliation)은 당사자가 자주적으로 합의를 도출할 수 있도록 제3자가 도와주는 과정 • 정정보도청구 등과 손해배상의 조정신청은 언론보도 등이 있음을 안 날로부터 3월 이내, 언론보도 후 6월 이내에 해야 함 • 서면 외에도 구술이나 전자우편 등으로도 가능 • 조정은 접수일부터 14일 이내에 하여야 하며, 중재부의 장은 조정신청을 접수하였을 때에는 지체 없이 조정기일을 정하여 당사자에게 출석을 요구해야 함 • 직권조정결정은 조정신청 접수일로부터 21일 이내에 하여야 함 • 직권조정결정에 불복하는 자는 결정 정본을 송달받은 날부터 7일 이내에 불복 사유를 명시하여 서면으로 중재부에 이의신청을 할 수 있음. 이 경우 그 결정은 효력을 상실함. • 조정에 의한 합의는 재판상의 화해로 인정해 중재와 동일한 확정판결의 법적 지위를 갖고 있음. • 조정에 의한 합의는 재판상의 화해로 인정해 중재와 동일한 확정판결의 법적 지위를 갖고 있음

3 ║ 언론피해구제청구권

언론의 자유와 관련된 일련의 흐름은 영미권의 '사상의 자유시장론'과 유럽대륙의 '사회적 책임론'으로 구분된다. 영미에서는 '반론권'Right to Reply 제도를 마련하지 않는 대신 보도 후 엄격한 징벌적 책임을 추궁한다. 반면, 유럽에서는 반론권을 보장함으로써 언론의 사후 법적 책임을 완화한다. 인격권과 언론의 자유가 서로 충돌되는 경우가 많다.

1 정정보도청구권

정정보도청구권Right to the Correction Reported Claims은 이론상 '반론보도청구권'이라고 보는 것이 학설과 판례의 입장이다. 대법원은 정정보도청구권은 반박보도청구권이 올바른 표현이라고 판결하였다.[91]

사실적 주장에 관한 언론보도 등이 진실하지 아니함으로 인하여 피해를 입은 자(피해자)는 해당 언론보도 등이 있음을 안 날부터 3개월 이내에 언론사와 인터넷 뉴스서비스사업자 그리고 인터넷 멀티미디어 방송사업자와 같은 언론사 등에게 그 언론보도 등의

---

[91] 성낙인·김태열, "언론조정중재와 언론피해구제" 「세계헌법연구」, 27(3), 2021, p. 8.

내용에 관한 정정보도를 청구할 수 있다. 다만, 해당 언론보도 등이 있은 후 6개월이 지났을 때에는 그러하지 아니하다. 정정보도의 청구에는 언론사 등의 고의·과실이나 위법성을 필요로 하지 않는다.[92]

정정보도 청구는 언론사 등의 대표자에게 서면으로 하여야 한다. 청구서에는 피해자의 성명·주소·전화번호 등의 연락처를 적고, 정정의 대상인 언론보도 등의 내용 및 정정을 청구하는 이유와 청구하는 정정보도문을 명시하여야 한다. 다만, 인터넷신문 및 인터넷뉴스서비스의 언론보도 등의 내용이 해당 인터넷 홈페이지를 통하여 계속 보도 중이거나 매개 중인 경우에는 그 내용의 정정을 함께 청구할 수 있다.[93]

정정보도 청구를 받은 언론사 등의 대표자는 3일 이내에 그 수용 여부에 대한 통지를 청구인에게 발송하여야 한다. 이 경우 정정의 대상인 언론보도 등의 내용이 방송이나 인터넷신문, 인터넷뉴스서비스 및 인터넷 멀티미디어 방송의 보도과정에서 성립한 경우에는 해당 언론사 등이 그러한 사실이 없었음을 입증하지 아니하면 그 사실의 존재를 부인하지 못한다.[94]

언론사 등이 정정보도의 청구를 수용할 때에는 지체 없이 피해자 또는 그 대리인과 정정보도의 내용·크기 등에 관하여 협의한 후, 그 청구를 받은 날부터 7일 내에 정정보도문을 방송하거나 게재 혹은 내용을 정정하여야 한다. 다만, 신문 및 잡지 등 정기간행물의 경우 이미 편집 및 제작이 완료되어 부득이할 때에는 다음 발행 호에 이를 게재하여야 한다.[95]

Police Science

🌐🔍 언론사 등의 정정보도 청구 거부 사유[96]

- 피해자가 정정보도청구권을 행사할 정당한 이익이 없는 경우(1호)
- 청구된 정정보도의 내용이 명백히 사실과 다른 경우(2호)
- 청구된 정정보도의 내용이 명백히 위법한 내용인 경우(3호)
- 정정보도의 청구가 상업적인 광고만을 목적으로 하는 경우(4호)
- 청구된 정정보도의 내용이 국가·지방자치단체 또는 공공단체의 공개회의와 법원의 공개재판절차의 사실보도에 관한 것인 경우(5호)

---

92 「언론중재 및 피해구제 등에 관한 법률(언론중재법)」 제14조(정정보도 청구의 요건).
93 「언론중재 및 피해구제 등에 관한 법률(언론중재법)」 제15조(정정보도청구권의 행사) 1항.
94 「언론중재 및 피해구제 등에 관한 법률(언론중재법)」 제15조(정정보도청구권의 행사) 2항.
95 「언론중재 및 피해구제 등에 관한 법률(언론중재법)」 제15조(정정보도청구권의 행사) 3항.
96 「언론중재 및 피해구제 등에 관한 법률(언론중재법)」 제15조(정정보도청구권의 행사) 4항.

2 반론보도청구권

반론보도청구권Right to Reply은 보도 내용의 사실 여부와 상관 없이 언론 보도로 인해 피해를 입은 사람이 해당 매체를 통해 자신의 의견을 개진할 수 있도록 하는 '반론권'을 의미한다. 사실적 주장에 관한 언론보도 등으로 인하여 피해를 입은 자는 그 보도 내용에 관한 반론보도를 언론사 등에 청구할 수 있다. 반론보도청구권은 언론보도로 인한 피해자의 구제와 독자의 올바른 여론형성을 위한 제도적 장치이자 중요한 권리다.

반론보도의 청구에는 언론사 등의 고의·과실이나 위법성을 필요로 하지 아니하며, 보도 내용의 진실 여부와 상관없이 그 청구를 할 수 있다. 반론보도 청구에 관하여는 따로 규정된 것을 제외하고는 정정보도 청구에 관한 「언론중재법」의 규정을 준용한다.[97] 따라서 반론보도청구에 대한 청구·중재 및 법원의 심판절차에 관해서는 정정보도청구권의 규정이 적용된다.

3 추후보도청구권

추후보도청구권Right to Relif Reported Claims for Media Damage은 언론을 통해 범죄혐의가 공표된 사람이 그에 대한 형사절차가 무죄판결을 받거나 이와 동등한 형태로 종결되었을 때 무죄판결 등을 공표하도록 하는 '반론권'의 하위 권리를 말한다. 추후보도청구권의 행사 요건은 '형사절차상 무죄판결 또는 이와 동등한 형태의 종결'이다.

「언론중재법」 제17조(추후보도청구권) 제1항은 "언론 등에 의하여 범죄혐의가 있거나 형사상의 조치를 받았다고 보도 또는 공표된 자는 그에 대한 형사절차가 무죄판결 또는 이와 동등한 형태로 종결되었을 때에는 그 사실을 안 날부터 3개월 이내에 언론사 등에 이 사실에 관한 추후보도의 게재를 청구할 수 있다."라고 규정하고 있다.

추후보도에는 청구인의 명예나 권리 회복에 필요한 설명 또는 해명이 포함되어야 한다. 추후보도청구권에 관하여는 법령에 규정된 것을 제외하고는 정정보도청구권에 관한 「언론중재법」의 규정을 준용한다. 추후보도청구권은 특별한 사정이 있는 경우를 제외하고는 「언론중재법」에 따른 정정보도청구권이나 반론보도청구권의 행사에 영향을 미치지

---

97 「언론중재 및 피해구제 등에 관한 법률(언론중재법)」 제16조(반론보도청구권).

아니한다.[98]

🌐 언론중재법상 추후보도 제도의 문제점[99]

- 언론보도 피해자의 구제라는 측면에서 추후보도 제도의 입법목적의 정당성은 인정된다. 하지만 추후보도 제도는 언론을 통해 공표된 사실, 즉 범죄 피의사실의 진실성 여부와 상관없이 이뤄진다는 점에서 문제가 비롯된다. 추후보도 청구권 행사 요건인 '형사절차 상 무죄 판결 또는 이와 동등한 형태의 종결'은 무죄Not guilty와 결백Innocence을 구별하지 않고 있다.
- 이에 따라 언론이 팩트Fact, 즉 입증 가능한 사실을 보도한 경우라도, 이에 대한 고려 없이 사법기관의 판단만을 이유로 추후보도를 이행해야 하는 문제가 있다.
- 이는 언론의 사실보도 기능, 견제, 비판, 감시 기능을 위축시킬 뿐 아니라 언론 스스로 추후보도를 통해 왜곡된 여론 형성에 기여하는 부조리를 빚는다.

4 손해배상청구권

언론중재법에서는 언론중재위원회를 통한 손해배상청구권이 규정되어 있다. 정정보도와 반론보도가 작동하면 일반적으로 손해배상액은 상징적인 금액으로 책정된다. 정정보도나 반론보도제도가 없는 영미법계에서는 징벌적 손해배상제도로 나아간다.

언론 등의 고의 또는 과실로 인한 위법행위로 인하여 재산상 손해를 입거나 인격권 침해 또는 그 밖의 정신적 고통을 받은 자는 그 손해에 대한 배상을 언론사 등에 청구할 수 있다. 법원은 법령에 따른 손해가 발생한 사실은 인정되나 손해액의 구체적인 금액을 산정算定하기 곤란한 경우에는 변론의 취지 및 증거조사의 결과를 고려하여 그에 상당하다고 인정되는 손해액을 산정하여야 한다.

피해자는 인격권을 침해하는 언론사 등에 침해의 정지를 청구할 수 있으며, 그 권리를 명백히 침해할 우려가 있는 언론사 등에 침해의 예방을 청구할 수 있다. 피해자는 법령에 따른 청구를 하는 경우 침해행위에 제공되거나 침해행위에 의하여 만들어진 물건의 폐기나 그 밖에 필요한 조치를 청구할 수 있다.[100]

---

98 「언론중재 및 피해구제 등에 관한 법률(언론중재법)」 제17조(추후보도청구권) 제2항·제3항·제4항.
99 윤진희, "언론중재법상 추후보도 제도 개선방안에 관한 연구"「언론과 법」, 18(3), 2019, p. 109.
100 「언론중재 및 피해구제 등에 관한 법률(언론중재법)」 제30조(손해의 배상) 제1항·제2항·제3항·제4항.

🔍 언론의 역기능과 피해자의 인격권 침해[101]

- 언론의 역기능으로 인해 보도의 객체에 대한 인격권 침해 등 피해가 발생하고 이에 대한 구제가 법적으로 중요한 문제로 대두되고 있다. 개인, 단체, 국가기관에 대한 부실한 취재활동이나 무분별한 취재와 보도로 당사자의 명예훼손 또는 사생활의 공개 등의 인격권 침해를 야기한다.
- 언론보도로 인한 피해는 피해자 개인의 문제로 국한되는 것이 아니라, 보도 대상자에 대한 부당한 비판과 비난을 가함으로써 공정치 못한 여론형성의 원인을 제공한다는 점도 문제가 된다.
- 언론의 보도는 그 전파력의 신속성과 광범위성, 여론의 지배력으로 인해 인격권이 침해되는 경우 피해자에게 회복할 수 없는 손해가 발생한다.
- 언론보도로 특정인의 인격권을 침해한 경우 피해를 받은 자에게 신속·적절하고 대등한 방어수단을 위해 보도된 매체 자체를 통하여 방어주장의 기회를 보장하는 것이 형평의 원칙상 필요하고, 독자로서도 언론사의 정보에만 의존하기보다는 상대방의 반대주장까지 들어야 비로소 올바른 판단을 내릴 수 있다.

4 ║ 재판상 피해구제

언론중재법은 소송제도를 규정하고 있다. 피해자는 법원에 정정보도청구 등의 소를 제기할 수 있다. 피해자는 정정보도청구 등의 소를 병합하여 제기할 수 있고, 소송계속訴訟繫屬 중 정정보도청구 등의 소訴 상호간에 이를 변경할 수 있다. 정정보도의 청구에는 언론사 등의 고의·과실이나 위법성을 필요로 하지 않는다.

정정보도청구 등의 소는 해당 언론보도 등이 있음을 안 날부터 3개월 이내(해당 언론보도 등이 있은 후 6개월 이내) 및 추후보도청구권은 3개월 이내에 제기하여야 한다. 피해자는 정정보도청구 등의 소와 동시에 그 인용認容을 조건으로 「민사집행법」에 따른 간접강제의 신청을 병합하여 제기할 수 있다.

---

[101] 전광백, "반론보도청구권", 「성신법학」, 12, 2013, p. 43.

정정보도청구 등의 소는 접수 후 3개월 이내에 판결을 선고하여야 한다.[102] 정정보도청구 등의 신청서가 접수되면 법원은 즉시 변론기일을 지정하여야 한다.[103] 법원은 언론보도 등에 의하여 피해를 받았음을 이유로 하는 재판은 다른 재판에 우선하여 신속히 하여야 한다.[104]

신속한 피해구제를 위해, 정정보도 청구의 소에 대하여는 「민사소송법」의 소송절차에 관한 규정에 따라 재판한다. 반론보도 청구 및 추후보도 청구의 소에 대하여는 「민사집행법」의 가처분절차에 관한 규정에 따라 재판한다.[105]

언론사 등이 이미 정정보도·반론보도 또는 추후보도의 의무를 이행하였을 때에는 언론사 등의 청구에 따라 취소재판의 내용을 보도할 수 있음을 선고한다. 언론사 등의 청구에 따라 상대방으로 하여금 언론사 등이 이미 이행한 정정보도·반론보도 또는 추후보도와 취소재판의 보도를 위하여 필요한 비용 및 통상의 지면게재 사용료 또는 방송 사용료로서 적정한 손해의 배상을 하도록 명하여야 한다.[106]

「언론중재법」상 언론중재위원회의 조정절차와 법원의 소송절차는 전혀 별개의 절차다. 따라서 법원에 소송을 제기하기 위해 반드시 언론중재위원회의 조정절차를 거쳐야 하는 것도 아니고, 조정절차를 거치게 되면 법원에 다시는 소송을 제기하지 못하는 것도 아니다. 언론중재위원회에 조정을 신청하여 불성립 등의 결과를 얻은 경우, 다시 법원에 소송을 제기할 수 있다. 다만, 조정결과 당사자 간에 합의가 성립한 경우에는 재판상 화해와 동일한 효력을 갖게 되므로, 법원에 다시 소를 제기할 수 없다.

언론보도에 의한 정정보도 등의 청구절차	
정정보도 청구절차	• 사실적 주장에 관한 언론보도가 진실하지 아니함으로 인하여 피해를 입은 자는 언론사에 정정보도 청구가능 • 정정보도는 언론의 보도 내용이 명백히 사실과 어긋날 경우, 즉 오보를 바로잡기 위한 제도 • 정정보도는 언론의 보도내용의 전부 또는 일부가 진실하지 아니한 경우 이를 진실에 부합되게 고쳐서 보도하는 것을 의미함 • 청구에는 언론사의 고의·과실이나 위법성을 요하지 아니함

---

102 「언론중재 및 피해구제 등에 관한 법률(언론중재법)」 제27조(재판).
103 「정정보도청구 등 사건 심판규칙」 제3조(심리 및 재판) 3항.
104 「언론중재 및 피해구제 등에 관한 법률(언론중재법)」 제29조(언론보도등 관련 소송의 우선 처리).
105 「언론중재 및 피해구제 등에 관한 법률(언론중재법)」 제26조(정정보도청구등의 소) 6항.
106 「언론중재 및 피해구제 등에 관한 법률(언론중재법)」 제28조(불복절차) 3항.

	• 국가·지방자치단체, 기관 또는 단체의 장은 당해 업무에 대하여 그 기관 또는 단체를 대표하여 정정보도를 청구할 수 있음(해당 주무 실·국·과의 이름으로는 신청할 수 없음)
반론보도 청구절차	• 사실적 주장에 관한 언론보도로 인하여 피해를 입은 자는 그 보도내용에 관한 반론보도를 언론사에 청구가능 • 반론보도는 보도 내용의 사실 여부와 상관 없이 언론 보도로 인해 피해를 입은 사람이 해당 매체를 통해 자신의 의견을 개진할 수 있도록 하는 '반론권'을 보장하는 제도 • 반론보도는 보도내용의 진실 여부에 관계없이 그와 대립되는 반박적 주장을 보도하는 것을 의미 • 그 청구는 언론사의 고의·과실이나 위법함을 요하지 아니하고, 보도내용의 진실 여부를 불문함
추후보도 청구절차	• 추후보도 제도는 언론을 통해 범죄혐의가 공표된 사람이 그에 대한 형사절차가 무죄판결을 받거나 이와 동등한 형태로 종결되었을 때 무죄판결 등을 공표 하도록 하는 제도
공통점	• 반론보도 청구도 정정보도와 마찬가지로 중재위를 거치지 않고 법원에 직접 제기할 수 있음 • 피해자가 정정보도청구권을 행사할 정당한 이익이 없는 때, 청구된 정정보도의 내용이 명백히 사실에 반하거나 위법한 내용일 때, 상업적인 광고만을 목적으로 할 때, 혹은 국가기관의 공공회의나 법원의 재판절차에 근거한 사실보도일 때에는 반론보도나 정정보도를 청구할 수 없도록 함 • 정정보도와 반론보도 청구에 있어서 조정신청은 언론보도를 안 날로부터 3월 이내, 언론보도 후 6월 이내에 해야 하고, 서면 외에도 구술이나 전자우편 등으로도 가능 • 언론보도가 있음을 안 날부터 3월 이내 • 당해 언론보도가 있은 후 6월 이내 • 법원은 정정보도 등의 소송이 제기되면 접수 후 3월 이내에 판결을 선고해야 함

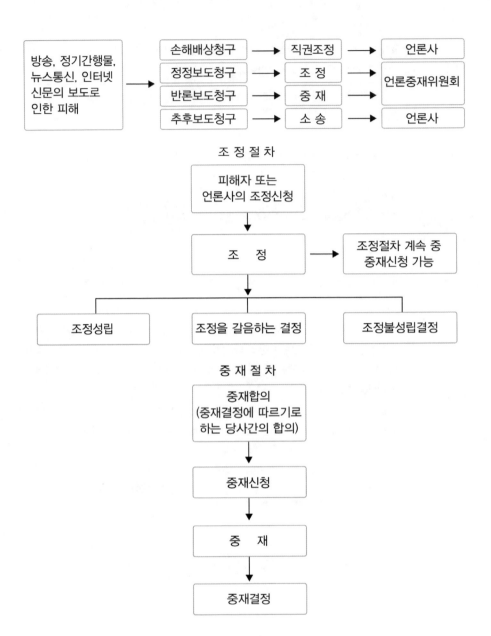

POLICE
SCIENCE

경찰통제와 미래 과제

"인생의 삼합이론(좋은 친구, 좋은 경치, 좋은 음식)"

첫 번째는 좋은 친구이다. 좋은 친구와 함께 하면 어떠한 고난과 어려움도 두렵지가 않다. 달동네의 골방과 거친 음식도 즐겁다.

두 번째는 좋은 경치이다. 좋은 친구와 좋은 경치를 보면 그 자체로도 행복이다. 빈손이라도 신이 선물해준 자연을 함께 보는 것만으로도 행복하다.

세 번째는 좋은 음식이다. 좋은 친구와 좋은 경치를 보면서 좋은 음식을 먹는 것은 인생 최대의 행복이다.

"인간관계의 3대 원칙"

첫째는 손쉬운 출발이다. 누군가를 만날 때 두려워 하지 마라. 우리 모두는 하늘이 내린 동등한 존재이다. 돈많고 권세있는 사람에게 주눅들지 말고 당당하고 자신있게 세상의 사람들과 교류해라.

둘째는 즐거운 만남이다. 즐거운 만남을 위해서 의도적이고 의식적인 노력을 해라. 아름다운 선남선녀는 존재자체만 가지고도 남에게 행복을 준다. 하지만 그런 사람은 매우 드물다. 평범한 우리는 즐거운 만남을 위해서 끊임없이 노력을 해야 한다. 유머를 외우고 익혀라.

세 번째는 산뜻한 이별이다. 지나간 인연은 시절인연이다. 그 사람과의 인연이 다했다. 억지로 잡으려 하지 말고 보내줘라. 인생을 살면서 무수한 사람과 만나고 헤어진다. 어느 한 순간 좋았던 사람이라도 인연이 끝나면 그 시절인연이 끝난 것이다. 무리하게 잡지말고 산뜻하게 보내줘라.

제 **1** 장 경찰통제

1 통제의 의의

1 통제의 개념

통제란 프랑스어 '꽁트르-롤르'^{Contre-Rôle}, 즉 '견제 역할'이라는 말에서 유래한다. 지휘는 사전개념이며 통제는 사후개념이다. 통제는 일반적으로 사후적으로 감독하는 의미를 갖고 있다. 국가의 구조는 '민주'와 '법치'라는 양 날개를 가지고 있다. 민주주의 사회에서는 '민주'와 '법치'를 기준으로 권력기관을 사전 혹은 사후통제하고 있다.

통제는 목표와 목표를 추구하는 실천행동을 부합시키려는 과정을 뜻한다. 행정에 대한 통제는 정부관료제라는 거대조직의 책임성을 확보하기 위한 것이다. 정부관료제 내외의 많은 통제 중추들이 참여하고 다양한 수단과 자원이 동원되는 복잡한 활동과정들이 포함되어 있다.[1]

통제^{Control}는 목표와 그 실천행동을 부합시키려는 활동이다. 피통제자가 추구해야 할 목표는 그의 책임으로 되는 것이기 때문에 통제는 책임이행을 보장하려는 활동이라고 규정된다. 통제는 행동자의 책임이행을 보장하기 위한 여러 가지 활동 가운데 하나이다. 통제는 조직활동의 통합에 기여하는 것이기도 하다.

---

1 오석홍, 「행정학」(서울: 박영사, 2004), pp. 874-894.

🌐🔍 통제의 다양한 의미

- 통제^{Control}라는 용어에는 긍정적 의미뿐만 아니라 부정적 의미도 포함되어 있다.
- 통제는 능률적이고 효과적인 진행을 촉진하고 나태한 행정기관에 활기를 불어넣는 긍정적인 방향으로 사용될 뿐만 아니라, 지나치게 권력남용을 하는 사람의 부정적인 형태를 제한하는 데도 사용될 수 있다.

통제의 정의에 내포된 주요명제	
통제의 외재성	· 통제는 통제대상인 행동자의 외부에서 가해지는 것이다. 따라서 통제는 통제자(Control Agent)와 피통제자(Conrollee)의 개념적 구별을 전제로 한다. · 피통제자의 지배권 밖에 있는 통제의 수단을 가진 통제자가 존재하고, 통제자에게 책임을 지는 피통제자가 있어야 통제관계가 성립한다. · 개인적 신념이나 가치관 등에 입각하여 행동자가 스스로 자기규제를 하는 것은 우리가 말하는 통제가 아니다.
기준의 존재	· 통제는 미리 정해진 목표 또는 기준의 존재를 전제로 한다. 통제는 목표 또는 기준에 실천행동을 부합시키려는 활동이기 때문에 기준의 존재는 필수적인 것이다. · 통제과정에서 기준으로부터 이탈되는 실적을 발견하면 이를 기준에 부합되도록 하기 위해 시정조치를 하게 된다.
통제의 수단	· 통제자는 통제에 필요한 수단(Means) 또는 자원(Resources)을 가지고 있어야 한다. · 통제의 과정은 조직이 사용하는 수단 또는 자원을 적정히 배분하여 필요로 하는 실적을 얻어내는 과정이라고 말할 수도 있다.
동태적 순환적 과정	· 통제는 일련의 기본적인 활동단계를 내포하는 동태적이고 순환적인 과정이다. · 통제는 다소간의 불확실한 사태에 노출될 수 있는 동태적 과정이기 때문에 통제는 자율조정의 순환적 과정으로 된다.
부수적 효과	· 통제의 기본적 기능은 책임이행을 보장하고 목표와 실적을 부합시켜 조직의 통합과 성공에 이바지하려는 것이지만, 이와 같은 기본적 기능에 결부된 여러 가지 부수적 효과 또한 기대할 수 있다.

영미법계와 대륙법계의 통제	
영미법계의 통제	· 경찰조직의 민주성을 확보하기 위하여 경찰위원회, 경찰책임자 선거, 자치경찰제도의 시행 등과 같은 제도적 장치마련을 통해 시민이 직접 또는 그 대표기관을 통한 참여와 감시를 하는 방향으로 시스템을 구축하고 있다.

대륙법계의 통제	• 대륙법계 국가에서는 행정소송, 국가배상제도 등 사법심사를 통해 법원이 행정부의 행위를 심사함으로써 통제하는 시스템을 구축하고 있다. • 특히 대륙법계 국가에서는 초기 행정소송의 열기주의에서 개괄주의로 전환함으로써 행정에 대한 법원의 통제를 확대하고 있다.

※ 개괄주의(概括主義)와 열기주의(列記主義): 개괄주의란 행정행위에 의하여 권리나 이익을 침해당한 경우에
　법률상 예외가 인정되는 특별한 경우를 제외하고는 불복신청 또는 소송을 제기할 수 있도록 널리 인정하는
　입법주의이다. 열기주의란 행정심판 대상을 법령이 정하는 특정한 사항만을 허용하는 것이다. 독일의 경우
　제2차 세계대전 후 행정소송에 있어서 종래의 열기주의를 폐지하고 개괄주의를 채택하는 등 민주적으로 탈
　바꿈하였다.

2 책임의 정의

통제는 목표와 그 실천행동을 부합시키려는 활동이며, 피통제자에게 책임을 묻는 활동이다. 행정에 대한 통제체제의 목적은 행정책임의 이행을 보장하려는 것이다. 책임 Responsibility이란 비판에 대응하여야 할 의무라고 규정할 수 있다. 이것은 X라는 행동자가 Y라는 일에 관해 Z이라는 통제자의 비판에 부응해야 하는 관계를 설명하는 개념이다.

책임을 정의하는 2가지 접근방법	
객관적 책임론	• 객관적 책임론(Objective Responsibility)은 '행동자의 외부로부터 기대'에 관련된 것이다. • 행정체제에서 볼 수 있는 객관적 책임의 양태는 여러 가지가 있다. 그 대표적인 것이 법률에 대 한 책임이다. • 민주국가에서 법률에 대한 책임은 궁극적으로 주권자인 국민에게 대한 책임을 반영하는 것이다. • 객관적 책임은 사람들이 맡은 역할에 대한 법률·조직·사회의 요구에서 생기는 것을 의미한다.
주관적 책임론	• 주관적 책임론(Subjective Responsibility)은 행동자가 스스로 책임이 있다고 느끼는 것에 관한 개념이다. 이것은 도덕적 의무에 대한 내적·개인적 인식이다. • 주관적 책임은 양심·충성심·일체감 등이 조성하는 내적 충동에서 비롯되는 것이다. • 주관적 책임론에 따르면 행동자가 과오를 범하는 경우 스스로의 양심이 그것을 과오라고 인정할 때에만 과오가 된다고 한다. • 이 경우 행동자에 대한 처벌은 양심의 가책일 뿐이라고 한다. 따라서 책임은 개인적인 것이며, 도덕적인 성격을 지닌다.

책임과 관련된 용어의 구별	
책임성	• 펜녹(Pennock)은 책임성(Responsibility)이란 누구에게 어떤 행위에 대해서 책임을 진다는 책무성과 자신과 자신의 감독하에 있는 부하직원들의 행위에 대한 인과적인 책임성의 2가지 의미를 가지고 있다고 한다. • 첫째, 책무성은 책임성이 그의 행위에 대하여 어느 누구에게 책임을 진다는 의미로 사용하는 것이다. 예를 들어 선거에 의하여 탄생한 정부는 임기 동안 국민에게 책무성을 진다는 것이다. • 둘째, 책임성은 설명력(Explicability)에 의한 인과적인 책임성이 있다. • 예를 들어 어떤 장관의 정책이 실패한 경우, 그 실패가 장관의 직접적 행동으로 인한 것일 때는 물론, 장관의 직접적 행동이 없었다 하더라도 그에게 실패에 대한 책임을 지울 수 있다. • 왜냐하면 장관은 어떤 정책방향을 결정하는데 인과적인 기여를 할 수 있는 위치를 점하고 있기 때문이다. 이러한 경우는 분명히 장관에게 명시적인 인과책임(Explicit Causal Responsibility)이 있다고 볼 수 있다. • 민주주의 사회에서는 책임성의 2가지 측면인 책무성과 인과적인 책임성 간의 공정한 균형을 가져오도록 노력해야 한다. • 관료제가 지나치게 책무성을 주장하여 엄격한 법과 규정에 사로잡혀 행정의 능률을 저해해서도 안 되지만 지나치게 책임성을 믿고 권한과 자유재량을 줌으로써 관료의 권력남용을 유발해서도 안 된다.
책무성	• 책무성(Accountability)은 행위나 행태에 대하여 해명 혹은 변명을 요구하는 것을 의미한다. 일반적으로 책무성은 통제의 제도(Institution of Control), 즉 책임을 묻는 것이다. • 예를 들어 행안부장관이 국내문제에 있어서 그가 행한 행위에 대하여 대통령에게 해명해야 된다고 말할 때, 우리는 행안부장관이 행한 국내 정책의 방법에 대하여 대통령에게 책무성이 있다고 말한다.
의무성	• 의무성(Liability)이란 주어진 책임을 성공적으로 달성하고, 옳지 못한 판단을 원상복귀 시키고 보상하며 재보상하는 의무를 맡는 것이다. • 계약에 따른 의무를 지고 있다고 해서, 모든 관료가 책임성을 가졌다고 볼 수 있는 것은 아니다. 의무와 책임성 간의 차이는 전자가 의무만을 부과하는 것이라면 후자는 의무와 더불어 그에 상응하는 권력, 즉 결정권을 부여하는 것이라는 점이다.

2 ‖ 통제의 필요성

제임스 메디슨James Madison은 통제의 필요성에 대하여 '연방주의자 보고서'The Federalist Papers에서 다음과 같이 기술했다.

"사람이 천사라면 정부는 필요 없을 것이다. 천사가 사람을 지배하게 된다면 행정부에 대한 내부 또는 외부 통제 모두 필요 없을 것이다."

이와 같이 사람은 천사가 아니기 때문에 메디슨은 행정부는 내·외부 통제기관들에 의해 철저히 통제되어야 한다고 보았다. 행정권력은 항상 남용과 결함의 위험성을 내포하고 있다. 공무원들은 자신들의 잘못과 실수를 은폐할 수도 있고, 비록 개인적으로는 정직하지만 합법적인 권한 없이 행동할 수도 있고, 때로는 법률을 위반할 수도 있다. 또한 공무원은 법률을 집행할 때 규정을 지키려 하지만, 입법적 의도를 해석하는 가운데 특정한 집단을 선호할 수도 있기 때문에 통제는 반드시 필요하다고 할 수 있다.

제2절 경찰통제의 의의 및 필요성

1 경찰통제의 의의

경찰통제란 정치적 중립을 바탕으로 경찰권을 민주적으로 통제하여 경찰행정의 적법성 및 합법성을 보장하고, 경찰권 남용과 부패를 방지하여 국민의 인권보호 및 법치주의의 확립에 기여하기 위한 제도적 장치 또는 경찰활동을 총칭한다. 경찰의 조직과 활동을 체크하고 감시함으로써 경찰조직과 경찰활동의 적정성을 도모하기 위한 목적을 가지고 있다.

민주주의 원칙에 따른 선거의 결과, 대통령과 정권은 바뀐다. 하지만 법치주의의 원리에 따라 모든 공무원과 경찰은 정치적 중립을 지켜야 한다. 경찰은 물리력 행사를 통해서 치안을 유지한다. 경찰은 물리력을 행사할 수 있기 때문에 경찰의 정치적 중립은 일반 공무원보다 더 강화되어 있다.

민주주의의 원칙에 따라서 경찰에 대한 민주적 통제와 참여장치가 마련되어야 한다. 이러한 국민의 참여가 있을 때 민주적 정당성이 확보되었다고 한다. 경찰권 행사는 제한되고 절제된 권한으로 행사하여 경찰권 남용을 방지하고 국민의 인권을 보호해야 한다.

경찰통제의 유형을 분류하는 기준은 여러 가지가 있다. 흔히 사용되는 기준은 통제시점, 통제수단, 통제주체, 통제대상, 통제체제의 자족성 등이 있다.

2 ‖ 경찰통제의 필요성

경찰은 강제력을 포함하는 강력한 권한을 가지고 있다. 공권력을 통한 물리력을 국민에게 직접 행사하기 때문에 인권침해의 여지가 매우 크다. 또한 그 업무가 국민들의 일상생활과 밀접한 관계를 가지면서 국민에게 미치는 영향이 매우 크다. 뿐만 아니라 정보수집활동 등 그 업무범위가 매우 광범하고 다양한 특성을 가지고 있다.

경찰의 민주적 운영, 정치적 중립, 법치주의의 확립, 국민의 인권보호, 경찰관의 부패방지 등의 이유로 경찰에 대한 통제는 반드시 필요하다.

경찰통제의 필요성	
민주적 운영	• 경찰의 민주적인 운영·관리는 경찰법이 정하는 기본이념이다. • 민주주의를 기본이념으로 하는 경찰은 민주적으로 조직되고 운영되고 관리되어야 하기 때문에 경찰의 통제가 필요하다. • 경찰의 민주적 운영은 경찰법 제1조(목적)에서 규정하고 있는 기본이념이다.
정치적 중립	• 경찰의 기구 독립이나 제도개선은 정치적 중립의 일환으로 추진되었기 때문에 이를 위해서 경찰의 통제는 필요하다. • 경찰의 공정한 법집행을 위해서는 당파적 이해로부터 독립적일 필요성이 제기되므로, 경찰의 본래 기능을 회복하기 위해서는 경찰통제가 필요하다.
법치주의 확립	• 경찰활동은 법의 수권범위 내에서 직무권한이 행사되어야 하기 때문에, 과다한 재량권 행사에 따른 부작용이 유발되어서는 안 되므로 경찰통제가 필요하다.
인권보호	• 경찰활동은 특성상 국민의 인권과 직결되는 부분이 많으며, 인권침해의 여지가 많기 때문에 이를 방지하기 위해서는 경찰통제가 필요하다.
부패방지 등	• 경찰은 방대한 조직으로 구성되어 있기 때문에 조직자체의 부패를 방지하고 건전성을 유지하기 위해서 경찰통제가 필요하다.

3 ║ 경찰통제의 원칙과 내용

1 경찰통제의 원칙

경찰통제는 경찰의 목적을 달성하기 위하여 경찰에 부여된 책임을 이행하게 하기 위한 기능이다. 경찰통제는 그 목적에 적합한 원칙하에 이루어져야 한다. 경찰통제는 통제를 통하여 달성하고자 하는 목적이나 기준이 있다. 경찰통제는 목적이나 기준에 적합한 수단을 활용해야 한다.[2]

경찰통제의 원칙은 첫째, 경찰통제는 신축성이 유지되어야 한다. 둘째, 경찰통제는 적정수준을 유지해야 한다. 셋째, 경찰통제는 이해가능성이 높아야 한다. 마지막으로, 경찰통제는 경제적인 효율성이 높아야 한다.

2 경찰통제의 내용

경찰통제의 내용을 경찰공무원들의 행정행위에 부과되는 제약요인으로 규정할 경우, 이는 절차상의 제약요인과 내용상의 제약요인으로 구분할 수 있다. 절차상의 제약요인은 경찰공무원으로 하여금 구체적인 절차나 규범에 따르도록 함으로써 공익에 반하거나 국민의 권리가 침해받지 못하도록 하는 것이다. 내용상의 제약요인은 국민 또는 국민의 대표가 설정한 목적을 달성하도록 경찰공무원의 결정내용에 제약을 가하는 것이다.

4 ║ 경찰통제의 기본요소와 과정

경찰통제의 기본요소에는 권한의 분산, 공개, 참여, 책무, 환류 등을 들 수 있다. 경찰통제가 최적의 효과를 달성하기 위한 통제과정에 대해서는 관점에 따라 이견이 있을 수 있으나, 대체로 통제기준의 설정, 성과의 측정 및 평가, 시정조치 등의 3단계 과정을 거친다.

---

2   김충남, 「경찰학개론」(서울: 박영사, 2002), pp. 334-351.

경찰통제의 기본요소	
권한의 분산 (Decentralization)	• 경찰의 중앙조직과 지방조직간의 권한의 분산, 상위계급자와 하급계급자간의 권한의 분산 등이 필요하다.
공개 (Open)	• 정보의 공개는 행정통제의 근본이 되고 있다. • 외부에서 행정기관의 내부가 투명하게 보인다면, 독선과 부패는 억제될 수 있다.
참여 (Participating)	• 오늘날 국민에게는 행정참여를 도모함으로써 행정의 공정성, 투명성 및 신뢰성을 확보하고 국민의 권익을 보호할 목적으로 행정절차법에 의한 절차적 권리가 보편적으로 인정되고 있다. 이와 같은 요구는 경찰기관에 대해서도 마찬가지로 작용된다.
책무 (Accountability)	• 경찰은 그 구성원 개인의 위법행위나 비위에 대해서 형사책임·민사책임이나 징계책임 등의 책임(Responsibility)을 져야 할 뿐만 아니라, 경찰기관의 행정에 대해서 조직으로서 책무(Accountability)를 져야 할 경우도 있다. • 책임추궁은 단순히 처벌의 문제라기보다는 발전을 위한 과정으로 이해해야 한다.
환류 (Feedback)	• 경찰통제는 경찰행정의 목표와 관련하여 그 수행과정의 적정여부를 확인하는 과정으로 이의 확인결과에 따라 책임을 추궁하고 나아가 환류를 통하여 순환을 발전적으로 유도해야 한다.

경찰통제의 과정	
통제기준의 설정	• 통제기준의 설정은 경찰통제를 추진하기 위한 첫 번째 단계이다. • 경찰을 포함한 공조직은 일반적으로 조직의 목표와 이를 구체화시킨 명료한 계획을 수립하지 않고, 사회적 정의나 공익과 같은 추상적인 개념을 표방하는 경우가 많다. 따라서 현실적으로 경찰통제에서 통제기준을 설정하는 것은 용이한 문제가 아니다.
성과의 측정 및 평가	• 통제의 두 번째 단계는 추진된 실적이나 예상되는 기준과 비교하여 평가하는 것이다. • 이러한 성과의 비교·평가를 효과적으로 추진하기 위해서는 관련된 자료나 정보를 충분히 수집하고, 적정하고도 타당한 방법에 의하여 평가가 이루어져야 한다.
시정조치	• 통제과정의 마지막 단계는 평가결과에 따라 적절한 시정조치를 취하는 것이다. 이는 주로 평가결과가 목표나 기준에 미치지 못할 경우 이에 부합되도록 적절한 사후관리를 도모하는 것이다. • 특히 시정조치는 경찰통제의 실효성을 제고하고, 업무의 성과향상을 촉진한다는 점에서 매우 중요하다.

1 ▎ 민주적 통제와 사법적 통제

1 민주적 통제

「헌법」에서 통치원리로 채택한 민주주의는 국민의 자기지배이며, 통치권한의 정당성을 주권자인 국민으로부터 도출하는 것이다. 우리나라는 대통령과 국회의원 그리고 시·도단체장을 직접 국민이 선출하고 있다. 통치기구에 대한 국민의 참여는 민주주의 가장 중요한 핵심이다. 우리나라에서는 경찰의 민주성 정당성을 확보하기 위해서 경찰위원회 제도와 국민감사청구 제도를 도입하였다. 하지만 국민이 직접 경찰책임자를 선출하는 선거제도는 아직 도입되지 않고 있다.

경찰위원회는 경찰의 주요정책 등에 관하여 심의·의결하는 권한을 가지고 있지만 합의제 행정기관이 아니라 자문기관 성격의 단순한 심의·의결기관이다. 일본의 국가공안위원회가 관청으로 되어 있는 것과 비교할 때, 권한이 약하다. 또한 행정안전부장관의 재의요구권 등이 있기 때문에 명실상부한 민주적 통제장치로 보기는 어렵다.

「부패방지권익위법」에서 규정한 국민감사청구제도는 감사원에 감사를 청구할 수 있는 권리를 말한다.[3] 국민감사청구제도는 일반 국민이 감사실시를 요청하면 감사원 직원과 외부전문가로 구성된 위원회에서 감사실시를 결정하는 방식으로 국정운영의 객관성과 책임성을 강화하기 위한 제도이다. 일반 국민이 경찰청에 대한 감사를 요청하면 감사원의 감사를 받게 된다.

Police Science

🌐 부패방지 및 국민권익위원회의 설치와 운영에 관한 법률(시행 2022. 7. 5.)

제72조(감사청구권) ① 18세 이상의 국민은 공공기관의 사무처리가 법령위반 또는 부패행위로 인하여 공익을 현저히 해하는 경우 대통령령으로 정하는 일정한 수 이상의 국민의 연서로 감사원에 감사를 청구할 수 있다. 다만, 국회·법원·헌법재판소·선거관리위원회 또는 감사원의 사무에 대하여는 국회의장·대법원장·헌법재판소장·중앙선거관리위원회 위원장 또는 감사원장(이하 "당해 기관의 장"이라 한다)에게 감사를 청구하여야 한다.

---

[3] 「부패방지 및 국민권익위원회의 설치와 운영에 관한 법률」 제72조(감사청구권).

2 사법적 통제

국민의 대표자인 국회에서 법률을 제정하고 행정부는 그 법을 집행하며, 사법부는 행정이 헌법과 법률에 따라 집행되었는지를 심사하고 판결한다. 행정부는 법치주의의 원리에 따라 법을 집행한다. 만약 국가권력이 자의적으로 통치권한을 행사할 경우, 사법부는 법의 해석을 통해서 이를 통제한다.

경찰기관의 행위에 대하여 법원이 사법심사를 통하여 행정기관의 행위를 통제하는 방식으로서 한국에서는 행정소송법과 국가배상법을 통하여 행정의 위법한 처분 등의 행위에 대하여 통제를 하고 있다.

경찰의 활동은 일반적으로 경찰편의주의에 입각하여 다양한 재량이 인정되는 것이 보통이다. 하지만 이러한 경찰행정청의 재량에 속하는 처분이라도 재량권의 한계를 넘거나 그 남용이 있을 때에는 법원은 이를 취소할 수 있다. 사법적 통제의 특징은 사전적 통제가 아니라 가장 대표적인 사후적 통제로서의 성격을 갖는다는 것이다.

사법적 통제	
행정소송법	• 행정소송이란 법원이 행정법규의 적용에 관한 분쟁에 대하여 당사자의 소의 제기에 대하여 재판절차에 따라 판단하는 정식쟁송을 말한다. • 행정소송의 일반법으로는 「행정소송법」이 있다. 그 외에도 「법원조직법」, 「상고심절차에 관한 특례법」, 「민사소송법」, 「각급법원의 설치와 관할구역에 관한 법률」 등과 같은 관련 법률이 있다. • 행정소송은 행정심판전치주의, 제소기간의 제한, 직권심리주의, 집행부정지의 원칙, 사정판결의 인정 등의 특성이 있다. • 행정소송은 성질에 따라 형성소송, 이행소송, 확인소송 등으로 구분할 수 있고, 내용에 따라 항고소송, 당사자소송, 민중소송, 기관소송 등으로 구분된다.[4]
국가배상법	• 국가배상법은 국가 또는 지방자치단체의 손해배상의 책임과 배상절차를 규정함을 목적으로 한다. • 국가나 지방자치단체는 공무원 또는 공무를 위탁받은 사인(공무원)이 직무를 집행하면서 고의 또는 과실로 법령을 위반하여 타인에게 손해를 입히거나, 「자동차손해배상 보장법」에 따라 손해배상의 책임이 있을 때에는 이 법에 따라 그 손해를 배상하여야 한다.[5]

---

4 「행정소송법」 제3조(행정소송의 종류).
5 「국가배상법」 제2조(배상책임).

	- 국가배상법상 배상책임자는 원칙적으로 국가 또는 지방자치단체이다. 다만, 공무원의 선임·감독 또는 영조물의 설치·관리를 맡은 자와 공무원의 봉급·급여, 그 밖의 비용 또는 영조물의 설치·관리 비용을 부담하는 자가 다른 경우에 피해자는 선택적으로 배상청구를 할 수 있다.[6]

2 ‖ 통제시점에 의한 분류

1 사전통제

사전적 통제Priori Control · Pre-Control · Preventive Control · Feedforward Control는 목표실천 행동이 목표에서 이탈될 수 있는 가능성을 미리 예측하고, 그러한 가능성을 제거함으로써 바람직하지 못한 행동이 나타나는 것을 방지하는 통제이다. 사전통제제도의 가장 대표적인 것은 행정에 대한 사전통제를 규정하고 있는 행정절차법을 들 수 있다.

사전통제	
청문제도	- 행정절차법은 행정청이 불이익처분 등을 행할 경우에 상대방에 대하여 청문 등의 절차에 참여하게 하여 자기의 이익에 관해 변명할 기회를 부여하고 있다. - 청문은 행정청이 행정작용으로 인해 불이익을 받을 우려가 있는 자에게 자기에게 유리한 의견이나 자료를 제출할 기회를 부여하는 것으로 침해적 행정분야에 많이 적용되었으나, 오늘날은 수익적 행정분야에도 확대 적용되는 경향이 있다. - 예를 들어 경찰기관의 허가대상에 대하여 영업정지 등의 불이익 처분을 결정하기 전에 사업주 등 이해관계인을 출석시켜 의견이나 자료를 제출할 기회를 부여하는 절차와 관계가 깊다.
청취절차	- 행정청에 대하여 처분을 구하는 신청은 문서로 하여야 한다. 이때 의견을 청취하고 의견제출의 기회를 주어야 하는 것이 일반적이다.
입법예고	- 국민의 권리·의무 또는 일상생활과 밀접한 관련이 있는 법령 등을 제정·개정 또는 폐지하고자 할 때에는 당해 입법안을 마련한 행정청은 이를 예고하여야 한다.
행정예고	- 행정청은 국민생활에 매우 큰 영향을 주는 사항 등에 대한 정책·제도 및 계획을 수립·시

---

6 「국가배상법」 제6조(비용부담자 등의 책임).

	행하거나 변경하고자 하는 때에는 이를 예고하여야 한다.
	• 행정절차법에는 행정계획절차가 없는데, 이는 행정계획은 성질 자체가 지나치게 다양하여 일률적으로 규정하기가 곤란하여 개별법에 맡기고 있다.
	• 입법예고제와 행정예고제의 경우에는 입법이나 행정계획·정책수립 등의 수립에 이해관계인의 참여권리를 인정하는 것이다.
국회	• 국회는 입법권, 예산심의권 등을 통하여 경찰관계 법령의 제정이나 경찰예산의 편성과정에서 통제를 가할 수 있다.

2 동시적 통제

동시적 통제^{Current Control · Concurrent Control}는 목표수행 행동이 진행되는 동안 그것이 통제기준에 부합되도록 조정해 가는 통제이다. 통제기준에서 이탈되는 결과를 발생시킬 때까지 기다리지 않고 그러한 결과의 발생을 유발할 수 있는 행동이 나타날 때마다 교정해 나가는 것이 동시적 통제이다.

3 사후통제

사후적 통제^{Postcontrol}는 목표수행 행동의 결과가 목표기준에 부합되는가를 평가하여 필요한 시정조치를 취하는 통제이다.

대표적인 사후통제	
사법부	• 행정에 대한 사후통제는 사법심사에 의한 통제가 중심을 이룬다. 가장 대표적인 사후통제수단이다.
행정부	• 행정부 내에서는 징계책임이나 상급기관의 하급기관에 대한 감독권, 행정심판을 통한 통제가 가능하다.
입법부	• 입법부를 통해서는 국회의 예산결산심사권이나 국정감사권·조사권 등의 행정감독기능을 통하여 통제가 가능하다.

1 내부적 통제

경찰에 대한 내부적 통제란 경찰조직 내에서 스스로 하는 통제를 말한다. 여기에는 다음과 같은 것들이 있다.

❶ 경찰청 소속 위원회

경찰청 소속 위원회	
경찰개혁 위원회	• 경찰개혁위원회는 민간위원으로만 구성한 위원회이다. • 경찰의 변화방안을 마련하기 위한 자문기구이다. • 법적 기구가 아니기 때문에 권고 내용 자체의 법적 구속력은 없다.
경찰청 인권위원회	• 경찰청 인권위원회는 시민의 인권 증진과 인권정책 수립을 위한 자문기구이다. • 경찰업무를 인권적 관점에서 독립적으로 감시·감독하는 민간 통제기구로서의 성격을 가지고 있다. • 시·도경찰청에도 시·도경찰청 인권위원회가 구성되어 있다.

❷ 감사관 및 청문감사관 그리고 시민 청문관

감사관 및 청문감사관	
경찰청	• 개방형 감사기구장 제도(공공감사법)에 의해 경찰청에는 공공기관 개방형 직위로 감사관이 있다. • 경찰청 개방형 감사관은 경찰 사무행정 전반에 대한 종합감사와 특정감사, 일상감사 등 내부 감사활동을 수행하고 감사원 감사와 관련한 업무를 처리한다. • 감사관은 경찰기관에 대한 감사, 산하단체에 대한 감사와 사정업무, 경찰기관의 공무원에 대한 진정 및 비위사항 조사·처리 등의 업무를 수행한다.
시·도경찰청	• 시·도경찰청에는 시·도별로 청문감사담당관을 두고 있다. 청문감사담당관도 감사관과 같은 성질의 업무를 취급한다.
경찰서	• 경찰의 청문감사관제도는 민원처리 과정에서의 경찰관의 불친절이나 부당한 업무처리 및 억울한 점이나 의문이 있는 민원을 처리하기 위해 마련된 제도이다. • 경찰직무 수행과정 상의 인권보호 및 개선활동을 담당한다. • 감사업무에 관한 기획 및 지도 등의 업무를 수행한다.

시민 청문관	
도입 계기	• 경찰청은 2019년도 버닝썬 클럽 사건을 계기로 경찰의 범죄에 대한 유착 비리를 근절하기 위해 2020년 2월 시민 중심의 청렴 문화정착을 위한 시민 청문관 제도를 도입하였다. • 경찰의 부정부패를 방지하고 공정한 업무를 수행하는 청렴한 조직으로 만들겠다는 의지를 담고 있다.
역할	• 시민 청문관은 경찰조직과 시민 간의 중립적 위치에서 객관적 시각으로 중개자 역할을 목 적으로 한다. • 경찰행정의 청렴과 인권 향상을 위해 경찰 내부의 적절한 감사 및 감찰 활동을 병행한다. • 불합리한 제도개선, 내부 및 외부 신고자 접수 그리고 신고자의 보호 업무를 담당한다. • 시민 청문관은 경찰 내부의 '내부 비리 신고센터'에 접수된 금품 수수, 횡령 등 비리신고 업무를 처리한다.
배치 및 운영	• 시민 청문관은 경찰청과 시·도경찰청 그리고 각 경찰서에 배치되어 있다. • 시민청문관은 조직 비리나 부패를 감사·감찰하는 시민을 뜻한다. • 경찰의 청문감사실에 소속돼 경찰과 함께 근무하고 생활한다. • 경찰이 아닌 시민의 눈으로 내부 비리와 부패를 감시하는 한편 경찰조직 내부를 감사·감 찰한다. • 2021년 기준 경찰청 1명과 서울청 17명을 비롯해 전국에서 96명의 시민청문관이 활동하고 있다.

❸ 훈령과 직무명령권

상급기관은 하급기관에 대한 지시·감독권 등의 훈령권을 행사하여 하급기관의 위법이나 잘못된 재량권 행사를 통제할 수 있다. 상급자는 하급자에 대한 직무명령권을 통하여 통제할 수 있다.

❹ 행정심판의 재결권

행정심판의 재결청은 위법·부당한 행정처분을 내린 행정청의 직근상급행정기관이 재결청이 된다. 상급 경찰관청은 하급 경찰관청의 위법은 물론 부당의 문제에 대해서도 행정심판의 재결청으로서 통제를 가할 수 있다.

경찰행정에 대한 행정심판은 경찰행정과 관련한 청구인의 주소지를 관할하는 처분청(시·도경찰청·경찰서)에 제출하여야 한다. 이에 대한 심리의결은 국무총리 소속하의 국무총리행정심판위원회에서 담당하며, 재결청은 경찰청장이 된다.

행정심판	
의의	• 행정심판은 경찰의 위법·부당한 처분 그 밖에 공권력의 행사·불행사 등으로 인하여 권리와 이익을 침해당한 자가 그 권리구제를 위하여 행정청에 시정을 요구하고 행정청에서 이를 심판하는 쟁송절차이다. • 행정심판제도는 행정에 대한 국민의 권리·이익을 구제하는 제도이며, 동시에 행정의 적법성 및 타당성을 행정권 스스로 자율적으로 확보하려고 하는 행정의 내부통제적 작용을 한다.
대상	• 행정청(경찰행정청)의 부당한 처분은 행정소송의 대상은 되지 않으나 행정심판의 대상은 된다. • 경찰의 위법한 처분·경찰의 부작위에 의한 권리침해 등도 심판의 대상이 된다. • 경찰의 부당한 처분도 심판의 대상이 된다.
종류	• 취소심판, 무효등확인심판, 의무이행심판 등이 있다.
취소심판	• 행정청(경찰행정청)의 위법 또는 부당한 처분의 취소 또는 변경을 하는 심판을 의미한다.
무효등확인 심판	• 행정청(경찰행정청)의 처분의 효력 유무 또는 존재 여부에 대한 확인을 하는 심판이다.
의무이행 심판	• 행정청(경찰행정청)의 위법 또는 부당한 거부처분이나 부작위에 대하여 일정한 처분을 하도록 하는 심판이다.

Police Science

🔍 재결청

• 정부조직법 제3조 또는 다른 법률의 규정에 의하여 설치된 국가특별지방행정기관(대통령령이 정하는 중앙행정기관에 소속된 국가특별지방행정기관을 제외한다)의 처분 또는 부작위에 대하여는 당해 국가특별지방행정기관이 소속된 중앙행정기관의 장이 재결청이 된다(행정심판법 제5조 제5항).

• 지구대장이나 경찰서장 또는 시·도경찰청장의 처분이나 부작위에 대한 재결청은 모두 경찰청장이 된다.

사례	
내용	• 자동차운수업을 하는 홍길동씨는 음주운전으로 강남경찰서로부터 자동차운전면허취소통지 서를 받았다. 이에 대해 이의를 제기하고자 한다.
피청구인	• 도로교통법 제78조 및 제79조에 의하면 시·도경찰청장만이 운전면허를 취소시킬 수 있고 또한 그 운전면허증의 반납을 명할 수 있다. 무효 내지 취소를 구할 수 있는 상대방은 그 당해 처분을 실제로 행한 경찰서장이지 당해 처분을 할 수 있는 적법한 권한을 가지고 있는 시·도경찰청장이 아니다. 따라서 그 처분을 행한 경찰서장을 피청구인(처분청)으로 하여 행 정심판을 청구하여야 한다.
심판청구서 제출기간	• 자동차운전면허취소 통지서를 받은 송달일로부터(처분이 있음을 안 날로부터) 90일 이내에 시·도경찰청장에게 면허취소의 부당 또는 불편함에 대해 심판을 요구하는 심판청구서를 제 출하여야 한다.
재결청	• 경찰행정의 재결청은 행정심판법 제5조 제5항에 의하여 경찰청장이 된다.
재결	• 재결은 재결청 또는 피청구인이인 행정청이 심판청구서를 받은 날로부터 60일 이내에 하여 야 한다. 다만, 부득이한 사정이 있을 때에는 30일을 연장할 수 있다. 위 사건의 재결은 국 무총리행정심판위원회(위원장: 법제처장)에서 심판청구일로부터 60일 이내지만 30일간 연장 가능하므로 최장 90일 이내에 재결이 이루어지게 된다.
결론	• 위 사례에서 경찰서장은 아무런 권한 없이 청구인에 대하여 운전면허를 취소시키고 또한 그 운전면허증의 반납을 명한 것이므로 이는 권한없는 자에 의하여 이루어진 처분으로서 무효 가 된다. ※ 국가를 당사자로 하는 소송 및 행정소송의 수행에 있어서는 법무부장관의 지휘를 받게 된다.

예외

- 「집회및시위에관한법률」에 의한 집회금지통고에 대해서는 당해 경찰관서의 직근 상급경찰 관서의 장에게 이의를 신청할 수 있다.
- 따라서 경찰서장의 금지통고에 대해서는 시·도경찰청장, 시·도경찰청장의 금지통고에는 경찰청장에게 이의신청을 할 수 있다.
- 경찰공무원의 징계 등 불이익한 처분에 대한 소청심사청구는 인사혁신처 소속의 소청심사 위원회에서 하므로 내부적 통제가 아니라 외부적 통제에 해당하게 된다.

1050 PART 05 경찰통제와 미래 과제

2 외부적 통제

외부적 통제에 포함되는 통제유형에는 민중통제, 입법적 통제, 사법적 통제, 행정적 통제, 시민단체 및 언론 등에 의한 통제가 있다.

❶ 민중통제

민중통제는 시민의 참여에 의한 경찰통제를 말한다. 대표적인 민중통제에는 경찰위원회 및 경찰발전협의회에 의한 통제가 있다. 경찰위원회는 국가경찰위원회와 시·도자치경찰위원회가 있다. 경찰발전협의회는 시·도경찰청 발전협의회와 경찰서 발전협의회가 있다.

민중통제(경찰과 긴밀한 시민 관계 형성 및 통제)	
국가 경찰위원회	• 국가경찰위원회는 국가경찰의 주요 업무에 대한 심의·의결권을 통해 경찰을 통제한다. 그러나 국가경찰위원회는 단순한 심의·의결기관이고 선거부처인 행정자치부의 소속으로 되어 있기 때문에 명실상부한 외부 통제기관으로서의 역할은 미흡하다는 평가를 받고 있다.
시·도 자치경찰위원회	• 2020년 12월 21일 「국가경찰과 자치경찰의 조직 및 운영에 관한 법률」이 법제화되었다. 이후 2021년 1월 1일 시행과 동시에 6개월의 준비기간을 거쳐 2021년 7월 1일 자치경찰제가 전면 시행되었다. • 동법(경찰법) 제18조 제1항에 따라 자치경찰사무를 관장하게 하기 위하여 시·도지사 소속으로 사도자치경찰위원회를 구성·운영하고 있다. • 동법 제2항에 따라 시·도자치경찰위원회는 합의제 행정기관으로서 그 권한에 속하는 업무를 독자적으로 수행한다.
시·도경찰청 및 경찰서 발전협의회	• 경찰서 행정발전위원회는 국민의 참여와 감시를 통한 경찰행정의 발전을 도모하고 국민으로부터 신뢰받는 경찰상을 정립하기 위해 1999년 발족하였다. • 2009년 7월 27일 「경찰서 행정발전위원회 운영규칙」을 「경찰발전위원회 운영규칙」으로 전부 개정하여 경찰발전위원회로 명칭을 변경하였다. • '경찰서' 단위에만 운영하던 행정발전위원회를 경찰발전위원회로 변경하여 각 '지방경찰청' 단위까지 확대 운영하였다. • 2019년 9월 26일 「경찰발전위원회 운영규칙」을 전부 개정하여 「경찰발전협의회 운영규칙」으로 변경하였다. • 위원회 명칭의 남용을 방지하기 위하여 경찰발전위원회를 '경찰발전협의회'로 개칭하였다. • 2022년 기준 경찰발전협의회는 시·도경찰청장 및 경찰서장 소속으로 설치되고 있다.

경찰발전협의회 운영규칙(시행 2021. 1. 22.)	
목적 (제1조)	• 이 규칙은 지역주민과 경찰의 신뢰와 협조를 바탕으로 공정하고 합리적인 치안정책을 협의하기 위해 경찰발전협의회를 설치하고, 그 구성 및 운영에 필요한 사항을 규정함을 목적으로 한다.
설치 (제2조)	• 시·도경찰청장 및 경찰서장
기능 (제3조)	• 경찰관서의 치안정책 수립 및 행정업무 발전에 도움이 되는 사항의 제언 • 여성·아동·노약자·장애인 등 사회적 약자 보호를 위한 정책 제언 • 경찰관의 부조리·불친절 등 각종 불만 사항에 대한 제언
협의회장 (제4조)	• 협의회장은 협의회에서 선출한다.
구성 (제4조)	• 협의회는 협의회장 1명을 포함하여 10명 이상 30명 이내의 회원으로 구성한다. • 협의회의 회원은 교육자, 변호사, 시민단체 대표 등 관할 지역사회의 각계 인사로서 학식과 경험이 풍부하고 덕망을 갖춘 사람 중에서 경찰관서장이 위촉한다. • 이 경우 자율방범대, 녹색어머니회, 모범운전자회 회원 중 각 1명 이상을 포함하여야 한다.
위촉절차 (제5조)	• 홈페이지 공지를 통하여 하는 공개 모집 방식 • 각 기능별 부서장으로부터 대상자를 추천 받는 방식
결격사유 (제6조)	• 「공직선거법」에 따라 실시하는 선거에 후보자(예비후보자 포함)로 등록한 사람, 「공직선거법」에 따른 선거사무관계자 및 선거에 의하여 취임한 공무원, 「정당법」에 따른 정당의 당원 • 「청소년 보호법」 제2조 제5호 가목에 따른 청소년 출입·고용 금지업소 등 경찰 단속대상 업소의 운영자 및 종사자 • 경찰의 인가·허가 등과 관련하여 취소, 영업정지, 과징금 또는 과태료의 부과 등으로 이익 또는 불이익을 직접적으로 받는 개인 또는 법인·단체에 속한 사람(사건이 개시되어 계류 중인 경우에 한함) • 그 밖에 수사, 감사(監査), 단속 등의 대상인 개인 또는 법인·단체에 속한 사람(사건이 개시되어 계류 중인 경우에 한함)
임기 (제8조)	• 협의회장의 임기는 선출된 날로부터 1년으로 하며, 1차에 한하여 연임할 수 있다. • 회원의 임기는 위촉된 날로부터 2년으로 하며, 1차에 한하여 연임할 수 있다.
회의 (제11조)	• 협의회의 회의는 정기회의와 임시회의로 구분한다. • 정기회의는 2개월에 1회 또는 분기별 1회 개최한다. • 협의회장은 필요한 경우 임시회의를 소집할 수 있으며, 경찰관서장이나 재적회원 3분의 1 이상의 요청이 있는 경우 특별한 사유가 없는 한 회의를 소집하여야 한다. • 협의회 개최 시에는 서식에 따라 일시, 장소, 참석자, 토의안건 등 회의내용이 포함된 회의결과를 작성하여 경찰관서 홈페이지에 공개하여야 한다.

분과 (제13조)	· 협의회에 3개의 분과를 두며, 분과별 역할은 아래와 같다. · ① 행정분과: 경찰관서의 치안정책 수립 및 행정업무 발전에 도움이 되는 사항의 제언 · ② 사회적 약자 보호분과: 여성·아동·노약자·장애인 등 사회적 약자 보호를 위한 정책 제언 · ③ 청렴분과: 경찰관의 부조리·불친절 등 각종 불만사항에 대한 제언

❷ 입법부에 의한 통제

국회는 입법권, 예산의 심의·결산권, 국정감사·조사권 등의 기능을 통해서 경찰관련 법안의 입법과정, 예산책정과 결산과정 및 경찰행정에 대한 국정조사권 및 감사권을 통해서 경찰에 대한 외부통제의 역할을 수행한다. 국회는 새로운 정책의 제안, 경찰기관의 정책내용, 경찰의 인사, 경찰의 구조, 의사결정과정 및 경찰예산의 지출과 같은 경찰공공 정책의 중요한 측면에 영향을 미치는 입법적 시도 등이 포함된다.

❸ 사법부에 의한 통제

경찰행정에 대한 사법부의 통제방식으로는 행정소송법과 국가배상법을 통하여 행정의 위법한 처분 등의 행위에 대하여 통제를 가하고 있다. 국민은 경찰관청의 위법한 처분 그 밖의 공권력의 행사 또는 불행사로 인하여 권리 또는 이익의 침해를 받은 경우에는 항고소송 등의 행정소송을 통하여 구제를 받을 수 있고, 경찰공무원의 위법한 행위로 손해를 입은 국민은 국가를 상대로 손해배상을 청구할 수 있다.

이러한 사법적 통제는 공무원 개인에게도 민사상·형사상 책임을 물을 수 있다는 측면에서 위법한 행정작용을 억제하는 통제효과를 가져온다. 또한 사법통제는 판례법의 형성을 통하여 경찰권 발동의 한계를 설정하는 효과를 가져오게 되며, 결과적으로 국민의 권익을 향상시키게 한다.

❹ 행정부에 의한 통제

경찰행정에 대한 행정부의 통제는 대통령, 국무총리, 행정안전부장관, 소청심사위원회, 고충심사위원회, 감사원, 국민권익위원회, 국가인권위원회, 시민고충처리위원회, 기타 등에서 다양하게 이뤄지고 있다.

● 행정안전부장관에 의한 통제

행정안전부장관은 치안업무를 직접 수행하지는 않더라도 경찰청의 업무가 제대로 수행되고 있는지 확인하고 지휘·감독할 책임과 권한을 가지고 있다. 경찰청은 행정안전부장관 소속하에 두게 되어 있고, 행정안전부장관은 경찰청장과 경찰위원회 위원 그리고 총경 이상에 대한 임명제청권을 가지므로 상급관청으로서의 인사제청권 행사를 통해서 경찰을 통제한다.

또한 행정안전부장관 소속의 '경찰제도개선 자문위원회'는 경찰업무조직의 민주적 관리·운영 강화와 임무수행역량 강화 방안의 권고를 통해서 경찰을 통제한다.

특히 2022년 「행정안전부 직제」 개정안이 8월 2일자로 공포·시행됨으로써 행정안전부장관 소속하에 '경찰국'이 신설되었다.[7]

행안부는 경찰국 신설과 더불어 「행정안전부장관의 소속청장 지휘에 관한 규칙」도 8월 2일자로 제정·시행하였다. 이는 경찰과 소방정책 수립시 소속청과의 원활한 협업 관계를 구축하기 위한 목적이다. 제정된 지휘규칙에 따르면, 행정안전부장관은 경찰청과 소방청에서 법령 제·개정이 필요한 기본계획 수립시 사전 승인을 하고, 국무회의에 상정되는 안건에 대해서는 사전에 보고를 받는다. 이처럼 경찰청의 중요 정책사항 등에 대한 승인권 및 보고권을 통해서 경찰통제를 실시하게 된다.

● 기타 행정부에 의한 통제

행정부에 의한 통제	
대통령	· 대통령은 경찰청장의 임명권, 경찰위원회 위원의 임명권, 총경 이상의 임명권 등을 통하여 경찰을 통제한다. · 행정수반으로서 주요 정책결정을 통하여 경찰을 통제할 수 있다. · 대통령은 예산권한, 참모와 보좌기관들, 조직개편권한, 인사권 등을 통해서 경찰에 대한 통제를 할 수 있다.
국무총리	· 2022년 9월 6일 경찰제도발전위원회가 국무총리 소속으로 설치되었다. · 경찰제도발전위원회의 설치 목적은 경찰의 민주적인 운영 및 효율적 임무 수행을 위하여 경찰제도를 개선하기 위함이다. · 경찰 관련 법률과 제도개선에 필요한 장기적인 방안을 정부 등에 건의하는 역할을 맡고 있다.
소청심사위원회	· 소청심사위원회는 공무원이 받은 신분상 불이익한 처분에 대한 행정통제의 성격을 갖는다. · 소청심사위원회의 심사결과의 효력에 있어서 당해 행정청은 소청심사위원회의 심사결과에 반드시 기속되기 때문에 행정통제를 받게 된다.

---

7   행정안전부, "보도자료", 2022.8.1.

고충심사 위원회	• 고충심사위원회는 개인에 대한 신분보다는 근무조건·처우·인사상 직면하게 되는 일상의 신상문제를 그 대상으로 한다. • 고충심사위원회는 행정청에게 적정한 행정상 조치를 구하는 심사기능을 통해서 행정통제를 수행한다. • 고충심사위원회의 결과는 당해 행정청을 기속하지 않지만, 행정청 스스로 판단·시정조치를 하게 만드는 행정통제의 역할을 수행한다.
감사원	• 감사원은 세입·세출의 결산뿐만 아니라, 경찰기관 및 경찰공무원의 직무에 대한 감찰을 통하여 경찰을 통제한다.
국민권익 위원회	• 국민권익위원회는 고충민원에 관한 상담·조사 및 처리, 고충민원에 관한 조사위의 결과 위법·부당한 처분 등에 대한 시정권고 또는 의견표명 등의 기능을 통해서 행정통제의 역할을 수행한다. • 국민권익위원회는 소관 범위 내에서 경찰에 대한 통제기능을 수행한다.
국가인권 위원회	• 국가인권위원회는 인권침해행위에 대한 조사와 구제 등의 업무를 수행한다. • 특히 경찰서 유치장이나 사법경찰관리가 그 직무수행을 위하여 사람을 조사·유치 또는 수용하는데 사용하는 시설에 대한 방문조사권을 가지고 있다. • 경찰청장은 인권의 보호와 향상에 영향을 미치는 내용을 포함하고 있는 법령을 제정 또는 개정하고자 하는 경우 미리 위원회에 통보하여야 하는 등 일정한 통제를 받게 된다.
시민고충처리 위원회	• 지방자치단체 및 그 소속 기관에 관한 고충민원의 처리와 행정제도의 개선 등을 위하여 각 지방자치단체에 시민고충처리위원회를 두고 있다.[8] • 시민고충처리위원회는 지방자치단체 및 그 소속 기관(시·도경찰청)에 관한 고충민원의 조사와 처리, 그리고 고충민원과 관련된 시정권고 또는 의견표명 등의 기능을 통해서 행정통제의 역할을 수행한다. • 시민고충처리위원회에서는 소관 범위 내에서 경찰에 대한 통제기능을 수행한다.
기타	• 경찰은 정보·보안업무와 관련하여 국가정보원의 조정과 협의를 받는다. • 대간첩작전은 국방부의 통제를 받는다. • 수사는 검사의 보완수사 요구권, 직무배제 및 징계 요구권, 검사에 대한 구제신청권 등을 통해서 검찰의 통제를 받는다. • 대통령 경호업무는 대통령경호처의 통제를 받는다.

❺ 시민통제

시민통제는 여론, 이익집단, 언론기관 등을 통한 직·간접적인 통제를 말한다. 시민통제는 주권자인 시민이 직접 행정을 통제한다는 점에서 민주주의의 이념에 가장 충실한 근원적인 통제라고 볼 수 있다. 이는 민주국가의 특징이다. 시민통제는 제도화된 것이 아

---

8 「부패방지 및 국민권익위원회의 설치와 운영에 관한 법률」 제32조(시민고충처리위원회의 설치).

니기 때문에 다른 통제에 대한 보완적 혹은 2차적 통제의 의미를 갖고 있다. 최후의 보충적 통제수단의 성격을 갖는다.

특히, 언론기관은 제4부라고 일컬어질만큼 그 영향력이 크며, 실질적으로 여론을 주도함으로써 국가의 정책결정과정과 행정집행분야에 깊숙이 간여하고 있다.

변호사단체 혹은 의사단체 등과 같은 이익집단은 정치과정에서 확고한 위치를 갖고 있다. 대부분의 정당들이 관료제의 업무수행과정에 참여하는 능력이 상대적으로 취약하고 응집력이 부족하기 때문에 이익집단이 행정의 의사결정과정에 특히 중요한 역할을 하고 있다.[9]

시민단체[NGO: Non-Government Organization]는 비정부기구 또는 비정부단체를 의미한다. 최근에는 국가와 시장을 제외한 제3영역의 시민단체를 비영리단체[NPO: Non Profit Organization]로 발전하고 있다.

시민단체(NGO: Non-Government Organization)	
요건	· 특정 조직이 NGO로 규정되기 위해서는 ① 일회성 캠페인에 그치지 않고 지속성을 가져야 하며(지속성), ② 의사결정의 자율성을 가진 상태에서(자율성), ③ 정보 내지 정치적 영향으로부터 독립해 있고(정치적 중립성), ④ 이윤을 추구하지 않을 것(비영리성) 등의 요건을 충족시켜야 한다.
행정통제	· 시민단체를 통한 행정통제가 증가하고 있다. · 환경분야, 소비자보호분야, 인권분야, 사회정의 분야 등이 그 예이다.
NGO의 문제점 및 대책	· 한국의 경우 소위 시민운동도 조직의 정형화 정도에 따라 NGO 영역에 포함된다. · NGO의 영향력이 확대될수록 NGO를 둘러싼 신뢰성 등 문제점의 가능성은 높아진다. · 이러한 문제점을 해소하기 위해서는 NGO활동의 경과를 시민사회에 공개해야 하고, 시민사회의 의견을 조직내부로 전달하는 명확한 구조를 가져야 하는 한편, 조직 내부적으로 각 구성원의 자발성을 극대화해야 하고 민주성을 실현하여야 한다.
경찰과 NGO와의 발전적 관계	· NGO와 상호 관심사항을 폭넓게 협의하여 치안정책에 반영함으로써 경찰행정의 공정성·투명성 등을 담보할 수 있다. · 경찰행정에 NGO를 참여시켜 각계각층의 경찰지원세력을 확보할 수 있다. · 법집행 취약분야에 NGO의 동참을 유도함으로써 법집행 사각지대를 보완할 수도 있다. · 현재 각급 경찰행정기관에는 NGO와의 협력체제 구축을 위하여 다양한 시도가 진행되고 있다.

---

9 정우일, 「행정통제론」(서울: 박영사, 2004), pp. 194 – 197.

🔍 언론의 권력 감시[10]

- 언론의 사회적 역할과 기능의 핵심적인 개념은 권력에 대한 감시·비판자로서의 파수견[Watch Dog]이다.

- 美수정헌법 제1조는 언론자유를 다른 개인적 기본권보다 '우월적인 지위'[Preferred Position]를 갖도록 규정하고 있다.

- 권력이란 항상 남용될 가능성이 높기 때문에 이를 미리 예방해야 한다.

- 언론의 역할은 권력의 남용과 사회적 부정부패의 감시와 비판이다.

- 파수견 개념은 어떠한 주관적 가치가 배제된 채 객관성을 유지하면서 공익을 위하여 사회적 기능에 충실하겠다는 이데올로기를 담고 있다.

- 하지만 파수견으로서의 면책특권이 인정되기 위해서는 언론보도의 악의성 여부와 함께 진실성 그리고 공익성을 어떠한 잣대에서 비교형량(비례의 원칙)적으로 판단하는가에 달려 있다.

- 언론이 저개발 국가가 나아가야 할 방향을 국민에게 제시할 때는 안내견[Guide Dog]으로 불렸다.

- 언론이 정권의 나팔수를 자처하고, 정권 홍보에 앞장섰을 때는 애완견[Lap Dog]으로 불렸다.[11]

- 감시견이라고도 하는 파수견[Watch Dog]은 이상적인 언론상(言論像)이다.

- 파수견은 18세기 영국 정치철학자 에드먼드 버크[Edmund Burke]가 제4계급으로서의 언론 위상을 설파한 이래 행정부·입법부·사법부를 감시하는 제4부로서의 언론 역할을 강조할 때마다 등장하는 단어다.

- 버크가 귀족, 성직자, 시민 세 신분에 이어 네 번째 사회적 세력으로 성장해가던 언론을 두고 '제4 계급'이라 한 데서 '제4의 권력'이라는 용어가 등장했다.[12]

- 대부분의 언론인은 배부른 애완견보다 배고픈 파수견을 추구하고 있다.

---

10 이재진, "언론의 파수견 개념의 발전과 적용(한국 판례분석을 중심으로)"「한국언론정보학보」, 41, 2008, pp. 109 – 142 재구성.

11 염성덕, "파수견은 영원하라"「국민일보」, 2014. 04. 11.

12 정천구, "崔杼弑其君(최저가 그 군주를 시해했다)"「국제신문」, 2019. 09. 09.

제1절 G20국가의 위상에 맞는 선진경찰상 구현

1 경찰의 민주적 정당성과 역사적 정통성 확보

일반 국민들은 우리 경찰의 뿌리를 미군정기하 남조선과도정부의 초대 경무국장이었던 조병옥 박사가 경무국장으로 취임한 1945년 10월 21일(현재 경찰의 날)로 알고 있다. 하지만 최근의 연구결과에 의하면 우리경찰의 뿌리는 갑오개혁기의 유길준 그리고 가깝게는 민족지도자인 백범 김구선생에게까지 거슬러 올라간다.

1894년 7월 14일 최초의 근대 경찰인 경무청의 창설에 큰 영향을 미친 유길준의 「서유견문」西遊見聞」 '순찰巡察의 규제規制'에서는 근대적 경찰제도를 '치안유지'와 함께 '개명開明한 진보'를 위한 중요 수단으로 인식하였다.

특히, 일본의 근대 경찰인 동경경시청을 창설한 가와지 도시요시는 "신민臣民이라고 하는 것은 은혜를 모르는 족속이다. 절대 자비를 베풀지 마라."라고 하면서 억압적이고 비민주적인 근대 경찰을 예정하였다.

유길준의 경무청은 '민생의 복지와 안강'을 위해서 '민주성과 시민보호'라는 이념으로 창설되었다. '조선자강朝鮮自强의 근대近代'를 위해서 근대 경찰은 위생衛生·치도治道 등 문명개화를 위한 강력한 치안유지 활동을 시도하였다. 유길준의 근대 경찰의 창설 이념은 동시대의 서구 선진국과 비슷한 경찰철학이었다. 일본과 중국보다는 훨씬 뛰어난 경찰이념이었다. 우리의 근대 경찰은 아시아 최초의 민중적·민주적 경찰이념을 바탕으로 '민생民生의 복지福祉와 안강安康'을 추구하였다.

또 한 명의 경찰선구자인 백범 김구 선생은 대한민국 임시정부의 경무국이 설치된 1919년 8월 12일 초대 경무국장으로 취임하였다.[13] 백범 김구 선생은 임시정부의 경찰조직을 최초로 이끌면서 조국 독립을 위한 애국 경찰로 만들었다. 백범 김구 선생은 상하이의 왜영사관倭領事館과 대립하여 암투暗鬪" 업무를 수행하면서 임시정부와 정부요인을 보호하고, 항일 무장투쟁을 이끌었다.

이처럼 우리 경찰의 뿌리는 첫째, 일제 식민지기 경찰이 아닌 구한말 유길준의 '민생民生의 복지福祉와 안강安康을 위한 민주경찰'이었다. 둘째, 대한민국 임시정부의 법통을 이어받은 백범 김구 선생의 '항일抗日과 애국愛國 그리고 안민安民의 경찰'이었다.

이처럼 우리 경찰의 민주적 정당성과 역사적 정통성의 뿌리는 유길준의 아시아 최초의 '민중적·민주적 경찰이념'과 백범 김구 선생의 '항일과 애국 그리고 안민 경찰의 이념'에 근거하고 있음을 널리 홍보해야 한다.

따라서 민주적 정당성과 역사적 정통성이 부족한 '경찰의 날'을 첫째, 아시아 최초의 민중적·민주적 근대 경찰인 경무청이 창설된 1894년 7월 14일로 지정하는 방안, 둘째 대한민국 임시정부의 경무국이 설치된 1919년 8월 12일로 변경하는 방안을 강구하여 경찰의 민주적 정당성과 역사성 정통성을 확보해야 할 것이다.

경찰의 민주적 정당성과 역사적 정통성을 확보하는 방안은 여러 가지가 있을 수 있다. 최우선적으로 '경찰의 날'을 변경하여 우리 경찰은 역사적으로 항상 국민을 보호하고 애국과 안민을 최상의 가치로 생각한 '국민의 경찰'이었다는 것을 널리 홍보해야 한다.

2 | 경찰의 정치적 중립성 확보

경찰의 정치적 중립과 민주적 정당성을 확보하기 위해서 형식적인 심의·의결기구인 경찰위원회 제도를 가칭 '국가치안위원회' 제도로 변경하고, 그 위상을 장관급으로 격상해야 한다. 또한 경찰청장 내부승진제도를 변경하여 '경찰청장 외부 임용제'를 도입해야 한다.

국민의 의사를 대변한 국회에서 개정된 「경찰법」과 「경찰관 직무집행법」 그리고 「국

---

13 김광재, "대한민국 임시정부 경찰의 역사적 의의(성립과 활동을 중심으로)" 「경찰역사 속 바람직한 경찰정신 정립 방안」, 2018, pp. 5-7.

가정보원법」개정 취지를 반영하여 단순한 '경찰사무'가 아닌 국가 전체의 '치안사무'를 담당해야 한다. 따라서 '경찰위원회'라는 명칭을 '치안위원회'로 개칭할 필요가 있다.

치안위원회의 경우, 중앙에는 장관급 조직인 '국가치안위원회'를 두며, 지방에는 차관급 조직인 '시·도 치안위원회'를 설치할 필요가 있다. 현재의 경찰위원회 조직을 확대·개편한 국가치안위원회는 여·야 국회의원 1/3, 고등법원 판사급 1/3, 관련 학자 1/3로 구성한다.[14] 영국 경찰위원회의 경우, 경찰의 정치적 중립을 위해서 선거직 여·야 의회의원 2/3와 임명직 치안판사 1/3로 구성된 경찰위원회를 통해서 정치적 중립을 도모하고 있다.[15]

국가치안위원회에서는 총경 이상 경찰 고위 간부의 인사제청권과 외부공모 경찰청장에 대한 인사제청권을 행사하고 예산업무를 전담하는 재무관을 둔다. 이 재무관은 범죄예방과 치안에 관한 과학적인 예산집행과 세입·세출의 공정성을 확보하면서 중앙정부의 협조를 얻거나 부당한 간섭이나 입김을 차단하는 역할을 한다.

시·도 치안위원회의 위원은 당적을 가진 여야 지방의원 1/3, 지방판사 1/3, 관련 학자 1/3로 구성하여 각 시·도경찰청의 경정 이하 경찰관에 대한 임명권을 갖으며 지방청의 예산업무를 전담하는 재무관을 둔다. 이 재무관은 지방청의 범죄예방과 치안에 관한 과학적인 예산집행과 세입·세출의 공정성을 확보하면서 지방자치단체장의 협조를 얻거나 부당한 간섭이나 입김을 차단하는 역할을 한다.

이처럼 여·야 정치인들과 사법부의 판사 그리고 관련 학자들이 경찰의 주요 간부에 대한 인사권과 예산권을 행사하게 된다면 경찰의 정치적 중립성 확보와 경찰의 법집행에 대한 오해가 상당부분 불식될 것이다. 또한 정권의 하수인 혹은 정권의 시녀라는 불명예를 낳지 않게 될 것이다.

또한 모든 경찰력을 정치사건이나 시국사건이 아닌 범죄문제에 초점을 맞추고 이를 해결할 수 있는 능력과 역량을 가진 전직 경찰관 혹은 외부전문가 중에서 외부공모로 경찰청장을 뽑아야 한다. 전직 시·도경찰청장 혹은 경찰서장급 이상의 경찰관 중에서 국민의 신뢰와 경찰조직 내부의 신뢰를 받은 경찰관 혹은 형사사법전문가 중에서 경찰청장이 임용되어야 한다.

국민의 신뢰를 받은 외부임용 경찰청장은 이후 18개의 시·도경찰청장과 250개가 넘

---

14 영국의 경찰위원회는 선거직 여·야 의회의원 2/3와 임명직 치안판사 1/3로 구성된 경찰위원회를 통해서 정치적 중립을 도모하고 있다(이황우i, "한국 실정에 맞는 자치경찰제도"「자치경찰제도 공청회 자료집」, 1998, p. 8).
15 상계논문, p. 8.

는 경찰서장 등의 임기제를 도입하여 소신 있게 범죄문제를 해결할 수 있는 시간을 주고, 그 중에서 범죄문제를 해결한 실적이 있는 경찰서장 중에서 시·도경찰청장을 임명하고 시·도경찰청장 중에서 실적이 있는 사람이 승진할 수 있도록 해야 한다.

1994년 2월 브래튼^{William J. Bratton}이 뉴욕시 경찰청장으로 임명되었을 때, 부족한 인력, 노후화된 장비, 박봉과 위험한 근무 조건, 장시간 근무, 희박한 승진 가능성 때문에 3만 6,000여 명에 이르는 뉴욕시 경찰관들의 사기는 바닥에 떨어져 있었다.[16]

하지만 그는 이른바 '깨진 유리창 이론'^{Broken Windows Theory}에 입각한 치안정책인 '무관용 정책'^{Zero Tolerance Policy}을 실행에 옮겨 높은 범죄율로 악명 높던 뉴욕 도심을 정화했다.

브래튼은 ① 즉각적이고 정확한 정보^{Timely and Accurate Information}, ② 신속한 배치^{Rapid Deployment}, ③ 효과적인 전술^{Effective Tactics}, ④ 엄정하게 지속된 평가^{Relentless follow up Assessment} 등을 순찰과 수사에 있어서 주요한 4가지 원칙으로 활용하여 그가 재임한 1994년부터 1996년 사이에 범죄율을 급감시켰다.

이처럼 브래튼은 1991년 보스턴 경찰청장을 시작으로 뉴욕·로스앤젤레스 등 범죄율이 높은 미국 대도시 세 곳의 경찰청장을 차례로 지냈다. 그의 성공사례는 세계적으로 널리 알려져 도심 난동을 겪은 영국의 치안 자문역을 맡기도 했다. 일본의 경우, 국가공안위원회의 장을 국무대신으로 정하고 있다. 장관급 관청으로 그 위상을 설정했다.

경찰은 국민의 신뢰를 바탕으로 자치경찰제와 1차적 수사권과 종결권을 도입했다. 하지만 정치적 중립과 민주적 정당성을 위한 경찰개혁은 아직 부족하다. 일본처럼 경찰위원회의 위상을 격상하여 민주적 정당성을 갖춘 '장관급의 국가치안위원회' 제도를 도입해야 한다.

또한 영국처럼 고도의 정치적 중립성과 범죄해결 능력을 갖춘 전직 경찰관이나 외부 전문가 출신의 경찰청장을 뽑아야 한다. 정치적 중립성을 갖춘 경찰청장을 통해서 정체된 경찰조직의 개혁과 혁신을 달성해야 한다. 경찰청장 외부 공모제를 통해서 국민의 신망을 받는 이가 경찰청장이 되고, 이를 통해서 경찰조직의 활력과 사기를 진작시켜야 한다. 21세기 선진국 경찰의 위상에 맞는 고도의 범죄예방 능력과 국민의 눈높이에 맞는 범죄해결 능력을 갖추어야 한다.

---

16 1990년대 초반 뉴욕시는 무정부 상태에 가까울 만큼 혼란스러웠다. 급증하는 살인 사건, 빈번한 폭력과 절도사건, 마피아들의 패권싸움, 무장 강도사건 등이 끊임없이 발생하여 뉴욕시민을 불안하게 했다.

1 ┃ 사회안전위원회를 통한 5개년 치안정책의 수립

G20에 걸맞는 선진사회로 가기 위해서는 심각한 범죄문제를 해결해야 한다. 범죄문제와 이로 인한 경제적 비용지출이 이토록 심각하다면 임기응변식으로 대응할 것이 아니라 체계적인 치안정책의 수립으로 대응해야 한다.

예를 들어 미국은 경찰의 부패, 정치적 간섭, 범죄문제 대응의 미흡 등과 같은 문제가 발생하면 항상 대통령 직속의 범죄관련 '위원회'를 설치했다. 美대통령 직속의 위원회는 범죄문제와 경찰의 제반 문제 등을 심도 있게 논의한 후 항상 대응 방안을 제시하였다.

정부는 사회발전을 위한 경제정책이 치안정책보다 더 중요하다고 생각한다. 하지만 사회발전을 위한 '5개년 경제정책'보다 더 중요한 것이 사회안전을 위한 '5개년 치안정책'이다. 일찍이 미시간대 로날드 잉글하트^{Ronald Englehart} 교수는 1인당 국민소득이 1만 달러를 넘으면 주관적 행복지수는 거의 비슷하다는 분석을 내놓았다.

선진국일수록 치안의 중요성을 인식하고 있다. 일본은 경제불황에도 경찰관을 증원하였고, 프랑스는 2003년 「치안안정법」 제정 후 지속적으로 경찰관을 증원하였다.[17]

따라서 4만 달러라는 지표도 중요하지만 더욱 중요한 것은 안전하고 행복한 '국민의 삶'을 보호하는 치안정책이 필요하다는 '패러다임의 전환'이 필요하다. 경찰에 대한 투자는 다른 정부부분에 대한 투자와는 달리 '사회간접자본에 대한 투자'로 인식하여 예산투입이 이루어져야 한다. 우리도 대통령 직속의 가칭 '사회안전위원회'를 통해서 국민의 행복을 위한 실질적이고 지속 가능한 치안정책이 도출되어야 할 것이다.

2 ┃ 역량 중심 경찰전문화 제도의 도입

1960년대 후반 미국의 경찰개혁에는 많은 발전이 있었다. 이때 경찰관도 의사, 변호사, 교사와 마찬가지로 전문적이어야 한다는 것이 강조되었다. '기능직에서 전문직으

---

17 경찰쇄신위원회, 「경찰쇄신권고안」, 2012, p. 74.

로'From craft to profession'라는 슬로건은 당시 경찰개혁의 방향을 잘 나타내주는 표어이다.

이후 미국의 경찰은 전체 구조적으로는 계급정년에 상관 없이 현장에 근무하는 일선 경찰관을 더 우대하고 있다. 계급에 따른 보수체계가 아니라 업무에 따른 보수체계를 가지고 있다. 업무가 상대적으로 편한 내근직보다 외근부서의 일선 경찰관에게 더 많은 보수와 혜택을 주고 있다.

이를 통해서 승진보다는 업무의 전문성을 살리는 방향으로 경찰조직을 운영하고 있다. 또한 일본의 경우는 경찰관리직은 따로 뽑아 관리 쪽에만 전념하고 일선 경찰관은 관리직이 아닌 일선 업무에서 자신의 전문성을 발휘하도록 하고 있다.

우리 경찰도 승진의 문제 및 경찰전문화의 문제를 해결하기 위해서는 경찰관 개개인의 역량을 강화하는 방안과 전문자격증 제도와의 연계방안을 논의할 필요가 있다.

첫 번째는 역량을 핵심역량Core Competency, 리더역량Leader Competency, 직무역량Job Competency으로 구분하여 그에 맞는 역량 전문화 프로그램을 운영한다. 특히 직무역량을 전문자격증 프로그램과 연결하는 것이다.

두 번째는 직무역량에 민간에서 시행하고 있는 전문자격증 제도를 활용하거나 경찰 내부에서 필요한 자격증 제도를 만드는 것이다. 예를 들어 수사의 경우는 '특별수사관'Special Agent(Ⅰ급)(Ⅱ급)(Ⅲ급), '전문프로파일러'(Ⅰ급)(Ⅱ급)(Ⅲ급) 제도, 생활안전의 경우는 '범죄심리상담사'(Ⅰ급)(Ⅱ급)(Ⅲ급), '범죄통계분석사'(Ⅰ급)(Ⅱ급)(Ⅲ급), '범죄피해자보호사'(Ⅰ급)(Ⅱ급)(Ⅲ급) 제도, 교통의 경우는 '교통사고처리사'(Ⅰ급)(Ⅱ급)(Ⅲ급) 제도, 경비의 경우는 '경호경비지도사'(Ⅰ급)(Ⅱ급)(Ⅲ급), '일반 및 기계경비지도사'(Ⅰ급)(Ⅱ급)(Ⅲ급) 제도, 정보·보안의 경우는 '정보분석사'(Ⅰ급)(Ⅱ급)(Ⅲ급) 제도 등을 도입하여 자격증과 업무성과에 따라 승진과 차등화된 보수 등이 지급되도록 하는 방안 등이 논의될 수 있을 것이다.

이러한 방안이 실현된다면 지구대와 지구대와 파출소에 근무하는 경찰관들은 자신의 직무에 따른 전문화된 자격증을 취득하는데 노력하게 될 것이다. 이를 통해서 경찰의 전문화는 쉽게 달성될 수 있을 것이다.

특히, 우리 경찰도 군대처럼 특수교육을 이수하면 그에 따른 자격증 수당을 자격증마다 지급하고 그에 관련되는 자격증 윙을 제복에 부착하게 하여 전문가로서의 자긍심을 고취하는 것도 필요하다고 보여진다.

예를 들어 범죄심리상담사와 범죄통계분석사 자격증을 딴 경찰관은 범죄심리상담사 윙과 범죄통계분석사 윙 두 개를 제복에 달게 되는 것이다. 이렇게 한다면 승진에만 매몰

되는 부작용을 상당 부분 완화하고 보수를 통한 경찰의 전문화를 달성할 수 있으리라 판단된다.

제3절 4차 산업혁명 시대에 맞는 경찰활동 추진

1 ‖ 경찰조직 구조의 개혁

21세기 경찰조직의 구조는 축소화^{Downsizing}와 분권화^{Decentralizing} 지향 및 적정화 ^{Rightsizing}를 통하여 최적의 규모로 끊임없이 개혁해 나가야 한다. 힐러리 엠 로비넷^{Hillary M.} ^{Robinet}은 "경찰활동의 능률화"라는 논문에서 시민에 초점을 맞춘 경찰조직을 제안했다. "경찰조직의 피라미드를 압축해서 조직의 평면을 확대하고, 전통적인 준군대적 조직 ^{Paramilitary Model}을 개조하여 '유선형 조직'^{Streamlined Organization}으로 만드는 것이 효율적이고 보다 시민에 초점을 둔 치안을 할 수 있다."고 주장한다.[18]

21세기 4차 혁명시대를 맞이한 한국 경찰은 국민의 다양한 치안수요에 적합한 경찰 조직으로 개혁해야 한다. 미래의 경찰조직은 4차 혁명시대의 변화에 맞는 경찰활동, 인구 감소를 감안한 경찰활동, 경찰계급구조의 다양성 등을 추구해야 한다.

첫째, AI, 빅데이터, 블록체인, 3D 프린팅, 드론 등의 분야가 각광을 받게 될 것이다. 미래의 신기술은 급속히 도입될 것이며, 급속한 변화가 이뤄질 것이다. 따라서 4차 산업 혁명 시대의 신기술 등을 적용하는 경찰조직 변화가 수반되어야 한다.

둘째, 미래는 국가의 지속적인 인구 감소에 영향을 받을 것이다. 근로자의 연령은 보다 높아질 것이고, 여성과 소수 계층 출신의 비율이 높아질 것이며, 이민자도 증가할 것이다.[19] 따라서 경찰은 민간기업과 경쟁하여 우수자원을 유치하기 위해서, 근무시간 관리, 탄력적인 시간계획, 출산휴가, 기타 수당 등 임금과 복지에 대한 종합적인 정책을 마련해야 한다.

---

[18] 백형조b, "한국경찰의 개혁과 발전의 방향"「경찰위원회논총」, 2006, pp. 89-95.
[19] R. McCord and E. Wicker, "Tomorrow's America: Law enforcement's coming challenge" *FBI Law Enforcement Bulletin,* 59, 1990, pp. 31-33.

셋째, 미래의 경찰은 계급구조에 있어서 다양성을 고려해야 한다. 미국 경찰의 경우, 여성과 다양한 인종의 비율이 지속적으로 증가하고 있다.[20]

따라서 4차 산업과 관련된 경찰입직 경로 신설, 남성과 여성의 공정한 입직경로, 장애인에 대한 입직 허용, 다문화 출신자의 특채 등과 같은 경찰계급 구조를 다양화 시킬 수 있는 방안을 강구해야 할 것이다.

2 ‖ 신종범죄에 대한 대응강화

범죄의 본질이 급속하게 변화하고 있다. 2021년 기준, 전체범죄는 총 1,429,826건 발생했다.[21] 해마다 미국에서는 대략 43만 건의 대인·대물범죄 피해가 발생한다. 이 중에서 약 14만 건이 중범죄로 경찰기관에 보고되고 있다.[22] 우리나라의 경우, 범죄유형별 발생비는 지능범죄, 교통범죄, 폭력범죄, 절도범죄의 순으로 나타나고 있다. 고도로 지능화되고, 복잡한 지능범죄의 발생비율이 가장 높음을 알 수 있다. 사회양극화와 자기 통제력 상실에 의한 우발적 범죄도 계속 증가하고 있다.

최근에는 사이버공간에서 많은 신종범죄들이 발생하고 있다. 해킹기술을 통해 범행이 실행되는 경우에는 사이버스파이, 사이버테러, 폰프리킹, 홈뱅킹사기, 홈페이지 훼손 등이 있다. 해킹과 무관한 경우에는 보이스피싱, 인터넷을 통한 불량정보 유통, 판매사기, 저작권침해, 도박사이트 운영, 매매춘알선, 명예훼손, 스토킹, 성희롱, 음란 사이트 운영, 마약밀매 등이 있다. 따라서 사이버 범죄문제를 해결하기 위한 최신 범죄이론과 범죄심리 이론의 적용 그리고 범죄수사기법 등을 연구하고 활용해야 한다.

또한 불특정 다수를 향한 증오범죄 등이 많이 발생하고 있다. 아무런 이유 없이 불특정 다수를 향해 무차별로 공격하는 묻지마 범죄가 증가하고 있다. 1982년 12월 29일 대구 금호관광호텔사건, 1991년 10월 17일 대구 나이트클럽 사건, 1991년 10월 21일 여의도광장 사건, 2003년 2월 18일에 일어난 대구지하철 방화참사, 2016년 5월 17일 강남역 묻지마 살인사건, 2019년 4월 17일 진주아파트 방화·흉기난동 살인사건, 2022년 2월 1

---

20 U. S. Department of Justice, Bureau of Justice Statistics Bulletin, *Local Police Department*, April, 1996, p. 4.

21 경찰청k, 「2021경찰백서」, 2021, p. 21.

22 K. Maguire and A. L. Pastore (et al..), *Sourcebook of Criminal Justice Statistics 1995* (Washington : Government Printing Office, 1996). p. 45.

일 동두천 헬멧 살인사건, 2022년 2월 19일 광양 편의점 아르바이트생 살인사건, 2022년 천안 성환 흉기 난동사건 등은 '불특정 다수를 향한 증오범죄'의 극단적 예를 보여준다고 할 수 있다.

따라서 이러한 신종범죄들에 대한 경찰조직의 전문화를 달성하고, 관련 대비책을 강구해야 한다. 신종범죄대책실과 신종범죄연구실 등의 신설과 도입이 강구되어야 할 것이다.

3 ▎ 테러 등 국경 없는 범죄에 대한 경찰활동 강화

미국에서 일어난 2001년 9.11테러 당시만 하더라도 우리나라의 테러대응 활동은 북한의 위협에 국한된 측면이 있었다. 하지만 2004년 6월 이라크에서 일어나 김선일씨 피살, 2007년 아프가니스탄에서 샘물교회 선교단 납치 및 2명 피살 등에서 볼 수 있듯이 우리 국민들도 테러의 주요 피해자가 되었다. 북한에 의한 테러뿐만 아니라 무차별적인 뉴테러리즘의 피해국이 되고 있다.

북한은 말할 것도 없고, 이슬람 테러집단의 공격력은 국민의 상상을 초월하고 있다. 알카에다와 IS는 수조 원의 비밀자금과 핵무기 및 생화학 무기를 보유하려 하고 있다. IS테러리스트가 우리나라를 포함해 전 세계 62개의 '표적국가'(십자군 동맹)에 퍼져 나가 있다.

최악의 테러리즘 중 하나로 기록될 2015년 11월 13일 '파리테러'의 후폭풍으로 영국은 테러 위협에 맞서기 위해 향후 10년간 1,780억 파운드(약 312조 원)를 편성하겠다고 발표하기도 했다. 선진국은 테러위협을 국가의 존망과 연관시키면서 적극적으로 대응하고 있다.

현재 경찰은 대부분의 경찰서에 '외국인범죄 수사전담반'을 설치·운영하여 국내에 체류하는 외국인에 대한 동향 파악 및 범죄수사활동을 하고 있다. 그러나 외국인 범죄가 날로 증가하고 있으며, 국제 조직범죄 등도 국내 범죄조직과 연계하여 국내 침투를 기도하고 있다.

따라서 경찰의 테러대응활동은 국제적인 뉴테러리즘 동향과 외국인 범죄의 증가 경향 등에 발맞추어 체계적인 대응책을 마련해야 한다. 경찰특공대에 대한 첨단 대테러 장비의 지원과 각종 테러진압 프로그램 도입 그리고 승진 및 보수체계의 합리화가 이뤄져야 한다.

4 | 위험으로부터의 국민안전보장 패러다임 설정

울리히 벡^{Ulrich Beck}이 말한 21세기 위험사회는 경찰 지휘관 개인의 경험과 전문성에 의존한 지휘통제는 한계가 있다. 더구나 참모들의 보고 누락이 겹칠 경우, 최적의 신속한 대응은 사실상 불가능하다. 미래의 위험사회는 경찰청 단위의 대응보다는 경찰서 혹은 지구대 단위로 위험대응이 필요하며 동시다발적인 비선형 위험대응이 증가할 것이다.

상급 지휘관의 지시와 통제를 기다리며 임무를 수행하기에는 위험의 돌발성과 긴급성에 대응하기가 어렵다. 대규모 비상상황의 경우 사건현장과 경찰 지휘통제실이 실시간으로 같은 정보를 공유함으로써 사건 현장의 경찰관과 지휘통제실의 경찰 지휘관 사이에 '상황인식'^{SA: Situation Awareness}의 차이가 발생하지 않도록 하는 것이 매우 중요하다.

현재 경찰의 지휘통제는 유선망과 무선망을 통해서 이뤄진다. 가장 기본적인 전술네트워크나 전술정보통신체계^{TICN: Tactical Information Communication Network}도 구축되어 있지 않다. 효율적인 지휘통제시스템 구축을 위해 요구되는 대용량의 데이터를 송수신하는 것은 사실상 불가능하다. 해당 경찰서장이 현장에 임장하더라도 경찰무전기로 상황을 보고하고 전파하는 '아날로그 시스템'에 머물고 있다.

2001년 9·11테러 이후 미국에서는 스마트치안^{SMART Policing}으로 나아가고 있다. 스마트 치안은 '전략적 관리'^{Strategic Management}, '분석과 연구'^{Analysis & Research}, '과학 기술'^{Technology}의 활용을 강조하는 경찰활동 전략을 의미한다. 스마트치안에서는 범죄 통계정보, 사건정보(공범, 조직, 계좌, 통신), 심리행동정보(상습수법, 프로파일링 등) 등을 활용한다.

21세기 선진 법치국가로 나아가기 위해서는 경찰의 패러다임을 전환하여 '위험으로부터의 국민 안전보장'이라는 새로운 경찰비전을 설정해야 한다. 이러한 경찰비전을 달성하기 위해서는 다음과 같은 내용이 추진되어야 한다.

첫째, 인공지능^{AI}, 클라우드^{Cloud}, 빅데이터^{Big Data}, 모바일^{Mobile} 등과 같은 첨단 4차 산업혁명 기술^{AICBM}을 기반으로 위험방지를 위한 지능형 스마트 지휘통제시스템을 구축해야 한다. 일선 지구대장 및 경찰서장과 시·도경찰청장 그리고 경찰청장 등이 실시간으로

'재난과 비상상황' 등과 같은 위험에 대한 지휘통제를 보장할 수 있는 지능형 스마트 지휘통제시스템을 구축해야 한다.

지능형 스마트 지휘통제시스템은 사건현장의 다양한 정보와 전술 데이터를 실시간으로 수집해 사건현장 지식 베이스를 구축하고, 머신러닝·딥러닝 등을 적용한 AI 학습모델을 통해 이러한 사건현장 데이터에 대한 다중 분석 결과를 경찰 지휘관에게 제공하는 시스템을 말한다.

둘째, 최선의 위험방지와 범죄예방 그리고 진압을 위한 '지능형 스마트 경찰'이라는 전략을 추진해야 한다. '지능형 스마트 경찰'이라는 전략을 통해서 일선 경찰관을 지능형 스마트 경찰관으로 만들어야 한다.

지능형 스마트 경찰관은 AI, 빅데이터, AR/VR, 5G, IoT 등 4차 산업혁명 신기술을 접목시킨 경찰관을 말한다. 지능형 스마트 경찰관은 범죄 사건과 재난현장 그리고 위험 상황을 실시간으로 파악하고, 현장출동, 위험관리, 실시간 상황전파 등 경찰활동에 있어서 투명성, 효율성, 합리성을 도약적으로 발전시킨 '첨단화된 스마트 경찰관'을 의미한다.

김창윤(金昌潤, Kim, Chang-Yun)

학 력	
	- 90.03~99.02 동국대학교 사회과학대학 경찰행정학과(학사)
	- 99.03~01.02 동국대학교 일반대학원 경찰행정학과(석사)
	- 01.03~05.02 동국대학교 일반대학원 경찰행정학과(박사)
	- 16.09~17.08 英 Portsmouth University 방문교수

상 훈
- 12.10 경찰청장 감사장 수상
- 18.05 해양경찰교육원장 표창장 수상
- 21.10 경남경찰청장 감사장 수상

대표 경력
- 22.01~현재 한국경찰학회 부회장
- 22.11~현재 경찰청 경찰대혁신 TF위원
- 22.11~현재 경찰청 인파관리 대책 TF위원
- 16.09~17.08 英 Portsmouth University 방문교수
- 13.10~현재 경남대학교 범죄안전연구센터 센터장

주요 경력
- 11.01 경비지도사 출제위원
- 11.06 경찰청 치안정책평가단 위원
- 11.11 경남지방경찰청 수사전문 자문위원
- 12.01 경찰간부시험 출제위원
- 12.05 경남지방경찰청 징계위원회 위원
- 12.08 경남지방경찰청 시민감찰위원회 위원
- 14.09 창원지방검찰청 마산지청 형사조정위원
- 16.09~17.08 英 Portsmouth University 방문교수
- 19.03 경남도청 자치경찰추진위원회 위원
- 19.09 마산중부경찰서 경찰발전위원회 위원
- 19.09 마산동부경찰서 정보공개심의회 위원
- 18.01 한국경찰연구학회 부회장
- 18.03 경남대학교 경찰학과 학과장
- 18.09~현재 한국행정학회 형사사법연구회 회장
- 22.01~현재 한국경찰학회 부회장
- 22.11~현재 경찰청 경찰대혁신 TF위원
- 22.11~현재 경찰청 인파관리 대책 TF위원
- 13.10~현재 경남대학교 범죄안전연구센터 센터장
- 18.03~현재 경남대학교 경찰학부 교수

연구실적
- 2001 •경찰정보관리체제의 실태분석과 발전방안(치안연구소 치안논총)
- 2003 •일본경찰의 조직에 관한 고찰(한국민간경비학회보)
  •뉴테러리즘의 특징과 예방대책에 관한 연구(한국민간경비학회보)
- 2004 •GIS분석을 통한 효율적인 범죄예방활동에 관한 연구(한국민간경비학회보)
- 2005 •GIS를 활용한 경찰의 범죄통제에 관한 연구(동국대학교 대학원 박사학위논문)
- 2006 •적극적 테러리즘을 위한 경찰과 민간경비의 협력구축방안(한국민간경비학회보)

　　　　　　　　　　• 경찰안보기관의 역할과 인권(한국경찰학회보)
　　　　　　– 2007 • APEC이후 한국테러리즘의 현황과 전망(한국지방정부학회 발표논문)
　　　　　　– 2008 • 미군정기 치안정책 연구(한국공안행정학회보)
　　　　　　– 2009 • 일본의 연합국총사령부 점령기 치안정책 연구(한국경찰학회보)
　　　　　　　　　　• 한국과 일본의 미군정기 치안정책 연구(경찰대학 경찰학연구)
　　　　　　　　　　• 한국의 범죄발생 추세분석에 관한 연구(한국공안행정학회보)
　　　　　　　　　　• 한국의 지역적 범죄특성에 관한 연구–울산광역시를 중심으로(순천향대 사
　　　　　　　　　　　회과학연구)
　　　　　　　　　　• 강력범죄의 발발과 사회불안: 민주화 시기(1987–2007)를 중심으로(2009
　　　　　　　　　　　한국행정학회 목요국정포럼 발표논문집)
　　　　　　　　　　• 대한제국시대의 치안체제에 관한 연구(경남대 인문사회논총)
　　　　　　– 2010 • 신임경찰 역량기반 교육훈련에 관한 연구(한국경찰학회보)
　　　　　　　　　　• 민주화시기의 범죄추세 분석에 관한 연구–1987–2007년을 중심으로(원광
　　　　　　　　　　　대 경찰학논총)
　　　　　　　　　　• 자살의 심리학적 분석에 관한 연구–공식통계자료를 중심으로(한국범죄심
　　　　　　　　　　　리연구)
　　　　　　– 2011 • 한국의 범죄특성에 관한 연구–지난 10년간 5대 범죄발생 분석을 중심으
　　　　　　　　　　　로(원광대 경찰학논총)
　　　　　　　　　　• 미군정기 형사사법정책 연구(한국공안행정학회보)
　　　　　　　　　　• 군중심리와 경찰의 군중통제에 관한 연구(한국범죄심리연구)
　　　　　　– 2012 • 한국 경찰학의 성립과 기원에 관한 연구(한국공안행정학회보)
　　　　　　　　　　• 한국 근대경찰의 창설배경과 조직에 관한 연구(한국경찰연구학회)
　　　　　　– 2013 • 일제 통감부 시기 경찰조직에 관한 연구(동국대 사회과학연구)
　　　　　　　　　　• 박근혜정부의 치안정책 기본방향과 개혁과제(한국공안행정학회보)
　　　　　　– 2014 • 조선시대의 치안정책과 조직에 관한 연구(한국공안행정학회보)
　　　　　　　　　　• 고려시대의 치안정책과 조직에 관한 연구(한국경찰학회보)
　　　　　　　　　　• 경찰의 예산분석 및 효율화 방안에 관한 연구(한국경호경비학회보)
　　　　　　　　　　• 경찰의 범죄피해자 정책실태와 개선방안(한국범죄심리연구)
　　　　　　– 2016 • 해방이후 범죄대응을 위한 경찰조직 변천에 관한 연구(한국범죄심리학회)
　　　　　　– 2017 • 역대정부의 치안정책 분석 및 범죄추세분석에 관한 연구(한국공안행정학
　　　　　　　　　　　회보)
　　　　　　– 2018 • 역대 치안총수와 인권정책에 관한 연구(한국경찰학회보)
　　　　　　– 2018 • 역대 치안정책의 수립과정 분석 미래에 관한 연구(한국공안행정학회보)
　　　　　　– 2018 • 박근혜 정부의 치안정책 및 범죄추세 분석에 관한 연구(한국경찰학회보)
　　　　　　– 2019 • 경찰의 역사성 및 정통성 확립과 미래 치안개혁 과제(한국공안행정학회보)
　　　　　　– 2020 • 북한의 치안정책에 관한 연구(한국경찰학회보)
　　　　　　– 2022 • 위험방지를 위한 경찰의 능동형 스마트 지휘통제시스템 구축방안(한국경
　　　　　　　　　　　찰학회 발표)

저　　서　　– 2006 • 「경찰학」(다혜)
　　　　　　– 2009 • 「형사사법체계론」(다혜)
　　　　　　– 2014 • 「경찰학(초판)」(박영사)
　　　　　　– 2015 • 「경찰학(2판)」(박영사)
　　　　　　– 2015 • 「학교폭력의 예방 및 대책」(박영사)
　　　　　　– 2018 • 「경찰학(3판)」(박영사)
　　　　　　– 2019 • 「범죄학 및 형사사법체계론(초판)」(박영사)
　　　　　　– 2020 • 「경찰학(4판)」(박영사)
　　　　　　– 2021 • 「범죄학 및 형사사법체계론(2판)」(박영사)

경찰학 총론

초판발행	2023년 2월 27일
지은이	김창윤
펴낸이	안종만 · 안상준
편 집	배근하
기획/마케팅	정성혁
디자인	이소연
제 작	고철민 · 조영환
펴낸곳	(주) **박영사**
	서울특별시 금천구 가산디지털2로 53, 210호(가산동, 한라시그마밸리)
	등록 1959. 3. 11. 제300-1959-1호(倫)
전 화	02)733-6771
f a x	02)736-4818
e-mail	pys@pybook.co.kr
homepage	www.pybook.co.kr
ISBN	979-11-303-1666-6 94350
	979-11-303-1728-1(세트)

정 가   43,000원